本书得到北京东宇全球化智库基金会的支持

国家出版基金项目
NATIONAL PUBLICATION FOUNDATION

"百部好书"扶持项目
GUANGDONG PUBLISHING

CCG | 全球化智库
CENTER FOR CHINA & GLOBALIZATION

· 世界华侨华人研究文库 ·

法治侨务论

刘国福　王辉耀　著

暨南大学出版社
JINAN UNIVERSITY PRESS

中国·广州

图书在版编目（CIP）数据

法治侨务论/刘国福，王辉耀著．—广州：暨南大学出版社，2019.7
（世界华侨华人研究文库）
ISBN 978 - 7 - 5668 - 2606 - 0

Ⅰ.①法…　Ⅱ.①刘…②王…　Ⅲ.①侨民工作—研究—中国 ②侨务—法律—研究—中国　Ⅳ.①D634 ②D922.154

中国版本图书馆 CIP 数据核字（2019）第 054883 号

法治侨务论

FAZHI QIAOWU LUN

著　者：刘国福　王辉耀

- -

出 版 人：徐义雄
策划编辑：黄圣英
责任编辑：冯　琳　雷晓琪　黄佳娜
责任校对：曾小利　詹建林
责任印制：汤慧君　周一丹

出版发行：暨南大学出版社（510630）
电　　话：总编室（8620）85221601
　　　　　营销部（8620）85225284　85228291　85228292（邮购）
传　　真：（8620）85221583（办公室）　85223774（营销部）
网　　址：http://www.jnupress.com
排　　版：广州市天河星辰文化发展部照排中心
印　　刷：广州市快美印务有限公司
开　　本：787mm×1092mm　1/16
印　　张：19
字　　数：373 千
版　　次：2019 年 7 月第 1 版
印　　次：2019 年 7 月第 1 次
定　　价：80.00 元

（暨大版图书如有印装质量问题，请与出版社总编室联系调换）

全球化智库介绍

全球化智库（CCG）成立于 2008 年，总部位于北京，在国内外有近 10 个分支机构或海外代表处，致力于全球化、全球治理、人才国际化、华人华侨、企业国际化等领域的研究，设立了世界华商研究所、华侨华人研究所、移民研究中心等研究机构。目前拥有全职智库研究和专业人员近百人。CCG 是中联部"一带一路"智库联盟理事单位，中央人才工作协调小组全国人才理论研究基地，中国人才研究会国际人才专业委员会所在地，财政部"美国研究智库联盟"创始理事单位，拥有博士后科研工作站资质，并被联合国授予"特别咨商地位"。在全球最具影响力的美国宾夕法尼亚大学《全球智库报告 2018》中，CCG 再次进入世界百强，是唯一入选的中国社会智库。

CCG 每年出版 10 余部中英文研究著作，包括与社会科学文献出版社合作出版发布的蓝皮书系列《中国留学发展报告》《中国海归发展报告》《中国国际移民报告》《海外华人华侨专业人士报告》以及《世界华商发展报告》等。

总　序

在 20 世纪，华侨华人问题曾经四次引起学术界关注。第一次是 20 世纪初关于南非华工的问题；第二次是"一战"后欧洲华工问题；第三次是五六十年代东南亚国家出现的"排华"问题；第四次则是 80 年代中国经济崛起与海外华侨华人关系的问题。每次华侨华人研究成为研究热点时，都有大量高水平研究著作问世。

进入 21 世纪以来，随着全球化进程的加速和中国国际化水平的提升，海外华侨华人与中国的发展日益密切，华侨华人研究掀起了新一轮高潮。华侨华人研究机构由过去只有暨南大学、厦门大学、北京大学、华侨大学等少数几家壮大至目前遍布全国的近百所科研院校，研究领域从往昔以华侨史研究为主，拓展至华人政治、华人经济、华商管理、华文教育、华人文学、华文传媒、华人安全、华人宗教、侨乡研究等涉侨各个方面，研究方法也逐渐呈现出多学科交叉的趋势，融入政治学、历史学、社会学、民族学、教育学、新闻与传播学、经济学、管理学、法学等学科方法与视角。与此同时，政府、社会也愈益关注华侨华人研究。国务院侨办近年来不断加大研究经费投入，并先后在上海、武汉、杭州、广州等地设立侨务理论研究基地，凝聚了一大批海内外专家学者，形成了华侨华人研究与政府决策咨询相结合的科学发展机制。而以社会力量与学者智慧相结合的华商研究机构也先后在复旦大学、清华大学等地成立，闯出了一条理论研究与社会实践相结合的华侨华人研究新路径。

作为一所百年侨校，暨南大学在中国华侨华人研究中具有特殊的地位。暨南大学创立于 1906 年，是中国第一所华侨高等学府。华侨华人研究是学校重要的学术传统和特色。早在 1927 年，暨南大学便成立了南洋文化事业部，网罗人才，开展东南亚及华侨华人的研究，出版《南洋研究》等刊物。1981 年，经教育部批准，暨南大学在全国率先成立华侨华人研究的专门学术机构——华侨研究所，由著名学者朱杰勤教授担任所长。1984 年在国内招收首批华侨史方向博士研究生。1996 年后华侨华人研究被纳入国家"211 工程"1—3 期重点学科建设行列，2000 年获批教育部人文社会科学重点研究基地（华侨华人研究）。暨南大学于 2006 年成立了华侨华人研究院，并聘请全国政协常委、国务院侨务办公室原副主任刘泽彭出任院长和基地主任。2011 年，学校再次整合提升华侨华人研究力量，将华侨华人研究院与国际关系学系（东南亚研究所）合并成立国际关系学院/华侨华人研究院，继续聘请刘泽彭同志出任华侨华人研究院院长和基地主任，由华侨华人与国际问题研究知名专家曹云华教授出任国际关系学院院长兼华侨华人研究院执行院长。同时，学校还加大科研经费投入，努力打造"华侨华人研究优势学科创新平台"。研究院在加强自身科研能力的基础上，采取以研究项目、开放性课题为中心，学者带项目、课题进院的工作体制，致力于多学科和国际视野下的前沿研究，立足于为国家的改革开放和现代化建设服务，为社会服务，为政府决策咨询服务，努力将之建设成为世界一流的学术研究机构和人才培养基地。

值华侨华人研究在中华大地百花齐放、百家争鸣之际，为进一步彰显暨南大学科研特色，整合校内外相关研究力量，发掘华侨华人研究新资源，推动华侨华人研究学科的发展，暨南大学华侨华人研究院在 2012 年推出了"世界华侨华人研究文库"。文库的著作多为本校优势学科的前沿研究成果，作者中既有资深教授、学科带头人，也有学界新秀。他们的研究成果从多学科视野探索了国内外华侨华人研究的一些新问题、新趋势，具有较高的学术价值和现实意义。截至 2016 年年底，文库已经出版三批 23 本，在华侨华人研究领域引起了不错的反响。

2015 年 6 月，暨南大学入选广东省高水平大学重点建设高校，"华侨华人与国际问题研究"成为学校高水平建设重点支持的一个学科组团。为了进一步发挥暨南大学的华侨华人研究优势，学院决定继续组织出版这套丛书。丛书的经费来源从之前的"211 工程"和暨南大学"华侨华人研究优势学科创新平台"变为广东省高水平大学建设暨南大学"华侨华人与国际问题研究"学科组团，编委会也随人员变动做了一些调整。

　　本套丛书的出版得到学校领导的大力关心与支持。国际关系学院/华侨华人研究院领导与部分教师特别是高水平大学建设学科组团中的华侨华人与跨国移民研究团队的教师们也付出了艰辛的劳动，他们在策划、选题、组稿、编辑、校对等环节投入大量精力。同时，暨南大学出版社对丛书出版也给予高度重视，组织最优秀的编辑团队全程跟进，并积极申报国家出版基金项目，获得立项资助。在此，我们对所有为本丛书出版付出宝贵心血与汗水的同仁致以最衷心的感谢！

　　在前面三批的总序中，我们表示"期盼本丛书的出版能在华侨华人研究领域激起一点小浪花"。现在看来，已部分达到了目的，尽管如此，我们仍坚持不忘初心，继往开来，汇聚国内外华侨华人研究的朵朵浪花，把这套文库办成展现全球华侨华人研究优秀成果的一个重要平台。

《世界华侨华人研究文库》编委会

2017 年 6 月

前　言

随着改革开放深入发展，到 21 世纪初，已经有近 6 000 万海外侨胞、3 000 多万归侨侨眷、海外 400 万的专业人才纷纷亮相国际经济、政治舞台。广大海外侨胞和归侨侨眷在推动中国发展进步中具有独特优势，这种优势不仅能缓解中国所面临的高端人才稀缺的挑战，还能够成为促进中国与世界各国友好交往的重要桥梁。过去，我国明确赋予华侨华人可以享有"适当照顾"的待遇，随着时代更迭，我国国际化程度不断提高，许多公民出国留学、务工、旅游，侨胞所具有的海外关系不断弱化。与此同时，全球化往纵深发展，华侨华人专业人士的数量和规模不断增大，他们的知识水平和专业层次也在不断提高，既具有本土文化背景，又深谙国际交往规则的高素质海外华侨华人已然成为华人精英的重要群体，成为社会进步发展的中流砥柱。因而，侨务工作逐渐演变为国家的一项长期、重要的工作。华侨华人在中国建设的各个阶段都发挥着重要作用，在经济科技领域，仅改革开放以来华侨华人回国投资额就占我国实际引进外资六成以上，"千人计划"引进的专家学者绝大多数是华侨华人。

2017 年 1 月，国务院印发的《国家侨务工作发展纲要（2016—2020 年）》以"凝聚侨心侨力、同圆共享中国梦"为主题，以推动侨务工作全面协调可持续发展为主线，明确了"十三五"时期侨务工作的指导思想、基本原则和目标任务，从法治、经济、科技、文化、教育、社会等各方面，对中国侨务事业做出总体规划，是"十三五"时期侨务工作的指导性文件。2018 年 4 月，国务院侨务办公室主任许又声在关于华侨权益保护工作情况的报告里指出，全国人大及其常委会高度重视华侨权益保护工作。制定《华侨权益保护法》，有利于形成华侨权益保护的整体制度和机制保障，增强华侨华人对祖（籍）国的凝聚力和向心力，有利于适应当前中国公民移民国外的数量日益增多的趋势，加强对移民输出后的规范管理，进一步推进国家治理体系和治理能力现代化。因此，新时代侨务工作应以凝侨心、聚侨力、护侨益为三大核心要点。

可是，海外华侨在归国工作、投资、创业中面临各种各样的困难，并且涉及国内社会、文化、政治、经济等各领域，诸如，华侨身份制度不完善，在处理个人事务过程中遇到不少阻碍，由于立法的不完善，在侨房权益、投资权益等经济权益方面极容易受到侵害；由于身份问题不能参加基本的医疗、养老、失业等社会保险，子女受教育问题，等等。如何解决这些问题，成为保护华侨、归侨侨眷的权益所关注的核心，对法治侨务的探索也随之展开。

刘国福教授与我在长期合作研究过程中发现，从法治侨务的角度看，中国的侨务工作面临以下几个挑战：第一，法律关系主体还不够明确，包含华侨华人认定制度、侨民事务管理等方面的法治侨务理论研究，完善侨务法治建设规划；第二，在专门的华侨权益保护法律方面有一定缺失，缺少详细的侨务立法规划和实施方案；第三，还没有系统论证和总结可复制、可推广的地方立法经验；第四，立法内容没有依据国情、侨情的变化及时修订，涉侨法律适应性不足；第五，涉侨法律操作性不强，现阶段多以侨务政策为主，没有完全转化为国家法律，一般法律只涉及部分条款；第六，外国人和出入境方面法律对侨考虑得不够，外籍华人希望享有更多的出入境、移民便利。

为推动法治侨务的进步，我国侨务立法的脚步从来没有停止过，华侨权益保护立法工作已取得了积极进展，各级政府侨务部门推动有关部门制定了一系列保护华侨在国内权益的法律、法规和政策，为侨务法治工作奠定了坚实的实践基础与提供了可行经验。中华人民共和国成立以来，中央和地方各级政府制定了相关规范性文件和部门规章，现行规范性文件中有一些涉侨规定，为制定华侨权益保护法规提供了法律基础。如《宪法》第五十条、第八十九条两次专门论及华侨权益的保护问题，为我国华侨权益保护的专门立法提供了宪法依据。1990年制定通过、2000年修正的《中华人民共和国归侨侨眷权益保护法》，明确界定华侨、归侨和侨眷的身份概念，在法律层面提出保护归侨、侨眷的公民权利，指出其在政治、财产、生活、就业及投资创业等方面的合法权益，该法是归侨侨眷法律体系的核心；1993年制定通过、2004年修订的《中华人民共和国归侨侨眷权益保护法实施办法》是归侨侨眷法律体系的主干，相关行政法规还有1955年《国务院关于贯彻保护侨汇政策的命令》、1982年《国务院关于加强华侨和港澳同胞捐赠进口物资管理的通知》、1990年《国务院关于鼓励华侨和香港澳门同胞投资的规定》等。全国人大专门设

置华侨委员会负责涉侨立法工作，全国人大常委会制定《归侨侨眷权益保护法》，2006 年开展了《归侨侨眷权益保护法》执法检查，为依法保护侨界群体权益、促进侨务工作法治化建设发挥了积极推动作用。以国务院侨办为引领，极力推动各项保护侨益工作。有关华侨权益保护立法起草工作在 2015 年被列入国务院立法计划研究项目，国务院侨务办公室、法制办等部门正着手相关工作。2016 年，国务院立法工作计划将制定《华侨权益保护法》列为研究项目，国务院侨务办公室等部门开展了调研论证等基础性工作。2017 年，全国人大华侨委员会组织开展了华侨权益保护专题调研，国务院侨务办公室先后四次草拟华侨权益保护法草稿，侨务资源较丰富地区陆续颁布了地方性华侨权益保护条例。

同时，各级侨务部门出台的有关保护华侨权益的法规和政策，为侨务法治工作奠定了一定的基础。北京市人民政府侨务办公室不仅积极落实国家层面关于华侨华人权益保护的相关政策，还完善了全市涉侨政策法规体系，出台诸如《北京市实施〈中华人民共和国归侨侨眷权益保护法〉办法》《北京市归侨侨眷身份认定工作规定》《北京市华侨回国定居办理工作实施办法》《北京市办理华侨身份证明工作规则》等，制定了《中关村创新创业外籍华人服务工作规范》。除政策法规以外，还打造了为侨公共服务平台，涉侨行政和服务事项审批事项全部进驻市政务服务中心，开通了"全球通办"为侨行政服务系统。同时，持续加大侨法宣传力度，积极营造依法护侨的良好氛围。这些工作都为华侨权益保护立法积累了经验，为进一步出台华侨权益保护法奠定坚实的基础。其他省市也都有表率，如江苏省南京市人大常委会 2015 年 5 月制定了《南京市华侨权益保护条例》，广东省人大常委会 2015 年 7 月通过了《广东省华侨权益保护条例》，福建省人大常委会 2016 年 7 月通过了《福建省华侨权益保护条例》，上海市人大常委会 2016 年 9 月通过了《上海市华侨权益保护条例》，湖北省人大常委会 2016 年 9 月通过了《湖北省华侨权益保护条例》。

然而，侨务法治还有很多不完善的地方，如北京市施行《北京市实施〈中华人民共和国归侨侨眷权益保护法〉办法》，并通过众多规范性文件从不同角度保护华侨、归侨侨眷权益，但是北京市作为华侨华人回国工作和创新创业的中心之地，在保护华侨权益方面与广大华侨的期待以及与北京市的发展需要还有一定差距，法治侨务仍难以适应侨情发展的新需要。一方面是北京市华侨权益保护方面面临许多亟须解决的问题，另一方面是北京市的涉侨法律体系还不够完备。例如，在政治权利方面，近年来华侨参政议政意识有了很大提高，但不少人因在国内没有户口和工作单位，无法确定选区进行选民登记，从而无法参选人大代表。虽然北京市涉侨权益保护的法规和政策已经有很多，但常见于各种通知、意见、办法等不同的规范性文件中，缺乏综合性和系统性。北京市至今尚未制定一部专门的保护华侨、归侨、侨眷权益的地方法规，使得国家和北京市的侨务政策尚未完全转化为法律，涉及华侨归侨侨眷的其他一般法律对侨考虑不够，出现对侨保护的空白地带。尤其是对侨的保护与现今北京"四个中心"战略定位的要求还有一定差距。为此，我们需要通过华侨权益保护立法来解决这些问题。例如，针对"侨胞捐赠资助在家乡，创新创业选地方"的特点，通过立法解决侨胞捐赠中遇到的问题，同时，通过立法，吸引和保障侨胞来北京创新创业。

为了更系统地研究该问题，全球化智库（CCG）有幸在北京市人民政府侨务办公室的大力支持下，以北京市为切入点，针对华侨华人所面临的现实困难展开了调研。北京作为首都，不仅吸引着京籍华侨华人的回归，还吸引着全国各地华侨华人、归侨侨眷，对海外华裔新生代、新华侨华人的吸引力逐步增强，来京创新创业的海内外侨界人才更多集聚在一起，总体呈现出教育文化程度高、经济科技实力强、报效桑梓愿望强的特征。2017年，京籍海外华侨华人数据测算约为126万人。大量京籍与非京籍归侨侨眷在京工作和生活（根据2014年，北京市人民政府侨务办公室协调市公安局、市教委、市侨联等单位，共同开展全市侨情调查统计，初步测算出北京全市共有归侨侨眷117.3万人，其中归侨18.6万人），形成了规模庞大的华侨群体。这个群体多为拥有专业技术的人才，积极参与和推动北京市公益事业的发展，侨资企业为北京经济发展做出巨大贡献。尤其在京发展的新一代侨商，积极参与高科技创新，在IT产业、生物制药、金融保险等技术含量高的行业积极开拓，正是这些华侨华人专业技术人才在科技、医疗、教育、公益事业等各个领域为北京乃至国家发展做出巨大贡献。

这次限于北京市范围内的调研，虽难以呈现中国华侨权益及保护议题的全貌，但调查样本覆盖了侨居或曾侨居加拿大、澳大利亚、日本、马来西亚、印度尼西亚、朝鲜、德国、法国、西班牙、荷兰、斯洛伐克等国的华侨华人（样本中华侨占受访者一半以上，其次是华人和归侨）。加之北京作为首都的重要性，以及其当前的发展现状与"国际交往中心"建设的战略目标，调查受众的多样性与反映出的

问题，对中国整体情况有部分代表性，对中国其他区域同样具有可参考性。

通过深入调研发现，北京华侨华人选择回国并在北京工作生活的主要原因是"原籍北京或家人、亲友在北京"，比例为 41.67%；其次是"被北京的传统文化、生活气息所吸引"，占比为 33.33%；认为"北京拥有良好的国际交往环境，适合开展国际业务或国际交流活动"同样占比 33.33%。数据反映出华侨选择北京的主要原因在于工作和生活的因素，而投资、创新、创业政策的吸引还有很大的提升空间。

在合法权益保障方面，华侨认为其在国内的投资创业、知识产权等经济权益，兴办公益事业、成立社会团体等社会活动权益，选举和被选举权利，被录用或聘任为国家工作人员的权利等政治权利尚未得到充分保障。75% 的受访者在权益受到侵害时通过与当事人和相关机构进行协商解决，54% 的受访者选择向负责侨务工作的部门或有关部门寻求帮助、向律师或法律机构寻求法律援助或司法救助，而向仲裁机构提起仲裁和向人民法院起诉的较少，占比为 33.33%。这一部分调研发现，法律途径还不是华侨维护权益时诉诸的主要途径。

在关于受到侵害的主要事由的调查中，社保、医保等社会保障和凭护照证明身份等人身权益两方面共占比 45.83%，其次为子女回国接受教育权益占比近三分之一。这部分调研内容反映出医社保、身份、子女教育等问题，仍然是华侨华人最关注的领域，同时，该领域也是其权益最容易受侵犯的领域。

受访者也在如何加强北京市华侨权益保护、发挥华侨建设家乡作用方面提出了具有参考价值的建议：他们认为"恢复户籍，取得身份证是华侨的最基本权益，也是华侨回国定居的第一步。而出国前为集体户口的因出国被注销的有一大批人群，这一人群在恢复身份问题上或多或少都遇到过困难，最基本的权益得不到保障，投资等方面更是困难重重。希望尽快出台恢复户口的切实有效的实施细则，以保护华侨的基本权益"。有受访者也建议对海外华裔加以关注，他们认为"东南亚数量庞大的海外华裔，他们自己或者前辈曾是新中国成立的坚强后盾，不管是抗战和对新中国的发展都付出了大量的财力物力"。还有受访者建议"尽快加强侨务立法，充分利用华侨资源，特别是重视科技新侨，发挥特色，建设人文绿色美丽的首都北京"。"希望侨务工作能更好地为侨二代在北京学习提供更优惠的政策"也是受访者其中一条重要建议。最后，受访者也建议"多和海外侨团联系，多举办侨务活动"。

通过这次调查，以及在与社会各界进行思想碰撞的过程中，我们更强烈感受到华人华侨的需求，对其权益保护的呼唤。从法律与政策的角度，对华侨、华人、归侨、侨眷明确概念，将现有的华侨权益保护政策上升至法律层面。同时，进一步落实国家有关华侨权益法律法规正当时。

除了为保护华侨权益的侨务立法工作外，华人同样有着联结中国与世界的纽带作用，他们对祖籍国的情感与认同，对于发展中国与其居住国的双边关系有着不可替代的作用。而且他们所具有的多重国际资源，例如经济实力、科研能力、人力资源、国际规则、知识结构等，能为中国的社会经济发展贡献巨大力量。因此，针对华人的政策制度上的鼓励也同样重要。我们也曾多次提出完善"绿卡"待遇吸引海外华人人才，其中"华裔卡"受关注度极高，这也是我一直以来提倡出台的一项在中国绿卡的基础上降低海外华人归国门槛的政策。2017 年，在《中国区域国际人才竞争力报告 2017（区域人才蓝皮书）》发布之际，我再次提及海外华人关注的"华裔卡"问题。海外华人可以看作是正在积攒利息、等待提取的海外人才智慧银行。而现行政策尽管针对外籍华人在华长期居留和永久居留方面已经做了一些突破，但因其与国内有着更为密切的联系，对便利的出入境签证政策及办理需求上相较纯外籍人才有更高的要求，对华裔的政策倾斜还不够，尤其在全国范围内的政策适用度还远远不够，不利于吸引更多的华人回归。建议参考印度的"印度裔卡"计划实施华裔卡制度，对已入外籍国家、原籍中国的外籍华人发放华裔卡，持卡者可享等同在华永久居留的待遇，充分爱护并利用广大海外华人的爱国情怀，发挥其在海外的桥梁作用，促进携带技术、资金、经验的外籍华人环流或回流。设立包括海外华人在内的"人才银行"，让国家能随时随地从"人才银行"中取才。为在中国绿卡的基础上降低门槛，加大海外人才吸引力度，现已推出三种"华裔卡"政策：第一，在全国范围内，海外华人一旦回到中国，只要有亲戚在，就可以给 3 年的居留签证，这相当于是一个 3 年的小华裔卡，该政策在中国通行；第二，在侨乡广东推出了 16 条相关政策，原籍广东的华人可以给 5 年的往返居留签证；第三，在北京中关村，只要回来的华人是博士学历，以及是符合其他中关村人才标准的，就可以拿到中国绿卡。通过在消除人才回流壁垒、放宽华侨华人来华访问提交邀请函的限制、社会保障机制以及搭建市场平台等方面建言，期待通过立法与新政双管

齐下，保护侨益，凝聚侨心。

当然，新时代背景下，全国范围的侨情和法治环境发生不少变化。过去的成果很难适应当下的变化，因此，需要十分明确当前立法工作中遇到的困难，才能有针对性地进行更新、改善。

本书在尝试厘清法治侨务、侨务立法等概念的基础之上，对涉侨法律法规体系现状进行梳理，从而总结出涉侨法律法规体系面临的问题，就相关问题进行分析，探讨法治侨务的组织保障和法治能力建设，涉侨法律法规体系的未来发展以及具体领域的侨捐法，外籍华人签证法，停留、居留法，在华工作法等具体问题，希望能为法治侨务问题的理论研究与实践提供一定的借鉴。通过制定华侨权益保护法，切实保护华侨在中国境内的各项权益，增强其凝聚力和向心力，从而为华侨在国家现代化建设中发挥优势和作用创造更好条件。我们应该结合世情、国情、侨情，充分发挥对海外华侨华人资源的整合、建言与推动作用，根据海外华人华侨的实际需求建言，搭建海外专业人士网络平台，吸引海外人才归国。同时，助推涉侨部门贯彻"关心、增进、鼓励和促进"华人政策，制定完整、统一、操作性强的华侨权益保护法。采取地方先行先试策略，加强外籍华人法律法规体系建设，健全外籍华人身份证件、签证、停留、居留、永久居留、人员待遇、国籍、难民、融合等制度，最终达到凝聚华侨力量，促进社会主义事业长久发展，早日实现中国梦乃至人类命运共同体的不同阶段的目标。

本研究成果基于以下课题的研究报告：国务院侨办重点课题"侨务法治建设难点问题研究"，编号：GQBZ2016001；国务院侨办委托课题"涉侨法律法规体系研究"，编号 GQBY2014027；国务院侨办重点课题"外籍华人出入境（国际移民）政策研究"，编号 GQBZ2013004。

王辉耀

全球化智库（CCG）理事长

国务院参事

目　录

第二编　涉侨法律法规体系

第三编 侨捐法与外籍华人出入境法

表　目

第一编　法治侨务建设

2017 年，党的十九大提出："广泛团结联系海外侨胞和归侨侨眷，共同致力于中华民族伟大复兴。"国务院侨务办公室主任裘援平指出："加强法治侨务建设，维护侨胞合法权益。"[①] 法治是政治文明发展到一定历史阶段的标志[②]，是社会和谐的基础[③]。法治侨务建设是全面推进依法治国的重要组成部分，根本目的是提升侨务部门依法履职能力。深入推进法治侨务建设，就是要把侨务工作放在全面推进依法治国大局中来谋划，通过发挥法治的引领作用，提升运用法治思维、法治方式来确保团结动员广大海外侨胞和归侨侨眷为实现中华民族伟大复兴的中国梦作出独特贡献。法治侨务的内容主要包括侨务立法、侨务依法行政、侨法宣传教育、法治侨务的组织保障和法治能力建设、侨法服务五个方面。

第一章　法治侨务辨析

研究法治侨务，要理清侨、侨居、侨民、涉侨、侨务、法治、法治侨务等关键词的含义。虽然经常在法治侨务工作中使用这些词，但是其含义存在多元解释，有必要一一予以辨析。

第一节　"侨"辨析

研究法治侨务，必先辨析最核心的关键词——侨。根据《辞源》，"侨"是形声字，从人，乔声。原义有两个：第一个是高，通乔。《尚书·禹贡》："厥草惟夭，厥木惟乔。"第二个是寄居异地。《韩非子·亡征》："羁旅侨士。"[④] 根据《现代汉语词典》：侨，一是指侨居，如侨民、侨胞；二是指侨民，如华侨、外侨。[⑤] 根据《辞海》：侨，第一指寄居、客居，延续《辞源》所指原义中的"寄

① 冉文娟：《裘援平谈十九大后侨务工作：让侨界为实现中华民族伟大复兴作出更大贡献》，中国新闻网，2017 年 10 月 22 日。
② 《中国的法治建设》，国务院新闻办公室网站，2008 年 2 月 28 日。
③ 《"和谐社会与法治建设"研讨会举办　贾庆林会见代表》，新华网，2007 年 5 月 15 日。
④ 广东、广西、湖南、河南辞源修订组、商务印书馆编辑部编：《辞源》，北京：商务印书馆，2010 年，第 283 页。
⑤ 中国社会科学院语言研究所词典编辑室编：《现代汉语词典（汉英双语）》，北京：外语教学与研究出版社，2002 年，第 1549 页。

居异地"；第二指侨民，即住在外国而保留本国国籍的人，此种解释与《现代汉语词典》对"侨"的解释基本相同。①

第二节　"侨居"辨析

侨居是《现代汉语词典》和《辞海》解释的"侨"两种含义的一种。我国对侨居概念的认识比较一致。"侨居"是古汉语中已有的词，指在外乡居住。近现代以来，含义由在外乡居住延伸到在外国居住。根据《辞源》，在古汉语中，侨居是指"寄居他乡"而不是寄居他国。唐朝韦应物《岁日寄京师诸季端武等》："献岁抱深恻，侨居念归缘。"② 根据《近现代辞源》，侨居是指"在国外居住"。1858 年《中法天津条约》第一款："嗣后大清国皇上与大法国皇上及两国商民，毋论何人在何地方，均永远和好，有益敦笃，彼此侨居，皆获保护身家。"③ 根据《现代汉语词典》，侨居是指"在外国居住"。④

第三节　"侨民"辨析

侨民是《现代汉语词典》和《辞海》解释的"侨"两种含义的一种，我国社会公众、学界和政府对侨民概念的认识不尽相同。"侨民"不是古汉语已有的词，而是受西方文化影响产生的新词。中国古代并无"侨民"一说，《近现代辞源》和《现代汉语词典》才有"侨民"条目。在反映近现代汉语的《近现代辞源》中，侨民指"长期住在外国而保留本国国籍的居民"。⑤ 1924 年广东革命政府《内政部侨务局保护侨民专章》第一条规定："中华民国人民旅居外国及回国者，统称侨民。"

对"侨民"的解释有两种，即社会公众、政府对"侨民"的宽泛解释及华侨华人学界对"侨民"的严格解释。社会公众理解的"侨民"见于汉语工具书

---

① 夏征农、陈至立主编：《辞海》，上海：上海辞书出版社，2010 年，第 1498 页。
② 广东、广西、湖南、河南辞源修订组、商务印书馆编辑部编：《辞源》，北京：商务印书馆，2010 年，第 283 页。
③ 黄河清编著：《近现代辞源》，上海：上海辞书出版社，2010 年，第 606 – 607 页。
④ 中国社会科学院语言研究所词典编辑室编：《现代汉语词典（汉英双语）》，北京：外语教学与研究出版社，2002 年，第 1549 页。
⑤ 黄河清编著：《近现代辞源》，上海：上海辞书出版社，2010 年，第 607 页。

《现代汉语词典》，即指"住在外国而保留本国国籍的居民"。① "侨民"含义由近现代的"长期住在外国"扩展到了当代的"（所有）住在外国而保留本国国籍的居民"。华侨华人学界理解的"侨民"见于《世界华侨华人词典》，指"某国在外国定居谋生而保留原国籍的公民，如中国侨民（华侨）、日本侨民、美国侨民"。并特别指出"驻外外交官、领事官或其他代表团官员，为任务奉命驻扎国外，任务停止或转调即行离开，而无为谋生而定居之意，不能视为侨民。留学生短期出国深造，学业完成即行回国者，亦不算侨民。外交官退休或辞职，以及留学生完成学业，继续在国外定居或谋生，从而改变身份，可称侨民"。② "侨民"含义由"长期住在外国"缩小至"定居在外国保留我国国籍的居民"，即华侨。

我国政府将"侨民"非常宽泛地解释为所有在国外的中国公民，不论定居、长期居住、短期居住或停留在国外。政府关于"侨民"的解释稍宽于社会公众理解的"侨民"，即将《现代汉语词典》所指侨民——"住在外国而保留本国国籍的居民"这一含义中所不包括的"停留在国外的中国公民"也囊括在内，因此也远宽于华侨华人学界理解的"侨民"。外交部多次在官方发言中使用"撤侨"一词，均指在紧急情况下撤回在某国或某地区的所有中国公民。

虽然我国政府对"侨民"非常宽泛地定义为"所有在国外的中国公民"，但主要指在国外生活、学习和工作的中国公民。常理而言，在国外生活、学习和工作必须取得所在国居留权，时间一般均在半年以上。根据中国驻日本大使馆2005年发布的《关于在日本实行侨民登记的通知》、中国驻丹麦大使馆2006年发布的《关于实行侨民登记的通知》、中国驻澳大利亚大使馆2005年发布的《关于在澳大利亚实行侨民登记的通知》，登记侨民资格是"所有取得永久或半年以上居留权的具有中国国籍的公民，包括大陆、香港、澳门和台湾同胞"，并要求办理侨民登记时，"登记人持有有效护照、照片、永久居留或半年以上临时居留权证明"。

从以上分析的外交文件看，"侨民"不包括"在国外非法居留的中国公民"，因为"在国外非法居留的中国公民"没有资格登记为"侨民"。但在国外非法居留并没有改变其中国公民的身份，因此应该与合法居住的中国公民一并视为"侨民"，享受中国政府提供的侨民保护。中国政府在实践中做到了这一点。根据外交部发布的《中国领事保护和协助指南（2015年插图版）》第五部分，只要是中国公民，就是中国政府提供领事保护的对象，与其有没有居留权无关。1995年

---

① 中国社会科学院语言研究所词典编辑室编：《现代汉语词典（汉英双语）》，北京：外语教学与研究出版社，2002年，第1549页。

② 周南京主编：《世界华侨华人词典》，北京：北京大学出版社，1993年，第509页。

的《外交部关于加强新移民工作的意见》指出："还有一部分至今虽然未取得合法地位，但基本可以立足下来，等待取得合法地位，不会再回国定居，人们习惯上把以上几种情况都称为新移民。"

基于以上对"侨民"概念资料的整理和分析，"侨民"是指在外国的中国公民，主要指在国外生活、学习和工作的中国公民，特别是华侨。"在"是一种行为状态，可以是永久、长期、临时或停留，可以是合法或非法。侨民不因是否获得住在国居留权、获得居留权期限长短以及是否合法居住而发生变化。华侨，根据1990年《中华人民共和国归侨侨眷权益保护法》（2009年修正，以下简称《归侨侨眷权益保护法》）第二条，"是指定居在国外的中国公民"；根据《国务院侨务办公室关于印发〈关于界定华侨外籍华人归侨侨眷身份的规定〉的通知》（国侨发〔2009〕5号），"（一）'定居'是指中国公民已取得住在国长期或者永久居留权，并已在住在国连续居留两年，两年内累计居留不少于18个月。（二）中国公民虽未取得住在国长期或者永久居留权，但已取得住在国连续5年以上（含5年）合法居留资格，5年内在住在国累计居留不少于30个月，视为华侨。（三）中国公民出国留学（包括公派和自费）在外学习期间，或因公务出国（包括外派劳务人员）在外工作期间，均不视为华侨"。

第四节　"涉侨"辨析

"涉侨"是指关于和涉及侨。由于外籍华人、归侨、侨眷与华侨天然的密不可分的联系，涉侨对象除侨民（华侨、在外国的其他公民）以外，还包括外籍华人、归侨、侨眷。根据2009年《国务院侨务办公室关于印发〈关于界定华侨外籍华人归侨侨眷身份的规定〉的通知》，外籍华人是指已加入外国国籍的原中国公民及其外国籍后裔；中国公民的外国籍后裔。[①] 根据1990年《归侨侨眷权益保护法》（2009年修正）第二条，"归侨是指回国定居的华侨""侨眷包括：华侨、归侨的配偶，父母，子女及其配偶，兄弟姐妹，祖父母、外祖父母，孙子女、外孙子女，以及同华侨、归侨有长期扶养关系的其他亲属"。

台湾当局认为，广义的华侨包括侨民、华人和华裔，近似于大陆使用的涉侨定义。1999年，台湾当局行政机构"侨务主管部门负责人"焦仁和在向立法机构"外交及侨务委员会"提交的侨务施政报告《迈向新世纪，侨务工作的创新与跃进》中提出："一般所称的'华侨'，包括了'侨民'（侨居国外的国民）、

---

① 2009年《国务院侨务办公室关于界定华侨外籍华人归侨侨眷身份的规定》第二条。

'华人'（包括侨民及已归化为外国国民的中国人）及'华裔'（在海外出生的中国人后裔）含义。目前我们侨务工作的对象，不限于'侨民'，而面向广义的华侨。"①

第五节　"侨务"辨析

《辞海》《辞源》和《近现代辞源》都没有对"侨务"作出解释。这说明，"侨务"未见于古代汉语和近现代汉语，不是一个常用词。根据《现代汉语词典》，"侨务"是指"有关侨民的事务（affairs concerning nationals living abroad）"。②《汉英大辞典》对"侨务"的解释与《现代汉语词典》的解释完全一致，也是"affairs concerning nationals living abroad"。③

《世界华侨华人词典》没有解释"侨务"。华侨华人专家云集的《世界华侨华人词典》编辑委员会有意认为"侨务"不属于华侨华人方面的专有名词的可能性应该不大，可能是无意遗漏。

由于国务院侨务办公室主管全国侨务工作，其职能可以看作政府对"侨务"的理解。1978年1月，国务院侨务办公室成立。截至2018年3月，国务院侨务办公室主要职能有：①负责拟订侨务工作政策和规划，起草相关法律法规草案并督促检查贯彻落实情况。②调查研究国内外侨情和侨务工作情况，向党中央、国务院提供侨务信息，组织开展侨务政策、理论和侨务工作重大问题的调查研究，负责向涉侨部门通报侨务工作情况。③协助国务院总理办理侨务事项，统筹协调有关部门和社会团体涉侨工作，指导地方有关部门侨务工作，协同外交部指导我驻外使领馆侨务工作。④指导归侨侨眷工作，依法组织协调归侨侨眷和华侨华人在国内合法权益维护工作，配合有关部门研究处置涉侨突发事件，参与重大涉侨捐赠监督工作，协助有关部门做好归侨侨眷代表人士的人事安排工作。⑤负责指导、开展对华侨华人及其社团的联谊和服务工作，开展香港、澳门特别行政区侨界的联谊工作，会同有关部门开展侨务对台工作，承办有关审批事宜。⑥指导、推动涉侨经济、科技合作与交流，协调涉侨经济投诉工作。⑦指导、推动涉侨宣传、文化交流和华文教育工作。⑧承办国务院交办的其他事项。

基于以上对"侨""侨居""侨民""涉侨""侨务"的辨析，"侨务"是指

---

① 焦仁和：《迈向新世纪，侨务工作的创新与跃进》，1999年4月。

② 中国社会科学院语言研究所词典编辑室编：《现代汉语词典（汉英双语）》，北京：外语教学与研究出版社，2002年，第1549页。

③ 吴光华主编：《汉英大辞典》，上海：上海交通大学出版社，1999年，第1332页。

有关在外国的中国公民的事务，包括侨居事务和侨民事务；侨居事务包括与侨居有关的住在国事务和我国事务，侨民事务则包括侨民自身事务和侨民亲属事务。不宜视侨务为有关侨民事务或者有关华侨华人事务。"有关"是一个宽严皆可、含义模糊的词，有助于在不同语言环境下使用"侨务"一词。

第六节　"法治"辨析

法治思想的奠基者亚里士多德提出，法治应该包括两重含义：一是已制定的法律获得普遍服从，二是大家服从的法律是良好的法律。不存在法外特权，必须重视法律的正义性、民主性等价值基础和原则。[①] 戴维·沃克在《牛津法律大辞典》中写道："法治是指所有的权威机构：立法、行政、司法及其他机构都要服从某些原则。这些原则一般被视为表达了法律的各种特性，如正义的基本原则、道德原则、公平和合理诉讼程序的观念，它含有对个人的至高无上的价值观念和尊严的尊重。"[②]

根据《现代汉语词典》，"法治是指根据法律治理国家"。[③] 根据《辞海》，"法治与人治相对，按照法律治理国家的政治主张"，"资产阶级启蒙法学家倡导法治，主张法律面前人人平等，反对任何组织和个人享有法律之外的特权。现代社会的法治则更强调法律与所在社会的互动、个人与社会的和谐、人类与自然的和谐"，"在我国，法治的原则是：有法可依、有法必依、执法必严、违法必究。最基本的特征就是把自身的权力自觉地限制在法律的范围内，严格依法办事，防止权力被滥用"。[④] 法治是一种治国方略和原则体系，是依法治国最主要、最基本的价值功能，最终目标指向建设社会主义法治国家。[⑤]

1997 年，党的十五大将依法治国和建设社会主义法治国家确定为中国的治国战略目标。1999 年，第九届全国人民代表大会第二次会议通过《宪法修正案》，《宪法》第五条增加一款，作为第一款，规定："依法治国，建设社会主义法治国家。"2012 年，党的十八大报告指出："全面推进依法治国。"2014 年《中共中央关于全面推进依法治国若干重大问题的决定》提出："全面推进依法

---

① 亚里士多德著，吴寿彭译：《政治学》，北京：商务印书馆，1985 年，第 199 页。

② 《中国法律大辞典》，北京：光明日报出版社，1988 年，第 790 页。

③ 中国社会科学院语言研究所词典编辑室编：《现代汉语词典（汉英双语）》，北京：外语教学与研究出版社，2002 年，第 528 页。

④ 夏征农、陈至立主编：《辞海》，上海：上海辞书出版社，2010 年，第 461 页。

⑤ 文正邦：《法治政府建构论：依法行政理论与实践研究》，北京：法律出版社，2001 年，第 23 页。

治国，总目标是建设中国特色社会主义法治体系，建设社会主义法治国家。这就是，在中国共产党领导下，坚持中国特色社会主义制度，贯彻中国特色社会主义法治理论，形成完备的法律规范体系、高效的法治实施体系、严密的法治监督体系、有力的法治保障体系，形成完善的党内法规体系，坚持依法治国、依法执政、依法行政共同推进，坚持法治国家、法治政府、法治社会一体建设，实现科学立法、严格执法、公正司法、全民守法，促进国家治理体系和治理能力现代化。"

党的十九大报告提出全面推进依法治国的总目标是建设中国特色社会主义法治体系、建设社会主义法治国家。"全面依法治国是中国特色社会主义的本质要求和重要保障。必须把党的领导贯彻落实到依法治国全过程和各方面，坚定不移走中国特色社会主义法治道路，完善以宪法为核心的中国特色社会主义法律体系，建设中国特色社会主义法治体系，建设社会主义法治国家，发展中国特色社会主义法治理论，坚持依法治国、依法执政、依法行政共同推进，坚持法治国家、法治政府、法治社会一体建设，坚持依法治国和以德治国相结合，依法治国和依规治党有机统一，深化司法体制改革，提高全民族法治素养和道德素质。"

依法治国具有十分重要的意义。2014 年《中共中央关于全面推进依法治国若干重大问题的决定》提出：全面推进依法治国是坚持和发展中国特色社会主义的本质要求和重要保障，是实现国家治理体系和治理能力现代化的必然要求，事关我们党执政兴国，事关人民幸福安康，事关党和国家长治久安。[①] 2017 年，党的十九大报告提出全面依法治国是国家治理的一场深刻革命。

第七节 "法治侨务"辨析

理解"法治侨务"的内涵，必须从依法治国的基本要求和侨务部门的基本职能两个角度来理解。从依法治国的基本要求来看，"法治是国家治理体系和治理能力的重要依托。全面推进依法治国，是解决党和国家事业发展面临的一系列重大问题，解放和增强社会活力、促进社会公平正义、维护社会和谐稳定、确保党和国家长治久安的根本要求"。[②] 依法治国本质上就是要充分发挥法治的引领和保障作用，不断提升运用法治思维和法治方式来解决矛盾和问题的能力水平，推动国家治理体系和治理能力现代化。依法治国的着力点是运用法治思维和法治

---

① 《中共中央关于全面推进依法治国若干重大问题的决定》第一部分，2014 年。

② 习近平：《关于〈中共中央关于全面推进依法治国若干重大问题的决定〉的说明》，2014 年。

方式，落脚点在于提升国家治理能力，推动国家治理现代化。

　　法治侨务建设是全面推进依法治国的重要组成部分，根本目的是提升侨务部门依法履职能力。从侨务部门的基本职能来看，侨务部门担负着"凝聚侨心，汇聚侨智，发挥侨力，维护侨益"的重大使命。深入推进法治侨务建设，就是要把侨务工作放在全面推进依法治国大局中来谋划，通过发挥法治的引领作用，提升运用法治思维、法治方式的能力来确保团结动员广大海外侨胞和归侨侨眷为实现中华民族伟大复兴的中国梦作出独特贡献。2014 年《中共中央关于全面推进依法治国若干重大问题的决定》指出，"强化涉外法律服务，维护我国公民、法人在海外及外国公民、法人在我国的正当权益，依法维护海外侨胞权益"，进一步强化了宪法和涉侨法律赋予侨务部门依法维护侨胞权益的重要职责，强化了侨务工作的法治化基础，为侨务部门依法行政、依法办侨务提供了根本保障。

　　法治侨务的内容主要包括侨务立法、侨务依法行政、侨法宣传教育、法治侨务组织保障和法治能力建设、侨法服务五个方面。①侨务立法，是指国家机关针对在外国的中国公民以及归侨侨眷的有关问题的解决，依据法定权限和程序，制定、修改、废止、解释法的活动。主要是使党和国家的侨务政策通过法定程序成为法律，健全宪法涉侨规定的实施和监督制度，深入推进侨务方面的科学和民主立法。②侨务依法行政，是指侨务部门行政权力和有关部门涉侨行政权力的取得和适用，必须依据法律的规定并依照法定的程序，既不得越权和滥用职权，也不得失职，一切行政行为都要接受监督，违法行政要承担相应的法律责任。主要是在加快建设法治政府中深入推进侨务依法行政，健全侨务部门依法决策机制，完善侨务部门的行政组织和行政程序制度。③侨法宣传教育，主要是增强全民，特别是党和政府的有关部门和单位、侨务干部的侨法观念，不断营造良好法治侨务氛围。深入开展侨法宣传教育，对于进一步增强广大海外侨胞、归侨侨眷和侨务干部的法治观念，进一步增强全社会维护侨益的积极性、主动性和自觉性，推进法治侨务建设，具有十分重要的意义。④法治侨务组织保障和法治能力建设，主要是着力建设法治侨务工作队伍，提高侨务干部法治思维和依法办事能力，为法治侨务建设队伍提供强有力的组织保障和高水平的法治能力。⑤侨法服务，是指向政府侨务部门、海外侨胞和归侨侨眷提供法律服务，核心是向海外侨胞和归侨侨眷及其企业、社会团体，特别是侨商提供维护权益的法律服务。侨法服务是"以人为本，为侨服务"的侨务工作宗旨在法治方面的具体体现，是最大限度地团结海外侨胞和归侨侨眷的重要措施之一。

　　法治侨务建设的难点主要有四个方面：①如何使党和国家的侨务政策转化为法律？党中央、国务院历来高度重视侨务工作，将侨务工作作为党和国家一项长期的战略性工作，制定了一系列重要方针政策。除《归侨侨眷权益保护法》外，很多侨务政策尚未转化为法律。由于国务院侨务办公室是办事机构，没有立法权，只能通过与人大、政府法制机构、第三方等不太熟悉侨务的机构交流与合作，推动侨务立法。②怎样深入推进侨务依法行政，使侨务部门依法全面履行侨务方面的组织协调、统筹协调和指导的政府职能？加强法治侨务建设就是要按照法定权限和法定程序履行职责和义务，协助国务院总理办理侨务事项，开展侨务工作。由于缺少法律依据，侨务部门履行侨务方面的组织协调、统筹协调和指导等政府职能乏力，严重影响侨务部门事权规范化和法律化以及统筹推进区域内为侨服务的能力。③如何全面有效地开展侨法宣传教育，重点是使侨务部门和其他政府部门干部了解《归侨侨眷权益保护法》等侨务法律，以及《出境入境管理法》等涉侨法律？提高侨务和涉侨干部的法治思维和依法办事能力，有益于在侨务部门作用削弱、侨务干部专业性差和流动性强的情况下，保持并提高侨务工作的效率。④怎样强化侨法服务，依法维护海外侨胞、归侨侨眷的合法权益？要分类和统筹管理侨法服务组织，建立和完善侨务部门法律顾问、公职律师制度，以政府购买服务方式运作侨法服务组织，扩展侨法服务组织服务的内容，使侨法服务组织的管理及其情况公开和透明，加强侨法服务组织的制度建设等。

第八节　结论

　　研究法治侨务建设难点问题，要理清侨、侨居、侨民、涉侨、侨务、法治、法治侨务等关键词的含义。"侨"的本义有侨居和侨民。"侨居"是指在外国居住。"侨民"是指在外国的中国公民，主要指在国外生活、学习和工作的中国公民，特别是华侨。"涉侨"是指关于和涉及侨，涉侨对象除侨民（华侨、在海外的其他公民）以外，还包括外籍华人、归侨、侨眷。"侨务"是指有关在外国的中国公民的事务，包括侨居事务和侨民事务，侨居事务包括与侨居有关的住在国事务和我国事务，侨民事务则包括侨民自身事务和侨民亲属事务。"法治"是指根据法律治理国家，是一种治国方略和原则体系，是依法治国最主要、最基本的价值功能，最终目标指向建设社会主义法治国家。"法治侨务"是指根据法律开展有关在外国的中国公民的事务的工作，主要内容包括侨务立法、侨务依法行政、侨法宣传教育、法治侨务组织保障和法治能力建设、侨法服务。理解法治侨务的内涵，必须从依法治国的基本要求和侨务部门的基本职能两个角度来理解。法治侨务建设是全面推进依法治国的重要组成部分，根本目的是提升侨务部门依法履职的能力。

　　以移民法理论引导法治侨务建设，将增进外籍华人、华侨、归侨和侨眷与其

他中国公民相互融合摆在突出位置，运用技术移民和投资移民制度引进侨智和吸引侨资，通过家庭移民制度解决外籍华人叶落归根和送子女回国抚养的问题，借助人道主义移民制度妥善安置受迫害的、大规模回国的外籍华人，借助移民融合制度照顾归侨侨眷。外籍华人、华侨、归侨侨眷是与我国关系最密切的国际迁徙群体。移民法是调整人员国际迁徙的法律规范的总称，为国家利益，统筹规范即将入境和已经入境的非公民，以及即将出境和已经出境的公民。移民法作为一种特定的社会规范，对国际迁徙人员和国际移民关系具有调整、指引和保障的功能，主要是促进发展、维护安全、增进融合和保障人权。促进发展主要是引进人才、吸引资金和促进移民输出国和输入国的发展。维护安全是指维护传统安全和非传统安全。增进融合是要增进国际迁徙群体与当地居民之间的理解、包容和接纳。保障人权则重点保障国际迁徙自由（出入境权）和外国人权利。侨务法治是侨务工作的合法性依据和制度性基础，是关心外籍华人的长期生存和发展、增加外籍华人同我国的亲情乡谊与合作交流、保护华侨正当的权利和利益及保护归侨和侨眷合法的权利和利益的最重要体现。

第二章　侨务立法

推进法治侨务，必须坚持立法先行，发挥立法的引领和推动作用。1978 年改革开放后，经过 40 多年的发展，我国侨务立法取得了显著成就，但仍面临的许多挑战，制约着侨务立法和侨务部门运用法律去解决海外侨胞、归侨侨眷反映较集中的热点难点问题。要推进侨务立法，首先，要辨析"侨务立法"，分析侨务立法的现状，探讨侨务立法面临的挑战，论述侨务立法面临挑战的原因。其次，要剖析华侨权益保护立法的难点和外籍华人权益保护立法的难点。最后，使党关于侨务的主张通过法定程序成为法律，深入推进涉侨领域的科学立法、民主立法和多方立法，将侨务工作、侨务立法的经验和做法上升为法律。

第一节　"侨务立法"辨析

侨务立法是指国家机关针对在外国的中国公民以及归侨侨眷有关问题的解决，依据法定权限和程序，制定、修改、废止、解释法的活动。"法"，根据2000 年《立法法》（2015 年修正）第二条，是指法律、行政法规、地方性法规、自治条例、单行条例、国务院部门规章和地方政府规章。"立"，根据 2000 年《立法法》（2015 年修正）第二条、第四十五条、第一百零四条，是指制定、修改、废止和解释。2014 年《中共中央关于全面推进依法治国若干重大问题的决定》第 2 部分规定：完善立法体制机制，坚持立改与废释并举。"制定"，根据2002 年《行政法规制定程序条例》第二条和 2002 年《规章制定程序条例》第二条，是指立项、起草、审查、决定、公布和解释。在外国居住而保留中国国籍的中国公民的有关问题，是指与侨居有关的住在国事务、与侨居有关的我国事务、侨民自身事务和侨民亲属事务等方面的问题。

推进法治侨务，必须坚持立法先行，发挥立法的引领和推动作用，抓住提高立法质量这个关键。使党和国家的侨务政策通过法定程序成为法律，健全宪法涉侨规定的实施和监督制度，深入推进侨务方面的科学立法、民主立法和多方立法。顺应人大、政府法制机构的立法体制完善趋势，密切侨务部门与人大、政府法制机构、第三方的交流与合作。引导侨务方面的人大代表、政协委员、专家学

者等参与侨务立法，探索如何将成熟的侨务工作经验和做法上升为法律。

第二节 侨务立法的现状

1978 年改革开放后，经过 40 多年的发展，我国侨务立法取得了显著成就，形成了归侨侨眷法律体系和华侨法律体系框架，并积极探索外籍华人法律。

一、形成了归侨侨眷法律体系

1990 年《归侨侨眷权益保护法》（2009 年修正）是归侨侨眷法律体系的核心，2004 年《归侨侨眷权益保护法实施办法》是归侨侨眷法律体系的主干，地方法规是归侨侨眷法律体系的重要组成部分。全国 31 个省、自治区和直辖市（除西藏自治区）以及深圳市、厦门市，都颁布了本省（自治区、直辖市）的《归侨侨眷权益保护法》的实施办法或者实施规定，绝大部分省、自治区和直辖市修订了归侨侨眷权益保护方面的地方法规。山东等省和南京市、苏州市、扬州市、常州市等市还制定了归侨侨眷权益保护的条例或办法。[①] 归侨侨眷法律法规体系的形成详见第七章第三节。

二、形成了华侨法律体系框架

1955 年《国务院关于贯彻保护侨汇政策的命令》、1982 年《国务院关于加强华侨和港澳同胞捐赠进口物资管理的通知》、1990 年《国务院关于鼓励华侨和香港澳门同胞投资的规定》等行政法规是华侨法律体系的主干。地方法规、地方政府规章是华侨法律体系的重要组成部分。很多省级和有立法权的市级人大常委会、政府根据《宪法》和有关法律、法规，结合本省、市的实际，颁布了一些华侨权益保护的地方法规和规章，主要涵盖综合性、投资、捐赠、私有房屋四个方面的权益保护。华侨权益保护综合性地方法规规章主要有：2001 年《武汉市出境定居人员权益保障规定》、2003 年《杭州市出国定居人员权益保障规定》、2006 年《浙江省华侨权益保障暂行规定》、2015 年《南京市华侨权益保护条例》、2015 年《广东省华侨权益保护条例》、2016 年《福建省华侨权益保护条例》、2016 年《上海市华侨权益保护条例》、2016 年《湖北省华侨权益保护条

---

① 2014 年 11 月，山东省人大常委会颁布《山东省归侨侨眷权益保护条例》。

例》等。

华侨投资权益保护地方法规规章主要有：1998 年《福建省保护华侨投资权益若干规定》、2000 年《四川省华侨投资权益保护条例》（2011 年修正）、2016 年《江苏省保护和促进华侨投资条例》等。

华侨捐赠权益保护地方法规规章主要有：1997 年《广东省华侨捐赠兴办公益事业管理条例》（2014 年修正）、2005 年《广东省华侨捐赠公益事业项目监督管理办法》、1990 年《福建省华侨捐赠兴办公益事业管理条例》（2002 年修订）、2014 年《福建省华侨捐赠兴办公益事业表彰办法》、1990 年《山东省华侨捐赠奖励办法（试行）》、1991 年《山东省华侨捐赠管理暂行办法》、2007 年《海南省华侨捐赠公益事业若干规定》、1995 年《浙江省华侨捐赠条例》（2004 年修订）、2009 年《安徽省华侨捐赠条例》、2016 年《贵州省华侨捐赠公益事业条例》等。

华侨私有房屋权益保护地方文件主要有：1986 年《广州市清退占用华侨房屋暂行规定》、1995 年《广东省拆迁城镇华侨房屋规定》（2004 年修订）、1997 年《福建省保护华侨房屋租赁权益的若干规定》、1997 年《汕头经济特区华侨房地产权益保护办法》等。

近年来，一些省、市制定的华侨归侨侨眷保护方面的地方法规和规章，在内容上涵盖了部分华侨权益保护。例如，2012 年《南京市华侨归侨侨眷权益保护办法》、2012 年《扬州市华侨归侨侨眷权益保护办法》（2016 年修正）、2013 年《苏州市华侨归侨侨眷权益保护办法》、2014 年《山东省归侨侨眷权益保护条例》等。

华侨法律法规体系框架的形成详见第七章第四节。

三、探索外籍华人法律，缺少专门的外籍华人权益保护法

在国家层面，有一些涉及外籍华人的法律、行政法规，例如 1980 年《国籍法》等。在地方层面，省级和有立法权的市级人大常委会、政府根据《宪法》和有关法律、法规，结合本地实际，在华侨、归侨、侨眷权益保护法规、规章中，将保护主体延伸到外籍华人。国家在用侨汇购买和建设住宅、迁移祖墓、制止和惩处盗掘华侨祖墓的违法犯罪活动、修复祖墓等事项上给予外籍华人华侨法律地位。1980 年《国家城市建设总局、国务院侨务办公室关于用侨汇购买和建设住宅的暂行办法》第十条第二款规定："以上办法，原则上适用于港澳、台湾同胞和中国血统外籍人以及他们在我境内的亲友。"2000 年《民政部、国务院侨务办公室、国务院港澳办公室、国务院台湾事务办公室、国家民族事务委员会、

国家文物局关于特殊坟墓处理问题的通知》第四条规定："华侨、外籍华人和港澳台同胞的范围要严格掌握，由省级有关主管部门负责认定。"1984年《国务院侨务办公室、公安部、最高人民检察院、最高人民法院、民政部关于制止和惩处盗掘华侨祖墓的违法犯罪活动的联合通知》第五条规定："对盗掘港澳同胞、台湾同胞和外籍华人祖墓的违法犯罪行为，均按本通知规定的精神惩处。"1984年《国务院侨务办公室、民政部关于华侨修复祖墓问题的通知》第五条规定："本通知适用于处理外籍华人、港澳同胞、台湾同胞要求修复祖墓的问题。"

　　地方，特别是广东、江苏、山东、湖北、上海、浙江等省、市的侨务立法取得了突破，不断填补目前国内外籍华人、华侨、归侨、侨眷权益保护的空白。广东省、福建省、湖北省等地方系统地给予外籍华人华侨法律地位，通过参照华侨权益保护地方法规执行的方式全面保护外籍华人权益。南京市、扬州市等地方给予工作的外籍华人归侨的法律地位，适用于保护归侨的地方规章。南京市、扬州市等地方给予创办企业的外籍华人回国创业留学人员法律地位，享有回国创业留学人员的待遇。外籍华人人才作为特殊外国人才，在广东省、福建省、湖北省，与华侨享有同等的海外人才待遇。外籍华人作为特殊外国人，在北京市等地方，享有与华侨、归侨同等的接受义务教育待遇。国家允许地方结合本地区实际，给予外籍华人子女与华侨子女同等的接受义务教育待遇。外籍华人作为特殊外国人，在广东省、福建省和湖北省，与华侨享有同等的财产方面的待遇。外籍华人投资是海外投资的重要组成部分，在广东省、福建省、湖北省、四川省、江苏省，与华侨投资享有同等的待遇。南京市、扬州市、苏州市等地方在华侨归侨侨眷权益保护地方法规规章中，以专门条款规定，鼓励外籍华人投资创业，保护外籍华人投资、投资收益。

　　外籍华人法律法规体系的构建详见第七章第五节。

第三节　侨务立法面临的挑战

　　侨务立法面临涉侨法律体系不完备、缺少翔实的侨务立法规划和实施方案、未系统论证和总结可复制推广的地方立法经验、涉侨法律适应性不足、涉侨法律操作性不强、党的侨务政策没有完全转化为国家法律等挑战。一般法律基本不考虑侨或者对侨考虑不足，外国人和出入境方面的法律同样有这一问题，正在起草或修订的《外国人在中国工作管理条例》等涉侨法律很少考虑侨在相关方面的需求。一些政府部门制定和实施的涉侨法律淡化涉侨性，一些涉侨法律没有清晰规定"后裔""安置"等侨务内容，降低了实施效用，外籍华人、华侨、归侨、

侨眷身份认定制度不健全。这些挑战制约了侨务立法，不利于侨务部门运用法律去解决海外侨胞和归侨侨眷反映较集中的热点难点问题。

一、涉侨法律体系不完备

许多归侨侨眷权益保护的规定不适应归侨侨眷和国家法治建设的新情况。近几年，在全国人大会议期间都有代表提出关于修改《归侨侨眷权益保护法》的议案或建议，归侨侨眷和海外侨胞对修改该法的呼声也很高。全国人大华侨委员会认为，为适应国内外侨情发展变化，需要对该法进行修改，但对修改的具体内容如华侨农场改革发展、贫困归侨侨眷社会保障、归侨侨眷国内投资权益保护等问题，尚需进一步深入调研。缺少龙头性的全国华侨权益保护法律，关于华侨的地方法规和规章与有关华侨的法律法规之间无法形成合力。国务院将华侨权益保护立法列入2015年度立法的研究计划，有关部门和单位正在抓紧起草和论证，这距离颁布和实施《华侨权益保护条例》特别是《华侨权益保护法》还有较长时间。缺少关于外籍华人的法律法规，目前有关外籍华人的法律、行政法规、部门规章非常零散，关于外籍华人的地方法规和规章层次不高、规范面不全、适用省市较少。2013年《扬州市华侨归侨侨眷权益保护办法》、2014年《苏州市华侨归侨侨眷权益保护办法》、2015年《广东省华侨权益保护条例》等只分别适用于扬州市、苏州市和广东省等，关于外籍华人权益保护的规定比较零星。

二、缺少翔实的侨务立法规划和实施方案

国家和国务院侨务办公室重视涉侨法律体系及其规划，但是相应的工作部署上比较原则和宏观，难以将国家、国务院侨务办公室对涉侨法律体系及其规划的重视转化为各级侨务部门的实际行动。《国家侨务工作发展纲要（2016—2020年)》提出完善涉侨法律，加强侨务法制建设，但是缺少相应的实施办法。各级政府侨务部门很少设立政策法规部门并安排专门人员负责涉侨法律工作和公布落实国家、国务院侨务办公室关于建立健全涉侨法律体系的文件。

三、未系统论证和总结可复制推广的地方立法经验

地方，特别是广东、江苏、山东、湖北、福建、浙江、上海等省市先行先试，在侨务立法方面取得了突破，积累了宝贵的立法经验，但各级政府侨务部门未系统论证和总结地方建立健全涉侨法律体系的可复制推广的经验。广东、江

苏、福建、湖北、上海等省市各自在侨务立法方面取得较大进展后，应努力总结出更多可复制推广的经验，在更大范围内发散；能在其他地区推广的要尽快推广，能在全国推广的要推广到全国。侨务立法任务越重，越要重视地方探索实践及其形成的宝贵经验。

四、涉侨法律适应性不足

我国很多涉侨法律立法背景均发生了较大变化，但是内容没有随之修订。1980 年《国籍法》、1983 年《国务院关于引进国外人才工作的暂行规定》、1990 年《归侨侨眷权益保护法》（2009 年修正）、1990 年《国务院关于鼓励华侨和香港澳门同胞投资的规定》、1999 年《公益事业捐赠法》、2004 年《归侨侨眷权益保护法实施办法》等涉侨法律的立法背景均发生了较大变化，但是内容却没有随之修订。1980 年《国籍法》不能解决事实双重国籍问题。1986 年《居民身份证条例实施细则》（1999 年修订）不能解决多重身份问题。2013 年《华侨回国定居办理工作规定》不能解决未放弃国外定居权问题。

五、涉侨法律操作性不强

实施是法律的生命，不能有效实施的法律是没有生命力的法律。1990 年《归侨侨眷权益保护法》（2009 年修正）"根据特点、适当照顾"的"具体办法"始终未能完备成文和不断更新，使其成为一部内容比较空泛的法律。[1] 2004 年《归侨侨眷权益保护法实施办法》侨务机构规定"为捐赠人实施捐赠项目提供帮助，并依法对捐赠财产的使用与管理进行监督"，但就操作性而言，"帮助""依法"是非常模糊的词汇。[2] 1999 年《公益事业捐赠法》重复以上规定，没有作出可操作的衔接性规定。2008 年《关于为海外高层次人才提供相应工作条件的若干规定》中规定"对于愿意放弃外国国籍而申请加入或恢复中国国籍的外国籍引进人才，公安机关要根据《国籍法》的有关规定优先办理"，但如果没有加入或恢复中国国籍的具体条件和程序，应如何优先办理？

---

[1]　1990 年《归侨侨眷权益保护法》（2009 年修正）第三条规定："归侨、侨眷享有宪法和法律规定的公民的权利，并履行宪法和法律规定的公民的义务，任何组织或者个人不得歧视。国家根据实际情况和归侨、侨眷的特点，给予适当照顾，具体办法由国务院或者国务院有关主管部门规定。"

[2]　2004 年《归侨侨眷权益保护法实施办法》第十三条第三款规定："归侨、侨眷境外亲友向境内捐赠财产的，县级以上人民政府负责侨务工作的机构可以协助办理有关入境手续，为捐赠人实施捐赠项目提供帮助，并依法对捐赠财产的使用与管理进行监督。"

六、党的侨务政策没有完全转化为国家法律，一般法律基本上不考虑侨或者对侨考虑不足

虽然侨在国家政治和战略层面得到了高度重视和明确宣示，但这种重视未能在法制层面得到完全转化和落实，致使制定侨务专门法律的难度很大，许多侨务由一般法律来调整。一般法律基本上不考虑侨或者对侨考虑不足，将外籍华人等同于外国人，将华侨、归侨、侨眷等同于其他中国公民，不再将华侨视同香港澳门居民。例如，1979 年《全国人民代表大会和地方各级人民代表大会选举法》（2015 年修正）没有考虑旅居国外的公民在县级以下人大代表选举期间在国外时的情况。①

七、外国人和出入境方面法律对侨考虑不足

外籍华人希望享有更多的出入境、移民便利，但 2012 年《出境入境管理法》和 2013 年《外国人入境出境管理条例》很少关注外籍华人的工作、投资、访问等事务，未建立被邀请人信用制度；未建立统一的承运人审核在口岸办理签证的标准；Z 字签证、R 字签证不包括创业情形；境外外国人签证中介服务不规范；没有建立亲属担保/提名签证制度。1996 年《外国人在中国就业管理办法》确立的就业许可、就业证等制度针对所有外国人，没有考虑外籍华人与外国人在与中国联系、文化传承、汉语能力等方面的显著不同，确立针对外籍华人的专门制度。外籍华人在中国工作时，适用于针对所有外国人的规定，不能完全满足外籍华人的需求。

八、正在起草或修订的涉侨法律很少考虑侨在相关方面的需求

正在起草或修订的《外国人在中国工作管理条例》《外国人永久居留管理条例》《留学生勤工助学管理办法》《难民安置与遣返管理办法》《国籍法》《外国人在中国境内工作指导目录及计点积分方案》（简称《外国人积分方案》）等法律、行政法规、部门规章和规范性文件都与侨密不可分，却很少或较少考虑侨在相关方面的需求。例如，2014 年《外国人积分方案》存在不利于外籍华人的安

---

① 1979 年《全国人民代表大会和地方各级人民代表大会选举法》（2015 年修正）第六条规定，旅居国外的公民在县级以下人大代表选举期间在国内的，可以参加原籍地或者出国前居住地的选举。

排，使外籍华人在与其他外国人竞争时，无法发挥其与中国有密切联系等方面的优势；低设汉语水平要素的分值，一名有流利英语水平和汉语水平的外国人与只有流利英语水平的外国人，不适当地获得了同等的分值；没有给予中国亲属要素相应的分值，中国亲属不是积分要素之一，不能获得任何分数。

九、一些涉侨法律和规范性文件没有体现侨的特点和清晰规定侨务内容

一些政府部门制定和实施的涉侨法律和规范性文件没有使用"外籍华人""华侨"等侨务专业词汇，不适当地代之以"恢复中国国籍的外国籍引进人才""外籍高层次人才""定居国外的中国公民"等人才引进、出入境等方面的词汇，使得涉侨法律和规范性文件没有体现侨的特点，淡化了这些法律法规和规范性文件的涉侨性。例如，2008 年中共中央组织部等 18 个部门联合印发《关于为海外高层次人才提供相应工作条件的若干规定》，"落户"部分规定"对于愿意放弃外国国籍而申请加入或恢复中国国籍的外国籍引进人才，公安机关要根据《国籍法》的有关规定优先办理"，使用"恢复中国国籍的外国籍引进人才"而没有使用"外籍华人人才"。2010 年公安部出台措施扩大外国人居留许可签发对象，使用了"定居国外的中国公民"而没有使用"华侨"。

由于侨务的长期性、战略性、政治性和复杂性，一些涉侨法律有意或者无意地没有清晰规定一些侨务内容，例如"后裔""安置"等，引起了不同程度的歧义，降低了这些法律的实施效用。2009 年《国务院侨务办公室关于界定华侨外籍华人归侨侨眷身份的规定》第二条规定外籍华人"是指已加入外国国籍的原中国公民及其外国籍后裔；中国公民的外国籍后裔"。由于国务院侨务办公室没有澄清外籍华人的含义，引起了对外籍华人群体范围的不同理解，实施关于外籍华人的地方法规规章遇到不同程度的障碍。

十、外籍华人、华侨、归侨、侨眷身份认定制度不健全

2009 年《国务院侨务办公室关于界定华侨外籍华人归侨侨眷身份的规定》对华侨、外籍华人、归侨、侨眷的身份作出了界定，但是在管理上没有确定负责华侨、外籍华人身份认定的政府部门，程序上没有规定身份认定的步骤，也没有明确"长期或者永久居留权""连续居留""累计居留""后裔""放弃""落户手续"等词汇的含义，以致地方政府认定归侨、侨眷的身份时有些随意，很难认定华侨且无法认定外籍华人。关于归侨、侨眷身份认定，存在确认"放弃原住在国长期、永久或合法居留权"的时间和形式模糊不清，华侨放弃原住在国长期、

永久或合法居留权并依法办理回国落户手续不能等同于在中国定居，归侨侨眷身份终身制实施效果不佳等不足。关于华侨身份认定，存在以国籍和出国目的为基础确认华侨身份、对其与国家的真实联系度考虑不够、不适当地排除出国留学人员和因私出国工作人员等不足。关于认定外籍华人身份，存在地方各自认证、缺少全国统一标准、模糊确认华人身份、不办理华人身份证明、不审发华人身份证件等情况。如果外国人自称是中国后裔，就会因为没有针对"后裔"的标准而无法在全国范围内对其进行甄别。除非取消所有基于外籍华人的优惠待遇，否则有关外籍华人权益的法律会因为外籍华人含义不清而面临实施压力。

第四节　华侨权益保护立法的难点

深入推进侨务立法，促进华侨权益保护法立法，要加快立法进程并取得实效，重点解决难点问题。

一、扩展华侨的范围

附条件地将在海外的留学生、外派劳务人员等纳入华侨的范围。界定华侨的核心要素是与国外保持密切联系。与国外保持密切联系强调事实而非原因，因事而异非因人而异，区别于境内居民和其他海外中国公民，具体表现为"定居在国外"，即同时具备在外国的定居资格和定居事实两项条件。定居资格是指永久居留资格、长期居留资格或者连续的居留资格（排除了非法），定居事实是指在国外较长的总居留、申请前居留（排除了短期和最近不在国外居留）。

建议删除《国务院侨务办公室关于界定华侨外籍华人归侨侨眷身份的规定》（国侨发〔2009〕5号）第三款"中国公民出国留学（包括公派和自费）在外学习期间，或因公务出国（包括外派劳务人员）在外工作期间，均不视为华侨"。根据国际移民法国籍与居留相结合原则，海外留学生、外派劳务人员符合与"定居在国外"以及与国外保持密切联系的特点，应视其为华侨。"中国公民已取得住在国长期或永久居留权，已在住在国连续居留两年，两年内累计居留不少于18个月"建议修改为"中国公民已取得住在国长期或永久居留权，已在国外累计居留不少于2年，最近2年在住在国累计居留不少于18个月"；"中国公民虽未取得住在国长期或者永久居留权，但已取得住在国连续5年以上（含5年）合法居留资格，5年内在住在国累计居留不少于30个月"建议修改为"中国公民虽未取得住在国长期或者永久居留权，但已取得住在国连续5年以上（含5年）

合法居留资格，已在国外累计居留不少于 5 年，最近 5 年在住在国累计居留不少于 30 个月"。

在界定华侨身份的工作中，从总居留时间、最近居留时间两方面确定时限。总居留时间体现与国外的整体联系，最近居留时间体现与国外的最新联系，两者互补。根据持有的永久居留、长期居留、居留资格，对其要求的总居留时间、最近居留时间递增。以"国外累计居留时间"取代"住在国连续居留时间"，国外累计居留时间包括了住在国连续居留时间，更适应人员不断流动的特点。"最近 2 年累计居留"取代"两年内累计居留"，更准确。删去"定居是指已取得外国的居留许可，并在外国累计居留不少于 12 个月"，一是考虑到获得华侨身份的中国公民必须与国外保持密切联系，"在外国累计居留不少于 12 个月"不足以证明与国外保持密切联系，很难体现国际迁徙性；二是"累计居留不少于 12 个月"的规定过于宽松，参考国际移民法的规则和具体实践认知，较难得出第一款中"定居在国外"的结论，很难区别于其他公民。

扩展华侨的范围，附条件地将在海外的留学生、外派劳务人员等纳入华侨的范围，参考了调研中地方提出的合理建议。据教育部统计，2017 年我国出国留学人数首次突破 60 万大关，达 60.84 万人，同比增长 11.74%，其中国家公派 3.12 万人，单位公派 3.59 万人，自费留学 54.13 万人（占 89%）。2018 年我国出国留学人员总数为 66.21 万人。其中，国家公派 3.02 万人，单位公派 3.56 万人，自费留学 59.63 万人。2018 年各类留学回国人员总数为 51.94 万人。其中，国家公派 2.53 万人，单位公派 2.65 万人，自费留学 46.76 万人。2018 年与 2017 年的统计数据相比较，出国留学人数增加 5.37 万人，增长 8.83%；留学回国人数增加 3.85 万人，增长了 8.00%。从 1978 年到 2018 年底，各类出国留学人员累计达 585.71 万人。其中 153.39 万人正在国外进行相关阶段的学习和研究；432.32 万人已完成学业；365.14 万人在完成学业后选择回国发展，占已完成学业群体的 84.46%。据商务部统计，2017 年我国对外劳务合作派出各类劳务人员 52.2 万人，较上年同期增加 2.8 万人；其中承包工程项下派出 22.2 万人，占 42.5%，劳务合作项下派出 30 万人，占 57.5%。2017 年年末在外各类劳务人员 97.9 万人，较上年同期增加 1 万人。浙江省公安厅出入境管理局、宁波市公安局出入境管理局认为："'定居'的解释需要考虑与《国籍法》的规定相衔接，对华侨'定居'的时间要求不宜放得过宽。"江苏省人民政府侨务部门认为在海外接受 4 年以上高等教育的留学生可以考虑认定其为华侨，南京市人民政府侨务部门、苏州市人民政府侨务部门建议将留学生、劳务人员扩大认定为华侨，认为有利于团结大多数，发挥他们的才智，服务国家经济社会建设。全美中国作家联谊会负责人认为留学生一概认定不属于华侨不合理，建议将留学超过一定年限的留学生（如 5 年）认定为华侨。

　　建议华侨身份证明有效期为 2 年。中国公民获得华侨身份证明后，存在回国居留的可能性。回国居留的华侨是归侨，不再是华侨，不放弃华侨身份，就不能获得归侨身份。鉴于丧失外国定居权的"华侨"在中国的居留时间越来越长，联系越来越紧密，适时调整其身份，不实施"华侨身份终身制"，有利于其获得公民待遇和融入国内主流社会。

二、重点保护华侨拥有却不便于行使、有利于与中国保持联系的权利

　　在华侨立法中，应重点保护拥有却不便于行使、有利于与中国保持联系的权利。

　　政治权利方面，证明华侨身份（身份证件）、选举权和被选举权（在国内非户籍地、出国前居住地以及在外国行使选举权）、参政议政权（政协委员）、参加居住地居民委员会或者村民委员会的选举、结社权六项权利。确定华侨证件的法律属性，便于华侨主张和维护本法规定的权益，以及有关部门知悉华侨和支持华侨维护权益。目前，我国确认申请人的华侨身份，但是不审发华侨证件，只办理华侨身份证明。华侨具有选举权和被选举权，其选举权不应因居住地而受到限制。为保护华侨的选举权和被选举权，国家为在国外的华侨行使选举权和被选举权提供便利，例如允许通过网上投票，到驻外使馆、领馆现场投票，预约前往驻外使馆、领馆投票，驻外使馆、领馆现场投票箱 24 小时开放等。

　　经济权利方面，征收房屋（同等待遇、书面通知）、农村宅基地使用权（回国后申请宅基地）、祖墓迁移补偿（同等待遇、书面通知）、侨汇保护（从海外汇入境内赡养其家属的侨汇和继承国外遗产从海外汇入的侨汇免征个人所得税）、继承权（适用法律）五项权利。增加"征收华侨房屋应当依法公告，并书面通知华侨，与华侨协商签订补偿协议。未签订补偿协议或者未经法定程序的，不得非法侵占、拆除"，因为华侨具有国际迁徙性，"定居在国外"，与国外保持密切联系，难以像定居在国内的其他中国公民一样知悉征收房屋公告。只有"书面通知华侨，与华侨协商签订补偿协议。未签订补偿协议或者未经法定程序的，不得非法侵占、拆除"，才能有效保护华侨在房屋方面的权益。为全面保护华侨的农村宅基地使用权，华侨持《华侨回国定居证》回国在农村定居，可以申请宅基地。经定居地村民委员会或村集体经济组织同意，可以申请建房。回国定居华侨的宅基地面积标准与村民同等对待。迁移华侨祖墓与征收其国内房屋类似，都面临与华侨有效沟通、协商、补偿的问题。华侨具有国际迁徙性，"定居在国外"，

与国外保持密切联系，难以像定居在国内的其他中国公民一样知悉迁坟信息，更难以与国内居民一样在短时间内完成迁坟。只有"书面通知华侨，与华侨协商签订补偿协议。未签订补偿协议或者未经法定程序的，不得非法迁移"，才能有效保护华侨在祖墓迁移方面的权益。要贯彻侨汇保护政策，不仅要免征侨汇的个人所得税，而且要免征相关的税。明确华侨继承或者接受遗赠、赠予获得的境内的遗产需要适用的法律，补充 1985 年《继承法》关于华侨继承境内遗产的内容。

出入境权利方面的外籍亲属团聚权。外籍华人是我国国际流动人员重要组成部分，与中国公民有着共同的中华民族根、中华文化魂、中华民族伟大复兴梦，有着不同于其他外国人的出入境（国际移民）需求。国务院公安部门、党和政府侨务部门会同国务院有关部门建立华侨外国国籍配偶和直系亲属出入境和国籍便利制度，根据特点和合理需求，对华侨外国国籍配偶和直系亲属的入境、停留、居留、工作、永久居留，以及取得和恢复中国国籍等国际移民事项作出规定。

三、区别给予华侨投资内资企业、外资企业待遇

为鼓励华侨投资，由侨务部门认定华侨企业。认定标准是在境内投资或者用投资收益进行再投资的，其投资比例占注册资本 25% 及以上。侨务部门认定华侨身份，华侨提供投资情况证明即可。"华侨在境内投资设立的企业"包括：华侨在境内设立的由其全部投资的企业；华侨在境内设立的与中国的公司企业和其他经济组织或个人共同投资设立的企业；华侨在境内设立的与外国的公司企业和其他经济组织或个人共同投资设立的企业。华侨以本人名义、以其控制的境内企业或者其他经济组织的名义投资的，适用国内投资及与投资相关的各项政策和服务。华侨在中国境外设立的企业、其他经济组织投资的，应当符合国家的外商投资产业政策，依照有关外商投资的法律、法规办理。实践中，有些华侨投资企业愿意享有内资企业待遇，还有些华侨投资企业愿意享有外商投资企业待遇。华侨是中国公民，内资企业、外商投资企业待遇日渐一致，优先给予其内资企业待遇。如果外商投资企业待遇优于内资企业待遇，华侨投资企业可以享有外商投资企业待遇。

四、有效救济华侨权益

华侨依国内法享有的权益受到侵害时，有权要求有关主管部门依法处理，或者向法院依法提起诉讼。对于有经济困难或者特殊案件的华侨（外派劳务人员、

华侨法律基金），法律援助机构应该向其提供法律援助。侨务部门单位对于华侨的维权行为应当给予支持和帮助。通过现有的法律援助机构或者设立以侨为主题的法律援助机构，引导和资助华侨走法律途径投诉和维权，通过合法渠道化解矛盾和纠纷。

华侨依住在国的法律享有的权益受到侵害，国家处理华侨投诉，特别是境外华侨纠纷时，支持用尽当地救济原则，尊重所在国管辖权的优先性，增强处理华侨投诉的稳定性和主动性。对华侨的保护，立足于由华侨住在国法律保护，由该国法律保护是根本，中国保护是补充，中国保护在任何情况下都不能取代住在国法律保护。外交资源是有限的，过度使用领事保护、外交保护等国籍国保护，不仅造成外交资源的紧张，而且不利于维护中国国际形象，并有可能加剧华侨与所在国公民的族群矛盾。[①] 外交部领事司负责人曾强调，境外公民的自我维权才是真正的"护身符"。[②] 针对不同的侵权和危害事件，根据危害严重程度和急迫程度，灵活运用当地救济、领事保护、外交保护，维护华侨权益。[③] 有关部门特别是驻外使领馆多方位、多渠道地提供所在国国内救济的资料，协助华侨了解、熟悉和用尽当地救济。

针对可能发生的海外华侨受迫害等重大事件，党和政府侨务部门和有关部门根据各自的职责和相关应急预案，制定海外华侨突发事件部门应急预案，建立海外华侨应急救援联动机制。中国驻外使领馆应当建立预警和应急处置机制，制定海外华侨突发事件应急预案，及时向海外华侨发布住在国的政治局势和社会安全等警示信息。大规模海外华侨权益受到侵害时，国家应当开展应急救援，进行妥善救助。

五、提高侨务立法技术

官员、学者提出了制定《华侨权益保护法》的建议。地方积极探索华侨权益保护立法，取得了较大进展。[④] 除理清华侨权益保护的主要问题外，还要充分发挥"五侨"联席会议的作用，形成"五侨"共识，整合"五侨"力量，共同推进华侨权益保护法立法。广东省人民政府侨务办公室在 2014 年全国侨办主任

① 单海玲：《我国境外公民保护机制的新思维》，《法商研究》2011 年第 5 期。
② 蒋林：《外交部有关负责人谈我公民侨民如何寻求领事保护》，《人民日报（海外版）》，2006 年 4 月 4 日。
③ 吴峰：《我国海外劳工权利保护机制构建》，《开放导报》2014 年第 6 期。
④ 2015 年 7 月、10 月，《南京市华侨权益保护条例》《广东省华侨权益保护条例》施行；2013 年 12 月，《扬州市华侨归侨侨眷权益保护办法》施行；2014 年 2 月，《苏州市华侨归侨侨眷权益保护办法》施行。

会议上谈道：侨务立法需要多方共同努力，加强同各方面、各部门的协调，特别是利用省"五侨"的力量去共同推进。

不在《华侨权益保护法》中做与已有法律相重复的规定。鉴于华侨权利与其他中国公民权利的相通性，以特别法形式保护华侨权利，要避免其内容与保护其他中国公民权利的一般法内容重合，否则将使《华侨权益保护法》失去特别法的意义。2015 年《广东省华侨权益保护条例》第十五条第三款"华侨对私有房屋享有占有、使用、收益和处分的权利，任何组织和个人不得非法侵犯"，与2007 年《物权法》第三十九条"所有权人对自己的不动产或者动产，依法享有占有、使用、收益和处分的权利"，没有差异。华侨可以依照 2007 年《物权法》第三十九条获得保护，似乎没有必要再依照 2015 年《广东省华侨权益保护条例》第十五条第三款寻求保护。

2015 年《广东省华侨权益保护条例》第七条第二款"华侨可以依法凭本人的中华人民共和国护照办理金融、教育、医疗、交通、电信、社会保险、财产登记、住宿登记等事务，其护照具有与居民身份证同等的身份证明效力"，与 2012 年《出境入境管理法》第十四条"定居国外的中国公民在中国境内办理金融、教育、医疗、交通、电信、社会保险、财产登记等事务需要提供身份证明的，可以凭本人的护照证明其身份"没有差异。2012 年《出境入境管理法》由全国人大常委会通过，历经多年，第十四条始终未能真正贯彻实施；《广东省华侨权益保护条例》由广东省人大常委会通过，第七条第二款仅仅是重复性规定，也难以解决无法真正凭护照在境内证明身份的问题。

不在《华侨权益保护法》中做转介性规定。已经施行的华侨权益保护方面的法律，常常不直接解决华侨遇到的问题，而是转介至其他法律，使《华侨权益保护法》的效用大大降低。2015 年《南京市华侨权益保护条例》第十条规定"华侨在本市就业的，其就业登记以及社会保险登记、缴费、待遇支付等手续，按照国家和省、市规定办理。其未成年子女可以按照规定参加本市居民医疗保险。退休后出国定居且保留医疗保险关系或者离休后出国定居的华侨回本市就医的，按照规定继续享受退休或者离休医疗待遇"，原有规定没有解决华侨遇到的问题，转介性"按照国家和省、市规定""按照规定"还是解决不了问题。2001 年《武汉市出境定居人员权益保障规定》第二十四条、2003 年《杭州市出国定居人员权益保障规定》第二十三条均规定"出国定居人员来本市投资兴办企业的，享受外商投资企业待遇"，没有明确"来本市投资兴办企业"，以及与港澳台同胞投资优惠待遇实质下降问题。

不在《华侨权益保护法》中做宣示性规定。《华侨权益保护法》做宣示性规定，相关规定的内容将不可操作，不能解决华侨遇到的问题，降低《华侨权益保护法》的权威。地方的《华侨权益保护法》出现了不少宣示性规定，很难操作实施，国家的《华侨权益保护法》应尽量减少或者避免这种情况。如 2015 年《南京市华侨权益保护条例》第六条规定"市、区人民政府在制定涉侨规定时，应当广泛听取华侨人士的意见"，但没有明确"广泛听取"的内容和程序。①

第五节　外籍华人权益保护立法的难点

一、外籍华人的范围

建议将外籍华人限定在三代以内，将出生在本国列为认定外籍华人的重要因素，区分东南亚国家和非东南亚国家外籍华人，给予不同的权益。

韩国、土耳其、德国、印度、澳大利亚等国家实施海外族裔出入境（国际移民）政策时，非常重视根据本国国情合理界定海外族裔，将海外族裔基本限定在三代以内。三代以内的海外族裔能够较好地传承本国文化，与本国保持较紧密的联系。根据印度海外公民卡计划，自己、父母或祖父母是印度公民的双重国籍者，可以申请印度海外公民卡。根据《韩国出入境管理法施行规定》第七十六条，同胞是指本人、父母或祖父祖母中一人拥有过大韩民国国籍且取得外国国籍者。

将出生在本国列为认定海外籍华人的重要因素。出生在本国的族裔具有与本国天然的割舍不断的联系。根据印度裔卡计划，本人、父母或者祖父母出生在印度的外国人是印度裔。在韩国，祖父母之一出生在韩国，可以申请亲属移民，取得永久居留资格，但必须通过血缘关系检测。在土耳其，如果出生时父母一方是土耳其公民，就可以拥有双重国籍成为土耳其公民，返回土耳其时不需要申请签证和工作许可。

排除与本国关系复杂敏感的国家的海外族裔，避免在实施双重国籍政策时遭到这些国家的反对和抵制，损害在这些国家的海外族裔的利益。印度政府实施印度裔卡计划，面向曾经持有印度护照，正持巴基斯坦、孟加拉国、阿富汗、尼泊尔、不丹、中国、斯里兰卡以外国家护照的印度裔外国人。印度还实行印度海外

---

① 同样情况还有 2013 年《苏州市华侨归侨侨眷权益保护办法》第十一条规定"华侨、归侨、侨眷参加县级市（区）、镇人民代表大会代表选举活动，或者参加地方政协活动的，政府侨务等有关部门、单位应当提供帮助"，但没有明确"帮助"的内容和程序。

公民卡计划，面向居住在巴基斯坦和孟加拉国以外允许双重国籍国家的双重国籍印度人。土耳其实施蓝卡方案，向取得不承认双重国籍国家国籍的前土耳其公民签发准护照性质的蓝卡，赋予准公民权利。德国则根据1949年《德国基本法》，德国人系指具有德国国籍的人，或以德意志民族的难民和被逐出家园人身份或作为此类人员的配偶、后裔，在1937年12月31日以后的德意志帝国领域被接受的人员。2007年，德国修订国籍法，德国公民取得欧盟国家或瑞士的国籍，不再自动丧失德国国籍，也不再需要取得允许其包括德国国籍的书面批准。2011年，德国再次修改国籍法，德国公民自愿加入欧盟成员国、北大西洋公约组织成员国和欧洲自由贸易联盟成员国，澳大利亚、新西兰、以色列或韩国军队，不再自动丧失德国国籍。

二、外籍华人永久居留

增加独立技能类永久居留，允许只有外国工作经验的、有在中国境内居住的中国公民亲属的非东南亚国家高层次人才华人在境内外申请技能类永久居留。在技能类永久居留积分评估方案中加入中国工作经验、亲属担保、原中国公民及其外国籍后裔或中国公民的外国籍后裔、中国学历、汉语语言能力等与中国密切联系方面的指标，合理设置积分分值，增强外国人才的融入能力，推动外国人才的社会融合，预设性消除族裔冲突。

增加独立投资类永久居留，允许只有外国投资经验的、有在中国境内居住的中国公民亲属的外国人在境内外独立申请永久居留。丰富申请永久居留的投资方式，引导外籍华人投资者按照我国需要的投资方式投资。

降低夫妻团聚类永久居留的婚姻存续和居住期间要求。"婚姻关系存续"由五年缩短为三年，"在中国连续居留"由五年缩短为三年，并将"申请之前申请人在华合法短期停留或留学、任职等居留的时间可计入本条规定的居留期限"公开化，实现婚姻和家庭关系的稳定。

增加父母、同胞兄弟姐妹及叔姑姨舅团聚类永久居留。将"在境外无直系亲属，投靠境内直系亲属，且年满60周岁"扩展为"中国公民或者在中国获得永久居留资格的外国人的父母、同胞兄弟姐妹及叔姑姨舅"，"已在中国连续居留满五年"缩短为"已在中国连续居留满两年"。将亲属团聚类外国人由配偶、子女和60周岁以上扩展至父母、同胞兄弟姐妹及叔姑姨舅，有利于外籍华人与中国公民团聚。要求申请亲属团聚人员必须具备一定的汉语语言能力，达到HSK考试（新汉语水平考试）四级，减少其融入中国的困难。将由"申请人、中国公民亲属提供"扩展至"在过去五年内每年收入均达到当地平均收入的任何中国公民"提供"在中国有稳定生活保障和住所",使更多贫困外籍华人有机会在中国永久居留,但又不给中国造成经济和社会负担。

建立亲属保证制和移民配额制。亲属保证制适用于本人在中国境内有直系亲属的外国人。除亲属团聚类永久居留外,有直系亲属担保的外国申请人与没有的相比,在工作和居住年限条件方面,减少年限要求。建立移民配额制,规定我国每年接收的在中国永久居留的外国人的数量上限,控制外籍华人永久居留的规模和节奏。

三、外籍华人国籍

完善外籍华人单一国籍制度,正常化外籍华人加入中国国籍,允许外籍华人高层次人才保留原国籍,允许中国公民被动取得其他国籍和主动取得非东南亚国家的发达国家国籍,增强国籍法的可操作性和防范性。

建立恢复国籍制度,允许外籍华人特别是高层次人才、受迫害华人恢复中国国籍,使中国政府彻底摆脱一旦外国迫害外籍华人时所面临的困境。申请人是已加入外国国籍的原中国公民及其外国籍子女、孙子女,中国公民的外国籍子女、孙子女,外籍华人恢复中国国籍后,必须在规定期限内放弃原东南亚国家的国籍,并随后与中国保持紧密联系,例如实际居住,否则恢复的中国国籍无效。在设计恢复国籍的条件时,可以从资产、语言、教育程度等方面予以限定,缓解外籍华人恢复国籍给国内带来的人口和经济压力。

四、外籍华人难民

建立难民制度,在外国人居留体系中增加庇护类居留和永久居留,给予符合条件的受迫害外籍华人难民地位,允许他们在中国居留和永久居留,解决类似缅甸籍外籍华人和边民外籍华人陷入周而复始地受迫害—涌入中国—接受保护和安置—回国—再受迫害的怪圈,以及消除外籍华人在推动中国发展进步、促进中国与世界各国友好交往、实现中华民族伟大复兴中发挥作用时对被住在国迫害的担忧。

建立补充保护制度,保护虽然不符合难民定义但如果被遣返将面临生命和自由的巨大威胁的外籍华人。针对国际形势突发情况,给予已经进入中国,而住在国正处于武装冲突、自然灾难等混乱状况,无人身安全保障的外籍华人在中国居留身份。如住在国恢复正常状态,遣返补充保护者回国。如果补充保护者不及时回国而非法滞留,可以遣送出境。

建立自我分散安置制度，不再包办安置，允许获得居留、永久居留及国籍的外籍华人难民自由迁徙、自我选择生活地区和自谋职业，使他们以自我强迫的方式快速实现社会融入。为他们提供基本社会保障，满足基本生活需要，辅之以融合培训，消除和缩短安置初期的痛苦过程，减少随之带来的不稳定感。允许社会组织参与安置工作，弥补政府安置的不足。

五、外籍华人融合

建立再融合制度，推动外籍华人再融合。外籍华人和其他外国人相比，与中国有着更紧密的联系、更强烈的融入意愿和更便利的融入条件，但是也会遇到更复杂的融入困惑和更高的融入期待。当外籍华人住在国和中国的社会形态有显著不同时，回国过程往往带来不确定或者不安全感。

创造回归外籍华人与国内人才同等竞争的环境。不同等的竞争环境不仅是法律明文规定导致的，而且还可能是因人情和关系不足引起。外籍华人长期不在国内，没有积累国内人脉资源，会不了解或者不愿意遵循国内人情和关系之道。防止排异和过度使用回归外籍华人人才。很多外籍华人人才未能人尽其才，问题往往出在基层单位。外籍华人人才同样需要培训和发展。

鼓励外籍华人与来源国、中国同行保持紧密联系。制定吸引外籍华人人才的政策时，既要鼓励外籍华人人才由临时性转换为永久性，提供各种吸引永久居留的优惠条件，又要尊重外籍华人人才的选择，包容外籍华人人才由于不同居留环境形成的不同政治、经济和生活习惯。培育外籍华人人才与国内的交流圈，通过交流圈转移知识和投资。

取消禁止或者限制外籍华人人才从事公务工作及获得资助的规定。如果我国公民已成为发达国家的高级人才，其必然在发达国家居留了很长期间、掌握了很高技能、较好地融入了发达国家。在发达国家纷纷推出技术移民政策的背景下，高级人才取得当地永久居留权，进而取得国籍并不是难事。

在外籍华人集中的城市开办社会融合班。社会融合班在欧洲和大洋洲各国已经有较长历史，多围绕本国的国情、理念和价值观，对新移民进行强化教育和知识灌输，引导其理解和接受接收国的政治、经济和文化。侨务部门可以在外籍华人集中的城市免费为外籍华人开办社会融合班，内容包括中国的政治、经济、文化、宗教、地理、法律、语言等国情方面的基本知识。

六、在《华侨权益保护法》中对外籍华人权益保护作出规定

考虑到外籍华人与华侨尽管国籍不同，但是有共同的民族根、文化魂、复兴梦，以及为减少立法成本，可以在《华侨权益保护法》中对外籍华人权益保护作出规定。广东省、福建省、湖北省等地方探索在《华侨权益保护法》中对外籍华人权益保护作出规定。2015 年《广东省华侨权益保护条例》第三十五条规定："除法律法规和规章规定不可享有的特定权益外，外籍华人在本省的有关权益保护，可以参照本条例执行。"2016 年《福建省华侨权益保护条例》第三十三条规定："除法律、法规规定不可享有的特定权利外，外籍华人在本省的有关权益保护可以参照本条例执行。"2016 年《湖北省华侨权益保护条例》第四十一条规定："除法律法规和规章规定不可享有的特定权益外，外籍华人在本省的有关权益保护，可以参照本条例执行。"

第六节 侨务立法面临挑战的原因

侨务立法面临涉侨法律体系不完备、缺少翔实的侨务立法规划和实施方案、未系统论证和总结可复制推广的地方立法经验等问题，源于侨务部门在立法工作的作用有待加强、一些有立法权的部门难以积极开展侨务立法工作、侨务立法必要性减弱、侨"有海外关系""作出重大贡献""弱势群体"和"履行更多义务"等特点日益不明显、侨务立法和民族国家建设的协调与统一存在一些矛盾等多方面的困境。

一、政府侨务部门在立法工作中的作用有待加强

国务院侨务办公室不具有独立的行政管理职能，没有部门规章的立法权，因此无法进行侨务立法。虽然国务院侨务办公室主要职能的第一项是"负责拟订侨务工作政策和规划，起草相关法律法规草案并督促检查贯彻落实情况"，但是作为国务院办事机构，其不具有独立的行政管理职能，没有部门规章的立法权，只能起草和提请制定相关法律法规，不能自己制定部门规章，丧失了侨务立法的主动性。国务院侨务办公室通过有关方面提请制定法律、行政法规，是否立项、何时启动、内容如何等都非本部门所能把控。地方政府侨务部门不具有行政管理职能，没有制定行政规范性文件的权力。我国 31 个省级政府和一些较大市的政府

先后出台的有关规章，绝大多数都是法律范畴以外的其他具有约束力的非立法性文件。

二、有关部门有涉侨法律立法权，却不太熟悉侨

全国人大、国务院、省级和有立法权的地方人大和政府等部门有涉侨法律立法权，却不太熟悉侨，难以积极开展侨务立法工作。公安部、人力资源和社会保障部、民政部、教育部等涉侨部门作为国务院组成部门具有部门规章立法权。公安部起草《外国人永久居留管理条例》、修订《国籍法》，科技部（国家外国专家局）、人力资源和社会保障部起草《外国人在中国工作管理条例》，教育部起草《留学生勤工助学管理办法》，民政部起草《难民安置与遣返管理办法》，科技部（国家外国专家局）起草《外国人在中国境内工作指导目录及计点积分方案》等，这些行政法规、部门规章和规范性文件都与侨密不可分，却对侨务因素考虑不足。

三、侨务立法必要性减弱

从一般法的角度，尊重和保障外籍华人、华侨、归侨、侨眷权益的法制环境日渐成熟。2010 年年底，有中国特色的社会主义法律体系已经形成，保护外籍华人、华侨、归侨、侨眷权益的一般法纷纷颁布实施，缺少保护外籍华人、华侨、归侨、侨眷权益一般法的情况发生很大变化。1990 年《归侨侨眷权益保护法》（2009 年修正）及其《实施办法》等特别涉侨法律保护外籍华人、华侨、归侨、侨眷的权益，逐渐与一般法保护外籍华人、华侨、归侨、侨眷权益交叉、重叠和融合。在实践中，解决外籍华人、华侨、归侨、侨眷维权法律纠纷的依据是一般性法律。[①] 当一般法对外籍华人、华侨、归侨、侨眷权益的保护填补了特别涉侨法律的空白或者优于特别涉侨法律时，从保护外籍华人、华侨、归侨、侨眷权益的实质而言，适用从优兼从新原则，不必制定或者修订特别涉侨法律。

四、侨的特点日益不明显

侨"有海外关系""作出重大贡献""弱势群体"和"履行更多义务"等特点日益不明显。越来越多的公民出国，具有海外关系的群体由外籍华人、华侨、

---

① 《侨务工作案例选编（一）》，北京：国务院侨务干部学校，2001 年。

归侨、侨眷扩展到了出国留学生、归国留学人员等涉侨群体，而且增长迅猛，外籍华人、华侨、归侨、侨眷具有海外关系的独特性逐渐削弱。将"作出重大贡献"作为给予外籍华人、华侨、归侨、侨眷优待或者适当照顾的政治基础，是可以接受的，但作为法律基础，则有失严谨。基于少数外籍华人、华侨、归侨、侨眷的重大贡献，保护所有外籍华人、华侨、归侨、侨眷权益，不完全符合权利和义务相一致的原则。我国没有将外籍华人、华侨、归侨、侨眷列为弱势群体。《国家人权行动计划（2016—2020年）》第三部分"特定群体权利"指出，"采取有针对性的措施，有效满足各类群体的特殊需求，切实保障少数民族、妇女、儿童、老年人和残疾人的合法权益"，不包括外籍华人、华侨、归侨、侨眷的权利。外籍华人、华侨、归侨与中国的联系比其他公民的松散，除少数高层次人士外，其对中国履行义务比其他外国人、中国公民对中国履行义务较少。

五、侨务立法和民族国家建设的协调与统一存在一些矛盾

外籍华人、华侨、归侨、侨眷是中华民族的国际移民，不是外来民族移民，对中国民族国家建设的影响不容小觑。外籍华人、华侨、归侨、侨眷的认同意识和归属感是建立在与国内其他居民拥有同样权利的基础之上的，一旦遭到歧视或者排斥，他们会想方设法保持自己的文化属性和群体特性，从而引起认同危机。强化侨，特别是华侨、归侨、侨眷与国内其他公民社会身份差异的做法，不利于其尽快与国内其他公民融为一体，共谋发展，以及营建和谐宽容的社会环境和稳定团结的民族国家。① 涉侨法律法规体系现状和面临挑战的原因详见第九章。

第七节 深入推进侨务立法

一、探索和完善侨务法律立法模式

目前我国颁布了归侨侨眷权益保护的特别法——《归侨侨眷权益保护法》，是不是应再颁布外籍华人、华侨权益保护的特别法——《外籍华人权益保护法》《华侨权益保护法》呢？一些官员、学者提出了制定《华侨权益保护法》的建

---

① 翁里、江美艳：《新出入境法应重视华侨的入出境权益》，载刘国福：《移民法理论与实践》，北京：法律出版社，2009年，第219-220页。

议，如，江西省侨联秘书长陈丽明①、上海市人民政府侨务办公室翟靖②、烟台大学法学院汤唯③、华侨大学张德瑞、山东工商学院孟祥秀等④。主张制定《华侨权益保护法》的理由主要有：①加强侨务法制建设的需要，华侨权益保障领域缺少一部系统的法律；②参照一些涉外法律法规，不利于对华侨的权利保护，需要完善制定专门法律予以保护；③华侨权益保护措施不健全，权利受到侵害的现象时常发生，需要采取更加完善、健全的专门法律措施；④华侨是中国公民中一个特殊群体，理应颁行专门法律保护这一特殊群体的权益；⑤华侨对国内的社会和经济建设作出了重大贡献，需要在立法上对他们的特殊性作出明确的界定，以吸引更多的华侨为国作贡献；⑥华侨权益保障问题体现出鲜明的时代性和地方性，需要专门法律体现这一立法技术。

以上 6 个立法必要性都有需要认真推敲之处。首先，前 3 个立法理由主要集中在以特别法形式保护华侨权利，但特别法形式是否是唯一的最有效的保护华侨权利的方式？鉴于华侨权利的广泛性和与其他中国公民权利的相通性，如果以特别法形式保护华侨权利，其内容必然与保护其他中国公民权利的一般法内容存在诸多重合之处。至于对华侨权利给予的不同于其他中国公民的特殊保护，可以在保护其他中国公民权利的一般法中予以区别性明示。分散在各个一般法中的对华侨权利的特殊保护内容，不比集中在一部特别法中对华侨权利予以保护差。宣传贯彻和实施每一部保护公民权利的法律时，由于涉侨内容位于其中，实际上也是对涉侨内容的宣传贯彻实施。

其次，参照一些涉外法律不利于对华侨的权利保护，是否需要制定特别法予以保护？实践中，即使制定了特别法保护华侨权益，因为华侨群体的内部差异很大，特别法无法明确关于华侨的具体差别对待，也不得不规定：保护和照顾华侨权益要参照一般性涉外法律。2001 年《武汉市出境定居人员权益保障规定》第二十四条、2003 年《杭州市出国定居人员权益保障规定》第二十三条均规定：出国定居人员来本市投资兴办企业的，享受外商投资企业待遇。《归侨侨眷权益保护法》特别法的实施效果日渐减弱，宣示性意义更加突出。保护华侨国内权益成功与否的重点不是有没有一部特别法，而是能否全面贯彻实施关于华侨的一般法。在涉侨一般法中彻底融入侨的内容，以及在不能实现后者的情况下，制定一

---

①　《陈丽明代表：制定华侨权益保护法》，《人民日报·华东新闻》，2005 年 3 月 11 日。

②　翟靖：《法制建设的一个重要课题——华侨权益保护立法势在必行》，《理论导报》2005 年第 7 期。

③　汤唯、张洪波主编：《华侨权益的法律保障机制》，济南：山东人民出版社，2006 年，第 349 - 365 页。

④　孟祥秀、张建：《关于华侨国内权益保护的思考》，《黑龙江科技信息》2007 年第 7 期。

部特别法成为次优选择。

虽然颁布外籍华人权益保护、华侨权益保护的特别法有许多需要认真推敲之处，但是，现阶段，颁布外籍华人权益保护、华侨权益保护的特别法，特别是华侨权益保护的特别法，有着必要性。颁布华侨权益保护法的必要性主要是：依法贯彻落实党和国家的侨务政策、习近平总书记等中央领导同志对侨务工作的重要批示指示；弘扬宪法精神，贯彻实施宪法关于"公民在法律面前一律平等"的规定；适应有关省市开展华侨权益保护地方立法取得新突破的新形势，营造争取优质侨务资源的法治环境；落实有关国家机关、部门的要求，回应人大代表、政协委员的呼吁；促进侨务工作法治化建设，形成华侨权益保护的整体制度和体制机制保障；适应大量华侨来华投资创新创业发展的侨情变化，满足华侨合法权益诉求。

保护华侨权益是 1982 年《宪法》（2018 年修正）第 50 条的明确要求，在保护其他中国公民权利的一般法没有体现侨的特点和清晰规定侨务内容的现实情况下，不能只凭分散、层次低、适用范围窄、笼统和滞后有关规定进行规范。华侨工作作为海外统一战线工作的一部分，是党和国家一项长期的战略性工作，关乎华侨长期生存发展，不能仅靠联谊交往和会议活动等维系。有效保护华侨权益，开展华侨工作要注重通过加强整体布局和法治建设，确保全面协调可持续发展。目前，党和国家明确提出，依法维护海外侨胞权益，加强侨务工作法治化建设，开展侨务地方立法先行先试。党和国家机构改革方案将侨务工作划归中央统战部统一管理，加强党对海外统战工作的集中统一领导，更加广泛地团结联系海外侨胞和归侨侨眷。广东省、福建省、上海市、湖北省、浙江省完成了本地的华侨权益保护地方立法，为我国开展华侨权益保护立法提供了参考和借鉴。

二、探索侨务立法协调和沟通机制

特别法律、相关法律、行政规范性文件是实现法治侨务的重要形式。国务院侨务办公室无权制定部门规章和行政规范性文件，只能通过有关方面提请制定侨务法律、行政法规，推动其他国务院机构制定侨务部门规章、行政规范性文件。立法建议是否被接收、何时启动立法、内容如何等都非国务院侨务办公室所能把控。在部门立法主导的中国法制环境下，缺少强有力部门的立法推动，制定侨务特别法律、相关法律、行政规范性文件都很困难。公安部、外交部、人力资源和社会保障部、民政部、教育部、国家税务总局等涉侨部门作为国务院组成部门、国务院直属机构具有部门规章立法权、行政规范性文件制定权，却不太熟悉侨务情况，难以开展侨务立法工作。

推动其他部门制定侨务法律和行政规范性文件，短期内不一定能取得实效。比较而言，国务院侨务办公室行使政策性文件制定权，从实际出发，围绕海外侨胞和归侨侨眷反映比较集中的热点难点问题，积极稳妥出台侨务政策性文件更为实际。国务院侨务办公室下发的一些政策性文件取得了积极效果。例如，2002年《国务院侨务办公室涉侨经济案件协调处理工作暂行办法》、2002年《国务院侨务办公室国内司、监察局关于认真做好办理"三侨考生"身份证明工作的通知》、2009年《国务院侨务办公室关于界定华侨外籍华人归侨侨眷身份的规定》等。由于国务院侨务办公室办事机构的性质，其制定的政策性文件多是与其他政府部门联合制定而不是单独制定。例如，2000年《民政部、国务院侨务办公室等六个部门关于特殊坟墓处理问题的通知》、2001年《国务院侨务办公室、建设部关于归侨侨眷职工参加房改房问题的补充规定》等。

探索和完善侨务立法协调和沟通机制。协调和沟通其他政府部门进行侨务立法的难度非常大，又不得不推进，否则法治侨务将失去法律文件的载体。要整合"五侨"力量，及时将立之有理、言之有据的侨务立法意见提交给人大法工委、政府司法（法制办）等立法部门，随时与公安部、外交部、人力资源与社会保障部、科技部（国家外国专家局）、教育部、民政部等政府部门沟通侨务问题，阐述有真知灼见的建议，加深他们对法治侨务的认识和理解。广东省人民政府侨务办公室在2014年全国侨务办公室主任会议上指出：侨务立法必须做到锲而不舍、坚持不懈才能成功。侨务立法牵涉面广，特别是保护华侨权益的立法，牵涉到国内国外各个方面，遇到的问题和困难也多，更需要坚忍不拔的意志。需要多方共同努力，加强同各方面、各部门的协调，特别是利用省"五侨"的力量去共同推进。国务院侨务办公室与其他政府部门联合制定侨务政策性文件，与通过有关方面提请制定侨务法律、行政法规，推动其他国务院机构制定侨务部门规章、行政规范性文件一样，都需要积极协调和沟通其他政府部门，艰苦、细致地做立法建议和说明工作。

三、使党关于侨务的主张通过法定程序成为法律

（一）正确处理党的侨务政策与国家涉侨法律的关系

党的侨务政策和国家涉侨法律在本质上是一致的，都是党和人民共同意志的反映，都是党领导人民开展侨务工作的重要方式，都是党统筹社会力量、平衡社会利益、调节社会关系、规范社会行为以及团结动员广大海外侨胞和归侨侨眷为实现中华民族伟大复兴的中国梦作出独特贡献的重要手段。2014年《中共中央

关于全面推进依法治国若干重大问题的决定》第 7 部分指出："完善党委依法决策机制，发挥政策和法律的各自优势，促进党的政策和国家法律互联互动。"这为在实践中把握好党的侨务政策和国家涉侨法律的关系，发挥党的侨务政策和国家涉侨法律的各自优势，提供了重要依据。

党的侨务政策和国家涉侨法律各有特点和优势。党的侨务政策具有灵活性、时代性、指导性等特点，在研判国际、国内侨情，确定国家侨务工作未来走向的宏观战略，指导最新创造性实践，解决海外侨胞和归侨侨眷反映强烈的热点难点问题等方面发挥着重要作用。国家涉侨法律具有普遍性、稳定性、反复适用性、国家强制性等特点，在规范海外侨胞和归侨侨眷权利与义务、国家有关机关权力与责任，调整相对成熟、相对稳定的重大涉侨社会关系等方面发挥着重要作用。

党的侨务政策和国家涉侨法律具有紧密的内在联系。两者相辅相成、相得益彰，不能把两者割裂开来，更不能将两者对立起来。党的侨务政策是国家涉侨法律的先导和指引，是立法的依据和执法、司法的重要指导。国家涉侨法律是党的侨务政策的定型化、规范化。党的侨务政策成为法律后，实施法律就是贯彻党的意志，依法办事就是执行党的侨务政策。

世情、国情、侨情继续发生深刻复杂的变化，广大海外侨胞报效祖国、造福桑梓的愿望日益强烈，自主发展、共享发展的意愿日趋迫切，[①] 侨务工作面临的发展机遇和风险挑战前所未有。这催生了越来越密集、越来越迫切的对党的政策和国家法律的需求，为党的政策和国家法律发挥各自优势开辟了广阔空间。在重要领域和关键环节改革试点先行方面，在涉及群体广泛、利益关系复杂的深层次改革方面，要注重发挥党的政策的作用。侨务工作取得的重要成果需要及时巩固，积累的成功经验需要普遍推广，要及时发挥国家法律的作用。谋划侨务工作全面协调可持续发展，要主动把法律因素考虑进来，自觉运用法治方式。已实践证明行之有效的经验和做法，要及时上升为法律。对不适应新形势的涉侨法律，要及时修改和废止，确保侨务工作在法治轨道上进行。

完善党委依法决策机制，是促进党的侨务政策和国家涉侨法律互联互动的重要条件。党委依法决策，强调的是决策主体、决策程序、决策内容、决策责任要始终贯穿和体现法治思维，并采取和运用法治方式。党委进行重大决策，要把合法性论证作为必经程序，确保决策符合法律，实现党的侨务政策和国家涉侨法律的有效对接和统一。2014 年《中共中央关于全面推进依法治国若干重大问题的决定》第 6 部分提出"各级党政机关和人民团体普遍设立公职律师，企业可设立公司律师，参与决策论证，提供法律意见，促进依法办事，防范法律风险"，为

---

① 《人民日报社论：聚四海侨心，筑复兴之梦》，《人民日报》，2013 年 12 月 2 日。

党委对重大决策进行合法性论证提供了有力支持。形成党委重大决策进行合法性论证的压力，建立重大决策终身责任追究制度及责任倒查机制，对违反法律规定进行决策导致严重失误、造成重大损失和恶劣影响的，严格追究有关领导和责任人员的法律责任。

（二）使党关于侨务的主张通过法定程序成为法律

党中央历来高度重视侨务工作，将侨务工作作为党和国家一项长期的战略性工作，制定了一系列重要方针政策。1977 年 10 月，邓小平同志提出："海外关系是个好东西，可以打开各方面的关系。"进一步发展工人阶级领导的，以工农联盟为基础的，包括爱国民主党派、爱国人士和台湾同胞、港澳同胞、海外侨胞的统一战线，调动一切积极因素，为社会主义革命和社会主义建设事业服务。1997 年，党的十五大提出：认真贯彻党的侨务政策。2002 年，党的十六大提出：爱国统一战线发展壮大，侨务工作取得新进展。做侨务工作，调动一切积极因素，为完成祖国统一大业和实现中华民族的伟大复兴而共同奋斗。2007 年，党的十七大提出：支持海外侨胞、归侨侨眷关心和参与祖国现代化建设与和平统一大业。2012 年，党的十八大提出：落实党的侨务政策，支持海外侨胞、归侨侨眷关心和参与祖国现代化建设与和平统一大业。2017 年，党的十九大提出广泛团结联系海外侨胞和归侨侨眷，共同致力于中华民族伟大复兴。

2012 年，习近平担任中共中央总书记，就侨务作出了一系列重要论述。主要包括：华侨华人为住在国经济、社会发展作出了不可磨灭的贡献；在中国革命、建设、改革中，华侨华人是推动中国发展的重要力量；华侨华人具有爱国情怀，是中国的宝贵财富和资源，在"两个一百年"建设中可以发挥不可替代的作用；团结统一的中华民族是海内外中华儿女共同的根，博大精深的中华文化是海内外中华儿女共同的魂，实现中华民族伟大复兴是海内外中华儿女共同的梦。[1] 习近平总书记关于"根魂梦"的重要论述，高度概括了华侨华人与中国梦的关系，突出强调了侨务工作在党和国家大局中的作用，进一步指明了侨务事业在实现中国梦进程中的重要使命。这就是要在培育文化认同的基础上支持海外侨胞积极传承和发扬中华文化，在促进中外人文交流的基础上为发展中国与住在国人民友好交流合作发挥桥梁纽带作用，在凝聚民族复兴共识的基础上鼓励海外侨胞和归侨侨眷投身我国改革开放和现代化建设事业，在促进经济转型，深化周边区域合作、保障和改善民生等方面作出新贡献。在加强民族认同的基础上，团结

---

[1]　孙少锋：《习近平侨务论述研讨会举行，"根、魂、梦"是核心》，《人民日报（海外版）》，2015 年 12 月 7 日。

引导广大海外侨胞，发挥他们联通中国梦与世界梦方面的独特优势、独特作用，服务国家和平统一大业，维护我国核心利益。

2014 年，党的十八届四中全会提出：强化涉外法律服务，维护我国公民、法人在海外及外国公民、法人在我国的正当权益，依法维护海外侨胞权益。2014年《中共中央关于全面推进依法治国若干重大问题的决定》"坚持中国共产党的领导"原则指出："社会主义法治必须坚持党的领导""善于使党的主张通过法定程序成为国家意志"。要善于使党的历代中央领导集体和以习近平同志为核心的党中央的侨务主张，通过法定程序成为华侨、归侨侨眷、外籍华人方面的国家法律。制定华侨权益保护的全国性法律，修订《归侨侨眷权益保护法》及其《实施办法》，完善关于外籍华人的法律。

四、深入推进涉侨领域的科学立法、民主立法和多方立法

（一）推动国家权力机关、政府法制机构、涉侨政府部门开展侨务立法

目前，侨务立法的主要任务是完善涉侨法律。要推动国家和地方层面保护华侨国内权益的立法工作，积极研究修订《归侨侨眷权益保护法》及其《实施办法》；有立法权的地区可以结合本地实际，开展侨务立法先行先试；加强与社会性立法的有效衔接，及时对与侨务工作密切相关领域的立法提出建议。根据海外侨胞和归侨侨眷利益诉求及国家相关法律法规，加强与有关部门的协调，对享有更多出入境便利、降低永久居留条件、扶助侨界民生等侨界高度关注的热点难点问题，从法律法规和政策层面予以解决。①

例如，广东省江门市开展涉侨资源华侨文化保护地方立法。加强对侨务法规的探索和研究，对碉楼文化、长堤风貌街等华侨建筑进行地方立法实践，在全国开创华侨历史文化资源立法保护，为境外乡亲留住"根"，留住乡愁，增加其文化认同感和亲切感。研究出台一系列"借侨引侨用侨助侨"政策措施试行意见，重点出台《江门市〈广东省华侨权益保护条例〉实施办法（试行）》。根据新侨情变化，借力广东省人民政府侨务办公室、国务院侨务办公室搭建平台，积极开展专题调研，在制定和落实侨务政策方面先行先试，为国家出台侨务政策提供依据参考。②

国家权力机关、政府法制机构在侨务立法中将发挥越来越重要的作用。2014

---

① 裘援平：《在全国侨办主任会议上的工作报告》，2015 年 1 月 14 日。
② 《江门市侨务强市建设工作纲要（2015—2020 年）》之《江门市提升侨务工作水平行动方案》。

年《中共中央关于全面推进依法治国若干重大问题的决定》第 2 部分指出："建立由全国人大相关专门委员会、全国人大常委会法制工作委员会组织有关部门参与起草综合性、全局性、基础性等重要法律草案制度。"重要行政管理法律法规由政府法制机构组织起草。对部门间争议较大的重要立法事项，由决策机关引入第三方评估，充分听取各方意见，协调决定，不能久拖不决。即，使正在推动的《华侨权益保护法》从由中央统战部转由全国人大常委会法制工作委员会组织有关部门参与起草，《华侨权益保护法实施办法》《外国人在中国工作管理条例》等重要涉侨法规从由中央统战部、科技部等相关部门转由司法部组织起草，全国人大常委会法制工作委员会、司法部严格地审核《华侨权益保护法》《华侨权益保护法实施办法》《外国人在中国工作管理条例》等涉侨法律的草案。如果中央统战部、公安部、外交部、科技部等部门对华侨定义、外籍华人定义、权利内容、救济方式等重要立法事项争议较大，需要引入第三方评估，协调决定。

由于侨务工作社会认知度不高，存在"圈内热、圈外冷"的现象，全国人大常委会法制工作委员会、司法部、其他涉侨政府部门、第三方可能对侨务工作理解不够全面和准确，难以把握华侨、归侨侨眷作为中国公民与其他中国公民的差异和外籍华人作为外国人与其他外国人的差异，这不利于将《华侨权益保护法》等涉侨法律、法规列入全国人大常委会立法工作计划、国务院立法工作计划及开展相关的起草和评估工作。

认真总结并广为宣传华侨、归侨侨眷作为中国公民与其他中国公民的差异，外籍华人作为外国人与其他外国人的差异，以及在中国改革开放和社会主义现代化建设中的独特作用和重要贡献。找准涉侨法律的着力点，避免与其他法律重叠或者冲突，说服其他部门在进行立法时考虑侨务因素。推动国家权力机关、政府法制机构、其他涉侨政府部门认可和支持侨务专门立法，以及在有关公民、外国人的立法中认真考虑华侨、归侨侨眷、外籍华人的特点，给予他们相应的法律地位。

（二）充分发挥侨界人大代表、政协委员等人士和团体在侨务立法中的作用

科学立法、民主立法是立法程序改革的方向。在立法机关的主导下，人大代表、政协委员、民主党派、工商联、无党派人士、人民团体、社会组织、专家学者都将在涉侨法律的征集、起草、修改、论证和咨询中发挥各自的作用。2014年《中共中央关于全面推进依法治国若干重大问题的决定》第 2 部分指出："健全法律法规规章起草征求人大代表意见制度，增加人大代表列席人大常委会会议人数，更多发挥人大代表参与起草和修改法律作用。完善立法项目征集和论证制度。健全立法机关主导、社会各方有序参与立法的途径和方式。探索委托第三方起草法律法规草案""健全立法机关和社会公众沟通机制，开展立法协商，充分发挥政协委员、民主党派、工商联、无党派人士、人民团体、社会组织在立法协商中的作用，探索建立有关国家机关、社会团体、专家学者等对立法中涉及的重大利益调整论证咨询机制。拓宽公民有序参与立法途径，健全法律法规规章草案公开征求意见和公众意见采纳情况反馈机制，广泛凝聚社会共识"。

充分挖掘和发挥侨界全国人大代表、全国政协委员，有影响力的民主党派成员、工商联成员、无党派人士、人民团体工作人员、社会组织工作人员及高水平专家学者，特别是其中的华侨、归侨、侨眷及涉侨人员，在侨务立法方面的作用，形成社会各方关注和支持侨务立法的浓厚氛围。2015 年 3 月，全国政协委员王亚君提出了关于尽快制定《中华人民共和国华侨国内权益保护法》的建议。

建立涉侨重要人士侨情调研和侨情通报制度，定期组织全国人大代表、全国政协委员，有影响力的民主党派成员、工商联成员、无党派人士、人民团体工作人员、社会组织工作人员及高水平专家学者，特别是其中的华侨、归侨、侨眷及涉侨人员，走访和参观重点侨乡、海外侨胞社区，定期向他们通报侨情，尤其是热点和难点问题，使他们更深刻地理解侨情和更大力度支持侨务工作，进而在各自工作岗位上参与涉侨法律的征集、起草、修改、论证和咨询时，能够更多地从"党和国家一项长期的战略性工作"出发，认真考虑海外侨胞和归侨侨眷的特点，使涉侨法律更全面地反映侨情和更充分地保护侨益。

五、将侨务工作、侨务立法的经验和做法上升为法律

（一）鼓励地方侨务立法

在国家侨务立法较难突破的情况下，鼓励有需求和有能力的地方积极探索地方侨务立法。一些侨务大省和侨务强省、地方对侨务的需求及面临的侨务问题比中央更迫切和突出。侨务大省和侨务强省的地方政府侨务部门在地方党委和政府中的地位和作用，可能会超过国务院侨务办公室在党中央和中央政府中的地位和作用。涉侨法律法规重在实效，只要能解决侨务问题，不必苛求全国统一立法。

通过与地方党委、人大、政府、政协的沟通协调，支持和帮助地方政府侨务部门营造宽松的立法环境。例如，国务院侨务办公室可以在与省市人民政府的战

略合作框架协议中，将推动地方侨务立法作为合作内容之一。[①] 2014 年 12 月，国务院侨务办公室与青海省人民政府签署《关于发挥侨务资源优势　助推青海经济社会发展战略合作框架协议》。

总结可复制推广的地方侨务立法经验，能在其他地区推广的要尽快推广，能在全国推广的要推广到全国。可复制推广的地方侨务立法经验包括：开展综合性而不仅是专项性侨务立法；地方侨务法规规章适用对象从归侨、侨眷扩展至华侨乃至外籍华人；地方政府侨务部门是具有组织协调、指导服务和监督检查等行政管理职能的侨务工作行政主管部门；涉侨部门有义务协同政府侨务部门共同做好外籍华人、华侨、归侨、侨眷权益保护工作；乡（镇）人民政府（街道办事处）、村（居）委会应当做好本辖区内的华侨、归侨和侨眷权益保护和服务协调工作；华侨领取基本养老金后出国定居的，可以继续领取基本养老金；华侨出国定居可以保留持有的农村集体经济组织股份，享有相应权利并依法履行相应义务等。

制定华侨权益保护示范办法。在总结可复制推广的地方侨务立法经验的基础上，制定《华侨权益保护法条例（示范稿）》《外籍华人权益保护法示范条例（示范稿）》，供地方制定华侨权益保护、外籍华人权益保护的法规规章时参考，降低地方侨务立法的成本，提高全国侨务立法的统一性。

鼓励地方侨务立法，国务院侨务部门要关心、重视、指导和支持地方政府侨务部门的立法工作，通过与其所隶属地方党委、人大、政协、政府的沟通协调，帮助地方政府侨务部门营造宽松的立法环境。地方政府侨务部门在法治侨务建设方面，不能"等、靠、要"国家在更高层面的立法，而是根据本地形势和地方侨情，凭着坚持和执着，积极主动地开展侨务立法。

（二）将侨务工作、侨务立法的经验和做法上升为法律的可行性

长期以来，各地区、各有关部门认真贯彻国家侨务政策和涉侨法律，采取一系列积极措施，努力为侨服务，在维护海外侨胞和归侨侨眷权益、密切与海外侨胞联系、弘扬中华优秀文化、推动海外侨胞与我国各领域交流合作、促进祖国统一和扩大中国与世界各国友好交往等方面做了大量工作，积累了丰富经验，取得了显著成绩。一些实践证明行之有效的经验被上升为涉侨法律的内容。2012 年《出境入境管理法》中的 Q 字签证源于有关部门在实践中给予外籍华人探亲的出

[①] 2011 年 3 月，国务院侨务办公室与甘肃省人民政府签署《关于发挥侨务资源优势　支持甘肃经济社会发展战略合作协议》。2014 年 4 月，国务院侨务办公室与海南省人民政府签署《关于发挥侨务资源优势　促进海南国际旅游岛建设战略合作框架协议》。

入境便利，R 字签证源于有关部门在实践中给予高层次外籍华人人才的出入境便利。《外国人永久居留管理条例（草案）》源于实施 2004 年《外国人在中国永久居留审批管理办法》、2011 年《外国人在中国永久居留享有的相关待遇的办法》，以及引进高层次外籍华人人才、保护被迫害外籍华人的经验。

将改革成果固化的过程是法治不断完善的过程。法治固化改革成果，让成熟的改革经验由法律程序上升为法律法规，真正成为可复制推广的制度。对实践证明已经不适应新形势要求的涉侨法律，依法通过相关程序及时予以修改和废止，才能为以改革创新精神推进的侨务工作提供法治保障。[①] 2014 年《中共中央关于全面推进依法治国若干重大问题的决定》第 2 部分规定："实现立法和改革决策相衔接，做到重大改革于法有据、立法主动适应改革和经济社会发展需要。实践证明行之有效的，要及时上升为法律。实践条件还不成熟、需要先行先试的，要按照法定程序作出授权。对不适应改革要求的法律法规，要及时修改和废止。"《法治政府建设实施纲要（2015—2020 年）》第 2 部分进一步指出："对实践证明已经比较成熟的改革经验和行之有效的改革举措，要及时上升为法律法规规章。"

与国家发展要求、与海外侨胞和归侨侨眷需求相比，侨务工作统筹协调不够，工作手段和能力不足，侨务立法需要加强是其中的重要原因之一。要花大气力总结行之有效的侨务工作经验和做法以及造成侨务工作突出问题和主要困难的法律原因，认真研究论证将经验和做法上升为法律以及修改和废止一些造成侨务工作突出问题和主要困难的涉侨法律。国务院侨务办公室协调相关部门制定了一系列政策规定，积累了许多有效的经验和做法，可以将其上升为法律。在社会保障方面，人力资源和社会保障部办公厅 2009 年印发了《关于进一步做好在国内就业的华侨参加社会保险有关工作的通知》。在教育方面，国务院侨务办公室 2009 年与教育部联合印发了《关于华侨子女回国接受义务教育相关问题的规定》，2014 年与教育部联合印发了《关于华侨学生在国内接受高中阶段教育有关事项的通知》，2006 年与教育部、国家发展改革委、财政部联合印发了《关于调整国内普通高校招收海外华侨学生收费标准及有关政策问题的通知》；在计划生育方面，国务院侨务办公室 2009 年与原国家人口计生委、公安部联合印发了《关于涉侨计划生育政策的若干意见》；在回国定居方面，国务院侨务办公室与公安部、外交部联合印发了《华侨回国定居办理工作规定》等。

地方侨务立法在提升政府侨务办公室定位方面，积累了一定的经验。2015 年《南京市华侨权益保护条例》第五条第二款规定："侨务部门是华侨权益保护工作的行政主管部门，负责华侨合法权益保护的协调服务和监督检查。"2013 年

---

① 慎海雄：《运用法治思维和法治方式推进改革》，《瞭望》2014 年第 44 期。

《苏州市华侨归侨侨眷权益保护办法》第四条第二款规定："市、县级市（区）人民政府侨务部门是本行政区域内侨务工作的行政主管部门，负责华侨、归侨和侨眷合法权益保护的组织协调、指导服务和监督检查工作。"

地方侨务立法在明确其他涉侨部门定位方面，积累了一定的经验。2003 年《杭州市出国定居人员权益保障规定》第四条第三款规定："建设、房产、国土资源、农业、公安、人事、劳动和社会保障、民政、教育等行政主管部门应当按照各自职责，协同侨务行政主管部门共同做好出国定居人员权益保障工作。"

地方侨务立法在明确乡（镇）人民政府（街道办事处）、村（居）委会的侨务工作职责方面，积累了一定的经验。2015 年《南京市华侨权益保护条例》第五条第四款规定："镇人民政府（街道办事处）配合做好相关服务协调工作。"[①]

地方侨务立法在确定华侨权益保护的责任主体和执法主体，充分发挥侨务部门单位在保护华侨权益工作中的作用，积累了一定的经验。2016 年《福建省华侨权益保护条例》第五条规定："省、设区的市和侨务重点县（市、区）应当建立华侨权益保障协调工作机制，协调解决有关重大问题。"第六条规定："地方各级归国华侨联合会应当反映华侨的意见和要求，为华侨提供政策咨询和法律服务，维护华侨的合法权益。"

（三）完善侨务办公室行政组织和行政程序法律制度，为建设法治侨务提供法律依据

侨务部门必须坚持在党的领导下，在法治轨道开展工作，创新执法体制，完善执法程序，严格执法责任，建立权责统一、权威高效的依法行政体制，深入推进依法办侨，加快建设法治侨务的进程。深入推进依法办侨，加快建设法治侨务就是在全面推进依法治国的进程中，按照法定权限和法定程序履行法定职责和法定义务，依法协助国务院总理办理侨务事项，依法组织协调归侨侨眷和华侨华人在国内合法权益维护工作，依法开展其他侨务工作，承担相应法律责任。

侨务部门缺少必要的法律作为全面履行政府职能的依据，制约了建设法治侨务的进程。在现有法律下，很难有效解决侨务工作整体谋划不足、统筹协调不够、手段和能力不足等问题。目前，1990 年《归侨侨眷权益保护法》（2009 年修正）及 2004 年《归侨侨眷权益保护法实施办法》是侨务部门的最重要执法依据。但是，1990 年《归侨侨眷权益保护法》（2009 年修正）绝大部分内容是关

[①]　同样情况还有 2013 年《苏州市华侨归侨侨眷权益保护办法》第四条第四款规定："镇人民政府（街道办事处）应当明确人员做好本辖区内的华侨、归侨和侨眷权益保护和服务协调工作。"以及 2013 年《扬州市华侨归侨侨眷权益保护办法》第六条第四款规定："乡（镇）人民政府（街道办事处），村（居）委会应当根据本区域华侨、归侨和侨眷的特点，利用服务网络及其他社会资源做好相关服务和协调工作。"

于归侨侨眷权益的规定，而关于侨务部门的行政权只有第四条"县级以上各级人民政府及其负责侨务工作的机构，组织协调有关部门做好保护归侨、侨眷的合法权益的工作"，没有规定履行"统筹协调有关部门和社会团体涉侨工作，指导地方有关部门侨务工作，协同外交部指导我驻外使领馆侨务工作""指导归侨侨眷工作，依法组织协调归侨侨眷和华侨华人在国内合法权益维护工作，配合有关部门研究处置涉侨突发事件""协调涉侨经济投诉工作"等侨务部门职责的机制、体制和程序，也没有赋予侨务部门内部的层级监督权。侨务部门不具有履行保护归侨侨眷和华侨华人在国内合法权益等职责的执法权和监督权，很难全面开展有关工作，不得不将工作重点转向了对华侨华人及其社团的联谊和服务，推动涉侨经济、科技合作与交流，推动涉侨宣传、文化交流和华文教育等方面的发展。

第八节　修改宪法法律，实现立法与党和国家侨务部门改革相衔接

2018 年 3 月，中共中央印发了《深化党和国家机构改革方案》，以加强党的全面领导为统领，以国家治理体系和治理能力现代化为导向，以推进党和国家机构职能优化协同高效为着力点，改革侨务机构设置，优化职能配置，深化转职能、转方式、转作风，提高效率效能，积极构建系统完备、科学规范、运行高效的侨务机构。第十六部分规定："中央统战部统一管理侨务工作。为加强党对海外统战工作的集中统一领导，更加广泛地团结联系海外侨胞和归侨侨眷，更好发挥群众团体作用，将国务院侨务办公室并入中央统战部。中央统战部对外保留国务院侨务办公室牌子。调整后，中央统战部在侨务方面的主要职责是，统一领导海外统战工作，管理侨务行政事务，负责拟订侨务工作政策和规划，调查研究国内外侨情和侨务工作情况，统筹协调有关部门和社会团体涉侨工作，联系香港、澳门和海外有关社团及代表人士，指导推动涉侨宣传、文化交流和华文教育工作等。国务院侨务办公室海外华侨华人社团联谊等职责划归中国侨联行使，发挥中国侨联作为党和政府联系广大归侨侨眷和海外侨胞的桥梁纽带作用。不再保留单设的国务院侨务办公室。"

国务院侨务办公室并入中央统战部后，由哪个部门代表国务院行使侨务职责？需要修改侨务、涉侨法律法规规章，实现立法与党和国家侨务部门改革相衔接。2018 年《深化党和国家机构改革方案》第十五部分提出，"中央统战部统一管理侨务工作""将国务院侨务办公室并入中央统战部"。这与 1982 年《宪法》（2018 年修正）关于国务院具有保护华侨归侨侨眷的职责不太一致。1982 年

《宪法》（2018 年修正）第八十九条第一款第十二项规定："国务院行使下列职权：保护华侨的正当的权利和利益，保护归侨和侨眷的合法的权利和利益。"

需要修改宪法，将国务院的侨务方面职责转为党中央的职责？2014 年《中共中央关于全面推进依法治国若干重大问题的决定》指出，"实现立法和改革决策相衔接，做到重大改革于法有据、立法主动适应改革和经济社会发展需要。"由于缺少独立机构、人员、职能，"中央统战部对外保留国务院侨务办公室牌子"，难以代表国务院侨务职责。

如果地方政府侨务部门并入地方党委统战部门，由哪个部门代表地方政府行使侨务职责？2018 年《中共中央深化党和国家机构改革方案》提出深化地方机构改革，"地方机构改革要全面贯彻落实党中央关于深化党和国家机构改革的决策部署，坚持加强党的全面领导，坚持省市县统筹、党政群统筹，根据各层级党委和政府的主要职责，合理调整和设置机构，理顺权责关系，改革方案按程序报批后组织实施。"1990 年《归侨侨眷权益保护法》（2009 年修正）第四条、2004 年《归侨侨眷权益保护法实施细则》第四条、1994 年《北京市实施〈中华人民共和国归侨侨眷权益保护法〉办法》（2005 年修正）第三条、2015 年《广东省华侨权益保护条例》第四条、2016 年《上海市华侨权益保护条例》第四条等侨务、涉侨法律法规规章都规定，"县级以上人民政府负责侨务工作的机构应当组织协调有关部门做好保护归侨、侨眷合法权益的工作，各级人民政府应当重视和加强华侨权益保护工作。"

第九节 结论

侨务立法是指国家机关针对在外国的中国公民以及归侨侨眷的有关问题的解决，依据法定权限和程序，制定、修改、废止、解释法的活动。我国侨务立法取得巨大成绩，形成了归侨侨眷法律体系和华侨法律体系框架，探索外籍华人法律。

侨务立法面临涉侨法律体系不完备、缺少翔实的侨务立法规划和实施方案、未系统论证和总结可复制推广的地方立法经验、涉侨法律适应性不足、涉侨法律操作性不强等挑战，这制约了侨务立法和侨务部门运用法律去解决海外侨胞和归侨侨眷反映较集中的热点难点问题。侨务立法面临挑战，主要因为政府侨务部门在立法工作上处于被动，一些有立法权的部门难以积极开展侨务立法工作，侨务立法必要性减弱，侨"有海外关系""作出重大贡献""弱势群体"和"履行更多义务"等特点日益不明显，侨务立法和民族国家建设的协调与统一存在一些矛

盾等方面的困境等。

深入推进侨务立法，构建完备的涉侨法律体系，要正确处理党的侨务政策与国家涉侨法律的关系，使党关于侨务的主张通过法定程序成为法律，科学论断外籍华人、华侨、归侨、侨眷的特殊性，推动国家权力机关、政府法制机构、涉侨政府部门开展侨务立法，鼓励地方侨务立法，充分发挥侨界人大代表、政协委员等人士和团体在侨务立法中的作用，论证将侨务工作、侨务立法的经验和做法上升为法律的可行性，完善侨务办公室行政组织和行政程序法律制度，为建设法治侨务提供法律依据。深入推进侨务立法，促进华侨权益保护和外籍华人相关立法，要加快立法进程并取得实效，重点解决热点难点问题。

国务院侨务办公室并入中央统战部后，由哪个部门代表国务院行使侨务职责？需要修改宪法，将国务院的侨务方面职责转为党中央的职责？如果地方政府侨务部门并入统战部门，由哪个部门代表地方政府行使侨务职责，需要修改侨务、涉侨法律法规规章，实现立法与党和国家侨务部门改革相衔接？

第三章　侨务依法行政

深入推进侨务依法行政，使侨务部门、涉侨部门依法全面履行职责和涉侨职责。首先，辨析侨务依法行政，分析法治侨务与侨务依法行政的关系，及侨务依法行政的难点。其次，论述侨务部门的定位和立法权，分析国务院侨务部门、地方政府侨务部门的定位和立法权，探寻合适的侨务依法行政的路径。再次，论述侨务部门权力清单和责任清单制度，分析地方政府侨务部门权力清单和责任清单制度方面的成效、面临的挑战及完善措施，提出完善侨务依法行政的压力机制和动力机制的建议。

第一节　　"侨务依法行政"辨析

侨务依法行政是指政府侨务部门行政权力和有关部门涉侨行政权力的取得和适用的必须依据法律的规定并依照法定的程序，既不得越权和滥用职权，也不得失职，一切行政行为都要接受监督，违法行政要承担相应的法律责任。第一，行政要合法，要求行政权的来源、变更和终结有明确的法律依据，行政权的行使有严格的法律原则和界限。第二，行政要受到监督，违法行政要承担法律责任，要求行政权的运作必须有配套的法律监督与制衡，行政权的滥用和任意放弃有相应的法律责任和法律制裁。侨务依法行政主要是在加快建设法治政府中深入推进侨务依法行政，健全侨务部门依法决策机制，完善侨务部门的行政组织和行政程序制度。

法治侨务与侨务依法行政是整体和局部的关系。法治是依法行政追求的总体效应，依法行政是法治的重要手段或途径，也是法治的关键和核心。1999 年，《国务院关于全面推进依法行政的决定》指出，依法行政是依法治国的重要组成部分，在很大程度上对依法治国基本方略的实行具有决定性的意义。威廉·韦德在《行政法》中提出：法治的核心是依法行政，具有四重含义。第一，任何事情都必须依法进行；第二，政府必须根据公认的、限制自由裁量权的一整套规则和原则办事；第三，对政府行为是否合法的争议应当由完全独立于行政之外的法官裁决；第四，法律必须平等地对待政府和公民。[①]

1999 年《国务院关于全面推进依法行政的决定》指出，各级政府及其工作部门加强制度建设，严格行政执法，强化行政执法监督，依法办事的能力和水平不断提高。2002 年，党的十六大把发展社会主义民主政治、建设社会主义政治文明作为全面建设小康社会的重要目标之一，并明确提出"加强对执法活动的监督，推进依法行政"。2004 年，国务院发布《全面推进依法行政实施纲要》（国发〔2004〕10 号），确立了经过十年左右坚持不懈的努力，基本实现了建设法治政府的目标。《中国法治政府评估报告 2015》显示，地方层面法治政府建设的现实与状况距离 2004 年《全面推进依法行政实施纲要》提出的目标有不少差距，主要原因是依法行政的动力机制和压力机制不足。以依法行政作为官员晋升考核主要指标，具体的、具有可操作性的考核体系还未真正建立，地方政府的领导缺乏推进法治政府建设的内在动力。没有建立以法治政府建设作为官员问责重要内容的问责机制，一些官员以破坏法治为代价的做法没有得到真正的法律追究，甚至还得到变相激励，地方政府的法治政府建设缺少外在压力。[②]

要在加快建设法治政府中深入推进侨务依法行政，健全政府侨务部门依法决策机制，完善行政组织和行政程序制度。国务院侨务办公室要按照法定权限和法定程序履行职责和义务，协助国务院总理办理侨务事项，开展侨务工作。明确"指导地方有关部门侨务工作""统筹协调有关部门和社会团体涉侨工作""组织协调归侨侨眷和华侨华人在国内合法权益维护工作""协调涉侨经济投诉工作"等职责的具体内容和详细流程。

裘援平主任在 2014 年全国侨办主任工作会议上指出：按照建设法治型、服务型政府要求，国务院侨务办公室将更加注重履行政府统筹协调、整体规划、政策指导和法规制定职能。各级侨务部门要按照依法行政要求，增强社会服务和管理功能，打造机制化、长效化为侨服务的网络平台，畅通侨务工作为社会服务的渠道。护侨方面，加强涉侨立法和惠侨政策研究，健全维护侨益法律援助、诉求表达、纠纷化解、利益协调等权益保障机制。助侨方面，推动社区侨务工作纳入网格化管理，完善华侨事务办理、扶贫济困救助、留学移民投资服务中心等为侨服务机制。

裘援平主任在 2015 年全国侨办主任工作会议上指出：组织协调有关部门做好依法护侨工作，开展涉侨法律执行情况监督检查，推动成立涉侨工作领导小组

---

① 威廉·韦德：《行政法》，北京：中国大百科全书出版社，1997 年，第 25 – 28 页。

② 万静：《〈中国法治政府评估报告 2015〉对外发布，依法行政〈纲要〉提出十年，各地多项措施仍未落实》，《法制日报》，2015 年 12 月 15 日。

或联席会议机制，做好涉侨法律实施工作。进一步规范对归侨侨眷身份认定、华侨回国定居办理、境内举办华侨外籍华人国际性联系活动审批、侨界人士荣职授予等行政行为的程序规定，建立和完善工作制度，使各项侨务行政行为始终在法治轨道和制度框架内运行。

侨务依法行政的难点是如何深入推进侨务依法行政，使侨务部门、涉侨部门依法全面履行涉侨职责。由于缺少依据、动力和压力，侨务部门、涉侨部门全面履行涉侨职责乏力，严重影响事权规范化、统筹推进区域内为侨服务的能力，推动侨务事业科学发展。

第二节　侨务部门的定位和立法权

一、国务院侨务部门的定位和立法权

国务院侨务办公室是国务院行政机构的组成部分，是国务院办事机构，不具有独立的行政管理职能。根据 2008 年《国务院关于机构设置的通知》（国发〔2008〕11 号）、2013 年《国务院关于机构设置的通知》（国发〔2013〕14 号），设立国务院侨务办公室（正部级），为国务院办事机构。1997 年《国务院行政机构设置和编制管理条例》第六条规定："国务院行政机构根据职能分为国务院办公厅、国务院组成部门、国务院直属机构、国务院办事机构、国务院组成部门管理的国家行政机构和国务院议事协调机构"，"国务院办事机构是，协助国务院总理办理专门事项，不具有独立的行政管理职能"。1982 年《国务院组织法》第十一条规定："国务院可以根据工作需要和精简的原则，设立若干直属机构主管各项专门业务，设立若干办事机构协助总理办理专门事项。"

国务院侨务办公室没有部门规章的立法权。1995 年《立法法》（2015 年修正）第七十一条第一款规定："国务院各部、委员会、中国人民银行、审计署和具有行政管理职能的直属机构，可以根据法律和国务院的行政法规、决定、命令，在本部门的权限范围内，制定规章。"虽然国务院侨务办公室主要职能的第一项是"负责拟订侨务工作政策和规划，起草相关法律法规草案并督促检查贯彻落实情况"，但是作为国务院办事机构，其不具有独立的行政管理职能，只能起草和提请制定相关法律法规，本部门不能制定部门规章。

二、地方政府侨务部门的定位和立法权

单设的地方政府侨务部门多是负责本行政区域侨务工作的政府直属机构，是政府工作部门之一，有权制定行政规范性文件。1979 年《地方各级人民代表大会和地方各级人民政府组织法》（2015 年修正）第六十四条第一款规定："地方各级人民政府根据工作需要和精干的原则，设立必要的工作部门。"北京市人民政府侨务办公室、上海市人民政府侨务办公室分别是负责本市侨务工作的市人民政府直属机构。① 作为政府直属机构的侨务办公室的首长不属于政府组成人员，列席政府全体会议，任免不需要经过同级人大批准，只需本级政府任命。2016年《上海市行政规范性文件制定和备案规定》第六条规定：市和区人民政府工作部门根据履行职责需要，有权制定规范性文件。2004 年《广东省行政机关规范性文件管理规定》第二条第二款规定：县级以上人民政府组成部门、直属机构等以自己的名义制定的规范性文件为部门规范性文件。

与外事办公室合署的地方政府侨务部门多是主管全省外事侨务和港澳工作的省人民政府组成部门，是政府工作部门之一，有权制定行政规范性文件。浙江省人民政府外事侨务办公室（浙江省人民政府港澳事务办公室），是主管全省外事侨务和港澳工作的省人民政府组成部门，也是省委外事工作领导小组的办事机构。河南省人民政府外事侨务办公室（河南省人民政府港澳事务办公室）为河南省人民政府组成部门。② 湖南省人民政府外事侨务办公室（湖南省人民政府侨务办公室、湖南省人民政府港澳事务办公室）为湖南省人民政府组成部门。③ 作为政府组成部门的外事侨务办公室（侨务办公室）的首长属于政府组成人员，参加政府全体会议，任免需要经过同级人大批准。2015 年《河南省行政规范性文件管理办法》第四条规定：各级人民政府、县级以上人民政府工作部门和依法设立的派出机关、省以下实行垂直管理的部门，可以制定规范性文件。2009 年《湖南省规范性文件管理办法》第五条规定：各级人民政府、县级以上人民政府依法设立的工作部门和派出机关、法律法规授权的组织，可以依法制定规范性文件。

一些地方不赋予不具有行政管理职能的机构制定行政规范性文件的权力。如果

---

① 《北京市人民政府关于机构设置的通知》（京政发〔2009〕2 号），上海市人民政府侨务办公室网站，2016 年 12 月 18 日。

② 《中共河南省委河南省人民政府关于省人民政府职能转变和机构改革的实施意见》（豫发〔2014〕7号）。

③ 《中共湖南省委湖南省人民政府关于印发〈湖南省人民政府机构改革方案的实施意见〉的通知》（湘发〔2009〕15 号）和《中共湖南省委湖南省人民政府关于湖南省人民政府机构设置的通知》（湘发〔2009〕16 号）。

侨务部门是不具有行政管理职能的机构，则没有制定行政规范性文件的权力。作为政府组成部门的侨务部门具有行政管理职能，而对于非政府组成部门的侨务部门，由于政府信息公开不足，难以确定其是否具有行政管理职能。2010 年《浙江省行政规范性文件管理办法》第六条规定：县级以上人民政府所属工作部门可以制定行政规范性文件。不具有行政管理职能的机构不得制定行政规范性文件。

地方积极探索侨务工作行政主管部门，提升侨务部门定位。如表 3 - 1，南京市、苏州市、扬州市、杭州市、广州市等地方维护侨益方面的法规规章规定，侨务部门是具有行政管理职能的侨务工作行政主管部门，不再是协助政府首脑办理侨务专门事项、没有独立行政管理职能的办事机构，这有利于侨务部门履行组织协调、指导服务和监督检查等职能，制定行政规范性文件。

表 3 - 1　地方政府侨务工作行政主管部门

序号	地方法规规章	条款内容
1	2015 年《南京市华侨权益保护条例》第五条第二款	侨务部门是华侨权益保护工作的行政主管部门
2	2013 年《苏州市华侨归侨侨眷权益保护办法》第四条第二款	市、县级市（区）人民政府侨务部门是本行政区域内侨务工作的行政主管部门
3	2013 年《扬州市华侨归侨侨眷权益保护办法》第六条第二款	市、县（市、区）人民政府侨务部门是所在区域内侨务工作的行政主管部门
4	2003 年《杭州市出国定居人员权益保障规定》第四条第一、二款	杭州市侨务行政主管部门是本市出国定居人员权益保障工作的主管部门
5	1999 年《广州市出境定居人员权益保障规定》（已废止）第三条第一款	广州市人民政府侨务办公室是本市侨务行政主管部门，负责本规定的实施和监督

资料来源：作者整理。

第三节　政府、侨务部门、有关部门维护侨益的职责

一、政府维护侨益的主体责任和协调工作机制

（一）国务院维护侨益的主体责任

国务院有维护侨益的主体责任。1982 年《宪法》（2018 年修正）第五十条

规定："中华人民共和国保护华侨的正当的权利和利益，保护归侨和侨眷的合法的权利和利益。"第八十五条规定：中华人民共和国国务院，即中央人民政府，是最高国家行政机关。第八十二条第十二款规定：国务院行使下列职权：保护华侨的正当的权利和利益，保护归侨和侨眷的合法的权利和利益。第一百零五条规定：地方各级人民政府是地方各级国家行政机关。第一百零七条规定：县级以上地方各级人民政府依照法律规定的权限，管理本行政区域内的行政工作。乡、民族乡、镇的人民政府执行上级国家行政机关的决定和命令，管理本行政区域内的行政工作。

根据涉侨法律、政策，国家应保护华侨、归侨、侨眷出入国境、在海外和回国定居的权利。由于国际迁徙的特点，华侨、归侨和侨眷与其他中国公民相比，更频繁地出入国境和在国外居留。2012 年《出境入境管理法》第三条第一款规定："国家保护中国公民出境入境合法权益。"2006 年《护照法》第一条规定："为了规范中华人民共和国护照的申请、签发和管理，保障中华人民共和国公民出入中华人民共和国国境的权益，促进对外交往，制定本法。"2014 年《中共中央关于全面推进依法治国若干重大问题的决定》规定："维护我国公民、法人在海外的正当权益。"① 随着中国经济和社会快速发展，外籍华人与其他外国人相比，更希望和愿意回到中国定居，需要给予其申请在中国定居的优惠条件。2016 年 3 月，公安部支持北京创新发展的 20 项出入境政策正式实施，部分政策在中关村国家自主创新示范区先行先试，在京创新创业的外籍华人是主要服务对象之一，对他们开通永久居留"直通车"，提供签证等便利化服务。②

根据涉侨政策，向外籍华人提供永久居留渠道和优先办理复籍申请。2016 年 2 月，为服务我国经济社会发展大局，根据全面深化改革的总体要求，中共中央办公厅、国务院办公厅印发了《关于加强外国人永久居留服务管理的意见》。该意见第十二条规定："对长期在华居住、曾具有中国国籍的人员提供申请永久居留的渠道。"2008 年 12 月，为营造有利于海外高层次人才回国（来华）创新创业的良好生活环境，中央组织部等 13 个部级单位联合印发《关于海外高层次引进人才享受特定生活待遇的若干规定》。其第二条规定："具有中国国籍的引进人才，可不受出国前户籍所在地的限制，选择在国内任一城市落户。公安机关

---

① 《领事工作条例（2011 年征求意见稿）》第六条第一款规定："国家依法维护中国公民、法人和其他组织在国外的正当权益。"

② 2016 年《外国人永久居留管理条例（草案）》第十五条规定："曾经具有中国国籍的外国人符合下列条件之一的，可以申请永久居留资格：（一）具有博士研究生学历；（二）具硕士研究生学历，且有 4 年以上工作经验的；（三）在中国境内连续居留 6 年、每年实际居住少于 5 个月，有稳定生活保障和住所的。"

要简化程序，优先办理。对于愿意放弃外国国籍而申请加入或恢复中国国籍的，公安机关要根据《中华人民共和国国籍法》的有关规定优先办理。"2012 年《关于为外籍高层次人才来华提供签证及居留便利有关问题的通知》规定：凡纳入海外高层次人才引进计划引进的中国籍回国高层次人才的外籍配偶和未满 18 周岁外籍子女，可以为其提供签证及居留便利。上述文件中的"具有中国国籍的引进人才""中国籍回国高层次人才"多为华侨，"长期在华居住、曾具有中国国籍的（外国）人""放弃外国国籍而申请恢复中国国籍的""中国籍回国高层次人才的外籍配偶和未满 18 周岁外籍子女"都为外籍华人。

（二）地方政府维护侨益的主体责任

一些地方维护侨益方面的法规规章规定了政府维护侨益的主体责任，要求各级政府应当重视和加强维护侨益工作，切实维护侨益。如表 3－2，上海市、浙江省、福建省、南京市等地方维护侨益方面的法规规章规定，县级以上人民政府应当重视和加强华侨权益保护工作，切实维护华侨的合法权益。扬州市、苏州市等地方维护侨益方面的法规规章规定，市、县（市、区）人民政府应当加强或负责华侨、归侨和侨眷合法权益保护工作。

表 3－2　地方政府维护侨益的主体责任

序号	地方法规规章	条款内容
1	2016 年《上海市华侨权益保护条例》第四条第一款	本市各级人民政府应当重视和加强华侨权益保护工作，切实维护华侨的合法权益
2	2016 年《福建省华侨权益保护条例》第三条第三款	县级以上人民政府应当加强对华侨权益保护工作的领导，组织和督促有关部门做好华侨权益保护工作，所需经费列入本级财政预算
3	2016 年《湖北省华侨权益保护条例》第四条	县级以上人民政府应当加强对华侨权益保护工作的组织领导，制定华侨权益保护措施，将华侨权益保护工作所需经费列入本级财政预算
4	2015 年《南京市华侨权益保护条例》第五条第一款	市、区人民政府组织实施华侨合法权益保护工作
5	2015 年《广东省华侨权益保护条例》第四条第一款	各级人民政府应当重视和加强华侨权益保护工作
6	2013 年《扬州市华侨归侨侨眷权益保护办法》第六条第一款	市、县（市、区）人民政府应当加强对华侨、归侨和侨眷合法权益保护工作的组织领导

（续上表）

序号	地方法规规章	条款内容
7	2013 年《苏州市华侨归侨侨眷权益保护办法》第四条	市、县级市（区）人民政府负责本行政区域内华侨、归侨和侨眷合法权益保护工作
8	2012 年《南京市华侨归侨侨眷权益保护办法》第六条第一款	市、县（区）人民政府领导本市华侨、归侨和侨眷合法权益保护工作
9	2006 年《浙江省华侨权益保障暂行规定》第三条第一款	县级以上人民政府要按照"一视同仁，不得歧视，根据特点，适当照顾"的原则，重视和加强华侨权益保障工作

资料来源：作者整理。

各省级地方保护归侨侨眷权益的法规规定，县级以上人民政府应当重视和加强归侨、侨眷合法权益的保护工作。1994 年《北京市实施〈中华人民共和国归侨侨眷权益保护法〉办法》（2005 年修正）第三条规定：市和区、县人民政府应当重视和加强归侨、侨眷合法权益的保护工作。1994 年《新疆维吾尔自治区实施〈中华人民共和国归侨侨眷权益保护法〉办法》（2003 年修正）第三条规定：县级以上人民政府及其负责侨务工作的机构，组织协调有关部门做好保护归侨、侨眷合法权益的工作。

广东省、福建省、湖北省、浙江省等省级人大常委会颁布实施的保护华侨权益的法规规章，都参照适用于外籍华人的原则，赋予了政府保护外籍华人权益的主体责任。2015 年《广东省华侨权益保护条例》第三十四条规定："除法律、法规规定不可享有的特定权利外，外籍华人在本省的有关权益保护，可以参照本条例执行。"2016 年《福建省华侨权益保护条例》第三十三条规定："除法律、法规规定不可享有的特定权利外，外籍华人在本省的有关权益保护可以参照本条例执行。"2016 年《湖北省华侨权益保护条例》第四十一条规定："除法律法规和规章规定不可享有的特定权益外，外籍华人在本省的有关权益保护，可以参照本条例执行。"2018 年《浙江省华侨权益保护条例》第三十四条规定："外籍华人在本省的有关权益保护，除法律、法规有特别规定的以外，可以参照本条例执行。"

一些地方维护侨益方面的法规规章将维护侨益的主体责任下沉到最基层政府——乡（镇）政府（街道办事处），以及群众自治组织——村（居）委会，夯实侨务工作基础，构建侨务工作网络。如表 3－3，南京市、苏州市、扬州市等地方维护侨益方面的法规规章规定：镇人民政府（街道办事处）应当明确人员做好或者用服务网络及其他社会资源做好本辖区内的华侨、归侨和侨眷权益保护和服务协调工作。2015 年《广东省华侨权益保护条例》第四条规定：乡（镇）

政府应与其他各级政府一样，重视和加强华侨权益保护工作。如 2016 年《上海市华侨权益保护条例》第二十七条具体规定了乡（镇）政府（街道办事处）、村（居）委会救助华侨的职责。

表 3-3　乡（镇）政府（街道办事处）、村（居）委会维护侨益的主体职责

序号	地方法规规章	条款内容
1	2016 年《上海市华侨权益保护条例》第二十七条	在本市居住的华侨因突发原因造成临时性困难的，其居住地的街道办事处和乡、镇人民政府应当给予必要的救助，其居住地的居民委员会、村民委员会协助做好相关救助工作
2	2015 年《广东省华侨权益保护条例》第四条第一款	各级人民政府应当重视和加强华侨权益保护工作
3	2015 年《南京市华侨权益保护条例》第六条第四款	镇人民政府（街道办事处）应当根据本区域华侨、归侨和侨眷的特点，利用社区服务网络以及其他社会资源配合做好相关服务协调工作
4	2013 年《苏州市华侨归侨侨眷权益保护办法》第四条第四款	镇人民政府（街道办事处）应当明确人员做好本辖区内的华侨、归侨和侨眷权益保护和服务协调工作
5	2013 年《扬州市华侨归侨侨眷权益保护办法》第六条第四款	乡（镇）人民政府（街道办事处），村（居）委会应当根据本区域华侨、归侨和侨眷的特点，利用服务网络及其他社会资源做好相关服务和协调工作

资料来源：作者整理。

（三）政府维护侨益的协调工作机制

中央和地方"五侨"联席会议机制。1999 年 2 月，在全国人大华侨委员会倡议下，时任全国政协副主席、致公党中央主席罗豪才主持召开了第一次中央"五侨"联席会议，"五侨"部门领导和办事机构主要负责人出席会议。中央"五侨"是指全国人大华侨委员会、国务院侨务办公室、全国政协港澳台侨委员会、中国致公党和中国侨联。中央"五侨"联席会议制度从此形成，由五个侨务部门轮流承办会议。除中央"五侨"联席会议外，"五侨"办事机构也召开会议，协商研究解决有关问题。在中央"五侨"联席会议带动下，地方涉侨部门联席会议制度也相继建立。截至 2015 年 6 月，全国有 29 个省（区、市）先后建

立了联席会议制度，有的是"五侨"联席会议，有的是"四侨"（没有致公党）或"六侨"（加上统战部）联席会议；有的联席会议是一个季度召开一次，有的是半年召开一次，轮流承办会议，每次开会讨论研究若干个重点、热点或难点问题，力求推动有关问题的解决。"五侨"联席会议是由"五侨"自愿结合形成的会议机制，存在缺乏统一领导和履职措施等问题。① 由于政府侨务部门在级别上平级或者低于其他侨务机关、单位，难以协调甚至牵头其他四家侨务机关、单位开展侨务工作。

一些地方维护侨益方面的法规规章规定了侨务工作协调机制、维护侨益协调机制，整合各部门的力量，落实政府维护侨益的主体责任。2013 年《苏州市华侨归侨侨眷权益保护办法》第四条规定：市、县级市（区）人民政府建立侨务工作协调机制。如表 3-4，广东省、湖北省、福建省、浙江省、苏州市等地方维护侨益方面的法规规章规定：县级以上人民政府，除应当重视和加强华侨权益保护工作外，还应建立华侨权益保护工作协调机制，制定华侨权益保护措施。

表 3-4　地方政府侨务工作协调机制、维护侨益协调机制

序号	地方法规规章/地区	条款内容/协调机制
1	2016 年《湖北省华侨权益保护条例》第四条	县级以上人民政府应当加强对华侨权益保护工作的组织领导，建立华侨权益保护工作协调机制，制定华侨权益保护措施，将华侨权益保护工作所需经费列入本级财政预算
2	2016 年《福建省华侨权益保护条例》第四条、第五条	县级以上人民政府应当建立工作协调机制，制定本行政区域的华侨权益保护政策措施并依法公开，督促有关部门执行法律、法规以及国家和本省的有关政策，为华侨提供法律、法规和政策咨询； 省、设区的市和侨务重点县（市、区）应当建立华侨权益保障协调工作机制，协调解决有关重大问题
3	2015 年《广东省华侨权益保护条例》第四条第一款、第二款	各级人民政府应当重视和加强华侨权益保护工作； 县级以上人民政府应当建立工作协调机制，制定本行政区域的华侨权益保护政策措施并依法公开，督促有关部门执行法律、法规以及国家和本省的有关政策，为华侨提供法律、法规和政策咨询

① 《全国人大华侨委：充分发挥中央"五侨"联席会议作用，推进中国特色社会主义法治侨务建设》，中国人大制度理论研究会，2015 年 6 月。

（续上表）

序号	地方法规规章/地区	条款内容/协调机制
4	2013 年《苏州市华侨归侨侨眷权益保护办法》第四条	市、县级市（区）人民政府负责本行政区域内华侨、归侨和侨眷合法权益保护工作，建立侨务工作协调机制，将侨务工作经费列入同级财政预算
5	2011 年《宁波市侨商投资权益保障工作领导小组工作机制》	每年召开 1～2 次政企恳谈会和领导小组联席会议，面对面解决侨商侵权案件，形成保障侨商权益的合力
6	南京市	2014 年，设立了由分管市领导担任召集人、20 个相关部门参与的"贯彻侨法联席会议"，落实《南京市华侨归侨侨眷权益保护办法》，以南京市人民政府侨务办公室为单位，负责牵头、协调、督促执法
7	杭州市	市委、市人民政府侨务工作协调会议，对全市性的重大涉侨活动，相关部门共同参与、研究。市"五侨"联席会议，设置实质性议题。21 个政府部门参加的杭州市侨务信访联席会议工作机制，推动信访事项及时有效处理
8	厦门市	成立了以市委、市人民政府分管领导为正副组长的市侨务工作领导小组，涉侨单位和相关部门对涉侨问题主动沟通、积极配合
9	海口市	2008 年，市人民政府成立"海口市涉侨重要案件联席会议制度"

资料来源：作者整理。

二、政府侨务部门维护侨益的职责

（一）政府侨务部门保护归侨、侨眷权益的职责

根据侨务法律，政府侨务部门应做好保护归侨侨眷的合法权益的工作。1990 年《归侨侨眷权益保护法》（2009 年修正）第四条规定："县级以上各级人民政府及其负责侨务工作的机构，组织协调有关部门做好保护归侨、侨眷的合法权益的工作。"第十条第二款规定："对丧失劳动能力又无经济来源或者生活确有困难的归侨、侨眷，当地人民政府应当给予救济。"省级地方人大常委会普遍颁布

实施了1990年《归侨侨眷权益保护法》（2009年修正）的实施办法，要求侨务部门做好保护归侨、侨眷合法权益的工作，并开展监督和检查。1994年《北京市实施〈中华人民共和国归侨侨眷权益保护法〉办法》（2005年修正）第三条规定：市和区、县人民政府负责侨务工作的机构应当组织协调有关部门做好保护归侨侨眷合法权益的工作，并组织开展本行政区域内归侨侨眷权益保护的法律法规执行情况的监督、检查。1994年《新疆维吾尔自治区实施〈中华人民共和国归侨侨眷权益保护法〉办法》（2003年修正）第三条规定：县级以上人民政府及其负责侨务工作的机构，组织协调有关部门做好保护归侨侨眷合法权益的工作。

（二）政府侨务部门救济侨权的职责

救济侨权是政府侨务部门的法定职责。侨务法律、涉侨法律和地方维护侨益方面的法规规章规定：侨务部门救济侨权的职责。侨务部门有权向有关部门提议追究侵害华侨合法权益的国家机关及其工作人员的责任，有义务及时或者在规定期限内处理华侨、归侨、侨眷投诉。

侨务部门有权向有关部门提议追究侵害华侨、外籍华人、归侨、侨眷合法权益的国家机关及其工作人员的责任。如表3-5，地方维护侨益方面的法规规章规定：侨务部门提议追究侵害侨益者的责任。2016年《湖北省华侨权益保护条例》第三十六条规定：提议追究侵权人责任的权利，"国家机关及其工作人员损害华侨合法权益的，侨务部门和归国华侨联合会可以向其所在机关或者上级主管部门提出追究其责任的意见建议，所在单位或者上级主管部门应当及时研究处理并告知结果"。2005年《四川省〈中华人民共和国归侨侨眷权益保护法〉实施办法》第二十一条第二款规定："各级人民政府负责侨务工作的机构，对于侵害归侨、侨眷合法权益的行为，可以向责任人所在单位及其上级主管机关、监察和司法机关提出处理建议和要求。"1993年《浙江省实施中华人民共和国归侨侨眷权益保护法办法》（2001年修正）第二十九条规定："违反《归侨侨眷权益保护法》《实施办法》和本办法，侵犯归侨、侨眷合法权益的，归侨、侨眷有权要求侨务行政主管部门或者其他有关部门依法处理，受理部门应当在接到书面要求之日起三十日内处理，并将处理结果告知申请人；归侨、侨眷也可以依法向人民法院提起诉讼。"

侨务部门有义务及时或者在规定期限内处理华侨、外籍华人、归侨、侨眷的投诉，华侨、外籍华人、归侨、侨眷有权向侨务部门投诉。如表3-5，地方维护侨益方面的法规规章规定了侨务部门及时处理华侨、外籍华人、归侨、侨眷关于合法权益受侵害投诉的义务。2016年《上海市华侨权益保护条例》第二十九条规定了侨务部门投诉转介，对应当由政府其他有关部门处理的投诉事项，市、

区人民政府侨务部门应当及时转交其他有关部门处理。其他有关部门应当及时处理投诉，并在回复投诉人的同时，将处理情况通报同级侨务部门。

表 3 - 5 政府侨务部门救济侨权的职责

序号	地方法规规章	条款内容
1	2016 年《上海市华侨权益保护条例》第二十九条	市、区人民政府侨务部门或者其他有关部门接到华侨投诉后，应当及时处理，并将处理情况回复投诉人； 对应当由政府其他有关部门处理的投诉事项，市、区人民政府侨务部门应当及时转交其他有关部门处理。其他有关部门应当及时处理投诉，并在回复投诉人的同时，将处理情况通报同级侨务部门
2	2016 年《湖北省华侨权益保护条例》第三十五条、第三十六条	第三十五条：华侨的合法权益受到侵害或者发生争议时，可以向县级以上人民政府侨务部门和有关部门投诉。对经济困难需要法律援助或者司法救助的华侨，有关国家机关应当为其提供法律援助或者司法救助； 第三十六条：损害华侨合法权益的国家机关及其工作人员，侨务部门和归国华侨联合会可以向其所在机关或者上级主管部门提出追究其责任的意见建议，所在单位或者上级主管部门应当及时研究处理并告知结果。对于国家机关及其工作人员的违法失职行为，华侨有向有关机关提出申诉、控告或者检举的权利，任何人不得打击报复。对于华侨的申诉、控告或者检举，有关机关应当查清事实，负责处理
3	2015 年《广东省华侨权益保护条例》第三十一条	华侨认为其合法权益受到侵害的，可以向负责侨务工作的部门和有关部门提出意见、建议或者投诉，负责侨务工作的部门和有关部门应当在规定期限内作出处理
4	2015 年《南京市华侨权益保护条例》第二十三条	行政机关违反本条例规定，在办理居留和出入境、社会保险、财产登记、投资创业等事务中损害华侨合法权益的，侨务部门应当督促其纠正或者提请本级人民政府责令其纠正
5	2013 年《扬州市华侨归侨侨眷权益保护办法》第二十九条	市、县（市、区）人民政府侨务部门应当做好华侨、归侨和侨眷合法权益保护的法律宣传、咨询、投诉受理和纠纷调解等工作，帮助华侨、归侨和外籍华人处理在本市创业、生活中遇到的问题，有关部门应当予以协助

（续上表）

序号	地方法规规章	条款内容
6	2005 年《四川省〈中华人民共和国归侨侨眷权益保护法〉实施办法》第二十一条第二款	各级人民政府负责侨务工作的机构，对于侵害归侨、侨眷合法权益的行为，可以向责任人所在单位及其上级主管机关、监察和司法机关提出处理建议和要求
7	1993 年《浙江省实施〈中华人民共和国归侨侨眷权益保护法〉办法》（2001年修正）第二十九条规定	违反《归侨侨眷权益保护法》《实施办法》和本办法，侵犯归侨、侨眷合法权益的，归侨、侨眷有权要求侨务行政主管部门或者其他有关部门依法处理，受理部门应当在接到书面要求之日起三十日内处理，并将处理结果告知申请人；归侨、侨眷也可以依法向人民法院提起诉讼

资料来源：作者整理。

（三）地方政府侨务部门保护华侨权益的职责

根据浙江省、广东省、福建省、湖北省、上海市、南京市、杭州市等省级、副省级政府、人大常委会颁布实施的保护华侨权益的法规规章，地方政府侨务部门应为华侨提供法律、法规和政策咨询，做好保护华侨权益的相关工作。如表3－6，2015 年《广东省华侨权益保护条例》第四条规定："县级以上人民政府负责侨务工作的部门负责指导、协调、监督华侨权益保护工作，并加强对华侨权益保护有关法律、法规和政策的宣传。"2016 年《湖北省华侨权益保护条例》第四条规定："县级以上人民政府侨务部门负责华侨权益保护的服务、协调、监督和宣传工作。"

表 3－6　侨务部门保护华侨、归侨、侨眷权益的职责

序号	地方法规规章	条款内容
1	2016 年《上海市华侨权益保护条例》第四条第二款	市、区人民政府侨务部门应当鼓励华侨参与本市经济社会建设，为华侨提供政策咨询和法律服务，组织、指导、协调有关部门做好华侨权益保护工作，组织开展对华侨权益保护的法律、法规宣传和对执行情况的监督、检查

（续上表）

序号	地方法规规章	条款内容
2	2016 年《福建省华侨权益保护条例》第四条	县级以上地方政府侨务主管部门负责本行政区域内华侨权益保护的指导、协调、监督，并加强对华侨权益保护有关法律、法规和政策的宣传
3	2016 年《湖北省华侨权益保护条例》第四条第二款	县级以上人民政府侨务部门负责华侨权益保护的服务、协调、监督和宣传工作
4	2015 年《广东省华侨权益保护条例》第四条第三款	县级以上人民政府负责侨务工作的部门负责指导、协调、监督华侨权益保护工作，并加强对华侨权益保护有关法律、法规和政策的宣传
5	2015 年《南京市华侨权益保护条例》第五条第二款	侨务部门负责华侨合法权益保护的协调服务和监督检查
6	2013 年《苏州市华侨归侨侨眷权益保护办法》第四条第二款	市、县级市（区）人民政府侨务部门负责华侨、归侨和侨眷合法权益保护的组织协调、指导服务和监督检查工作
7	2013 年《扬州市华侨归侨侨眷权益保护办法》第六条第二款	市、县（市、区）人民政府侨务部门负责华侨、归侨、侨眷合法权益保护的协调、指导服务和监督检查工作
8	2006 年《浙江省华侨权益保障暂行规定》第三条第二款	县级以上人民政府负责侨务工作的机构应当组织协调有关部门做好华侨权益保障工作
9	2003 年《杭州市出国定居人员权益保障规定》第四条第一款	杭州市侨务行政主管部门负责组织、协调有关部门做好出国定居人员权益保障工作

资料来源：作者整理。

第四节　政府有关部门维护侨益的职责

一些地方维护侨益方面的法规规章规定了有关部门的涉侨职责，各自做好华侨、归侨、侨眷合法权益保护工作。如表 3 - 7，湖北省、上海市、浙江省、福建省、南京市、苏州市、扬州市等地方维护侨益方面的法规规章规定：县级以上地方政府有关部门按照各自职责做好华侨、归侨、侨眷合法权益保护的相关工作。另外，1994 年《北京市实施〈中华人民共和国归侨侨眷权益保护法〉办法》（2005 年修正）第三条规定：市和区、县人民政府的有关部门应当在各自的职责范围内做好归侨、侨眷合法权益的保护工作。1994 年《新疆维吾尔自治区实施〈中华人民共和国归侨侨眷权益保护法〉办法》（2003 年修正）第三条规定：公安、民政、劳动和社会保障、教育、建设等部门按照各自职责，负责有关的归侨、侨眷权益保护工作。

杭州市、广州市等地方维护侨益方面的规章进一步规定：各级人民政府有关职能部门协同侨务部门共同做好华侨权益保障工作。1993 年《陕西省实施〈中华人民共和国归侨侨眷权益保护法〉办法》（2007 年修正）第二十条第二款规定："有关主管部门在处理涉侨案件过程中，应当加强与侨务工作机构的沟通。"这些规定明确了有关政府部门的涉侨职责，有利于侨务部门履行侨务工作统筹协调的职责，与有关政府部门共同做好侨务工作。

表 3 - 7　政府有关部门维护侨益的职责

序号	地方法规规章	条款内容
1	2016 年《湖北省华侨权益保护条例》第四条第三款	县级以上人民政府有关部门应当按照各自职责，做好华侨权益保护的相关工作
2	2016 年《上海市华侨权益保护条例》第四条第三款	本市各级人民政府有关部门应当按照各自职责，为华侨参与本市经济社会发展以及在本市居住、生活提供便利，做好华侨权益保护工作
3	2016 年《浙江省华侨权益保障暂行规定》第三条第三款	县级以上人民政府有关部门应当在各自的职责范围内做好华侨权益保障工作
4	2016 年《福建省华侨权益保护条例》第三条第三款	县级以上人民政府其他有关部门按照各自职责做好华侨权益保护的相关工作

（续上表）

序号	地方法规规章	条款内容
5	2015 年《广东省华侨权益保护条例》第四条第三款	其他有关部门根据各自职责，做好华侨权益保护工作
6	2015 年《南京市华侨权益保护条例》第五条第三款	有关行政主管部门按照分工履行华侨权益保护的相关工作职责
7	2013 年《苏州市华侨归侨侨眷权益保护办法》第四条第三款	有关部门和单位按照各自职责做好华侨、归侨和侨眷合法权益的保护工作
8	2013 年《扬州市华侨归侨侨眷权益保护办法》第六条第三款	市、县（市、区）有关部门和单位按照各自职责做好华侨、归侨、侨眷合法权益保护的相关工作
9	2003 年《杭州市出国定居人员权益保障规定》第四条第三款	建设、房产、国土资源、农业、公安、人事、劳动和社会保障、民政、教育等行政主管部门应当按照各自职责，协同侨务行政主管部门共同做好出国定居人员权益保障工作
10	1999 年《广州市出境定居人员权益保障规定》（已废止）第三条第二款	各级人民政府有关职能部门，依照各自职责协同实施本规定
11	1993 年《陕西省实施〈中华人民共和国归侨侨眷权益保护法〉办法（2007 年修正）》第二十条第二款	有关主管部门在处理涉侨案件过程中，应当加强与侨务工作机构的沟通

资料来源：作者整理。

政府、侨务部门、有关部门履行维护侨益职责面临着挑战。侨务法律法规规定了政府及其侨务部门的组织、协调、指导、监督、宣传、服务的职责，救济侨权职责，及有关部门各自做好华侨、归侨、侨眷合法权益保护工作，协同侨务部门共同履行好保障华侨权益的职责。但几乎没有政府、侨务部门、有关部门按照透明、高效、便民的原则，制定这些行政职责运行流程图，明确每个职责的承办机构、办理要求、办理时限等。

第五节　政府侨务部门权力清单和责任清单制度

一、地方政府侨务部门权力清单和责任清单制度的成效

推行政府部门权力清单和责任清单制度是党的十八届三中、四中全会部署的重要改革任务，是国家治理体系和治理能力现代化建设的重要举措，对于建设法治政府、创新政府、廉洁政府和服务型政府具有重要意义。[①] 按照简政放权、放管结合、优化服务和转变政府职能的要求，以清单的形式列明部门的行政权责及其依据、行使主体、运行流程等，推进行政权责依法公开，强化行政权力监督和制约，防止出现权力真空和监管缺失，加快形成边界清晰、分工合理、权责一致、运转高效、依法保障的政府职能体系，[②] 以及科学有效的权力监督、制约、协调机制。

地方建立了侨务部门权力清单和责任清单制度，取得了一定成效。按照 2015 年《关于推行地方各级政府工作部门权力清单制度的指导意见》，省级政府 2015 年年底前、市县两级政府 2016 年年底前要基本完成政府工作部门、依法承担行政职能的事业单位权力清单的公布工作。省市县三级政府公布了侨务部门的权力清单，有的还公布了相应责任清单及有关监督。2015 年《云南省人民政府行政审批制度改革办公室关于公布省人民政府办公厅等 50 个部门权力清单和责任清单的公告》指出："省级政府部门权力清单和责任清单具有刚性约束力，省级部门不得擅自变更行政职权，不得变相行使已取消、下放（属地管理）的行政职权，原行使的直接面对行政相对人的行政职权未列入权力清单和责任清单的不得继续实施。要严格执行'法定职责必须为、法无授权不可为'，按照行使职权所要承担的责任，落实责任主体，严格责任追究，防止权力行使中的越位、缺位、错位行为，推进机构、职能、权限、程序、责任法定化。" 2015 年《泉州市行政审批制度改革领导小组办公室关于公布市外事侨务办公室行政权力清单的通知》（泉审改办〔2015〕32 号）指出，行政确认事项进驻泉州市行政服务中心实行标准化管理，并保留在省网上办事大厅运行接受监督。各级各部门不得在公布的行政权力清单外实施行政权力事项，违反规定的，将严肃追究相关单位和人员责任。

---

① 2015 年《国务院部门权力和责任清单编制试点方案》序言。
② 2015 年《国务院部门权力和责任清单编制试点方案》工作目标。

二、地方政府侨务部门权力清单和责任清单制度面临的挑战

地方政府侨务部门权力清单和责任清单制度存在着行政权力或有或无、或多或少、定性不一等不足，残缺式侨务依法行政不利于地方政府依法全面履行侨务职能和侨务部门切实做到"法定职责必须为、法无授权不可为"，甚至导致不同程度地存在缺位现象。残缺式侨务依法行政表现在，由于事权职权局限，政府侨务工作往往需要通过有关主管部门的配合才能完成。政府侨务部门在相当多的涉侨工作领域没有话语权，尤其是话语主导权。侨务部门统筹协调能力较弱，影响侨务部门在跨部门合作中的主动性与积极性，以致不愿突破地区和部门的束缚与局限，尤其在出现协调障碍并发现协调成本过高时，往往出现推脱、逃避的行为，甚至中止履行侨务法律规定的职责，只愿意选择履行一项或某几项对自身有益的职责。

地方政府在规范侨务部门有无直接面对公民、法人和其他组织行使的行政职权时或有或无，以致同样的侨务政策法律在不同省市县出现了相反的实施效果。如表3-8，北京市、湖北省、上海市静安区、福建省泉州市、江西省赣州市、广西壮族自治区北海市、福建省宁德市霞浦县、山东省淄博市沂源县等地方政府确认，侨务部门有直接面对公民、法人和其他组织行使的行政职权，云南省、广西玉林市博白县等地方政府则相反。2015年《云南省人民政府行政审批制度改革办公室关于公布省人民政府办公厅等50个部门权力清单和责任清单的公告》指出：云南省人民政府侨务办公室无直接面对公民、法人和其他组织行使的行政职权。

省级政府在规范侨务部门直接面对公民、法人和其他组织行使的行政职权时或多或少，以致同样的侨务政策法律在不同省市区出现了不同的实施效果。如表3-8，湖北省人民政府侨务部门有1项权力，即华侨回国定居的审批签发。北京市人民政府侨务部门有7项权力，即华侨回国定居的审批签发（行政审批）；归侨、侨眷身份认定（行政审批）；办理归侨子女、华侨在京子女、归侨学生高考加分身份证明（行政确认）；华侨子女来京接受义务教育证明（行政确认）；对困难归侨侨眷给予专项救助（行政给付）；对为北京市作出突出贡献的华人华侨的奖励（行政奖励）；维护归侨侨眷合法权益（其他权力）。上海市人民政府侨务部门有9项权力，包括华侨回国来沪定居行政审批（行政审批），其他8项权力是：归侨身份确认（行政确认）；华侨身份确认（行政确认）；归侨侨眷权益保护监督检查（监督检查）；华侨捐赠物资和款项使用情况监督检查（监督检查）；早期归侨专项生活补助（行政给付）；侨务信访办理（其他权力）；主动公开侨务政府信息（其他权力）；依申请公开侨务政府信息（其他权力）。

市级、县级政府在规范侨务部门直接面对公民、法人和其他组织行使的行政职权时或多或少，以致同样的侨务政策法律在不同市级政府出现了不同的实施效果。广西壮族自治区北海市人民政府侨务部门只有1项权力，即华侨回国定居证审批签发（非行政许可）。江西省赣州市人民政府侨务部门有2项权力，除定居国外的中国公民回国定居审批（行政确认）外，还有华侨、归侨侨眷身份认定（行政许可）。福建省泉州市人民政府侨务部门有5项权力，除华侨回国定居审批（其他权力）、归侨身份认定（行政许可），还有华侨捐赠确认（行政确认）、华侨投资者主体资格确认（行政确认）和行政复议（其他权力）。广西壮族自治区玉林市博白县侨务部门的行政权力清单没有列出任何权力。福建省宁德市霞浦县侨务部门的行政权力清单列入了1项权力，即华侨捐赠确认（行政确认）。山东省淄博市沂源县侨务部门的行政权力清单列入了2项权力，即归侨侨眷身份认定审核（行政确认）和"三侨考生"高考照顾手续审核（行政确认）。侨务行政权力的不同难以都归因于各地侨务政策法律实施细则的不同，因为侨务是中央事权，地方政府应执行而不能放弃或者变更相应的行政职权。各地各级侨务部门行政权力不同的原因可能是侨务部门根据自己的理解和需求，而不是国家的侨务政策、侨务法律、涉侨法律梳理和列出行政权力。

地方政府在规范侨务部门直接面对公民、法人和其他组织行使的行政职权时，将同样的行政权力归属于不同种类的行政行为，同样的侨务行政权力在不同地方出现了不同的实施目的和效果，这不利于侨务政策法律的权威和统一。如表3-8，关于华侨回国定居的审批签发，湖北省人民政府侨务部门将其定性为行政服务，上海市人民政府侨务部门将其定性为行政审批，江西省赣州市将其定性为行政许可，广西壮族自治区北海市人民政府侨务部门将其定性为非行政许可。以上地方政府以不同的权力属性和运行流程对待华侨回国定居的审批签发。

表3-8 地方政府侨务部门权力清单和责任清单

序号	文件名称	侨务部门权力清单、责任清单
1	2016年《（上海市）静安区侨务办公室行政权力清单和行政责任清单》	8项。侨眷身份确认（行政确认）；归侨青年、归侨子女、华侨在国内的子女的升学加分照顾的身份认定（行政确认）；对归侨侨眷权益保护的监督检查（行政检查）；对华侨捐赠物资和款项使用情况的监督检查（行政检查）；对归侨侨眷合法权益保护工作的指导（行政指导）；侨务信访办理（其他权力）；主动公开侨务政府信息（其他权力）；依申请公开侨务政府信息（其他权力）

（续上表）

序号	文件名称	侨务部门权力清单、责任清单
2	2015 年《云南省人民政府行政审批制度改革办公室关于公布省人民政府办公厅等 50 个部门权力清单和责任清单的公告》（云南省人民政府侨务办公室）	无直接面对公民、法人和其他组织行使的行政职权。"本次公布的权力清单和责任清单不含对行政相对人不产生直接影响的抽象行政行为和政府内部管理行为，如宏观政策的制定、各类规划的制定、上级部门对下级部门的工作指导等，该类职权由各部门按'三定'规定执行"
3	2015 年《北京市人民政府部门行政强制等权力清单》（北京市人民政府侨务办公室）	7 项。华侨回国定居的审批签发（行政审批）；归侨、侨眷身份认定（行政审批）；办理归侨子女、华侨在京子女、归侨学生高考加分身份证明（行政确认）；华侨子女来京接受义务教育证明（行政确认）；对困难归侨侨眷给予专项救助（行政给付）；对为北京市作出突出贡献的华人华侨的奖励（行政奖励）；维护归侨侨眷合法权益（其他权力）
4	2015 年《（湖北）省外事侨务办公室行政权力和责任清单》	1 项。华侨回国定居的审批签发（其他类行政服务）
5	2015 年《上海市人民政府侨务办公室行政权力清单和行政责任清单》	9 项。华侨回国来沪定居行政审批（行政审批）；归侨身份确认（行政确认）；华侨身份确认（行政确认）；归侨侨眷权益保护监督检查（监督检查）；华侨捐赠物资和款项使用情况监督检查（监督检查）；早期归侨专项生活补助（行政给付）；侨务信访办理（其他权力）；主动公开侨务政府信息（其他权力）；依申请公开侨务政府信息（其他权力）
6	2015 年《（福建省）泉州市外事侨务办公室行政权力清单》	5 项。归侨身份认定（行政确认）；华侨捐赠确认（行政确认）；华侨投资者主体资格确认（行政确认）；华侨回国定居审批（其他权力）；行政复议（其他权力）

（续上表）

序号	文件名称	侨务部门权力清单、责任清单
7	2015年《（江西省赣州）市人民政府办公厅（市民宗局、市外事侨务办公室）责任清单》	2项。华侨、归侨侨眷身份认定（行政确认）；定居国外的中国公民回国定居审批（行政许可）
8	2015年《（广西壮族自治区）北海市外事侨务和港澳事务办公室行政权力清单》	1项。华侨回国定居证签发（非行政许可）
9	2015年《（福建省泉州市）安溪县外事侨务办公室行政权力清单》	3项。归侨身份认定（行政确认）；华侨捐赠确认（行政确认）；华侨投资者主体资格确认（行政确认）
10	2015年《（福建省宁德市）霞浦县外事侨务办公室行政权力清单》	1项。华侨捐赠确认（行政确认）
11	2015年《（山东省淄博市沂源县）侨务办行政权力清单总表》	2项。归侨侨眷身份认定审核（行政确认）；"三侨考生"高考照顾手续审核（行政确认）
12	2015年《（广西壮族自治区玉林市）博白县外事侨务办公室保留的行政权力清单》	无

资料来源：作者整理。

第六节　进一步加强侨务依法行政

一、从地方到中央、从地区到全国的侨务依法行政的路径

在不改变目前中央政府、地方政府侨务部门的定位和立法权的情况下，侨务依法行政需要走从地方到中央、从地区到全国的道路，主要因为地方政府侨务部门比中央政府侨务部门在侨务依法行政方面处于更有利的位置。在定位和立法权

方面，中央政府侨务部门弱于地方政府侨务部门。中央政府侨务部门是办事机构，没有部门规章立法权。地方政府侨务部门是直属机构或者组成部门，有制定行政规范性文件的权力。地方政府侨务部门比中央政府侨务部门较易推动所属政府、人大开展涉侨立法，以及保障侨务依法行政。

二、强化政府、侨务部门、有关部门维护侨益职责

强化而不是弱化侨务部门的组织、协调、指导、监督、宣传、服务职责，救济侨权职责，及有关部门各自做好华侨、归侨、侨眷合法权益保护工作，协同侨务部门共同履行好保障华侨权益的职责。国务院有维护侨益的主体责任。一些地方维护侨益方面的法规规章规定了政府维护侨益的主体责任，要求各级政府应当重视和加强维护侨益工作。承担维护侨益的主体责任，就要切实履行职责和大力开展侨权救济。切实履行职责和开展侨权救济，会面临人员、资金、权力等方面的挑战，一些地方不适宜地弱化了侨权救济。如，1995 年《山西省归侨侨眷权益保护法实施办法》第十九条规定：归侨、侨眷的合法权益受到侵犯时，有权向侨务行政主管部门和有关部门提出申诉和控告，或依法向人民法院提起诉讼。2007 年《山西省归侨侨眷权益保护法实施办法》第十五条却删除了"有权向侨务行政主管部门"，修改为"归侨、侨眷的合法权益受到侵害的，归侨、侨眷有权要求有关主管部门依法处理，或者依法向人民法院起诉"。

三、完善政府维护侨益的主体责任制度

加强对政府，特别是根据地方法规规章有维护侨益主体责任的地方政府，以及侨务部门对维护侨益的问责，增强维护侨益的压力。如表 3-2，一些地方维护侨益方面的法规规章规定了政府维护侨益的主体责任，要求各级政府应当重视和加强维护侨益工作。如表 3-3，一些地方维护侨益方面的法规规章将维护侨益的主体责任下沉到最基层政府——乡（镇）政府（街道办事处），以及群众自治组织——村（居）委会，夯实侨务工作基础。如表 3-4，一些地方维护侨益方面的法规规章规定了华侨权益保护工作协调机制、侨务工作协调机制，整合各部门的力量。但是，各级各地侨务部门公布的权力清单，很少包括维护侨益主体责任、协调工作机制方面的权力，以及相对应的责任清单。各级各地侨务部门在完善权力清单时，应包含维护侨益主体责任、协调工作机制方面的权力，并按照权责一致的原则，逐一厘清与行政职权相对应的责任事项，建立责任清单，明确责任主体，健全问责机制。

四、完善涉侨部门、机关的协调机制

国务院侨务部门可以整理各地各级侨务部门、机关在侨务工作协调机制、维护侨益协调机制方面的做法，总结和分析其取得的成效、积累的经验、存在的不足，编撰并内部发行相关的资料和研究成果，为其他侨务部门建立和完善侨务工作协调机制、维护侨益协调机制提供参考和借鉴。由于侨务工作协调机制、维护侨益协调机制方面的资料多为侨务部门内部使用，很少对外公开，缺乏侨务部门的支持和帮助，学者难以开展这方面的深入研究。总的来说，国家建立和健全侨务工作协调机制，以国务院侨务部门为牵头单位，涉侨部门和社会团体为侨务工作协调机制成员单位。确定侨务工作协调机制的主要职能，制定工作规则，设立办公室，明确联络员。华侨人数较多的县级以上地方政府根据实际建立侨益保护的工作协调机制。可以将侨务工作协调机制主要职能确定为：组织制定、实施、监督、评估《国家侨务工作发展纲要》；组织和协调跨区域、跨部门、跨机构、跨国界侨务工作；协调和推动政府有关部门的侨务工作；指导和督促各省、自治区、直辖市的侨务工作；组织各地区、各有关部门总结和交流侨务工作经验及相关成果。将政府侨务部门确定为牵头和办公室所在部门，增强履行政府统筹协调、整体规划和政策指导的职责。

改造"五侨"联席会议，健全侨务联席会议制度，统筹推进依法行政能力。全国人大华侨委员会提出了积极建议："要进一步促进'五侨'联席会议规范化和制度化，既要开好'五侨'领导联席会议，也要开好'五侨'工作班子联席会议，做到责任明确，联络经常，办事具体。要进一步改进'五侨'联席会议前的准备工作，加强对重大问题的沟通和研究，使会议议题更加集中深入，更具有时效性、针对性和指导性，更能体现侨界群众的所思、所需、所急。要进一步深入开展'五侨'会议已确定要解决问题的调研和跟踪落实工作，相互支持，形成合力，注重实效。"[1]

目前，中央和地方都召开了"五侨"联席会议，但主要是通报本年工作情况，交流明年工作思路，不形成有约束力的决议。在每年召开的中央"五侨"领导联席会议上，全国人大华侨委员会、国务院侨务办公室、全国政协港澳台侨委员会、致公党中央、中国侨联通报各自单位今年以来的主要工作，并交流明年

---

[1] 《全国人大华侨委：充分发挥中央"五侨"联席会议作用，推进中国特色社会主义法治侨务建设》，中国人大制度理论研究会，2015年6月。

工作的主要思路。近年来，每年还会召开中央"五侨"信访工作联席会议。① 充分发挥"五侨"联席会议的作用，形成"五侨"共识，整合"五侨"力量，及时将立之有理、言之有据的立法意见提交给人大法工委、政府司法（法制办）等立法部门，积极协调和沟通公安、外交政等政府部门，艰苦细致地做立法建议和说明工作。协调和沟通其他政府部门进行涉侨法律法规立法，虽然难度非常大，但是不得不推进，否则涉侨法律法规体系将失去法律文件的载体。②

改造"五侨"联席会议，使之成为比较务实的侨务工作机构，确定"五侨"联席会议的主要职能，制定"五侨"联席会议的工作规则，设立"五侨"联席会议办公室，明确"五侨"联席会议联络员。中央"五侨"联席会议的主要职能可以是：组织制定、实施、监督、评估《国家侨务工作发展纲要》；组织和协调跨区域、跨部门、跨机构、跨国界侨务工作；协调和推动政府有关部门的侨务工作；指导和督促各省、自治区、直辖市的侨务工作；组织各地区、各有关部门总结和交流侨务工作经验及相关成果。

中央"五侨"联席会议的工作规则可以是：联席会议原则上每半年召开一次，因工作需要和成员单位要求也可临时召开；联络员会议原则上每季度召开一次，研究确定侨务工作重要事项和拟提请联席会议的审议的事项，因工作需要或成员单位要求也可临时召开；联席会议成员因工作变动需要调整的，由所在单位提出，联席会议确定；联席会议的决定事项以《中央"五侨"联席会议第 次会议纪要》的形式印发各省、自治区、直辖市人民政府，抄送各成员单位、列席单位，抄报国务院办公厅，联席会议办公室负责督促落实；各成员单位、列席单位应认真落实联席会议部署的工作任务和决定事项，及时向联席会议办公室反馈工作进展情况。

中央"五侨"联席会议联络员的主要职责可以是：联络员是本单位落实《国家侨务工作发展纲要》的责任人，负责牵头研究制定本单位落实《国家侨务工作发展纲要》的实施细则和工作方案；协调本单位有关部门开展侨务工作，指导、督促、检查和评估本系统落实《国家侨务工作发展纲要》工作；及时向上级汇报侨务工作存在问题和联席会议决定事项，研究解决存在问题，并抓好贯彻落实；加强与联席会议办公室和其他联络员的沟通，加强信息交流和研判工作，共同推动《国家侨务工作发展纲要》的落实；落实本单位侨务职责，按照《国家侨务工作发展

---

① 在中央"五侨"信访工作联席会议上，全国人大华侨委法案室、国务院侨务办公室国内司、全国政协港澳台侨委员会办公室、致公党中央办公厅、中国侨联权益保障部分别通报本年信访和维护侨益工作的情况，分析当前的信访形势，对大家共同关注的重点信访案件进行认真剖析并共同研究处理方案。

② 广东省人民政府侨务办公室在 2014 全国侨办主任会议上提出：侨务立法必须做到锲而不舍、坚持不懈才能成功。侨务立法牵涉面广，特别是保护华侨权益的立法，牵涉到国内国外各个方面，遇到的问题和困难也多，更需要坚韧不拔的意志。

纲要》赋予本部门的职责，制定、实施、监督、评估本部门实施细则。

五、明确侨务行政权力运行流程

要优化政府、侨务部门、有关部门涉侨权力运行流程，加强事权规范化，切实简化工作环节，提高这些行政职权运行的规范化水平。各级侨务部门，特别是上级侨务部门，要按照透明、高效、便捷的原则，制定行政权力运行流程图，切实简化工作环节，规范行政裁量权，明确每个环节的承办主体、办理标准、办理程序、办理时限、监督方式等，提高行政权力运行的科学化、规范化水平。以身作则，率先垂范。

六、完善侨务部门权力清单和责任清单制度

侨务为中央事权，各级地方政府侨务部门只能贯彻实施《国家侨务工作发展纲要》、1990 年《归侨侨眷权益保护法》（2009 年修正）、2012 年《出境入境管理法》、1980 年《国籍法》等侨务政策法律等，不能有任何折扣或放大。2014年《中共中央关于全面推进依法治国若干重大问题的决定》指出："行政机关要坚持法定职责必须为、法无授权不可为，勇于负责、敢于担当，坚决纠正不作为、乱作为，坚决克服懒政、怠政，坚决惩处失职、渎职。"

上级侨务部门要支持下级侨务部门开展权力清单和责任清单工作，完善侨务部门权力清单和责任清单制度，减少和避免地方政府在规范侨务部门直接面对公民、法人和其他组织行使的行政职权或有或无、或多或少、定性不一的不足，确保"法定职责必须为和准确为"。2015 年《关于推行地方各级政府工作部门权力清单制度的指导意见》第十一条指出：国务院各部门要支持地方推行权力清单制度工作。侨务部门应采取积极的措施和行动依法履行法定职责，例如，对归侨侨眷权益的保护，不得放弃、推诿、转嫁他人、不履行。实践中出现了一些与"法定职责必须为"相违背的情况，如"为官不为"就是典型的表现。这一行为的本质是不履行必须履行的法定职责。这不仅影响政府职能的履行，也是对国家利益、社会公共利益和管理相对人利益的不负责任。[①]

上级侨务部门可以分门别类地全面梳理侨务行政权力，制定统一规范的侨务行政权力分类标准，引导下级侨务部门形成科学和严谨的侨务行政权力目录。侨务行政权力的依据是《国家侨务工作发展纲要》、1990 年《归侨侨眷权益保护法》

---

① 张忠军：《法定职责必须为》，《学习时报》，2014 年 12 月 29 日。

（2009 年修正）、2012 年《出境入境管理法》、1980 年《国籍法》等侨务政策法律等，以及相应的地方法规、规章和文件。只要侨务政策法律规定了行政权力，例如，归侨侨眷权益保护、侨务信访办理等，那么各地各级侨务部门必须将之列为行政权力，履行法定职责，不因地方法规、规章和文件是否细化而变化或取舍。

七、规范行政执法裁量权

各级侨务部门，特别是具有行政执法裁量权的侨务部门，要制定行政执法裁量权基准，规范行政执法裁量权，严格规范公正文明执法，提高执法公信力，维护公民、法人和其他组织的合法权益。行政执法裁量权基准是指行政执法机关结合行政执法实践，对法律、法规、规章中行政执法裁量权的适用条件、情形等予以细化、量化而形成的具体标准。行政执法裁量权是指行政执法机关在行政执法过程中，依照法律、法规、规章规定的条件、种类、时限和幅度等，结合具体情形进行审查、判断并作出处理的权力。[1] 行政执法裁量权基准应当以规范性文件形式发布、备案。

对于行政许可，例如华侨回国定居审批签发，可以按照下列规定规范裁量权：①许可条件有选择性规定的，列明对应的具体情形；②许可决定方式没有明确规定或者可以选择的，列明决定的具体方式；③许可程序及其变更、撤回、撤销、注销情形只有原则性规定的，列明具体程序；④许可办理时限只有原则性规定的，列明具体办理时限；⑤许可有数量限制的，公布数量和遴选规则；⑥不予许可的，列明情形并依法备案；⑦申请人需提交申请材料的，列明材料清单。

对于行政确认，例如华侨、归侨、侨眷身份确认，可以按照下列规定规范裁量权：①确认程序只有原则性规定的，列明具体程序；②确认申请材料只有原则性规定的，列明申请材料清单；③确认办理时限只有原则性规定的，列明具体办理时限；④申请人因特殊情况无法到场的，列明特殊情况的具体情形。

对于行政给付，例如对困难归侨侨眷给予专项救助，可以按照下列规定规范裁量权：①给付条件只有原则性规定的，列明具体条件和情形；②给付方式只有原则性规定的，列明具体程序和方式；③给付数额存在幅度的，列出具体标准；④给付办理时限没有规定或者只有原则性规定的，列明具体情形的办理时限。

对于行政奖励，例如对作出突出贡献的华人华侨的奖励，可以按照下列规定规范裁量权：①奖励的依据、条件、范围和标准等只有原则性规定的，按照奖励与贡献相对应的原则进行细化并公布；②奖励应当评审、公示、公布。

---

[1]　2015 年《南京市规范行政执法裁量权规定》第三条。

八、完善侨务依法行政的压力机制和动力机制

侨务部门的工作职责和有关部门的涉侨职责可能得不到切实履行，难以做到"法定职责必须为"。如表3-8，各级各地侨务部门公布的权力清单，很少包括组织、协调、指导、监督、宣传、服务方面的权力，以及相对应的责任清单。有关部门公布的权力清单，很少包括各自做好华侨、归侨、侨眷合法权益保护工作，协同侨务部门共同做好华侨权益保障工作的权力，以及相对应的责任清单。

要形成侨务依法行政的压力机制，将侨务部门的工作职责和有关部门的涉侨职责列入权力清单和责任清单。各级各地侨务部门在完善权力清单时，应将组织、协调、指导、监督、宣传、服务职责，救济侨权职责，及有关部门各自做好华侨、归侨、侨眷合法权益保护工作，协同侨务部门共同履行好保障华侨权益的职责转化为权力，列入权力清单。按照权责一致的原则，逐一厘清与行政职权相对应的责任事项，建立责任清单，明确责任主体，健全问责机制，切实做到"法定职责必须为"，不能避重就轻，规避组织、协调、指导、监督、协同的职责。

2014年11月，全国人大常务委员会修改《行政诉讼法》，人民法院将受理公民、法人或者其他组织提起的"申请行政机关履行保护人身权、财产权等合法权益法定职责，行政机关拒绝履行或者不予答复"的诉讼。在起诉被告不履行法定职责的案件中，原告应当提供其向被告提出申请的证据，但"被告应当依职权主动履行法定职责"的除外，这既是对侨务部门做好归侨侨眷和华侨华人在国内合法权益保护工作的更高要求，也是更大的无形压力。

要形成侨务依法行政的动力机制，建立以依法行政作为官员晋升考核的主要指标及具体的、具有可操作性的考核体系，催生侨务部门深入推进依法行政的内在动力。考核指标可以包括本年度就依法行政工作或执法情况向政府做专题汇报；按规定对现行规范性文件开展清理并公布清理结果；重大决策合法性审查机制的实施情况；建立并开展行政执法案卷评查制度；实行行政执法人员资格制度，没有取得执法资格的不得从事执法工作；完成组织、协调、指导、监督、宣传、服务职责的情况；完成救济侨权职责的情况等。

第七节　结论

侨务依法行政是指政府侨务部门行政权力和有关部门涉侨行政权力的取得和适用的必须依据法律的规定并依照法定的程序，既不越权和滥用职权，也不得失

职，一切行政行为都要接受监督，违法行政要承担相应的法律责任。法治侨务与侨务依法行政是整体和局部的关系。法治侨务是侨务依法行政追求的总体效应，侨务依法行政是法治侨务的重要手段或途径，也是法治侨务的关键和核心。要在加快建设法治政府中深入推进侨务依法行政，健全政府侨务部门依法决策机制，完善行政组织和行政程序制度。

国务院侨务办公室是国务院行政机构的组成部分，作为国务院办事机构，其不具有独立的行政管理职能，只能起草和提请制定相关法律法规，不能制定部门规章。单设的地方政府侨务部门多是负责本行政区域侨务工作的政府直属机构，是政府工作部门之一，有权制定行政规范性文件。与其他部门合署的地方政府侨务部门多是主管本行政区域外事侨务和港澳等工作的政府组成部门，有权制定行政规范性文件。地方积极探索提升侨务部门定位，南京市、杭州市、广州市等地方政府侨务部门是具有行政管理职能的侨务工作行政主管部门。

国务院有维护侨益的主体责任。国家应保护华侨、归侨、侨眷出入国境、在海外和回国定居的权利，向外籍华人提供永久居留渠道和优先办理复籍申请。各级地方政府应当重视和加强维护侨益的工作，切实维护侨益。保护华侨权益的地方法规规章参照适用于外籍华人原则，赋予了政府保护外籍华人权益的主体责任。将维护侨益的主体责任下沉到最基层政府——乡（镇）政府（街道办事处），以及群众自治组织——村（居）委会。中央和地方建立了"五侨"等联席会议机制，整合各部门力量，落实政府维护侨益的主体责任。救济侨权是政府侨务部门的法定职责。地方政府侨务部门应为华侨提供法律、法规和政策咨询，做好保护华侨权益的相关工作。除侨务部门外，其他政府部门也有相应的保护华侨、归侨、侨眷合法权益的职责，但是几乎没有政府、侨务部门、有关部门制定维护侨益等职责运行流程图，明确每个职责的承办机构、办理要求、办理时限等。地方建立了侨务部门权力清单和责任清单制度，取得了成效，但是存在行政权力或有或无、或多或少、定性不一等不足。

推进侨务依法行政，可以走从地方到中央、从地区到全国的侨务依法行政的路径，强化政府、侨务部门、有关部门维护侨益的职责，完善政府维护侨益的主体责任制度和协调工作机制，明确侨务行政权力运行流程，完善侨务部门权力清单和责任清单制度，规范行政执法裁量权，完善侨务依法行政的压力机制和动力机制。

第四章　侨法宣传教育

深入开展侨法宣传教育，对于进一步增强广大海外侨胞、归侨侨眷和侨务干部的法治观念，进一步增强全社会维护侨益的积极性、主动性和自觉性，推进法治侨务建设，都具有十分重要的意义。侨法宣传教育，主要是增强全民，特别是有关政府部门、侨务干部的侨法观念，不断营造良好的法治侨务氛围。本章从规划、载体、"侨法宣传角"、内容和对象五个方面分析侨法宣传教育的基本情况，论证面临的挑战，提出完善的建议。

第一节　侨法宣传教育规划

一、侨法宣传教育规划的基本情况

做好侨法宣传教育规划，是开展侨法宣传教育的基础性工作，也是法治侨务的重要任务。国务院侨务办公室印发全国侨务系统侨法宣传教育工作规划和通知，组织开展侨务法制、法治侨务、重要侨务法律的宣传教育，要求各级侨务部门加强对侨务法制宣传教育工作的领导和监督，把法制宣传教育工作纳入本级侨务工作计划。全国侨务系统侨法宣传教育工作规划和通知往往结合全国普法规划、重要侨务法律的颁布实施和周年纪念，如表 4－1，2005 年《关于进一步加强学习宣传和贯彻实施〈中华人民共和国归侨侨眷权益保护法〉及其实施办法的通知》、2011 年《国务院侨务办公室关于"六五"普法期间开展法制宣传教育工作的规划》等。全国侨务系统侨法宣传教育工作规划和通知提出了侨法宣传的指导思想、主要目标、主要任务、工作要求、工作步骤和组织领导等，对做好各级政府侨务部门侨法宣传教育工作，推进侨法宣传教育在侨务干部、归侨侨眷和华侨华人等涉侨群体中深入开展，为凝聚侨心侨力、同圆共享中国梦提供有力的法治保障有重要意义。

一些地方政府及其侨务部门贯彻实施国务院侨务办公室印发的全国侨务系统侨法宣传教育工作规划和通知，制定了地方政府侨务部门系统侨法宣传教育工作

规划、计划、通知和方案。地方政府侨务部门系统侨法宣传教育工作规划和通知常常依据本地区侨务工作发展实际来制定，如表 4 - 1，2006 年广东省人民政府侨务办公室《广东省侨法"五五"普法规划》、2011 年上海市人民政府侨务办公室《关于开展"贯彻落实侨法精神，依法维护侨界权益——2011 年上海市侨法宣传月系列活动"的通知》、2016 年厦门市外事务办公室《关于"七五"普法期间开展法治宣传教育工作规划》、南京市人民政府侨务办公室《南京市人民政府侨务办公室 2016 年度法治建设工作总结及 2017 年工作安排》等。地方政府侨务部门系统侨法宣传教育工作规划、计划、通知和方案明内容、定任务、提措施、抓落实，使侨法宣传教育工作做到方向明、责任清，对推动涉侨法律法规及各项侨务政策的贯彻实施、更有效地维护广大归侨侨眷和海外侨胞的合法权益及服务地方建设有重要意义。

表 4 - 1　侨法宣传教育规划

序号	颁布规划主体	侨法宣传教育规划名称
1	国务院侨务办公室	2005 年《关于进一步加强学习宣传和贯彻实施〈中华人民共和国归侨侨眷权益保护法〉及其实施办法的通知》
2	国务院侨务办公室	2011 年《国务院侨务办公室关于"六五"普法期间开展法制宣传教育工作的规划》
3	国务院侨务办公室	2016 年《"七五"普法期间开展法治宣传教育工作规划》
4	广东省人民政府侨务办公室	2006 年《广东省侨法"五五"普法规划》
5	广东省人民政府侨务办公室、省司法厅、普法办	2006 年《关于进一步加强学习宣传和贯彻实施侨法的通知》
6	上海市人民政府侨务办公室	2011 年《关于开展"贯彻落实侨法精神，依法维护侨界权益——2011 年上海市侨法宣传月系列活动"的通知》
7	昆明市人民政府外事务办公室	2015 年《昆明市人民政府外事务办公室 2015 年法治宣传工作方案》
8	天津市人民政府侨务办公室、市司法局、市依法治市领导小组办公室	2005 年《关于转发〈关于进一步加强学习宣传和贯彻实施中华人民共和国归侨侨眷权益保护法及其实施办法的通知〉的通知》

（续上表）

序号	颁布规划主体	侨务宣传教育规划
9	浙江省人民政府侨务办公室	2006 年《关于深入开展侨法宣传教育主题活动的意见》
10	温州市人民政府侨务办公室	2011 年《关于"六五"普法期间开展侨法宣传教育工作规划》
11	厦门市人民政府外事侨务办公室	2016 年《关于"七五"普法期间开展法治宣传教育工作规划》
12	绍兴市人民政府外事与侨务办公室、侨联	2011 年《关于"六五"普法期间开展法制宣传教育工作的实施意见》
13	湛江市人民政府外事侨务局	2012 年《湛江市"六五"侨法普法工作规划》
14	青岛市人民政府侨务办公室	2012 年《关于开展"侨法宣传月"活动的通知》
15	厦门市人民政府外事侨务办公室	2016 年《关于"七五"普法期间开展法治宣传教育工作规划》
16	南京市人民政府侨务办公室	2016 年《南京市人民政府侨务办公室 2016 年度法治建设工作总结及 2017 年工作安排》
17	连云港市人民政府办公室	2004 年《关于深入贯彻实施〈中华人民共和国归侨侨眷权益保护法实施办法〉的通知》

资料来源：作者整理。

一些地方政府侨务部门与有关部门联合下发侨法宣传教育规划，加强部门协作，强化侨法宣传教育规划的成效。如表 4 - 1，2006 年广东省人民政府侨务办公室、省司法厅、普法办联合下发《关于进一步加强学习宣传和贯彻实施侨法的通知》，2005 年天津市人民政府侨务办公室、市司法局、市依法治市领导小组办公室联合下发《关于转发〈关于进一步加强学习宣传和贯彻实施中华人民共和国归侨侨眷权益保护法及其实施办法的通知〉的通知》，2011 年绍兴市人民政府外事与侨务办公室、侨联联合下发《关于"六五"普法期间开展法制宣传教育工作的实施意见》。地方政府侨务部门与有关部门联合下发的侨法宣传教育规划要求，各级侨务部门、司法局、普法办，或者侨务办公室与侨联加强沟通和协调，形成合力共同宣传贯彻侨法，共同制定学习宣传贯彻落实侨法的工作方案和落实普法的人员、经费。

二、侨法宣传教育规划面临的挑战

侨法宣传教育规划和通知缺少硬性的约束力和执行力。由于没有关于量化指标、规划和计划的备案、未完成工作任务的处罚等规定，侨法宣传教育规划和通知的约束力和执行力比较弱，减损了侨法宣传教育的实效。如《国务院侨务办公室关于"六五"普法期间开展法制宣传教育工作的规划》规定了主要目标、主要任务、工作要求，却没有量化指标；规定了"开展督导检查活动和中期表彰""负责全国侨务办公室系统法制宣传教育的考核验收和总结，对先进集体和个人进行终期表彰"，却没有规定未完成"主要任务"的问责和处罚；规定了"各地侨务办公室根据本规划，结合本地实际，研究制定本地区五年侨务法制宣传工作规划""各级侨务办公室要在本规划的指导下，在各自法制宣传教育规划的基础上，每年制定工作计划"，却没有规定工作规划、工作计划的备案和审核；规定了"开展督导检查活动""定期开展规划实施的年度和阶段性考核监督工作"，却没有规定督导检查、考核监督的方式、方法和内容。2016 年连云港市人民政府《关于深入贯彻实施〈中华人民共和国归侨侨眷权益保护法实施办法〉的通知》笼统规定了认真做好《实施办法》学习宣传贯彻工作、依法维护归侨侨眷的合法权益、积极做好归侨侨眷创业服务指导工作等内容，却没有具体规定期间、步骤、部门分工与合作、方案及量化指标、考核评估、问责方面的内容。

一些地方政府及其侨务部门没有制定或者发布侨法宣传教育规划和计划。无论是地方政府及其侨务部门没有制定，或者制定了但不予以公开，都不利于全国侨务系统侨法宣传教育工作规划和通知的贯彻实施，以及地方侨务系统侨法宣传教育工作的有序开展。根据政府及其侨务部门公开的信息和相关新闻报道，如表4-1，广东省、浙江省、温州市、绍兴市、湛江市、厦门市等省市制定了侨法宣传教育规划，上海市、青岛市、昆明市等地方政府侨务部门发布了侨法宣传教育的年度计划、专题活动通知和方案，此外，没有查找到其他省市人民政府及其侨务部门制定的侨法宣传教育规划、年度计划。侨务大省、大市或者经济相对发达的省市比侨务小省、小市或者经济相对不发达的省市，更多地制定或者发布侨法宣传教育规划和计划，但后者比前者更需要认真学习宣传、贯彻落实各项侨务法律法规和侨务政策，服务于地方发展和建设。

地方政府侨务部门单独制定侨法宣传教育规划多，与有关政府部门联合制定的少，与司法部门以外的其他政府部门、单位联合制定的几乎为零。海外侨胞和归侨侨眷权益涉及方方面面，不仅是《归侨侨眷权益保护法》及其实施办法的内容，而且是《出境入境管理法》《国籍法》等涉侨法律的内容。如果能够涵盖，便能通过法律手段维护自身权益。地方政府侨务部门制定的侨法宣传教育规划，如表4-1，多为本部门单独制定，其效力局限于本部门，难以宣传教育《归侨侨眷权益保护法》及其实施办法以外的涉侨法律，也难以借助涉侨部门资源宣传教育涉侨法律。

三、侨法宣传教育规划的完善

推动或者要求地方政府及其侨务部门制定、发布侨法宣传教育规划和计划，不仅是国务院侨务办公室的要求，也是中共中央的要求。《国务院侨务办公室关于"六五"普法期间开展法制宣传教育工作的规划》指出："各地侨务办公室根据本规划，结合本地实际，研究制定本地区五年侨务法制宣传工作规划""各级侨务办公室要在本规划的指导下，在各自法制宣传教育规划的基础上，每年制定工作计划"。2014年《中共中央关于全面推进依法治国若干重大问题的决定》指出：坚持以"公开为常态、不公开为例外"的原则，推进决策公开、执行公开、管理公开、服务公开、结果公开。推动或者要求侨务大省、大市或者经济相对发达的省市人民政府及其侨务部门在原有的侨法宣传教育规划和计划的基础上，进一步细化内容，增强可操作性和可考核性，扩大公开范围和增加公开力度，接受社会监督。推动或者要求侨务小省、小市或者经济相对不发达的省市制定、发布侨法宣传教育规划和计划，奠定有序开展侨法宣传教育的基础。

增强侨法宣传教育工作规划和通知特别是全国侨务系统侨法宣传教育工作规划和通知的约束力和执行力。规划和通知的生命力在于实施，规划和通知的权威也在于实施。国务院侨务办公室可以在侨法宣传教育工作的规划中，不仅规定主要目标、主要任务、工作要求，而且规定量化指标。不仅规定"开展督导检查活动和中期表彰""负责全国侨务办公室系统法制宣传教育的考核验收和总结，对先进集体和个人进行终期表彰"，而且规定未完成"主要任务"的问责和处罚。不仅规定"各地侨务办公室根据本规划，结合本地实际，研究制定本地区五年侨务法制宣传工作规划""各级侨务办公室要在本规划的指导下，在各自法制宣传教育规划的基础上，每年制定工作计划"，而且规定工作规划、工作计划的备案和审核。不仅规定"开展督导检查活动""定期开展规划实施的年度和阶段性考核监督工作"，而且规定督导检查、考核监督的方式、方法和内容，以及将督导检查、考核监督结果作为国务院侨务办公室评估地方政府侨务部门业绩、给予经费支持的参考因素之一。

鼓励和引导地方政府侨务部门与有关政府部门，特别与司法部门以外的其他政府部门、单位联合制定侨法宣传教育规划，合力开展侨务法律和涉侨法律的宣

传教育工作。将联合制定侨法宣传教育规划作为督导检查、考核监督的内容之一，作为加分项。侨法的内容涉及面广，要真正贯彻落实好，政府各部门必须高度重视，充分发挥"五侨"共动、上下联动、左右互动等机制的作用，共同开展宣传教育工作。国务院侨务办公室《"七五"普法期间开展法治宣传教育工作规划》指出：继续普及宣传国家涉侨法律法规。

第二节 侨法宣传教育载体

一、侨法宣传教育载体的基本情况

（一）纸质材料

各级政府侨务部门针对不同受众，编写形式多样的侨务法律宣传资料，吸引读者阅读。截至 2014 年 4 月，全国共发放侨法宣传资料 300 多万份。[①] 侨务法律宣传资料主要包括三类，如表 4 - 2，第一类是侨法汇编，哈尔滨市人民政府外事侨务办公室《侨务法规汇编》，西安市人民政府外事侨务办公室《涉侨法规政策选编》，合肥市人民政府外事侨务办公室《归侨侨眷权益保护法》等；第二类是侨法宣传册，武汉市人民政府外事侨务办公室《涉侨政策问答》，青岛市人民政府侨务办公室《侨务法律法规宣传册》，太原市人民政府外事侨务办公室《侨法进社区宣传读本》等；第三类是侨法挂历、侨法周历、侨法环保袋、侨法画册、宣传单等其他形式的侨法宣传材料，南昌市人民政府外事侨务办公室侨法宣传挂历，呼和浩特市人民政府外事侨务办公室侨法宣传单和侨法画册，温州市人民政府侨务办公室侨法宣传周历、侨法宣传环保袋等。

各级政府侨务部门广为发放侨务法律宣传资料，提高社会大众对侨法的认知度。侨务法律宣传资料发放主要通过三种途径，第一种途径是在社区、"侨法宣传角"固定发放。如青岛市人民政府侨务办公室在重点社区服务中心摆放《侨务法律法规宣传册》；厦门市人民政府外事侨务办公室编印了 1 万多本侨法宣传小册子，发放给社区等。呼和浩特市人民政府外事侨务办公室在接待侨务对象的窗口设立"侨法宣传角"，在宣传角内放置侨法画册、宣传单及《为侨服务手册》等涉侨资料等。第二种途径是在"侨法宣传月""侨法宣传周""侨法宣传

---

① 《走进国侨办，四位副主任谈侨务》，《人民日报（海外版）》，2014 年 4 月 12 日。

日"等集中宣传活动中随机发放。如石家庄外事侨务办公室每年参加"12·4"全国法制宣传日活动，发放宣传材料。2016年，南京市人民政府侨务办公室与省人民政府侨务办公室、省侨联联合，在新街口华侨广场开展《江苏省保护和促进华侨投资条例》广场宣传活动，发放宣传资料。第三种途径是利用侨情普查等机会附带发放。如深圳市人民政府侨务办公室利用侨务资源普查机会，印制了70万份侨务政策法律宣传资料，分发给深圳户籍的70万户家庭。

表4-2　侨务法律宣传资料

序号	地区	侨务法律宣传资料
1	哈尔滨市人民政府外事侨务办公室	《"两法"知识问答宣传手册》《侨务法规汇编》
2	武汉市人民政府外事侨务办公室	《涉侨政策问答》
3	成都市人民政府侨务办公室	印发常用侨务政策法规汇编资料3 000余册，会同社区编印侨法问答摘录宣传期刊（册、单）2万余份
4	西安市人民政府外事侨务办公室	编印发放《涉侨法规政策选编》《为侨服务工作指南》5 000册
5	大连市人民政府外事侨务办公室	编印发放《侨务政策100问》及分发各种宣传材料15 000余份
6	青岛市人民政府侨务办公室	在重点社区服务中心摆放《侨务法律法规宣传册》
7	宁波市人民政府侨务办公室	2011—2014年，累计发放侨务政策法律宣传资料5 000多份
8	厦门市人民政府外事侨务办公室	编印了1万多本侨法宣传小册子，发放给有关单位、社区及归侨侨眷
9	深圳市人民政府侨务办公室	利用侨务资源普查机会，印制了70万份侨务政策法律宣传资料，分发给深圳户籍的70万户家庭
10	太原市人民政府外事侨务办公室	组织编印了《侨务政策简读本》《涉侨知识手册》《侨务政策简编》《侨法进社区宣传读本》等宣传册
11	合肥市人民政府外事侨务办公室	印发了13 000多册《归侨侨眷权益保护法》
12	南昌市人民政府外事侨务办公室	发放侨法宣传挂历、侨法宣传册

（续上表）

序号	地区	侨务法律宣传资料
13	西宁市人民政府外事侨务办公室	向社区居民和归侨侨眷发放侨法宣传册600多份
14	秦皇岛市人民政府外事侨务办公室	发放侨法宣传册
15	湛江市人民政府外事侨务局	2006—2014年，全市共向基层单位和个人分发侨法小册子3.5万份，出动宣传车336辆次，悬挂宣传标语1 041条
16	呼和浩特市人民政府外事侨务办公室	每年结合"12·4"全国法制宣传日及全市普法宣传活动，采取立侨法宣传板、发放侨法宣传单和侨法画册等形式，宣传侨法
17	温州市人民政府侨务办公室	印制和发放侨法宣传展板、侨务法律法规资料、侨法宣传周历、侨法宣传环保袋

资料来源：作者整理。

（二）报纸、电台、电视台等传统媒体

各级各地侨务部门加强与报纸、电台、电视台等传统媒体的沟通和合作，借助传统媒体力量开展侨法宣传教育活动，增强侨法宣传的实际效果（表4-3）。第一，在报纸刊登《归侨侨眷权益保护法》等侨务法律，开辟专栏或者专版刊登有关侨法的文章。如广东省侨务系统在主要报纸全文刊登了《归侨侨眷权益保护法》及其实施办法，哈尔滨市人民政府外事侨务办公室在《哈尔滨日报》开设"两法"宣传专栏，厦门市人民政府外事侨务办公室在《厦门日报》《鹭风报》制作专版，宣传厦门市侨务法制建设成就。第二，在电台开设侨法讲座、访谈、热线。如武汉市人民政府外事侨务办公室在武汉电台新闻广播"行风连线"回答侨法问题，西安市人民政府外事侨务办公室在西安电台"警法时空"栏目开展侨法讲座，湛江市人民政府外事侨务局在湛江人民广播电台"公仆说法"访谈节目介绍侨法。第三，在电视台播放宣传侨法的节目。如合肥市人民政府外事侨务办公室在电视黄金时段播放宣传侨法的内容，珠海市外事侨务局借助电视等推出"侨法问答"及访谈节目，茂名市外事侨务局联合有关单位制作了《依法护侨，共建和谐》宣传片，连续多次在市电视台《法治生活》节目播出。2016年，南京市人民政府侨务办公室制作《南京市华侨权益保护条例》宣传动漫，通过新城大厦和政务服务中心电视媒体播放。

表 4-3　报纸、电台、电视台等传统媒体侨务法律专栏或节目

序号	地区	报纸、电台侨务法律专栏或节目
1	哈尔滨市人民政府外事侨务办公室	《哈尔滨日报》"两法"宣传专栏
2	厦门市人民政府外事侨务办公室	在《厦门日报》《鹭风报》制作专版，宣传厦门市侨务法制建设成就
3	温州市人民政府侨务办公室	《温州日报》"天下温州人"栏目
4	武汉市人民政府外事侨务办公室	武汉电台新闻广播"行风连线"专题
5	西安市人民政府外事侨务办公室	西安电台"警法时空"栏目开展侨法讲座
6	湛江市人民政府外事侨务局	利用湛江人民广播电台"公仆说法"访谈节目介绍侨法
7	合肥市人民政府外事侨务办公室	在电视黄金时段播放宣传侨法的内容
8	南京市人民政府侨务办公室	2016 年，制作《南京市华侨权益保护条例》宣传动漫，通过新城大厦和政务服务中心电视媒体播放
9	广东省人民政府侨务办公室	"五五"普法期间，全省各级主要媒体都对侨法进行了宣传报道，主要报纸全文刊登了《归侨侨眷权益保护法》及其实施办法，各种关于侨法的专题、专栏、专版高密度、大板块地见诸报端，极大地提高了侨法的能见度与社会认知度。汕头等市的外事侨务局还借助上"行风热线"等电台节目的机会，向听众宣传侨法和侨务政策，解答群众关心的涉侨热点问题。珠海市外事侨务局借助电视等推出"侨法问答"及访谈节目，使侨法走进社区、走入侨界群众；茂名市外事侨务局联合有关单位制作了《依法护侨，共建和谐》宣传片，连续多次在市电视台《法治生活》节目播出

资料来源：作者整理。

（三）官网、微博、微信等新媒体

各级各地侨务部门运用官网、微博、微信等新媒体开展侨法宣传教育活动，吸引各界的关注和参与。国务院侨务办公室建立了法治宣传网，介绍全国侨务系

统的侨法宣传教育信息。此外，如表4－4，武汉市、成都市、西安市、青岛市、深圳市、太原市、濮阳市、温州市等地方政府侨务部门通过政府网站的"侨法宣传""为侨服务""交流园地"等栏目，登载侨法及其解析、问答。2010、2012、2014年，大连市人民政府外事侨务办公室三次在市人民政府门户网站参加"在线访谈"栏目网络直播节目，宣传侨法。南京市、温州市人民政府侨务部门开通官方微博、官方微信公众号，扩大宣传效果。

表4－4　官网、微博、微信等新媒体侨务法律专栏或节目

序号	地区	新媒体、自媒体侨务法律专栏或节目
1	武汉市人民政府外事侨务办公室	在外事侨务办公室官网设立为侨服务指南
2	成都市人民政府侨务办公室	在侨务办公室官网登载侨务法规政策解析41条
3	西安市人民政府外事侨务办公室	在西安外侨网设置"侨法"宣传专栏
4	青岛市人民政府侨务办公室	在青岛侨网发布侨法知识问答，并协调指导区市人民政府侨务部门和有条件的街道社区开设网络侨法园地
5	深圳市人民政府侨务办公室	利用侨务网站，持久宣传侨法
6	太原市人民政府外事侨务办公室	通过市外侨信息网站开办"交流园地"宣传侨务政策法律
7	大连市人民政府外事侨务办公室	2010、2012、2014年三次在市人民政府门户网站参加"在线访谈"栏目网络直播节目
8	濮阳市人民政府外事侨务旅游局	"七五"普法期间，利用官方网站和微信公众号等网络媒体，对本市侨法宣传情况进行网上宣传，扩大宣传效果
9	南京市人民政府侨务办公室	2016年，制作《南京市华侨权益保护条例》宣传动漫，通过新城大厦和政务服务中心电视媒体、南京侨网、微信、微博等平台进行宣传
10	温州市人民政府侨务办公室	在温州侨网、温州侨务官方微博、温州侨务官方微信公众号辟专栏、做专题、搞专访、编节目
11	乌鲁木齐市人民政府外事侨务办公室	协调市电信公司，统管在手机、出租车顶灯上做侨法公益广告，悬挂侨法宣传布标

资料来源：作者整理。

二、侨法宣传教育载体面临的挑战

纸质侨务法律宣传资料面临的挑战主要是以侨法汇编、侨法问答的形式为主，比较呆板。虽然侨法汇编、侨法问答具有局限性小，政府部门工作人员、民众都可以使用，可作单色或多色印刷，印制精致、醒目、突出，效力持久等优点，但也具有形式呆板、覆盖范围窄、信息量有限、发放成本较高等缺点。形式呆板不利于促使非侨务部门工作人员和民众对枯燥的侨法产生兴趣，进而长时间保留并认真阅读和学习。

通过报纸、电台、电视台等传统媒体开展的侨法宣传教育活动比较随意，很少形成固定栏目和固定节目。虽然通过报纸、电台、电视台等新闻媒体开展侨法宣传教育活动，有着传播速度较快、信息传递及时、信息量大、说明性强、权威性强、渗透能力强等优点，但也有高认知卷入、注意度不高、时效较短、容易被忽视、不能较精准投放等缺点，这不利于吸引读者对侨法宣传教育活动的持久关注，进而积极参与。

各级各地侨务部门运用官网、微博、微信、App 等新媒体的较少，内容和形式都有待提升。2014 年 11 月，副省级城市暨大中城市侨务工作协作会议召开，会议主题是"加强大中城市侨务政策法规建设，推进侨务工作法治化、规范化和程序化"，37 个城市的侨务部门提交了经验交流报告，只有武汉市、成都市、西安市、青岛市等 8 个城市的侨务部门介绍了官网运用；另外，只有温州市人民政府侨务办公室介绍了运用官方微博、微信公众号开展侨法宣传教育活动的经验。

运用官网、微博、微信等新媒体开展的侨法宣传教育活动比较笼统，精细度和专业程度有待提升。在武汉市、成都市、西安市等 8 个运用官网开展侨法宣传教育活动的大中城市，只有西安市、温州市在侨务官网开设了侨法宣传专栏。作为仅有的少数侨法宣传教育栏目，其内容比较贫乏，形式不够丰富。国务院侨办法治宣传网是我国侨务系统非常重要的侨法宣传教育网，隶属中国侨网。但它只有"法治要闻""普法动态""涉侨法规""政策解读""咨询服务""新闻看台"等栏目，没有检索、互动功能，不能与读者交流和沟通。涉侨法规、政策解读的内容都比较一般和陈旧，不太全面和权威。

侨务法律宣传资料的发放和投放方式比较单一和传统，主要通过社区、侨法宣传角固定发放，以及在"侨法宣传月"等集中宣传活动中随机发放，或者在报纸、电台、电视台一次或者多次投放。虽然传统的发放和投放渠道有着简便易行、受众准确等优点，但同时也有着发放、投放寿命短暂，利用率较低等缺点。这不利于扩大受众范围，增强侨务法律宣传资料的生命力，增加宣传教育效果。

三、完善侨法宣传教育载体

完善侨务法律宣传资料的形式，除形式比较呆板的侨法汇编、侨法问答外，也可以更多地运用形式比较活泼的动漫（卡通）、画册等。动漫（卡通）、画册与纯文字的宣传材料相比，给人轻松愉快的感觉，老少咸宜，尤其年轻人比较喜欢，能吸引更多的人参与其中。形式活泼生动的侨务法律宣传资料，能够以更直观的方式传播侨法信息，达到更好的宣传效果。动漫（卡通）、画册的载体可以是书本、宣传栏、海报、电视、网络，能够反复和多处使用，利用率高。

增强通过报纸、电台、电视台等传统媒体开展侨法宣传教育活动的规律性，开设固定栏目和固定节目，周期性地刊发有关文章、播出节目。开设侨法固定栏目和固定节目，能够部分克服报纸、电台、电视台等传统媒体的高认知卷入、注意度不高、时效较短、容易被忽视、不能较精准投放等缺点，不断地向读者输送侨法信息，经常引起读者特别是有兴趣的读者对侨法宣传教育活动的持久关注，进而引导他们主动参与。

鼓励或者要求地方政府侨务部门运用官网等新媒体，特别是运用微博、微信、App 等自媒体开展侨法宣传教育活动，在新媒体开设侨法专栏，增加有关侨法的内容，丰富宣传教育侨法的形式。设立专项经费，制定新媒体、自媒体侨法宣传教育标准，给予地方政府新媒体侨法宣传教育建设经费支持。侨法汇编、侨法问答等纸质材料和报纸、电台、电视台等传统媒体，侨务部门已驾轻就熟，但在互联网高速发展的今天，新媒体、自媒体已经从边缘走向主流。新媒体、自媒体越来越多地影响着我们的生活，日益与传统媒体融合。因此要高度重视新媒体对法治侨务的促进作用，大力提高法治侨务中的科技含量。探索设立侨法等有关资讯的电子版，以互联网、手机媒体、移动电视等新媒体、自媒体为依托，通过在线订阅、定向群发、网络互动等技术手段，拓宽与侨法受众的联络沟通渠道，增强与侨法受众联络沟通的互动性和及时性。[1] 尽快增设侨务部门官网的在线订阅、定向群发、检索的功能，及早开通官方微博和微信公众号，积极使用手机媒体，抓紧开发与侨法受众互动的网络平台。

---

[1] 根据 2012 年《北京市属国有企业国际化战略调研报告》，北京市属国有企业在实施国际化战略过程中，利用侨务资源和侨务渠道的意识和能力还不够，大部分企业还不太了解侨务部门的工作职责、重点任务、侨务品牌活动、工作价值追求。创业者及时获取有用政策信息的渠道欠畅通。北京市各项产业促进、创业扶持、人才奖励政策已比较完备，取得了积极成效，但发布单位众多，发布渠道各异，对象标准不一，对于拟回国发展或刚起步的初创企业来说，及时获取并筛选出有效的政策信息，享受相应的启动资金、科研、税收等方面的优惠，仍存在不小的困难。这既不利于相关企业创业关键期的发展，也在一定程度上影响政策的效用。

完善侨务法律宣传资料的发放和投放方式，除通过社区、侨法宣传角固定发放，在"侨法宣传月"等集中宣传活动中随机发放，报纸、电台、电视台一次或者多次投放外，在侨务部门官网上发布侨法宣传资料电子版，设置醒目的下载链接，引导读者下载、阅读，克服比较单一和传统的发放、投放资料形式，寿命短暂，利用率较低等缺点，扩大受众，降低发放、投放成本，提高侨务法律宣传资料的使用效率。

第三节　基层侨法宣传阵地建设的重点："侨法宣传角"

一、"侨法宣传角"建设的基本情况

侨务部门高度重视"侨法宣传角"的基层侨法宣传阵地建设，不仅建立了相应的组织领导机构，还制定了开展侨法宣传工作的方案，开展了有声有色的侨法宣传活动，把"侨法宣传角"建在社区，侨法宣传活动深入到了基层。截至2014 年 4 月，全国共设立了 1 033 个"侨法宣传角"。①

按照《国务院侨务办公室关于开展法制宣传教育的第五个五年规划》（侨内发〔2006〕119 号）和《关于在"五五"普法期间切实加强侨法宣传教育的通知》（国侨发〔2006〕8 号）要求，国务院侨务办公室拨出专款，地方政府侨务部门以 1∶1 配套资金的方式，在全国 22 个省（自治区、直辖市）设立了 110 个"侨法宣传角"。各地根据国务院侨务办公室国内司《关于二○○七年设立"侨法宣传角"的通知》的要求，筛选出侨务基础扎实、硬件设施完善、服务网络健全的基层街道社区单位和华侨农场，设立了"侨法宣传角"，并统一进行了挂牌。②"五五"普法期间，广东省人民政府新增了 33 个"侨法宣传角"。③

《国务院侨务办公室关于"六五"普法期间开展法制宣传教育工作的规划》指出：进一步推进以"侨法宣传角"为重点的基层侨法宣传阵地建设，不断创新工作形式和工作内容，更好地发挥宣传侨法、维护侨益的阵地作用。2012 年，

---

① 《走进国侨办，四位副主任谈侨务》，《人民日报（海外版）》，2014 年 4 月 12 日。

② 《为侨服务，国侨办在全国设立百余"侨法宣传角"》，国务院侨务办公室网站，2007 年 12 月 28 日。

③ 广东省人民政府侨务办公室：《规划与普及结合，宣传与实施结合，创新发展侨法的贯彻落实工作：广东省"五五"普法期间宣传贯彻侨法工作总结》，广东侨网，2010 年 11 月 22 日。

全国范围内增设 124 个"侨法宣传角"。① 截至 2014 年，河南省人民政府外事侨务办公室在全省创建了 50 个全国"侨法宣传角"。② 各级各地侨务部门将"侨法宣传角"建设和荣获国务院侨务办公室"全国侨法宣传角"称号作为重要新闻与经验进行报道和介绍。2014 年 11 月召开的副省级城市暨大中城市侨务工作协作会议，37 个城市的侨务部门提交的经验交流报告中，长春市、沈阳市、杭州市等 19 个城市的经验交流报告阐述了"侨法宣传角"建设，及其在侨法宣传教育中的作用，如表 4 - 5。全国各级政府侨务部门将"侨法宣传角"作为基层侨法宣传阵地建设的重点，努力形成侨法宣传的长效机制，为辖区归侨侨眷及居民搭建了解侨法的平台，促进《归侨侨眷权益保护法》及其《实施办法》和地方侨务法规规章在社会的普及。例如，截至 2016 年，福建省设立了 64 个"侨法宣传角"，每个宣传角补助 1 万元。③

表 4 - 5　"侨法宣传角"（面向社区宣传）

序号	地区	侨法宣传角
1	长春市人民政府外事侨务办公室	在 20 个社区建立了"侨法宣传角"，聘请社区侨法工作志愿者 12 名
2	沈阳市人民政府外事侨务办公室	在 3 个社区建立了"侨法宣传角"
3	杭州市人民政府侨务办公室	在 53 个社区设立侨法宣传示范点，每个示范点都建立了相应的侨法宣传场所，布置有书籍、图片、音像等侨法宣传资料。有的示范点利用社区网络媒体资源，使侨法宣传信息进家入户
4	武汉市人民政府外事侨务办公室	在社区建立"侨法宣传角"，利用网站、宣传橱窗、电子显示屏等载体宣传侨法。武昌区南湖街中央花园社区自制侨法宣传翻版，一面为问题，另一面为答案
5	西安市人民政府外事侨务办公室	在西北大学等 6 个社区设立"侨法宣传角"

① 李菲：《新增侨法宣传角 124 个》，《法制日报》，2012 年 12 月 20 日。
② 国内侨务处：《2014 年度"社区侨务工作示范点"和"侨法宣传角"创建工作圆满完成》，河南省人民政府外事侨务办公室网站，2015 年 6 月 23 日。
③ 《福建省人民政府侨务办公室关于报送 2016 年推进依法护侨建设法治政府工作的函》（闽侨侨政函〔2016〕20 号）。

（续上表）

序号	地区	侨法宣传角
6	青岛市人民政府侨务办公室	把"侨法宣传角"建设作为落实"六五"普法的一项重要内容，重点指导有关社区建设侨法宣传画廊。"侨法宣传角"建设形成中心突出、点面结合的格局。全市有6处"侨法宣传角"被国务院侨务办公室确定为侨法宣传示范点
7	宁波市人民政府侨务办公室	普遍建立"侨法宣传角"、侨法宣传窗、侨法阅览室，有些社区用漫画形式创编侨法宣传墙。在归侨侨眷相对集中的社区（村），聘请了侨法义务宣传员
8	厦门市人民政府外事侨务办公室	按照"法律六进"要求，在归侨侨眷相对集中、侨务工作基础较好的社区和竹坝华侨农场设立侨务系统普法"侨法宣传角"，推动侨法宣传"进社区、进农场"
9	深圳市人民政府侨务办公室	利用"侨法宣传角"，持久宣传侨法
10	太原市人民政府外事侨务办公室	发挥"侨法宣传角"、侨法宣传志愿者服务队的作用，利用社区"侨之家"，结合社区特点，举办"侨法宣传图片展示周"等活动
11	呼和浩特市人民政府外事侨务办公室	在接待侨务对象的窗口设立"侨法宣传角"，在宣传角内放置侨法宣传图册、宣传单及《为侨服务手册》等涉侨资料
12	合肥市人民政府外事侨务办公室	设立了"侨法宣传角"
13	南昌市人民政府外事侨务办公室	设立了8个"侨法宣传角"，以点带面开展侨法宣传工作
14	海口市人民政府外事侨务办公室	在归侨侨眷集中的中山街道富兴居委会设立"侨法宣传角"，在全市主要街道社区和旅游景点设立以"贯彻侨法、发挥侨力、共建和谐侨乡"为主要内容的80个侨法宣传橱窗，在万绿园、假日海滩等旅游景点设立了侨法宣传广告牌和侨法宣传栏。从2009年1月起，海口市分别在龙华区滨海新村、秀英区传桂村、美兰区白沙坊和琼山区高登社区建立了侨友活动中心，并努力将侨友活动中心打造成为扎根社区、服务基层的"侨法宣传角"
15	银川市人民政府外事侨务办公室	被国务院侨务办公室批准命名的"全国侨法宣传角"6个，分布在归侨侨眷集中的高校和社区

（续上表）

序号	地区	"侨法宣传角"
16	西宁市人民政府外事侨务办公室	2011 年起，设立 5 个"侨法宣传角"。其中城西区海晏路社区荣获国务院侨务办公室"全国侨法宣传角"称号
17	秦皇岛市人民政府外事侨务办公室	利用"侨法宣传角"宣传侨法
18	温州市人民政府侨务办公室	全市共创建"侨法宣传角"13 个
19	北海市人民政府外事侨务办公室	2 个社区荣获国务院侨务办公室"全国侨法宣传角"称号，连续举办"侨爱工程——广西侨界医疗专家义诊暨侨法宣传"活动，侨法进社区、侨乡

资料来源：《副省级城市暨大中城市侨务工作协作会议材料汇编》，国务院侨务办公室，2014 年 11 月。

二、"侨法宣传角"建设面临的挑战

首先，"侨法宣传角"建设标准不统一。国务院侨务办公室发布的关于"侨法宣传角"的通知、意见或者有关规定，提出的"侨法宣传角"建设要求，不是专业角度的国家标准。全国各级政府侨务部门根据当地侨务工作实际，分别建设"侨法宣传角"，由于没有标准或者标准不一，"侨法宣传角"可能良莠不齐。广东省人民政府侨务办公室强调"侨法宣传角"应做到"八有"，即有场地、有触摸屏或音像设施、有专栏、有侨法书籍及宣传单张和图片资料、有信息传递项目和计算机网络、有兼职工作人员、有工作制度、有侨情档案。[①] 江苏省人民政府侨务办公室制定《"侨法宣传角"考核达标标准》，要求社区对照进行自查，由江苏省人民政府侨务办公室检查验收。

其次，"侨法宣传角"经费少。《国务院侨务办公室 2015 年度部门预算》、安徽省人民政府外事侨务办公室《关于设立 2011 年度侨法宣传角的通知》等侨务部门预算文件，均没有列明"侨法宣传角"的经费数额；尽管国务院侨务办公室和一些省级政府侨务部门下拨专项经费，并要求下级侨务部门以 1：1 配套

---

① 广东省人民政府侨务办公室：《规划与普及结合，宣传与实施结合，创新发展侨法的贯彻落实工作：广东省"五五"普法期间宣传贯彻侨法工作总结》，广东侨网，2010 年 11 月 22 日。

资金的方式支持，但是从侨务部门反映的情况来看，"侨法宣传角"经费仍然不足。① 江西省外事侨务办公室在《关于设立2011年度侨法宣传角的通知》中指出，下拨专款专用"侨法宣传角"建设经费，用于购置和存放侨法资料、收集和通过电脑网络查询侨情信息、关心和照顾困难归侨侨眷、鼓励和帮助归侨侨眷依法维权，各地外事侨务办公室按1∶1的比例给予配套经费。② 2014年11月，副省级城市暨大中城市侨务工作协作会议召开，37个城市的侨务部门提交的经验交流报告在总结面临的挑战时，很多都涉及经费不足这一问题。银川市人民政府外事侨务办公室指出：基层侨务部门没有专门编制、经费，外侨管理职能履行和工作开展困难极大。③ 湛江市外事侨务局指出：2013年8月，侨务局主要领导到县市区调研侨务工作情况，与当地主要领导或者分管侨务工作的领导举行座谈会，个别县、区的经费得到了一定程度的保证。④

第三，"侨法宣传角"建设特色不突出，实质效用有待提升。从公布的有限的设立"侨法宣传角"通知⑤、"侨法宣传角"申报表格、"侨法宣传角"实施或者工作方案⑥（法治宣传工作方案⑦）、"侨法宣传角"工作总结⑧（普法期间宣传贯彻侨法工作总结⑨）等材料来看，"侨法宣传角"建设，除辟有专门的"侨法宣传角"场所、设立侨法图书角、设置侨法宣传栏外，主要是开展侨法讲座、培训、法律咨询等服务活动，开展纪念《归侨侨眷权益保护法》颁布实施等主题宣传活动，开展"法制宣传日"等社会宣传活动，走访慰问困难侨界人士等。这些活动不仅纳入"侨法宣传角"建设中，也纳入了"社区侨务工作示范点""全国社区侨务工作明星社区""侨爱工程——送温暖医疗队"等其他工作品牌和平台。另外，对"全国社区侨务工作示范点""侨法宣传角"的申报使

① 《为侨服务，国侨办在全国设立百余"侨法宣传角"》，国务院侨务办公室网站，2007年12月28日。

② 江西省人民政府外事侨务办公室：《关于设立2011年度侨法宣传角的通知》，2011年。

③ 银川市人民政府外事侨务办公室：《银川市侨务工作情况》，《副省级城市暨大中城市侨务工作协作会议汇报材料》，2014年11月。

④ 湛江市人民政府外事侨务局：《深入学习宣传侨法，推动侨务工作法制化》，《副省级城市暨大中城市侨务工作协作会议汇报材料》，2014年11月。

⑤ 安徽省人民政府外事侨务办公室：《关于设立2011年度侨法宣传角的通知》，江西省外事侨务办公室：《关于设立2011年度侨法宣传角的通知》，2011年。

⑥ 《东营市东城街道兴盛社区关于设立"侨法宣传角"的实施方案》，2009年；《浙江省温州市瑞安市枫岭乡关于设立"侨法宣传角"的工作方案》（枫政〔2010〕160号）。

⑦ 《昆明市人民政府外事侨务办公室2015年法治宣传工作方案》。

⑧ 《（吉林市延边州）龙井市2009年"侨法宣传角"工作总结》。

⑨ 广东省人民政府侨务办公室：《规划与普及结合，宣传与实施结合，创新发展侨法的贯彻落实工作：广东省"五五"普法期间宣传贯彻侨法工作总结》，广东侨网，2010年11月22日。

用同一份表，没有实现差异化申报。①

最后，"侨法宣传角"没有退出机制。中央和省市人民政府侨务部门没有建立全国和省市级"侨法宣传角"退出机制，"侨法宣传角"被中央和省市人民政府侨务部门批准和挂牌后，一直有效，成为终身制。没有查找到"侨法宣传角"被侨务部门摘牌的报道。

三、"侨法宣传角"建设的完善

制定和完善"侨法宣传角"国家标准。标准是"侨法宣传角"建设的技术支撑，是侨法宣传教育的基础性制度。国务院侨务办公室主导制定的标准与全国各级政府侨务部门自主制定的标准协同发展、协调配套。广泛听取各方意见，提高标准制定工作的公开性和透明度，保证标准指标的科学性和公正性。根据"侨法宣传角"的建设情况，不断更新标准。侨务部门制定"侨法宣传角"政策措施时要积极引用标准开展宏观调控、"侨法宣传角"建设推进和质量监管。运用资金配套、评选"全国侨法宣传角"等手段，促进标准实施。通过监督抽查及其结果的采信和应用，定性或定量评价标准实施效果。运用标准化手段规范"侨法宣传角"管理，提高侨法宣传教育效能。

实施"侨法宣传角"经费保障机制，强化侨务部门对"侨法宣传角"的保障责任，加大"侨法宣传角"投入力度，经费年均增长率不低于通货膨胀率。以"侨法宣传角"为阵地，开展各项侨法宣传教育活动，都需要相应的经费。"侨法宣传角"主要设立在社区、华侨农场、企业、科技园等基层单位，由基层侨务部门管理和指导。基层侨务部门大多是合署办公或内设在政府办公室中，主任由各县市区政府办公室副主任兼任，没有专门编制和工作人员，造成侨务干部专少兼多，变动频繁。如果没有专门经费，或者经费不足，开展"侨法宣传角"管理和指导工作困难极大，可能出现挤占其他科目经费或者将其他侨务工作视为"侨法宣传角"工作，甚至出现虚置"侨法宣传角"的现象。通过建立"侨法宣传角"经费管理报告通报制度，严格执行经费使用管理审核和报告规定，确保"侨法宣传角"经费使用安全、规范和有效。为保证资金安全、专款专用，上级侨务部门对资金落实和使用情况进行全程监督，切实保证资金全部用于"侨法宣传角"建设。

鼓励和引导"侨法宣传角"电子化建设，突出特色，丰富内容，顺应信息技术革命发展趋势，将"侨法宣传角"从有形的物质形态转向无形的电子形态，

---

① 全国社区侨务工作示范点、侨法宣传角申报表。

大力发展电子"侨法宣传角",不仅突出品牌效应,更提升宣传教育效用。除与"社区侨务工作示范点""全国社区侨务工作明星社区""侨爱工程——送温暖医疗队"等其他工作品牌和平台共享的开展侨法讲座、培训、法律咨询等服务活动,开展纪念《归侨侨眷权益保护法》颁布实施等主题宣传活动,开展"法制宣传日"等社会宣传活动,走访慰问困难侨界人士等以外,重点深化和拓展有场地、有触摸屏或音像设施、有专栏、有侨法书籍及宣传单张和图片资料、有信息传递项目和计算机网络、有兼职工作人员、有工作制度、有侨情档案等"侨法宣传角"的特色内容。

适时建立"侨法宣传角",特别是"全国侨法宣传角"退出机制,为所有"侨法宣传角"提供机会均等的发展环境,使每个"侨法宣传角"都能展现特色,不断提升"侨法宣传角"建设水平。摘除一个"全国侨法宣传角"牌子难度非常大,处理不妥,可能会打击地方政府建设"侨法宣传角"的积极性,但是这不能作为身份固化的理由。中央和省市人民政府侨务部门对"侨法宣传角"的重点支持应有辐射作用,以阵地带动整个侨法宣传教育水平的提升。侨务部门可以完善绩效考核,逐步建立退出机制,形成"全国侨法宣传角"之间的良性互动与发展。

第四节　侨法宣传教育的内容

一、侨法宣传教育的内容的基本情况

（一）国务院侨务办公室侨法宣传教育的内容

根据国务院侨务办公室"五五""六五""七五"普法期间开展法制宣传教育工作、法治宣传教育工作的规划,侨法宣传教育的内容主要包括三个方面:

一是国家法制、法治战略及宪法。《国务院侨务办公室"七五"普法期间开展法治宣传教育工作规划》指出:深入学习理解全面依法治国方略,突出学习宣传国家根本大法《宪法》。《国务院侨务办公室关于"六五"普法期间开展法制宣传教育工作的规划》指出:深入学习宣传宪法以及中国特色社会主义法律体系,深入学习宣传国家基本法律。

二是与侨务工作密切相关的法律及国家基本法律。《国务院侨务办公室关于"六五"普法期间开展法制宣传教育工作的规划》指出:深入学习宣传国家基本

法律，学习宣传国家基本经济制度、改革开放、社会主义市场经济、保障和改善民生以及加强和创新社会管理等方面的法律法规和政策方针。《国务院侨务办公室关于开展法制宣传教育的第五个五年规划》指出：深入学习《公务员法》《行政许可法》《信访条例》等法律法规，增强侨务法制观念，提高有关部门依法行政的意识，引导归侨侨眷和海外侨胞自觉运用法律武器维护自身合法权益，努力营造依法护侨的社会氛围。

三是侨法和涉侨法律法规。《国务院侨务办公室"七五"普法期间开展法治宣传教育工作规划》指出：继续普及宣传国家涉侨法律法规，使侨务工作步入法治化轨道，在法治实践中营造依法护侨的社会氛围，确保国内涉侨群体切实享受到法定权益。《国务院侨务办公室关于"六五"普法期间开展法制宣传教育工作的规划》指出：深入学习宣传侨法和其他涉侨法律法规政策，自觉通过法律手段维护归侨侨眷及海外侨胞在国内的合法权益，在法治实践中营造依法护侨的社会氛围。

（二）各级地方政府侨务部门侨法宣传教育的内容

各级地方政府侨务部门根据当地侨务工作实际，突出地方性，确定侨法宣传教育，特别是地方侨法、涉侨法律法规、国家基本法律的主要内容。

一是《归侨侨眷权益保护法》及其《实施办法》。2014 年 11 月，副省级城市暨大中城市侨务工作协作会议召开，37 个城市的侨务部门提交了经验交流报告，如表 4 - 6，长春市、成都市、厦门市等参会政府侨务部门论及侨法宣传教育主要内容的经验交流报告，都包括了《归侨侨眷权益保护法》及其《实施办法》。

二是地方侨法。如表 4 - 6，西宁市人民政府外事侨务办公室组织工作人员学习 2008 年《青海省外事侨务办公室"侨心工程"捐赠程序暂行办法》、2014 年《青海省华侨来青定居办理工作规定》、2014 年《青海省归侨侨眷证办理规定》。湛江市人民政府外事侨务局将《广东省归侨侨眷权益保护实施办法》纳入湛江市"六五"普法规划。南京市人民政府侨务办公室开展《江苏省保护和促进华侨投资条例》及《南京市华侨权益保护条例》宣传教育活动。

三是涉侨法律法规。如表 4 - 6，成都市人民政府侨务办公室联合法制办等部门 2012 年将《出境入境管理法》纳入全市"六五"普法内容。厦门市人民政府外事侨务办公室通过举办"厦门市荣誉市民侨资企业沙龙""厦门市侨资企业座谈会"，介绍企业帮扶政策以及鼓励留学人员创业。南京市人民政府侨务办公室就海外归国人员所关心的身份确认、回国落户、参加保险、子女教育、本地购房、人才政策等方面的问题进行宣传和答疑。

四是国家基本法律。如表4-6，长春市人民政府外事侨务办公室多次组织相关人员学习《行政诉讼法》等相关法律，提高大家对依法维护侨胞权益的认识。

二、侨法宣传教育的内容面临的挑战

国务院侨务办公室没有明确侨法宣传教育的内容是否包括《公务员法》《行政许可法》《信访条例》等与侨务工作密切相关的法律及国家基本法律，而是由各级地方政府侨务部门自由裁量，这导致部分侨法宣传教育的内容在相关法律和国家基本法律方面的不统一和不一致。《国务院侨务办公室"七五"普法期间开展法治宣传教育工作规划》没有重复或者用类似语句阐述《国务院侨务办公室关于开展法制宣传教育的第五个五年规划》的"学习《公务员法》《行政许可法》《信访条例》等法律法规"和《国务院侨务办公室关于"六五"普法期间开展法制宣传教育工作的规划》的"深入学习宣传国家基本法律"。《国务院侨务办公室"七五"普法期间开展法治宣传教育工作规划》将侨法宣传教育的内容是否包括与侨务工作密切相关的《公务员法》《行政许可法》《信访条例》及国家基本法律交由各级地方政府侨务部门把握。各级地方政府侨务部门可能会根据当地侨务工作实际，结合《国务院侨务办公室"七五"普法期间开展法治宣传教育工作规划》的笼统内容，各自得出关于与侨务工作密切相关法律及国家基本法律的不同理解。

国务院侨务办公室以"国家涉侨法律法规"取代"侨法和其他涉侨法律法规""侨法和其他有关归侨侨眷和海外侨胞合法权益保障的法规"，并且没有界定"国家涉侨法律法规"，更加模糊了侨法和其他有关归侨侨眷和海外侨胞合法权益保障的法律法规的范围。各级地方政府侨务部门的自由裁量会导致部分侨法宣传教育的内容在涉侨法律法规方面的不统一和不一致。《国务院侨务办公室"七五"普法期间开展法治宣传教育工作规划》在主要内容中指出，"继续普及宣传国家涉侨法律法规"；《国务院侨务办公室关于"六五"普法期间开展法制宣传教育工作的规划》在主要任务中指出，"深入学习宣传侨法和其他涉侨法律法规政策"。各级地方政府侨务部门可能会根据当地侨务工作实际，结合《国务院侨务办公室"七五"普法期间开展法治宣传教育工作规划》的笼统内容，各自得出关于国家涉侨法律法规的不同理解，例如，2012年《出境入境管理法》、2013年《外国人入境出境管理条例》是否是涉侨法律法规。

各级地方政府侨务部门侨法宣传教育内容对地方侨法、涉侨法律法规和国家基本法律的重视不够，不利于地方政府侨务部门在实际工作中依据地方侨法、涉侨法律法规和国家基本法律开展工作。由于《归侨侨眷权益保护法》及其《实

施办法》的很多内容已经不适应新侨情且比较模糊不易实际操作，所以地方侨法、涉侨法律法规和国家基本法律在地方政府侨务部门实际工作中发挥着重要作用。如表 4-6，2014 年 11 月，副省级城市暨大中城市侨务工作协作会议召开，37 个城市的侨务部门提交的经验交流报告普遍论及《归侨侨眷权益保护法》及其《实施办法》的宣传教育，仅有西宁市、湛江市人民政府侨务部门论及宣传教育地方侨法；另外成都市、厦门市等市的人民政府侨务部门论及涉侨法律法规，长春市人民政府侨务部门论及国家基本法律的宣传教育。

表 4-6　地方政府侨务部门侨法宣传教育的主要内容

序号	地区	主要内容
1	长春市人民政府外事侨务办公室	多次组织相关人员学习《归侨侨眷权益保护法》《行政诉讼法》等相关法律
2	成都市人民政府侨务办公室	联合法制办等部门将《归侨侨眷权益保护法》及其《实施办法》、2012 年《出境入境管理法》纳入全市"六五"普法内容
3	厦门市人民政府外事侨务办公室	将《归侨侨眷权益保护法》学习宣传列入厦门市重点普法内容。通过举办"厦门市荣誉市民侨资企业沙龙""厦门市侨资企业座谈会"，介绍企业帮扶政策以及鼓励留学人员创业
4	太原市人民政府外事侨务办公室	将《归侨侨眷权益保护法》及其《实施办法》列入"六五"普法内容
5	合肥市人民政府外事侨务办公室	将《归侨侨眷权益保护法》及其《实施办法》列入全市普法内容
6	福州市人民政府外事侨务办公室	加强与市司法局、市委党校、行政学院的联系，将侨法纳入全民普法教育，提高各级领导、各单位、各部门干部对侨务政策法律的理解
7	西宁市人民政府外事侨务办公室	将学习侨法作为学习教育的一项重要内容，组织工作人员学习青海省人民政府侨务办公室出台的《青海省外事侨务办公室"侨心工程"捐赠程序暂行办法》《青海省华侨来青定居办理工作规定》《青海省归侨侨眷证办理规定》
8	乌鲁木齐市人民政府外事侨务办公室	将侨法宣传纳入"五五""六五"普法工作，在每年的"法制宣传月"进行侨法宣传、咨询等活动
9	贵阳市人民政府侨务办公室	每年举办侨法学习班，并纳入侨务部门年度工作目标，把学法对象扩大到基层街道社区

（续上表）

序号	地区	侨法学习
10	湛江市人民政府外事侨务局	将《归侨侨眷权益保护法》《广东省归侨侨眷权益保护实施办法》纳入湛江市"六五"普法规划
11	濮阳市人民政府外事侨务旅游局	联系市依法治市办公室，将侨法宣传工作统筹纳入全市法治宣传月活动安排
12	南京市人民政府侨务办公室	开展《江苏省保护和促进华侨投资条例》《南京市华侨权益保护条例》宣传教育活动，并就海外归国人员所关心的身份确认、回国落户、参加保险、子女教育、本地购房、人才政策等方面的问题进行宣传和答疑

资料来源：作者整理。

三、完善侨法宣传教育的内容

切实开展有特色、有针对性的法治宣传教育活动，不能混同侨与非侨，外籍华人与华侨、归侨、侨眷，侨务部门工作人员与涉侨部门工作人员等群体。要坚持分类指导，突出重点。根据不同地区、不同对象的特点，确定侨法宣传教育的重点内容。《国务院侨务办公室"七五"普法期间开展法治宣传教育工作规划》指出："在长期广泛开展普法宣传的基础上，充分考虑外籍华人与华侨的国籍区别，华侨华人与归侨侨眷的国内外差异，根据不同群体的不同特点，精准施策。"根据侨务业务及工作对象群体具有多元化等特点，采取切实可行的方法，增强侨法宣传教育工作的针对性。

持续宣传规范政府共同行为并与侨务工作相关的国家基本法律和相应领域的法规。持续宣传 2003 年《行政许可法》、1999 年《行政复议法》（2017 年修正）、1989 年《行政诉讼法》（2017 年修正）、1994 年《国家赔偿法》（2012 年修正）等国家基本法律，及 2007 年《行政复议法实施条例》、2005 年《信访条例》、2007 年《政府信息公开条例》（2019 年修订）等领域的法律法规，推动各级侨务部门树立"法定职责必须为、法无授权不可为"的意识，促进法治侨务建设。

广泛宣传涉侨法律法规，重点宣传党中央、国务院重大决策部署涉及侨务职能的法律法规，以及侨务部门重点工作涉及的法律法规。由于侨务部门的工作对象是人，涉及方方面面事务，广泛宣传涉侨法律法规，对侨务部门创新开展侨务工作，联合有关职能部门维护侨益尤为重要。

一是大力宣传 2012 年《出境入境管理法》、2013 年《外国人入境出境管理条例》、1980 年《国籍法》、1996 年《外国人在中国就业管理规定》等国际移民方面的法律法规规章中有关侨的内容，保障华侨回国定居权和使用护照证明身份权，便利外籍华人出入境和定居，坚持一个国籍原则，减少和避免双重国籍，优先办理外籍华人高层次人才入籍或复籍。

二是大力宣传 1979 年《全国人民代表大会和地方各级人民代表大会选举法》（2015 年修正）、1998 年《村民委员会组织法》（2010 年修正）、1989 年《城市居民委员会组织法》等政治权利方面的法律法规中有关侨的内容，保障侨特别是华侨依法行使选举权，提高侨特别是华侨有序参与民主政治的意识和水平。

三是着力宣传 2011 年《国有土地上房屋征收与补偿条例》、1998 年《土地管理法实施条例》（2014 年修正）、2002 年《农村土地承包法》、2008 年《农村宅基地管理办法》、2007 年《物权法》、2015 年《不动产登记暂行条例》、1985 年《继承法》、1955 年《国务院关于贯彻保护侨汇政策的命令》等财产权利方面的法律法规中有关侨的内容，依法保障侨的财产权利。

四是着力宣传 1993 年《公司法》（2018 年修正）、1997 年《合伙企业法》（2006 年修订）、1999 年《个人独资企业法》、2011 年《个体工商户条例》（2014 年修订）、1979 年《中外合资经营企业法》（2001 年修正）、1990 年《国务院关于鼓励华侨和香港澳门同胞投资的规定》、2002 年《政府采购法》、2019 年《外商投资法》等投资方面的法律法规中有关侨的内容，大力引进侨资，维护侨商权益。

五是着力宣传 1982 年《国务院关于加强华侨和港澳同胞捐赠进口物资管理的通知》、1996 年《公益事业捐赠法》等捐赠、慈善方面的法律法规中有关侨的内容，鼓励侨捐，发展侨务慈善事业。着力宣传 2007 年《就业促进法》、2007 年《劳动合同法》（2012 年修正）、2014 年《社会救助暂行办法》、1999 年《城市居民最低生活保障条例》、2005 年《公务员法》、2010 年《社会保险法》、2011 年《在中国境内就业的外国人参加社会保险暂行办法》等劳动和社会保障方面的法律法规中有关侨的内容，依法维护侨的劳动和社会保障权益。

六是着力宣传 2007 年《突发事件应对法》等应急方面的法律法规，在涉侨事件突发时，实施相应的救助和保护。

七是着力宣传 2001 年《计划生育法》（2015 年修正）等人口生育方面的法律法规中有关侨的内容，及 2009 年《国务院侨务办公室教育部关于印发〈关于华侨子女回国接受义务教育相关问题的规定〉的通知》、2014 年《国务院侨务办公室　教育部关于华侨学生在国内接受高中阶段教育有关问题的通知》等侨生政策，维护侨的生育、文化教育权益。

八是着力宣传2015年《国家安全法》、2015年《反恐怖主义法》等国家安全、反恐法律法规中有关侨的内容，引导侨履行维护祖国国家统一与民族团结，维护国家安全、荣誉和利益的义务。

积极宣传侨务地方法规和规章。在国家侨务法律法规比较虚置和迟滞的情况下，侨务地方法规和规章成为地方政府侨务部门开展侨务工作的主要依据。在不改变目前中央政府、地方政府侨务部门的定位和立法权的情况下，侨务立法、侨务依法行政需要走从地方到中央、从地区到全国的道路，主要因为在侨务立法、侨务依法行政方面，地方政府侨务部门处于比中央政府侨务部门更有利的位置。全国31个省、自治区和直辖市（除西藏自治区）以及深圳、厦门等市，都颁布了本省区市的《归侨侨眷权益保护法》的实施办法或者实施规定，绝大部分省、自治区和直辖市修订了归侨侨眷权益保护方面的地方法规。山东等省、市还制定了归侨侨眷权益保护的条例或办法。广东省、浙江省、福建省、湖北省、南京市等省级和有立法权的市级人大常委会、政府根据《宪法》和有关法律、法规，结合本省、市的实际，颁布了一些华侨权益保护的地方法规和规章，主要涵盖综合性、投资、捐赠、私有房屋四个方面的权益保护。广东省、江苏省、山东省、湖北省、浙江省等省级和有立法权的市级人大常委会、政府根据《宪法》和有关法律、法规，结合本地实际，在华侨、归侨、侨眷权益保护法规、规章中，将保护主体延伸到外籍华人。

第五节　侨法宣传教育对象

侨法宣传教育是依法办侨和法治侨务的基础性工作，可以引导政府职能部门关注关心侨界人士生存和发展，理解和支持侨务部门工作；引导侨界人士正确认识自身的法律地位，依法维护自己在华正当权益和在海外权益；引导社会公众全面了解侨界人士，与侨界人士和谐共处；引导侨务工作人员认识和运用法律手段，更有效地开展和推进侨务工作。

现阶段，人力资源和社会保障部以及科技部（国家外国专家局）正在起草的《外国人在中国工作管理条例》已列入国务院立法计划预备项目。科技部（国家外国专家局）正在进行技术移民法论证，上报了中央人才工作协调小组，列入了《国家中长期人才发展规划纲要（2010—2020年）》。公安部正在起草《出境入境边防检查条例》（修订）、《外国人永久居留管理条例》等出境入境管理法配套法规，列入了国务院立法计划研究项目并上报国务院法制办。外交部正在起草《领事工作条例》，列入了国务院立法计划研究项目。国家旅游局正在起

草《中国公民出国旅游管理办法》，列入了国务院立法计划研究项目。科技部（国家外国专家局）已经完成外国人在中国工作指导目录与计点积分方案试点，正在完善方案，制定外国人在中国境内工作指导目录以及完善 R 字签证标准。民政部正在起草《在华难民临时安置与遣返实施细则》。教育部正在起草《高校国际学生勤工助学管理暂行办法》，原计划在 2014 年颁布。这些行政法规和部门规章都与侨务密切相关，对妥善解决侨务工作面临的问题和困难有重大意义。如果其中不能融入侨务因素，将对政府侨务部门今后侨务工作产生严重不利影响。

可以将政府部门作为侨法宣传重点，使他们充分了解侨情以及党中央和国务院关于侨务工作的重要决策部署，思想上高度认同侨务工作是党和国家一项长期的战略性工作，行动上积极考虑海外侨胞和归侨侨眷的需要，在立法、执法和司法方面自觉融入侨务因素，减少和避免涉侨立法不考虑侨务因素的情况。侨务部门没有行政许可、行政处罚、行政强制等管理式执法权，主要是通过沟通、协商、调解等服务式执法权开展侨务工作，例如组织协调归侨侨眷和华侨华人在国内合法权益维护，协调涉侨经济投诉工作。目前，有关政府部门在实践中是否配合和支持侨务部门工作，在立法时是否融入侨务因素，很多情况下取决于这些部门对侨界人士生存和发展是否关注关心、对侨法是否认识理解。

第六节　结论

侨法宣传教育，主要是增强全民特别是有关政府部门、侨务干部的侨法观念，不断营造良好的法治侨务氛围。国务院侨务办公室印发全国侨务系统侨法宣传教育工作规划和通知，地方政府及其侨务部门单独或者与有关部门联合制定了地方政府侨务部门系统侨法宣传教育工作规划、计划、通知和方案。侨法宣传教育规划面临的挑战包括侨法宣传教育规划和通知缺少硬性的约束力和执行力，一些地方政府及其侨务部门没有制定或者发布侨法宣传教育规划和计划，地方政府侨务部门单独制定侨法宣传教育规划的情况较多，与有关政府部门联合制定的较少。完善侨法宣传教育规划，要推动或者要求地方政府及其侨务部门制定、发布侨法宣传教育规划和计划，增强侨法宣传教育工作规划和通知的约束力和执行力，鼓励和引导地方政府侨务部门与有关政府部门、单位联合制定侨法宣传教育规划。

侨法宣传教育载体以纸质宣传资料为主，以报纸、电台、电视台等传统媒体为辅，官网、微博、微信等新媒体为补充。纸质侨务法律宣传资料面临的挑战主要是以侨法汇编、侨法问答为主的形式比较呆板。通过报纸、电台、电视台等传

统媒体开展侨法宣传教育活动很少形成固定栏目和固定节目。各级各地侨务部门较少运用官网、微博、微信、App 等新媒体、自媒体，内容和形式也有待改进。侨务法律宣传资料的发放和投放方式比较单一和传统。完善侨务法律宣传资料的形式，除形式比较呆板的侨法汇编、侨法问答外，可以更多地运用形式比较活泼的动漫、画册等。增强通过报纸、电台、电视台等传统媒体开展侨法宣传教育活动的规律性。鼓励或者要求地方政府侨务部门运用官网、微博、App 等新媒体、自媒体开展侨法宣传教育活动。提高侨务法律宣传资料的发放和投放的效能。

侨务部门高度重视"侨法宣传角"的基层侨法宣传阵地建设，把"侨法宣传角"建在社区。"侨法宣传角"建设面临的挑战包括标准不统一、经费少、特色不突出、没有退出机制。完善"侨法宣传角"，要制定和完善"侨法宣传角"国家标准，实施"侨法宣传角"经费保障机制，鼓励和引导"侨法宣传角"电子化建设，适时建立"侨法宣传角"，特别是"全国侨法宣传角"退出机制。

国家侨法宣传教育的内容主要包括国家法制、法治战略及宪法，与侨务工作密切相关的法律及国家基本法律，侨法和涉侨法律法规。各级地方政府侨务部门根据当地侨务工作实际，突出地方性，确定侨法宣传教育。侨法宣传教育的内容面临的挑战主要是国家和地方侨法宣传教育的内容在相关法律和国家基本法律方面的不统一和不一致，没有界定"国家涉侨法律法规"，各级地方政府侨务部门侨法宣传教育内容重视地方侨法，涉侨法律法规和国家基本法律内容不足。完善侨法宣传教育的内容，不能混同侨与非侨，外籍华人与华侨、归侨、侨眷，侨务部门工作人员与涉侨部门工作人员等群体，持续宣传规范政府共同行为并与侨务工作相关的国家基本法律和相应领域的法规，重点宣传党中央、国务院重大决策部署涉及侨务职能的法律法规，积极宣传侨务地方法规和规章。

可以将政府职能部门作为侨法宣传重点，使他们充分了解侨情以及党中央和国务院关于侨务工作的重要决策部署，思想上高度认同侨务工作是党和国家一项长期的战略性工作，行动上积极考虑海外侨胞和归侨侨眷的需要，在立法、执法和司法方面自觉融入侨务因素，减少和避免涉侨立法不考虑侨务因素的情况。

第五章　法治侨务的组织保障和法治能力建设

建设法治侨务，必须有强有力的组织保障和高效的法治能力。本部分论证法治侨务组织保障和法治能力建设的基本情况、面临的挑战和完善。法治侨务组织保障和法治能力建设的基本情况，主要从国务院侨务办公室、地方政府侨务部门关于侨务干部队伍建设中法治方面的指导、规划和教育培训，及地方政府侨务部门法治政府建设（依法行政）工作的考评指标和评分标准等方面展开。法治侨务组织保障和法治能力建设面临的挑战，主要从国务院侨务办公室、地方政府侨务部门关于法治侨务组织保障和法治能力建设，侨务部门依法履职责任意识，侨务干部法治素养等方面探讨。法治侨务组织保障和法治能力建设的完善，主要从提升领导干部法治思维和能力、提高侨务干部法治思维和能力、进一步加强行政执法队伍建设、进一步加强法制部门队伍建设、建立和完善侨务部门公职律师制度等方面论证。

第一节　法治侨务组织保障和法治能力建设的基本情况

一、国务院侨务办公室关于侨务干部队伍建设中法治方面的指导、规划和教育培训

国务院侨务办公室领导重视和指导法治侨务工作队伍建设。裘援平主任在2014 年全国侨办系统干部教育培训工作会议上指出：坚持把服务党和国家工作大局和侨务工作大局作为干部教育培训工作的着眼点，坚持把提高各级干部开展侨务工作的必备素质和能力作为教育培训内容的施教点，坚持把提高侨务干部教育培训的质量和实效作为评价干部教育培训工作成效的考查点。[1] 裘援平主任在2015 年全国侨办主任会议上更明确地指出：抓好干部队伍建设，制定和实施干部中长期培养计划，使广大侨务干部切实增强法治思维的能力。积极营造良好的法治环境，加强法治教育培训，引导侨务干部学习涉侨法规政策，增进对国际法

---

① 娄晓：《全国侨务办公室系统干部教育培训工作会议在京召开》，中国新闻网，2014 年 5 月 23 日。

和侨胞住在国法律制度的了解，掌握对外政策并善于处理涉外涉法事务。

国务院侨务办公室统筹规划侨务干部法制、法治教育培训。① 《国务院侨务办公室制定法制宣传教育的第五个五年规划》指出：各级侨务干部特别是领导干部要带头学法用法，依法决策、依法行政，依法维护归侨侨眷和海外侨胞在国内的合法权益。《国务院侨务办公室关于"六五"普法期间开展法制宣传教育工作的规划》及《国务院侨务办公室"七五"普法期间开展法治宣传教育工作规划》都指出：各级政府侨务部门要将加强侨务干部法制教育作为侨务部门系统机关建设的重要任务来抓，将侨法的宣传教育培训纳入每年的工作计划，把依法决策、依法管理、依法办事等考核结果作为干部综合考核评价的重要内容。《国务院侨务办公室"七五"普法期间开展法治宣传教育工作规划》还指出："要充分利用侨务干校、各级党校和行政学院平台，开展涉侨法律法规和侨务工作法治化等内容的培训，各级政府侨务部门工作人员特别是领导干部要尊崇法治、敬畏法律，带头学习了解法律，带头遵守厉行法治"，"各级政府侨务部门工作人员要在为侨服务的方方面面做到依法履职、依法决策、依法办事，维护好归侨侨眷合法权益和海外侨胞在国内的正当权益"，各级政府侨务部门的党员领导干部要加强党内法规宣传，教育党员领导干部以更高标准严格遵守党内法规。

国务院侨务办公室积极开展侨务干部法制、法治教育培训。2008 年 12 月，国务院侨务办公室举办第二期全国侨法培训班，130 多位侨务干部参加了培训。2016 年 12 月，国务院侨务办公室侨务干部学校举办第 76 期全国侨务干部培训班暨侨务外宣专题研讨班，侨务政策法规是培训的主要内容之一，共有来自全国 30 个省（区、市）、国务院侨务办公室机关和直属单位新任职的 240 余名学员参加本期学习培训。② "六五"普法期间，国务院侨务办公室结合全国"六五"普法工作部署，在各级培训班上，组织侨务干部学习涉侨法规政策，旨在通过学习交流，提高侨务干部的业务素质和依法行政、依法护侨的能力和水平。③

---

① 笔者没有查到《全国侨办系统 2013—2017 年干部教育培训工作规划》，故未结合该规划论述侨务干部法制、法治教育培训。

② 《第 76 期全国侨务干部培训班圆满结业》，国务院侨务办公室侨务干部学校网站，2016 年 12 月 13 日。

③ 《全国侨办系统"六五"普法以来开展法制宣传教育工作的情况报告》，中国侨网，2016 年 11 月 30 日。

二、地方政府侨务部门关于侨务干部队伍建设中法治方面的认识和教育培训

各级政府及其侨务部门领导重视和论述法治侨务工作队伍建设。2006 年，浙江省委副书记乔传秀在全省侨务干部培训班上强调：要增强法治意识，不断提高依法行政的能力。[①] 2014 年，山东省人民政府侨务办公室副主任孙西忠提出：侨务干部作为党的干部和国家工作人员，必须带头学习法律、带头遵守法律、带头依法办事，努力提高法治思维和依法办事能力。[②] 2015 年，江苏省苏州市人民政府侨务办公室副主任苏进奇提出：侨务干部是全面推进依法治国的组织者、推动者、实践者，努力提高侨务工作法治化水平，就要着力在提高侨务干部法治思维、法制宣传、依法办事、依法维权能力上下功夫。[③] 2015 年，山东省东营市人民政府外事侨务办公室主任陈广风提出：提高侨务工作人员的法治观念，切实增强用法治思维开展侨务工作的自觉性，努力提高用法治方式决策事项、解决问题的本领，善于把党和国家有关涉外涉侨工作的方针政策和主张，运用法治手段使之成为推动落实对外交往合作、涉外安全管理、侨务维权、领事保护等方面的自觉行动，真正使工作有法可依，有章可循。[④]

各级政府侨务部门结合普法，加强对侨务干部的法治教育培训。"五五"普法期间，广东省人民政府侨务办公室将"侨法进党校"打造为在领导干部中宣传侨法的新品牌，中山、湛江、汕头、佛山、惠州、江门等近 10 个市在市委党校开设了侨务理论、侨务法规等课程。[⑤] "五五"普法期间，浙江省温州市共举办各类侨务法制骨干培训班 50 多期，受训人员 3 000 多人次，参加国家、省级侨务培训班 60 多人次。[⑥] "六五"普法期间，新疆维吾尔自治区、博尔塔拉蒙古自治州外事侨务办公室公职人员参加各类法律法规培训 32 次，每年按要求组织参加统一学法考试。领导干部、公务员普遍学习了《宪法》《公民意识与法律尊

---

① 袁艳、司徒微微：《乔传秀在全省侨务干部培训班上强调，浙江建设一支高素质的侨务干部队伍》，《浙江日报》，2006 年 8 月 8 日。

② 李欣、黄品璇：《山东省人民政府侨务办公室副主任：推进侨务工作法治化》，中国新闻网（济南），2014 年 11 月 26 日。

③ 《提高侨务干部法治思维和依法办事能力》，苏州市人民政府侨务办公室网站，2015 年 3 月 2 日。

④ 陈广风：《树立法治思维，运用法治形式推动侨务工作创新转型发展》，《侨务工作研究》2015 年第 1 期。

⑤ 广东省人民政府侨务办公室：《规划与普及结合，宣传与实施结合，创新发展侨法的贯彻落实工作：广东省"五五"普法期间宣传贯彻侨法工作总结》，广东侨网，2010 年 11 月 22 日。

⑥ 《浙江温州市重视侨法宣传，着力营造依法护侨氛围》，中国新闻网，2012 年 6 月 14 日。

严》《反暴力 讲法治 讲秩序》读本及与本职工作相关的法律法规。①

　　各级政府侨务部门举办多种形式法制、法治培训班，提高侨务干部法治思维和依法行政能力。2011 年，海南省万宁市在兴隆举办侨法知识培训班，就侨务法律、法规、政策及农场改革、涉外涉侨信访、涉侨身份确认、侨爱工程、侨务扶贫等内容进行培训，60 多位侨务工作者参加培训。② 2012 年，山东省莱芜市莱城区侨务办公室举办了全区侨务法律法规学习暨调研活动培训班。莱城区人民政府侨务办公室及该区所辖十三个镇（办事处）分管领导参加了培训会。③ 2014 年，副省级城市暨大中城市侨务工作协作会议召开，会议主题是"加强大中城市侨务政策法规建设，推进侨务工作法治化、规范化和程序化"，哈尔滨市等地方政府的侨务部门在经验交流时分享了侨务干部法治教育培训的做法。2016 年，苏州市人民政府侨务办公室组织全市侨务干部政策法规培训，学习 2016 年新出台的《国内为侨服务公共体系建设指导意见》《江苏省保护和促进华侨投资条例》和《关于做好简化华侨恢复户口登记手续有关工作的通知》。④ 2016 年，南京市人民政府侨务办公室为提高区侨务办公室工作人员的业务水平，更好地承接江苏省"三侨考生"身份认定初审工作，组织全市各区侨务办公室主任和相关工作人员进行了侨务政策培训。⑤ 2016 年，北京市委组织部、市人民政府侨务办公室在北京市委党校二分校举办全市侨务干部专题培训班，涉侨政策法规是主要内容之一，北京市各涉侨部门的主管领导、各区主管区长、相关国有企业主管领导，各单位、各区以及相关国有企业具体从事侨务工作的领导和干部，以及市人民政府侨务办公室全体干部共 57 家单位 142 人参加了培训。⑥ 2016 年，福建省人民政府侨务办公室举办宣传《福建省华侨权益保护条例》报告会，参加报告会的有省人民政府侨务办公室领导，机关及直属单位全体工作人员，省直"五侨"部门及福州市人民政府外事侨务办公室的有关领导等，共 85 人⑦。

---

① 《新疆博尔塔拉蒙古自治州外事侨务办公室（侨联）"六五"普法工作总结》。
② 严小亮：《海南万宁举办侨法知识培训班，60 多人参与》，中国新闻网，2011 年 4 月 8 日。
③ 《做好侨法宣传，推动侨务工作发展》，中国新闻网，2012 年 3 月 31 日。
④ 《苏州组织全市侨务干部政策法规培训》，中国新闻网，2016 年 4 月 28 日。
⑤ 《南京市人民政府侨务办公室 2016 年度法治建设工作总结及 2017 年工作安排》，南京市人民政府侨务办公室网站，2016 年 12 月 5 日。
⑥ 《北京市举办侨务干部专题培训，郭军出席开班式》，国务院侨务办公室侨务干部学校网站，2016 年 12 月 7 日。
⑦ 《省人民政府侨务办公室举办侨法宣传报告会》，福建省人民政府侨务办公室网站，2016 年 10 月 8 日。

三、地方政府侨务部门法治政府建设（依法行政）工作的考评指标和评分标准

2018 年以来，绝大部分省、市、县级政府都出台了法治政府建设（依法行政）工作考核办法，将目标式考评作为法治政府建设的手段和驱动力，加快了建设法治政府的进度和力度，将省、市、县级政府部门法治政府建设（依法行政）作为硬性指标从整体上规范。2008 年，江苏省制定国内首部省级政府规章《江苏省依法行政考核办法》。2014 年，云南省制定《云南省州市人民政府依法行政暨法治政府建设考评办法》《云南省省级部门依法行政暨法治政府建设考评办法》及其指标体系，成为十八届四中全会后，全国首个对依法行政暨法治政府建设考核评价作出重要部署的省份。

地方政府制定的法治政府建设（依法行政）工作的考评指标和评分标准（表 5 - 1），都适用于作为政府直属机构或者组成部门的侨务部门，是衡量各级政府侨务部门推进法治政府建设工作业绩的客观指标尺度。十八届四中全会后，法治政府建设（依法行政）工作考评结果占综合目标考核、绩效管理考核体系的比重一般不低于 10%。2016 年，吉林市制定《法治政府建设绩效考评方案》，法治政府建设绩效考评占年终绩效考评总分的 20%，这一比重在全国是最高的。有关组织保障和法治能力建设的考评指标包括：领导干部法治能力建设情况，单位工作人员法治能力建设情况，法制机构履职能力情况，严格行政执法人员资格制度，政府法律顾问制度推行情况等。

表 5 - 1　地方政府制定的法治政府建设（依法行政）工作的考评指标和评分标准

名称	一级指标	二级指标	三级指标
2015 年《江苏省法治政府建设指标体系》	依法行政，保障措施有效落实	提升法治能力	落实领导干部学法制度，健全公务员学法制度，加强行政执法人员培训，实现领导干部考查测试制度化，实现公务员考试测查制度化
		强化组织领导	落实第一责任人责任
		加强法制机构和队伍建设	加强法制机构建设，加强法制队伍建设，加强法制工作人员能力建设，加强工作保障

（续上表）

名称	一级指标	二级指标	三级指标
《2016年南宁市法治政府建设考评指标和评分标准（市级部门适用)》	加强法治政府建设的组织领导和能力建设；严格规范公正文明执法；落实法律顾问制度	落实法治教育培训	未制定部门年度学法计划的，扣1分；年度内未举办至少一期领导干部法治专题培训班或者专题讲座的，扣1分；部门领导班子在本年度内集体学法少于2次的，每少1次扣0.5分 年内未开展《南宁市重大行政决策程序规定》（南宁市人民政府令第45号）学习活动的，扣1分
		强化行政执法人员法律培训制度	未制定年度行政执法人员培训计划的，扣1分；未按照计划开展学习培训的，扣0.5分；未对执法培训的效果进行评价并在网上公布有评价结果的信息的，扣0.2分
		严格行政执法人员资格制度	未按要求完成行政执法人员清理工作的，扣1分；未按要求组织执法人员参加全区统一的行政执法人员资格续职考试的，视情况扣0.2~1分
		充分发挥政府法律顾问在重大行政决策、依法行政工作中的积极作用	开展依法行政工作和作出重大行政决策，应当听取法律顾问意见；未能提供听取法律顾问意见证明材料的，扣3分

（续上表）

名称	一级指标	二级指标	三级指标
《2016 年度法治政府建设内部评价指标及评分标准（适用于温州市有关单位)》	强化组织保障和法治能力建设	领导干部法治能力建设情况	领导班子集体学法每年不少于 2 次，每少 1 次，扣 1 分。未组织领导干部年度法律知识考试的（以普法办文件和记录为准），扣 1 分；每 1 人缺考或成绩不合格（适用于组织考试）的，扣 0.1 分。以上各项累计评分
		单位工作人员法治能力建设情况	本单位正式在编人员（不含下属单位）持有执法证件率不足 40% 的，扣 3 分；40% 以上，不足 50% 的，扣 2 分；50% 以上，不足 60% 的，扣 1 分。个人未按规定参加公务员年度法律知识学习考试，每 1 人缺考或成绩不合格的，扣 0.1 分。以上各项累计评分
		法制机构履职能力情况	根据年度政府法制工作情况并结合政府法制机构队伍建设情况予以综合评分；其中对法制信息宣传工作，在 1.5 分之内根据政府法制信息宣传评价细则评分
	推进行政决策科学化、民主化、法治化	政府法律顾问制度推行情况	按要求完善政府法律顾问制度，并发挥作用的，得 2 分；未落实上述要求的，酌情扣分，以 2 分为限

资料来源：作者整理。

第二节　法治侨务组织保障和法治能力建设面临的挑战

一、国务院侨务办公室关于法治侨务组织保障和法治能力建设面临的挑战

国务院侨务办公室规划、谋划法治侨务组织保障和法治能力建设不多，提升侨务干部特别是领导干部的法治思维和能力，加强行政执法队伍建设、加强法制部门队伍建设方面的制度建设和具体措施不多。除领导讲话和指示外，国务院侨务办公室较少制定深入贯彻落实党的十八届四中全会精神及全面建设法治侨务方面的决定、意见和通知，也较少部署强化法治观念和提升依法履职能力的具体任务。虽然《国务院侨务办公室制定法制宣传教育的第五个五年规划》《国务院侨务办公室关于"六五"普法期间开展法制宣传教育工作的规划》《国务院侨务办公室"七五"普法期间开展法治宣传教育工作规划》都有关于各级政府侨务部门工作人员特别是领导干部要带头学习了解法律、带头遵守厉行法治的要求，但其是从普法的角度而不是法治侨务的角度部署，而且基本上没有"带头学习了解法律，带头遵守厉行法治"的制度建设和具体措施。

国务院侨务办公室开展侨务干部法制、法治教育培训的广度和深度不足。国务院侨务办公室没有打造侨务干部法制、法治教育培训的品牌，也没有将侨务干部法制、法治教育培训作为日常的和重要的工作内容。根据收集到的资料，侨务法律法规不是每期全国侨务干部培训班的主要内容，全国侨法培训班只举办了两期。除侨务干部法制、法治教育培训外，国务院侨务办公室在所有的侨务工作领域，都精心打造了品牌活动。例如，华侨华人商界盛会——世界华商大会、华侨华人创业发展洽谈会，华侨华人传媒盛会——世界华文传媒论坛，华裔新生代盛会——华裔杰出青年华夏行、中国寻根之旅夏（冬）令营，华人政界社会盛会——中国海外交流协会会员大会等。

二、地方政府侨务部门关于法治侨务组织保障和法治能力建设面临的挑战

地方政府侨务部门规划、谋划法治侨务组织保障和法治能力建设不多。一些

地方政府侨务部门的工作规划、意见、计划没有列出加强行政执法队伍建设，加强法制部门队伍建设，侨务干部法制、法治教育培训等法治建设方面的内容，可能是因为没有打算开展这些工作，或者打算开展但认为不重要而不列入有关规划、意见。2014 年 12 月，北京市人民政府侨务办公室、北京市民政局、北京市农村工作委员会、北京市社会建设工作办公室和北京市侨联联合下发《关于进一步加强全市社区侨务工作的意见》，强调"要将涉侨政策纳入社区干部培训内容""切实提高社区侨务干部的政策水平"，却没有规定社区干部的涉侨法律法规培训，提高社区侨务干部的法律水平。2015 年 10 月，广东省江门市人民政府发布《江门市侨务强市建设工作纲要（2015—2020 年)》，提出"实现五个显著提升——城市品牌影响力显著提升、华侨文化软实力显著提升、助推经济发展能力显著提升、服务国家战略能力显著提升、侨务工作实力显著提升"的目标，将"依法行政"确定为基本原则之一，却没有在"保障措施"中列出侨务干部特别是领导干部的法制、法治教育培训。根据《南京市人民政府侨务办公室 2016 年度法治建设工作总结及 2017 年工作安排》，2017 年工作安排包括继续贯彻落实《南京市华侨权益保护条例》，抓好《南京市人民政府侨务办公室行政执法裁量权适用规定（暂行)》等规范性文件的政策解读等，但不包括侨务干部法制、法治教育培训。

地方政府侨务部门开展侨务干部法制、法治教育培训的广度和深度不足。一些地方政府侨务部门的工作总结、法制建设总结、法治建设总结都没有列出侨务干部法制、法治教育培训方面的内容，可能是因为没有开展侨务干部法制、法治教育培训，或者开展了但认为不重要而不列入有关工作总结。例如，《福建省人民政府侨务办公室关于报送 2016 年推进依法护侨建设法治政府工作的函》《（山东省）济南市人民政府侨务办公室 2015 年工作总结》《（黑龙江省）哈尔滨市人民政府外事侨务办公室 2014 年工作总结》《（浙江省）嘉兴市人民政府外事侨务办公室 2015 年工作总结及 2016 年工作思路》《2016 年全市（安徽省黄山市）外事（侨务）工作要点》《（河南省）鹤壁市民族宗教和外事侨务委员会 2014 年法制工作汇报》等。

三、侨务部门依法履职责任意识面临的挑战

侨务部门依法履职责任意识亟须增强。随着依法治国战略的推进，对执法责任的要求越来越高，追责问责力度越来越大。虽然侨务部门的职能非常清楚，但是如何从行政行为角度分类这些职能，在侨务系统内部，每个层级、每个部门、每个岗位、每位干部到底"拥有哪些权力""应承担哪些责任"，还不是非常清

晰。2014年党的十八届四中全会明确要求："行政机关要坚持法定责任必须为、法无授权不可为，勇于负责、敢于担当，坚决纠正不作为、乱作为，坚决克服惰政、怠政，坚决惩处失职渎职。"2017年，党的十九大报告提出"建设法治政府，推进依法行政，严格规范公正文明执法"。这对侨务部门提出了更高要求，要充分依法履职，要积极作为。例如，"统筹协调有关部门和社会团体涉侨工作"是国务院和各级政府赋予侨务部门的职能，侨务部门必须认真履行，即便边界不清、职责交叉或者难度很大，如果不认真履职，造成严重后果的，也会被追究责任。

四、侨务干部法治素养面临的挑战

侨务干部法治素养需要提高。尽管通过加强教育培训等途径，侨务干部整体法律素养得到明显提升，执法能力显著增强，但是与全面推进法治侨务建设的要求相比，还有不小差距。主要表现为：法律水平还不高，对法律法规的学习不够，理解不深、不准，导致依法行政走偏。有些侨务干部熟悉《归侨侨眷权益保护法》及其《实施办法》等侨务法律法规，却不熟悉《出境入境管理法》《外国人在中国永久居留审批管理办法》等涉侨法律法规规章。法治思维和法治方式应用能力还不强，不善于运用法治思维、法治方式破解难题。以"依法组织协调归侨侨眷和华侨华人在国内合法权益维护工作"为例，有的侨务干部在处置此类事务中认识到了"法定责任必须为"，但是由于此类纠纷中"组织协调"难度较大，导致能推则推、"和稀泥"，客观上放纵了侵害归侨侨眷和华侨华人在国内合法权益的行为。这样不仅不能解决问题，反而导致纠纷升级，消耗更多侨务资源去解决，而且损害侨务部门威信和法治的权威。

第三节　进一步加强法治侨务组织保障和法治能力建设

运用法治侨务理论，根据2014年《中共中央关于全面推进依法治国若干重大问题的决定》，2016年中共中央办公厅、国务院办公厅《党政主要负责人履行推进法治建设第一责任人职责规定》，2016年中共中央办公厅、国务院办公厅《关于推行法律顾问制度和公职律师公司律师制度的意见》，2004年国务院《全面推进依法行政实施纲要》，国务院《法治政府建设实施纲要（2015—2020年）》，2015年国务院办公厅《国务院部门权力和责任清单编制试点方案》等中央和国务院发布的法治建设方面重要文件的组织保障和法治能力建设部分，借鉴

2015 年《人力资源和社会保障部关于全面推进人力资源社会保障部门法治建设的指导意见》、2014 年《民政部关于全面推进民政法治建设的意见》、2015 年《公安部关于贯彻党的十八届四中全会精神，深化执法规范化建设，全面建设法治公安的决定》等国务院部门发布的法治建设重要文件的组织保障和法治能力建设部分，并参考 2016 年《南京市人民政府侨务办公室行政执法裁量权适用规定（暂行）》等地方政府侨务部门发布的组织保障和法治能力建设的文件，从提升领导干部的法治思维和能力、提高侨务干部的法治思维和能力、进一步加强行政执法队伍建设、进一步加强法制部门队伍建设四个方面提出进一步加强法治侨务组织保障和法治能力建设的建议。

一、提升侨务领导干部法治思维和能力

选拔法治素养好的干部充实侨务领导干部队伍，加快提高侨务领导干部法治思维和依法办事能力。抓住领导干部这个法治侨务的"关键少数"，把法治观念强不强、法治素养好不好作为衡量干部德才的重要标准，把能不能遵守法律和能不能依法办事作为考察干部的重要内容。把是否具有法学（法律）学位、完成系统的法学教育作为法治素养好不好重要标准。将法治人才的培养发展纳入侨务干部队伍建设整体规划。在相同条件下，优先提拔使用法治素养好、依法办事能力强的干部，选拔一批善于运用法治思维和法治方式推动工作、贯彻落实新发展理念的干部，充实进侨务领导干部队伍。对所有科、处、局级领导干部，实施任职前法治知识考试，在年终考核时进行抽查考试，将考试结果作为领导干部任职的重要参考。

建立和完善侨务领导干部法治培训教育制度，促进各级侨务领导干部严格履行法治建设职责。加大对侨务领导干部法治培训教育力度，把宪法、基本法律、涉侨法律列入各级政府侨务部门党组（党委）理论学习中心组学习内容，国务院侨务办公室每年至少举办一期，省、市、县三级侨务部门领导班子成员每年至少举办两期法治专题培训班。侨务领导干部法治培训教育以自学为主，结合自身的工作职能和特点，联系实际，确定学习内容，年终时提交自学总结。推进领导干部学法、用法方式方法创新，通过立法调研、执法监督检查、案例讨论、工作研讨等形式，把学习法律与运用法律解决实际问题紧密结合起来。通过侨务领导干部法治学习，带动全体侨务干部法治学习。

加强对侨务领导干部学法、用法、守法和依法决策等法治能力的考核监督，把法治意识和素养作为侨务领导干部日常管理的重要内容。各级政府侨务部门可以把法治建设成效纳入政绩考核指标体系，作为衡量机关司局、处室、科室及直

属单位领导班子和领导干部工作实绩的重要内容，作为省、市、县级政府侨务工作综合评估的主要构成。建立各级领导班子和领导干部述职、述廉和述法三位一体的考核制度。结合述职、述廉的要求，重点考评单位及个人学法守法、重大事项依法决策以及依法行政等方面的情况。[①] 对特权思想严重、法治观念淡薄的领导干部要批评教育，不改正的要调离领导岗位。

建立和完善党和政府侨务部门的主要负责人、各级地方党委和政府侨务部门主要负责人作为推进法治建设第一责任人制度。贯彻执行中共中央办公厅、国务院办公厅2016年印发的《党政主要负责人履行推进法治建设第一责任人职责规定》，国务院侨务办公室主要负责人、各级地方党委和政府侨务部门主要负责人切实履行依法治国重要组织者、推动者和实践者的职责，贯彻落实党中央关于法治建设的重大决策部署，统筹推进科学立法、严格执法、公正司法、全民守法，自觉运用法治思维和法治方式深化改革、推动发展、化解矛盾、维护稳定，对法治建设重要工作亲自部署、重大问题亲自过问、重点环节亲自协调、重要任务亲自督办，把本部门各项工作纳入法治化轨道。党和政府侨务部门主要负责人、各级地方党委和政府侨务部门主要负责人将履行推进法治建设第一责任人职责情况列入年终述职内容。未履行或者不正确履行推进法治建设第一责任人职责的，应当依照《中国共产党问责条例》等有关党内法规和国家法律法规予以问责。

各级地方党委和政府侨务部门要结合本地区本部门实际，每年部署法治政府建设年度重点工作，发挥牵引和突破作用，带动法治政府建设各项工作全面深入开展。各级地方党委和政府侨务部门每年第一季度向本级党委和政府、上一级党委和政府侨务部门报告上一年度法治政府建设情况，报告要通过报刊、政府网站等向社会公开。各级地方党委和政府侨务部门的党组织要领导和监督本单位遵守宪法法律，坚决查处执法犯法、违法用权等行为。要加强对法治政府建设进展情况的督促检查，结合法治政府建设年度重点工作，开展定期检查和专项督查。对工作不力、问题较多的，要及时约谈、责令整改、通报批评。

二、提高侨务干部法治思维和能力

党和政府侨务部门加大侨务干部法治教育培训的广度和深度，对机关公务员、直属单位领导班子成员、省级党委和政府侨务部门主要领导以及法制机构工作人员进行全员培训，集中学习涉侨法律法规。涉侨法律法规出台后，党和政府

[①] 2013年起，重庆将党政主要负责人履行推进法治建设第一责任人职责、带头遵法学法守法用法等情况作为年度述职述廉重要内容。

侨务部门及时组织本机关和省级侨务部门相关人员进行专题培训。对立法创制工作成绩突出的有立法权的地方政府侨务部门及其有关人员，党和政府侨务部门予以表彰和奖励。国务院侨务办公室侨务干部学校要把宪法、基本法律、涉侨法律法规列为干部教育的必修课。

省级党委和政府侨务部门可以制订本行政区域的法治侨务培训计划，定期组织本级和下级侨务部门干部参加通用法律知识培训、专门法律知识轮训及新颁布基本法律和涉侨法律法规专题培训。

各级地方党委和政府侨务部门可以将法治理念、宪法、基本法律和涉侨法律法规知识作为公务员入职、晋升、专业、发展培训的必备内容，加强新实施涉侨法律法规的宣讲培训，强化执法实务培训，完善涉侨法律法规与实践应用相结合的教育培训机制，增强法治教育培训的针对性、有效性，不断提高侨务干部法律素质。注重引入法律专业人才，充实到侨务干部队伍。

侨务干部学法用法，不仅要学习和适用 1990 年《归侨侨眷权益保护法》（2009 年修正）及 2004 年《归侨侨眷权益保护法实施办法》等侨务法律法规，而且要学习和适用 1980 年《国籍法》、1999 年《公益事业捐赠法》、2012 年《出境入境管理法》等涉侨法律法规。现阶段，侨务工作的开展和涉侨问题的解决，越来越多地要依据涉侨法律法规。涉侨法律法规不是以侨务工作对象为调整范围，立法内容所涉内容比较广，侨务工作对象只是其中的一部分。

三、进一步加强侨务部门行政执法队伍建设

侨务干部实施行政执法行为，要具有行政执法资格，持有行政执法证件。各级地方政府侨务部门无论是政府的直属机构还是组成部门，都拥有一定的行政权力，应该持有相应的行政执法证件。例如，根据上海市人民政府侨务办公室权力清单，归侨、侨眷权益保护监督检查及华侨捐赠物资和款项使用情况监督检查属于行政检查。根据 2012 年《上海市行政执法证管理办法》第八条，行政执法单位应当为其拟从事行政检查的人员办理《执法证》。

建立和完善侨务执法人员资格管理和持证上岗制度，未取得行政执法资格的，不得从事执法活动，不得担任侨务部门审理人员、审核人员、执法类机构负责人。

建立和完善侨务执法人员岗位培训制度，每年组织开展行政执法人员通用法律知识、涉侨法律知识、新法律法规等专题培训。

侨务部门执法类机构工作人员未按照规定取得行政执法资格的，当年公务员考核不得评为称职（含）以上，取消综合类评先评优资格。

取得行政执法资格或者通过国家司法考试的，纳入侨务部门人才库，同等条件下，优先晋级晋职。

四、进一步加强侨务部门法制机构队伍建设

进一步重视和加强法制机构建设，充分发挥其在推进依法行政工作中所承担的统筹规划、综合协调、督促指导、监督检查和考核评价等职责，使法制机构规格、人员编制配备与其承担的实际职责任务相适应。

党和政府侨务部门可以加强对本级法制部门工作，及全国侨务法制工作的指导。推动省级政府侨务部门全部独立设置法制机构，推动有立法权的地方政府侨务部门普遍设置法制机构，配备专职工作人员。

建立侨务法制部门列席侨务部门党委会、办公会制度，重要文件由法制机构审核把关、重点执法环节由法制机构实施监督制度。

加大对法制干部的培养、使用和交流力度，建立法制工作人员准入制度，重点提拔政治素质高、法治素养好、工作能力强的法制干部。法制部门新录用人员和新任职负责人，原则上需要具备法律专业知识。加快培养与侨务新形势相适应、熟悉国际法律规则、善于处理涉侨法律事务的法制人才队伍。

法制部门要进一步提高统筹规划、综合协调、督促指导、监督检查和考核评价的能力和水平，增强整体谋篇布局的意识，立足本地实际提出法治建设的长远规划和年度工作计划，加强对侨务工作中遇到的新情况、新问题的研究，及时依法提出解决措施和处置对策，为法治实务提供及时、有效的指导服务。

五、建立和完善侨务部门公职律师制度

建立和完善侨务部门公职律师制度，提高领导干部科学决策、民主决策、依法决策的水平，以及运用法治思维和法治方式深化改革、推动发展、化解矛盾、维护稳定的能力，监督和制约权力，防止权力滥用，预防和杜绝各类违法违规行为的发生。2017 年年底前，国务院侨务办公室、各地地方政府侨务部门普遍建立起公职律师制度。

国务院侨务办公室政策法规司挂公职律师管理办公室牌子，由政策法规司司长任办公室主任。设立首席公职律师。首席公职律师承担组织领导公职律师管理办公室、开展工作等职责。各司局应当配备至少 1 名公职律师。公职律师履行侨务部门法律顾问承担的职责，即①为重大决策、重大行政行为提供法律意见；②参与法律法规规章草案、党内法规草案和规范性文件送审稿的起草、论证；

③合作项目的洽谈，协助起草、修改重要的法律文书或者以党政机关为一方当事人的重大合同；④为处置涉法涉诉案件、信访案件和重大突发事件等提供法律服务；⑤参与处理行政复议、诉讼、仲裁等法律事务。公职律师可以受所在单位委托，代表所在单位从事律师法律服务。公职律师在执业活动中享有律师法等规定的会见、阅卷、调查取证和发问、质证、辩论等方面的律师执业权利。在侨务部门专门从事法律事务工作或者担任法律顾问，并具有法律职业资格或者律师资格的人员，经所在单位同意可以向司法行政部门申请颁发公职律师证书。经审查，申请人具有法律职业资格或者律师资格的，司法行政部门应当向其颁发公职律师、公司律师证书。公职律师不得从事有偿法律服务，不得在律师事务所等法律服务机构兼职，不得以律师身份办理所在单位以外的诉讼或者非诉讼法律事务。①

第四节　结论

建设法治侨务，必须有强有力的组织保障和高水平的法治能力。国务院侨务办公室领导、各级政府及其侨务部门领导重视法治侨务工作队伍建设，国务院侨务办公室统筹规划和积极开展侨务干部法制、法治教育培训。各级政府侨务部门结合普法，加强对侨务干部的法治教育培训，举办多种形式的法制、法治培训班。地方政府建立的法治政府建设（依法行政）工作的考评指标和评分标准适用于作为政府直属机构或者组成部门的侨务部门。法治侨务组织保障和法治能力建设面临的挑战主要是侨务部门规划、谋划法治侨务组织保障和法治能力建设少，制度建设和具体措施不多，开展侨务干部法制、法治教育培训的广度和深度不足，依法履职责任意识亟须增强，侨务干部法治素养需要提高。完善法治侨务组织保障和法治能力建设，要提升侨务领导干部的法治思维和能力，提高侨务干部的法治思维和能力，进一步加强侨务部门行政执法队伍建设，进一步加强侨务部门法制机构队伍建设，建立和完善侨务部门公职律师制度。

---

① 2016年中共中央办公厅和国务院办公厅：《关于推行法律顾问制度和公职律师公司律师制度的意见》第十五条。

第六章　侨法服务

2014 年《中共中央关于全面推进依法治国若干重大问题的决定》指出：建设完备的法律服务体系，保证人民群众在遇到法律问题或者权利受到侵害时获得及时有效的法律帮助。进一步强化涉外法律服务，依法维护海外侨胞权益。侨法服务是法律服务和涉外法律服务的重要组成部分。维护海外侨胞、归侨侨眷权益是政府侨务部门、侨联的重要职责之一。本章首先辨析侨法服务，然后从国务院侨务办公室侨法服务、地方政府侨务部门侨法服务两个层面分析侨法服务的基本情况，随后探讨侨法服务面临的挑战，重在讨论侨法服务组织的定位、职责、发展、管理和运作、制度等。最后，提出完善侨法服务的建议，包括分类和统筹管理侨法服务组织，建立和完善政府侨务部门法律顾问、公职律师制度，以政府购买服务方式运作侨法服务组织，扩展侨法服务组织服务的内容，公开和透明侨法服务组织的管理及其情况，加强侨法服务组织的制度建设等。

第一节　"侨法服务"辨析

"侨法服务"是指向政府侨务部门、海外侨胞和归侨侨眷提供法律服务，核心是向海外侨胞和归侨侨眷及其企业、社会团体，特别是侨商提供维护权益的法律服务。侨法服务是"以人为本，为侨服务"的侨务工作宗旨在法治方面的具体体现，是最大限度地团结海外侨胞和归侨侨眷的重要措施之一。近年来，中国特别是地方积极开展华侨、外籍华人、归侨、侨眷权益保护法等侨务法律法规，以及《出境入境管理法》《外国人永久居留管理条例》等涉侨法律法规的制定、修订工作，从源头上丰富和完善维护海外侨胞和归侨侨眷权益的法律依据。将侨法服务纳入为侨服务体系，巩固和完善侨务部门法律顾问制度，更好地满足侨界人士对侨法服务的需求。

侨法服务的海外群体范围从 1982 年《宪法》（2018 年修正）第五十条规定的"华侨的正当的权利和利益"扩展至"海外侨胞权益"。"依法"是指依照中国法律、海外侨胞所在国法律、国际法维护海外侨胞权益。维护外籍华人权益时要把握其与其他海外侨胞的国籍区别，与其他外国人的血脉、文化区别，既要理

解外籍华人的族裔感情和他们与祖籍国有着千丝万缕联系的客观现实，依照中国法律和有关国际法维护他们的权益，又要依照外籍华人国籍国、住在国法律，尊重属人管辖权和属地管辖权。依法维护海外侨胞权益，是中央全面推进依法治国的要求，有利于加强和改进党对全面推进依法治国的领导。2014 年《中共中央关于全面推进依法治国若干重大问题的决定》在"加强和改进党对全面推进依法治国领导"的"加强涉外法律工作"部分规定：强化涉外法律服务，依法维护海外侨胞权益。

依法维护海外侨胞权益与维护我国公民、法人在海外及外国公民、法人在我国的正当权益并行不悖，互相促进。2014 年《中共中央关于全面推进依法治国若干重大问题的决定》在"加强和改进党对全面推进依法治国领导"的"加强涉外法律工作"部分规定：强化涉外法律服务，维护我国公民、法人在海外及外国公民、法人在我国的正当权益。海外侨胞权益和我国公民、法人在海外的正当权益，都是与我国关系密切的重要权益。两者既可能有所重合，也可能相互转化。维护海外侨胞权益与维护我国公民、法人在海外的正当权益，在对等和互惠原则下，需要维护外国公民以及外国法人在我国的正当权益。依法维护外国公民、法人在我国的正当权益，能减少国际社会的误解，进一步与国际接轨，营造和谐、共生和包容的国际移民氛围，优化经济和社会发展的环境，完善相关法律体系。

维护外国公民、法人在我国的正当权益是我国的一贯主张和郑重承诺。加快实施"走出去"战略是中国国家级战略，必将面对和妥善解决维护我国公民、法人在海外正当权益的问题。1982 年《宪法》（2018 年修正）第三十二条第一款规定：中国保护在中国境内的外国人的合法权利和利益。2018 年，外国人入出境达 9 532.8 万人次（外国公民 6 099.7 万人次，外国边民 3 433.1 万人次），同比增长 11.6%。2013 年第 3 季度，中国对外投资总额首次超过外国直接投资中国总额，"走出去"战略取得重要实效。

第二节　侨法服务的基本情况

一、国务院侨务办公室侨法服务

国务院侨务办公室加强为侨法律服务，完善全国性为侨法律服务网络，健全为侨法律服务平台，畅通侨胞诉求表达渠道，依法协助解决重点侵权案件。① 国务院侨务办公室建立健全侨商依法维权和化解纠纷机制，搭建全国性为侨商服务法律网络，积极探索"侨办牵头，各地侨商会、法律顾问团参与，社会有关部门联动"的工作模式，合力护侨。2015 年，国务院侨务办公室处理侨商投诉案件百余件，解决了若干重要、疑难大案、积案，在凝聚侨心、维护侨益方面发挥了积极作用。②

2005 年，为加大"依法护侨"工作力度，不断提高为侨资企业服务的水平和成效，推动海外华商在中国经济建设中发挥更大的作用，国务院侨务办公室发布《关于组建"为华资企业服务法律顾问团"的决定》，成立为华资企业服务法律顾问团，以后更名为"为侨资企业服务法律顾问团"（以下简称"法律顾问团"）。法律顾问团的宗旨是借助法律专业工作者的优势和力量，提高为侨资企业服务的水平，依法维护侨商在国（境）内投资融资、生产经营、经济贸易等方面的合法权益，促进和推动华商在我国经济建设中发挥更大的作用。法律顾问团的主要职责包括：为国务院侨务办公室涉侨经济事务和相关政策的处理和制定提供法律咨询；为国务院侨务办公室维护华商合法权益工作提供法律意见和建议；参加国务院侨务办公室组织的向华商宣传中国法律、法规、司法解释和维护华商合法权益的公益活动；为国务院侨务办公室介绍的华商提供一般性法律咨询；根据国务院侨务办公室介绍和双方协商，为华商提供专项法律服务；为国务院侨务办公室介绍的特殊涉侨经济案件无偿提供法律援助等。法律顾问团的工作方式主要有咨询、代理、讲座、宣传等，同时根据工作任务及其成员构成特点，采取集体活动、分组活动与授权独立活动相结合的方式进行。

司法部副部长赵大程在国务院侨务办公室举办的为侨资企业服务法律顾问团成立十周年的座谈会上进一步明确了法律顾问团的三个定位，即①当好侨务部门的法律参谋。为涉侨经济事务和相关政策的处理和制定提供法律咨询，服务侨务部门提升运用法治思维和法治方式处理侨务工作的能力和水平；积极配合侨务工作部门深入侨资企业调研，为侨务部门维护侨商合法权益提供意见和建议；充分发挥联系侨资企业的优势，在服务侨资企业的过程中认真倾听侨资企业的呼声，反映侨胞的愿望和需求。②当好国家政策法律的宣介员。注重宣介我国全面建设小康社会决胜阶段所面临的重要战略机遇和祖国各项事业蓬勃向上的良好态势，宣传"一带一路"等国家对外开放的重大倡议，增强广大侨商与祖国事业共同

---

① 《国侨办今年重点工作是啥？万侨创新咋回事？侨梦苑是干啥的？听国侨办副主任王晓萍权威解读！》，中国侨网，2016 年 5 月 6 日。

② 郝爽：《国侨办维护侨商权益，让侨商坐稳投资创业"马车"》，中国新闻网（北京），2016 年 5 月 5 日。

发展的信心；注重宣介党和政府在保护产权投资等领域所出台的法律和政策，宣传在法治建设方面所取得的成就与进步，增强广大侨商对祖国投资环境的信任；注重宣介国家投资的法律法规和政策，增进广大侨商对国家涉侨投资法律法规政策的了解。③当好侨资企业的法律帮手。主动适应侨务工作的新形势、新要求，认真掌握相关政策法律，积累法律实务经验，拓展工作视野，丰富服务方法，不断提高工作水平和服务能力；努力践行"以人为本"的服务理念，找准侨资企业法律需求，充分运用诉讼和非诉讼法律手段，切实维护侨资企业合法权益；遵守执业纪律，恪守职业道德，坚持依法、规范、诚信服务，竭诚为华侨华人提供优质高效的法律服务，更好地服务于侨资企业的健康发展。①

为侨资企业服务法律顾问团律师由司法部门及有关地方政府侨务部门推荐，由国务院侨务办公室遴选、审核后聘任，可连续聘任。第一届、第三届、第四届法律顾问团分别有20名、② 28名、38名律师。第四届法律顾问团的38名律师，有12名来自北京，占近1/3，另有浙江省、上海市、广东省、山东省各两名，没有来自黑龙江省、吉林省、内蒙古自治区、山西省、甘肃省、青海省、新疆维吾尔自治区、西藏自治区的律师。

为侨资企业服务法律顾问团是国务院侨务办公室创新工作手段、发挥专业优势、集合社会力量共同开展维护侨商投资权益工作的有益尝试。③ 法律顾问团成立以来，在维护海外侨胞投资合法权益、助力侨资企业更好更快发展、丰富为侨服务手段、推动地方政府改善投资环境等方面发挥了积极作用。据不完全统计，第三届为侨资企业服务法律顾问团先后处理近300件涉侨案件，免费咨询、解答问题万余人次。④

2017年12月，国务院侨务办公室在京召开为侨服务法律顾问团成立大会，正式建立国侨办法律顾问制，并成立国侨办为侨服务法律顾问团。国侨办法律顾问制旨在为国务院侨务办公室依法行政提供法律咨询和服务，法律顾问的职责是为国务院侨务办公室依法履职、为涉侨法律政策拟订以及重大行政决策提出意见和建议，参与处理行政复议、诉讼、仲裁等法律事务。国侨办为侨服务法律顾问团是根据国内外侨务工作的实际需求，为侨界群体提供法律服务的重要平台，重

---

① 《赵大程在"为侨资企业服务法律顾问团"座谈会上强调为十三五时期侨资企业发展提供优质高效的律师法律服务》，司法部网站，2015年11月5日。

② 连锦添：《为华资企业服务法律顾问团成立：首批聘任20名律师》，《人民日报（海外版）》，2005年6月18日。

③ 乔川轩：《国侨办为侨资企业服务法律顾问团工作交流会召开》，中国新闻网（成都），2012年11月14日。

④ 郝爽：《国侨办维护侨商权益，让侨商坐稳投资创业"马车"》，中国新闻网（北京），2016年5月5日。

点为归侨侨眷和海外侨胞提供法律咨询、法律援助等无偿或有偿服务，化解涉侨矛盾纠纷。发挥法律顾问制和为侨服务法律顾问团的优势和作用，有利于不断加强侨务法制建设，完善为侨公共服务，维护侨胞合法权益，为凝聚侨心侨力同圆共享中国梦提供有力的法治保障。①

二、地方政府侨务部门侨法服务

地方政府侨务部门积极提供侨法服务，构筑为侨资企业服务的法律网络，提升依法行政、依法护侨的良好对外形象，吸引更多的海外侨胞来华投资兴业。截至 2011 年，全国共有近 30 个副省级城市人民政府侨务部门成立了为侨法律服务机构，许多侨资企业集中的城市和沿海开放地区地市级人民政府侨务部门也成立了法律服务组织。② 截至 2014 年，全国各省市区和副省级城市人民政府侨务部门成立了 27 个法律顾问团，为侨商提供无偿法律援助，帮助侨商协调解决经济纠纷。③

广东省的侨法服务实行为侨资企业服务法律顾问团、侨资企业律师服务团、为侨法律服务工作站三者并行模式，面向侨务部门及其领导、华侨华人、港澳同胞和侨资企业，重在侨资企业，由侨务部门与司法部门共同指导和监督，律师协会负责日常管理。2006 年，广东省人民政府侨务办公室与广东省司法厅成立为侨资企业服务法律顾问团。法律顾问团律师除了提供日常的义务法律咨询服务之外，还参与侨资企业调研、到各地市开展侨资企业法律咨询服务活动日活动，解读侨商关心的热点法律和政策，为侨商提供"一对一"法律咨询。针对重点侨资企业，广东省人民政府侨务办公室组织法律顾问团律师上门服务。法律顾问团律师由司法厅推荐，聘期 3 年，可连续聘用。④ 深圳、汕头、河源、惠州、东莞、清远市人民政府侨务部门相继成立了自己的为侨资企业服务法律顾问团。⑤ 法律顾问团律师通过直接受理、参与处理等形式协助广东省人民政府侨务办公室处理侨商投诉与纠纷，在侨胞维权工作上出谋划策，促进依法护侨，在推动为侨服务深入、有效开展等方面发挥了独特作用。据统计，2013 年 1 月至 2016 年 5 月，广东省人民政府侨务办公室共受理侨商投诉 38 件，其中有十余件由法律顾问团

---

① 付强：《国务院侨办建立法律顾问制 成立为侨服务法律顾问团》，中国新闻网，2017 年 12 月 8 日。
② 张茜翼：《国侨办第三届"为侨资企业服务法律顾问团"成立》，中央人民政府网站，2011 年 12 月 23 日。
③ 张伟：《11 338 人受聘"为侨资企业服务法律顾问团"律师》，中国侨网，2014 年 11 月 15 日。
④ 郭军：《广东为侨服务法律顾问团为侨企维权提供法律平台》，中国侨网，2016 年 5 月 25 日。
⑤ 张茜翼：《广东省先后举办 5 次侨资企业法律咨询服务活动日》，中国新闻网（海口），2011 年 12 月 23 日。

律师给予法律建议和意见，有的案件对当事人给予法律援助。

2009 年 3 月，广东省司法厅和广东省人民政府侨务办公室联合发布《广东省侨资企业律师服务团工作暂行办法》，成立比为侨资企业服务法律顾问团涵盖面更广的侨资企业律师服务团，全省 21 个地级以上市共有 120 余名律师参加。①根据 2009 年《广东省侨资企业律师服务团工作暂行办法》第一条规定，律师服务团的宗旨是："充分发挥侨办和司法行政部门的职能作用，从法律层面帮助侨资企业应对金融危机带来的冲击，为侨资企业发展创造良好的环境，积极服务和保障侨资企业的发展，推动侨商在实现我省经济又好又快发展中发挥更大的作用。"律师服务团的组织管理，根据 2009 年《广东省侨资企业律师服务团工作暂行办法》第七条："省侨办和省司法厅负责对律师服务团指导和监督，省律师协会负责对律师服务团成员的组织、联络、协调和日常管理工作，并定期进行考核和评价，同时将结果报告省司法厅。"律师服务团的职责，根据第二条："律师服务团的职责是为侨务部门、华侨华人、港澳同胞、侨资企业等提供优质、高效、及时、准确的法律服务，主要体现在：（一）为侨办及其领导决策提供法律咨询；（二）为华侨华人、港澳同胞、侨资企业提供法律服务；（三）提高华侨华人、港澳同胞、侨资企业依法经营及依法维权意识。"律师服务团的工作方式，根据第八条："律师服务团成员主要通过参加省侨办组织的会议、专题调研活动、专门课题研究、现场法律咨询和网上法律咨询等活动，实现为侨资企业服务的目的。"律师服务团的服务收费，根据第十条："律师服务团成员为侨办提供法律服务为无偿性质的，待政府购买法律服务条件成熟时再逐步转变为有偿服务。律师服务团成员为华侨华人、港澳同胞、侨资企业则本着优惠、有偿的原则提供法律服务。"

2016 年，广东省人民政府侨务办公室积极推动各地建设为侨法律服务工作站。工作站由地级以上市人民政府侨务部门与律师事务所合作建设，由广东省人民政府侨务办公室统一授牌。工作站主要为侨界群众提供法律咨询服务、接受侨界群众委托，代理诉讼业务、为侨界群众中的困难人员依法提供法律援助服务、协助侨务部门做好侨法宣传、侨益维护和侨务信访接访等工作。工作方式是每月确定一日，为归侨侨眷、华侨华人和港澳同胞提供免费法律咨询服务。根据规划，2016 年在广东省 12 个地级市及广东省华侨港澳同胞服务中心共建设 13 个为侨法律服务工作站。2017 年，将在广东省铺开，达到每个地级市至少设立

---

① 张茜翼：《广东省先后举办 5 次侨资企业法律咨询服务活动日》，中国新闻网（海口），2011 年 12 月 23 日。

一个。①

福建省的侨法服务实行法律顾问团模式，服务对象宽于广东省侨法服务对象，除面向侨务部门及其领导、华侨华人、港澳同胞、侨资企业外，还面向归侨侨眷，由政府侨务部门和律师协会共同管理和指导。2005 年 8 月，为依法维护华侨合法权益，提高为侨服务水平，服务福建经济科学发展和跨越发展，福建省人民政府侨务办公室发布《福建省人民政府侨务办公室法律顾问团章程》，成立法律顾问团，每届聘期 3 年。首届 15 名律师，经福建省司法厅、律师协会及部分设区市人民政府侨务部门推荐产生。根据 2015 年《福建省人民政府侨务办公室法律顾问团章程（修正稿）》第二条，法律顾问团的宗旨是："充分发挥法律专业工作者的优势和力量，提高为侨服务的水平，依法维护华侨华人、港澳同胞、归侨侨眷的合法权益，包括依法维护华侨华人、港澳同胞、归侨侨眷在福建省内投资融资、生产经营、经济贸易等民商事活动中的合法权益。"法律顾问团的组织管理，根据 2015 年《福建省人民政府侨务办公室法律顾问团章程（修正稿）》第三条，"法律顾问团在福建省人民政府侨务办公室及福建省律师协会管理、指导下，依法自主开展工作。"法律顾问团的职责和收费，根据第八条："法律顾问团的主要职责：（一）无偿为福建省人民政府侨务办公室涉侨事务和制定相关政策提供法律咨询和法律服务；（二）参加福建省人民政府侨务办公室组织的向华侨华人、港澳同胞、归侨侨眷、在闽华商宣传有关法律法规和维护侨益的公益活动；（三）依照有关规定，为福建省人民政府侨务办公室介绍的特殊涉侨案件无偿提供法律援助；（四）办理福建省人民政府侨务办公室委托的其他法律事务。"法律顾问团的工作方式，根据第十条："法律顾问团提供法律服务的方式：（一）提供法律咨询。可采取固定场所咨询、电话咨询、网络及传真咨询等多种方式；（二）代拟法律文书；（三）提出顾问法律意见及建议；（四）代理仲裁或诉讼；（五）考察调研；（六）召开或参加相关涉侨案件咨询分析或法律事务会议；（七）参与研讨及提供调查报告；（八）深入侨企进行法律"会诊"活动；（九）有助于服务侨胞的其他工作方式。"

河南省的侨法服务实行为侨服务法律顾问团模式，服务对象宽于广东省侨法服务对象，与福建省侨法服务对象一样，面向侨务部门及其领导、华侨华人、港澳同胞、侨资企业、归侨侨眷，由政府侨务部门负责组织、联络、协调及日常管理工作。2007 年 7 月，为推进依法行政和深化为侨服务，也为律师搭建有组织的为侨服务的平台，河南省人民政府外事侨务办公室发布《河南省外事侨务办公室为侨服务法律顾问团章程》，成立为侨服务法律顾问团，由 12 名律师组成，每届

① 郭军：《广东今年将建首批 13 个"为侨法律服务工作站"》，中国侨网，2016 年 9 月 23 日。

聘期2年。为侨服务法律顾问团的宗旨，根据《河南省外事侨务办公室为侨服务法律顾问团章程》第一条："借助法律专业工作者的优势和力量，提高为侨服务水平，依法维护华侨华人、港澳同胞、归侨侨眷的合法权益，包括依法维护华侨华人、港澳同胞在河南省内投资融资、生产经营、经济贸易等方面的合法权益。"为侨服务法律顾问团的组织管理，根据《河南省外事侨务办公室为侨服务法律顾问团章程》第二条："法律顾问团的组织、联络、协调及日常管理工作，由河南省外事侨务办公室国内侨务处负责。"为侨服务法律顾问团的职责和收费，根据《河南省外事侨务办公室为侨服务法律顾问团章程》第五条："法律顾问团的主要职责：（一）义务为河南省外事侨务办公室涉侨事务和制定相关政策提供法律咨询和法律服务；（二）参加河南省外事侨务办公室组织的向华侨华人、港澳同胞、归侨侨眷、包括在豫的华商宣传有关法律法规和维护侨益的公益活动；（三）根据河南省外事侨务办公室推荐，并经双方协商同意，有偿为华商提供专项法律服务；（四）依照有关规定，为河南省外事侨务办公室介绍的特殊涉侨案件无偿提供法律援助；（五）办理河南省外事侨务办公室交办的其他法律事务。"为侨服务法律顾问团的工作方式，根据第十条："法律顾问团可以咨询、代理、讲座、宣传等方式开展工作，提供法律服务。"

北京市人民政府侨务办公室实行为侨服务法律顾问团、北京市律师协会台港澳与涉侨法律专业委员会之涉侨法律事务工作小组两者并行模式，服务对象非常广，包括侨务部门、华侨华人、港澳同胞、侨资企业、归侨侨眷，分别由政府侨务部门、律师协会、侨商会负责管理和指导。2006年，北京市人民政府侨务办公室成立为侨服务法律顾问团，12名律师参加。2012年，北京市人民政府侨务办公室会同北京市司法局，在北京律师协会设立台港澳与涉侨法律专业委员会，下设涉侨法律事务工作小组。根据《北京律师协会台港澳与涉侨法律专业委员会三年工作计划（2012—2015年）》涉侨法律事务部分，涉侨法律事务的总体构思与计划是"引导全市律师服务全球华人华侨，充分发挥华人华侨的爱国热忱，积极引导华人华侨守法维权，对现行所有涉侨的法律政策进行搜集，对这些政策法律之间的配套性、关联性、时效性进行研究，在实地考察的基础上，提出相关建议和法律意见"。

很多地方政府侨务部门支持侨商会成立侨法服务组织，为侨商提供法律服务。2009年，上海市侨商会在全国各地侨商会中率先成立法律维权委员会，由上海市法学会、上海市人民政府侨务办公室、上海市侨商会、上海市有关司法部门、上海市仲裁委员会等单位的负责人和多名在沪律师组成，上海市人大、市人民政府有关部门领导担任顾问。2011年，黑龙江省侨商会成立法律顾问团，法律顾问团定期为侨商会会员举行咨询讲座并提供实地法律援助服务。2014年，浙江省宁波市侨商会聘请了4家律师事务所作为"为侨服务定点单位"，将为侨资企业的服务前移。

一些地方政府侨务部门与律师事务所合作成立为侨法律服务工作站、涉侨法律服务咨询中心、助侨服务法律中心等侨法服务组织，拓宽为侨法律服务渠道，探索为侨法律服务新模式，积极为归侨侨眷和海外侨胞提供新的权益救济渠道。2009年7月，山东省东营市成立了东营市为侨服务法律援助工作站和东营市服务侨资企业法律顾问处，从法律层面维护华侨华人、港澳同胞、归侨侨眷在东营市投资融资、生产经营、经济贸易和民事交往等方面的合法权益，至2012年2月，已经为40余人次提供无偿法律服务。[①] 2014年9月，陕西省人民政府外事侨务办公室成立涉侨仲裁法律服务咨询中心，协调解决重大涉侨投诉12起。2014年，河北省人民政府外事办公室在石家庄冀华律师事务所、张家口河北宇联律师事务所、唐山河北鸿翔律师事务所设立河北省涉侨法律服务咨询中心，为归侨侨眷提供法律、维权咨询服务。2016年，除广东省人民政府侨务办公室积极推动各地建设为侨法律服务工作站外，四川省成都市人民政府侨务办公室依托律师事务所成立为侨维权法律服务站，以在成都市居住、工作、生活的归侨侨眷、华侨华人、海归创业人员、港澳同胞、侨资（侨属）企业为主要服务对象，通过法律宣传、法律咨询、代写法律文书、仲裁代理和诉讼代理等手段，为他们提供法律服务，维护他们的合法权益。[②]

三、侨联侨法服务

维护侨益是中华全国归国华侨联合会（简称中国侨联）的基本职责，也是四项基本职能之一。《中华全国归国华侨联合会章程》（简称《中国侨联章程》）总则规定：中国侨联以《宪法》为根本的活动准则，坚持以人为本、为侨服务的宗旨，在维护全国人民总体利益的同时，依法代表和维护归侨、侨眷和海外侨胞在国内的合法权利和利益，关心海外侨胞的正当权利和利益。

提供侨法服务是中国侨联的重要工作。《中国侨联章程》第四条规定：发挥法律顾问委员会的作用，为归侨、侨眷和海外侨胞提供政策咨询和法律服务。1982年5月，中国侨联成立了法律顾问委员会。中国侨联法律顾问委员会（简称中国侨联法顾委）以为侨服务为宗旨，根据1982年《宪法》（2018年修正）、

---

① 赵技能：《东营市积极发挥法律援助作用，为侨资企业保驾护航》，山东省人民政府侨务办公室网站，2012年2月16日。

② 喻丹柯：《四川成都"为侨维权法律服务站"揭牌成立》，中国侨网，2016年2月26日。

1990 年《归侨侨眷权益保护法》（2000 年修订）和 2008 年《中国侨联章程》的规定，提供侨法服务，依法维护归侨侨眷和海外侨胞在国内的合法权利和利益，关心海外侨胞的正当权利和利益。[①] 2011 年 12 月，董中原副主席在中国侨联法顾委 2011 年年会上总结了中国侨联法顾委成立 30 年来的工作。据不完全统计，30 年来，中国侨联法顾委为侨界群众解决落实政策、非诉讼及诉讼案 5 000 余件次，出具法律意见函 4 000 余件次，召开案例研讨会 400 余场次，挽回经济损失数十亿元人民币。各省区市侨联法顾委帮助协调解决各类涉侨案件数以万计，为维护司法公正、推动民主法治建设、促进社会和谐稳定做出了积极贡献。[②]

2013 年 12 月，中国侨联主席林军在 2013 年中国侨联法顾委年会上总结了法顾委过去五年在扩大侨法宣传、深入基层调研、协调涉侨案件、壮大法律队伍方面的工作。"利用侨联的参政议政渠道，提出高质量的立法以及修改法律、法规草案的对策建议，为切实提高侨联源头参与的质量和水平贡献了智慧。""每年组织由主任、副主任带队赴各地进行维护侨益专题调研，形成了 20 份高质量的调研报告，多份调研报告通过《侨情专报》上报中央，得到中央领导同志的高度重视和批示。""先后研讨、协调处理了 300 余件侵犯侨胞合法权益的涉侨案件，帮助侨胞挽回经济损失数亿元人民币，有力维护了侨胞的合法权益。""推动 30 个省级侨联成立了法顾委组织、吸纳省级侨联法顾委主任加入中国侨联法顾委，通过召开全国侨联法顾委工作交流会，开展纵向指导和横向交流，推动全国侨联系统形成组织有力、队伍有序、工作有为、维权有效的局面。海外方面，自 2008 年创立法顾委海外律师团以来，先后聘请 14 个国家和地区的 33 名海外华侨华人律师为海外委员。"

2013 年 9 月，中国侨联主席在会见中国侨联法顾委海外律师团时总结了海外律师团成立 5 年来的贡献。2008 年，中国侨联成立了法顾委海外律师团。截至 2013 年 9 月，海外律师团从成立之初的 8 个国家和地区的 22 名发展到 14 个国家和地区的 33 名；工作不断开展，中国侨联先后六次邀请回国交流，中国侨联也先后组团前往美国、加拿大、澳大利亚等三国访问，历次访问活动都形成了很有价值的专题报告和《侨情专报》，得到有关部门和国家领导人的好评和肯定。海外律师委员依法在办理签证、投资移民、劳务劳资纠纷、经济赔偿、刑事案件定罪量刑等多方面为海外侨胞提供法律服务和帮助。很多委员还提供义务、免费的法律援助。

2015 年 12 月，中国侨联副主席李卓彬在中国侨联法顾委 2015 年年会上总结

---

① 2008 年《中华全国归国华侨联合会法律顾问委员会章程》第二条。
② 董中原：《在中国侨联法顾委 2011 年年会上的讲话》，2011 年 12 月 1 日。

讲话，他总结了法顾委 2015 年取得的成绩、创新和突破。"法顾委积极参与了中国侨联开展的'一带一路'沿线省份侨界群众法治学习活动。不少委员结合自身丰富的法律实践经验，为侨胞、侨企参与"一带一路"建设的法律问题及风险防范提出了富有建设性的意见建议。""开展了'关注新侨投资创业发展、以法治思维和法治方式维护侨益'专项调研工作，聚焦新侨、海外留学人员在国内工作生活、事业发展遇到的法律困惑、维权需求，开展法律宣传、咨询和服务工作，发现问题并提出意见建议上报中央。""将法顾委国内和海外律师委员的信息放到中国侨联网站上予以公开。""法顾委增聘了 30 位专业水平高、年富力强的海内外律师委员；成立了两个专业委员会。""有的省份还联合司法部门出台了协调解决涉侨案件纠纷、共同维护侨胞合法权益的文件。"

2018 年 4 月，最高人民法院和中国侨联联合印发《关于在部分地区开展涉侨纠纷多元化解试点工作的意见》，创新工作机制，灵活运用诉讼和非诉讼的方式妥善解决各类带有涉侨因素的纠纷和案件，不断为涉侨纠纷当事人提供高效、便捷、多样化的解纷服务。将多元化纠纷解决机制延伸到涉侨领域，依法保护侨胞侨眷合法权益，有助于他们更好地投身于各项建设和改革事业，有助于增强我国解决涉侨纠纷法律机制的国际影响力，不断提升我国国际竞争软实力。《试点工作意见》围绕调动侨联组织力量参与纠纷解决，提出了四个方面的举措：①加强涉侨调解组织建设，完善调解保密制度，总结推广成功调解经验，培养专业调解人才。②积极吸纳律师参与，发挥律师的专业化、职业化优势，为归侨侨眷和海外侨胞提供多样化、全方位的法律服务。③积极开展横向合作。涉侨调解组织要与各类调解组织、仲裁机构、公证机构、高等院校、科研机构加强联系，服务国家重大发展战略和"一带一路"建设。④提升科技应用水平。大力应用信息技术和人工智能，便利归侨侨眷和海外侨胞参与纠纷解决，公正高效解决纠纷。鼓励各地积极探索建立涉侨矛盾纠纷化解基金。

2015 年，安徽省侨联联合省司法厅设立法律援助中心侨联工作站，海南省侨联推动省高院等单位联合出台建立涉侨司法事宜协调解决机制的若干意见，黑龙江省侨联启动《侨联组织与公检法涉侨案件通报制度》，不断创新为归侨侨眷维权服务的形式。

2016 年，安徽省侨联联合省高院重新修订印发了《关于进一步开展涉侨纠纷诉调对接工作的意见》。海南省侨联积极推动重点侨乡与当地法院设立联合协调工作机制，在维护侨益方面取得了新突破。

第三节　侨法服务面临的挑战

一、侨法服务组织的准公益定位与律师（事务所）的营利定位存在一定冲突

　　政府侨务部门和侨联将侨法服务组织定位为准公益组织，这与律师（事务所）的营利定位存在一定冲突，不利于调动律师（事务所）的积极性，及引导侨务部门和侨获得专业的法律服务。国家领导人和政府部门及其领导希望或者要求侨法服务组织树立强烈的社会责任感和服务第一的观念，较多地免费为侨务部门和侨提供法律服务。2005 年 6 月，全国政协副主席罗豪才在为华资企业服务法律顾问团成立大会暨特邀律师聘书颁发仪式上指出，希望法律顾问团各位律师树立强烈的社会责任感和服务第一的观念，努力为华侨华人投资者办实事、解难事、做好事。[1] 2015 年 11 月，司法部副部长赵大程在国务院侨务办公室举办的为侨资企业服务法律顾问团成立十周年座谈会上指出，希望顾问团的广大律师要当好侨务部门的法律参谋，要当好国家政策法律的宣介员，要当好侨资企业的法律帮手，开创维护侨胞合法权益、保障和改善侨界民生工作新局面。[2] 2010 年 5 月，商丘市副市长王清选在商丘市外事侨务办公室为侨服务法律顾问团成立会议上提出，顾问团要义务为商丘市涉侨事务提供法律咨询，服务要热情周到、优质高效；要有强烈的社会责任感和高尚的职业道德，切实维护广大归侨侨眷的合法权益。[3] 2015 年《福建省人民政府侨务办公室法律顾问团章程（修正稿）》第八条规定法律顾问团的主要职责："（一）无偿为福建省人民政府侨务办公室涉侨事务和制定相关政策提供法律咨询和法律服务；（二）参加福建省人民政府侨务办公室组织的向华侨华人、港澳同胞、归侨侨眷、在闽华商宣传有关法律法规和维护侨益的公益活动；（三）依照有关规定，为福建省人民政府侨务办公室介绍的特殊涉侨案件无偿提供法律援助……"而在市场经济条件下，律师——从本质属性上来讲，是一种从事法律服务的营利性职业，律师从业机构即律师事务所，

---

　　[1]　邢利宇：《国务院侨办成立"为华资企业服务法律顾问团"》，中国新闻网，2005 年 6 月 18 日。

　　[2]　《赵大程在"为侨资企业服务法律顾问团"座谈会上强调为十三五时期侨资企业发展提供优质高效的律师法律服务》，司法部网站，2015 年 11 月 5 日。

　　[3]　商丘市人民政府：《商丘市为侨服务法律顾问团成立》，河南省人民政府门户网站，2010 年 5 月 12 日。

是一种从事法律服务的营利性机构，本质上是企业。2013 年 9 月，中国侨联主席在会见中国侨联法顾委海外律师团时总结了海外律师团成立 5 年来的贡献，很多海外律师团成员提供义务、免费的法律援助。

二、侨法服务组织的为侨务部门、侨联服务职责和为侨服务职责之间存在一定冲突

政府侨务部门、侨联要求侨法服务组织既向侨务部门、侨联又向侨提供法律服务，两项职责之间存在一定冲突。尽管侨务部门、侨联利益与侨利益通常是一致的，但是管理服务者和被管理服务者的相对定位，会使两者利益不一致甚至产生冲突。2009 年《广东省侨资企业律师服务团工作暂行办法》第二条规定："律师服务团的职责是为侨务部门、华侨华人、港澳同胞、侨资企业等提供优质、高效、及时、准确的法律服务。"2015 年《福建省人民政府侨务办公室法律顾问团章程（修正稿）》第九条规定："法律顾问团的工作内容是为法治侨务建设和涉侨立法、政策制定提供意见及建议，为涉侨机构和组织、企事业单位、个人提供法律咨询，为涉侨维权的仲裁、诉讼、行政复议等案件提供法律支持等。"

2008 年《中华全国归国华侨联合会法律顾问委员会章程》第三条规定："法律顾问委员会的主要任务包括：（1）参与有关侨务政策、法律和法规的修订、咨询、研讨工作；（2）向归侨、侨眷和海外侨胞进行法律宣传，提供法律咨询服务；（3）为中国侨联和地方各级侨联开展依法维护侨益工作提供咨询和帮助等。"

侨法服务组织的管理文件和章程没有关于利益冲突的规定，也没有侨务部门利益与侨利益不一致情况的处理规定或者很少规定，难以解决侨法服务组织成员面临侨务部门利益与侨利益不一致时有效履行职责的困境。在侨务部门利益与侨利益不一致时，侨法服务组织将处于两难境地，不论履行向侨务部门、侨联，向侨提供法律服务两项职责中的任何一项，都难以有效履行另外一项。2015 年《福建省人民政府侨务办公室法律顾问团章程（修正稿）》第十一条规定：法律顾问团成员及其所在律师事务所，在同一案件或同一法律事务中，不得受理与福建省人民政府侨务办公室及当事人存在利益冲突的法律事务。

三、侨法服务组织的发展形式重于实质

侨法服务组织的发展形式重于实质，名称、种类等形式变化较大，宗旨、工作职责、工作方式等实质变化较小。如果不是专门的管理者和研究人员，很难明

晰不同侨法服务组织之间的联系和区别，不利于准确地向侨法服务组织寻求法律服务，以及发挥侨法服务组织应有的作用。侨法服务组织的种类、名称繁多且不断变化。国务院侨务办公室2005年成立的为华资企业法律服务顾问团，2017年后更名为"侨资企业法律服务团"，2017年成立为侨服务法律顾问团。广东省人民政府侨务办公室首先成立了为侨资企业服务法律顾问团，然后成立了侨资企业律师服务团，再后成立了为侨法律服务工作站。山东省东营市人民政府侨务部门成立了为侨服务法律援助工作站、服务侨资企业法律顾问团。北京市人民政府侨务办公室成立了为侨服务法律顾问团，北京市律师协会成立了台港澳与涉侨法律专业委员会之涉侨法律事务工作小组。另外，福建省人民政府侨务办公室的法律顾问团，江苏省人民政府侨务办公室维侨法律服务顾问团，陕西省人民政府人民政府外事侨务办公室的涉侨仲裁法律服务咨询中心，河北省人民政府外事侨务办公室的涉侨法律服务咨询中心，四川省成都市人民政府外事侨务办公室的为侨维权法律服务站，云南省人民政府外事侨务办公室的侨务法律服务中心，浙江省杭州市人民政府外事侨务办公室的侨商律师顾问团，浙江省温州市人民政府侨务办公室的"温商回归"法律服务团，河南省鹤壁市人民政府外事侨务办公室的涉侨法律维权服务中心，河南省焦作市人民政府外事侨务办公室的华侨法律维权服务站，安徽省铜陵市律师协会的涉外涉侨律师服务团等。以上侨法服务组织的宗旨、工作职责、工作方式、工作纪律、成员权利等实质性内容有些雷同，相互之间没有根本性的差异。

四、侨法服务组织的管理和运作不太公开透明

侨法服务组织的管理和运作不公开透明，侨务部门、侨联很少公布侨法服务组织的管理文件和章程以及工作报告，侨法服务组织几乎没有建立网站等媒介，这不利于侨以及有关单位和人员了解侨法服务组织和寻求法律服务，及开展对侨法服务组织的研究，也不利于侨法服务组织向外界介绍和宣传自己，帮助侨解决经营、发展和维权等方面的法律问题，维护其权益。截至2011年，全国已经共有近30个副省级城市侨办成立了为侨法律服务机构，许多侨资企业集中的城市和沿海开放地区地市级侨办也成立了法律服务组织。[1] 但只查到侨务部门一份公开的侨法服务组织的管理文件和两份章程，即2009年《广东省侨资企业律师服务团工作暂行办法》、2015年《福建省人民政府侨务办公室法律顾问团章程（修正稿)》和2007年《河南省外事侨务办公室为侨服务法律顾问团章程》。在网上

---

① 《国侨办第三届"为侨资企业服务法律顾问团"成立》，中央人民政府网站，2011年12月23日。

能查到很多侨法服务组织参加法律咨询、座谈会、周年纪念会、讲座等活动的零星报道，但没有查到侨法服务组织的网站、微博、微信公众号等，也没有查到有关侨法服务组织的年度报告、年鉴、工作报告等。

五、侨法服务组织的制度建设少

侨法服务组织的制度建设少，不利于实现和落实侨法服务组织的宗旨和职责，甚至使之虚置，难以切实发挥作用。2015 年《福建省人民政府侨务办公室法律顾问团章程（修正稿）》、2009 年《广东省侨资企业律师服务团工作暂行办法》、2007 年《河南省外事侨务办公室为侨服务法律顾问团章程》都规定了侨法服务组织的宗旨、工作职责、工作方式、工作纪律、成员权利等，却没有规定实施这些内容的制度。很多地方政府侨务部门没有在官网上开辟侨法服务组织栏目，也没有制定或公开相关的制度。国务院侨务办公室的为侨资企业服务法律顾问团网站列出了顾问团成员名单和会议简报，① 福建省人民政府侨务办公室的法律顾问团网站仅列出法律顾问团章程，② 北京市人民政府侨务办公室的为侨服务法律顾问团仅列出法律顾问团成员名单，③ 都没有公布法律顾问团运作和履行职责的制度。中国侨联在官网设立了中国侨联法律顾问委员会的栏目，内容只有简介，法顾委名誉主任、主任、常务副主任、副主任、秘书长，以及法顾委国内律师教授委员、法顾委海外律师委员、中国侨联法顾委工作机构、法顾委联系方式等，没有章程、工作规则、制度、服务内容、服务程序、收费和免费、经办案例、投诉等实质性的侨法服务内容。在百度检索侨法服务组织方面的内容，几乎都是法律顾问团参加侨资企业（侨）法律咨询服务活动日（周、月）、座谈会、招商引资洽谈会等活动的报道，没有关于其制定和完善制度方面的内容。

六、侨法服务组织成员的选任和构成有待优化

侨法服务组织成员的选任和构成有待优化。侨法服务组织方面的管理文件和章程中通常只简单地规定成员的选任程序和任期，没有具体规定成员的选任标

---

① 国务院侨务办公室为侨资企业服务法律顾问团网站，http：//www. gqb. gov. cn/node2/node3/node21/node157/index. html，2017 年 1 月 24 日。

② 福建省人民政府侨务办公室的法律顾问团网站，http：//qb. fujian. gov. cn/wsfw/qwflgwt/201506/t20150604_277699. htm，2017 年 1 月 24 日。

③ 北京市人民政府侨务办公室的为侨服务法律顾问团网站，http：//www. bjqb. gov. cn/web/static/catalogs/catalog_ 2c94968944e3911c0144e3959d380008/2c94968944e3911c0144e3959d380008. html，2017 年 1 月 24 日。

准、地域分布、专业组成甚至具体人数，这使侨法服务组织成员的选任和构成比较随意，减损了侨法服务组织的全面性、专业性和公信力，不利于向侨提供全面、专业的法律服务。

侨法服务组织成员选任标准模糊，选任程序缺少必要环节，甚至没有规定具体人数。2009 年《广东省侨资企业律师服务团工作暂行办法》第四条规定："律师服务团成员由省律师协会在具有较高政治素质、较丰富执业经验和业务能力较强的律师中推荐，经省侨办和省司法厅审核并经律师本人同意后，由省侨办和省司法厅颁发聘书，任期 3 年，可连续聘用。"① "较高政治素质""较丰富执业经验""业务能力较强"都是模糊用语，自由裁量权过大，难以具体实施，也缺少公示、异议方面的规定。2015 年《福建省人民政府侨务办公室法律顾问团章程（修正稿）》第四条规定："法律顾问团成员由福建省司法厅推荐或认可，经福建省人民政府侨务办公室遴选、审核聘任后，由福建省人民政府侨务办公室颁发聘书。每届聘期三年。"章程没有明确"推荐"与"认可"的区别与联系。第六条规定："法律顾问团成员应具备的条件：（一）遵守本章程的规定，具有为侨服务的社会责任感和勤勉尽责的职业素养，自愿为侨服务，依法维护当事人的合法权益；（二）具有良好的专业素质和丰富的执业经验，熟悉侨情侨务，并在相关的律师业务领域有良好业绩和社会赞誉度；（三）能身体力行履行护侨工作职责。""为侨服务的社会责任感""勤勉尽责的职业素养""良好的专业素质""丰富的执业经验""熟悉侨情侨务""相关的律师业务领域""良好业绩""社会赞誉度""身体力行"均为模糊用语，难以具体实施，也缺少公示、异议方面的规定。第五条规定："法律顾问团由福建省人民政府侨务办公室聘请的若干名律师组成。""若干名"用语模糊，具体是多少名也没有进行明确。

国务院侨务办公室第四届为侨资企业服务法律顾问团成员的地域分布过于集中在北京，其他省份分布不均衡。在法律顾问团 38 名律师中，有 12 名来自北京，占近 1/3，广东省、浙江省、上海市、山东省各 2 名，重点侨乡——福建省、广西壮族自治区、江苏省各 1 名，没有来自黑龙江省、吉林省、山西省、甘肃省、青海省、内蒙古自治区、新疆维吾尔自治区、西藏自治区的律师。

国务院侨务办公室第四届为侨资企业服务法律顾问团成员的专业组成与侨经常遇到的问题领域不太契合。在法律顾问团 38 名律师中，绝大多数的业务领域是国内民商事，如其中 5 名律师业务领域是外商投资，2 名律师的业务领域之一是劳动

---

① 2009 年《广东省侨资企业律师服务团工作暂行办法》第六条规定："律师服务团成员除了具有较高政治素质、较丰富执业经验和业务能力较强外，还应该具备下列条件：（一）愿意为侨服务，具有较强的社会责任感；（二）能顾全大局、热情周到、耐心细致地为华侨华人、港澳同胞及其与侨办相关的当事人服务，切实维护当事人的合法权益。"

法，另有业务领域是行政法、教育法的律师各 1 名，没有一名律师业务是侨务、外国人、出入境、户籍、国籍、社会保障、领事保护等侨经常遇到问题的领域。

七、侨法服务组织成员的考核缺失

侨法服务组织成员的考核规定多模糊和不严谨，难以进行表彰和惩罚，也没有查到侨法服务组织成员被表彰或惩罚的案例，这不利于形成侨法服务组织提供法律服务的动力和压力。2015 年《福建省人民政府侨务办公室法律顾问团章程（修正稿）》、2007 年《河南省外事侨务办公室为侨服务法律顾问团章程》都没有规定表彰，只笼统地规定惩罚，因不尽职而致委托人造成损失或不良影响的，并经核查属实的，侨务部门可以建议司法行政机关和律师协会按有关规定处理。① 只要律师有不尽职等行为，不论侨务部门是否建议，都应受到司法行政机关、律师协会的相应处罚。2007 年《律师法》第二十九条规定："律师担任法律顾问的，应当按照约定为委托人就有关法律问题提供意见，草拟、审查法律文书，代理参加诉讼、调解或者仲裁活动，办理委托的其他法律事务，维护委托人的合法权益。"第四十七至五十五条规定，律师有利用提供法律服务的便利牟取当事人争议的权益等行为，由设区的市级或者直辖市的区政府司法行政部门给予警告、罚款；没收违法所得、停止执业等处罚。

2009 年《广东省侨资企业律师服务团工作暂行办法》规定了奖励，但是由于模糊而使公平性存疑和难以具体实施。第十五条规定："省侨办可以根据律师服务团成员履行职责和华侨华人、港澳同胞和侨资企业的评价，对表现出色的律师服务团成员进行表扬、给予适当的奖励。律师协会在评选优秀律师的时候可以将律师服务团成员的表现作为参考，适当给予政策倾斜"，但"表现出色""适当的奖励""政策倾斜"用语模糊。

---

① 2015 年《福建省人民政府侨务办公室法律顾问团章程（修正稿）》第十五条规定："有下列情形之一者，福建省人民政府侨务办公室有权解除与法律顾问团成员的聘任关系，书面告知福建省律师协会，并建议司法行政机关和福建省律师协会按有关规定予以处理：（一）违反国家法律、法规，被司法机关追究法律责任，或受到行业监管部门、律师协会处分的；（二）违反本章程规定，不尽责履行顾问团职责，或不遵守工作纪律的，造成不良后果的；（三）因不尽职而致委托人造成损失或不良影响的，并经核查属实的。"

第四节　进一步加强侨法服务工作

一、分类和统筹管理侨法服务组织

将侨法服务组织划分为向政府侨务部门提供法律服务、向海外侨胞和归侨侨眷提供法律服务两类，实施分类和统筹管理，所提供服务均为非公益性服务，建设一批规模大、实力强、服务水平高的涉侨法律服务机构。目前的侨法服务组织面临为侨务部门服务职责与为侨服务职责冲突、发展的形式重于实质、管理和运作不公开透明等挑战，其主要原因是定位模糊，要求本质上追求利润的律师提供无偿服务与法律援助、参加公益活动，要求以维护当事人合法权益为目的的律师树立强烈的社会责任感和服务第一的观念，这脱离了社会发展的实际情况，难以实现成立侨法服务组织的宗旨。

只有正视律师的营利性，才能更好地实现专业化，才能更好地规范竞争，提高水平，向侨提供更优质的法律服务。2015 年 1 月，北京市人大代表张学兵在审议北京市人民政府工作报告时提出：政府法律顾问团应当被定位为一个法律专业咨询机构，为市委、市人民政府提供有偿的法律服务。法律服务不等于公益服务，只有把律师的时间买走了，他们才能提供专业化、高水准的服务。[①] 国家允许政府部门外聘法律顾问获利，要求法律顾问不得同时办理与聘任的政府部门有利益冲突的法律事务。2016 年中共中央办公厅、国务院办公厅《关于推行法律顾问制度和公职律师公司律师制度的意见》第十条规定：外聘法律顾问在履行法律顾问职责期间有权获得约定的工作报酬和待遇。第十一条规定：外聘法律顾问在履行法律顾问职责期间有义务不接受其他当事人委托，办理与聘任单位有利益冲突的法律事务，法律顾问与所承办的业务有利害关系、可能影响公正履行职责的，应当回避。

二、建立和完善政府侨务部门法律顾问制度

建立和完善政府侨务部门法律顾问制度，向政府侨务部门提供法律服务，提高依法行政的能力水平，促进依法办事，完善全国性为侨法律服务网络，健全为

---

① 叶晓彦：《张学兵代表：成立政府法律顾问团提供有偿服务》，《北京晚报》，2015 年 1 月 29 日。

侨法律服务平台，畅通侨胞诉求表达渠道，依法协助解决重点侵权案件。根据2016 年中共中央办公厅、国务院办公厅《关于推行法律顾问制度和公职律师公司律师制度的意见》，2017 年年底前，国务院侨务办公室、地方政府侨务部门普遍设立法律顾问、公职律师，提高侨务领导干部科学决策、民主决策、依法决策的水平以及运用法治思维和法治方式深化改革、推动发展、化解矛盾、维护稳定的能力，监督和制约权力，防止权力滥用，预防和杜绝各类违法违规行为的发生。

建立以法制机构人员为主体、吸引法学专家和律师加入的法律顾问队伍。县级以上地方政府侨务部门应当配备与工作任务相适应的专职或者兼职人员担任法律顾问。侨务部门法律顾问履行下列职责：①为重大决策、重大行政行为提供法律意见；②参与法律法规规章草案、党内法规草案和规范性文件送审稿的起草、论证；③合作项目的洽谈，协助起草、修改重要的法律文书或者以党政机关为一方当事人的重大合同；④为处置涉法涉诉案件、信访案件和重大突发事件等提供法律服务；⑤参与处理行政复议、诉讼、仲裁等法律事务等。①

三、以政府购买服务方式运作侨法服务组织

无论是向政府侨务部门提供法律服务、向海外侨胞和归侨侨眷提供法律服务的组织，都能以政府购买服务方式运作，培养和建立一支通晓国际规则、具有世界眼光和国际视野合作的高素质涉侨法律服务队伍，进一步维护侨益。在侨法服务领域，政府购买服务是指政府侨务部门安排公共预算财政拨款，规范有序地开展向律师购买法律服务的工作。政府侨务部门向律师购买法律服务，就是通过发挥市场机制作用，把政府直接向社会公众提供的维护侨益等事项，按照一定的方式和程序，交由具备条件的律师承担，并由政府根据服务数量和质量向其支付费用。推行政府侨务部门向律师购买法律服务是创新侨法服务提供方式、加快侨法服务发展、引导有效需求的重要途径，对于推动政府侨务部门职能转变、整合利用社会资源、增强公众参与意识、激发经济社会活力、增加侨法服务供给、提高侨法服务水平都具有重要意义。党的十八大强调，要加强和创新社会管理，改进政府提供公共服务方式。党的十九大提出，完善公共服务体系，保障群众基本生活，不断满足人民日益增长的美好生活需要，不断促进社会公平正义。2013 年国务院对进一步转变政府职能、改善公共服务作出重大部署，明确要求在公共服

---

① 2016 年中共中央办公厅和国务院办公厅《关于推行法律顾问制度和公职律师公司律师制度的意见》第七条。

务领域更多利用社会力量，加大政府购买服务力度。①

规范有序地开展向律师购买法律服务的工作：①购买主体。向律师购买法律服务的主体是侨务等涉侨政府部门、参照公务员法管理且具有行政管理职能的涉侨事业单位、纳入行政编制管理且经费由财政负担的涉侨群团组织。②承接主体。承接主体的具体条件由购买主体商同级财政部门根据购买服务项目的性质和质量要求确定，原则上是依法在司法部门登记成立的律师事务所和律师。③购买内容。重点是华侨、外籍华人、归侨侨眷及其企业、社会团体四大板块的服务，每个板块又可以包括若干服务项目。④购买程序。向律师购买法律服务以购买服务岗位和购买服务项目为主，按照编制预算、项目审批、组织购买、签订合同、指导实施、检查验收等步骤组织实施。⑤专项公共预算财政拨款。国家和地方财政向侨务部门下拨资金。鼓励地方政府侨务部门运用政府财政下拨的资金，向律师购买法律服务，及时、足额支付法律顾问费用。加强对律师参与涉法涉诉信访、参与公益法律服务的经费保障，探索形成以案定补、以事定补的经费保障机制。2016 年《湖北省华侨权益保护条例》第四条规定：县级以上人民政府应当将华侨权益保护工作所需经费列入本级财政预算。国务院侨务办公室 2015 年财政拨款支出预算总计 251 114.24 万元。② 北京市人民政府侨务办公室 2017 年财政拨款支出预算总计 3 135.35 万元。2019 年，中国侨联财政拨款收支总预算 18 118.83 万元，包括：一般公共服务支出 13 961.94 万元。⑥考核评估。建立健全由购买主体、服务对象及第三方组成的综合性评审机制，对购买服务项目的数量、质量和资金使用绩效进行考核评估。评估结果由购买主体向社会公开，并作为下一年度编制政府向律师购买法律服务预算和选择政府购买服务承接主体的重要参考依据。

四、扩展侨法服务组织服务的内容

扩展侨法服务组织向党和政府侨务部门、单位提供侨法服务的内容，从为党和政府侨务部门、单位涉侨事务和制定相关政策提供法律服务，上升至为我国统战、外交、侨务工作大局提供法律服务。2017 年司法部、外交部、商务部、国务院法制办公室《关于发展涉外法律服务业的意见》第五条规定："围绕我国外

---

① 《国务院办公厅关于政府向社会力量购买服务的指导意见》（国办发〔2013〕96 号）。

② 国务院侨办 2015 年财政拨款支出预算总计 251 114.24 万元，其中一般公共服务支出预算数为 9 224.92 万元，教育支出预算数为 202 134.36 万元，科学技术支出预算数为 183.85 万元，文化体育与传媒支出预算数为 28 063.85 万元，社会保障和就业支出预算数为 2 452.06 万元，住房保障支出预算数为 9 055.20 万元。《国务院侨办 2015 年度部门预算》，2015 年 4 月。

交工作大局，积极为我国对外签订双边、多边条约等提供法律服务，提升我国在国际法律事务中的话语权和影响力。适应推动建立新型大国关系的需要，为我国对外开展战略与经济对话、人文交流、高层磋商等提供法律咨询和法律服务。充分发挥法律服务专业优势，协助我外事、商务等部门依法依规制定对外经济合作、文化交流等政策措施，协助我驻外使领馆依法依规处理外交领事事务。"侨务工作与统战工作、外交工作密不可分。一些双边、多边条约谈判，对外战略与经济对话、人文交流、高层磋商都涉及海外侨胞。侨务部门、单位积极配合国家总体外交战略和海外统战工作，突出涵养重点国家和周边地区人脉资源，积极稳妥地开展侨务公共外交。结合侨务出访，加强与各国政府部门、政要、智库、媒体交流，介绍我国内外政策及和谐侨社理念，增进友谊与合作，为海外侨胞争取更宽松的生存环境。

扩展侨法服务组织向海外侨胞和归侨侨眷提供侨法服务的内容，从参加党和政府侨务部门单位组织的向华侨华人、港澳同胞、归侨侨眷、侨资企业宣传中国法律法规和维护侨益的公益活动，为侨务部门单位介绍的特殊涉侨案件无偿提供国内法律援助，延伸至向华侨华人、港澳同胞、归侨侨眷、侨资企业介绍外国法律法规、国际法，帮助其了解驻在国家的法律和国际规则，防范法律风险，解决法律问题。2017年司法部、外交部、商务部、国务院法制办公室《关于发展涉外法律服务业的意见》第六条规定："为中国企业和公民'走出去'提供法律服务。适应我国实施'走出去'发展战略的需要，鼓励和支持法律服务机构和人员参与中国企业和公民'走出去'法律事务，努力做到中国企业和公民走到哪里，涉外法律服务就跟进到哪里。开展外国有关法律制度和法律环境咨询服务，帮助中国企业和公民了解驻在国家和地区的有关法律制度。参与企业涉外商事交易的尽职调查，开展风险评估、防范与控制，协助中国企业建立健全境外投融资风险防范和维护权益机制，防范法律风险。拓展涉外知识产权法律服务，加强专利、商标和著作权保护、涉外知识产权争议解决等方面的法律服务工作。切实做好涉外诉讼、仲裁代理工作，依法依规解决国际贸易争端，积极参与反倾销、反垄断调查和诉讼，维护我国公民、法人在海外及外国公民、法人在我国的正当权益，依法维护海外侨胞权益。"

五、公开和透明侨法服务组织的管理及其情况

侨务部门制定或者公布侨法服务组织管理的文件，使侨法服务组织工作更加公开和透明，发挥有效的引导作用。很多侨务部门、单位制定侨法服务组织的管理文件，例如国务院侨务办公室《"为华资企业服务法律顾问团"工作暂行规

定》，但是没有公开。建议从推动电子政务与优化行政职能的角度考虑，要求党和政府部门单位必须但不限于通过官方网站公布侨法服务的组织管理。2007年《政府信息公开条例》（2019年修订）第六条规定：行政机关应当及时、准确地公开政府信息。但是，对主动公开的规定存在问题，例如，主动公开的程序模糊、例外公开的范围界定不清以及主动公开救济缺位等，这些问题严重阻碍了政府主动公开信息。[①] 另外，要求侨法服务组织建立网站、微博、微信公众号等媒介，公开章程以及提供侨法服务的情况，例如发布年度报告、年鉴等信息，向侨以及相关单位和人士推广自己以及接受监督。否则，侨以及相关单位和人员难以了解侨法服务组织和寻求法律服务，侨法服务组织难以向侨介绍和宣传自己，帮助侨解决经营、发展和维权等方面的法律问题，维护其权益。

六、加强侨法服务组织的制度建设

加强侨法服务组织的制度建设，进一步做细和做实法服务组织工作，更有效地提供侨法服务，维护侨益。建立和完善侨法服务组织的成员选拔、参与侨务和涉侨立法和政策制定、工作统计报送、开展侨法宣传教育、法律咨询、纠纷调解、代理案件、回避、定期会议、考核等制度。制度建设是通过组织行为改进原有规程或建立新规程，以追求更高效益的一种行为。制度建设的关键是要管用、可行。制度应尽可能全面，每一业务环节、服务环节、管理环节都要有制度。2015年《福建省人民政府侨务办公室法律顾问团章程（修正稿）》、2009年《广东省侨资企业律师服务团工作暂行办法》、2007年《河南省外事侨务办公室为侨服务法律顾问团章程》等侨法服务组织的管理文件和章程，不仅规定了侨法服务组织的宗旨、工作职责、工作方式、工作纪律、成员权利等，而且规定了实施这些内容的制度。政府侨务部门不仅要通过官网、媒体发布侨法服务组织参加侨资企业（侨）法律咨询服务活动日（周、月）、座谈会、招商引资洽谈会等活动的信息，以及法律顾问团成员名单的信息，而且要制定和完善制度，在官网上开设侨法服务组织栏目，公开相关的制度。

七、优化侨法服务组织成员的选任和构成

优化侨法服务组织成员的选任和构成。在侨法服务组织方面的管理文件和章程中，除规定成员的选任程序和任期外，还要具体规定成员的选任标准、地域分

---

① 丁红婷：《行政规范性文件的主动公开研究》，《法制与经济》2014年第15期。

布、专业组成，乃至具体人数，进一步规范侨法服务组织成员的选任和构成，提高侨法服务组织的全面性、专业性和公信力。①关于选任标准，减少使用或者具体解释"较高政治素质""较丰富执业经验""业务能力较强""为侨服务的社会责任感""勤勉尽责的职业素养""良好的专业素质""丰富的执业经验""熟悉侨情侨务""相关的律师业务领域""良好业绩""社会赞誉度""身体力行"等模糊用语。法律顾问团的律师成员应：具有5年以上执业经历并能够专职执业；中共党员或者民主党派成员；在申请前5年内至少代理和办结过一起涉侨或者三起涉外（港澳台）案件；具有6个月以上的境外留学、工作、生活等经历；在申请设立前5年内未受过刑事处罚，未受过司法行政部门的行政处罚或者律师协会的行业处分。②关于选任程序，由律师向侨务部门提出申请；侨务部门会同司法部门、律师协会共同审核批准；经公示、无异议后，予以聘任。③关于地域分布，每一行政区域至少有一名成员和最多拥有成员数不超过总成员数的1/5。④关于专业组成，行政法、民法、刑法、经济法、知识产权法、劳动法、婚姻法、诉讼法、国际经济法、国际知识产权法和移民法等每一专业领域至少有一名成员和最多拥有成员数不超过总成员数的1/5。

八、加强侨法服务组织的考核

加强侨法服务组织的考核，建立和完善侨法服务组织考核制度，切实开展考核，形成侨法服务组织提供法律服务的动力和压力。建议侨务部门按照侨法服务组织的工作职责、年度目标、聘期目标的要求，对侨法服务组织成员每年考核一次，公布考核结果。对考核评分居于前10%的人员，授予"优秀顾问"称号，并给予一定的物质奖励。对一年内三次以上不参加侨务部门安排的宣传、接访、监督检查、法律援助等工作的，或有不尽职、违规、违法的行为的，侨务部门可以终止聘用。考核项目包括组织保障、工作实绩、材料报送这三大项。组织保障项包括顾问团任职、制度建设、网站等媒介建设、参会参训等小项。工作实绩项包括参加专项活动（参加侨务部门开展的专项法律服务活动，担任培训或讲座主讲人等）、提供专项服务（出具法律意见书、进行法律风险评估、开展上门走访服务、参与谈判、审查合同协议、代书、解答咨询等）、办理相关案件（化解信访积案、承办服务团相关诉讼案件、办理法律援助案件、参与调解纠纷）、参与值班值守、独立开展活动、提供物质支持、完成交办任务等小项。材料报送项包括提交活动简报、工作信息、研究报告、学术论文、典型案例、年度报告等小项。

第五节　结论

侨法服务是指向政府侨务部门、海外侨胞和归侨侨眷提供法律服务，核心是向海外侨胞和归侨侨眷及其企业、社会团体，特别是侨商提供维护权益的法律服务。侨法服务的海外群体范围从 1982 年《宪法》（2018 年修正）第五十条规定的"华侨的正当的权利和利益"扩展至"海外侨胞权益"。依法维护海外侨胞权益与维护我国公民、法人在海外及外国公民、法人在我国的正当权益并行不悖，互相促进。维护外国公民、法人在我国的正当权益是我国的一贯主张和郑重承诺。

侨务办公室加强为侨法律服务，完善全国性为侨法律服务网络，健全为侨法律服务平台，畅通侨胞诉求表达渠道，依法协助解决重点侵权案件。地方政府侨务部门积极提供侨法服务，构筑为侨资企业服务的法律网络，提升依法行政、依法护侨的良好对外形象，吸引更多的海外侨胞来华投资兴业。

侨法服务面临的挑战主要是侨法服务组织的准公益定位与律师（事务所）的营利定位存在一定冲突，侨法服务组织的为侨务部门服务职责、为侨服务职责之间存在一定冲突，侨法服务组织的发展形式重于实质，侨法服务组织的管理和运作不公开透明，侨法服务组织的制度建设少，侨法服务组织成员的选任和构成有待优化，侨法服务组织成员的考核缺失。

完善侨法服务，需要分类和统筹管理侨法服务组织，建立和完善政府侨务部门法律顾问制度，以政府购买服务方式运作侨法服务组织，扩展侨法服务组织服务的内容，公开和透明侨法服务组织的管理及其情况，加强侨法服务组织的制度建设，优化侨法服务组织成员的选任和构成，加强侨法服务组织的考核。

第二编　涉侨法律法规体系

全面推进法治侨务建设，需要建立健全涉侨法律法规体系。建立健全涉侨法律法规体系，是保证侨务方面的国家和社会生活有法可依，实现侨务工作法治化的前提和基础，是推动国家侨务事业全面协调可持续发展的制度保障。党的十九大明确提出全面推进依法治国，加快建设社会主义法治国家。党的十九大明确提出："全国推进依法治国总目标是建设中国特色社会主义法治体系，建设社会主义法治国家。"裘援平2014年在全国侨务办公室主任会议上指出，要健全涉侨法律法规体系。我国长期以来主要运用政策调整侨务关系，对涉侨法律法规体系的重视不够。研究涉侨法律法规体系，需要辨析涉侨法律法规体系，梳理涉侨法律法规体系的现状和面临的挑战，分析原因，进而探究涉侨法律法规体系的未来发展。

第七章　涉侨法律法规体系的现状

第一节　涉侨法律法规体系辨析

研究涉侨法律法规体系，需要先理清侨、涉侨、法律和法规的概念。

法律，根据2000年《立法法》（2015年修正），包括基本法律和其他法律。2000年《立法法》（2015年修正）第七条规定，"全国人民代表大会制定和修改刑事、民事、国家机构的和其他的基本法律"，"全国人民代表大会常务委员会制定和修改除应当由全国人民代表大会制定的法律以外的其他法律"。

法规，根据2000年《立法法》（2015年修正），包括行政法规和地方法规。根据2000年《立法法》（2015年修正）第六十五条，"国务院根据宪法和法律，制定行政法规"。根据第七十二条，"省、自治区、直辖市的人民代表大会及其常务委员会根据本行政区域的具体情况和实际需要，在不同宪法、法律、行政法规相抵触的前提下，可以制定地方性法规。设区的市的人民代表大会及其常务委员会根据本市的具体情况和实际需要，在不同宪法、法律、行政法规和本省、自治区、直辖市的地方性法规相抵触的前提下，可以对城乡建设与管理、环境保护、历史文化保护等方面的事项制定地方性法规"。

规章，根据2000年《立法法》（2015年修正），包括部门规章和地方规章。

2000 年《立法法》（2015 年修正）第八十条规定：国务院各部、委员会、中国人民银行、审计署和具有行政管理职能的直属机构，可以根据法律和国务院的行政法规、决定、命令，在本部门的权限范围内制定规章。部门规章规定的事项应当属于执行法律或者国务院的行政法规、决定、命令的事项。没有法律或者国务院的行政法规、决定、命令的依据，部门规章不得设定减损公民、法人和其他组织权利或者增加其义务的规范，不得增加本部门的权力或者减少本部门的法定职责。第八十一条规定："涉及两个以上国务院部门职权范围的事项，应当提请国务院制定行政法规或者由国务院有关部门联合制定规章。"第八十二条第一款规定："省、自治区、直辖市和设区的市、自治州的人民政府，可以根据法律、行政法规和本省、自治区、直辖市的地方性法规，制定规章。"第八十二条第三款规定："除省、自治区的人民政府所在地的市，经济特区所在地的市和国务院已经批准的较大的市以外，其他设区的市、自治州的人民政府开始制定规章的时间，与本省、自治区人民代表大会常务委员会确定的本市、自治州开始制定地方性法规的时间同步。"

涉侨法律法规体系是指根据 1982 年《宪法》（2018 年修正）第五十条"中华人民共和国保护华侨的正当的权利和利益，保护归侨和侨眷的合法的权利和利益"，《国家侨务工作发展纲要（2016—2020 年)》确立的指导思想、基本方针、基本原则所制定的关于和涉及侨的法的总称。从对象看，包括归侨侨眷法律法规体系、华侨法律法规体系、华人法律法规体系。从内容看，包括专门关于侨的法，例如 1990 年《归侨侨眷权益保护法》（2009 年修正），以及涉及侨的法，例如 2012 年发布的《出境入境管理法》。从形式看，包括基本法律、其他法律、行政法规、地方法规、部门规章、地方政府规章等《立法法》规范的法。

第二节　涉侨法律法规体系研究的理论与实践意义

为贯彻落实 2014 年党的十八届四中全会关于"依法维护海外侨胞权益"的要求，全面推进法治侨务建设，需要建立健全涉侨法律法规体系。这是实现侨务工作法治化的前提和基础，是推动国家侨务事业全面协调可持续发展的制度保障，是关心外籍华人长期生存和发展与增加外籍华人同我国的亲情乡谊与合作交流，保护华侨正当的权益及保护归侨侨眷合法权益的最重要体现。

21 世纪初，我国有 6 000 多万海外侨胞和 3 000 多万归侨侨眷。广大海外侨胞和归侨侨眷在推动中国发展进步的过程中具有独特优势，是促进中国与世界各国友好交往的重要桥梁，是实现中华民族伟大复兴的重要力量。虽然 1990 年

《归侨侨眷权益保护法》（2009 年修正）、2004 年《归侨侨眷权益保护法实施办法》、2012 年发布的《出境入境管理法》等法律和法规就保护外籍华人、华侨、归侨、侨眷权益作出了规定，但是尚未形成涉侨法律法规体系，未能全面解决他们反映较集中的热点难点问题。

涉侨法律法规体系研究对建立健全涉侨法律法规体系有理论意义。可以为制定涉侨法律法规规划，如国家有关部门正在修正或者制定的《归侨侨眷权益保护法》《国籍法》《外国人永久居留管理条例》《外国人在中国工作管理条例》《华侨权益保护法》等涉侨法律法规，以及一些地方政府正在制定的《华侨权益保护条例》等提供理论参考。

涉侨法律法规体系研究对全面贯彻落实国务院侨务办公室主任裘援平 2014 年在全国侨办主任会议上提出的"健全涉侨法律法规体系"的部署，完成 2012 年党十八大提出的"落实党的侨务政策，支持海外侨胞、归侨侨眷关心和参与祖国现代化建设与和平统一大业"，2017 年党十九大提出的"广泛团结联系海外侨胞和归侨侨眷，共同致力于中华民族伟大复兴"的任务有现实意义。

涉侨法律法规体系研究对解决侨务工作难点问题有实践意义。解决侨务工作中存在的难点问题，不仅要用情、用心和用力工作，而且要花更大气力和不畏艰难地加强法律引导。全面梳理外籍华人、华侨、归侨、侨眷遇到的问题，大力推动有关政府部门运用法律解决这些问题。

涉侨法律法规体系研究对推动侨务工作法治化、机制化有参考意义。法治是政治文明发展到一定历史阶段的标志①，是社会和谐的基础②。按照建设法治型、服务型政府的要求，侨务工作法治化就是要在侨务工作中强调坚持侨的主体地位，保证侨在法律面前一律平等，保护华侨的正当权益，保护归侨和侨眷的合法权益。实现侨务工作法治化，必须建立健全涉侨法律法规体系。

第三节　形成了归侨侨眷法律法规体系

归侨侨眷法律法规体系是指根据 1982 年《宪法》（2018 年修正）第五十条"保护归侨和侨眷的合法的权利和利益"，《国家侨务工作发展纲要（2016—2020年）》确立的指导思想、归侨侨眷工作的基本方针、基本原则制定的关于和涉及归侨侨眷的法的总称。

---

① 国务院新闻办公室：《中国的法治建设》，2008 年 2 月 28 日。
② 《"和谐社会与法治建设"研讨会举办　贾庆林会见代表》，新华网，2007 年 5 月 15 日。

全国人大常委会 1990 年通过、2009 年修订的《归侨侨眷权益保护法》是归侨侨眷法律法规体系的核心。国务院 1993 年通过、2004 年修订的《归侨侨眷权益保护法实施办法》是归侨侨眷法律法规体系的主干。地方法规是归侨侨眷法律法规体系的重要组成部分。全国 31 个省、市、自治区（除港澳台），除西藏自治区外都颁布了各自的《归侨侨眷权益保护法》的实施办法或者实施规定，绝大部分省、自治区和直辖市修正了归侨侨眷权益保护方面的地方法规。山东等省及南京市、苏州市、扬州市、常州市等还制定了归侨侨眷权益保护的条例或办法，例如 2014 年《山东省归侨侨眷权益保护条例》，2012 年《南京市华侨归侨侨眷权益保护办法》。

其他与"保护归侨和侨眷的合法的权利和利益"有关的法律、行政法规、地方法规、部门规章、地方政府规章等《立法法》规范的法是归侨侨眷法律法规体系的组成部分。归侨、侨眷是中国公民，保护公民权益的法都适用于归侨侨眷。由于《归侨侨眷权益保护法》《归侨侨眷权益保护法实施办法》和保护归侨侨眷权益的地方法规的适用对象的特别性，这些法是保护公民权益的法的补充，当其与保护公民权益的法发生冲突时，优先适用前者。

第四节　形成了华侨法律法规体系框架

华侨法律法规体系是指根据 1982 年《宪法》（2018 年修正）第五十条"保护华侨的正当的权利和利益"，《国家侨务工作发展纲要（2016—2020 年)》确立的指导思想、华侨工作的基本方针、基本原则制定的关于和涉及华侨的法的总称。

1955 年《国务院关于贯彻保护侨汇政策的命令》、1982 年《国务院关于加强华侨和港澳同胞捐赠进口物资管理的通知》、1990 年《国务院关于鼓励华侨和香港澳门同胞投资的规定》等行政法规是华侨法律法规体系的主干。

地方法规、地方政府规章是归侨侨眷法律法规体系的重要组成部分。很多省级和有立法权的市级人大常委会、政府根据《宪法》和有关法律、法规，结合本省、市的实际，颁布了一些华侨权益保护的地方法规和规章，主要涵盖综合性、捐赠、投资、私有房屋四个方面的权益保护。例如，2006 年《浙江省华侨权益保障暂行规定》、1998 年《福建省保护华侨投资权益若干规定》（2002 年修正）、1997 年《上海市华侨捐赠条例》、2004 年《广东省拆迁城镇华侨房屋规定》。近年来，一些省、市制定的归侨侨眷保护方面的地方法规和规章，在内容上涵盖了部分华侨权益保护。例如，山东省人大常委会 2014 年颁布了《山东省归侨侨眷权益保护条例》。

从内容上看，华侨法律法规体系中的法包括：①关于华侨的法，如1990年《国务院关于鼓励华侨和香港澳门同胞投资的规定》等；②使用了华侨、定居国外的中国公民等字样的涉及华侨的法，如2012年《出境入境管理法》等；③没有使用华侨、定居国外的中国公民等字样的涉及华侨的法，主要是涉外法律法规，如2010年《涉外民事法律关系适用法》等。

其他与"保护华侨的正当的权利和利益"有关的法律、行政法规、地方法规、部门规章、地方政府规章等《立法法》规范的法是华侨法律法规体系的组成部分。华侨是中国公民，保护公民权益的法都适用于华侨。由于华侨法律法规适用对象的特别性，华侨法律法规是保护公民权益的法的补充，当其与保护公民权益的法发生冲突时，优先适用前者。

我国目前缺少专门的华侨权益保护法。2003年，全国人大华侨委员会提出"争取在5年内制定《华侨权益保护法》的建议"，由于各种原因被搁置了。2015年3月，全国政协委员王亚君提出了关于尽快制定《中华人民共和国华侨国内权益保护法》的建议。国务院将华侨权益保护立法列入2015年度立法的研究计划。

表7-1 华侨权益保护的地方法规和规章

类别	地方法规和规章名称
综合性的华侨权益保护	2001年《武汉市出境定居人员权益保障规定》
	2003年《杭州市出境定居人员权益保障规定》
	2006年《浙江省华侨权益保障暂行规定》
	2012年《南京市华侨归侨侨眷权益保护办法》
	2013年《扬州市华侨归侨侨眷权益保护办法》（2016年修正）
	2014年《广东省华侨权益保护条例》
	2014年《苏州市华侨归侨侨眷权益保护办法》
	2015年《南京市华侨权益保护条例》
	2016年《湖北省华侨权益保护条例》
	2016年《福建省华侨权益保护条例》
	2016年《上海市华侨权益保护条例》
	2017年《常州市华侨归侨侨眷权益保护办法》
	2018年《浙江省华侨权益保护条例》

（续上表）

类别	地方法规和规章名称
捐赠方面的华侨权益保护	1990 年《福建省华侨捐赠兴办公益事业管理条例》（2010 年修正） 1995 年《浙江省华侨捐赠条例》（2004 年修订） 1997 年《广东省华侨捐赠兴办公益事业管理条例》 1997 年《上海市华侨捐赠条例》 1998 年《厦门市华侨捐赠兴办公益事业管理条例》 2000 年《江苏省华侨捐赠条例》 2000 年《天津市华侨捐赠管理办法》（2004 年修订） 2002 年《湖南省华侨捐赠若干规定》 2002 年《四川省华侨捐赠条例》（2015 年修正） 2003 年《福建省华侨捐赠兴办公益事业表彰办法》 2003 年《北京市人民政府关于港澳同胞台湾同胞和华侨华人捐资建设北京奥运场馆的意见》 2004 年《新疆维吾尔自治区华侨捐赠办法》 2005 年《广东省华侨捐赠公益事业项目监督管理办法》 2008 年《深圳市华侨、港澳同胞捐赠公益事业项目监督管理制度》 2009 年《安徽省华侨捐赠条例》 2009 年《湖南省华侨捐赠公益事业项目监督管理办法》 2016 年《贵州省华侨捐赠公益事业条例》
投资方面的华侨权益保护	1998 年《福建省保护华侨投资权益若干规定》（2002 年修正） 2002 年《四川省华侨投资权益保护条例》（2011 年修正） 2016 年《江苏省保护和促进华侨投资条例》
私有房屋方面的华侨权益保护	1997 年《福建省保护华侨房屋租赁权益的若干规定》（2000 年修正） 2004 年《广东省拆迁城镇华侨房屋规定》

资料来源：作者整理。

在华侨方面，除国务院颁布的仍然有效的关于华侨权益保护的行政法规以及省级和有立法权的市的地方法规与规章外，全国人大、国务院还颁布了一些与华侨相关的法律和行政法规，省级和有立法权的市颁布了一些与华侨相关的地方法规和规章。这些法律、行政法规、地方法规和地方规章与华侨权益保障有着直接和紧密的关系，通常通过一些条款保障华侨权益。

表7-2　有关华侨的法律和行政法规

法律、行政法规名称	有关华侨的内容
1958 年《户口登记条例》	注销华侨的国内户口（第十条）
1979 年《全国人民代表大会和地方各级人民代表大会选举法》（2015 年修正）	旅居国外的公民在县级以下人大代表选举期间在国内的，可以参加原籍地或者出国前居住地的选举（第六条）
1979 年《中外合资经营企业法》（2001 年修正） 1983 年《中外合资经营企业法实施条例》（2011 年修正） 1986 年《外资企业法》（2000 年修正） 1988 年《中外合作经营企业法》（2000 年修正） 1990 年《外资企业法实施细则》（2001 年修正） 2009 年《外国企业或者个人在中国境内设立合伙企业管理办法》	华侨在境内投资举办拥有全部资本的企业、合资经营企业和合作经营企业，参照执行国家有关涉外经济法律、法规的规定，享受相应的外商投资企业待遇 华侨在境内进行其他形式的投资，以及在境内没有设立营业机构而有来源于境内的股息、利息、租金、特许权使用费和其他所得，可以参照执行国家有关涉外经济法律、法规的规定
1980 年《国籍法》	定居外国的中国公民，自愿加入或取得外国国籍的，即自动丧失中国国籍（第九条） 中国公民定居在外国的，可以经申请批准退出中国国籍（第十条） 曾有过中国国籍的外国人，具有正当理由，可以申请恢复中国国籍；被批准恢复中国国籍的，不得再保留外国国籍（第十三条）
1983 年《国务院关于引进国外人才工作的暂行规定》	引进国外人才的重点是华侨和外籍华人（第一条）
1984 年《继承法》	中国公民继承在境外的遗产，外国人继承在境外的中国公民的遗产，动产适用被继承人住所地法律，不动产适用不动产所在地法律（第三十六条）
1986 年《民法通则》	公民定居国外的，他的民事行为能力可以适用定居国法律（第一百四十三条）
1991 年《收养法》（1998 年修正）	华侨收养三代以内同辈旁系血亲的子女，可以不受收养人无子女的限制（第七条）

（续上表）

法律、行政法规名称	有关华侨的内容
1994 年《个人所得税法实施条例》（2011 年修正）	华侨个人所得税附加减除费用（第二十七至三十条）
1999 年《公益事业捐赠法》	华侨向境内捐赠的，县级以上政府侨务部门可以协助办理有关入境手续，为捐赠人实施捐赠项目提供帮助（第十五条） 县级以上政府侨务部门可以参与对华侨向境内捐赠财产使用与管理的监督（第二十条）
2003 年《居民身份证法》	华侨回国定居的，在办理常住户口登记时，应当申请领取居民身份证（第九条）
2006 年《护照法》	护照是中国公民出入国境和在国外证明国籍和身份的证件（第二条）
2010 年《社会保险法》	失业人员在领取失业保险金期间移居境外的，停止领取失业保险金，并同时停止享受其他失业保险待遇（第五十一条）
2003 年《婚姻登记条例》	华侨办理婚姻登记的机关是省、自治区、直辖市人民政府民政部门或者省、自治区、直辖市人民政府民政部门确定的机关（第二条） 内地居民同华侨在中国内地结婚的，男女双方应当共同到内地居民常住户口所在地的婚姻登记机关办理结婚登记（第四条） 办理结婚登记的华侨应当出具下列证件和证明材料：（一）本人的有效护照；（二）居住国公证机构或者有权机关出具的、经中国驻该国使（领）馆认证的本人无配偶以及与对方当事人没有直系血亲和三代以内旁系血亲关系的证明，或者中国驻该国使（领）馆出具的本人无配偶以及与对方当事人没有直系血亲和三代以内旁系血亲关系的证明（第五条） 办理离婚登记的华侨应当出具双方当事人共同签署的离婚协议书、双方当事人共同签署的离婚协议书、本人的有效护照或者其他有效国际旅行证件（第十一条）

（续上表）

法律、行政法规名称	有关华侨的内容
2012 年《出境入境管理法》	定居国外的中国公民要求回国定居的，应当在入境前向中国驻外使馆、领馆或者外交部委托的其他驻外机构提出申请，也可以由本人或者经由国内亲属向拟定居地的县级以上地方政府侨务部门提出申请（第十三条） 定居国外的中国公民在中国境内办理金融、教育、医疗、交通、电信、社会保险、财产登记等事务需要提供身份证明的，可以凭本人的护照证明其身份（第十四条）

资料来源：作者整理。

表 7 - 3　涉及华侨的法律和行政法规（没有使用"华侨"等字样）

法律、行政法规名称	有关华侨的内容
1996 年《外汇管理条例》	境内机构、境内个人的外汇收支或者外汇经营活动，以及境外机构、境外个人在境内的外汇收支或者外汇经营活动，适用本条例（第四条）
2010 年《涉外民事法律关系适用法》	涉外民事关系适用的法律，依照本法确定。其他法律对涉外民事关系法律适用另有特别规定的，依照其规定。本法和其他法律对涉外民事关系法律适用没有规定的，适用与该涉外民事关系有最密切联系的法律（第二条）
1991 年《民事诉讼法》（2012 年修正）	对不在中国领域内居住的人提起的有关身份关系的诉讼，由原告住所地法院管辖（第二十二条） 法院对在中国领域内没有住所、具有中国国籍的当事人送达诉讼文书，可以委托中国驻受送达人所在国的使领馆代为送达（第二百六十七条） 被告在中国领域内没有住所的，法院应当将起诉状副本送达被告，并通知被告在收到起诉状副本后三十日内提出答辩状。被告申请延期的，是否准许，由法院决定（第二百六十八条） 在中国领域内没有住所的当事人，不服第一审法院判决、裁定的，有权在判决书、裁定书送达之日起三十日内提起上诉。被上诉人在收到上诉状副本后，应当在三十日内提出答辩状。当事人不能在法定期间提起上诉或者提出答辩状，申请延期的，是否准许，由法院决定（第二百六十九条）

资料来源：作者整理。

第五节　正在探索外籍华人法律法规体系

外籍华人法律法规体系是指根据《国家侨务工作发展纲要（2016—2020 年》确立的指导思想、外籍华人工作的基本方针、基本原则，以及 2014 年《中共中央关于全面推进依法治国若干重大问题的决定》指出的"依法维护海外侨胞权益"，所制定的关于和涉及外籍华人的法的总称。

我国正在探索外籍华人法律法规体系，缺少专门的外籍华人权益保护法。国家层面，有一些涉及外籍华人的法律、行政法规，例如 1980 年《国籍法》、2013 年《外国人入境出境管理条例》等。地方层面，省级和有立法权的市级人大常委会、政府根据《宪法》和有关法律、法规，结合本地实际，在华侨、归侨、侨眷权益保护法规、规章中，将保护主体延伸到外籍华人。

广东省、福建省、湖北省、浙江省等地方系统给予外籍华人华侨法律地位，通过参照华侨权益保护地方法规执行的方式全面保护外籍华人权益，实现了省级外籍华人地方法规的突破。2015 年《广东省华侨权益保护条例》在外籍华人权益保护方面实现了省级法规的突破，第三十四条规定："除法律、法规规定不可享有的特定权利外，外籍华人在本省的有关权益保护，可以参照本条例执行。"2016 年《福建省华侨权益保护条例》第三十四条与 2015 年《广东省华侨权益保护条例》规定相同。2016 年《湖北省华侨权益保护条例》将"不可享有的特定权益"的法律渊源由"法律法规"扩大到"法律法规和规章"，第四十一条规定："除法律法规和规章规定不可享有的特定权益外，外籍华人在本省的有关权益保护，可以参照本条例执行。"随着广东省、福建省、湖北省和浙江省的《华侨权益保护条例》的实施，这些省的外籍华人权益保护有了具体的法律依据。

南京市、扬州市等地方给予工作的外籍华人归侨的法律地位，适用于保护归侨的地方规章。2012 年 2 月，江苏省南京市人民政府制定《南京市华侨归侨侨眷权益保护办法》，给予工作的外籍华人归侨法律地位，第五条第二款规定："符合本市规定，由本市引进的外籍华人、华侨，在本市工作期间可以享受归侨待遇。"2013 年 11 月，江苏省扬州市人民政府制定了《扬州市华侨归侨侨眷权益保护办法》，并于 2016 年 9 月修订，给予工作的外籍华人归侨法律地位。第二十四条第三款规定："符合本市规定，由本市引进的华侨、外籍华人高层次创新创业人才，在本市工作期间可以享受归侨待遇。"

南京市、扬州市等地方给予创办企业的外籍华人回国创业留学人员法律地位，享有回国创业留学人员的待遇。2012 年《南京市华侨归侨侨眷权益保护办法》第二十七条第二款规定："外籍华人、华侨投资者用专利、科研成果、专有技术等依法创办企业的，享受留学人员回国创业的有关政策。"2013 年《扬州市华侨归侨侨眷权益保护办法》（2016 年修正）第二十六条第一款规定：华侨、外籍华人投资者用专利、科研成果、专有技术等依法创办企业的，享受留学人员回国创业的有关政策。

外籍华人人才作为特殊外国人才，在广东省、福建省、湖北省，与华侨享有同等的海外人才待遇。扬州市、苏州市、南京市等地方根据国家、省、市有关优惠政策，给予外籍华人人才优惠待遇。2012 年《南京市华侨归侨侨眷权益保护办法》第二十八条第三款规定：在本市工作的外籍华人、华侨符合海外留学人才居住证申请条件的，可以依据规定申领。2013 年《苏州市华侨归侨侨眷权益保护办法》第十七条第二款规定：符合本市人才引进政策的华侨、归侨、侨眷和外籍华人，按照规定享受优惠待遇。符合本市海外人才居住证申领条件的华侨、外籍华人，用人单位应当根据本人意愿为其申请办理。

外籍华人作为特殊外国人，在北京市等地方，享有与华侨、归侨同等的接受义务教育待遇。国家允许地方结合本地区实际，给予外籍华人子女与华侨子女同等的接受义务教育待遇。2009 年 2 月，国务院侨务办公室、教育部联合发布《关于华侨子女回国接受义务教育相关问题的规定》。第七条规定："外籍华人子女来华就读实施义务教育的学校，各省（区、市）可根据本规定精神，结合本地区实际研究决定。"

外籍华人作为特殊外国人，在广东省、福建省、湖北省和浙江省，与华侨享有同等的财产方面的待遇。外籍华人的财产权益主要包括房屋所有、购买房屋和股票、房屋被征收补偿权、祖墓、知识产权等。2013 年《苏州市华侨归侨侨眷权益保护办法》第十三条第一款规定："华侨、归侨、侨眷和外籍华人的房屋所有权受法律保护，房屋所有权人依法享有占有、使用、收益和处分的权利，任何单位和个人不得侵犯。"

外籍华人投资是海外投资的重要组成部分，在广东省、福建省、湖北省、四川省、江苏省，与华侨投资享有同等的待遇。南京市、扬州市、苏州市等地方在华侨归侨侨眷权益保护地方法规规章中，以专门条款规定，鼓励外籍华人投资创业，保障外籍华人投资、投资收益。2016 年《江苏省保护和促进华侨投资条例》第三十三条规定："华侨投资者本人国籍发生变化的，其在本省原投资的企业仍然按照本条例有关规定执行。"

外籍华人是外国人，我国保护外国人权益的法都适用于外籍华人。由于外籍华人法律法规适用对象的特别性，外籍华人法律法规是保护外国人权益的法的补充，当其与保护外国人权益的法发生冲突时，优先适用前者。

表 7 - 4　有关外籍华人的法律、行政法规和部门规章

名称	有关外籍华人的内容
1980 年《国籍法》	定居外国的中国公民，自愿加入或取得外国国籍的，即自动丧失中国国籍（第九条） 曾有过中国国籍的外国人，具有正当理由，可以申请恢复中国籍；被批准恢复中国国籍的，不得再保留外国国籍（第十三条）
1983 年《国务院关于引进国外人才工作的暂行规定》	引进国外人才的重点是华侨和外籍华人
2002 年《关于为外国籍高层次人才和投资者提供入境及居留便利的规定》	对需要多次临时入境的外国人，可办理长期多次 F 字签证。对需要在中国工作并长期居留的外国人，可办理长期多次 Z 字签证。持 L 字、F 字、X 字签证入境的外国人，可以根据需要变更为长期多次 Z 字签证。持 L 字、X 字签证入境的外国人，可以变更为长期多次 F 字签证
2004 年《外国人在中国永久居留审批管理办法》	下列外国人可以申请中国永久居留：未满 18 周岁未婚子女投靠父母的；在境外无直系亲属，投靠境内直系亲属，且年满 60 周岁、已在中国连续居留满五年、每年在中国居留不少于九个月并有稳定生活保障和住所的（第六条）
2008 年《引进海外高层次人才暂行办法》	从 2008 年开始，用 5 ~ 10 年，引进并有重点地支持 2 000 名左右海外高层次人才回国（来华）创新创业（第三条）
2012 年《出境入境管理法》	出于人道原因需要紧急入境，可以向公安部委托的口岸签证机关申请办理口岸签证（第二十条） 符合国家规定的专门人才、投资者或者出于人道等原因确需由停留变更为居留的外国人，可以办理外国人居留证件（第三十一条） 对中国经济社会发展作出突出贡献或者符合其他在中国境内永久居留条件的外国人，经本人申请和公安部批准，取得永久居留资格（第四十七条）
2012 年《外国人在中国永久居留享有相关待遇的办法》	切实保障外籍人才在中国永久居留的合法权益和各项待遇，为大力吸引海外人才来华创新创业营造良好环境（序言）

（续上表）

名称	有关外籍华人的内容
2013 年《外国人入境出境管理条例》	Q1 字签证，发给因家庭团聚申请入境居留的中国公民的家庭成员和具有中国永久居留资格的外国人的家庭成员，以及因寄养等原因申请入境居留的人员；Q2 字签证，发给申请入境短期探亲的居住在中国境内的中国公民的亲属和具有中国永久居留资格的外国人的亲属。R 字签证，发给国家需要的外国高层次人才和急需紧缺专门人才（第六条）

资料来源：作者整理。

第六节　地方积极开展涉侨法制建设

地方，特别是广东、福建、湖北、上海、浙江、江苏、山东等省、直辖市的涉侨立法工作取得了突破，不断填补目前国内外籍华人、华侨、归侨、侨眷权益保护的空白，如表 7 – 5 所示。

表 7 – 5　地方涉侨立法的突破

施行时间	名称	特点
2016 年 12 月	《上海市华侨权益保护条例》	在四个直辖市中率先制定和实施华侨权益保护条例
2016 年 12 月	《湖北省华侨权益保护条例》	坚持平等保护、积极开放原则，重点围绕华侨最关心、最切身的房屋、投资、捐赠、社保、教育等方面的权益进行规范和保护
2016 年 7 月	《福建省华侨权益保护条例》	对华侨在身份证明、参加公职、职称评定、医疗待遇、土地承包经营权等多方面权益保护都作出了具体的规定
2016 年 7 月	《贵州省华侨捐赠公益事业条例》	规范华侨捐赠使用管理，调动捐赠人的积极性，扩大捐赠规模，提高捐赠使用效果
2016 年 5 月	《江苏省保护和促进华侨投资条例》	设立华侨投资权益保障协调委员会，并规定责任追究制度。华侨以本人名义、以其控制的境内企业或者其他经济组织的名义在本省投资的，"适用国家和本省颁布的国内投资及与投资相关的各项政策和服务"

（续上表）

施行时间	名称	特点
2015 年 10 月	《广东省华侨权益保护条例》	第一部以华侨权益保护为主题的省级综合性地方法规
2015 年 7 月	《南京市华侨权益保护条例》	第一部以华侨权益保护为主题的副省级综合性地方法规
2015 年 1 月	《山东省归侨侨眷权益保护条例》	最新的以归侨侨眷权益保护为主题的省级综合性地方法规
2013 年 12 月（2017 年 8 月修正）	《扬州市华侨归侨侨眷权益保护办法》	地级市规范性文件中第一次将华侨纳入保护对象

资料来源：作者整理。

　　地方不断出台涉侨综合性法规规章。2013 年，《扬州市华侨归侨侨眷权益保护办法》施行。2014 年，《苏州市华侨归侨侨眷权益保护办法》施行。2015 年，《广东省华侨权益保护条例》《南京市华侨权益保护条例》在外籍华人权益保护方面实现了省级、副省级地方法规的突破①。2016 年，《上海市华侨权益保护条例》《湖北省华侨权益保护条例》《福建省华侨权益保护条例》施行。2018 年，《浙江省华侨权益保护条例》施行。

　　地方涉侨法规规章操作性增强。2014 年《山东省归侨侨眷权益保护条例》在归侨、侨眷出境探望子女方面作出了非常具体的规定②。2015 年《南京市华侨权益保护条例》解决了华侨的未成年子女参加本市居民医疗保险，原户籍不在南京市、目前在南京市工作的华侨随行子女入园、入学，华侨投资企业参加各级政府组织的招投标等华侨比较关注的问题。2016 年，《江苏省保护和促进华侨投资条例》《贵州省华侨捐赠公益事业条例》施行，加强对华侨投资、华侨捐赠者权益的保护。

---

　　①　2015 年《广东省华侨权益保护条例》第三十四条规定："除法律、法规规定不可享有的特定权利外，外籍华人在本省的有关权益保护，可以参照本条例执行。"

　　②　2014 年《山东省归侨侨眷权益保护条例》第二十二条第三款规定："归侨、侨眷出境探望子女，参照已婚归侨、侨眷出境探望父母的规定享受探亲待遇。"

第七节　结论

　　健全涉侨法律法规体系，保证侨务方面的国家和社会生活有法可依，是推动侨务工作法治化的前提和基础。涉侨法律法规体系是指根据 1982 年《宪法》（2018 年修正）第五十条"中华人民共和国保护华侨的正当的权利和利益，保护归侨和侨眷的合法的权利和利益"，《国家侨务工作发展纲要（2016—2020 年）》确立的指导思想、基本方针、基本原则所制定的关于和涉及侨的法的总称。经过改革开放后 40 多年的发展，我国在法治侨务建设方面已经形成归侨侨眷法律体系和华侨法律体系框架，且正在积极探索华人法律体系，这为进一步发挥侨务资源优势，促进侨务工作科学发展和可持续发展初步奠定了法治基础。

第八章　涉侨法律法规体系面临的挑战

第一节　涉侨法律法规体系建设有待加强

一、尚未形成完备的涉侨法律法规体系

虽然我国已经形成归侨侨眷法律法规体系和华侨法律法规体系框架，且正在探索华人法律法规体系，但是涉侨法律法规体系不完备。这制约了运用法律去解决海外侨胞和归侨侨眷反映较集中的热点难点问题，进而影响侨务工作的法治化和机制化。

我国形成了以 1990 年《归侨侨眷权益保护法》（2009 年修正）为核心的归侨侨眷法律法规体系，然而国家和地方的归侨侨眷保护法律法规的修正进程缓慢，许多规定不适应归侨侨眷和国家法治建设的新情况。最近几年，除山东省、上海市、天津市等省市外，多数省市未能修正归侨侨眷权益保护的地方法规。①近几年，在全国人大召开期间都有代表提出关于修改《归侨侨眷权益保护法》的议案或建议，归侨侨眷和海外侨胞对修改该法的呼声也很高。全国人大华侨委员会认为，为适应国内外侨情发展变化，需要对该法进行修改，但对修改的具体内容如华侨农场改革发展、贫困归侨侨眷社会保障、归侨侨眷国内投资权益保护等问题，尚需进一步深入调研，待时机和条件成熟，将《归侨侨眷权益保护法》修改列入全国人大常委会立法工作计划。

我国形成了以地方性法规为主体的华侨法律框架，但是缺少龙头性的全国性法律，关于华侨的地方法规和规章与有关华侨的法律法规之间无法形成合力。2013 年，《扬州市华侨归侨侨眷权益保护办法》施行。2014 年，《苏州市华侨归

---

① 2011 年 3 月，修正后的《上海市实施〈中华人民共和国归侨侨眷权益保护法〉办法》施行。2012 年 11 月，修正后的《天津市实施〈中华人民共和国归侨侨眷权益保护法〉办法》施行。2015 年 1 月，《山东省归侨侨眷权益保护条例》施行。

侨侨眷权益保护办法》施行。2015 年，《南京市华侨权益保护条例》《广东省华侨权益保护条例》施行。国务院将华侨权益保护立法列入 2015 年度立法的研究计划，有关部门和单位正在抓紧起草和论证，这距离颁布和实施《华侨权益保护条例》，特别是《华侨权益保护法》还有较长时间。

我国正在探索华人法律体系，然而缺少关于外籍华人的法律法规，目前有关外籍华人的法律、行政法规、部门规章非常零散，关于外籍华人的地方法规、规章层次不高、规范面不全，适用省市很少。2013 年《扬州市华侨归侨侨眷权益保护办法》、2014 年《苏州市华侨归侨侨眷权益保护办法》、2015 年《广东省华侨权益保护条例》、2016 年《福建省华侨权益保护条例》、2016 年《湖北省华侨权益保护条例》、2018 年《浙江省华侨权益保护条例》等地方法规规章关于外籍华人权益保护的规定比较零星，只适用于扬州市、苏州市、广东省、福建省和湖北省等省市。

二、缺少翔实的涉侨法律法规体系规划和实施方案

国家和国务院侨务办公室重视涉侨法律法规体系及其规划，但是相应的工作部署比较宏观，缺少内容翔实的涉侨法律法规体系规划和实施方案，难以将国家、国务院侨务办公室对涉侨法律法规体系及其规划的重视转化为各级侨务部门的实际行动。各级政府侨务部门很少设立政策法规部门、安排专门人员负责涉侨法律法规工作和公布落实国家、国务院侨务办公室关于建立健全涉侨法律法规体系的文件。《国家侨务工作发展纲要（2011—2015 年）》提出，应完善涉侨法律法规，加强侨务法制建设。2011 年，时任国务院侨务办公室主任李海峰在全国侨办主任会议上指出：积极推动相关涉侨法规政策的制定、修改和完善，建立健全涉侨法律法规政策体系。2014 年，裘援平在全国侨办主任会议上指出：研究制定涉侨法律法规总体框架，制定涉侨法律法规建设年度计划及中长期规划，逐步推动涉侨立法，完善归侨侨眷权益保护的法律法规和配套政策，进一步与社会性立法相衔接，清理完善和修正现有法律法规。2014 年，国务院侨务办公室政策法规司下发《关于加强涉侨法规政策建设的工作规划》（征求意见稿），向各省、自治区、直辖市人民政府侨务办公室和新疆生产建设兵团侨务办公室征求对该征求意见稿的意见。2017 年 10 月，国务院侨务办公室主任裘援平指出，加强侨务法治建设，完善涉侨法规政策体系。①

---

① 冉文娟：《着眼"大侨务"、发挥"大作为"：访十九大代表、国务院侨办主任裘援平》，中国新闻网，2017 年 9 月 30 日。

三、尚未系统论证和总结地方可复制推广的经验

我国在建立健全涉侨法律法规体系方面取得了一定成绩，形成了归侨侨眷法律法规体系、华侨法律法规体系框架，正在探索华人法律法规体系。鼓励和允许不同地方进行差别化探索，地方，特别是浙江、广东、江苏、山东、福建、上海、湖北等省市先行先试，在涉侨立法方面取得突破，积累了宝贵的外籍华人、华侨、归侨、侨眷的立法经验。尽管如此，一些侨务部门尚未系统论证和总结地方建立健全涉侨法律法规体系的可复制、可推广的经验。建立健全涉侨法律法规体系任务越重，越要重视地方探索实践及其形成的宝贵经验。比浙江、广东、江苏、山东、福建、上海等省市各自在涉侨立法方面取得较大进展更重要的是，努力创造出更多可复制推广的经验，在更大范围内扩散，能在其他地区推广的要尽快推广，能在全国推广的要推广到全国。

第二节　涉侨法律法规的适应性和操作性不足

一、涉侨法律法规适应性不足

我国很多涉侨法律法规滞后于形势的发展，很难发挥实际效用。1980 年《国籍法》、1983 年《国务院关于引进国外人才工作的暂行规定》、1990 年《归侨侨眷权益保护法》（2009 年修正）、1990 年《国务院关于鼓励华侨和香港澳门同胞投资的规定》、1986 年《居民身份证条例实施细则》（1999 年修订）、1999 年《公益事业捐赠法》、2004 年《归侨侨眷权益保护法实施办法》等侨务、涉侨法律的立法背景均发生了较大变化，但是内容却没有随之而修正。

1980 年《国籍法》不能解决事实双重国籍问题。如其第四条规定"父母双方或一方为中国公民，本人出生在中国，具有中国国籍"，驻中国外国使领馆向这类人员发放本国护照，使其不仅具有中国国籍，而且具有外国国籍。第九条规定"定居外国的中国公民，自愿加入或取得外国国籍的，即自动丧失中国国籍"，然而何为"自动丧失中国国籍"？

1986 年《居民身份证条例实施细则》（1999 年修订）不能解决多重身份问题。其第二条规定"公民出境定居的，在办理户口注销手续时，应当交回居民身份证"，没有对于注销、交回的具体规定。2003 年，公安部出台便民措施，取消出国出境 1 年以上注销户籍的规定，但定居除外。很多人取得定居权或者加入外国国籍后，不注销户籍，没有交回居民身份证。

2013 年《华侨回国定居办理工作规定》不能解决未放弃国外定居权问题。其第五条规定"华侨本人提出申请回国定居，应当提交回国定居申请表、自愿放弃国外居留资格声明书等证明材料"。"自愿放弃国外居留资格声明书"只是单方面申明，既没有提交给国外管理居留资格的政府部门并取得其认可，也没有规定未实质丧失国外居留资格应承担的具体法律责任，致使一些回国定居华侨仍然拥有国外居留资格。

二、涉侨法律法规操作性不强

我国很多涉侨法律法规操作性不强。实施是法律的生命，不能有效实施的法律是没有生命力的法律。1990 年《归侨侨眷权益保护法》（2009 年修正）"根据特点、适当照顾"的"具体办法"始终未能完备成文和不断更新，使其成为一部内容比较虚的法律。[①]

2012 年《出境入境管理法》关于华侨"凭本人的护照证明其身份"的规定未能落实，没有公布各部门和单位认可和接受护照作为身份证明的具体方案，也没有关于相关部门和单位不执行此条规定的罚则。华侨在很多部门和地区无法凭本人的护照证明其身份和享有在中国境内办理事务的便利。[②]

2004 年《归侨侨眷权益保护法实施办法》规定侨务机构"为捐赠人实施捐赠项目提供帮助，并依法对捐赠财产的使用与管理进行监督"[③]，"帮助""依法"是非常模糊的词汇。1999 年《公益事业捐赠法》重复以上规定，没有作出可操作的衔接性规定。该法第十五条第二款规定："华侨向境内捐赠的，县级以上人民政府侨务部门可以协助办理有关入境手续，为捐赠人实施捐赠项目提供帮助。"第二十条第三款规定："县级以上人民政府侨务部门可以参与对华侨向境内捐赠

---

① 1990 年《归侨侨眷权益保护法》（2009 年修正）第三条规定："归侨、侨眷享有宪法和法律规定的公民的权利，并履行宪法和法律规定的公民的义务，任何组织或者个人不得歧视。国家根据实际情况和归侨、侨眷的特点，给予适当照顾，具体办法由国务院或者国务院有关主管部门规定。"

② 2012 年《出境入境管理法》第十四条规定："定居国外的中国公民在中国境内办理金融、教育、医疗、交通、电信、社会保险、财产登记等事务需要提供身份证明的，可以凭本人的护照证明其身份。"2014 年《山东省归侨侨眷权益保护条例》第十一条、2015 年《广东省华侨权益保护条例》第七条、2013 年《苏州市华侨归侨侨眷权益保护办法》第五条等涉侨法律法规都作出了类似的规定。

③ 2004 年《归侨侨眷权益保护法实施办法》第十三条第三款规定："归侨、侨眷境外亲友向境内捐赠财产的，县级以上人民政府负责侨务工作的机构可以协助办理有关入境手续，为捐赠人实施捐赠项目提供帮助，并依法对捐赠财产的使用与管理进行监督。"

财产使用与管理的监督"，"协助""参与"也是非常模糊的词汇。

2008 年《关于为海外高层次人才提供相应工作条件的若干规定》规定"对于愿意放弃外国国籍而申请加入或恢复中国国籍的外国籍引进人才，公安机关要根据《国籍法》的有关规定优先办理"，如果没有加入或恢复中国国籍的具体条件和程序，如何优先办理？

三、涉侨法律法规规定有歧义

由于侨务的长期性、战略性、政治性和复杂性，一些涉侨法律法规有意或者无意地没有清晰规定一些侨务内容，引起了不同程度的歧义，降低了这些法律的实际效用。例如，2004 年《归侨侨眷权益保护法实施办法》第六条规定："地方人民政府和有关部门对回国定居的华侨，按照国家有关规定给予安置。"华侨很难查到"国家有关规定"，即使查到了，也可能无法正确理解"国家有关规定"及其与 2004 年《归侨侨眷权益保护法实施办法》的关系。1993 年《贵州省实施〈中华人民共和国归侨侨眷权益保护法〉办法》（2015 年修正）第八条第一款规定："对来本省定居的华侨，有关部门应当按照国家有关规定给予安置。"从字面上看，国家对所有回国定居的华侨给予安置。实践中，国家对因为在国外受到迫害、失去谋生条件必须回国的，给予妥善安置，而归侨应服从分配和接受。出于其他个人原因而回国的，则必须自行解决回国定居后的工作、住房问题，不增加国家负担。由于缺少"国家有关规定"，产生了民众对"回国定居的华侨给予安置"的理解与政府做法不一致的情况。

歧义性规定问题也出现在侨务政策性文件中。2009 年《国务院侨务办公室关于界定华侨外籍华人归侨侨眷身份的规定》第一次明确了华人的含义。其第二条规定：外籍华人是指已加入外国国籍的原中国公民及其外国籍后裔；中国公民的外国国籍后裔。但没有界定"后裔"的具体含义，引起了对外籍华人群体范围的不同理解。2010 年 5 月，公安部扩大外国人居留许可签发对象，对外籍华人在中国内地寄养的未满 18 周岁的外籍子女，国内抚养人或监护人户籍所在地或主要生活地公安机关出入境管理部门可凭申请人提供的相关证明材料，一次性签发有效期不超过 2 年的寄养类居留许可，期满后仍符合规定条件并提供相应证明材料的，可以办理延期。由于没有消除对外籍华人的歧义，落实以上扩大外国人居留许可签发对象的措施，实际工作遇到了一定的障碍。

由于没有澄清外籍华人的含义，实施关于外籍华人的地方法规规章遇到不同程度的障碍。2015 年《广东省华侨权益保护条例》在外籍华人权益保护方面实现了省级地方法规的突破。^① 2013 年《苏州市华侨归侨侨眷权益保护办法》将保护主体适度延伸到外籍华人，外籍华人权益保护的具体规定在与其有关的条款中得到明确。^② 2013 年《扬州市华侨归侨侨眷权益保护办法》、2015 年《南京市华侨权益保护条例》等都对外籍华人权益保护作出了规定。

四、外籍华人、华侨、归侨、侨眷身份认定制度不健全

确认身份是保护权益的前提，不确定一个人是否具有华人、华侨、归侨、侨眷的身份，就无法明确其是否享有相应权益。2009 年《国务院侨务办公室关于界定华侨外籍华人归侨侨眷身份的规定》对华侨、外籍华人、归侨、侨眷的身份作出了界定，但是在管理上没有确定负责华侨、外籍华人身份认定的政府部门，程序上没有规定身份认定的步骤，没有明确"长期或者永久居留权""连续居留""累计居留""后裔""放弃""落户手续"等词汇的含义，以致地方政府认定归侨、侨眷有些随意，很难认定华侨，无法认定外籍华人。

关于归侨、侨眷的身份认定，在程序上，存在着归侨、侨眷证件全国不一致，审理归侨、侨眷身份证申请时限不明，侨眷证有效期不清，对确认归侨、侨眷身份决定不服的申诉渠道不明，所在工作单位或街道办事处、乡镇政府、派出所先行审核五个不足。在实体上，存在着确认"放弃原住在国长期、永久或合法居留权"的时间和形式模糊不清，华侨放弃原住在国长期、永久或合法居留权并依法办理回国落户手续不能等同于在中国定居，归侨侨眷身份终身制实际效果不佳三个不足。

关于华侨身份认定，未统一明确界定华侨身份，各地区分别办理华侨身份证明，不向华侨签发居民身份证，华侨身份证明一事一办、一次性有效。在程序上，确认华侨身份和审发华侨身份证件方面的具体规定缺失；审发华侨身份证明较之审发华侨证，具有临时性、个别性的特点，容易受到人为因素的干扰。在实体上，以国籍和出国目的为基础确认华侨身份，考虑其与国家真实联系度不够，不适当地排除了出国留学人员和因私出国工作人员。

关于华人身份认定，模糊确认华人身份，不办理华人身份证明，不审发华人身份证件。在国家层面界定"后裔"和明确外籍华人含义是一个绕不过去的问

---

① 2015 年《广东省华侨权益保护条例》第三十四条规定："除法律、法规规定不可享有的特定权利外，外籍华人在本省的有关权益保护，可以参照本条例执行。"

② 2013 年《苏州市华侨归侨侨眷权益保护办法》第二十条规定："因公共利益需要迁移华侨、外籍华人祖墓的，建设单位应当事先告知华侨、外籍华人或者其在国内的眷属，并同时报告当地政府侨务部门。迁移经本省核准保留的华侨、外籍华人祖墓的，应当经县级市（区）人民政府批准。"

题，除非取消所有基于外籍华人的优惠待遇。否则，有关外籍华人权益的法律会因为外籍华人含义不清而面临实施压力，出现各地认定外籍华人标准不一的现象。如果外国人自称是中国后裔，就会因为没有后裔的标准无法对其进行甄别。

第三节　涉外法律法规体现侨不充分

一、一般法律基本上不考虑侨或者考虑侨不够

虽然"侨"在国家政治和战略层面得到了高度重视和明确宣示，但是未能在法制层面得到完全转化和落实，致使制定侨务专门法律的难度很大，许多侨务由一般法律来调整。截至 2013 年 11 月，我国已制定现行有效法律 244 件。[①] 截至 2014 年 11 月，我国已制定现行有效行政法规 737 件，国务院部门规章 2 856 件，地方政府规章 8 909 件。[②] 涵盖社会关系各个方面的法律部门已经齐全，各个法律部门中基本的、主要的法律已经制定，中国特色社会主义法律体系已经形成并不断完善。[③] 但一般法律不考虑侨或者考虑侨不够，将外籍华人等同于外国人，将华侨、归侨、侨眷等同于其他中国公民。例如，1979 年《全国人大和地方各级人大选举法》（2015 年修正）没有考虑旅居国外的公民在县级以下人大代表选举期间在国外时的情况。[④]

二、外国人和出入境方面法律考虑侨不够

2012 年《出境入境管理法》和 2013 年《外国人入境出境管理条例》设立了主要面向外籍华人的 Q 字签证和 S 字签证，完善与外籍华人密切相关的口岸签证和可能使外籍华人受益的临时入境制度。但是，过于强调外籍华人在中国有亲属和私人事务，很少关注外籍华人的工作、投资、访问等事务。另外，未建立被邀请人信用制度，未建立统一的承运人审核在口岸办理签证的标准，Z 字签证、R 字签证不包括创业情形，境外外国人签证中介服务不规范，没有建立亲属担保/

---

① 高其才：《当代中国法律对习惯的认可》，《政法论丛》2014 年第 1 期。
② 储信艳：《国务院法制办：中国已制定现行有效行政法规 737 件》，《新京报》，2014 年 11 月 6 日。
③ 许安标：《宪法的实施与民主政治建设的发展》，《行政管理改革》2012 年第 12 期。
④ 1979 年《全国人大和地方各级人大选举法》（2004 年修正）第六条规定："旅居国外的公民在县级以下人大代表选举期间在国内的，可以参加原籍地或者出国前居住地的选举。"

提名签证制度。

2013 年《外国人入境出境管理条例》规定了主要面向外籍华人的团聚目的居留证件和私人事务目的居留证件，法律化扩大外国人居留许可签发对象；持签证入境后换发 Q2 签证、S2 签证，方便外籍华人在中国停留；属于国家需要的专门人才等外籍华人可以由停留转换为居留；入境后需要办理住宿登记。但是，对外籍华人停留和居留的便利仅限于探亲和入境处理私人事务。外籍华人不仅在探亲和入境处理私人事务方面有便利的需要，在 Z 字签证、M 字签证等其他类别签证以及工作等其他目的的居留证件方面，也有便利的需要。另外，申请居留证件的材料与申请相应签证的材料存在重合情况，降低了申请人和审批机关的效率。

2012 年《出境入境管理法》、2013 年《外国人入境出境管理条例》规定了主要面向外籍华人人才的 R 字签证等。[①] 这些法律、法规的规定是非常必要和切实可行的，有利于引进资金，吸收外籍华人人才在国内安心创业和舒心发展。[②] 但是，外籍华人工作依附于外国人，未能形成外籍华人工作方面独立和具体的内容。我国要求外籍人才通过用人单位申报海外高层次人才，不能自行申报。我国引进海外高层次人才的政策主要面向专家学者、专业技术人才、经营管理人才，对投资创业型海外高层次人才的关注不够。创业者很难换发签证或者申请工作目的的居留证件。

2004 年《外国人在中国永久居留审批管理办法》规定了技术移民、投资移民和亲属团聚移民三类永久居留移民。53% 的中国外国人永久居留证签发给外籍华人。但是，技术移民方面，排除了没有中国工作经验、没有高级职位、技工等外籍华人，逆向引导外籍华人人才分布于重点机构、高校和企事业单位。由于不允许独立申请，没有境内人脉资源的外籍华人很难申请成功。投资移民方面，排除了没有中国投资经验、创业经验以外投资类型等外籍华人。亲属移民方面，不适用于与子女团聚的外籍华人，贫困外籍华人很难申请成功。

1996 年《外国人在中国就业管理办法》确立的就业许可、就业证等制度针对所有外国人，没有考虑外国人与外籍华人在与中国联系、文化传承、汉语能力等方面的显著不同，没有确立针对外籍华人的专门制度。外籍华人在中国工作时，适用于针对所有外国人的规定，不能完全满足外籍华人的需求。

---

① 2012 年《出境入境管理法》第三十一条第二款规定："符合国家规定的专门人才、投资者或者出于人道等原因确需由停留变更为居留的外国人，经设区的市级以上地方人民政府公安机关出入境管理机构批准可以办理外国人居留证件。"2013 年《外国人入境出境管理条例》第六条规定："R 字签证，发给国家需要的外国高层次人才和急需紧缺专门人才。Z 字签证，发给申请在中国境内工作的人员。"

② 毛起雄：《中国涉侨出境入境管理法治建设的重大举措：2012 年〈出境入境管理法〉颁布有感》，刘国福、刘宗坤：《出入境管理法与国际移民》，北京：法律出版社，2013 年，第 10 页。

三、正在起草或修正中的涉侨法律法规考虑侨少

起草或修正中的《外国人在中国工作条例》《外国人永久居留条例》《留学生勤工助学管理办法》《难民安置与遣返管理办法》《国籍法》《引进外国人才条例》《外国人在中国境内工作指导目录及计点积分方案》等法律、行政法规、部门规章和规范性文件都与侨密不可分，却较少考虑侨在相关方面的需求。

以《外国人在中国境内工作指导目录及计点积分方案》为例，科技部（国家外国专家局）依据2012年《出境入境管理法》第四十二条①，组织编制了此方案。积分要素包括3类12项。根据积分结果，将申请进入中国境内工作的外国人才划分为外国高端人才（85分以上）、外国专业人才（60~84分）、外国普通人员（符合稳定条件）三个层次。不同层次外国人在中国境内工作指导目录及计点才享有不同的出入境和居留便利以及工作和生活上的照顾。《外国人在中国境内工作指导目录及计点积分方案》存在不少不利于外籍华人的安排，使外籍华人与其他外国人在中国境内工作指导目录及计点竞争时，无法发挥与中国有密切联系等优势。《外国人在中国境内工作指导目录及计点积分方案》没有给予中国亲属要素相应的分值，中国亲属不是积分要素之一，不能获得任何分数。《外国人在中国境内工作指导目录及计点积分方案》只给予本人曾具有中国国籍这个要素相应的分值，父辈、祖父辈曾具有中国国籍不是积分要素之一，不能获得任何分数。

四、涉侨法律法规不适当地使用非侨务专业词汇

一些政府部门制定和实施的涉侨法律法规和规范性文件没有使用"外籍华人""华侨"等侨务专业词汇，不适当地代之以"恢复中国国籍的外国籍引进人才""外籍高层次人才""定居国外的中国公民"等人才引进、出入境等方面的词汇，使得涉侨法律法规和规范性文件没有体现侨的特点，淡化了这些法律法规和规范性文件的涉侨性。例如，2008年中央组织部等18个部门联合印发《关于为海外高层次人才提供相应工作条件的若干规定》，"落户"部分规定"对于愿意放弃外国国籍而申请加入或恢复中国国籍的外国籍引进人才，公安机关要根据

---

① 2012年《出境入境管理法》第四十二条规定："国务院人力资源社会保障主管部门、外国专家主管部门会同国务院有关部门根据经济社会发展需要和人力资源供求状况制定并定期调整外国人在中国境内工作指导目录。"

《国籍法》的有关规定优先办理", 使用了 "恢复中国国籍的外国籍引进人才" 而没有使用 "外籍华人人才"。2010 年公安部出台措施扩大外国人居留许可签发对象, 使用 "定居国外的中国公民" 而没有使用 "华侨"。

第四节　结　论

我国在侨务法治建设方面, 归侨侨眷法律体系和华侨法律体系框架已经形成, 且正在积极探索华人法律体系, 也面临着涉侨法律法规体系建设有待加强、涉侨法律法规的适应性和操作性不足、涉侨法律法规体现侨不充分等挑战。涉侨法律法规体系建设有待加强主要指尚未形成完备的涉侨法律法规体系, 缺少翔实的涉侨法律法规体系规划和实施方案, 尚未系统论证和总结地方建立健全涉侨法律法规体系的可复制推广的经验等。涉侨法律法规的适应性和操作性不足主要指涉侨法律法规适应性差, 操作性不强, 规定有歧义, 外籍华人、华侨、归侨、侨眷身份认定制度不健全等。涉侨法律法规体现侨不充分主要指一般法律基本上不考虑侨或者考虑侨不够, 外国人和出入境方面法律考虑侨不够, 起草或修正中的涉侨法律法规考虑侨少, 涉侨法律法规不适当地使用非侨务专业词汇等。

第九章　形成涉侨法律法规体系现状和
　面临挑战的原因

第一节　政府侨务部门在立法工作中的作用有待加强

国务院侨务办公室不具有独立的行政管理职能，没有部门规章的立法权，不能进行立法。根据 2008 年《国务院关于机构设置的通知》，设立国务院侨务办公室（正部级）为国务院办事机构。1997 年《国务院行政机构设置和编制管理条例》第六条规定：国务院办事机构是国务院行政机构的组成部分，协助国务院总理办理专门事项，不具有独立的行政管理职能。1995 年《立法法》（2015 年修正）第七十一条第一款规定："国务院各部、委员会、中国人民银行、审计署和具有行政管理职能的直属机构，可以根据法律和国务院的行政法规、决定、命令，在本部门的权限范围内，制定规章。"虽然国务院侨务办公室主要职能的第一项是"负责拟订侨务工作政策和规划，起草相关法律法规草案并督促检查贯彻落实情况"，但是作为国务院办事机构，不具有独立的行政管理职能，没有部门规章的立法权，只能起草和提请制定相关法律法规，不能自己制定部门规章，丧失了侨务立法的主动性。

国务院侨务办公室通过有关方面提请制定法律、行政法规，是否立项、何时启动、内容如何等都非本部门所能把控。它可以通过全国人大主席团、全国人大常委会、国务院、全国人大各专门委员会、一个代表团或者 30 名以上代表提出法律草案，或者提请国务院制定行政法规。[①]

如果地方政府侨务部门不具有行政管理职能，则没有制定行政规范性文件的

---

① 2000 年《立法法》第十二条规定："全国人大主席团可以向全国人大提出法律案，由全国人大会议审议。全国人大常委会、国务院、中央军事委员会、最高人民法院、最高人民检察院、全国人大各专门委员会，可以向全国人大提出法律案，由主席团决定列入会议议程。"第十三条规定："一个代表团或者30 名以上的代表联名，可以向全国人大提出法律案，由主席团决定是否列入会议议程，或者先交有关的专门委员会审议，提出是否列入会议议程的意见，再决定是否列入会议议程。"2001 年《行政法规制定程序条例》第七条规定："国务院有关部门认为需要制定行政法规的，应当于每年年初编制国务院年度立法工作计划前，向国务院报请立项。"

权力。行政规范性文件属于行政机关文件的一类，是由行政机关发布的对侨务领域范围内具有普遍约束力的准立法行为。我国 31 个省、市、自治区（除港澳台）政府先后出台的有关规章绝大多数都规定，行政性文件指法律范畴以外的其他具有约束力的非立法性文件。① 例如，2010 年《浙江省行政规范性文件管理办法》第六条第三款规定："县级以上人民政府所属工作部门、省以下实行垂直管理部门的内设机构或者派出机构以及不具有行政管理职能的机构不得制定行政规范性文件。"

第二节　有立法权的部门不太熟悉侨

全国人大、国务院、省级和有立法权的地方人大和政府等部门有涉侨法律法规立法权，却不熟悉侨，难以开展侨务立法工作。公安部、外交部、人力资源和社会保障部、民政部、教育部等涉侨部门作为国务院组成部门，具有部门规章立法权。公安部起草《外国人永久居留管理条例》，公安部修正《国籍法》，科技部（国家外国专家局）及人力资源和社会保障部起草《外国人在中国工作管理条例》，教育部起草《留学生勤工助学管理办法》，民政部起草《难民安置与遣返管理办法》、科技部（国家外国专家局）起草《外国人在中国境内工作指导目录及计点积分方案》等，这些行政法规、部门规章和规范性文件都与侨密不可分，却主要考虑自身管理，而很少考虑侨务因素。例如，国务院有关部门正在牵头探索技术移民和推进技术移民法立法②，这与汇聚侨智密不可分，却没有侨务部门的参与。

第三节　侨务立法必要性减弱

2010 年年底，有中国特色的社会主义法律体系已经形成，保护外籍华人、华侨、归侨、侨眷权益的一般法纷纷颁布实施，缺少保护外籍华人、华侨、归

---

① 2010 年《浙江省行政规范性文件管理办法》第三条规定："本办法所称行政规范性文件，是指除政府规章以外，行政机关依照法定权限和规定程序制定的，涉及不特定的公民、法人或者其他组织的权利义务，在一定时期内反复适用，在本行政区域内具有普遍约束力的各类行政文件。"

② 《国家中长期人才发展规划纲要（2010—2020 年）》规定："加大引进国外智力工作力度，探索实行技术移民。"

侨、侨眷权益一般法的情况发生很大变化。① 从一般法的角度，尊重和保障外籍华人、华侨、归侨、侨眷权益的法制环境日渐成熟，涉侨法律法规体系建设的必要性减弱。

1990 年《归侨侨眷权益保护法》（2009 年修正）及 2004 年《旧侨侨眷权益保护法实施办法》等特别侨务法律保护外籍华人、华侨、归侨、侨眷权益，逐渐与一般法保护外籍华人、华侨、归侨、侨眷权益相交叉、重叠和融合。在实践中，解决外籍华人、华侨、归侨、侨眷维权法律纠纷的依据是一般性法律。② 许多外籍华人、华侨、归侨、侨眷权益没有得到有效保障不是因为缺少保护外籍华人、华侨、归侨、侨眷权益的特别法，而是因为保护外籍华人、华侨、归侨、侨眷权益的特别法已经不适应侨情，以及没有认真贯彻实施保护外籍华人、华侨、归侨、侨眷权益的一般法。

当一般法对外籍华人、华侨、归侨、侨眷权益的保护填补了特别侨务法律的空白或者优于特别侨务法律时，从保护外籍华人、华侨、归侨、侨眷权益的实质而言，适用从优兼从新原则，不必制定或者修正特别侨务法律。以 2004 年《归侨侨眷权益保护法实施办法》为例，该法第二十三条第三款规定："不符合国家规定退休条件的归侨、侨眷职工获准出境定居的，按照国家有关规定办理辞职、解聘、终止劳动关系手续，按照国家有关规定享受一次性离职费及相关待遇，已经参加基本养老保险、基本医疗保险的，由社会保险经办机构按照国家有关规定一次性结清应归属其本人的费用，并终止其基本养老保险、基本医疗保险关系。"根据 2011 年《实施〈中华人民共和国社会保险法〉若干规定》第六条，个人在达到法定的领取基本养老金条件前离境定居的，其个人账户予以保留，达到法定领取条件时，按照国家规定享受相应的养老保险待遇。2011 年《实施〈中华人民共和国社会保险法〉若干规定》第六条相比 2004 年《归侨侨眷权益保护法实施办法》第二十三条第三款，对出境定居的归侨侨眷更加有利。

---

① 1982 年《宪法》（2018 年修正）第三十三条第三款规定："国家尊重和保障人权。"1985 年《继承法》、1989 年《行政诉讼法》、1998 年《社会团体登记条例》、1999 年《合同法》、1999 年《公益事业捐赠法》、1999 年《行政复议法》、2001 年《城市房屋拆迁管理条例》、2003 年《行政许可法》、1993 年《公司法》（2004 年修正）、1979 年《全国人大和地方各级人民代表大会选举法》（2004 年修正）、1999 年《刑法》（2015 年修正）、2007 年《个人外汇管理办法》、2007 年《物权法》、2008 年《就业促进法》、2009 年《侵权责任法》、2009 年《邮政法》、1994 年《国家赔偿法》（2010 修正）、2010 年《社会保险法》、2012 年《出境入境管理法》从外国人、公民角度，规定了对外籍华人、华侨、归侨、侨眷权益的保护。

② 国务院侨务干部学校：《侨务工作案例选编（一）》，2001 年。

第四节 侨"有海外关系"等特点淡化

侨因具有"有海外关系""作出重大贡献""弱势群体"和"履行更多义务"等特点而面临较大挑战。侨"有海外关系""作出重大贡献",是"弱势群体","履行更多义务",这些是关心外籍华人长期生存和发展及增进外籍华人同我国的亲情乡谊与加强合作交流的体现,对华侨、归侨、侨眷"一视同仁、不得歧视、根据特点、适当照顾",也是涉侨法律法规体系建设的主要侨情基础。

"有海外关系":外籍华人、华侨、归侨、侨眷因具有海外关系而具有独特性,需要优待或者适当照顾。① 改革开放之初,归侨、侨眷由于历史和血缘原因,具有丰富的海外关系,国内其他中国公民由于长期封闭,与国外基本上没有接触。近年来,越来越多的公民出国,具有海外关系的群体由外籍华人、华侨、归侨、侨眷扩展到了出国留学生、归国留学人员等涉侨群体,而且增长迅猛,外籍华人、华侨、归侨、侨眷具有海外关系的独特性逐渐削弱。内地居民出入境从2007年的2 926万人次扩大到2018年的3.4亿人次(含内地边民1 133.7万人次)。浙江省等省市进行侨情普查时,将归侨、侨眷的范围从归侨、侨眷扩展到居住在浙江省的浙江籍涉侨人员以及常住浙江的外省市户籍涉侨人员,包括归侨、侨眷、港澳同胞眷属、归国留学人员、海外留学人员眷属;将海外侨胞的范围从外籍华人、华侨扩展到以正规或非正规渠道出国(境),现在国(境)外工作、学习和生活的浙江籍(包括原籍和原户籍地在浙江)涉侨人员(华侨华人、港澳同胞及海外留学人员)。② 上海市等省市在侨情普查时,也有类似的扩展外籍华人、华侨、归侨、侨眷范围的做法。③

"作出重大贡献":外籍华人、华侨、归侨、侨眷是曾经并将继续为中国的革命和建设事业作出重大贡献的群体,国家为维系和鼓励其作出贡献的积极性,

---

① 时任全国人大常委会副委员长叶飞在接受《人民日报》记者关于制定和实施1990年《归侨侨眷权益保护法》的采访时指出:归侨、侨眷有其他中国公民所没有的"海外关系"。国家根据他们同海外亲人正常联系的需要,给予保护,是合情合理合法的,从法律上予以肯定也是十分必要的。现在全国人大常委会正在准备制定保护妇女、儿童合法权益的专门法律,类似《归侨侨眷权益保护法》,不存在所谓"特殊公民"问题。参见张安南:《凝聚侨心的立法——访叶飞副委员长》,《人民日报》,1990年9月16日。

② 龚读法、陈吉:《浙江省基本侨情调查工作圆满结束》,中国报道,2014年10月28日。

③ 2012年上海市108万归侨、侨眷、港澳居民眷属、归国留学人员和留学生眷属中,归侨占3.02%,侨眷占64.96%,港澳居民眷属占7.06%,留学生眷属占20.13%,归国留学人员占4.84%。102万海外华侨华人、港澳居民和留学生中,外籍华人占41.22%,华侨占34.42%,留学生占14.57%,港澳居民占8.66%,0.14%的对象身份因未填写而无法归类。参见叶艺勤:《上海市公布第三次基本侨情调查结果》,中国新闻网,2012年8月3日。

需要优待或者适当照顾。该观点与"有海外关系"论相通，"有海外关系"强调
的是原因，"作出重大贡献"强调的是结果，两者均是基于外籍华人、华侨、归
侨、侨眷的特殊生活经历，共同围绕他们参加国内社会和经济建设的意愿。① 将
"作出重大贡献"作为给予外籍华人、华侨、归侨、侨眷优待或者适当照顾的政
治基础，是可以接受的，但作为法律基础，则有失严谨。基于少数外籍华人、华
侨、归侨、侨眷的重大贡献，保护所有外籍华人、华侨、归侨、侨眷权益，有悖
于权利和义务相一致原则。如果认为有些外籍华人、华侨、归侨、侨眷虽然没有
作出重大贡献，但是与作出了重大贡献者同属一个群体，是利益相关者，应给予
其特别保护，也需要商榷，因为基于人身的利益相关者应该是其亲属，而不是任
何其他人。

　　"弱势群体"：外籍华人、华侨、归侨、侨眷是弱势群体，需要优待或者适
当照顾。② 然而我国没有将外籍华人、华侨、归侨、侨眷列为弱势群体。《国家
人权行动计划（2009—2010 年）》第三部分"少数民族、妇女、儿童、老年人和
残疾人的权利保障"，不包括外籍华人、华侨、归侨、侨眷的权利保障。这是由
于外籍华人、华侨、归侨、侨眷的人群整体性及住在国或者联系的其他国家的经
济发展水平，经济文化水平和所处自然环境差、处于信息和专业知识不对称的被
动地位的"弱势"，也不属于生理上不强壮或不健全的人群。外籍华人、华侨、
归侨、侨眷中有生活困难者，也有的已经或逐渐成为政治上有影响、社会上有地
位、经济上有实力、专业上有造诣者。

　　"履行更多义务"：外籍华人、华侨、归侨、侨眷比其他社会群体履行了并
将继续履行更多的义务，需要优待或者适当照顾。但是，外籍华人、华侨、归侨
在中国境内居留的时间短于其他公民，与中国的联系比其他公民松散，导致其对
中国履行的义务比其他外国人、其他公民对中国履行的义务少的可能性大于多的
可能性。侨眷的"眷"只是一种亲属关系，不能证明其比其他中国公民履行了
更多义务。虽然为国家尽多少义务不是其居留时间长短决定的，但是作为某个群
体，居留时间长，则其为国家作贡献的可能性更大。法律赋予权利应基于被赋予
者尽更多义务的可能性而不是更少的可能性。

─────────

① 时任全国人大华侨委员会主任委员甘子玉 2000 年在《关于〈中华人民共和国归侨侨眷权益保护
法修正案（草案）的说明〉》在"修改的必要性"部分中指出：华侨和归侨侨眷历来有爱国爱乡的光荣传
统，为我国革命和建设作出了巨大的贡献。尤其是在改革开放和社会主义现代化建设的今天，海外侨胞和
国内归侨、侨眷正为国家富强、民族振兴、祖国和平统一发挥着越来越重要的作用。

② 杨海坤、曹达全：《弱势群体的宪法地位研究》，《法律科学（西北政法学院学报）》2007 年第 4 期。

第五节　涉侨法律法规体系建设与民族国家建设的冲突

中国以外籍华人、华侨、归侨、侨眷为适用对象的涉侨法律法规体系建设，与以树立国家意识、公民意识、中华民族共同体意识为重点的民族国家建设，存在一定的冲突。外籍华人、华侨、归侨、侨眷是中华民族的国际移民，不是外来民族移民，对中国民族国家建设的影响不容小觑。目前，约53%的中国外国人永久居留证签发给外籍华人，70%的中国外商投资企业由海外华商创办，60%的中国实际利用外资总额来自海外华人，94%入选"千人计划"者是华侨华人。

中国民族国家建设不应该对外籍华人、华侨、归侨、侨眷有排斥性，而应该使其具有归属感。外籍华人、华侨、归侨、侨眷的认同意识和归属感是建立在与国内其他居民拥有同样权利基础之上的，一旦遭到歧视或者排斥，他们会想方设法保持自己的文化属性和群体特性，从而引起认同危机。如果在对国家或地方的认同建构上，侨本群体意识始终贯穿着他们的集体记忆，他们将很难建立对国家和地方的全面认同和归属感，进而削弱国家对他们的凝聚力和向心力。[①]

习近平关于民族团结的论述，对民族国家建设和对涉侨法律法规体系建设有重要指导意义。2014年5月，习近平在第二次中央新疆工作座谈会上发表重要讲话，强调要在各民族中牢固树立国家意识、公民意识、中华民族共同体意识。各民族要相互了解、相互尊重、相互包容、相互欣赏、相互学习、相互帮助，像石榴籽那样紧紧抱在一起。要加强民族交往、交流、交融，推动建立各民族相互嵌入式的社会结构和社区环境，促进各族群众在共同生产生活和工作学习中加深了解、增进感情。增强各族群众对伟大祖国的认同、对中华民族的认同、对中华文化的认同、对中国特色社会主义道路的认同。

强化侨，特别是华侨、归侨、侨眷与国内其他公民社会身份差异的做法，不利于其尽快地与国内其他公民融为一体，共谋发展，以及营建和谐宽容的社会环境和稳定团结的民族国家。[②] 民族国家是民族和国家两个不同事物的结合体，是两种不同原则和结构的融合，两种原则之间出现矛盾和张力的情况不在少数。[③]

[①]　Zweig David, Chung Siufung and Vanhonacker Wilfried, Rewards of Technology: Explaining China's Reverse Migration, *Journal of International Migration and Integration*, Vol. 7, No. 4, 2006.

[②]　翁里、江美艳：《新出入境法应重视华侨的入出境权益》，刘国福：《移民法理论与实践》，北京：法律出版社，2009年，第219–220页。

[③]　戴维·米勒、韦农·波格丹诺编，中国问题研究所等译：《布莱克维尔政治学百科全书》，北京：中国政法大学出版社，1992年，第490页。

提升各民族/群体对国家的一致认同是解决上述问题的有效方法。巩固和提升国家认同的最有效方式是把国内各群体塑造为一个具有高度凝聚性的国家民族，这需要促进各群体之间的融合，打造各群体公民身份的同质性。① 民族国家的民族认同和公民身份往往通过排斥性程序确定，归属感是建立在可以区别谁不属于本共同体的基础之上的。② 侨，特别是华侨、归侨、侨眷对自身差异性的认同无助于国家认同的提升，而且会成为国家认同发展的阻碍性因素。

涉侨法律法规体系对外籍华人、华侨、归侨、侨眷统一认同意识的形成发挥着重要作用。外籍华人、华侨、归侨、侨眷本身不是单一的而是多元的，他们之间的界限比较明显，从群体与外部互动关系的层面来讲，更具有复杂的多元性。外籍华人、华侨、归侨、侨眷统一认同意识的形成，不仅有赖于其自身，而且取决于国家。③ 依据涉侨法律法规，尤其是"根据特点，适当照顾"原则，国家对外籍华人、华侨、归侨、侨眷的保护不是规则的和制度性的。解决具体法律纠纷时，裁判者对不同的侨适用不同的规定。长此以往，复杂而多元的外籍华人、华侨、归侨、侨眷群体很难统一，其国家认同意识会被削弱。

第六节　涉侨法律法规体系研究不深

我国目前的研究成果为研究涉侨法律法规体系提供了有益的参考和借鉴，但是专门深入研究涉侨法律法规体系的学术成果有限，其他学科的研究也没有建立起与涉侨法律法规体系研究的关联，未能为建立健全涉侨法律法规体系提供理论支撑。

学术研究层面上的不足主要表现在：

（1）现有的关于外籍华人、华侨、归侨、侨眷的法学研究集中在对外籍华人、华侨、归侨、侨眷权益保护法律法规的阐述④，和省级人民代表大会检查归

---

① 周平：《对民族国家的再认识》，《政治学研究》2009年第4期。

② 王建娥：《移民地位和权利：对现代民族国家及其政治制度的严峻挑战》，《民族研究》2002年第5期。

③ 奈仓良子：《归侨认同意识的形成及其动态：以广东粤海湾华侨农场为例》，《华侨华人历史研究》2008年第3期。

④ 毛起雄的《当代国内外侨情与中国侨务法制建设》（2008年）主要展望中国侨务法制建设，刘华的《华侨国籍问题与中国国籍立法》（2004年）集中分析华侨的国籍问题，汤唯的《华侨权益的法律保障机构》（2006年）重点论述华侨权益保障，颜春龙的《侨务法学新论》（2008年）主要以移民跨国传播为视角分析族群权利。

侨侨眷权益保护法律法规实施情况的报告①。对归侨侨眷权益保护法律法规进行反思的文章，论述不太全面②。

（2）一些关于海外中国人才回归的研究涉及归侨法律问题，但是，他们主要论及海归群体的特点、地位和作用，以及吸引海外留学人才回国的政策，基本上不涉及侨务法律理念和制度，而且没有对回归的海外中国人才与归侨进行区分。③

（3）就国外研究而言，检索 Lexis Nexis Academic、Springer、Academic Research Library 和 John Wiley 数据库，国外虽然有不少关于华侨问题的研究成果，但是缺乏对涉侨法律法规体系研究的力作，专门研究中国涉侨法律法规体系的论文极少。

学术研究上的不足主要表现在：

（1）没有充分论证外籍华人、华侨、归侨、侨眷的身份和特点。建立和健全涉侨法律法规体系，就是要更有效地开展侨务工作④，这需要理清外籍华人、华侨、归侨、侨眷的法律地位。只有辨明外籍华人、华侨、归侨、侨眷的法律地位，才能更好地定位特别侨务法律，在一般法中融入侨务内容，否则容易与其他部门的涉侨立法重叠或者冲突，很难说服其他部门在进行涉侨立法时考虑侨。

（2）没有充分论证侨务制度。为切合涉侨法律法规的立法目标和原则，需要设计一些制度，平衡外籍华人与其他外国人，华侨、归侨、侨眷与其他中国公民，外籍华人、华侨、归侨、侨眷与国家之间的利益。制度是全法的具有统领性的实体性内容。⑤ 有些侨法研究成果论证了华人、华侨、归侨、侨眷身份等相关的侨务制度。⑥ 专项侨务制度的研究有待加大拓展深度和宽度。

（3）没有充分论证侨务工作的指导思想、基本方针、基本原则的理论基础，特别是法理基础。由于侨务的长期性、战略性、政治性和复杂性，单一学科理论很难全面阐述和切实支撑侨务工作的指导思想、基本方针、基本原则。夯实侨务

① 湖北省人大民族宗教侨务外事委员会跟踪检查组：《关于跟踪检查〈省人大常委会执法检查组关于检查归侨侨眷权益保护法律法规实施情况的报告〉落实情况的报告》，《湖北省人民代表大会常务委员会公报》2008 年第 6 期。

② 邓超：《新时期对"保护权益"和"适当照顾"问题的几点思考》，《侨务工作研究》2005 年第 2 期。

③ 李其荣、谭天星、林晓东：《海外高层次人才与人力资源建设》，北京：中国华侨出版社，2009 年。

④ 侨务工作的主要任务是：服务经济社会发展；维护和促进祖国统一；拓展侨务公共外交；弘扬中华优秀文化；努力营造对我国的友好舆论环境；加强对侨胞的联谊和引导；大力拓展华文教育；依法维护侨胞和归侨侨眷合法权益。

⑤ 周旺生：《立法学》，北京：法律出版社，2004 年，第 364 页。

⑥ 刘国福：《侨情变化与侨务政策》，广州：暨南大学出版社，2013 年。

工作指导思想、基本方针、基本原则的理论基础，有利于以此指导侨务立法。

（4）没有充分论证侨务工作如何实现从长期性、战略性、政治性、复杂性向运用法律的转变。侨务工作是党和国家一项长期的战略性工作，关于侨务的表述用语往往模糊、主观和宽泛，而法律则要求用语准确、客观和严谨。例如，我国外籍华人工作的基本方针是"关心外籍华人长期生存和发展，增进外籍华人同我国的亲情乡谊与合作交流，鼓励他们融入当地主流社会、传承民族优秀文化，为住在国的发展以及住在国与我国的友好合作发挥积极作用"。如果具体贯彻落实，需要转换为准确、客观和严谨的词句，并通过法律的形式予以体现。

第七节　结论

我国在侨务法治建设方面已经形成归侨侨眷法律体系和华侨法律体系框架，且正在积极探索华人法律体系，也面临着涉侨法律法规体系建设有待加强、涉侨法律法规的适应性和操作性不足、涉侨法律法规体现侨不充分等挑战。这主要是因为政府侨务部门在立法工作上处于被动；有立法权的部门不熟悉侨，难以开展侨务立法工作；侨"有海外关系"等特点日益淡化；涉侨法律法规体系建设和民族国家建设之间存在一定冲突；涉侨法律法规体系研究不深等。

第十章 涉侨法律法规体系的未来发展[①]

第一节 涉侨法律法规的立法目的

一、涉侨法律法规要解决的主要问题

归侨侨眷法律法规要解决的主要问题包括：

归侨、侨眷与其他中国公民法律地位有何不同；

是否继续适当照顾归侨、侨眷；

全国统一归侨证、侨眷证；

如何简化办理归侨、侨眷身份手续；

如何处理保护未办理归侨手续的华侨权益与保护归侨权益的关系；

如何安置受迫害或者发生紧急事件大规模回国的归侨；

如何促进归侨融入；

如何彻底解决印支难民问题；

"五侨"如何协调做好归侨、侨眷权益保护工作等。

华侨法律法规要解决的主要问题包括：

（1）立法目的和基本原则。立法目的方面，除保护华侨的合法权利外，应否、如何增加相应内容，以增强对华侨参加国家建设的感召力？基本原则方面，是遵循"平等保护"，还是"一视同仁、不得歧视、根据特点、适当照顾"？

（2）华侨权益和义务的内涵。华侨在国内有哪些权益，立法保护的重点权益是什么？华侨有哪些义务，在立法中应否规范义务，规范的重点义务是什么？华侨在国外有哪些权益，在立法中应否规范国外权益，规范的重点国外权益是什么？地方如何在保护华侨国外权益方面发挥作用？例如，建立健全海外涉侨突发事件应急预案和应急救援联动机制；大规模海外华侨权益受到侵害时，配合国家

[①] 侨务立法方面的未来发展，参见第二章第七节"深入推进侨务立法"。

开展应急救援，进行妥善救助。

（3）华侨权益保护的体制和机制。如何确定华侨权益保护的责任主体和执法主体？五侨、企业事业单位、基层群众性自治组织等如何在保护华侨权益工作中发挥作用？如何加强政府各部门间以及政府与社会各界的华侨权益保护统筹协调机制？国务院侨务办公室并入中央统战部，地方政府侨务部门并入地方党委统战部门后，政府部门应否、如何行使保护华侨权益的职责？

（4）办理华侨身份证明、以护照证明身份。如何从条件、程序、有效期、效力等方面完善办理华侨身份证明制度？应否将华侨在境内办理事务，凭本人护照在国内证明"定居国外的中国公民"身份，从2012年《出境入境管理法》第十四条"金融、教育、医疗、交通、电信、社会保险、财产登记"扩展至投资创业、税务、住宿登记、机动车驾驶证申领等，并明确与居民身份证、居住证、社会信用代码证明具有同等的身份证明效力？

（5）政治权利。如何为华侨参政议政、担任公职提供充分保障？如何落实华侨选举权和被选举权，应否将华侨进行选民登记、参加人大代表选举的地点由原籍地、出国前居住地扩展至当前居住地，并邀请华侨列席人大会议？应否邀请华侨为政治协商会议特别邀请人士，并列席政治协商会议？

（6）征收华侨在国内的房屋和祖墓，申请宅基地。如何保护华侨房屋被征收时的合法权益？华侨具有国际迁徙性，"定居在国外"，与国外保持密切联系，难以像在国内的其他中国公民一样知悉征收房屋的相关条款。如何确保华侨祖墓被征收时的合法权益？迁徙华侨祖墓与征收其国内房屋类似，都面临与华侨有效沟通、协商、补偿的问题。如何保障华侨根据2008年《农村宅基地管理办法》持《华侨回国定居证》回国在农村定居申请宅基地、建造住宅的权益？

（7）侨汇。应否、如何便利华侨、侨眷接收从海外汇入境内的赡养费、遗产等外汇，能否简化金融部门审查手续、免征个人所得税？华侨继承国内遗产，能否简化兑换外汇手续、便利汇往国外？

（8）华侨社会保险。如何解决早期离职出境定居人员养老待遇问题？一些早期人员未达到法定退休年龄，办理了辞职、离职、退职手续或者被原单位除名后出国定居。这部分华侨达到退休年龄后希望将出国前在国内工作的工龄视为其缴费年限，不够基本缴费年限的采取补缴方式，以享受国内养老待遇。社会保险的覆盖面扩大至华侨子女？华侨在国内居住期间，可以按照有关规定参加社会保险，其子女呢？

（9）华侨教育。如何解决华侨学生在国内接受教育过程中存在的问题？华侨学生在国内报考普通高校，可以参加专门面向华侨和港澳台学生的"联招"考试，但报名资格有严格限定，在国内接受教育的华侨学生不符合"联招"报名条件的，因在国内没有户籍不能参加普通高考？华侨学生在国外接受小学、中学、大学本科和硕士教育后，在国内攻读研究生，因持中国护照不能享受校方给外籍留学生的优惠待遇，如果不改变国籍，毕业考试只能与国内考生一样参加统一考试？持中国护照的华侨学生在国外接受高中教育的学历不被承认，而持外国护照的学生在外国接受高中教育的学历却被认可？应否、如何支持华侨子女在国内接受学前教育？华侨子女在国内接受教育，华侨全家必然心系中国。目前，对华侨子女在国内接受义务教育、高等教育均有相关规定，但对在国内接受学前教育还没有规定。如何适当照顾华侨子女（外籍华人学生）回国上中小学？以北京为例，在招生计划比例内优先办理，公办中小学校招收外国学生比例原则上不超过当年中国学生招生计划总数的 10%。如何整改侨界学生来京接受义务教育政策法规不落实情况？例如，华侨学生（取得国外长期或永久居留权回国学习的中国公民）来北京市接受义务教育的，应持区侨办出具的《华侨、港澳同胞和外籍华人学生来京上中小学批准书》与在国内居住证明到各区教委办理入学手续；需参加国内高中等学校考试录取的，由区侨办出具身份证明，与国内户籍学生享受同等政策。2017 年 4 月以来，北京市教育考试院及丰台、海淀等多个区侨办及学生家长反映，区侨办开具的批准书不再作为入学证明材料。

（10）华侨投诉。如何加强侨务部门处理华侨投诉问题的规范性？如何加强侨务部门协调处理华侨投诉问题的权威性？

（11）华侨回国定居。如何从管辖、放弃国外居留资格、提交证明材料、户口登记、审批程序、按照 2003 年《行政许可法》规范化等方面完善华侨回国定居制度？

（12）外籍侨眷出入境。如何便利华侨外国国籍配偶和直系亲属出入境，根据特点和合理需求，对其来华入境、停留、居留、工作、永久居留，以及取得和恢复中国国籍等国际移民事项作出特别规定？

（13）鼓励、引导和支持华侨发挥优势，保护华侨权益，参加国家和地方建设。例如，如何参加北京国际交往活跃、国际化服务完善、国际影响力凸显的重大国际活动聚集之都建设。

（14）外籍华人、赴港澳台定居人员的权益保护。外籍华人、赴港澳台定居人员在国内有哪些权益需要保护？外籍华人、赴港澳台定居人员的权益保护，"可以""应当"参照执行华侨权益保护地方立法，还是按照"法律、法规和国内有关规定"予以保护？

（15）华侨在国内投资。鼓励、引导和支持华侨在国内投资的方式和手段有哪些？哪个部门、如何确定对华侨投资企业的认定标准，"经国家有关部门批准，由华侨、外籍华人、港澳同胞在中国内地投资兴办且其资本占投资总额 25% 以

上的企业（不含国外及港澳中资机构在境内的投资企业）"？华侨投资企业应适用内资企业、参照执行外资企业，还是按照市场准入负面清单方面的规定？如果华侨投资企业是外商投资企业，应否平等参与政府采购？华侨的合法财产和投资获得的合法利润、股息、利息、租金、特许权使用费、清算后的资金以及其他合法收入，应否、如何便利其汇往国外？

（16）华侨慈善捐赠。应否、如何加大侨务部门对华侨慈善捐赠管理的职能？1999年《公益事业捐赠法》虽然规定侨务部门对华侨捐赠有协助管理和监督的职能，但捐赠完成后，侨务部门难以介入管理和监督。绝大多数涉侨捐赠并没有通过侨务部门或者在侨务部门备案，侨务部门不掌握涉侨捐赠整体情况，难以进行准确统计。应否、如何给予海外侨胞向国内捐赠物资免税？近年来，海外侨胞、港澳同胞向国内捐赠助听器、净水器、医疗设备经常遇到需要缴纳进口环节的增值税及其他相关税种。不属于救灾但用于扶贫、教育、卫生等方面的物资，按法律规定应当免税，但实际执行中不能享受免税待遇。

（17）华侨文化、宣传、华文教育。如何通过保障华侨权益，进一步做好华侨文化工作？如何通过保障华侨权益，进一步做好华侨宣传工作？如何通过保护华侨权益，进一步做好华文教育工作？

（18）华侨就业。如何建立健全华侨人才引进、使用、评价、激励和服务制度？允许从事专业技术工作的华侨依法参加专业技术人员考试或专业技术资格的评审？华侨国外专业工作的年限和成果可以作为专业技术任职资格的参考依据，以鼓励和吸引华侨专业技术人员回国就业。将华侨国外专业工作（包括公派或非公派）的年限作为工龄，计入养老金工龄？目前，华侨回国就业面临的问题主要有：如果不入选国家和地方的人才计划，不能享受优惠政策待遇，反而因为在海外留学与工作导致与国内脱节、海外非公派留学和非公派工作时间不算工龄等因素，在国内的发展环境劣于其他人员；海外人才层次、申报渠道和认定标准不科学；支持资助项目评审制度不完善；资金以外支持较少等。

外籍华人法律法规要解决的主要问题包括：

外籍华人的范围；

外籍华人与其他外国人法律地位的不同；

是否适当照顾外籍华人；

颁发外籍华人证，各省市分别颁发还是全国统一颁发，是境内侨务部门还是海外使领馆颁发；

是否给予外籍华人出入境、居留、永久居留、国籍便利；

是否向外籍华人提供公共服务；

是否保护外籍华人权益；

如何妥善处理外籍华人"间谍"案；

发生大规模排华事件时，外交是否保护外籍华人；

"五侨"如何协调做好外籍华人权益保护工作等。

二、涉侨法律法规的立法目的

以"平等保护，增进融合"为涉侨法律法规的立法目的，平等保护外籍华人、华侨、归侨和侨眷权益，不歧视、不特殊照顾，增进外籍华人与住在国居民以及华侨、归侨、侨眷与其他公民之间的理解、包容和接纳，助力民族国家建设。运用技术移民和投资移民制度引进侨智和吸引侨资，通过家庭移民制度解决外籍华人叶落归根和送子女回国抚养的问题，借助人道主义移民制度妥善安置受迫害的、大规模回国的外籍华人，借助移民融合制度帮助外籍华人、华侨、归侨和侨眷。我国改革开放离不开人员国际流动。人员国际流动有序有利于我国的国际化及发展，有助于其他国家与我国的交流和合作。

第二节　涉侨法律法规是国际移民法律法规的最重要组成部分

一、侨群体不断扩大

随着经济社会的快速发展，除华侨华人以外，还有很多中国公民出国。根据公安部、教育部、商务部的统计，2017 年，中国内地居民出入境 2.92 亿人次，在国外进行学习和研究的有 145.41 万人，在境外各类的劳务人员有 97.9 万。一部分出境的内地居民在国外生活、工作和学习，居留时间较长，甚至超过了华侨华人的居留时间。他们熟悉住在国情况，成为高端人才，是事实上的侨务资源。但根据 2009 年《国务院侨务办公室关于界定华侨外籍华人归侨侨眷身份的规定》，他们没有定居国外、加入外国国籍，不是华侨、外籍华人。

侨务工作对象的范围不断扩大，从华侨华人扩展到了海外侨胞。2013 年 12 月，国家副主席李源潮受党中央委托，发表题为"团结动员广大归侨侨眷和海外侨胞，为实现中华民族伟大复兴的中国梦作出独特贡献"的第九次全国归侨侨眷代表大会祝词。2014 年《中共中央关于全面推进依法治国若干重大问题的决定》

指出：依法维护海外侨胞权益。浙江省、上海市等省市的基本侨情调查均将海外留学人员、归国留学人员纳入调查范围。进行华侨权益保护、外国人永久居留管理、外国人工作管理、外国留学生勤工助学、国籍管理等有关侨务的立法，要顺应侨务资源不断丰富的趋势，顺应侨务工作对象范围已经扩大的实践，以新视角重新界定华侨华人范围，不再拘泥于定居国外、原中国公民及其外国籍后裔等的划定，团结一切可以团结的侨务力量，使保护海外侨胞有法可依。

二、侨是国际移民工作的重点

广大归侨侨眷和海外侨胞在改革开放和社会主义现代化建设中具有独特作用并作出了重要贡献，这是中国国际移民区别于其他国家国际移民的最大不同。不给予侨出入境便利、维护海外中国公民权益，难以凝聚侨心侨力。不凝聚侨心侨力，难以聚海外侨胞英才，更谈不上聚天下英才。侨务与出入境、边防、外国人才、海外公民保护共同构成了国际移民工作的主要内容。

由于侨务、出入境、边防、外国人才、海外公民保护的独立性和局限性，需要对这些方面的事务进行系统性和整体性思考，整合相关管理部门，科学设立统一的国际移民主管部门。2018 年 3 月，中共中央印发了《深化党和国家机构改革方案》，以加强党的全面领导为统领，以国家治理体系和治理能力现代化为导向，以推进党和国家机构职能优化协同高效为着力点，改革机构设置，优化职能配置。提出"组建国家移民管理局。随着我国综合国力进一步提升，来华工作生活的外国人不断增加，对做好移民管理服务提出新要求。为加强对移民及出入境管理的统筹协调，更好形成移民管理工作合力，将公安部的出入境管理、边防检查职责整合，建立健全签证管理协调机制，组建国家移民管理局，加挂中华人民共和国出入境管理局牌子，由公安部管理。主要职责是，协调拟订移民政策并组织实施，负责出入境管理、口岸证件查验和边民往来管理，负责外国人停留居留和永久居留管理、难民管理、国籍管理，牵头协调非法入境、非法居留、非法就业外国人治理和非法移民遣返，负责中国公民因私出入国（境）服务管理，承担移民领域国际合作等"。

国际移民主管部门要以侨为重点统筹规范公民和非公民的跨国迁徙行为，致力于扩大对外开放，吸引海外人才和资金，维护非传统安全，促进国际迁徙人员融合，保障国际迁徙人员合法权益。不考虑侨或不以侨为重点的国际移民管理会偏离国际移民绝对主力，游离于最可能被引进的海外人才之外，伤害海外侨胞的感情，减损对外开放政策的效力。

三、侨是国际移民法律法规的最重要适用群体

外籍华人、华侨、归侨、侨眷占中国国际移民的 99%，是最重要的组成部分。我国目前有 6 000 余万海外华侨华人、3 000 多万国内归侨侨眷、约 100 万在华外国人。外籍华人是聚天下英才而用之的战略目标最重要的对象。从 74 亿世界人口中吸引高端海外人才来华永久居留，不仅成本巨大，而且收效一般。本国裔人才回流原籍国是发展中国家国际移民的主要规律之一。以本国裔为重点引进高端海外人才是发展中国家普遍的成功做法。其他外国人才是引进海外人才的补充目标群体，引进外籍华人人才不排斥引进其他外国人才。

2016 年 2 月，中共中央办公厅、国务院办公厅印发了《关于加强外国人永久居留服务管理的意见》，坚持聚天下英才而用之的战略目标，实行更加积极有效的外国人永久居留服务管理政策。这是中国首次明确提出，外国人永久居留政策要坚持聚天下英才而用之的战略目标。每个国家都希望揽取全世界高端人才，中国也不例外。中国要实现聚天下英才而用之的战略目标，必须注重主观愿望与实际能力相契合，务实地聚焦外籍华人人才，从 6 000 余万外籍华人中揽取高端人才。进行外国人永久居留管理方面的立法，要区分外籍华人与外国人，以外籍华人为最重要对象，建立和完善积分评估、工作指导目录、身份转换、社会融合等制度。

四、涉侨法律法规是国际移民法律法规的最重要组成部分

海外华侨华人、归侨侨眷是中国国际移民的绝对主力，处理好侨务问题，有利于处理好国际移民问题，切实地做好对外开放。涉侨法律法规是国际移民法律法规的最重要组成部分，不涵盖和不重视涉侨法律法规的国际移民法律法规是不完整和不现实的。对中国而言，其他外国人具有超出海外侨胞、归侨侨眷的活性及对中华民族的补充性，涉侨法律法规不能取代国际移民法律法规。

2016 年 9 月，李克强总理指出，中国将采取一系列人道主义举措并积极探讨同有关国际机构和发展中国家开展难民和移民问题的三方合作。这是中国国家领导人首次阐述国际合作方面的国际移民政策。奉行开放政策和希望融入国际社会的国家都需要规划和发展全面的国际移民政策，中国也不例外。中国国际移民政策应旨在促进发展、维护安全、增进融合和保护人权，以华侨华人为最重要的工作对象，采取一系列国际移民措施，引进海外人才和资金，维护非传统安全，增进国际迁徙人员融合，保障国际迁徙人员合法权益，既便利和促进人员跨国迁徙，又服务国家内外战略需要。

第三节　涉侨法律法规的适用群体

一、外籍华人、华侨、归侨、侨眷的"海外关系"及相关特殊性淡化

发展涉侨法律法规体系，需要辨明外籍华人不同于其他外国人，华侨、归侨、侨眷不同于其他中国公民的个体特点。涉侨法律法规适用于侨的群体，但最终适用于每一位个体的侨。只有辨明外籍华人不同于其他外国人，华侨、归侨、侨眷不同于其他中国公民的个体特点，才能找准侨务立法的着力点，避免与其他部门的涉侨立法重叠或者冲突，说服其他部门在进行立法时考虑侨务因素，做出针对性的具体规定。

外籍华人、华侨、归侨、侨眷的"海外关系"及相关特殊性日趋淡化。"出国难""入境难"已经成为历史，20 世纪90 年代以来，公民出回国呈现"大进大出"的形势。中国国际移民和归国华人呈现多元化的发展趋势。20 世纪80 年代以来，没有华侨以难民身份大规模成批回国的情况，而是出现大量的华侨以投资者、人才的身份回国发展，归侨侨眷原来的弱势地位逐渐改变，强势地位开始显现。[①] 对侨务法治而言，辨明外籍华人不同于其他外国人，华侨、归侨、侨眷不同于其他中国公民的个体特点，是一项艰难但绕不过去的工作。

外籍华人、华侨与包括内地居民在内的海内外中华儿女有着共同的中华民族根、中华文化魂、中华民族伟大复兴梦，这些都是其他外国人没有的。实践中，外籍华人、华侨有着下列不同于其他外国人和中国人的传统和需求：①叶落归根，需要来华/回国定居，恢复中国国籍，恢复户籍，回国安葬；②经常回家看看，为住在国与我国的友好合作发挥积极作用，需要出入境便利、居留便利，与亲属团聚，短期回国期间证明身份的便利；③传承民族优秀文化，需要子女在住在国接受华文教育，子女回国/来华接受教育和实习；④保持亲情乡谊与合作交流，需要祖籍国关心、鼓励和支持在住在国生存和发展，及时帮助和救助贫困者、受迫害者；⑤回乡发展，需要来华/回国创新创业，不受歧视，与其他人员在公开、公平和公正的环境下进行竞争；⑥乐善好施，捐赠公益事业，获得应有荣誉。

---

①　崔明华：《新华侨华人工作思考》，国务院侨务办公室政研司：《上海华侨华人新视角：华侨华人研究上海论坛论文集》，北京：中国华侨出版社，2008 年，第 151－153 页。

归侨，由于长期在国外生活和工作，比起外国人，虽然有语言、文化相通优势，但是通常不能很快地像其他内地居民一样适应国内的生活和工作环境。如果经过努力还是不能适应，会有很强烈的失落感、失败感，甚至会选择回到原住在国。因此需要政府引导和帮助其适应国内的生活和工作环境，融入当地社会。

二、以融合发展为关键发展侨法

外籍华人、华侨、归侨、侨眷是中华民族的组成部分，在我国民族国家建设中有独特的、重要的作用。中国民族国家建设不应该对其有排斥性，而应该使其具有归属感。民族国家的民族认同和公民身份往往是通过一种排斥性程序来确定的，归属感是建立在可以区别谁不属于本共同体的基础之上的，其所有的政治安排和法律制度都是在具有排斥性的民族主义意识形态基础前提下建构的，没有为外来民族移民的政治权利留下空间。① 2014 年 6 月，习近平总书记在第七届世界华侨华人社团联谊大会指出："在世界各地有几千万海外侨胞，大家都是中华大家庭的成员。"党的十九大报告提出：加强海内外中华儿女大团结，团结一切可以团结的力量，齐心协力走向中华民族伟大复兴的光明前景。如果在对国家或地方的认同建构上，外籍华人、华侨、归侨、侨眷意识始终贯穿着他们的集体记忆，他们将很难建立对国家和地方的全面认同和归属感，进而削弱国家对他们的凝聚力和向心力，造成外籍华人不认同中国、华侨不回国定居、归侨回流原居住国。②

强化外籍华人、华侨、归侨、侨眷与国内其他公民法律地位差异的做法，容易导致其身份差异，不利于其尽快地与国内其他公民融为一体，共谋发展，以及营建和谐宽容的社会环境和稳定团结的民族国家。③ 外籍华人、华侨、归侨、侨眷对自身差异性的认同无助于对国家认同的提升，而且会成为国家认同发展的阻碍性因素。通过法律确认外籍华人、华侨、归侨、侨眷的地位差异，给予其照顾或与国内公民不同的待遇，有悖于民族国家对国家认同的要求和公民国家、法治国家建设所倚重的国家与公民良性互动机制功能的发挥。依据"关心外籍华人长期生存和发展""根据特点、适当照顾"原则，国家对外籍华人、华侨、归侨、

---

① 王建娥：《移民地位和权利：对现代民族国家及其政治制度的严峻挑战》，《民族研究》2002 年第 5 期。

② Zweig David, Chung Siufung and Vanhonacker Wilfried, Rewards of Technology: Explaining China's Reverse Migration, *Journal of International Migration and Integration*, Vol. 7, No. 4, 2006, pp. 449 – 471.

③ 翁里、江美艳：《新出入境法应重视华侨的入出境权益》，刘国福：《移民法理论与实践》，北京：法律出版社，2008 年，第 219 – 220 页。

侨眷的保护不是规则的、制度性的，而是同样事情不同处理或者特事特办。这使得办理具体事务时，管理者对外籍华人、华侨、归侨、侨眷与非外籍华人、华侨、归侨、侨眷，不同外籍华人、华侨、归侨、侨眷之间，常常适用不同的规则。长此以往，复杂而多元的外籍华人、华侨、归侨、侨眷群体很难一统，其国家认同意识也不易达成一致。

　　未来的侨务法律需要以外籍华人、华侨、归侨、侨眷是中华民族的一部分以及其他中国公民为中华儿女为起点，而不是以国籍、户籍为起点，确定他们的法律地位。前者增进与祖（籍）国的联系，后者实质上割裂与祖（籍）国的联系。未来的侨务法律需要更加注重外籍华人、华侨、归侨、侨眷的融合。由于侨务法治建设的侨情基础发生了重大变化，"根据特点、适当照顾"原则遇到了挑战。调整"根据特点、适当照顾"原则，转向融合发展，论证融合发展法的可行性，是侨务法治建设的一个新命题。

三、以真实联系为依据确定外籍华人、华侨、归侨和侨眷的权利和义务

　　新型国际移民管理理论认为：确认公民和外国人身份的依据是个人与居留国的真实联系，真实联系通过国籍和其他联系因素相结合，而不是仅通过国籍反映。在人员跨国迁徙已经常态化的背景下，国籍不能完全反映该人与国籍国之间应有的联系。依据空壳国籍认定的权力型公民身份和义务性外国人身份，会发生公民和外国人应有和实有权利与义务不对称情况，例如不完善的无户籍公民制度，无户籍公民制度执行效果不理想，保护外籍华人、华侨、归侨和侨眷权益的法律基础不清，归侨、侨眷身份认定存在法律漏洞等，这不利于增进海外侨胞与祖（籍）国的亲情乡谊与合作交流。

　　证明真实联系的最主要因素是居留，居留集中体现了一个人的利益中心。外国人永久地在一国居留，说明其已经把该国视为自己的家园，与居留国存在真实的联系。证明真实联系的最关键因素是贡献。如果一个人能够证明虽然不在一国居留，但是实质上与该国保持了密切联系，作出了应有贡献，可以豁免对其的居留要求。国籍是区分公民和外国人的唯一依据，但不是确认公民和外国人享有权利和承担义务的范围的唯一依据。符合居留条件的外国人可以享有而不符合居留条件的公民不可以享有选举、被选举、担任公职、出入境、户籍、就业、教育、医疗、投资、福利等作为公民"专有"的权利。实践中，澳大利亚、美国、韩国、意大利、法国等国家和中国台湾等地区根据新型国际移民管理理论，修正了单凭国籍认定个人身份及其权利和义务的法律，规定能证明与本国/地区保持实

质联系（贡献）的外国人，享有本国/地区公民的"专有"权利，豁免国际移民管理上的居留条件。相反，拥有一国国籍，但是未与该国/地区保持实质联系（贡献）的公民，则不能享有公民"专有"权利。

虽然我国建立了针对外籍华人、华侨、归侨、侨眷等跨国迁徙人员的管理制度，但是这些管理制度拘泥于国籍原则，没有抓住跨国流动中的"居住""贡献"等关键因素，缺少与出入境、户籍、就业、教育、医疗、投资、福利等管理制度的互动，不能反映外籍华人、华侨、归侨、侨眷的动态跨国迁徙情况，也不能体现其因跨国迁徙而产生的出入境、户籍、就业和社会福利等方面权利和义务的变化。因此，可以考虑：

（1）建立无户籍公民制度。无户籍公民是指具有中国国籍，现侨居国外的公民及取得、恢复中国国籍但未曾在中国设有户籍的公民。为不同类无户籍公民设定不同的回国定居条件，以吸引有利于中国经济和社会发展的华侨，限制可能给中国带来压力和负担的华侨。

（2）建立公民居留期（贡献）制度。取得我国国籍者在中国居留满一段时间后才有户籍，不是取得我国国籍后立即有户籍。有户籍的公民出国即不在中国居留满一段时间后丧失已有户籍，不是出国前丧失已有户籍。取得中国永久居留权并在中国居留满一段时间后恢复原有户籍，不是取得永久居留权后立即恢复国籍。公民出国一段时间，停止发放某些福利金。

（3）建立外国人居留期（贡献）制度。取得临时居留许可的外国人在我国居留满一定时间，可以申请永久居留。取得我国永久居留许可的外国人在我国居留满一定时间，可以申请延期永久居留许可。获得永久居留许可并在中国居留满一定时间，可以申请中国国籍。新公民入境居住一段时间后，享有与有户籍公民相同的全部权利。新永久居民入境居住一段时间后，享有与有户籍公民相同的经济社会文化权利。

（4）建立无户籍国民、公民居留期（贡献）、外国人居留期（贡献）与权利义务联动制度。区别中国有户籍公民、中国无户籍公民、有中国永久居留权但不在中国居留的外国人、有中国永久居留权但在中国居留不满一定时间的外国人、有中国临时居留权在中国居留的外国人，与中国联系最真实者享有最多权利，以此类推，以吸引和留住有利于中国经济和社会发展的公民和外国人。

第四节　涉侨法律法规的立法主体

一、进一步发挥各级党委和政府侨务部门、单位及其他涉侨部门的作用

提升政府侨务部门的定位，不再是协助政府首脑办理侨务专门事项、不具有独立的行政管理职能的办事机构，而是具有组织协调、指导服务和监督检查等行政管理职能的侨务工作行政主管部门，方便地方政府侨务部门开展涉侨法律法规的立法工作。地方在提升政府侨务部门定位方面，做了大胆和稳妥的探索。2015年《南京市华侨权益保护条例》第五条第二款规定："侨务部门是华侨权益保护工作的行政主管部门，负责华侨合法权益保护的协调服务和监督检查。"2013年《苏州市华侨归侨侨眷权益保护办法》第四条第二款规定："市、县级市（区）人民政府侨务部门是本行政区域内侨务工作的行政主管部门，负责华侨、归侨和侨眷合法权益保护的组织协调、指导服务和监督检查工作。"2013年《扬州市华侨归侨侨眷权益保护办法》第六条第二款规定："市、县（市、区）政府侨务部门是所在区域内侨务工作的行政主管部门，负责华侨、归侨、侨眷合法权益保护的协调、指导服务和监督检查工作。"①

积极筹划和尽快理顺政府侨务机构改革形成的侨务部门新的法律地位。如果政府侨务部门并入党委统战部门，由哪个部门代表政府行使侨务职责？2018年《深化党和国家机构改革方案》提出，"调整后，中央统战部在侨务方面的主要职责是，统一领导海外统战工作，管理侨务行政事务"。2018年《中共中央深化党和国家机构改革方案》还提出深化地方机构改革，"地方机构改革要全面贯彻落实党中央关于深化党和国家机构改革的决策部署"，"省级党政机构改革方案要在2018年9月底前报党中央审批，在2018年年底前机构调整基本到位。省以下党政机构改革，由省级党委统一领导，在2018年年底前报党中央备案。所有地方机构改革任务在2019年3月底前基本完成"。

这与现行的侨务、涉侨法律法规规章关于"县级以上人民政府负责侨务工作

---

① 1999年《广州市出境定居人员权益保障规定》第三条第一款规定："广州市人民政府侨务办公室是本市侨务行政主管部门，负责本规定的实施和监督。"2003年《杭州市出国定居人员权益保障规定》第四条第一、二款规定："杭州市侨务行政主管部门是本市出国定居人员权益保障工作的主管部门，负责组织、协调有关部门做好出国定居人员权益保障工作。各区、县（市）侨务行政主管部门负责本区域内出国定居人员权益保障工作。"

的机构应当组织协调有关部门做好保护归侨、侨眷合法权益的工作""各级人民政府应当重视和加强华侨权益保护工作"［例如，1994 年《北京市实施〈中华人民共和国归侨侨眷权益保护法〉办法》（2005 年修正）第三条］的规定不太一致。需要修改侨务、涉侨法律法规规章，将地方政府侨务部门职责转为党的统战部门的职责。2014 年《中共中央关于全面推进依法治国若干重大问题的决定》指出，"实现立法和改革决策相衔接，做到重大改革于法有据、立法主动适应改革和经济社会发展需要。"1990 年《归侨侨眷权益保护法》（2009 年修订）第四条、2004 年《归侨侨眷权益保护法实施细则》第四条等法律、法规的相关规定；2015 年《广东省华侨权益保护条例》第四条、2015 年《福建省华侨权益保护条例》第三条、2016 年《上海市华侨权益保护条例》第四条、2016 年《湖北省华侨权益保护条例》第四条，及各地方的《归侨侨眷权益保护法》实施细则/办法等地方侨务法规的相关规定；2006 年《浙江省华侨权益保障暂行规定》第三条，2012 年《南京市华侨归侨侨眷权益保护办法》第六条，2013 年《扬州市华侨归侨侨眷权益保护办法》第六条，2013 年《苏州市华侨归侨侨眷权益保护办法》第四条，2015 年《南京市华侨权益保护条例》第五条等，都明确规定由政府及其侨务部门负责侨务行政事务。

明确其他涉侨部门的定位，是各自做好分内工作的基础，而且有义务协同政府侨务部门共同做好外籍华人、华侨、归侨、侨眷权益保护工作。地方在明确其他涉侨部门定位方面，做了大胆和稳妥的探索。1999 年《广州市出境定居人员权益保障规定》第三条第二款规定："各级人民政府有关职能部门，依照各自职责协同实施本规定。"2003 年《杭州市出国定居人员权益保障规定》第四条第三款规定："建设、房产、国土资源、农业、公安、人事、劳动和社会保障、民政、教育等行政主管部门应当按照各自职责，协同侨务行政主管部门共同做好出国定居人员权益保障工作。"

明确乡（镇）人民政府（街道办事处）、村（居）委会的侨务工作职责，使外籍华人、华侨、归侨、侨眷权益保护工作落实到最基层。地方在明确乡（镇）人民政府（街道办事处）、村（居）委会的侨务工作职责方面，做了大胆和稳妥的探索。2015 年《南京市华侨权益保护条例》第五条第四款规定："镇人民政府（街道办事处）配合做好相关服务协调工作。"①

---

① 2013 年《苏州市华侨归侨侨眷权益保护办法》第四条第四款规定："镇人民政府（街道办事处）应当明确人员做好本辖区内的华侨、归侨和侨眷权益保护和服务协调工作。"2013 年《扬州市华侨归侨侨眷权益保护办法》第六条第四款规定："乡（镇）人民政府（街道办事处）、村（居）委会应当根据本区域华侨、归侨和侨眷的特点，利用服务网络及其他社会资源做好相关服务和协调工作。"

二、侨务部门单独或者与其他部门联合出台政策性文件

党和国家的侨务部门行使政策性文件制定权，围绕外籍华人、华侨、归侨、侨眷反映比较集中的热点难点问题，单独或者与其他部门联合出台政策性文件，比通过有关单位和个人提请制定法律、行政法规，推动其他国务院机构制定行政规章、行政规范性文件更易于操作，更能取得实效。侨务部门自己能够解决的，单独出台政策性文件；侨务部门自己不能解决的，与相关部门联合出台政策性文件。由于国务院侨务办公室办事机构的性质，其制定的政策性文件多是与其他政府部门联合制定而不是单独制定的。国务院侨务办公室单独或者联合下发的一些政策性文件取得了积极效果。例如，2002 年《涉侨经济案件协调处理工作暂行办法》、2002 年《国务院侨务办公室国内司、监察局关于认真做好办理"三侨考生"身份证明工作的通知》、2009 年《国务院侨务办公室关于界定华侨外籍华人归侨侨眷身份的规定》等。

三、鼓励和支持地方侨务立法

在国家侨务立法较难突破的情况下，鼓励有需求和有能力的地方积极探索地方侨务立法。在一些侨务大省和侨务强省，地方对侨务的需求、面临的侨务问题比中央对侨务的需求、面临的侨务问题更迫切和突出。侨务大省和侨务强省的地方政府侨务部门在地方政府中的地位和作用，可能会超过党和侨务部门在党中央、国务院中的地位和作用。涉侨法律法规重在实效，只要能解决侨务问题，不必苛求全国统一立法。

通过与地方党委、人民代表大会、政府、政治协商会议的沟通协调，支持和帮助地方政府侨务部门营造宽松的立法环境。例如，国务院侨务办公室可以在与省级政府的战略合作框架协议中，将推动地方侨务立法作为合作内容之一。2013 年 11 月，国务院侨务办公室与贵州省人民政府签署《关于发挥侨务资源优势助推贵州经济社会又快又好发展战略合作框架协议》①。2017 年 7 月，国务院侨务办公室与新疆维吾尔自治区人民政府签署了《全国援疆工作备忘录》。

总结可复制推广的地方侨务立法经验，能在其他地区推广的要尽快推广，能

---

① 2011 年 3 月，国务院侨务办公室与甘肃省人民政府签署《关于发挥侨务资源优势 支持甘肃经济社会发展战略合作协议》。2014 年 4 月，国务院侨务办公室与海南省人民政府签署《关于发挥侨务资源优势 促进海南国际旅游岛建设战略合作框架协议》。

在全国推广的要推广到全国。可总结、复制、论证、推广的地方侨务立法经验包括：开展综合性而不仅是专项性的侨务立法；地方侨务法规规章适用对象从归侨、侨眷扩展至华侨，乃至外籍华人；地方政府侨务部门是具有组织协调、指导服务和监督检查等行政管理职能的侨务工作行政主管部门；涉侨部门有义务协同政府侨办共同做好外籍华人、华侨、归侨、侨眷权益保护工作；乡（镇）人民政府（街道办事处）、村（居）委会应当做好本辖区内的华侨、归侨和侨眷权益保护和服务协调工作；华侨领取基本养老金后出国定居的，可以继续领取基本养老金；华侨出国定居可以保留持有农村集体经济组织股份，享有相应权利并依法履行相应义务等。

第五节　华侨法律法规体系建设

一、涉侨部门、单位共同推进华侨权益保护法立法

加强华侨法律法规体系建设，要力促华侨权益保护法立法，加快立法进程，使华侨权益保护法取得实效。许多政府人员、学者提出了制定华侨权益保护法的建议。地方积极探索华侨权益保护立法，取得了较大进展。充分发挥"五侨"等联席会议、协调机制的作用，形成"五侨"等涉侨部门、单位的共识，整合"五侨"等涉侨部门、单位的力量，共同推进华侨权益保护立法。广东省人民政府侨办在2014年全国侨办主任会议上谈道：侨务立法需要多方共同努力，加强同各方面、各部门的协调，特别是利用省"五侨"的力量去共同推进。

二、制定华侨权益保护条例示范稿

加强华侨法律法规体系建设，要在总结论证可复制推广的地方侨务立法经验的基础上，制定华侨权益保护条例示范稿，供地方制定华侨权益保护、外籍华人权益保护的法规、规章、规范性文件时参考，降低地方侨务立法的成本，提高全国侨务立法的统一性。

三、华侨权益保护法的主要内容

加强华侨法律法规体系建设，要重点解决立法目的和基本原则，华侨权益和

义务的内涵，华侨权益保护的体制和机制，办理华侨身份证明、以护照证明身份，政治权利，征收华侨在国内的房屋和祖墓，申请宅基地，侨汇，社会保险，教育，投诉，回国定居，外籍侨眷出入境，鼓励、引导和支持华侨发挥优势，参加国家和地方重点建设，外籍华人、赴港澳台定居人员的权益保护，投资，慈善捐赠，文化、宣传、华文教育，参与地方建设，就业等问题。华侨是中国公民，却无权申请居民身份证和拥有公民身份号码，使其在回国期间办理购房、金融、通信等事务时无法证明自己的身份，遇到诸多实际困难，这不利于其在国内进行生活和工作等社会活动。要动态管理公民居留，完善华侨回国定居恢复户籍制度，建立华侨居民身份证制度，将居民身份证发放范围扩展至华侨。根据中国加入的国际公约等，华侨享有回国定居权，且不得被任意剥夺。由于复杂的历史、经济、社会、政治、思想、法律等方面的原因，我国的华侨回国定居制度存在一些不足。为解决华侨回国定居所处的困境，长期来看，需要建立无户籍公民制度。近期来看，从实施2012年《华侨回国定居办理工作规定》入手，不断完善现行华侨回国定居制度。为严格执行单一国籍政策，驻外使领馆与国内公安机关实行信息共享和联动，对取得外国国籍的华侨及时注销其户口和身份证，避免事实上的双重国籍。落实华侨参加选举的政治权利，推动修改《全国人民代表大会和地方各级人民代表大会选举法》，突破华侨人大代表为零的状况，解决没有户籍的华侨进行选民登记和参加选举的问题，创造条件允许华侨在境外参加选举。赋予华侨和内地居民在购买商品房、参加社会保险方面同样的待遇，允许其和当地居民一样购买商品房和参加社会保险。

四、华侨权益保护法的立法技术

加强华侨法律法规体系建设，要提高华侨权益保护法的立法技术。不在保护法中做与已有法律相重复规定、转介性规定和宣示性规定。参见第二章第四节"华侨权益保护立法的难点"。

第六节　外籍华人法律法规体系建设

加强外籍华人法律法规体系建设，要贯彻"关心、增进、鼓励和促进"的华人政策，使外籍华人与其他外国人有所区分，给予华人出入境、居留、定居、教育便利。完善外籍华人法律法规，重在健全身份证件、签证、停留、居留、永久居留、永久居留人员待遇、国籍、难民、融合等制度。

健全外籍华人身份证件制度，需要分析外籍华人关于身份证件的呼吁，论证推行外籍华人身份证件面临的挑战，从将外籍华人限定在一代或三代以内，区分东南亚国家、非东南亚国家外籍华人，给予不同的出入境（国际移民）便利，以及修正有关外籍华人法律等方面展开。近年来，欧美华人不断呼吁推行华人证、华裔卡、海外公民证等华人身份证件，希望以此获得一定程度的中国国民待遇。回应欧美华人关于华人身份证件的呼吁，妥善解决推行华人身份证件面临的问题，努力降低制定和实施华人身份证件政策的风险。

健全外籍华人工作签证制度，需要培育和引导被邀请人树立信用，建立统一的出入境交通运输工具承运人审核在口岸办理签证的标准，规范境外外国人签证中介服务，减免探亲签证申请费和探亲签证服务费，以及在 D 字等签证中设亲属担保/提名，扩展 Z 字签证适用群体，允许符合条件的外籍华人在无工作邀请的情况下回国工作和从事一般劳动，延长 Q1 字、Q2 字签证的有效期，与更多发达国家互为对方商务、旅游和留学人员颁发长期多次签证。

健全外籍华人停留、居留制度，需要普惠式给予第一代华人一年或多年居留资格，减免外籍华人的居留证申请材料和申请费，延长团聚目的居留证件期限，允许将团聚目的居留证件转换为工作目的居留证件，设立创业目的工作居留证件。

健全外籍华人工作、永久居留制度，需要树立华人在中国永久居留（定居）政策的竞争性思路，准确定位华人在中国永久居留（定居）政策的目的，降低外国人（华人）在中国永久居留的条件。在《外国人在中国境内工作指导目录及计点积分方案》及北京、广东等省市实施的海外人才申请永久居留积分评估制度中加入与中国密切联系的指标，降低第一代高层次人才华人申请在中国境内工作、在中国永久居留的条件，允许外籍华人独立申请工作签证 R 字签证、投资类永久居留，放宽亲属团聚类永久居留条件，建立亲属保证制和移民配额制。目前的技能类、投资类、亲属团聚类外国人（华人）在中国永久居留制度都存在着过分严格和未充分考虑华人特点等问题。

健全永久居留人员待遇制度，需要采取措施，使外国人在中国永久居留享有的相关待遇政策落在实处，妥善解决外国人在中国永久居留享有相关待遇不充分、政策不落实等问题，实现外国人在中国永久居留享有相关待遇政策的目的，即"为大力吸引海外人才来华创新创业营造良好环境"。外国人在中国永久居留相关待遇政策主要面向华人。外国人在中国永久居留享有相关待遇政策的核心是凡持有中国外国人永久居留证的外籍人员"除政治权利和法律法规规定不可享有的特定权利和义务外，原则上和中国公民享有相同权利，承担相同义务"。外国人在中国永久居留相关待遇政策有些内容在实践中无法操作，有些待遇对高端华

人意义不大、政策功效低。

健全外籍华人国籍制度，需要丰富外籍华人单一国籍的内涵，使外籍华人加入中国国籍正常化，允许外籍华人高层次人才保留原国籍，放开外籍华人特别是高层次人才外籍华人、受迫害华人恢复中国国籍，允许中国公民被动取得其他国籍和主动取得非东南亚的发达国家国籍正常化，增强《国籍法》的可操作性和防范性。华侨华人是中国国籍政策调整最重要的对象之一。我国国籍政策在出生取得国籍、申请取得国籍、放弃原有国籍转而申请中国国籍等方面存在着规范不清和执行不严等不足，形成了事实上双重国籍或者同时拥有外国国籍和中国户籍等问题。

健全外籍华人难民制度，需要给予受迫害外籍华人难民地位，给予被遣返、将面临巨大危险的外籍华人补充保护者地位，允许受迫害外籍华人恢复中国国籍，推动符合条件的外籍华人难民社会融入，开展预先防范和睦邻合作，减少产生外籍华人难民的原因，制定难民法律，更加妥善和彻底地处理缅籍华人边民涌入。中华人民共和国成立至今，大规模涌入的华侨华人近百万，政府进行了大量和卓有成效的安置工作，但存在一些不足。例如，在华印支难民问题未得到最终解决，缅甸边民数次涌入我国，大规模涌入华侨华人保护政策缺位等［参见刘国福著《中国难民法》第六章"保护和安置归难侨、印支难民和老挝难民"（北京：世界知识出版社，2015 年）］。

健全外籍华人融合制度，需要创造回归外籍华人与国内人才同等竞争的环境，鼓励外籍华人与来源国同行保持紧密联系，允许外籍华人人才从事公务工作，为外籍华人及其子女提供更优质和公平的社会保障，在外籍华人集中的城市开办社会融合班，促进外籍华人在国内的再融合。

第七节　结论

发展涉侨法律法规，需要理清涉侨法律法规解决的主要问题和确立科学的立法目的。涉侨法律法规的立法目的是"平等保护，增进融合"，平等保护外籍华人、华侨、归侨和侨眷权益，不歧视、不特殊照顾，增进外籍华人与住在国居民以及华侨、归侨、侨眷与其他公民之间的理解、包容和接纳，助力民族国家建设。

涉侨法律法规是国际移民法律法规的最重要组成部分。随着社会经济快速发展，侨群体不断扩大，侨是国际移民工作的重点，侨是国际移民法律法规的最重要适用群体，涉侨法律法规是国际移民法律法规的最重要组成部分。

涉侨法律法规适用于外籍华人、华侨、归侨、侨眷等侨群体，外籍华人、华侨、归侨、侨眷的"海外关系"及相关特殊性日益淡化。未来的侨务法律需要以外籍华人、华侨、归侨、侨眷是中华民族的一部分为起点，弱化外籍华人、华侨、归侨、侨眷与国内其他公民法律地位的差异，以真实联系为依据确定外籍华人、华侨、归侨和侨眷的权利和义务。

我国涉侨法律法规的立法主体性弱，要进一步发挥各级党委和政府侨务部门及其他涉侨部门的作用，侨务部门单独或者与其他部门联合出台政策性文件。在国家侨务立法较难突破的情况下，鼓励有需求和有能力的地方积极探索地方侨务立法。

加强华侨法律法规体系建设，涉侨部门、单位共同推进华侨权益保护立法，在总结可复制推广的地方侨务立法经验的基础上，制定华侨权益保护条例示范稿，重点解决身份、回国定居、国籍、选举、房产、社保等问题，提高华侨权益保护的立法技术。不在华侨权益保护法规中做与已有法律相重复的规定、转介性规定和宣示性规定。

加强外籍华人法律法规体系建设，要贯彻"关心、增进、鼓励和促进"华人政策，使外籍华人与其他外国人有所区分，给予外籍华人出入境、居留、定居、教育便利。健全外籍华人身份证件、签证、停留、居留、永久居留、永久居留人员待遇、国籍、难民、融合等制度。

第三编　侨捐法与外籍华人出入境法

全面推进法治侨务建设，需要完善涉侨法律，夯实法治基础。涉侨法律内容丰富，本篇选取重要但是研究不足的侨捐法与外籍华人出入境法，分析侨捐法与外籍华人出入境法的现状和不足，提出完善侨捐法与外籍华人出入境法的建议。

第十一章　侨捐法

对于海外侨胞捐赠的义举，我国政府一贯充分肯定、积极鼓励，并保护侨捐人的合法权益。积极为海外侨胞捐赠公益事业提供热情周到的服务和帮助，是侨务部门的职责和义务①，侨务部门应依法保护侨捐人合法权益，提供相应的法律服务。

第一节　侨捐的基本情况

侨捐引领公益捐赠之先，为公益事业的发展作出了重要贡献，已成为带动公益事业发展、培育社会慈善文化的重要力量。全国各级侨务部门、单位涵养侨务资源，凝聚侨心，汇聚侨力，为拓展华侨捐赠工作奠定了坚实的基础，越来越多涉侨基金会、侨资企业和侨胞个人通过侨务部门捐赠，发展内地公益事业。改革开放以来，至 1999 年《公益事业捐赠法》实施，海外侨胞在国内兴办公益事业，捐款捐物总值达到 403 亿元人民币，占捐赠总数的 90% 以上。2008 年 "5·12" 汶川大地震，香港、澳门特区政府分别捐赠了 100 亿港元、50 亿澳门元，海外侨胞和港澳同胞通过各种渠道向灾区捐赠的数额达到 50 亿人民币。② 2012 年，全国侨办系统受理或协助办理的华侨华人、港澳同胞和归侨侨眷捐赠中国内地公益事业项目 6 054 个，捐赠金额达 33.99 亿元人民币③，2013 年为 72 亿元④，2014 年为 30.68 亿元，2015 年为 27.33 亿元⑤。改革开放以来，至 2015 年，海外侨

①　2003 年《国务院侨务办公室关于海外侨胞捐赠公益事业资金服务管理办法》第一条。
②　张嫒：《重视慈善发展中侨捐重要作用》，《法制日报》，2015 年 11 月 1 日。
③　张冬冬：《2012 年中国侨办系统受理或协助侨胞捐赠近 34 亿元》，中国新闻社，2013 年 5 月 16 日。
④　张嫒：《重视慈善发展中侨捐重要作用》，《法制日报》，2015 年 11 月 1 日。
⑤　杨凯淇，陶煌蟒：《中国侨务系统去年受托或协助办理侨捐逾 27 亿元》，中国新闻社，2016 年 4 月 20 日。

胞、港澳同胞通过个人、企业和基金会等多种渠道和形式支持、捐助国内公益事业总额近 1 000 亿元。①

广大侨胞素有情系桑梓、扶贫兴教的优良传统，为家乡建设作出了突出的贡献，使侨捐呈现捐赠领域、捐赠地区相对集中的特点。随着改革开放的不断深入，侨捐工作呈现出捐赠地域扩大化、捐赠方式多样化、捐赠主体多元化、捐赠运作专业化、捐赠活动品牌化等特点。随着国家西部大开发、中部崛起、"一带一路"倡议的不断推进，在各级侨务部门的积极引导下，侨捐由集中在侨乡地区逐渐向中西部贫困地区、少数民族地区扩展；捐赠方式由捐款捐物为主的"输血"式捐赠拓展为资金帮扶、智力帮扶、技术帮扶、合作共赢等多种方式并存的"造血"式捐赠，越来越多的华裔新生代参与国内公益慈善活动。②

国务院侨务办公室以"侨爱工程"为平台，引导、协助广大海外侨胞、港澳同胞、涉侨基金会和侨资企业捐助国内公益事业，在扶贫济困、灾后重建、改善民生、兴学助学、社会发展等方面开展了一系列活动。③ 1980—2012 年，香港应善良福利基金会在国务院侨务办公室的关怀、支持下，在各省（市、自治区）侨办以及各级有关政府部门的协助和帮助下，在国内 27 个省、市、自治区捐建小学教学楼、卫生院，开发饮水井、沼气，建设留守儿童的宿舍，设立助学金等，累计捐资 1 823 个项目。④ 截至 2016 年底，香港轩辕教育基金会在国务院侨务办公室等部门的支持下，在内地捐建了 571 个项目，其中校舍 201 所，农村中小学助学、奖学、奖教、大学种子基金等 239 项，遍布河南、湖南、甘肃、山东及新疆等 23 个省、市、自治区。⑤ 香港惩教社教育基金多年来分别在湖南、贵州、内蒙古、山西等地区协助重建学校 106 所，其中的部分项目是通过侨务系统实施的。⑥ 1979 年至今，福建省泉州市共接受华侨华人和港澳同胞捐资总额超过 100 亿元，泉州市下辖的南安市的侨亲捐赠兴办公益事业达 28 亿多元。2017 年，南安市海外华侨华人、港澳同胞在南安捐资兴办公益事业总额达 15 541 万元，项目 220 个，南安市成为全国唯一一个连续 24 年侨捐超亿元县（市）。⑦

---

① 殷春永：《爱心做慈善，道德育后人：国侨办涉侨基金会年度工作交流会侧记》，中国新闻社（银川），2010 年 1 月 20 日。

② 陈启任：《任启亮：华侨捐赠是侨务部门为侨服务的重要平台》，中国新闻社（广州），2014 年 5 月 27 日。

③ 崔佳明：《谭天星：推动涉侨基金会更好发展，助国家脱贫攻坚》，中国新闻网，2015 年 12 月 16 日。

④ 参见香港应善良福利基金会官方网站。

⑤ 参见香港轩辕教育基金会官方网站。

⑥ 王燕君：《香港惩教社资助山西农村教育累积逾 410 万》，中国新闻网（太原），2013 年 11 月 21 日。

⑦ 刘深魁、陈鑫炜：《南安连续 24 年侨捐超亿元》，《福建日报》，2018 年 2 月 23 日。

第二节 侨捐法的现状

一、国家侨捐法律和政策文件

国家颁布实施了侨捐方面的法律和政策文件，肯定和鼓励侨捐，保护侨捐人权益。1957 年，第一届全国人大常委会通过《华侨捐资兴办学校办法》，这是我国第一部侨务和侨捐方面的法律，鼓励华侨捐资，在国内兴办学校，发展文教事业，满足广大华侨子女求学的要求①。1964 年，国务院发布《关于华侨和港澳同胞捐资兴办公益事业问题的通知》，这是中华人民共和国成立后第一次以中央政府名义下发的有关侨捐的综合性文件，对捐赠自愿、严禁劝募、严禁截留侨汇、捐赠审批等进行了统一的规定。1999 年《公益事业捐赠法》将侨捐纳入公益事业捐赠，赋予侨务部门针对华侨捐赠的服务、管理和监督权。2013 年《国务院侨务办公室华侨捐赠工作管理办法》为规范侨捐工作提供了机制保障。2017 年《慈善法》在信息公开、监督管理等方面作出了详细的规定，适用于侨捐。

国家侨捐方面的法律和政策文件主要有：

1957 年全国人大常委会《华侨捐资兴办学校办法》；

1964 年国务院《关于华侨和港澳同胞捐资兴办公益事业问题的通知》；

1978 年国务院侨办、国务院港澳办、中国人民银行《关于接受海外华侨、外籍人、港澳同胞捐赠外汇或物资的有关规定》；

1979 年中纪委《关于在受理华侨捐献中严禁违反政策和营私舞弊的若干规定》；

1979 年国务院《关于华侨、外籍华人和港澳同胞向国内投资捐赠不要公开宣传的通知》；

1982 年中纪委、国务院侨办党组《关于严格制止向华侨、外籍华人和港澳同胞伸手要钱要物的紧急通知》；

1982 年国务院《关于加强华侨和港澳同胞捐赠进口物资管理的通知》；

1982 年财政部、国家外汇管理总局、国务院侨办《关于捐赠的外汇结汇价格和留成比例的通知》；

1983 年国务院侨办、海关总署、中国银行、国家外汇管理局《关于贯彻执行

---

① 1957 年《华侨捐资兴办学校办法》第一条。

加强华侨和港澳同胞捐赠进口物资管理的补充通知》；

1984 年国务院侨办、海关总署《关于加强捐赠进口物资管理意见的通知》；

1986 年国务院《关于加强华侨、港澳同胞捐赠和经贸活动中外商赠送国家限制进口机电产品管理的补充通知》；

1987 年国务院侨办、外交部《关于报道华人捐资兴办公益事业应注意的问题的通知》；

1988 年《关于华侨、港澳同胞捐赠国家限制进口机电产品的补充通知》；

1989 年国务院《关于加强华侨、港澳台同胞捐赠进口物资管理的若干规定》；

1989 年国家外汇管理局《关于对华侨港澳台同胞捐赠外汇参加外汇调剂的暂行规定》；

1989 年海关总署《中华人民共和国海关对华侨、港澳台同胞捐赠进口物资监管办法》；

1990 年物资部、经济贸易部、海关总署、国务院侨办《关于严格控制进口捐赠废旧轮胎的通知》；

1998 年国务院、海关总署《关于救灾捐赠物资免征进口税收的暂行办法》；

1999 年全国人大常委会《公益事业捐赠法》；

2001 年财政部、海关总署、国家税务总局《扶贫、慈善性捐赠物资免征进口税收暂行办法》；

2002 年对外经贸部等部门《关于华侨、港澳台同胞捐赠进口配额机电产品有关事项的通知》；

2003 年教育部、国务院侨办《关于在中小学校布局调整中注意保护海外侨胞捐赠财产的意见》；

2003 年《国务院侨务办公室关于海外侨胞捐赠公益事业资金服务管理办法》；

2007 年民政部《救灾捐赠管理办法》；

2013 年国务院侨办《华侨捐赠工作管理办法》；

2017 年全国人大《慈善法》等。

二、地方侨捐法规和政策文件

地方重视加强对侨胞慈善捐赠权益的保护，通过华侨、外籍华人、归侨、侨眷权益保护方面的综合性法规规章，保护侨捐人的权益，包括侨捐的税收优惠和税费减免等。2016 年《上海市华侨权益保护条例》第十九至二十一条规定了华侨捐赠，"鼓励华侨在本市兴办慈善公益事业或者向慈善公益事业捐赠"，"华侨有权决定其捐赠款物的品种、数量、金额、用途、受赠对象和捐赠方式"，"华侨对其捐赠款物的使用有监督检查的权利。对违反捐赠意愿的行为，华侨有权质询和投诉"。2014 年《山东省归侨侨眷权益保护条例》第十三至十四条规定了归侨、侨眷、华侨捐赠："各级人民政府应当鼓励归侨、侨眷、华侨捐赠兴办公益事业。归侨、侨眷、华侨捐赠坚持捐赠者自愿、尊重捐赠人意愿的原则，任何组织和个人不得变更捐赠用途或者随意更改项目命名，不得强行摊派或者变相摊派，不得侵占或者挪用捐赠的财物。"

各级侨务部门积极推动地方人大、政府或者协调有关部门，制定地方性侨捐法规规章和政策文件，充分发挥侨胞在本地区经济社会发展方面的重要作用。目前，如表 11 - 1，已有半数省份出台了地方性侨捐法规和政策文件，明确侨务部门职责，保护侨捐人权益。福建省、广东省是重点侨乡和侨捐的最大受益者，与其他省份相比，在制定专门的地方性侨捐法规和政策文件方面，更加及时和丰富，如 1956 年福建省《关于大力鼓励华侨办学的联合指示》早于 1957 年全国人大常委会《华侨捐资兴办学校办法》出台。1978 年广东省《关于受理华侨、外籍人、港澳同胞捐赠物资和捐资兴办公益事业的试行规定》是改革开放后的第一部地方性侨捐法规，规定的捐赠自愿、调整捐赠项目应征得捐赠人同意等原则，为其他地方的侨捐法规和文件所沿用。泉州市认真贯彻落实国家、福建省华侨捐赠兴办公益事业的政策法规，加强对侨捐项目和资金的管理，建立健全监督机制，及时总结交流工作经验，促进侨捐工作健康、有序发展。主动、及时做好侨港澳同胞捐赠兴办公益事业表彰工作，2004 年出台了《泉州市华侨捐赠兴办公益事业表彰暂行规定》，经过几年的试行，2008 年 12 月正式出台了《泉州市华侨捐赠兴办公益事业表彰规定》，进一步规范捐赠表彰工作。对符合表彰规定的捐赠者，及时主动举行表彰仪式，在报纸和电视台设立栏目，加大对侨港澳同胞爱心善举的宣传力度，让捐赠人感受荣誉和温暖，大力弘扬侨港澳同胞的爱心。① 近些年，非重点侨乡省份也非常重视侨捐工作，注重侨捐工作法制化建设。2016 年，河南省、青海省和贵州省等非重点侨乡省份颁布实施了地方性侨捐法规，规范侨捐工作，保护侨捐人权益。例如，2016 年《贵州省华侨捐赠公益事业条例》。

随着国家西部大开发、中部崛起、"一带一路"倡议的不断推进，不少地方修正了侨捐法规，完善侨捐管理制度，进一步保护捐赠人、受赠人、受益人的合法权益，调动捐赠积极性，促进本地区公益事业的发展。2002 年，福建省修正了 1990 年《福建省华侨捐赠兴办公益事业管理条例》，湖南省修正了 1994 年《湖南省华侨捐赠若干规定》。2004 年，浙江省修正了 1995 年《浙江省华侨捐赠

---

① 泉州市外侨办：《泉州市华侨捐赠公益事业硕果累累》，《侨务工作研究》2012 年第 2 期。

条例》，天津市修正了 2000 年《天津市华侨捐赠管理办法》。2014 年，广东省修正了 1997 年《广东省华侨捐赠兴办公益事业管理条例》。2015 年，四川省修正了 2002 年《四川省华侨捐赠条例》。修改后的地方侨捐法规具有更强的可操作性，注重鼓励捐赠，强化了监督管理，突出简政放权，鼓励更多的华侨、外籍华人及其企业和社会团体参与地方公益事业捐赠。

表 11 - 1　地方侨捐法规和政策文件

序号	地方侨捐法规和政策文件
1~6	1969 年《关于严禁向华侨、港澳同胞发动捐献问题的通知》 1978 年《关于严禁向华侨、中国血统外籍人、港澳同胞发动捐赠的通知》 1978 年《关于受理华侨、外籍人、港澳同胞捐赠物资和捐资兴办公益事业的试行规定》 1984 年《广东省华侨、港澳同胞捐办公益事业支援家乡建设优待办法》 1997 年《广东省华侨捐赠兴办公益事业管理条例》（2014 年修正） 2005 年《广东省华侨捐赠公益事业项目监督管理办法》
7~11	1956 年《福建省关于大力鼓励华侨办学的联合指示》 1983 年《福建省关于鼓励和支持华侨办学的若干规定》 1990 年《福建省华侨捐资办学奖励实施办法》 1990 年《福建省华侨捐赠兴办公益事业管理条例》（2002 年修订） 2014 年《福建省华侨捐赠兴办公益事业表彰办法》
12~13	1990 年《山东省华侨捐赠奖励办法（试行）》 1991 年《山东省华侨捐赠管理暂行办法》
14~15	1991 年《海南省关于华侨港澳台同胞投资捐赠奖励办法》 2007 年《海南省华侨捐赠公益事业若干规定》
16	1992 年《山西省关于接受华侨、港澳台同胞捐赠的管理办法》
17~18	1994 年《湖南省华侨捐赠若干规定》（2002 年修正） 2009 年《湖南省华侨捐赠公益事业项目监督管理办法》
19	1995 年《浙江省华侨捐赠条例》（2004 年修订）
20	1997 年《上海市华侨捐赠条例》
21	2000 年《江苏省华侨捐赠条例》
22	2000 年《天津市华侨捐赠管理办法》（2004 年修正）
23	2002 年《四川省华侨捐赠条例》（2015 年修正）
24	2009 年《安徽省华侨捐赠条例》
25	2015 年《甘肃省人民政府侨务办公室华侨捐赠使用管理办法》

（续上表）

序号	地方侨捐法规和政策文件
26	2016 年《河南省外侨办系统华侨捐赠工作管理实施办法》
27	2016 年《青海省华侨捐赠工作管理办法》
28	2016 年《贵州省华侨捐赠公益事业条例》

资料来源：作者整理。

三、侨捐管理制度

侨务部门与侨捐人建立了良好的关系，形成了严格、有效的协调、监督、反馈、激励侨捐管理制度，确保侨捐发挥最大效用，满足侨捐人的意愿。[①]

（1）侨捐协调制度。

侨捐工作是一个系统工程，涉及方方面面，需要协调相关的部门，需要地方政府的高度重视，于是建立了协调机制。2004 年《归侨侨眷权益保护法实施办法》第十三条第四款规定：归侨、侨眷境外亲友向境内捐赠财产的，县级以上人民政府负责侨务工作的机构可以协助办理有关入境手续，为捐赠人实施捐赠项目提供帮助。1999 年《公益事业捐赠法》第十五条第二款规定："华侨向境内捐赠的，县级以上人民政府侨务部门可以协助办理有关入境手续，为捐赠人实施捐赠项目提供帮助。"2016 年《河南省外侨办系统华侨捐赠工作管理实施办法》第四条规定：各级政府侨务部门可以协助办理华侨捐赠有关手续，为捐赠人实施捐赠项目提供帮助。长期以来，华侨出于爱祖国、爱故乡的热情，向国内捐赠了相当数量的物资、设备，用于兴办各种公益事业。各级人民政府侨务部门在协助华侨办理财产入境等捐赠手续，帮助华侨实现捐赠目的等方面发挥了积极作用。侨务部门是各级人民政府负责侨务工作的专门机构，是联系海外华侨的桥梁和纽带，为华侨捐赠提供服务是它的职责之一，不少海外华侨也信任侨务部门，希望通过它的帮助实现捐赠。遇到有华侨向境内捐赠的情况，县级以上人民政府侨务部门可以协助办理有关入境手续，为使捐赠人实现捐赠目的提供帮助。

（2）侨捐减免税费制度。

法律法规建立了侨捐减免税制度，对华侨、归侨、侨眷境外亲友捐赠的物资，依法予以减免税。1982 年《国务院关于加强华侨和港澳同胞捐赠进口物资管理的通知》（失效）第三条规定："华侨和港澳同胞捐赠物资或者使用捐赠外汇进口的物资，准予免税放行。但是，其中属于国家限制进口或者不准进口的物

[①] 程铁生：《侨办开展华侨捐赠工作形成"四个机制"》，新华网，2008 年 6 月 2 日。

资，以及属于国家需要对外推销的商品，应当劝说捐赠人将款项汇入国内购买；如果捐赠人坚持捐赠上述物资进口，有关部门应从严审批、控制，对用于科研、教学、医药卫生和兴办公益福利事业项目的可以免税，对用于其他方面的海关应当照章征收关税和工商税，税款由接受单位承担。对于自愿捐赠用于加工、装配后在国内出售的原辅料、零配件，海关凭审批机关的批准证明，照章征收关税和工商税。"1990 年《归侨侨眷权益保护法》（2009 年修正）第十二条第二款规定："归侨、侨眷境外亲友捐赠的物资用于国内公益事业的，依照法律、行政法规的规定减征或者免征关税和进口环节的增值税。"2004 年《归侨侨眷权益保护法实施办法》第十三条第二款、第三款进一步规定了侨眷免税："归侨、侨眷境外亲友捐赠的物资用于国内公益事业的，依法减征或者免征关税和进口环节的增值税。归侨、侨眷及其境外亲友在境内投资的企业捐赠的财产用于公益事业的，依法享受所得税优惠。"

国家确立了免征关税范围和办理捐赠物资进口的海关手续。1989 年《中华人民共和国海关对华侨、港澳台同胞捐赠进口物资监管办法》第六条规定："海关对经批准接受直接用于本单位工农业生产、科研、教学、医疗卫生、公益事业的国家限制进口的机电产品免征关税，用于其他方面的照章征税；对捐赠进口的其他物资，属于自用的免税，超出自用的部分照章征税。前款所称"公益事业"，是指：（一）直接用于建设少年儿童活动设施、幼儿园、敬老院和孤儿院等的物资及生活物品；（二）为安排残疾人就业专门设立的生产企业受赠的生产资料和直接用于残疾人康复、生活的专用物品；（三）直接用于修葺古迹保护文物的物资；（四）直接用于环境保护、挽救濒危动植物种、筑路及修桥等公共设施建设的物资；（五）其他公益事业。"第七条规定："捐赠物资进口的海关手续，由受赠单位自行办理。受赠单位应于捐赠物资进口前向所在地海关交验有关机关的批准文件，经所在地海关审核签署意见后向口岸海关办理报关进口手续。"

国家制定了侨捐减免税的措施。捐赠人从海外向境内捐赠符合海关总署 2001 年 90 号令规定的扶贫、慈善性捐赠物资，依照规定享受免征进口关税和进口环节增值税。此类物资的进口手续及海关免税手续按海关总署 2001 年 90 号令规定办理。捐赠人从海外向境内捐赠进口的需要配额管理的机电产品，必须按外经贸机电发〔2002〕400 号文规定向省人民政府侨务办公室及有关部门申请办理进口许可文件，海关凭进口证明验放。捐赠人将在境内投资经营所得的合法利润用于捐赠的，可凭政府侨务部门出具的华侨捐赠兴办公益事业项目确认书，经当地税务部门同意后办理所得税前扣除手续。捐赠人将其在境内投资企业生产的物资用于捐赠的，应视同销售，捐赠的物资应摊入成本。可凭政府侨务部门出具的华侨捐赠兴办公益事业项目确认书，经当地税务部门同意后抵扣其相应的产品材料进项税。华侨捐赠用于工程建设项目的，其工程建设在符合规划、土地、建设及环保等有关规定的前提下，可凭政府侨务部门出具的华侨捐赠兴办公益事业项目确认书，向有关部门申请减免本省设定的相关行政性收费。华侨捐赠外汇资金的，可凭政府侨务部门出具的华侨捐赠兴办公益事业项目确认书，按国家外汇管理有关规定经外汇管理部门批准后，在指定银行开立外汇账户，按国家外汇管理有关规定使用。

地方侨捐法规规章丰富了侨捐减免税费制度，细化了减免税费的申请等手续。浙江省、贵州省等省市细化、丰富了侨捐减免税费制度。1995 年《浙江省华侨捐赠条例》（2004 年修订）第十一条第二款规定："捐赠人依照本条例捐赠财产的，依法减征或者免征关税和进口环节的增值税，依法享受所得税优惠。"第十三条第二款规定："用于救灾、扶贫、慈善性事业的进口捐赠物资，由受赠人向海关提出减税、免税申请；涉及实行许可证管理的捐赠物资，受赠人应当按国家规定办理许可证申领手续，海关凭许可证验放、监管。"第十四条规定了补交税款，"受赠人不得将受赠物资转让或者改变用途。确需转让或者改变用途的，应当事先征得捐赠人同意；属于减税、免税进口的捐赠物资，在海关监管期内，还应当经海关许可并补缴应缴税额。"2016 年《贵州省华侨捐赠公益事业条例》第十七条规定："捐赠人捐赠财产用于公益事业，依法享受国家税收优惠。"第十八条规定："捐赠人捐赠用于公益事业的进口物资，依照法律、行政法规的规定减征或者免征进口关税和海关代征税。涉及实行许可证管理的捐赠物资，受赠人应当按照国家规定办理许可证申领手续。属于减税、免税进口的捐赠物资，按照国家有关规定办理减税或者免税手续。"

福建省、上海市等省市将侨捐免税对象从进口物资扩展到在当地投资经营的合法利润。1997 年《上海市华侨捐赠条例》第十三条规定："华侨将其在本市投资企业的合法利润用于本条例第二条第二款规定范围的捐赠，凭市人民政府侨务部门的捐赠证明，经税务部门批准后，给予税收优惠。"1990 年《福建省华侨捐赠兴办公益事业管理条例》第十七条规定："华侨将在我省投资经营所得的合法利润捐赠兴办公益事业，在报经税务部门批准后，可退还捐赠部分已缴纳的所得税款。"

浙江省、江苏省等省市将侨捐减免税扩展至减免费。1995 年《浙江省华侨捐赠条例》（2004 年修订）第十一条第一款规定："对于捐赠的工程项目，县级以上人民政府在办理相关手续、交纳有关规费和配套费方面给予支持和优惠。"2000 年《江苏省华侨捐赠条例》第十二条规定："对华侨捐赠的工程项目，计划、规划、土地、建设、环保等部门应当优先办理有关手续；有关部门应当优先安排供水、供电、通信等配套设施。工程项目中属于华侨捐赠的部分，减免本省

设定的行政性收费，具体办法由省人民政府制定。"1997 年《上海市华侨捐赠条例》第十三条规定："经各级人民政府批准兴建的华侨捐赠工程项目，计划部门应当优先立项，有关部门应当予以配合支持。所需征用、使用土地，按照国家土地管理法律、法规优先办理。所建工程需减免税费的按照有关规定办理。"

（3）侨捐监督制度。

在整个侨捐的过程中，从选址、立项、审批到经费的监管，一直到项目的验收，监督机制贯穿了全过程。2004 年《归侨侨眷权益保护法实施办法》第十三条第四款规定：归侨、侨眷境外亲友向境内捐赠财产的，县级以上人民政府负责侨务工作的机构依法对捐赠财产的使用与管理进行监督。1999 年《公益事业捐赠法》和福建省、四川省等地方性侨捐法规规定了侨务部门参与侨捐监督的权力。1999 年《公益事业捐赠法》第二十条第二款规定："县级以上人民政府侨务部门可以参与对华侨向境内捐赠财产使用与管理的监督。"1990 年《福建省华侨捐赠兴办公益事业管理条例》（2002 年修订）第七条规定：县级以上地方人民政府负责侨务工作的机构对华侨捐赠工作进行指导、管理，参与对捐赠财产的使用和管理的监督。对华侨向境内捐赠财产的使用和管理，各级侨务部门参与监督，与海关、银行、工商管理部门和其他有关政府管理机关紧密配合，保证捐赠财产合法使用。广东省、安徽省、河南省等地方性侨捐法规规定了侨务部门负责侨捐监督的权力。1997 年《广东省华侨捐赠兴办公益事业管理条例》（2014 年修正）第四条规定：县级以上人民政府侨务工作行政主管部门负责对华侨捐赠事务实施管理和监督。2009 年《安徽省华侨捐赠条例》第五条规定：县级以上人民政府侨务部门负责华侨捐赠事务的指导、协调、服务和监督。

（4）侨捐激励制度。

国家和地方鼓励侨捐，在捐赠者同意的情况下，表彰在捐赠、兴办公益事业作出成绩和贡献的侨捐人。1999 年《公益事业捐赠法》第八条第二、三款规定："国家鼓励自然人、法人或者其他组织对公益事业进行捐赠。对公益事业捐赠有突出贡献的自然人、法人或者其他组织，由人民政府或者有关部门予以表彰。对捐赠人进行公开表彰，应当事先征求捐赠人的意见。"2016 年《慈善法》第五条规定："国家鼓励和支持自然人、法人和其他组织践行社会主义核心价值观，弘扬中华民族传统美德，依法开展慈善活动。"第九十一条规定："国家建立慈善表彰制度，对在慈善事业发展中作出突出贡献的自然人、法人和其他组织，由县级以上人民政府或者有关部门予以表彰。"2016 年《上海市华侨权益保护条例》第二十一条第四款规定：对在慈善公益事业中作出突出贡献的华侨，市、区人民政府或者有关部门可以给予表彰。对华侨进行公开表彰，应当事先征求其意见。福建省、山东省、海南省等地方颁布实施了专门的侨捐兴办公益事业表彰方面的规章和文件，细化表彰的对象、表彰标准、表彰金额的计算及表彰的申请、审批和管理。2014 年《福建省华侨捐赠兴办公益事业表彰办法》第二条规定，根据捐赠款物累计折合人民币 100 万元以下、100 万元以上（含 100 万元）不足 500 万元、500 万元以上（含 500 万元）不足 1 000 万元、1 000 万元以上（含 1 000 万元），分别由设区市、县（市、区）人民政府给予表彰及授予"福建省捐赠公益事业贡献奖""福建省捐赠公益事业突出贡献奖""福建省捐赠公益事业特别贡献奖"奖匾和荣誉证书。

（5）侨捐反馈制度。

对于华侨和港澳同胞捐赠的项目、资金、物资，要向捐赠人说明捐赠方向、捐赠的使用情况，包括项目验收的情况，重点是侨捐项目监管。2005 年，广东省人民政府办公厅颁布《广东省华侨捐赠公益事业项目监督管理办法》，率先探索开展侨捐项目监管，建立改变用途报批、受赠单位问责、审核备案、信息化管理、年度检查、公示等制度。2006—2008 年，有 3 万多个项目报到广东省人民政府侨务部门，正式确认的有 16 000 多个。[①] 2008 年《梅州市关于进一步做好华侨港澳同胞捐赠公益事业项目监督管理工作的意见》进一步细化受赠单位的反馈义务，第二、三部分规定："受赠人开具合法、有效的收据和致送感谢信。要及时登记入账，实行专户储存、专人管理，保证专款专用。捐赠款项的开支情况，应在一定范围内定期向社会公示，增加管理透明度，接受社会和舆论监督。"天津、贵州、青海等地方吸收广东省的侨捐项目监管经验，将反馈机制作为侨捐法规的主要内容之一。2000 年《天津市华侨捐赠管理办法》第九条规定："受赠人经批准接受捐赠财产后，应向捐赠人出具合法、有效收据，将受赠财产登记造册，专项管理。"2016 年《贵州省华侨捐赠公益事业条例》第十条第二款规定："受赠人应当公开受赠财产的使用、管理情况，并定期向捐赠人和政府有关部门报告受赠财产的使用、管理情况，接受监督。"2016 年《青海省华侨捐赠工作管理办法》第二十条规定："华侨捐建的项目竣工后，受赠方应及时将工程建设、资金使用和工程质量验收情况（包括文字、图片和视频等）向捐赠方说明。"

第三节　侨捐法的不足

侨务部门关于捐赠的服务、管理和监督权仅限于华侨，不包括外籍华人、港澳同胞、归侨、侨眷及其企业、社团（包括基金会、基金等）。1990 年《归侨侨

---

① 程铁生：《侨办开展华侨捐赠工作形成"四个机制"》，新华网，2008 年 6 月 2 日。

眷权益保护法实施办法》（2009 年修正）第十三条第四款："归侨、侨眷境外亲友向境内捐赠财产的，县级以上人民政府负责侨务工作的机构可以协助办理有关入境手续，为捐赠人实施捐赠项目提供帮助，并依法对捐赠财产的使用与管理进行监督。"

1999 年《公益事业捐赠法》第十五条第二款规定："华侨向境内捐赠的，县级以上人民政府侨务部门可以协助办理有关入境手续，为捐赠人实施捐赠项目提供帮助。"第二十条第二款规定："县级以上人民政府侨务部门可以参与对华侨向境内捐赠财产使用与管理的监督。"但涉侨捐赠不仅限于华侨，不少富有爱心的外籍华人、归侨、侨眷也参与进来，而且很多是通过所属的企业、社团（包括基金会、基金等）进行捐赠。基于共同的民族根、文化魂和复兴梦，华侨、外籍华人、归侨、侨眷及其企业、社团（包括基金会、基金等）在捐赠方面具有鲜明的共同特点。排除外籍华人、归侨、侨眷，不利于侨务部门统一服务、管理和监督涉侨捐赠。

国务院侨务办公室统一管理全国侨捐工作缺少法律基础，国家捐赠、慈善方面的法律很少、没有关于侨捐管理的条款。除了已经不太适应新侨情的 1957 年全国人大常委会《华侨捐资兴办学校办法》，1964 年国务院《关于华侨和港澳同胞捐资兴办公益事业问题的通知》，1978 年国务院侨办、国务院港澳办、中国人民银行《关于接受海外华侨、外籍人、港澳同胞捐赠外汇或物资的有关规定》，1989 年《国务院关于加强华侨、港澳台同胞捐赠进口物资管理的若干规定》外，国家没有制定关于侨捐管理的综合性法律法规。1999 年《公益事业捐赠法》只是在第十五条第二款、第二十条第三款分别规定县级以上人民政府侨务部门"可以为捐赠人实施捐赠项目提供帮助"，"可以参与对华侨向境内捐赠财产使用与管理的监督"。2007 年《救灾捐赠管理办法》、2016 年《慈善法》都是捐赠方面非常重要的法律法规，却没有关于侨务部门管理侨捐的条款。

国务院侨务办公室很少制定或者不公开侨捐方面的文件，不利于发挥鼓励和引导侨捐的作用。除不太适应新侨情、比较简略的 2003 年教育部、国务院侨办《关于在中小学校布局调整中注意保护海外侨胞捐赠财产的意见》，2003 年《国务院侨务办公室关于海外侨胞捐赠公益事业资金服务管理办法》外，国务院侨务办公室很少制定侨捐方面的文件。2013 年，国务院侨务办公室发布《华侨捐赠工作管理办法》，这是在难以修正 1999 年《公益事业捐赠法》、2007 年《救灾捐赠管理办法》、2016 年《慈善法》，难以增加侨务部门管理侨捐条款的情况下颁布的一部侨务部门管理侨捐的重要政策文件。由于《华侨捐赠工作管理办法》性质是工作管理办法而不是管理办法，在侨务系统实行，不向社会公开，对管理侨捐的效用不足，难以发挥鼓励和引导侨捐的作用。

由于没有全国性的侨捐人权益保护的法律和相关规定，各地分别根据当地法规保护侨捐人权益，赋予侨捐人权利多少不一，侨捐人权益保护差异明显，不利于实现侨捐人权益保护的公平性。以天津市、浙江省、四川省、贵州省、广东省保护侨捐人权益为例，天津市只规定了查询捐赠财产使用管理情况权，浙江省、四川省、贵州省、广东省都规定了查询捐赠财产使用管理情况权、决定受赠人及捐赠财产的方式、数量、用途权，四川省、贵州省还规定了监督捐赠财产使用、管理权，广东省另外规定了对捐赠公益项目的设计、施工、使用提出意见权，浙江省、贵州省还都规定了县级以上人民政府或者有关部门纠正违反规定行为权。

表 11 - 2　主要地方侨捐法规关于侨捐人权益保护的规定

地区	捐赠人权利	出处
天津市	捐赠人有权查询捐赠财产的使用管理情况及捐赠项目的建设情况，并提出意见和建议	2000 年《天津市华侨捐赠管理办法》第五条第二款
浙江省	捐赠人有权自行决定捐赠的种类、数额、用途、方式和受赠人	1995 年《浙江省华侨捐赠条例》（2004 年修订）第六条
	捐赠人有权了解捐赠财产的使用情况和捐赠工程项目的建设、使用情况，并提出意见	1995 年《浙江省华侨捐赠条例》（2004 年修订）第七条
	捐赠人有权要求县级以上人民政府或者有关部门纠正违反本条例规定的行为	1995 年《浙江省华侨捐赠条例》（2004 年修订）第十二条
四川省	捐赠人有权向受赠人查询捐赠财产的使用管理情况	2002 年《四川省华侨捐赠条例》（2015 年修正）第十六条第二款
	捐赠人有权决定受赠人及捐赠财产的方式、数量、用途	2002 年《四川省华侨捐赠条例》（2015 年修正）第七条
	捐赠人有权监督捐赠财产的使用，有权指定捐赠财产监管人	2002 年《四川省华侨捐赠条例》（2015 年修正）第七条
广东省	捐赠人有权决定捐赠款物的数额、用途、方式和选择受赠单位	1997 年《广东省华侨捐赠兴办公益事业管理条例》（2014 年修正）第八条
	捐赠人有权了解捐赠款物的使用情况	1997 年《广东省华侨捐赠兴办公益事业管理条例》（2014 年修正）第九条
	有权对捐赠公益项目的设计、施工、使用提出意见	1997 年《广东省华侨捐赠兴办公益事业管理条例》（2014 年修正）第九条

（续上表）

地区	捐赠人权利	出处
贵州省	捐赠人有权自行决定捐赠财产的种类、数量、用途、方式和受赠人	2016年《贵州省华侨捐赠公益事业条例》第八条
	捐赠人有权了解捐赠财产的使用情况和捐赠建设工程项目的建设、使用情况，并提出意见。	2016年《贵州省华侨捐赠公益事业条例》第八条
	捐赠人有权要求县级以上人民政府或者有关部门纠正违反本条例规定的行为	2016年《贵州省华侨捐赠公益事业条例》第八条
	捐赠人可以委托或者指定有关单位或个人对其捐赠财产的使用、管理进行监督	2016年《贵州省华侨捐赠公益事业条例》第八条

资料来源：作者整理。

　　侨捐登记备案或者报告制度不健全，实施过程中的优惠政策得不到全部落实，不利于充分保障侨捐人权益、引导和鼓励侨捐。按照地方侨捐法规，捐赠项目必须向当地侨务部门登记备案或者报告，但由于规定笼统和执行不严格，实际上很多项目没有按规定登记备案或者报告，不同程度地存在变更捐赠使用方向、挪用捐赠资金、钻捐赠管理漏洞等问题。侨务部门难以全面了解本地区侨捐的总体情况和参与监督捐赠项目的实施，不能及时协调解决捐赠中产生的问题和纠纷。侨捐实施过程中的优惠政策得不到全部落实，一些地方存在不合理的行政性收费、收税现象。

第四节　侨捐法的完善

一、完善侨务部门捐赠服务、管理和监督权的适用群体

　　完善侨务部门捐赠服务、管理和监督权的适用群体，从华侨扩展至华侨、外籍华人、归侨、侨眷、港澳同胞及其企业、社团（包括基金会、基金等）。华侨、外籍华人、归侨、侨眷及其企业、社团（包括基金会、基金等）都是侨务部门的工作对象，港澳同胞捐赠事务由侨务部门管理已经成为惯例和现实，公平对待和统一规划他们的捐赠服务、管理和监督事务，有利于更广泛地吸引捐资。

地方先行先试，积极探索扩展完善侨务部门捐赠服务、管理和监督权的适用群体，取得了有益经验。一些地方侨捐法规突破了适用对象，从华侨扩展至华侨、外籍华人、港澳同胞及其社团、企业。2000 年《天津市华侨捐赠管理办法》第二条规定："本办法所称华侨捐赠，是指华侨、华侨团体、华侨投资企业（以下简称捐赠人）自愿无偿……"第二十五条规定：港澳同胞和外籍华人及其兴办的社团、企业在本市行政区域内的捐赠行为，参照本办法执行。2016 年《河南省外侨办系统华侨捐赠工作管理实施办法》第二条规定："本办法所称华侨捐赠是指海外侨胞、归侨侨眷及其企业、社团（包括基金会、基金等）自愿无偿……"第二十七条规定：港澳同胞、外籍华人及其社会团体在本省行政区域内的捐赠行为，参照本办法执行。

二、推动侨捐立法

推动修正 1999 年《公益事业捐赠法》、2007 年《救灾捐赠管理办法》、2016 年《慈善法》，增加或者细化侨务部门管理侨捐的条款。由于各种原因，制定单独的华侨捐赠法及在 2007 年《救灾捐赠管理办法》、2016 年《慈善法》中加入侨捐方面内容的主张均未能实现。从捐赠法律的历史发展看，国家将侨捐纳入整个捐赠事业中进行统一管理，很少甚至不对侨捐作出特别规定。1999 年《公益事业捐赠法》只是在第十五条第二款、在第二十条第三款分别规定县级以上人民政府侨务部门"可以为捐赠人实施捐赠项目提供帮助"，"可以参与对华侨向境内捐赠财产使用与管理的监督"。2007 年救灾捐赠管理办法》、2016 年《慈善法》没有关于侨务部门管理侨捐的条款。侨捐是公益事业捐赠的最重要组成部分，在全国层面淡化、排除侨务部门关于侨捐的管理，不利于抓住侨的特点管理捐赠和慈善，不利于鼓励和引导侨捐。

完善 2013 年国务院侨务办公室《华侨捐赠工作管理办法》，总结和吸收地方侨捐管理的实践和立法经验，丰富和细化内容，增强可操作性，加强国务院侨务办公室对侨捐的统一管理。适时改变 2013 年《华侨捐赠工作管理办法》的属性，使之从侨务系统内部文件转变为对外公开的行政规范性文件，增强透明度，充分发挥鼓励和引导侨捐的作用。2013 年《华侨捐赠工作管理办法》不为侨捐人所熟知。约半数省份制定地方性侨捐法规，赋予侨务部门关于侨捐管理的负责权或者参与权，是在难以修正 1999 年《公益事业捐赠法》、2007 年《救灾捐赠管理办法》、2016 年《慈善法》的情况下，在地方层面对侨务部门管理侨捐的突破和事实上的修正，积累了丰富和宝贵的管理侨捐的经验。

三、加强国务院侨务办公室对侨捐的统一管理

党和政府侨务部门制定侨捐人权益保护指导意见，下发地方政府侨务部门贯彻实行，或者委托学者专家制定侨捐人权益保护建议稿，供地方侨务部门参考，努力统一侨捐人权益保护标准，实现侨捐人权益保护的公平性。侨捐人权益至少包括：决定受赠人及捐赠财产的方式、数量、用途权；获得合法、有效捐赠凭证权；捐赠财产税费减免权；查询捐赠财产使用管理情况权；监督捐赠财产使用、管理权；对捐赠公益项目的设计、施工、使用提出意见权；要求政府或者有关部门纠正非法使用捐赠财产权。同时，为地方开展侨捐管理留出空间，允许和鼓励地方根据本地情况，在保护侨捐人基本权益的前提下，开展针对性的侨捐管理，例如，分别确定表彰的对象、表彰标准、表彰金额的计算及表彰的申请、审批和管理等。

四、完善侨务部门侨捐管理制度

完善侨务部门侨捐管理制度。第一，建立和完善侨捐登记备案报告制度，明确程序和标准。受赠人在接受华侨捐赠财产前，捐赠依据与捐赠金额必须向相应的侨务部门备案。侨务部门在收到侨捐登记备案材料后，按照华侨捐赠有关法律法规进行审核登记，一般应当日予以办理，如遇特殊情况，原则上不超过7个工作日给予答复。对于符合法律法规的，在捐赠款物到位后向捐赠人及受赠人分别发给侨捐证明文件。第二，强化侨务部门对侨捐财产的监督管理职能。华侨捐赠的财产所有权系国家或集体所有，其使用管理必须接受政府侨务部门的监督。政府侨务部门每年不定期对所辖的捐赠项目的进展情况、财产使用情况进行跟踪检查，及时协调和解决好捐赠实施过程中存在的问题。侨务部门要参与华侨捐赠工程项目的工程竣工验收和财务决算审计。受赠人必须向捐赠人及政府侨务部门报告受赠财产使用情况及项目进展情况。第三，积极落实侨捐项目的优惠政策措施，例如，捐赠人将其在境内投资企业生产的物资用于捐赠的，应视同销售，捐赠的物资应摊入成本。可凭政府侨务部门出具的华侨捐赠兴办公益事业项目确认书，经当地税务部门同意后抵扣其相应的产品材料进项税。第四，对作出贡献的侨捐人以及在侨捐工作中作出突出成绩的介绍人、受赠单位、捐赠管理部门及有关人员，由侨务部门给予表彰奖励，在征得同意的情况下，广为宣传。

第五节　结论

侨捐引领公益捐赠之先，为公益事业的发展作出了重要贡献。国务院侨务办公室以"侨爱工程"为平台，引导、协助广大海外侨胞、港澳同胞、涉侨基金会和侨资企业捐助国内公益慈善事业。国家颁布实施了《华侨捐赠工作管理办法》等侨捐方面的法律和政策文件，肯定和鼓励侨捐，保护侨捐人权益。地方重视加强对侨胞慈善捐赠权益的保护，通过华侨、外籍华人、归侨、侨眷权益保护方面的综合性法规规章，保护侨捐人的权益，包括侨捐的税费减免等。侨务部门与侨捐人建立了良好的关系，形成了严格、有效的协调、监督、反馈、激励侨捐的管理制度，确保侨捐发挥最大效用，满足侨捐人的意愿。

我国侨捐制度存在不足：侨务部门关于捐赠的服务、管理和监督权仅限于华侨，不包括外籍华人、港澳同胞、归侨、侨眷及其企业、社团（包括基金会、基金等）；国务院侨务办公室统一管理全国侨捐工作缺少法律基础，国家捐赠、慈善方面法律很少，没有关于侨捐管理的条款；国务院侨务办公室很少制定或者不公开侨捐方面的文件；各地根据当地保护侨捐人权益的法规，赋予侨捐人权利多少不一，侨捐人权益保护差异明显；侨捐登记备案或者报告制度不健全，实施过程中的优惠政策得不到落实。

完善侨捐制度的措施如：完善侨务部门捐赠服务、管理和监督权的适用群体，从华侨扩展至华侨、外籍华人、归侨、侨眷、港澳同胞及其企业、社团（包括基金会、基金等）；推动修正 1999 年《公益事业捐赠法》、2007 年《救灾捐赠管理办法》、2016 年《慈善法》，增加或者细化侨务部门管理侨捐的条款；完善2013 年《华侨捐赠工作管理办法》，总结和吸收地方侨捐管理的实践和立法经验，丰富和细化内容，增强可操作性，加强党和政府侨务部门对侨捐的统一管理；党和政府侨务部门制定侨捐人权益保护指导意见，下发地方政府侨务部门贯彻实行，或者委托学者专家制定侨捐人权益保护条例示范稿，供地方政府侨务部门参考，努力统一侨捐人权益保护标准，完善侨务部门侨捐管理制度。

第十二章　外籍华人签证法

签证是一国政府管理外国人出入境和居留的重要法律手段之一。签证法是出入境（国际移民）法的重要组成部分之一。我国施行签证与居留分离的政策。高效的外籍华人签证法有利于外籍华人来华、在中国停留以及向居留转换。

第一节　外籍华人签证法的现状

为便利外籍华人来华、在中国停留以及向居留转换，我国设立主要面向外籍华人的 Q 字签证和 S 字签证，完善与外籍华人密切相关的口岸签证和可能使外籍华人受益的临时入境制度，与美国、加拿大、英国、以色列、阿根廷等国家互为对方人员签发长期多次签证。

一、主要面向外籍华人的 Q 字签证和 S 字签证

Q 字签证和 S 字签证主要面向外籍华人。2013 年《外国人入境出境管理条例》将签证种类由原来的 8 类 9 种修改为 12 类 15 种，其中的 Q1 字、Q2 字、S1字、S2 字签证为新设立的签证类别。Q 字签证实质上是亲属签证，S 字签证实质上是随行和私人事务签证。新设的 Q 字签证和 S 字签证，虽然在形式上面向所有外国人，但是实质上主要面向外籍华人。众所周知，外籍华人比其他外国人更有可能在中国境内有亲属，以及因为私人事务需要在中国境内居留或停留。

Q1 字签证，发给因家庭团聚申请入境居留的中国公民的家庭成员和具有中国永久居留资格的外国人的家庭成员，以及因寄养等原因申请入境居留的人员。[1] 其中的外籍儿童寄养的 Q1 字签证，只面向外籍华人、华侨在中国寄养未满 18 周岁的外籍子女。北京市公安局出入境管理总队外国人签证大队副大队长陈艳介绍，外国人持 Q1 字签证入境后，应当在 30 日内到公安机关出入境管理部门申请团聚类居留证件。此类居留证件的最长有效期为 3 年，发给未满 18 周岁

---

[1]　2013 年《外国人入境出境管理条例》第六条。

和已满 60 岁的人员（未满 18 周岁人员的居留期截止日期不得超过其 18 周岁的日期），其他人员一般不超过 1 年。申请 Q1 字签证，因家庭团聚申请入境居留的，应当提交居住在中国境内的中国公民、具有永久居留资格的外国人出具的邀请函件和家庭成员关系证明，因寄养等原因申请入境的，应当提交委托书等证明材料，例如寄养儿童父母的委托书、寄养受托人的受托书。

Q2 字签证，发给申请入境短期探亲的居住在中国境内的中国公民的亲属和具有中国永久居留资格的外国人的亲属，入境有效期不超过 1 年，0 次、1 次、2 次或多次入境，每次停留期不超过 180 日。北京市公安局出入境管理总队外国人签证大队副大队长陈艳介绍，持 Q2 字签证者进入中国境内，到期后亦可在中国境内申请办理延期，但可申请延长的期限累计不能超过原签证批准的停留期限。申请 Q2 字签证，应当提交居住在中国境内的中国公民、具有永久居留资格的外国人出具的邀请函件等证明材料。

S1 字签证，发给申请入境长期探亲（超过 180 日）的因工作、学习等事由在中国境内居留的外国人的配偶、父母、未满 18 周岁的子女、配偶的父母，以及因其他私人事务需要在中国境内居留的人员。S2 字签证，发给申请入境短期探亲（不超过 180 日）的因工作、学习等事由在中国境内停留、居留的外国人的家庭成员，以及因其他私人事务需要在中国境内停留的人员。申请 S1 字及 S2 字签证，应当按照要求提交因工作、学习等事由在中国境内停留、居留的外国人出具的邀请函件、家庭成员关系证明，或者入境处理私人事务所需的证明材料。[①]

外国人需要延长停留期限的，应当在签证注明的停留期限届满 7 日前，向当地地级市以上公安机关出入境管理机构或受公安部出入境管理局委托的县级公安机关出入境管理机构提出申请，并按照要求提交相关材料。2013 年《公安机关签证证件签发工作规范》第十二条规定：公安机关出入境管理机构对签证延期申请，应当要求申请人提交下列证明材料：持 Q2 字签证者，应当提交家庭成员关系证明、被探望人员出具的证明函件和居民身份证或者实际居住地 6 个月以上居住证明，被探望人员是外国人的，应当提交外国人永久居留证。可以延长停留期限不超过 180 日。持 S2 字签证者，应当提交家庭成员关系证明、被探望人员出具的证明函件和外国人居留证件。其他人员，应当提交处理私人事务或者具有人道原因的相关证明。对探亲人员，可以延长停留期限不超过 180 日；对其他人员，可以延长停留期限不超过 90 日。

2013 年《公安机关签证证件签发工作规范》规定了 Q2 字签证和 S2 字签证的换发申请。根据第十五条，公安机关出入境管理机构对签证换发申请，应当要

---

① 2013 年《外国人入境出境管理条例》第七条。

216

求申请人提交下列证明材料：申请换发 Q2 字签证者，应当提交家庭成员关系证明、被探望人员出具的证明函件、居民身份证或者实际居住地 6 个月以上的居住证明。可以换发入境有效期不超过 1 年、停留期不超过 180 日的 0 次、1 次、2 次或者多次签证。申请换发 S2 字签证者，探亲人员应当提交家庭成员关系证明、被探望人出具的证明函件和外国人居留证件。其他人员，应当提交具有人道原因的相关证明材料。可以换发入境有效期不超过 3 个月、停留期不超过 180 日的 0 次或者 1 次签证。

二、与外籍华人密切相关的口岸签证

口岸签证是指口岸签证机关在口岸依法受理特定外国人或旅游团的入境签证申请并进行审核，向符合条件者签发的普通签证。口岸签证作为便利外国人入境的一项措施，始于 1985 年《外国人入境出境管理法》（失效），为促进我国经济发展发挥了积极作用，但是在实践中也出现了一些与口岸签证定位不符的问题。[①]

2012 年《出境入境管理法》完善了口岸签证，明确了入境事由、办理机关、有效次数、停留期限和入境口岸。第二十条规定："出于人道原因需要紧急入境，应邀入境从事紧急商务、工程抢修或者具有其他紧急入境需要并持有有关主管部门同意在口岸申办签证的证明材料的外国人，可以在国务院批准办理口岸签证业务的口岸，向公安部委托的口岸签证机关申请办理口岸签证。旅行社按照国家有关规定组织入境旅游的，可以向口岸签证机关申请办理团体旅游签证。外国人向口岸签证机关申请办理签证，应当提交本人的护照或者其他国际旅行证件，以及申请事由的相关材料，按照口岸签证机关的要求办理相关手续，并从申请签证的口岸入境。口岸签证机关签发的签证一次入境有效，签证注明的停留期限不得超过三十日。"

外籍华人出于人道原因需要紧急入境，可以申请口岸签证，简化出入境手续。出于人道原因需要紧急入境是指外国人需要入境中国的事由客观上具有来不及向中国驻外签证机关申请办理签证的紧迫性，允许其在入境口岸申请办理入境签证符合人道主义的价值理念。例如，病危的外国人到中国境内寻求紧急治疗，到中国境内探望病危者或者处理丧事，需要直接过境却因不可抗力而不能在 24 小时内乘原机离境，或者需要改乘其他交通工具离境。2012 年 10 月，公安部出入境管理局副局长曲云海在中国侨务代表团与加拿大多伦多各界外籍华人代表会

---

① 国务院法制办公室政法司、中国武警学院：《〈中华人民共和国出境入境管理法〉释义》，北京：中国人民公安大学出版社，2012 年，第 71 页。

上指出：目前已经有超过 60 个口岸签证点分别设在全国 44 个城市，口岸签证主要适用于人道类主要原因的需紧急临时抵华的情况。如果外籍华人抵华看望病危者或参加丧事，可以抵达暂住地的口岸签证机关，口岸签证机关会根据具体情况及时作出批准与否的决定。

根据广东省公安厅出入境政务网，因人道原因需要紧急入境的，可以申请口岸签证。申请程序是：①填写完整的《外国人口岸签证申请表》，提交符合规定要求的本人相片。②交验本人的有效护照或者其他国际旅行证件。③申请 Q2 字签证，应当提交中国公民或者具有中国永久居留资格的外国人出具的说明家庭成员关系和紧急事由的邀请函件以及邀请人的身份证明；申请 S2 字签证，来中国探亲人员，应当提交在中国居留的外国人出具的说明家庭成员关系和紧急入境事由的邀请函件以及邀请人的护照和居留证件；来中国从事其他私人事务，应当提交入境处理紧急私人事务或者出于人道原因的相关证明材料。其中，家庭成员包括配偶、父母、配偶的父母、子女、兄弟姐妹、祖父母、外祖父母、孙子女、外孙子女、子女的配偶。家庭成员关系证明如系境外机构出具，外文证明材料须翻译成中文，并加盖翻译公司印章。外国主管机构或者公证部门出具的证明应当经中国驻该国使领馆认证。口岸签证机关经审查认为符合规定条件的，对个人签发一次入境有效期不超过 5 天、停留期限不超过 30 天的相应种类签证；持有口岸签证的外国人，个人应当从口岸签证签发机关所在的口岸入境。

三、外籍华人受益的临时入境制度

临时入境是指出入境边防检查机关依法准许特定外国人有条件的短暂进入中国境内的补充管理措施。由于排华、反华等突发事件，外籍华人可以申请临时入境，进入中国。1985 年《外国人入境出境管理法》（失效）、1995 年《出境入境边防检查条例》等法律法规规定了临时入境，但是存在着名称和内涵不统一、适用范围不能满足需要等问题。2012 年《出境入境管理法》完善了临时入境制度。第二十三条规定："有下列情形之一的外国人需要临时入境的，应当向出入境边防检查机关申请办理临时入境手续：（一）外国船员及其随行家属登陆港口所在城市的；（二）本法第二十二条第三项规定的人员（转机人员）需要离开口岸的；（三）因不可抗力或者其他紧急原因需要临时入境的。临时入境的期限不得超过十五日。对申请办理临时入境手续的外国人，出入境边防检查机关可以要求外国人本人、载运其入境的交通运输工具的负责人或者交通运输工具出境入境业务代理单位提供必要的保证措施。""因不可抗力或者其他紧急原因需要临时入境"主要适用于原本不以中国入境或过境目的地，但途中因自然灾害、突发事

件、突发重病等不可抗力而必须就近紧急入境以暂避灾难或获得人道主义救援的外国人。

四、与美国、加拿大等国家互为对方人员签发长期多次签证

2014 年 11 月，中国、美国互为前往对方国家从事商务、旅游活动的另一方公民签发有效期最长为 10 年的多次入境签证，为从事留学活动的公民签发有效期最长为 5 年的多次入境签证。中国驻美国使领馆根据中美签证互惠安排，受理旅游（L）、商务（M）、探亲（Q2）、私人事务（S2）类 10 年签证申请以及学习（X1）类 5 年签证申请。其中旅游（L）、商务（M）签证的停留期为 60 天，探亲（Q2）的停留期为 120 天，私人事务（S2）的停留期为 90 天。如果申请人有特别需要，探亲（Q2）的停留期最多可增加至 180 天。中国驻美大使馆参赞兼总领事阮平认为，申请探亲（Q2）签证的美籍华人将是新签证措施的受益者[1]。据 BBC 中文网记者了解，华盛顿的不少民间组织近年来积极游说美国国会，望其向奥巴马政府施加压力，进一步放开对中国公民的签证，并最终让中国外交部门以对等的原则放宽对美国公民的访华签证[2]。

2015 年 3 月，中国、加拿大互为前往对方国家从事商务、旅游、探亲活动的对方公民签发多次入境、每次停留期最长不超过 180 天、有效期最长可达 10 年但不超过护照有效期的相应种类签证。中国驻加拿大使领馆根据中加签证互惠安排，受理加拿大公民 L 字、M 字、Q2 字、S2 字种类多次签证申请。签证的有效期＋停留期不超过护照有效期，最长不超过 10 年。L 字和 M 字签证停留期为 60 天，Q2 字签证停留期为 120 天，S2 字签证停留期为 90 天。2014 年 2 月，加拿大给中国公民签发有效期最长为 10 年的多次入境签证，将签证费由 150 加元调至 100 加元。按照外交对等的原则，中国随后给加拿大公民签发有效期最长为 10 年的多次入境签证。加拿大国家发展银行顾问王阳海组织加拿大 50 多个大陆移民社团、40 多家媒体联手呼吁万人签名，争取加中十年签。加拿大联邦移民部长亚历山大肯定加拿大华人团体发起的 10 年签证网络签名活动对两国政府就此事谈判的正面推动作用。亚历山大表示，政府意识到来自民间的呼声非常强烈，这促使加拿大政府加紧与中国政府就 10 年签证进行谈判[3]。

2016 年 1 月，中国、英国驻对方国家使领馆为从事商务、旅游等活动且符合

---

① 张蔚然：《中国实施对美新签证措施，4 类签证可获 10 年有效期》，中国新闻网，2014 年 11 月 11 日。

② 《加拿大万人吁中国给 10 年签证》，滴答网讯，2014 年 11 月 13 日。

③ 杨硕、郭羽：《中加实行互发长期多次签证》，《上海商报》，2015 年 3 月 9 日。

条件的对方国家公民签发 2 年有效、多次入境的相应类别签证。根据申请情况，双方为符合条件者签发 5 年或 10 年多次有效签证。这类举措是落实《中英关于构建面向 21 世纪全球全面战略伙伴关系的联合宣言》的具体行动，也是开启持久、开放、共赢的中英关系"黄金时代"的切实措施，将进一步便利中英两国的人员往来。

2016 年 3 月，中国、以色列签署《中华人民共和国政府和以色列国政府关于为持中国普通护照和以色列国民护照人员签发多次签证安排的协定》，中国、以色列互为对方公民签发以商务或旅游为目的的 10 年多次往返签证，每次停留期不超过 90 天。

2017 年 6 月，中国、阿根廷开始互发 10 年多次往返签证。两国个人游客和商务人员均可在 10 年有效期内，多次出入境，每次最长停留时间不超过 90 天。

五、面向外籍华人的签证便利

2018 年 2 月，为给在华工作、学习、生活的外籍华人提供更为便利、务实的入出境环境，公安部决定进一步优化外籍华人入出境措施，提供签证便利。对来华探望亲属、洽谈商务、开展科教文卫交流活动及处理私人事务的外籍华人，将签证由之前最长 1 年多次有效，放宽至 5 年内多次有效，可按规定签发 5 年以内多次入境有效签证。德国华人唐志杰认为，"来华探望亲属、洽谈商务、开展科教文卫交流活动及处理私人事务的外籍华人，可按规定申请 5 年以内多次入境有效签证"这一条款，对像他这样往来中外的商务人士可谓一大福音，"签证政策如此便利，一定会吸引更多华人来华创新创业"①。

第二节 外籍华人签证法的不足

一、过于强调亲属和私人事务

我国外籍华人签证法过于强调外籍华人在中国有亲属和私人事务，很少关注外籍华人的工作、投资、访问等事务。亲属和私人事务是外籍华人回国过程中经常出现的和需要给予便利的最迫切的领域。然而外籍华人出入境不仅为处理亲属

---

① 付强：《中国出入境便利举措频出 华侨华人获实惠》，中国新闻社（北京），2018 年 5 月 8 日。

和私人事务，而且为处理工作、投资、访问等事务。2012 年《出境入境管理法》、2013 年《外国人入境出境管理条例》没有针对外籍华人在工作、投资、访问等亲属和私人事务以外领域作出规定。根据 2012 年《出境入境管理法》、2013 年《外国人入境出境管理条例》，外籍华人可以基于探亲或者私人事务的原因申请 Q 字、S 字签证，取得更长的签证有限期和较少的出入境次数限制；可以基于探亲或者私人事务的原因申请团聚类居留许可、私人事务类居留许可；可以出于探望危重病人、处理丧事等人道主义事由申请口岸签证；还可以出于探亲、投靠、赡养、寄养等原因获得居留许可。

二、未建立被邀请人信用制度

我国要求外籍华人申请 Q1 字、Q2 字、S1 字、S2 字签证时提供中国境内个人出具的邀请函件，但未建立被邀请人信用制度。即使外籍华人遵守签证条件，也不得不重复提供邀请函件，这增加了申请 Q1 字、Q2 字、S1 字、S2 字签证的成本，降低了申请签证的效率。邀请函件是指中国境内的单位或者个人出具的、以邀请特定外国人到中国境内从事具体活动为主要内容的书面证明材料。

2012 年《出境入境管理法》第十九条规定：外国人申请办理签证需要提供中国境内的单位或者个人出具邀请函件的，申请人应当按照驻外签证机关的要求提供。2013 年《外国人入境出境管理条例》第七条第一款第八项进一步规定：申请 Q1 字签证，因家庭团聚申请入境居留的，应当提交居住在中国境内的中国公民、具有永久居留资格的外国人出具的邀请函件和家庭成员关系证明；因寄养等原因申请入境的，应当提交委托书等证明材料；申请 Q2 字签证，应当提交居住在中国境内的中国公民、具有永久居留资格的外国人出具的邀请函件等证明材料。第七条第一款第十项规定：申请 S1 字及 S2 字签证，应当按照要求提交因工作、学习等事由在中国境内停留、居留的外国人出具的邀请函件。按照以上规定，被邀请人严格遵守签证条件与提交邀请函件之间没有任何关系，即使被邀请人基于邀请函件获得签证入境后严格遵守签证条件，以后申请入境时不能豁免而仍然需要提供邀请函件。重复提供境内亲属的邀请函件，从法理上是应该做的，执行起来却很烦琐且不经济，对许多将自己视为中国人的外籍华人来说，在感情上也不是很能接受。

三、未建立统一的承运人审核在口岸办理签证的标准

我国允许外籍华人"出于人道原因需要紧急入境"时，在没有签证情况下

乘坐飞机等出境入境交通运输工具，到达口岸时申请办理签证，但是没有建立统一的出境入境交通运输工具承运人审核在口岸办理签证的标准。即使外籍华人抵华看望病危病人或参加丧事，也可能会被航空公司等出境入境交通运输工具承运人以没有签证为由拒绝登机，无法抵达暂住地的口岸签证机关申请办理签证。2012 年《出境入境管理法》规定了需要向口岸签证机构提交的申请材料。第二十条规定："外国人向口岸签证机关申请办理签证，应当提交本人的护照或者其他国际旅行证件，以及申请事由的相关材料，按照口岸签证机关的要求办理相关手续，并从申请签证的口岸入境。"由于该条规定的模糊性，航空公司等出境入境交通运输工具承运人对"出于人道原因需要紧急入境"产生了不同的理解，审核标准不尽一致。

为避免支付额外费用和罚款或者很难向旅客追讨，航空公司会拒绝载运没有签证但是"出于人道原因需要紧急入境"的外籍华人，致使在口岸办理签证的相关规定虚置。航空公司载运不准出境入境人员出境入境的，会受到处罚。2012年《出境入境管理法》第八十三条第二款规定："出境入境交通运输工具载运不准出境入境人员出境入境的，处每载运一人五千元以上一万元以下罚款。交通运输工具负责人证明其已经采取合理预防措施的，可以减轻或者免予处罚。"航空公司可以要求旅客支付因载运不准出境入境人员出境入境而支付的额外费用和罚款。1997 年《中国民用航空旅客、行李国际运输规则》第七十三条规定："旅客未遵守有关国家的法律、规定或者未出具所要求的证件而使承运人承担垫付罚金或者负担支出时，旅客应当偿还承运人已付的款额。"第七十四条规定："旅客被拒绝过境或者入境，承运人应当按政府的命令将旅客运回其出发地点或者其他地点，旅客应当支付适用的票价。用于运送至拒绝入境地点或者遣返地点的客票，承运人不予办理退款。"

航空公司可以拒绝承运出入境证件不符合要求的旅客。1997 年《中国民用航空旅客、行李国际运输规则》第二十九条规定：承运人可以拒绝承运未出示有效旅行证件的旅客。第七十二条规定："旅客应当出具有关国家的法律、规定所要求的所有出入境、健康和其他证件。承运人对违反法律、规定或者证件不符合要求的旅客，可以拒绝承运。"中国东方航空公司《客运手册》"办理乘机手续"一节规定，"仔细验证旅客旅行证件和客票……检查旅行证件是否符合安检，或是否符合有关国家的出入境规定。具体查阅有关规定，TIM/Timatic，如有疑问应向值班主任请示"。各航空公司的售票点在出售国际机票时，会根据各国的签证信息，查阅 TIM 手册，询问或提醒购票人有无入境或过境签证。①

---

① 2005 年，上海市浦东新区法院，高树涛诉中国东方航空股份有限公司国际旅客运输合同案。

经调研发现，航空公司有三种对待"出于人道原因需要紧急入境"的外籍华人的方式：①外籍华人出具紧急事由的邀请函件以及邀请人的身份证明等材料后，允许登机；②与中国口岸签证机构联系，得到口岸签证机关的肯定性答复后，允许登机；③不允许外籍华人登机。一些"出于人道原因需要紧急入境"的外籍华人因为航空公司不允许登机，无法抵达中国口岸申请办理签证，有可能使在口岸申请办理签证的规定虚置。据原加拿大普通话外籍华人联合会创会会长、海外民间呼吁回国30天免签证发起人矫海涛讲述，他因母亲病危，希望2014年9月7日搭乘海南航空公司班机回国，在口岸申请签证，海南航空公司因其没有签证拒绝办理登机手续，只得转回加拿大多伦多签证中心，说明老母病危情况，提交要求的材料，申请加急的S2字签证。

四、Z字签证、R字签证不包括创业情形

2013年《外国人入境出境管理条例》设立的R字签证要求申请人必须被中国单位聘用，不包括创业情形，外籍华人优秀人才不能基于创业回国工作和生活。2013年《外国人入境出境管理条例》第七条第一款第九项规定："申请R字签证，应当符合中国政府有关主管部门确定的外国高层次人才和急需的紧缺专门人才的引进条件和要求，并按照规定提交相应的证明材料。"2017年11月，为进一步健全完善外国人才签证制度，明确申请人才签证的标准条件和办理程序，为外国人才来华创新创业和工作提供便利，科技部（国家外国专家局）、外交部、公安部研究制定和施行《外国人才签证制度实施办法》。第四条规定："R字签证发放对象为国家经济社会发展需要的外国高层次人才和急需紧缺人才，符合'高精尖缺'和市场需求导向的科学家、科技领军人才、国际企业家、专门人才和高技能人才等。"第五条第一款规定："外国人在境外申请R字签证，由邀请单位向省、自治区、直辖市人民政府外国人工作管理部门（以下称省级人民政府外国人工作管理部门）提出申请，在线提交申请表、国内单位邀请函件以及符合R字签证人才认定标准的相关证明材料。"中国政府有关主管部门确定的外国高层次人才和急需的紧缺专门人才都必须有中国雇主邀请。由于是回国创办企业，没有雇主，不符合外国高层次人才和急需紧缺专门人才引进条件，无法提供邀请、接待单位函件，不能申请R字签证。

2013年《外国人入境出境管理条例》设立的Z字签证要求申请人必须被中国单位聘用，不包括创业情形，外籍华人不能基于创业回国工作和生活。2013年《外国人入境出境管理条例》第七条第一款第十二项规定："申请Z字签证，应当按照规定提交工作许可等证明材料。"外国人申请工作许可必须已经获得中

国单位的聘用。根据科技部（国家外国专家局）2004 年发布的《外国专家来华工作许可办理规定》第三条，"外国专家受聘在中国境内工作，应取得'外国专家来华工作许可'。申请'外国专家来华工作许可'的外国专家应遵守中国法律法规，身体健康，无犯罪记录，并符合下列条件之一：（一）为执行政府间、国际组织间协议、协定和中外经贸合同，应聘在中国工作的外国籍专业技术或管理人员；（二）应聘在中国从事教育、科研、新闻、出版、文化、艺术、卫生、体育等工作的外国籍专业人员；（三）应聘在中国境内的企业中担任副总经理以上职务，或享受同等待遇的外国籍高级专业技术或管理人员；（四）经科技部（国家外国专家局）批准的境外专家组织或人才中介机构常驻中国代表机构的外国籍代表；（五）应聘在中国从事经济、技术、工程、贸易、金融、财会、税务、旅游等领域工作，具有特殊专长、中国紧缺的外国籍专业技术或管理人员。本条第（二）（三）款外国专家应具有大学学士以上学位和 5 年以上相关工作经历（其中语言教师应具有大学学士以上学位和 2 年以上相关工作经历）"。根据前劳动和社会保障部 1998 年发布的《关于加强外国人在中国就业管理工作有关问题的通知》第五、七条，"用人单位聘用外国人须为该外国人申请就业许可，经获准并取得《中华人民共和国外国人就业许可证书》后方可聘用"，外国人在中国就业须有确定的聘用单位。

五、境外外国人签证中介服务不规范

一些外籍华人不愿意花费费用通过外国人签证服务机构提交中国签证申请，甚至认为这是在"交大把银子买路办签证""榨取他们的买路钱"。外籍华人基本上懂中文和熟悉中国情况，没有语言和知识障碍，可以自己申请中国签证，不愿意与不太懂中文和不太熟悉中国情况的其他外国人一样，向外国人签证服务机构支付服务费并通过他们提交签证申请。目前，中国驻外签证机关多委托外国人签证申请服务机构接受持普通护照的外国人赴中国大陆的签证申请，负责代驻外签证机关收取签证费并发证。虽然外国人签证中介服务减少了我国驻外签证机关的工作量，提高了驻外签证机构的工作效率，与其他国家接受签证申请的做法一致，但是存在外国人不能直接向驻外签证机关提交申请、多支付费用、不完全公开收取费用等问题。2013 年《外国人入境出境管理条例》将境外外国人签证中介服务法律化了。第三十七条规定："经外交部批准，驻外签证机关可以委托当地有关机构承办外国人签证申请的接件、录入、咨询等服务性事务。"

六、没有建立亲属担保/提名签证制度

2012 年《出境入境管理法》、2013 年《外国人入境出境管理条例》没有建立亲属担保/提名制度，外籍华人不能因为在中国境内有中国公民亲属而比在中国境内没有中国公民亲属的其他外国人更快捷地申请签证。在签证法中，亲属担保制度是指亲属担保人和移民接收国政府约定，当签证申请人不履行签证条件时，亲属担保人按照约定履行义务或者承担责任的制度。亲属担保降低了一国向外国人签发签证的风险，如果外国人申请签证时有亲属担保，其签证申请通常会被优先考虑。1990 年《美国移民与国籍法》（2002 年修订）第 214（a）（1）条规定："任何作为非移民的外国人将按照国土安全部部长根据条例规定的入境停留时间和条件被批准入境美国，条件包括，在部长认为必要的时候，提供部长规定的一定数额的保证金和包含部长规定条件的担保书，以保证在该外国人在其被准许入境期限到期时或在其未能保持其被批准入境是所被授予的或后来转换的非移民身份时，将离开美国。"亲属担保适用范围富有弹性，没有严格界定，可以适用于所有签证，也可以只适用于亲属团聚、访问、职业、定居等某类签证。亲属担保可以使有本国公民亲属的外国人更便捷地入境，也可以引导外国人流向其亲属所在的本国相对不发达或者偏远的地区。与亲属担保紧密相连的是亲属提名，亲属提名签证制度是指亲属提名人根据自己对外国人的认知，提名其申请本国签证的制度。一国移民主管部门考虑到亲属提名人的卓越声望和专业成就，会信任其提名的权威性，为被提名人签发相应的签证。

第三节 外籍华人签证法的完善

一、建立被邀请人信用制度

为减少外籍华人申请 Q1 字、Q2 字、S1 字、S2 字签证的成本，提高审批外籍华人申请 Q1 字、Q2 字、S1 字、S2 字签证的效率，可以建立被邀请人信用制度，确立被邀请人严格遵守签证条件与提交邀请函件之间的互动关系。如果被邀请人有足够信用，那么豁免外籍华人申请同类签证时提交邀请函件等材料的要求。评估被邀请人信用，需要考虑从事与停留居留事由相符的活动，在规定的停留居留期限届满前离境，在停留居留期间没有违法犯罪行为，被邀请人出入其他国家特别是发达国家的情况，被邀请人的资产、学历、家庭成员情况等方面的因素。目前，我国要求外籍华人申请 Q1 字、Q2 字、S1 字、S2 字签证时主要提供中国境内单位或个人出具的邀请函件，然而未建立被邀请人信用制度，以致外籍华人不得不重复提供邀请函件等材料。

我国建立了邀请单位备案信用制度及邀请人备案制度，为建立被邀请人信用制度积累了实践经验。2013 年《公安机关签证证件签发工作规范》第四条规定："公安机关出入境管理机构可以对本地出具邀请函件的单位实行备案和信誉等级评定制度，作为签发签证证件的重要参考。各公安机关出入境管理机构应当根据本地工作实际制定具体操作办法。"2013 年《外国人口岸签证签发工作规范》第四条规定："口岸签证机关可以对本地邀请单位实行备案和信誉等级评定制度。"

地方政府的公安机关出入境管理部门颁布了涉外单位信用等级评定管理办法或者邀请外国人来华单位或者个人登记备案和信誉等级评定管理办法，探索被邀请人信用制度。根据 2014 年《广东省口岸签证邀请单位登记和信用等级管理工作规范》，经批准备案的单位，可向与本单位有商贸或科教文卫等合作的外国人发出邀请函，并代向口岸签证机关提出口岸签证申请。受邀外国人持获核准的《外国人口岸签证受理单》，可在抵达原申报入境口岸时向签证机关申请口岸签证。

2014 年 9 月，湖南省长沙市实行涉外单位登记备案及信誉等级评定制度。涉外单位信誉等级分为 A、B 两等，由公安机关人口与出入境管理部门根据涉外管理工作情况审查评定。对评定为 A 等的涉外单位外国人签证予以优先受理，缩短办证时限，延长签证和居留期限；对评定为 B 等的涉外单位按规定时限和居留期限办理外国人签证。信誉等级评定结果自通告发布之日起一年内有效。公安机关对未通过信誉等级审查评定的学校、培训机构外国人不予签发相应签证证件。

福建省等地方政府的公安机关出入境管理部门建立了邀请外国人个人登记备案制度，这与被邀请人信用制度比较接近，允许已办理备案手续的个人代被邀请人申请签证。2014 年 5 月，为进一步加强公安机关外国人管理工作，正确处理管理与服务的关系，提升管理服务水平，发挥签证机关的职能作用，做好源头控制和相关防范工作，福建省公安厅发布《福建省邀请外国人来华单位或者个人登记备案和信誉等级评定（暂行）管理办法》。该办法规定，为外国人申请签证证件出具函件或相关证明材料的个人应当在办妥登记备案手续后，外国人方可申请办理签证证件。已办理备案手续的个人，凭备案号、个人身份证件和邀请函件等可以在外国人拟居住地为本人邀请的未满 16 周岁或者已满 60 周岁以及因疾病等原因行动不便的、非首次入境且在中国境内停留、居留记录良好的、对外国人在中国境内期间所需费用提供保证措施的外国人，代为申请签证证件。

发达国家建立了被邀请人信用制度，具有足够信用的外国人申请签证，只需提供证明信用的材料，不需提供邀请函件等材料，为建立被邀请人信用制度制供了可资借鉴的国际经验。在韩国，符合要求的外国人只需提交与其信用有关的材料而不需要提交邀请函件等其他材料就可以申请短期访问（C-3）签证（短期一般 C-3-1，一般观光 C-3-9，短期商务 C-3-4）。短期访问（C-3）签证停留期 30 天，有效期 1 至 3 年，3 年多次签证到期后如再申请，可获有效期为 5 年的多次签证①。另外，取得 OECD 国家永久居住权者（F-4-15），提交能证明本人系有关国家永久居住权持有者的材料，可以申请在外同胞长期居留签证（F-4）。F-4 签证停留期 2 年，有效期 5 年。

二、建立统一的出境入境交通运输工具承运人审核在口岸办理签证的标准

为保护外籍华人"出于人道原因需要紧急入境"的权利，消除"出于人道原因需要紧急入境"的不一致待遇，需要统一出境入境交通运输工具承运人审核在口岸办理签证的标准，并赋予拒绝"出于人道原因需要紧急入境"乘坐和在口岸办理签证申请的法律救济，允许外籍华人起诉航空公司等出境入境交通运输工具承运人和口岸签证办理机构。2013 年《外国人口岸签证签发工作规范》和 2013 年《外国人申请口岸签证须知》都没有规定出境入境交通运输工具承运人审核在口岸办理签证的标准，只分别规定了在口岸申请签证的受理、审核和签发，以及在口岸申请签证的对象、途径、所需证明材料。出境入境交通运输工具承运人执行着各自的允许外籍华人在没有中国签证的情况下，"出于人道原因需要紧急入境"，乘坐前往中国的交通运输工具的标准。

"在外国人抵达口岸前代外国人向本地口岸签证机关提出申请"的规定很难解决"出于人道原因需要紧急入境"时申请在口岸办理签证的困境。首先，个

---

① ①医生、律师、会计师、工程师等持有国家承认的资格证的专职人员，提交资格证原件、复印件；②大学（包括专科大学）专职讲师以上的教师及小学、初中、高中教师，提交教员、教师资格证原件、复印件及在职证明材料；③外交机构馆长承认的著名艺术家、艺人及运动员，提交特定团体（协会等）会员证或其他身份证明材料；④访问韩国等 OECD 国家两次以上且无非法滞留等犯罪记录者，提交出入境事实证明材料（护照页出入境记录复印件等）；持个别旅游签证访问过一次韩国等 OECD 国家且无非法滞留等犯罪记录的申请人，可获发一年有效的多次往返签证。⑤能证明个人资产达 200 万元以上者（房地产、金融资产及本人所有企业），提交资产证明材料；⑥持国际通用信用卡金卡以上的优秀客户，信用卡账单（最近 6 个月）及信用卡复印件；⑦月收入人民币 5 000 元（年收入人民币 60 000 元）以上的人员，提交收入证明材料（最近 6 个月内的个人所得税完税证明等）；⑧持韩国国内公寓式酒店（Condominium）会员卡（韩币 3 000 万元以上）的人，提交公寓式酒店会员卡原件及复印件；⑨持有北京、上海、广州、深圳户籍的人，提交身份证原件。

人事实上很难在外国人抵达口岸前代外国人向本地口岸签证机关提出申请，能提前提出申请的仅限于单位。2013 年《外国人口岸签证签发工作规范》第六条第一款规定：个人申请口岸签证，由本人抵达口岸时向口岸签证机关提出申请。根据上海市出入境管理局电子政务平台，虽然在"申报条件"栏中指出，邀请单位（个人）可以在外国人抵达口岸前代外国人向本地口岸签证机关提出申请，但是"外国人口岸个签"栏表明，有机构代码的才可以申请注册为邀请人。另外，"申办程序"栏显示，当审核结果为已批准时，申请单位才可以下载打印已核准的《外国人口岸签证受理单》，在申请表内的申请单位公章栏盖上公章后，将申请表发送给被邀请人，以便被邀请人凭此件搭乘交通工具及在入境时申请口岸签证。其次，代外国人向本地口岸签证机关提出申请处于不确定状态。2013 年《外国人口岸签证签发工作规范》第六条第二款规定：邀请单位（个人）可以在外国人抵达口岸前代外国人向本地口岸签证机关提出申请；代外国人向非本地口岸签证机关提出申请，可以通过本地地市级以上公安机关出入境管理机构代为转交。2013 年《外国人口岸签证签发工作规范》没有规定本地地市级以上公安机关出入境管理机构向本地口岸签证机关转交申请时限，也没有规定口岸签证机关收到邀请单位（个人）代申请后的审核时限，会使代外国人向本地口岸签证机关提出申请处于不确定状态，无法满足"出于人道原因需要紧急入境"的需求。

三、将 Z 字、R 字签证涵盖的情形扩展至创业

为向外国人回国创业提供便利，扩大引进海外人才的渠道，增强外籍华人的自豪感和对中国的归属感，将 Z 字签证涵盖的情形扩展至创业。2013 年《外国人入境出境管理条例》设立的 Z 字、R 字签证要求申请人必须已经被中国单位聘用，由于不包括创业情形，不利于外籍华人回国创业、工作和生活。将创业纳入 Z 字、R 字签证范畴，可以从公司的注册、资本、办公场所、人员招聘、行业、经营方案、风险评估以及申请人的经商经历、教育、财产、汉语、对中国市场的认识等方面考察申请人创业的真实性和可行性。如果通过评估，在中国创业是真实的，并且具有可行性，向申请人签发一定期限的 Z 字签证。目前，外国人来华工作必须有工作邀请，这缩窄了我国引进海外人才的渠道。根据人力资源和社会保障部统计，2016 年，持外国人就业证在中国工作的外国人有 23.5 万，比 2011 年的 24.19 万人减少了 6 900 人，只比 2007 年的 21 万增长了 12%。

四、赋予外籍华人直接申请或代为申请签证的选择权

考虑到一些外籍华人熟悉汉语和中国情况，区别对待外籍华人与其他外国人，赋予他们由境外外国人签证中介服务机构代为申请、自己直接申请签证的选择权。确立境外外国人签证中介服务机构的非营利公益机构的性质，公开和透明其收支状况，接受签证申请人的监督。要减少和消除外籍华人对境外外国人签证中介服务制度的不理解甚至抵触情绪，需要规范境外外国人签证中介服务，回应这些外籍华人不愿意支付签证费以外的签证申请服务费用的呼声。我国境外外国人签证中介服务制度在总体上是有益的。我国与其他国家一样，建立驻外使领馆境外外国人签证中介服务制度的目的是一致的，都是为了减少驻外签证机关的工作量，提高驻外签证机构的工作效率，提高签证申请的规范性，便利外国人申请签证。我国境外外国人签证中介服务制度存在一些不足，主要表现为没有考虑外籍华人的华裔特征，将外籍华人与其他外国人视为一体。

五、减免 Q 字签证和 S 字签证申请费

除"外国人申请签证，应该按照规定缴纳申请费"的原则性规定外，可以作出减免 Q1 字、Q2 字、S1 字、S2 字签证申请费的例外性规定。签证申请费用是签证申请必不可少的组成部分。由于探亲签证主要面向外籍华人，减免探亲签证申请费也将主要面向外籍华人。一些外籍华人将来中国视为回家，对我国向他们收取 Q1 字、Q2 字、S1 字、S2 字签证申请费有不同看法。许多国家，例如澳大利亚制定和实施了签证申请费方面的法律，专门对签证申请费作出规定。我国可以制定签证申请费方面的法律文件，具体规定减免 Q1 字、Q2 字、S1 字、S2 字签证申请费的条件和程序。

减免 Q1 字、Q2 字、S1 字、S2 字签证申请费可以彰显祖籍国对外籍华人的关怀和体贴，刺激外籍华人来华，增加外国人在华消费收入。来华外国人人均消费远超中国签证申请费。北京市旅游发展委员会在 2012 年 4 月至 6 月入境旅游旺季，在首都国际机场和宾馆饭店对 4 800 名入境旅游者展开问卷调查，了解外国游客在京旅游花费情况及特征。抽样调查显示，外国游客在北京人均消费1 047美元。美国人在美国的中国旅游签证的申请费是 140 美元。英国人在英国的中国签证申请费是 30 英镑。

减免 Q1 字、Q2 字、S1 字、S2 字签证申请费符合国际惯例。很多发达国家减免从事教育科研活动等特定群体的外国人的签证申请费。在美国，低收入者可

填写 I－912 表格免费申请入籍，获批准后可省 680 美元入籍申请费。在日本，在相关政府部门的协助下，作为樱花科技计划（SSP）邀请对象的赴日人员在申请签证时，在提出由日本科技振兴机构（Japan Science and Technology Agency）向受邀者本人发放的"樱花科技计划证明书（Certificate）"原件及护照等相关材料后，有可能免除签证申请费。在瑞典，以下人员无须支付签证申请费用：①6 岁以下子女；②参加游学或培训行程的中小学校学生、大学生、研究生和随行教师；③旨在进行科学研究的第三国研究人员；④25 岁以及 25 岁以下的非政府组织代表，参加由非政府组织举办的研讨会、会议、体育赛事、文化活动、教育活动；⑤欧盟、挪威、冰岛、列支敦士登或瑞士等国公民的亲属，如果随行，或者将与他们在行程中会合。

我国积极探索免收重要外国人签证费和急件费，为减免 Q 字签证和 S 字签证申请费积累了宝贵经验。2017 年《外国人才签证制度实施办法》第九条规定：驻外使馆、领馆或者外交部委托的其他驻外机构为 R 字签证申请人及其配偶及未成年子女办理签证，免收签证费和急件费。

六、在签证制度中设亲属担保/提名，增强中国与外籍华人之间的联系

在 Z 字、R 字、F 字、M 字、D 字等签证中设立亲属担保/提名。绝大多数外籍华人在中国境内有亲属，容易获得亲属担保/提名，而其他外国人在中国境内几乎没有亲属，有亲属提名/担保的签证基本上指"华人"签证。注重外籍华人与中国的紧密联系以及亲属团聚权，而不是签证申请人前国籍、族裔等本人身份，这符合国际移民法和人权的发展方向，对外籍华人和其他外国人都是公平的，法律逻辑上更加严谨，不易落下"歧视"口实。无论外籍华人还是其他外国人，只要与中国公民或者永久居民有亲属关系，都可以申请有亲属提名/担保的签证。目前世界各国管理人员国际流动普遍重视实质联系要素，传统移民国家、欧洲国家的移民法都设立了不同种类的亲属担保/提名签证，明确了担保/提名人的权利和义务。

当前有关法律已经界定了"亲属"概念，无论参考适用还是另行界定，都不会引起太大争议。在签证制度中设亲属担保/提名，既便于操作，又淡化了积极引进外籍华人高层次人才和增强对外籍华人的凝聚力的功利色彩，使外籍华人和其他外国人易于接受。通过界定亲属范围，可以扩大需要积极引进的外籍华人的范围。由于"外籍华人"微妙和复杂，截至目前，我国没有在法律上界定"外籍华人"概念。

我国建立了事实上的邀请单位和个人担保制度，为在签证制度中设亲属担保

/提名积累了实践经验。例如，根据2014年《福建省邀请外国人来华单位或者个人登记备案和信誉等级评定（暂行）管理办法》，邀请外国人来华单位或者个人应签署《承诺书》，根据《邀请单位或者个人备案和信誉等级评定工作暂行规定》履行相关责任，并保证如下：①提供的材料和出具的邀请函件内容真实可靠；②敦促邀请的外国人在华停留居留期间遵守中国的法律法规；③愿意为邀请的外国人提供其在中国境内期间所需费用（包括生活、医疗、罚金等）的经济担保。若发生非法居留、非法就业等情形，愿意协助调查处理并承担法律法规规定的义务和责任。

七、扩展 Z 字签证适用群体，允许外籍华人在简单劳动行业工作

为满足中国对低端劳工的需求和减少低端劳工与当地居民的冲突，建议扩展 Z 字签证适用群体，允许符合条件的外籍华人在简单劳动行业工作。近年来，10多万名越南、缅甸、柬埔寨等大湄公河次区域国家劳工非法进入中国工作，主要集中在制造业发达的广东省以及边境地区的云南省、广西壮族自治区，并扩散到长江三角洲、环渤海经济带的经济相对发达地区。这些劳工绝大多数是非法入境，少数合法入境后非法居留。大湄公河次区域国家公民在中国非法就业，既有中国需要廉价劳动力的原因，也有大湄公河次区域国家输出廉价劳动力的外方原因，以及劳工无法办理在中国工作合法手续的管理原因。

为有效规范外籍华人在简单劳动行业工作，可以确立申请条件和配额。适用于：①在中国国内有居住地的公民或永久居民两代以内海外亲属，此条件确保引进的外籍华人劳工与中国有紧密联系；②有在中国国内有居住地的公民或永久居民亲属的邀请，3年内只限邀请1人，总计邀请2人，此条件防止过度引进外籍华人劳工回国工作以及邀请人通过邀请谋取利益；③邀请人需满31周岁以上，被邀请人25～45周岁，此条件确保邀请人有成熟的心智、被邀请的外籍华人劳工是青壮年。④具有大学以上文化程度、技工类专业资格证书或者高中毕业证书，保证外籍华人劳工的素质。⑤年度配额30万人，控制引进无工作邀请的外籍华人劳工的规模。如2007年2月至2013年1月，韩国持类似签证居留的人员有23万人。⑥签证有效期1年，可以逐年延期至5年，通过调整在华工作期限控制引进无工作邀请的外籍华人的节奏。

八、明确和公开延长 Q1 字、Q2 字签证有效期的标准

2018年2月，为进一步优化外籍华人入出境措施，对提供签证便利和来华探

望亲属、洽谈商务、开展科教文卫交流活动及处理私人事务的外籍华人，将签证由之前最长 1 年多次有效，放宽至 5 年内多次有效。在调研中发现，不同国家的外籍华人、我国不同省份的外籍华人享有的最长 5 年内多次有效签证待遇有差异，有关部门没有完全公开外籍华人申请 5 年内多次有效签证、申请 1~5 年签证的具体条件等。

为降低外籍华人申请 Q1 字签证的成本，建议明确延长 Q1 字签证有效期的标准。将 Q1 字签证有效期由 1 年延长至 3 年。在适当区分华人国籍的基础上，3 年 Q1 字签证到期后如再申请，可获有效期 5 年 Q1 字签证。目前的 Q1 字签证发给因家庭团聚申请入境居留的中国公民的家庭成员和具有中国永久居留资格的外国人的家庭成员，以及因寄养等原因申请入境居留的人员。外国人持 Q1 字签证入境后，应当在 30 日内到公安机关出入境管理部门申请团聚类居留证件。此类居留证件的最长有效期为 3 年，发给未满 18 周岁和已满 60 岁的人员，其他人员一般不超过 1 年。外籍华人在 1 年期的 Q1 字签证到期后，如果还要回国探亲，不得不每年重复申请，提交相同的材料。

为降低外籍华人重复申请 Q2 字签证的成本，建议明确延长 Q2 签证有效期的标准。将 Q2 字签证有效期从 1 年延长至 3 年，从 0 次、单次或者 2 次调整为多次，每次停留期 180 天以下。3 年多次 Q2 字签证到期后如再申请，可获有效期 5 年多次 Q2 字签证。目前的 Q2 字签证发给申请入境短期探亲的居住在中国境内的中国公民的亲属和具有中国永久居留资格的外国人的亲属，入境有效期不超过 1 年，0 次、1 次、2 次或多次入境，每次停留期不超过 180 日。持 Q2 字签证者进入中国境内，到期后可在中国境内申请办理延期，但可申请延长的期限累计不能超过原签证批准的停留期限。外籍华人在申领一年期的 Q2 字签证后，如果还要回国探亲，不论是 1 次、2 次还是多次入境，都不得不每年重复申请，提交相同的材料。如果是 1 次、2 次入境的 Q2 字签证，重复申请 Q2 字签证的频率更高。

九、与更多发达国家互为对方人员签发长期多次签证

中国需要与更多发达国家互为对方商务、旅游和留学人员签发长期多次签证，通过此种方式，更有效地实现给予外籍华人更多出入境便利的目的。2014 年 11 月，中国驻美国使领馆根据中美签证互惠安排，受理旅游（L）、商务（M）、探亲（Q2）、私人事务（S2）类 10 年签证申请以及学习（X1）类 5 年签证申请，约 500 万美籍华人将受益。2015 年 3 月，中国驻加拿大使领馆根据中加签证互惠安排，受理加拿大公民 L 字、M 字、Q2 字、S2 字种类多次签证申请。

签证的有效期＋停留期不超过护照有效期，最长不超过 10 年，约 150 万加籍华人将受益。外交部领事司司长黄屏表示，"相信在中美签证互惠安排带动下，在不久的将来，会有更多国家与中国作出类似安排"①。除美国、加拿大华人外，欧洲华人也呼吁外籍华人身份证件，希望享有更多的出入中国的便利。2013 年 5 月，德国华人向国务院法制办、外交部、公安部递交了"呼吁简化华人入境手续，善待中华子孙，发扬光大中华文化圈的传统向心力"公开呼吁函，"呼吁简化华人入境手续，善待中华子孙，发扬光大中华文化圈的传统向心力，出台更人性化的管理办法，从而使广大海外华人能够更便捷和更有滋有味地为祖国效力"，并附上签名与建议。

第四节　结论

　　为便利外籍华人来华，我国设立主要面向外籍华人的 Q 字签证和 S 字签证，完善与外籍华人密切相关的口岸签证和可能使外籍华人受益的临时入境制度，与美国、加拿大等国家互为对方商务、旅游和留学人员签发长期多次签证。外籍华人签证法存在着未建立被邀请人信用制度、未建立统一的承运人审核在口岸办理签证的标准、境外外国人签证中介服务不规范、没有建立亲属担保/提名签证制度等不足。完善外籍华人签证法，需要建立被邀请人信用制度，建立统一的出境入境交通运输工具承运人审核在口岸办理签证的标准，规范境外外国人签证中介服务，减免探亲签证申请费和探亲签证服务费，以及在 D 字等签证中设亲属担保/提名，扩展 Z 字签证适用群体，允许符合条件的外籍华人在无工作邀请的情况下回国工作和从事一般劳动，延长 Q1 字、Q2 字签证的有效期，与更多发达国家互为对方人员签发长期多次签证。

---

① 郭君宇：《外交部谈中美签证互惠：实现想走就走的美国之旅》，中国新闻网，2014 年 11 月 14 日。

第十三章　外籍华人停留居留法

停留居留处于入境（签证）、永久居留的中间环节。外籍华人停留居留法是外籍华人出入境（国际移民）法的组成部分，对于外籍华人便利地在中国停留居留及顺利实现向永久居留身份转换至关重要。

第一节　外籍华人停留居留法的现状①

一、"探亲""投靠""置房""赡养""寄养"居留许可

改革开放以来，中国公民出国数量日益增多，其中一部分人由于各种原因加入外国国籍，一些定居在国外的中国公民在国外所生子女加入或取得外国国籍。近年来，外籍华人来华探亲，投靠、赡养中国境内直系亲属，将外籍子女寄养在中国境内。外籍华人可以申请探亲类签证在华停留，有效期最长不超过 1 年，到期前可以申请延期。

2010 年 6 月，为满足外籍华人来华的需求，公安部扩大外国人居留许可签发对象，对需在华停留 6 个月以上、符合规定条件并提供相关证明材料的 5 类外籍人员，公安机关出入境管理部门可以签发"探亲""投靠""置房""赡养""寄养"期限最长为 1 年或 2 年的居留许可。探亲类外国人是指中国公民和居留在中国拥有永久居留资格的外国人的外籍配偶、外籍父母及未满 18 周岁的外籍子女。投靠类外国人是指年满 60 周岁的在境外无直系亲属、投靠境内直系亲属的外国人及外籍配偶。置房类外国人是指年满 60 周岁在中国内地购置房产的外籍华人及其外籍配偶和未满 18 周岁外籍子女。赡养类外国人是指来中国照顾年满 60 周

---

① 根据 2012 年《出境入境管理法》第二十九、三十条，外国人所持签证注明的停留期限不超过 180 日的，持证人凭签证并按照签证注明的停留期限在中国境内停留。延长签证停留期限，累计不得超过签证原注明的停留期限。外国人所持签证注明入境后需要办理居留证件的，应当自入境之日起 30 日内，向拟居留地县级以上地方人民政府公安机关出入境管理机构申请办理外国人居留证件。外国人工作类居留证件的有效期最短为 90 日，最长为 5 年；非工作类居留证件的有效期最短为 180 日，最长为 5 年。

岁、在国内无子女的中国籍父母的外籍华人。寄养类外国人是指外籍华人、定居国外的中国公民在中国内地寄养的未满18周岁的外籍子女。

2010年居留管理改革产生的便利之处的便利之处主要体现在三个方面：①居留许可种类增加。公安机关出入境管理部门，除为来华任职就业的外国人、常驻外国记者及其随行家属、来华留学的外国人外，还为"探亲""投靠""置房""赡养""寄养"的外国人签发相应种类和期限的居留许可。②居留期限有所延长，出入境次数没有限制。2010年6月以前，公安机关出入境管理部门对上述5类人员申请在华停留时，只可以签发相应期限和次数的探亲签证，到期前需要办理签证延期或加签，期限短、次数少。2010年6月以后，对符合条件的人员，公安机关出入境管理部门可以签发相应种类和期限的居留许可。持有居留许可的人员，可以在居留许可有效期内多次出入境和在华居留。同时，对其中一部分60周岁以上和未满18周岁的人员，还可以签发2年以内的居留许可。③首次增加来华赡养老人的人员。以往对这类人员签发签证的有效期限较短，对出入境次数和停留期限都有一定限制，此次进一步放宽。上述人员申请居留许可时，均须提供在华住宿登记证明。外籍配偶须提供婚姻证明；外籍父母须提供经公证的亲属关系证明；外籍子女须提供出生证明或经公证的亲属关系证明。已满18周岁的外国人首次申请1年以上有效期的居留许可，还须提供健康证明。上述所有证明材料中，境外机构出具的有关证明须经中国驻外使领馆认证并出具加盖翻译公司印章的中文翻译件。

2010年居留管理改革措施的受益人主要为外籍华人。统计显示，新政实施10天来，全国公安机关出入境管理部门共为扩大居留许可对象的五类人员办理居留许可618人。其中"寄养"的293人；"探亲"的296人；"置房"的19人，"置房家属"的3人；"投靠"的3人；"赡养"的4人。申请人主要集中在北京、上海、广东。[①]

二、团聚目的居留证件和私人事务目的居留证件

2013年《外国人入境出境管理条例》规定了主要面向外籍华人的团聚目的居留证件和私人事务目的居留证件，将扩大外国人居留许可签发对象的政策法律化。其第十五条规定："团聚目的居留证件，发给因家庭团聚需要在中国境内居留的中国公民的家庭成员和具有中国永久居留资格的外国人的家庭成员，以及因寄养等原因需要在中国境内居留的人员；私人事务目的居留证件，发给入境长期

---

① 张冬冬：《外籍华人成为中国居留新政最大受益群体》，中国新闻网，2010年6月13日。

探亲的因工作、学习等事由在中国境内居留的外国人的配偶、父母、未满18周岁的子女、配偶的父母，以及因其他私人事务需要在中国境内居留的人员。第十六条规定：团聚目的居留证件，因家庭团聚需要在中国境内居留的，应当提交家庭成员关系证明和与申请事由相关的证明材料；因寄养等原因需要在中国境内居留的，应当提交委托书等证明材料；私人事务目的居留证件，长期探亲的，应当按照要求提交亲属关系证明、被探望人的居留证件等证明材料；入境处理私人事务的，应当提交因处理私人事务需要在中国境内居留的相关证明材料。

2013年《公安机关签证证件签发工作规范》规定了申请团聚类居留证和私人事务类居留证的期限和需要提交的材料，"探亲""投靠""置房""赡养""寄养"的外籍华人在中国境内居留期限从1～2年延长至2～3年。第二十条规定：公安机关出入境管理机构对外国人居留证件申请，应当要求申请人提交下列证明材料："（四）团聚类：持Q1字签证入境者，应当提交被探望人的常住户籍证明或者实际居住地6个月以上居住证明或者外国人永久居留证和说明家庭成员关系的函件。可以签发居留期不超过2年的居留证件，对其中未满18周岁和已满60周岁的，可以签发居留期不超过3年的居留证件。持其他种类签证入境的外国人，还应当提交家庭成员关系证明和被探望人出具的证明函件。境外机构出具的有关证明应当经我国驻外使领馆认证。对外籍华人、华侨在中国寄养的未满18周岁的外籍子女，寄养受托人户籍所在地或主要生活地的公安机关出入境管理机构可以为其签发有效期不超过3年的居留证件，申请人应当提交下列证明材料：1.申请人的出生证明，外籍父母的护照复印件，父母双方或者一方为中国人的，还应提供在境外定居证明的复印件；2.申请人父母的委托书、寄养受托人的受托书，委托书须注明委托抚养或者监护人、寄养年限等内容。3.受托人本地常住户籍证明或者实际居住地的居住证明"，"（五）私人事务类：持S1字签证入境者，探亲人员应当提交被探望人居留证件和说明家庭成员关系的函件。可以签发与被探望人在华居留期一致的居留证件。其他人员应当提交其他处理私人事务事由的相关证明材料。可以签发居留期不超过1年的居留证件。持其他种类签证入境者，探亲人员应当提交家庭成员关系证明、被探望人员居留证件和函件。可以签发与被探望人在华居留期一致的居留证件。具有人道原因的人员应当提交相关证明材料，可以签发居留期不超过1年的居留证件。1.入境后需要接受医疗救助或服务的外国人，应当提交当地县级以上或二级甲等以上医疗机构出具的6个月以上的住院证明或者接受医疗服务证明。2.年满60周岁在华购置房产或回国养老的外籍华人，应当提交本人名下的房产证明或者经公证的房屋买卖合同或者与养老、福利机构签订的养老合同"。

2018年2月，为给在华工作、学习、生活的外籍华人提供更为便利、务实的

出入境环境，公安部决定进一步优化外籍华人入出境措施，为其提供居留便利。对在当地工作、学习、探亲以及从事私人事务需长期居留的外籍华人，将居留许可期限由之前最长不超过 3 年增加至 5 年，公安机关出入境管理机构可按规定签发有效期 5 年以内的居留许可。美国福建同乡会荣誉主席陈荣华认为，"在当地工作、学习、探亲以及从事私人事务需长期居留的外籍华人，可申请有效期 5 年以内的居留许可"政策体现了中国对外籍华人居留便利诉求的回应，满足了华人对故乡的情感需求。①

三、换发 Q2 字、S2 字签证

一些外籍华人入境后，由于家庭团聚等原因，需要换发与入境时所持签证不同的签证，继续在中国停留。2013 年《外国人入境出境管理条例》第十条规定：外国人持签证入境后，按照国家规定可以变更停留事由、给予入境便利的，可以向停留地县级以上地方人民政府公安机关出入境管理机构申请换发签证。

2013 年《公安机关签证证件签发工作规范》具体规定了为入境外国人换发 Q2 字、S2 字签证的事项。第十四条规定：公安机关出入境管理机构对外国人入境后按照国家规定可以变更停留事由、给予入境便利的，可以为其换发签证。第十五条规定：公安机关出入境管理机构对签证换发申请，应当要求申请人提交下列证明材料："申请换发 Q2 字签证者，应当提交家庭成员关系证明、被探望人员出具的证明函件、居民身份证或者实际居住地 6 个月以上的居住证明。可以换发入境有效期不超过 1 年，停留期不超过 180 日的零次、一次、二次或者多次签证。""申请换发 S2 字签证者，探亲人员应当提交家庭成员关系证明、被探望人出具的证明函件和外国人居留证件。其他人员，应当提交具有人道原因的相关证明材料。可以换发入境有效期不超过 3 个月，停留期不超过 180 日的零次或者一次签证。"

四、停留变更为居留

属于国家需要的专门人才、符合国家规定的投资者或者具有人道原因的外籍华人，可以由停留变更为居留。2012 年《出境入境管理法》第三十条第二款规定："属于国家需要的专门人才、符合国家规定的投资者或者出于人道等原因确需由停留变更为居留的外国人，经设区的市级人民政府公安机关出入境管理机构

---

① 付强：《中国出入境便利举措频出　华侨华人获实惠》，中国新闻社（北京），2018 年 5 月 8 日。

批准可以办理外国人居留证件。"根据第二十八条，停留是指"外国人所持签证注明的停留期限不超过 180 日的，持证人凭签证并按照签证注明的停留期限在中国境内停留"。根据第二十九条第三款，居留是指"外国人居留证件的有效期最短为 180 日，最长为 5 年"。

2013 年《公安机关签证证件签发工作规范》具体规定了接受医疗救助或服务、在华购置房产或回国养老、寄养子女的外籍华人可以由停留变更为居留。第十九条规定：公安机关出入境管理机构可以为出于人道和其他合理事由确需由停留变更为居留的签发居留证件。第二十条第一款第五项规定：具有人道原因的人员应当提交相关证明材料，可以签发居留期不超过 1 年的私人事务目的的居留证件。"1. 入境后需要接受医疗救助或服务的外国人，应当提交当地县级以上或二级甲等以上医疗机构出具的 6 个月以上的住院证明或者接受医疗服务证明。2. 年满 60 周岁在华购置房产或回国养老的外籍华人，应当提交本人名下的房产证明或者经公证的房屋买卖合同或者与养老、福利机构签订的养老合同。"对外籍华人、华侨在中国寄养的未满 18 周岁的外籍子女，寄养受托人户籍所在地或主要生活地的公安机关出入境管理机构可以为其签发有效期不超过 3 年的团聚目的居留证件，第二十条第一款第四项规定：申请人应当提交下列证明材料："1. 申请人的出生证明、外籍父母的护照复印件，父母双方或者一方为中国人的，还应提供在境外定居证明的复印件；2. 申请人父母的委托书、寄养受托人的受托书，委托书须注明委托抚养或者监护人、寄养年限等内容。3. 受托人本地常住户籍证明或者实际居住地的居住证明。"

五、入境后需要办理住宿登记

为规范和加强公安派出所外国人住宿登记管理工作，2012 年《出境入境管理法》、2007 年《公安派出所外国人住宿登记管理办法（试行）》、2005 年《治安管理处罚法》（2012 年修正）等法律规定了外国人入境后须办理住宿登记。外籍华人回国，在申请签证时需要亲属身份证明、邀请函等证件，回家之后要到公安机关办理住宿登记，超过期限将面临罚款。2012 年《出境入境管理法》第三十九条规定："外国人在中国境内旅馆住宿的，旅馆应当按照旅馆业治安管理的有关规定为其办理住宿登记，并向所在地公安机关报送外国人住宿登记信息。外国人在旅馆以外的其他住所居住或者住宿的，应当在入住后二十四小时内由本人或者留宿人，向居住地的公安机关办理登记。"2007 年《公安派出所外国人住宿登记管理办法（试行）》第二条第一款规定："公安派出所负责居住在辖区内的外国人住宿登记管理工作。"第十四条规定："辖区外国人居住集中、住宿登记管

理任务繁重的公安派出所，应当设置专职或者兼职负责外国人管理工作的民警。根据实际需要，在有条件的涉外单位、物业公司、旅馆、社区中设联络员、信息员。"

外国人入境后不依法办理住宿登记，会受到警告、罚款等处罚。2012 年《出境入境管理法》第七十六条规定：未按照本法第三十九条第二款规定办理住宿登记的给予警告，可以并处二千元以下罚款。2005 年《治安管理处罚法》（2012 年修正）第五十六条第一款规定："旅馆业的工作人员对住宿的旅客不按规定登记姓名、身份证件种类和号码的，或者明知住宿的旅客将危险物质带入旅馆，不予制止的，处二百元以上五百元以下罚款。"2005 年《治安管理处罚法》（2012 年修正）第五十七条第一款规定："房屋出租人将房屋出租给无身份证件的人居住的，或者不按规定登记承租人姓名、身份证件种类和号码的，处二百元以上五百元以下罚款。"

为方便外国人住宿登记，公安机关试运行境外人员临时住宿登记互联网采集系统和社区登记。2015 年 7 月，西安市公安局出入境管理处引入境外人员临时住宿登记互联网采集系统，经常有外国人入住或工作的酒店及企业通过互联网报送境外人员住宿登记信息。2016 年 1 月，西安市公安局将外国人居住集中的高新区、雁塔区作为出入境管理处试点，外国人在社区的服务点就可办理住宿登记等相关事宜，耗时缩短至几分钟。以前，采用传统的外国人临时住宿登记手段，只能人工填表，到辖区派出所或出入境管理处进行登记，需耗费 1 天甚至更长时间，因人工填写信息等原因，还容易出现登记信息错误等情况。[①]

第二节　外籍华人停留居留法的不足

一、申请居留证件的材料与申请相应签证的材料重合

申请居留证件的材料与申请相应签证的材料存在重合情况，增加了申请人的负担和审批机关审查的任务，降低了出入境管理工作的效率。申请工作目的居留证件需要提交在申请 Z 字签证和 R 字签证时已经提交的工作许可等证明材料，这存在着一定的重复提交材料现象。外国人申请办理工作目的居留证件，按照《外

---

① 王涛、来晓菲、刘霄：《西安公安搭建"信息高速路"：外国人临时住宿登记　最快只需 5 分钟》，《西安晚报》，2016 年 2 月 2 日。

国人入境出境管理条例》第十六条，"应当提交工作许可等证明材料；属于国家需要的外国高层次人才和急需紧缺专门人才的，应当按照规定提交有关证明材料"。外国人申请Z字签证，按照《外国人入境出境管理条例》第七条，"按照规定提交工作许可等证明材料"；申请R字签证，"应当符合中国政府有关主管部门确定的外国高层次人才和急需紧缺专门人才的引进条件和要求，并按照规定提交相应的证明材料"。

申请团聚目的居留证件需要提交在申请Q字签证时已经提交的家庭成员关系证明、邀请函件等材料，也存在着一定的重复提交材料现象。2013年《外国人入境出境管理条例》第十六条规定：外国人因家庭团聚需要在中国境内居留，申请办理团聚目的居留证件，应当提交家庭成员关系证明和与申请事由相关的证明材料；因寄养等原因需要在中国境内居留的，应当提交委托书等证明材料。2013年《外国人入境出境管理条例》第七条规定：申请Q1字签证，因家庭团聚申请入境居留的，应当提交居住在中国境内的中国公民、具有永久居留资格的外国人出具的邀请函件和家庭成员关系证明，因寄养等原因申请入境的，应当提交委托书等证明材料；申请Q2字签证，应当提交居住在中国境内的中国公民、具有永久居留资格的外国人出具的邀请函件等证明材料。

申请私人事务目的居留证件需要提交在申请S字签证时已经提交的亲属关系证明等材料，也存在着一定的重复提交现象。2013年《外国人入境出境管理条例》第十六条规定：外国人长期探亲，申请办理私人事务目的居留证件，应当按照要求提交亲属关系证明、被探望人的居留证件等证明材料；入境处理私人事务的，应当提交因处理私人事务需要在中国境内居留的相关证明材料。2013年《外国人入境出境管理条例》第七条规定：申请S1字及S2字签证，应当按照要求提交因工作、学习等事由在中国境内停留、居留的外国人出具的邀请函件、家庭成员关系证明，或者入境处理私人事务所需的证明材料。

二、对外籍华人停留和居留的便利限于探亲和入境处理私人事务

目前，我国向外籍华人提供的停留和居留便利限于探亲和入境处理私人事务，体现在Q字签证、S字签证、团聚目的居留证件和私人事务目的居留证件。Q字签证、S字签证、团聚目的居留证件和私人事务目的居留证件形式上面向所有外国人，而实质上主要面向外籍华人的逻辑，同样适用于在Z字签证、M字签证等其他类别签证以及工作目的等其他目的的居留证件。外籍华人与其他外国人相比，与中国有着更紧密的联系，外籍华人在中国境内有亲属及其他人脉资源，

容易获得国内单位和个人的邀请，更容易融入中国。[①] 他们在探亲和入境处理私人事务方面有便利的需要，在 Z 字签证、M 字签证等其他类别签证以及工作目的等其他目的的居留证件方面，也有便利的需要。

三、"居留便利"含义不明

除了原则上阐述"给予外籍华人出入境和居留便利"外，没有在有关侨务工作的官方文件中详细说明"居留便利"的含义。基于"关心、增进、鼓励和促进"外籍华人的政策，以及外籍华人希望在出入境和在国内居住给予方便的愿望和要求的大背景，需要明确"居留便利"的含义，消除由于理解"居留便利"的歧义而引起的实施外籍华人出入境（国际移民）法的不利和不当情况。

第三节　外籍华人停留居留法的完善

一、普惠式给予第一代外籍华人较长期限居留

普惠式给予第一代外籍华人较长期限居留，例如 1～5 年期居留，适用于本人曾具有中国国籍并在中国出生的符合条件的外国人，即第一代外籍华人，方便更多第一代华人在中国居留、工作和学习，不适用于东南亚国家。很多中国公民为在当地生活和工作，取得住在国国籍。由于中国的单一国籍政策，他们随之放弃中国国籍，成为第一代华人。华人通常已经在当地扎根，有着很强的经济能力或者丰富的智力成果。与其他华人相比，第一代华人较好地传承了中华文化，与中国有着非常紧密的联系。

为保持第一代华人与中国的紧密联系，建立第一代华人居留制度时，可以要求：①在失去中国国籍前已经至少在中国居留 15 年，就是说在中国完成了九年义务制教育，建立了与中国割舍不断的紧密联系。他们在申请时，提交本人的退籍证明、经公证的生活保障证明及住所证明等与申请事由相关的材料。②在失去中国国籍后 5 年内提出，这有利于重续第一代外籍华人与中国的紧密联系。在德

---

① 2011 年 7 月，国务院侨务办公室主任李海峰接受中国新闻社记者专访时谈道：据不完全统计，目前我国层次最高的海外人才引进计划"千人计划"所引进的 1 000 多名海外高层次人才中，98% 以上是海外侨胞专业人士，换句话说，海外高层次人才"千人计划"等同于外籍华人高层次人才"千人计划"。

国，根据 2004 年《德国移民法》第三十八条，德国人失去德国国籍时，其作为德国普通居民在德国满一年的，应予以居留许可，但应在得知失去德国国籍六个月内提出。③不适用于东南亚国家。

二、减免外籍华人的居留证申请材料和申请费

拓展对外籍华人出入境和居留的便利领域，减免在中国境内居住的中国公民亲属的外国人的居留证申请材料和申请费，向有良好签证和居留记录的外籍华人签发最长期限的居留证。与中国有密切联系的外国人持 Z 字、R 字、Q 字、S 字签证入境后申请工作目的居留证件、团聚目的居留证件、私人事务目的居留证件时，不再提交在申请 Z 字、R 字、Q 字、S 字签证时已经提交过的材料，避免重复提交材料，减免居留证申请费，减轻申请人的负担。

三、延长居留证件期限，可以变更为工作目的居留证件

为方便外籍华人往返住在国和中国以及在中国居留，延长居留证件有效期至最长期限 5 年。目前有效期一般不超过 1 年，最长 3 年。北京市公安局出入境管理总队外国人签证大队副大队长陈艳介绍，外国人持 Q1 字签证入境后，应当在 30 日内到公安机关出入境管理部门申请团聚目的居留证件的业务。此目的居留证件的最长有效期为 3 年，发给未满 18 周岁和已满 60 岁的人员（对未满 18 周岁人员的居留期截止日期不得超过其 18 周岁的日期），其他人员一般不超过 1 年。

2018 年 2 月，为进一步优化外籍华人入出境措施，对提供居留便利和在当地工作、学习、探亲以及从事私人事务需长期居留的外籍华人，将居留许可期限由之前最长不超过 3 年增加至 5 年。在调研中发现，不同国家的外籍华人、我国不同省份的外籍华人享有的最长 5 年有效期的居留许可待遇有差异，有关部门没有完全公开外籍华人申请有效期、申请 1~5 年居留许可的具体条件等。

为鼓励引进外籍华人人才，促进经济社会发展，允许符合条件的外籍华人办理由非工作目的居留证件变更为工作目的居留证件的业务。外国人办理非工作目的居留证件变更为工作目的居留证件，应当由本人到居留地地级市公安机关出入境管理机构提出申请，提交《外国人工作许可证》、用人单位证明函件等材料，并留存指纹等人体生物识别信息。属于国家需要的外国高层次人才和急需紧缺专门人才的，可以由邀请单位或者个人、申请人的亲属、有关专门服务机构代为申请。

四、设立创业目的工作居留证件

设立创业目的工作居留证件，与投资类永久居留相衔接，促使申请人积极投资，培养创业目的外籍华人。创业目的工作类居留证件持有者通过实地考察和论证，认为拟订的投资计划不可行，可以不投资。未在规定期限内实施或者完全实施投资计划者，其创业目的工作居留证件将被取消。投资行为实施后，申请人满足了投资类永久居留签证条件者，可以申请变更为投资类永久居留。2013年《外国人入境出境管理条例》第六条规定：M字签证，发给入境进行商业贸易活动的人员，可以将M字签证适用范围扩展至创业目的外国人。

第四节　结　论

我国实行便利外籍华人停留居留的政策，为"探亲""投靠""置房""赡养""寄养"类外籍华人签发居留许可，设立主要面向外籍华人的团聚目的居留证件和私人事务目的居留证件，持签证入境后可以换发Q2字、S2字签证，属于国家需要的专门人才等外籍华人可以由停留变更为居留，入境后需要办理住宿登记。外籍华人停留居留法存在一些不足，申请居留证件的材料与申请相应签证的材料存在着重合现象，对外籍华人停留和居留的便利仅限于探亲和入境处理私人事务，"居留便利"含义不明。完善外籍华人停留居留法，可采取如下措施：普惠式给予第一代外籍华人较长期限居留；减免外籍华人的居留证申请材料和申请费；延长居留证件期限，允许从非工作目的居留证件变更为工作目的居留证件；设立创业目的工作居留证件等。

第十四章　外籍华人工作法

外籍华人工作法的主要目的是积极吸引外籍华人人才，特别是高层次外籍华人人才来华工作。吸引外国籍高层次人才和投资者来中国服务和投资是我国一项长期而重要的政策。[1] 引进的外国人才重点是外籍华人，也要引进其他外国人。[2] 完善外籍华人工作法，有利于鼓励海外侨胞积极投身中国改革开放和现代化建设事业，进一步使他们在促进经济转型升级、深化周边区域合作、保障和改善民生乃至实现中华民族伟大复兴的中国梦等方面发挥新的不可替代的重要作用。

第一节　外籍华人工作法的现状

我国引进的外国人才重点是外籍华人，积极引进外籍华人人才，特别是高层次外籍华人人才，规定了一些便利外籍华人来华工作的措施，将积极吸引外籍华人人才来华工作的政策法律化。

一、积极地引进外籍华人人才，特别是高层次外籍华人人才来华工作政策

1983 年 8 月，中共中央、国务院联合印发了《关于引进国外智力以利四化建设的决定》。该《决定》开篇即提出："在充分利用外资和引进国外先进技术的同时，积极地有计划地引进国外人才，特别是引进现在国外的华侨华裔人才，将大大有利于我国的社会主义现代化建设。"该《决定》进一步指出："聘请一批华侨华裔专家和外国专家来参加我国的建设工作，将大大缩短我们在许多方面摸索前进的时间。"该《决定》分析了将华侨和外籍华人作为引进外国人才重点的原因："在国外智力资源中，华侨华裔人才应当是我们引进的重点。目前，国外华裔科技人才约有十万人。他们中的许多人精通现代化科学技术和管理知识，具有丰富的实践经验，有很高的水平。他们都是炎黄子孙，其中许多人有爱国爱

---

① 2002 年《关于为外国籍高层次人才和投资者提供入境及居留便利的规定》序言。

② 1983 年《国务院关于引进国外人才工作的暂行规定》第一条。

乡的热情，对我国国情比较了解，语言又相通，给科技交流带来很多方便。近几年来，不少华侨华裔专家已经为我国的科学、教育和各项建设事业作出了一定贡献。但是，由于我们工作抓得不够，认识落后于形势，还远没有充分发挥他们的作用。这是我们应当立即加以改进的。做好这项工作，不仅可以加速国家的四化建设，而且也有利于促进祖国的和平统一大业。"

21 世纪初，中共中央和国务院重申了积极吸引外籍华人人才来华工作的政策。2003 年，中共中央、国务院联合印发了《关于进一步加强人才工作的决定》，指出要进一步鼓励和吸引海外外籍华侨华人专家为我国现代化建设服务。2012 年 1 月，时任中共中央政治局委员王兆国同志在中国侨联八届四次全委会议上的讲话中指出，要努力为引进海外高层次人才牵线搭桥，为我国发展节能环保、新一代信息技术、生物等战略性新兴产业引荐更多华侨、外籍华人等高层次创新型人才。"2017 年 6 月，李克强总理在国务院常务会议上部署新建"双创"示范基地时强调，要创造更优的硬环境和软环境，加大吸引海外人才尤其是华侨华人人才，"华侨华人不仅是血脉相连的亲人，更是重要的创新人才资源"[1]。

二、便利外籍华人来华工作的措施

党和国家有关部门、单位制定了一些文件，贯彻和落实积极吸引外籍华人人才来华工作政策。2002 年，公安部、外交部等九部门联合发布《关于为外国籍高层次人才和投资者提供入境及居留便利的规定》，明确了为外国籍高层次人才和投资者提供入境及居留便利的措施，来华工作是其中重要内容之一。该《规定》规定的外国籍高层次人才和投资者与外籍华人有很大程度的重合。

2007 年，人事部等十六部门联合发布《关于建立海外高层次留学人才回国工作绿色通道的意见》，强调主管部门应积极为高层次留学人才提供出入境及居留便利。该《意见》第十五条规定："已加入外国籍回国工作的高层次留学人才及其随迁家属在我驻外使领馆办妥'Z'字签证来华后，需长期居留的，可申请办理 2 至 5 年的《外国人居留许可》；需多次临时入境的，可申请办理 2 至 5 年长期多次'F'字签证。上述人员须提交人事部专业技术人员管理司、教育部国际合作与交流司或各省级政府人事部门等一类授权单位公函以及《回国（来华）定居专家证》等证明文件。上述人员的外国籍配偶及未满 18 周岁的子女可享受同等条件的入出境便利。"其第十六条规定："已加入外国籍回国工作的高层次留学人才，符合《外国人在中国永久居留审批管理办法》要求的，可凭人事部

---

① 储思琮：《李克强一周两度发声：创造更优环境吸引外资外智》，《新京报》，2017 年 6 月 12 日。

出具的推荐函或身份确认函以及《回国（来华）定居专家证》，按有关规定办理《外国人永久居留证》。上述人员的外国籍配偶及未满18周岁的子女可享受同等条件的入出境便利。"

2008年，中共中央办公厅转发《中央人才工作协调小组关于实施海外高层次人才引进计划的意见》。该意见提出，长期在海外工作、生活的留学人员是海外高层次人才的主体，中央层面的海外高层次人才引进计划是要引进并重点支持一批海外高层次人才回国（来华）创新创业。中央组织部、外交部等十三部门联合印发《关于为海外高层次引进人才提供相应工作条件的若干规定》《关于海外高层次引进人才享受特定生活待遇的若干规定》，引进的人才可担任高等院校、科研院所、中央企业、国有商业金融机构一定的领导职务，对于愿意恢复中国国籍的，公安机关要根据《国籍法》的有关规定优先办理。

2016年11月，中共中央、国务院联合下发《关于加强新形势下引进外国人才工作的意见》，将外籍华人人才作为外国人才的组成部分。该意见提出健全外国人才来华工作管理制度，加快制定外国人在中国工作管理条例，建立标准统一、程序规范的外国人来华工作许可制度，实现工作许可、签证与居留有机衔接。制定高效合理、科学反映市场需求的外国人才评价办法，探索实行计点积分制、人才市场测试等客观量化评价制度。制定人才签证实施细则，明确外国人才申请和取得签证的标准条件和办理程序，为外国人才来华工作、出入境提供便利。建立健全国有企业引进外国中高级管理人才的管理制度。该意见还提出，侨务等部门要各司其职，积极配合人力资源和社会保障部、科技部（国家外国专家局）做好外国人才引进、使用、管理、服务、宣传等工作。人力资源和社会保障部、科技部（国家外国专家局）支持侨联等群团组织以及社会力量积极参与引进外国人才工作。

三、法律化积极吸引外籍华人人才来华工作政策

我国把行之有效的积极吸引外籍华人人才来华工作政策法定化，健全促进引进外国人才和吸引外籍华人人才有机统一的制度规范。

2012年《出境入境管理法》第十六条第三款规定：因工作、人才引进等非外交、公务事由入境的外国人，签发相应类别的普通签证。第三十一条第二款规定："符合国家规定的专门人才、投资者或者出于人道等原因确需由停留变更为居留的外国人，经设区的市级以上地方人民政府公安机关出入境管理机构批准可以办理外国人居留证件。"2013年《外国人入境出境管理条例》第六条规定：R字签证，发给国家需要的外国高层次人才和急需紧缺专门人才；Z字签证，发给

申请在中国境内工作的人员。2017 年 11 月，为进一步健全完善外国人才签证制度，明确申请人才签证的标准条件和办理程序，为外国人才来华创新创业和工作提供便利，科技部（国家外国专家局）、外交部、公安部研究制定和实施《外国人才签证制度实施办法》。第四条规定："R 字签证发放对象为国家经济社会发展需要的外国高层次人才和急需紧缺人才，符合'高精尖缺'和市场需求导向的科学家、科技领军人才、国际企业家、专门人才和高技能人才等。申请 R 字签证的外国人，应当符合《外国人来华工作分类标准（试行）》中外国高端人才（A 类）标准条件。科技部（国家外国专家局）会同外交部、公安部，根据经济社会发展需要和人才资源供求状况适时调整外国高端人才认定标准。"

这些法律等的规定是非常必要和切实可行的，有利于引进资金，吸收外籍华人人才到国内安心创业和舒心发展。[①]

第二节　外籍华人工作法的不足

一、过于依附外国人工作法

尽管我国确立了积极地引进外籍华人人才特别是高层次外籍华人人才来华工作的政策，外籍华人在引进的海外高层次人才中占据了绝对主导地位，但是外籍华人工作法一直依附于外国人工作法，未能形成外籍华人工作方面独立和具体的法律内容，也没有颁布专门的外籍华人工作的法律等。98% 的国家"千人计划"入选者是华侨华人。北京市海聚工程入选者，几乎全部是外籍华人。2015 年 2 月，济南市公布了第八批引进海内外高层次创业人才（团队）和创新人才（团队）名单，5 个团队和 53 名人员入选，仅有的 3 名外国籍高层次人才全部是外籍华人。

高层次外籍华人人才回国工作适用于 2008 年《引进海外高层次人才暂行办法》、2010 年《青年海外高层次人才引进工作细则》、2011 年《"千人计划"高层次外国专家项目工作细则》等引进海外高层次人才的规章和文件。一般外籍华人回国工作适用于 1983 年《关于引进国外人才工作的暂行规定》、1996 年《外国人在中国就业管理办法》、1999 年《关于进一步加强外国专家管理工作的通

---

① 毛起雄：《中国涉侨出境入境管理法治建设的重大举措：2012 年〈出境入境管理法〉颁布有感》，刘国福、刘宗坤：《出入境管理法与国际移民》，北京：法律出版社，2013 年，第 10 页。

知》等外国人在华就业和外国专家在华工作方面的法规、规章和文件。外籍华人工作法一直依附于外国人工作法，使得积极吸引外籍华人人才来华工作混同于引进海外高层次人才，不能准确反映外籍华人比其他外国人与中国有更紧密联系的特点，影响了吸引外籍华人人才来华工作的效果。

二、不能自行申报海外高层次人才

我国要求外籍人才通过用人单位申报海外高层次人才，不能自行申报。根据 2008 年《引进海外高层次人才暂行办法》，外籍人才必须通过用人单位，不能自行申报"千人计划"。第十二条规定："用人单位物色拟引进人选，进行接洽并达成初步引进意向后，向牵头组织单位申报。"即使是投资创业型外籍人才，也要通过园区才能申报"千人计划"。第六条规定："各园区是引进和支持人才创业的主体，具体实施创业人才的引进工作，组织推荐重点创业人才。"

根据 2010 年《青年海外高层次人才引进工作细则》，外籍人才必须通过用人单位，不能自行申报青年海外高层次人才。由教育部、科技部、人力资源和社会保障部、中科院、中国工程院、自然科学基金委联合设立平台，在海外高层次人才引进工作专项办公室的指导下，开展"青年千人计划"申报评审工作。用人单位和海外人才达成引进意向后，按要求填写申报书，向平台提出申请。由平台组织专家进行通讯评审后，分批次组织会议评审，以面谈方式议定拟引进人才名单，并在一定范围内进行公示。最后由海外高层次人才引进工作小组批准引进人才名单。

根据 2009 年《北京市鼓励海外高层次人才来京创业和工作暂行办法》，外籍人才必须通过用人单位申报海外高层次人才，不能自行申报。根据 2009 年《关于实施北京海外人才聚集工程的意见》，北京海外学人中心会同市有关部门向用人单位进行推荐，用人单位根据需要物色拟引进人选，经接洽达成初步引进意向后，向北京海外学人中心申报。经北京市海外学人工作联席会审批同意后，由北京海外学人中心通知用人单位并向海外高层次人才颁发《北京市海外高层次人才工作居住证》，提供专业配套服务。对引进的人才，依法与其签订聘用（劳动）合同，由市人力社保局办理引进手续。申报创业类、创业团队项目海外高层次人才，申报人、申报团队成员回国时间不超过 6 年，所创办的企业成立时间在 1 年以上、5 年以下。

持 R 字签证外籍华人人才申请外国人来华工作许可，应提交聘用合同或任职证明。2017 年《外国人才签证制度实施办法》第十条规定："持 R 字签证在华工作的外国人，应当向用人单位所在地的地方人民政府外国人工作管理部门或其委

托机构申请办理外国人来华工作许可。持 R 字签证的外国人，可在线提交聘用合同或任职证明、体检证明、R 字签证签注页、护照信息页申请外国人来华工作许可，全程在线申请外国人来华工作许可的延期、换发和补发，地方人民政府外国人工作管理部门应在 3 个工作日内进行审查并作出决定，同时将相关信息交换至同级公安机关出入境管理机构。"

三、关注投资创业型海外高层次人才不够

我国外籍华人工作法主要面向专家学者、专业技术人才、经营管理人才，对投资创业型海外高层次人才关注不够。根据 2008 年《引进海外高层次人才暂行办法》、2010 年《青年海外高层次人才引进工作细则》、2011 年《"千人计划"高层次外国专家项目工作细则》，申报者主要是来华（回国）工作，与用人单位接洽并达成初步意向，由牵头组织单位申报。"千人计划"依托国家重点创新项目、重点学科和重点实验室，中央企业，国有商业金融机构，以高新技术产业开发区为主的各类园区四个事业平台引进人才。海外人才与各个事业平台的用人单位进行双向选择，签订工作合同或达成引进意向后，可进行申报。

对海外高层次创业人才法律上的支持与配套保障集中在资金资助、出入境签证、产品纳入政府采购目录、可能的永久居留等特殊待遇，然而未能明确聘雇人员、减免税费、办公场所、市场准入等方面的待遇，没有明确"多次出入境签证"的内涵。2008 年《海外高层次创业人才引进工作细则》第十二条规定："国家和地方有关职能部门对重点创业人才给予以下配套支持：（一）中央财政给予每人人民币 100 万元的资助，有关地方提供配套支持；（二）给予多次出入境签证；（三）国家和地方科技型中小企业技术创新基（资）金给予优先支持；（四）可承担国家重点科技、产业、工程项目任务（对于涉及国家安全的，须另行批准），其产品符合要求的，纳入政府采购目录。"第十三条规定："对获得表彰的创业人才，在永久居留、医疗、保险等方面给予特殊待遇。"尽管南京创业人才"321 计划"、无锡"530 计划"/东方硅谷计划等地方政府引进海外高层次创业人才的计划取得了不菲成绩，但是实效还有待评估。

四、创业者很难换发签证或者申请工作目的居留证件

外籍华人回国后创办企业，不能换发 Z 字签证，很难在中国工作和停留。根据 2013 年《公安机关签证证件签发工作规范》第十四、十五条，外国人入境后按照国家规定可以变更停留事由、给予入境便利，为其换发 F 字、J2 字、M 字、

Q2 字、R2 字、S2 字、X2 字 7 种签证，但不能换发 Z 字签证，也就不能因为创办企业而在中国工作和居留。

外籍华人回国后创办企业，不能换发 R 字签证，很难在中国停留。2013 年《公安机关签证证件签发工作规范》第十五条规定，申请换发 R2 字签证者，"应当提交符合中国政府主管部门确定的外国高层次人才和急需紧缺专门人才引进条件和要求规定的证明材料以及邀请、接待单位函件。可以换发入境有效期不超过 5 年，停留期不超过 180 日的零次、一次、二次或者多次签证"。中国政府主管部门确定的外国高层次人才和急需紧缺专门人才，都已经被中国单位聘用。由于回国创办企业，没有雇主，不符合外国高层次人才和急需紧缺专门人才引进条件，无法提供邀请、接待单位函件，因此不能换发 R 字签证并在中国工作和停留。

外籍华人回国后创办企业，不能申请工作目的居留证件，很难在中国居留。根据 2013 年《公安机关签证证件签发工作规范》第十九、二十条，持 R1 字、Z 字以外签证的入境者申请工作目的居留证件应当符合下列条件之一："1. 属外国高层次人才和急需紧缺专门人才，应当提交符合中国政府有关主管部门确定的条件和要求规定的证明材料。可以签发居留期不超过 5 年的居留证件。2. 在中国个人直接投资合计 200 万美元以上的外国投资者以及企业聘雇的外国人，应当提交证明其个人投资金额的外商投资企业批准证书。可以签发居留期不超过 2 年的居留证件。3. 在世界 500 强企业、跨国公司地区总部中工作以及在出入境管理机构备案的公司企业中担任副总经理以上职务或享受同等待遇的高级管理人员和重要专业技术人员，应当提交世界 500 强企业认定书、跨国公司地区总部确认证明或者相关公司、企业的批准证明、营业执照副本等证明材料。可以签发居留期不超过 2 年的居留证件。4. 国家和省部级科研机构、重点高等学校聘用的学术、科研带头人以及有关部门聘用的具有副教授、副研究员以上职称或享受同等待遇的学术、科研骨干，应当提交工作单位证明函件，依法登记证明。可以签发居留期不超过 2 年的居留证件。"外籍华人回国创办的企业往往处于起步和探索阶段，资金和人员有待提升，很难达到 2013 年《公安机关签证证件签发工作规范》第十九、二十条关于为外国人签发工作目的居留证件的条件，不能申请工作目的居留证件，很难在中国居留。

第三节　外籍华人工作法的完善

一、确立相对独立的外籍华人工作法

鉴于外籍华人在引进的海外高层次人才中的绝对主导地位，需要确立相对独立的外籍华人工作法，区别于其他外国人工作政策。现行外籍华人工作法过于依附外国人工作法，没有自己的体系和内容。确立相对独立的外籍华人工作法，一方面要考虑外籍华人与中国密切联系的特点，使外籍华人能够比其他外国人更便利地申报引进海外人才计划、回国工作和由工作居留转永久居留，另一方面考虑到外国人在中国工作和引进海外人才法的不足，可通过完善外籍华人工作法进行弥补。

现行的外国人在中国工作法和引进海外人才政策，引进的海外人才绝大多数是外籍华人，却没有以外籍华人工作法、引进外籍华人人才政策的形式出现。这点可以从国家在"千人计划"之外，另行设立专门面向非华侨华人专家的"外专千人计划"得到佐证，给予非华侨华人专家比给予"千人计划"人选者更大力度的资助。2011 年 8 月，为吸引更多高层次外国专家参与我国现代化建设，推动人才强国战略深入实施，中共中央组织部、人力资源和社会保障部、科技部（国家外国专家局）根据《中央人才工作协调小组关于实施海外高层次人才引进计划的意见》，印发《"千人计划"高层次外国专家项目工作细则》，设立"千人计划"高层次外国专家工作平台，实施"千人计划"高层次外国专家项目，简称"外专千人计划"，特指非华裔外国专家。第二条规定："'外专千人计划'的目标是，按照中央人才工作协调小组的统一部署，围绕我国经济和社会发展重点行业和关键领域的需求，利用 10 年左右的时间，引进 500 ~ 1 000 名高层次外国专家，每年引进 50 ~ 100 名。"第十二条规定："中央财政给予'外专千人计划'长期项目专家每人人民币 100 万元的一次性补助，并根据工作需要，经用人单位向从事科研工作、特别是从事基础研究的外国专家提供总计 300 ~ 500 万元科研经费补助。"对于"千人计划"入选者，国家只给予 100 万元的补助。2008 年《关于海外高层次引进人才享受特定生活待遇的若干规定》第三条规定：中央财政给予引进人才每人人民币 100 万元的补助。

二、允许没有用人单位的外籍华人自行申报引进海外人才计划

对于国家吸引力逊于发达国家和地区的中国而言，如果中国要增加对海外人才的吸引力，有必要在先与用人单位达成引进意向和通过用人单位之外，允许外籍华人在没有与用人单位达成引进意向时自行申报"千人计划"等引进海外人才计划，在其入境居留和工作一段时间后，向入选者兑现引进海外人才计划的支持。能否入选引进海外人才计划，关键在于是否具有中国经济社会发展所需的才能，是否会为中国经济社会发展作出贡献。只要外籍华人具有中国经济社会发展所需的才能，即使没有与用人单位达成引进意向，也会因为与其他外国人相比，更懂中国语言、熟悉中国文化及在中国有亲友，而更容易为中国经济社会发展作出贡献。由于语言、文化、时空等因素的影响，很多海外人才不了解中国，没有与用人单位达成引进意向。如果将申报引进海外人才计划限于与用人单位达成引进意向的海外人才，就会缩窄引进海外人才的渠道。我国在引进海外人才方面，不允许自行申报，只能通过用人单位申报，这便于受理，但审批单位受理和审批，使得海外人才依附于用人单位，限制了海外人才申报的灵活性和积极性，使得没有与用人单位达成引进意向的外国人才没有资格申报和获得相关资助。

三、允许换发 Z 字签证

允许外籍华人来华（回国）后换发 Z 字签证，创办企业，方便在中国工作和停留。根据 2013 年《公安机关签证证件签发工作规范》第十四、十五条，外国人入境后按照国家规定可以变更停留事由、给予入境便利，为其换发 F 字、J2 字、M 字、Q2 字、R2 字、S2 字、X2 字等 7 种签证，但不能换发 Z 字签证。外籍华人回国后创办企业，往往是持 R1 字、Z 字以外签证入境，企业处于起步和探索阶段，资金和人员有待提升，很难达到 2013 年《公安机关签证证件签发工作规范》第十九、二十条关于为外国人签发工作目的居留证件的条件，不能申请工作目的的居留证件。

四、增设创业目的工作居留证件

创业目的工作居留证件持有人认真实施投资创业计划，运营企业满足经营年限、居住年限、营业额、纳税额、聘雇当地人数等条件后，可以申请投资类永久居留。外商投资可以为我国增加产值、创造较多就业机会和缴纳丰厚税收，但是

也可能造成污染、洗钱、冲击本国市场等问题。无论是审核外国人的投资目的工作签证还是投资类永久居留申请，都要全面评估申请人的投资经商才能，摒弃以投资额为唯一标准的评估方法。

创业目的工作居留证件将以外籍华人为主要适用群体，但又不限于外籍华人。由于投资创业具有高风险，更懂中国语言、熟悉中国文化及在中国有亲友的外籍华人更有可能化解风险和回国投资创业。2015 年 2 月，济南市公布了第八批引进海内外高层次创业人才（团队）和创新人才（团队）名单，4 个团队和 40 名人员入选海内外高层次创业人才（团队），外国国籍的只有 3 人，而且均是外籍华人。

缺少创业目的工作居留证件，不利于丰富来华（回国）后创办企业的外籍华人的投资渠道，鼓励来华创业，检验投资意向的真实性和可行性，向完成公司登记、投资资金到位、投资创业计划完善的外籍华人提供方便。

外籍华人来华（回国）创办企业是大众创新和万众创业的一部分。大众创新和万众创业既要给中国公民留下空间，也要给外籍华人留下空间。由于国际迁徙属性，国际移民往往会迸发出比本土居民更加强烈的创造力。根据美国总统奥巴马于 2014 年 12 月发表的《总统备忘录：营造欢迎型社会，促进移民和难民全面融入》，占美国人口 13% 的近 4 000 万移民为美国提供了 16% 的劳动力、设立了 28% 的新企业、缔造了 40% 的财富——500 强公司。移民缔造的财富——500 强公司在全世界共雇用了 1 000 多万名员工，年收入达 42 亿美元。[①]

大众创新和万众创业对于一个国家的发展和进步至关重要，尤其在经济新常态下，推动产业结构迈向中高端的过程中更是如此。2015 年国务院《政府工作报告》指出，"推动大众创业、万众创业。这既可以扩大就业、增加居民收入，又有利于促进社会纵向流动和公平正义"，"人民勤劳而智慧，蕴藏着无穷的创造力，千千万万个市场细胞活跃起来，必将汇聚成发展的巨大动能，一定能顶住经济下行压力，让中国经济始终充满勃勃生机"，"全社会要厚植创业创新文化"，"修订外商投资产业指导目录，重点扩大服务业和一般制造业开放"，"全面推行普遍备案、有限核准的管理制度，大幅下放鼓励类项目核准权"。

美国、澳大利亚、韩国等国家都允许外国人在本国创业。如果外国人创业符合本国利益，能够给本国公民或永久居民提供工作机会，扩大本国在产品或服务方面的贸易，密切与国际市场的联系，增强本国经济发展的竞争力，那么可以向外国人创业者签发商务或者工作类签证/居留证件，允许其在本国创业（工作）

---

① President Obama, *Memorandum for the Heads of Executive Departments and Agencies Subject：Creating Welcoming Communities and Fully Integrating Immigrants and Refugees*，2014 – 11 – 21.

并聘雇本国公民或永久居民，以及在满足保护本国公民或永久居民就业机会的条件下聘雇外国人。

<h1 style="text-align:center">第四节　结论</h1>

外籍华人工作法的主要目的是积极吸引外籍华人人才，特别是高层次外籍人才来华工作。华侨和外籍华人是我国引进的外国人才重点①，外籍华人工作法规定了一些便利外籍华人来华工作的措施。我国将积极吸引外籍华人人才来华工作法律化，2013 年《外国人入境出境管理条例》、2017 年《外国人才签证制度实施办法》规定了 R 字签证，发给国家需要的外国高层次人才和急需紧缺专门人才。我国外籍华人工作法存在一些不足，例如，过于依附外国人工作法；不能自行申报海外高层次人才；关注投资创业型海外高层次人才不够；创业者很难换发签证或者申请工作目的居留证件等。完善外籍华人工作法，需要使外籍华人工作法从外国人工作法中独立出来，允许没有用人单位的外籍华人自行申报引进海外人才计划，允许换发 Z 字签证，增设创业目的工作居留证件。

---

① 1983 年《国务院关于引进国外人才工作的暂行规定》第一条。

主要参考法律和政策文件

1955 年国务院《关于贯彻保护侨汇政策的命令》

1956 年福建省《关于大力鼓励华侨办学的联合指示》

1964 年国务院《关于华侨和港澳同胞捐资兴办公益事业问题的通知》

1969 年广东省革命委员会《关于严禁向华侨、港澳同胞发动捐献问题的通知》

1978 年国务院侨务办公室、国务院港澳办、中国人民银行《关于受理华侨、外籍人、港澳同胞捐赠物资和捐资兴办公益事业的试行规定》

1978 年广东省革命委员会《关于严禁向华侨、中国血统外籍人、港澳同胞发动捐赠的通知》

1978 年国务院侨务办公室、国务院港澳办公室、中国人民银行《关于接受海外华侨、外籍人、港澳同胞捐赠外汇或物资的有关规定》

1979 年《地方各级人民代表大会和地方各级人民政府组织法》（2015 年修正）

1979 年《全国人民代表大会和地方各级人民代表大会选举法》（2015 年修正）

1979 年《中外合资经营企业法》（2001 年修正）

1979 年国务院《关于华侨、外籍华人和港澳同胞向国内投资捐赠不要公开宣传的通知》

1979 年中纪委《关于在受理华侨捐献中严禁违反政策和营私舞弊的若干规定》

1980 年国家城市建设总局、国务院侨务办公室《关于用侨汇购买和建设住宅的暂行办法》

1980 年《国籍法》

1982 年中纪委、国务院侨务办公室党组《关于严格制止向华侨、外籍华人和港澳同胞伸手要钱要物的紧急通知》

1982 年国务院《关于加强华侨和港澳同胞捐赠进口物资管理的通知》

1982 年《宪法》（2018 年修正）

1982 年财政部、国家外汇管理总局、国务院侨务办公室《关于捐赠的外汇结汇价格和留成比例的通知》

1982 年国务院《关于加强华侨和港澳同胞捐赠进口物资管理的通知》

1983 年《福建省关于鼓励和支持华侨办学的若干规定》

1983 年《国务院关于引进国外人才工作的暂行规定》

1983 年中共中央、国务院《关于引进国外智力以利四化建设的决定》

1983 年国务院侨务办公室、海关总署、中国银行、国家外汇管理局《关于贯彻执行加强华侨和港澳同胞捐赠进口物资管理的补充通知》

1984 年《广东省华侨、港澳同胞捐办公益事业支援家乡建设优待办法》

1984 年国务院侨务办公室、海关总署《关于加强捐赠进口物资管理意见的通知》

1984 年国务院侨务办公室、公安部、最高人民检察院、最高人民法院、民政部《关于制止和惩处盗掘华侨祖墓的违法犯罪活动的联合通知》

1984 年国务院侨务办公室、民政部《关于华侨修复祖墓问题的通知》

1985 年《继承法》

1986 年国务院《关于加强华侨、港澳同胞捐赠和经贸活动中外商赠送国家限制进口机电产品管理的补充通知》

1986 年《广州市清退占用华侨房屋暂行规定》

1987 年国务院侨务办公室、外交部《关于报道华人捐资兴办公益事业应注意的问题的通知》

1988 年《关于华侨、港澳同胞捐赠国家限制进口机电产品的补充通知》

1989 年国务院《关于加强华侨、港澳台同胞捐赠进口物资管理的若干规定》

1989 年《行政诉讼法》（2017 年修正）

1989 年国家外汇管理局《关于对华侨港澳台同胞捐赠外汇参加外汇调剂的暂行规定》

1989 年海关总署《中华人民共和国海关对华侨、港澳台同胞捐赠进口物资监管办法》

1989 年《城市居民委员会组织法》

1990 年《福建省华侨捐赠兴办公益事业管理条例》（2002 年修订）

1990 年《福建省华侨捐资办学奖励实施办法》

1990 年《归侨侨眷权益保护法》（2009 年修正）

1990 年国务院《关于鼓励华侨和香港澳门同胞投资的规定》

1990 年《山东省华侨捐赠奖励办法（试行）》

1990 年物资部、经济贸易部、海关总署、国务院侨务办公室《关于严格控制进口捐赠废旧轮胎的通知》

1991 年《海南省关于华侨港澳台同胞投资捐赠奖励办法》

1991 年《山东省华侨捐赠管理暂行办法》

1992 年《山西省关于接受华侨、港澳台同胞捐赠的管理办法》

1993 年《公司法》（2018 年修正）

1993 年《归侨侨眷权益保护法实施办法》（2004 年修订）

1993 年《陕西省实施〈中华人民共和国归侨侨眷权益保护法〉办法》（2007 年修订）

1993 年《浙江省实施〈中华人民共和国归侨侨眷权益保护法〉办法》（2001 年修正）

1994 年《北京市实施〈中华人民共和国归侨侨眷权益保护法〉办法》（2005 年修正）

1994 年《国家赔偿法》（2012 年修正）

1994 年《湖南省华侨捐赠若干规定》（2002 年修正）

1994 年《新疆维吾尔自治区实施〈中华人民共和国归侨侨眷权益保护法〉办法》（2003 年修正）

1995 年《立法法》（2015 年修正）

1995 年《山西省归侨侨眷权益保护法实施办法》

1995 年《浙江省华侨捐赠条例》（2004 年修订）

1995 年《广东省拆迁城镇华侨房屋规定》（2004 年修订）

1996 年《公益事业捐赠法》

1996 年《外国人在中国就业管理办法》

1997 年《福建省保护华侨房屋租赁权益的若干规定》

1997 年《（广东省）汕头经济特区华侨房地产权益保护办法》

1997 年《广东省华侨捐赠兴办公益事业管理条例》（2014 年修正）

1997 年《国务院行政机构设置和编制管理条例》

1997 年《合伙企业法》（2006 年修订）

1997 年《上海市华侨捐赠条例》

1997 年《中国民用航空旅客、行李国际运输规则》

1998 年财政部、国务院关税税则委员会、国家税务总局、海关总署《关于救灾捐赠物资免征进口税收的暂行办法》

1998 年《福建省保护华侨投资权益若干规定》（2002 年修正）

1998 年《村民委员会组织法》（2018 年修正）

1998 年《土地管理法实施条例》（2014 年修正）

1998 年《社会团体登记条例》

1999 年《合同法》

1999 年《刑法》（2015 年修正）

1999 年《城市居民最低生活保障条例》

1999 年《个人独资企业法》

1999 年《公益事业捐赠法》

1999 年科技部（国家外国专家局）《关于进一步加强外国专家管理工作的通知》

1999 年《广州市出境定居人员权益保障规定》（已废止）

1999 年国务院《关于全面推进依法行政的决定》

1999 年《行政复议法》（2017 年修订）

2000 年《江苏省华侨捐赠条例》

2000 年《立法法》（2015 年修正）

2000 年《天津市华侨捐赠管理办法》（2004 年修订）

2000 年《四川省华侨投资权益保护条例》（2011 年修正）

2000 年民政部、国务院侨务办公室、国务院港澳办公室、国务院台湾事务办公室、国家民族事务委员会、国家文物局《关于特殊坟墓处理问题的通知》

2001 年《城市房屋拆迁管理条例》

2001 年《扶贫、慈善性捐赠物资免征进口税收暂行办法》

2001 年国务院侨务办公室、建设部《关于归侨侨眷职工参加房改房问题的补充规定》

2001 年《计划生育法》（2015 年修正）

2001 年《武汉市出境定居人员权益保障规定》

2002 年公安部、外交部、教育部、科技部、人事部、劳动和社会保障部、外经贸部、国务院侨务办公室、国家外国专业局《关于为外国籍高层次人才和投资者提供入境及居留便利的规定》

2002 年《规章制定程序条例》

2002 年国务院侨务办公室国内司、监察局《关于认真做好办理"三侨考生"身份证明工作的通知》

2002 年《国务院侨务办公室涉侨经济案件协调处理工作暂行办法》

2002 年《行政法规制定程序条例》

2002 年《农村土地承包法》

2002 年《四川省华侨捐赠条例》（2015 年修正）

2002 年《政府采购法》

2002 年对外经贸部等部门《关于华侨、港澳台同胞捐赠进口配额机电产品有关事项的通知》

2003 年国务院侨务办公室《关于海外侨胞捐赠公益事业资金服务管理办法》

2003 年《行政许可法》

2003 年《杭州市出国定居人员权益保障规定》

2003 年教育部、国务院侨务办公室《关于在中小学校布局调整中注意保护海外侨胞捐赠财产的意见》

2004 年《广东省拆迁城镇华侨房屋规定》

2004 年《广东省行政机关规范性文件管理规定》

2004 年连云港市人民政府《关于深入贯彻实施〈中华人民共和国归侨侨眷权益保护法实施办法〉的通知》

2004 年《全面推进依法行政实施纲要》（国发〔2004〕10 号）

2004 年国务院《全面推进依法行政实施纲要》

2005 年《福建省人民政府侨务办公室法律顾问团章程》

2005 年《公务员法》

2005 年《广东省华侨捐赠公益事业项目监督管理办法》

2005 年国务院侨务办公室《关于进一步加强学习宣传和贯彻实施〈中华人民共和国归侨侨眷权益保护法〉及其实施办法的通知》

2005 年《四川省〈中华人民共和国归侨侨眷权益保护法〉实施办法》

2005 年天津市人民政府侨务办公室、市司法局、市依法治市领导小组办公室《关于转发〈关于进一步加强学习宣传和贯彻实施中华人民共和国归侨侨眷权益保护法及其实施办法的通知〉的通知》

2005 年《信访条例》

2005 年《治安管理处罚法》（2013 年修正）

2006 年广东省人民政府侨务办公室《广东省侨法"五五"普法规划》

2006 年广东省人民政府侨务办公室、省司法厅、普法办《关于进一步加强学习宣传和贯彻实施侨法的通知》

2006 年国务院侨务办公室、教育部、国家发展改革委、财政部《关于调整国内普通高校招收海外华侨学生收费标准及有关政策问题的通知》

2006 年国务院侨务办公室《关于开展法制宣传教育的第五个五年规划》

2006 年国务院侨务办公室《关于在"五五"普法期间切实加强侨法宣传教育的通知》

2006 年《浙江省华侨权益保障暂行规定》

2006 年浙江省人民政府侨务办公室《关于深入开展侨法宣传教育主题活动的意见》

2007 年《公安派出所外国人住宿登记管理办法（试行）》

2007 年人事部、教育部、科技部、财政部、外交部、国家发展改革委、公安部、商务部、中国人民银行、国务院国有资产监督管理委员会、国务院侨务办公室、中国科学院、科技部（国家外国专家局）、海关总署、国家税务总局、工

商总局《关于建立海外高层次留学人才回国工作绿色通道的意见》

2007 年《海南省华侨捐赠公益事业若干规定》

2007 年《行政复议法实施条例》

2007 年《河南省外事侨务办公室为侨服务法律顾问团章程》

2007 年《救灾捐赠管理办法》

2007 年《就业促进法》

2007 年《劳动合同法》（2012 年修正）

2007 年《突发事件应对法》

2007 年《物权法》

2007 年《政府信息公开条例》（2019 年修订）

2007 年《个人外汇管理办法》

2008 年《中华全国归国华侨联合会法律顾问委员会章程》

2008 年《就业促进法》

2008 年中共中央组织部、外交部、科技部、教育部、公安部、财政部、人力资源和社会保障部、住房和城乡建设部、卫生部、中国人民银行、国务院国有资产监督管理委员会、海关总署、国家税务总局《关于海外高层次引进人才享受特定生活待遇的若干规定》

2008 年中共中央组织部、国家发展和改革委员会、教育部、科技部、财政部、人力资源和社会保障部、中国人民银行、国务院国有资产监督管理委员会、国家质量监督检验检疫总局、中国科学院、中国工程院、国家自然科学基金委员会、中国科学技术协会《关于为海外高层次引进人才提供相应工作条件的若干规定》

2008 年《国务院关于机构设置的通知》

2008 年《农村宅基地管理办法》

2008 年《青海省外事侨务办公室"侨心工程"捐赠程序暂行办法》

2008 年中共中央组织部、中央统战部、外交部、国家发展和改革委员会、教育部、科技部、工业和信息化部、公安部、财政部、人力资源和社会保障部、中国人民银行、国务院国有资产监督管理委员会、中国科学院、中国工程院、国家自然科学基金委员会、科技部（国家外国专家局）、共青团中央、中国科学技术协会《引进海外高层次人才暂行办法》

2008 年中央人才工作协调小组《关于实施海外高层次人才引进计划的意见》

2009 年《侵权责任法》

2009 年《邮政法》

2009 年《安徽省华侨捐赠条例》

2009 年《北京市鼓励海外高层次人才来京创业和工作暂行办法》

2009 年《北京市人民政府关于机构设置的通知》

2009 年《东营市东城街道兴盛社区关于设立"侨法宣传角"的实施方案》

2009 年中共北京市委办公厅《关于实施北京海外人才聚集工程的意见》

2009 年《广东省侨资企业律师服务团工作暂行办法》

2009 年国务院侨务办公室《关于界定华侨外籍华人归侨侨眷身份的规定》

2009 年国务院侨务办公室、国家人口计生委、公安部《关于涉侨计划生育政策的若干意见》

2009 年国务院侨务办公室与教育部《关于华侨子女回国接受义务教育相关问题的规定》

2009 年《湖南省华侨捐赠公益事业项目监督管理办法》

2009 年人力资源和社会保障部《关于进一步做好在国内就业的华侨参加社会保险有关工作的通知》

2009 年中共湖南省委、湖南省人民政府《关于湖南省人民政府机构设置的通知》

2009 年中共湖南省委、湖南省人民政府《关于印发〈湖南省人民政府机构改革方案的实施意见〉的通知》

2009 年广东省司法厅和广东省人民政府侨务办公室《广东省侨资企业律师服务团工作暂行办法》

2010 年《国家中长期人才发展规划纲要（2010—2020 年)》

2010 年中共中央组织部《青年海外高层次人才引进工作细则》

2010 年《社会保险法》

2010 年《浙江省行政规范性文件管理办法》

2010 年《浙江省温州市瑞安市枫岭乡关于设立"侨法宣传角"的工作方案》

2011 年中共中央组织部、人力资源和社会保障部、科技部（国家外国专家局)《"千人计划"高层次外国专家项目工作细则》

2011 年《安徽省人民政府外事侨务办公室关于设立 2011 年度侨法宣传角的通知》

2011 年《个体工商户条例》（2014 年修订)

2011 年《国家侨务工作发展纲要（2011—2015 年)》

2011 年《国务院侨务办公室关于"六五"普法期间开展法制宣传教育工作的规划》

2011 年《国务院侨务办公室与甘肃省人民政府关于发挥侨务资源优势，支持甘肃经济社会发展战略合作协议》

2011 年《国有土地上房屋征收与补偿条例》

2011 年《领事工作条例（征求意见稿）》

2011 年上海市人民政府侨务办公室《关于开展"贯彻落实侨法精神，依法维护侨界权益：2011 年上海市侨法宣传月系列活动"的通知》

2011 年绍兴市人民政府外事侨务办公室、侨联《关于"六五"普法期间开展法制宣传教育工作的实施意见》

2011 年温州市人民政府侨务办公室《关于"六五"普法期间开展侨法宣传教育工作规划》

2011 年《在中国境内就业的外国人参加社会保险暂行办法》

2011 年安徽省人民政府外侨办《关于设立 2011 年度侨法宣传角的通知》

2011 年江西省人民政府外侨办《关于设立 2011 年度侨法宣传角的通知》

2012 年《南京市华侨归侨侨眷权益保护办法》

2012 年《北京律师协会台港澳与涉侨法律专业委员会三年工作计划（2012—2015 年）》

2012 年《出境入境管理法》

2012 年中共中央组织部、人力资源和社会保障部、外交部、公安部、科技部（国家外国专家局）《关于为外籍高层次人才来华提供签证及居留便利有关问题的通知》

2012 年青岛市人民政府侨务办公室《关于开展"侨法宣传月"活动的通知》

2012 年《上海市行政执法证管理办法》

2012 年《湛江市"六五"侨法普法工作规划》

2013 年《（广东省）公安机关签证证件签发工作规范》

2013 年国务院办公厅《关于政府向社会力量购买服务的指导意见》

2013 年《国务院关于机构设置的通知》

2013 年国务院侨务办公室《华侨捐赠工作管理办法》

2013 年国务院侨务办公室、公安部、外交部《华侨回国定居办理工作规定》

2013 年《全国侨务办公室系统 2013—2017 年干部教育培训工作规划》

2013 年《（江苏省）苏州市华侨归侨侨眷权益保护办法》

2013 年《外国人入境出境管理条例》

2013 年《（江苏省）扬州市华侨归侨侨眷权益保护办法》（2016 年修正）

2014 年《（河南省）鹤壁市民族宗教和外事侨务委员会 2014 年法制工作汇报》

2014 年《（黑龙江省）哈尔滨市人民政府外事侨务办公室 2014 年工作总结》

2014 年《福建省华侨捐赠兴办公益事业表彰办法》

2014 年国务院侨务办公室、教育部《关于华侨学生在国内接受高中阶段教育有关问题的通知》

2014 年国务院侨务办公室与海南省人民政府《关于发挥侨务资源优势 促进海南国际旅游岛建设战略合作框架协议》

2014 年国务院侨务办公室与教育部《关于华侨学生在国内接受高中阶段教育有关事项的通知》

2014 年民政部《关于全面推进民政法治建设的意见》

2014 年《青海省归侨侨眷证办理规定》

2014 年《青海省华侨来青定居办理工作规定》

2014 年《山东省归侨侨眷权益保护条例》

2014 年《社会救助暂行办法》

2014 年科技部（国家外国专家局）《外国人在中国境内工作指导目录及计点积分方案》

2014 年中共河南省委、河南省人民政府《关于省人民政府职能转变和机构改革的实施意见》

2014 年中共中央《关于全面推进依法治国若干重大问题的决定》

2015 年《（福建省宁德市）霞浦县外事侨务办公室行政权力清单》

2015 年《（福建省泉州市）安溪县外事侨务办公室行政权力清单》

2015 年《（广西）北海市外事侨务和港澳事务办公室行政权力清单》

2015 年《（广西玉林市）博白县外事侨务办公室保留的行政权力清单》

2015 年《（湖北省）外事侨务办公室行政权力和责任清单》

2015 年《（江西省赣州）市人民政府办公厅（市民宗局、市外事侨务办公室）责任清单》

2015 年《（山东省）济南市人民政府侨务办公室 2015 年工作总结》

2015 年《（山东省淄博市沂源县）侨务办行政权力清单总表》

2015 年《北京市人民政府部门行政强制等权力清单》

2015 年《不动产登记暂行条例》

2015 年《法治政府建设实施纲要（2015—2020 年）》

2015 年《反恐怖主义法》

2015 年《福建省人民政府侨务办公室法律顾问团章程（修正稿）》

2015 年《甘肃省人民政府侨务办公室华侨捐赠使用管理办法》

2015 年公安部《关于贯彻党的十八届四中全会精神，深化执法规范化建设，全面建设法治公安的决定》

2015 年《广东省华侨权益保护条例》

2015 年《国家安全法》

2015 年《国务院部门权力和责任清单编制试点方案》

2015 年《国务院侨务办公室 2015 年度部门预算》

2015 年《（广东省）江门市侨务强市建设工作纲要（2015—2020 年）》

2015 年《江苏省法治政府建设指标体系》

2015 年《（云南省）昆明市人民政府外事侨务办公室 2015 年法治宣传工作方案》

2015 年《南京市规范行政执法裁量权规定》

2015 年《南京市华侨权益保护条例》

2015 年《（福建省）泉州市行政审批制度改革领导小组办公室关于公布市外事侨务办公室行政权力清单的通知》

2015 年《人力资源和社会保障部关于全面推进人力资源社会保障部门法治建设的指导意见》

2015 年《上海市人民政府侨务办公室行政权力清单和行政责任清单》

2015 年云南省人民政府行政审批制度改革办公室《关于公布省人民政府办公厅等 50 个部门权力清单和责任清单的公告》

2015 年国务院《法治政府建设实施纲要（2015—2020 年）》

2015 年国务院办公厅《国务院部门权力和责任清单编制试点方案》

2016 年《（浙江省）嘉兴市人民政府外事侨务办公室 2015 年工作总结及 2016 年工作思路》

2016 年《2016 年度法治政府建设内部评价指标及评分标准（适用于温州市有关单位）》

2016 年《2016 年全市（安徽省黄山市）外事（侨务）工作要点》

2016 年《慈善法》

2016 年《福建省华侨权益保护条例》

2016 年福建省人民政府侨务办公室《关于报送 2016 年推进依法护侨建设法治政府工作的函》

2016 年《贵州省华侨捐赠公益事业条例》

2016 年《国务院侨务办公室"七五"普法期间开展法治宣传教育工作规划》

2016 年《河南省外侨办系统华侨捐赠工作管理实施办法》

2016 年《（上海市）静安区侨务办公室行政权力清单和行政责任清单》

2016 年《南京市人民政府侨务办公室 2016 年度法治建设工作总结及 2017 年工作安排》

2016 年《南京市人民政府侨务办公室 2016 年度法治建设工作总结及 2017 年工作安排》

2016 年《南京市人民政府侨务办公室行政执法裁量权适用规定（暂行）》

2016 年《南宁市法治政府建设考评指标和评分标准（市级部门适用）》

2016 年《青海省华侨捐赠工作管理办法》

2016 年厦门市人民政府外事侨务办公室《关于"七五"普法期间开展法治宣传教育工作规划》

2016 年《上海市行政规范性文件制定和备案规定》

2016 年《上海市华侨权益保护条例》

2016 年《外国人永久居留管理条例（草案）》

2016 年《浙江省华侨权益保障暂行规定》

2016 年《湖北省华侨权益保护条例》

2016 年《江苏省保护和促进华侨投资条例》

2016 年《国家人权行动计划》（2016—2020 年）

2016 年《国家侨务发展规划纲要（2016—2020 年)》

2016 年中共中央办公厅、国务院办公厅《关于加强外国人永久居留服务管理的意见》

2016 年《中华人民共和国政府和以色列国政府关于为持中国普通护照和以色列国民护照人员签发多次签证安排的协定》

2016 年中共中央办公厅、国务院办公厅《党政主要负责人履行推进法治建设第一责任人职责规定》

2016 年中共中央办公厅、国务院办公厅《关于推行法律顾问制度和公职律师公司律师制度的意见》

2017 年科技部（国家外国专家局）、外交部、公安部《外国人才签证制度实施办法》

2017 年中共中央《决胜全面建成小康社会，夺取新时代中国特色社会主义伟大胜利》（党的十九大报告）

2018 年中共中央《深化党和国家机构改革方案》

2018 年《领事保护与协助工作条例（草案）》（征求意见稿）

2018 年《浙江省华侨权益保护条例》

参考文献

一、著作

1. 蔡拓：《全球学与全球治理》，北京：北京大学出版社，2017年。
2. 曹云华主编：《凝聚与共筑：海外侨胞与中国梦》，广州：暨南大学出版社，2014年。
3. 陈奕平主编：《和谐与共赢：海外侨胞与中国软实力》，广州：暨南大学出版社，2012年。
4. 戴维·米勒、韦农·波格丹诺编，中国问题研究所等译：《布莱克维尔政治学百科全书》，北京：中国政法大学出版社，1992年。
5. 杜洪亮等：《中国海外高层次科技人才政策研究》，北京：中国人民大学出版社，2015年。
6. 范世平：《中国大陆侨务政策与工作体系之研究》，台北：秀威资讯科技股份有限公司，2010年。
7. 公安部教材编审委员会编：《边防与出入境管理法》，北京：群众出版社，2001年。
8. 顾克文、罗雅区、王辉耀：《以色列谷：科技之盾炼就创新的国度》，北京：机械工业出版社，2015年。
9. 广东、广西、湖南、河南辞源修订组、商务印书馆编辑部编：《辞源》，北京：商务印书馆，2010年。
10. 桂世勋：《海外华侨华人及其对祖（籍）国的贡献》，丘进主编：《华侨华人研究报告（2011）》，北京：社会科学文献出版社，2011年。
11. 桂昭明、王辉耀：《中国区域人才竞争力报告（2013）》，北京：社会科学文献出版社，2013年。
12. 郭秋梅：《国际移民组织与全球移民治理》，广州：暨南大学出版社，2013年。
13. 国务院法制办公室政法司、中国人民武装警察部队学院编著：《〈中华人民共和国出境入境管理法〉释义》，北京：中国人民公安大学出版社，

266

2012 年。

14. 国务院侨务干部学校编印：《侨务工作案例选编（一）》，2001 年。

15. 黄河清编著：《近现代辞源》，上海：上海辞书出版社，2010 年。

16. 贾益民、张禹东、庄国土：《华侨华人研究报告 2017》，北京：社会科学文献出版社，2018 年。

17. 江必新：《法治中国的制度逻辑与理性构建》，北京：中国法制出版社，2014 年。

18. 李明欢：《国际移民政策》，厦门：厦门大学出版社，2011 年。

19. 李其荣：《国际移民与海外华人》，武汉：湖北人民出版社，2005 年。

20. 李其荣：《国际移民与海外华人研究》，武汉：湖北人民出版社，2005 年。

21. 梁淑英：《国际法》，北京：中国政法大学出版社，2016 年。

22. 刘国福、王辉耀：《技术移民法立法与引进海外人才》，北京：机械工业出版社，2012 年。

23. 刘国福：《国际难民法》，北京：世界知识出版社，2014 年。

24. 刘国福：《技术移民法律制度研究》，北京：中国经济出版社，2011 年。

25. 刘国福：《侨情变化与侨务政策》，广州：暨南大学出版社，2013 年。

26. 刘国福：《侨务法律制度研究》，北京：法律出版社，2012 年。

27. 刘国福：《移民法理论与实践》，北京：法律出版社，2009 年。

28. 刘国福：《中国难民法》，北京：世界知识出版社，2015 年。

29. 刘国福等：《移民法》，北京：中国经济出版社，2010 年。

30. 刘国福：《移民法：国际文件与案例选编》，北京：中国经济出版社，2009 年。

31. 刘国福主编：《移民法理论与实务》，北京：法律出版社，2009 年。

32. 刘国福、刘宗坤主编：《出入境管理法与国际移民》，北京：法律出版社，2013 年。

33. 刘国福：《反跨境人口贩运法律制度与人口贩运被害人转介机制》，北京：世界知识出版社，2017 年。

34. 刘国福：《移民法：出入境权研究》，北京：中国经济出版社，2006 年。

35. 刘国福：《法律与善治：亚太比较法研究》，北京：中国经济出版社，2008 年。

36. 安·赛德曼等著，刘国福等译：《立法学理论与实践》，北京：中国经济出版社，2008 年。

37. 刘宏、王辉耀：《新加坡的人才战略与实践》，北京：党建出版社，2015 年。

38．刘宏：《跨界亚洲的理念与实践——中国模式·华人网络·国际关系》，南京：南京大学出版社，2013 年。

39．刘华：《华侨国籍问题与中国国籍立法》，广州：广东人民出版社，2004 年。

40．毛起雄：《当代国内外侨情与中国侨务法制建设》，北京：中国民主法制出版社，2008 年。

41．苗绿、王辉耀：《全球智库》，北京：人民出版社，2018 年。

42．庞中英：《全球治理的中国角色》，北京：人民出版社，2016 年。

43．丘进主编：《华侨华人研究报告（2011）》，北京：社会科学文献出版社，2011 年。

44．裘援平：《华侨华人与中国梦》，《求是》2014 年第 6 期。

45．裘援平：《中国侨务丛书》，广州：暨南大学出版社，2014 年。

46．全国人大常委会法制工作委员会行政法室编著：《〈中华人民共和国出境入境管理法〉释义及实用指南》，北京：中国民主法制出版社，2012 年。

47．全国人民代表大会华侨委员会研究室：《〈中华人民共和国归侨侨眷权益保护法〉讲话》，北京：中国华侨出版公司，1990 年。

48．任贵祥主编：《海外华侨华人与中国改革开放》，北京：中国党史出版社，2009 年。

49．孙智慧：《出入境管理法律与实践》，北京：中国政法大学出版社，2013 年。

50．汤唯、张洪波等：《华侨权益的法律保障机制》，济南：山东人民出版社，2006 年。

51．汪怿：《引进海外高科技人才比较研究》，上海：上海社会科学院出版社，2012 年。

52．王赓武：《天下华人》，广州：广东人民出版社，2016 年。

53．王辉耀主编：《中国企业国际化报告（2014）》，北京：社会科学文献出版社，2014 年。

54．王辉耀主编：《中国企业全球化报告（2015）》，北京：社会科学文献出版社，2015 年。

55．王辉耀、苗绿主编：《中国企业全球化报告（2016）》，北京：社会科学文献出版社，2016 年。

56．王辉耀、苗绿主编：《中国企业全球化报告（2017）》，北京：社会科学文献出版社，2017 年。

57．王辉耀主编：《中国留学发展报告（2012）》，北京：社会科学文献出版

社，2012年。

58. 王辉耀、苗绿编著：《中国留学发展报告（2013）》，北京：社会科学文献出版社，2013年。

59. 王辉耀、苗绿编著：《中国留学发展报告（2014）》，北京：社会科学文献出版社，2014年。

60. 王辉耀、苗绿编著：《中国留学发展报告（2015）》，北京：社会科学文献出版社，2015年。

61. 王辉耀、苗绿编著：《中国留学发展报告（2016）》，北京：社会科学文献出版社，2016年。

62. 王辉耀、苗绿主编：《中国留学发展报告（2017）》，北京：社会科学文献出版社，2017年。

63. 王辉耀、康荣平主编：《世界华商发展报告（2017）》，北京：中国华侨出版社，2017年。

64. 王辉耀、康荣平主编：《世界华商发展报告（2018）》，北京：社会科学文献出版社，2018年。

65. 王辉耀、刘国福主编：《中国国际移民报告（2012）》，北京：社会科学文献出版社，2012年。

66. 王辉耀主编：《中国国际移民报告（2014）》，北京：社会科学文献出版社，2014年。

67. 王辉耀主编：《中国国际移民报告（2015）》，北京：社会科学文献出版社，2015年。

68. 王辉耀、苗绿主编：《中国国际移民报告（2018）》，北京：社会科学文献出版社，2018年。

69. 王辉耀、路江涌编著：《中国海归创业发展报告（2012）》，北京：社会科学文献出版社，2012年。

70. 王辉耀、苗绿编著：《中国海归发展报告（2013）》，北京：社会科学文献出版社，2013年。

71. 王辉耀、苗绿：《海外华侨华人专业人士报告（2014）》，北京：社会科学文献出版社，2014年。

72. 王辉耀、路江涌：《海归创业企业与民营企业对接合作与对比研究报告》，北京：北京大学出版社，2011年。

73. 王辉耀、苗绿：《国际猎头与人才战争》，北京：机械工业出版社，2015年。

74. 王辉耀、苗绿：《人才成长路线图》，北京：中国社会科学出版社，

2018 年。

75. 王辉耀、苗绿：《人才战争 2.0》，北京：东方出版社，2018 年。

76. 王辉耀、苗绿：《中国的国际移民：现状、政策及社会应对》（International Migration of China：Status，Policy and Social Responses to the Globalization of Migration，Rural Sociology，Vol. 83，No. 3），2017 年。

77. 王辉耀、苗绿主编：《海归者说　我们的中国时代》，北京：中译出版社，2016 年。

78. 王辉耀、苗绿：《国家移民局：构建具有国际竞争力的移民管理与服务体系》，北京：中国社会科学出版社，2018 年。

79. 王辉耀、张学军主编：《21 世纪中国留学人员状况蓝皮书》，北京：华文出版社，2017 年。

80. 王辉耀编著：《当代中国海归》，北京：中国发展出版社，2007 年。

81. 王辉耀：《国际人才竞争战略》，北京：党建读物出版社，2014 年。

82. 王辉耀：《国际人才战略文集》，北京：党建出版社，2015 年。

83. 王辉耀：《国家战略——人才改变世界》，北京：人民出版社，2010 年。

84. 王辉耀主编：《2017 中国区域国际人才竞争力报告》，北京：社会科学文献出版社，2017 年。

85. 王辉耀：《人才战争——全球最稀缺资源争夺战》，北京：中信出版社，2009 年。

86. 王辉耀：《移民潮，中国怎样留住人才》，北京：中信出版社，2013 年。

87. 王辉耀主编：《百年海归　创新中国》，北京：人民出版社，2014 年。

88. 王辉耀主编：《建言中国——海外高层次留学人才看中国》，北京：人民东方出版社，2010 年。

89. 王辉耀：《人才竞争》，北京：东方出版社，2011 年。

90. 王辉耀：《中国海外发展》，北京：东方出版社，2011 年。

91. 王辉耀主编：《中国留学人才发展报告》，北京：机械工业出版社，2009 年。

92. 王辉耀主编：《著名专家论人才创新：中国人才 50 人论坛文集》，北京：中国人事出版社，2018 年。

93. 威廉·韦德著，徐炳等译：《行政法》，北京：中国大百科全书出版社，1997 年。

94. 文正邦主编：《法治政府建构论：依法行政理论与实践研究》，北京：法律出版社，2001 年。

95. 吴光华主编：《汉英大辞典》，上海：上海交通大学出版社，1999 年。

96. 夏征农、陈至立主编：《大辞海》，上海：上海辞书出版社，2010 年。

97. 亚里士多德著，吴寿彭译：《政治学》，北京：商务印书馆，1985 年。

98. 颜春龙：《侨务法学新论：以移民跨国传播为视角的族群权利研究》，成都：四川大学出版社，2008 年。

99. 杨翘楚：《移民政策与法规》，台北：元照出版公司，2012 年。

100. 俞可平：《中国治理评论》，北京：中央编译出版社，2017 年。

101. 张庆元：《外国人居留权制度研究》，北京：法律出版社，2014 年。

102. 张赛群：《中国侨务政策研究》，北京：知识产权出版社，2010 年。

103. 张应龙主编：《广东华侨与中外关系》，广州：广东人民出版社，2014 年。

104. 周敏：《国际移民与社会发展》，广州：中山大学出版社，2012 年。

105. 《华侨华人百科全书·法律条例政策卷》编辑委员会编：《华侨华人百科全书·法律条例政策卷》，北京：中国华侨出版社，2000 年。

106. 周南京：《华侨外籍华人概论》，香港：香港社会科学出版社有限公司，2003 年。

107. 周南京主编：《世界华侨华人词典》，北京：北京大学出版社，1993 年。

108. 周旺生：《立法学》，北京：法律出版社，2004 年。

109. 朱景文：《中国法律发展报告 2014：建设法治政府》，北京：中国人民大学出版社，2015 年。

110. 朱羿锟：《侨务法论丛》，北京：法律出版社，2014 年。

111. International Organization of Migration, *International Migration Law：Glossary on Migration*, International Organization of Migration, 2004.

112. James Jiann Hua To, *Qiaowu：Extra‐Territorial Policies for the Overseas Chinese*, Brill, 2014.

113. Manfred Nowak, *Convenant on Civil and Political Rights CCPR Commentary*, UN, 1993.

二、报刊

1. 陈广风：《树立法治思维，运用法治形式推动侨务工作创新转型发展》，《侨务工作研究》2015 年第 1 期。

2. 陈奕平：《侨民战略视野下我国侨务法制建设的几点思考》，《暨南学报（哲学社会科学版）》2015 第 8 期。

3. 单海玲：《我国境外公民保护机制的新思维》，《法商研究》2011 年第 5 期。

4. 邓超：《新时期对'保护权益'和'适当照顾'问题的几点思考》，《侨务工作研究》2005 年第 2 期。

5. 丁红婷：《行政规范性文件的主动公开研究》，《法制与经济》2014 年第 5 期。

6. 高其才：《当代中国法律对习惯的认可》，《政法论丛》2014 年第 1 期。

7. 郝鲁怡：《全球移民治理的人权方法——从碎片化到整合的艰难进程》，《深圳大学学报（人文社会科学版）》2017 年第 7 期。

8. 湖北省人大民族宗教侨务外事委员会跟踪检查组：《关于跟踪检查〈省人大常委会执法检查组关于检查归侨侨眷权益保护法律法规实施情况的报告〉落实情况的报告》，《湖北省人民代表大会常务委员会公报》2008 年第 6 期。

9. 李明欢：《欧盟国家移民政策与中国新移民》，《厦门大学学报（哲学社会科学版）》2001 年第 4 期。

10. 林灿铃：《论华侨权益的法律保护》，《暨南学报（哲学社会科学版）》2014 年第 12 期。

11. 孟祥秀、张建：《关于华侨国内权益保护的思考》，《黑龙江科技信息》2007 年第 7 期。

12. 奈仓良子：《归侨认同意识的形成及其动态：以广东粤海湾华侨农场为例》，《华侨华人历史研究》2008 年第 3 期。

13. 裘援平：《中国的和平发展与公共外交》，《国际问题研究》2010 年第 6 期。

14. 慎海雄：《运用法治思维和法治方式推进改革》，《瞭望》2014 年第 44 期。

15. 宋德星：《论国际移民问题的主流理论、观念分歧及政策焦点》，《国际展望》2017 年第 9 期。

16. 孙学玉：《构建具有全球竞争力的人才制度体系》，《光明日报》，2016 年 6 月 22 日。

17. 王辉耀：《国际移民潮下，中国何去何从》，《中国人才》2013 年第 4 期。

18. 王建娥：《移民地位和权利：对现代民族国家及其政治制度的严峻挑战》，《民族研究》2002 年第 5 期。

19. 王世洲：《我国技术移民法核心制度的建立与完善》，《中外法学》2016 年第 6 期。

20. 王望波：《东南亚华商对华投资分析》，《当代亚太》2006 年第 4 期。

21. 翁里：《中国加入国际移民组织：选择、机遇与挑战》，《汕头大学学报（人文社会科学版）》2017 年第 12 期。

22. 吴峰：《我国海外劳工权利保护机制构建》，《开放导报》2014 年第 6 期。

23. 许安标：《宪法的实施与民主政治建设的发展》，《行政管理改革》2012 年第 12 期。

24. 杨海坤、曹达全：《弱势群体的宪法地位研究》，《法律科学（西北政法学院学报）》2007 年第 4 期。

25. 翟靖：《法制建设的一个重要课题——华侨权益保护立法势在必行》，《理论导报》2005 年第 7 期。

26. 张德瑞：《我国侨务法治建设的回顾、反思与前瞻》，《八桂侨刊》2013 年第 12 月。

27. 张秀明等：《国际移民的最新发展及其特点——兼析国际移民与华侨华人的概念》，《华侨华人历史研究》2014 年第 9 期。

28. 张忠军：《法定职责必须为》，《学习时报》，2014 年 12 月 29 日。

29. 周平：《对民族国家的再认识》，《政治学研究》2009 年第 4 期。

30. 庄国土：《华侨华人分布状况和发展趋势》，《侨务工作研究》2010 年第 4 期。

31. Christina Oelgemolller, The Evolution of Migration Management in the Global North, *Routledge*, 2017.

32. C. Y. Chang, Overseas Chinese in China's Policy, *The China Quarterly*, Vol. 6, No. 82, 1980.

33. Zweig David, etc, Can China Bring Back the Best? *China Quartly*, Vol. 2, 2013.

34. Khalid Koser, Susan Martin, The Migration - Displacement Nexus：Patterns, Processes, and Policies, *Berghahn Books*, 2011.

35. Kirkpatrick S. E, Lester J. P, Peterson M. R, The Policy Termination Process：A Conceptual Framework and Application to Revenue Sharing, *Policy Studies Review*, Vol. 16, No. 1, 1999.

36. Mely Caballero-Anthony, Toshihiro Menju, Asia on the Move：Regional Migration and the Role of Civil Society, *Japan Centre for International Exchange*, 2015.

37. Myung Ja Kim, The Korean Diaspora in Post War Japan：Geopolitics, Identity and Nation-Building, *I. B. Tauris*, 2017.

38. Phyllis Tharenou, China's Reverse Brain Drain, *International Studies of Management & Organization*, Vol. 2, 2014.

39. Richard Plender, Issues in International Migration Law, *Brill*, 2015.

40. UN Dept. of Economic and Social Affairs, *Population Division*: *International Migration Policies*, 1998.

41. Vincent Chetail, International Migration Law, *Oxford*, 2018.

42. Zweig David, Chung Siufung, Vanhonacker Wilfried, Rewards of Technology: Explaining China's Reverse Migration, *Journal of International Migration and Integration*, Vol. 7, No. 4, 2006.

三、资料

1. 国务院侨务办公室:《副省级城市暨大中城市侨务工作协作会议汇报材料》,2014 年 11 月。

2. 焦仁和:《迈向新世纪,侨务工作的创新与跃进:提交"立法院四届会期外交及侨务委员会"的报告》,1999 年 4 月。

3. 国务院新闻办公室:《中国的法治建设》,2008 年 2 月 28 日。

4. 裘援平:《在全国侨务办公室主任会议上的工作报告》,2015 年 1 月 14 日。

5. 习近平:《关于〈中共中央关于全面推进依法治国若干重大问题的决定〉的说明》,2014 年 10 月 23 日。

6. 中国侨联权益保障部:《办结涉侨案例选汇——中国侨联维护权益工作座谈会参阅材料》,2002 年。

7. 广东省人民政府侨务办公室:《规划与普及结合宣传与实施结合创新发展侨法的贯彻落实工作:广东省"五五"普法期间宣传贯彻侨法工作总结》,广东侨网,2010 年 11 月 22 日。

8.《全国侨务办公室系统"六五"普法以来开展法制宣传教育工作的情况报告》,中国侨网,2016 年 11 月 30 日。

教育部人文社会科学重点研究基地
Key Research Institute of Humanities and Social Sciences at Universities

暨南大学华侨华人研究院
Academy of Overseas Chinese Studies in Jinan University

国家出版基金项目
NATIONAL PUBLICATION FOUNDATION

"百部好书"扶持项目
GUANGDONG PUBLISHING

· 世界华侨华人研究文库 ·

在海之隅

委内瑞拉与荷属加勒比地区的华侨

（下卷）

高伟浓　著

暨南大学出版社
JINAN UNIVERSITY PRESS

中国·广州

图书在版编目（CIP）数据

在海之隅：委内瑞拉与荷属加勒比地区的华侨：全二册／高伟浓著. —广州：暨南大学出版社，2019.4
（世界华侨华人研究文库）
ISBN 978 – 7 – 5668 – 2495 – 0

Ⅰ.①在… Ⅱ.①高… Ⅲ.①华侨—调查研究—南美洲 Ⅳ.①D634.3

中国版本图书馆 CIP 数据核字（2018）第 296310 号

在海之隅：委内瑞拉与荷属加勒比地区的华侨（下卷）
ZAIHAIZHIYU：WEINEIRUILA YU HESHUJIALEBI DIQU DE HUAQIAO
（XIAJUAN）
著　者：高伟浓

- -

出 版 人：徐义雄
策划编辑：黄圣英
责任编辑：黄　球
责任校对：雷晓琪
责任印制：汤慧君　周一丹

出版发行：暨南大学出版社（510630）
电　　话：总编室（8620）85221601
　　　　　营销部（8620）85225284　85228291　85228292（邮购）
传　　真：（8620）85221583（办公室）　85223774（营销部）
网　　址：http://www.jnupress.com
排　　版：广州市天河星辰文化发展部照排中心
印　　刷：广州市快美印务有限公司
开　　本：787mm×1092mm　1/16
印　　张：50.75
字　　数：1000 千
版　　次：2019 年 4 月第 1 版
印　　次：2019 年 4 月第 1 次
总 定 价：248.00 元（全二册）

（暨大版图书如有印装质量问题，请与出版社总编室联系调换）

目　录

下卷　荷属加勒比地区华侨史略

下　卷
荷属加勒比地区华侨史略

第一章 历史上的华侨移民

第一节 荷属加勒比地区重要岛屿的基本岛情与侨情概略

安的列斯群岛（英语、法语：Antilles；西班牙语：Antillas；荷兰语：Antillen）为美洲加勒比海中的群岛，也可以说是西印度群岛中除巴哈马群岛（在大西洋上）以外的全部岛群。它位于南美、北美两大陆之间，由大安的列斯群岛和小安的列斯群岛组成。前者由古巴岛、牙买加岛、伊斯帕尼奥拉岛及波多黎各岛组成；而后者则包括背风群岛（Leeward Islands）、向风群岛（Windward Islands）、荷属安的列斯（Netherlands Antilles）及委内瑞拉北部的部分向风群岛。哥伦布在1492年到达今天的波多黎各附近，将这片群岛命名为安的列斯。在荷属安的列斯群岛，除了库拉索岛外，人口最多的依次是圣马丁岛和博内尔岛。人口最稀少的是圣尤斯特歇斯岛和萨巴岛。各岛居民大多是黑人和混血种人，只有萨巴岛上白人和黑人的人数大体相等。就目前所知，在荷属加勒比地区的所有岛屿中，只有库拉索、阿鲁巴、圣马丁和博内尔有数量不等的华侨华人，其中，库拉索与阿鲁巴、博内尔被合称为"ABC岛屿"。此外，笔者在调查中还意外地得知萨巴岛有少数华人。今天的库拉索、阿鲁巴、圣马丁和博内尔诸岛均有国际机场，有通往美国、委内瑞拉、苏里南及加勒比国家的航线。但不管荷属加勒比地区哪个岛屿，有关的岛情和侨情均罕为国人所知。因此，这里有必要先作一简单介绍。

一、库拉索

库拉索（Curaçao），地图册上常标作库腊索，习惯用语有古拉索、古拉梳等，现在的中文规范用语是"库拉索"，历史上恩平华侨将之译作"姑拉嫂"，用的是中国古人在外国地名翻译中常用的"译音孕义"法。

库拉索为西印度群岛的一座岛屿，面积444平方公里，呈蚕虫形、成东西方向坐落在加勒比海南部，与南美大陆的委内瑞拉隔海相望。库拉索是安的列斯群

岛的主岛，地势平坦，海拔在 200 米以下，间有山丘。南岸曲折，有天然良港，西侧多珊瑚礁。库拉索岛位于飓风侵袭带以外。热带干燥气候，各月平均气温 26℃～28℃，年降水量 560 毫米，主要集中在 10—11 月，缺少淡水。在此应特别一提，包括库拉索在内，安的列斯群岛大部分地方为不毛之地，几乎没有天然灌溉，今天岛上的饮用水主要是经过蒸馏的海水。笔者所见的一些华侨家庭，只是靠在自家庭园内打井栽种有限的蔬菜（菜籽可能来自中国）。库拉索岛的植被类型与典型的热带岛国的植被类型不同，倒与美国西南部相似，各种仙人掌、多刺灌木以及常绿植物在这里十分常见。

库拉索离委内瑞拉北海岸 35 海里，离巴拿马运河 742 海里，离美国迈阿密 1 147 海里。独特的地理位置使它成为南、北美洲的桥头堡，也是连接亚洲、欧洲和美洲的一座独特桥梁。在交通运输方面，库拉索无铁路，但有良好的全天候公路网（其他各岛基本如此）。威廉斯塔德港口是荷兰人建成的一处优良贸易港湾，港湾水深，设施先进，能停泊巨型油轮，主要输出石油产品。港口由两部分组成：圣安娜湾，是一条两岸都建有泊位的宽敞航道；斯乔特盖特，是附近的内港湾。入口附近有一座浮桥，叫埃玛女王桥，当船只需要通过时，浮桥便可吊开。居民来往可乘坐免费渡轮。今天约 13 万人口的威廉斯塔德是库拉索的唯一城市，也是库拉索岛的商业、工业中心和港口及旅游胜地。威廉斯塔德还有一些豪华的荷兰殖民地式建筑物，为适应热带气候的变化，人们将之涂上白色和菘蓝色油漆，远观甚是夺人眼球。这是笔者在海外侨社调查中最感新奇的一大特色，也是笔者所发的调研照片中最引人注目的照片。

库拉索和阿鲁巴的共同之处是岛上各有一座建于不同年份的炼油厂。当年炼油厂开工后，从加勒比海其他岛屿、委内瑞拉和欧洲前来的移民逐渐增加，周边国家和岛屿乃至中国大陆和东南亚一些国家的华侨也来到这里谋生。炼油厂是库拉索和阿鲁巴两个岛屿的最主要经济特色。对于荷属加勒比地区的华侨来说，两地的炼油厂还有重要的象征性意义。它们是当年华侨移民在这两个地方谋生的主要加速器。

库拉索的港口服务覆盖广泛，包括旅游（邮轮、游艇及邮艇码头）、海运服务（船舶补给、加油和维修）、航运（物流、集装箱码头）、石油（炼油、仓储）、房地产（适合于码头运转、商业服务和其他海事服务）。另外还包括海事专业人员培训和咨询，以及油船等废料处理设施场等。从 1956 年起，库拉索成为自由贸易区。美国和荷兰是其最大的贸易伙伴。库拉索的经济以石油工业为主，炼油业曾为主要工业。建有大型炼油厂，提炼从委内瑞拉等国进口的原油，输出石油产品。在其区内设立的公司，可以从境外，如从亚洲包括中国进口商品在区内储存及向第三国销售。在区内的货品无须支付进口关税或政府消费税。公司在区内的经营只付 2% 的企业税，经营者拓展自由贸易区将业务辐射到拉丁美洲和加勒比海地区。库拉索规划到 2020 年，将库拉索自由贸易区建设成为国际公认的加勒比海地区与拉丁美洲第二大商务区。

历史给库拉索造就了一支教育程度相对较高、通晓多国语言文化的专业队伍，包括会计、财税、专业银行、信托和律师事务机构。库拉索也成了这些领域的服务管理人才的基地。库拉索也是重要的离岸金融中心，金融服务业发达，在库拉索注册有大量的离岸金融公司。库拉索稳定的货币和高标准的生活指数以及特殊的税制，吸引着许多外国公司和企业来此注册和投资。它们同时活跃在国际舞台上，开展商贸活动。在库拉索注册和运营的跨国公司或子公司中，包括投资公司、国际金融（集团）公司、控股公司、共同基金、知识产权控股公司、对冲基金和信托基金等。库拉索的金融体系由库拉索和圣马丁的共同中央银行执行运作。它与荷兰中央银行密切合作，以国际最高标准的监管手段实行监管。库拉索也拥有自己的电子证券交易服务，可以直接参与荷兰加勒比证券交易所。通过荷兰的政治关系，库拉索与世界各地有广泛的条约及协定网络。其中也包括与中国的双边投资条约和贸易保护协定（2011 年 12 月 26 日在北京签订），在中南美洲和加勒比海地区，几乎涵盖了大部分国家和地区。库拉索因而成为加勒比地区连接世界政治经济活动的特殊通道。

但是，库拉索自然资源少，主要依靠进口（尤其是食品和手工制品）。夸张一点说，这里除了空气，几乎所有的资源都靠进口。就连人类生命须臾不可缺的水，也不是大自然的无偿恩赐，而必须用海水进行人工淡化，所以岛上的用水包括了加工成本。据说曾有啤酒厂在岛上建厂生产啤酒，最终因淡水成本太高而关门大吉。

不过，自 20 世纪 80 年代初起，旅游业取代了炼油业的位置，成为最重要的经济产业。库拉索岛南部海滩有许多不错的潜水区域。自海岸起的几百米内，海底急陡，因此无须小船就可接近珊瑚礁。这种急陡的海底地形在当地被称作"蓝色边缘"。但强烈的水流和海滩的缺少，令库拉索岛多石的北部海岸难以供人们游泳及潜水。在库拉索岛的海岸线上，点缀着许多小海湾，其中许多都适合泊船。另外，在网上可以看到诸如此类的旅游推介：库拉索岛上的环境很好，经常是阳光灿烂。热情的居民，一流的旅馆，极好的天气，水晶般清澈的海水，迷人的建筑，水上漂泊的市场，浮动的桥，隔离的海湾，丰富多彩的动物和植物，短程旅游、娱乐方式多种多样，这些都使得库拉索岛成为加勒比海上旅游者的乐园。除库拉索岛以外，博内尔岛和圣马丁岛的海滨也吸引着大量的潜水爱好者。沙滩、海洋生物及潜水设施吸引着大量来自欧洲、美国的游客。

在人民生活方面，库拉索政府提供免费医疗，并对穷人提供食品救济。库拉

索实行养老金制度，健康指数与其他加勒比国家相比较高。库拉索的金融货币体系稳定，对美元的比率长期相对固定。居民的生活指数在中南美洲和加勒比海地区为最高标准之一。2013 年 8 月标准普尔信用评级机构对库拉索岛区的主权信用评级为 A－。

根据 2001 年的人口普查结果来看，占到当地居民总数 85% 的人口信奉天主教。其他主要宗教有新教、安息日会和卫斯理宗。除了这些正式的基督教派别外，还有一些居民信奉在宗教习惯上类似于萨泰里阿教（Santeria）和伏都教的非洲宗教信仰。与拉丁美洲其他地区相同，东正教的势力在该岛正在增强。这里不仅有印度教徒，也有穆斯林。犹太教徒的规模虽然很小，但在库拉索岛历史上有着重要的影响。

与荷属安的列斯其他地方相比，库拉索的教育水平算是比较高的。库拉索的教育制度与荷兰相同，实行义务教育制。政府教育开支投入比例比美国和日本都高，占预算的近 1/3，教育设施良好。全民识字率 95% 以上。私立教学比较发达，开设本科和研究生课程。主要高等学院有：荷属安的列斯大学（The University of the Netherlands Antilles，UNA），圣马丁内斯大学（St. Martinus University），荷兰加勒比大学（The University of the Dutch Caribbean，UDC），加勒比国际大学（Caribbean International University，CIU）。然而也有问题存在，因为许多年轻人中学未毕业就移民荷兰，但移民在新的居住国由于不会荷兰语而导致择业困难。笔者在库拉索听说不少华人父母喜欢把子女送到荷兰或美国、加拿大接受大学教育，一些人毕业后就留在留学地就业。因此，华人后代中的"孔雀向外飞"现象还是很普遍的。这就导致岛内华侨华人群体内的高素质人才比例始终难以提升，由此对华人参政等方面的前景构成严重影响。不仅库拉索如此，其他岛屿的华人社会同样如此。

在新闻出版方面，库拉索的主要报纸有：《库拉索朋友报》（荷兰文版）、《新闻消息报》（荷兰文版）、《消息报》（帕彼曼都语）、《新闻报》（帕彼曼都语）；主要通讯社为荷兰通讯社；主要广播电台有：加勒比广播电台（1955 年建台，用荷兰语、英语、西班牙语和帕彼曼都语播音），库拉索广播协会（1933 年建台，用帕彼曼都语播音），世界广播电台（用四种语言对南美、中美、北美和加勒比广播）。库拉索有五家电视台，其中最重要的三家分别是：背风群岛广播公司电视台，每天播放 10 小时节目；安的列斯电视台，成立于 1960 年，是政府办的商业电视台，提供有线电视服务，播放美国卫星电视及两套委内瑞拉电视台的节目；库拉索电视台。目前库拉索还没有华人传媒。

在环顾了库拉索的基本岛情后，再把目光转向库拉索的历史。库拉索岛上最早的居民是印第安阿拉瓦克族人。1493 年，哥伦布发现库拉索北部两岛。1499

年，冒险家阿洛索·德·奥赫达和阿梅里戈·弗斯普奇先后在威廉斯塔德登陆，并且为西班牙王室抢占领有该岛主权的先机。1527 年，西班牙占领南部三岛。

关于阿拉瓦克人（Arawak）有两种说法：一种说法是指西班牙人抵达美洲时，居住于北起佛罗里达，南至巴西北部沿海，包括加勒比海大安的列斯群岛在内的一支操阿拉瓦克语系诸语言的印第安人；还有一种说法是阿拉瓦克人南美圭亚那居民的总称。就库拉索而言，阿拉瓦克人显然应指前者。

在西班牙人来到库拉索的时候，阿拉瓦克人还处于农耕文明的发展阶段，使用石器，主要作物包括木薯和燕麦。除了农业外，阿拉瓦克人还会编织棉花吊床，并种植烟草。按照西班牙人的描述，阿拉瓦克人爱好和平，属于神权社会，各部落由酋长统领，后来被较为好战的加勒比人赶出小安的列斯群岛。最后一说没有标明时间，应该是指西班牙人统治库拉索岛的时期。西班牙侵入后，阿拉瓦克人受天花影响，加上加勒比人的侵扰与西班牙人的残酷统治和大肆杀戮，人口急剧减少。今日阿拉瓦克人在加勒比海地区几已绝迹，仅在南美洲尚有一部分人幸存，主要聚居在苏里南地区。所以，就库拉索的民族发展史来看，阿拉瓦克人对华侨移民以及华侨与当地民族的关系模式没有任何影响。后来与华侨发生关系的民族虽多，但华侨肯定没有与真正的土著民族——阿拉瓦克人发生过关系。换一个角度来说，与华侨发生关系的当地民族，也是外来移民，只是他们比华侨来到库拉索的时间更早一些而已。笔者认为，把华侨与居住地其他民族的关系归结为"华侨与原住民的关系"并不准确。

最早来到库拉索岛的西班牙殖民者对这个地方一点儿也没有兴趣，因为岛上没有金子等殖民者想要的东西。聊可慰藉的是，天造地设的威廉斯塔德被建成了一个贸易良港。按照西班牙殖民者的意志，那里很快成为一处理想的贸易场地，商业和航运便成了库拉索岛最重要的经济活动。但这种贸易十分畸形，在历史上最复杂的大西洋奴隶贸易的网络中，充满了奴隶贸易的血腥。

可以说，历史上的库拉索曾经作为奴隶贸易中心而臭名昭著。这主要是在荷兰人统治时期。在最初的殖民时代，加勒比海地区的圣尤斯特歇斯、牙买加和库拉索岛是西印度群岛的三大奴隶市场。当时，奴隶贩卖商捕捉加勒比和阿拉瓦克印第安人，卖给来到这里的商船船长，然后运往其他有奴隶需求的殖民地。黑奴贸易开始后，库拉索岛成为贩卖奴隶过境的港口。

说到荷属加勒比地区的奴隶贸易，不能不提及荷属圭亚那（今苏里南）。实际上，荷属加勒比地区与荷属圭亚那密不可分。在荷属殖民地时代，荷属加勒比地区不少传统华人来自荷属圭亚那。

苏里南地区的原住民，是其最大族群即属滨海游牧民族的阿拉瓦克人，以及后来才进入此地区的征服者、航海民族的加勒比人（Caribs），此外在内地的热

带雨林内尚有更多小型的部族。直到 1650 年时，开始有了第一批的欧洲人来到此地——由当时的巴巴多斯总督魏勒比爵士（Lord Willoughby）所率领的英国移民在苏里南建立了第一个欧洲殖民地。但没过多久英国殖民地就遭到亚伯拉罕·克兰生（Abraham Crijnsen）所率领的荷兰殖民部队攻击，这场纷争一直持续到 1667 年第二次英荷战争（1665—1667 年）结束，英国与荷兰签署了《布列达条约》（Treaty of Breda），荷兰以他们在曼哈顿岛所建立的要塞殖民地新阿姆斯特丹（Nieuw Amsterdam，也就是今日纽约市的前身）与英国交换苏里南，并且正式改名为荷属圭亚那。通过荷属圭亚那与加勒比海地区的其他几个殖民岛屿，欧洲人从非洲引进大量的奴隶至此地区劳动，成为日后非裔南美人口的起源。1799 年，趁荷兰被拿破仑统治的法国并吞之机，英国人重夺苏里南的统治权，但好景不长，在 1816 年拿破仑帝国瓦解之后又将该地归还荷兰。虽然英国曾在他们短暂统治苏里南的期间解放了黑奴，但是重回荷兰统治的苏里南，到 1863 年才正式宣布废除奴隶制度。荷兰成为最晚放弃奴隶制的欧洲殖民国家。

此外，为了取代解放黑奴之后所损失的劳动人口，荷兰自荷属东印度群岛（今天的印度尼西亚）引进了劳工，其中除了占极大比例的印度裔族群外，也有一部分是华人（自 1853 年开始便有华人受聘抵达苏里南任合约劳工），而在 1873 年到 1916 年之间，也有许多印度劳工通过荷兰的安排，移民到苏里南地区从事劳动。这些外来人口在今日的苏里南人口组成中占了不小的比例，根据一般的说法，其中兴都人（Hindustani，也就是北印度裔的印尼移民）占了 37%，爪哇人占 15%，马隆人（Maroons，其祖先是逃亡到南美内地的黑人奴隶）占 10%，华人占 2%，华人比真正的白人移民后代 1% 的比例还高。

再回到库拉索。1662 年，荷兰西印度公司将库拉索岛变成了一个奴隶贸易中心。荷兰商人从非洲买来奴隶，将他们带到一个被称为"阿西恩托"（Asiento）的地方进行奴隶买卖，交易数量惊人。贸易成交后，被运到南美和加勒比地区的许多目的地。奴隶贸易也使库拉索岛不光彩地富裕起来。但到了库拉索奴隶制度的末期，由于岛上经济困难，许多库拉索人移居到其他岛上，比如到古巴的甘蔗种植园工作。1634 年，荷兰从西班牙手中夺得库拉索岛，设立了庞达地区。从 1634 年起，库拉索成为荷属安的列斯群岛的一部分。之后，荷兰西印度公司在一个名为"绍特盖特"的小海湾堤岸上建立起了威廉斯塔德，作为该岛首府。从 1634 年至 1638 年，荷兰西印度公司荷兰贸易办事处建造了"阿姆斯特丹古代防御工程"。欧特洛邦达则在 1707 年建设起来。1732 年，建造了米克维—以色列—埃马奴艾尔犹太教会堂。1797 年，建造拿索堡垒。1800—1803 年，以及 1807—1815 年，威廉斯塔德被英国掌管。到 1816 年，库拉索又成为荷兰属地。约 1865 年，荷兰建造了当地的地主庄园宫殿班尔维德拉。在此之前两年，即 1863 年，

荷兰人不得不废除了奴隶制度。

1790 年至 1826 年，拉美地区独立运动期间，一系列新兴国家相继建立，并在独立战争期间或独立后不久先后宣布废除奴隶制，或颁布禁止买卖黑奴及禁止输入黑奴的法律。"废奴"与"禁奴"，对于非洲大陆和黑人世界来说应是福音，但这一历史进步也造成了拉美地区经济发展的疲沓。因为独立后的拉美各国随即成为西方各国相互竞争的对象，并逐渐成为列强的农矿原料供应地、工业品销售市场和投资场所。同时，各国开始修建铁路、发展矿业和垦辟种植园。随着世界市场对拉丁美洲农矿原料的需求不断增加，当地大庄园主、种植园主、矿场主及外国资本家出于追逐高额利润的考量，都致力于本国单一产品制经济的片面发展，特别是少数几种专供出口外销的农产品与贵金属的种植与生产。但与奴隶解放的伟大运动形成反差的是，当时制约拉丁美洲大庄园、大种植园和大矿场经济发展的，恰是废除奴隶制度或限制奴隶贸易所造成的劳动力成本的上升，因为废奴运动减少和限制了廉价劳动力的来源。这样一来，拉丁美洲各国大庄园主、种植园主和矿场主们对开辟新的廉价劳动力来源便愈感迫切。为满足劳动力的需求，各国政府先后采取措施，鼓励欧洲白人移民拉美。事与愿违的是，白人一般不愿从事繁重的体力劳动，特别是从事热带作物种植园和矿场生产。这样，各国不得不另辟蹊径，寻找新的廉价劳动力来源。这时候中国的很多地方（主要是沿海地带），恰好处于鸦片战争后经济萧条、农村破产、民不聊生的悲惨境地。这对于拉美国家来说，可谓是天赐良机。于是，中国便成为它们猎取廉价劳动力的重要目标。但由于当时的库拉索还是一个没有种植业、没有贸易的小岛，所以中国人的足迹没有来到这里。后来库拉索华侨历史的开篇，还是由一位叫容儒柬的从加拿大来的台山华侨书写的，请参考本章第二节。

总而言之，历史上的库拉索曾先后沦为葡萄牙、西班牙、英国、法国和荷兰的殖民地，17 世纪中期成为贩卖非洲黑奴的贸易和转运中心。这被马克思称为"人类历史上最血腥"的一页，被保留在今天库拉索的黑奴博物馆里。正因为有过这段历史，2010 年统计的库拉索 19 万人口（一说常住人口 15 万）中，高达 90% 为黑人。现常住人口 15 万左右，[①] 为超过 50 个国籍和民族的外来移民。其中，现侨居于库拉索的中国侨胞为 4 000 ~ 4 500 人，绝大部分来自广东，而祖籍四邑的人数占全部侨胞的 80% 以上。

在容儒柬等一批华侨来到库拉索很多年后，1914 年，委内瑞拉马拉开波盆地的梅内格兰德发现了石油，库拉索岛的命运彻底改变了。荷兰皇家壳牌集团以

---

① 2001 年荷属安的列斯人口普查数据显示，库拉索人口为 130 627 人。据估测，2006 年时人口为 173 400 人，而 2010 年约为 19 万人。

及荷兰政府在原奴隶市场的位置建造了一座庞大的石油精炼厂。之所以在此建炼油厂，是因为它远离南美的社会动乱，而又接近马拉开波盆地油田；它还拥有可供大型油轮停靠的天然良港。"二战"期间，美国以保护岛上石油为名，一度驻军库拉索和阿鲁巴岛。因此，库拉索岛成了一个理想的炼油地点。

壳牌公司无疑使这里再次富裕起来。随着移民的流入，大量的住房在这里建造起来，并由此给当地居民带来了大量就业机会，引来了一波周边国家移民此地的风潮。然而，矛盾也开始出现在库拉索岛的社会上，社群中的不满和对抗情绪日渐高涨。

由于库拉索岛先后为西班牙和荷兰殖民者占领，岛上的建筑融合了荷兰和西班牙殖民地的建筑风格。岛上号称有无数的历史建筑，有各种千差万别的遗址。不少殖民者的建筑物，地屋（种植园的遗迹）和西非风格的"kas di palí maishi"（以前奴隶们的住所）分布在全岛各地。这些建筑物直到今天仍然矗立在那里，但早已没有了昔日的傲慢和威严，只是作为历史的过客，默默地向世人诉说着逝去的阴晦时光。

荷兰人在库拉索留下的历史遗产倒有不少。威廉斯塔德的原始历史城市结构和原始荷兰殖民地建筑特色，混合了加勒比海的建筑风格特点。威廉斯塔德内城及港口古迹区有众多名胜古迹，包括历史上威廉斯塔德拥有的圣安娜海湾、庞达、欧特洛邦达、沙罗和彼得玛依，以及765座受到保护的文物古迹，在1997年被列为世界遗产。教堂、古城堡、昔日的奴隶市场遗址和博物馆等，一部分已被修复并对游人开放。应该说，荷兰人对历史遗产的保护是值得称道的。老一辈华侨在"二战"期间买下赠予中华民国作为总领事馆，同时也用作库拉索华侨会所的一幢建筑物（后来其产权按照国际法归中华人民共和国所有），属于受保护的历史文化遗产。据笔者所知，目前世界上已经明确划归历史文化遗产的华人会馆，也只有库拉索的这一间。

由于在历史上多次沦为列强的殖民地，库拉索成了一个拥有50多个族裔的移民地。当代的库拉索似乎是一个多元文化的典范。库拉索的居民有不同或混合的血统。他们中大多数是加勒比黑人，而这当中就包含了许多不同种族的人群。这里也有相当多的少数民族人口，像是荷兰人、东亚人、葡萄牙人和累范特人。当然，近来也有许多邻国居民前往该岛，尤其是从多米尼加共和国、海地、一些讲英语的加勒比海岛和哥伦比亚来的。在18世纪和19世纪，英国人和法国人分别短暂地占领过库拉索岛，从而增加了岛上的口头用语。近年来，一些荷兰养老者的流入也有显著的增加，当地人称这种现象为"pensionados"。

正因为如此，库拉索岛成了一个多种语言并存的社会。在岛上广泛使用的语言有帕皮阿门托语、荷兰语、西班牙语和英语。荷兰语为官方语言，但本地大多

数居民讲帕彼曼都（Papiamentu）语。这种语言结合了葡萄牙语、西班牙语、荷兰语、法语以及阿拉瓦克语。讲其他语言的本地人数量也相当可观。人们讲非母语的流畅程度各有不同。有笑话说，就是那里的乞丐也会说 5 种语言。但库拉索的"国语"不是荷兰语，不是英语，不是西班牙语，不是葡萄牙语，不是法语，而是帕彼曼都语，即库拉索本地语言，简称"Pa 语"。笔者也粗看过 Pa 语，音节中没有欧洲语系的多辅音，每个音节更像是普通话的一声母一韵母，听说语法也不复杂，很好学。中国新移民到了此地后，只要有心学，不久就能够顺畅地用 Pa 语跟当地人交流。由于西班牙语曾是该岛殖民统治时期的其中一个阶段里唯一的官方语言，因此讲西班牙语的人数比讲荷兰语的多。20 世纪 90 年代起，英语和 Pa 语也成了官方语言。在 20 世纪初期，为了方便壳牌公司主管人员的子女受教育，荷兰语曾是该岛教育系统的唯一授课语言。目前，已有超过 60 个国家和地区的各民族民众融入库拉索的社会生活中。他们从世界各地带来了异彩纷呈的民族文化和先进科学技术，使库拉索的文化越来越具多样性，同时也促进了社会的开放与发展。

二、阿鲁巴

阿鲁巴（Aruba）面积只有 193 平方公里，是香港岛的 2.2 倍，位于加勒比海南部小安的列斯群岛最西端的荷兰海外领地，为委内瑞拉湾外海，位于库拉索岛西北约 80 公里，委内瑞拉的帕拉瓜纳（Paraguana）半岛以北 29 公里处，在 1986 年以前属荷属安的列斯群岛的一部分。

阿鲁巴 1986 年开始成为荷兰的一个单独自治国，其与荷兰的关系类似一种联邦（Commonwealth）体制。阿鲁巴岛上没有更小的次行政区划分。其首府奥拉涅斯塔德，又名橘城，人口 6 万余，是阿鲁巴的政治及文化中心。阿鲁巴出生率和死亡率都比较低，自然生长率小于西印度群岛的平均数。市中心有繁荣的商业街及各种现代化设施，例如 1960 年建成的海水淡化厂。交通运输以公路为主，全天候的公路网四通八达。港口距国际机场约 8 公里。阿鲁巴主要同美国、委内瑞拉和荷兰进行对外贸易。

奥拉涅斯塔德是阿鲁巴最大的集装箱港，港区主要码头泊位有 8 个，海岸线长 1 495 米，最大水深 12 米。装卸设备有各种岸吊、可移式吊、集装箱吊、叉车及拖船等。装卸效率在加勒比地区是较高的。该港的自由贸易区始建于 1956 年，面积达 16.1 万平方米。主要出口货物为矿石、燃料、润滑油及原材料等，主要进口货物有机械、食品、运输设备及化工产品等。

属于阿拉瓦（Arawak）部族分支的卡奎提欧（Caquetios）印第安人是阿鲁巴

岛的最早居民，其历史可以追溯到公元 1000 年前后。1499 年踏上此岛的西班牙探险家阿隆佐·德·欧赫达（Alonso de Ojeda）是第一位来到此地的欧洲人。但西班牙人觉得这个小岛缺乏经济价值而放弃，当地土人因此避免了被屠杀的厄运。西班牙人弃阿鲁巴于不顾，荷兰人却人弃我取。1636 年，阿鲁巴被荷兰攫取而由荷属西印度公司占据，被并入荷兰王国。阿鲁巴被荷兰人统治了约两百年，直到 1805 年，荷兰因为拿破仑战争而逐渐失去了对阿鲁巴岛的控制，由英国短暂接管。拿破仑战争时期，英国人曾短暂占领过这个地方，但到 1816 年，荷兰人重新统治阿鲁巴。总的来说，与加勒比海其他岛屿比较，阿鲁巴应算是幸运的。过去数百年间，因为从未发展种植园经济，很少有黑奴被送到阿鲁巴，这个岛因而没有沾上殖民地的血腥。当然，现在岛上也有黑人，例如村街（The Village），因为很像村子，故名"村街"，为阿鲁巴圣尼科拉斯红灯区附近的几条街，过去和现在都住着很多穷人，多是非洲黑人的后裔。

阿鲁巴经济一直十分脆弱。18 世纪末以前，阿鲁巴被殖民当局用作马匹繁殖地，由当地和大陆的印第安人充当牧马人。从 19 世纪初开始，受到外来的商品经济风潮的影响，人们懂得了土地作为商品的价值，于是将土地出售给个别移民。人们在土地上种植药用芦荟，算是这个小岛农业的萌芽。可惜芦荟无法兴岛，故岛上农业难有起色。1824 年开始，又有了金矿采掘业，其发展情况不得其详。不过到 20 世纪初，金矿采掘业也宣告结束。到 20 世纪 20 年代，因应委内瑞拉蓬勃发展的石油开采，阿鲁巴建成了一家石油提炼厂，圣尼古拉斯港（San Nicolas）开始提炼石油，阿鲁巴才时来运转，岛上的经济迅速发展，岛民的生活水准迅速提高。阿鲁巴一下子香飘岛外，成为外人印象中的新淘金之地。加勒比海其他地区、美国、委内瑞拉和欧洲的移民纷至沓来，使阿鲁巴的居住人口遽然增长，阿鲁巴岛上经济遂水涨船高。炼油厂成了阿鲁巴岛最重要的生蛋金鸡，也是岛上唯一有代表性的生产工业，为居住者提供了不少的外贸收入与工作机会。阿鲁巴经济主要依赖炼油业，美国石化公司曾在这里投入巨资。但由于盈利下降和设备老化，美国人把资产出让，炼油业由是一落千丈。阿鲁巴依靠这个炼油厂轰轰烈烈地沸腾了许多年，到 1985 年，炼油厂曾一度关闭。但 1993 年后，又恢复运作。

1985 年炼油厂的关闭引发了严重的经济危机，激发阿鲁巴"救岛图存"的危机意识。毕竟，一个炼油厂不能作为这个基本没有工业的小岛的经济基础。阿鲁巴被逼上梁山。为求生存，阿鲁巴不得不另辟蹊径。20 世纪 90 年代以后，岛上旅游业逐渐兴起，成为该岛的重要经济来源之一。其实，阿鲁巴发展旅游业是有天然优势的。阿鲁巴面积虽小，自然条件却得天独厚：该岛地处大西洋飓风吹袭范围之外，犹如沙漠地带（雨量少之故），四周长满了仙人掌和叶形似龙舌兰

的植物——库拉索芦荟（aloe vera）。整个岛屿地势平坦，只见小丘没有高山，罕见的 divi - divi 树在岛上长得十分茂盛，浓密的叶子，犹如太阳伞在随风摆动，又像青春少女在搔首弄姿。这里有着田园诗般的海岛风光，海滩阳光充沛，晴空万里，没有污染，恍若一片人间净土。阿鲁巴岛长达 10 公里的连续白色沙滩与海边的度假屋互相点缀，又有"蓝绿色海岸"的美名。著名的棕榈海滨浴场及早期印第安人居住的岩洞等，都是该岛的迷人去处。岛西岸的棕榈滩（palm beach）是主要的观光客集中地。加上政治稳定，治安良好，民风淳朴，吸引着各地游客，尤其是美国游客。政府也顺应时势，自首府奥拉涅斯塔德始，沿着西南的海岸线全部辟作旅游区，建造了各种高级的酒店和度假村，包括豪华宾馆和赌场，美轮美奂，迎合高消费者的口味。位于首府奥拉涅斯塔德近郊的碧翠斯女王国际机场（Queen Beatrix International Airport），拥有多条飞往美国东岸主要城市的国际航线。不少华侨也是因应这一热潮而来到这里创业，也有一些人因此而致富。不过，一些政府决策者认为旅游业还不是阿鲁巴唯一的安身立命之本。他们认为，这个小岛要生存发展，应该让经济走向多样化，实际上，阿鲁巴也因此有所尝试，至于具体设想，则不一而足，有的想将其建成自由贸易区，有的计划将其建成国际境外金融中心，等等。

今天，阿鲁巴约有一半的国民生产毛额（GNP）是来自旅游业或相关产业，大部分的观光客来自美洲其他国家，其中又以美国游客占大多数。除此之外炼油工业与海运仍然给阿鲁巴带来了不少的收入，而农业与生产业的比重则是微乎其微。迄今为止，荷兰每年仍会挹注相当程度的开发援助金给阿鲁巴，海外商业服务的发展也是其值得关注的财源。

截至 2007 年，阿鲁巴岛人口 10 万，其中 80% 为加勒比印第安人和欧洲白人的混血后裔。他们的祖先主要是作为非洲奴隶在 17—19 世纪被强迫移民此地的。他们也与当地作为原住民的印第安人混血。还有相当一部分为阿拉瓦克印第安人（Arawak Indian）后裔，混杂有荷兰人、西班牙人和非洲人血统。除此之外也有部分欧洲人与亚洲人的后裔。

当地居民的母语也是克里奥混语方言（Creole），它是一种混合语，包含有葡萄牙文、西班牙文、英文、荷兰文、阿拉瓦克印第安语乃至非洲语等的语言要素，主要流行于 ABC 岛屿上。由于历史背景和地缘关系，阿鲁巴居民除了精通自己的语言——帕彼曼都语之外，还能说一口流利的英文、荷兰文和西班牙文。但阿鲁巴的官方语言为荷兰语，所有的官方文件都是以荷兰文记述流通。英语和西班牙语也广泛使用，并且被列入官方制定的教育课程。80% 的居民信奉天主教，9% 信奉基督教新教。

根据一般的推介资料可知，阿鲁巴地形平坦，全岛长 31.5 千米，宽 9.6 千

米，边缘有珊瑚礁，地势低平。气候为热带海洋性气候。全岛为石灰岩岛屿，完全没有河流，土壤贫瘠，不宜种植，几乎没有天然的灌溉。由于终年受到来自大西洋的贸易风吹拂，虽然地处热带地区，阿鲁巴却能保持终年27℃，平均气温最热月（8—9月）28.8℃，最凉月（1—2月）26.1℃，温差较小，受东北信风调节。该岛位于飓风行经范围之外，降雨量小而多变，一般年降雨量约为430毫米。天然植被有各种耐旱的仙人掌、灌木和乔木。阿鲁巴大部分饮用水必须由海水淡化供应，岛上的蒸馏厂是世界上最大的蒸馏厂之一。

由于阿鲁巴的地理环境不宜种植，制造业亦不发达，很多食物和家居用品都需要依赖进口，故物价颇高。据笔者调查，华侨和当地人在阿鲁巴销售的大部分日用消费品包括肉类、饮料、水果和五金等均来自美国，其次来自委内瑞拉，但这些年来委内瑞拉经济形势恶化，物资缺乏，货物来源有所减少，只有少量来自委内瑞拉的水果、蔬菜还在码头出售。还有部分肉类产品来自巴西、阿根廷等南美国家。侨胞销售的大部分小五金、工艺品之类（包括水龙头、毛巾、劳动手套、玩具等）来自中国大陆。由于价格低廉，华人杂货商场用的货架、冰箱和冷气装置等大部分来自中国大陆。有侨胞将广州、佛山和恩平等地的出口货物收集起来送到佛山的租赁货仓统一发运到阿鲁巴。另外，阿鲁巴四面环海，渔产丰富，捕鱼业是旅游业以外较重要的经济活动。大部分就业人口受雇于服务业。在这样的产业结构下，华侨主要从事与衣食住行和日用必要消费品相关的行业，如餐饮业、超市业、杂货业等。这种产业分工几乎与委内瑞拉如出一辙，也与荷属加勒比地区民众的社会分工形成了良好的互补。阿鲁巴生活水平颇高，据说人均收入达到21 800美元。居住在这里的人都比较满足于现状，不似很多其他国家的人以移民或逃亡到美国为人生最大目的。

阿鲁巴复杂的族群混合，意味着文化上也是多元的。奥拉涅斯塔德的文化中心终年提供音乐会、芭蕾舞、民间故事和艺术展览。该市还有历史博物馆、考古博物馆和钱币博物馆。2月的狂欢节和新年有极其绚丽多彩的庆祝活动。除了母国荷兰的影响外，许多其他欧洲国家乃至非洲的文化，也可以在这里看到。大量的美国观光客来此度假（约占每年为数70万的旅客中的六成人数），带来了美式文化的影响。

三、圣马丁

圣马丁岛（Saint Martin，荷兰语作 Sint Maarten，法语作 Saint - Martin）为加勒比海一岛屿，在西印度群岛小安的列斯群岛中向风群岛的北端，由山地和湖沼构成。地势起伏，东、西部多山丘，一般海拔300～415米，年降水量1 100毫米。哥伦布 1493 年横渡大西洋时首次见到该岛，并因当日（11 月 11 日）为当地的圣马丁日而命名该岛为圣马丁岛（即 Isla de San Martín）。虽然哥伦布宣称此地为西班牙领地，但他从没在此登陆过，而西班牙也不急于在此建立殖民地。1638 年，圣马丁岛被法国占领。

今圣马丁岛分属于两个不同的国家——荷兰与法国。这一局面的形成有历史的原因。当年法国和荷兰都觊觎圣马丁岛。法国想在百慕大至特立尼达的岛屿间建立殖民地，而荷兰则发现圣马丁岛可以作为巴西和新阿姆斯特丹（今日的纽约）两条殖民地航线的中途补给站。于是荷兰人 1631 年在岛上设立了定居点，并建立了阿姆斯特丹堡以抵御入侵者，荷属东印度公司开始在岛上经营盐矿。接着，法国人和英国人也纷纷在岛上设立定居点。西班牙人发觉圣马丁很是抢手，乃借八十年战争之机，在 1633 年一举攻占全岛，将其他国家的殖民者驱逐出去。此后，荷兰人发动了数次攻势，企图夺回该岛，但都未遂。1648 年，八十年战争结束，西班牙承认荷兰独立，此时西班牙发觉圣马丁已经没有昔日的价值，因为它不再需要在加勒比海存在海军基地，于是放弃了该岛。西班牙人离开，法国人和荷兰人则分别自圣基茨和圣尤斯特歇斯岛回到圣马丁岛。岛有两雄，必有一争，双方展开了数轮冲突，但都势均力敌，无法驱逐对方。于是在 1648 年，双方在岛上的协和峰签署和约，瓜分了圣马丁岛。但自和约签署后直至 1816 年，法、荷两军在岛上的冲突仍然断断续续，并曾修界 16 次，更因法、荷两国数度与英国交战而导致全岛被英军占领。1816 年，这种局面才宣告结束，法、荷两国最终固定边界直到今天。法占区约 54 平方公里，荷占区约 41 平方公里。两个国家之间的分界，恰当中间的山岭和湖沼。双方边界的形成有两个传说，姑妄一听：其一，法国和荷兰军队当时在岛东面的牡蛎塘集结，然后沿海岸线反向行进，再到最后碰头的地方，以此确定两国边界。相传出发前的仪式上，荷兰人喝了杜松子酒和淡啤，法国人喝了康杰白兰地和白酒。法国人因此酒劲十足，比荷兰人兴奋得多，跑得快，结果占的地方也大些；其二，传说荷兰人被一个法国少女迷住了，浪费了不少时间，结果占地较少。不管传说是否真实，但最后结果是边界形成并固定下来。

有趣的是，自 1816 年算起，200 多年过去了，岛上荷法分治，却相安无事，昔日两国在岛上刀兵相见已成历史。更奇特的是，两国在岛上没有任何防卫。任何人穿越两国边界，都不需要办理任何手续。1948 年，在岛中的边界上树立了一个纪念碑，纪念和平分治 300 周年。纪念碑四周飘扬着四面旗帜，分别是荷兰国旗、法国国旗、荷属安的列斯旗和圣马丁联合管理旗。岛上无论是法国还是荷兰的地区，都悬挂着联合管理旗。

西班牙人最先将黑奴带到圣马丁岛，但直至岛上出现棉花、烟草和甘蔗种植

园，奴隶人数才急剧上升，并超越奴隶主的人数。由于受到残酷对待，奴隶们曾发动叛乱，而压倒性的人数优势令奴隶主无法忽视，这促使法属圣马丁在 1848 年 7 月 12 日废除奴隶制，荷占区在 15 年后也废除了。

由于交通不便和地势崎岖，圣马丁岛在经济上从来都寂寂无闻。到了 20 世纪 80 年代后，岛上的荷兰部分与邻近的萨巴（Saba）岛和圣尤斯特歇斯（Sint Eustatius）岛共同组成荷属安的列斯群岛向风群岛选区，成为荷兰王国的一部分。选区首府和岛上的行政中心是菲利普斯堡（Philipsburg）。由于荷兰政府积极宣传岛上最有价值的自然资源——洁净的海滩和宜人的气候，经济上日益转变为以旅游业为主，美国人将此地作为度假胜地，人如潮涌。昔日"养在深闺人不识"的圣马丁岛因"一朝养在君王侧"而惊艳于世。华侨同胞也从那个时候起纷至沓来。今天，旅游业是该岛法属部分经济的中心，每年大约有 100 万人次前往该岛旅游。圣马丁法属部分的人均 GDP 在加勒比海地区是最高的。法属地区用欧元，但美元也广泛使用；荷属地区用荷属安的列斯盾。

荷属圣马丁的正式全称是圣马丁岛领地（Eilandgebied Sint Maarten），现为荷兰王国的 4 个自治国之一，人口 39 088（2010 年），首府菲利普斯堡。该岛原为荷属安的列斯辖下的 5 个岛区之一。2010 年 10 月 10 日，荷属安的列斯解体（圣马丁岛荷属部分成为与库拉索岛和阿鲁巴岛一样的在荷兰统治下的政治实体）。荷属一侧有朱莉安娜公主国际机场，有波音 747 型飞机起飞降落。

根据一般的推介资料，圣马丁岛的北部（约占全岛 2/3）原是法国瓜德罗普省的 7 个岛屿之一，称法属圣马丁（Saint - Martin），正式全名为圣马丁行政区（Collectivité de Saint - Martin），面积 53.2 平方公里，人口 35 692 人（2009 年），首府马里戈特。岛西有埃斯佩兰斯（Espérance）机场，也被称为大机场（Grand Case Airport）。该岛周围还有廷塔马雷岛（Tintamarre）、皮内尔岛（Pinel）、库尔韦尔特岛（Caye Verte）、小克雷夫岩（Petite Clef）、克里奥尔岩（Creole Rock）等岛屿。2007 年 2 月 22 日，圣马丁法属部分宣布该地与法属瓜德罗普分离，升格为直辖于巴黎中央政府的海外行政区，成为法国在加勒比海上西印度背风群岛的 4 个属地之一。菲利普斯堡和马里戈特两个镇非常小，只有几条街，一览无余。

圣马丁岛上荷属和法属两部分之间没有关税壁垒。大多数居民是讲英语的黑人。圣马丁岛上有棉花、烟草和甘蔗种植园，产椰子、鳄梨、甘薯等。圣马丁是一个重要旅游目的地，每天有游船游览几个湖泊。圣马丁提供免税商品，热门商品包括当地的手工艺品和艺术品，充满异国情调的食品、珠宝、酒类、烟草、皮革制品以及大部分名牌商品。

圣马丁全岛的商品均靠进口。由于圣马丁靠近美国，且美国游客众多，故超市（包括华人超市）均以销售美国货为主。但圣马丁超市分不同的属区。据笔者调查，在荷属区，超市中估计高达 90% 的货物来自美国，代理商也主要代理美国货；法属区的超市虽也以销售美国货为主，但多了很大一部分法国货。当地黑人英文、法文兼通，因此他们开的超市也销售美国货。纯粹的法国人只懂法文，故他们开的超市基本上销售法国货，间或加上一点美国货。法国游客都只光顾法国人开的超市。但随着来自中国大陆的华侨迅速增加，现在圣马丁的日用消费品（例如厨具、餐具、玩具和装饰品等）绝大部分来自中国大陆，估计比例高达 90%。例如，圣马丁最大的华人超市——黄仰杰的"阳光超市"（位于荷属部分）的主要货物即来自中国大陆。

由于荷属加勒比地区全部由岛屿组成，经济发展和市场需求有限，因此包括华侨华人在内的外来移民在居住地的发展难免受到限制。以华侨华人人口最多的库拉索为例，该岛基本人口 15 万，华侨企业的发展在客观上受到市场需求的制约，所有生意都很难做大。但是，本地的金融稳定，社会基本安宁，这是促使侨胞来此谋生的吸引力。但岛内政治，尤其是政党更迭所产生的不同政策，必然对侨胞的生存发展产生直接的影响。不过，库拉索属荷兰王国的一部分，其民主政治和社会法治还是相对稳定健全的，基本上没有政治上、种族上的麻烦。倒是每到选举的时候，各种政治团体会主动找华侨会所，组织座谈会，咨询他们对社会或政治的诉求等。

在 2010 年 10 月 10 日之前，荷属安的列斯的行政架构设在库拉索，管理所有荷属岛区。2010 年 10 月 10 日，原"荷属安的列斯"宣告解体，库拉索和圣马丁作为荷兰王国框架内的独立国家宣告成立。因此，在本书中，将不复使用荷属安的列斯的概念，而使用"荷属加勒比地区"的概念，借以指加勒比海地区所有的荷属岛区。实际上，库拉索与阿鲁巴的自治，为其在荷兰王国框架内发展与中国的关系提供了更加广阔的空间，为旅库中国侨胞的发展提供了更加广阔的前景。旅居荷属加勒比地区的华侨华人抓住这一历史性机遇，成为推动中国与当地关系发展的力量，为促进中国与当地人民的相互理解和信任、服务当地社会、构建和谐华侨社会作出了重要贡献。

有趣的是，委内瑞拉有一种毒蚊，是与荷属加勒比地区发生密切联系的特殊"使者"。委内瑞拉是一个热带草原气候国家，每年的 6—11 月为雨季，蚊子特别多。故委内瑞拉一年四季都会有登革热，雨季过后就特别严重。登革热分普通型和病毒型两种。前者的症状就像感冒发烧一样，特别怕冷，后者如果不及时治疗导致内出血就会夺人性命。与委内瑞拉隔海相望的库拉索，雨季一般是 11 月和 12 月。岛上常有"蚊毒"，华侨在实践中摸索出一种防"蚊毒"的土方子：用绿色的木瓜叶煮水喝，据说十分有效。库拉索没有农作物，也就没有木瓜树，香

蕉、西瓜、南瓜、西红柿、木瓜等农副产品全从委内瑞拉运来。为了预防"蚊毒"，侨胞就在自家院子里种木瓜。2014年雨季特别长，到9月，委内瑞拉发现了一种从未见过的"蚊毒"。这次"蚊毒"刚抵达库拉索时，侨胞并未在意，只是跟往常一样喝"木瓜叶凉茶"，但这一次效果不像往常立竿见影。由于传染性强，30%的华侨华人都染上"蚊毒"。回忆起这段被"蚊毒"折磨的日子，很多侨胞心有余悸，犹如中国人想起2003年的"非典"。

四、其他荷属岛屿

荷属加勒比地区还包括萨巴岛、博内尔岛、圣尤斯特歇斯岛，三岛合称"BES岛屿"。博内尔岛（Bonaire）也是加勒比海著名的"ABC岛屿"中的"B岛"，处于ABC岛的最东端。

博内尔岛是荷兰的海外领地，缘起于1636年博内尔岛归属荷属西印度公司，此后到1863年之前，它一直是政府的种植园。殖民时代的博内尔岛是一个奴隶市场。岛上大多数居民是黑奴的后裔，其余部分是原住民印第安人、西班牙人和荷兰人的各种混血种人。大多数信奉天主教。

根据一般的推介资料可知，博内尔岛距离南美洲大陆的委内瑞拉北岸80公里。岛长35公里，宽10公里，面积288平方公里，人口15 800人，首府克拉伦代克（Kralendijk）。岛的北部为丘陵地带，南部地形平坦。年平均温度为28℃（82℉）。年降雨量不到520毫米，全岛位于加勒比飓风带的范围以外。农业仅种植剑麻、橙等，饲养羊。农业生产仅能维持当地消费，唯一的出口农产品是不需要灌溉的芦荟。此外，还生产一些手工艺品。岛上由政府的海水淡化厂提供饮用水。每年输出大量食盐。高高堆起的巨大盐山，会令初到此地的人误以为是雪山。岛上环境优美，碧海蓝天。这里有温暖的热带水域，畅游的鱼类，数百种原始的珊瑚，这使得博内尔岛成为加勒比海区域最好的潜水和浮潜胜地，堪称"潜水者的天堂"。很多游客是为潜水而来，其中大多数是美国人。博内尔岛以红鹳著名，这种鸟色彩绚丽，群集在盐滩上，是博内尔岛上一处吸引游客的胜景。

博内尔是荷属加勒比地区除库拉索、阿鲁巴和圣马丁之外还有一定数量华侨居住的岛屿，但人数远比不上这三个岛。这里的华侨来得较晚，且零散。由于商机有限，早年这个岛留不住华侨，但近十多年来情况已有改善，移民前来的华侨显著增多，侨胞的凝聚力显著增强。在笔者到岛上调研时，他们正准备兴建华侨会馆，估计当本书写完时，华侨会馆已经建成。

萨巴岛面积13平方公里，实际上是休眠火山锡内里山的峰顶，锡内里山四周是海岸峭壁。该岛位于圣马丁岛西南30公里，原属荷属安的列斯，现为荷兰的特别行政区。根据一般的推介资料可知，该岛也是一座休眠火山，有四个熔岩圆顶，陡峭的山坡直接下接海岸，最高峰风景山（Mount Scenery）海拔877米，岛屿被热带雨林覆盖，属热带气候，白天气温21℃～29℃，夜间温度18℃～24℃，年降雨量约1 000毫米。人口只有1 737人（2010年），首府博坦。岛上1960年开始建设机场，1963年第一架客机降落。自1988年以来，该岛经济以旅游业为主，有一间医院，七所学校。

在1632年英国人登陆萨巴岛之前，萨巴岛无人居住。1640年，萨巴岛被荷属西印度公司进行殖民统治，接下来的几个世纪，萨巴岛被荷兰、英国、法国和西班牙争来夺去，到1816年才最终归荷兰统治。2008年12月10日起，萨巴岛属荷兰的"直辖市"。萨巴岛华侨不多，远看不到形成一个华侨社会的前景。故本书对这个岛的华侨生存发展情况就只好从略了。不过，萨巴岛华侨移民逐渐增加是可以期待的。

圣尤斯特歇斯岛是为纪念公元2世纪罗马皇帝哈德良统治时期的殉难者圣尤斯特歇斯而命名的。根据一般的推介资料可知，该岛人口2 886（2010年1月1日），首府奥拉涅斯塔德（Oranjestad）。总面积21平方公里，由两座死火山构成，一块平坦的中央平原横亘在这两座山中间。最高的鹅毛笔山（Quill）海拔601米。圣尤斯特歇斯岛在加勒比海背风群岛，位于信风带内，年平均降雨量为1 125毫米。

该岛原为印第安人中的加勒比人居住地，原住民称之为斯塔蒂亚（Statia）。1493年被克里斯托弗·哥伦布发现。之后的150年中该岛被许多势力争夺。最初在1625年是法国和英国的殖民地，1636年被荷属西印度公司占领，在1664—1674年间曾十次易手。1678年，荷属西印度公司宣布直接统治该岛。当时，该岛的经济以甘蔗种植为主。1690年，荷兰和英国同时向圣尤斯特歇斯岛发动进攻，他们都想赶走占领欧兰赫要塞的法国人。荷兰人最后退出，但是在9年的大同盟战争以后，荷兰人通过《里斯维克和约》（1697年）又得到该岛。18世纪早期，该岛成为犹太人在新大陆的第一批据点之一。目前，岛上还有一个黄色的砖砌的犹太教堂，是1738年为岛上犹太人家庭建造的。

在美国独立战争期间，圣尤斯特歇斯岛是美国同外界进行贸易的少数通道之一和重要的供应中心。1776—1781年，这个小岛是美国换取法国、荷兰和西班牙战争物资的重要交换站。圣尤斯特歇斯和美国的良好关系最终导致了第四次英荷战争的爆发，荷兰在此战中失败，制海权受到了毁灭性的打击。1781年2月3日，英国海军将军乔治·罗德尼攻占该岛。不久法国夺得该岛。1784年，荷兰重获该岛。在那之后，该岛又在荷兰人、法国人和英国人中几经易手，直到1816年才被荷兰长期占领。该岛应是加勒比地区历史上被诸多殖民者争夺次数最多的

岛屿。就目前所知，这个岛还没有关于华侨华人的信息，故在本书中就不拟叙述了。

概言之，1954 年起成为荷兰的自治领地的有圣尤斯特歇斯岛、圣马丁岛南部和萨巴岛，以及南部的博内尔、库拉索和阿鲁巴岛。其中，库拉索与邻近同属荷属加勒比地区的阿鲁巴和博内尔组成"ABC 岛屿"，三岛与委内瑞拉隔海相望，因此历史上两地的华侨来往较为密切，直到今天依然如是。在 21 世纪开始后，委内瑞拉经济下滑，治安不靖，一些原居住在委内瑞拉的华侨华人便将附近这几个岛屿作为"逸居地"，笔者在这几个岛屿进行田野调查期间也见过从委内瑞拉过来的华侨。

五、在"自治国"制度框架下

1954 年的荷兰宪法规定荷属安的列斯的政体是：荷兰和荷属安的列斯是在平等的基础上为保护共同的利益和相互提供帮助而联合；荷属安的列斯在内部事务上享有完全的自治权；总督代表荷兰国王，由荷兰国王任命，任期 6 年，掌管外交和国防事务；部长会议主持内政，对议会负责；安的列斯政府任命一名全权部长代表安的列斯参加荷兰内阁；涉及荷属安的列斯的法律提案，需交荷属安的列斯议会审议，议会可向荷兰议会提出意见，并派代表参加议案的辩论。

阿鲁巴岛在原荷属安的列斯群岛中是最富裕的，在 1983 年 3 月一场由荷兰、荷属安的列斯中央政府和包括阿鲁巴在内的所有荷属安的列斯岛屿政府共同出席的会议中，决议获得升格为荷兰王国内一个独立的自治国（autonomous country）的资格。从 1986 年 1 月 1 日起，阿鲁巴正式从荷属安的列斯脱离，此后整个荷兰王国变成由荷兰、荷属安的列斯与阿鲁巴三个个体组成。1986 年所获得的自治地位，是为摆脱库拉索（不是荷兰）统治而进行的民众运动结果。虽然阿鲁巴完全独立成为一个单一国家的工作原本已排入议程，且预计在 1996 年独立，但因为居民反对，经荷兰政府、阿鲁巴与荷属安的列斯三方沟通后，1994 年叫停，决定无限期延长过渡时期到完全独立。荷兰政府主要关心的是该岛的安全，并担心它会变成中南美洲生产的毒品外运的转运地，而阿鲁巴政府则担心独立将会造成失业率的提升与经济的不稳定。

按照荷兰宪法这一规定，库拉索岛以荷属安的列斯中一岛的身份取得了有限制的自治权，但岛上居民直到 20 世纪 60 年代的社会动乱后才真正获得充分参与政治进程的权力。1969 年 5 月 30 日，库拉索爆发暴乱和抗议活动。加剧的社会运动，使当地黑人在政治进程中获得了更大影响力。该岛也制定了以发展旅游业和低税率吸引企业资产的政策，以避免各种难办的情况发生。20 世纪 80 年代中期，壳牌公司以象征性的钱款向当地一个政府属下的财团售出了炼油厂。自此，当地讨论的焦点不仅集中于改变宪政状况，也集中在寻找新的收入来源的问题上。该政府财团后来将炼油厂的股份出售给了委内瑞拉国有企业委内瑞拉石油公司。近几年来，库拉索正努力以其独特的历史和遗迹扩大当地旅游业的发展。到80年代末，由于荷兰经济援助减少，库拉索政府被迫采取紧缩措施，同时加紧发展经济多样化。多年的财政赤字使政府认识到这不利于私人投资和经济增长。

另一方面，由于近年来的经济衰退，库拉索的年轻人中移民荷兰的人数剧增。有人试图阻止这股移民潮，使荷兰与库拉索的关系出现一定程度的恶化。同时，周边加勒比海诸岛和拉丁美洲国家的许多人也在移民。

1994年10月，除库拉索岛（该岛已于1993年举行公民投票不脱离联邦）之外的其他四个岛就宪法地位问题举行公民投票，多数选民支持维持联邦现状。1996年，面临已变得很庞大而且仍在迅速增长的国内外债务，政府被迫寻求外部的财政援助，与国际货币基金组织和荷兰政府合作，于1996年5月出台了一项结构调整计划，旨在改善国家财政，增加进出口，恢复政府信心。库拉索于1998年2月举行大选，原执政党安的列斯重建党在议会中仅获四个议席，虽为议会第一大党，但未能组成联合政府。获得三个议席的民族人民党联合其他五个政党组成联合政府。

到2000年，围绕库拉索与荷属安的列斯的关系及其与荷兰的关系问题，该岛的政治地位重新被搬到讨论桌上。2005年4月8日，在该岛与圣马丁岛共同举行的公民投票中，两岛居民的投票结果显示，他们希望像阿鲁巴岛一样从荷属安的列斯中分离出来，否决完全独立的选项。在多年来关于荷属安的列斯解体的谈判中，曾定下2007年7月1日、2008年12月15日两个目标日期，但后来都未能实现。最终，解体日期被定在2010年10月10日。2010年10月7日，在海牙签订自治宣言，库拉索和圣马丁将成为荷兰王国中的两个自治国。该宣言于10月10日生效。当日上午6时，荷属安的列斯解体仪式在库拉索岛上举行。安的列斯旗的降下以及库拉索国旗的上升，正式宣告荷属安的列斯解体。按照海牙自治宣言，荷属安的列斯群岛原先的五个岛屿中，最大的两个岛屿库拉索岛与圣马丁岛成为荷兰王国的构成国家（自治国），各自降下原"荷属安的列斯"国旗，并分别使用各自的新国旗。原荷属安的列斯首都威廉斯塔德成为库拉索的首都。库拉索的军事国防由荷兰负责。总督任武装部队总司令。荷兰在安的列斯驻扎海军。

今天，荷兰王国所属的加勒比地区分成四个独立的政治实体：一是阿鲁巴；二是库拉索，原先作为荷属安的列斯首府的库拉索港口城市威廉斯塔德便结束了作为荷属安的列斯首府的功能；三是荷属圣马丁；四是博内尔、圣尤斯特歇斯和萨巴群岛。所有这些岛屿组成的共和体，统称"荷属加勒比"（The Caribbean

Netherlands）。

在荷属加勒比地区，库拉索岛与圣马丁岛实行高度自治，与荷兰本土以及1986年自荷属安的列斯脱离出来的阿鲁巴地位平行。它们拥有自己独立的议会、政府、首相等。另外三个小岛圣尤斯特歇斯、博内尔与萨巴岛则成为荷兰特别行政区，由荷兰直接管辖。这意味着这三个岛上仍然施行荷兰法律与欧盟法律。三个岛上原有的议会转型成为市政议会，各岛总督则成为市长。岛上居民也与其他荷兰本土居民一样有权参与荷兰以及欧洲议会选举投票。2011年起，美元成为这三个岛的正式流通货币。库拉索的司法机构有荷属安的列斯和阿鲁巴联合高级法院，各岛有初审法庭。高级法院首席法官、总检察长及高级法院法官均为终身制，由荷兰女王同荷属安的列斯政府协商后任命。这个由一审法庭和上诉法院组成的司法机构，还担负着阿鲁巴、圣马丁、博内尔、圣尤斯特歇斯及萨巴等岛区的司法责任。而设在荷兰海牙的最高法院，则是库拉索的终审法院。荷兰王国留下的健全有效的法律制度，使自治后各岛仍然有望维持社会稳定，公民以及全球投资者的财产和权利得到保证。

自治协定规定，荷兰政府承担荷属安的列斯原先债务的70%，约为17亿欧元。解体后，荷兰版图增加了322平方公里，萨巴岛上的风景山也成为荷兰的最高峰。博内尔岛使用的帕彼曼都语与圣尤斯特歇斯岛、萨巴岛使用的英语均成为荷兰的官方语言。

由于库拉索是荷属加勒比地区的政治、经济和文化中心，也是荷属加勒比六岛中面积最大、人口最多的岛屿，原荷属安的列斯首府就设在库拉索的威廉斯塔德，荷属安的列斯大学、库拉索大学在整个加勒比地区都有名气，故中国在荷属加勒比地区开设总领事馆时，把馆址设在库拉索的威廉斯塔德。中国驻威廉斯塔德总领事馆于2013年10月设立，2014年9月25日正式开馆，其领区覆盖整个荷属加勒比地区。

第二节 荷属加勒比地区华侨史的元年与 1900年登陆库拉索的容儒束

容儒束是到目前为止有据可查的第一个抵达库拉索的中国人。根据所掌握的史料，他也是第一个抵达荷属加勒比地区的中国人。因此，容儒束既可以作为库拉索华侨史开端的标志性人物，也可以作为整个荷属加勒比地区华侨史开端的标志性人物。应说明的是，与容儒束同时登陆库拉索的，还有同行的多个伙伴。可惜，这几个人的名字今天已经湮没莫闻。如果有朝一日他们的名字重见天日，他

们应当无可置疑地跟容儒耒一道作为荷属加勒比地区华侨史开端的集体标志性人物。当然，在一个中国移民高度依赖网络（特别是地缘网络）的环境下，容儒耒首先登陆库拉索，也奠定了库拉索华侨史上长期以台山人为主体的格局。这一格局一直维持到 20 世纪 80 年代，才因为大量恩平人的到来而被打破。

19 世纪中期的华侨出国，并非完全出于一厢情愿，同时也是华侨出国目的地社会经济发展的需要。容儒耒是台山人，在容儒耒出国前，台山华侨群体出国的集中指向地是北美。容儒耒本人的出国目的地也是北美的加拿大。北美地广人稀，劳动力资源奇缺，同时也决定了当地对劳动力的需求是多层次的，既需要掌握一定科学知识和技能的技术工人，又需要一般的劳工。华侨正是后者的后备力量。于是，在内外因素的作用下，四邑地区的国际移民如决堤的洪水，形成了不可阻挡的潮流。1878 年，清政府第一任驻美国公使陈兰彬在其日记《使美记略》中依据当地华人领袖的简要报告，称六会馆拥有商民近 16 万人，其中四邑籍商民多达 12.5 万余人。[①] 台山出洋的人数超过其他各县。据记载，1880 年在美国的台山人已经达到 12 万。他们忍痛离乡背井，踏上茫茫的出国之途，希望时来运转，一朝暴富，腰缠万贯，回归故里，光宗耀祖。

据祖籍新宁（今台山）县冲蒌镇磨刀水村的容姓侨胞陈述其家族史时所说，19 世纪末，磨刀水村是一个小山村（即使在今天看来也不显眼），村子里的人都姓容。当时村里有青年容儒耒，立志要出国建功立业。尽管他才满 19 岁，家里已为他草草完婚，为的是让容家可以延续香火。1895 年，头上盘着长辫子、手提简单行囊的容儒耒在亲人依依不舍的祝福声中远赴加拿大，加入了当地的铁路建筑大军。五年的铁路劳工合约期满后，容儒耒被迫离开加拿大。在容儒耒乘坐的货船经过美国一个港口时，他导演了一段估计只属于他自己的插曲：他不甘心"黄金梦"就此终结，于是偷偷溜出船舱，企图偷渡进入美国，但被美国军警发现而逮住，强行押回船上。

那么，故事说到这里，一个问题是：容儒耒在美国"暗度陈仓"的地点是在哪里？所有的传闻都没有说清楚。不过应可肯定容儒耒所乘货船是从加拿大东部某个港口出发，沿美国东部海岸航行，在美东某一港口作短暂停靠，接着折向库拉索。其时，连通太平洋和大西洋的巴拿马运河还没有开通，容儒耒不可能从加拿大和美国西海岸乘船南下经过巴拿马运河进入加勒比海的库拉索。这样的话，他在美东试图"闯关"的港口，就一定是在美国东海岸，很可能是波士顿和纽约这两个美东大港中的其中一个。

100 多年前，海洋贸易的船只主要有帆船和汽船，那时库拉索岛已经是一个

---

① 梅伟强、张国雄主编：《五邑华侨华人史》，广州：广东高等教育出版社，2001 年。

良港。可以这样合理地想象：可能是当时上、下货需时较长，容闳柬等人被允许上岸休息，稍事停留。这时，原先就怀揣金山发财梦而在归途中徘徊不定、心有不甘的容闳柬又燃起了留下来的希望。他和几个同乡悄悄躲了起来，没有返回船舱，而是留在了岛上。他也成了踏进库拉索的第一名有名有姓且有据可证的中国人。也可能这个加勒比海小岛人烟稀少，虽然船主发现船上少了几个华工，但是搜查起来兴师动众，时间上也等不起，因此船主也就没有上岸搜查。这几个人就这样留在了库拉索岛。

说到这里，有一个疑问应该提出来，这就是容闳柬此行究竟是出于什么目的。目前有关他的传说都认为他当时的目的地是回国。但这一说法疑窦重重。现在没有资料说明此船的最终目的地是中国。从该船到库拉索上、下货的情况来看，中国不是目的地，而且，当时从加拿大和美国东部有没有航船前往中国也是颇可怀疑的。若中国不是此船的目的地，容闳柬不可能不知道。实际上，他当时三心二意，不想回国是可以肯定的。他很可能知道此船将途经美国某个港口并在那里停靠，因而便乘搭此船，途中寻机"暗度陈仓"，结果没有成功，只好随船南下，到了库拉索后，他知道除了走回头路之外已经没有其他机会了，才见机行事，在此登岸。因此，选择在库拉索登岸是他的无奈选择，是不得已之举，因为他乘此船南下的本意是偷渡美国。这样说来，容闳柬登上此船的目的不是要回国。退一步说，若容闳柬真的要回国，他应该选择从加拿大西部港口温哥华乘船走经过太平洋的航线回国。那时候加拿大和美国的华侨都是这样回国的。

不管怎样，容闳柬在美国"暗度陈仓"没有成功而来到了库拉索，使他本人无意间成了开启库拉索华侨史乃至整个荷属加勒比地区华侨史的标志性人物。如果他在美国登陆成功，库拉索就没有了容闳柬，虽然可能有其他人来到库拉索，但那些人姓甚名谁，可能就如断了线的风筝，了无踪迹可寻。只有容闳柬才是没有断线的风筝，是今天唯一可以追溯库拉索华侨史源头的"化石"，他留下的线索弥足珍贵。

从当时库拉索周边已经遍布华侨的情况来看，库拉索迟早会出现华侨的足迹，这是历史的必然。但历史的必然往往隐含于历史的偶然之中。容闳柬等台山人的来到，看似历史的偶然，实属历史的必然。

从上述口述历史来看，库拉索华侨历史的开端，是加拿大华侨修筑铁路史的一条支线，也就是说，库拉索华侨史是加拿大华侨修筑铁路史的产物。但这一说法与当时加拿大修建铁路的时间和背景是有矛盾的。

加拿大华侨史表明，加拿大政府 1880 年开始计划修筑一条横贯北美大陆、联结两大洋的太平洋铁路。该铁路东起大西洋畔的蒙特利尔，西至太平洋岸的温哥华，全长 3 800 多公里，是北美最长的铁路。由于铁路修筑需要大量劳动力，

于是引进大量华工。这些华工大部分是契约工，是通过"掮客"招募来的苦力。他们被迫签订契约从事特定的工程建设，希冀有朝一日偿还掮客为其支付的出国船费以后，能自行谋事。但到了1885年冬天，加拿大太平洋铁路全线贯通，所有的华工被全部解散。几千名突然失业的华工一下子陷入困境。很多失业华工单靠自己的力量将没钱回国。他们后来得到清政府驻旧金山领事馆黄遵宪总领事的帮助而回到国内。而就在太平洋铁路将近完成时，华工多被免职，有一批华人另谋职业。留下来的人的职业五花八门，只要能够生存下来，能够找到一口饭糊口，就几乎无所不做。他们有的到加里波的矿山工作，有的沿着太平洋铁路东迁，成为洗衣店主或白人家中的厨师、园艺师和家务仆役。有的转到煤矿当苦力，有的开起小餐馆和洗衣店，有的到锯木场当工人，有的到批发市场买新鲜蔬菜再挨门逐户零售，有的成为摊贩，也有一些境况较好的华侨在唐人街开起商店和杂货店，还有的越过边境到美国去谋生，等等。不管怎样，从加拿大太平洋铁路1885年完工，到随后一部分华侨回国，留下来的华侨在加拿大找到各种各样的工作，也就是说，自太平洋铁路1885年建成，加拿大政府随即实行一系列条例，限制华侨移民，中国人自由移民加拿大的时代宣告结束。因此，容闳柬一行前来加拿大修铁路之说有值得商榷之处。可以合理地猜想，容闳柬此时在加拿大所从事的工作，很可能是上述五花八门的职业中的其中一种而非修铁路。

当然，也不完全排除容闳柬在加拿大从事与铁路相关的工作的可能性。毕竟，加拿大太平洋铁路完工后，其他小规模的铁路支线还可能不断续修，与大铁路以及各段支线相关的维修工作也需要人手。但是，这种可能性很低。其一，铁路维修的高端工程部分，即技术性工作，应该是加拿大人中的技术人员负责，来自中国农村的容闳柬不可能胜任；而低层次的工作，如土木运输等体力劳动，则是正儿八经的公开性工作。华侨若要在加拿大从事公开性的职业，必须要缴纳繁重的人头税。这对容闳柬来说是难以做到的。因此，容闳柬当时不大可能做需要缴纳人头税的"阳光"工作。可以推测，容闳柬在加拿大所从事的工作，可能是"地下"的、"黑市"的。只有"地下"的、"黑市"的工作，容闳柬才可以瞒过人头税，而只需交给担保人一点"保护费"之类的费用。

那么，为什么直到今天，包括容闳柬的家乡人在内，都还传说当年容闳柬是去加拿大修铁路？一个比较合理的解释是：容闳柬一行当年去国离乡奔赴加拿大时，是以修铁路的名义前往的，很可能是招工者（多半也是台山人）以招收铁路修筑工的名义招募容闳柬一行来加拿大务工。而在此10多年前加拿大修筑太平洋铁路时所招收的华工中，很大一部分是台山人。显然，去加拿大修铁路，在台山乡亲中已经名声在外，也是出洋赚大钱的代名词。当年华侨在加拿大修铁路虽然十分艰险，但其实传回来的真实消息不多，在家乡人心目中，修铁路是高级

技术，而且是出洋，有此美差是值得举家自豪的事。因此，招工者才以此作为诱饵，招募华工前往加拿大。台山人把美国和加拿大叫作"金山"，把从美国、加拿大衣锦还乡的"淘金"客叫作"金山伯"。"金山伯"回到村里必做的三件事是买地、建房、娶妻。在乡亲们眼里，去"金山"是光宗耀祖的体面事，"金山伯"非富即贵，"归来只剩下空空的行囊"的"金山伯"是没有面子的，他们自己也觉得"无颜见江东父老"，很多"金山伯"即使一贫如洗了也不大乐意承认事实。所以，才有一波又一波的台山人前赴后继地奔赴美国或加拿大。容儒柬一行起初对去加拿大修铁路可能信以为真。及至来到加拿大后，方才知道是挂羊头卖狗肉，是做杂活而非修铁路，但已经生米煮成熟饭，也只得将错就错，认命了事，以致无论是在旅加期间，还是回到家乡后，他们都对家乡人报说是在加拿大修铁路。实际上，他们在加拿大所做的，可能是今天仍不为人所知的另类工作。诚然，有关传闻说容儒柬是与招工经纪人签了5年劳工合同才去加拿大的，但即使是签了5年劳工合同，也不能说明容儒柬在加拿大做的是"阳光"工作。他所签的合同很可能只是他本人与招工经纪人之间的合同，容儒柬到加拿大只是为招工者私下打工。当时华侨老板招收家乡同胞前来打"黑工"的情况是很普遍的。容儒柬去往加拿大的船票是由招工经纪人垫付的，日后要在他的工资中扣除。

更重要的事实是，在容儒柬一行逗留加拿大的5年期间，正是加拿大限制华人移民较为严酷的时期。1885年7月，加拿大联邦政府迫于卑斯省政府和其他同情排华势力的舆论压力，通过了第一个针对华侨的议案，并在7月20日经过英国女王的总督同意而成为法律。这就是《1885年中国人移民法案》。其主要内容是：每个原籍中国的人在进入加拿大时，应在港口或其他入境地点缴纳人头税50加元。船长必须先向港口监督呈交乘客名单和应付的税款，然后乘客和船员才能上岸。

人头税是加拿大政府向华人征收的带有明显种族歧视性质的一个税项。其严重后果之一，是使华人债台高筑，生活贫困。进入加拿大的华人除了七挪八借的旅费以外，向加拿大政府所交的人头税一直是移民债务的主要部分。以《加拿大百科全书》所引的当时华人各行各业平均工资每月4加元计，50加元约等于1年的工资。

社会方面，特别是五花八门的种族歧视法案更不用赘述了。华人的就业及擢升机会很少，薪金低，工作环境恶劣，在工作场所遭受歧视，各种各样的刁难还会随时迎面而来。加拿大社会中被剥夺平等权利最多的少数族群就是华侨。从19世纪末到20世纪初，华侨一直处于社会的最底层。这就是容儒柬在加拿大期间的排华背景。当然，即使存在着如此严酷的移民环境，由于在加拿大的收入与家乡的巨大差距，华侨还是千方百计要到加拿大来。但可以肯定，包括容儒柬在

内，任何人此时来加拿大都不可能逃避这样的环境。

实际上，当时移民加拿大的华侨分为合法和"非法"两种途径。合法的途径是途经香港前往加拿大。当时加拿大方面在香港并没有移民办公室，故当满载上百华人的船只抵达维多利后，所有人都必须在码头排队等候进入入境事务办公室，进行体检并缴纳人头税。如果无钱交付，必须等待亲友来代付。全程耗时几天甚至几周的时间。在此期间，所有华人移民都被拘禁于铁窗之下以防逃逸。"非法"入境加拿大的华侨，很大一部分是为了"绕道"路过香港而最后入境美国的。华人之所以这样做，是因为入境加拿大比较容易。①

容闳束一行是通过合法还是"非法"途径进入加拿大，现在还不好说。即使招工者是身在加拿大的华侨，也可以通过比较合适的一种途径将容闳束一行送入加拿大。但可以肯定，不管什么途径，他们在加拿大赚钱都比在家乡好很多。容闳束与招工者签订的5年劳工合同到期后，所得收入总数有多少，今已无法寻查。如果是打"黑工"和不交人头税的话，可以相信是一个不小的数字。但5年劳工合同到期后，容闳束就不得不自行另找工作。如果要在加拿大打工赚钱，光明正大的话，他们就必须交付一般人难以承受的人头税，如果不交，就必须想方设法东躲西藏。假若东躲西藏，所遭受的心理压力也是常人所难以承受的。容闳束当时的心情也可能徘徊在留下来与回国之间，但权衡之下，最后还是无奈地上了回国之船，与他同船的还有其他一些华工。所以，如果说人头税的压力是容闳束等人在后来选择离开加拿大打道回家的主要原因，应具有充分的合理性。其实，在容闳束等人离开加拿大后，人头税还没有完。1901年，人头税增至100加元，1903年升至500加元，好在这时候容闳束等人已经不在加拿大境内了。

容闳束到加拿大修铁路然后登陆库拉索的传说中存在着明显的不合理之处。上面所述，只是结合当时的历史背景所作的猜想，还需要一手资料加以证明。

第三节　库拉索的华侨移民

一、早年到库拉索来的华侨

一般的说法是，委内瑞拉发现石油后，库拉索兴建了一座炼油厂（至今仍在生产），于是，石油公司在广东沿海一带招募劳工加入油轮运输。这些船工有机

---

① 有关这一时期华侨通过非正常途径入境加拿大的情况，详参黎全恩、丁果、贾葆蘅：《加拿大华侨移民史（1858—1966）》，北京：人民出版社，2013年，第263–266页。

会来到库拉索，有些人弃船上岸，成了库拉索华侨。① 与此同时，炼油业的发展也带动了库拉索的经济发展，诸如洗衣、餐饮和杂货等行业逐步发展起来。一些华人来到库拉索，就是为了经营这些行业。炼油厂的兴建带动了一系列行业的发展应无疑问。但笔者在委内瑞拉调查时，听当地侨胞说委内瑞拉发现石油后，很多华侨纷纷移民委内瑞拉。这些华侨来自周边各地，其中一个地方就是库拉索。是则，在 20 世纪 20 年代初委内瑞拉发现石油之前，库拉索就应该有一定数量的华侨，否则不可能会有人见异思迁再移民到委内瑞拉去。如果此时库拉索已经居住着一批华侨，那么，他们可能就是容儒耒登陆库拉索以后的 20 年间通过网络关系一个带一个陆续从家乡移民来的台山人。库拉索炼油厂的建立，不过是吸引了更多的华侨前来而已。当然炼油厂建立后前来库拉索岛的华侨，并不全是来自台山。

　　且以恩平籍库拉索老华侨吴新植的爷爷吴述扶为例。吴述扶那一辈，家里有三男五女共 8 个兄弟姐妹。吴述扶 33 岁时（1929 年或 1930 年左右），辗转来到库拉索。出国时，他卖尽了家里的田产。吴新植的父亲约在 1938 年（22 岁）来到库拉索，三伯爹则是 1947 年出来（老二夭折）。吴述扶是通过"出国纸"来到库拉索的。谁知他买得的是一张假出国纸。他不知道是假的，路过多米尼加时，当地移民局开始抓人，幸好有好心人向他通风报信，他才得以逃脱，乘船来到巴拿马。望断天涯，举目无亲，他不禁在船上失声痛哭。有好心的船员见状，问他何缘何故。他便把一路经过一五一十地告诉了这位好心人。船给了他 20 美元，并教会了他说两个库拉索当地词语，一个是"朋友"，另一个是"乡里"，意思是说，到了库拉索见到当地人说出这两个单词就会被带到有华侨的地方。正是船给的这 20 美元救了他。吴述扶是个知恩图报的人，他赚了钱后，首先想到的就是要还人家当初给他的救命钱，他给船员寄去了 20 美元，后来还按图索骥到巴拿马找这位船员，可惜对方已经渺无踪影。② 可以合理地推测，既然吴新植的父亲可以到库拉索来找吴新植的爷爷（属典型的血缘网络移民），那么当初吴新植的爷爷到库拉索来寻找"朋友"或"乡里"，就属于地缘网络移民了。是则，在吴新植的爷爷之前通过这两类网络移民形式而来到库拉索的恩平人就应该不少。那么中国抗日战争全面爆发之前，在库拉索的华侨就应不在少数。

　　抗战结束后，有不少华人来到库拉索，也是通过网络移民的方式前来。例如，恩平籍的何平在库拉索岛上有三兄弟：他、老二，还有一个弟弟。何平是 1946 年在抗战胜利后乘美国军舰从香港经日本、夏威夷到旧金山，再乘飞机到

---

① 库拉索华侨会所写给中国驻委内瑞拉大使馆的关于库拉索的基本情况介绍。
② 笔者 2015 年 11 月 9 日在库拉索对吴新植、吴素翠（兄妹）的采访。

迈阿密，最后来到库拉索的。旅途时间长达一个多月（当然途中也有停留）。他先是做杂货生意，后来在四邑华侨会所做过中文秘书，并曾任会所主席。[①]

二、1942 年屠杀华侨事件

在第二次世界大战期间，大量华工滞留库拉索。从 1942 年发生的华工遭殖民当局警察开枪射杀的事件，可以看到若干端倪。

事情的起因是，在第二次世界大战期间，传闻德国潜艇封锁海峡，在库拉索的华工担心生命安全，要求改善工作条件和增加工资，并发起罢工。1942 年 4 月 13 日，当局将 18 名领头罢工的华工带到警察总局，勒令他们出海，在遭到拒绝后，立即将他们野蛮逮捕并投放到岛上的 Suffisant 兵营。中国工人不屈服，最终遭到逮捕关押的华工达 425 人之多。至 4 月 20 日，军警企图挑选 85 名华工投放到另一营地禁闭，在驱离之中发生暴力对峙，12 名华工当场遇害，44 人受伤，其中又有 3 人伤重不治。如今这 15 名华工长眠在库拉索。[②]

关于这件事情的始末，荷兰方面的文件有如下记述：

1942 年 4 月 20 日星期一，大约是早上七点钟，我 Willem Johan van der KROEF，警务督察同时也是库拉索的助理检察官，去到了库拉索工业石油公司的营房中，在那里有 425 名不愿工作的中国海员被看守着。

1942 年的 4 月 18 日星期六，军警指挥官曾命令我将经过核查的大约 85 名中国海员带去附近的另一个营房。为了完成这件事，有八名来自侨民注册部门的人员来帮忙，高级警务人员 D. DIJKSTRA，第一等级军官 J. S. SCHOUWE 和 J. A. SUARZE，还有警官 M. VAN DER MAAREL，VISSER VAN DER HAM，THOMAS VERZENDAAL ELTING，MIER VAN DER VEEN TIEMENS，STARREVELD DACOSTA GOMEZ 和步兵第一等级的 ON. A. AWIE。除此之外，库拉索工业石油公司的雇员 W. INDEN 和一些看守也参与了查核工作。

在开始核查工作之前，我让一些警员去搜查了一下睡觉的地方，以确保所有的中国海员都在我们能看得到的区域。这个区域有栅栏围起。接着我们来到这个区域并保持进来的门开着，两个议员中士在那个门的位置。另两个警佐在睡觉的地方的后面站着，那里有几个窗户。除此之外，还有库拉索工业石油公司的几个

---

① 笔者 2015 年 11 月 10 日在库拉索对黄冠雄的采访。
② 据库拉索华侨会所供稿。数年前，库拉索政府当局在岛上为 15 名华工建置了墓地，并立起了一座纪念碑。此举也可被认为是库拉索政府对中国的一个友好姿态。

看守和几个警员驻守在门的附近，他们可以看到运送到附近营房的人是否合格。

接着我在营房里的一张桌子后面坐下来，让一位库拉索工业石油公司的官员递给我卡片，上面写有要被分出去的海员的照片和名字。军警站在睡觉的地方的旁边，面对着朝着他们走过来的冷静的海员。接着我命令高级警官 DIJKSTRA，让海员挑选一名可以跟我沟通的发言人，这样才能让海员们明白我们的意思。不一会，一位同时可以说荷兰语和有口音的英语的矮壮的中国人自愿站了出来。这个人刚开始给我一种积极、沉着的印象。我们的对话进行得非常平静。我告诉这个中国人我们要带他们中的一些人去另一个营房，他们将一个接一个地来到我这边，我让他把这个消息告诉其他人。我问他是否明白我的意思，他肯定地回答可以。这个人问我，他们的海员是否会被武力逼迫着回船，我说这不是我能回答的。这个人接着把上面的话告知了其他海员，我看到他告诉了他的同胞并且能看得出他是在传达我的意思。他把消息告诉我之后，我跟他说可以开始了。我问了他的名字，得知答案后，我让他在栅栏外面的指定区域等候。这个人就是我们要分出去的海员中的一个。在第一等级军官 SCHOUWE 的陪同之下，那个中国人朝着那个特定区域的方向走了几步，之后那个中国人呼喊了几声我们听不懂的话。接着几乎所有的中国人都朝着桌子和入口处呼喊着。我看到这些朝我们呼喊的中国人在头顶挥舞着铁块、石块、管子、树枝。这次冲突是如此的难以预料、势不可当，以至于在当时的那种情况之下警方有组织地平复这次事件是不可能的。一些中国人已经参与了跟一个士兵的战斗，并尝试夺取这个士兵的枪。一个军警已经倒下，几名中国人用铁管在打他。这种情况下由于参与冲突的人数庞大，每个警察都不得不为自己的生命而战。接着我听到了枪响，谁开的枪并不知道，但这对中国人造成了一些影响。一些中国人已经设法穿过大门。我看到一些中国人手里拿着步枪和刺刀来攻击我们。注意到这个之后我们被来自中国人的方向的枪攻击，在我旁边的警察 SCHOUWE 告诉我他的身体的下半部分受了枪伤。这时中国人试图包围我们，我们的情况变得更不稳定。出于自卫的目的，我们开了几次枪。我们甚至不能到达大门处，因为那里被中国人包围着。在这种情况下我们只能使用武器才能控制局面并保障自己的安全。如果我们不用这种方式来对付中国人，我们会被这些疯了一般的中国人攻击。在这个果断的决定下，中国人撤退了。最后我们发现在这次冲突中有一些死伤情况。[①]

接着，荷兰方面的文件记述了中国人的死亡人数是 12 名，受伤人数是 44 名，其中 6 人是轻伤。警察和库拉索工业石油公司的雇员受伤人员如下：

1. 第一等级警官 J. S. SCHOUWE，右腿枪伤，被送往 St. Elisabeth 医院疗伤，

---

① Official report from chief inspector of police Van der Kroef.

现在还在那里护理。

2. 临时警察 C. E. FEVERTSZ，右手掌被刺刀刺伤，伤口并没有使他丧失能力。

3. 临时警察 J. HASETH，由于被刺刀刺伤了胸部而受伤，在医生的嘱托下他不能返回工作达四天之久。

4. 中士军警 TIEMENS，头部和左臂受了严重的伤，被送往 St. Elisabeth 医院，现在还在那里治疗。

5. 中士军警 P. van MAAREN 一只手臂受伤，后来被送去他的住处。

6. CPIM 看护 SCHOONHOVEN 头部受伤，被送往 St. Elisabeth 医院，现在还在那里治疗。

在接到送伤者去医院的命令后，我联系了军警指挥官，把发生的事情报告给他。后来他到了现场指挥工作，分离中国人的工作在没有更多事情发生的情况下进行。另外，我在事故现场没收了中国人使用过的一根长铁棒、一把大砍刀、一些铁块和几把刀。

在营房这次冲突事件中中国人的死亡情况如下：

1. HU CHEN LIN，1913 年生于中国安徽；

2. YU SIO KAN，1903 年生于中国浙江；

3. LAN CHUN，1887 年生于中国广东；

4. TCHOU ZAO，1886 年生于中国广东；

5. HUANG YU SENG，1894 年生于中国广东；

6. CHONG FAT，1897 年生于中国广东；

7. LEE CHUAN，1897 年生于中国广东；

8. KAUNG KING，1902 年生于中国广东；

9. WANG AH KUO，1896 年生于中国福建；

10. AU LIAN，1895 年生于中国广东；

11. ASU SEN CHENG，1901 年生于中国浙江；

12. CHAN YAN SI，1908 年生于中国广东。

这些中国人的尸体，被库拉索工业石油公司的船主 Johannes F. P. HOLLAND-ER 看过之后，在 1942 年 4 月 21 日早上被埋在了 Cas Chiquito 的墓地中。

为了治疗中国伤员，以下这些人被送往这里的疗养院：

1. TSJONG PING，1895 年生于中国广东，护照号 859；

2. FENG CHE YING，1905 年生于中国浙江，护照号 1330；

3. KWAK GUT，1908 年生于中国广东，护照号 1033；

4. LING YIN YO，1918 年生于中国浙江，护照号 1327；

5. TSONG SUN, 1901 年生于中国广东，护照号 886；

6. WEN LIM, 1890 年生于中国广东，护照号 318；

7. CHUNG YEN NAM, 1907 年生于中国广东，护照号 762；

8. LIANG YOU, 1895 年生于中国广东，护照号 932；

9. LIN FOO KWAI, 1904 年生于中国广东，护照号 992；

10. CHEUNG PING FAI, 1902 年生于中国浙江，护照号 1259；

11. LO MOK, 1909 年生于中国广东，护照号 1210；

12. CHOW GEN, 1907 年生于中国广东，护照号未知；

13. CHAN MAN, 1887 年生于中国广东，护照号 890；

14. TCHENG TCHIOU, 1895 年生于中国广东，护照号 213；

15. WONG YIN, 1906 年生于中国广州，护照号 1235；

16. TSAI TCHIE, 1908 年生于中国广东，护照号 946；

17. CHING TAI, 1899 年生于中国广东，护照号 960；

18. CHONG YONG, 1905 年生于中国广州，护照号 1151；

19. LAM HENG, 1890 年生于中国广州，护照号 380；

20. CHUNG LAM, 1886 年生于中国广东，护照号 955；

21. CHEUNG KI YIK, 1906 年生于中国广东，护照号 1090；

22. CHOI CHOK, 1896 年生于中国广东，护照号 1172；

23. HOU KING TSAI, 1909 年生于中国浙江，护照号 1153。

在 St. Elisabeth 医院，以下的中国伤员被治疗（他们被编以送往疗养院人员的连续的号）：

24. LOW NAM；

25. LIN CHUN SAN；

26. LING YEE；

27. YIN YANG CHANG；

28. TENG AH HAI；

29. CHONG MING；

30. LOK FONG, 1886 年生于中国广东，护照号 790；

31. YU U HOW, 1903 年生于中国广东，护照号 523；

32. WONG FOCK, 1887 年生于中国广州，护照号 733；

33. TSENG SCHU, 1900 年生于中国广东，护照号 536；

34. HO YOUNG, 1898 年生于中国广东，护照号未知；

35. CHAN YU NAM, 1913 年生于中国浙江，护照号 1184；

36. CHENG KIN FOU, 1911 年生于中国浙江，护照号 1258；

37. YEUN CHENG HO，1903 年生于中国福州，护照号 1314；

38. CHENG TZU CHING，1886 年生于中国广州，护照号 953。

对于 6 名轻伤人员，我只列出了他们的名字。

1942 年 4 月 23 日，在疗养院，被编以 2 号的中国人去世；

1942 年 4 月 25 日，在 St. Elisabeth 医院，被编以 29 号的中国人去世；

1942 年 4 月 25 日，在 St. Elisabeth 医院，被编以 24 号的中国人去世。

这些中国人同样被库拉索航运公司埋在了 Cas Chiquito 公墓中，同样的公司代理所有的手续。这份官方报告还附有 5 张照片和中国营房的情况图。

在与一个中国人搏斗过程中的几把刀、铁块、刺刀和一把损坏的步枪将被作为证据文件存放于法院一审法院的注册表。

我于 1942 年 4 月 29 日在誓言之下做了这个官方报告。

（签名）The chief inspector of police，W. J. Van der Kroef①

上述材料可能还蕴含着很多其他方面的丰富内容，但笔者不准备作更多的解读。这里只拟指出，当时正处于战争期间，库拉索也毫无例外地卷入了战争。当时库拉索能够为当事国所用的最重要战争资源，就是炼油厂。可以想见，库拉索炼油厂肯定加紧原油的提炼，以便为宗主国服务。来回油船进进出出，工人人数也迅速增加。在这些工人中，就包括了被临时征募的华工。他们来自中国沿海地区的省份。这是这个特殊时期华侨来源地构成的最重要变化。就这次屠杀事件来说，被卷入的华工就有 400 多人，很可能还不止此数。这些华工之所以逗留在库拉索，无非是油轮运输和作为炼油厂工人的缘故。他们应该不是作为库拉索的长住华侨来到这个岛屿的，跟过去居留在岛上的华侨不一样。一旦战争结束，他们是要离开库拉索的（当然不排除少量华工因偶然的因素而留下来的可能）。当时库拉索还很落后，炼油厂只是因为战争而显得繁荣起来，但炼油厂只是这个没有资源的岛屿上因战争而烘热起来的经济制高点，暂时的繁荣不可能对岛上的经济

---

① Official report from chief inspector of police Van der Kroef. 此据荷兰某部长波拉斯德库（Plasterk）给库拉索官员的信。另，库拉索华侨会所黄冠雄曾给笔者提供过一份关于 1942 年被杀的侨胞名单，列示如下：Nhu Che Lin（卢志霖、林佳琦），安徽人；Yu Sio Kan（余少勤、俞秀根），浙江人；Lan Chun（蓝俊），广东人；Tchou Zao（周照），福州人；Huang Yu Seng（黄汝生、黄汝森），广东人；Chong Fat（钟发），广东人；Lee Chuan（李全），广东人；Kuang King（邝景），广东人；Wang Ah Kuo（王亚国、黄阿国），福建人；Au Liang（欧良、欧亮），广东人；Asu Sen Cheng（苏深成），浙江人；Chan Yam Si（陈荫思、陈任锡），广东人；Feng Che Ying（冯志英），浙江人；Chong Ming（钟明），广东人；Low Nam（罗南），福建人。笔者注：这些被杀人员中，英文为原名，括号里的中文名字（有的人为两个）是今人的估摸性音译，只供参考。另外，这份名单的来源不详，一些人的名字和籍贯与上列 Kroef 提供的名字和籍贯不一。笔者认为 Kroef 提供的名单较接近原始处；黄冠雄提供的名单或经传抄出现讹误，应以前者为准。

发展带来长远的影响。同样，这时候华工人数迅速增加对库拉索的深度开发也不可能产生决定性的作用。

三、"二战"后至今的华侨移民

在"二战"期间，库拉索华侨集资购买了一座建筑（SCHARLOO 53 号），并赠予当时的中华民国政府作为领事馆。有关详情，请参见后述。当时该建筑也是华侨华人的主要活动场所，他们在此地成立了本地侨团的最早组织——中华会所。中华会所的成员应以四邑人居多，其中主要是台山人和恩平人，这两邑人中，应是台山人稍多。不过，除了四邑人外，还有没有来自其他地方乃至其他省份的华侨？由于没有留下任何原始材料，这个问题似乎成了一个悬而难决的问题。然而从"中华会所"这个社团名称和后来分出来的"四邑会所"名称来看，人们有理由怀疑这两个名称是有区别的。后者自然应都是四邑人，而前者不排除还包含着一部分非四邑人。

第二次世界大战后的数年内，移民荷属加勒比地区的华侨有所增加，一般是拿当时的中华民国"护照"经过香港辗转而来。例如，1927 年出生的陈衍祥就是 1947 年前后从恩平出发，经香港乘船到纽约，然后转乘飞机到库拉索的。[1] 但从 20 世纪 50 年代起，包括荷属加勒比地区在内，拉丁美洲地区的华侨移民形势发生了重大变化。从大的移民形势来看，主要表现为两个方面：其一，世界上不少地方的华侨华人，或由于原居住地发生战乱，或由于受到迫害等，纷纷移民拉丁美洲（主要是南美国家）。这时候，来自中国台湾、香港等地的移民曾形成过一个小高潮。这些移民的经济条件和受教育程度相对较高。但就目前所知，这批移民中没有发现有人到荷属加勒比地区来。其二，由于众所周知的原因，1949 年后来自中国大陆的移民基本上处于断流状态。不久之后，这种状态就基本上固定下来，形成这一时期的移民新常态，只有很少数经过批准的大陆公民可以以探亲或家庭团聚的名义出国。所以，从 20 世纪 50 年代起到 70 年代末中国改革开放的近 30 年间，拉丁美洲只有少数国家接受过来自中国台湾等地的华人移民，来自中国大陆的移民少之又少。在这种情况下，拉美各国各地区的华侨社会基本上是靠一代代的华裔来延续中华民族的血脉。

库拉索的"中华会所"于 1964 年分成"中华会所"与"四邑华侨会所"两个社团。之后，在外部信息闭塞的情况下，四邑华侨会所长期与台湾当局保持关系。老一辈侨胞因久离故土，还保留着对旧时代的根深蒂固的记忆。与此同时，

---

① 笔者 2015 年 10 月 8 日在库拉索对陈衍祥的采访。

家乡仍有人（包括老华侨的亲人）移民到库拉索来。但他们要几经周折，先由亲属或老板在库拉索申办入境许可证，寄予国内的当事人，由其向中国大陆公安机关申请护照。出境后，再到台湾当局驻香港的"文化办事处"，用中国护照换领"中华民国"护照，然后寻路进入库拉索。

中国改革开放后，库拉索迎来了越来越多的中国移民。1986 年时，库拉索只有 300 多名华侨，因为中国大陆人很难入境。由于库拉索政府承认台湾当局，那时中国大陆人来库拉索，先要持中国护照到香港的台湾办事处换取"中华民国"护照，然后再来库拉索。从澳门来也是这样。除了来自中国大陆外，库拉索还有一些华侨来自其他国家，比如多米尼加等。移民难还有一个原因是当时的库拉索政府控制中国移民，如华侨冯朝汉来库拉索之前，库拉索政府对中国移民的政策是"以一换一"，即一个中国人回中国去，才换一个中国人（一般是亲属）过来。①

值得注意的是库拉索进入新移民时代后老一辈华侨的情况。华侨移民历经多次高潮，例如，1996—1997 年是一个高潮，21 世纪初年以来是一个高潮。但是，越到后来，移民就越来越难，因为已经趋于饱和，就业岗位越来越少，当地人就业也比过去困难。在这样的情况下，政府就限制移民的进入，包括限制华人和其他国家的移民。在争取入籍方面，华侨会所的容宇庭主席做了不少工作，很多人因此得以进来。② 应指出，网络移民一直是库拉索华侨来源的重要方式，改革开放后依然如此。例如，库拉索有一位老华侨叫邹锦森，大约 1990 年来到库拉索。今天邹家这一系在库拉索就有 25 人之多。

四、华侨人数与来源地

为方便对照，这里且将库拉索华侨会所估算的各个时期的新老华侨人数作一梳理：

20 世纪六七十年代，库拉索当地的华侨合起来才二三百人，一直到中国改革开放初期，也多不了几个。20 世纪 80 年代以来，到库拉索来的新移民日益增加。到 20 世纪 90 年代，中国人移民库拉索出现了一次高潮。由于移民和劳工政策放宽，到库拉索的中国人人数激增，最多的时候一年来了 300 多人。进入 21 世纪，移居库拉索的华人人数虽然有所下降，但每年仍有 80～90 人前来。根据 2002 年发布的《世界华侨华人人口分布》数据，库拉索的华侨华人只有 600 人

---

① 笔者 2015 年 10 月 7 日在库拉索对冯朝汉的采访。
② 笔者 2015 年 10 月 7 日在库拉索对冯朝汉的采访。

（资料来源为 1993 年 11 月 23 日的《星洲日报》），不过这是很陈旧的数字，不足为稽。而根据库拉索华侨会所的粗略统计，2013 年左右，居住于库拉索的侨胞（包括仍然保留中国国籍的华侨和已经取得当地国籍的华人及其土生后裔）为 4 000 ~ 4 500 人。他们中绝大部分来自广东，而祖籍四邑的人数占全部侨胞的 80% 以上。① 他们的谋生行业主要集中在餐馆、杂货店和洗衣店等。其中餐馆达 200 余家，在政府发放牌照中占 2/3 多。② 库拉索的华人主要居住在威廉斯塔德，但也有一部分居住在全岛其他地方。

　　不过这一数字还没有进一步精准化。③ 到 2015 年底，库拉索的华侨移民历史已经有 115 年。其时笔者正在库拉索进行田野调查，当地华侨所提供的数字仍然是岛上的新老华侨人口为四五千人。就比例而言，则是绝大部分来自广东四邑地区的台山、恩平、新会等县。到这个时候，岛上的四邑华侨中，应以恩平和台山人为主，但恩平华侨人数已经明显地居多了。

　　就目前所看到的材料，早年库拉索的传统移民以广东台山人为主，其次是恩平人和新会人。众所周知，台山人的主要移民目的地是美国和加拿大。那么有没有台山人到了美国或加拿大以后，才辗转前来库拉索？目前不能排除这样的可能性，特别是在 1943 年以前美国实行"排华法"的年代里，旅居美国的华侨因受不了排华的压抑环境而再移居他处，包括来到库拉索，不是不可能的，但可惜目前还没有找到这样的直接证据。库拉索的传统华人主要还是直接来自中国大陆的台山县。到了 20 世纪 40 年代以后，恩平人也一个带一个地来到库拉索。不少恩平人来库拉索之前都经过多米尼加，在那里停留一段时间（有的人可能会转念留在多米尼加），因为多米尼加的绝大多数华侨是恩平人。多米尼加这种"驿站"功能，给路过的乡亲提供了一个或长或短的歇息机会，乃至一段时间在当地打工补充"粮草"的机会。在加勒比地区移民史上，多米尼加始终是一个华人来去的"低洼地"，不少华人因为接受不了其收入比邻近岛屿低的事实而见异思迁，来到库拉索等地。在恩平人一批批前来的同时，新会人也一个接一个来到库拉索。

　　四邑华侨会所的领导机构中的成员组成一直保持着合适的县籍比例，从中可以大略窥知各县籍的华侨人数。笔者查到 1987 年度第 33 届职员选举产生的 11

---

① 库拉索华侨会所供稿，2013 年 11 月 23 日。

② 《库拉索华侨会所给中国驻荷兰大使馆的信》（执笔：黄冠雄），2010 年 12 月 16 日。

③ 想得到库拉索等地华侨华人人口的精准数字有一定的难度，因为侨胞居住和工作分散，绝大部分从事杂货和百货业，平时很忙，即使重大聚会也人数不齐，而且该岛侨胞多为持居住年份不等的居留证的人口，此外还包括少数没有登记的非正常移民人口。相对精确的一次人口调查是 2015 年该岛华文学校成立时对岛上侨胞的人口摸查。

名理事构成是：台山县 4 名，恩平县 4 名，新会县 3 名；监事 7 名，其中台山县 3 名，恩平县 2 名，新会县 2 名。[①] 四邑中，没有开平人，也没有"五邑"的鹤山人。这只能说明一个事实：当时库拉索的开平华侨和鹤山华侨要么没有，要么极少。现在还查不到这三个县的华侨总数。如果按照 90 年代大约 300 人计算的话，则 1987 年左右台山的华侨在 120 人左右，恩平华侨也在 120 人左右，新会华侨则在 100 人左右，大抵保持平衡。但到 90 年代后，三县的人数构成就发生了显著的变化。恩平华侨人数逐渐增加，到现在已经远远超过其他县市人数。

这里还应注意库拉索未加入荷兰籍的华侨情况。据库拉索华侨会所粗略统计，2015 年左右，在该埠谋生而未加入荷兰籍的中国公民（即持中国护照的侨胞）大约为 3 000 人，除了连续合法工作超过 10 年而取得长期居留权的一小部分人之外，大多数侨胞均属每隔一年数年就必须办理延期居留证的人士。[②]

从库拉索更换中华人民共和国护照的情况，可以得知库拉索这一类华人人数之大概。据查，至 2013 年，中国驻委内瑞拉大使馆为库拉索侨胞办理护照延期、更换新照和新生婴儿立照等业务已超过 2 000 件次。据不完全统计，华侨会所 2008 年送往大使馆换领新照就有 265 本，2009 年 290 本，2010 年 328 本，其他公证、签证等尚未计算在内。另外，中国驻委内瑞拉大使刘伯鸣还为 200 多名原持"中华民国"护照的侨胞和新生婴儿恢复了中国公民身份，签发了中华人民共和国护照（其时荷属加勒比地区属委内瑞拉大使馆领区管辖）。上述护照件数加起来已有 3 000 左右，虽然可能有重复者。据多年在华侨会所服务的冯朝汉说，现在库拉索华侨有 4 000 多人，平均每年办护照 300 多人。[③]

第四节　阿鲁巴的华侨移民

据现有资料，最先来到阿鲁巴的是两个轮船工人，一个姓周，一个姓黄，具体年份不详，但可以肯定他俩上岸后就居留下来。接着是鹤山客家人、恩平人从苏里南、委内瑞拉等地移民过来。[④]

在阿鲁巴华人 Tyrone Wong 和 Frank Fun 所著的 *Chinese Merchants and Families in Aruba*（《阿鲁巴华商与家庭》，2014 年）一书中，辑录了一大批传统华侨家庭的基本情况，如出生地、来阿鲁巴的时间、职业、配偶与后代等。有少数家庭没

---

① 据《库拉索华侨会所理监事会议记录》，1987 年 4 月 5 日。
② 根据库拉索华侨会所记录材料。笔者 2015 年 11 月底摘抄于库拉索。
③ 笔者 2015 年 10 月 7 日在库拉索对冯朝汉的采访。
④ 阿鲁巴新中华会馆供稿，2014 年 2 月 11 日。

有明确记载其祖先是否来自中国或世界上其他地方，也没有他们的后代情况的记载。这类资料是现在还生活在阿鲁巴的华侨家庭提供的，他们只提供了其父母的简况而没有提供自己的现况，但也可能是他们的亲戚朋友提供的。资料提供者的家庭本身可能属于第二代（即他们的父母来自中国或其他地方），也可能就是第一代（即他们自己直接来自中国或其他地方）。

应说明的是，下面所提及的华侨，会涉及他们的名字"当地化"的问题。实际上，华侨名字"当地化"，在今天的世界上已是一种司空见惯的现象。表现为，很多华侨的中文姓名，以当地文字标注，但无法准确地还原为书写的中文（多数情况下姓氏尚可依稀猜得，名字则无从还原）。在那个年代，非中国人很难学懂中国语言，就算在荷属加勒比地区的中国人中，也存在着讲广东话、客家话等情况。实际上广东话和客家话是相互听不懂的，即使听得懂，发音跟写也是两回事。所以，即使在第一代中，不同来源地的华侨也无法将自己的书写名字统一化和规范化。该书的编撰者都是第一代华侨移民的后代。他们的祖辈（第一代华侨）虽然把家乡的语言文化带到了居住地并通用于华侨内部，但当时多只是作为口头语使用，甚少付诸文字。即使是他们自己的名字，一般也就是在口头上说说而已。到了第二、三代以后，就更是如此了。如果说在第一代粗通汉字的华侨中还偶然可以见到书写的中文姓名的话，那么，到了第二代以后，已经普遍使用当地语言，中文只在不多的场合口头上使用。这样，他们的中文姓名就基本上只停留在口头上（或曰发音上）了。第二代以后的华人中，即使其姓名缀有中国姓氏，也只是一个发音而已，无法还原为书写的中国姓氏，更何况以当地发音标注的姓名，常常有两个以上的中文同音字。在这样的情况下，为这些华人后代还原其中文姓名，既无可能，也无必要。下面行文中所出现的华人拼音姓名，都依照原文。

如果从男性华侨的配偶来看，这本书提供了以下几个类型：一是男性从中国家乡带来配偶，或是通过配偶方式将中国妻子带进来；二是男性华侨来到阿鲁巴后找当地妇女结婚；三是男性华侨与混血的华人妇女结婚（一般是从其他加勒比岛屿移民而来）。不可否认，如果与阿鲁巴妇女或者加勒比妇女结婚，中国人的基本特征就会逐渐消失。

一、第一个移民群体：来自中国内地或香港的移民

这个移民群体主要是广东省的广府语系汉人和客家汉人。准确地说，他们也是中国北方移民的后代。在数个世纪之前，他们从中国的北方移居到了南方，定居在福建、广东两个省。历史上和今天的大部分中国移民的来源地，都可以追溯

到粤、闽两省。就客家人来说，他们在粤、闽两省的分布还包括好几个地区，但主要是广东的梅县/州地区和闽西地区。后来，迁居世界各地的客家人，例如中国香港、中国台湾、马来西亚（包括婆罗洲的沙捞越）、新加坡和牙买加等地的客家人，大多来自粤、闽地区。但荷属加勒比地区是个例外。荷属加勒比的客家人主要居住在阿鲁巴，而阿鲁巴的传统客家人来自三个地区——中国内地、苏里南或其他周边岛屿，以及东南亚的马来亚和北婆罗洲。而来自中国内地的客家人，基本上是广东省鹤山县人，迄今还没有资料表明他们来自广东梅县或别的客家地区。

《阿鲁巴华商与家庭》一书中提供了早年阿鲁巴一些华侨的来源地，分列如下（大体以移民阿鲁巴时间早晚为序）：

Moy Sea，1898 年或 1906 年生于中国 Toushan[①]，他住在 Moy Kowie（1886 年出生）的家里。有关 Moy Sea 的故事，显然是根据后人的追忆，人们只知道他于 1961 年 12 月 26 日去世，还知道他是中华会馆的理事。[②] 但他何时移民阿鲁巴则不详。不过有一条线索应引起注意。Moy Sea 所寄养的主人出生于 1886 年。从年龄上看，过去一个人 20 岁左右就可以漂洋过海来到阿鲁巴了，是则他在 1906 年前后就有条件来到阿鲁巴。如果再晚一点的话，可能在 20 世纪 10 年代。当然，这只是从年龄上考虑，由于各种各样的因素，他来阿鲁巴的时间也可能到 20 年代以后。虽然今天已经很难推测他来阿鲁巴的年份，但此一线索也许可以让人们在探讨中国人移民阿鲁巴的起始时间时，找到此地最早华侨移民的可能时间。

Chang Kan Pow（即 Chen Kon Pow），1905 年生于中国广东。资料没有说明他来阿鲁巴的时间，但说他来阿鲁巴后先在拉哥炼油厂工作，然后才去杂货铺打工。[③] 这间接说明他移民来此的时间比较早，合理的时间应是在 20 世纪 20 年代。

Pom Ah Poo，1895 年 1 月 23 日生于中国香港，1966 年 6 月 23 日于阿鲁巴去世，其妻 Maria Sylvia Pers。[④] 但何时来阿鲁巴不详，合理的时间应是 20 世纪 20 年代，甚至是更早的 10 年代。

Lin Ah Yu（即 Lam Yuk），1904 年生于中国福州。移民阿鲁巴的时间不详，但其第二代 Frankin Jose Lin，1936 年生于阿鲁巴，死于 1937 年。可见 Lin Ah Yu

---

① 笔者注：这个地名可能是台山。

② Tyrone Wong and Frank Fun, *Chinese Merchants & Families in Aruba*, Oct. 10, 2014, p. 31. 笔者注：此书为阿鲁巴老一辈华侨自撰的家谱性质的传记，为自印本，印数有限，只供有关家族收藏。作者应为老一辈华侨的后裔。笔者 2015 年在阿鲁巴调查时得到此书并复印，在此万分感谢千辛万苦追寻到此书踪迹并为笔者借得此书的阿鲁巴侨胞。

③ Tyrone Wong and Frank Fun, p. 4.

④ Tyrone Wong and Frank Fun, p. 32.

来阿鲁巴的时间必是在 1936 年之前。其妻 Cormelia Koolman，生于 1904 年。[①]
Lin Ah Yu 是移民阿鲁巴的另一个福州人。

Wong Chen Kong，资料只记载他于 1950 年 4 月 55 岁时在阿鲁巴去世，没有说他什么时候来到阿鲁巴。但他的儿子 Wong Kit Ying（即 Larry or Ayang）于 1927 年出生在中国，1936 年来到阿鲁巴，说明 Wong Chen Kong 本人是在 1927—1936 年期间移民阿鲁巴的。其妻 Leung Lai Chee（即 Norma），1903 年在中国出生。她于 1936 年 4 月 23 日乘"Libertador"号船来到阿鲁巴。这也说明 Wong Chen Kong 来阿鲁巴的时间要么在 1936 年（与其妻一道同来），要么在此之前。值得注意的是，在夫妻俩众多的第二、三代中，有一位第三代，名叫 Kit Yue Chow，是 1924 年生于中国的，她只是到阿鲁巴稍为一游。[②]

Tang Toong，1912 年出生于广东，1928 年从广东来到阿鲁巴。其妻 Yeung So Meg，1928 年生于广东，1948 年来到阿鲁巴。[③]

Chung Bin，1895 年生于中国，1929 年 2 月来到阿鲁巴。其妻 Abigail Anastacia Martes，1920 年生。二人于 1935 年结婚。[④]

Wong Kin（即 Wong Sek Kam），1895 年生于广东。他是个具有典型移民色彩的神奇中国人。资料记载，他"年轻时就离开中国，在东方各国旅行，曾一度在荷兰逗留/工作"。到 1928 年 2 月 5 日，他从英国乘船去委内瑞拉，在船上做舱面水手。在委内瑞拉短暂停留后，他来到阿鲁巴。是则，他来到阿鲁巴的时间应是在 1930 年左右。其妻 Angelica Hernandez/Geerman，1911 年生，属于 Everon 家族，应该是阿鲁巴当地人。他们二人于 1934 年 8 月 29 日结婚。

Ng Fook（即 Afook），1909 年生于香港。其妻 Lmelda Yong，1931 年生于 Noord。资料没有说他们什么时候来到阿鲁巴。[⑤] 合理的时间应在 20 世纪 30 年代初。

Choy Moy Yip（即 Capitan），1898 年生于广东，1931 年 1 月 17 日来到阿鲁巴。其妻 Lee Kum Yen，1922 年生于广州。[⑥]

Wong Wan Faen（即 Papa Chai），1903 年生于广东，1931 年乘船来到阿鲁巴。其妻 Agnes Balanco Gomes d'Aquier，1913 年生于苏里南。[⑦]

Koc Choy（即 Santien），1904 年生于广东。其妻 Maria Juriana Gomez，生于

---

① Tyrone Wong and Frank Fun, p. 27.
② Tyrone Wong and Frank Fun, p. 34.
③ Tyrone Wong and Frank Fun, p. 33.
④ Tyrone Wong and Frank Fun, p. 14.
⑤ Tyrone Wong and Frank Fun, p. 31.
⑥ Tyrone Wong and Frank Fun, p. 13.
⑦ Tyrone Wong and Frank Fun, p. 43.

1906 年。二人于 1931 年 5 月 13 日结婚。① 他们可能是结婚后来阿鲁巴的。

Ling Charles，1908 年生于广东。他是乘船来到阿鲁巴的，估计时间在 1930 年前后。其妻 Margaritha Croes，生于 1933 年。②

Chong Hong（即 Tchong Hong 或 Ming Hop），1899 年生于广东，1934 年与另 8 名中国人一起受洗为基督教徒。其妻 Marianita（Ninita）Croes，生于 1916 年。1936 年 11 月 28 日他们二人结婚。③ 没有记载 Chong Hong 移民阿鲁巴的时间，但根据来到阿鲁巴后一群华人在当地受洗为基督教徒的时间，推测他应是在 1934 年来阿鲁巴的。

Wong Wai Hong，没有说明他来阿鲁巴的时间，但在 30 年代应比较合理。其妻 Loi Poh Ming，1904 年生于中国。资料记载她于 1940 年 5 月 29 日来到阿鲁巴。另外，作为第二代的 Wong Kit Hong，1926 年生于香港，1948 年 2 月 10 日来到阿鲁巴。Wong Kit Hong 与其妻子 Lim Siew Yong（1924 年生于马六甲）结婚后，在 1948 年 2 月 10 日一同来到阿鲁巴。这样看来，Wong Wai Hong 可能是与其妻在香港结婚的。他本人可能就是香港人，或年轻时从家乡来到香港讨生活，而他本人移民阿鲁巴的时间应该是在 1940 年之前（先于其妻，或与其妻一道）。他们移民阿鲁巴后，留下其子在香港生活了很多年，才于 1948 年携其一同来阿鲁巴。④

Than Fook Cheong，1904 年生于广东，1937 年 8 月 31 日来到阿鲁巴，其妻 Lim Ah Moi，1925 年生于马来西亚。⑤

Ling Chao Yang，1899 年生于广东，1938 年 8 月 11 日与 El Libertador 一同来到阿鲁巴。其妻 Chan Sue Lan，1903 年生于广东，1947 年 11 月 24 日来到阿鲁巴。值得注意的是，其第二代共有四人，只有老大 Ling Jimin（即 Chin Min，1931 年生于中国）没有随父母远走他乡。他后来与 Chin Hanna Seu Haun（1933 年生于香港）结婚，夫妻双双在香港退休。其余三子均在阿鲁巴出生。像这种父母移民后其子女不随父母移民的例子并不多见。⑥

Jim Yick On（即 Jimmy），1927 年生于香港，1938 年 10 月 28 日来到阿鲁巴。其妻 Yau Mei Ying，1937 年生于香港。⑦

Lo Kone Tai（即 Chic），1909 年生于香港，1939 年 2 月 6 日来到阿鲁巴。其

---

① Tyrone Wong and Frank Fun, p. 21.
② Tyrone Wong and Frank Fun, p. 28.
③ Tyrone Wong and Frank Fun, p. 11.
④ Tyrone Wong and Frank Fun, p. 39.
⑤ Tyrone Wong and Frank Fun, p. 33.
⑥ Tyrone Wong and Frank Fun, p. 27.
⑦ Tyrone Wong and Frank Fun, p. 21.

妻 Bianca Hassell，1928 年生于多米尼加共和国。二人于 1952 年 11 月 6 日结婚。①

Chang Soy，1910 年在香港出生，1939 年 2 月 7 日乘船来到阿鲁巴，到 1943 年 12 月 15 日，他都是在拉哥炼油厂工作。这说明他也是因炼油厂招工而来的。他的妻子 Sue Sui Len，1919 年生于广东，1948 年 7 月 11 日才移民阿鲁巴。②

Fong But Sen，1906 年生于广东，1939 年 7 月 17 日被准许作为其叔伯 Wong Chen Kon 的"家务助手"而来到阿鲁巴。其妻 Ivy Lew，1922 年生于英属圭亚那的乔治城，1940 年 4 月 10 日来到阿鲁巴。二人于 1950 年 10 月 26 日在阿鲁巴结婚。③

Cheung Kwok Leung，1900 年生于香港，1939 年乘船经英国来到阿鲁巴。其妻 Man Choi Yin，1935 年生于香港（笔者注：生年疑有误），1940 年 8 月 9 日来到阿鲁巴。④

Lu Chuan（即 Luk Chuen Chuan），1920 年生于中国。其妻 Maria A. Dirksz，1936 年生于阿鲁巴，后来离婚。⑤ Lu Chuan 来阿鲁巴的时间应是在 40 年代。

Tsu Kwai Fong，1907 年生于上海，1941 年 8 月 14 日乘" SS Libertador"（船名）来到阿鲁巴。其妻 Materia Helena Dirksz。⑥ Tsu Kwai Fong 是本书中出现的非广东人的又一例，他当年也是乘船来到阿鲁巴的。

Wong Wah，1914 年生于香港，1943 年 1 月 20 日来到阿鲁巴。其妻 Rosa Bella Romano，1925 年在古巴出生，她是 Genoveva Romano 的姐妹。⑦

Leung Hang，1916 年生于中国，1946 年 1 月 8 日来到阿鲁巴。其妻 Candida Maduro，1926 年 10 月 3 日生。二人在 1949 年 10 月 27 日结婚，1975 年离婚。⑧

Hugh/Hue Sue（即 George），1906 年生于广东鹤山，1946 年 7 月 4 日来到阿鲁巴。其妻 Chui Kwei Heung，1936 年生于中国。两人于 1964 年 11 月 24 日结婚，她在以前的婚姻中，有一个女儿，一个儿子。⑨

Chan Let Ying，1919 年生于福州。其妻 Silvinia Croes。Chan Let Ying 在 16 岁那年离开中国，在油轮上做乘务员。1946 年 7 月 9 日来到阿鲁巴，成为第一代华

---

① Tyrone Wong and Frank Fun, p. 29.
② Tyrone Wong and Frank Fun, p. 4.
③ Tyrone Wong and Frank Fun, p. 15.
④ Tyrone Wong and Frank Fun, p. 6.
⑤ Tyrone Wong and Frank Fun, p. 29.
⑥ Tyrone Wong and Frank Fun, p. 34.
⑦ Tyrone Wong and Frank Fun, p. 42.
⑧ Tyrone Wong and Frank Fun, p. 24.
⑨ Tyrone Wong and Frank Fun, p. 20.

侨。[①] Chan Let Ying 是本书中发现的极少数非广东人之一。按照这里所说，非广东人移民应是通过油轮工一类途径，其最大特点可能是不用通过网络渠道。

Sam Fai，1922 年生于香港，1946 年 7 月 9 日来到阿鲁巴。其妻 Sixta Natlia Kelly，生于 1937 年。[②]

Chow Fat，1918 年生于广东，1946 年 8 月来到阿鲁巴。他 1938 年在广东与 Yu Pui Loong 结婚，显然是结婚后从家乡偕妻来阿鲁巴的。[③]

Leong Shi，1915 年生于广东，1947 年来到阿鲁巴。其妻 Lee Lin Hing，1922 年生于广东，1948 年 10 月 13 日来到阿鲁巴。[④]

Chin Sin Theam，也叫 Shorty，1923 年生于广东，1947 年 3 月 14 日来到阿鲁巴。[⑤]

Wong Wau Ging，1921 年生于中国，1947 年 5 月 12 日来到阿鲁巴。其妻 Suo Ying，1923 年生于中国广东。资料没有记载她移民阿鲁巴的时间，但应该是在 1947 年后。他们两人可能此前已经在家乡成婚。[⑥]

Lee Kwai Sum，1910 年生于香港，1947 年 10 月 12 日来到阿鲁巴。其妻 Lam Yin Fang，1918 年生于香港。他们的第二代有 7 人，其中前 5 人生于香港，分别是 Lee Yik Ming，1935 年生；Lee Yik Yam（Neill），1938 年生；Lee Yik Chuen，1939 年生；Li Yik Cheong（Hugh），1946 年生（注意：Li 这个姓氏是公共登记处登错，在香港应该是 Lee）；Li Yik Kwong（David），1948 年生。另外两个生于阿鲁巴——Lee Yik Bui（William），1955 年生；Lee Yik Wai，1957 年生。[⑦] 显然，这个家庭的移民方式属较为典型的"巢式"移民。不像别的单身移民（各自到了目的地后才组织家庭），也不像其他"鸳鸯"式家庭移民（到了目的地才有小孩），这个家庭是在移民目的地之前，在原居住地就生下了一大堆小孩，然后丈夫首先移民目的地，妻子则暂时留守原居住地。最后，留守的妻子及孩子举家移民到目的地与丈夫（父亲）团聚。到了目的地后，还有新的小孩继续出生。

Chung Yen（即 Ako），1927 年生于中国，1947 年 10 月 7 日来到阿鲁巴。其妻 Margriet Peterson，生于 1938 年。二人于 1958 年 11 月 25 日结婚。[⑧]

---

① Tyrone Wong and Frank Fun, p. 3.

② Tyrone Wong and Frank Fun, p. 32.

③ Tyrone Wong and Frank Fun, p. 11.

④ Tyrone Wong and Frank Fun, p. 23.

⑤ Tyrone Wong and Frank Fun, p. 10.

⑥ Tyrone Wong and Frank Fun, p. 44.

⑦ Tyrone Wong and Frank Fun, p. 22.

⑧ Tyrone Wong and Frank Fun, p. 14.

Ling Chung Sue，1919 年生于中国，他是 Ling Chao Yang 的弟弟。他 1947 年 11 月 24 日来到阿鲁巴。其妻 Liao Njeok Len Louis，1948 年生于苏里南。[1]

Leong You，1920 年生于广东，1947 年 11 月 24 日来到阿鲁巴。其妻 Beatrix Dirksz，生于 1940 年。[2]

Lue Ching Choy，1930 年生于中国，1948 年 1 月 12 日来到阿鲁巴。他是 Francis Lue 的养子。其妻 Chin A Sin Agnes，1935 年生于苏里南。[3]

Leo Boon Kim，生于 Kiemechow（该地方的今地不详，但应是在中国），1948 年 1 月 23 日来到阿鲁巴，1973 年 3 月 24 日去世。为中华会馆理事会成员。此外无其他资料包括婚姻子女等方面的材料。[4]

Lue Kin，1911 年生于中国，1948 年 8 月 6 日来到阿鲁巴。其妻 Susanita Geerman，1930 年生于阿鲁巴，1964 年 3 月 3 日离婚。[5]

Wong Kai，1922 年生于广东，1948 年 8 月 8 日来到阿鲁巴。其妻 Yeung Fa Gwen，1930 年生于广东。根据资料记载，他还有一个前妻，叫 Har Choi Wan。前妻去世后，他与 Yeung Fa Gwen 结婚。[6]

Cheung Fook Sang，1923 年生于广东，1948 年 10 月 1 日来到阿鲁巴。他于 1948 年 12 月 24 日结婚，其妻 Mon Fun Yin。可能两人或同时，或夫前妻后（时间相隔不长）来到阿鲁巴。[7]

Ng Lin Dick，1921 年生于广东，在阿鲁巴做厨师。其妻 Wu Biliang。[8] 两人移民阿鲁巴的时间都不详，估计应在 1949 年前几年内。

Ng Suin Sein，也作 Ng Suin Sein（别名 Suie Shing），1919 年生于广东，在阿鲁巴做厨师，其妻 Leung Chow Yee。[9] 移民阿鲁巴的时间不详，估计也应是在 1949 年前几年内。

Chaong Yong，其妻 Cheng Kam Chi（1927 年生于广东）。Chaong Yong 于 1919 年生于中国，1955 年来到阿鲁巴。[10]

Chong Yuan Kwai，1923 年生于中国广东，1955 年来到阿鲁巴。其妻 Su Wai

---

[1] Tyrone Wong and Frank Fun，p. 28.
[2] Tyrone Wong and Frank Fun，p. 24.
[3] Tyrone Wong and Frank Fun，p. 29.
[4] Tyrone Wong and Frank Fun，p. 23.
[5] Tyrone Wong and Frank Fun，p. 29.
[6] Tyrone Wong and Frank Fun，p. 36.
[7] Tyrone Wong and Frank Fun，p. 5.
[8] Tyrone Wong and Frank Fun，p. 47.
[9] Tyrone Wong and Frank Fun，p. 47.
[10] Tyrone Wong and Frank Fun，p. 4.

Chun，1943 年生于中国的 Sui Hing①，1962 年 12 月来到阿鲁巴。②

Sue Stanislaus，1929 年生于广东，1955 年 4 月 7 日来到阿鲁巴。其妻 Chan Regina Doreen，1928 年 11 月 11 日生于英属圭亚那。③

Li Fu Ip，1955 年 12 月 5 日来到阿鲁巴。资料没有说他从哪里来，但从其名字看，来自中国内地的可能性较大。他来阿鲁巴时，名字叫 Cheng Jon Fu。1968 年 5 月 20 日，他改名为 Li Fu Ip。其妻 Leong Oi Heung，1938 年生于广东。④

Kong Win Kon，1928 年出生于中国，其妻 Lilly Marguerite Hassell，1933 年生于沙巴。二人于 1956 年 2 月 8 日结婚。⑤ 他们可能是结婚后来阿鲁巴的。

Hoo Nang，据记载，他 1902 年生于 Yuen Long 省 Tai Tseng Ng Uk Tsuen，⑥ 他的真名叫 Ng Tsan Nam，但人们叫他为 Nam Sook（南叔）、Anam（阿南）或 Hoonang。他来阿鲁巴的时间不详，只知他于 2001 年在阿鲁巴去世，享年 99 岁，离他的百岁大寿仅差 3 个月。其妻 Oney Althea Williams，1917 年生，来自圣马丁的 Simpsonbay，2000 年 6 月 3 日在阿鲁巴去世。⑦

Cha Ngan Hei，1947 年生于广东省，与 Lee Pak Ming 结婚（1947 年生于广东）。据记载，他们有三个孩子，分别是：Li Kwok Chiu（即 David），1970 年生于中国；Li Ngai Ying（即 Roxanne），1971 年生于中国；Li Ngai Chun（即 Jane），1974 年生于中国。Li Kwok Chiu 是位于奥拉涅斯塔德的 "Win Tung Homecenter" 的经理。⑧ 此外没有关于这个家族的更多资料。但是，该书记载的三个孩子在其中国名字后都各注上一个当地名字，说明他们在长大以后都移民到了阿鲁巴。是则，他们应是来自中国内地的第一代华侨，移民阿鲁巴的时间很晚。

Jim Qung Sang，1940 年生于阿鲁巴。其妻 Wong Sau Lin，1951 年生于香港。⑨ 据此，则 Jim Qung Sang 的父辈也应来自中国内地或香港。

Ng Fuh，1905 年生于中国，1955 年 9 月 3 日来到阿鲁巴。⑩

Chow Shun Sang，1938 年生于中国，其妻 Lo Suet Chang。第二代 Chow Kam Hung（Samuel）于 1968 年出生于香港，而同为第二代的 Chow Kam Man 于 1972

---

① 很难确定这个地名，可能是广东肇庆。

② Tyrone Wong and Frank Fun, p. 11.

③ Tyrone Wong and Frank Fun, p. 33.

④ Tyrone Wong and Frank Fun, p. 25.

⑤ Tyrone Wong and Frank Fun, p. 22.

⑥ 这里所说的 "Yuen Long 省" 显然有误（可能将其家乡的 "元朗" 地名误作广东省名），而 "Tai Tseng Ng Uk Tsuen" 可能是 "台山吴屋村"。

⑦ Tyrone Wong and Frank Fun, p. 18.

⑧ Tyrone Wong and Frank Fun, p. 1.

⑨ Tyrone Wong and Frank Fun, p. 21.

⑩ Tyrone Wong and Frank Fun, p. 48.

年生于阿鲁巴，他到过圣多明各和 Colegio Arubano。是则，Chow Shun Sang 可能在结婚后仍将其妻留在中国，他自己做过"驿站移民"。其妻则在 1968 年生下第一个儿子后才移民阿鲁巴。[①]

Ng Tong，1924 年生于广东，在阿鲁巴做厨师，移民时间不详。但他的第二代 Ng Kam Kau 于 1926 年 11 月 1 日在中国出生（1926 年显讹）；还有两个第二代——Ng Ting Hong 和 Ng Ting Kin。前者于 1962 年在香港出生，后者于 1964 年生于香港。[②] 这似乎说明，Ng Tong 是在 1964 年后才移民阿鲁巴的，因为如果他在第二个孩子出生后马上就移民了，在两年内又生下第三个孩子的可能性的确不大。

Ling Chun Man，1949 年生于中国，来阿鲁巴的时间不详，但应该是中华人民共和国成立后（可能是在 20 世纪 60—80 年代）。其妻 Yap Ken Tai，1948 年生于马来西亚。[③]

Zeng Xiaoli（即 Chen），其妻 Chang Yan（1958 年生于中国广东）。资料又说 Zeng Siauw Lit 是 Arthur Kong（即 Ata）的孙子，他本人 1957 年生于广州，1961 年 6 月 5 日来到阿鲁巴。他与 Chang Yan 结婚，Chang Yan 于 1984 年 4 月 20 日来到阿鲁巴。Zeng Siauw Lit 于 2014 年 3 月去世。[④] 这样说来，Zeng Xiaoli 就是 Zeng Siauw Lit。显然，Zeng Xiaoli 是中华人民共和国成立以后才可能有的名字（国家实行汉语拼音方案后，中国内地人的姓名中的声母才会出现 Z、X 等拉丁字母），Zeng Siauw Lit 一名是他到了阿鲁巴后才改用的海外华人名（但仍然保留了中国内地人的姓氏拼音——Zeng）。不过为什么他在阿鲁巴被称为"陈大哥"，则不详。

重要的是，在资料中，Zeng Siauw Lit 虽然被列为第一代，但又说他是 Arthur Kong 的孙子。显然，Zeng Siauw Lit 的爷爷一辈就已经移民阿鲁巴了，他是因为父辈的亲属关系才到阿鲁巴来的，因为新中国成立初期的大陆民众移民海外的机会微乎其微，只有华侨亲属通过申请才有可能出国。

从上面的案例可以看出，从中国内地或香港移民阿鲁巴的华侨移民时间比较早，应该早在 20 世纪 10 年代阿鲁巴就有华侨了。后来的岁月里来此的华侨源源不绝，但不同的年份流量不均匀。虽然这里所列举的个案有限，但大略可以看出，20 世纪 30 年代中期来阿鲁巴的华侨较多，1947—1948 年也比较多。这种情况是符合历史事实的。

---

① Tyrone Wong and Frank Fun, p. 12.
② Tyrone Wong and Frank Fun, p. 48.
③ Tyrone Wong and Frank Fun, p. 28.
④ Tyrone Wong and Frank Fun, p. 46.

资料显示，在 20 世纪 30 年代的老一代华侨中，帮助他人移民前来阿鲁巴的人不少。例如第一代华侨 Wong Kin（Wong Sek Kam），1895 年生于广东，他年轻时就离开中国，在东方各国旅行，曾一度在荷兰逗留/工作。1928 年 2 月 5 日，他从英国乘船到委内瑞拉，在船上做舱面水手。在委内瑞拉短暂停留后，他来到阿鲁巴，先在拉哥炼油厂工作，后又在工人住的小屋旁建起了一间小食品杂货铺和酒吧间。他还曾经在 Toren 街的村子里经营一个叫"Wong Kin"的食品杂货铺。值得称道的是，他古道热肠，乐意为侨胞服务和排忧解难，特别是热心帮助解决华侨与政府和当地阿鲁巴人之间的问题，堪称是华侨的"勤务员"。有确切的证据表明，他庇护了很多早期的中国人，帮助他们在阿鲁巴取得工作许可证。Wong Kin 于 1981 年 1 月 5 日在阿鲁巴去世。其妻 Angelica Hernandez/Geerman，1911 年生，1992 年 5 月 30 日去世。两人于 1934 年 8 月 29 日结婚。[1] 这一记载表明，Wong Kin 之所以能够为华人族群服务，是有一定的客观条件的，他的妻子是当地人，他很好地利用了这一层关系。他有这样的能力，是在与妻子结婚以后，即 1934 年以后。另外也说明，在 20 世纪 30 年代，在阿鲁巴寻找工作的华侨已经很多，往往需要先来的乡亲为他们的移民提供服务。

又比如，第一代华侨 Arther Kong 19 岁离开中国后，曾经在越南住过很多年，学会了说越南语。之后他从越南到千里达，再从千里达到阿鲁巴。来到阿鲁巴后，他曾几次为 Patricia Ann Yee Ching 申请暂居证。Patricia Ann Yee Ching 于 1959 年生于千里达，她是 Edward Yee Ching（Edward Yee Ching 也在阿鲁巴住了一段时间，还在这里做过生意，后回千里达）和 Cheong/ Cheung Choi Tai 的女儿，也是 Arther Kong 的堂姐妹。Patricia Ann Yee Ching 于 1971 年 10 月 27 日为 Arther Kong 及其妻子所正式接受。从那时起，她把自己的姓改为 Kong Ata，称 Arther Kong 的生父为亲叔伯，称她的生母为 auntie。Edward 为 Ata 在千里达提供担保。[2] 这是一起亲缘关系的担保移民案例。

从上列华侨移民名单可以看出，在传统移民时代，前来阿鲁巴的华侨主要来自广东省，其次是香港。虽然来自广东省的华侨的具体县份没有显示，但应以来自鹤山县的为多。来自非广东省（例如福建）的华侨偶尔也可以见到，但他们是作为油轮工过来的。当然，这是阿鲁巴的情况，其他岛屿并非与此一样。

从 20 世纪 50 年代开始，阿鲁巴华侨华人人数的增长开始趋慢，原因是 1949 年以前华人主要来自中国大陆的主流趋势宣告结束，阿鲁巴华人的增长结构已经发生很大变化。这一时期来自中国大陆的少数华人，都是经过申请和批准先到香

---

① Tyrone Wong and Frank Fun，p. 36.

② Tyrone Wong and Frank Fun，p. 45.

港，然后换取台湾方面的旅行证件后辗转前来；来自阿鲁巴传统周边国家和地区的华人依然如故；阿鲁巴华人的主要增长源来自阿鲁巴华侨一代一代的繁衍。

二、第二个移民群体：中国—克里奥耳混血移民、出生或成长于西印度群岛地区的华裔

所谓中国—克里奥耳混血人，就是华侨与克里奥耳人结合所生的后代。一般来说，男方为华侨，女方为克里奥耳人。但克里奥耳人所指的人种范围很宽泛。常指生于拉丁美洲的欧洲人的后裔；美国墨西哥湾沿岸各州早期法国或西班牙殖民者的后裔；上述两种人与黑人或印第安人所生的混血儿等。克里奥耳人还指在美洲出生的黑人后裔（也称 Creoles – Negro）。按笔者理解，这里的克里奥耳人，主要是指西印度群岛地区土著与华侨所生的后裔，即中国—克里奥耳人，或克里奥耳人—华人。资料显示，西印度群岛地区的华侨主要来源国为特立尼达和多巴哥（即千里达）、英属圭亚那和苏里南等地。这个移民群体在移民荷属加勒比地区之前，在其原居住国主要是从事甘蔗、水稻种植业。

Yhap Soong Kelvin，1905 年生于香港，1938 年 2 月 11 日从千里达经过委内瑞拉来到阿鲁巴。其妻 Li Sap，1903 年生于香港。他们的第二代名为 Yip Koon Wong（即 Yhap Kon Fung），1931 年生于香港，1957 年 9 月 15 日来到阿鲁巴。他与 Cheung Lak Kiu（1931 年 8 月 16 日出生于中国）结婚。有趣的是，作为第三代的 Yip Chung Sang 于 1958 年出生于香港，他又与 Ho Sau Mui（1960 年生于香港）结婚。[①]

这样说来，Yhap Soong Kelvin 数代与香港有着不解的情缘。除了因为他本人是个香港人之外，他 1938 年（其时已经 33 岁）来到阿鲁巴前，已经在委内瑞拉待过（逗留时间不详），很可能在离港前已经与其香港妻子成婚，而其妻结婚后有可能没有跟着他一起移民海外，而是留在香港带小孩（他们的第二代才可能在香港出生）。因此他们的第二代才可能仍然在香港生小孩（第三代）。不过，第二代 Yip Koon Wong 在其小孩出生之前就已经移民阿鲁巴。而第三代所娶的妻子，仍然是位香港人。

Cheung Yin Sang（William Cheung），1915 年生于香港，1939 年 4 月 17 日从千里达来到阿鲁巴。其妻为 Akim Cheung Chin A Loi。[②]

Chin Benjamin（即 Ben Chin），来自中国，到过委内瑞拉、圭亚那，最后从

---

① Tyrone Wong and Frank Fun，p. 46.

② Tyrone Wong and Frank Fun，p. 7.

千里达来到阿鲁巴，1936 年落脚于此。据资料说，他与其他几个中国同乡帮助其他的中国家庭和朋友在阿鲁巴岛落户。在那些岁月中，他们都互相帮助。[①] 其实，这就是地缘网络意义上的移民帮助。不仅他们如此，其他有能力的同胞都如此。

根据记载，Chin Benjamin 是后来才带着已经在千里达出生的孩子来到阿鲁巴的。作为第二代的 Roderick Joseph Chin，1920 年生于千里达，1938 年 2 月 11 日来到阿鲁巴。同是第二代的 Rosalind Alexandrine Chin，1923 年生于千里达，1942 年 6 月 7 日从千里达来到阿鲁巴。顺便说明，他还有一位第二代叫 Ho Sig Loy Wilfred，其妻 Gladys Ourelia Pedro。妻子的父母是来自库拉索的葡萄牙人。[②] Chin Benjamin 之所以先期来到阿鲁巴，应是具有开山探路的性质。等到他认为可以在阿鲁巴落脚了，才将孩子分批迁移到阿鲁巴。

Chin Chun Fo/Wo，生于 1919 年，1939 年 10 月 25 日来到阿鲁巴（从哪里来不详）。其妻 Tjin A Than，Lilian Reecca，1918 年生于苏里南，1954 年 4 月 6 日来到阿鲁巴。[③]

Chin Isaac Joseph，1918 年生于圭亚那，1944 年 11 月 25 日来到阿鲁巴。其妻 Archee Yvonne Catherine，1929 年生于千里达。[④]

Cheuz Chong Chez，1923 年生于中国，1950 年 10 月 27 日来到多米尼加共和国。其妻 Ying Bing Fun。[⑤]

Chung Sun（即 Chung Albert），1905 年出生，1947 年 9 月去世。他和 Chung Ah Pak 是兄弟。其妻 Genoveva Romano，1920 年生于古巴。[⑥]

Chung Ah Pak，1902 年生于德麦拉拉（Demerara）。该地濒临大西洋的西侧，是圭亚那的最大港口，也是圭亚那的政治、经济、文化和交通中心，还是该国的农、林、矿产品集散地。Chung Ah Pak 之妻为 Angelica Romano，1922 年生于库拉索，1954 年来到阿鲁巴。她是 Genoveva Romano 和 Rosa Bella Romano 的姐妹，Genoveva Romano 与 Chung Sun 结婚，Rosa Bella Romano 又与 Wong Wah 结婚。[⑦]

Jie A Swie，Tjew San（即 Pursi），1924 年生于苏里南。其妻 Lee Yee Chung Clementine（即 Clemmy），生于 1934 年，1956 年 11 月 17 日来到阿鲁巴。两人于 1956 年 11 月 10 日结婚。Clementine 和 Marie Lee 是姐妹，两个人都来自苏里南。应说明，他们的第二代 Karin Jie – A – Swie 也是 1962 年在苏里南出生的。这说明

---

① Tyrone Wong and Frank Fun, p. 8.
② Tyrone Wong and Frank Fun, p. 9.
③ Tyrone Wong and Frank Fun, p. 10.
④ Tyrone Wong and Frank Fun, p. 10.
⑤ Tyrone Wong and Frank Fun, p. 7.
⑥ Tyrone Wong and Frank Fun, p. 14.
⑦ Tyrone Wong and Frank Fun, p. 13.

夫妻俩及其孩子是全家一同移民阿鲁巴的。①

Leysner Edgar（即 Aloi），来自苏里南，他母亲的少女名字叫 Chin A Loi。其妻 Stevanita Vrolijk，是阿鲁巴人。② Leysner Edgar 应是移民到阿鲁巴后才与 Stevanita Vrolijk 结婚的。

Lynn/Ling Koei Sang（即 Barrie Lynn），其名的 Ling 在注册时改成了 Lynn，他于 1933 年出生于牙买加。其妻 Lee，Pen Tai，1923 年出生于中国广东。③

Wong Shun Kee（即 Wilson），1912 年生于中国广东，1949 年 4 月 29 日来到阿鲁巴（资料没有记载他从哪里移民而来）。其妻 Mabel Ling Tong（从名字来看她应是个华人），1929 年生于圭亚那，1949 年 12 月 12 日来到阿鲁巴。资料说他们二人 1949 年从圭亚那一起来到阿鲁巴。另有资料记载，作为他们的第二代之一的 George Allan（Kai Kwong）于 1946 年生于圭亚那的乔治城。按照以上信息，Wong Shun Kee 应该是在圭亚那与 Mabel Ling Tong 结婚的，也就说，Wong Shun Kee 的第一次移民，是从中国广东到圭亚那。在他们结婚并生下 George Allan 后 3 年，才又于 1949 年一起从圭亚那移民阿鲁巴。故 Wong Shun Kee 从圭亚那到阿鲁巴，应属于第二次移民。还应注意的是，Mabel Ling Tong 现在（指资料时间 2014 年）85 岁，与她的女儿 Barbara 和 Susan 一起住在美国迈阿密，算是第一代移民中"再移民"的例子。④

应指出，在第一个移民群体中，有两种人是值得注意的，一种是出生于西印度群岛但被送回香港上学的中国人，另一种是出生于中国内地或香港但其教育和社会化的大部分过程是在西印度群岛地区完成的中国人。

第二个移民群体中，也包括荷属加勒比地区内部的华侨移民。从资料来看，他们主要是在库拉索和阿鲁巴之间来去的华侨。下面举三例。

Cham Kai（Lam Kai），⑤ 其妻 Marie Helene Petersen。Lam Kai 于 1901 年在广东出生。成年后在库拉索与 Marie Helene Petersen（1909 年生）结婚。结婚时间应在他移民库拉索之后。但既然女方的出生年为 1909 年，那么他最早的结婚时间应是在 1927 年之后，是则他在此之前已经移民库拉索。他结婚后移民阿鲁巴，先在奥拉涅斯塔德开了一间士多店，后在圣尼科拉斯开了一家中国餐馆。⑥

Chang Ten Sang，即 Wing Fui。1908 年生于广东，1948 年 7 月 4 日来到阿鲁

---

① Tyrone Wong and Frank Fun，p. 20.
② Tyrone Wong and Frank Fun，p. 25.
③ Tyrone Wong and Frank Fun，p. 31.
④ Tyrone Wong and Frank Fun，p. 38.
⑤ Cham Kai 实际上是 Lam Kai，原因是他受雇注册时，雇主将 L 划得长长的，看起来像 ch，因而从那时起，Lam 便变成了 Cham。
⑥ Tyrone Wong and Frank Fun，p. 2.

巴。他在吉米室内装潢店打工，也给华侨雇主 Ling Chao Yang 打过工。他还在埃索俱乐部（Esso Club）做过厨师，后来他到了库拉索。[①]

Lue Francis，没有关于其妻的资料。Lue 的继父是 Ching Choy。Lue Francis（即 Lue Foof、Lau Fook 或 Akai）于 1909 年生于中国广东，11 岁时（1920 年）移民到千里达，追随其父亲 William Lue Sang（他父亲更早时候移民到那里）。1927 年，他来到委内瑞拉马拉开波。1930 年 10 月 13 日，他来到阿鲁巴。1949 年，他和他的家庭搬到了库拉索。他于 1984 年 8 月 8 日在库拉索去世。他在阿鲁巴、库拉索和委内瑞拉留下了 8 个子女、19 个孙子女。[②]

三、第三个移民群体：从世界上其他国家/地区移民来的华侨

就资料来看，他们主要来自东南亚的英属殖民地，包括马来联邦、北婆罗洲、新加坡等地。下面是其中的例子。

Fun You Sing（即 Asang），1905 年生于加拿大，1935 年 12 月 18 日来到阿鲁巴。其妻 Lucia（Lucy）Cecilia Fun – Gomes – Balanco。两人在 1942 年 2 月 17 日结婚。Lucia 是 Agnes Balanco 的姐妹（后者为 Wong Wan Faen 的妻子）。[③]

Yee Kon Piauw/Pew［即 Arther Kong（Ata）］，1911 年出生于中国广东，1938 年 5 月 1 日来到阿鲁巴。其妻 Wong Ping Tai，1923 年生于广东。资料记载，Wong Ping Tai 是他的第二任妻子。1957 年 11 月 19 日，Arther Kong 为 Wong Ping Tai 申请了来阿鲁巴的许可证，她由是于 1958 年 7 月 25 日来到阿鲁巴，他们二人于 1958 年 9 月 12 日结婚。

Arther Kong 的故事颇有传奇色彩，因此又牵扯出他曲折的移民经历。据记载，他在来到阿鲁巴之前，先是到了千里达。再进一步追溯，则他离开中国后，曾经在越南住过很多年，并在那里学会了越南语。而他离开中国的时候，约为 19 岁。[④] 这样的话，Arther Kong 的移民路线就一目了然了，原来他是个几经周折的"再移民"。他的移民路线是：广东家乡—越南—千里达—阿鲁巴。他在其移民"中转站"的逗留时间有多长，资料没有记载，但据推算，他在越南和千里达一共待了 8 年，因为如前所述，他 1911 年出生在广东家乡，则他 19 岁到越南，应是 1930 年，1938 年再到阿鲁巴，之间的 8 年应是在越南和千里达。若再进一步推算，他在越南的时间应占了 8 年中的大半（学会一门越南语应耗时不

---

① Tyrone Wong and Frank Fun，p. 4.

② Tyrone Wong and Frank Fun，p. 30.

③ Tyrone Wong and Frank Fun，p. 15.

④ Tyrone Wong and Frank Fun，p. 45.

短，且他其时也可能有意在越南立足）。至于他后来从越南"跳槽"到千里达，显然是因为有兄弟在那里照应的缘故。然后再从千里达移民阿鲁巴，是因为后者的商机更好。按照这一记载，他是个典型的"驿站移民"。

Fang Chee Tong（即 Fong），1916 年出生于新加坡，1942 年 6 月 7 日来到阿鲁巴。其妻为 Rosalind Alexandrine。[①]

James Cheong，其妻为 Ho King Chun。James Cheong 于 1914 年在沙捞越（北婆罗洲）出生，1946 年 10 月 10 日来到阿鲁巴。他是来炼油厂工作的，直到 1955 年 1 月 17 日，他都是在拉哥炼油厂工作。直到 1964 年 6 月 10 日，他才与 Ho King Chun 结婚。他的妻子于 1935 年生于香港，时年 29 岁，而这时的 James Cheong 已经 50 岁了。没有理由推测他的晚婚是再婚的缘故，更可能的原因是他处于社会底层、贫穷而无力娶妻。[②]

Cheong Jie Tsjiet（即 Cheong Chick），1925 年生于北婆罗洲的沙捞越，1946 年 11 月 28 日来到阿鲁巴。1957 年 9 月 18 日在香港结婚。其妻 Chan Shui Yim，1934 年生于广东。[③]

Cha Kai Chung，1945 年生于广东鹤山（原文作 Hok Sang），其妻 Jung Judy Shang You，1949 年也生于鹤山，两人于 1974 年 12 月 14 日在纽约结婚。资料没有记载两人为何在纽约结婚，但可以肯定与移民有关，要么一人在海外（纽约）讨生活，要么两人一起在海外打拼。他们婚后生下了三个子女。一是 Cha Chai Tang，1971 年生于纽约；二是 Cha Sim Yee，1973 年生于纽约；三是 Cha Sim Ping，1983 年生于阿鲁巴。显然，在老三出生之前，他们已经移民阿鲁巴，而老大和老二则是他们从纽约带到阿鲁巴的。这样说来，他们夫妻俩和三个孩子都属从美国移民而来的第一代阿鲁巴华侨。[④]

Chin Chon Sing，1927 年生于北婆罗洲沙捞越的古晋。他与 Ho Sack Wa，Juliana Rosalina（1926 年生于苏里南）结婚。[⑤] 来阿鲁巴的时间不详。

Lee Sang（即 Wong Fuh 或 Wong Fook），其妻 Reina Croes。按照他们的儿子 Kok Ping Lee 的说法，Lee Sang 的真名叫 Wong Fuh。他与 Wong Wah 是兄弟。Lee Sang 于 1919 年生于新加坡，与一个华人妇女结婚，但这个妇女后来死了。他移民阿鲁巴后，再与 Reina Croes（1937 年生）结婚。[⑥] 估计他移民阿鲁巴的时间应

① Tyrone Wong and Frank Fun, p. 15.
② Tyrone Wong and Frank Fun, p. 5.
③ Tyrone Wong and Frank Fun, p. 5.
④ Tyrone Wong and Frank Fun, p. 1.
⑤ Tyrone Wong and Frank Fun, p. 9.
⑥ Tyrone Wong and Frank Fun, p. 23.

是在"二战"后。

Lim（即 Wan Sow Lum 或 Wah Kuen Tong Peng Siong），1934 年生于马来西亚。[1] 移民阿鲁巴的时间不详，估计应在 20 世纪 50 年代。其妻 Wan Sow Kuen。[2]

Wong Wah，在香港还属于英国管辖的时候离开香港到了伦敦，他在伦敦读书，成了一名乘务员，在油轮上出海航行，到了阿鲁巴后定居下来，具体时间不详，估计 50 年代的可能性更大一些。另外，资料还记载 Wong Wah 的妻子为一名中国妇女，还说他在与 Rosa Bella Romano 结婚前已经有了两个小孩。[3] 这样看来，这名中国妇女就是他的前妻。资料没有说明他与 Rosa Bella Romano 结婚的时间，但估计前妻还留在中国，他在阿鲁巴与 Rosa Bella Romano 结了婚。从名字来看，Rosa Bella Romano 应是个当地土著。如此看来，Wong Wah 的家庭可能是通常所说的"两头家"。

四、20 世纪 80 年代以来阿鲁巴的华侨移民大势

如上所述，中国人在阿鲁巴已近 90 年的历史，他们来自苏里南等周边国家，也有从中国内地直接前来的。但是，20 世纪 50 年代后华侨人数增长缓慢，故 20 世纪 80 年代初，华侨人数不过几百人。直到 1986 年，阿鲁巴的华侨人数仍不过 400 人左右。

阿鲁巴具有得天独厚的地理优势。它地处中南美洲安的列斯群岛，面积 193 平方公里，有洁白得令人陶醉的海滩，被誉为"美洲的夏威夷"，岛内人口 10 万，人情纯朴，社会治安在中南美洲位列前茅。这样的自然条件，最适合发展的产业就是旅游业。因此，从 1986 年起，阿鲁巴开始着意发展旅游业，旅游业遂成为阿鲁巴的经济支柱，吸引了世界各地的游客纷至沓来。与此相对应，华侨来源也呈多元化趋势，增长人数加快。

20 世纪 80 年代中国改革开放后，阿鲁巴的华侨主要来自中国内地。80 年代中期以后，阿鲁巴经济开始转型，发展旅游业。到 20 世纪 90 年代下半期，由于移民、劳工政策的放宽，在委内瑞拉、多米尼加等邻国的华人陆续移民来阿鲁巴，随后再申请在中国的家属、亲戚朋友前来，华人人数激增。2010 年，阿鲁巴新中华会所进行了一次较认真细致的华侨人口统计，结果显示有 3 200 人；到 2014 年，增到 3 400 人。华侨大多从事餐馆、超市（杂货店）经营，占阿鲁巴的

---

[1] 原文又说他 1936 年生于马来西亚，必有一处误，此取前说。
[2] Tyrone Wong and Frank Fun, p. 26.
[3] Tyrone Wong and Frank Fun, p. 42.

70%多。① 从增长速度来看，华侨人数能在 2010 年到 2014 年的 4 年内增长 200 人，对于阿鲁巴这样一个岛小地偏的地方来说，已经是很罕见的了，如果再对比其历史上缓慢的增长速度，更显得此时增速之快。

另外，笔者在阿鲁巴看到的一份应是写于 21 世纪 10 年代初的材料表明，阿鲁巴总人口约 10 万，华人 3 300 多（笔者注：应包括传统华人与新移民，下同），99%是广东人，20 多个香港人，也有江苏、浙江、上海、福建人。恩平人占华人总数 60%多，其次是鹤山客家人，约占 27%，再其次是台山人、中山人。60 岁以上的老侨约 160 人，最老者是张华享，95 岁。其夫人郑金珠，86 岁。② 虽然材料来源不详，但从出现两位老华侨的名字来看，这份材料不是杜撰的，其中所提供的数字还是极有参考价值的。

当然，在新的时期，传统的网络移民方式仍然起着十分重要的作用。例如，郑达恩的父亲是第一个直接从中国内地来阿鲁巴的华人，约 1978 年来此。因为他父亲有一个姐姐在阿鲁巴，姐姐与姐夫在此养鸡，姐姐要弟弟来此打工。郑达恩本人约 1983 年来到阿鲁巴。他们的移民靠的是郑达恩父亲从当地移民官那里得到的一封批准信。得到此信后，家乡那边通过比较轻松的手续就放行了。直到 20 世纪 80 年代末，从中国内地直接来阿鲁巴的华侨还是极少。但自 20 世纪 90 年代后，从中国内地来阿鲁巴的华侨急剧增加，直到今天仍然保持这一趋势。80 年代的时候是一个两个地来，现在是一来就有十几二十人。郑达恩本人是恩平市君堂弯桥人，仅通过他本人移民阿鲁巴的就有 100 多人，有的是亲戚，有的是朋友，有本村人，也有外村人。"不夸张地说，我村子里的人大多都已移民阿鲁巴，可能现在已没有可供移民的人选了。"他笑着说。③

综上可知，阿鲁巴老一辈华侨的来源中，从苏里南来的华侨所占的比例比较高，其中有在中国出生的第一代华侨，也有很大一部分是在苏里南出生的土生华人。而那时来自内地的华侨，则主要是广东省鹤山县人。在阿鲁巴的传统华人中，鹤山人长时期内处于主体地位。据调查，在 20 世纪 80 年代前，阿鲁巴华侨以鹤山客家人居多，他们主要是经营超市、餐馆，现在最大的超市还是客家人开的。80 年代中叶以后，作为新移民的广东恩平人才大量来到阿鲁巴，并取代鹤山人成为阿鲁巴华侨的主体。就移民身份来说，80 年代以后到阿鲁巴来的华人一般以家庭劳工身份，来到这里做厨房工、经营杂货店等。有消息说，2015 年最后一季，阿鲁巴的移民（包括华侨）管理开始趋于规范化。到阿鲁巴来的移

---

① 阿鲁巴新中华会馆供稿，2014 年 2 月 11 日。
② 笔者 2015 年底在阿鲁巴见到的一份手写稿，来历不详，也没有作者。
③ 笔者 2015 年 10 月 17 日在阿鲁巴对郑达恩的采访。

民，一般要一年一年地办理续居手续，10 年后可以办理永久居留，但如果要办理公民手续，则遥遥无期。[1]

第五节　圣马丁和博内尔的华侨移民

一、圣马丁

圣马丁岛南半部为荷属圣马丁行政区，而该岛的北半部为法属圣马丁行政区。1980 年之前，华侨来源广泛，他们多来自特立尼达和多巴哥、苏里南、阿鲁巴、多米尼加共和国、牙买加和中国港澳台地区。

首先登陆圣马丁的华人是广东客家人余永良夫妇。他们 1964 年从库拉索北上来到圣马丁，在城区菲利普斯堡（Philipsburg）后街开了第一间中国商铺——纯中国风味的中餐馆"中国夜"（China Night），吸引了众多当地人和当地中国人、印度人及其他东方人，生意 30 年历久不衰。[2] 有趣的是，"中国夜"不仅是圣马丁岛上第一家中国商铺，它作为打破中国人没有商业的固有印象的象征，在二三十年后还是华侨如牛似马般拼搏生涯的有力见证。据当地华侨刘金莲说，余永良为客家人，与之同来的，还有一余姓堂弟。[3] 当初来圣马丁的客家人不少，他们来自牙买加、阿鲁巴等客家人较多的地方。这可能跟第一批登陆圣马丁的余永良夫妇本身是广东客家人有一定关系。客家人是圣马丁岛上第一批华侨群体，今天仍然是岛上一个令人瞩目的群体。

笔者在岛上采访过一位廖姓客家华侨，为跆拳道师傅，出生在广东，跟父亲在香港生活了很多年，然后移民苏里南，后来来到圣马丁。跟着还采访了一家节日用品商场的主人。他的父母先是从香港来到苏里南，然后到特立尼达和多巴哥，1975 年又来到圣马丁，现在的商店由其打理。[4]

圣马丁华侨黄少伟说，20 世纪 60 年代末就已经有华人来圣马丁发展，应是在余永良之后。至于最初的华人人数，黄少伟说当时圣马丁的荷属地区有 7 家生意，法属地区有 3 家。例如香港楼（客家人，来自阿鲁巴）、莫氏、Pitusa、岑氏（恩平人，来自山多罗）等。黄少伟所说的华人人数，可能是 1970 年以后的事

---

① 笔者 2015 年 10 月 17 日在阿鲁巴对郑达恩的采访。
② 黄仰杰：《圣马丁华人简介》，自刊稿，2015 年 10 月于圣马丁。
③ 笔者 2015 年 10 月 24 日在圣马丁对刘金莲的采访。
④ 笔者 2015 年 10 月 26 日在圣马丁对当事人的采访。

了。① 刘金莲提供的数字稍为保守，她说直至 1970 年人数也不超过 6 人。又说 1974 年来到圣马丁时，全岛只有华人 17 人。她还记起余木清（来自香港）、余玉明等人的名字。② 总之，早年来圣马丁的华人人数不多是可以肯定的。

岑悦昌（1939—2009）和其妻曾燕柳（1951—2009）是圣马丁家族移民的典型案例。岑悦昌曾经在中山大学读书（应是 20 世纪 50 年代），1968 年离开中国来到多米尼加共和国，1976 年举家移民到圣马丁。他们一共有五个小孩，其中三个在多米尼加出生，两个在圣马丁出生。大哥岑诗翰，1969 年出生。老二诗羽、老三诗乐、老四诗贤、小妹诗敏。③ 兄妹五人后来共开超市，风雨同舟，患难与共，成了一门五杰。

1980 年以后，随着中国的改革开放，大批内地人也相继而来。特别是到了 80 年代中后期，中国内地来的新移民人数迅速增加，甚至不少大学毕业生也移民前来。主要原因是收入水平的巨大差异，据说那时圣马丁打工者包吃包住外每月还可以得到五六百美元的收入，而国内的收入仅仅 10 美元左右。④ 至今，当地华人已逾 1 000 人。其中以广东人为主，而广东人中又以恩平县人为多（约占华人总数的 90%）。⑤

余国森，台山三八镇人，1951 年出生于一个小商贩家庭，14 岁出来做工，1968 年全家回到农村，只剩下他一个人留在开平市，在一家木器工厂做工人。27 岁时，他准备结婚。已经选择好结婚日子，却因过了登记日期而没有登记成，于是就先摆了结婚酒。等再去登记时，因先行结婚而遭罚款，心中自是郁闷。到 1981 年，夫妇两人申请出国，在香港过境时，要他们回去补办小孩证件手续才能出境，但其时期限很紧，只好由太太在街上找人将小孩带回开平的家，于是太太在深圳找到一个素不相识的广州人将小孩带回其家（此人在深圳做装修工），然后太太才出境，与早一天来到香港的丈夫会合（太太的爷爷在香港做地铺生意，二人暂住其家），这个广州好心人后来成了余国森一家的终生朋友，如亲戚一般往来。

当时余国森有亲戚（姑父）在多米尼加，于是夫妇两人便先来到与多米尼加同一个岛的海地。在飞往海地的过程中，他们经过了加拿大的温哥华和满地可，但都没有下机，成为进入加拿大的"非法移民"，事过之后，有无后悔已很

---

① 笔者 2017 年 3 月 1 日在圣马丁对黄少伟的采访。
② 笔者 2015 年 10 月 24 日在圣马丁对刘金莲的采访。
③ 笔者 2015 年 10 月 26 日在圣马丁对当事人的采访。
④ 笔者 2017 年 3 月 1 日对黄仰杰的通讯采访。
⑤ 黄仰杰：《圣马丁华人简介》，2015 年 10 月于圣马丁。一说今天岛上生活着约 4 000 名华侨华人，应不确。

难说得清楚，反正此程是来到了海地。由于在海地得到多米尼加的签证很难，他们由姑父安排在海地旅店住了一个晚上后，乘飞机以偷渡的方式来到多米尼加，其时为1982年。他们随后在多米尼加待了6年，只能在餐馆打黑工，也没有在此居留的打算。1988年6月，他们从多米尼加以台湾方面的旅行证件来到了圣马丁。后来在2003年取得了荷兰护照（大女儿因为要到国外留学先拿到，后来全家陆续拿到）。余国森夫妇于1994年第一次返回中国，乡人云，以他的装修技艺，如果不出国而留在国内，以中国这几年炙热的房地产市场，他早赚得钵满盆满了。但历史无法改写，这一切，谁能有先见之明呢？[1]

圣马丁侨胞多聚居在荷属区，究其原因，不外乎有二：第一，荷属移民政策开放，在公证处、工商局登记商号后均可自己担保自己的居留。第二，申请家人参加生意管理容易。另外，荷属区流行英语，劳工便宜，以及经济管理政策宽松也是华人聚集众多的原因。[2]

总的来说，圣马丁的移民历史比库拉索和阿鲁巴都晚。20世纪60—70年代，这个岛屿零零散散地出现了若干个华侨，他们主要来自加勒比地区周围的岛屿。显然是由于那时圣马丁发展潜力有限的缘故，到这里来的华侨人数不多，增长速度也很慢，但客家人占了其中很大比例。到80年代中期圣马丁经济转型以后，华侨才大量增加。这时候可以说是"新移民时代"到来了。在新的时期，前来圣马丁的新移民中，以广东恩平人居多。

圣马丁的华人混血情况值得关注。郑学森说他祖父（阿公）是中国人，祖母是当地（苏里南）人，父亲在苏里南出生，母亲是华人。他1999年来到圣马丁，时年27岁。[3] 作为第二代的中国—克里奥耳混血人，郑学森从外貌来看完全是个黑人，他英语说得很好。有趣的是，不知道是否受克里奥耳文化的影响，他说喜欢有多元文化的地方，所以他很喜欢多民族共居的苏里南。他曾经一个人充当背包客，游迹遍及东南亚大部分国家，如新加坡、马来西亚、印度尼西亚、菲律宾、柬埔寨、越南等地。但他说最喜欢的还是中国文化。

圣马丁"Fresh Market"杂货店的经营人郑玉芬的外公从中国去了圭亚那，在圭亚那认识了一个土著（华人称"番婆"），结婚后丈夫将之带回中国。令人惊奇的是，"番婆"与"大婆"相处得很好，"番婆"很适应中国的风俗习惯。她一共为丈夫生了六个小孩（四个在圭亚那出生，两个在中国出生）。长大后，小孩都想出国，第四个孩子来了阿鲁巴，就是郑玉芬的妈妈。而爸爸则先是来到

---

[1] 笔者2015年10月25日在圣马丁对余国森的采访。
[2] 黄仰杰：《圣马丁华人简介》，2015年10月于圣马丁。
[3] 笔者2015年10月27日在圣马丁对郑学森的采访。

澳门做厨师，与叔伯等在一起。16 岁再来到阿鲁巴，在当地认识了玉芬的妈妈。他们 22 岁（1972 年）结婚。妈妈是 1971 年去阿鲁巴的，比爸爸早 3 年。爸爸在珠海读了两年书，便出来找工作，以支持家庭。郑玉芬是 1973 年出生的。弟弟于 1986 年在圣马丁出生。[①] 郑玉芬的母辈显然也属于这一类型的移民后代。她的母亲就是一个华侨（她外公）与一个"番婆"（她外婆）所生的。不同的是，作为"番婆"的外婆去到中国后生下了她妈妈，妈妈再来到阿鲁巴而已。

在圣马丁也还有家人在中国生活而本人在当地工作的华侨。这种情况下，与中国的联系就很密切，情结也较深。黄少伟是按照父亲的意愿于 1981 年 4 月 4 日（香港的儿童节）来到圣马丁的，在此之前在香港生活过一年。初到圣马丁，在餐馆做帮工，至 1982 年中才入读中学三年班，当年学校里只有他一个中国学生，但同学间相处融洽。1985 年毕业后因父亲去世而回香港，在酒店工作了两年，在其姑父和几个生意伙伴投资开了一家大规模超市（"Food Fair"）后，应姑父要求回到圣马丁。1990 年，他与朋友一起开餐馆，两年后返回姑父的超市，直至 1995 年与朋友做批发（面向超市和餐馆）等。2000 年，与堂三哥一起开了一间中型超市。他 2001 年在香港结婚，大儿子 2001 年在圣马丁出生。2003 年第二个儿子在香港出生。2007 年，女儿也在香港出生，他的子女跟他太太一直在香港生活至今。每年子女放暑假和春节期间，他都回去与家人去旅行。[②]

二、博内尔

博内尔的华侨移民历史比较短，且人数也少。据说到 1975 年，博内尔只有巫姓、陈姓和甄姓三家华侨，都以经营餐馆为生。巫姓估计是 1974 年从中国内地经香港来的。这样的话，他们应都是 70 年代初先后来到博内尔的。这三家华侨来了之后，华侨便开始在这个岛屿定居下来。他们是在这个岛上最早定居（落脚）的华侨。笔者估计三家华侨加起来在 10 人左右。三家华侨在博内尔的生意十分好。

事实上，在三家华侨来到博内尔之前，博内尔已经有来来去去的中国人，只是不落脚而已。这样说来，至少在 20 世纪 60 年代，就有华人在博内尔岛上不定期地来回走动。[③]

据岛上开餐馆的蒋敬维说，他是广州番禺人，其父可能是在他 4 岁时被日本

---

① 笔者 2015 年 10 月 26 日在圣马丁对当事人的采访。
② 笔者 2017 年 3 月 7 日对黄少伟的通讯采访。
③ 笔者 2015 年 11 月 14 日在博内尔岛对当事人的采访。

士兵杀害的。他1958年去了香港，1978年股票投资失败后便移民来博内尔。他说他刚来到博内尔时，全岛华人男女老幼加起来才十七八人。[①] 1988年冯明星来到博内尔岛时，全岛只有38名华人。直到1992年，博内尔也只有50名华侨。[②] 蒋敬维又说，在2000年前，博内尔华侨只有100人左右。2010年，博内尔由荷兰直管后，华侨才逐渐多起来，最近5年（指2010年以来），华侨增加人数多达200人。[③]

据笔者2015年底在博内尔岛的调查，该岛有2万居民，华侨人数接近300人。其中，已有一半左右加入了荷籍，他们基本上是老侨。[④]

博内尔最早一代华侨也有血缘网络移民的因素。例如，陈伟文为台山磨刀水村人，生于1941年。1975年，他在申请了11次后终于被批准来到香港，因为他的母亲在香港（后来全家搬到了香港）。陈伟文在1975年7月26日来到博内尔。他之所以来博内尔，是因为他的姑父在此。姑父是17岁左右来到博内尔的，他在此娶了一个"番婆"。姑父于1976年左右去世（其时陈伟文来博内尔9个月左右），年约56岁。姑父是做餐馆的，他因为娶了"番婆"居住在博内尔。[⑤]

华侨加入荷兰籍或办理了长期居留后，便可以领回5 000元担保金。是故，这里的华侨的生活满意度比较高。这里只交营业税，没有入息税。实行全民保险制度，免费医疗，凭身份证便可看病。据说荷兰政府每年给博内尔一笔不小的拨款，用于该岛的社会福利（老人金、医疗、保险等）。故在博内尔岛，华侨对本岛的社会福利都感到满意。但在2010年以后，华侨加入荷兰籍比较困难了，但办长期居留还是比较容易。华侨只要连续住满5年，没有犯罪记录等，就可以申请办理长期居留手续。[⑥]

在博内尔，一般的说法是，最近几年来的新侨比较多，每年都来几十人。

由此看来，博内尔属于小岛寡民，这里的华侨也属于小群寡众，仍然是一个散居的服务型群体，主要在岛上从事各项服务性行业。在ABC三岛中，博内尔的土地面积次于库拉索，比阿鲁巴大，但华侨居住人口明显少于这两岛，经济发展也明显落后于这两岛，由此直接影响到华侨的人口规模和经营规模，但华侨群体也有其适应这个"海岛社会"需要的存在价值。

---

① 笔者2015年11月13—14日在博内尔岛对蒋敬维的采访。
② 笔者2015年10月7日在库拉索对冯朝汉的采访。
③ 笔者2015年11月13—14日在博内尔岛对当事人的采访。
④ 笔者2015年11月13—14日在博内尔岛对冯明星的采访。
⑤ 笔者2015年11月13—14日在博内尔岛对当事人的采访。
⑥ 笔者2015年11月13—14日在博内尔岛对冯明星的采访。

第六节　从华侨后裔的取名看
中国传统的保留与融入当地的趋势

一、普遍性案例：基于阿鲁巴老一代华侨婚姻与姓名的分析

众所周知，自秦汉以来，中国人群体中就形成了严格的姓名规范。一个中国人的姓名，包括"姓"与"名"两部分。姓是不可变易的，它象征着列祖列宗之源。一自始祖立姓，便子子孙孙，世世代代，根脉相传，不管有多少支系，都以一个姓氏统摄，传之久远。中国人的姓主要为单字姓，但也有双字姓；名是一个人的标记，是他来到这个世界后由成年人取定的（一般由父母取定）。中国人的名，有取单字的，但一般以取双字者居多。

为了保证族人姓名的规范和辨忆，在漫长的岁月中，中国人的姓名逐渐形成了一套简明易懂的规矩。就笔者所知，在出洋华侨的祖籍地的族谱体系中，常常依据一首五绝诗，或者一首五言律诗进行族裔次序传承。父母在给已经出生的孩子起名时，往往只需确定孩子三个汉字中的第三个字即可。因为，第一个字是姓，雷打不动；第二个字均需采用约定的五绝诗或五律诗排序中相对应的那个字。诗中20个字或40个字依次排下来，属于哪一代就用哪一个，谁也不会用乱，也不能乱用，否则就是乱了祖宗法度。直到一首诗的字全部用完，那时候再请人作一首，用于下一个循环。一个循环就是一两百年、三四百年。故此，在一个人的姓名中，只有第三个字是可以自由选取的。第三个字虽然可以自由选取，但不会胡乱选取，还要讲究与第二个字的语义和平仄搭配，以便整个名字显得吉祥如意、寓意深邃，且没有歧义，性别分明，读起来顺畅通达。是故，一个中国汉人家族中，辈分的高低只取决于第二个字。要想知道一个人的辈分高低，一看他的第二个字便一目了然。

不过，这一套严格的取名规范，在华侨移民海外后，便被打乱了。在个别宗亲移民比较多、居住比较密集的地方，尚可将家乡的族规包括姓名规矩带到居住地，但大多数华侨移民都是单人匹马漂洋过海，同宗同族者极少，居住在一个地方者更是少之又少，因此要按照祖传之法取名，就基本上不可能了。

对于出洋华侨来说，给在海外出生的孩子取名，不可避免地要遇到与居住地的"洋情"对接的问题。或许可以说，中国人自己生活在一个圈子里，当地人自成一圈，彼此井水不犯河水，在文化习俗上不存在对接的问题。但问题往往不

遵从人们的想象，不知道从什么时候起，海外的中国人喜欢为自己取个"洋名"，当然在那个时候他们可能只是自己偷着用，不敢让家乡人知道，不像今天很多取了"洋名"的人，将之作为时髦的象征，喜欢到处炫耀，唯恐世人不知。但客观地说，那时候的出洋华侨给自己取个"洋名"，除了显示时髦之外，也是出于在异域生存的需要。因为他们要与当地人打交道、交朋友，在此谋生计，如果有了一个当地"洋名"，就显示他喜欢当地，喜欢当地人，并有意融入当地，当地人与他交朋友时也比较容易记住他的名字，也更容易把他当朋友看待。这样，无疑有利于他本人在当地的生存和发展。当然，肯定并非每一个华侨都这样，但可以相信相当一部分华侨是这样，特别是与当地人有较多生意往来的华侨更是如此。至于那些与当地人没有交往，或者独处一隅的华侨，自然就没有这样的必要了。

要说明的是，这里说的是历史上的出洋华侨，特别是早年的出洋华侨。那时候他们社会地位十分卑微，生活在人家的土地上，站在人家的屋檐下。今天的海外华人取当地名字的情况仍然普遍存在，主要是上述历史传统的影响，当然融入当地社会也是一个很重要的考虑因素，还有从众心理的因素，不一而足。也应说明，华侨取"洋名"的情况主要存在于西方国家和它们的殖民地。在一些西方文化影响比较薄弱的地方，华侨取"洋名"的情况就远没有那么普遍。

就这里所见的荷属加勒比地区的情况而言，华侨的"洋名"分两种情况：

第一种情况是全"洋名"，即组合华侨姓名的所有单词都为外国人（当地人）的名字用字。这种情况一般出现在第二代以后。

第二种情况是"半唐番"名字。所谓"半唐番"，就是"洋名"缀祖宗姓氏。标准的做法是按照外国人的习惯，名在前，姓在后，如 James Cheong、George Cheong、Henry Cheong 等。前面的名可以在外国人通行的名中选取，后面的姓则与祖辈的姓一致，以示血脉传承。这一种情况居多，显示了父母本人希望保留祖宗血脉的传统愿望。

顺便指出，"半唐番"现象中，还出现"洋名"缀华侨本人取的"纯名"（无姓）的情况，前缀或后缀的都有，但肯定是个别现象。笔者孤陋寡闻，似乎只在荷属加勒比地区第二代以后的华侨中才见到。为什么如此？还没有找到一个权威的解释。笔者的理解是，第二代以后的华侨对于祖辈从中国家乡带来的取名规范已经十分陌生，早已把中国姓名维系祖宗血脉的意识抛在脑后，加上外国人的"名前姓后"排序与中国人的"姓前名后"排序在经过岁月的洗礼后，早已让华侨后裔们感到模糊不清。于是，他们在将自己或别人的姓名的哪一部分（"姓"或"名"）缀进"洋名"的时候，就有点随心所欲了。

第一代华侨希望海外出生的后代保留中国传统，这种迹象往往通过姓名折射

出来。第一代土生华人的名字往往寄托着来自家乡的父母最多的传统情结。很多第一代土生华人往往全名都保留中国传统；即使不保留全名，也要保留一个祖宗姓氏。

第一代土生华人的婚姻是以姓氏为象征的中国祖宗血脉能否保留的关键一代。以男性为出发点，可分三种情况：一是与第一代中国移民通婚（男女双方都来自中国），二是第一代中国移民与已经融入当地（包括取名）的女性土生华人通婚，三是第一代中国移民与当地人包括移民当地的其他民族通婚（即娶"番婆"），与当地人产生血缘关系。就下面的案例来看，第一代土生华人与当地人通婚的情况居多。融入当地的结果，除了改变中国人的信仰和风俗习惯、改变着装习俗等，是否改变姓氏是这里要讨论的问题。当地化的过程都是通过自愿选择完成的。

由此看来，姓氏在中国人的血脉传承中极为重要，是中国人保留传统的一个重要象征。在很多海外华人看来，即使在面部的、体质上的种族特征消失了或已经不明显的情况下，作为"最后标记"的姓氏仍然会保留下来，后来人至少还可以根据这个姓氏，知道他当初是个华侨，或者他祖上是个华侨。但是，如果一个华侨乐意改用当地姓氏，那就意味着他不在意作为祖宗血脉最重要标记的姓氏的消失。

这里应指出，过去传统华人多半来自中国沿海地区特别是广东和福建两省，因此，他们在海外将自己的名字变为拉丁拼音的时候，也按照自己家乡的发音进行拼写。而汉字的广东、福建当地发音与北方发音是有很大区别的，除了音调不同（在拉丁字母拼音中是体现不出来的）、不少字的声母和韵母不同以外，最主要的区别是"入声音"的有无。在古代中国，不管是在北方还是南方，古汉语都是存在入声音的。但到了清代以后，入声音在中国北方大部分地区消失了，只有在广东和福建等地现行的地方话发音中，入声音还保留下来。今天通行于全国包括广东和福建两省的"普通话"拼音，是中华人民共和国成立以后主要根据北方话的发音修订的，所以是没有入声音的。过去出洋的主要来自广东和福建两省的华侨，在海外把自己的名字变成拉丁拼音的时候，是严格按照家乡发音进行拼写的。这就是今天所看到的海外华人的名字与普通话拼音大相径庭的缘故。而改革开放后出国的中国大陆新移民，则基本上按照普通话进行拼写，这也是今天新移民的名字与传统华人的名字大相径庭的缘故。两者的最大区别，在于传统华人的名字可能带有入声音，新移民的名字没有入声音。之所以强调传统华人与新移民名字在这一点上的区别，是因为带入声音的名字拼音今天只存在于传统华人中。下面所举的都属传统华人的案例，故他们的名字中凡有入声音的地方，都是按照入声音拼写的。而今天中国大陆出去的新移民，即使是来自广东等仍然存在

入声音的地区，他们的名字也基本上是按照普通话进行拼写了。不过，来自中国港澳台地区的华侨，他们的名字可能还会带有入声音。

后代的姓名是男性本位的，根据荷属加勒比地区华侨姓名的变化，笔者归纳为六大类型。一是第一代婚姻中双方同为中国大陆人，二是第一代婚姻中男方为中国大陆人女方为土生华人，三是第一代婚姻中男方为土生华人女方为中国大陆移民，四是第一代婚姻中夫妻双方同为土生华人，五是第一代婚姻中男方为中国大陆人女方为当地（外国）人，六是第一代婚姻中男方为土生华人女方为当地（外国）人。

（一）第一种类型：第一代婚姻中双方同为中国大陆人

例1：Lee Kwai Sum **家族**

第一代 Lee Kwai Sum，1910 年生于香港，1947 年 10 月 12 日来到阿鲁巴；其妻 Lam Yin Fang，1918 年生于香港。

他们的第二代有：其一，Lee Yik Ming，1935 年生于香港；其二，Lee Yik Yam（Neill），1938 年生于香港，成年后与 Tse Fung Yee（1944 年生于香港）结婚，Lee Yik Yam 与他的儿子 Sherman 仍然住在阿鲁巴；其三，Lee Yik Chuen，1939 年生于香港；其四，Li Yik Cheong（Hugh），1946 年生于香港（原注：Li 这个姓氏是公共登记处登错，在香港应该是 Lee，下同）；其五，Li Yik Kwong（David），1948 年生于香港；其六，Lee Yik Bui（William），1955 年生于阿鲁巴，他有一个女儿叫 Zi Zi Lee；其七，Lee Yik Wai，1957 年生于阿鲁巴，与 Barbara Wong（为 Patricia Wong 的姐妹）结婚。[1]

可见，这个来自香港的移民家族的中国传统保留得十分彻底，他们的第二代不仅保留父姓，而且名字也保留中国式的命名规矩。最值得注意的是，严格按照传统的"辈分取名法"：父姓不变，第二个表示辈分的字也不变，变的只是第三个字。

例2：Cha San **家族**

第一代：Cha San，生于 1920 年，其妻不详，但从其孩子都出生在中国广东的情况来看，其妻为中国大陆人无疑。他们生有一子一女。儿子叫 Cha Kai Chung，1945 年生于广东鹤山。女儿叫 Cha Ngan Hei，1947 年生于广东。女儿后来与 Lee Pak Ming 结婚（1947 年生于中国广东），在中国生了三个孩子。

第二代：Cha Kai Chung，其妻 Jung Judy Shang You，1949 年生于广东鹤山。无疑，他们二人跟第一代一样，夫妻两人都是中国人。但 Cha Kai Chung 和 Jung

---

① Tyrone Wong and Frank Fun, p. 22.

Judy Shang You 两人于 1970 年 12 月 14 日在纽约结婚，并陆续生下四个小孩，他们都属第三代。

第三代的第一个孩子名叫 Cha Chai Tang，1971 年生于纽约；第二个孩子叫 Cha Sim Yee，1973 年生于纽约；第三个孩子叫 Cha Sim Ping，1983 年生于阿鲁巴；第四个孩子叫 Cha Wing Kong，出生地不详，应该也是在阿鲁巴。[①]

显然，第二代和第三代的出生地变迁，同时也标示着这个家族几代的移民路线，即从中国家乡，移民到美国（纽约），再移民到阿鲁巴。值得注意的是，尽管他们几代移民路程曲折，但他们的后代的名字都保持清一色的中国传统（按父姓命名），没有掺杂外国人的元素。之所以如此，其中很重要的因素是他们各代所娶的妻子都是中国人或者华侨。父母都是中国人（华侨），就不大容易给自己的孩子取一个"洋名"（广东人喜欢噱称为"鬼名"）。

例 3：Chang Soy 家族

第一代 Chang Soy，1910 年生于香港，1939 年 2 月 7 日乘船来到阿鲁巴。其妻 Sue Sui Len，1919 年生于广东，1948 年 7 月 11 日来到阿鲁巴，后来两人结婚。这也是一对标准的中国人夫妻。且看他们生下的六个属于第二代的孩子：

老大 Carol Kon Chan，1949 年生，其名字之末所缀的"Chan"（应为 Chang 之讹）显然为父姓，他后来与 Farida Ibrahim 结婚，生小孩 Cychyong Carlo 和 Marcy Seng Melogy。老二 Janette Cecilia Oi Ming，1950 年生。这个名字有点不循旧例，末尾所缀的"Oi Ming"应是其"名"而非其"姓"。他后来与 Julio RG Kock（可能是华人）结婚，生两男，一为 Wey - Chyong Deryl，一为 Camchyong - Clinton。老三 Betty Cecilia，1951 年生，是个女儿，这个名字已无中国人的痕迹。她有两个女儿，一为 Melissa Kam - Kwan，一为 Sue - Anne。虽然不知道丈夫是否为华侨，但他们的两个孩子的名字都有中国名字的痕迹，一为后缀（Kam - Kwan），一为前缀（Sue）。老四 Josephine Cecilia yet Ying，1952 年生，这个名字的后缀 yet Ying 应是个中国名。他后来与 Alfred van Ammers 结婚，生小孩 Tung - Chyong、Cam - Lin、Sue - Lin 和 Mei - Lin。这几个名字应都是中国名字。老五 Orlando Kong Shing，1953 年生，Kong Shing 是中国名字无疑。他后来与 Maria Tromp（应是非华人）结婚，生小孩 Koc - Sing Orlando 和 Youk - Inn Ishella。其中，Koc - Sing 可能有意取与其父亲 Kong Shing 相近的名字，Youk - Inn 也近似中国名字的发音。老六 Alexander Pak - Ling，1958 年生，后缀的 Pak - Ling 是中国名字无疑。他生有两男孩：一为 Siong - Alexander，一为 Pak - Chyong Candido。

[①] Tyrone Wong and Frank Fun，p. 4.

两个孩子的名字前面所缀应都是中国名字。①

由此可见，Chang Soy 家族的六个第二代中，每一位男性的名字中都缀有一个象征中国印记的姓或名。这种情况颇为独特，因为，一般的华侨第二代如果要缀上一个中国印记，往往缀上祖辈的姓（按照外国人习惯一般缀在名的后面）。令人颇感好奇的是，在 Chang Soy 家族第二代中，虽然其中国印记仍然被缀在名的后面，但这个印记既有姓（老大），也有名（其他诸男），每个第二代不全一样。只有女儿的名字没有缀上中国印记。不仅如此，他们所生的第三代，也都缀上一个中国式的名（似乎多与"洋名"缀在一起，但放在前面）。这应该不是偶然，而是父母有意为之。然则，父母为什么喜欢缀名而不缀姓？由于没有任何相关资料，这里很难下肯定的结论。笔者姑且作这样的猜测：这是父母双方协商的结果，即一个"洋名"黏合一个"华名"，显示了孩子所生活的世界是一个华洋混合的新世界，要不，就不大好解释为什么只有老大一个儿子是缀中国姓氏（代表着血脉和香火的延续），而其他儿子都是一个"洋名"黏合一个"华名"了（名可以随意取，没有任何血脉和香火延续的象征意义）。还应看到，到了第三代，这一做法还保留下来，好几个孩子的名字里都缀有一个中国式的名（严格说来，是广东式的）。这应是父母们遵从祖辈意愿和传统的缘故。因为这时候，孩子们的母亲（即第二代的妻子们）都已变成清一色的"洋妞"了。也就是说，第一代娶华妇，第二代娶"洋妞"。

例 4：Ng Tong 家族

第一代 Ng Tong，1924 年生于广东。没有其妻的资料，但从其第二代在中国出生的情况来看，他的妻子应是中国大陆人。后来有没有来阿鲁巴则不得而知。

第二代有三：其一，Ng Kam Kau，1926 年 11 月 1 日出生于中国，娶妻 Ho Kam Yee；其二，Ng Ting Hong，1962 年生于香港；其三，Ng Ting Kin，1964 年生于香港。

这也是一个原始的华侨移民家庭。第一代的名字一般都是从其中国家乡带到当地的。如果是在华侨圈子里讨生活，跟外国人鲜有生意往来，则其名字就保留终生；如果跟当地人或当地的别国人有生意往来，常常会取一个外国名字。这种情况下，他们的中国原名和外国"洋名"一般是分别使用：原名主要用于华侨圈子里；"洋名"主要用于与当地人或住当地的别国人交往的场合。应注意的是，取"洋名"的第一代基本上限于男性，那时候女性华侨很少，取"洋名"的例子笔者迄无所见。但到了第二代（即第一代土生华侨），则分两种情形：一是起一个"洋名"；二是保留传统，无一例外地按照中国传统取名，不渗透一点

---

① Tyrone Wong and Frank Fun, pp. 2 – 3.

"洋味"。

例5：Tang Toong **家族**

第一代 Tang Toong，1912 年出生于广东，1928 年来到阿鲁巴，1991 年去世；其妻 Yeung So Meg，1928 年生于广东，1948 年来到阿鲁巴。他们生下的第二代有七：其一，Mee Yong，与 Bareno 结婚，住库拉索，有一个儿子，名叫 Ryan Frans Bareno，在荷兰；其二，Mee Lien（女），住美国佛罗里达州，没有孩子；其三，Kuo Sun，有一个女儿叫 Sharyl，生于 1991 年，住荷兰；其四，William，1955 年生于加拉加斯，其妻 Deng Al Jin（1969 年在中国出生）；其五，Kuo Ying Jantje，住阿鲁巴；其六，Mee Hoy，住美国佛罗里达州，有一个儿子；其七，Kuo Leon，住美国加利福尼亚州，没有孩子。[①] 显然，这里所列出的 7 个第二代中，除 William 之外，全是明显的中国式名字。

例6：Chaong Yong **家族**

第一代 Chaong Yong，1919 年生于中国，1955 年来到阿鲁巴。其妻 Cheng Kam Chi，1927 年生于广东。他们生下的第二代有四个，包括两男两女。第一个叫 Wai Tin Chaong（男），1949 年生于广东，与 Sui Foon 结婚；第二个叫 Wai Kwan（Maria）Wing – Chaong（女），1961 年生于阿鲁巴，与 Emile Wing 结婚；第三个叫 Wai Com（Kem）Chaong（女），1962 年生于阿鲁巴，未结婚；第四个叫 Wai Chui Chaong（男），1967 年生于阿鲁巴，与 Caroline Marjan Biezen 结婚。Wai Chui Chaong 生有两个小孩，即 Yue Chun Jaytton 和 Mei Lin Stephanie。[②]

显然，四个孩子的名字都是纯中国式的，而老二（女）则有一个外国名字——Maria，这是个外国人最常使用的名字，她本人可能也只是口头上使用而已。而第二代的两男中，大男与一华侨结婚，年龄最小的次男与一当地女子结婚，但其生下的孩子却都前缀上中国名字，而不缀祖姓；两女中，大女嫁一华人，儿女情况不详，次女则独身。

例7：Cheung Kwok Leung **家族**

第一代 Cheung Kwok Leung，1900 年生于香港，1939 年乘船经英国来到阿鲁巴；其妻 Man Choi Yin 1935 年生于香港（生年有误，疑为 1905 年），1940 年 8 月 9 日来到阿鲁巴。

作为第二代，Cheung Kong Ming 于 1935 年生于香港，1957 年 8 月 9 日来到阿鲁巴。1962 年 2 月 19 日，他与 Lam Yok Fun（1938 年生于新加坡）结婚。Lam Yok Fun 的母亲叫 Chan Choo Tai，属新加坡第一代华人，1905 年生于中国。

---

① Tyrone Wong and Frank Fun，p. 33.

② Tyrone Wong and Frank Fun，pp. 7 – 8.

到第三代，有两个子女：一个是 Edward Cheung（Bing Chun），[①] 其妻为 Agnes Kock（可能为传统华人）；另一个是 Peter Bing Cheung（Bing Yan），其妻为 Robin（可能是当地人）。显然，两人都按照传统华人方式取名。Peter Bing Cheung 生小孩 Jaden Cheung 和 Maya Cheung，属第四代，住在波士顿。

第四代有：Stephanie Cheung（女）、Christopher Cheung（男）、Lydia Cheung（Wai Yin）、Ryan Alipour（男）、Nicole Alipour（女）。前三人的名字仍属传统华人的名字（"洋名"加祖姓），后两人的名字则应是当地名字（无任何华人姓名痕迹）。[②]

例 8：Chong Yuan Kwai 家族

第一代 Chong Yuan Kwai，1923 年生于中国广东，1955 年来到阿鲁巴；其妻 Su Wai Chun，1943 年生于中国，1962 年 12 月来到阿鲁巴。

据记载，他们生下的第二代包括三个孩子，一为 Chee Fat Chong，生于 1963 年；二为 Chee Leong Chong，生于 1964 年；三为 Chee Sing Chong，生于 1967 年。三人的名字也都是纯正的中国名字，显然保留了父母的取名传统。记载表明，Chee Sing Chong 后来与 Maria Famanda 结婚，此女应为当地人。[③]

例 9：Wong Wau Ging 家族

第一代 Wong Wau Ging，1921 年生于中国，1947 年 5 月 12 日来到阿鲁巴；其妻 Suo Ying，1923 年生于中国广东。他们的第二代有：其一，Wong Lei Keung，生于 1960 年；其二，Wong Wei Hong，生于 1961 年；其三，Wong Hui Keung，女，1966 年生于阿鲁巴。[④] 无疑，这个家族的第二代也都取了清一色的中国名字。

例 10：Chow Fat 家族

第一代 Chow Fat，1918 年生于广东，1946 年 8 月来到阿鲁巴；其妻 Loong Chow – Yu（此应为结婚后随夫姓，其原名为 Yu Pui Loong）。两人来阿鲁巴之前，已于 1938 年在广东家乡结婚。

按照记载，他们生下的第二代有三个孩子：

老大为 Hon Man Chow，1962 年生，与 Judith Kelly 结婚。此女应是当地人。他们二人生下的第三代包括两个孩子，一为 Akira Chow，二为 Kimberly Chow。两个孩子皆保留父姓，取洋名。老二为 Hon Ming（Bentel）Chow，生于 1963 年，

---

① 原文云，Edward Cheung was knighted by Queen Beatrix of the Netherland in the "Ridder van de Order van Oranje – Nassau"。

② Tyrone Wong and Frank Fun, pp. 6 – 7.

③ Tyrone Wong and Frank Fun, p. 11.

④ Tyrone Wong and Frank Fun, p. 44.

与 Mientje Kelly 结婚。他跟老大一样，与当地女子结婚。生下的第三代包括三个女孩子：Sue Ling Chow、Sue San Chow（与 Jeremy Willems 结婚）和 Sue Gin Chow。值得注意的是，这三姐妹的名字明显地保留了中国人传统的取名方式，即包括三个汉字，第一个字为家族姓氏（父姓），第二个字相同（Sue），只有第三个字不一样。这一案例还是第一次看到。另记载，三姐妹中的老二 Sue San Chow 嫁给了 Jeremy Willems。老三 Hon Wing（Atai）Chow，生于 1965 年，娶妻 Ester Tromp。此女应为当地人。二人生下的第三代包括一女一男。女为 Tayenne Chow，男为 Cedric Chow。显然，两人的取名属于"半唐番"式。①

例 11：Chow Shun Sang **家族**

第一代 Chow Shun Sang，生于 1938 年；其妻 Lo Suet Chang，生于 1948 年。二人移民阿鲁巴的时间不详，但资料记载他们出生在中国，他们的第一个孩子出生在香港，可能在移民阿鲁巴之前曾经在香港工作过。

他们的第二代包括两个孩子，一为 Chow Kam Hung（Samuel），1968 年生于香港，后与 Erika Chow – Chen 结婚，生小孩 Chris K. C. Chow 和 Calvin C. Chow；二为 Chow Kam Man，1972 年生于阿鲁巴，后与 Amando 结婚，生一女儿名 Hayley。②

可见，他们在香港和阿鲁巴出生的孩子所取的名字都是纯粹的中国名，而老大的西文名 Samuel 应是到了阿鲁巴后取的。第二代的两人中，老大的妻子应为居住地华人，其名 Erika Chow – Chen，其中 Chen 为妻子本姓，Chow 为丈夫之姓，是沿袭了外国人结婚后的取名规则；老二的妻子可能是当地人。老大生的两个孩子都保留了父姓，属"半唐番"式名字。

例 12：Choy Moy Yip **家族**

第一代 Choy Moy Yip（Capitan），1898 年生于广东，1931 年 1 月 17 日来到阿鲁巴。Capitan 应是来阿鲁巴后取的名字；其妻 Lee Kum Yen，1922 年生于广东。

第二代有三人。一为 Choy（此为姓，名不详），生于 1950 年，与 Chew San Mui（应是中国人，或海外华人）结婚；二为 Choy Kwai Fong（即 Afong Chung Ah Pak）；三为 Choy Myoc，生于 1954 年，与 Francisco Pancho Geerman 结婚。显然，三个第二代的名字都还保留父姓（Chew，即 Choy），不过从第二、三个孩子的名字来看，已经变为父姓加当地名的模式。

第三代有两人，一为 Geerman Dialma Yuk – Sin（女），1983 年生于阿鲁巴；二为 Geerman Wai – San Amadeo（男），1990 年生于阿鲁巴。③ 显然，两个第三代

---

① Tyrone Wong and Frank Fun, pp. 11 – 12.
② Tyrone Wong and Frank Fun, p. 12.
③ Tyrone Wong and Frank Fun, p. 13.

的名字都还缀上一个中国名，形成中国名加当地名的模式，不过两人都已经换成当地姓氏。

例 13：Leong Shi **家族**

第一代 Leong Shi，1915 年生于中国广东，1947 年来到阿鲁巴。其妻 Lee Lin Hing，1922 年生于广东，1948 年 10 月 13 日来到阿鲁巴。

他们生下的第二代有：其一，Elizabeth Oi Kwan Liu－Leong，1946 年生于中国，与 Lui 结婚，现住在欧洲，有小孩 John、Jimmy、Jeffrey、Jenny 以及 Jessy；其二，Palil（Paul）Wing Kan Leong，1948 年生于阿鲁巴，有小孩 Michael、David 以及 Jason；其三，Ann Fong Kwan Leong（女），1951 年生于阿鲁巴，有一个小孩叫 Ashley；其四，Charles Wing Chow Leong，1952 年生于阿鲁巴，与 Greta Kelly 结婚，有小孩 Sue Ann、Randall 和 Vivian；其五，Alfred Wing Hong Leong，1955 年生于阿鲁巴，与 Luz Maria Cuartas 结婚，有小孩 Jonathan 和 Jennifer；其六，Adriana Fong Lan Ponson Leong（女），与 Ulrich Ponson 结婚，有小孩（第三代）Uriana 和 Ricky。[①]

不消说，这个家族第二代所有小孩，无论男女，都采用"半唐番"式名字，但显然把每个孩子的整个中国名字都缀上去了，既包括父姓（Leong），也包括他们自己的名。再仔细观察，其中好几个中国名，包括老二、老四、老五的名字中都包括一个中国字——Wing（应该是"荣"字或"永"字的广东音），只有老大和两个女儿没有缀上此字，隐约显示这第二代仍然依循了中国传统的辈分取名法。至于第三代的名字，这里只按照外国人的习惯叫其单名，因而无法作进一步分析。

例 14：Hugh/Hue Sue **家庭**

第一代 Hugh/Hue Sue（即 George），1906 年生于中国鹤山，1946 年 7 月 4 日来到阿鲁巴。George 显然是来阿鲁巴后所取的当地名。其妻 Chui Kwei Heung，1936 年生于中国。他们于 1964 年 11 月 24 日结婚。他们的第二代有 Chew Ying Gavin Michael，生于 1965 年，后来与显然是来自中国大陆的新移民 Ai Zhen Zhong 结婚（该姓名的声母有 zh，可肯定是根据普通话取名，因而基本可断定其出生于中国大陆），有小孩（第三代）Stephanie、Sabrina 和 Sammir。这个第二代的名字所缀的是中国名，而不是其父姓。[②]

例 15：Jim Yick On **家族**

第一代 Jim Yick On（即 Jimmy），1927 年生于香港，1938 年 10 月 28 日来到

---

① Tyrone Wong and Frank Fun，p. 23.

② Tyrone Wong and Frank Fun，p. 20.

阿鲁巴，Jimmy 应是其移民阿鲁巴后取的当地名。其妻 Yau Mei Ying，1937 年生于香港。据记载，他们生下的第二代有两个，一为 Jim Michael Hon Yin，1963 年生于阿鲁巴；二为 Jim Robert C. Y.，1968 年生于阿鲁巴。[①] 二人都随父姓，但其名字则是"半唐番"式的。

例 16：Ling Chao Yang **家族**

第一代 Ling Chao Yang，1899 年生于广东，1938 年 8 月 11 日乘"El Liberta-dor"来到阿鲁巴。其妻 Chan Sue Lan，1903 年生于广东，1947 年 11 月 24 日来到阿鲁巴。

他们生下的第二代有：其一，Ling Jimin（Chin Min），1931 年生于中国，与 Chin Hanna Seu Haun（1933 年生于香港）结婚，后来在香港退休。其二，Ling Soei Foen（Rosemary），1948 年生于阿鲁巴，与 Thomas S. K. Chang Yu 结婚。后者于 1971 年在檀香山取得博士学位，1996 年去世。他们有小孩 Eric G. M. Chang 和 Alex G. H. Chang。Eric G. M. Chang 与 Cate Pastkoff 结婚，两人住在旧金山，有小孩 Isaac 和 Ada；Alex G. H. Chang 与 Rena Borucki 结婚，他们住在美国田纳西州的纳什维尔。其三，Ling Soei Ping（Yolanda），1949 年生于阿鲁巴。其四，Ling Chen Keong（Clifton），1951 年生于阿鲁巴，与 Ingrid 结婚。其五，Ling Soei Ching（Lily），1952 年生于阿鲁巴。另还有第三代 Dustin 和 Jordan，不详其所属。[②]

可见，五个第二代都取中国式名字，同时还附带一个当地名字。后者很可能多用于口头称呼。但第三代就没有采取中国名字的命名规范了。

例 17：Yhap Soong Kelvin **家族**

第一代 Yhap Soong Kelvin（此处之 Yhap 应同其子姓 Yip，为家乡话与香港话的音异），1905 年生于香港，1938 年 2 月 11 日从特立尼达和多巴哥经过委内瑞拉来到阿鲁巴。其妻 Li Sap。从第二代在香港出生的情况来看，其妻也应是来自香港。

第二代为一儿子 Yip Koon Wong（即 Yhap Kon Fung），1931 年生于香港，1957 年 9 月 15 日来到阿鲁巴，娶妻 Cheung Lak Kiu（1931 年 8 月 16 日出生于中国）。显然，第二代既随父姓，也取中国名字，完全遵循中国传统。

但是，第三代就不一样了。第三代包括子女六人：

其一，Yip Chung Sang，1958 年生于香港，娶妻 Ho Sau Mui（1960 年生于香港），有小孩 Yip Jermaine Albert（1986）、Yip Jeffrey Gilbert（1987）和 Yip Jason

---

① Tyrone Wong and Frank Fun, p. 21.

② Tyrone Wong and Frank Fun, p. 27.

Robert（1988）；其二，Yip Clifton Alxander，1965 年生于阿鲁巴，娶妻 Zhou Hong Yu（1964 年生），有小孩 Yip Alan Kevin（1989）和 Yip Richy Jake（1995）；其三，Yip Robert Green，1967 年生于阿鲁巴，娶妻 Chau Klook Yin（1973 年生），有小孩 Yip Christy Juleen（1994）和 Yip Davie Darren（1997）；其四，Yip Siu Wan，娶妻 Yu Yok Choi（1945 年生），有小孩 Yu Henwes David（1977）、Yu Justin Radcliff（1981）、Yu Huey Brandon（1989）、Yu Garey Edwin（1990）；其五，Yip Lai Ying，女，与 Lau Yau Sang（1954 年生）结婚，有小孩 Lau Raymond（1987）和 Lau Thomson（1990）；其六，Yip Mary Linda，女，1964 年生于阿鲁巴，与 Yuhua Zhang（1964 年生，应是中国内地出生的移民——笔者注）结婚，有一子，名 Zhang Gawei。

可见，第二代生下的老大、老二和老三都是儿子，所娶之妻都是中国人或华人，生下的第四代则遵循海外华人的取名法，即循祖姓（Yip），取洋名；至于老五和老六，因为是女性，故所生的小孩悉随其夫姓，也属通例。[①]

例 18：Zeng Xiaoli 家族

第一代 Zeng Xiaoli（移民阿鲁巴后作 Zeng Siauw Lit），其妻 Chang Yan，1984 年 4 月 20 日来到阿鲁巴。他是 Arthur Kong（即 Ata）的孙子。他本人 1957 年生于广州，1961 年 6 月 5 日来到阿鲁巴。他们生下的第二代有：其一，Zeng De Fan（Jason），1985 年生，Jason 与 Swinda Kelly 结婚并生有一个女儿 Eleanor，2013 年出生。其二，Zeng Derek，与 Janaika Henriquez 结婚，有小孩 Ashley（2007）和 J. Lee。其三，Zeng De Hao（Jackey），无其他资料。

这是一个新移民的案例：Zeng Xiaoli 1957 年出生于广州，取的完全是普通话的名字。其妻也是个中国人。他们所生的后代则遵循用祖姓、取洋名的做法。但其两个后代娶的都是当地女性，各自生下的孩子用的都是当地名，有否保留祖姓则看不出来。[②]

（二）第二种类型：第一代婚姻中男方为中国大陆人女方为土生华人

例 1：Cheung Yin Sang 家族

第一代 Cheung Yin Sang，也称 William Cheung，后者应是移民阿鲁巴后取的当地名字。1915 年生于香港，1939 年 4 月 17 日从特立尼达和多巴哥来到阿鲁巴，死于 1958 年；其妻为 Akim Cheung Chin A Loi，1924 年生于苏里南。

第二代子女有四个：一是 Edwin June Yen，生于 1947 年；二是 Kenneth Kon，

---

① Tyrone Wong and Frank Fun, p. 47.

② Tyrone Wong and Frank Fun, p. 47.

生于 1948 年；三是 Marcel Woei，生于 1953 年，是个医生；四是 Denise Marie，生于 1959 年。[1] 值得注意的是，这四个人都住在荷兰，属于荷属加勒比地区华人后裔的普遍现象，只是他们作为第二代就已经都移民到了荷兰，显得较快而已。从他们的名字来看，除了老大还留有传统华人名字的痕迹外（Yen 可以看作是 Yin 的变音），其他三人的名字都当地化了。但材料没有提供他们各自的婚姻对象的情况，估计多半是娶（嫁）了当地人。

例 2：Chin Chun Fo/Wo 家族

第一代 Chin Chun Fo/Wo，生于 1919 年，1939 年 10 月 25 日来到阿鲁巴，可能直接来自中国；其妻 Tjin A Than，Lilian Reecca。从这个缀有当地人名的名字来看，她直接来自中国的可能性很小，应该是个土生海外华人。

第二代中有 Chin David Yukon，1958 年生于阿鲁巴。他与 Chang Pauline 结婚。她 1956 年生于夏威夷，从名字来看是个华人。他们的三个孩子（第三代）为：Stephanie Chin、Jennifer Chin 和 Brandon Chin，都随父姓、取洋名，即保留着"半唐番"特色。第二代中还有一子名 Chin Margaret Yukin，1956 年生于阿鲁巴，与 Guisseppe Alders（应是当地人）结婚。他们生下的第三代——Darryl Alder 和 Kimberly Alders，则已没有中国名字的痕迹了。[2]

例 3：Lue Ching Choy 家族

第一代 Lue Ching Choy，1930 年生于中国，1948 年 1 月 12 日来到阿鲁巴。他是 Francis Lue 的养子；其妻 Chin A Sin Agnes，1935 年生于苏里南，从其名字来看应是个华人。他们生下的第二代有：其一，Akion Lue，1954 年生于库拉索；其二，Johnny Lue，1955 年生于阿鲁巴；其三，Myrna Lue（即 Ghjoek Fong），1957 年生于苏里南；其四，Gilbert Lue（即 Ghit Mien），1962 年生于阿鲁巴。无疑，第二代都采用"半唐番"名字，所缀的中国名字是父姓，取"洋名"。[3]

例 4：Sue Stanislaus 家庭

第一代 Sue Stanislaus，1929 年生于广东，1955 年 4 月 7 日来到阿鲁巴；其妻 Chan Regina Doreen，1928 年生于英属圭亚那，是个土生华人无疑。他们的第二代有：其一，Sandra Patricia Sue，1957 年出生；其二，Sonia Elizabeth，1959 年出生。[4] 从两个第二代名字来看，老大的"半唐番"名字还缀有父姓，而老二则是一个当地化名字。此举可能有让老大保留血统的考虑，而老二就让其融入当地了。

---

[1]　Tyrone Wong and Frank Fun, p. 11.

[2]　Tyrone Wong and Frank Fun, p. 10.

[3]　Tyrone Wong and Frank Fun, pp. 30 - 31.

[4]　Tyrone Wong and Frank Fun, p. 33.

例 5：Than Fook Cheong **家族**

第一代 Than Fook Cheong，1904 年生于广东，1937 年 8 月 31 日来到阿鲁巴；其妻 Lim Ah Moi，[①] 1925 年生于马来西亚。

第二代有三人：一为 Mei Ying Than，1962 年生于阿鲁巴，现住荷兰；二为 Yat Ying Robert Than，1964 年生于阿鲁巴，现住美国长岛；三为 Mey Ling Than，1965 年生于阿鲁巴，现住美国宾夕法尼亚。[②] 三人都保留了父姓 Than，但老大和老三的名字仍然是中国化的名字，只有老二的名字是"半唐番"的。

例 6：Wong Shun Kee **家族**

第一代 Wong Shun Kee（即 Wilson），1912 年生于中国广东，1949 年 4 月 29 日来到阿鲁巴；其妻 Mabel Ling Tong，1929 年生于圭亚那，应属海外华人，1949 年 12 月 12 日来到阿鲁巴。

他们生的第二代有七个：一为 George Allan（Kai Kwong），1946 年生于圭亚那的乔治城；二为 Patricia Every - Wong，1948 年生，与 Dennis Every 结婚；三为 Neville Wong；四为 Robert Wong；五为 Anna Sit - Wong，与 Sit Pang Seng 结婚；六为 Barbara Lee - Wong，与 George Lee 结婚；七为 Susan Chi - Wong，生于 1960 年，与 Chi Kent 结婚。[③]

显而易见，第二代都采用"半唐番"名字，但跟一般的"半唐番"情况不同的是，有几个孩子随缀的中国姓氏不仅包括祖姓，还包括妻姓，中间以一连字符连接起来。采取这种做法的孩子包括：老二 Patricia Every - Wong，Every 即其妻姓；老五 Anna Sit - Wong，Sit 即其妻姓；老六 Barbara Lee - Wong，Lee 即其妻姓；老七 Susan Chi - Wong，Chi 即其妻姓。这种做法堪称奇特，为此处所首见。它反映了华人姓名在"半唐番"化的基础上有别出心裁的创新，可以认为是照顾了妻子一方的"血统权"，体现了女权的崛起。另外，Dennis Every 与 Patricia Every - Wong 夫妻生下的第三代有 Neville Every 和 John Every，也使用了母姓，似乎也印证了妻方"血统权"之说。

由这一类型案例，即"第一代婚姻中男方为中国大陆人女方为土生华人"的情形可以看出，他们的第二代基本上都采用"半唐番"的命名方法，只有例 5 仍然显示出第一代有保留中国血统的意图，但只是在两个小孩名字上这样做，仍有一个小孩采用了"半唐番"的命名方法。可以认为，这一类型融入当地的步伐在第二代就已经开始了。

---

① 原文云：Eward Cheung 的母亲 Lum Yok Fun 是 Lim Ah Moi 的姐妹。Lim/Lum 的家庭由 13 个兄弟姐妹组成，其中，Ah Moi 最大，Yok Fun 最小。

② Tyrone Wong and Frank Fun, p. 33.

③ Tyrone Wong and Frank Fun, p. 38.

（三）第三种类型：第一代婚姻中男方为土生华人女方为中国大陆移民

例 1：Cheong Chick 家族

Cheong Chick，又叫 Cheong Jie Tsjiet，后一名字的 Jie 显然是 Chick 的另一个拼法，而 Tsjiet 则是个当地音。合理的推测是，Tsjiet 是他移民阿鲁巴后才添上去的。他于 1925 年生于婆罗洲的沙捞越，移民阿鲁巴前就已经是个土生华人，1946 年 11 月 28 日来到阿鲁巴。其妻叫 Chan Shui Yim，1934 年生于广东，两人于 1957 年 9 月 18 日在香港结婚。

他们生的第二代子女有 Wing Ming Cheong、Lai Fong、Lai Ping、Lai Ying（女）。无疑，这些子女都是按照中国传统的方式取名；另外，还有孩子 Eward Wing Kong（生于 1965 年），其出生时间晚于前几个子女，则按海外传统华人的标准方式取名——取外国名字，保留中国人的姓氏。Eward Wing Kong 与 Pastoria Danies（1966 年生）结婚。妻子应是当地人。他们生有三个小孩：Eward Chee Kong（1999）、Bradley Chee Fai（2001）和 Yee Mei（2003），属第三代，也是按照传统华人的方式取名。

第二代的 Wing Ming Cheong 与 Glenda Croes 结婚，妻子无疑是当地人。他们育有一子 La Deseada，长大后与 Glenda Croes（生于 1963 年）结婚，后者也应是当地女子。他们的子女属第三代，名叫 Mee Ling Cheong（女），生于 1989 年；还有 Mee Yee Cheong，生于 1992 年。有趣的是，这两人的名字又回归中国人的取名方式。[①]

例 2：Cheuz Chong Chez 家族

第一代 Cheuz Chong Chez，1923 年生于中国，这个名字是个缀有中国姓氏并带西班牙色彩的名字，材料记载他 1950 年 10 月 27 日从多米尼加共和国移民至阿鲁巴，显然在此之前他已从中国移民至多米尼加。他的现名应是在多米尼加取的；其妻 Ying Bing Fun，1928 年生于中国。

据记载，他们的第二代只有一个儿子——Cheuz Chung Bing Franklin（Amoy），生于 1958 年。其取名方式跟父亲一样，按照中国传统的方式。Amoy 与 Ligia Marina Henriquez 结婚，她应是个当地女子。两人生小孩三个，分别为 Cedric、Christal 和 Stacey。[②] 由于没有显示全名，尚不大清楚其全名究竟是当地名，还是"半唐番"名。

---

① Tyrone Wong and Frank Fun, pp. 5 – 6.

② Tyrone Wong and Frank Fun, p. 8.

例3：Lynn/Ling Koei Sang 家庭

第一代 Lynn/Ling Koei Sang（即 Barrie Lynn），Ling 在中文中显然是"林"，但在当地注册时改成了 Lynn，他于 1933 年出生于牙买加，后来移民阿鲁巴；其妻 Lee Pen Tai，1923 年出生于中国广东。其第二代如下：其一，Herbert Lynn，生于 1958 年，与 Yong Gui Fen（生于 1970 年）结婚；其二，Carol Lynn，生于 1961 年，与 Wever 结婚。① 两个第二代都采用"半唐番"式名字，并缀有父姓。

这一类型案例的个案较少，或许不一定能说明全貌，但其反映的情况与第二类型案例恰好相反，采用中国传统命名方式的比例较高。

（四）第四种类型：第一代婚姻中夫妻双方同为土生华人

例1：Alip James 家族

第一代 Alip James（Jimmy），其妻 Lucrecia Ahlip－Chin Ako（即 Yoen Tjaw），从他们的名字来看，夫妻俩应都是土生华人，虽然并不知道他们是从哪里移民至阿鲁巴的。

据记载，他们的第二代有四人，其中 Winston（即 Ako，Ako 意为"大哥"），与 Ursula 结合；Thelma 与 Wilma 是双胞胎；还有 Clifton（Cheep），与 Gloria Winterdaal 结合。② 所有这些第二代都无一例外地采用当地人的名字。

例2：Chin Chon Sing 家族

第一代 Chin Chon Sing，是个纯中国化的名字，但不是在中国出生，他 1927 年生于沙捞越的古晋；其妻 Ho Sack Wa Juliana Rosalina，1926 年生于苏里南，是个土生华人，虽然她这个名字把中国名（Ho Sack Wa）与当地名（Juliana Rosalina）机械地合在一起。

第二代的情况如下：第一个孩子 Dennis，生于 1954 年；第二个孩子 Jores，生于 1958 年；第三个孩子 Willy Jun Vie，生于 1961 年；第四个孩子 Vivian Lie Ken，生于 1962 年。③ 四个孩子中，老三和老四显示了全名，显然是当地化的名字。

例3：Fang Chee Tong 家族

第一代 Fang Chee Tong（即 Fong），1916 年生于新加坡，Fong 是 Fang 之讹。1942 年 6 月 7 日来到阿鲁巴。其妻 Rosalind Alexandrine，但名字后标有"（baby）Fang－Chin"字样，意为其小时候叫中国名字，她生于 1923 年。

第二代的孩子有下：一是 Kenny Fang，住阿鲁巴；二是 Trudy Fang，住英国；

---

① Tyrone Wong and Frank Fun, p. 31. Lynn/Ling Koei Sang 中的 Ling，显然是 Lin，因故讹作 Ling。
② Tyrone Wong and Frank Fun, p. 4.
③ Tyrone Wong and Frank Fun, p. 9.

三是 Ronald Fang，住荷兰，与 Joy 结婚；四是 Sandra Fang（女），与 Dr. Henk Wassenaar 结婚，是 1966 年的阿鲁巴小姐，并在全球选美会中代表阿鲁巴，也是 1999 年在英国举行的世界小姐游行表演的裁判；五是 Dennis Fang，与 Olga Gutierres 结婚，生有儿子 Jean‑Pierre Fang；六是 Sharon Fang，与 Gilbert Berlinski 结婚，有儿子（名不详），与 Fong A Fat 的孙女结婚；七是 Glenn Fang，住美国西雅图；八是 Jenny Fang，住阿鲁巴，与 Osrick Toppenberg 结婚。①

由此可见，这位来自新加坡的土生华人所生下的众多孩子，无论男女，虽然所取的名字都属"半唐番"式，但还是恪守祖宗留下的规矩，保留父姓。第二代多与当地人结婚，所生下的第三代记载不详，但老五的儿子所取的名字仍带父姓。

例 4：Jie‑A‑Swie 家族

第一代 Jie‑A‑Swie Tjew San（即 Pursi），1924 年生于苏里南；其妻 Lee Yee Chung Clementine，1956 年 11 月 17 日来到阿鲁巴。两人应都是土生华人。他们于 1956 年 11 月 10 日结婚。

他们生下的第二代有：一为 Karin Jie‑A‑Swie，1962 年生于苏里南，有三个小孩：Justen、Alexa 和 Tyra。三个小孩应都是在移民阿鲁巴之前出生的。二为 Farley Hon‑Ping Jie‑A‑Swie，1957 年生于阿鲁巴，与 Aina Cen 结婚，第三代有两人，一为 Steven Pursi Yoen‑Keng Jie‑A‑Swie，二为 Jaelin Wuen‑Ying Jie‑A‑Swie。②

有趣的是，这个家族中，出生在阿鲁巴的第二代和第三代的子孙们都是"半唐番"式名字，把父亲原来的全名（Jie‑A‑Swie）都缀进去了，似乎反映了后代们既想保留中国传统但又不谙中国传统（中国式的姓名法则）的矛盾现象。

例 5：Lim Wah Tong Peng Siong 家族

第一代 Lim（即 Lum Wah Tong Peng Siong），1934 年生于马来亚（同时又说 1936 年生于马来亚，显然有一误）；其妻 Wan Sow Kuen，从她的第一个女儿出生在马来西亚的情况来看，她显然跟丈夫一道来自马来西亚。

他们生下的第二代有：其一，Lim Sok May（女），1961 年生于马来西亚，成年后与 Clement Reitz 结婚；其二，Lim Chee Chong（Calvin），1963 年出生，与 Soo San Chai 结婚；其三，Lim Chee Chew，1965 年出生。

第三代则有下：其一，Kara Reitz（女），1994 年出生；其二，Karina Reitz（女），1996 年出生；其三，Natalie Lim（女），1995 年出生。

---

① Tyrone Wong and Frank Fun，p. 15.

② Tyrone Wong and Frank Fun，p. 20.

另还记载其第二代还有 Lim Chee Chew，其妻为 Nancy Zuech；第三代有 Mateo Lim（女）和 Mariana Lim（女），分别于 2007 年和 2008 年生于阿鲁巴。①

显而易见，这对同时来自马来西亚的华人家族的第二代姓名中，无论男女，都采用中国传统姓名，即不仅保留了祖姓——Lim（林），还使用中国名字；第三代则不一定，多数保留父姓，且采用"半唐番"式名字，只有少数没有保留，全名采用当地名字。

从夫妻双方都是土生华人的这一类型案例可以看出，他们对自己后代的取名有两种趋势，一是彻底当地化，无论是姓还是名都不留任何中国痕迹；二是采用"半唐番"式名字，即保留父姓。这清楚地说明，海外华人（土生）对中国传统还是有彻底不同的记忆的。例 4 的情况很有意思，反映了土生华人对中国传统一知半解的窘境。

（五）第五种类型：第一代婚姻中男方为中国大陆人，女方为当地（外国）人

例 1：Cham Kai 家族

第一代 Cham Kai，亦作 Lam Kai，1901 年生于广东；其妻 Marie Helene Petersen，1909 年生。他们两人是在库拉索结婚的。从名字来看，妻子应是个当地人。他们先有一孩子叫 Gracy Wong Yee，但刚生下当年就夭亡了。

第二代的第一个孩子（不算上夭亡者）名叫 Edwin Rudolf Cham，生于 1933 年，后来与来自法属圣马丁的 Gloria Fleming（从名字看应是当地人）结婚，生小孩五人，即 Bobby（deceased）、Rudy（住在荷兰）、Gary、Gregory（住在阿鲁巴）与 Lissett（住在圣马丁）。第二代的第二个孩子名叫 Geertruida（有"Baby Cham"字样，表明其小孩时候称 Cham）。Cham 应是中国姓氏。她与 John Jones（应是当地人）结婚后住在荷兰，生小孩有下：Maeve、Francisco、Reggie、Normand、Paul、Dion、Dean、Keith、Sandy 和 Saskia。第二代的第三个孩子叫 Vincent Robert Kwong Wong Cham，即 Conwin，生于 1936 年。他后与 Eva Rombly（当地人）结婚，生小孩 Raquel、Noani、Latuva 和 Juni，都住在阿鲁巴。第二代的第四个孩子名叫 Louis Wan Cham，即 Aloy，1938 年生。他长大后与 Lourdes Hernandes（应是当地人）结婚，生小孩 Gino 与 Suzy；他的第二个妻子 Gladys Caepa（哥伦比亚人）生小孩 Arthuro。第二代的第五个孩子名叫 Tony（Fong Wan）Cham，1943 年生，他的姓名缀有中国姓氏，还标有中国全姓名。他后来与 Neel（荷兰人）结婚，生小孩 Rudy 和 Tonio，住在荷兰。第二代的第六个孩子名叫 Bill Elliot Cham，1945 年生于库拉索，住在 Vanatau。长大后与 Anita（荷兰人）

---

① Tyrone Wong and Frank Fun, p. 26.

结婚，生小孩 Karim，Kai 和 Aruba。因为他热爱这个岛，所以给其女儿起名为 Aruba。第二代的第七个孩子名叫 John Joseph Cham，生于 1948 年，长大后与 Ana（哥伦比亚人）结婚，无嗣。第二代的第八个孩子叫 Helena Altagracia Cham，1950 年出生，长大后与 David Chapman（英国人）结婚，生小孩 Jason；过去住在哥伦比亚的波哥大，现已回到阿鲁巴。[①]

Cham Kai 家族的特点是，第一代就与当地人结婚，生下了很多个第二代，但是，每一个第二代都缀有其中国祖上的姓氏——Cham。不过所有第二代无一例外地都与外国人结婚。至于第三代，由于所有孩子都没有列出全名，无法判断是否还缀有中国姓氏，但估计这种可能性已经十分小。

例 2：Chong Hong 家族

第一代 Chong Hong（即 Tchong Hong 或 Ming Hop），1899 年生于广东，1934 年与另外 8 名中国人一起受洗，可能是在移民阿鲁巴后受洗的。其妻 Marianita（Ninita）Croes，生于 1916 年，应是个当地人。他们于 1936 年 11 月 28 日结婚。

按照记载，他们的第二代有下：Alberto（Shon Kai）、Eric Tchong（与 Riginita Thijsen 结婚）、Joseph Ronald（Ronnie）Tchong、Johnny Tchong 和 Michael Tchong。只知道 Joseph Ronald（Ronnie）Tchong 生于 1943 年，与 Andrea Maria Engels（1943 年生于荷兰）结婚。[②] 这些后代中，第一个人的名字 Shon Kai，应该是个中国名字；其他数人的名字后面缀有 Tchong，应该是个中国姓，故后面几人的名字已是"半唐番"化的。

例 3：Chan Let Ying 家族

华侨第一代的 Chan Let Ying，1919 年生于福州。16 岁那年去国离乡，1946 年来到阿鲁巴。其妻 Silvinia Croes，生于 1935 年，应是个当地人。两人于 1954 年 2 月结婚后，终生厮守，不离不弃，到 2014 年 2 月 25 日，这对伉俪结婚已 60 周年。这在异族婚姻史上是十分罕见的。

他们生下的第二代与当地人结婚更是成为定例。据记载，他们有六个孩子：

一为 Foo Ping，1956 年生，与 Marbella Coromoto Mendez Ramirez（1957 年生）结婚，生小孩（第三代）Indy Omar Let Ying（1979）、Indra Tibisay Francisca（1962）[③]、Indira Marabella Maribi（1985）、Indry Indio‐Mario Baltazar（1991）；二为 Foo Nan，生于 1957 年；三为 Foo Keung，生于 1958 年，与 Ana Luisa Mendez（1969 年生）结婚，生小孩 Cindry Bautista（1994）和 Jessy Kean（1998）；四

[①] Tyrone Wong and Frank Fun, pp. 2 – 3.

[②] Tyrone Wong and Frank Fun, p. 11.

[③] 此小孩出生的年份不对，或恐有误，1962 疑为 1982。

为 Foo Ling，1960 年生；五为 Foo Moy，1962 年生，与 Ralston Bennett（1951 年生）结婚；六为 Foo Fung，1963 年生，与 Omar Haseth（1955—1999）结婚。生小孩 Ivormar Elias（1990）、Divonna Silvinia（1991）和 Giovanna Ivonne（1993）。

令人惊讶的是，这对"华洋夫妻"所生下的第二代，所取的名字都是完全中国式的，不像一般"华洋夫妻"那样，给自己孩子取当地特色的名字，顶多缀上一个中国姓氏。当然，上面所列的名字应该仅仅是孩子们的"名"，至于他们的姓氏是否为中国姓，即如他们的父亲那样姓 Chan，暂时还不好下结论，但从情理上看，随父姓基本上是可以肯定的。

例 4：Chung Sun 家族

第一代 Chung Sun（即 Chung Albert），1905 年出生。从其名字来看，可能来自中国，来阿鲁巴后取当地名；其妻 Genoveva Romano，1920 年生于古巴，显然是位当地人。他们移民阿鲁巴的时间不详。

第二代有 Ansintho Alberto Chung，1938 年生于阿鲁巴，取"半唐番"式名字，1962 年 8 月 29 日娶妻 Imelda Achie（Yok Chow，1944 年生于阿鲁巴），该女子显然是个土生华人。①

例 5：Chung Bin 家族

第一代 Chung Bin，1895 年生于中国，1929 年 2 月来到阿鲁巴；其妻 Abigail Anastacia Martes，1920 年生，是个当地人。两人于 1935 年结婚。

第二代有三个孩子：一为 Casildo Neyrot，1940 年生于阿鲁巴，与 Sherry Morgan 结婚；二为 Edgar Nelson，1942 年生于阿鲁巴，与 Yolanda Bernal 结婚；三为 Magalie Esmeralda Koolman – Chung，1943 年生于阿鲁巴，与 Lorenzo Koolman 结婚。从三个孩子的名字来看，前两个是当地人的名字，最后一个的名字中缀有父姓。但三个孩子都娶当地女孩为妻。②

例 6：Chung Yen 家族

第一代 Chung Yen，也叫 Ako，1927 年生于中国，1947 年 10 月 7 日来到阿鲁巴；其妻 Margriet Peterson，是个当地人，1938 年生。两人于 1958 年 11 月 25 日结婚。

第二代有三人，一为 William Chung（Akong），1959 年生，与 Cecelia Navarro 结婚，有小孩 Emerson（1983）和 Oscar（1987）；二为 Hubert Chung（Aming），1960 年生，与 Yadira 结婚，有小孩（第三代）A – Yu（1982），A – Yin（1992）和 Christa（1985）；三为 Mirla Chung – Kelly（女），1971 年生，与 Juan Kelly 结

---

① Tyrone Wong and Frank Fun, p. 14.
② Tyrone Wong and Frank Fun, p. 14.

婚，有小孩 Jair（1996）和 Jillany（2000）。

显然，三个孩子的当地名字都缀有父姓，但他们所生的第三代是否还缀有中国名字则不详。[1]

例 7：Fong But Sen **夫妻**

第一代 Fong But Sen，1906 年出生于广东，1939 年 7 月 17 日来到阿鲁巴；其妻 Ivy Lew，应是当地人，1922 年生于英属圭亚那乔治城，1940 年 4 月 10 日来到阿鲁巴。二人 1950 年 10 月 26 日在阿鲁巴结婚。据记载，他们的第二代只有 Dorothy Theresa Chang Sang，是个养女，1952 年 12 月 18 日获准进入阿鲁巴。但这个养女仍然保留原来的名字，养父母没有取带有自家姓的新名字。[2]

例 8：Koc Choy **家族**

第一代 Koc Choy（即 Santien），1904 年生于广东，移民阿鲁巴的时间不详。Santien 应是他来到阿鲁巴后取的当地名。其妻 Maria Juriana Gomez，生于 1906 年，应是个当地人。他们于 1931 年 5 月 13 日结婚。

他们所生的第二代有下：一为 Maria Muwar，生于 1906 年（笔者注：此生年明显有误，原文讹），与 Dalmatius（Ti）Navas（生于 1928 年）结婚，有小孩 Benita Koc、Angela Navas 和 Jacinta Navas；二为 Jozef Theodorus，1934 年生于阿鲁巴，与 Agatha Amaria Wathey（1934 年生于库拉索）结婚；三为 Domingo Jozef Ting Wa，1936 年生；四为 Monica Buejam，1938 年生，与 Nicolaas Navas（1944 年生）结婚；五为 Jose Maria Mang Wa，1940 年生，1961 年 12 月 14 日与 Mildred Filomena Kerkeboom（1944 年生于库拉索）结婚，1971 年离婚，之后又有两段婚姻，他有小孩 Meredith、Roxana、Giovani、Emy Lopez 和 Choy – Tim；六为 Thomas Eduardo Choy Mang（Choming），1962 年生（笔者注：此出生年月据原文，似不大合理，待考），曾航行于挪威的油轮上，在奥斯陆与一个名叫 Aud Karine Kamphaug 的挪威妇女结婚，生有两个小孩，两人于 1979 年 10 月 9 日离婚，第二次婚姻是 1981 年 9 月 17 日，与 Mirta Yolanda Dirks（生于 1940 年）结婚；七为 Martina Elisabeth（Betty），生于 1950 年，与 Irwin Clifton Helder（生于 1953 年）结婚，他们有两个小孩。[3]

由上可见，Koc Choy 夫妇所生的孩子虽多，但已经不遵从中国传统的取名规矩。七个孩子中，有四个的全名都取了当地名字；另三个是"半唐番"式名，但所缀的中国名——Ting Wa、Mang Wa 和 Choy Mang 的随意性很大，各不一样，

---

① Tyrone Wong and Frank Fun, p. 14.
② Tyrone Wong and Frank Fun, p. 15.
③ Tyrone Wong and Frank Fun, p. 21.

更与父姓毫无关系。至于他们所生的第三代，所取的就都是当地名字了。

例9：Kong Win Kon 家庭

第一代 Kong Win Kon，1928 年生于中国。其妻 Lilly Marguerite Hassell，1933 年生于沙巴（她这个名字没有任何中国色彩，有可能是个沙巴的当地人）。他们于 1956 年 2 月 8 日结婚，生下的第二代有二：一为 Franklin Michael，二为 Steven Rudolf Kong，[1] 但此外无任何其他资料。这两个名字，其一已经完全当地化，其二为"半唐番"式的，似也反映了保留中国传统的意向。

例10：Lee Sang 家族

第一代 Lee Sang（即 Wong Fuh 或 Wong Fook），其妻 Reina Croes。按照 Lee Sang 的儿子 Kok Ping Lee 的说法，Lee Sang 的真名叫 Wong Fuh。Lee Sang 于 1919 年生于新加坡，与一个华人妇女结婚，后来她去世了。在阿鲁巴，他再与 Reina Croes（1937 年生）结婚。前妻显然是个华人，而后妻则是个当地人。

Lee Sang 的第二代应是他与后妻所生的：其一，Alloy Lee，1955 年生，有小孩 Ling Moy Lee（1978）和 Moo Ying Lee（1986）；其二，Kok Ping Lee，1957 年生，与 Rina Larez（1967 年生）结婚，有小孩 Christopher Lee（1986）、Kevin Lee（1991）和 Wendell Lee（1997）。[2]

显而易见，这个家族的三代都能按照中国传统保留父姓，但采用的都是"半唐番"式的命名方式。

例11：Leong You 家族

第一代 Leong You，1920 年生于广东，1947 年 11 月 24 日来到阿鲁巴。其妻 Beatrix Dirksz，生于 1940 年，观其名字，显然是个当地人。他们的第二代有两个，一为 Wendy Beverly，1969 年生；二为 Meldy B. Leong，1977 年生。两人中，老二的"半唐番"式名字中还缀有父姓。[3]

例12：Lin Ah Yu 家族

第一代 Lin Ah Yu（即 Lam Yuk），1904 年生于中国福州；其妻 Cormelia Koolman，生于 1904 年，其父为 Ignatius Koolman，其母为 Maria Hermina Arend，家境宽裕，从其父母的名字来看，她就是个当地人。他们生下的第二代有：其一，Frankin Jose Lin，1936 年生于阿鲁巴，1937 年夭亡；其二，Teodosio Ho King Lin（也称 Dr. Teo Lin），1938 年生于阿鲁巴，从 1967 年到 2008 年在 Noord 做医生，他与 Gladys Kock 结婚，有两个女儿。[4] 无疑，两个第二代在使用"半唐番"

---

[1] Tyrone Wong and Frank Fun, p. 22.

[2] Tyrone Wong and Frank Fun, p. 23.

[3] Tyrone Wong and Frank Fun, p. 24.

[4] Tyrone Wong and Frank Fun, p. 27.

式名字的同时，都保留了父姓。

例 13：Ling Charles **家族**

第一代 Ling Charles，1908 年生于广东。他是乘 taker 来到阿鲁巴的；其妻 Margaritha Croes，生于 1933 年，应是一名当地女子。

他们生下的第二代有六人：一为 Mickel Charles Ling，成年后与 Vicente Werleman 结婚，有小孩 Michaelline 和 Michael，第四代为 Glomier Kyle；二为 Robert Dennert Ling；三为 Edwin Charles Ling，1958 年生于阿鲁巴；四为 Eris Yolanda Ling，1960 年生于阿鲁巴，成年后与 Rudolf Geodgedrag 结婚，有小孩 Rachelle 和 Bjorn，第四代为 Jaythro Lue；五为 Supriana Judith Ling；六为 Glenn Yhonie Ling，1962 年生于阿鲁巴，有一个儿子叫 Jean Michael Ling。[1] 这里所记载的几位第二代的妻子都应是当地女子。

显然，这个家族的第二代都采用"半唐番"式姓名，并缀上祖姓。由于大部分第三代所列的名字并非全名，这里没法判断他们的名字是否为"半唐番"式名字，只有最后一个第三代的名字是"半唐番"式的，保留了祖上的取名传统。

例 14：Lo Kone Tai **家族**

第一代 Lo Kone Tai（Chic），1909 年生于香港，1939 年 2 月 6 日来到阿鲁巴；其妻 Bianca Hassell，1928 年生于多米尼加共和国，应是当地人。两人于 1952 年 11 月 6 日结婚。

他们生下的第二代有：其一，Joan Yuklane，1953 年生于阿鲁巴；其二，Anthony Yarkmin（Tony）Lo，1957 年生于阿鲁巴，成年后与 Yvonne Guicherit 结婚，有小孩 Thanney Lo。后来 Thanney Lo 与 Erickson 结婚，有小孩 Amelie 和 Chlo。[2]

两个第二代中，看来老大全取了当地人的名字，而老二的"半唐番"名字中缀上了父姓，而且其后裔（第三代）也是如此。

例 15：Pom Ah Poo **家族**

第一代 Pom Ah Poo，1895 年 1 月 23 日生于香港；其妻 Maria Sylvia Pers，1910 年 2 月 17 日生。她应是个当地人。两人于 1935 年 8 月 7 日结婚。

他们生下的第二代有：其一，Anna Bella Pers，1933 年生，成年后与 Reginald Winston Webb（1926 年生于圭亚那）结婚；其二，Laurencio，生于 1936 年，成年后与 Marlene Maria Bernabela（护士，生于 1944 年）结婚，有小孩 Debra（1963）、Dettie（1967）和 Cleve（1969），都住在荷兰；其三，Bibiana Maria，

---

① Tyrone Wong and Frank Fun, p. 28.

② Tyrone Wong and Frank Fun, p. 28.

1937 年生；其四，Josefa Antonia，1939 年生，成年后与 Enrique（Ricky）Vorst 结婚，有小孩 Edwina、Bibiana、Oscar 和 Calorina；其五，Jose Encarnacion，1940 年生，成年后与 Ana Bernal 结婚，1978 年离婚，其第二次婚姻的妻子是 Cherry Richardson（1946 年生）；其六，Guillermo，1942 年生，1961 年与 Swinda Mercedes Bernabela（1942 年生）结婚，有小孩 Kim（1963）、Kay（1966）和 Dion（1967）；其七，Mariano Severiano，1944 年生，成年后与 Norma Altagracia Romney（生于 1948 年）结婚；其八，Pascual，生于 1947 年；其九，Eddie，生于 1948 年。①

这个家族子孙众多，但其当地化色彩十分浓重。虽然这里所列出的名字并非全名，但看不到一个带有中国特色（包括"半唐番"）的名字。

例 16：Sam Fai 家族

第一代 Sam Fai，1922 年生于香港，1946 年 7 月 9 日来到阿鲁巴；其妻 Sixta Natlia Kelly，从名字看应是当地人，生于 1937 年。其第二代有下：其一，Leechi Sam，生于 1957 年；其二，Harold Eric，生于 1959 年；其三，Kooken Seiky，生于 1960 年；其四，Seiweng Eric，生于 1962 年；其五，Leenyenk，生于 1964 年。② 显而易见，除了主人公以外，这里没有一个中国式名字。从取名方式来看，这个家族从第二代开始已经当地化了。

例 17：Tsu Kwai Fong 家族

第一代 Tsu Kwai Fong，1907 年生于上海，1941 年 8 月 14 日来到阿鲁巴。他是目前看到的唯一一个上海人；其妻 Materia Helena Dirksz，从名字来看应是个当地人。他们二人于 1952 年 10 月 23 日结婚。

他们所生的第二代有四人：一为 Tsu Charles，1953 年生于阿鲁巴；二为 Mery Rojas－Tsu（女），1954 年生于阿鲁巴；三为 Luvia Bitter Tsu（女），1956 年生于阿鲁巴；四为 Sandra Tsu（女），1965 年生于阿鲁巴。③ 四个第二代，一男三女的名字都是"半唐番"式的，所缀的中国名都是父姓。

例 18：Wong Wan Faen 家族

第一代 Wong Wan Faen（即 Papa Chai），1903 年生于广东，1931 年乘船来到阿鲁巴；其妻 Agnes Balanco Gomes d'Aquier，1913 年生于苏里南，应是个当地人。两人于 1936 年 2 月 1 日在 Paramaribo 结婚。

他们所生的第二代有：其一，Geradus J. Wong，1938 年生于苏里南，与 Jose-

---

① Tyrone Wong and Frank Fun, p. 32.
② Tyrone Wong and Frank Fun, p. 32.
③ Tyrone Wong and Frank Fun, p. 34.

fa Boezem 结婚，有小孩 Marlon、Virna 和 Gerry Jr.；其二，George Anton Wong，1940 年生，与 Pascualita Ras 结婚；其三，Alphonsus Emanuel Wong，生于 1942 年，是个商人，与 Swinda Arends 结婚，有三个小孩：George、John 和 Jacqueline。他们的第二代还有 Gerardus（Gerry），其妻 Josafa Boezem。可见，第二代中，除了最后一个不大清楚外，其他三兄弟的名字都是"半唐番"式的。

第三代有：Marlon，1964 年生于阿鲁巴，与 Elizabeth de Jong 结婚，有一个儿子叫 Lerenzo，生于 1994 年；Virna，1966 年生于阿鲁巴，与 Angelo Ponson 结婚，有小孩 Dilangelo（1997）和 Viriene（1999）；Gerry Jr.，1972 年生于阿鲁巴，与 Carmensa Parra 结婚，有小孩 Dana Valentina（1999）、Geadon（2000）和 Gerry Jr. Wan Faen（2008）；George，生于 1966 年，与 Esmeralda Falcon（1968 年生）结婚，有小孩 Stephany（1995）、Brandon（2000）和 Abigail（2008）；John，生于 1969 年，与 Jacqueline CM Lacle（1967 年生）结婚，有小孩 Taryn Alyssa（1993）、Anthony Evann（1996）和 Jayden Lan（1999）；Jacqueline，女，1971 年生，与 Victor Juliao（1969 年生）结婚，有小孩 Jonah（1998）、Vita – Maria（2001）和 Julie – Ann（2005）。①

该家族第三代人口众多，虽然好几个的名字只标单名没法判断，但可以分为两类：一类是"半唐番"式的，另一类为当地化的。整体上看，这个家族可能希望在保留中国传统和当地化之间保持某种平衡。

例 19：Wong Kin 家族

第一代 Wong Kin（Wong Sek Kam），1895 年生于广东，年轻时就离开中国，在东方各国旅行，曾一度在荷兰逗留/工作。1928 年 2 月 5 日，他从英国乘船到委内瑞拉，在船上做水手。在委内瑞拉短暂停留后来到阿鲁巴。从他的这一经历来看，他是从其他国家移民阿鲁巴的，其身份应该属于海外华人。其妻 Angelica Hernandez（Geerman），1911 年生，应是当地人。两人于 1934 年 8 月 29 日结婚。

他们生的第二代有下：

一为 Wong Kok Wah（即 Walter），1935 年生于阿鲁巴，成年后与 Olga Tromp（1938 年生）结婚，有儿子 Andy（1958 年生），儿子后来与 Helene Croes 结婚。还有女儿 Debra（1961 年生）。

二为 Wong Kok Sun（Sitchi），1937 年生于阿鲁巴。他的第一任妻子为 Ena de Cuba，两人生有儿子 Gio（1961），属第三代。儿子成年后与 Yenny Zambrano（1961 年生）结婚，生有小孩 Bryan（1992 年生）和 Jennifer（1995 年生），属第四代。他的第二任妻子叫 Doris Lopez，生有小孩 Franklin（1971 年生），属第三

---

① Tyrone Wong and Frank Fun, pp. 43 – 44.

代。Franklin 与 Sandra Gomez 结婚，生小孩 Brandon（1996 年生）和 Johnathon（1998 年生），属第四代。Doris Lopez 还生有一个小孩叫 LeRoy（1975 年生，属第三代），LeRoy 与 Madaleine Vargas（1970 年生）结婚，生小孩 Dillon（2000 年生），属第四代。Wong Kok Sun 的第三任妻子 Rina Werleman，没有小孩，后离婚。

三为 Wong Kok Tai（Tyrone），1939 年生于阿鲁巴。他与 Inger Pedersen（1946 年生）结婚。有小孩 Las Christopher（1969 年生）和 Michael Anthony（1970 年生），属第三代。

四为 Wong Philomena，1941 年生于阿鲁巴，成年后与 Richard Maxwell 结婚，后离婚，无小孩。

五为 Wong Kok Yeung（Janny），1943 年生于阿鲁巴。他的第一任妻子是 Mary－Lu LeCok，生有儿子 Patrick（1969 年生），为第三代。儿子与 Joke Ossaer（1973 年生）结婚，生孙辈 Hannelore（2005 年生）和 Merijn（2011 年生），为第四代。Wong Kok Yeung 的第二任妻子是 Nikki Janthong（1970 年生），生儿子 Natthanon（1999 年生），为第三代。

六为 Wong Yolanda，1946 年生于阿鲁巴。她与 Errol Marugg 结婚，生女儿 Crista，为第三代，女儿与 Jonathan Paull 结婚，生孙辈 Julia、Jenna 和 Zacary，为第四代。另有儿子 Mark，为第三代。Wong Yolanda 的第二任丈夫是 Jacques Thonissen 。

另还有三位第三代，一为 Lars C. Pederson，其妻 Leslie Wickline；二为 Lars C. Pederson，与 Leslie Wickline（1969 年生）结婚，生有儿子 Anders（1996 年生）和 Soren（1999 年生）；三为 Michael A. Pederson，其妻 Laura Johnson（1974 年生），他们俩结婚后生女儿 Kaylee Marie（2006 年生），为第四代。[①]

从上面所列的令人眼花缭乱的名字来看，真正属于中国化的名字，只有第二代的六个孩子。不同的是，六个孩子中，有的名字属"半唐番"的，有的属中国化的。此外，其他名字都可以看作是当地化的。也就是说，在这个家族的血脉传承中，只有第二代还算守住了"防线"。

从这一类型的案例可以看出，中国大陆来的华侨与居住地女性结婚者，其所生的第二代中，"半唐番"化和当地化两方面情况都有，但似以"半唐番"化即保留某种中国传统的情况略为多见。这显然是反映了来自中国大陆的男方的愿望，因为当地女子对中国传统是一窍不通的。但是，到了第三代，中国传统还能否保留就很难说了。那时候第一代对保留中国传统已感到压力非常大，第二代对

---

① Tyrone Wong and Frank Fun, pp. 36－37.

此也无所谓，当地化的趋势就是必然的了。

（六）第六种类型：第一代婚姻中男方为土生华人女方为当地（外国）人

例1：Chin A Loi Asang（Rudolph）家族

第一代 Chin A Loi Asang（Rudolph），1928 年生于苏里南。显然，Chin A Loi 是中国名，Asang（Rudolph）是当地名，合起来就是个土生华人的名字。其妻 Florentina van den Berg，应是个当地人（可能还是个德国籍欧洲人）。两人于 1951 年 8 月 30 日结婚。

显然是受父母亲的影响，第二代都娶当地女子为妻，也取当地名字，他们生下的第三代也是如此。

第二代第一个孩子 Beryl Virginia Amoy（女），生于 1952 年，与 Emiterio Navas 结婚，有小孩 Ann Jealin Kenelma（1969）、Ann Margrette Minica（1971）和 Marlon Benjamin（1972）；第二个孩子 Rudolph Asan，1955 年生，有个孩子叫 Rudolph Tenjun（2007）；第三个小孩 Lorenzo Tenjoen，1956 年生，1978 年过世；第四个小孩 Macia Francisca Akiem（女），1957 年生，有一女儿叫 Sixta Lorene Flores（1986）；第五个小孩 Sixta Forentina Atjauw，1958 年生，与 Lucas R. Croes 结婚，有小孩 Edward Chung（1977）、Sharline Ursula Priscila（1978）、Zuraima（出生年份不详）和 Reginalda Rutline（1981）；第六个小孩 Sixta Juanita Alen，1958 年生，有小孩 Sheila Arlene Morales（1977）和 Rafael Antonio Morales（1978）；第七个小孩 Raymundo，1959 年生，1960 年夭亡；第八个小孩 Margaret Alan，1961 年生，与 Bienvenido Amando Navas 结婚，有小孩 Angelina Laura Geerman（1981）、Lionel Junior Tenjun Wever（1987）和 Amando Leonardo Asan Navas（2004）。[①]

无疑，这一家族较为彻底地融入了当地，无论是在婚姻上，还是在名字上。他们后代的华人血统的"减持"速度也十分快。

例2：Chin Isaac Joseph 家族

第一代 Chin Isaac Joseph，这个名字是"半唐番"化的，他是个土生华人无疑，1918 年生于圭亚那，1944 年 11 月 25 日来到阿鲁巴。其妻 Archee Yvonne Catherine，1929 年生于千里达，是个当地人无疑。但材料记载他们只有一个第二代——Jennai Chin，是个女儿。但他们女儿的名字仍然随父亲姓，保留"半唐番"的特色。[②]

---

① Tyrone Wong and Frank Fun，p. 8.

② Tyrone Wong and Frank Fun，p. 10.

例 3：Chung Ah Pak **家族**

第一代 Chung Ah Pak，1902 年生于 Demerara，是个取中国式名字的土生华人；其妻 Angelica Romano，1922 年生于库拉索，1954 年来到阿鲁巴。她应是个当地女子。

第二代有六人：一为 A Ying（男），应是其姓名中之一字，全名不详；二为 Thomas，Yuen Song（即 Asion），生于 1946 年，妻子叫 Diaz，Arlene Irmingard runs Drop'n Nut，女儿叫 Lisette，与 Otmar Oduber 结婚；三为 Monnis Yuen；第四、五、六位分别为 Imelda Achie（Yok Chow）、Irena Q Chow、Cecilia Yuen。[①] 老二、老三和老六的名字中所缀的 Yuen，以及老四、老五名字中所缀的 Chow，都应是中国字，Yuen 应是名而非姓，如果解释为姓则说不通，因为他们的父母都不是这个姓；但 Chow 有可能是 Chung 姓的讹写。是则，老四、老五的名字有"半唐番"的意向。

例 4：Fun You Sing **家族**

第一代 Fun You Sing（即 Asang），1905 年生于加拿大，1935 年 12 月 18 日来到阿鲁巴。其妻 Lucia（Lucy）Cecilia Fun – Gomes – Balanco，从名字看，应该是个当地人（Fun 是婚后缀的夫姓）。两人在 1942 年 2 月 17 日结婚。[②]

他们生的第二代有下：一为 Tony Fun，1942 年生于阿鲁巴，与 Cordilia Jager-shoek 结婚；二为 Leo Ferdinand Fun，1944 年生于阿鲁巴，他有两次婚姻，第一次与 Helene Mohkum 结婚，Helene Mohkum 应是个当地人，第二次与 Lingli Xie 结婚，Lingli Xie 应是个中国大陆来的新移民；三为 Franklin Harrold（Frank）Fun，1945 年生于阿鲁巴，与 Elly Burke 结婚；四为 Glenn Robert Fun，1949 年生于阿鲁巴，与 Marisa Trimon 结婚；五为 Sandra Janet Fun，1951 年生于阿鲁巴；六为 John Neville Fun，1952 年生于阿鲁巴，与 Judith Evertsz 结婚；七为 Christian E.（Chris）Fun，1960 年生于阿鲁巴，与 Louise ten Dam 结婚。还记载有以下第二代：Glenn Robert Fun，其妻 Marissa Trimon；Sandra Fun（女），其孩子（第三代）有 Ashley、Jordan 和 Kevin。显然，这几个第二代都采用"半唐番"的名字。

记载的第三代有下：一为 Valerie Smit – Fun，2001 年与 Egbert Smit 结婚，有小孩 Jethro（2002）、Sara（2004）和 Thyrza（2007）；二为 Giselle Fun，生于 1973 年；三为 Ludwig Fun，生于 1977 年。这三个第三代也采用"半唐番"的名字。

同样的资料还记载有以下几组第三代的资料：

[①] Tyrone Wong and Frank Fun, p. 13.

[②] Tyrone Wong and Frank Fun, p. 15.

①第一组。一为 Carmen van Baaren – Fun（女），与 Kees van Baaren 结婚，有小孩 Ruben（1996）和 Nadeche（1998）；二为 Manuela Fun（女），生于 1974 年，有儿子 Jacy（2002）；三为 Lingli Xie，Lingli Xie 和 Leo Ferdinand Fun 于 2012 年结婚；四为 Nicole van Diepen – Fun，与 Ton van Diepen 结婚，有小孩 Ethan（2006）和 Ava（2010），这个家庭住在荷兰；① 五为 Yulan Fun（女），住在阿鲁巴，与 Ramiro Quandus 结婚，有一个女儿 Lynn，生于 2001 年；六为 Frank Jr. Fun，与 Judith v/d Wal. 结婚，有小孩 Mees（2005）和 Luc（2007）。

②第二组。一为 Bryan Fun，生于 1977 年，与 Shayn de Cuba 结婚，有小孩 Nathan（1997）、Ashlayn（2001）和 Ronald（2005）；二为 Jeannine Fun（女），生于 1980 年；三为 Francis Fun，生于 1984 年，与 Eliana Arquello 结婚，有小孩 Francesca（2010）和 Elisa（2013）。

③第三组。一为 Ashley Hernandez，生于 1982 年，他与 Chantal Resida 有一个儿子，名叫 James，生于 2012 年；二为 Jordan Hernandez，生于 1986 年，Jordan 与 Rachelle Rosario 有一个儿子，名叫 Lawrence，生于 2012 年；三为 Kevin Hernandez，生于 1990 年。这一组所列的第三代取的名字显然是当地化的。

④第四组。其一，Jason Fun，生于 1981 年，与 Edith Hasham 结婚，有小孩（第四代）Jayden（2010）和 Eva（2013）；其二，Jeremy Fun，生于 1982 年；其三，Jennifer Fun（女），生于 1989 年。

⑤第五组。一为 Dennis Fun，生于 1996 年；二为 Niels Fun，生于 2000 年；三为 Sienna Fun（女），生于 2002 年。②

毫无疑问，上列五组资料中，第一、二、四、五组所列的第三代名单名字都是"半唐番"的，第三组所列的第三代则是当地化的。至于各组的第四代，因为只有单名，暂时不好判断。总的来说，这个家族保留中国传统的意向很明显。可以看到，能够把这么多人的名字以"半唐番"的形式将中国传统保留两代，已经是相当不容易的事情了。

例 5：Hsing I San 家族

第一代 Hsing I San，移民阿鲁巴（时间不详）前，原为委内瑞拉马拉开波 Streamers 的厨师；其妻 Ina Dijkhoff（Asow），生于 1935 年，观其名字，无疑是个当地人。

第二代有下：其一为 Edwin Hsing，1957 年生，与 Mirilla Raven 结婚，有小孩 Edwin Mark 和 John Albert；其二为 Sonny Hsing，1958 年生，有小孩 Ferdinand、

---

① Tyrone Wong and Frank Fun，p. 16.
② Tyrone Wong and Frank Fun，p. 9.

Mary Ann 和 Mariety；其三为 Mary Hsing，生于 1959 年，有小孩 Chieh Chen；其四为 Marjorie Hsing，生于 1961 年，与 Glenn Wever 结婚，有小孩 Graig 和 Mallory；其五为 Mariam Hsing，生于 1962 年，与 Caryll Kelly 结婚。[①]

可见，这个家族的第二代所取的都是"半唐番"式名字，都缀有父姓。但第二代所娶各妻记载不全，资料只记载了老大、老四和老五的妻子，从名字来看，显然都是当地人。而第二代所生的孩子（第三代）基本上都是当地名字，没有缀上父姓。令人意外的是老三的小孩 Chieh Chen，是个中国式的名字，但又与父母的姓名毫无瓜葛，其来龙去脉不详。

综上所述，单从父母的血统因素分析，上面六种类型中，第一种类型因父母都是来自中国的第一代华侨，因此保留中国传统是最多的；与之比较，第六种类型显然是保留中国传统最少的，换言之，在所有属于"华侨华人"的群体中，这一类型是处于最为"边缘"的状态的，因为男方在海外出生，跟在中国出生的华侨在了解中国传统方面已相去甚远，加上妻子完全是外国人，对中国传统更是一窍不通。所以，理论上，这一类型在中国传统的保留方面是最缺乏传统根基的。但令人好奇的是，从上面少数几个案例来看，他们生下的第二代乃至第三代中，通过"半唐番"方式保留中国传统的情况占了很大比例。究其原因，无疑是作为华侨后代的男方对中国传统的坚守。

同样，就父母的血统因素分析，第二、三、四、五种类型则处于中间状态，其中又因为父母的角色不同而影响到其对中国传统的态度。一般地说，第二种类型由于男方为第一代来自中国的华侨，对保留中国传统的态度应是最坚定，女方毕竟还是华人，因而对保留中国传统阻力较小；第三种类型由于男方已经是土生华人，可能已对保留中国传统兴趣弱化，女方虽然来自中国，但因为自己的女性身份，可能对此无所谓；第四种类型很可能是对保留中国传统的影响最为弱势的，因为双方都是土生华人；第五种类型因为男方是第一代华侨，所以其保留中国传统的态度很坚定，又因为女方是当地人，对中国传统一窍不通而不会形成阻力。当然，这是就父母双方的因素而作的初步分析。实际情况很可能复杂得多，比如，爷爷一辈对中国传统的顽强坚守而影响儿子与儿媳的态度，有时候第二代甚至第三代受祖辈的影响较深而对下一代保留中国传统的意志较为坚决，等等。但是，案例分析表明，中国传统姓名的渐变是一个不可阻挡的趋势，突出地表现在对后代取名的"妥协"和"折中"上，也就是上面所说的"半唐番"姓名——保留祖姓、取当地名字现象的大量存在。从上面的案例可以看出，"半唐番"姓名最为普遍，但保留的代数不等，一般为第二代保留得最多，以后逐代弱

---

① Tyrone Wong and Frank Fun，p. 9.

化——从第三代开始，若干代后完全消失，姓和名都完全当地化。

中国传统姓氏的改变只是事情的表面，虽然带有不可忽略的象征性意义，但在其背后，是一代代土生华人的生活方式、家庭观念和风俗习惯的流失。这是一个华侨的"原乡化"元素在递减、"当地化"元素在渐增的渐进过程。在这个过程中，"半唐番"姓名可能继续存在，但不可能完全遏止土生华人在生活内涵上走向当地化的趋势。或许一个土生华人的中国姓氏可以保留很多代（实际上如上所见，保留多代的情况并不多见），但在背后，中国文化传统的流失趋势是难以遏止的。

在过去的年代，这种情况是由多重因素造成的。这里不拟作详细分析，但笔者认为应该指出其主导性的因素，这就是土生华人母亲的角色和作用。如上所见，很多第一代华侨来到荷属加勒比地区后，往往娶上一个当地妻子（"番婆"）。但第一代华侨整天忙于生计，他们大多经营餐馆、杂货等业，每天工作十多个小时，其忙碌程度与世界上其他地方的华侨相比有过之而无不及，因此在自己后代的成长和教育方面，根本就没有时间过问，而且以当时华侨自身的受教育水平也难以胜任对后代的教育。于是，对后代的教育就完全甩给了"番婆"妻子。妻子当然不可能给后代灌输什么中国传统，说不出也不懂得孩子爸爸的家乡文化，她能够同意给孩子保留一个其爸爸的姓氏已经是"谢天谢地"。在这样的环境下，孩子在母亲潜移默化的影响和教育下，走向当地化就是不可避免的了。一代又一代的土生华人就这样成长起来。这种现象，可参见下面容氏老二容宏富的 13 个混血儿的案例。

冷静思之，之所以发生上述现象，说到底是荷属加勒比地区华侨的复杂处境造成的。早年华侨出国，都是单枪匹马。在东南亚地区，后来还零零星星掺进来少量华侨女性，但这样的情况在拉丁美洲发生的概率极低。于是，移民这一带的华侨必然处在当地人的包围中。华侨解决自身婚姻问题的主要途径是"娶番婆"，或娶已经当地化的土生华人。"娶番婆"现象的普众化，无疑会导致中国人血统的"水土流失"。要防止血统"水土流失"，唯一途径是同族通婚，这就需要足够数量的华侨妇女。在出洋妇女的数量达到一般比例（最好性比例达到大致平衡）的情况下，便基本上可以"一劳永逸"地解决这个问题，因为过去的华侨男性只要在自己族群内部找到异性，一般都不会到族群外去找"番婆"作为配偶。但对于上百年前出洋的华侨男性来说，企图通过女同胞的大量出国来防止"水土流失"，是一道难题。对于远在天边交通条件极为不便的加勒比海群岛一带的华侨来说，更是难上加难的难题，因为这一带很难找到华侨妇女的身影，故这里的男性找"番婆"的情况更加普遍，也就是说，这一带华人血统"水土流失"的问题更为严重，速度特别快，华裔的比例特别高。如果一个国家的华侨

移民潮络绎不绝，大量前来的男性移民人数暂时或会"冲淡""唐"与"番"两者间的比例，但随着这些移民不断地续娶"番婆"（尽管他们家有妻室），一代代华裔的人数还是很快增加。这种情况，从上面对阿鲁巴华人婚姻状态的分析已可感知一二。当然，各地华侨娶"番婆"的情况是不大一样的。例如，圣马丁华侨余国森就谈到，圣马丁华侨娶"番婆"的很少，但多米尼加华侨多喜欢娶"番婆"。"番婆"之所以愿意嫁给华侨，往往以为华侨有钱，故娶"番婆"者，到后来多有不快之事发生。[①] 当然这是历史上的情况。今天，这个问题已经不是问题了。

二、容氏家族在库拉索的个案

（一）容儒柬二度出洋

容儒柬和千千万万在美国和加拿大的"金山上"淘金的广东人一样，在库拉索岛上做苦力，勤劳而隐忍，干的是最粗重的活，拿的是"黄奴"的工资。就这样一分一分地攒着血汗钱，期盼着有朝一日当上"金山伯"，衣锦还乡。

经过 10 多年的奋斗，年近 35 岁的容儒柬终于积攒了"金山伯"的家底，在离乡背井 15 年后，提着"金山箱"，风风光光地回到新宁冲蒌镇磨刀水村，与新婚即别的海晏乡籍妻子黄氏重新聚首。容家自是喜气洋洋。客儒柬回乡后做的第一件事，便是重建了象征家族荣耀的祖屋。但容儒柬的叶落归根与众不同。当时一般华侨的衣锦还乡，都是选择在年事已高、身残体羸而无力继续在异国他乡拼搏的时候。他们一旦回到家乡，便不可能再有重新出洋之念，而是选择老死家乡，葬于家乡。但容儒柬太年轻了，虽说刚回来时身心俱疲，不想再出洋，但人算不如天算，为了生计他后来还是不得不再次远涉重洋。

容儒柬回来后，全家上下因为有了这个"金山伯"做靠山，过上了富足体面的日子。但美中不足的是，容儒柬的发妻黄氏不育。"不孝有三，无后为大"，这让容家很苦恼。无奈之下，容家不得不根据乡俗领养了一名男孩，取名容仲绿。可惜容仲绿倚仗父亲是"金山伯"，不愁吃不愁穿，整天游手好闲，好逸恶劳，不思上进，俨然一名纨绔子弟，成材无望。在族人的劝说下，容儒柬娶了第二房妻子端芬乡的梅氏。1914 年 10 月 28 日，容儒柬的第一个孩子在新建的祖屋里呱呱落地，取名宏富，一扫弥漫在容家的阴霾。很快，梅氏又为容家连添三个男丁。容家四子按照年龄大小排行分别是宏富、景富、国富和钜富。容家风光无

---

① 笔者 2015 年 10 月 25 日在圣马丁对余国森的采访。

限，羡煞乡人。

话说容儒柬原本打算回乡后结束漂泊的人生，颐享天伦之乐。只是当时老家兵荒马乱，一大家子人的生计，都靠他带回来的那只"金山箱"。慢慢地，容家老的老，小的小，花销越来越大，陷入了坐吃山空的窘境。老大不争气，另四个孩子年纪尚幼，转眼之间，容家坐吃山空。曾经的财富，如江水东去，一切又归零了，贫穷再次光临容家。容儒柬进退维谷，但他这个一家之主不得不面对。无奈之下，约在1927年，年过半百的容儒柬被迫再度孤身出洋，这一次他所去的还是老地方——库拉索。

（二）在库拉索的三个容氏儿子

容儒柬是从苦力活中拼下自己一片天地的硬汉子。50岁对他来说还是身强力壮的年龄。那时的库拉索，航运业和商业发展很快，在岛上停留的船员也多。容儒柬把眼睛瞄准了洗衣业。他独自开了一家简易洗衣店，起早摸黑，如牛似马，收入自然要比一般的打工仔好。除了定期往磨刀水村寄侨汇养家，他也在琢磨着找机会把儿子申请到库拉索来跟他一起创业。可是五个儿子中，老大是烂泥巴扶不上墙，只能把希望放在老二身上。3年后，在老二容宏富16岁时，收到了父亲寄来的"入境纸"。于是，家里按老规矩让宏富重复父亲的路——先结婚再出洋。这是华侨在出国前唯一要做的一件事。1930年，16岁的少年告别家人，独自登上了去库拉索的轮船。不久，父子俩就在库拉索相逢。容宏富，是容儒柬第一个来到库拉索的儿子。

第二次世界大战的结束和抗日战争的胜利，给容儒柬亮出了一抹曙光。刚好几个孩子都20岁出头，正是出国淘金的好年华。容儒柬使尽浑身解数，为两个儿子老三、老四搞到了入境纸。但老三容景富没有出国，他卖掉了入境纸，后来一辈子就待在磨刀水村，经营一间小小的食杂店，过着十分平凡的乡村生活，直到2002年5月在台山去世，也没有到过库拉索。他的故事还有后续，且见下述。老五容钜富也没有出国。只有老四国富当年拿着父亲寄来的入境纸出了国。1946年春，容国富在库拉索见到了离别近20年的父亲容儒柬和二哥容宏富。容儒柬第二次出洋时，国富还年幼无知，对父亲几乎没有印象。时隔20年，当父子兄弟在这个荒僻小岛相见时，父亲已满头白发。这是那个时代几乎所有"金山伯"家族都曾经历过的望穿秋水的漫长"金山路"。容国富，是容儒柬第二个来到库拉索的儿子。

且说老三容景富没有出国，卖掉了入境纸，这一决定是令同乡人难以理解的。当时外国的"入境纸"对于有出洋传统的台山人来说就是"黄金纸"。有了这张"黄金纸"，离做"金山伯"的日子便不远了。老三的母亲梅氏是端芬乡

人，端芬也是有名的出洋地，很多乡人去了美国和加拿大淘金。特别是端芬的梅氏族人，大多去了美国芝加哥，早期的芝加哥几乎成了梅氏族人的"大本营"，与梅氏等十余姓族人在端芬大同河畔兴建的汀江墟"梅家大院"遥相呼应，梅家大院中西合璧的柱廊骑楼式建筑风格俨然一座"小方城"。梅氏村子有一个退伍的军官，名叫梅家祥。他乐意买下老三的"入境纸"。就这样，梅家祥阴阳差错，到了库拉索，改名换姓为容景富，到了库拉索后数十年一直没有改回自己的梅氏真名。这样，就出现了真假两个容景富，真的在台山家乡，假的在库拉索。

这就是来到库拉索的容儒柬两真一假三个儿子。顺便一说，容儒柬的后三个儿子——景富、国富、钜富三兄弟，2002 年同一年在不同的地方前后驾鹤归西。

（三）三个儿子、"番婆"媳妇与其后裔

此处故事的主人公有四个，每个人的归宿都不一样。

首先自然就是容儒柬。他的故事有点传奇色彩。容国富来到库拉索，容儒柬安顿好他的生活后，已经 70 岁高龄的他舒了一口气，终于可以告老还乡了。1946 年底，容儒柬回到了自己老家磨刀水村。1948 年，就在自己建造的祖屋里，容儒柬，这位开拓了荷属加勒比地区华侨史的代表性人物，走完了他奔波劳碌且充满传奇的一生，终年 72 岁。叶落归根是中华民族的文化传统，对于海外游子来说，这一愿望更为强烈。可惜几十年的拼搏，他最终还是没有大富大贵，甚至没有留下一处像样的产业。容儒柬是中国传统华人"叶落归根"的典型代表。

其次就是容儒柬的第二个儿子容宏富。他出国后，留守家乡磨刀水村的妻子就产下一女。妻子苦苦等待宏富把娘俩接到金山享福。然而，当时兵荒马乱，战火纷飞，夫妻团聚遥遥无期，那个年代又没有女人出国的份，容宏富在异国他乡也只能与明月做伴，望洋兴叹。好在容宏富对眼前四季炎热的海岛还充满憧憬，父子俩一起老老实实地经营着洗衣店，就这么简单地过了一年又一年。

容儒柬对于一年 365 天的平凡可能习以为常。可是对于血气方刚的容宏富来说，没有女人的寂寞难耐可想而知。突然有一天，一苇可航的委内瑞拉来了一位美丽的印欧混血女子，一下子打破了容宏富平静的生活。风情万种的异国女子对二十几岁的容宏富来说，充满了诱惑。老父亲虽然对儿子娶"番婆"（"鬼婆"）很纠结，却也说不上支持还是反对，更无法阻止儿子的选择，只能默认了这桩婚姻。洋媳妇过门，原先只是两父子的家，倒是热闹起来。家里的人口也多了起来，洋媳妇前前后后给容宏富生了 13 个孩子。

一晃过了 30 多年。期间，中国经历了抗日战争、解放战争等岁月。容宏富偏安库拉索，乐不思蜀，却苦了在"水深火热"的磨刀水的母女俩。到了 20 世纪 60 年代初，容宏富费尽九牛二虎之力，终于将糟糠之妻和女儿申请到了库拉

索。母女俩万里迢迢投奔丈夫和父亲，以为从此可以过上安乐日子。一别 30 多年，当年的小夫妻都已人到中年。容宏富也希望可以弥补母女俩所受的苦难。

然而，母女俩的到来只是救赎了宏富的一点良心，却没有给他带来幸福。家庭"战争"开始了，"番婆"动员 13 名子女加入了"战争"。13 个子女一面倒，占尽了天时地利人和的主场优势。磨刀水村出来的女子没见过世面，在库拉索也只有女儿贴心，母女俩语言不通，明显水土不服。可怜的宏富招架不住，他虽心疼发妻，又惧怕"番婆"，左右为难，原有的家庭纽带被破坏了，只好请朋友帮忙将发妻母女俩送去了美国。他从此万念俱灰，对经商了无兴趣，也找不到家庭的温暖，最后住进库拉索华侨会所的公寓，天天靠搓麻将来自我麻醉。1984 年 12 月 28 日，容宏富在麻将桌上自摸十三幺，当场兴奋过度，再没醒过来，戏剧性地魂断库拉索。

时至今日，容宏富的儿子、孙子、曾孙辈加起来有 60 多个。他的 13 名混血子女没有一个懂中文。大儿子名 Raphail，同时也取了一个中国名——容景华，但他不会说中国话，更不懂中国字。他们都与当地人通婚，没有一个与华侨或华裔通婚。满堂子孙中，外貌有的像华人，有的完全是一张外国人的脸，肤色有白有黑，头发有直有卷。13 人中，有的仍然生活在库拉索，有的已移民荷兰或其他国家。有的很有出息，也有的很平凡。譬如大儿子是医院的专业麻醉师，排行 13 的女儿 Yvette E. Osepe Yung，至今仍然担任银行经理。但不论是谁，中国文化观念都十分淡薄，甚至有个别人声称"我不是中国人，我是库拉索人"。所以容宏富生下的第一代土生华人就已比较彻底地当地化了。但他们的身份证上还保留"Yung"（容的台山音译）姓，跟上面大部分阿鲁巴土生华人的做法如出一辙，但其他的一切，就很难找到多少跟中国相关的特征了。今天，容宏富儿女们大多数都已移居荷兰，有几位也回过中国，不过没有回磨刀水，谈不上有多少寻根问祖意识。倒是容家老三容景富的孙子容宇庭（库拉索华侨会所主席）还经常跟容宏富的儿女联系。

毋庸置疑，容宏富是比较彻底地融入当地的典型。在生活方式、家庭观念和风俗习惯上，他的 13 个儿女都无一例外地当地化了。唯一的象征就是只剩下一个"容"姓，即还保留一个"半唐番"名字。上面在谈到一个个阿鲁巴的案例时，看到最多的就是"半唐番"名字，但实际上，在这类名字后面，还有主人公的家庭观念和风俗习惯的巨大变化。了解容宏富 13 个子女的故事后，就可以知道一二了。这一案例也佐证了，母亲的角色至关重要。

再者，就是容国富（即老四）的故事。当年老四初到，曾让容儒柬喜出望外。他马上在 suffisant（地名）为老四买下一间小餐馆，教他在国外经营餐馆的技艺。老四十分珍惜苦尽甘来的机会，很快就能独当一面，做起了餐馆小老板。

于是不久容儒柬就回老家安度晚年去了。容儒柬的安排很简单，他是想让老四当好自己的"接班人"，在库拉索打下基业，将来老了也回老家安度晚年，然后再让自己的孙子辈即容国富的后代来"接班"。

但是，老四所走的路线与此有悖，也与容宏富形成了鲜明对照。容国富年纪轻轻单身来到库拉索，却没有与外族通婚。他在库拉索努力拼搏，直到40多岁才与一中国女子结婚。婚后不久夫妻俩就移民到美国纽约去了。他在美国生有两个儿子，都姓容，取中国人名字。容国富想走的道路无疑是传统中国人的道路。娶正宗的中国妻，生正统的中国儿女。

最后，再来看容儒柬在库拉索的假儿子的归宿。事情的发展有点戏剧性。2015年7月26日下午，库拉索华文学校校长黄冠雄刚回到公司，侄子便紧张地告诉他，有两名警员来公司找他，并留下姓名和电话。黄冠雄参与处理过不少涉及侨胞的案件，都是在接到警察通知后，与其他侨领到案发现场的，警察找上门来还是第一次。他立即驱车到警察分署找到警长，才知道原来警方正在寻找一位90岁名叫 Kiang Foo Yung 的中国人，说警署接到 Kiang Foo Yung 的家属报案，称 Kiang Foo Yung 失踪多年，怀疑被害，而有人一直在冒领他的退休金。黄冠雄马上找到库拉索华侨会所主席容宇庭，告知其这起案子，同时也想请他看看这纸条上的名字到底是谁。容宇庭看了看纸条上的姓名，脱口而出："这是我爷爷的姓名容景富！"从来没有到过库拉索的容景富怎么会在库拉索怀疑被害？于是，故事就接回到当年卖掉了入境纸的老三容景富。

库拉索警方正在寻找的，确实就是使用了容景富姓名的冒名顶替来到库拉索的梅家祥。其实，梅家祥在家乡有妻室，在库拉索没有再娶，据说只有一个私生子。经查证，梅家祥2003年返回家乡台山，而由另一位吴姓乡亲代领其退休金，一直代领了多年。2011年，梅家祥在台山端芬镇去世。于是，便出现了怀疑"容景富被杀"一案。黄冠雄建议警长 Hooi 发报给荷兰驻广州总领事馆，要求广东省公安厅提供死亡报告等法律文件，此是后话。显然，梅家祥虽然冒名顶替在库拉索生活，但他的"叶落归根"意识是根深蒂固的，到了晚年还是告老还乡。

第七节　荷属加勒比地区的中国新移民

上面已对荷属加勒比地区各岛的华侨移民情况作了概述，其中也略为提到新移民问题。为了对改革开放以后来到荷属加勒比地区的中国新移民有进一步的了解，这里对这一部分华侨再次略作阐析。

在中国对外移民的历史长河中，标志中国改革开放正式开始的1979年，无

疑是一个极为重要的历史界碑。在此之前，由于特殊的历史原因，中国大陆地区在海外有亲属关系的中国公民出国受到严格限制，被批准出国人数稀少，导致在新中国成立后长达 30 年的时间里，移居海外者寥若晨星，移居拉美国家者更是屈指可数。而在此后，越来越多的中国公民以不同身份移居世界上不同的国家和地区，荷属加勒比地区也是移民目的地之一，因而产生了中国历史上一个全新的移民群体——"新移民"（也称"新华侨华人"）。这里所说的"新移民"，不只是从中国大陆迁移出去的汉族移民，还包括在此前后从中国台湾、香港和澳门迁移出去的移民。但来自大陆的新移民群体，无论从其流量、总人数及影响等来看，都远远超过来自港澳台三地的新移民群体。当然，历史地看，"新移民"或"新华侨华人"概念可能具有暂用的特性。

不管是在北美洲，还是拉丁美洲，中国移民现象在第二次世界大战后都呈衰落趋势，原因是作为中国对外移民主体的大陆地区的移民流基本上处于歇止状态，主要是从 20 世纪 50 年代初开始，拉丁美洲地区的华侨华人移民形势发生了重大变化。其一，世界上不少地方的华侨华人，或由于原居住地发生战乱，或由于受到迫害等，纷纷移民拉丁美洲（主要是南美）。这时候，来自中国香港和台湾的移民曾形成过一个小高潮。这些移民的经济条件和受教育程度相对较高。其二，来自中国大陆的移民基本上处于断流状态。这种情况极大地影响了中国对拉美地区的移民格局。从 20 世纪 50 年代到 70 年代末的近 30 年间，拉丁美洲只有少数国家接受过来自中国台湾等地的华人移民，而来自中国大陆的移民少之又少。在这种情况下，拉美各国的华人社会基本上是靠一代代的华裔来延续中华民族的血脉。然后，到 20 世纪 80 年代，随着中国的改革开放，移民现象又开始勃兴。

总的来说，中国改革开放后，拉丁美洲的新移民呈迅猛增长态势，在很多国家，远远超过了传统华人的人数。他们绝大多数来自中国农村，一般都是通过其与传统移民的血缘关系及其与家乡的地缘关系相结合的双重"网络化"方式移居拉美国家的。在一些拉美国家，中国新移民形成了以同一祖籍地为基础的结集趋势。他们一般来源于多个祖籍地，但也基本上以各自祖籍地为基础进行结集。各国新移民中，不同程度地夹杂着一部分"非正常渠道移民"，一般都能在居住国相对宽松的环境下与来自家乡的各类新移民一道，寻找生存和发展的机会。新移民在居住国所从事的职业、发展方式和思想观念等多个方面都有异于传统华人。上述情况，在荷属加勒比地区一样存在。

在荷属加勒比地区，以家庭、村镇、县市等不同层圈为基础的新移民网络是普遍存在的。这里举一比较典型的例子，在广东恩平沙湖镇镇关村管区，有一个叫草塘村的自然村。20 世纪 90 年代，村里还有 200 多人，到 21 世纪 10 年代，

短短 20 年间，出国去了 100 多人，村里人口剩下不到 100 人。他们所去的地方，包括荷兰、美国、库拉索、巴拿马、多米尼加等国家，其中有 40 多人去了库拉索，占四成。有趣的是，他们全部来自同一个家族姓氏——伍家。[1]

尚不清楚"伍家"是否为全村的统一姓氏，如果是，则草塘村应是一个大族同居的村庄。事实上，不同的伍姓家族的代际关系即亲疏程度应是分层级的。在中国南方同一个大族居住的村庄中，这种情况很普遍。一个大族居住村庄的所有男女老幼，都可以看作是亲疏程度不等的血缘关系，实际上也是一种地缘关系。实际上，在省、县、镇、村诸般不同层圈的地缘关系中，村就属于最内层圈也是最亲密的地缘关系。

移民库拉索的伍栋健一家，就是血缘关系的移民。伍栋健的姑姑和伯父是最先从草堂村出洋的村民。1989 年，姑姑去了巴拿马，伯父去了库拉索。他们的移民是草堂村出洋史的开端。后来，伍栋健的父亲伍炳炎去了库拉索。通常来说，网络移民肯定先照顾自家的血缘移民，在基本上完成自家的移民后，才会考虑血缘更疏一代的移民，然后再照顾地缘性的移民。对地缘性移民，一般也是从最内层圈的网络——村庄开始。草塘村可以看作是这样一种网络，在伍栋健的家族成员基本都出洋后，村子里的亲戚便陆续都申请去了库拉索。[2] 当然，这是就一般情况而言，并非所有网络移民都一定按照血缘和地缘关系的亲疏"排序"来安排。实际上，移民的先后取决于很多因素。先出去的人可能想考虑申请最亲密的过来，但结果是比较疏远的先走，比较亲密的反而后到，这是常有的事。

伍家族人应是最核心的层圈，在伍家之后出去的同为草塘村的移民，则是一个外层圈。以此类推，一个地方的移民，便存在着多个向外伸展的、人数也越来越多的层圈。一般来说，层圈越在外，人们关系的亲密程度就越疏远。但应注意，华侨一旦到了海外，关系的亲疏并非在任何情况下都是最重要的。在中国人的人际关系图谱中，大部分关系是相对的。譬如，在海外某个国家或地区的一大群新移民中，只要有关系，哪怕只是属于同县的关系，都比什么关系也没有强，虽然同县关系在国内根本不算回事。另外，地缘和血缘关系的远近亲疏并非是绝对决定性的。一些比较疏远的地缘或血缘关系，在至关重要的商业利益面前，就会显得无足轻重。一些超地缘或血缘的后天形成的人际关系有时候所起的作用更加重要，甚至更具决定性。例如，过去中国人之间经常见到的结义关系，就崇尚"四海之内皆兄弟"的价值观。十分"铁"的结义关系，常常会超越一般的地缘和血缘关系。又比如，在长期交往中包括华侨在海外的商业来往中形成的诚信价

---

[1] 《一村五国！泥水匠变身"新金山伯"》，2015 年 10 月 13 日，【原创】六二巷侨家大院。

[2] 《一村五国！泥水匠变身"新金山伯"》，2015 年 10 月 13 日，【原创】六二巷侨家大院。

值观，其实也是一种人际关系，其坚固程度也可以超越一般的地缘和血缘关系。当然，有少数地缘或血缘关系，例如夫妻关系、父子关系等，在绝大多数情况下是坚如磐石的，再重要的商业利益也难以撼动这些类型的关系。

网络移民是传统华侨的主要出国方式。今天，网络移民方式仍在继续，一代又一代地传承着，还没有看到结束的迹象。例如，现在伍栋健的父母已经回恩平老家安度晚年了，伍家已在草堂村捐建了文化楼和村道，但伍栋健还是在想办法把村里的亲戚申请到库拉索来，帮助他们像自己那样去创造幸福生活。[1]

经专家、学者对 1978 年以后新移民（新华侨华人）数量的专项研究，据估算，中国海外侨胞总数已由改革开放初期的 3 000 多万发展到今天的 5 000 多万，仅改革开放后从中国出去的新移民就接近 1 000 万人。他们分布在世界上每一个地区，拉丁美洲无疑是一个重要的分布区。整个拉丁美洲的新移民总数，目前还没有一个统一的说法，也没有各国新老两部分华侨华人的准确数字。但就新老华侨华人居住最集中的南美地区而言，据 2011 年 6 月 29 日至 7 月 16 日广东省海外侨务资源调研团赴南美调研小组的报告，南美洲华侨华人总规模约在 200 万，其中秘鲁的华侨华人统计口径较多，统计数据在 100 万~300 万之间，其中 300 万人一般是指有华人血统人口，按现行通用的华侨华人统计口径，约有 150 万人。其他国家华人数量是，巴西 20 万，阿根廷 5 万，委内瑞拉 15 万，圭亚那 2 万，苏里南 1.3 万，厄瓜多尔 2 万，玻利维亚 1.2 万，巴拉圭 1 万，智利、乌拉圭和法属圭亚那共有 1 万人左右。[2] 当然，这里的数据只是粗略统计，既包括了新移民，也包括了传统华人。但就目前看到的资料，中国学者的研究中，还没有谁提到荷属加勒比地区的华侨华人人数。

公民出国大潮自然是中国改革开放的结果。改革开放政策放宽了对公民出国定居的限制，公民出国的大门骤然打开。进入 20 世纪 80 年代，遂形成了一股浩大的出国热潮。当然，当时各地对放宽出国限制的执行情况是不尽相同的，对国外亲属的辨识和出国目的（类别）的操控也存在严格处理、宽松处理和模糊处理的区别。就四邑地区而言，恩平县执行政策是最为宽松的。这也是后来荷属加勒比地区恩平籍华侨华人人数多于其他几邑的重要原因。因为开始时的基数大了，后来以家庭团聚等理由或通过其他各种途径前来的同邑华侨华人人数就会剧增。委内瑞拉如此，荷属加勒比地区同样如此。

就荷属加勒比地区而言，据 2014 年春的资料，库拉索、阿鲁巴、博内尔、

---

① 《一村五国！泥水匠变身"新金山伯"》，2015 年 10 月 13 日，【原创】六二巷侨家大院。

② 据广东海外侨务资源调研组南美线小组：《南美地区侨务资源调研报告》，据 360dc 个人图书馆，2013 年 7 月 5 日。

圣马丁、圣尤斯特歇斯、萨巴 6 个岛区的华侨华人约有 2 万人，[1] 其中以库拉索、阿鲁巴和圣马丁人数为多。

荷属加勒比地区也有来自世界各地的"非正常渠道移民"群体。"非正常渠道移民"只是本书的一种提法，意在表明这一类型移民被定性为"非正常"的缘由——"移民渠道"。而在国内，近十年来，与"非正常"一词同时使用的，还有"非法"一词。后者意在区别这类型移民性质的严重程度。但在国际学术话语中，对这类移民只有一个定性——非法。笔者以为，以"非法"一词定性这一类移民并无多大不妥。人们之所以对"非法"一词感到刺耳或不习惯，在于"非法"一词在国内长期以来所形成的负面印象。一个人要是做了非法的申请，不是罪大恶极，就是伤天害理。但在国外，一个人只要做了有悖于法律规定的事情，就可以定性为非法（当然非法的事情轻重有别），因为国外的事情多以法律的形式规范下来。事实上，在"非法移民"群体中，大部分人的"非法"行为只是在出境手续（从中国）和入境手续（进入国）上的"非法化"（非正常化）而已，通常表现为"非法出境非法入境非法居留""合法出境非法入境非法居留"和"合法出境合法入境过期非法滞留"三种形式。不同形式的"非法移民"还因在居留（滞留）国所从事的经济活动而在客观上构成了对居住国发展的积极贡献。因此，所谓"非法移民"，包括华人"非法移民"，是一个十分复杂的世界性现象，在全球化的形势下，这种复杂性和"双刃剑"特质表现得更为突出。当然，世界各国对待包括中国"非正常移民"在内的各国"非法移民"的态度是有很大差别的。笔者对此并无异议，所以在此将"非正常移民"更具体地认定为移民的"渠道"，即"非正常渠道移民"。

"非正常渠道移民"可以说是拉美地区一大不可忽略的移民类别。理论上，"非正常渠道移民"群体并非一个类别，而只能说是一种移民形式，因为其他类别的群体中，均有"正常"与"非正常"之别。但是，若把"非正常渠道移民"看成是一个"类别"，也有其合理性，因为他们普遍来自同一个或几个地方，他们多出身农村地区的社会底层，受教育程度低。于是可以看到，在世界上各地的华侨华人社会中，共同的地缘关系、共同的遭遇、共同的命运、共同应对居住地压力的需求，将当地的所谓"非正常渠道移民"群体捆绑在一起，他们不仅无法跟居住地主流社会"合群"，也无法真正在深层次上跟其他的华侨华人移民类别"合群"，而只能"自成一群"。于是，移民"形式"便转化成了移民"类别"。"非正常渠道移民"这几个字反倒成了这部分人身份认同的最重要符号。

拉丁美洲各国（包括属地）对待外来"非正常渠道移民"的态度总体上是

---

[1] 据库拉索华侨会所供稿，2014 年 1 月 25 日。

宽容的。各国一般都默许"非正常渠道移民"在本国某些经济领域的活动，对他们给予人道主义待遇，乃至在特殊情况下予以"大赦"等，个别国家的"大赦"不可谓不频繁。很多国家对"非正常渠道移民"，只要没有发现其有犯罪和违法行为，通常不查不问，他们一般可以跟有正当身份的中国移民一样活动，或做生意，不过大多数人都通过不同渠道得到了期限不等的居留证。这是就"非正常渠道移民"入境后的待遇而言。不过，对"非正常渠道移民"的入境，各国的防范和打击措施还是十分严厉的。由于拉美国家对待"非正常渠道移民"相对宽容，拉美国家的中国"非正常渠道移民"的自我认同、自我结群的情况就不明显。在大多数情况下，他们与正常移民一道生活，一同相处，即使在华侨社会内部也看不出其中的区别，更不用说外界了。

荷属加勒比地区的"非正常渠道移民"比例有多高，没有一个统一的说法，但比例肯定不低。值得注意的是，到荷属加勒比地区的"非正常渠道移民"，固然跟到美国等国的"非正常渠道移民"一样，出入境手续不全，个别甚至根本没有办理正当手续，但他们在进入居住国后的谋生方式和手段是有区别的。到美国等国的"非正常渠道移民"，多为身无分文的只身入境者，他们来到居住国后只能依靠宗亲关系，藏匿地下，靠打黑工维生，此外还要受"蛇头"网络的严密控制；到荷属加勒比地区的"非正常渠道移民"中，固然不排除也有这样的人，但人数肯定少得多。正常情况下，绝大多数人是通过一年一度，或两年一度，或三年、五年一度地续办居留证的方式在居住地务工。他们可以光明正大地在居住地务工，无须躲躲闪闪。当地政府也只是承认他们为暂住外来人口，中国政府承认他们是华侨。这跟美国等地来自墨西哥、中美洲乃至亚洲的"非正常渠道移民"的生存状况形成很大的反差。荷属加勒比地区这部分华侨对居住国经济发展具有很大的贡献，特别是，当地民众普遍倾向于即赚即花、赚多少花多少的"消费型"生活方式，绝大多数华侨则习惯于以储蓄为基础的扩大再发展式的商业经营，彼此形成强烈的互补，也为当地民众所乐见。此外，还有一部分携资入境者。他们成分复杂，既有民营企业家，也有在国内通过非正当手段攫取国家财富而暴富者。这些人中，一部分是由于没有亲属关系渠道出国，所以才通过非正常渠道出国。总之，改革开放后迁来的新华侨，不管是哪一部分人，在学术界中，他们都被称为"新移民"。他们中大多数人对居住地的实际经济贡献不应被轻易否认。

近20年来，通过不同途径进入荷属加勒比地区的中国新移民人数虽有增无减，但由于各种各样的原因，很多人还没有取得当地国籍。也可以肯定，大部分人不可能在短期内取得当地国籍，不少人甚至没有取得当地国籍的信心或意愿。近几年来，这一部分移民的增长速度超过了已经取得当地国籍的华人人数的增长速度。

"非正常渠道移民"一般具有某种"梁园"情结和"驿站"心态。"梁园"情结，即所谓"梁园虽好，不是久恋之家"，他们心里念叨着迟早要回归故里，不知道是哪一天，但至少要赚到足够的钱。这种情结颇为类似于历史上的"叶落归根"。不同的是，历史上的华侨总是生活在凄风苦雨中，但如今新华侨的处境肯定好多了。当然，这种心态也是变化中的。"驿站"心态已在上面说过了，不赘。

应指出的是，"非正常渠道移民"将一个地方当作"驿站"，固然与其经济收入和谋生环境（例如雇工政策、就业需求等）密切相关，但经济收入和谋生环境并非"驿站"因素的全部。很多情况下，还跟这些移民的网络联系（主要是家族联系和较小层圈内的地缘联系）紧密相关。有时候后者的拉力作用更大。当然在一般情况下，经济收入是第一位的要素。曾经有一段时期，约当20世纪八九十年代，拉美的"驿站式移民"多希望以拉美某个国家作为"驿站"，伺机再移往拉美以外的国家（主要是经济发达的美国和加拿大），或者，再伺机移民拉美其他国家。历史上，荷属加勒比地区不少华侨华人就来自多米尼加（恩平人称之为"山多罗"），压倒性的因素就是因为"山多罗"的收入与荷属加勒比地区存在着明显的差别。笔者在对荷属加勒比地区华侨的采访中得知，"山多罗"与荷属加勒比地区的收入差距一直拉得很大，直到今天仍然如此。不过，就笔者在荷属加勒比地区的观察，将某个岛屿当作"驿站"伺机再移往北美的人不多。原因是，经济状况比较好的，觉得在这里各个岛屿的生存与发展前景不比北美差，就没有北去的念头；经济状况不好的，则没有"本事"移到北美去做知识型的移民，只能老老实实安居此地做劳工。倒是他们的子女，肩负着父母的殷切期望，到北美或荷兰留学，不少人学成不归，留在当地工作，待有朝一日再把父母接到身边安度晚年。父母则继续留在岛上含辛茹苦地工作，等待着子女前来"迎驾"的那一天。

说到这里，有必要谈一谈再移民的问题。在拉丁美洲华侨移民史上，再移民可分为两大类。一是"溢散式"移民，二是"驿站式"移民。这两类移民在荷属加勒比地区几个岛屿都不同程度地存在。

"溢散式"移民指的是一个地方的移民"溢"出而"散"向另一个地方，如同一个容器里装的水，因为太满或容器泄漏等原因而流到外面，常常是指大批量的有组织的移民群里出现个体的或小规模的"渗漏"。具体表现为，在"溢散"状态下，移民过程中没有相对集中的时段以及比较趋同的方式，也可能没有连贯性，往往是涓流式的、不规则的。

"驿站式"移民古已有之，至今不衰。"驿站式"移民又分为两种情况。第

一种是来自中国内地或其他国家，以拉美某个国家作为"驿站"，伺机再移往拉美以外的国家；第二种是来自中国内地或其他国家，在拉美某个国家居住一段时间后，再伺机移民其他拉美国家。"驿站式"移民的"中途站"可能只有一个，也可能有一个以上。不管是哪一种情况，"驿站式"移民总有一天会因各种各样的缘故在一个地方定居下来，这个定居地也可能是他当初计划中的一个"驿站"。而在此之前的那个或那些旧"驿站"，就成了他日后生命长河中的记忆。

不管是"溢散式"移民，还是"驿站式"移民，都可以看作是移民的延伸地现象。延伸地现象的发生，很可能是因为当事人已经先行移民到其他一个乃至数个国家后，由于新的信息流传过来，对信息来源地的憧憬在某种程度上成了吸引他再次产生移民冲动的"磁石"，于是信息来源地就成了他想象中的新的栖居地（当然还不一定是最后的栖息地）。延伸地现象是相对于早期的移民而言的，到了现当代，这种现象应该越来越少了。从上面的个案来看，像多米尼加和苏里南，就是先期移民到那里的华侨的"中途岛"，荷属加勒比地区的库拉索、阿鲁巴或圣马丁等地就成了他们的移民延伸地，乃至成了最终栖居地。实际上，在荷属加勒比地区老一代华侨中，没有留下姓名的来自多米尼加和苏里南等地的"驿站式"移民还有很多。多米尼加和苏里南等地，或许还是他们原先想象中的最终栖居地。

第二章　荷属加勒比地区华侨职业

第一节　华侨产业发展概观

荷属加勒比地区主要包括库拉索、阿鲁巴、圣马丁、博内尔等 6 个岛国，目前华侨华人总数过万，主要来自广东恩平、台山等地，从事餐饮、杂货（超市）、洗衣等行业。其中库拉索、阿鲁巴华侨华人历史比较长。

在荷属加勒比地区，社会经济形态非常类似于委内瑞拉。当地居民（黑人居多）基本上属于打工阶层，他们消费上都有"整赚整花"的习惯。所谓"整赚整花"，有两重含义，其一，本人的劳动所得基本上用于个人消费，包括个人的娱乐生活和各种各样名目繁多的集体娱乐活动，没有储蓄的需要和习惯；其二，按周发放的工资，一般都在周末花得一干二净。下周的开销，下周再想办法打工赚取。下周发放工资后，再花费精光，如此周而复始。"整赚整花"的消费方式很难说是好还是坏，不过当地大多数人习惯如此，要他们一下子改变过来是不可能的。当然，若说所有当地人尽皆如此则有一点绝对。少数当地富有阶层、投资者和商人，自然有不同的消费方式。但在荷属加勒比地区，富有阶层、投资者和商人人数应比委内瑞拉要少，故这种现象应比委内瑞拉更为突出。

当地人的上述消费方式形成了一种不成文的社会分工，有趣的是，这种分工基本上是以民族为界野的。即当地民族为"全民消费"的一方，而相对应的另一方，就是全民拼命工作的华侨。华侨以勤劳刻苦著称于世，他们可以没日没夜、夜以继日地工作，可以不讲消费，或者只进行最低水准的消费，但有一点却是万万不可缺少的，这就是储蓄，而且是上不封顶的高额储蓄。他们可以在只保障最起码的生存条件下进行最大限度的储蓄。值得注意的是，储蓄的最终目的还不是供自己享乐，而是为了家人的衣食住行，为了后代的教育，或是为了自己未来的投资。华侨一旦来到了居住地，在经过最短时间的休整后，就迫不及待地寻找工作，马不停蹄地奔跑于店铺和住家两点之间，很多人一辈子劳碌奔波，就在两点之间，还真的不懂得两点之外的事情。这就是华侨（特别是老一代华侨）在海外的生活模式。一代代华侨，就是赤手空拳地来到荷属加勒比地区，打江

山，拼天下，直到今天还鲜有携着巨额资金前来投资大项目者。华侨的勤劳勇敢，往往令居住地民族既羡慕又觉得不可思议，很多当地人甚至认为这种行为类似于"经济动物"或者"机器人"。这当然不是歧视，对希望通过艰苦劳动迅速致富的华侨来说，未必不是好事。不过话说回来，今天新一代华侨的生活模式已有所改变，像老一代华侨那样如牛似马的"拼命三郎"越来越少了，越来越多的年轻华侨也开始追逐一种较为"人性化"的打工和生活方式。

历代华侨多是从零开始，白手起家，筚路蓝缕，一步一个脚印，逐渐到达成功的彼岸。然而，并非每个人最终都会取得成功，并非人人都能够改换命运，脱胎换骨，一朝致富，飞黄腾达，有的人也就是仅得温饱而已，甚至终生辗转为人打工。可以举数例来荷属加勒比地区打拼的第一代华侨为证。

第一代华侨 Chin Sin Theam（也叫 Shorty），1923 年生于广东，1947 年 3 月 14 日来到阿鲁巴，先是在一个叫 Ben Chin 的华侨那里工作，从 1945 年 2 月 12 日起在中华会馆做看门工。从 1968 年起，他为在奥拉涅斯塔德 Havenstraat 的香港食品杂货铺的 Pursi Tjew San – Jie A Siew（雇主名）打工，1984 年去世。[1]

第一代华侨 Leung Hang，1916 年生于中国，1946 年 1 月 8 日来到阿鲁巴，与 Candida Maduro（1926 年 10 月 3 日生）在 1949 年 10 月 27 日结婚，1975 年离婚。Leung Hang 先是在吉米室内装潢店给雇主 James Ahlip 打工，后来在玛格里特食品杂货铺（Margriet Grocery）给一个叫 Chung Yin 的华侨雇主打工。他在一间大厦里开了一家自己的"一号室内装潢店"。再后来在 Las Delicias、假日酒店（Holiday Inn）和康科德酒店（Concorde Hotel）做厨师。[2]

第一代华侨 Lue Kin，1911 年生于中国，1948 年 8 月 6 日来到阿鲁巴，先是给"国家食品杂货铺"的 Lee Kwai Sum（雇主名）打工，后在位于 Weg Fontein 40 号的"东方食品杂货铺"做管理员。他后来给脱硫厂（位于 Barcadera）的 Mc Kee（雇主名）做工，也在拉哥炼油厂的 Sea Berth Pier 的建筑工地做工。[3]

上面几个例子，都是平平淡淡谋生者的人生轨迹，也许这并非他们离家出洋的初衷，但现实如此，也无可奈何。但也有的华侨不固守在一个地方，而是在不同的岛屿间奔波找工作。例如，第一代华侨 Chang Ten Sang（Wing Fui），1908 年生于广东，1948 年 7 月 4 日来到阿鲁巴。他在吉米室内装潢店打工，也给华侨雇主 Ling Chao Yang 打过工。他还在埃索俱乐部（Esso Club）做过厨工，后来到了库拉索。[4] 第一代华侨 Kong Win Kon，1928 年出生于中国。他分别给 Fun You

---

①　Tyrone Wong and Frank Fun, p. 10.

②　Tyrone Wong and Frank Fun, p. 24.

③　Tyrone Wong and Frank Fun, p. 29.

④　Tyrone Wong and Frank Fun, p. 7.

Sing、Wong Kin、Wong Wah 以及 William Cheung 打过工。1969 年起，他工作和生活在圣马丁。[①] 但他们也脱离不了打工的命运。

库拉索老华侨冯朝汉告诉笔者，华侨来的时候都很穷，被当地人看不起，但经过艰苦奋斗一般都会致富。过去很多华侨初来此地，丈夫有工作，但妇女跟小孩没有工作，一般出去卖春卷。有的人卖春卷兼卖糖水，生意更好。卖春卷一般是流动的，不合法，若被抓，通常被罚（收缴春卷和篮子），所以损失并不大。而且被抓被罚的概率并不高。若真如此，则从头再来。所以，卖春卷成为库拉索华侨的"符号"，当地人把华侨叫作"春卷"（注：这一称呼虽然没有种族歧视成分，也无多大恶意，但肯定没有敬意）。但卖春卷是小生意，一条才几毛钱，聊补无米之炊。很多华侨经历过卖春卷的阶段。现在华侨被叫作 Chinese，这是因为今天祖国越来越强大了，腰杆硬起来了。对于这一点，库拉索华侨感受很深。

在新的历史时期，华侨移民荷属加勒比地区的主要原因仍然是生计方面的。公民出国的目的是不一样的，有的属家庭团聚，有的为继承祖业，有的是投亲靠友，也有的是为了财富增值。但大多数人仍然是自谋生计。简言之，很多人出国的始因仍然是穷，穷则思变，变则移民，因穷移民仍占大多数，他们到了居住地，多是从打工做起。家在恩平沙湖镇镇关村草塘村的库拉索移民伍栋健回忆其家境时说，小时候最深的印象就是"穷"。在栋健的记忆世界里，老爸伍炳炎是个"泥水佬"（四邑人对建筑师傅或工匠的戏称），起早摸黑，靠每个月 400 元工资养活一家五口人。老爸说过的一句话一直印刻在栋健幼小的心灵："在国内一年 365 天，由天亮开工到天黑，一天都没有休息也不能令家人糊口。"为了让家人过上好点的生活，老爸毅然选择了出国。但那个时候的出国费用对他们家来说是个"天文数字"。1992 年，伍栋健 12 岁，刚读小学四年级，他父亲就出国了。当时栋健的二姨丈在多米尼加做菜农。于是，伍炳炎抱着"搏一搏"的信念，四处借钱，投奔栋健的二姨丈。二姨丈初时每天在山上开荒种菜，每个月工资不到 200 美元。伍炳炎来后，两人用长满老茧的双手开垦出 100 多亩山地，开辟了一片果树飘香、绿草如茵的山园。这片山园成就了姨丈的"第一桶金"，他后来成了一名成功华商。到 1994 年底，在库拉索开餐馆的伍栋健的姑姑向哥哥发出召唤，伍炳炎便移民到库拉索，在妹妹的餐馆里当厨师。厨师是个辛苦活，一天工作 12 小时以上，但每月工资有 800 多美元，还有妹妹一家照应，伍炳炎便踏踏实实地留下了。伍栋健说，为了早日申请在老家的老婆孩子到库拉索团圆，"老爸一分钱都没有浪费，一分一分地积攒下来，不到两年，在姑姑的帮助

---

① Tyrone Wong and Frank Fun，p. 22.

下，1996 年，母亲带着我们三兄妹到了库拉索"①。至于希望通过移民而实现财富增值者，则一般是通过投资、商务移民的渠道。在荷属加勒比地区，这条道路以经营杂货、百货为主（其实拉丁美洲大多数国家也是如此）。其中大多数人一开始只是个小老板，如果生意做大了，资金雄厚了，便成为"大老板"，再向多领域投资。

拉美地区中国新移民的一个特点是，正常渠道移民（包括家庭团聚移民、投资商务移民等）与"非正常渠道移民"往往会殊途同归。绝大部分"非正常渠道移民"在很长一段时间里一般以打工维生（多是在商场、餐馆打工），一些人取得合法身份后也会走小老板的发迹之路。

新移民在异国他乡打拼，不管他们是走上从商之路，或是继续在社会底层徘徊，都是以地缘关系作为群体划分的基础，同时地缘关系也是群体内部抱团取暖、相互帮助的基础（当然血缘关系是更好的基础，只可惜血缘关系所形成的族群圈子太小）。地缘基础作为新移民的基本结集方式，在低层次移民群体中表现得特别明显。离开地缘和血缘关系的族群基础也存在，但少之又少，一般人不会注意到。

拉美新移民群体跟其他地区特别是欧美发达国家的新移民是有明显区别的。到拉美去的新移民，大多数属投资商务移民，说到底为来自中国农村的受教育无多的"农转商"型移民，留学生十分少，科技工作者无多，高科技人才几近于零。

据笔者观察，拉美新移民主要是从事劳动密集型、低附加值行业。相对于美国华侨华人知识文化水平较高，留学生、政府工作人员、大公司职员多的现状来说，拉丁美洲华侨华人中的大公司职员较少，文化程度相对较低，经营理念、方式上也有不少差异。具体来说，拉美华侨华人以经商、开餐馆为主，形成了一道道亮丽的风景线。

如果一个地方的面积足够大，划分为多个行政区域，有足够的居住人口，居民中存在职业上的分工并由于各种各样的因素而存在着收入等级上的划分，与此同时，这个地方不同的行政区域中存在着贫富的区别且在同一个区域中存在着多层次的经济机构，那么，华侨移民的流动便是分层次的、有秩序的，包括职业填补和替换的有序性、人员区域流动的有序性等。而从区域的角度来说，华侨自到达之日起，其旅居地一般是从经济发达到落后的层次次第展开的，华侨最先到的地方，一般是最发达地区，他们在感到最发达地区的发展空间有限时，便退到次一级地区发展，以此类推。一般来说，中国人移民海外，是先到达沿海交通和商

---

① 《一村五国！泥水匠变身"新金山伯"》，2015 年 10 月 13 日，【原创】六二巷侨家大院。

业发达地方，然后再向交通和商业次发达地方渐次扩展，最后，在一国所有可以人居的地方都留下自己的足迹。在这样的发展格局中，也逐渐形成了中国移民的人数分布和经济、商业分布的网状格局。但上述情况在荷属加勒比地区不存在，原因很简单：荷属加勒比地区是由数个岛屿组成的，是十分典型的岛屿经济。

在整个拉美地区，荷属加勒比地区总体上还是处于经济发展的下位区间。华侨华人的经济实力也比不上南美洲、中美洲地区和墨西哥的华侨华人。且荷属加勒比地区的新移民人数不多，以自我创业的为主。相当大一部分人的文化程度不高，不懂所在国语言，没有特殊技能，只能从餐馆或小杂货铺做起。当然也有若干有文化、有资金、有专长、有现代商业知识的新移民，他们一来到目的地，就发展进出口贸易或兴办实业，但这类新移民人数极少。

据库拉索华侨冯朝汉说，他1986年来到这里时，90%以上的华侨是从事餐馆业，包括老板兼杂工。其次是开洗衣馆（几间）、种菜和卖杂货，基本上是这四种职业。到21世纪10年代，尽管从事餐馆业的绝对人数有所增加，但比例大大下降。现在从事餐馆业的华侨只占50%～60%（黄冠雄说政府发牌的有260多家），开洗衣店的有几家，种菜的有几家，从事杂货业的华侨则迅速增加，比例跟从事餐馆业的持平。杂货均进口而来，进口国家包括中国。大型的通过集装箱，小型的通过在库拉索当地取货（即做分销商）。现在华侨的职业有所增加，如做汽车零件销售、做医生等。[①]

据何爵豪先生介绍，20世纪80年代中期左右，阿鲁巴华人餐馆和杂货铺还各只有20家上下，餐馆或稍多。但发展到21世纪10年代，餐馆和杂货铺都上百家。餐馆数量增长最快的时期是20世纪80年代末到90年代这10多年间。今天阿鲁巴较大的华人餐馆仍然是客家侨胞经营，但数量上已经是恩平侨胞占优势。华侨之所以愿意经营餐馆，一是当时申请牌照比较容易，二是餐饮业的前期投入比较少，往往手上有一万几千的当地货币，就可以投资餐饮业。一般是先租，然后买下，或再在别处新开一家。杂货业不同，需要的前期资金投入大得多。所以，华侨多是先从餐饮业做起，等到有足够的积蓄后，才投入杂货业。很多侨领都是这样走过来的。[②] 其实，不仅阿鲁巴如此，别的地方的华侨也基本上如此。

库拉索的基本人口为15万。在传统移民时代，华人的职业是种菜、咖啡工（即到当地人开的咖啡馆做员工）、开餐馆（华人老板，一般为家族经营）、洗衣工（华人老板）、开杂货店。现在，华人主要经营餐馆、杂货店、超市（尤其是

---

① 笔者2015年10月7日在库拉索对冯朝汉的采访。
② 笔者2017年2月19日对何爵豪的通讯采访。

小超市）等，华商企业也明显增加。其中，华人餐馆有 200 多家，在政府发放的餐馆牌照中约占 2/3。以前华侨做餐馆的最多，现在餐馆、杂货店对半。洗衣店占 20% 左右。值得注意的是，这些年，华侨要么买地开杂货店，要么把餐馆改为杂货店。餐馆改为杂货店的结果，无疑是餐馆的减少和杂货店的增长。之所以如此，一个很重要的原因是消费税的增加。当地人到华人餐馆就餐，消费税比以前增加了，导致他们宁愿买一些成品、半成品食物回家加热"果腹"了事，而减少到华人餐馆用餐。[①] 值得注意的是，洗涤行业中的华人企业占了库拉索市场份额的半壁江山；虽然在作为库拉索经济支柱产业的炼油、旅游和港务物流等领域，华人企业的经济比例不算举足轻重，但在社会民生和服务行业却担当了相当重要的角色。[②]

在阿鲁巴，华侨华人的主要职业也是集中在餐馆、杂货（含超市）和洗涤等行业。阿鲁巴的洗衣业历史比较早，20 世纪 30 年代就有了。杂货店则出现在 20 世纪 50 年代。今天在阿鲁巴，华侨华人经营的餐馆有 110～120 间，杂货店（其实也售百货）有 120～130 间。过去餐馆比杂货店多，现在则是杂货店比餐馆多。[③]

圣马丁的华侨移民历史比较短，基本上与该岛的发展同步。这个岛屿虽然小，但有 110 多个国家的移民，全岛四周都是海滩，且海滩曲折，旅游条件得天独厚。岛内多山，居民多居于山地中。圣马丁在 20 世纪 80 年代前仍十分贫穷，直到 20 世纪 80 年代初以后才逐渐发展起来，其起落沉浮，则与美国息息相关。80 年代初，美国遇到经济泡沫，但到 90 年代，美国经济又繁荣起来，因而直接推动了圣马丁的经济发展，也水涨船高地推动了该地的华人经济。于是，在80—90 年代，到圣马丁的华人人数越来越多。在 80 年代圣马丁经济最繁荣之时，该地的华人经济奇好，华人商铺昼夜营业，灯火通明，侨胞们做到"筋疲力尽，不想营业，餐馆甚至主动关门了事"[④]。1974 年来到圣马丁的刘金莲也说，圣马丁做生意最好是在 20 世纪 80 年代中，直到 1990 年左右，仍然如"烈火烹油"。刘金莲说，20 世纪 90 年代前后，圣马丁的"岛王"Chaude Wathy 开放圣马丁的投资，圣马丁的经营环境对新移民来说非常好。那时，圣马丁市场绝对求大于供，有时候供货商甚至对进货柜者实行"一百送十"，即进 100 个集装箱送 10 个集装箱。那时，刘金莲还到意大利进货，她精明地要求供货商只给她一个人供货，结果一年可以进三到四个货柜。不过，21 世纪初美国"9·11"事件后，美国发动

---

①　笔者 2015 年 10 月 8 日在库拉索对陈衍祥的采访。

②　据库拉索华侨会所供稿，2013 年 11 月 23 日。

③　笔者 2015 年 10 月 15 日在阿鲁巴对何爵豪的采访。

④　笔者 2015 年 10 月 23 日傍晚对黄仰杰的采访。

了反恐战争，导致美国经济的衰退，于是圣马丁经济也就跟着衰退。跟着是金融危机，包括美国在内，今天的世界经济还在衰落中，圣马丁的华人经济也就受到直接影响。一个最显著的原因是，反恐战争使得美国人感到人身安全受到直接的威胁，作为美国人度假胜地的圣马丁，也就少了很大一部分美国人的身影。

目前的华人商铺，主要也是经营餐馆、洗衣、杂货等。圣马丁一分南北，分别隶属荷、法两国，在荷、法二区中，均有中国人居住与经商，其中以荷属区为多，以目前的粗略统计，共有 150 多家开门营业的中国公司。据前任总督 Franklyn Richards 先生在 2009 年中国 60 周年国庆晚会上说，已在荷属区工商登记的华人商户共有 300 余家（含正在营业和已登记未营业或歇业）。在已开门营业的 180 家商户中，法属区仅有 26 家，占圣马丁华人总开门商号中的 12%。[①]

总的来说，拉美各国市场和中国差异巨大，无论是语言、文化距离、客户心理和商业实践，都与中国相去甚远。只有通过深度当地化，才可能在拉美市场落地生根。除了商业渠道本地化外，更要大力推进售后服务、融资租赁、管理人员本地化，通过深度本地化，逐步解决业务发展中的痛点和瓶颈问题。在这些方面，很多受教育不多的新移民的确一下子难以胜任。不过假以时日，一步一个脚印，脚踏实地地前行，在这个过程中加紧培训和积聚人才，最终还是会取得成就的。毕竟，很多华人前辈也是这样走过来的。

事实上，今天荷属加勒比地区华侨在各个行业的经营都比历史上辛苦得多。以阿鲁巴来说，以前华侨的杂货店铺一般只开到下午 6 时，而现在则要到晚上 9 时才关门。过去逢周末休息（星期六半天，星期天一天），节假日自然可以休息，现在不管周末或节假日，都无休息可言，甚至连春节都没有一家关门的；过去杂货铺的经营范围比较狭窄，一般以经营食品、副食品（即纯粹意义上的杂货——笔者注）为主，现在则扩大到各色百货商品（即纯粹意义上的百货——笔者注），包括钟表、电子产品等。"百货"商品甚至超越了"杂货"。有的甚至经营五金、成衣等。据说政府曾经考虑严格规定"杂货"与"百货"的销售界限，但很难办到，因为华侨已经将两者合起来经营惯了，加上华侨会馆出面，政府就允许华侨继续照旧经营下去。[②] 在笔者看来，在荷属加勒比地区，两者合起来销售应利多弊少，有利于顾客在较少的时间内完成食品和日用消费品的购买。

21 世纪以来，新移民以贸易经营为主。新移民往往雄心勃勃，但也有的眼高手低。一些新生代华侨带着发财梦想进入，结果现实与梦想反差很大，特别是因为就业形势受到后金融危机影响，往往难以实现梦想。

---

① 黄仰杰：《圣马丁华人简介》，2015 年 10 月于圣马丁。
② 笔者 2017 年 2 月 19 日对何爵豪的通讯采访。

　　总之，荷属加勒比地区的华侨华人，传统移民继承着父辈们的积累，新移民经过二三十年的拼搏，已经在经济上取得了一定成就。他们多数经营餐馆饮食业、杂货业、百货和超市业，包括食品、轻工、服装、化妆品等零售和批发，有的还扩展到贸易、旅游、医药卫生等领域。他们之中涌现了一些较富有的企业家，其余的绝大多数也维持着当地标准的小康生活。

　　但不能不指出，在荷属加勒比地区，无论新老侨胞，都有一个类似的特征，即多数侨胞仍然生活在一个相对封闭的圈子内。除了节日，平时聚会还是不多（尽管已经比过去多了很多，而且越来越多）。大部分侨胞都是从事工作时间特别长的餐馆、杂货等行业，导致侨胞之间这种久难一聚的环境尤甚。在过去的年代，孤独，包括离开家乡和亲人的孤独，以及与居住地同胞咫尺天涯的孤独，是对他们心灵的熬煎，也是产生乡愁的直接因素。但在今天，年青一代新移民已经摆脱了孤独，告别了昔日的天涯海角与孤苦伶仃心态。现代化通信技术的突飞猛进，特别是 21 世纪 10 年代后手机微信的兴起，使他们可以通过看手机、发微信打发寂寞。通过手机微信和荧屏，他们可以与其在中国的家人实时联系，虽然远隔重洋，但家乡和亲人随时可以出现在屏幕中，犹如站在眼前，就跟没有出国一样。在餐馆或杂货店的工作间，在休息的片刻，不时会看到一个年轻华人枯坐一旁，聚精会神地看着手机，或嘴角泛起微笑，或自言自语，或双眸紧锁，总之心里的一切都写在脸上。这时候，手机就是他们心情的读写器。岛上华人老板说，现在年青一代新移民来找工作时，第一个条件不是工薪多少、环境如何，而是工作场所有没有 Wi-Fi。如果没有 Wi-Fi，则基本上免谈，因为那样就等于剥夺了他们与家乡亲人和周围同胞联系的权利。

　　就荷属加勒比地区三个岛屿华侨华人的收入来说，圣马丁明显高于库拉索和阿鲁巴。圣马丁的最低月工资标准是 864 美元左右。例如，黄仰杰对笔者说，他的员工的月薪是 1 500 美元（最低）或 1 600、1 700 美元，最高还有到 2 500 美元的，此外还包吃住。[①] 实际上，工作所得就是零用钱。王柏林也认为，在圣马丁赚钱还是比较容易的。华人打工包吃包住，每月可得 1 000 美元不等，关键是要"熬得住"。他有一儿一女，最困难的时候是要供他们在国外（荷兰和加拿大）求学，但还是挺过来了。[②] 现在库拉索当地收入平均在 2 000~2 500 弗罗林。通常本地出生的人到退休都可以拿到 1 000 多弗罗林。[③] 但老一辈华人的生活都很安稳。例如，按照库拉索政府规定，60 岁以上的退休人员，不管是政府

---

① 笔者 2015 年 10 月 23 日傍晚对黄仰杰的采访。
② 笔者 2015 年 10 月 27 日在圣马丁对王柏林的采访。
③ 笔者 2015 年 10 月 7 日在库拉索对冯朝汉的采访。

工作人员还是私营企业员工，都可以领退休金。[①]

荷属加勒比地区除了库拉索、阿鲁巴和圣马丁三个岛屿之外，其他岛屿的华侨移民历史很短，即使到目前为止，也没有几个新移民。笔者2015年底在圣马丁时听说，博巴岛只有三户半华人（有一个女性华人与一印度人结婚，故称半户），他们主要是开杂货店。当地华侨很热情，中国总领事前去探访时，他们流下了热泪。之所以如此，主要是交通不便的缘故。[②] 如果把这类地方当成是虚度光阴的世外桃源未尝不可，但如果要中国人大批移民这些地方，是很难办得到的，因为华侨移民的主要目的是经商，一个交通不便货物难以运进来，也没有多少顾客和市场的地方，对中国移民是没有吸引力的。

如果将荷属加勒比地区华侨与北美的美国和加拿大华侨相比较，则可以看出明显的区别。在荷属加勒比地区，自营自销的小老板比例高得多，受雇于他人的"打工仔"相对较少。新移民中虽然不少人在开始阶段是"打工仔"，但在积蓄到一笔资金后，大多数人会选择做小老板，希望走上发迹之路；而在北美国家，更多的人选择打工生涯，做老板的比较少。可以说，在美国、加拿大，华人打工的多；而在荷属加勒比地区，华人当老板的多。但应看到，北美华侨特别是新移民中，从事教育、高科技等白领职业的比例高得多，而在荷属加勒比地区，这种情况很少。

令人刮目相看的是，在荷属加勒比地区，一批开拓型的青年华侨脱颖而出。他们或是原先在家乡就是"一方诸侯"而近十数年从家乡移居荷属加勒比地区的，或是当地华侨的后代。他们有生气，有知识，有胆识，有毅力。他们已经甩掉了祖辈的锅碗瓢勺，直接经营进出口贸易或投资办实业。他们在异常激烈的竞争环境中，在世界经济不景气的情况下，稳操航船，把握商机，勇于闯荡，敢于拼搏，精于谋算，善于取胜。他们是华侨中的佼佼者。

荷属加勒比地区的新移民跟拉丁美洲其他国家一样，没有美欧等西方发达国家的华侨华人那样深的"西化"意识，也缺乏现代知识分子精英群体特有的批判精神，但他们的法治观念很强。虽然他们居住国的法治现状还很落后，然而，作为商业经营者，他们十分清楚如何维护自己的合法权益，尽管很多人出于对现实的无奈也表现出明显的"维权惰性"。他们对自己所在社团组织的法制观念，也不下于发达国家的华侨华人。跟世界上其他地方的华侨华人相同的是，他们对政治参与的兴趣普遍不高，尽管一些国家已经出现个别的华人政治精英（基本上

---

① 笔者2015年10月8日在库拉索对陈衍祥的采访。

② 笔者2015年10月24日对黄仰杰的采访。据说博巴岛的机场环境十分险峻，最优秀的飞行员休假后的第一次飞行都要在机长的带领下试飞三次才能拉杆起飞，以保安全。

属华裔），但对这些精英的族群性政治后援尚显滞后和乏力。

　　跟发达国家的新移民在居住地迅速接受西方价值观和西方文化的情况迥然有别的是，拉美国家的新移民在移居当地后，仍然保留从家乡带来的文化，并不急于和全面吸纳居住地的文化。或许可以说，拉美地区的新移民，是海外华侨华人中与祖（籍）国和家乡保持着最密切关系的一群。他们对祖（籍）国的自豪感，很大程度上来自居住国和居住地民族对中国这个日益崛起的东方大国的景仰。大部分新移民只知道自己是"中国人"，而不在意"华侨"与"华人"的身份区别。在他们自己的生活圈子里，甚至还使用着跟家乡几乎一模一样的语言和表达方式，通行着具有明显地缘特征的处事规则。

　　荷属加勒比地区侨胞事业有成，与主流社会和谐共处，社团和华文学校建设的基础都很好。但由于历史的原因，荷属加勒比地区侨胞与祖（籍）国的关系在 20 世纪 90 年代才正式建立起来。在此之前，这一地区的侨胞一直保持与台湾方面的联系。以库拉索华侨会所 1996 年升起中华人民共和国国旗为标志，中国驻委内瑞拉大使馆开始对荷属加勒比地区实施领事保护。从此，荷属加勒比地区的华侨华人开始得到祖国的领事保护。2013 年 10 月，中国驻威廉斯塔德总领事馆在库拉索首都开馆，在总领馆的推动下，当地侨社也开始与祖国的侨务部门逐步建立起联系。2014 年 6 月 16 日至 18 日，作为首个到访库拉索的中国地方政府代表团，林琳副主任率领广东省侨办访问团一行 3 人对荷属库拉索进行了访问调研，并探望和慰问了当地华侨华人。在库拉索华侨会所负责人的陪同下，访问团一行走访了当地多家华人餐馆、洗衣店、杂货超市，拜访了数名移居当地数十年的老华侨，深入了解侨情侨史，探望慰问侨胞，并在库拉索华侨会所召开和谐社团建设座谈会。除库拉索华侨会所外，还特别邀请了同属荷属加勒比地区的阿鲁巴新中华会馆、圣马丁中华会馆、博内尔华侨会馆的负责人出席。① 今天，荷属加勒比地区华侨华人与祖（籍）国和家乡保持着非常密切的关系，包括频繁的经贸往来，对家乡亲属的生活资助，对中国发生的重大事情的密切关注，对重大自然灾害的积极赈助，对中国统一大业的积极支持，等等。他们也在居住国与祖（籍）国的关系中充当桥梁和纽带，而且乐此不疲。

---

　　① 《广东省侨办首次赴荷属库拉索调研侨情慰问侨胞》，中国侨网，2014 年 6 月 21 日。

第二节　库拉索和阿鲁巴炼油业中的华侨

一、库拉索炼油业中的华侨

库拉索的炼油业甚至比华侨登岛的历史还要晚，它是这个岛屿作为委内瑞拉石油产业链的产物。在容儒柬等一批台山华侨来到库拉索很多年后，1914 年，委内瑞拉在马拉开波盆地的梅内格兰德发现了石油，孤悬海上的库拉索岛开始迎来石油转运的良机。当时，荷兰皇家壳牌集团以及荷兰政府在岛上原来用作奴隶市场的地方，建造了一座庞大的石油精炼厂。1915 年，壳牌集团已在美国建设的第一座炼油厂投产。库拉索炼油厂的建立，可以被看作是壳牌集团在加勒比地区一系列重大行动的组成部分。当时的荷兰皇家壳牌公司发展势头正猛。在此之前的 1907 年，壳牌运输和贸易公司在经营活动出现严重困难的情况下，被迫同意与荷兰皇家石油公司合并，并接受了自己在该集团中占 40% 股权的条件，于是，荷兰皇家/壳牌集团公司正式宣告成立。此后几年间，该集团公司好运连连，在石油开采和企业合并等领域捷报频传。与此同时，公司很多业务扩展到库拉索周边地区和世界上其他地方。1910—1915 年，公司相继在英属婆罗洲、墨西哥、委内瑞拉找到石油并投入生产，从罗马尼亚、俄罗斯、埃及、特立尼达和多巴哥先后购买了一些油田，并建立了销售业务网。在中东，则购买了土耳其石油公司（即后来的伊拉克石油公司）25% 的股份。其间，集团公司相继在美国成立了洛克萨那石油公司（Roxana Petroleum Co.）和加利福尼亚壳牌公司。到 1920 年，该集团的储油点和销售网已扩大到世界许多国家和地区。

荷兰皇家/壳牌集团公司之所以在库拉索岛建炼油厂（这是当时世界上最大的一座炼油厂，至今仍在），主要目的是将从委内瑞拉运来库拉索的原油炼成成品油后再运往世界各地。当时荷兰人在库拉索建炼油厂，是因为该岛在他们心目中是一个理想的炼油地点。地理上，库拉索既靠近马拉开波盆地油田，又远离南美的社会动乱，而且，该岛还拥有可供大型油轮停靠的天然良港。此外，笔者认为荷兰皇家/壳牌集团公司之所以选址库拉索，不排除考虑到此地的劳动力价格相对便宜的因素。炼油业所需要的劳工，除了专业技术人员外，还有大量的非熟练劳工。

荷兰皇家/壳牌集团公司无疑成了库拉索这个当时鸟不拉屎的荒岛起飞的发动机。由于岛上原住民既有的技术水平并不能马上适应在炼油厂就业，必须输入外地移民，特别是有较高技术素质的移民。于是，随着移民的流入，大量的住房

在这里建造起来，并水涨船高地给当地居民带来了大量就业机会。经济的发展，又引发了周边地区人口移民此地的风潮。

然而，繁荣与冲突从来都是一对社会孪生儿，这里稍作交代。在炼油业带动岛上经济繁荣的同时，库拉索的社会矛盾也在酝酿，不满和对抗情绪逐渐高涨。这是一个缓慢的演变过程。1969 年 5 月 30 日，库拉索爆发了酝酿已久的抗议活动。社会运动的加剧，使当地黑人在政治进程中获得了更大影响力。曾经在库拉索风云一时的炼油厂，成了荷兰皇家/壳牌集团公司的负担。与此同时，库拉索岛也实施了以发展旅游业和低税率吸引企业的政策。到 20 世纪 80 年代中期，作为国际上主要的石油、天然气和石油化工的生产商，同时也是荷兰最大的工业公司的荷兰皇家/壳牌集团公司，不得不以象征性的价格向当地一个政府属下的财团售出了炼油厂。此后，库拉索集中精力寻找新的收入来源。政府财团后来又将炼油厂的股份出售给了委内瑞拉国有企业委内瑞拉石油公司。到 80 年代末，由于荷兰经济援助减少，库拉索政府被迫采取紧缩措施，同时加紧发展经济多样化。但无论如何，库拉索炼油厂的建立本来就与委内瑞拉密不可分。正是由于委内瑞拉石油的开采，才使得在库拉索建立炼油厂成为可能。

有迹象表明，在数十年的历史时期中，一些华侨曾经在库拉索炼油厂从事过非专业性工作，也有一些华侨在库拉索与委内瑞拉的运油轮上工作过，可惜这方面的细节并不清楚。但可以肯定的是，库拉索炼油厂建立后，需要通过油轮将委内瑞拉的石油运到库拉索炼油厂进行加工。荷兰皇家/壳牌集团公司也从中国沿海一带招募劳工来应付庞大的油轮运输工作。这些华工不但有机会来到库拉索，而且许多人后来就此居住下来了。当时中国工人大多担当司炉和机器房杂工等繁重且危险的工作。

除了荷兰皇家/壳牌集团公司从中国沿海一带招募的油轮运输华工外，相信还有一部分来自委内瑞拉。在委内瑞拉石油开发之初，该国的石油就成为吸引华侨前来淘金的重要磁石。在委内瑞拉的石油公司开始招聘石油工人后，消息就不胫而走，吸引了原先在千里达、秘鲁、库拉索、阿鲁巴和多米尼加等国谋生的华侨。他们以"偷关"（即偷渡）方式进入委内瑞拉。委内瑞拉开通到库拉索的油轮后所招收的油轮华侨工，应首先来自委内瑞拉，因为委内瑞拉华侨原先已在委内瑞拉从事与石油行业相关的工作，油轮公司应是在熟悉石油业务的华侨即委内瑞拉华侨中招聘，其中可能有先已从库拉索到委内瑞拉谋生的华侨。由于油轮是从委内瑞拉开往库拉索的，油轮上的工人在库拉索上岸后，往往要在库拉索的专设旅店里休息数日，他们也就被看成是库拉索的华侨。

已在库拉索退休的老华侨陈衍祥回忆道，1947 年他刚来到库拉索时，大概有 100 多名华侨，很多人是在委内瑞拉载运石油到库拉索的船上充当船员的。那

时候委内瑞拉出产的部分原油需要运到库拉索炼油厂加工，华侨就在油轮上做船员。这些船员在油轮卸货期间，会在库拉索小住。住多少天不一定，但肯定要暂住，然后再满载成品油回去。①

油轮华侨船员在库拉索一般会选择本籍华侨开的"会所"作为客栈入住。油轮华侨船员在库拉索有专门的旅店，说明委内瑞拉至库拉索的油轮往来是常态化的，而且，华侨船员的上岸人数也比较稳定。陈衍祥说，恩平人一般住在"新生"旅店，台山人一般住在"公益"旅店。从华侨选择客栈的情况来看，当时在委内瑞拉和库拉索之间做油轮船员的华侨，多是恩平人和台山人，新会华侨人数位其次。陈衍祥说，除了恩平、台山、新会人之外，还有来自东莞、中山、深圳（当时应称宝安）的，来自后三地的华侨比较少。但可以肯定，库拉索的华侨都是广东人。② 后来铺了海底管道，油轮运油业务停止了，也就没有了华侨船员，他们多半留在委内瑞拉或库拉索另谋出路去了。

二、在阿鲁巴拉哥炼油厂工作的华侨

跟库拉索一样，阿鲁巴的崛起也是因为有一个炼油厂在此安家落户。如上所述，阿鲁巴的"海岛经济"具有天然的脆弱性。到 18 世纪末以前，阿鲁巴似乎连"刀耕火种"也谈不上，因为没有农业；勉强还可以说有一点"田园牧歌"色彩，因为这个小岛被殖民当局用于繁殖马匹，由当地的和来自大陆的印第安人充当牧马人。就是这样，田园牧歌也只是外人的意念和想象，而非牧马的印第安人心语。到 19 世纪初阿鲁巴的土地开始出售给个别移民，并被用来种植药用芦荟，这个海岛才算有了农业，但芦荟种植没能使阿鲁巴迈向发展之途（后来能够与芦荟这一药用作物名称缀在一起的海岛是库拉索而非阿鲁巴）。到 1824 年，阿鲁巴又开始有了金矿采掘业，但到 20 世纪初金矿采掘也宣告终止。阿鲁巴经济发展史上可以兴岛的这两种产业——芦荟种植和金矿采掘，都没有让阿鲁巴枯木逢春，更没有使之脱胎换骨。

正如今天人们所知道的，真正使世人知道加勒比海有个阿鲁巴岛的，还是炼油业。也就是说，到 20 世纪 20 年代，阿鲁巴建起了一家炼油厂，岛上才算有了生气。这家炼油厂建在阿鲁巴的圣尼古拉斯（San Nicolas）港，通常叫拉哥（Lago）炼油厂。

有关拉哥炼油厂的历史，笔者所获得的资料很少。特别是早年的发展情况，

---

① 笔者 2015 年 10 月 8 日在威廉斯塔德对陈衍祥的采访。
② 笔者 2015 年 10 月 8 日在威廉斯塔德对陈衍祥的采访。

几乎一无所获。不过今天这座炼油厂的情况已为世人所详知，虽然代替不了历史，但仍然可以使人依稀想见它昔日走过的路途。今天，拉哥炼油厂所在的阿鲁巴岛港口服务设施有修船、加燃料、小艇、医疗、牵引、排污、淡水、给养、遣返，无干船坞。港内有 3 个指状突堤码头，2 条礁脉防波堤和 1 条人工防波堤，1 个硫黄卸泊位。这里盛行东北信风，需强制引航，领航由拉哥石油运输公司管理，其工作时间持续 24 小时。在港口的海岸上，建有 800 万桶石油贮量的油罐，并且每座油罐接有连接炼油厂的油管，然后又有油管输回 1 号泊位，转载到较小的油船运载出港。港口有拖轮，由炼油厂管理。

阿鲁巴建炼油厂的具体时间有待核实，但一般的说法是在 20 世纪 20 年代。也就是说，其建厂时间与库拉索的建厂时间不相上下。这里炼出来的油主要输往美国。[1]

历史上，依靠从委内瑞拉进口石油进行提炼，阿鲁巴这个蕞尔小岛在加勒比海大振雄风，经济迅速发展，岛民生活水平明显提高。阿鲁巴名声在外，加勒比海其他地区的岛民，以及美国、委内瑞拉和欧洲的移民纷纷来到这里掘宝，一时间，阿鲁巴人口剧增，炊烟缭绕。炼油厂成了阿鲁巴岛上唯一的算是工业生产的标志物，也是岛上最重要的经济支柱，为岛上居民提供不少外贸收入和就业机会。不过到 1985 年，炼油厂曾经一度关闭，1993 年后才又恢复运作，但它的黄金岁月已经过去。2016 年，阿鲁巴政府批准 PDVSA 子公司 CITGO 以 25 年租赁方式重启在该岛的炼油厂。据称 CITGO 向母公司申请 1 亿美元启动资金，最终该项目共需要 6.8 亿美元。[2]

资料表明，当年阿鲁巴炼油厂开始运作后，所招收的工人中也有华侨。从相关资料来看，到阿鲁巴炼油厂工作的华侨应该人数不多，且基本上是做非行业性的即非炼油专业的工作。下面是从《阿鲁巴华商和家庭》一书中整理出来的几位第一代华侨在炼油厂工作的情况。

一位名叫 Chang Kan Pow（又作 Chen Kon Pow，1905—1983）[3] 的第一代华侨，虽然来阿鲁巴的时间不详，但可以肯定他来阿鲁巴后的第一份工作就是在炼

---

①　笔者 2015 年 10 月 15 日在阿鲁巴对何爵豪的采访。

②　中华人民共和国商务部网站，中国驻委内瑞拉经商参处，2016 年 10 月 13 日。

③　在 Tyrone Wong 和 Frank Fun 著的 *Chinese Merchants & Families in Aruba*（Oct. 10，2014）一书中出现的华侨名字都为拉丁拼音。显然由于年代久远的缘故，此书的作者并不清楚老一代华侨名字的中文写法。来自中国的老一代阿鲁巴华侨原先是应该有自己的中文名字的，但自从登上这个岛屿之日起，就很少有使用中文的机会，甚至一辈子不再使用中文。他们多是在口头上互称自己和别的华侨同胞的中文名字。在拼写上，一般都根据家乡口音译成了当地拼音。在当地出生的后代的名字，则全用当地拼音。所以，出现在此书中的华侨名字，都是拉丁拼音的，要准确还原他们名字的中文写法是极为困难的。故下面在引用此书中出现的华侨名字时，只用拉丁拼音。

油厂，随后才被老板叫到 Ling Chao Yang 的一家华侨杂货铺打工。从 1971 年 11 月 16 日起，华侨会所为他担保，他做起了会所的看守工。[1] 从这个例子来看，Chang Kan Pow 在拉哥炼油厂工作并没有赚到多少钱，要不，他就没有必要让华侨会所担保做看守工了。

第一代华侨 Arther Kong 也是从拉哥炼油厂开始做起的，应该属于在炼油厂没有赚到多少钱就离开工厂到外面打工的人。他于 1911 年出生于广东，1938 年 5 月 1 日来到阿鲁巴，在拉哥炼油厂工作。1945 年 4 月 13 日，他停止了在拉哥炼油厂的工作，被准许在炼油厂外工作。然后，他给 Tang Toong 打工。Wong Kin 以及后来的 Fun You Sing 都为他的居留做过担保。1955 年 4 月 22 日，他取得接管位于 Weg Seroe Petro 45 号的 Ambrosio Tromp 杂货店的许可证。[2]

一位出生于香港的叫 Chang Soy 的第一代华侨，1939 年 2 月 7 日乘船来到阿鲁巴。他一到阿鲁巴就在炼油厂工作，直到 1943 年 12 月 15 日。也就是说，他在炼油厂的工作时间近 5 年。之后，他在 Socotoro 开了一家杂货店，后来又将杂货店改装为超市，另外还做起了餐饮业。[3] 从这个例子来看，Chang Soy 在拉哥炼油厂的工作积累是他后来转行做杂货业和餐饮业的基础。没有在拉哥炼油厂工作的"原始积累"（有多少积蓄无从查知），就不可能有他后来的顺利转行。

一个叫 Cheong James 的第一代华侨，1946 年 10 月 10 日来到阿鲁巴后进入拉哥炼油厂工作，直到 1955 年 1 月 17 日离开。之后，他开了一个酒吧间。[4] Cheong James 的发展轨迹跟 Chang Soy 差不多，也是先在拉哥炼油厂工作积蓄自己创业所需的资金。

第一代华侨 Jim Yick On（即 Jimmy），1938 年 10 月 28 日来到阿鲁巴，先在拉哥炼油厂工作。资料记载他在 1949 年回到中国，1952 年又过来，然后在爪哇杂货店（Java Grocery）工作。资料没有说他在 1949 年新中国成立的时候回去干什么，但如果他在 1949 年以前在拉哥的工作没有中断的话，则他在炼油厂的工作前后就有 11 年之久，是现有资料记载中所看到的在拉哥炼油厂工作时间最长的华侨。显然，在炼油厂的工作也让他积蓄了一笔创业所需的资金。他从中国回来后，一位叫 Chong Fat 的华侨将自己拥有的 Chung Yeun 杂货店卖给了他。他由此起步。[5]

第一代华侨 Hugh/Hue Sue（即 George），1946 年 7 月 4 日来到阿鲁巴，也是

---

[1] Tyrone Wong and Frank Fun，p. 7.
[2] Tyrone Wong and Frank Fun，p. 45.
[3] Tyrone Wong and Frank Fun，p. 7.
[4] Tyrone Wong and Frank Fun，p. 6.
[5] Tyrone Wong and Frank Fun，p. 21.

先在拉哥炼油厂打工，后来又在 Albert Chung 杂货店打工。1958 年起，在 Chung King 杂货店打工。1965 年起，他成了 Albert Chung 杂货店的拥有人。之后，他买下了位于 Torenstraat 17 号的 Wong Kin 杂货店。① 作为最先在拉哥打工起家的第一代华侨，Hugh Sue 的经历跟上述诸人大同小异。不同的是，他离开拉哥炼油厂后没有马上开始其创业的历程，而是在一家杂货店继续打工，显然是为了积蓄更多的创业资金。

第一代华侨 Chin A Loi Asang（即 Rudolph），来自苏里南，其妻是当地人。他何时来阿鲁巴不详，但来后也曾经在拉哥炼油厂工作。跟上述诸人不同的是，他在拉哥的工作岗位比较清楚，是在炼油厂的会计部（accountancy department）工作 。且在闲暇时间，他还给几个组织（例如苏里南会馆，Surinam Club）当司库，即掌管财权的人。后来离开了炼油厂，还给几个牙医做过牙科技工。② Rudolph 在拉哥炼油厂的工作性质显然不是炼油行业的专业性工作，而是炼油厂必不可少的外围部门工作人员，但也属于部门性的专业工作者。与此同时，他还利用自己的会计专长在外兼职，捞取外快，而且所兼之职不止一个，收入应该不菲，至少生存和温饱没有问题。顺便指出，正是由于他的兼职，才使我们今天知道当时阿鲁巴的华侨会馆中存在着一个"苏里南会馆"，由此也得知当时小小的阿鲁巴岛上来自苏里南的华人不在少数。另外，从 Rudolph 的经历来看，尽管他一开始在拉哥炼油厂有过一份不错的工作，但他离开拉哥炼油厂后没有像上述诸人那样自己创业，而是继续"打工"，帮人做牙医助理谋生。他是一个多面手，在多个领域堪称称职的专业技术人员。可以说，Rudolph 是从拉哥炼油厂出来的另一类华侨。

除此之外，第一代华侨 Koc Choy（即 Santien）也曾经为拉哥炼油厂和 Wong Cheng Kong 打过工。他后来的经历不详，暂且不表。但值得注意的是他第二代的八个孩子中排行第七的 Thomas Eduardo Choy Mang（他也是八个后代中唯一有职业记载者），曾经在阿鲁巴前往挪威的油轮上航行过，且还在挪威的奥斯陆与一个挪威妇女结过婚。③ 油轮工作显然是拉哥炼油厂的一部分，他儿子从事这个工作估计与父亲曾经在拉哥的经历有关。

上面所述的曾经在拉哥炼油厂工作过的华侨，都属第一代华侨。第二代华侨中，也有曾经在拉哥炼油厂工作过的华侨。Arther Kong 就是其中的一位。他是第一代华侨 Yee Kon Piauw/Pew［即 Arther Kong（Ata）］的儿子，1911 年出生于广

---

① Tyrone Wong and Frank Fun, p. 20.
② Tyrone Wong and Frank Fun, p. 8.
③ Tyrone Wong and Frank Fun, p. 21.

东，1938 年 5 月 1 日来到阿鲁巴，一来便在拉哥炼油厂工作，直到 1945 年 4 月 13 日离开。但他没有真正离开拉哥，而是获准在炼油厂外面工作。然后，他给 Tang Toong 打工。直到 1955 年 4 月 22 日，他取得接管 Ambrosio Tromp 杂货店（位于 Weg Seroe Petro 45 号）的许可证。[①] Arther Kong 在拉哥炼油厂的工作应该让他积蓄到一笔创业资金，但他后来的创业显然不仅仅是依靠在拉哥赚来的钱，他离开拉哥后还继续打过工。

如前所述，20 世纪 20 年代晚些时候来阿鲁巴的华侨可分为两大群体：一是有中国香港或内地背景的移民。他们是汉族，说客家话，是中国北方移民的后裔，其先祖南下后定居在福建、广东和海南等地。很多中国海员和商人来自这些地区，这也是中国移民的主要来源地。大部分中国移民的来源地都可以追溯到上述三个省。[②] 二是克里奥耳人或出生、成长于西印度群岛地区（例如特立尼达和多巴哥、英属圭亚那和苏里南等）的中国人[③]。他们来到这些国家从事甘蔗、水稻种植业。

克里奥耳人—华人与加勒比群岛其他工人一同来到拉哥炼油厂，而来自中国香港和内地的工人部分是乘英国 Capitals 号大型油轮（从委内瑞拉运油到阿鲁巴）来的。当拉哥炼油厂改变了运油船的使用规模的时候，一批中国人便留在阿鲁巴找工作谋生，他们开店铺、餐馆和做有限的农耕工作、种菜园等。他们居住下来后，便接来自己的亲戚。有些人回到国内结婚，有些人则在当地娶了阿鲁巴女孩。克里奥耳人一般与岛内人群和西印度群岛地区的人通婚。在拉哥炼油厂的员工被解雇后，很多特立尼达和多巴哥的华侨回到特立尼达和多巴哥，年纪较大的人则回国，而没有归处的其他人便留在阿鲁巴。[④]

由上所述可知，作为阿鲁巴最早也是最具规模的工业，拉哥炼油厂显然是吸引当地人工作的重要企业，也是一部分华侨初到阿鲁巴后的谋职场所之一。从上述几个案例来看，拉哥炼油厂是华侨登陆阿鲁巴并在这个海岛生存发展的滩头阵地之一。但它没有成为阿鲁巴华侨终身谋职的企业。华侨往往在工作一段时间后，便离开该炼油厂。由于资料稀缺，对他们离开的原因，现在不好下结论，不过可以肯定与华侨在那里的收入有关。迄今没有找到关于华侨在拉哥炼油厂收入

---

① Tyrone Wong and Frank Fun，p. 45.

② Tyrone Wong and Frank Fun，p. 74。笔者注：此处说三个省的移民都是汉族、说客家话并不准确，阿鲁巴等地的客家人应以广东惠州一带的客家人为主。

③ 克里奥耳人所指的人种范围很宽泛。常指生于拉丁美洲的欧洲人的后裔、美国墨西哥湾沿岸各州早期法国或西班牙殖民者的后裔、上述两种人与黑人或印第安人所生的混血儿等。克里奥耳人还指在美洲出生的黑人后裔（也称 Creoles - Negro）。按笔者理解，这里主要是指西印度群岛地区（如特立尼达和多巴哥、英属圭亚那和苏里南等）的克里奥耳人与华侨所生的后裔，即克里奥耳人—华人。

④ Tyrone Wong and Frank Fun，p. 75。

的相关资料，但作为外来工人，华侨的总体工资水平收入不大可能高于当地工人。关键是，华侨在拉哥炼油厂所从事的工作，不可能是专业技术工种，也不大可能是与炼油业务紧密相关的核心业务。上面的案例除 Rudolph 外都没有提供华侨在炼油厂里的工作性质，但若能找到像来自苏里南的 Rudolph 那样的会计工作，应该是相当不错的了。可以相信，其他炼油厂工人所从事的也基本上是与炼油业务关系不大但必不可少的外围工作。所以，华侨不可能在炼油厂中成为业务骨干从而被委以终身职位。对于华侨来说，在拉哥的工作只是他们在阿鲁巴度过的漫长生涯的过渡，一旦积蓄到创业的必要资金，同时找到了创业的机会和途径，他们就会脱身而去，另谋高就。就上述个案来看，华侨离开拉哥炼油厂后的取向分为两种，一是直接创业，多数是在社会最需要的杂货店做老板；二是继续打工，多数也是在杂货店打工。显然，继续打工既是为了积蓄更多的创业资金，同时也是在杂货店行业创业前新的短暂过渡。

第三节　种养业

一、早期华侨传统种养业

这里所说的种养业，实际上包括荷属加勒比地区华侨从事的两个行业，一是蔬菜种植，二是养鸡，尽管这两个行业的规模很小，从业人员也不多。这两个行业本来没有太多的联系（充其量是鸡的粪便可以用作菜园肥料），但华侨将之连在一起，并非因为两者在行业上有关联，而应是因为华侨在家乡的种养习惯使然。华南农业多是自给自足的个体农业，除了在田间种植水稻和其他经济作物外，屋前屋后，一般都作自留地，种植瓜菜，同时饲养家禽（以鸡鸭鹅为主）。这样，便形成了华南个体农业的一般种养格局，也可以说成了华南农民的一种特有生活方式。实际上，种植瓜菜和饲养家禽两者各不相扰，在屋宅周围用篱笆等圈成的园子里，既可以种瓜种菜，也可以饲养家禽（比较适合的家禽是鸡），剩饭余粮，可供家禽食用，物尽其用，不致浪费。这是过去华南农民自得其乐也堪称别具一格的田园风光。荷属加勒比地区很少风涝灾害，气候适宜种植瓜菜和饲养家禽，华侨来到荷属加勒比地区后，便将家乡的这种传统的生活方式带到了居住地。即使在今天，也还可以在荷属加勒比地区看到菜园和鸡场合二而一的例子。华侨 Chaong Yong 及其妻子 Cheng Kam Chi 在 Pos Abou 有一个鸡场，并在那

里种植蔬菜。[①]

荷属加勒比地区的华侨种养业始于何年何月，今天已很难准确考实，但相信在华侨登岛后不久就已逐渐出现。据笔者在阿鲁巴的现场采访，阿鲁巴华侨认为，该岛华侨种菜的历史开始于 20 世纪 30—40 年代。[②] 文字资料表明，阿鲁巴华侨种菜的起始时间最晚应始于 30 年代。阿鲁巴的一个比较小的菜园——皮德拉小块地（Piedra Plat），现在为桑塔罗萨（Santa Rosa）农场所在地。华侨 Wong Kin 和 Francis Lue 在 20 世纪 30 年代曾经经营过这个菜园。[③] 笔者在调查中听说，伍瑞生来时只有他一个华人，他到这里后也是从种菜开始的，当时他感到非常无聊，常自拭泪。[④] 伍瑞生来阿鲁巴时应该是 20 世纪 80 年代，那时种菜还是十分受欢迎的职业。

值得注意的是，种养业之所以能够得到华侨的青睐，很重要的因素是受到当地政府的鼓励。据陈衍祥说，种菜是库拉索政府鼓励的行业，原因就是库拉索的蔬菜来源短缺。华侨一般是租下一片地，交少量的租金，就可以开种。[⑤] 在同样缺少蔬菜的阿鲁巴，种菜也得到政府的鼓励。不过，如下面所述，一位库拉索老华侨在当地开辟了一个偌大的菜园，以之作为一个产业规划发展，很大程度上是因为他看准了当时的市场需求。

在荷属加勒比地区从事种养业的华侨中，有一辈子以之为业的。在今天仍然健在的华侨中，还有人是种菜出身的。例如，人称棠伯（全名吴荣棠）的老华侨，今天尚健在，他在阿鲁巴种菜的历史长达 60 余年。[⑥] 相信这是一个至少在荷属加勒比地区难以打破的纪录。

与此同时，也有将种菜作为日后谋取更好的职业的过渡行业的。陈衍祥来到库拉索后，便以种菜为业长达 10 多年，然后打杂货工，又 10 多年，再转行做餐馆，直到 1993 年左右退休。又如，陈忠善是种菜起家的，后来转开杂货店。[⑦] Cheong Chick 在 Pos Abou 有一个鸡场，后来他在圣尼科拉斯的 veen Zeppenveld-straat 大道建立了一个小卖店，称 La Deseada 小卖店。[⑧] 这些华侨之所以选择种养业作为移民之初的谋生手段，是因为种菜养鸡既可作为落户之初的糊口之计，其产品也不愁没有销路。当然，他们心里很清楚，如想靠种菜养鸡发家致富，肯定

---

① Tyrone Wong and Frank Fun, p. 70.
② 笔者 2015 年 10 月 15 日在阿鲁巴的采访。
③ Tyrone Wong and Frank Fun, p. 70.
④ 笔者 2015 年 10 月 15 日在阿鲁巴的采访。
⑤ 笔者 2015 年 10 月 8 日在库拉索对老华侨陈衍祥的采访。
⑥ 笔者 2015 年 10 月 15 日在阿鲁巴的采访。
⑦ 笔者 2015 年 10 月 8 日在库拉索对老华侨陈衍祥的采访。
⑧ Tyrone Wong and Frank Fun, p. 70.

很困难。聊补无米之炊可以，作"长治久安"之策不可能。故很多开始从事种养业的华侨，只是将之作为权宜之计，一旦有更好的机会，他们还是要另谋出路的。

华侨在居住地所种的蔬菜，自然是在当地能够生长的蔬菜。笔者在库拉索曾听到过华侨从家乡千方百计把菜籽带来当地种植的故事，由此可见华侨家乡种植的蔬菜中，至少有一部分是适合在居住地种植的。笔者在对岛外一位华侨的电话采访中，得知他的祖上曾经从家乡把菜籽带到居住地，显然岛上至少一部分菜籽来自华侨的家乡。又据笔者在阿鲁巴现场调查了解，今天当地华人仍然种菜，菜很丰富，包括白菜、芥蓝、豆角、茄子、丝瓜、苦瓜、冬瓜等。① 这些菜在中国都有，笔者相信就是当年华侨从其家乡带过来的，当然，即使是源自中国的蔬菜，移植到华侨居住地后，也会因适应当地环境发生一些变异。

至于为什么所饲养的家禽是鸡，而没有鸭鹅等，笔者猜测主要是由于动物习性的缘故。鸭和鹅都是戏水动物，荷属加勒比海岛上没有河湖池塘，自然就没有饲养鸭鹅的基本条件。鸡则不同，是一种"旱地行走动物"，如果掉进水里，只能被淹死。过去华侨所饲养的鸡群，一般是白天任其在围成的园子里觅食和活动，到傍晚才赶回笼子里。

种养业很可能是华侨在荷属加勒比地区最早从事的农业，甚至可以看作是当地农业之始。在华侨种养业出现之前，荷属加勒比地区各个海岛有没有真正的农业是颇可怀疑的。一个不可忽略的事实是，在荷属加勒比地区最主要的几个岛屿——库拉索、阿鲁巴和圣马丁都十分缺水，② 准确地说，没有河流、溪流和泉水等天然水源。历史上居民的日常用水，基本上是靠打井取水（一般带程度不等的咸腥味）。直到现代海水淡化技术出现以后，岛上居民才用上淡化海水。可见，历史上岛上的蔬菜类食物供应是十分短缺的，原住民在这方面的需求也很难得到满足，野菜可能是他们的蔬菜类食物来源之一。华侨来到荷属加勒比各海岛后，对岛上这种短肉少菜的现状肯定十分不适应。他们已经形成了菜肉不离的饮食习惯，不可能长期没有蔬菜"入口"，于是，便要想办法改变这一现状。当时的华侨社会虽小，但对蔬菜的需求肯定很强烈。这种环境下形成的对蔬菜的市场需求，便成为华侨在当地谋生存的一个光明出路。

种菜必然要大量用水。菜园里所种植新鲜蔬菜和水果所需的水，包括以下来源：一是水井。荷属加勒比的海岛虽然没有地表水资源，但地下水还是很充足的。地下水主要靠打井取得。水井里的水可以通过风车（windmill）抽出，也可

---

① 笔者 2015 年 10 月 15 日在阿鲁巴的采访。
② 荷属加勒比地区有华侨居住的岛屿中，除了库拉索和阿鲁巴，圣马丁和博内尔岛都没有淡水。

以通过发电抽出。① 二是泉水，是宝贵的水资源之一。三是雨水。雨水来源不稳定，也算是老天的馈赠。华侨会挖掘一个个的蓄水池，将一点一滴的雨水存蓄起来，以备浇菜之用。上述几种水资源中，井水是最重要、最可依赖的。因为，再大的雨水，在降到岛上撒开来后，都会变得十分稀薄和微不足道，加上岛上阳光酷烈，蒸发得很快，故可以收集的雨水十分有限。至于泉水，本来就十分罕见，就更难依靠其作为种菜的用水来源了。阿鲁巴的第一代华侨 Chong Hong（即 Tchong Hong 或 Ming Hop），在华人社会里是个有影响的人物。他 1899 年生于广东，1934 年与另 8 名中国人一起受洗入教。人们都知道他是上海酒家（Shanghai Bar & Restaurant）和上海家私店（Shanghai Furniture Store）的拥有人。但按照非官方的信息，正是他创立了阿鲁巴著名的芬田菜园（Fontein Garden）。② 芬田这个地方可以比较容易地收集到大量的地表水。从已发表的图片看，那里有一个很大的水塘。只有这样，芬田才可能建成一个著名菜园。到了现代，它已经发展为阿鲁巴一个重要的蔬菜种植业园地。

养鸡则不同，不需要大量用水，只需要一片足够开阔的地即可（一般围起来）。如上所述，早年华侨的种菜与养鸡一般是合二而一的。一块地围起来，既是菜园又是鸡场。至于这种情况持续到什么时候还需要探讨。

早年在荷属加勒比地区从事蔬菜种植和家禽饲养的华侨，辛勤劳作，忙碌在田野上和市场里。但他们的经营多为家庭式的，单家独户，独立自主，总之，只能算是个体经营。据库拉索老华侨陈衍祥说，种菜也是家族经营为多。③ 今天阿鲁巴较大的菜园如努尔德菜园（Noord Garden），由 Ng 姓家庭经营；布巴里菜园（Bubali Garden），由 Chaong Yong 家庭经营；芬田菜园（Fontein Garden），由 Wong Sao Yum 和 Wong Wao Ging 两个家庭经营。④ 即使有合伙的，也没有老板、雇工之分，彼此地位平等，不能看作是餐饮业那样的企业。种菜者的收入可能不比一般的打工者低，而且市场稳定，售卖无忧。

荷属加勒比地区的传统蔬菜种植业以及养鸡业，很可能只在库拉索和阿鲁巴曾经有规模地存在，因为这两个海岛历史上与外界的交通十分不便，外运进来的食物数量有限，蔬菜和鸡肉更是主要依靠岛内供应。到了现当代，岛上与外界的船运越来越发达，各种各样的货物包括蔬菜和肉类都可以依靠外来供给，岛上华侨进行传统蔬菜种植和养鸡的重要性便大大降低了。虽然今天库拉索和阿鲁巴的华侨还偶有种菜和养鸡，但已不再是必不可少，或说已是可有可无了。而且今天

---

① Tyrone Wong and Frank Fun, p. 70.
② Tyrone Wong and Frank Fun, p. 11.
③ 笔者 2015 年 10 月 8 日在库拉索对老华侨陈衍祥的采访。
④ Tyrone Wong and Frank Fun, p. 70.

的华侨种养业已不再采取传统方式。至于圣马丁岛，则到 1964 年才开始出现华人，那时候岛上与外界的船运交通已经十分发达，蔬菜和肉类已经可以依靠外地供给，华侨也没有多大必要进行蔬菜种植和家禽饲养了。况且，有华侨说，在 20 世纪 90 年代，圣马丁曾有人试种过菜，但不成功，因为这里没水，土质也不行。[①] 因此，这里所分析的荷属加勒比地区的华侨种养业，主要限于库拉索和阿鲁巴两个岛屿。

二、现代种养业发展一瞥

蔬菜种植和养鸡两大本来相辅相成、密不可分的传统行业，到了现代也已逐渐相互剥离，且各自走上了产业化、规模化和业内多种经营的道路。所谓产业化，是指种菜和养鸡都实行企业式运营，既有所有人（老板），也可以雇工，产品面向市场。这里应指出，在传统种养业时代，这一行业属于个体经营，而到了现代，这一行业便基本上实行企业化经营，其突出的标志是形成作为经营单位的公司（或其他名称），公司有拥有人（老板）、经营人和管理人。所谓规模化，是产业化的必然产物。如果一个行业不形成一定的生产规模，就无法保证产品实现脱销和盈利。当然，规模化绝不意味着产品数量的无限扩大，而是意味着企业生产以市场为导向，以尽可能脱销和盈利为目标。所谓多种经营，是指种菜和养鸡都不再单打一，而是按照市场的需要，使产品在同领域内实现多元化。比如，原先的种菜业就不限于种植蔬菜，或者仅限于种一种蔬菜，还可以栽种水果类作物，等等；养鸡业也可考虑向饲养别的家禽的方向发展，等等。当然，所有这些，都不是齐头并进的，一切视自然条件、市场要素和市场变化而行，毕竟，荷属加勒比各个海岛的消费需求有限，不像别的独立经济体那样具有较为广阔的市场空间和回旋余地。今天，Cha Sang 拥有和经营着一个营养文化种植园，Tsu Sue Tai 则在 Bubali 有一个鸡场，可能都属于现代化的菜园和鸡场。[②]

今天，在第一代华侨的后代中，也有继续从事种菜业的。不过，今天从事种菜的华侨已今非昔比。他们的菜园面积可能不大，但灌溉和管理的科学化程度已经大大提高，从业者可能不只是从事种菜一业，而可能将之作为他从事的另一主业的补充。毕竟，在荷属加勒比地区，蔬菜不愁没有市场，只怕没有人种。

可以肯定，到了现代，养鸡业已经告别传统，实行科学喂养了。大规模的养鸡场遍布全美国，从下蛋开始一个月甚至半个月就养成的"机器鸡"已经走进

---

① 笔者 2015 年 10 月 25 日对圣马丁华侨余国良的采访。

② Tyrone Wong and Frank Fun，p. 70.

商场，走进千家万户。荷属加勒比地区的养鸡业也走上了类似的道路，即科学养鸡，规模生产。虽然这里没有大的市场，但是科学的规模饲养，已经成为这一地区养鸡业的现况。应该说，养鸡业走上了这条道路以后，便已跟传统的种菜业分离。鸡场不一定同时是菜园，养鸡人不一定同时是种菜人。

据笔者在库拉索的采访，吴新植的爷爷在当地就曾经把种菜业做得很大。他爷爷是在给老板娘买菜时，偶然得知当地的蔬菜很贵，才萌生了种菜念头的。他找到一个种菜的地方，与本村的兄弟一起，在那里挖了一口水井，平整好土地，便种下了第一片蔬菜。菜园的名字叫"裕盛"。开始时，菜园很小，后来才越种越大。且开始时他也只是用一个袋子装着摘下来的菜拿到市场上去卖。后来，摘下来的菜越来越多，他便用担子挑着到市场上去。卖菜非常辛苦，每天要凌晨四时起来，摸黑把菜挑到市场。当时的路是羊肠小道，弯弯曲曲，他就这样一步一撞地把菜挑到了市场，每天都这样，风雨无阻。后来在那里一起种菜的还有他的两个儿子（其中一个儿子便是吴新植的父亲）以及两个孙子。再后来，吴新植在菜园旁边建起了一个小杂货铺，直到 1989 年菜园停业，杂货铺也随之关门。[1]

笔者在吴新植、吴素翠兄妹陪同下，驱车到当年他们爷爷的菜园。菜园很大，一眼望去，面积足有数十亩。但如今已经面目全非，眼前芳草萋萋，荆棘丛生。只有脚下的泥土，仍然油黑润滑，不难想象这里当年是块种菜的好地方。

现存文字资料没有留下多少早年华侨传统种养园的清晰图景，但留下了几幅现代种养园（或种植园、养殖园）的珍贵画面。阿鲁巴有几个著名种植园是值得提及的：

一是上面说到的芬田菜园。它几易其主，到 20 世纪 90 年代，新园主是第一代华侨 Wong Wao Ging。他 1921 年生于中国，1947 年 5 月 12 日来到阿鲁巴，1993 年去世。他与来自芬田的 Wong Sao Yum 有关系。[2] 在芬田拥有土地。菜园主每日（除了周日）采摘蔬菜，将之送到岛上的许多杂货店和餐馆。[3]

二是华盛顿菜园（Washington Garden），资料显示 Ng Lie Tong 曾经是其拥有人。他也是第一代华侨，生于 1927 年，1947 年 5 月 15 日来到阿鲁巴，其妻叫 Ng Chau Wan。[4]

此外，较大的菜园还有努尔德菜园和布巴里菜园。遗憾的是，没有更多描述这两个菜园的资料。据了解，今天的阿鲁巴仍然有专业菜园 4 个，[5] 可能就是指

---

① 笔者 2015 年 11 月 9 日在库拉索对吴新植、吴素翠兄妹的采访。

② Tyrone Wong and Frank Fun，p. 44.

③ Tyrone Wong and Frank Fun，p. 70.

④ Tyrone Wong and Frank Fun，p. 44.

⑤ 笔者 2015 年 10 月 15 日在阿鲁巴的采访。

上述 4 个菜园。这些菜园由阿鲁巴的私人业主出租，或向政府租来。

Lo Kone Tai（即 Chic）是第一代华侨，1909 年生于香港，1939 年 2 月 6 日来到阿鲁巴，他先是给 Wong Kin 打工，然后开了他自己的杂货店（Chicgrocery，靠近圣尼科拉斯警察局）。他于 2013 年去世，享年 104 岁。他的血缘兄弟叫 Chaong Yong，1919 年在中国出生，其妻为 Cheng Kam Chi，1927 年生于广东。Chaong Yong 于 1955 年来到阿鲁巴。经申请执照，1962 年开始在 Pos Abao 7 号经营鸡场，这个鸡场是他从 Cheong Chick 那里接手的。与此同时，他也是一个蔬菜园主（gardener of vegetables）。[①] 这是华侨同时经营蔬菜种植和养鸡的一个例子，不过这一资料没有说明他的这两处产业是否在同一个地方。

Cheong Jie Tsjiet（即 Cheong Chick）也是第一代华侨，1925 年生于婆罗洲的沙捞越，1946 年 11 月 28 日来到阿鲁巴。他先在 Yee Woo 的杂货店打工，后来又在 Java 杂货店为 William Cheung 打工。但他在 Pos Abao 还有一个养鸡场，后来在圣尼科拉斯的 B. vd Veen Zeppenvel 街拥有自己的小卖店（称 La Deseada Store）。这样一来，他便成了两个产业的经营者。[②] Cheong Chick 的例子清楚地说明，他所从事的养鸡业已经跟种菜没有什么瓜葛，而已变成一个独立的行业。

资料记载，Cormelia Koolman 是 Ignatius Koolman 和 Maria Hermina Arend 的女儿。Koolman 家族住在 Mariniers Kazerne 的东面，他们有一大片土地，地上养羊，并种蔬菜和水果。[③] 这个例子说明种养业已经发展到多种经营，即使种菜业本身，也不只是种菜，而包括种水果等；同样，即使养殖业本身，也不只是养鸡，还包括养羊。

在《阿鲁巴华商和家庭》一书中，记载了很多园林工的名字，例如，Ng Chea Timmy 是 Bubali - Noord 的园林工，1930 年生于广东。在 Bubali - Noord 的园林工还有：Tang Wue Kuo、Chan Sau Fat、Ng Tze Cheun、Kwok Kuen、Kwok Hung、Lee Pak Tat、Ng Hing Dat、Young Jang Ching、Mak Ban Qun、Yet Dat Quon、Ban Quen Lok、Ney Key Chia、Lok Ban Quen 等。园林工的工作包括种菜，或者说园林工与菜农之间多有相互轮换的现象，应是合理的猜测。

---

①　Tyrone Wong and Frank Fun，p. 7，p. 28.

②　Tyrone Wong and Frank Fun，p. 6.

③　Tyrone Wong and Frank Fun，p. 27.

第四节　洗衣业

一、早期华侨洗衣业概况

以"三把刀"（菜刀、剪刀、剃刀）为代表的华侨经济，可以说是早期华侨经济的主要支柱。"三把刀"加上杂货业，是包括四邑籍华侨在内的所有早期旅居海外的中国人最重要的谋生手段。洗衣业技术含量非常低，但毕竟也算是一门"技术工种"，需要专门的器具以及经过一定的流程，因而需要懂得使用这种器具、熟悉这个流程操作的人，他就是洗衣工。洗衣工懂得操作洗衣那一整套流程，就意味着他懂得了洗衣这一"技术工种"。他专门做这个工种，就是这个行业的专门人士。当然，这种器具和操作流程，或许谁都懂，问题是没有谁愿意把时间花在劳累而琐碎的洗衣上。上流人士宁愿花点钱让人洗，自己去休息；忙忙碌碌的打工阶层也宁愿花点钱让人洗，自己把宝贵的时间拿来打工赚钱。反正谁都明白，洗衣花不了多少钱，当时整个加勒比地区都是差不多的行规。可以推想，荷属加勒比地区华侨的洗衣技术主要来自外埠（如千里达、苏里南、古巴等地）的华侨。这一带很多华侨从事洗衣业，他们所具备的"一技之长"，就是洗衣技术。外埠华侨在当地基本上垄断了洗衣店，后来随着荷属加勒比地区洗衣行业的拓展，就将这一行业带进这一地区。也可以推定，荷属加勒比地区早期华侨洗衣业很重要的一部分服务对象，应是中上层家庭的妇女。

早期在加勒比海和南美一带的华侨，多从洗衣起步。洗衣业成为乍到异国他乡、一无所有的华侨起步的首选职业，究其原因无非几点：第一，门槛较低，不需要什么技术资金。只要吃苦耐劳、忍辱负重，谁都可以干。虽不可能快速致富，但好在细水长流，低收入，高稳定。第二，起步低，成本小，一块搓板、一些肥皂、一个熨斗和熨衣架足矣，将之塞进一个笨重的箱子里，便可以游走四方。居住之处就是"工作间"，省了很多租房开销。第三，无须过多沟通，最适合不懂当地语言的华侨来做，除了数字以外，只要掌握三五个单词即可，交流时肢体动作多一点，生动一点，便万事大吉。

洗衣业乍看简单轻松，但实际上一旦入行，长年累月，便知道个中艰辛了。干得越久的人，就越知道洗衣人的辛苦。笔者在库拉索采访当地华侨时，印象颇深的是华侨都说在库拉索做洗衣工一是很累，第二天起床筋疲力尽，且收入低

微，月工薪只有 18 元，难以维生，更毋庸说要养家了①；二是劳动繁重，单调重复，当时使用的熨斗笨重，且熨热技术十分落后，热源是木炭，费时耗力，熨衣时还要全神贯注。而且，如果一不小心把衣服烘坏了，不但工钱分文无收，还要照价赔偿。有这样一首歌谣，多为人所引用，道尽了四邑籍华侨从事洗衣业的艰辛：“一把熨斗八磅重，十二小时手不闲。一周干满七天活，挣了一点血汗钱。拣到洗，熨到叠，为了一碗活命饭，辛苦劳累在‘金山’。”有关详情，在上卷谈到委内瑞拉华侨洗衣业的时候已经谈过，这里不赘述。不过应该提及的是，荷属加勒比地区与委内瑞拉在洗衣业方面的最大不同是，这一地区的岛屿不大，居住人口比较少，其行业的游走性应该远低于其他大陆国家的同行。但游走性低不等于没有游走性。早期的荷属加勒比地区开发程度低，居民居住分散，各岛屿上没有像样的公路，山路崎岖曲折，各居住地之间的相互往来主要靠一个“走”字。所以，洗衣业不可避免地存在着一定程度的游走性质。

早期洗衣业是个高度个体化的职业，甚至可以说是所有行业中最个体化的职业。表现在，第一，一个洗衣店只有一个洗衣工，老板和洗衣师傅都是他，舍他无第二个“他”；第二，各洗衣店彼此各干各的活，相互没有联系。相逢不相识，疑是外方人。究其原因，是各人都忙于揽活赚钱，没有时间和精力在彼此间建立联系的人际网络。而且当时的洗衣业竞争十分激烈，而竞争激烈的根本原因，是从事洗衣业的华侨人数众多，快于市场的增长，僧多粥少，故而互相排斥。

当然，这是作为非常个体化的洗衣散户的情况。随着城市规模的扩大和城市空间的外延，洗衣店也亦步亦趋，跟随市场服务对象，开到当地人居住区。在靠近服务对象的同时，还可以减少相互之间的恶性竞争，争取利润保障。在顾客比较集中的地方（尤其是市镇），洗衣铺（店）主的工作就相对稳定。那里的洗衣铺一般有好多熨斗，后面的工作间里常年生着一只煤炉，可以烧水，也可以加热熨斗——把变凉了的熨斗放回炉子上再加热，换用另一只热熨斗继续干活。一只熨斗八磅重，工作间里又热又闷，洗一件衬衣收费少之又少，这就是只有华侨才能忍耐的“八磅生涯”。

华侨初期大多以洗衣维持生活，每人背一布袋挨门逐户收取脏衣。他们的工作和生活条件极差。关于这一点，在荷属加勒比地区没有留下任何文字资料，但梁启超在美国的游记中有一段话可作参考。他记述道：“洗衣业，实在美华人最重要之职业也，东部诸省，十有九业此。其工价最廉者，每礼拜美金八九元。最

---

① 笔者 2015 年 10 月 19 日对库拉索华侨的采访。

昂贵者每礼拜二十元。"[1] 梁启超这里说的是美国华侨的情况，他没有到荷属加勒比地区，因此不可能知道当时这一带也存在着跟美国一样的华侨洗衣业。不过梁启超这段话中，有两点对评价荷属加勒比地区的华侨洗衣业是适用的：一是洗衣业是华侨的重要职业；二是华侨洗衣业的工钱低廉。其实这两点是互相联系的，由于洗衣业工钱低廉，当地人不愿意为之，才被初到当地、身无分文的华侨捡过来，当作安身立命的"基础产业"。

阿鲁巴的洗衣业始于 20 世纪 30 年代。[2] 从资料可知，当时来到阿鲁巴的第一代华侨中，有一些人是终身从事洗衣业的。

第一代华侨 Chow Fat，1918 年生于广东，1946 年 8 月来到阿鲁巴。他先是在海滨酒店（Strand Hotel）和阿鲁巴加勒比酒店（Aruba Caribbean Hotel）做厨师。1972 年，他得到了居留许可证，并得到了在 Hendrik 街 30 号经营阿鲁巴洗衣店（Aruba Laundry）的许可证。[3]

第一代华侨 Leong Shi，1915 年生于广东，1947 年来到阿鲁巴，在 Jackson 教堂对面的 Bernhard 街拥有一家 Hop Long 洗衣店。他的兄弟叫 Leong Po On，是东方洗衣店（Oriental Laundry）的拥有人。[4]

第一代华侨 Lum Wah Tong Peng Siong，生于马来西亚，是位于 Wilhemina 街 102 号的一家洗衣店的拥有人。1972 年 7 月 12 日，他取得经营奥拉涅斯塔德洗衣店（Oranjestad Laundry）的许可证。1972 年，他将 Wilhemina 街 102 号的洗衣店搬到位于同一街的 73 号。他也是阿鲁巴餐馆（Aruba Restaurant）的协理管理人。他与 Lim Siew Yong 是兄弟，Lim Siew Yong 拥有阿斯特日亚酒店/餐馆（Astoria Hotel/Restaurant）。他的儿子 Chee Chong 现在经营奥拉涅斯塔德洗衣店，该店位于 Arend 街 107 号。[5] 这样看来，Lum Wah Tong Peng Siong 家族成了阿鲁巴的洗衣世家。

可以列举一些今天在阿鲁巴经营得比较好的华人洗衣店：东方洗衣店，位于圣尼科拉斯的 Bernhard 街，在警察局对面；Hop Long 洗衣店，同样位于 Bernhard 街；阿鲁巴洗衣店，位于奥拉涅斯塔德的 Hendrik 街 30 号；奥拉涅斯塔德洗衣店，位于 Wilhelmina 街（与上面奥拉涅斯塔德洗衣店同名，疑为另一家）；主街（Main Street）洗衣店，位于 Nassau 街。[6] 在荷属加勒比其他岛屿，历史上的华人

---

① 梁启超：《新大陆游记》，长沙：湖南人民出版社，1981 年。
② 笔者 2015 年 10 月 15 日在阿鲁巴对何爵豪的采访。
③ Tyrone Wong and Frank Fun，p. 11.
④ Tyrone Wong and Frank Fun，p. 24.
⑤ Tyrone Wong and Frank Fun，p. 26.
⑥ Tyrone Wong and Frank Fun，p. 26.

洗衣业一样很普及，到今天仍然存在着多家华人洗衣店。阿鲁巴的景象可说是一个缩影。

洗衣业虽然"低贱"，但小小的洗衣店也可以是中华文化的展示场所。铺面陈设、记账、算数、挽留回头客的方式等，种种细节，将古老悠久的中华文化传统展现无遗。

二、洗衣业现况

到了20世纪30—40年代，华侨手工洗衣店遭遇到了机器和蒸汽洗衣技术的强烈竞争，不可避免地江河日下了。从历史来看，1858年，美国人汉密尔顿·史密斯在匹兹堡制成了世界上第一台洗衣机，随着电机技术的进步，美国人阿民瓦·丁·费希尔于1901年设计并制造出来世界上第一台电动洗衣机。19世纪发明的洗衣机是机械式的，其壳体是一只大木桶，桶内灌有肥皂水并装有一副沉重的旋翼用以搅拌衣物。这种搅动衣物使其在洗涤桶内翻转摩擦的洗涤原理现在仍为先进的洗衣机所采用。直至第二次世界大战前夕，美国才开始批量生产缸式洗衣机，其洗涤缸内有内装式涡轮喷洗头或立轴式搅拌旋翼。委内瑞拉的洗衣机技术发展情况不详，但应与美国基本同步。

随着技术进步，洗衣机开始大量进入家庭，方便、洁净、高效的优势赢得了众多消费者的青睐。当然，相对于机器洗衣，华侨的手工洗衣能更好地保护衣料及其颜色，因此受到部分消费者的持久欢迎。但手工洗衣业毕竟已夕阳西下，慢慢地，华侨手工洗衣铺就几乎销声匿迹。今天，荷属加勒比地区的洗衣业早已跨过往昔的苦涩岁月，迈进了新的时代。最大的变化无疑是洗衣业的现代化，包括洗衣的机械化、管理的现代化和由此带来的行业的集约化。当日华侨洗衣工使用的笨重熨斗早已成为历史，而代之以先进的自动半自动洗衣机；当年华侨单人独身进行手工操作的洗衣业，如今早已发展为一种具有科学管理的现代化产业。因而，现代的洗衣业已经发展成为一个高效率、规范的产业。另外，还应看到，家庭洗衣机的普及极大地冲击着传统的洗衣业市场。洗衣业不可避免地走向衰落。当然，洗衣业的衰落并非意味着这个行业已经或即将退出历史舞台。由于白领阶层尤其是写字楼单身白领阶层的存在，由于人们的工作日趋紧张，也由于现代社会交际（主要是高级、正规场合的社会交际）对衣着要求十分讲究，因此，洗衣业，特别是服务于白领阶层的高档洗衣业仍然有一定的生存空间。

不可否认，今天的华侨洗衣业已经成为"夕阳职业"。例如，王柏林1990年来到圣马丁，从事洗衣业至今，现在有洗衣机10台左右，100磅以下，分不同等级。他说，圣马丁20世纪60年代开始有华人从事洗衣业，现在圣马丁的荷属地

区有洗衣店 10 家左右，法属地区在 10 家以下，法属地区的洗衣规模小一些。在 20 世纪 80 年代，圣马丁从事洗衣业的华人在 25 人左右，不超过 5 个家庭。[①]

今天的华侨洗衣业之所以成为"夕阳职业"，是因为从历史发展阶段来说，洗衣业作为华侨掘取第一桶金的历史使命早已完成，华侨已经相继走上了杂货超市业、百货业的发展道路。即使如此，少数华侨仍然继承父辈的基业，坚守着曾经给华侨带来过辛酸与梦想的洗衣业。同时，他们也与时俱进，采用先进的管理技术，把洗衣业引领到一个新的阶段。

一般来说，现代化的洗涤店离不了锅炉、洗涤设备、烘干设备、整熨设备、脱水设备、洗衣房设备，具体产品包括工业洗衣机、洗衣房设备、洗衣设备、洗涤设备、洗脱机、水洗设备、干洗机、脱水机、烘干机、干衣机、熨平机、烫平机、布草洗涤机械、干洗设备、熨烫设备、全自动洗脱机、隔离式洗脱机、牛仔后整理所有工艺产品等。例如，库拉索容宇庭开的 WASSERIJ DUZU 洗涤店，堪称代表了洗涤业的新发展方向。其烘干设备主要是新型的自动烫平机。大型洗衣房清洗宾馆床单被褥全套设备，洗衣房用全自动洗涤设备。这个洗涤店占地 1 400 平方米，包括一个洗衣店。一般的洗衣店只需 10 万元就可开店，但容宇庭的酒店被褥布物洗涤店投资了 200 万元，可见其发展的雄心。目前洗涤店雇工人数为 20 多人，约 60% 的工人为华侨；洗涤机标准包括以下级别：100 公斤、80 公斤、50 公斤、30 公斤、25 公斤。洗涤店提供洗涤物收送"一条龙"服务，为全岛唯一一家华人经营的酒店被褥布物洗涤店。目前，其业务包括全岛 30 多家酒店的被褥布物洗涤，约占全岛的 20%。值得注意的是，这个洗涤店的设备均购自中国，主要包括锅炉、洗涤机、新型自动烫平机。与此同时，洗涤店十分注重环保要求，它所使用的是从德国购买的新型洗衣粉。[②]

第五节　餐饮酒吧与酒店业

一、餐馆

很多第一代华侨登岛后就以经营中餐馆作为其在居住地的第一个职业。当然，也有人一开始从事别的行业，到后来才经营中餐馆并越做越大，还有家族经营中餐馆的。史料表明，在荷属加勒比地区，第一代就从事餐馆业的华侨不少。

---

① 笔者 2015 年 10 月 27 日在圣马丁对王柏林的采访。
② 笔者 2015 年 11 月 8 日对容宇庭洗涤店的调查了解。

下面是其中几个例子。

1. 阿鲁巴

第一代华侨 Fang Chee Tong（即 Fong），1916 年出生于新加坡，1942 年 6 月 7 日来到阿鲁巴，从 Wong Chen Kong 手里买下了位于圣尼科拉斯的彻斯特菲尔德餐馆（Chesterfield Restaurant）并开始经营。[①]

第一代华侨 Leong You，1920 年生于广东，1947 年 11 月 24 日来到阿鲁巴。后来在站立酒店（Stand Hotel）和香港餐馆做过厨师，是幸运七星餐馆（Lucky Seven Bar and Restaurant，位于奥拉涅斯塔德）的拥有人。[②]

第一代华侨 Wong Chen Kong 是经营阿斯托利亚酒店（Astoria Hotel）的老板 Wong Chee Wai 的兄弟。其妻于 1936 年 4 月 23 日乘船来到阿鲁巴，后来成了 Chesterfield and Paris 餐馆的拥有人。[③]

第一代华侨 Ng Kam Ling，生于 1924 年，1950 年 12 月 11 日来到阿鲁巴，他是巴黎餐馆（Paris Restaurant）以及 E Boco 酒窖与酒家（E Boco Wine Cellar Bar & Restaurant）的拥有人。[④]

第一代华侨 Li Fu Ip，1938 年生于广东，1955 年 12 月 5 日来到阿鲁巴。他是在格林斯维格（Grensweg）上的利多酒吧餐馆与尼特俱乐部（Lido Bar & Restaurant & Nite Club）的拥有人。[⑤]

陈星（Chan Sing）也是第一代华侨，1928 年生于中国，1949 年 7 月 6 日来到阿鲁巴。开始在白星杂货店（White Star Grocery）做粗活工，也给 Pursi Tjew San Jie A Swie 打过工。1967 年 5 月 11 日，他获准在阿德里安拉科大道 19 号（Adriaan Lacle Boulevard 19，该地在奥拉涅斯塔德主街尽头的 Valero 加油站南面）经营香港餐馆。他在机场二楼也有一个餐馆。[⑥]

也有合家经营餐饮业的例子。第一代华侨 Yee Kon Piauw/Pew［即 Arther Kong（Ata）］，其妻 Wong Ping Tai。Ata 与其妻有一个女儿 Yee Chai Fung，她住在广州，有四个孩子，其中两个住在广州，另两个住在阿鲁巴。Ata 有个孙女，叫 Zeng Xiao Khet，住在阿鲁巴，她的丈夫叫 Fan Jian Xiong。他们有两个小孩，一个叫 Fan Zhi Ping，一个叫 Fan Zhi Hing。他们来阿鲁巴时一无所有，在过去 20 多年里一直刻苦工作，现在他们是范氏餐馆（Fan Restaurant，在圣尼科拉斯）的

---

① Tyrone Wong and Frank Fun，p. 15.
② Tyrone Wong and Frank Fun，p. 24.
③ Tyrone Wong and Frank Fun，p. 34.
④ Tyrone Wong and Frank Fun，p. 47.
⑤ Tyrone Wong and Frank Fun，p. 24.
⑥ Tyrone Wong and Frank Fun，p. 6.

拥有人。

也有把餐饮业作为诸行业之一的跨行业经营的例子。第一代华侨 Chong Hong（即 Tchong Hong 或 Ming Hop），因为在华侨群体里较早地跨行业经营，成为华侨社会里一个有影响力的人物。他 1899 年生于广东，1934 年与另 8 名中国人一起受洗。他是上海酒家（Shanghai Bar & Restaurant）和上海家私店（Shanghai Furniture Store）的拥有人。按照非官方的信息，是他创立了芬田菜园（Fontein Garden）。① 按照这里所说，他所经营的行业横跨了餐饮业、家具业两大行业。从常理推测，应以餐饮业为主业。芬田菜园在阿鲁巴赫赫有名。虽然不清楚他创立芬田菜园的时候主种何种作物，但他开辟这个菜园，应是以一定的经济实力作为后盾的。而他的经济实力，应是来源于餐饮业。

第二代华侨自然也有经营餐饮业的，但一般都是继承父业，即接管老爸经营多年的餐饮业。Yip Koon Wong（即 Yhap Kon Fung），1931 年生于香港，1957 年9 月 15 日来到阿鲁巴。他是 Kelvin Yhap 的儿子，Kelvin Yhap 则是 Greenhill Grocery 的拥有人，他与 Cheung Lak Kiu（1931 年 8 月 16 日出生于中国）结婚。Greenhill Grocery 于 2013 年关门，这一家子现在管理着新的 Pitstop Bar & Restaurant（旧的 Pitstop 掌握在 Wong Wah 的儿子 Buchi 的手中）。②

第一代华侨 Zeng Xiaoli（观此拼音，应是 20 世纪 50 年代后才在中国大陆出生的），有三个孩子，其中老二 Zeng Derek 在其父亲退休后，经营位于 Weg Sero Preto 的新广州（New Kuang Chow）餐馆。③

今天阿鲁巴最有名和顾客盈门的餐馆是 Astoria 餐馆和酒店（在 Crijnssen 街），中国菜做得很好。它为 Wong Chee Wai 及其儿子 Wong Kit Hong 所拥有和经营。这家餐馆曾被安排为拉哥炼油厂的工人提供膳食。④ 其他知名餐馆还有：纽约（New York）餐馆，位于 Rembrandt 街；南京（Nanking）餐馆，位于 Helfricht 街；中国酒吧与餐馆（Chinese Bar & Restaurant），位于 Bernhard 街；广东（Canton）餐馆和货铺，位于 Veen Zeppenveld 大街，在 Esquire 货铺对面；群乐（Pension Antillana）旅店和餐馆，位于 Pastoor Hendrik 街；香港（Hong Kong）餐馆，位于奥拉涅斯塔德；Tropial 餐馆，位于圣尼科拉斯 San Nicolas 的 Mauve 街；阿鲁巴餐馆（Aruba Restaurant），位于奥拉涅斯塔德的 Oranje 街；巴黎餐馆（Paris Restaurant），位于奥拉涅斯塔德的 Wilhelmina 街；彻斯特菲尔德（Chesterfield）餐馆，位于 Veen Zeppenveld 大街；龙凤（Dragon Phoenix）餐馆，位于奥拉涅斯

---

① Tyrone Wong and Frank Fun, p. 11.
② Tyrone Wong and Frank Fun, p. 47.
③ Tyrone Wong and Frank Fun, p. 47.
④ Tyrone Wong and Frank Fun, p. 68.

塔德地区的 Haven 街。① 据调查，20 世纪 80 年代以前，阿鲁巴的华侨以鹤山客家人居多，他们主要是做餐馆和超市，现在最大的超市还是客家人开的。②

2. 库拉索

据吴新植说，在库拉索，最早的华人餐馆叫宝宝餐馆，其次是林园餐馆（老板名谢就）。但开始年代已经无从考证，吴新植只约略地说有四五十年的历史。但根据他所提供的线索推断，宝宝餐馆可能开于 20 世纪 50 年代末或 60 年代初，因为据他说，在 1964 年四邑华侨公所成立时，林园餐馆已经存在，而宝宝餐馆更早。③

吴新植则是 1975 年 11 月来到库拉索，先是在今天他经营的这家餐馆打工，然后在 1991 年买下了这家餐馆，成为老板，一直经营到现在。在目前的库拉索，他的餐馆算是比较老的。吴新植主要是经营西餐，菜种有沙爹、鸡腿、炸猪扒、炒饭、炆杂菜、炒芽菜等。

1999 年，已有"库拉索第一华人泥水工"名气的伍炳炎，也在多米尼加的亲戚的帮助下，租了妹妹原先租赁的那个餐馆，开了自己的第一间餐馆。在此之前，他的儿子伍栋健还在国内，对外国充满幻想和希望，天天想着出国。1996 年，年仅 16 岁的伍栋健来到库拉索，在餐馆做厨师。没多久，伍栋健就发现外国的生活并不是他所想象的那样。做厨师每天要工作 12 个小时以上，又热又辛苦。当时他的心情很复杂，很矛盾，走也不是，留也不是。这让对未来充满期待的伍栋健很痛苦。但细心的老爸耐心地开导儿子，伍栋健明白，父亲的梦想是有一间属于自己的房子，即拥有一个属于自己的家。伍栋健想尽其能力完成老爸的这个愿望，于是一度想离开的他便留在库拉索继续拼搏。

2001 年，按照库拉索的法律，21 岁的伍栋健终于有资格独立持执照开公司了。这时刚好有一间餐馆出让，伍栋健觉得这是个好机会。只是吃过"苦中苦"的他不愿意给家里增加负担，于是便将这个想法告诉了一个在银行工作的朋友，得到了朋友的欣然帮助，终于开了第一间属于自己的餐馆。伍栋健说他最难忘的是经营第一间餐馆。他是从银行借贷创业的，很幸运，他成功了。有了"第一桶金"后，他的生意顺风顺水，先后开了 10 家餐馆。现在伍栋健还做日用品批发生意、开杂货店。约 2003 年后，伍栋健家买了第一块地，"库拉索第一华人泥水工"伍炳炎终于为自己建了一个家。伍栋健说，这个家是老爸一手策划兴建的，在这块 1 000 多平方米的地上，建了一间餐馆和一间杂货店，杂货店二层为住

---

① Tyrone Wong and Frank Fun, p. 68.
② 笔者 2015 年 10 月 15 日在阿鲁巴对何爵豪的采访。
③ 笔者 2015 年 11 月 10 日在库拉索对吴新植的采访。

家，一家人住在这里。①

今天库拉索也有一些被认为是当地最好的华人餐馆，例如，Dushi Loempia、Warung Jawa Smulboetiek、Bollywood Lounge、Lam Yuen、Rose Garden Chinese Cuisine（皆餐馆名，中文名不详）。这几家华人餐馆都位于首府威廉斯塔德，但因为资料有限，无从知道这些华人餐馆的具体情况与特色。

3. 圣马丁

相对于阿鲁巴和库拉索来说，圣马丁的华侨移民比较晚，中餐馆的经营自然也比较迟。但是，一旦出现便风生水起，顾客如潮。据黄仰杰说，20 世纪 80 年代，华人餐饮、超市生意非常兴旺，其中一间位于 Simpson Bay 旅游旺地的金沙（Kin Sha）餐馆，因其当地颇有名气，以至于其所在的沙滩被大众及新闻媒体称为金沙海滩（Kin Sha Beach），这是目前全岛唯一以外国餐馆命名的沙滩。②

中国夜餐馆是华侨在圣马丁开的第一家餐馆，也是 20 世纪 90 年代唯一一家华人餐馆。祖籍广东台山的华侨余国森初来圣马丁，就在中国夜餐馆打工，余国森初来时，餐馆老板是余永良，他原为香港楼的老板。余国森夫妇于 1989 年接管了中国夜餐馆，他们只是在餐馆的原名上加上一个"新"字，其余一切照旧。其实，在余国森接管之前，中国夜餐馆已经经历了四五任老板。到 1999 年，余国森才把中国夜餐馆归还给原来的屋主（中国夜餐馆本是租用这个屋主的房子）。屋主是当地人，无力经营，中国夜餐馆的历史使命到此结束。一家并不大的餐馆，经历了圣马丁华人发展史上一个辉煌的时期。接着，余国森在家里做起了批发生意。

其实在经营中国夜餐馆期间，余国森做的是家庭餐馆生意。这个时期也是圣马丁经济最红火的时候。余国森每天 7 点起床，先买东西，随后准备开门营业，开门后，一直做到次日凌晨 1 点。稍稍一睡，7 点钟又起床干活，周而复始。夫妇俩忙得不亦乐乎，当然钱也没少赚。每天的 11 点到凌晨 3 点是最繁忙、生意最好的时候，也是最感筋疲力尽的时候。③ 像余国森这样起早摸黑地做生意而且收入丰盈的餐馆例子，在世界华人餐饮业史上恐亦不多见。

为什么中国夜餐馆经营如此之好？它主要是做台湾渔民的生意。那个时候是世界上金枪鱼市场最为饱满的时候，台湾渔民纷纷到圣马丁一带海面来捕金枪鱼。他们上岸后，必在岸上住一段时间，少则两周，多则三周到一个月。作为唯一一家华人餐馆的"中国夜"就位处岸边，旁边是众多的酒吧等，甫上岸的台

① 《一村五国！泥水匠变身"新金山伯"》，2015 年 10 月 13 日，【原创】六二巷侨家大院。
② 黄仰杰：《圣马丁华人简介》，2015 年 10 月于圣马丁。
③ 笔者 2015 年 10 月 25 日在圣马丁对余国森的采访。

湾渔民自然以此为进餐之处，饭后再到喜欢去的地方去消遣。烦闷的海上生活，使渔民们一上岸便以大撒银子为乐事。有时候，余国森夫妇还帮台湾渔民准备多达一个月之久的海上食品。①

1991 年，吴健辉先来到多米尼加，1992 年，他持台湾方面的旅行证件来到圣马丁。他从 1992 年到 2005 年在岛上开餐馆。2000 年以后分出一家"富豪餐馆"，另外妹夫那边有三间餐馆。他说，"决心做出有档次的餐馆，与当地人一比高低"②。

圣马丁还有一间中餐馆可谓"青出于蓝而胜于蓝"。曾在珠城酒楼工作多年的余杰夫妻告别师傅后，在海岛的旅游区 Simpson Bay 开了一家餐馆。他们引用他们家乡广州白天鹅酒店的概念，将餐馆取名为"白天鹅酒家"，并精心打理。结果多次赢得"最优秀的中餐馆"称号，经营水平远超过他们的原老板。③

另一家颇具特色的餐馆是荷兰皇家中餐馆，每次荷兰女皇、皇室成员、政府首相及其他官员到访圣马丁时均会在此就餐。平时该餐馆也是政府要员和社会名流聚会的沙龙之一。④

今天，圣马丁岛上档次最高的中餐馆是珠城酒楼（Pink Pearl Restaurant），它多年被报纸评为最优秀的中餐馆。该酒楼位于城中历史最悠久的海龙宫酒店（Sea Palace Hotel）内，面临大海湾（Great Bay），在餐馆内进餐时格外逍遥。⑤

4. 博内尔

博内尔岛虽小，但今天全岛有数十间餐馆，其中华人餐馆不少。

1975 年，博内尔只有三家华侨，都以做餐馆维生。其中一家巫姓（估计是 1974 年从中国内地经香港来的），一家陈姓，还有一家甄姓。在他们来博内尔之前，博内尔已经有中国人，只是不落脚而已。但这三家华侨来了之后，华侨便开始在这个岛屿定居下来。三姓华侨来了以后，生意十分好。因为那时岛上什么也没有，一切都要依靠进口。这也为华侨后来从事各行各业打下了基础。

巫氏先买了香港酒家，成为第二家华人餐馆老板（第一家华人餐馆是郑地开的海滨酒家）。后来香港酒家由陈伟文的姑父经营，没多久，姑父去世，由他的"番婆"接手经营。但"番婆"没法经营下去，便将其卖掉了。第三家华人餐馆是大中华（向当地人租的）。第四家就是巫氏三兄弟买的中国花园。这四家餐馆几乎同时开张，数大中华的生意最好。这几家餐馆都从库拉索进货。

---

① 笔者 2015 年 10 月 25 日在圣马丁对余国森的采访。
② 笔者 2015 年 10 月 26 日在圣马丁对当事人的采访。
③ 黄仰杰：《圣马丁华人简介》，2015 年 10 月于圣马丁。
④ 黄仰杰：《圣马丁华人简介》，2015 年 10 月于圣马丁。
⑤ 黄仰杰：《圣马丁华人简介》，2015 年 10 月于圣马丁。

再说三姓来后，便有蒋敬维自香港来到博内尔，然后是岑权康1983年来博内尔，冯明星则是1988年来此。岑、冯两人都经营餐馆，岑权康经营的是北京餐馆。

陈伟文当年是与太太一起来博内尔的。他先是给其姑父打工，一年多后，姑父去世，"番婆"接管了餐馆，陈伟文于是去另一家餐馆打工。打了几个月工，便找工作做。其时恰好有一家叫作"明星"的餐馆出租，他便接了下来，在明星做了8年。然后向银行申请贷款，开了一家餐馆，一直经营到现在。①

虽然做餐馆最是"粒粒皆辛苦"，但人人都要吃饭，因此，作为一大行业的餐饮业，即使不能长盛不衰，也不至于"灭绝"。中餐名声在外，在拉丁美洲地区更是受人交口称赞，有华人的地方必有中餐馆，有中餐馆的地方必有当地食客。故华侨华人经营餐馆业者多，一般来说生意都比较好。而且，中餐的菜色品种丰富，也是扬名中外的。擅写华侨经营的日本人白神义夫说过："中华料理大致可以分为广东菜、北京菜、四川菜、杭州菜、上海菜、台湾菜、粥类等，有的店是以汤自豪，有的以蒸鱼受到好评，或是以火锅、烤鸡、内脏、北京烤鸭等闻名，个个都有其他店学不到的招牌菜；此外，也有高级的店、便宜的店、分量多的店、上菜快的店、专门外卖的店、营业到深夜的店、午餐店、适合宴会的店、有情侣气氛的店、有表演的店、乐队演奏的店、设有结婚场地的店等，依客人的需要而不同，所以没有条件完全相同的店。"② 白神义夫这里说的是普通情况，他所举的菜色品种在荷属加勒比地区肯定未必都有，但广东菜在这个地区大行其道，却是无可争议的事实。

二、酒吧间

西餐馆或西式旅馆卖酒的地方，便是酒吧间（rumshop）。在荷属加勒比地区，因为酒吧很多，人们也常常将之视为一个独立行业或主营行业。酒吧间也有单设的。应注意，在中文翻译中，特意将rumshop翻译为"酒吧间"而非"酒吧馆"或"酒吧店"（华人也有叫作小酒铺的），是有意强调它空间的狭小和营业、顾客的单一性。过去酒吧间虽然供客人喝酒，但一般多是站着喝的。当然，时代不同了，今天的酒吧间内的灯光和摆设都十分讲究。照明部分主要突出餐桌，环绕该餐桌周围的人只需依稀可辨即可。酒吧中央公共过道部分仍应有较好的照

---

① 以上据笔者2015年11月14日在博内尔岛对当事人的采访。
② 白神义夫著，杨宏儒译：《华侨商战一百法》，台北：汉欣文化事业有限公司，1997年，第91 - 92页。

明，特别是在设有高差的部分，一般加设地灯照明，以突出台阶。一般要求照明强度适中。作为整个酒吧的视觉中心，吧台部分除了操作的照明外，还要充分展示各种酒类和酒器，以及调酒师优雅娴熟的配酒表演，从而使顾客在休憩中得到视觉的满足。吧台后面的工作区和陈列部分，设有较高的局部照明，以吸引人们的注意力，也便于营业员操作。酒吧台下，通常设有对周围地面照亮的光槽，给人以安定感和温馨感，室内环境则突出一个妙不可言的"暗"字，这样，可以利用照明形成的趣味，创造不同的个性，也有利于为情侣们营造合适的氛围。总之，一切都恰到好处，使客人感到轻松舒适，流连忘返。

酒吧间的"吧"来源于英文的 bar，但在荷属加勒比地区，普遍使用的是 rumshop 一词，并非因为那里的酒吧间很大，而恰恰相反，据笔者所见，荷属加勒比地区的酒吧间一般都不大。笔者注意到，在阿鲁巴也有 bar 存在，但 bar 通常与 restaurant 连用，写作 Bar & Restaurant。显然，这是兼营酒吧和餐馆的店铺，因此，笔者通译作餐馆。

虽然不少酒吧间也实行多种经营，兼卖糖果、烟之类，但通常以零售酒水为主，顾客来酒吧间的主要目的也是喝酒，或一人独酌，或三几朋友共酌，或待一个半个时辰，或坐一夜半夜（到酒吧间打烊为止），或枯坐沉思，借酒消愁，或高谈阔论，伤时骂世，不一而足。来的都是客，全凭嘴一张。虽然到酒吧间来借酒精发泄感慨一番、指点江山的人比比皆是，但很少见喝得酩酊大醉、天昏地暗和横卧街头的。"借问今宵酒醒何处，杨柳岸，晓风残月"，是常见的场景。

酒吧间作为一个行业，自从在荷属加勒比地区出现以来就一直存在，且长盛不衰，到今天仍然人流不绝，成为一种独特的文化。为什么会如此？笔者认为，除了因为拉丁美洲地区长期受到殖民文化的影响外，还跟荷属加勒比地区的生活环境密切相关。荷属加勒比地区的华侨生活在一个个孤岛上，经过一天的紧张劳作，往往身心俱疲，又没有一个属于自己的家，只好与同乡一道寻找地方消遣。但是，岛上市场有限，华侨的消费能力有限，连消费场所也有限，大型的高消费场所不是他们能去的地方，偶尔进去咬紧牙关消费一次已是心惊肉跳，更不用说经常光顾了。但若整天望着远处近处的灯红酒绿，终非办法，最好的出路就是约上三五同乡，到自己消费得起的场所，沽得一杯浊酒，一浇胸中块垒，暂时买得一醉。这一华侨群体的人数不少，加上当地人也有此爱好，于是，一个个酒吧间便应运而生，遍地开花，成为下层民众夜生活的首选。在这类酒吧间，前来光顾的华侨顾客一般会买上一小瓶朗姆酒，闲话平生，痛说个人遭际到夜半，到天明。特别是干完一天牛马活之后，男性顾客通常会在柜台上拿着一杯或一瓶冷啤，留几分清醒留几分醉，悠然自得，这样的场景几乎天天如此。

由于酒吧间的特殊功能，因此，某一些初来的华侨便以开酒吧间作为自己事

业发展的第一站，试图通过酒吧间积聚资本，再图发展。也有人把酒吧间作为自己的终身职业，甚至交给自己的后代经营。在荷属加勒比地区各岛屿，酒吧间遍地皆是，是当地人消闲的重要去处。下面且以阿鲁巴第一代华侨开的酒吧间为例，对荷属加勒比地区的华人酒吧业作一剪影式的介绍。

第一代华侨 Choy Moy Yip（即 Capitan），1898 年生于广东，1931 年 1 月 17 日来到阿鲁巴，1948 年取得位于 Bernhard 街 168 号的阿鲁巴酒吧间的经营许可证。①

第一代华侨 Cheung Kwok Leung，1900 年生于香港，1939 年乘船经英国来到阿鲁巴，在拉哥炼油厂工作了 8 年，之后，他给上海酒家（Shanghai Bar & Restaurant）的 Chong Hong 打工。1966 年，在 Vuylsteke 街开了一家芬田酒吧间（Fontein Rumshop）。②

第一代华侨中，可以找到兼营酒吧业和其他行业的例子。例如，Chin Benjamin（即 Ben Chin）来自中国，途经远东、委内瑞拉、圭亚那，最后从特立尼达和多巴哥到阿鲁巴，1936 年落脚于阿鲁巴。他是爪哇食品杂货店（Java Grocery）的原始所有人（该杂货铺最终由 William Cheung 接手），也是位于圣尼科拉斯主街的爪哇酒吧间（Java Bar，靠近 Roxy Café 店）的所有人，同时还是中华会馆的创会成员。他与几个中国同乡帮助其他的中国家庭和朋友在阿鲁巴岛落户。③

第一代华侨 Cham Kai（亦作 Lam Kai）在阿鲁巴有一间酒吧间。在他的一位朋友的帮助下，Cham Kai 先在首府奥拉涅斯塔德开了一间士多店，后来，圣尼科拉斯由于拉哥炼油厂的兴起而风生水起，Cham Kai 便搬到了圣尼科拉斯，在那里开了一家中国酒家（Chinese Bar and Restaurant）。拉哥炼油厂与他的餐馆有联系，主要是他的餐馆向拉哥炼油厂的华人雇员提供饭食。后来，他开了广东餐馆和广东士多，卖衣服和鞋。④

酒吧业中也有子承父业的例子。第一代华侨 Wong Kai，1922 年生于广东，1948 年 8 月 8 日来到阿鲁巴。他是 Ming Hop 酒吧间（位于 Essoville 地区）的拥有人。他在酒类许可证方面也使用 Ming Hop 的名称。Wong Kai 去世后，酒吧间由他的儿子 Sue Hong Wong 继承。Sue Hong Wong 于 2013 年 9 月 15 日去世。这个酒吧间现在改名为埃索维尔酒吧间（Essoville Rumshop），由其一个家庭成员经营。⑤ 可见，这是个一如既往坚持一种职业的家庭。

---

① Tyrone Wong and Frank Fun, p. 15.
② Tyrone Wong and Frank Fun, p. 6.
③ Tyrone Wong and Frank Fun, p. 8.
④ Tyrone Wong and Frank Fun, p. 5.
⑤ Tyrone Wong and Frank Fun, p. 36.

今天阿鲁巴经营得比较好的酒吧间是上海酒家（Shanghai Bar & Restaurant），位于 Veen Zeppenveld 大道和拉哥的交角处，为 Chong Hong 所经营。在拉哥炼油厂工作的人，在上班之前，多会停下来在这里喝一杯，然后上班。下班后，会沿着同一条路线走到这里来，再喝上一两杯，与至亲好友高谈阔论一番，说说世态炎凉，论论人情世故，发发胸中烦闷，甚至打情骂俏一番，最后半醉半醒中拖着摇晃的影子回到住处，昏昏入睡。

此外还有爪哇咖啡馆（Java Café），位于 Veen Zeppenveld 大道，为 Ben Chin 所有和经营；中国剪刀（China Clipper），位于 Veen Zeppenveld 大道，为 Wilfred Ho Sing Loy 所有和经营；白星（White not a bar per se），位于 Veen Zeppenveld 大道。有许多常客，他们喜欢在下班后买上一杯冷啤，坐在柜台前消度光阴。①

据说，在阿鲁巴，有一些常见的酒吧间是人尽皆知的，例如，阿鲁巴酒吧间，位于 Bernhard 街，在水塔之东；埃索维尔酒吧间，位于埃索维尔的 Orinoco 街；芬田酒吧间，位于 Vuylsteke 街；Rancho 酒吧间，位于西街（Weststraat）。②

三、酒店业

酒店业无疑是历史上海外华侨华人从事行业中的一个弱项，直到今天，经营酒店业的华侨华人还是不多。但资料表明，在荷属加勒比的第一代华侨中，就有人开始从事酒店业。下面是一个家族经营酒店业的例子：Wong Wai Hong，其妻 Loi Poh Ming，1904 年生于中国，1940 年 5 月 29 日来到阿鲁巴。在 1959 年 3 月 11 日之前，她与 Wong Wai Hong 是阿斯托利亚酒店（Astoria Hotel）的原所有人。Wong Kit Hong 是他们的第二代，1926 年生于香港，与 Lim Siew Yong（1924 年生于马六甲）结婚。两人结婚后在 1948 年 2 月 10 日一同来到阿鲁巴。后来两人一起接管了纽约餐馆（New York Restaurant）、阿鲁巴餐馆（Aruba Restaurant）和阿斯托利亚酒店。Lee Jin Pin Wong 是他们的第三代，1949 年生，原拥有阿斯托利亚酒店，后因生意不景气而关闭。现在拥有和经营位于阿鲁巴机场 6 号门附近的 One Happy Bar. Yin 。③

1986 年后，阿鲁巴的产业重点开始向旅游业转移，后来旅游业逐渐成为阿鲁巴的产业支柱。是故，从 1986 年起，阿鲁巴的海滩开始大建酒店，昔日荒芜的沙滩上酒店林立。所以，1986 年不仅是阿鲁巴"独立"之始，也是阿鲁巴产

---

① Tyrone Wong and Frank Fun，p. 66.

② Tyrone Wong and Frank Fun，p. 64.

③ Tyrone Wong and Frank Fun，p. 39.

业发展的重要分水岭。来阿鲁巴旅游的游客以美国人为多，美国在此建有机场入境站。在这里登机后，就等于进入了美国国境，到了美国后就可以不再办理入境手续。今天，这里的大酒店都开有 casino（赌场），都是外国人开的，赌客多是华人，以游客为主。

郑达恩是现今阿鲁巴岛上唯一一位经营酒店业的华侨。他从家乡移民阿鲁巴后，先做外卖和经营小型杂货店，后来经营酒店业，做得十分出色。他经营过两间规模相对较小的酒店，一间 20 套房，已经全部出售；另一间称阿鲁巴微风酒店（Aruba Breeze），25 套房，还在出售中。后来他还在阿鲁巴微风酒店附近新建了一间共有 52 套房的酒店。经过多年的资金和经验积累，他对酒店业逐渐了如指掌，经营套路也臻于成熟，他独自成立公司进行管理，并打算建一间四星级酒店。此外，他还经营杂货、餐馆和建筑材料等行业。但人们认为他经营得最成功的还是地产行业。由于他公认的经济实力，阿鲁巴政府愿意免费向他出租土地。按照阿鲁巴法律，土地是不能买卖的，只能长期出租。政府对出租的土地收取一笔租金，待建成物业后，政府再视其价值收取一笔费用。通过这两笔收费，还有租地人每年上缴的大量其他税收，政府自然可以从中获得巨大收益。政府的租期为 60 年。60 年到期后，原租主可以再续租 60 年，但只有同一个人可以享有该土地的续租权，政府无权租予他人，除非续租人不打算续租而自愿交回给政府。[①] 郑达恩能够获得政府给予的这一权利，是他经济实力的证明，也是他在政府中具有良好信誉的证明，这在华侨中是罕有的。

圣马丁的高岭公主公寓式酒店（Princess Heights Condominiums）是旅居美国的华人李医生夫妇投资创建的，由来自武汉的工程师高凌云亲自管理建设，优美的设计，坚固的质量，令人乐不思蜀的海岸风光，不失为一个中国人为之骄傲的标志物。目前该酒店由李医生的儿子 Emil Lee 管理，Emil Lee 除了管理自己的生意外，还积极参与圣马丁的社会活动，目前是圣马丁旅游协会（SXM Hospitality and Trade Association，简称 SHTA）和加勒比地区旅游协会的主席。[②]

四、华人厨师

众所周知，厨师是以烹饪为职业，以烹制菜点为主要工作内容的人。厨师与餐馆是一对"连体婴"，谁也离不开谁。虽然专门的厨师职业很早就已经出现，但擅长针对特定群体推出餐食，特别是善于因地制宜地根据人们的饮食习惯做出

---

① 笔者 2017 年 3 月 1 日对郑达恩的通讯采访。
② 黄仰杰：《圣马丁华人简介》，2015 年 10 月于圣马丁。

令其满意的餐食的专职厨师，则难以寻觅，同时也最受人欢迎。随着社会物质文明程度的不断提高，人们对食品质量和饮食技艺的要求也越来越高，厨师这一职业也在不断发展。虽然中国素以烹饪王国著称于世，厨师水平也堪称首屈一指，但在华侨出国的很长时间里，厨师的地位并不高，被称作"伙夫""厨子""厨役"等，带有明显的贬义。有时候厨师甚至被看作是"下九流"职业，令人觉得不可思议。不过，由于中餐在拉丁美洲很多国家的高品位性，使其广受社会各个阶层的欢迎，华人厨师在当地的地位反而不低。因为华人餐馆的顾客不仅仅是华侨华人，还包括当地民众（有的华人餐馆的顾客甚至以后者为主），经营中餐馆的老板便需要千方百计地满足各种类型的顾客的口味，因此那些手艺"多变"而美味不变的厨师最受欢迎，老板在开餐馆之前，首先考虑的因素自然是资金和地址，但厨师也是一个不可忽视的因素，可谓资金和地址确定之后，厨师就是决定性的因素。一个餐馆是顾客盈门，还是门可罗雀，或是勉强维持，就看掌勺人的水平了。

厨师劳动力是以手工操作为主的技术工作，这种劳动以体力劳动为主要表现形式，有时甚至表现为重体力劳动，但又不只是单纯的体力劳动，而是包含着大量脑力劳动在内的一种劳动。厨师还要反应敏捷，精力充沛。烹饪是一门技艺，绝非凭着五大三粗的好体格就可以做好。从原料的鉴别到初加工，从手工切配到掌握火候、调味，都有其特定的技术要求和操作难度。除了技术要素外，烹饪还是一门科学，也是一门以食物造型为主要表现形式的艺术。它是这三者的有机统一体。而厨师的劳动过程，实质上就是将这三者有机结合的过程。

来到当地就做厨师的第一代华侨比比皆是。例如，1928 年生于中国的 Chan Loon Onn 在 1948 年 10 月 2 日来到阿鲁巴，就为 Wong Wah 和 Chong Hong 做厨师。他也曾经在爪哇杂货铺（Java Grocery）给一位叫 Ben Chin 的华人打过工，但他后来还是在 Orquidea 俱乐部做厨师。[①]

第一代华侨 Than Fook Cheong，1904 年生于广东，1937 年 8 月 31 日来到阿鲁巴，他给 Wong Wai 和 Loi Poh Ming 做过厨师。[②]

第一代华侨 Pom Ah Poo，1895 年 1 月 23 日生于香港，1966 年 6 月 23 日于阿鲁巴去世。他曾在拉哥炼油厂干过活，还在奥拉涅斯塔德的 Huize La Salle 为 Freres 做过厨工。此外，他还是个功夫师傅。[③]

第一代华侨 Lu Chuan（即 Luk Chuen Chuan），1920 年生于中国，是香港餐

---

① Tyrone Wong and Frank Fun，p. 6.
② Tyrone Wong and Frank Fun，p. 34.
③ Tyrone Wong and Frank Fun，p. 32.

馆（Hong Kong Restaurant，为 Chan Sing 所拥有）的厨师。[1]

第一代华侨 Ng Suin Sein alias Suie Shing，1919 年生于广东，他是巴黎餐馆（Paris Restaurant，位于 Wilhelmina 街）的一个厨师。

也有子承父业做厨师的例子。第一代华侨 Ng Tong，1924 年生于广东，他是一个为 Aruba Restaurant（在 Klipstraat 16 号）的 Wong Kit Hong 打工的厨师，也为东方餐馆（Oriental Bar & Restaurant）做厨师。其第二代 Ng Kam Kau，1926 年11 月 1 日生于中国，他是巴黎餐馆的厨师。Ng Man Cheung 生于 1928 年，在巴黎餐馆做厨师。其父 Ng Lin Dick，1921 年生于广东，也在巴黎餐馆、Nueva China Bar & Rest 和 Refresqueria Roy（位于 Savaneta）做过厨师。

在荷属加勒比，不少华侨是以厨师作为第一职业，在做厨师若干年并赚到一笔钱后，才投资经营其他行业的（一般是需要资金较多的杂货业）。所以，厨师便是他们在异国他乡打拼的跳板。例如，第一代华侨 Yhap Soong Kelvin，1905 年生于香港，1938 年 2 月 11 日从特立尼达和多巴哥经委内瑞拉来到阿鲁巴。他到阿鲁巴后，在 Arend Petroleum Co. 的俱乐部做厨工。他结婚后开了一家 Greenhill Grocery，该杂货店位于圣尼科拉斯的入口处。[2]

第一代华侨 Chow Fat，1918 年生于广东，1946 年 8 月来到阿鲁巴。他在斯特兰德酒店（Strand Hotel）和阿鲁巴加勒比酒店（Aruba Caribbean Hotel）做过厨师。1972 年，他得到了在 Hendrik 街 30 号经营阿鲁巴洗衣店的许可证。[3]

第一代华侨 Chung Yen，1927 年生于中国，1947 年 10 月 7 日来到阿鲁巴。他先在 Wong Wai 的公司做厨师，后来在 Lo Kone Tai 的室内装潢店工作，再后来在重庆食品杂货铺工作。1959 年，他在 Bernhard 街 25 号（今 FTA 大厦）开了自己的一家 Margriet Grocery。[4]

第一代华侨 Tsu Kwai Fong，1907 年生于上海，1941 年 8 月 14 日来到阿鲁巴。他先在 Esso Transportation 工作，后来给 Wong Wah 和 Wong Yan Tai 打工。1957 年，他取得在奥拉涅斯塔德开洗衣店（Vitoria Laundry）的许可证。他还办了一个进出口公司，后来他回国内做生意。他还是圣尼科拉斯的博内尔俱乐部（Bonaire Club）的一位优秀厨师。[5] 他做厨师无疑应是在他办公司之前。

随着社会物质文明的进步，家务劳动的社会化是历史发展的必然趋势。随着紧张和快节奏的社会生活的到来，以家庭烧煮为主的饮食方式，必然要被公共餐

---

[1] Tyrone Wong and Frank Fun, p. 29.
[2] Tyrone Wong and Frank Fun, p. 47.
[3] Tyrone Wong and Frank Fun, p. 11.
[4] Tyrone Wong and Frank Fun, p. 15.
[5] Tyrone Wong and Frank Fun, p. 34.

厅、食堂以及流动快餐为主的方式所取代，且在现代社会，许多交际活动都离不开餐饮活动。

另外，随着烹饪的科学化、规范化要求的提出，厨师劳动的脑力劳动成分越来越大。如宴会的设计、筵席的构思、菜肴营养卫生指标的确定以及菜点的造型等，无不凝聚着比较复杂的脑力劳动。是故，厨师要具备较好的文化知识素养。要掌握现代营养、卫生等有关烹饪科学方面的基础理论知识，要了解祖国的烹饪文化历史，要懂得一定的民俗礼仪知识，有一定的美学修养和艺术创新基础。

第六节　杂货（超市）业

一、杂货的含义和地位

杂货，俗语就是指"杂七杂八"的货物。一般的解释是，杂货是相对于主食、衣服这些生活中的主要日用品而言的。过去人们所说的杂货，一般是指"衣食住行"用品的"食品"一类，也就是人们常说的"副食"。所谓副食，即非主食，一般是经过精加工的食品，包括食盐、糖果、罐头、茶叶、调味品、乳制品、蜜制品、豆制品、饮料、饼干、糕点、小食品以及烟、酒、果品等。但这种划分在荷属加勒比地区并不完全适用。

据回忆，过去老杂货铺的典型外观是：设置一个木柜台，顾客站在外面，店主人招呼顾客。杂货铺的楼层空间使用率很高。华侨通常有自己的保管货币方法，一般是设置一个装纸币的小钱柜，在小钱柜上面有个地方用来专门放置硬币。当然，这种钱物保管方法并不安全。有些杂货铺还有硬币清点机。[1] 随着现代化商场及其管理水平的提升，今天杂货市场一般都以"超级市场"（超市）的形式进行经营。在荷属加勒比地区，人们所说的超市其实就是指杂货铺，而杂货铺所销售的商品也包括传统的百货类商品，而今甚至连五金类商品也在杂货铺（超市）里销售。所以，在荷属加勒比地区，杂货铺或超市的经营已经超出了传统的范围，可以说无所不包，应有尽有，且基本上没有杂货铺与百货店铺分立之说。但如同上卷所说，在委内瑞拉，杂货与百货一般情况下是分开销售的。杂货店只卖杂货，百货店只卖百货，一般不会出现交叉摆卖的现象。这是委内瑞拉杂货店铺与荷属加勒比地区的最主要区别。

杂货与百货在荷属加勒比地区的"混销"现象是否自"古"已然很难说，

---

[1]　Tyrone Wong and Frank Fun, p. 58.

但可以肯定的是杂货铺的商品越卖越杂。开埠之初，人们最重要的消费品就是食品，最早的杂货铺无疑以销售食品为主。但随着人们对其他日常生活必需品的需求日渐增多，越来越多的非食品类商品（即所谓"百货"类商品）进入市场，于是，杂货铺开始销售非食品类商品，且后者的品种越来越多。这也许就是岛屿经济的特点之一：一个海岛人口有限，市场有限，加上早年商场面积也有限，于是，日常生活必需品的销售就没有必要分得太明确。从客观效果来看，将两者共置一地销售，也便于人们集中选购，省却了不少麻烦。今天荷属加勒比地区的华人杂货店铺则是大小不一，但即使是小杂货铺，也多是"麻雀虽小、五脏俱全"，凡家居用品大多可购得。士多店也一样，士多店的特色是可以随意酌量购置，以秤或天平衡量价钱。

杂货业（当代超市业）的经营者跟别的一些行业不同，其他行业（如种养业、餐饮业等）的经营者可以单家独户自主经营，有的虽也可以雇用少数人，但仍属于独家经营。也就是说，他本人既是老板，也是工人。杂货业不同，他不可能一身二任，既做老板又做工人。他只能一身一任，聚精会神地做好他的老板，不管他是小老板还是大老板。杂货业经营者一般还需要有一个前期资金积累的过程。就荷属加勒比地区的华侨而言，杂货业经营者的前身一般都是各行各业的打工者。作为第一代华侨，一踏上荷属加勒比的土地，他首先要打工谋生，很多人初来时甚至慌不择路、饥不择食，能够找到一个糊口的工作暂且安顿，便谢天谢地。经过若干年的含辛茹苦，等到积蓄了一笔足够自主创业的资金后，他才开始物色一个经过自我掂量可以胜任的行业，于是告别打工生涯，走上自主创业的人生新历程。从那一天起，他就是老板了，不过一开始多是小老板，不脱打工本色，等钱赚多了，家业大了，他才慢慢变成大老板，用华侨的话来说，他才开始有了大老板的"款"（外表打扮）。当然，小老板和大老板是相对的。客观地说，由于荷属加勒比地区的华人经济先天地被框定在岛屿型经济的模式内，故岛上的华侨企业家要做大做强、比肩国际上的知名华侨企业家的可能性都不大。

二、库拉索杂货铺

库拉索什么时候开始有华人杂货铺？今天已经难以考究清楚。老华侨陈衍祥说他来到库拉索时（1947 年），这里就已有杂货铺，这种说法是可信的。他还说，第一个开杂货铺的华侨是林柏（他还有一个哥哥叫林贤）。当时华侨杂货铺所出售的货物全部是从中国运来的食品。这些食品基本上是"咸货"。[①] 陈衍祥

---

① 笔者 2015 年 10 月 8 日在库拉索对陈衍祥的采访。

所说的库拉索在 1947 年以前就已有华人杂货铺的说法是可信的。不难理解，只有"咸货"才可以经受得起漫长的海上航运，才可以在船上和上岸卸货后在仓库储藏，然后再出售。也可以这样说，早年库拉索的杂货店铺是"唐人杂货铺"，所销售的基本上是从中国内地或香港等地运来的食品，包括咸鱼、腐乳、咸菜、糖果、清凉饮料和补品等四邑华侨喜欢的家乡食用品，当然也应包括锅、勺、碗、碟、盆、钵等中国厨具。这种"把家乡厨房搬到海外"的现象，在早年美国等地的四邑华侨社会里也如出一辙。

不过库拉索的杂货市场在很长的时期内似乎一直没有发展，甚至只是聊胜于无。据陈衍祥太太说，她 1997 年来库拉索时，才看到一两家华侨开的杂货商铺。[①] 何爵豪也说十来年前库拉索的杂货铺还很少，只有少数经营中国玩具之类的店铺，有的杂货铺还没有空调设备，[②] 印证了陈太太的说法。可以说，多少年来库拉索华侨的主要经营行业都集中在餐饮业等方面，而对于杂货业很少涉足。而且，库拉索杂货铺的规模都小于阿鲁巴，装修和设备也逊于阿鲁巴。今天库拉索华侨经营的杂货很多仍然来自中国家乡，包括蔬菜肉类、酱油调料、汽水啤酒、副食干货、餐具用品、日用百货、时装首饰、礼品胶花等。

下表是库拉索几个比较重要的杂货铺的例子。可以看出，杂货铺所经营的货品，既包括食品，也包括百货类货物，甚至还有五金产品。杂货铺销售越来越多的百货和五金产品，是荷属加勒比地区杂货铺的一个趋势。但"委国超市"销售的多是饮食类食品，包括肉类、蔬菜类、酒类、面包类、雪藏鱼类和日常用品等，这可能是委内瑞拉的杂货经营方式。值得注意的是，一些杂货铺还进行多种经营，特别是经营餐饮业，这既表明了这些杂货铺具有一定的经济实力，也表明了商家在达到一定的实力以后，不把鸡蛋都放在一个篮子里的经营策略。与此同时，各杂货铺的货品来源都表现出多元化的特征，不仅来自祖（籍）国中国，还来自周边国家乃至更远的国家。这也是荷属加勒比地区规模较大的杂货铺的主要特点。

---

① 笔者 2015 年 10 月 8 日在库拉索对陈衍祥的采访。
② 笔者 2017 年 3 月 5 日对何爵豪的通讯采访。

库拉索杂货铺举隅

铺名	荷文名称	开店时间	经营范围	货品来源	销售对象	多种经营情况
迎宾阁	Welcome Shop（Addles：Roosevelt weg, Curacao, N. V.）	1982.11	手工艺材料、花材料、布、时节用品、藤器家私及竹器用品	主要来自中国、美国、委内瑞拉	百货公司	
委国超市	BEST BUY SUPERMARKET	2008.2	所有饮食类的食品，包括肉、菜、酒、面包、雪藏鱼类及日常用品等	主要来自美国、荷兰，同时还有来自委内瑞拉、哥伦比亚和中国的产品	主要面向当地消费者	从读书出来就开始创业做生意
木棉杂货	Gosieweg minimarket（Gosieweg 15 Curacao）	2006.12	饮食类的食品，包括肉、菜、汽水、果品、酒类、冷藏食品以及日常百货、五金百货	食品类如酒及汽水等主要是来自库拉索当地的代理商，五金百货类主要由当地的免税店提供，其产地主要来自中国	主要面向当地的中层消费者	1999年至今经营餐馆
新会裕华	Yu Hua HCC Trading B. V.（Addles：Winston chruchill weg 149－153）	2002	中国食品、饮品、酱油、餐馆和杂货铺所需求的各种产品的批发，本地汽水、啤酒、果汁以及各类型杂货批发，蔬菜、水果、肉食自选超市	主要是来自中国的副食品、饮料、日用品，以及来自荷兰的饮料、矿泉水，来自美国的蔬菜、水果、冷冻肉类、酱油、饮料等食品	主要经营侨胞消费的传统习惯食品，面向当地华人	除此之外还经营林氏房地产集团公司（Lin Real E State B. V.）

146

（续上表）

铺名	荷文名称	开店时间	经营范围	货品来源	销售对象	多种经营情况
智能公司	SMART REAL ESTATE N. V.（KAYA AURA E WINKEL 105 LP – 62）	2000	格力冷气、家私家具、门窗、瓷砖、五金等	家具主要来自中国，藤质家具有些来自马来西亚，瓷砖有部分来自委内瑞拉	主要面向当地消费者	除此之外还经营"中国开餐"，以及房地产
恩平裕华	Tropical Supermarket（F. D. ROOS-EVELTWEG 373）	2010.4	所有饮食类的食品，包括肉、蔬菜、酒、面包、雪藏鱼类以及日常用品、五金等	主要来自美国、荷兰、委内瑞拉、库拉索本地以及中国大陆	主要面向本地消费者，以零售为主，同时面向华人批发本地货品	
东皇朝	ASIA RETAIL WHOLESALE STORE N. V.（F. D. ROOSEVE-LTWEG 111）	2016.9	所有饮食类的食品，包括肉、菜、酒、面包、雪藏鱼类及日常用品等	主要来自美国、荷兰、库拉索本地以及中国大陆	主要面向本地消费者，以零售为主，同时面向华人批发本地货品	2010 年 10 月经营东皇朝酒家（Eastern Dynasty）

资料来源：根据库拉索杂货铺主 2017 年 3 月 1 日在库拉索华侨会所登记的材料整理。整理人：黎艺青、容宇庭。

三、阿鲁巴杂货铺

在阿鲁巴，华侨开杂货铺的确切时间难以论定。比较早的一个证据是第一代华侨 Chang Soy（1910 年生于香港）的经历。他于 1939 年 2 月 7 日乘船来到阿鲁巴，直到 1943 年 12 月 15 日，都是在拉哥炼油厂做厨师，之后，在索科托洛（Socotoro）建起了一间布什食品杂货铺（Buch's Grocery）。后来他将这个食品杂货铺搬到达科塔（Dakota）的 Rondweg 89 号，改名为 Wing On（中文应是"永安"）超市。他还在奥拉涅斯塔德的"越南"区（即 Steenweg 地区）拥有一个名

叫 Princess 的餐馆。① 第一代华侨 Cha San，1920 年出生，在阿鲁巴开了一个营养食物种植场（Nutriculture Farm）。他的儿子叫 Cha Kai Chung，1945 年生于广东鹤山，后来是 Cha San 超市的主人。② 如果 Chang Soy 开的布什食品杂货铺是阿鲁巴第一家杂货铺的话，则阿鲁巴的华人杂货业最迟应始于"二战"结束前后。顺便指出，圣马丁的华人杂货业开始时间比较晚，应是在 20 世纪 80 年代才有的，且参下述。

从资料可以看出，阿鲁巴的很多杂货经营者都是从打工做起，到了一定的阶段再开始经营杂货业。杂货业则由小到大，一步步前行。先从餐饮业做起然后再经营杂货业的例子不胜枚举，但反过来，先经营杂货业然后再做餐饮业的例子却寥若晨星。原因很简单，餐饮业与杂货业对资金与经营规模的要求是大不一样的。同时还可以看到，在杂货经营中，存在着各种各样的经营形式，也可以发现不同行业人士迈向杂货业的经营道路。下面且分门别类作一粗略概述：

1. 从打工者到杂货铺老板者

其一，第一代华侨 Cheung Fook Sang（此姓应是张——笔者注），1923 年生于广东，1948 年 10 月 1 日来到阿鲁巴。他一开始给 Ben Chin 打工，然后给 William Cheong /Cheung 打工。1972 年 4 月 5 日，他接手 William Cheung 位于 Pastoor Hendrikstraat 49A 号的食品杂货铺，将之改称为"张氏杂货铺"（这是一个位于旧急救站的角落对面的两层建筑）。③

其二，第一代华侨 Cheung Yin Sang（William Cheung），1915 年生于香港，1939 年 4 月 17 日从千里达过来，先是在拉哥炼油厂工作，后来给爪哇杂货铺（Java Grocery）的 Ben Chin 打工，后来才买下了爪哇杂货铺。今为 Caya Charles Brouns 街的爪哇杂货铺的所有人。④

其三，第一代华侨 Chin Chun Fo/Wo，生于 1919 年，1939 年 10 月 25 日来到阿鲁巴，先是给 Ben Chin 打工，后来他从 Chung Bin 手中接管了 Springfield 食品杂货铺。⑤

其四，第一代华侨 Chung Yen，也叫 Ako，1947 年 10 月 7 日来到阿鲁巴。他先在 Wong Wai 做厨师，后来在 Lo Kone Tai 的室内装潢店做工。再后来为 Fun You Sing 经营一间叫作 Chung King Grocery 的杂货铺。1959 年，他在 Bernhard 街

---

① Tyrone Wong and Frank Fun, p. 7.
② Tyrone Wong and Frank Fun, p. 4.
③ Tyrone Wong and Frank Fun, p. 6.
④ Tyrone Wong and Frank Fun, p. 7.
⑤ Tyrone Wong and Frank Fun, p. 10.

25 号（今天的 FTA 大厦）开了一家杂货铺（Margriet Grocery）。[1] 从这个经历来看，Chung Yen 是先帮别人经营杂货铺，而后拥有属于自己的杂货铺。

其五，第一代华侨 Ling Charles，1908 年生于广东，乘船来到阿鲁巴，先是在一家叫 Yee Woo Grocery 的杂货铺打工，后来在巴西拥有自己的叫 Ling Hop 的食品杂货铺。[2]

其六，第一代华侨 Sam Fai，1922 年生于香港，1946 年 7 月 9 日来到阿鲁巴，与 Hsing San 同为 Lake Malacaibo Steamers 的厨师。他也曾在拉哥炼油厂给一家叫 Wong Wah de Grocery 的食品杂货铺打工。他是位于 Hendrik 街的 Sam Supermarket 的所有人。[3]

2. 合作经营杂货铺成功者

其一，第一代华侨 Fun You Sing（即 Asang），1905 年生于加拿大，1935 年 12 月 18 日来到阿鲁巴，他是在村里开的全国食品杂货铺（National Grocery）的第一个合作伙伴。1950 年，他在 Weg Fontein 2 号建起了他自己的 Chung King Grocery（可能是重庆食品杂货铺）。1963 年，他还在奥拉涅斯塔德开了一家"香港超市"，由他的妻子经营。[4]

其二，第一代华侨 Hsing I San，Hsing I San 和 Sam Fai 都是马拉开波的大牌厨师，暂时住在邻近的 Charlie Bar 的一间单身汉建筑里。后来两个人建起了杂货铺，在奥拉涅斯塔德的 J. D. Emanstraat 46 号拥有 Hsing San Selfservice。[5]

其三，第一代华侨 Lee Kwai Sum，1910 年生于香港，1947 年 10 月 12 日来到阿鲁巴。Lee Kwai Sum 与 Asang Fun 以及另一个男人一起，在全国食品杂货铺做合伙生意。Lee Kwai Sum 还买下了他兄弟在全国食品杂货铺的股份。[6]

3. 多间杂货铺拥有者

第一代华侨 Chung Ah Pak，1902 年生于 Demerara。他是 Kong Woo 食品杂货铺的拥有人（这个地方位于 Pastoor Hendrik 街尽头），也是 Yee Woo 食品杂货铺的拥有人。[7]

第一代华侨 Jie A Swie Tjew San（即 Pursi），1924 年生于苏里南。Pursi 拥有一家叫 Kong Hing Supermarket 的超市。他的第一家食品杂货铺叫 Kong Hing 杂货铺（靠近奥拉涅斯塔德 Haven 街 3 号的旧警察局），后来搬到 Haven 街一个较大

---

① Tyrone Wong and Frank Fun, p. 15.
② Tyrone Wong and Frank Fun, p. 28.
③ Tyrone Wong and Frank Fun, p. 32.
④ Tyrone Wong and Frank Fun, p. 15.
⑤ Tyrone Wong and Frank Fun, p. 19.
⑥ Tyrone Wong and Frank Fun, p. 22.
⑦ Tyrone Wong and Frank Fun, p. 15.

的地方，再后来在 Italie 街开了一个更大的士多店。①

4. 多业经营（含杂货）者

其一，第一代华侨 Hoo Nang（Ng Tsan Nam），1902 年生于 Yuen Long 省 Tai Tseng Ng Uk Tsuen，他的真名叫 Ng Tsan Nam，但人们叫他 Nam Sook（南叔）、Anam（阿南）或 Hoo Nang。其妻 Oney Althea Williams（1917 年生），来自圣马丁的 Simpsonbay。他拥有并经营几处生意：一是在 San Nicolas 的 Mauve 街有一家热带餐馆（Tropical Restaurant）；二是在 Brazil 有一家日升食品杂货铺（Rising Sun Grocery）；三是 Juwana Morto 有一家 Mikey's 食品杂货铺。此外，他还是中华会馆的活跃分子，曾几度担任中华会馆主席。②

其二，第一代华侨 Cheong Jie Tsjiet（Cheong Chick），1925 年生于婆罗洲的沙捞越，他于 1946 年 11 月 28 日来到阿鲁巴，先在 Yee Woo 食品杂货铺打工，后又在爪哇杂货铺（Java Grocery）为 William Cheung 打工。他在 Pos Abao 还有一个养鸡场，后在圣尼科拉斯的 B. vd Veen Zeppenveld 街拥有自己的 La Deseada 士多店。显然，他成了两个行业的经营者。这个士多店现由他的两个小孩 Wing Ming 和 Lai Ying（第二代）经营。③

其三，第一代华侨 Chong Yuan Kwai，1923 年生于广东，1955 年来到阿鲁巴。他先是在上海酒家给 Chong Hong 打工（做酒吧间服务员）。后来成了新世界室内装潢店（New World Upholstery）的拥有人，再后来拥有 Yuan Kwai 超市。他是中华会馆的理事会成员。④

5. 接管他人杂货铺者

其一，第一代华侨 Cheuz Chong Chez，1923 年生于中国，1950 年 10 月 27 日自多米尼加共和国来到阿鲁巴，Ah Pak Chung 为他办到了一个在他的食品杂货铺工作的准证。1966 年，他接管了 Yee Woo 在村子里的食品杂货铺，并在同一座建筑里开了自己的 Choy Chung 食品杂货铺。⑤

其二，第一代华侨 Fong But Sen，1906 年出生于广东，1939 年 7 月 17 日被准许作为他的叔伯 Wong Chen Kon 的看门工来到阿鲁巴。1949 年 9 月 23 日，他获得许可证，接管并继续经营 Wong On 的食品杂货铺，改名为 But Sen Fong 杂货铺。⑥

---

① Tyrone Wong and Frank Fun, p. 20.
② Tyrone Wong and Frank Fun, p. 15.
③ Tyrone Wong and Frank Fun, p. 6.
④ Tyrone Wong and Frank Fun, p. 11.
⑤ Tyrone Wong and Frank Fun, p. 7.
⑥ Tyrone Wong and Frank Fun, p. 15.

其三，第一代华侨 Jim Yick On（即 Jimmy），1927 年生于中国香港，1938 年10 月 28 日来到阿鲁巴，先是在拉哥炼油厂工作，1949 年回到中国，1952 年又来阿鲁巴，在爪哇杂货铺（Java Grocery）工作。Chong Fat 将他的杂货铺（名Chung Yeun Grocery）卖给了他，他即将之改名为 Jim Bros. Grocery。[1]

其四，第一代华侨 Ling Chung Sue，1919 年生于中国。1947 年 11 月 24 日来到阿鲁巴，后来接管了他哥哥 Ling Chao Yang 的福摩萨食品杂货铺（Formosa Grocery，位于 Savaneta）。[2]

其五，第一代华侨 Lue Ching Choy，1930 年生于中国，1948 年 1 月 12 日来到阿鲁巴，曾接管了一家叫 Solognier Grocery 的杂货铺（位于 Weg Fontein 48 号），并重新命名为 Chiquito Grocery。他也管理东方食品杂货铺（Oriental Grocery，位于Weg Fontein 40 号）。[3]

其六，第一代华侨 Lynn/Ling Koei Sang（即 Barrie Lynn），1933 年出生于牙买加，于 1979 年从 Jim Shun 手中接管了 Jim's Grocery。[4]

6. 子承父业者

其一，第一代华侨 Chow Shun Sang，1938 年生于中国。来到阿鲁巴后，先是在 Casa Chieuw 工作，然后在李记餐馆（Lee Restaurant）做厨师。1938 年（此年份有讹，待考），他开了一家自己的纽约杂货铺（New York Grocery），1988 年，在萨瓦涅塔（Savaneta）开了一家 S Chow 超市（在 Valero 加油站的西面），该超市现在由他的儿子 Chow Kam Hung（即 Samuel）经营。有关 Chow Shun Sang 的第二代，资料记载提到的有两人，一为 Chow Kam Hung（Samuel），1968 年出生于香港，现经营着萨瓦涅塔的超市；二为 Chow Kam Man，1972 年生于阿鲁巴。20世纪 90 年代中期以来，做过一家出版公司的财政规划主任，现在住在美国佛罗里达州的奥兰多。[5] 也就是说，第二代中有人继承父业。

其二，第一代华侨 Hugh/Hue Sue（即 George），1906 年生于广东鹤山，1946年 7 月 4 日来到阿鲁巴，先在拉哥炼油厂打工，后来在 van Renselaerstraat 2 号的Albert Chung 食品杂货铺打工。1958 年起，他在重庆食品杂货铺做工。1965 年起，他是 Albert Chung 食品杂货铺的拥有人。之后，他买下了位于 Torenstraat 17号的以前的 Wong Kin 食品杂货铺，并重新命名为 Hugh Sue 商场。他死后，他的妻子和儿子在 Weg Seroe Preto 建起了新的 Hugh Sue 食品杂货铺，现在叫作 Save

---

① Tyrone Wong and Frank Fun, p. 21.
② Tyrone Wong and Frank Fun, p. 28.
③ Tyrone Wong and Frank Fun, p. 29.
④ Tyrone Wong and Frank Fun, p. 31.
⑤ Tyrone Wong and Frank Fun, p. 12.

A Lot 超市。[1]

其三，第一代华侨 Ling Chao Yang，1899 年生于广东，1938 年 8 月 11 日来到阿鲁巴，先是给 Ah Pak Chung 打工，后来拥有中国食品杂货铺（Chinese Grocery，位于 Theater 街）。1950 年，他在 Savaneta 拥有福摩萨食品杂货铺，后来他把这个杂货铺卖给了他的兄弟 Ling Chung Sue。1965 年，他在 Congoweg 开始经营一家叫 Ling & Sons 的超市，这家商铺后来迁到了首府奥拉涅斯塔德。他的第二代中有五个孩子，其中老四 Ling Clifton 就是 Ling & Sons 超市的拥有人，该超市现在卖给了一家荷兰公司。[2]

其四，第一代华侨 Tang Toong，1912 年出生于广东，1928 年从广东来到阿鲁巴。其妻 Yeung So Meg，1928 年生于广东，1948 年来到阿鲁巴。直到今天她还很健康，仍常到儿子 William 管理的白星食品杂货铺（White Star Grocery）里来。[3] 白星食品杂货铺有可能是其父母曾经营过的。

7. 从杂货转营他业者

第一代华侨 Chung Sun（即 Chung Albert），1905 年出生，在 van Renselaerstraat 拥有一家食品杂货铺（Chung Grocery）。他与 Genoveva Romano（1920 年生于古巴）结婚，他们的第二代 Ansintho Alberto Chung，1938 年生于阿鲁巴，是一家叫 Chung Bros. Grocery 的杂货铺的拥有人。1971 年 5 月 25 日，这个食品杂货铺由 Kong Ming Cheung 接管了。在卖掉这家杂货铺以后，Alberto 在 Congoweg – selling flowers 开了一家夏威夷花店（Hawaiian Flowershop）。[4]

8. 将杂货铺转让他人者

第一代华侨 Wong Kin（Wong Sek Kam），1895 年生于广东。其妻 Angelica Hernandez/Geerman，1911 年生。两人于 1934 年 8 月 29 日结婚。Wong Kin 年轻时就离开中国，在东方各国旅行，曾一度在荷兰逗留、工作。1928 年 2 月 5 日，他从英国乘船到委内瑞拉，在船上做舱面水手。在委内瑞拉短暂停留后，他来到阿鲁巴，就如很多中国人所做的那样，他先在 Lago mess hall 工作，然后在 Rancho 建起了一间小的食品杂货铺和酒吧间。他还曾经在 Torenstraat 的村子里经营一家叫 Wong Kin Grocery 的杂货铺。这个店铺在 20 世纪 60 年代卖给了阿鲁巴人，后来又卖给了 Hugh Sue，最后被政府买了下来。[5]

老一代华侨一般都是先从经营餐馆起家，待有了一笔积蓄之后再转做杂货

---

[1] Tyrone Wong and Frank Fun, p. 20.

[2] Tyrone Wong and Frank Fun, p. 27.

[3] Tyrone Wong and Frank Fun, p. 34.

[4] Tyrone Wong and Frank Fun, p. 15.

[5] Tyrone Wong and Frank Fun, pp. 36 – 37.

铺，因此，杂货铺做得好的话，可能发展到很大规模，甚至可以让后代继承。有的因经营杂货铺而致富的华侨还积极参加侨社活动，帮助同胞排忧解难，成为华侨社会的骨干角色，乃至华侨领袖。第一代华侨 Lue Francis（即 Lau Fook or Akai）的继父叫 Ching Choy。Lue Francis 于 1909 年生于中国广东，1920 年他 11岁时，移民到特立尼达和多巴哥，追随其父亲 William Lue Sang（他父亲更早时候移民到那里）。1927 年，他来到委内瑞拉的马拉开波，那时的马拉开波是个石油宠儿，四周的人都蜂拥而来，他是其中的一名，在那里的油厂做了一名送信员。后来，又在航海的油轮上做厨工。1930 年 10 月 13 日，他来到了阿鲁巴，先在拉哥炼油厂做工，随后在 Vondellaan 做的士司机、汽车买卖人、汽车机修工、加油站老板等。更值得注意的是，他还帮过他的很多同乡办理入境证件和居留证件，帮人办葬礼，寄钱给寡妇（应是去世同胞留守在家乡的遗孀）等①。他还是阿鲁巴和库拉索的中华会馆的联合创始人之一，同时还是会馆财务。他是 1938年建立国家食品杂货铺的合伙人之一，1946 年，他开了自己的东方食品杂货铺（Oriental Grocery，位于 Weg Fontein 40 号），后者后来由 Lue Kin 经营。1949 年，他和他的家庭搬到了库拉索，从事批发与零售业、进出口业和餐馆生意。他是 Wong Wah 的亲密朋友，经常去阿鲁巴。他于 1984 年 8 月 8 日在库拉索去世。他在阿鲁巴、库拉索和委内瑞拉留下了 8 个子女、19 个孙子女。② 由上所述可知，Lue Francis 出国后，在多国做过多个行业的工作，也兼职做过其他工作。很难判断他的主要收入来自哪个方面，最大的可能是在帮其同乡办理入境证件和居留证件时牟利。这样，他才可能在来到荷属加勒比以后马上做起"大生意"。

今天在阿鲁巴，华侨华人基本上包办了所有大小超市的经营，已经形成了垄断局面。小型超市待客殷勤，礼貌周全；大型超市货品齐备，物美价廉，模仿北美洲大型连锁店把陈列室与仓库合二为一之营运方式。这里的侨胞既眼光独到又富创意，克勤克俭；不少人由零开始，白手兴家。如今，阿鲁巴还有一些有名的食品杂货店，兹举其要者如下（均为原名，未译为中文）：Wong Wah、Greenhill、Chic's、National、Three Star、Springfield、Chung King、Chung Bros.、Wong Kin、Java、Buchi's、Fai Kong、But Sen Fong、Cheung Fook Sang、Cha San、Yee Woo、Chung、Chinatown、Chow（起初在另一个拥有人名下时叫New York Grocery）、Jim Brother（原称 Chung Yuen）、Hong Kong、Rising Sun、Mikey's、Hsing San、Hugh Sue、Kong Hing（后改名为 Kong Hing 超市）、Chinese、Ling & Sons（后改名 Ling & Sons Super

① Tyrone Wong and Frank Fun，p. 30.
② Tyrone Wong and Frank Fun，p. 30.

Centre）、Margiet、Oriental、Ling Hop、Nanking、White Star、Formosa。[①]

实际上，阿鲁巴华人说得最多的华人杂货铺，是谢氏集团的超市、凌氏超市（老板为凌振强，后为新中华会馆第一届副主席，今已退休）、广兴超市（原中华会所会长余秋生的超市）、香港超市（大埔、二埔各有一间，老板为恩平沙湖人）等。这些杂货铺的货物（主要是水果类、蔬菜类）大部分来自离阿鲁巴比较近的美国迈阿密，而且基本上来自迈阿密同一个公司。每到星期四杂货铺"开柜"日，全岛华人都开着车来到杂货铺门前购货。这些杂货铺都在大埔。顺便指出，过去凌氏超市对阿鲁巴的一个特殊贡献，是在每年的元旦夜燃放爆竹，增添节日气氛，吸引大量游客，电视台必来录制。至于二埔的杂货铺，最大、牌子最老且生意最好的是光明超市（老板张光明），现已出售给恩平人陈汉达。应该指出，今天阿鲁巴的杂货业有分散化的趋势，由于经营杂货的人越来越多，垄断性的商品经营已不存在。这些新增加的杂货铺的货物基本上也都来源于迈阿密。也有一部分蔬菜、鱼虾等来自委内瑞拉（船运），每周都用船运来。一部分牛肉则来自巴西和阿根廷等南美国家。华人杂货铺甚至当地人经营的杂货铺的商品大部分都卖予华人，80% 以上的餐馆和杂货铺都是由华人经营的。

华人杂货铺经营得比较好的，都朝着多种经营的方向发展。买铺位出租就是一种方式，例如，谢生早在十多年前就在大埔有旅店出租。谢生最早的一间杂货铺分给了大儿子后，又租给二儿子，二儿子将之分为上、下两层，上层租给一菲律宾人经营餐馆，下层则经营首饰金器；余秋生则买有很多酒吧间用以出售。[②]

四、圣马丁超市

圣马丁华人的经营行业以餐馆和食品超市为主。可能是杂货店铺出现较晚的原因，圣马丁华侨更习以为常地把岛上的杂货店铺称作超市。应注意，圣马丁岛分荷属、法属两部分，这里主要说的是荷属圣马丁的超市，但也涉及法属圣马丁一侧。

圣马丁第一间华人超市是远东超市，现名为新光超市（Sun Kung Supermarket），该超市于 1979 年开张，由香港人朱远光先生经营，营业至今，但目前已改弦易辙，以经营面包糕点和面包店相关设备为主。[③]

圣马丁曾经最大规模的华人超市集团为 Afoo 超市集团。该集团创办人郑社

---

① 上列各店情况见 Tyrone Wong and Frank Fun，pp. 59 – 60.
② 以上据笔者 2017 年 3 月 5 日对何爵豪的通讯采访。
③ 黄仰杰：《圣马丁华人简介》，2015 年 10 月于圣马丁。

富夫妇为广东中山人，于 1976 年来到阿鲁巴。该集团在 2000 年以前曾遍布全岛的荷属和法属两区各地，目前仅限于荷属区。目前该集团已由其女儿 Fanny 郑全权管理。①

现经营旅店业的华侨 Lue Foof 刘金莲出国时，先是来到多米尼加居留下来，当时一位在圣马丁开餐馆（文华酒家）叫莫玉和的华侨也来到多米尼加，见到刘金莲，知道她懂英文，便介绍她移民圣马丁。由于当时多米尼加的生存与发展环境不好，刘金莲便卖掉了其在多米尼加的生意，先到库拉索，后于 1974 年 1 月 21 日到圣马丁，在莫玉和的餐馆做厨工，每天工作 10 多个小时。其夫莫兆堂则早一个月到圣马丁。在莫玉和的餐馆工作时，刘金莲的月薪只有 150 美元左右，但加上小费竟有 1 000 多美元。莫兆堂的月薪则为 300 美元，不过他们的工作时间长达 10 小时。

刘金莲做了一段时间（好像是 11 个月）后，一次偶然的机会认识了当时的圣马丁省长，她要求省长给她颁发经营洋货的牌照。那时要得到这类牌照很难，幸运的是，她得到了，时为 1975 年 5 月 5 日。于是，刘金莲开始做起了杂货生意。省长要她回山多罗去，取得山多罗护照后（当时她持台湾当局颁发的"护照"）再回到圣马丁来，便可得到居留权。她照办了，于是全家得到了圣马丁的居留权。

刘金莲的第一笔生意是在阿鲁巴。她在阿鲁巴的龙凤酒店认识了老板黄氏，黄氏给刘金莲介绍了一个人，可以为刘金莲在香港做中介商，帮助她办理中国内地货物，于是，她取得了来自中国内地的货源。她说，当时阿鲁巴刚刚开埠，可以说一切商品都很有销路。例如，当地人不穿鞋，刘金莲就通过在阿鲁巴的来自台湾的张太供应拖鞋，在圣马丁十分畅销。大约在 1988 年，刘金莲开始经营旅店业。此时，她的生意已经发展到"洋货（家庭用品）＋杂货＋旅店"的三合一经营模式。这在当地华侨中还是第一个。②

圣马丁最大规模的超市是阳光食品超市（Sunny Food Supermarket），其创始人是 1985 年从暨南大学经济学院毕业的黄仰杰、吕雪玲夫妇，他们于 1990 年 1 月从广州来到圣马丁。当时岛上几乎所有的华人超市都是小型超市，连中型超市都很少。岛上较大的超市有两间，分别为一荷兰人和一印度人所经营。这家印度人超市是经营了 40 年的老牌超市，其老板曾对黄仰杰说，中国人永远不可能办成大型超市。黄仰杰本来曾想离开圣马丁去美国、加拿大发展，听了印度人这些话，便决意留下来，做出一家华人的现代化超市。

---

① 黄仰杰：《圣马丁华人简介》，2015 年 10 月于圣马丁。
② 笔者 2015 年 10 月 24 日在圣马丁对刘金莲的采访。

在别人的超市工作一年后，黄仰杰比较熟悉这里的情况了。这时老板叫他去管理一家分店。黄仰杰走马上任后，应用在大学里学过的商业经营策略，取得了成功。可惜由于老板亲戚的妒忌，他跳槽到了另一家超市。

新超市的老板知道他是个大学毕业生，便让他到圣马丁的法属区去经营一家中型分店。这家分店原已换了两任经理，都做不好。黄仰杰来后如法炮制，应用大学里学到的经商策略小试牛刀，又大获成功，营业额逐月增长。老板开始还每周巡视几次，后来干脆不来了，把所有经营权和业务处置权全交给他。荷属群岛最大型的连锁超市和批发商 Food Center 的总部经理来到黄仰杰管理的超市做市场调查，他开始还以为是荷兰人在管理，不相信中国人能把超市经营得如此出色。1994 年 10 月 16 日，黄仰杰正式挂牌自己经营。由于他帮别人经营超市取得了成功，名声远扬，以至海内海外供应商都愿意赊账给他的小超市。但他经营的这家超市处于湖区，周围住家不多，黄仰杰夫妇和一位工人经过 48 小时的奋战，将商品全部上架，开门销售，结果却门可罗雀，一周过去了，营业额少得可怜。面对严峻的形势，黄仰杰夫妇没有退缩，他们制订出新的营销方案：一是套现还债，每天都开着小车到偏远地方去以较低价格把存货销售出去；二是争取客源，主要是锁定两部分人，即附近的建筑工人和做小型生意的主妇，有针对性地大量组织适合这两部分人的货源。另外，他们还在上下班高峰时间向过往司机派发特价传单。这几招都十分成功，生意额骤然上升。与此同时，他总结过去的经验，应用拿手的营销策略，屡试不爽，捷报频传。这时圣诞节到了，机遇也来了，营业额一时猛增。到次年 1 月，就超越了附近三家超市。从此，他手头的现金猛增，于是大量购货，大进大出，经营成效显著。这时候，供应商们都愿意跟黄仰杰做生意，因为他付款准时，购货量又大，还喜欢付现金以换取折扣。几个月后，他店前的路开始车水马龙，每天上下班时间总是车流人流涌动。4 年后超市隔壁的建材店倒闭，黄仰杰趁机将店面扩大至 400 平方米，使超市在品种和服务上都再上一个台阶，以至每个月末月初出工资时超市都人满为患。这种状况一直持续了十多年，直到他移址开大型超市为止。1998 年，他扩大经营的同时又在靠近城区和商业区的地方买下了一家大好几倍的老店，1999 年开始改造。但旋遭同行妒忌，在圣诞节前两天遭人放火焚毁。到 2002 年，他买下了一块 7 500 平方米的地皮筹建超市，至 2008 年开业。很快，他的超市奇迹般地成为圣马丁第一号超市，附近一家印度人经营的超市相形失色，溃不成军，2008 年 4 月至次年 4 月间，连换三个经理都没见起色。于是，印度人使出阴招，买通政府的卫生检查官和新闻记者，联合报纸、电视、电台和网络媒体等，抓住黄仰杰厨房的卫生问题大做文章，导致他的生意额减少了一半。但真金不怕烈火，仅一个月，黄仰杰的超市就恢复正常，兴旺如初，其后逐月增长，直到 2015 年 5 月欧元贬值、

法属圣马丁区拉回了很多顾客为止。这时黄仰杰想起了当年嘲笑中国人永远做不好大型超市的那个印度人，他笑了。①

圣马丁华侨经营超市的个案还有不少。莫国健 2003 年才来到圣马丁，他不懂英文，先帮哥哥做工，一年后即开了一家 20 平方米左右的小餐馆。后在法属地区开了一家超市，当时只支付一半的货款就开市了。但曾经因为在法属地区的居留权问题而惹起了一场官司，他聘请律师打赢了官司（后来华人之所以能够到法属地区开超市是援引了他的官司之例，从这个角度来说，他为华人社会在法属地区的发展作出了重要贡献）。后来，考虑到在法属地区经商的风险，他回到荷属地区花 20 万美元买了一家超市，一直经营到现在，后来又买下了其兄去世后留下的、由其嫂经营的超市（12 万美元）。这样，他就拥有了三家超市。莫国健常说："我来此地时两手空空，回去时身无一物又何妨？"表现得十分大度和豁达，这也是他投资时敢于大胆出手的一个原因。他也常常表现出叶落归根的意愿。②

新会华侨李伟东谈到，他本为乡下人，后来在江门读师范，得大专学位，然后分回原来校长所在的中学教书，当时很多人下海，于是他便在 1991 年下海，1997 年来到圣马丁。当时有一个同学在圣马丁，介绍他来到此地。他先在超市做了 5 年，开始时 600 美元/月，5 年后增到 800 美元/月。经过 5 年的拼搏赚得 2 万美元左右。之后，曾经回到新会半年，但是已经不习惯，共同语言不多。同时家里人也支持其出国去，于是，他再次来到圣马丁。回到圣马丁后，得到很多途径的支持，特别是一个好朋友的资金支持，使他现在已经拥有 5 000 平方米面积的超市。他的太太 2006 年到这里做餐馆，到 2010 年跟两个孩子去美国读书，便将餐馆还给了屋主。

圣马丁的郑玉芬（Fannie Lee）经营的杂货店称 Fresh Market。她 1976 年 3 岁时与父亲一起从阿鲁巴来到圣马丁，弟弟于 1980 年在圣马丁出生。她的父亲 1976 年来此先做餐馆，做了 4 年，到 1980 年，开始做杂货店。后来杂货店越开越多，最多的时候共开了 7 间。其父亲 2000 年去世后，杂货店才开始减少，到现在还拥有 3 间。她丈夫在圣马丁有一个超市，由亲戚帮忙照管。他专做对华贸易，每年有一个月在中国。开杂货店很辛苦，每天 8：00—20：00 工作。③

华人杂货业也有家族经营的，最典型的就是岑氏（Sang's）杂货店，1976 年，岑氏杂货店创始人岑悦昌来到圣马丁，他先是开一家叫"东方酒家"（Ori-

---

① 根据笔者 2015 年 11 月 25 日在圣马丁对黄仰杰的采访及 2017 年 3 月与黄仰杰的通讯材料整理。
② 笔者 2015 年 10 月 26 日在圣马丁对当事人的采访。
③ 笔者 2015 年 10 月 26 日在圣马丁对当事人的采访。

ental Bar & Restaurant）的餐馆，一直到 1987 年才转行开杂货店，餐馆则转让给了当地人。现在的超市实际上是"超市＋百货"。岑氏杂货店的一个特点是兄弟姐妹五人从不分家，到现在仍然是五人作为集体法人，收益由五人平分。公司决定由五人集体商量决定。奉行"长兄为父"的中国传统，老大是董事经理，每年回中国一两次筹货，每一次一个月左右。①

随着中国工业的发展，以国货为主要商品的百货店、礼品店、家私建材店和美容店均逐步发展起来，目前已有此类生意 12 家。②

五、博内尔杂货铺

博内尔的杂货铺是 1979—1980 年左右才开始的，几乎与洗衣店同时。2001年，岑柱文在此开了一家加勒比海杂货铺，后来卖掉移民英国。岑权康则于 2005年开始经营杂货铺，当时他的儿子岑许文从美国回来，开了永昌超市，岑权康则经营北京餐馆，后来开了 Top 超市。到 2012 年，从永昌分出一家长荣店，专做批发生意。其儿子现在已经全面接班，成为岑氏家族的总管。岑权康还有两个女儿，在美国读完书后在美国结婚。岑权康现在处于半退休状态。③

在博内尔，甄生来后，开了一家洗衣店，然后给其弟弟做。弟弟一直做到2000 年。甄生开洗衣店的同时，也开杂货铺（叫作东方杂货铺）。④

广州二十中毕业的蒋敬维 1978—1980 年在博内尔经营大中华餐馆。两三年后，打工一年，然后自己开餐馆，做了 6 年。1990 年入籍。后又接手大中华餐馆（成为新老板），做了 3 年，又与人合股经营大亚洲餐馆，做了 3 年，最后自己出来做小餐馆，做了 10 年。赚到钱后，开了恒美超市。旧的恒美超市出租后，建起了一个新超市。蒋敬维太太来自中国内地，儿子 19 岁，还在读书，准备将来由他接班。2010 年后华侨经营杂货的很多，餐馆的少了一些。⑤ 2015 年底，博内尔有 10 多家华人杂货铺。

2015 年，博内尔出现了第一间五金店。老板吴江原来是委内瑞拉华侨，于2007 年从委内瑞拉来到博内尔。他有四个儿子，一个女儿。现在做五金和超市，是 2015 年才开始的，这家店雇用当地人当员工。⑥

---

① 笔者 2015 年 10 月 26 日在圣马丁对当事人的采访。
② 黄仰杰：《圣马丁华人简介》，2015 年 10 月于圣马丁。
③ 笔者 2015 年 11 月 13—14 日在博内尔岛对当事人的采访。
④ 笔者 2015 年 11 月 13—14 日在博内尔岛对当事人的采访。
⑤ 笔者 2015 年 11 月 13—14 日在博内尔岛对当事人的采访。
⑥ 笔者 2015 年 11 月 13—14 日在博内尔岛对当事人的采访。

第七节　建筑、建材与家居行业

一、建筑与建材

自从有中国移民以来，早年有没有华侨在荷属加勒比地区修建过房子，目前还没有资料可以说明。但可以肯定在过去数十年间，新一代移民已经有能力在当地建造房子，虽然这样的案例尚不多，还不能说已经形成一个华人产业链。

建筑在此处指的是住房的设计与建造过程。作为一个行业，荷属加勒比地区建筑业的历史已很久远。当地人建造房子，一般是向建筑商买地自建（包括设计、报建、按图施工等），由建筑商负责"三通一平"。但对华侨华人来说，在当地修建房子就不是一件简单的事情了。即使是建房子给自己住，也非易事。就拿库拉索来说，当局对建筑工程的监管很严格，包括：建房子必须向建设厅递交图纸和申请，经审批后才可以动工；在房子建造期间，建设厅随时会派人到工地检查工程是否按照原来的设计图纸施工，等等。

伍炳炎是库拉索的第一个华人泥水工，从而开始了华侨在库拉索盖房子的历史。此事缘起于伍炳炎到了库拉索以后，与其儿子等一家人都在伍炳炎姐姐家的餐馆做帮工。那时伍炳炎姐姐刚好买了一块地要建餐馆，因为伍炳炎做过泥水工，就让他来帮建房子。这是伍炳炎在库拉索建的第一间房子。除了房子设计图之外，其他全部是伍炳炎一个人一手操办建起来的，前后一共花了三个多月。

自从伍炳炎戴上了"库拉索第一个盖房子的中国人"的桂冠后，就一发不可收拾。从 1996 年起，他在库拉索先后盖了十几间房子。据说今天恩平人在库拉索建房子已是司空见惯。他们建的房子不仅质量好，而且风格一如库拉索的传统，即非常"荷兰化"。①

对比伍炳炎在库拉索盖房子的经历，高凌云在圣马丁的建筑历程，使这个海岛多了不少中国现代工程技术的含量，为许多中国工程师增添了荣光。高凌云是 1997 年 3 月来到圣马丁岛的。他先是在朋友的公司当工程师，考虑到朋友的公司以旅游为主，施工为辅，他觉得发展空间太小，于是毅然到当地另一家专业的施工公司担任工程师和工程项目经理。为了保持相对独立性，高凌云于 2000 年初在当地注册了以自己家乡地名为公司名的"长江土木工程公司"。他此举是想让当地所有外国人都知道，这是一家地地道道由中国培养出来的中国工程师主管的

---

① 《一村五国! 泥水匠变身"新金山伯"》，2015 年 10 月 13 日，【原创】六二巷侨家大院。

公司。他的公司营业范围和当地荷兰人开办的土木工程公司一样，包括房屋设计、预算、测量、评估、咨询、施工监理、施工项目管理，以及地基基础勘察、评估和材料测试等有关土木工程的最广泛含义上的所有工作。

由于高凌云的学习经历和具有在设计院的工作经验，他顺利地找到了自己工作的切入点。他买来了许多与国内工作所用的规范相应的美国规范和绘图标准，并对应起来进行学习和研究，看哪些是相同的，哪些是不同的，如何用英语表达。在绘图方面，他如饥似渴地学习英文版的 2000 AutoCAD 绘图程序（过去在国内是手工绘图，现在是电脑绘图），买来学习绘图的教程，一页一页地看，一个指令一个指令地练习，直到绘图机打出自己理想中的图案为止。在房屋建筑结构计算方面，他把每次回国的时间都作为充实自己能力的机会，紧跟国内的发展，不断更新自己结构计算的程序。由于圣马丁政府不接受中文打印出来的结构计算书，他就买来了美国结构计算程序努力钻研。为保证结果万无一失，他对一些复杂结构问题，经常用中国程序和美国程序对比得出结果，用复杂方法和简化方法分析结果的正确性，确保房屋建筑结构的安全和可靠。在设计工作中，他还非常注意学习当地建筑师和工程师的技术文件和图纸习惯的表达方法，结合美国规范和制图标准，不断完善自己公司的版本标准。高凌云出的图纸和技术文件，越来越受到当地行业人士的认可和赞赏。他报批到政府的图纸和文件，每一次都能很顺利地通过。同行之间有人开玩笑说："他像复印机，好的东西在他眼里一扫，就变成他的了。但他的专业技术别人却学不过来。"

高凌云在做施工项目经理和监理人时，特别关注当地施工使用的材料、机械和施工方法，特别是他们的劳动生产率，通过不同工程的实践，他编写了预算用的材料单价和人工单价及施工现场的材料分析，大大提高了施工现场管理效率，并针对每一个建筑物施工的不同阶段，编写自己要检查的方面和要点，绝不漏掉一个点，确保施工质量，有时候一天检查三四个施工现场。由于思路清晰，重点明确，高凌云能做到多而不乱，受到雇用方的好评。在专业方面，高凌云也尝试做其他专业的工作，如建筑、水图、电图，对一些较小的公共建筑和民用建筑可全盘包揽，被行业内的人戏称为"One stop"，意即要建房子找他一个人就够了。①

黄冠雄是把中国陶瓷产品引进库拉索的第一人。他祖籍台山，在开平出生，小学到中学时光在恩平度过，1990 年，趁着改革开放的大潮来到了库拉索。黄冠雄沿着历代远渡重洋的先辈的道路，先是长达 5 年的每周 90 多个小时的厨房生涯，他咬着牙走完了，跟着又做过 5 年芽菜生产经营，最后于 2000 年创办了

---

① 笔者 2015 年 11 月 25—26 日在圣马丁对当事人的采访。

一家建材有限公司——黄氏建材有限公司。

建筑材料的范围很广，举凡胶凝材料、混凝土与砂浆、建筑钢材、墙体与屋面材料、防水材料、建筑塑料、木材及装饰材料等，都包括在建筑材料之内。库拉索是个小岛，没有森林，没有河流和矿产资源，也没有工业和农业，市场严重依赖进口。建筑材料自然是十分重要的进口产品。在库拉索，来自北美和欧洲的建材价格十分昂贵，来自南美的产品质量和设计跟不上需求。黄冠雄看到了中国改革开放的巨大变化，既引进国外先进技术与设备，又不断提高自主创新，使中国的陶瓷产品质量和款式与国外相比有了很大的优势，比来自南美国家的更好、更漂亮，价格上却比欧美更具竞争力。于是黄氏建材有限公司将产品定位立足于欧美和南美之间，让中国产品逐步打开了局面，平均每年从国内进口 30 多个货柜，成为华人最大的专门建材企业。2016 年，又新开了一个叫"陶瓷世界"（CERAMIC WORLD）的分公司。

黄冠雄坚信其取得的成绩是受益于国家的改革开放和经济发展。在取得事业成功的同时，黄冠雄积极参与侨团及公益活动。2014 年，在中国驻威廉斯塔德总领事馆的帮助和支持下，库拉索创建了第一所华文学校，黄冠雄担任第一任校长。他还担任库拉索中国和平统一促进会会长和库拉索华侨会所秘书长等侨团职务。

二、家居行业（家具装饰与室内装潢）

顾名思义，家具装饰店销售的是家居饰品。家居饰品，是指装修完毕后，对室内进行二度陈设与布置所用到的那些易更换、易变动位置的饰物与家具，如窗帘、沙发套、靠垫、工艺台布及装饰工艺品、装饰铁艺等。家居饰品还包括布艺、挂画、植物等。家居饰品也可作可移动的装修，用以体现主人的品位，是营造家居氛围的点睛之笔。

华侨涉足家具业的时间却不晚。有记载表明，华侨早在第一代就已经开始经营家具业。第一代华侨 Chong Hong（即 Tchong Hong 或 Ming Hop），1899 年生于广东，有记载说他"在华侨社会里是个有影响的人物"。他的影响应来自经济实力。他在华侨社会里是一位少有的多种经营的企业家。他拥有上海酒家（Shanghai Bar & Restaurant）和上海家私店（Shanghai Furniture Store）。按照非官方的信息，是他亲手创立了芬田菜园（Fontein Garden）。[①] 上海家私店应该是一个家具店，只可惜没有更详细的资料说明他这家家具店的规模。

---

① Tyrone Wong and Frank Fun，p. 11.

中华民族是一个富有创新性的民族，对源自西方的现代家居潮流，既能紧跟，又善于改造，在改造的过程中，融入本民族的元素和个人的美学理念。今天，荷属加勒比地区的华人已懂得打破传统的装修行业界限，将工艺品、纺织品、收藏品、灯具、花艺、植物等进行重新组合，形成一个新的理念。家居饰品可根据居室空间的大小形状，主人的生活习惯、兴趣爱好和经济情况等，从整体上综合策划装饰装修设计方案，体现出主人的个性品位。当然，华人的这些经营理念，是比较新近的事情。

荷属加勒比地区的家具装饰店没有详细的统计数字，但据记载，阿鲁巴岛的家具装饰店主要有："吉米室内装潢店"（Jimmy Upholstery），位于圣尼科拉斯的 Dr. Schaepman 街，为 Jimmy Ahlip 所拥有；"萨瓦涅塔家具装饰店"（Savaneta Upholstery），在萨瓦涅塔的主道上，为 Chan Let Ying 所拥有，现在改名为"通用室内装潢店"（Universal Upholstery），由其大儿子经营；"新世界家具装饰店"（New World Upholstery），位于萨瓦涅塔，由 Chong Yuan Kwai 拥有；"一号家具装饰店"（No. 1 Upholstery），位于圣尼科拉斯入口处，为 Leung Hang 所拥有。[1]虽然今天并不知晓这些家具装饰店的经营情况，但华侨在这一行的存在则毋庸置疑。

室内装潢与家具装饰密不可分，华侨在第一代就有人参与其中。例如 Chan Let Ying，1935 年离开中国，1946 年 7 月 9 日来到阿鲁巴，先是为南京杂货铺（Nanking Grocery）的 Lin Ah Yu 打工，后来又为"吉米室内装潢店"的 Jimmy Ahlip 打工。他在萨瓦涅塔拥有一个室内装潢店，即现在的"通用室内装潢店"（Universal Upholstery）。"通用室内装潢店"现由他的大儿子 Foo Ping 经营。[2]

家居行业主要是对已建造好的房子进行内装修，是一个不断与时俱进的现代行业，很大程度上源于这个行业所涉及的设备和材料的现代性。例如卧室、厨房、书房、客厅的装修，所需材料就包括现代的橱柜、各式卧坐家具、家电设备、地板、门窗、瓷砖、卫浴设备等。进入 21 世纪，随着市场经济的发展，人们生活水平不断提高，房屋室内装修业随之兴盛，生机勃勃，装潢的档次也越来越高，成为一个比较发达的行业。荷属加勒比地区的华侨已开始涉足建筑与家居行业，但涉足程度还不深，所占比重不高，一般只涉足整个行业的其中一部分或某些环节。但随着时代的发展，将有越来越多的华侨加入室内装潢与家具装饰行业中来。

这里顺便谈及装修行业的华侨技术人才。阿朝是 1997 年持旅游证件来到圣

---

① Tyrone Wong and Frank Fun，p. 37.

② Tyrone Wong and Frank Fun，p. 6.

马丁的，他通过担保在圣马丁取得劳工居留资格，2008 年取得永久居留权（一般连续 5 次不中断地取得居留签证就可以取得永久居留权）。虽然他不懂英语，但他有装修专长，在家乡广东恩平时已经掌握了精良的装修技术，也曾在日本劳资公司做过。来到圣马丁后，曾为阳光食品（Sunny Food）超市装修，因为装修技术精湛，名声在外，活儿应接不暇。他主要是给华侨装修超市。[①]

冯建超在 2003 年"非典"时经阿鲁巴来到圣马丁。他在出国前曾在广东航运学校读了 4 年书，毕业后分到珠江客运分公司。来阿鲁巴时他的大哥在圣马丁（大哥是 1984 年从多米尼加来圣马丁的），他先在大哥的洗衣店打工，因为洗衣店关门比较早，他便在收工后出去打工，做冷气、机械维修等工作。2012 年取得永久居留权。他做机械维修等工作，主要顾客是华侨，也有当地客。2010 年他开始经营超市业，2012 年成立电器维修公司，现在是他一个人开一家公司。冯建超热心帮人，现在是中华会馆的中文秘书。[②]

第八节　华人专业人士

专业人士一般指的是现代有专业知识和技术的人，来自中国农村且受教育程度不高的老一辈华侨大多只能从底层做起，很多人一辈子都处在底层。实际上，日求三餐夜求一宿是大部分华侨的现实，一夜致富或出人头地，多存留于人们的憧憬中，大富大贵的情况更是少之又少。不过，这并不意味着所有华侨的宿命都是一辈子的底层劳工，也有通过努力奋斗在同胞中脱颖而出的。这里所说的专业人士，既包括当年历史条件下取得成功的专业人士，也包括今天科学技术水平下获得荣耀的专业人士。显然，历史上的华侨专业人士所掌握的知识技术在今天看来是相当肤浅的，但这并不妨碍他们成为华侨群体中的佼佼者。由于工作的缘故，也由于他们的勤奋和天赋，他们掌握了某一方面的专业或职业技能（有个别人还上过专业学校），因而成为侨胞眼中耀眼的明星。下面是其中几个例子。

第一代华侨 Chin A Loi Asang（Rudolph），1928 年生于苏里南的萨拉马卡，与其妻 Florentina van den Berg 于 1951 年 8 月 30 日结婚。他在拉哥炼油厂的会计部工作，闲暇时间给几个组织（例如苏里南会馆）当司库，应是掌管财权的人。在离开炼油厂后，他给几个牙科医生做过牙科技师。他还爱好园林业和骑自行车。在 20 世纪 50—60 年代的阿鲁巴，他是最优秀的自行车手之一，曾在拉哥炼

---

① 笔者 2015 年 10 月 25 日晚在圣马丁对当事人的采访。此处根据被采访人要求不留详细姓名。

② 笔者 2015 年 10 月 25 日晚在圣马丁对当事人的采访。

油厂运动会上夺得许多名次。[1]

第一代华侨 Wong Kit Ying（即 Larry 或 Ayang），1927 年出生于中国，1936 年来到阿鲁巴，1944 年毕业于阿鲁巴的多明我学院（Dominicus College）。他后来上了雷海（Lehigh）大学，取得了工程学位，为美国政府的军需品部工作。[2] 在第一代华侨中，能够上大学的人肯定凤毛麟角。

华侨的第一代多为务工者，但第二代中，不少人成为专业人士，出人头地。Chin Isaac Joseph 1918 年生于圭亚那，1944 年 11 月 25 日来到阿鲁巴，是个工程师，在拉哥炼油厂工作。其妻 Archee Yvonne Catherine（应是个当地人），曾在一个保险公司工作了很长一段时间。[3]

至于做教师者就更多了，这里随便举几个例子。Tony Fun，1942 年生于阿鲁巴；Franklin Harrold（Frank）Fun，1945 年生于阿鲁巴；Sandra Janet Fun，1951 年生于阿鲁巴。他们都是退休教师。此外还有其他类型的专业人士，John Neville Fun，1952 年生于阿鲁巴，为 H. Oduber 医院的设备管理者；Christian E.（Chris）Fun，1960 年生于阿鲁巴，为 Aloe 医药店的拥有人。

第二代中，也有全家都业有所成的专业人士。例如，第一代华侨 Ng Fook 有五个孩子，其中提到有职业的是第二代的家中老二（女）Jolanda（Florentina Jolan），1949 年生于阿鲁巴，在库拉索很多政府组织做过专业工作。老三 Lucas（A Fat），1951 年生于阿鲁巴，现为退休教师。[4]

又如，第一代华侨 Lam Kai 是开餐馆的，但他的儿子 Edwin Rudolf Cham（生于 1933 年）没有继承父业，他先是在拉哥炼油厂做化学工程师，然后在 AIG 做管理者；Wong Kit Lam（Fred 或 Wim），1933 年生于新加坡，拥有圣尼科拉斯的纽约餐馆，还是个专业技术人员（婚礼摄影师）；Wong Kit Leung（Charles），1935 年出生，在纽约做工程师。[5]

郑学森的英语说得很好。父亲在苏里南出生，母亲是华人。他 1999 年来到圣马丁时 27 岁，打工 3 年后，开始自己创业，后来到荷兰求学，学成后，开了一间药店。他的家族是个成功家族，家族成员遍布世界上好几个国家，大部分是专业技术人士。[6]

华人理发师严格来说很难归入专业人士行列，但在华侨移民荷属加勒比的早

---

① Tyrone Wong and Frank Fun, p. 8.
② Tyrone Wong and Frank Fun, p. 34.
③ Tyrone Wong and Frank Fun, p. 10.
④ Tyrone Wong and Frank Fun, p. 31.
⑤ Tyrone Wong and Frank Fun, p. 5.
⑥ 笔者 2015 年 10 月 27 日在圣马丁对郑学森的采访。

年，华人理发师却是个很稳定的行业。在解决了家庭的吃、住问题后，男人的一项重要活动就是去理发店理发，因此理发师这一职业姑且放在这里作一交代。当然，在各种各样的理发店里，男人们会议论或解决一些生活中的琐事，还有社会问题，偶尔也谈一些三姑六婆、生活习俗之类的事情。例如在阿鲁巴，华侨常去的是 Wan Faen Wong 经营的理发店。他拥有和经营好莱坞（Hollywood）理发店。他的儿子叫 Gerardus Wong，后来接手了这间理发店。①

由于时代的进步和开放，新移民的子女的情况与老一辈已经不可同日而语。他们拥有老一代华侨子女所没有的良好条件。例如，圣马丁的余国森夫妇当年历尽艰辛从中国移民而来，在当地生了一子一女，加上先前寄放在老家而后来到圣马丁的大女儿，共三个孩子。现在，大女儿早已经完成学业，结婚后居住在爱尔兰；老二是儿子，在家帮忙料理；小女儿在荷兰攻读硕士，学的专业是中国经济。②

今天，库拉索、阿鲁巴和圣马丁的老一代华侨中，不少人愿意把自己的子女送到美国、加拿大或荷兰上大学。当地人外出读书，主要是选择荷兰。他们的子女学成后，多数还是回到本地谋求发展。华侨子女毕业后也多回到原居住地发展，但也有很大一部分在求学地找到工作，不再回到原居住地来。这是新移民时代荷属加勒比地区一种新的移民现象。当然，这一现象与旧时代完全不同。这一代有知识也有自立意识和行为的年轻人，不可能再重复他们的先辈曾经有过的苦难日子。而他们还留守在荷属加勒比的慢慢老去的父母，有朝一日也会选择来到他们身边。

到了当代，荷属加勒比地区已有华侨华人跻身于顶尖科技专家的行列。尽管这种例子在荷属加勒比地区仍属凤毛麟角，但足以对华人后裔产生巨大影响。张秉真是荷属加勒比地区这一类型华人专业人士的杰出典范。他的名字在当地家喻户晓，无人不知。他在美国发明了空间穿梭器上的一个重要部件，通过这个部件所传送的视频信息，人们有望看到一个更加广袤深邃的宇宙空间。这一发明，给未来的空间科学发展带来了无穷的想象。为此，他曾经获美国太空署科学奖，并获荷兰女皇勋章。他给自己带来了荣誉，给家庭带来了荣誉，给阿鲁巴带来了荣誉，也给荷属加勒比人民带来了荣誉。每次他从美国回到阿鲁巴，政府都会设宴招待，因为他为阿鲁巴——一个从来没有产生过前沿科学家的加勒比海小岛争了光，也为所有华侨华人争了光。

张秉真 1981 年离开阿鲁巴去美国，在麻省 Worcester Polytechnic 学院取得学

---

① Tyrone Wong and Frank Fun，p. 63.
② 笔者 2015 年 10 月 25 日在圣马丁对余国森的采访。

士学位，1986—1990 年在耶鲁大学取得硕士和博士学位，之后在美国宇航局工作至今。他在耶鲁大学求学期间学费全免，并得到奖学金，每年暑假期间还参与 Philip 公司荷兰大电工程，业余时间在纽约的公司工作，当时的月薪就达 3 000 美元。他的成功得益于多年来的勤奋好学与持之以恒。他的父母来自马来西亚，他自幼就在母亲的教育和监督下刻苦读书，从小就有读书上进、出人头地的信念。

如前所述，作为一名中国培养的工程师，高凌云在圣马丁的建筑工程实践为中国人争了一口气。高凌云，武汉市人，曾在"文化大革命"期间下过乡，当过工人。他是 1977 年中国恢复高考制度后的第一批大学生，就读于国家重点大学——武汉水利电力学院。刻苦的学习使他在毕业时以优异成绩通过了两门毕业设计——水利水电建筑结构专业和工业民用建筑结构专业，获工学学士学位。毕业后，一直从事工业民用建筑结构设计工作，曾任武汉市民用建筑设计研究院副院长和技术负责人。1992 年，他通过全国研究生统一考试，被正式录取为武汉水利电力大学岩土工程专业的研究生，两年后获该大学岩土工程硕士学位。1997 年 3 月，一个偶然的机会，高凌云来到圣马丁岛，准备完成一个朋友在圣马丁岛的投资项目设计后，就回国参加武汉市轻轨轨道的建设工作。当时他已经作为武汉市轻轨建设公司总工程师的后备人选。当时该工程还没上马，他想出国看一看，但由于一个不可挽回的遗憾，公司要求其回国的通知未传达本人，导致他在圣马丁岛留了下来。

由于具备扎实的专业知识、兢兢业业的工作态度、诚信负责的工作作风，高凌云与圣马丁的许多当地建筑师和大型公司建立了良好的合作关系。特别是，高凌云十几年来为当地一家具有影响、规模较大的施工公司工作，没有签一个字的合同，却能彼此相互信任、相互尊重。这使他有机会学到不少东西，获得更多的工作机会，接触到更多的挑战，在百忙中还能平均每两年回国休假两个月，从而有机会学习充电。高凌云不断地学习，从而一步步成为受人尊重的中国工程师。他让当地人看到，中国人不仅能经营好大型超级市场、餐馆和洗衣店，也能设计出美观大方、安全可靠的房屋建筑和施工出高难度的土木工程。①

在圣马丁，有一所加勒比美国大学医学院（American University of the Caribbean – Medical School），该学院位于风光旖旎的毛利特湾（Mullet Bay），由从中国移民美国的天津人田树培先生（Dr. Paul S. Tien）一家于 1978 年在美国创立，1980 年移至西印度群岛的蒙塞拉特，1995 年又移至圣马丁至今。无论是校园规模、档次还是师生人数，都是当地首屈一指的，亦是当地一笔巨大的稳定财源。

---

① 笔者 2015 年 11 月 25—26 日在圣马丁对当事人的采访。

该校目前由田校长外甥女燕芳（Diana Liu）管理。遗憾的是，该学校于 2011 年被出售给美国一个医学财团。①

唐元先生于 1995 年建立天堂水公司（Heavenly Water），又于 2000 年开办物理针灸疗法诊所（Therapy & Acupuncture）。天堂水公司的瓶装水已成功进入圣马丁各公共场所、办公室和家庭；诊所除普通物理治疗外，还专设中国传统针灸，由来自广州的中医师张必巍主持。目前水公司由唐元先生的侄子 Christ Tang 管理，诊所由其另一侄子 Tim Tang 管理。他们全家都是华人会馆的积极支持者，也是社会慈善事业的积极参与者。②

---

① 黄仰杰：《圣马丁华人简介》，2015 年 10 月于圣马丁。
② 黄仰杰：《圣马丁华人简介》，2015 年 10 月于圣马丁。

第三章　荷属加勒比地区华人社团

第一节　库拉索华人社团

一、1964 年前的中华会所

在荷属加勒比地区，库拉索是最早出现华侨的岛屿，也是华侨社团成立最早的岛屿。到 20 世纪 30 年代，第二次世界大战爆发，大量华工滞留在库拉索。他们集资购买了一座房产（SCHARLOO 53 号），送予当时的中华民国作为领事馆，同时也兼用作当时该地华侨组织的主要活动场所。这可能就是当地侨团的最早组织——中华会所。不过该社团成立的确切日期已无从考究。随着新中国的成立，中华民国退出历史舞台，"中华民国领事馆"也就失去了存在的法理依据，但"中华会所"的产权登记方，却一直是"中华民国"。直至 2000 年，该房屋的产权经登记后才正式归入中华人民共和国名下，中国政府接管了这一资产，此是后话。这座鲜黄色的具有荷兰王国建筑风格的百年建筑，作为华侨会所，从建立开始至今一直未迁，但因为历史久远，墙体及庭院水泥地面已凹凸不平。

据资料查证，中华会所于 1964 年分成中华会所与四邑华侨公所两个社团。老华侨陈衍祥说，是许伯光在 1964 年带头成立了四邑华侨公所。许伯光原来是开洗衣店的，后来又开杂货店。[①] 在今天的库拉索华侨会所大堂上，仍然挂着 11 位"古拉索四邑华侨公所"侨领的照片，他们分别是：

许伯光　永远名誉会长
陈忠美　永远名誉会长
林　柏　公所创办人
许美遂　公所创办人
容克之　公所筹备委员

---

① 笔者 2015 年 10 月 8 日在库拉索对陈衍祥的采访。

168

林华侨　　公所筹备委员

陈琼福　　公所筹备委员

谭盈沛

赵霭常　　公所筹备委员

黄广新　　公所筹备委员

许达逵①

但据《四邑华侨公所募捐基金弁言》的署名，"古拉索四邑华侨公所"的筹备委员名单跟上面大不一样。该弁言署名的筹备委员共有以下数人：许伯光、林华侨、陈琼福、林柏、赵常（应就是上面的赵霭常）、容灼璇、陈忠羡、陈冠球、何琛、容克之、黄新广（应就是上面的黄广新，以何者为准待考）、鲍远良。照片中的永远名誉会长（2人）和公所创办人（2人）中，除许羡逵外，同时还具有"公所筹备委员"的身份。今天已经不可能仔细廓清当年四邑华侨公所冠以4人这两种身份的具体依据是什么，但从理据上猜测，永远名誉会长应是属于华侨社会中德高望重、捐款较多的元老辈华侨；公所创办人应是公所创办的首倡者，且在公所创办的过程中为大小事务四处奔波，做了大量的发动、说服、宣传工作的华侨。这样的话，他们同时被认为是华侨公所的筹备委员也是理所当然的。

然而，《四邑华侨公所募捐基金弁言》署名的公所筹备委员，却与照片中的公所筹备委员不一样，其中容灼璇、陈冠球、何琛、鲍远良无照片，而谭盈沛和许达逵二人则在照片中出现而在署名中没有出现。这至少表明，公所筹备委员并不是一份当时四邑华侨公所的华侨大众公认的正式名单（例如通过决议程序），而可能只是得到一部分华侨口头认可的一份名单。也可以说，筹备委员不过是一种社会活动的身份参与而已，既不是公所的正式职务，也没有薪酬津贴，实际上他们本人也是义务为侨社效力，不可能在物质上有所得，因而也不会计较个人得失和名誉地位。这样的话，当时在四邑华侨公所创建过程中不同程度上出过力出过钱，也就是说参与过筹备工作的，很可能还有其他人，虽然他们没有被列入筹备委员的名单中。

大堂中有《四邑华侨公所募捐基金弁言》，可以帮助后人进一步了解四邑华

---

① 以上11人中，谭盈沛、许达逵二人的照片没有注明身份，据此二人的照片位置，其身份应为公所筹备委员。

侨公所的来龙去脉。[1]

四邑华侨公所募捐基金弁言

夫单者易折，众则难摧，古之明训也。顾我四邑桑梓所至，世界各地，无不有同乡会之组织。盖本敬业乐群，精诚团结，联络乡谊之旨，用意甚善也。

我同乡人旅居于此为数颇众，而无团体组织，言之汗颜。同仁等有见及此，于发起筹备组织四邑公所，以联络乡谊、团结互助、为同乡谋福利，进而贡献一份力量为社会人群谋幸福。此固吾人立会之本旨也。然而兹事体大，在在需财，非群策群力难抵于成，乃发起募捐四邑公所基金，盖集腋可以成裘，众力乃能易举。所望我邑大雅君子、先进贤达克尽爱群之义，大解悭囊输将俾本公所基金备集，他日公所成立，皆拜诸君子所赐，是亦敬业乐群之意云尔。

古拉索四邑华侨公所筹备委员

许伯光林柏陈忠美容克之

林华侨赵常陈冠球黄新广

陈琼福容灼璇何琛鲍远良

一九六四年元月吉日[2]

至于"中华会所"，在一段时期内应该继续存在，也开展过一定的活动。但是，随着时间的推移，"中华会所"的成员逐渐老去，后继无人，其组织也就逐渐涣散，参加社团活动的人越来越少，活动也越来越少、越来越不定期，每两次活动的间隔时间越拉越长，乃至可有可无，到最后，陷于消寂，完全停止活动。由于资料荡然无存，见证人难于寻觅，目前尚不清楚"中华会所"走向消亡的具体情况，包括在其存在过程中的组织机构、领导成员和活动记录等。这里留存待考。

二、四邑华侨公所的"易帜"与工作转轨

1949 年中华人民共和国成立后，"中华民国领事馆"一段时期内应该仍然存在，直到 1956 年荷兰与新中国建立了外交关系，"中华民国领事馆"才不得不闭馆撤走。中华会所则一直使用该馆舍建筑。但室内的陈设长期保留着台湾当局的

---

① 四邑华侨公所领导机构一直保持着合适的邑籍比例。例如，1987 年度第 33 届职员选举 11 名理事（台山 4 名，恩平 4 名，新会 3 名），7 名监事（台山 3 名，恩平 2 名，新会 2 名）。据《库拉索华侨会所理监事会议记录》，1987 年 4 月 5 日。

② 在《四邑华侨公所募捐基金弁言》下，还附有"捐款芳名录"，捐款者有 140 多人，每人捐款额从 5 元到 3 000 元不等。

痕迹，如进门大厅正中的地面，有用马赛克装饰成的青天白日满地红图案。直到1995年黄冠雄来到库拉索时，还看到在孙中山先生的画像旁，挂着蒋介石父子和李登辉的画像。1956年后"中华民国领事馆"虽然闭馆撤走，但由于当时的荷属安的列斯政府坚持承认"中华民国"护照，加之库拉索（还有其他荷属岛屿）远离荷兰本土，中国驻荷兰使领馆无法管理到此，驻周边国家使领馆又不能管，因之，库拉索等荷属加勒比地区的华侨长期处于"三不管"的尴尬境地。老一辈侨胞因久离故土，思想上还保留着对旧时代的根深蒂固的记忆。

据记载，1964年，库拉索侨领许伯光、陈忠羲、林华侨、林树柏等人带领四邑侨胞合资另购一幢房屋成立了"四邑华侨公所"。从华侨会员的祖籍地来说，四邑侨胞肯定都是四邑人，中华会所则包括一部分四邑人和一部分非四邑人，可能以广东省其他县籍（特别是客家人居多的鹤山县）为主。中华会所"分治"后，岛上的华侨力量更加分散了。但由于不断有四邑人从中国大陆和世界上其他地方前来库拉索，会员日增。虽然原来的中华会所早已是有名无实，但台湾当局的特派员每年也派人来本地探访。到1986年时，中华会所只有二三十人，既无活力，也无物业，基本上处于停顿状态。[1]

由于历史原因，1964年四邑华侨公所成立后，仍然长期把10月10日当成"国庆"日，升挂青天白日旗。库拉索华侨一直持"中华民国"护照。许多侨胞到库拉索来要几经周折，只能通过曲线途径，先由亲属或申请人的老板在库拉索申办入境许可证，寄予国内的当事人，由其向公安机关申请护照。出境后，再到台湾当局驻香港的"文化办事处"，用中国护照换领"中华民国"护照，然后寻路进入库拉索。侨胞往往要花费大量的时间和精力，单单办那些申请所需要的各种资料，就费尽周折，来回倒腾。另外，台湾当局也不放弃其对荷属加勒比地区侨胞的传统影响力。1987年，台湾当局拟将本地区有关领事事务改行划归"台湾驻委内瑞拉代表处"办理而征求本地区华侨意见，库拉索华侨会所理事会于1987年10月11日议决通过。[2] 可见，虽然委内瑞拉早已在1974年与中国建交（建交后台湾方面仍在委设有非官方的代表处），但台湾当局仍对荷属加勒比地区的侨胞发挥影响。

20世纪80年代中国改革开放后，老一辈华侨华人看到了祖国不断发生的新变化，激发了爱国爱乡的热情，同时也有更多受过祖国教育和培养的新一代年轻人陆续来到库拉索。黄冠雄是1995年来到库拉索的。他很快发现，岛上的乡亲

---

[1] 笔者2015年10月7日在库拉索对冯朝汉的采访。笔者注：此中所列的侨领林树柏，应就是前述之林柏。

[2] 《库拉索华侨会所理监事会议记录》，1987年10月11日。

绝大多数是华侨，用法律语言来说，就是定居在国外的中国人，但是很多华侨没有中国护照，也没有荷兰护照，为了办签证，他们托亲戚找朋友，四处奔波。与此同时，会馆仍然保留着台湾当局的痕迹。他看在眼里，心里却在琢磨如何改变这一不正常现象，与祖国建立正常关系，让祖国知道在万里之遥的加勒比海小岛上有她的几千游子，并把他们的冷暖温饱装在心中。当年，黄冠雄即给中国驻委内瑞拉大使馆写了一封信。同时，他不厌其烦地说服当时的公所主席何平在信中盖上了四邑华侨公所的印章，然后亲自将此信带到加拉加斯，交给中国驻委内瑞拉大使馆董玉忠领事。信中反映了库拉索侨胞面临的问题：岛上侨胞远离荷兰本土，无法得到中国政府的领事保护；他们办证需要分别寄达世界各国的亲朋好友后才向当地中国领事馆申请办理，等等。是年年底，大使馆参赞赵五一等三人来到库拉索了解侨情。此后不久，中国政府将库拉索明确列入委内瑞拉大使馆的领事管辖范围，库拉索侨团也正式与之建立正常联系。库拉索侨胞的领事保护和关系他们切身利益的证件问题顺利得到解决。

实际上，在此之前，库拉索侨胞对祖国大陆的认识已经发生了悄无声息的变化。1991 年 7 月 7 日，华侨会所理监事会议就作出决议，"过去一段时间曾不准持中共护照者入会，今后持中共护照者同样可以入会"①。这应被看作是侨胞放弃政治歧见的开始。1994 年 8 月 7 日，已经有会员提出"要求会所派人到委国办理中共护照延期（或换护照）"。虽然限于当时的实际情况，会所议决不能派人去委内瑞拉办理此事，但会所建议"任其私人去办理"②，实际上对侨胞与祖国大陆来往采取默认的态度。从历史记载可知，当时台湾当局对库拉索侨胞与祖国大陆保持往来是施加了压力的。例如，1993 年 6 月 6 日"台湾驻格瑞那达（格拉纳达）大使馆"一等秘书石瑞琦来到库拉索，传达所谓台湾"大使馆"办理"护照"有关事宜，"凡领取中华民国护照已到达古拉梳的侨胞，一定要把中共护照交公所转寄大使馆，否则今后不予（字迹不清——笔者注），其违反者，办理护照延期，亦不办理换新照"③。

1996 年，黄冠雄在一次代表公所到委内瑞拉大使馆办理护照时见到了刘伯鸣大使。刘大使表示，只要库拉索四邑华侨公所改升五星红旗，他将亲自过去升旗。黄冠雄回来后，在会所的理事会会议上转达了刘大使的立场，面对质疑理直气壮，耐心地进行解释。最后，理事会决定当即摘下台湾当局领导人的画像。为争取广大侨胞的支持，黄冠雄与陈健良合办了一份《安岛日报》。黄冠雄等人的

---

① 《库拉索华侨会所理监事会议记录》，1991 年 7 月 7 日。

② 《库拉索华侨会所理监事会议记录》，1994 年 8 月 7 日。

③ 《库拉索华侨会所理监事会议记录》，1993 年 6 月 13 日。

努力终于产生了作用。1997 年 6 月 8 日，华侨公所作出决议，"中华人民共和国驻委内瑞拉大使将于 6 月 13 日来本埠访问侨胞，本公所主席将带队到机场迎接，并准备请大使聚餐。本公所将向大使反映侨胞护照延期及换新照的事情"①。1997 年 6 月 22 日，华侨会所理监事会议决议：热烈庆祝香港回归祖国，将组织侨胞在 1997 年 6 月 30 日晚上于近水厂旅店开庆祝会，热烈庆祝香港回归祖国，晚上 10 时开始聚餐。1997 年 10 月 12 日，华侨会所理监事会议又决定，与中国驻委内瑞拉大使馆联系，明确取新护照、办理护照延期等事项的收费标准，以便以后代会员取新护照、办理护照延期等方面有个准则。② 升国旗的筹备工作包括购旗杆并由大陆运来（由容哲文委托亲人在大陆购买并运来）。驻委国大使馆赵参赞和秦领事 7 月 16 日来库拉索商谈升国旗事，准备接待。③ 1999 年 8 月 15 日，四邑华侨公所发表《庆祝中华人民共和国成立 50 周年改升五星红旗告同胞书》。

中国驻委内瑞拉刘伯鸣大使于 1999 年 9 月 24 日率领代表团访问了库拉索。他是有史以来第一位以中国官员身份访问库拉索的大使，首相卡梅利亚—罗梅尔等库拉索官员会见了他。9 月 24 日上午 10 时，库拉索四邑华侨公所大院锣鼓喧天，刘伯鸣大使兑现了他的诺言，亲手升起了五星红旗。注视着冉冉升起在库拉索上空的第一面五星红旗，侨胞们热泪盈眶。四邑华侨公所主席何平现场发表了热情洋溢的讲话，他说："今天是一个非常值得纪念的日子，五星红旗在此升起来了。我本人和库拉索的全体侨胞，怀着十分激动的心情，在此见证了这一庄严而又具有深远历史意义的时刻。我相信，通过这面旗帜，本岛侨胞与祖国的距离将更加紧密。我们四邑华侨公所也将走向新的历史征程。祝愿祖国的发展蒸蒸日上！愿这面五星红旗在本岛永远飘扬！"通过这面旗帜，库拉索侨胞和祖国的距离更近了，四邑华侨公所也将走向新的历史征程。从此，委内瑞拉大使馆承担了库拉索侨胞的领事保护和证照业务，公所也成了联系祖国的桥梁和服务中心。库拉索华侨会所换上中国国旗后，中国驻委内瑞拉大使馆的五任大使——刘伯鸣、王珍、居一杰、张拓和赵荣宪先后访问了库拉索。中国驻荷兰王国大使薛捍勤和张军也先后来访。

1996 年"易帜"后，中国对库拉索的领事业务归中国驻委内瑞拉大使馆管辖。中国驻委大使馆还对侨团的业务建设提出很多重要意见。在广大侨胞心目中，四邑华侨公所成了联系祖国的一道桥梁和最实惠的服务中心，其对侨胞的凝聚力和号召力随之增强。四邑华侨公所成了库拉索唯一正常运作的华侨社团。

---

① 《库拉索华侨会所理监事会议记录》，1997 年 6 月 8 日。
② 《库拉索华侨会所理监事会议记录》，1997 年 6 月 22 日、1997 年 10 月 12 日。
③ 《库拉索华侨会所理监事会议记录》，1999 年 7 月 11 日。

库拉索四邑华侨公所在 21 世纪 10 年代所做的一件大事就是把当年华侨买来赠予中国政府作为总领事馆的建筑由"中华民国"名下转归中华人民共和国名下。1943 年有几个爱国华侨合资买了一幢房产作为华侨会所用地，这一地产当时是捐赠给"中华民国"的，故土地登记处注册的这幢房产主是"中华民国"。1964 年荷兰王国与中华人民共和国建交。按照国际法，这一不动产便归属中华人民共和国。华侨会所申请并由中华人民共和国外交部批准继续使用这一不动产为会所使用。据陈锡棠说，旧华侨会所房屋现已被列为本地历史保护建筑物。因太残旧，又无人管理，本地历史保护建筑基金会要求中华人民共和国维修，时为 2006 年 9 月。中国驻委内瑞拉大使发现该不动产在本地土地注册处仍然登记为"中华民国"，要先经过公证律师更改所有者的名字后才能继续谈判。陈锡棠当时为四邑华侨公所西文书记，与公证律师沟通时，发现负责办理相关手续的公证律师全然不知有关历史，没有做好准备工作，没有所需的法律文件，便把华侨会所历史告知她。这时她已约了中国驻委内瑞拉大使 3 天后的星期一飞过来签收不动产。但在此前一日（星期天），陈锡棠的父亲在多米尼加共和国不幸突然离世，陈只得立刻飞往多米尼加奔丧。所以当星期一中国大使由委内瑞拉飞来见到公证律师时，陈锡棠不在场。不料公证律师临阵退缩，告知大使说她不能办转名手续，理由是"陈锡棠反对"，显然是因为她本人未做好功课而找借口，大使也因而对陈锡棠产生了误会。两年之后，四川发生汶川地震，本地华侨举办筹款活动。中国新任驻委内瑞拉大使张拓来库拉索接收所筹款项。当晚陈锡棠为司仪，于是与大使提起旧华侨会所改名之事，澄清了先前的误会。张大使当场用西班牙文写了一信给本地土地注册处，表明中国政府一定收回不动产的立场。此信由陈锡棠妻 Sandy（三娣）转递。注册处回复，一切要经公证律师办理。三娣乃去公证律师处（不是上次那位），当事人说需要参考荷兰官方文件才能决定代办与否。陈锡棠参加过本地市政府大选，与当时库拉索驻荷兰海牙全权代表是好友，于是向他请求获取荷兰前女王于 1964 年发表的关于与中国建交后依国际法旧会所楼房属于中华人民共和国的宣言。得到这些荷兰官方文件后，公证律师确认合法。于是华侨会所这一楼房便成功被中华人民共和国收归。[①]

多年来，华侨会所注重凝聚侨胞共识，维护祖国繁荣昌盛，促进祖国统一大业，多次组织与祖国同乐的活动，如庆祝香港、澳门回归祖国，国庆和春节等晚会，并坚持每年国庆日在会所升起五星红旗。2001 年 4 月中旬，江泽民同志访问委内瑞拉，库拉索华侨会所按照中国驻委内瑞拉大使馆通知，派 4 名代表出席会

---

① 笔者 2017 年 3 月 1 日对陈锡棠的通讯采访。

见，并到机场送机。① 2001 年 7 月，库拉索侨胞得知祖国申办 2008 年奥运会成功，同全国人民一样欢欣鼓舞，会所定于 7 月 28 日晚上在假日酒店举办庆祝中国申奥成功的游园晚会。②

库拉索虽属荷兰，但远离欧洲，1995 年以前完全谈不上华侨领事保护，华侨华人通过各自的亲戚朋友在世界各地办理护照延期、更换新照等事宜。更有甚者，新生婴儿被迫申领"中华民国"护照。经过库拉索华侨社团和侨领的努力，中国驻委内瑞拉大使馆从 1996 年起承接库岛的领事事务，侨胞的护照由华侨会所统一收集并送往委内瑞拉的中国大使馆办理，解决了侨胞的实际困难。③ 至 2013 年，中国驻委内瑞拉大使馆为库拉索侨胞办理护照延期、更换新照和新生婴儿立照等业务已超过 2 000 件次。据不完全统计，华侨会所 2008 年送往大使馆换领新照就有 265 本，2009 年 290 本，2010 年 328 本，其他公证、签证等尚未计算在内。刘伯鸣大使还为 200 多名原持"中华民国"护照的侨胞和新生婴儿恢复了中国公民身份，签发了中华人民共和国护照。

1999 年初，一名叫金东俊的年轻人被中国东北某劳务公司派往巴拿马的轮船上工作，不幸在库拉索专机逗留期间发生交通意外身亡。华侨会所将事件报告了中国驻委内瑞拉大使馆。赵五一参赞马上来到库拉索参加善后处理工作。他除了向警察部门了解案情外，还亲自到殓房查验死者遗体。赵参赞说，这是国家行使领事保护权的一项具体工作。一句十分平凡的话，让库拉索侨胞铭感在心。

中国驻委内瑞拉大使馆注意贯彻"外交为民""以侨为本"的宗旨，在符合国家政策规定的情况下尽量减少侨胞的办证手续。例如，考虑到三岛侨胞赴委内瑞拉大使馆换发护照的特殊困难，为执行公安部、外交部有关换发护照必须面见本人的规定，中国驻委内瑞拉大使馆领事部于 2010 年 6 月 24 日至 27 日赴荷属库拉索岛、阿鲁巴岛、博内尔岛现场办公。具体现场办公时间为，6 月 25 日全天在库拉索岛办公，6 月 25 日下午在博内尔岛办公，6 月 26 日全天在阿鲁巴岛办公。现场办公内容包括：①颁发已经邮寄到使馆办理的护照；②受理护照有效期不足半年（即有效期在 2010 年 12 月 25 日前）的换发护照申请；③为护照有效期在 2011 年 12 月 31 日之前的持照人办理"已见本人"的签字事宜，以便此后各地会馆继续通过邮寄办理护照；④受理荷属阿鲁巴、库拉索、博内尔三岛华

---

① 《库拉索华侨会所理监事会议记录》，2001 年 3 月 11 日。
② 《库拉索华侨会所理监事会议记录》，2001 年 7 月 15 日。
③ 据库拉索华侨会所致中国驻荷兰大使馆信函（黄冠雄执笔），2010 年 12 月 16 日。

人的赴华签证申请。[①]

随着库拉索华侨来源的年轻化和侨民意识的现代化，华侨社团的制度建设也提上议事日程。2005 年 7 月 10 日，黄冠雄向四邑华侨公所主席、副主席及全体理监事成员提出建议，认为四邑华侨公所是本岛目前唯一正常运作的华侨团体，肩负着发扬中华民族优秀传统，凝聚侨胞团结互助，共同维护全体会员和华侨权益的任务。因此，本团体不应该让选举制度的漏洞为人所用，更不能成为个别人拉帮结派、互相倾轧的场所。要达到这个目的，选举制度必须变革和完善。可参照本地选举制度，一人只能投一票，即杜绝收票行为，以求公正合法合理地选举出一批为公所福祉和发展贡献自己才能的优秀人士担任理监事职务。同时，将这一健全的制度平稳地过渡给将来的接任人。[②]

与此同时，华侨会所也着意吸引年青一代侨胞积极参与，增进全体侨胞的凝聚力，从而进一步提升会所在当地政府和民众中的影响力和地位。2007 年 4 月 9 日，四邑华侨公所举行第 33 届理事会选举。公所主席莫栋炼在会上呼吁大家踊跃入会，壮大公所的声势和力量，团结互助，维护自己的合法权益。[③]

2009 年，鉴于库拉索"中华会所"从人员到机构均已完全涣散，组织和活动完全停止，同时，为了突破地域的局限，彰显公所对整个华侨华人社会的代表性，故将"四邑华侨公所"更名为"库拉索华侨会所"。同时，华侨会所订立章程，以"本亲爱互助团结之精神，共谋大众之福利"为宗旨。

2010 年 6 月，为表彰陈衍祥先生几十年对侨界的积极贡献，库拉索华侨会所授予他会所名誉主席称号。这些年，库拉索华侨会所还积极发展新的年轻会员。到 2013 年，75 岁的谭盈沛已是 1964 年创立四邑会馆硕果仅存的人物之一。他曾担任会馆主席多年。他热心家乡建设，常被家乡侨刊访谈和上报，亦算本地的风云人物。

库拉索采取类似于间接选举的制度，先集体投票选出一个由 21 人组成的理事会，再由理事会推选出会所主席、副主席。库拉索华侨会所现届（第 36 届）理事名单如下：

名誉主席：陈衍祥；主席：容宇庭；副主席：冯朝汉、伍权荣；外事办主任：（暂空）；侨务办主任：黄冠雄、李健文；办公室主任：黄冠雄；财政：李健文、林锐兴；核数：甄卓欢、吴源广；庶务：冯朝汉、黄英玲。

[①] 据笔者 2015 年底在库拉索见到的中国驻委内瑞拉大使馆领事部于 2010 年 6 月 24 日至 27 日赴荷属库拉索岛、阿鲁巴岛、博内尔岛现场办公的通知。笔者注：此中办公日期有矛盾，可能是 6 月 25 日全天库拉索岛，6 月 26 日下午博内尔岛，6 月 27 日全天阿鲁巴岛。

[②] 黄冠雄：《关于健全公所选举制度的一点建议》，2005 年 7 月 10 日。

[③] 据库拉索华侨会所资料（黄冠雄手写稿）。

按照库拉索华侨会所的章程规定，正主席主管会所全面工作；第一副主席全面配合正主席工作及主管会所内务，第二副主席主管外事、妇联、人力资源，第三副主席主管文体、财务；秘书长主管协助四位主席工作及分管侨务工作。会所需要必要的收入作为运作经费。现在库拉索华侨会所有 4 间房间作为物业出租，很大程度上维持了会所的日常开支与运转。过去还曾经由会所介绍华侨到某些商场去购物，由该商场返还会所 2%。此外，过去会所的收入还有办理护照的手续费。办护照过去由会所收齐资料到委内瑞拉中国大使馆办理，收费 50 美元，是会所一笔重要收入来源。但现在本岛设立指导领事馆了，侨胞可以自己直接前往换护照或办签证，这笔收入来源就没有了。[1]

综上所述，库拉索华侨会所长期以来以"本亲爱互助团结之精神，共谋大众之福利"为宗旨。通俗地说，华侨会所也是库岛乡亲的"居委会"。它的管理十分规范，机构根据侨胞需求设置，有侨务办、外事办、办公室等部门，很精简，重实干。但华侨会所对侨胞的事情，办证办照家长里短几乎"无所不管"。乡亲们生活在大家庭里，和睦相爱。这几年，除了极个别途经库拉索的中国船员和游客（他们严格来说不算华侨）有犯罪记录外，定居库拉索的侨胞保持"零犯罪"的良好记录。客观地说，这在全世界的华侨华人社会中是罕见的。

随着时代的进步，会所成员的凝聚力逐渐增强，会所维护祖国繁荣昌盛、促进祖国和平统一大业的使命感也明显提高。当国家遭受水灾、地震等自然灾害时，会所多次举办筹款募捐活动，向祖国人民表达侨胞的民族团结之情。会所还承担中国文化和当地文化互相交流的责任，会所醒狮队参加当地文化节的演出表演，受到社会广泛好评。会所乒乓球队参与当地球会的训练和比赛，也成了文化交流的重要一环，提高了侨胞的自信心，增强了会所的凝聚力和号召力。[2]

荷属加勒比各岛的华人社团工作虽艰难曲折但成绩斐然，正如中国驻荷兰大使张军所指出的，首先，主要是归功于侨胞中有一批不为名利、甘于奉献的热心人士，他们为大家服务，出钱、出力、出时间、出智慧，既热心又耐心，为大家办实事、好事，受到广大华人的信赖和拥戴；二是各岛会所或会馆，有了自己的章程，定期公开选举，成立理事会或委员会，大家有分工有合作，相互信任支持，承前启后，开创局面，在华侨华人中形成了具有广泛代表性的骨干力量，组建了一支维护华人利益的坚强领导团队；三是引领大家了解并遵守当地法律法规，提高侨胞的维权意识、安全意识、法律意识、回馈社会意识、自我保护意识

---

① 笔者 2015 年 10 月 7 日在库拉索对冯朝汉的采访。

② 黄冠雄：《库拉索华侨会所致中国驻荷兰大使馆的侨情报告》，2010 年 12 月 16 日，据库拉索华侨会所资料。

等，同时向当地政府反映他们的诉求，解决他们的困难，带领大家艰苦创业，生意从小到大，在当地经济社会中已具举足轻重地位；四是大家虽远离祖国，却无不时刻心系祖国，牵挂家乡，祖国受灾，大家慷慨解囊。例如，1998 年，中国发生特大水灾。10 月 18 日，中国驻委内瑞拉大使馆将库拉索侨胞所捐善款 5 725 美元支票如数交给了中国红十字会。刘伯鸣大使说，这笔善款体现了库拉索岛爱国侨胞对祖国和灾区人民的牵挂，祖国和灾区人民不会忘记。[①]

库拉索华侨会所发挥着三个桥梁的作用，一是联系广大侨胞，二是联系当地政府，三是联系总领事馆。他们肩负着侨胞的期望、当地政府的信任和总领事馆的重托，涌现出一批"讲大局、人品好、有才干、肯奉献"的侨领。[②]

在拉美国家，改革开放后前来的第一代新移民建立的社团明显地带有早期华人社团所具有的守望相助的特征，其主要职能是扶助困难乡亲，保护侨胞权益。在荷属加勒比地区，海岛面积一般不大，交通和开发尚属落后，华侨华人人数不算多，但也不能说非常少。他们集中在一个岛上，经营的行业也比较集中，建立社团的条件比世界上很多华侨华人居住分散地区更为优越。加上传统华人时代已经建立了社团，新移民时代便可以在此基础上将之转换成为新移民社团。当然，社团的规模肯定不大，还由于华人职业方面的原因（以杂货、百货和餐馆业为主），岛上的侨胞一般工作时间比较长，故这类地方的华人社团的维持要艰难很多，侨领的工作也更辛苦，需要更多为侨胞服务的意识和牺牲精神。

附：荷属库拉索《华侨会所章程》

（1964 年订立，2012 年 11 月 5 日会员大会修订通过，2012 年 11 月 5 日起实行）

第一章　总则

一、本会所定名为库拉索华侨会所（原名为四邑华侨公所）。

二、本会所为非牟利机构，以亲爱互助团结的精神，共谋华人在库岛之福利为宗旨。

三、本会所地址设在库拉索刚果打街 28 号（Concordiastraat 28）自置楼。

第二章　会员

四、在本埠有居留权的华人及华裔，年龄在 18 岁以上均可加入本会成为会员。

---

① 《中华人民共和国驻委内瑞拉共和国特命全权大使刘伯鸣给黄冠雄的信》，1998 年 11 月 3 日。

② 《陈绮曼总领事在荷属加勒比地区首届侨领座谈会上的讲话》，2015 年 9 月 20 日。

五、会员的权利如下：

A. 会员有发言、表决、选举和被选举等权利。

B. 会员可以享受本会所规定的利益。

C. 会员在本地如遭到不合理待遇，本会尽一切可能为其争取正当保障。

D. 会员如有需要本会帮助时，可向本会提出申请，经理事会了解情况，本会将考虑给予适当援助。

六、会员的义务如下：

A. 遵守本会章程及决议。

B. 对担当的相应职务负起责任。

C. 不可利用本会名义作个人牟利。

D. 按时缴纳会费。

七、会员有义务遵守第六条规定的各条款，如有违章，本会有权惩处，但必须经理事开会，三分之二与会理事通过才可执行。

八、如果会员移居外地一年以上或在本埠除去"户籍"，将被视为"放弃会员资格"。

第三章　组织与职权

九、本会所的最高权力机关为会员大会，闭幕后为理事会。

十、会所理事会设理事十九人，以上理事必须由全体会员投票选举产生。

十一、会所理事会由选举产生的理事成员组成，并在他们中间互选主席一名，副主席二名，负责处理及监督日常会务。

十二、理事会设立下列五个组别，由理事之间互相推选担任。

1. 事务组：设办公室主任，处理中西电邮，管理庶务收支数目及其他相关事项。

2. 财政组：设正、副财政各一人，管理会所的财务，核实收支。

3. 外事组：负责对外关系及联络当地政、商界的事务，并处理西文及本土文件。

4. 侨务组：处理侨胞（会员及非会员）事务，维系理事会与侨胞感情，强化会所凝聚力。

5. 慈善组：募集善款，管理会所"应急基金"。

十三、理事会的职权如下：

A. 处理会所日常会务。

B. 对外代表本会所。

C. 执行本会一切决议案。

D. 审核会所经费收支情况。

十四、当选理事的任期为两年，可以连选连任。如有理事因故中途退出，可由其他理事推荐合适人选递补，经理事会通过，以余下任期为限。

第四章　会议

十五、会员大会每年召开一次，由理事会召集和组织。遇有必要情况时，可由理事会或者由三分之一以上的会员要求，召开临时大会。

十六、理事会每月例会一次，由主席负责召集。如有关理事没法参加会议，可通过办公室主任请假，如连续请假五次，作自动退出理事会。如遇必要情况时，可以启动召开临时会议。

十七、会员大会或理事等各种会议，由到会人员过半数同意才能作出决议，不到会者作弃权论。

第五章　经费

十八、本会所经费来源分入会基金、年费和特别募捐三种。

十九、会所如有紧急或特别事情而需要捐款时，经过理事会决议后，可向会员举行特别募捐。

二十、本会所一切收支数目，经过理事会审核后在会所公布。

第六章　宗旨

二十一、本会所的宗旨为联络侨胞感情，加强团结，倡导爱国爱家。

第七章　附则

二十二、本章程经会员大会通过后施行。

二十三、本章程如有未完善之处，须由会员大会作出决议而修改。

笔者注：该章程与1964年的"荷属古拉索埠《四邑华侨会所章程》"对照，内容基本一样，只有个别地方作了字句上的修改。

第二节　阿鲁巴中华会所与阿鲁巴新中华会馆

20 世纪 40 年代，阿鲁巴华人成立了第一个社团——阿鲁巴中华会所。中华会所的会址在阿鲁巴的二埠，即圣尼科拉斯。准确地说，它是在一间租来的建筑物里成立的。这间建筑物位于 Lodewijk van Nassaustraat 8 号，以前是一群印度人的会馆。这座建筑物原建于 1945 年 3 月 27 日，当时取名"新生活会馆"。后来经过一系列的申请和批准程序，到 1947 年 10 月 1 日，中华会所终于获批拿到建筑许可证。1948 年 10 月 10 日，中华会所举行了节日庆祝。1949 年在中国现代历史上是一个分水岭，但由于众所周知的原因，在历史翻过这一页后的 30 多年时间里，阿鲁巴中华会所仍然与台湾方面打交道，挂"青天白日"旗，诸如办理护照等事务仍交由"中华民国领事馆"办理，尽管 1949 年后的国民党政权已经退居台湾，中华人民共和国政府已经成为中国的唯一合法政府并在世界各地包括拉丁美洲很多国家建立了大使馆。这种状况一直到阿鲁巴新中华会馆成立才宣告结束。

1952 年和 1953 年，阿鲁巴中华会所有一系列申请陆续被提交给阿鲁巴政府当局，包括修建和更新会所的围墙等。在老会所搬到新会所的过程中，原先起草的中文会所条文（Club Articles）丢失了，需要起草新的会所章程，1950 年 10 月 10 日，新的会所条文在会所成员大会上通过。当时理事会成员在会所办公室签了名。[①]

老一代华侨中，很多人收入低微，但非常热心会馆事务，经常默默无闻地为侨胞服务。其中有兼职的，也有专职的，在会所的活动中留下了他们的印记。

首先是会所的日常服务人员。他们平时承担一些琐碎但并非无足轻重的会馆工作。例如，第一代华侨 Chang Kan Pow（又作 Chen Kon Pow），1905 年生于广东，1983 年 3 月在阿鲁巴去世。他先在拉哥炼油厂工作，然后给 Ling Chao Yang 的华人杂货铺打工。从 1971 年 11 月 16 日起，中华会所为他担保，他做起了会所的看门人。[②]

又如，第一代华侨 Ng Fook（Afook），1909 年生于香港，1945 年之前在拉哥炼油厂打工。他拥有一家三星食品杂货铺（位于 Bernard 街和 Caya Corsow 交角

①　Tyrone Wong and Frank Fun 所著之书中，有会所的历史成员表；第 77 – 78 页为照片，并有编号，可以从表中查到其姓名；第 79 – 80 页为 2014 年理事会名单；第 81 页为会所条文（荷文），第 82 页为各人签名，第 83 页为 1968 年的理事会成员合照。

②　Tyrone Wong and Frank Fun, p. 7.

处，叫阿鲁巴士多铺，即"Aruba Store"）。他在假日、周末和电影放映夜经常在中华会所煮卖咖啡、售卖当地果品等。①

其次是会所的活跃分子，特别是娱乐人才。在当时乏闷的华侨社会里，这一类人才实属凤毛麟角，很受欢迎。例如 Hoo Nang，1902 年生，他的真名叫 Ng Tsan Nam，但人们叫他为 Nam Sook（南叔）、Anam（阿南）或 Hoonang。② 他当时拥有并经营几处生意，包括在圣尼科拉斯的 Mauve 街开有一家热带餐馆（Tropical Restaurant）、在阿鲁巴的巴西（Brazil）拥有日升食品杂货铺（Rising Sun Grocery），以及在 Juwana Morto 拥有 Mikey's 食品杂货铺。现在他原籍村子里的老一辈都知道以往很多年间他对村里所作的贡献。他于 2001 年在阿鲁巴去世，享年 99 岁，离他的百岁大寿仅差 3 个月。难得的是，他是中华会所的活跃分子，几度担任中华会所主席和会所委员会委员。他会弹夏威夷吉他，在中国春节期间也曾参加舞龙。③

又如，第一代华侨 Wong Shun Kee（即 Wilson），1912 年生于广东，1949 年 4 月 29 日来到阿鲁巴，后来拥有一家叫 Hop Ling 的食品杂货铺。他曾经给中华会所当厨工，在中华会所当了 6 年看管人。值得注意的是，他有文艺天赋，多才多艺，会拉二胡，会弹夏威夷吉他、钢琴等，还是一个喜剧演员。④

阿鲁巴炼油厂的建立，不仅给阿鲁巴岛带来了经济上的繁荣，也给这里的移民社会带来了影响，移民的文化生活也开始繁荣起来，文化活动呈多元化趋势。当时，阿鲁巴一批文化组织陆续诞生，例如蒂沃里会所（Tivoli Club），1921 年成立；加勒比会所（Club Caribe），1939 年成立；玻利维亚人会社（The Bolivariana Society），1937 年成立；苏里南会所（Surinam Club），1945 年成立；NWIA 会所，1949 年成立，是来自加勒比群岛的移民建立的一个组织；埃索会所（Esso Club），成立年份不详，是住在拉哥炼油厂的劳工建立的一个组织。⑤ 单从上面几个文化组织的名称来看，应该是外来移民建立的社团组织。可以相信，岛上封闭的环境，容易让生活在这里的不同种族、不同肤色的人彼此产生亲近感。中华会所作为岛上诸多外来移民社团之一，与其他移民社团可谓交相辉映。

① Tyrone Wong and Frank Fun，p. 31.
② 资料记载，作为第一代华侨，南叔是从中国大陆到阿鲁巴去的华侨无疑。资料记载他的籍贯为 Yuen Long 省，疑讹，可能是他生长的地方名（元朗?），村名叫 Tai Tseng Ng Uk Tsuen（台山吴屋村?）；其妻 Oney Althea Williams，1917 年生，来自圣马丁的 Simpsonbay，从名字看应是当地人。资料记载他们共有 5 个小孩，现已养育了 18 个孙儿女辈，23 个曾孙儿女辈，已经有两个更下一代的孙儿女辈，可见在阿鲁巴是个庞大的家族。
③ Tyrone Wong and Frank Fun，p. 15.
④ Tyrone Wong and Frank Fun，p. 38.
⑤ Tyrone Wong and Frank Fun，p. 32.

关于中华会所在战后 30 多年间的领导机构和运作情况不大清楚，只知道到 20 世纪 60 年代末 70 年代初，鹤山籍的谢生当过阿鲁巴中华会所的会长，时间不长。到 80 年代，余秋生曾经担任过会长。约 1988—1989 年，他曾慷慨地捐献 10 万阿鲁巴元（约合 5 万美元）装修当时已经破旧不堪的中华会所建筑。

随着时代的发展，不同籍贯和来源的阿鲁巴侨胞人数剧增，但原中华会所的管理实际上处于瘫痪状态。例如，侨胞之间的民事纠纷，与政府之间的商务、居留问题，令原来的中华会所无所适从。同时，换发护照无专人负责、收费混乱等亟待解决的问题，原中华会所也无法解决。一些侨胞曾经召开座谈会，商量如何改善会所服务，改变不作为的局面，为侨胞排忧解难，争取权益。同时提出，庆典活动只能挂中华人民共和国国旗——五星红旗。余秋生父子曾应邀出席会议，也认同与会者的意见，主张同新中国政府打交道。但在当时的形势下，这些意见无法在原会所领导班子内部取得一致。有鉴于此，2005 年，吴荣添、岑邓华、曾颂清、伍瑞生、陈景赞（人称博士陈）等华侨俊彦联合起来，计划筹建一个新的社团——阿鲁巴新中华会馆。此举得到广大侨胞的热烈响应和积极支持，并得到中国驻委内瑞拉居一杰大使的大力支持。阿鲁巴新中华会馆诞生后，岑邓华荣任第一届主席。[①] 今天，阿鲁巴新中华会馆是该岛唯一的华人社团。

新中华会馆成立后，跟着发动同胞捐款兴建会馆大楼。在新会馆大楼的筹建过程中，恰遇世界金融风暴，经济低迷，以岑邓华为首的会馆领导班子团结、发动侨胞，激发侨胞爱侨社、爱祖国的热情，大家众志成城，慷慨解囊，结果筹得近 40 万美元的善款。大楼的建设前后历时 4 年余，于 2009 年春节建成并交付使用。五星红旗第一次高高飘扬在会馆广场的上空。新中华会馆大楼的建成，完成了侨胞多年的心愿，为侨胞提供了一个联络感情、传递友谊、交流经验的平台，侨胞有了一个属于自己的休闲、娱乐、活动和办公中心。此后，每年两次联欢活动（春节、国庆暨中秋）都在这里举行。[②]

新中华会馆成立以来，中国驻委内瑞拉和中国驻荷兰的多位大使曾到访阿鲁巴。中国驻委内瑞拉大使馆居一杰、张拓、赵荣宪三位大使先后到访阿鲁巴，赵荣宪还赠送给会馆一对石狮子，并亲自参加了点睛仪式。中国驻荷兰的薛捍勤、张军两位大使也先后到访。薛捍勤大使希望会馆利用华人餐馆、杂货店对阿鲁巴发展作出举足轻重的贡献，多跟政府、银行、公司等沟通，为华人争取权益。作为荷属加勒比地区领事管区的中国驻威廉斯塔德总领事馆设立后，总领事陈绮曼

---

① 据阿鲁巴新中华会馆供稿，2014 年 2 月 11 日。
② 据阿鲁巴新中华会馆供稿，2014 年 2 月 11 日。

到任后不久，也从库拉索风尘仆仆地到访阿鲁巴。①

新中华会馆成立以来，一心一意为侨胞服务。例如，曾有两次发生侨胞被人抢劫和开枪打伤事件，会馆主席何爵豪和其他主要领导第一时间赶到现场探访伤者，并与警方联系，敦促破案，获得伤者家属好评，也增进了会馆的凝聚力和向心力。一次，侨胞黄女士重病住院，由于该女士没有合法居留身份，医疗费需要自己承担。会馆领导班子立即召开紧急会议，筹集 4 000 多美元为她支付了医疗费。又如，侨民在阿鲁巴办理居留时，由于正本护照送去中国驻委内瑞拉大使馆换发，没有正本护照在手，移民局不予办理，会馆当即跟当地有关部门协商解决，有关部门同意凭护照影印件办理居留手续。② 此外，会馆协助调节侨胞之间的生意纠纷、民事纠纷，显示了会馆公道、公正、公平的形象。会馆还为患病和经济特别困难的侨胞组织捐款，为无依无靠的去世孤寡老人办理丧事。正如何爵豪主席所说，会馆领导不管处理任何事情，只要站在大多数侨胞的立场，全心全意为侨胞排忧解难，就没有做不好的事情。现在的新中华会馆的核心干事者都很年轻。虽然大小事务很多，应接不暇，但大家不计得失，也不索报酬，无私奉献。新中华会馆也十分关心祖国，2008 年四川汶川发生大地震，会馆领导挨家挨户登门募集捐款，筹得近 7 万美元寄予灾区同胞。③

会馆也经常提醒大家要和本地人友好相处，积极融入当地社会。例如，当地有慈善捐款等，华侨也应尽一份力。其中有一位姓李的侨胞，6 年来认养两个孤儿（每年 3 000 美元），她母亲李太也经常帮助当地困难人士。2014 年新年，她给阿鲁巴幼儿园送去了一大批日常生活用品，包括奶粉、食油、糖、罐头肉、水果、冻肉等，价值 1 300 多美元。巴黎餐馆一直帮助、救济一个贫困本土孩子（名字叫 Papito），这个孩子后来成为一名高级警官，他知恩图报，也帮助了很多华侨。④

阿鲁巴新中华会馆主席选举采取"直选制"，票数居多者当选。2014 年春节前，阿鲁巴新中华会馆举行了会馆理事换届选举，选出了新一届理事及主席，并在 2014 年春节联欢晚会上举行了会馆理事换届仪式。这一次晚会也是中国驻威廉斯塔德总领事馆建馆后，各岛华人社团首次举办的大规模春节庆祝活动。各岛侨团认真筹备，各侨团所在地的政府均派高官出席，阿鲁巴华侨也踊跃参加晚会，在当地和侨界产生热烈反响。各岛多家主要媒体也作了报道。中国总领事馆还利用春节慰问之际，分别在阿鲁巴和圣马丁两地开展了领事现场办公，受理当

---

① 据阿鲁巴新中华会馆供稿，2014 年 2 月 11 日。
② 据阿鲁巴新中华会馆供稿，2014 年 2 月 11 日。
③ 据阿鲁巴新中华会馆供稿，2014 年 2 月 11 日。
④ 据阿鲁巴新中华会馆供稿，2014 年 2 月 11 日。

地侨胞的有关申请百余份，解答侨胞的各种咨询，现场办公为广大侨胞提供了便利。[①]

2015 年 10 月 16 日，陈绮曼总领事赴阿鲁巴考察。她与阿鲁巴新中华会馆的理事们进行了座谈。她充分肯定了他们在为当地华侨华人服务、开办中文学校、弘扬中华文化等方面作出的贡献，感谢他们为总领事馆现场办公提供的大力帮助。她鼓励大家更好地发挥侨团的领导作用，增强凝聚力，遵纪守法，为侨胞排忧解难，做友好合作的使者。她还向阿鲁巴华文学校赠送了儿童读物。[②]

根据 2015 年的不完全统计，阿鲁巴新中华会馆有会员 600 多人。18 岁以下的小侨民和在校学生都不算会员。60 岁以上不收会费。会馆的收入来源，一是靠会馆开庆典的出租；二是各种捐助，包括博彩场馆、保险公司（华人买该公司保险）和若干大公司的捐助；三是学校收入（如学费等）；四是会费。全部收入足够维持会馆的运转，近几年的盈余额还略有递增。[③]

第三节　圣马丁华人会馆

如前所述，华侨来到圣马丁的时间比较晚。第一批登陆圣马丁的，是广东客家人余永良夫妇。他们是 1964 年从库拉索北上来到圣马丁的。此后华侨人数开始增加，到 20 世纪 80 年代增速明显加快，华侨需要一个代表自己的社团来召集和组织华侨活动，并对外代表华侨的利益。于是，1986 年，一些热心公益的中国人组织了一个"圣马丁中华会馆"（Chinese Community Association of St. Maarten）。岑氏（Sang's）杂货店老板岑悦昌曾经做过中华会馆头两届主席。每届任期两年，他在任时间应是 1986—1990 年。[④]

由于历史的原因，中华会馆一建立，与之发生关系的是台湾方面。台湾"侨委会"和台湾驻加勒比海圣基茨的"大使馆"开始与中华会馆建立联系。中华会馆的印章为梅花印，是台湾"大使馆"赠送的；中华会馆的牌匾，是由台湾"侨委会"主席亲笔题字的。此外，每年举行双十庆祝活动，台湾"大使"均有参加，并提供资助，培训当地华人，向华人派发宣传品等。

不过，在历经几届会长之后，中华会馆于 1994 年以后基本上停止活动。但

---

① 《陈绮曼总领事分别出席华人华侨庆祝春节晚会活动和春节联欢活动》，据当地网上消息，2015 年 3 月 17 日。

② 《陈绮曼总领事考察领区阿鲁巴岛》，据当地网上消息，2015 年 10 月 23 日。

③ 笔者 2015 年 10 月 16 日在阿鲁巴对何爵豪的采访。

④ 笔者 2015 年 10 月 26 日在圣马丁对岑悦昌后人的采访。

华侨要求恢复活动的呼声从未停止。在此情况下，阳光食品超市（Sunny Food Supermarket）的黄仰杰夫妇遂于 2007 年向中国驻安提瓜和巴布达大使馆提出了将圣马丁华侨组织起来的想法，希望借此推动华侨同胞自助自爱，投身爱国行动，具体的目标就是准备 2009 年中华人民共和国成立 60 周年大庆。他的这一想法得到了陈立钢大使的大力支持。2009 年 9 月，黄仰杰联合一贯热心帮助使馆领事工作的家庭洗衣店（Home Laundry）老板王柏林，共同召集圣马丁热心公益的爱国人士，共 17 家计有 18 人，大家联合出资，共同举办了国庆 60 周年图片展暨国庆晚会。所有图片均通过中国大使馆从北京筹备运来，内容均为介绍祖国的建设成就。新华社驻委内瑞拉记者站安排了两名记者参加。晚会组织紧凑，节目丰富多彩，非常成功。300 个座位的会场座无虚席，人数超过 500 人，后来者甚至无票可供。中国大使陈立钢先生、当地总督 Franklyn Richards 夫妇、朝野两党主要成员均出席。这是多少年来当地政要首次参加华人的大规模活动，也是中华人民共和国国旗自 1964 年当地有华人出现以来第一次在圣马丁岛上飘起。此次活动已上新华网和欧洲日报国庆专栏。①

晚会以后，大家借此契机，经多次协商，于 2010 年 4 月份成立新一届圣马丁华人会馆，黄仰杰被大家推立为首任华人会馆会长。会馆于 2010 年 9 月在公证处与工商局正式登记注册。新一届华人会馆的宗旨是：第一，继承推广中国优秀文化；第二，促进中西文化交流；第三，保护华人共同利益。全体侨胞将以这一宗旨为导向，以华人青少年儿童教育为目标，在承认一个中国即中华人民共和国的前提下，在中华民族的大家庭中开展各种活动。华人会馆随即举办了 2010 年 61 周年国庆晚会，安巴使馆指派两位秘书参加，当地总督和总理及其他政要名流均有出席。②

圣马丁华人会馆成立后，开始与国内侨务部门建立联系。2013 年 6 月，接待了蔡伟生副主任率领前来进行侨情调研的广东省侨办调研团。当天晚上，圣马丁华人会馆举行规模约 100 人的盛大欢迎晚宴。6 月 2—5 日，调研团在圣马丁考察了近 30 家华侨经营的中餐馆、超市、洗衣店、水厂、诊所等店面，并上门拜访了当地著名侨领及华侨专业人士。③

顺便说明，圣马丁华人慈善公益组织的活动开展得相当出色。"五朵金花"可谓无人不知，她们就是朱氏五姐妹。她们由其兄弟新光超市的老板朱远光先生介绍，从香港移民至圣马丁，一大家族全都热心公益，热心华人会馆活动，20 多

---

① 黄仰杰：《圣马丁华人简介》，2015 年 10 月于圣马丁。
② 黄仰杰：《圣马丁华人简介》，2015 年 10 月于圣马丁。
③ 《广东省侨办访问团首访圣马丁慰问当地侨胞》，中国新闻网，2013 年 6 月 8 日。

年如一日，其中以三姐朱细芳为最，她与丈夫张杰荣于2002年创办圣马丁慈济基金会，在圣马丁有众多不同国籍的会员。基金会常年向弱势群体或世界各地灾区捐款捐物，在当地政府和民间享有盛名。张杰荣、朱细芳夫妇热心公益，乐善好施，自己的生意也做得很好，他们的超市附带面包店（Cake House Bakery & Supermarket），常年吸引了众多的客人。① 此外，圣马丁还有以台湾移民为主的福利社团慈济会等社团。

顺便一提，博内尔岛的华侨会馆尚处于初级形态，因为华侨人数少，故博内尔实行"全侨"会员制度。在全部300名左右的华侨中，除了100名左右的未成年人外，其他所有华侨都是会馆的会员。2014年，岑权康和甄润爵每人各捐献2万美元建设会馆大楼。② 2015年笔者在该岛调查时，曾经到会馆的建筑现场看过，建筑工程已是万事俱备，只欠东风。到2017年初，工程已完成约70%，估计现已完工并投入使用。这样，岛上的侨胞便有了一个可供聚会、娱乐的地方。博内尔新一代侨民的聚会主要是户外野餐等，原因是一直没有公共活动场地。相信会馆落成后，情况会大为好转。

附：圣马丁华人会馆常务理事名单（2009年9月）

黄仰杰（Steven Huang），会长，Sunny Food Supermarket（公司名称，下同）；

黄惠霞（Molly），副会长，Chippie Cafe Restaurant；

徐自立，秘书，China Palace；

Cindy，副秘书、网站主任、少年儿童部主任；

朱慕升，财务，TLC Supermarket；

罗权岳（Andy Lo），副财务，Hang Chong Supermarket；

邱秀英（Margret Steeman），公共关系及法律事务。

其他常务理事（排名不分先后）：

王柏林（Alan Wang），Home Laundry；

莫国建，Man Chung Supermarket；

甄树良，Wing Wah Supermarket；

赵国良，Pink Pearl Restaurant；

周美媛（Mei），People Supermarket；

高凌云，Yangtze Civil Engineering；

---

① 黄仰杰：《圣马丁华人简介》，2015年10月于圣马丁。

② 笔者2015年11月13—14日在博内尔岛对当事人的采访。

梅国权，Econo Supermarket；

陈永雄，Sun Rise Supermarket；

廖仲贤，Hong Kong Ent.；

James Wong，Food Plus Supermarket；

甄凤琼，King's Laundry；

冯立腾，Feng Store。

第四节 荷属加勒比地区华人社团对
侨社发展的贡献与对外联系

一、做好华侨同胞与当地政府之间沟通的桥梁

20世纪90年代以来，新移民越来越多，但由于本地语言不通，办事困难，华侨会所根据侨胞要求，协助侨胞办理相关证件。例如，库拉索华侨会所的义务就有：办理来库拉索的旅游纸；申请入荷兰籍；中国护照延期、换照、新生婴儿领取护照；申请领取生意牌照；解决劳资、民事纠纷，经多方面调解无法解决的，协助聘请律师，① 等等。库拉索的侨胞有4 000人左右，但很难统计准确。华侨会馆登记的会员有400人左右，仅占1/10。但很多人只是登记在册，很少参加活动，有的可能从来没有参加过活动，因为他们的职业不固定；有些会员可能已经移民了，但名字还在册子上。虽然如此，会馆的服务对象是全侨性的。特别是像社会治安、办护照等。②

荷属加勒比各岛的基本人口不多，均属于典型的无资源型海岛经济。华侨在这些地方做生意，难免受到市场需求的宏观制约。换句话说，华侨在岛上生存没有问题，致富也有希望，但要做大做强则难矣。这些岛屿的最大优势是金融相对稳定，社会基本安宁，因此对华侨在此谋生具有一定的吸引力。过去移民库拉索来做餐馆的，一般凭劳工纸，有效期1～3年不等，到期可以再续。住满10年（后来改为5年），就可以申请办理居留证。一说库拉索侨胞的居留，开始时是一年一年地续居的，如果表现良好，无犯罪记录，连续居住并从事一个职业等，就可以两年一续，或三年一续，这一政策很受华侨欢迎。③办理居留证的条件首先是要会本地语（Papiamentu），这种语言不难学；其次是居留期，这要靠本人的耐心和坚持；再就是有税收记录，无犯罪记录，等等。实际上，因为华侨在库拉索一般遵纪守法，勤劳、敬业、节俭，没有犯罪现象，所以上面条件都不难办到。如果入籍成为当地公民，就可以享有与当地公民同等的权利和义务，有选举权、被选举权，还可以享受社会保险和福利等。④

---

① 《库拉索华侨会所理监事会议记录》，1998年8月9日。
② 笔者2015年11月7日在库拉索对冯朝汉的采访。
③ 笔者2015年10月17日在阿鲁巴对郑达恩的采访。
④ 笔者2015年10月7日在库拉索对冯朝汉的采访。

那么，有无通过"大赦"途径入籍而成为当地公民的可能？客观地说，这种可能性很小。即使有，也不可能有像其他国家那样的"大赦"，充其量是在处理入籍问题上给予一定程度的重视和宽容而已，因为整个荷属加勒比地区容纳外来移民的空间有限，政府不会鼓励外来移民的大规模涌入。

事实上，对侨胞的生存发展有直接影响的因素，是岛上的政治生态尤其是政党更迭所产生的政策变异。今天，除了连续合法工作超过 10 年而取得长期居留权的一小部分人之外，大多数库拉索侨胞获批的是一年居留期，也有少数为两年居留期，但期满后均要为办理居留延期而奔波。特别是只获批一年期的，每年都要申请居留续期，且不少还不获批准，对他们身份合法化造成困扰。还有不少人的连续合法居留权因故（例如对居住地的劳工法例不太了解）被中断，或者因为资料的补充不详而耽搁，导致入纸后长期得不到批准。例如，库拉索在 2010 年，曾经有 100 多名华侨因为工作单位变动而改变工种，甚至因为申报工资不达标即税务过低而不获居留续期。后来经过华侨会所统一登记并向司法部和劳工部交涉，也只有 30% 左右获得批准。另外，申请新的劳工也十分困难。①

造成上述现象的原因，除了执政党方面的因素外，也有侨胞方面的因素。华侨一般不大喜欢雇用当地人，而倾向于雇用华侨。华人男孩娶当地女孩的少，华人家长也不愿意自己女儿嫁给当地男孩。当然，这是民族习惯与传统的因素使然，与种族歧视无关。还有，当地人的主要工作是泥水匠、杂货工、洗衣店工人、油厂工人、工厂工人等。但当地政府对华人不雇用当地人也有意见。政府规定，达到一定规模的华人店铺在雇用工人时，必须雇用一定比例的当地人。② 毋庸讳言，当地法律有保护当地人就业需求的成分，但圣马丁有华侨认为，当地法律也偏袒当地人。例如，有华侨发现当地员工在自己的店里偷窃，曾与当地人打官司，结果华侨败诉，亏了 2 万多元。客观地说，荷属加勒比地区的华人店铺都希望雇用华侨，但问题是并非完全行得通，一者当地法律有限制，二者雇用当地人的确工薪比较便宜（例如在圣马丁，雇当地人 4.5 元/小时，而雇中国人则 5 元/小时），还不用像雇用中国人那样要包吃住。③

所以，对于在居住地生存和寻找发展机会的大多数侨胞来说，办理"居留纸（证）"的手续最为困难，也是他们最担心的一件事。具体表现在，其一，没有一个可靠的组织或个人能帮助他们办理有关手续；其二，社区某些个人的手续收费不合理；其三，社区某些个人未能尽职尽责地为同胞服务，甚至还带有某些欺

---

① 《库拉索华侨会所给中国驻荷兰大使馆的信函》（黄冠雄执笔），2010 年 12 月 16 日。
② 笔者 2015 年 10 月 8 日在库拉索对陈衍祥的采访。
③ 笔者 2015 年 10 月 26 日在圣马丁对当事人的采访。

骗性质。不少侨胞因四处托人办居留手续而被骗钱财已不是新闻。多年来，侨胞不断呼吁，要求会所担当起责任，帮助侨胞解决这一关系切身利益的问题。鉴于这一情况，为了进一步为侨胞提供更方便可靠的服务，库拉索华侨会所曾经发出了一个《办理居留纸小组公告》，建议由华侨会所成立一个小组，专门负责为侨胞办理居留手续。

库拉索华侨会所新一届理事会上任后，将上述问题摆上议事日程，并在 6 月 2 日理事会会议上达成共识。其要点有下：一是理事会根据"会所章程"之精神，本着服务同胞的宗旨，统筹开展这项专门的工作，简言之就是帮助同胞办理居留。此业务的全权负责人是容宇庭、冯朝汉和伍权荣三人。二是确定会所统筹办理的原则，包括申请的途径合法化（如批派某律师代办），所收费用公开化、合理化（保证不让侨胞钱财被骗），查证批复责任化（虽然无法保证能获准成功，但必定有合理的满意的答复）等。遇上疑难个案，会所可以帮助当事人与律师沟通，研究是否需要打官司等。三是会所根据劳工部和移民局的"入纸"要求，将一切条件告知申请人，由会所统一受理和把关，包括填写有关表格，复印所需资料，建立申请人档案。亦可代当事人缴交必要的费用（如劳工申请交纳当地货币 1 000 元等）。会所根据不同性质和类别的申请，通过多方面的渠道向相应的政府部门呈送申请文件，并向申请人发回政府受理的文据。4 个月后，开始跟进审批的结果。如发现当事人提供的资料虚假，一切责任由其本人承担，补充材料后当作重新申请收费。四是关于服务费用的情况，经过与有关律师的多番磋商，采取由会所统一受理并代为收费的办法。律师根据人数的多寡和工作量的大小，再向会所发回相应的费用，以应付办公设备的添置或聘请临时工的劳务费开支。月结后余下的款项，全部归入会所收入。正常续期每人收费 398 弗罗林，企业申请新劳工每人收费 2 988 弗罗林，以上收费均为服务费，交纳劳工部（如需要）等政府部门的费用另算。

办理居留纸小组为侨服务还体现在其承诺上，即为侨胞提供合理价格，可靠而有效率的服务，争取以最快的速度为侨胞办理居留纸。小组的开支由收取的申请人的服务费中支出，但小组的收费保证不高于社区个人的收费。这些收费中将提取一部分给会所。当然，为了保证会所的名誉，该小组强调，办理居留纸，是通过合法的渠道、手续和途径去为侨胞服务，侨胞务必给会所提供所需的合法证件。

除了居留纸的问题外，侨胞的生活中还会遇到各种各样的有关法律上的问题，会所所得的这些回佣，将在以后为同胞长期聘请律师打下良好的基础。居留

小组计划，争取与本地政府挂钩，希望得到政府的协助，更有效地为同胞服务。①

此外，华侨社团要帮助侨胞遵守当地的法律，在居住地合法经营。例如，库拉索政府声言要执法规范化，为了让华人企业落实并配合上述措施，经会所多次磋商，2013 年 9 月 23 日晚上 10 时，在假日酒店二楼大堂面向所有华人企业召开一次执法会议，由卫生部部长和财政部部长主持，直接宣布有关事项，并由华人翻译详细解答所有问题。为了更好地保护华人企业的利益，减少其在卫生管理和税务管理上的误区，库拉索华侨会所向各个华人企业发出紧急通知，要求各华人企业当事人务必参加这次会议。②

2011 年 9 月，鉴于当时本地传媒对华人餐馆和杂货店的负面报道，华商的生意大受影响，经会所与卫生部部长和有关部门讨论，卫生局暂时停止以上的联合部门检查。条件是由会所组织餐馆负责人上课，再对其员工进行辅导，共同做好卫生工作。各上课有关商号，亦由卫生局发出卫生证书一张，以对顾客有所保证，当然以后也要继续保持卫生水准。为此，库拉索华侨会所于 9 月 9 日发出通知，课程将在 10 月上旬进行，分日班与夜班，供侨胞选择。课程每次不超过两个小时。会所希望各餐馆及杂货店负责人踊跃报名参加，好让有关部门知道华人确实是在积极搞好卫生，亦给大家重建华人在本地的良好印象，让顾客重获信心。③

各地的华侨会所能够设身处地地为侨胞服务，为侨胞排忧解难。例如，1986 年底，"（库拉索）公所会员梁福安回国，大家踊跃捐助。谭盈沛捐助机票一张，陈忠羡、陈衍祥、容灼南、麦荣添、李照、吴炎松各捐助 50 元"④。库拉索华侨会所有多间房间作为物业出租，专门用作照顾贫困华侨的房间，水电及日常费用全免，本人只自负伙食费。同时也在很大程度上维持了会所的日常开支与运转。1986 年会议规定，"新房每人房租每月 100 元，每房住两人，先住满一房，然后出租另一房。如住一人，这人不同意与别人同住，就得交 200 元。先到先租赁"⑤。1987 年 11 月，由于刘仲廷老人家行走困难，生活上难以照顾他，华侨会所决定帮他办手续，让他到养老院生活，并委托人员与有关部门联系。⑥ 1987 年，当时的库拉索华侨会所写信给台湾所谓"侨务委员会"，要求放宽批准发放

① 根据库拉索华侨会所记录材料。笔者 2015 年 11 月底摘抄于库拉索。该文发出时间不详，居留小组的工作地点计划分布在几个地方，其中包括华侨公所；但人员组成、申请人办理步骤、收费方式等项暂无。

② 根据库拉索华侨会所记录材料。笔者 2015 年 11 月底摘抄于库拉索。

③ 根据库拉索华侨会所记录材料。笔者 2015 年 11 月底摘抄于库拉索。

④ 《库拉索华侨会所理监事会议记录》，1986 年 12 月 7 日。

⑤ 《库拉索华侨会所理监事会议记录》，1986 年 12 月 7 日。

⑥ 《库拉索华侨会所理监事会议记录》，1987 年 11 月 8 日。

"中华民国护照"，不要只限于父子、夫妻、同胞兄弟姐妹之关系取人来古拉梳（库拉索）。①

二、筹集各种基金

1. 救助国内自然灾害基金

荷属加勒比地区一般没有大的自然灾害，华人极少为其举行相关的慈善（捐款）活动。但曾为本地区举行过抗震救灾活动，例如海地大地震时。然而，当祖国遭受水灾、地震等自然灾害时，侨胞多次举办筹款募捐活动。1998 年，中国遭遇百年一遇的特大洪灾。四邑华侨公所在《安岛日报》的配合下，向库拉索侨胞发起抗洪募捐活动。这是库拉索侨胞第一次向国内捐款。结果，共筹得善款一万多盾，折合 5 700 多美元，由中国驻委大使馆转交中国红十字会。为此，刘伯鸣大使还向公所亲笔写了感谢信。

2008 年 5 月 12 日，四川省汶川县发生了一场 8.0 级大地震，人员伤亡和财产损失之严重，为历史罕见。一方有难，八方支援，这是我们中华民族的优良传统。港澳台和海外侨胞也被这场地震所震撼，纷纷动员起来加入赈灾行列。四邑华侨公所组织的"库拉索侨胞支援祖国抗震救灾筹款活动"，得到广大侨胞的关注和支持。从 2008 年 5 月 15 日起，各界侨胞慷慨解囊，场面热烈，"写下了本岛开埠以来最感动人的历史"。2008 年 5 月 18 日，库拉索四邑华侨公所发出通告，四邑华侨公所理事会将在 24 日晚 9 时在假日酒店（Holiday Inn）举行抗震救灾慈善捐款晚会，将此次活动推上了高潮。

在筹款晚会上，从三岁孩童到七旬老人，排着队往捐款箱里争相捐款，情景感人。一位姓邹的侨胞，在会馆人员上门宣传时，当场就捐出 1 000 盾，在晚会上，他二话不说，再捐出 1 000 盾，令人肃然起敬。一所学校送来的捐款，是用奶粉罐装载的，全是沉甸甸的硬币。罐子的胶盖上剥开了一道小口，用作投币用。罐子外贴着一张白纸，上面写着"help China"，笔画略带稚气。孩子们用他们省下的零用钱，装在简陋的奶粉罐里，写下了一道美丽的爱心符号。

此次筹款活动的所有捐款商号或姓名在公所公布，所有善款连同捐款者姓名送交中国驻委内瑞拉大使馆转交中国红十字会。另外，四邑华侨公所理事会一致通过，捐款 1 000 美元，理事会全体人员各捐款 100 盾。截至 5 月 24 日，共筹得善款 77 698.50 盾，另有 1 878 美元，创下了本埠捐款之最，光捐款晚会就筹得

---

① 《库拉索华侨会所理监事会议记录》，1987 年 1 月 11 日。

17 569.50 盾。①

与此同时，在汶川大地震期间，阿鲁巴新中华会馆出于血浓于水的同胞之情，会馆领导成员放下了自己的生意，废寝忘食地每家每户上门收集捐款，短期内筹得近 7 万美元寄回灾区。中国驻荷兰的薛捍勤大使（后为荷兰国际法院大法官）到阿鲁巴见证了这一时刻。②

另外，荷属加勒比地区华侨也越来越多地参与居住地的慈善活动。例如，在库拉索，华侨的慈善活动主要是赞助政府团体的活动，同时还有参加当地嘉年华的意向。③ 在圣马丁，"慈济"支持的学校有两所，一所为朱细芳帮助的小学，一所为她丈夫捐助的小学。笔者参观过这两所学校学生表演的节目。第二所学校的学生演唱了中国歌曲。笔者看到墙榜上的学生名字中，有 3 名华人幼童，有一人的名字完全是中国大陆的姓名拼音。④

2. 救助遭难同胞以及筹集应急援助基金

在居住地住久了的华侨华人，对当地人的一般印象是，他们仍然遗留着比较多的"原始"特征，闲散，无积蓄，无隔日粮，打工维生，三天打鱼两天晒网。哪一天揭不开锅了，再去找吃的。于是，一些人迫于生计，以偷盗度日，当地警察也不管。

侨胞伍星球是一个左手患有轻度残疾的中年男人，性格开朗，谈话谐趣，不与人结怨。儿子伍洲洋，年方十七，还在读书，满脸稚气。一家三口经营一个小食店，过着与世无争的安逸生活。谁知，厄难竟向他一家袭来。2010 年 6 月初一个夜晚、17 日下午和 27 日夜晚，伍星球一家竟三次遭到劫匪袭击。前两次还只是钱物遭受损失，尚未危及家人生命。到第三次，穷凶极恶的歹徒朝伍洲洋开火，子弹打在孩子头上。伍星球大惊失色，抢起铁锤砸向劫匪，致其当场死亡。与此同时，伍星球操起自卫用的手枪向天花板上的歹徒开枪还击，持枪歹徒跳上路边一辆白色的接应车绝尘而去。伍星球腰间的子弹在医院被取出，打中儿子的子弹是从颅骨边穿过，父子俩与死神擦肩而过。这次恶性袭击案瞬间传遍了库拉索的大街小巷，同时在华人社会激起了巨大的波涛。案件在当地电台、电视台和报刊传媒中占据了头条位置。这是库拉索开埠百多年来首例华人打死当地人的案件。

从犯罪的手法来看，三次作案的歹徒为同一团伙。劫匪可谓丧心病狂，作案手段令人发指。他们之所以如此嚣张猖狂，是因为掌握了华人息事宁人、忍气吞

---

① 《库拉索侨胞支援祖国抗震救灾募集捐款倡议书》，据库拉索四邑华侨公所资料，2008 年 5 月 15 日。
② 阿鲁巴新中华会馆供稿，2014 年 2 月 11 日。
③ 笔者 2015 年 10 月 7 日在库拉索对冯朝汉的采访。
④ 笔者 2015 年 10 月 26 日在圣马丁对当事人的采访。

声的普遍性特点，同时也清楚地知道本岛在打击犯罪方面软弱无力。

华侨会所接到消息后，迅速通报各位理事，并指派陈伟民向警方公共关系科咨询案情，表达华侨的关切。会所主席李群力和其他领导先后到医院探望伤情，并向家属了解案发的来龙去脉。[1]

2012 年 9 月 17 日晚，源利餐厅例假休业，东主冯超文夫妇晚上回家时遭 3 名持枪劫匪行劫，夫妇两人惨遭枪杀身亡。华侨会所除了要求警察迅速破案，将凶手绳之以法之外，还通过华人善事基金会向其亲属发放紧急援助金 5 000 盾，以表达侨胞的团结与关怀。[2]

2013 年 5 月 9 日上午 9 时，库拉索 CARACAS BAAI WEG "华健杂货店" 发生一起入屋抢劫事件。东主吴英华不幸被劫匪击中头部，当场死亡。老板娘冯健琴亦在案件中受伤，经送医院抢救无恙。初步掌握的事件经过是：3 名年约 20 岁的黑人青年，进入杂货店后，其中一匪拔枪指向正在银柜前工作的吴英华，另一匪开始抢劫，还有一匪则在试图制服老板娘的时候遭到事主的反抗，劫匪将其头部打伤。吴先生见太太受伤，即拼命挣脱劫匪的控制，抱起小孩向后院奔走。此时枪声响起，吴先生中弹倒地。案件发生后，华侨会所主席容宇庭和多名理事先后赶到案发现场，了解案情并积极配合警方工作。华侨会所理事会领导层当即采取应急措施，当日下午 4 时在会所召开紧急会议，决定由 "华人善事基金会"（非会所的 "应急基金会"）一次性将全部基金共 NAF 10 663.51 元全数捐给被害家属。同时，理事会马上通过有关渠道向有关当局表示对事态的极度关注，并于13 日向政府递交请愿信，督促警方务必早日缉拿凶犯归案。华侨会所还呼吁全体侨胞在商务活动中，遇到突发情况时务必保持冷静头脑，防止过激行为，以免造成自身伤害。[3] 华侨会所理事会 5 位代表前往司法部递交了请愿抗议信后，当日下午 3 时得到库拉索首相府的接见。这是会所成立 60 年来第一次获得这样的权利。首相对华人被杀害表示十分痛心，他对死者家属表达关心，并对其他华侨转达问候，还叮嘱全体华人商号提高防范罪案的意识。并当即指示参会的秘书将线索交由警方办案人员，务必早日缉拿凶手归案。会谈中，华侨会所提出事主三个孩子的归留问题，争取将孩子的居留权由每两年申请改为长期居留，并将有关资料亲手交给首相。首相随即要求秘书送交移民局妥善处理。会见结束后，两路电视台记者和报刊传媒记者已在首相府外等候采访。全部采访内容由电视台的新闻等频道播放，侨胞的心声和利益诉求被传达到社会大众，最大限度地获得当地

---

① 该事件经过载库拉索华侨会所通讯（黄冠雄执笔），无日期。

② 根据库拉索华侨会所记录材料。笔者 2015 年 11 月底摘抄于库拉索。

③ 库拉索华侨会所资料，2013 年 5 月 9 日。

民众的同情和支持。会所还将案件情况报告中国驻委内瑞拉大使馆，请求中国政府通过外交渠道关注案件的进展，体现中国政府对侨胞的领事保护权。另外，根据被害人家属的要求，华侨会所为吴英华开设专门捐助专线，在会所设立"白金"捐助箱和"白金"收受登记处。

与此同时，一项由本地青少年保护基金会（STICHING SAVE OUR YOUTH CURACAO）发起并与华侨会所合作的和平游行活动，定于 19 日下午在 OTRO-BANDA 举行，除本地人参加外，更多的是各国的外侨响应。活动的主题是"尊重生命，保护人权，反对暴力，反对罪案"。活动要求参加人员穿白色素装出席，可携带本国国旗或在罪案中遇害者的遗照等。是日下午 3 时正从水厂门口出发，步行至桥头广场和平结束。华侨会所呼吁同胞踊跃参加。[①] 也有侨胞向会所抱怨游行示威只在网页通告远远不够，许多侨胞得不到信息而错过了表达诉求的机会。理事会商讨后，决定将吴英华的葬礼和捐助白金通告刊登在当地报纸头条以广而告之。会所也重视 QQ 群的讨论，从中吸取建设性的意见。[②]

2014 年末，库拉索发生了数起涉华恶性案件。11 月 22 日晚 9 点半，驾驶小货车的供应商人郑欢华遭到两名贼人抢劫。郑先生的货车驶离时，其中一劫匪向蹲在地上的事主开枪，子弹穿过其小手臂再射入脚面。更可恨的是，一周后两劫匪再次光临，将郑先生汽车玻璃打破意欲偷车。幸得及时发现，高声呼叫，贼人才离开。当时报警后数小时都没有警察到场。12 月 7 日凌晨 3 点半，三名劫匪强行凿开位于巴鲁勃兰库（Balu blanku）七星餐馆的浴室墙壁，冲入睡房将东主吴洽云捆绑并按倒在地上，又将他女儿吴嘉燕制服。然后翻箱倒柜搜掠，劫走事主数千元电话卡和现金上万元。由于劫匪强行从浴室破墙而入，致水龙头破坏，水泻一个多小时，吴洽云在水中长时间浸泡，其女儿因为被劫匪用枪指吓殴打而精神恍惚。12 月 14 日凌晨约 4 点，三名蒙面劫匪在"亚洲洗衣中心"房顶处，剪开防盗铁网再抄开瓦面进入屋里，首先打开东主吴学成先生儿子房间，用绳索捆绑其 12 岁儿子，将事主夫妇制服，然后威迫他们交出钱财。在屋里逗留近 2 小时，四处搜掠，搜去一万多元现金，另外金银饰品若干。12 月 20 日凌晨 4 点，四劫匪亦以上一个案件同样手法强闯华园杂货铺，捆绑事主胡卫光及其父母共三人，不由分说就是毒打，迫使事主交出万余元现金。但劫匪并不满足，再次殴打事主三人，致使胡卫光全身受伤，面部瘀黑肿胀。华美杂货铺与往时一样晚上 10 点打烊，29 岁的年轻老板李子峰准备与妻子一起到岳母家接回两个寄托在那里的孩子。10 点 20 分他们从后门走出店铺时，遭遇从后面围墙跳下的劫匪。李

---

① 库拉索华侨会所资料，2013 年 5 月 14 日。
② 据黄冠雄记录资料。

太太及时退回室内，李先生想关闭铁门，但来不及就枪响了。罪恶的子弹击中他的左胸部，他应声倒地。劫匪并不罢手，他们抢夺了李子峰的钱包和手机，又冲进屋里第一间房子继续搜掠，然后逃离现场。12 月 24 日是平安夜，位于卫生局附近一个华人家庭在凌晨 3 点发生入屋抢劫案件，事主损失惨重，所幸全家大小平安。

在此情势下，库拉索华侨会所郑重呼吁全体华商必须依从总领事馆和会所指引，加强落实如下措施：①尽快将现金存入银行，外币和贵重饰品到银行开设保险箱存放；②安装、检查、完善闭路电视和警报系统，可以依靠保安公司协助报警，压制贼人作案时间，及时让警方到达现场缉捕匪徒；③切莫购买来历不明的贼赃。因为此种引火烧身的愚蠢行为，给劫匪提供了市场，也会给自己埋下祸根。①

每当年关将至，治安问题往往成为对侨胞最大的威胁。例如，2015 年 11 月 13 日凌晨 4 时许，新皇冠餐馆遭遇匪徒行劫。三名蒙面歹徒强行打烂酒吧上盖的瓦面潜入餐馆作案。东主陈先生听到异常动静，从隔壁前往餐馆察看时被劫匪制服，劫匪用塑料紧固带将其手脚捆绑后按倒地下，进而强行入房亦用同样手段将妻女俩四肢捆绑。案发过程中，因发出响声惊动邻居侨胞，他们向警方报告并致电会所领导。华侨会所黄冠雄接报后于 4 点 45 分赶到现场，见受害者三人手脚被扎带勒致红肿，须用剪钳才能打开。会所主席容宇庭亦在第一时间赶到现场。但警方到场时贼人已逃逸无踪，黄、容两人并协助警察询问案发经过。②

接二连三的劫杀案件，令库拉索岛上侨民震惊、悲愤、恐慌和痛苦，尤其为失去同胞而义愤填膺。侨胞们强烈要求会所有所作为。经理事会多次研究，决定以"应急援助基金"名义进行募捐活动。

库拉索本来在 1995 年就成立了华人基金会，是一个由侨居本埠华侨独立自发筹办的非营利性慈善组织，主要是援助一些遭遇突发之不幸事故或经济陷于困境（如亲人死亡、急症手术、意外受伤或其他灾祸）的人士，提供紧急经济援助。经费来自广大侨胞与商号捐款。③ 这个时候，库拉索华侨会所向全体华人同胞发起募捐行动，其属下的"应急援助基金"，集华侨每一分子的力量，形成合力。当同胞不幸有难时，以集体的力量相助，保护他们的生命财产安全，保护华侨的整体营商环境，体现中华民族一方有难八方支援的理念。

该基金会的基金由会所理事会任命专人掌管，独立于会所财政（目前由林锐

---

① 库拉索华侨会所资料，2014 年 12 月 25 日。
② 据案件目击人黄冠雄 2015 年 11 月 13 日早晨（案发后约 4 个小时）在微信朋友圈发出的信息。
③ 据库拉索华侨会所记录材料。笔者 2015 年 11 月底摘抄于库拉索。

兴先生负责）。每一笔专项开支都由理事会表决执行。捐款人可向理事会或会所领导查询账目。基金实行自由募捐原则，款项捐赠后，即已授权会所拥有支配和使用权，对于用途和数额不能借故反对或干涉。另外，捐款人姓名和捐赠数额登记造册，在会所网站和QQ讨论群公开，并在会所告示栏张榜，由会所职员连同志愿者分组上门问捐，也可以致电认捐。如有同胞专款捐赠被害人，除单列基金外，全数交给其家属（一般以白金形式赠送）。①

三、华人参政初试啼声

拉美地区华侨华人的参政是一个十分明显的弱项，在荷属加勒比地区尤其薄弱。几千年绵延不断的中华文化虽然造就了华人的传统特质，但华人的传统特质并不都是优秀的，其中，惰于参政甚至拒绝参政，就不能算是一个优秀特质。如果说在过去受殖民主义压迫和受当地民族歧视的时代拒绝参政尚情有可原的话，那么，在多民族共居的今天，你我他的界限已经逐渐打破，尤其是在身份上已经实现了由侨民到公民转变的情况下，华人就不可能不按居住地的游戏规则办事，就不能再充当居住国社会的看客和过客，就不可能不参与政治。目前华人的政治影响力与过去相比有了显著增强，但客观地说，力量还非常有限。要使华人参政的水平达到一定的高度，可能需要好几代华人的努力。华人不能坐等几代后才去考虑参政，从现在起就应该通过一步一个脚印的努力，逐渐积蓄力量。在短期内，华人政治参与的"成本"与"收益"可能不成正比，有时投入了很多却看不到多少"收益"，但从长远的发展的眼光来看，只有不断的量的积累，才会最终形成质的升华。参政也是一样，需要华人的奉献，可能需要好几代华人不计"成本"的参与。就华人参政的目标来说，主要有两个方面：一是改善居住地华人的社会地位，为自身族群争取权益；二是进入当地主流社会的上层乃至顶层，在效忠于居住国的同时也力所能及地为华人争取权益。

2007年4月14日，库拉索华侨举行集会，为西文秘书陈锡棠参加库拉索大选进行声援、助威和动员。据说这是历年来规模最大的一次华人集会，估计人数在700人以上。库拉索现任首席部长（即总理，为黄党主席）等数十名政府官员出席集会。中国驻委内瑞拉大使馆领事刘宁在集会上讲话，介绍祖国经济发展情况，并与本岛政坛人物进行沟通。②

1957年生于澳门的陈锡棠在1968年就来到库拉索，曾先后在荷兰、德国和

---

① 库拉索华侨会所公告，2014年12月27日。
② 据库拉索华侨会所资料（黄冠雄手写稿）。

本岛的大学修读过医学，会多种医术。1987 年返回库拉索自立门户，且涉足海外信托行业，在本地成立公司，另在本地免税区有公司经营国际贸易，还喜好咏春拳术，又通英、荷、德、西语以及本地语、粤语和恩平话等多种语言。可见，他与当地社会和华侨都建立了广泛的关系，有良好的参政条件。他是库拉索岛历史上第一位华裔候选人，被当时的执政党推选为候选人，是库拉索全体侨胞政治生活中的一件大事。他的参选，结束了本岛 100 多年来华人对政治隔膜的历史，既可以长华人的志气，同时也为侨胞维护自己的权益开辟了一条新的路径。陈锡棠是黄皮肤黑眼睛的标准华人，他如当选，可以直接向政府反映侨胞的愿望和心声，侨胞更可以通过他了解政府的政策和施政情况，尤其是可以通过他了解涉及侨胞工作、生活和经商领域的切身利益问题，就可能最大限度地维护华人作为少数族裔的权益，提高侨胞的社会地位。陈锡棠的参选对全体侨胞，尤其是对下一代有积极的意义。他可以成为华人在本地参政的先锋和榜样。

过去，华侨前辈漂洋过海，靠出卖苦力谋生，根本不知道行使自己的权利，政治参与更是天方夜谭。不过客观地说，第一代移民当地的华人从政的确比较难。除了价值、观念等社会文化原因外，影响华人参与政治的另一个重要因素，是传统华人移民普遍年龄比较大，语言、文化上存在差异，对当地政治制度不够了解，以及兴趣与主流社会不一致，因此，他们对政治望而却步是可以理解的。如今，新一代侨民，无论是受教育程度还是文化素质的提高，跟过去相比都不可同日而语。陈锡棠参选就是一个例证。自从陈锡棠参选以后，当地民族对华侨参政的正向效应已经开始初步显现。每到选举的时候，各种政治团体都愿意主动找华侨会所，组织座谈会，咨询华人对社会或政治的诉求等。毕竟，岛上持有荷兰护照、有投票权的华人有 500 多人，是值得他们争取的对象。①

培养热心参政的新一代华人，是一个十分重要的问题。热心参政的新一代华人要高素质化和年轻化。首先是华人要作为居住地多元文化的积极参与者，为打造当地的多元文化而努力。华人全面参与和融入主流社会，争取和利用居住地的社会、文化和政治资源，同时参与打造居住地的多元文化，对于华人取得和利用社会、文化和政治资源，为实现成功参政奠定基础，是十分重要的。华人积极参与当地政治，还因为不可改变的血缘关系，在参政后可以充当政治、经济、社会和文化事务的"月老"，一边牵着居住国，一边牵着祖（籍）国，在促进本地政府和中国政府在政治、经济和文化领域的交流和互动，促进民间商贸、投资和旅游等方面的双赢，华人的价值会得到提升。华人第三、四代是极具希望的一代。从他们身上，人们看到了与祖（籍）国共命运同进退的忧患意识，以及对时代

---

① 《库拉索华侨会所致中国驻荷兰大使馆信函》（黄冠雄执笔），2010 年 12 月 16 日。

与社会的使命感。

诚然，荷属加勒比地区的参政机构（例如议会）一般都很小。库拉索议会共21席，得11席即可组阁，有多个党。圣马丁的议会只有11个议席。但麻雀虽小五脏俱全，一个地方的参政机构，不管大小，在它所运作的地方的功能都是一样的。华人要维护自己的权益，要融入居住地社会，不能因为参政机构小就不屑一顾。这应是常识。陈锡棠本人就曾经当选过库拉索的议员。他说，后来他自组"中国与荷属加勒比友好基金会"，任副主席，因要保持中立，乃退出。[①] 有资料表明，近几届阿鲁巴政府选举，当地候选人都主动到新中华会馆拉票，对华侨举办的节日晚会，甚至不请自来，还跟侨胞拍照，搞亲民活动，由此可见华侨对当地影响力之一斑。[②]

四、中国驻威廉斯塔德总领事馆的建立与侨务工作的新拓展

经过中荷两国政府共同努力，以及荷属加勒比地区库拉索、阿鲁巴、圣马丁三个自治国和博内尔、萨巴、圣尤斯特歇斯三个行政市各级政府的积极推动和当地华侨华人的大力支持，2013年10月8日，中国驻威廉斯塔德首任总领事陈绮曼抵达库拉索首府威廉斯塔德履新，结束了此地60多年来没有中国领事的历史。总领事馆的业务管辖范围包括上述三个自治国和三个行政市。

消息传开，侨胞们奔走相告。华侨会所为欢迎陈绮曼一行进行了精心准备，并在陈绮曼下榻的假日酒店举行了一场特别的欢迎仪式。2014年2月15日，陈绮曼总领事在威廉斯塔德的Renaissance酒店举行到任暨中国春节招待会，出席嘉宾达400多人。库拉索首相兼外交部部长伊华·阿舍斯和其他库拉索政、商、企业高官云集，政府的财政、司法和经济等7个部的部长和总督等出席了招待会，包括圣马丁总督等许多重量级人物在内的其他岛区的行政首长均前来祝贺陈总领事履新。在市中心的假日酒店，一面巨大的五星红旗高悬在酒店大门入口处上方，格外引人瞩目。大堂里，一群穿着本地民族服装的人们跳着风情浓郁的加勒比海土风舞。上百名侨胞与酒店董事长等高管一道迎接陈绮曼总领事的抵达。次日中午，陈绮曼在东王朝酒家特为远道而来的6个岛区华侨社团的侨领举行了午宴。库拉索、阿鲁巴、圣马丁和博内尔的侨领30多人于16日上午在库拉索华侨会所举行了座谈会。这是荷属加勒比地区有史以来各地侨领的首次聚会。[③]

---

① 笔者2015年在库拉索对陈锡棠的采访。
② 阿鲁巴新中华会馆供稿，2014年2月11日。
③ 据库拉索华侨会所供稿，2013年11月23日、2014年1月25日。

当天晚上，华侨会所在东皇朝酒家举行了温馨的欢迎晚宴。

2014 年 9 月 25 日，中国驻荷兰王国大使陈旭一行专程来到库拉索，代表外交部出席中国驻威廉斯塔德总领事馆开馆仪式暨庆祝中华人民共和国成立 65 周年招待会。招待会在库拉索万丽酒店举办，荷属库拉索自治国总督、首相、议长、各位内阁成员和议员，荷属阿鲁巴自治国议长，荷属圣马丁自治国代表，荷兰外交部特使及各岛华侨华人代表、社会各界人士共 400 多人出席。陈旭大使看望前来参加开馆仪式和国庆招待会的各岛华侨华人代表，感谢各位侨领为总领事馆的建设给予的帮助，感谢他们从各岛聚集库拉索参加总领事馆开馆仪式。陈旭一行受到当地政府的高度重视及当地百姓和华人的热烈欢迎，当地媒体积极、全方位报道，在当地民众中掀起了一轮"中国热"。①

2015 年 5 月 12 日，陈绮曼总领事在新建成的总领事馆院内举办联谊晚会，请来第一批客人：库拉索华侨会所新当选的主席、副主席及全体理事们，祝贺其第 37 届领导班子当选成立。总领事馆全体馆员参加，共约 50 人。陈总领事感谢库拉索华侨会所为总领事馆的建成给予的大力支持和帮助。她说，作为库拉索唯一的华人组织，库拉索华侨会所在为广大侨胞提供服务，促进侨胞融入当地社会，弘扬中华文化等方面作出了很大贡献。②

2015 年 9 月 20 日，荷属加勒比地区首届侨领座谈会在库拉索岛顺利举行。来自阿鲁巴、博内尔、圣马丁等地和库拉索的主要侨领共 40 余人与会，他们中有荷属加勒比地区各位侨领，包括库拉索的容宇庭、圣马丁的黄仰杰和李保雅、阿鲁巴的吴怡稳和郑达恩、博内尔的甄润爵等。中国驻荷属加勒比地区总领事陈绮曼出席会议并讲话。各岛侨领分别介绍了侨团的有关情况，并围绕如何服务侨胞、发挥侨团凝聚力、开展华文教育、融入当地社会、组织筹建华人会馆等议题展开了交流与讨论。陈总领事对与会侨领表示欢迎，对取得的成绩表示祝贺，希望各侨团今后更好地发挥桥梁作用，倡导遵纪守法及尊重当地习俗，增进同当地民众的情感，营造长期生存发展的良好环境。会上，受邀回北京参加抗战胜利70 周年阅兵观礼的侨胞代表同大家分享了活动见闻和感想，作为生活在海外的华侨华人，为祖（籍）国的强大充满了无比的光荣与自豪。③

概括起来，中国驻荷属加勒比地区总领事馆建立后，全力做好为侨胞服务的工作。其一，全力支持各会所会馆的组织建设、能力建设、制度建设，坚定不移支持以主席/会长为首的、各理事会或委员会组成的集体领导班子，支持他们

---

① 据驻威廉斯塔德总领事馆供稿，2014 年 10 月 14 日。
② 《驻威廉斯塔德总领事馆举办联谊晚会祝贺库拉索华侨会所新一届领导班子成立》，据当地网上消息，2015 年 5 月 26 日。
③ 《驻威廉斯塔德总领事馆召开该地区首届侨务工作座谈会》，据当地网上消息，2015 年 9 月 23 日。

"为官一任、有所作为、有所建树"的工作目标，支持他们提高凝聚力，把华人团结在会所会馆周围。其二，为会所会馆排忧解难。积极寻求国内有关部门的支持，在开办华文学校、孔子课堂、华星书屋、各类文化活动等方面尽可能提供老师、教材、文化宣传品等方面的支持。总领事馆加强会所会馆与当地政府的联系，协助解决在会所会馆寻找地皮、建设活动场所、华人合法居留和合法经营等方面出现的困难。特别是帮助会所会馆与当地司法和警察部门建立联系机制，督促警方打击罪犯、遏制抢劫，协助会所会馆提高华人自我保护意识，共同为华人安居乐业提供安全保障，坚定不移保护侨胞的合法权益。其三，支持并鼓励会所会馆开展各类爱我中华，弘扬中华文化活动，支持大家办好春节、中秋等节庆活动，全力支持办好华文学校，鼓励成立成人文化补习班、外语班，举办当地法律法规及税务、移民、安全等知识讲座，成立舞狮队、篮球队、学生舞蹈队、小乐队等，支持各岛开展交流和友谊赛；希望办好各自的网站及 QQ 群，倾听呼声，正面引导，广泛团结。鼓励大家克服语言障碍，尊重当地传统文化，参与当地重大节日，提升华人整体社会地位，营造亲善友好的环境。与此同时，总领事馆还做好领事服务工作。自从 2014 年 9 月开馆到 2015 年 9 月，共签发近 660 份签证，颁发新护照 300 份。到外岛现场办公 7 次。还计划每年定期至少两次分别到阿鲁巴、博内尔和圣马丁现场办公，到另外两个荷属岛屿去过一次。①

---

① 《陈绮曼总领事在荷属加勒比地区首届侨领座谈会上的讲话》，2015 年 9 月 20 日。

第四章　荷属加勒比地区华侨的教育与文化活动

第一节　华文教育

一、库拉索、阿鲁巴和圣马丁华文学校的诞生

根据现有资料，在还与台湾当局发生联系的时候，库拉索曾经办过华文学校。1987 年 12 月 6 日，四邑华侨公所开会，认为恢复中文学校有益于侨胞，一致通过写信给台湾所谓"侨务委员会"，请求给予协助恢复中文学校，解决师资及课本问题。[①] 应注意的是，这里使用了"恢复"一词，说明库拉索以前曾经出现过中文学校。1988 年 2 月 7 日，库拉索华侨会所理事会通过关于申办中文学校的议决：先出告示，调查有多少学生报名，准备免收学费。[②] 但后来为何没有办下去，则有待查证。

在新的形势下办一所华文学校的计划，在库拉索侨胞中酝酿已久，库拉索华侨会所新一代侨领更是苦苦寻找机遇。2013 年 10 月，中国驻威廉斯塔德总领事馆设立，他们敏锐地感到，办华文学校的机遇来了。他们马上向总领事馆提出了办学的设想，得到了总领事馆的赞同。于是，筹建库拉索华文学校在华侨会所的领导层中逐步达成共识，并很快在全体侨胞中传了开来。

2014 年 2 月 15 日，库拉索华侨会所理事会在初步掌握了有过百名学生要求学中文以及有商家愿意支持学校建设的信息后，随即发出《关于华文学校组建纲要的通知》（被称为办校的"一号文件"，以下简称《通知》）。《通知》开宗明义指出：华文学校的建立是库拉索华侨登埠百年来头一桩，组建华文学校是理事会当前的重要工作，会所必将群策群力，依靠大众智慧和能力，争取本埠企业和个人捐资、学生交少许学费和会所全包干的办法，保证学校能够长期稳定地办下去。

[①] 《库拉索华侨会所理监事会议记录》，1987 年 12 月 6 日。

[②] 《库拉索华侨会所理监事会议记录》，1988 年 2 月 7 日。

与此同时，争取中国政府帮助、中国总领事馆支持，是办好华文学校的重要条件。库拉索侨胞十分清楚中国政府和有关部门对海外华文教育十分重视，也知道政府支持和制定有关汉语考核的规定推动海外华文教育。他们知道国务院侨办文教宣传司是协助海外华侨华人开展文教事业的业务部门，负有对短期来华教师进行培训、协助编辑适应当地教材、提供必要的教师参考书和音像制品、主办以学习汉语为主题的夏令营等职能。各地政协、侨务、统战部门在支持世界各地华侨开展华语教育方面也给予热情的关注和支持。

至于华文学校的办学前景，华侨会馆计划在汉语教育基础上，视条件再开设文体艺术和音乐舞蹈等课程，让中国文化发扬光大，泽被侨胞子孙后代。《通知》列出了两个工作时间表：一是初定从 5 月 1 日开始接受学生入学报名；二是即日起，一切捐赠款物由会所专人登记收领并在会所网络平台上公布，所有捐赠人芳名将刻于碑记永久保存在会所。

办华文学校，是华侨登陆库拉索百年来开天辟地的大事。为保证不落空，华侨会所理事会决定派副主席伍权荣和侨办主任黄冠雄为代表，肩负着库拉索侨胞的重托启程回乡，向广东省侨办当面汇报库拉索侨胞的办学愿望，同时请求省侨办予以支持。与此同时，二人还负责在广东采购办学所需的书本、练习本、黑板、课桌椅等教学物资，运回库拉索。有趣的是，对于这个已有 100 多年华侨历史的小岛，家乡人包括各级侨办官员并不知情，不仅广东省侨办不知情，连作为库拉索华侨主要祖籍地的江门市侨办也不知情。专事华侨事务的工作人员，虽然知道加勒比海这个耳熟能详的地名，但对于地图上这个"芥豆"般大的弹丸小岛，他们对着世界地图发了老半天呆也查不到其方位。就是这样一个祖籍地侨务部门几乎毫不知情的海隅之地，当那里来的侨胞代表说出筹建华文学校的心声，特别提到岛上侨胞希望自己的华侨后代不忘祖根，学好中文传承中华文化的愿望时，负责接待的侨办相关领导无不为之动容。他们都觉得，支持这样一个僻处海隅之地的华文学校建设，是侨办责无旁贷的义务。江门市侨办领导立即批复赞助100 套课桌椅。伍、黄两人又马不停蹄地赶往生产这些课桌椅的厂家，当即拍板订货。所有课桌椅定时定点装上货柜，通过海路于 5 月底运抵库拉索。广东省侨办还向华文学校赠送了多张教学黑板、投影幻灯机等教学设备，同时向华侨会所篮球队赠送了队服。库拉索华文学校最重要的前期准备工作，就这样在侨胞的祖籍地悄无声息地迅速完成。整个过程，前后不过两个月。相对于世界上一些华文学校旷日持久的前期准备，库拉索华文学校在旬日之间便基本完成，堪称奇迹。这当然得益于这所华文学校"体型"较小，启动起来比较容易，但万事开头难，如果没有相关人员的高度责任心，没有各级侨务部门的大力支持，这所华文学校不可能在如此短的时间里完成筹建并开学招生。

伍权荣和黄冠雄的广东之行，让华侨会所理事会的办学信念更加坚定。二人回到库拉索后，华侨会所迅速召开理事会会议，部署侨务工作安排。会议指出，近期侨务工作重中之重是进行华侨华人人口普查、华文学校招生和捐款办学三项工作。

此次"人口普查"工作，堪称一次全岛华侨华人人口大普查，由华侨会所理事会职员分组、按地区街道深入华人企业进行，即时登记填写表格，以成年人的商号为登记点，以每户家庭为登记表登记，夫妻在不同商号的可选择其中一户商号为单位登记全家人口，如有单身亲戚同住的亦可在调查表中登记，也可单独填写一张表格。

办学还要进行华侨华人人口普查，这在世界华文教育史上还是头一遭。其实，华侨会所的理事会是希望借办学之机，一方面，摸清入读学生人数；另一方面，通过人口登记，摸清本埠华侨华人的基本数量、男女比例，以及库拉索有多少商号，等等。在进行人口普查的同时，还同步向侨胞派发了华文学校招生表格。这一次以办学为契机的人口普查，可以得到本地侨情的基本资料，也算是华文学校筹办过程的一个附加性收获。其结果有利于今后在维护侨胞合法权益、保障营商环境和基本权利等方面有效地调动资源。

2014 年春，经黄冠雄等人多方积极奔走，在广东省侨办和江门市侨办的支持下，库拉索华侨会所办起了一所华文学校，结束了此地没有华文教育的历史。国务院侨办、广东省侨办、江门市外事侨务局先后向库拉索华侨会所赠送一批教学物资和文化用品，包括中国暨南大学华文学院编写的海外华文教材《中文》、投影仪、板书白板等课堂教学用品，并拟派出一名华文教师到当地中文学校任教。

2014 年 7 月 7 日，库拉索华文学校发出招生通知，第一，凡居住本埠年龄 6 周岁至 20 周岁的青少年，均可报名入学。第二，国务院侨办向华文学校派送的黎艺青老师约在 8 月中旬来到库拉索。第三，开学时间初步定在 9 月下旬。学校和教室就在会所内，各项装修工程正在抓紧进行中，欢迎大家参观并提出宝贵意见。第四，学生使用国家规范课本和练习本，全部由学校提供。每位学生每月缴交学杂费仅 60 库拉索元，每天下午四点至六点可前往会所报名。也就是在 7 月 7 日，华文学校开始正式招生。自此，库拉索华侨华人终于有了自己的开展汉语规范教学的学校，这成为库拉索华侨登埠百年以来的一件大事。

恩平一中的一级语文教师黎艺青是库拉索岛上首位中国外派教师，也是参与当地第一所华文学校筹建的第一位华文教师。来库拉索支教前，曾长期在中学任教，其中任职初中 4 年，高中 10 年。2015 年 3 月，黎艺青被确定到库拉索华文学校支教。2014 年 9 月 14 日，她抵达库拉索。在库拉索国际机场迎候区，中国

驻威廉斯塔德总领事馆领事薛山和华侨会所容宇庭主席、伍权荣副主席、黄冠雄校长等30多位侨领、侨胞及本地报社记者组成的欢迎团，在灿烂的阳光下等候着她。侨胞们簇拥着她。中国驻威廉斯塔德总领事馆、库拉索华侨会所组织了欢迎晚宴，陈绮曼总领事致欢迎词并给予亲切慰问。

黎艺青于9月14日抵达库拉索后，华文学校开学的日子进入最后的倒计时，这是库拉索开埠百年来之大事，全侨总动员。9月20日晚上，华文学校召开了开学典礼。所谓的开学典礼，其实就是老师和家长见面会。家长们收工后，带着几分好奇的心情从海岛的四面八方汇集到华侨会所看个究竟。驻威廉斯塔德总领事陈绮曼作动员，容宇庭、黄冠雄和黎艺青在会上都发了言。见到了老师真容，听到学校的宏伟蓝图，家长们放心了。这次会议之后，学生报名人数翻了一番，从120多人增加到230多人，年龄从5岁到28岁不等。

接下来的20多天里，侨胞们为布置一所正规的华文学校校舍而忙碌。经过反复考虑，库拉索华文学校的选址就是华侨会所的一楼大厅，全校只有一间教室。这是会所最大的一个场地，之前常用作开会和进行会所活动的场所。大厅不算小，105平方米的空间，可以摆放60张课桌椅。但这个大厅就是华文学校唯一的教室，隔壁的华侨会所办公室兼用作华文学校办公室。客观地看，由于作为一个海岛的华侨学生人数的局限，即使以后该岛的华文教育有所发展，其规模也是有限的。

学校在筹备阶段，侨胞捐款空前积极，所得善款为历来捐赠之最，大家对能有一所华文学校的渴望可见一斑。然而，库拉索的华人生意普遍为家庭或家族生意，就一个餐馆的家庭成员分工而言，一般是，爸爸做厨房，妈妈在前台，孩子削马铃薯，一天工作12～15小时。有90%的家长都是工作至深夜，他们当中，70%来自中国农村。显而易见，如果侨胞把一个孩子送到华文学校，家里无疑就少了一个劳动力，所以，办起了华文学校后，吸引生源固然重要，留住生源更加重要；吸引生源固然困难，留住生源愈发困难，而要保证该上学的孩子一个不少，更是难上加难。尽最大努力避免出现孩子不能坚持或家长因生意而放弃孩子学中文的窘境，已经不只是一个教学问题，而是如何让学校生存下来的头等大事了。可喜的是，当第二年开学的时候，依然看到两百多名学生整整齐齐地坐在教室里。华文学校董事会董事长伍权荣动情地说："每每看到家长带着惺忪的眼神甚至是冒雨把孩子送到学校门口的时候，无不为之触动，甚至眼圈湿润。"

面对年龄跨度如此大又兼作家庭劳动力的学生，学校决定以方便接送和年龄段为分班原则，把5～28岁的233名新生分成4个教学班，一个班约60人，有的家庭从七八岁至18岁的三四个孩子在同一个班，这样方便家长一次性接送，因为岛上的华人住得很分散，有的家长要穿越大半个岛才能到学校。华文学校的

课程表是：星期一、二为老师休息日；星期三、四、五上午为老师备课时间，下午直到18点为学生第二课堂培训；星期六、日两天所有学生上课。

库拉索华文学校于2014年9月14日正式开办。2014年9月20日，在库拉索华文学校首次开学典礼暨庆祝中华人民共和国成立65周年晚会上，陈绮曼总领事就学校的建立及新学期的工作发表了重要讲话。2014年9月24日，中国驻荷兰大使馆陈旭大使到库拉索华文学校指导工作，并代表祖国向学校赠送电脑及国旗，为学校的建设提出了宝贵意见。与此同时，华文学校的捐赠活动得到广大侨胞的积极响应。在开学前的两个多月至10月5日止，报名学生已超过230名，而乐施捐赠的款项已超过14万元（当地货币）。其中甄伟生、林锐兴、容宇庭、黄冠雄各自的捐款额达5 000元（当地货币）以上。

2014年10月4日，库拉索华文学校正式开课，从此掀开了库拉索华文教育崭新的一页。库拉索终于迎来了开埠百年来第一所正规华文学校的开学。库拉索华人就跟过年一样欢天喜地。这天早晨，华侨会所里里外外挤满了家长和学生，这栋老建筑里，从来没有这么喜气洋洋。家长中，有来交学费的，有找校长和老师的，有来看孩子到底能不能坐得住的，当然也有来看老师怎么上课的。为了让学生们拥有一个难忘的开学记忆，黎艺青老师和黄冠雄校长别出心裁地设计了一个接待岗，他们两人一大早就站在那里，与每一个进学校的学生握手，然后教学生认自己的中文名字，让学生看着名字进教室对号入座。60个学生坐在一起，有五六岁的幼儿园级别学生，也有二十几岁的大学级别学生，有的兴奋，有的羞涩，有的茫然，有的还没睡醒。

参与库拉索学校日常管理工作的，还有以黄冠雄校长为首的7位校监。中国总领事馆及库拉索华侨会所、广东省侨办访问团等领导都曾亲临学校指导工作。尤应指出的是，首任校长黄冠雄为学校付出了巨大的精神投入。据初步统计，在第一学年里，学校开课36周，开课总数144次，黄冠雄几乎每一次开课都会提前到校，开学以来到校次数达142次之多。容宇庭主席、伍权荣副主席领导下的各位侨领也亲力亲为，出钱出力，不求回报。支教教师的工作也是艰苦的，例如黎艺青初来时，因水土不服，被传染了当时在本地广泛流传的病毒型感冒——"蚊毒"，高烧一天一夜，口腔溃疡严重，手脚关节疼痛，全身皮肤上出现红疹，严重时唾液和水米难咽，等等。最后还是靠顽强的毅力和同胞的支持渡过了难关。[①]

---

① 黎艺青：《把华文教育梦栽种在库拉索——亲历荷属库拉索第一所华文学校的初建》，2015年6月22日。笔者注：作者为恩平市第一中学高级教师，其支教单位为荷属加勒比地区的库拉索华文学校。她于2014年9月至2017年8月在库拉索华文学校支教。

阿鲁巴新中华会馆创办中文学校之举始于 2010 年左右。当时以会馆主席何爵豪为首的领导班子成员意识到，学习华文是大势所趋，也是侨胞的殷切期望。建立中文学校的全程，从筹办到开学，从招生到课堂，从招聘教师到上课等，离不开何爵豪的辛勤操劳，他为学校的诞生付出了大量心血。学校的建成过程历时一年整，首先把会馆的二楼装修成两个课室，再派人回祖国购买黑板、书桌、椅子等，然后登报聘请老师，招收学生。其聘请了两位在祖国执教了十几年的女教师，学生学习兴趣浓烈。从此，会馆每次举办的联欢活动，中文学校学生演出的节目（女生舞蹈，男生舞狮、武术）都成为压轴好戏，他们的出现成为一道亮丽的风景线，引发全场喝彩。①

阿鲁巴中文学校 2011 年 3 月 13 日举行开学典礼，是荷属加勒比地区第一间华文学校。学校招收的学生为 6 岁以上，开学时人数达 138 人，年龄由 6 岁至 18 岁不等。分 4 个班，每周星期六两个班，星期日两个班，每天 4 节课。到 2015 年还有 71 人，也是 4 个班。学生人数之所以减少，一个原因是有些学生在当地升读初中后，压力增大，被迫放弃中文。但更重要的原因是接送问题，因为阿鲁巴华侨多为打工一族，他们没有时间接送孩子。②

圣马丁的华文教育起步较晚。但这里的侨胞学习中华文化的热情同样很高。岑氏（Sang's）杂货店老板岑悦昌在世时，先后把五个小孩送回祖国接受中文教育：老大、老二每人读了一年中文，老三、老四每人读了两年，小妹读得最多，一共读了四年（在广州），听、说、读、写（包括电脑拼音打字）均甚熟练。③但圣马丁没有华文学校，对于下一代学习中华文化是十分不利的。常见到父母对中华文化十分喜好，但对孩子的教育无从入手的例子。经营 Fresh Market 杂货店的郑玉芬，丈夫是台山人，在美国华盛顿读过书，英语、汉语和台山话都很好，很热爱中国传统文化。她丈夫在圣马丁有一个超市，由亲戚帮忙照管。他专做对中国的贸易，每年有一个月在中国。在华盛顿时经常去华人教堂，也接触中华文化。但因当地没有华文学校，他们只好把自己的三个小孩送到美国读书。④

圣马丁的华侨基本上都是第一代从中国大陆来的新移民，他们经过打拼后，都面临着在当地结婚、生小孩和孩子的教育问题。令人感到头疼的是，圣马丁没有中文学校，因此不得不把孩子送回祖国读书。因此早在几年前，黄仰杰就提出在圣马丁当地办中文学校的设想，得到会馆成员的支持。他们也曾打算跟当地大学合作，后来因为政府不断变动，这个计划没有实施。2015 年 7 月 13 日，圣马

---

① 据阿鲁巴新中华会馆供稿，2014 年 2 月 11 日。
② 据阿鲁巴新中华会馆供稿，2014 年 2 月 11 日。
③ 笔者 2015 年 10 月 26 日在圣马丁对当事人的采访。
④ 笔者 2015 年 10 月 26 日在圣马丁对当事人的采访。

丁华人会馆会长李保雅拜访恩平市外事侨务局，这是该市侨务部门首次接待来自圣马丁的侨领。李保雅说，圣马丁华人约有 2 000 人，其中八成是恩平籍华侨。他这次回国专门拜访市外侨局，第一个原因是为了加强与家乡外事侨务部门的联系，另一个原因是受海外乡亲所托，想在圣马丁华人会馆开设华语教学班，希望外事侨务部门能够提供指引和帮助。恩平市外侨局局长表示将与教育部门沟通联系，同时积极向上级侨务部门反映，争取为圣马丁华人会馆开设华语教学班提供必要的帮助和支持，希望圣马丁华语教学班能够早日开班。① 此后，圣马丁开始办华文短训班，为随后华文学校的开办奠定了良好的基础。2015 年底，在圣马丁第一任会长黄仰杰和继任会长李保雅以及全体侨胞的共同努力下，中文学校终于开学了。

中国驻威廉斯塔德总领事馆设立后，对圣马丁的华文教育非常重视。经过大家的共同努力，国务院侨办委托广东省侨办物色了圣马丁华文学校的老师。该教师于 2016 年 10 月来到了圣马丁。11 月，华文学校正式开学。从此，圣马丁侨胞再也不用为孩子读书的事发愁了，也不用因为把孩子送回中国读书而失去天伦之乐了。与此同时，圣马丁侨胞踊跃捐款办学。由于学校没有相应的课室，黄仰杰夫妇又捐出了 800 平方米的课室、办公室、活动室及操场。

二、华文学校的教学创新实践：库拉索华文学校的启示

纵观库拉索华文学校成功创办的经验，可以得到很好的启发：一是借祖国的东风，特别是国家各级侨办支持；二是要做好公关宣传，使侨胞明白华文教育的意义；三是要增强侨胞信心，特别是对专职老师的信心，使之能全心全意投入华文教育。例如，华文教师来时，动员家长到机场欢迎，第二天当地报纸再作报道，不仅是为了表示对老师本人的尊重，而且传递了中国政府重视海外侨胞和关心其子女的中华文化教育的信息，瞬时便可引起轰动效应。同时，连当地报纸都报道祖国有华文老师前来，这对树立同胞的信心作用甚大。库拉索的华文学校因而旗开得胜，首战告捷。②

库拉索华文学校开学伊始，支教教师黎艺青就为学校定下了几个阶段的发展目标：第一阶段"生存下来"，第二阶段"发展下去"，第三阶段"壮大起来"，第四阶段"打造名校"。由于库拉索华文学校目前仍然处于初办时期，因此仍然处在发展目标中的第一阶段，即如何"生存下来"的阶段，故下面所谈，基本

---

① 《圣马丁华人会馆李保雅会长拜访市外侨局》，恩平政府网站，2015 年 7 月 14 日。
② 笔者 2015 年 10 月 5 日在库拉索对华文学校校长黄冠雄的采访。

上属于华文学校的"生存"问题。其"生存"的关键，就是要做到"留住生源"，工作重点是要"了解生源、狠抓质量、树立威信"，其中"狠抓质量"则是重中之重。

首先是了解生源，科学排课。在世界上一些国家，由于办学条件限制，或由于当地学校没有开设中文课程，一些华侨往往自己当教师教子女学习华文。此外，还主动请家庭教师，或由几户人合办"中文辅导站"一类华文教育站点。但这种办法在库拉索很难实施。如前所述，由于受当地资源缺乏和市场狭窄的制约，库拉索侨胞谋生的职业主要集中在餐馆、杂货和洗衣等高度消耗时间和精力的服务性行业。工作的特殊性，使侨胞的日工作时间超长，往往达 12 小时，甚至 15 小时，休息时间少之又少。因此，侨胞在繁重的工作之余很难与孩子有多少沟通交流的机会，更难抽出时间为自己的子女补习功课，且大部分华侨（多为新移民）的文化素质不高，难以胜任孩子的课外老师。

因受家庭的影响，库拉索华文学校学生的汉语基础普遍存在两大问题：其一，部分工作繁忙的家长曾将孩子寄养在国内的祖父母或外祖父母家，因而孩子曾在国内上过学，有一定的汉语基础，能用普通话作简单的日常表达；其二，另一部分学生在库拉索土生土长，一直在当地学校就读，日常交流中使用的基本是当地语言——Papiamentu（简称 Pa 文）。他们学的是当地文化，接受的是当地教育，除了具有中国血统外，其生活方式、饮食习惯、思想意识已与当地人无异。这类学生占大多数。他们缺乏汉语语境，汉语基础薄弱。唯一的汉语基础来自父母及其范围有限的同乡在平时有限的交流中可能使用的简单的祖籍地方言（一般是祖籍地方言杂有当地语，或当地语为主杂有祖籍地方言）。具体来说，这些祖籍地方言主要是恩平话，此外还有台山话、新会话和开平话（合起来通称四邑话）等。但是，即使是祖籍地方言，这些学生也仅能做简单的口头表述，连猜带听，大致上可以全部或部分听懂对方的表达，至于读与写，则是无从谈起。应该说明的是，就是简单的祖籍地方言交流，也多限于四邑话内部（实际上恩平话、台山话、新会话和开平话之间还是有微妙区别的，但一般来说可以相互听得懂）。作为广府语系标准用语的粤语，他们听起来要困难一些，说起来则绝不容易，好在粤语在库拉索华侨中的使用场合很少。说到作为中国人标准用语的普通话，对于孩子们来说，简直就是"外星语"，不仅他们自己从没有使用普通话来听、说的机会，就是他们来自广东乡村的父母，即使还在家乡时也没有多少使用普通话的机会，听起来似懂非懂，说起来结结巴巴，家乡话味道十足。及至来到库拉索后，原来懂得的那一星半点儿普通话，便被抛到九霄云外。因此，华侨的孩子们在与自己家人的交流里，可以说是几乎没有使用普通话的机会。不过庆幸的是，近十来年移民库拉索的第一代华侨，很多人依然延续在家乡时的习惯，钟爱收看

中国内地的电视连续剧，因而在库拉索的家里安装了接收中国电视节目的设备。家长的爱好多少会"传染"给孩子。这些家庭的孩子们，便可以囫囵吞枣地懂得（基本上是"听"）一点儿普通话，有了一点儿汉语的"基因"。但冷静地看，这一点"基因"远不能作为华文教育中学习普通话的基础，充其量只是开始学习普通话的催化剂和诱发学习兴趣的发动器。可见，库拉索华文学校学生的汉语基础是十分薄弱的。这种薄弱不只是表现在读与写方面，还表现在听与说方面。当然，前者的薄弱程度比后者严重得多，这也是世界上各地华文教育的普遍情况。因此，对于华文学校的教师来说，教学的首要任务是让学生敢于说中文，乐于说中文，并且相辅相成地提高听与说的能力，然后才可能说好中文，读懂中文，并且会写中文，写好中文。自然，中文学习是一个永远没有止境的过程，特别是，当一个人的中文学习从单纯的语言领域扩展和升华到深层次的文化领域的时候，就仿如"独上高楼，望断天涯路"一样。对于中文学习，只有更好，没有最好。客观地说，对于进入库拉索华文学校的绝大多数华侨孩子来说，他们的学习目标，基本上是一步步听好、说好中文，读懂中文，会写中文，同时懂得中华文化的基本知识。至于较深层次的中华文化，并非是大部分孩子学习中文的目标。

　　华侨学生的一个特点是勤奋、乖巧、吃苦耐劳。客观地说，华文教育对于他们来说是一个"额外"的负担。他们必须在当地学校的上课时间之外寻找华文教育的时间。当地学校的上课时间是周一至周五的7：00—12：30或7：00—14：30，下午基本是不上课的。问题是，年龄稍大的华侨学生大多在学习之余帮助家庭做力所能及之事，例如看店铺，给父母做饭，帮父母带弟弟妹妹，等等。此外，有的学生经常利用下午时间参加各种培训班，如荷兰文、英文的补习，篮球队的训练，等等。显而易见，华侨学生的课堂学习和课外安排基本是满负荷的，且在周一至周五的时间里，很难将他们集中到华文学校里上课。所以，从时间占有的角度来说，华文教育是他们的一个"额外"负担。当然，从中华文化传承与弘扬的角度来说，这种"额外"负担是必需的、必要的，也是大部分学生家长乐意接受的，只要学校的华文教育能够产生足够的、看得见的实际效果。

　　考虑到学生星期一至星期五在当地学校接受当地教育，为了不影响当地正常的教育秩序，以及更有利于华文教育的长远发展，库拉索华文学校的开课时间为星期六、星期日两天，分4个时间段分别为4个班级上课（星期六上午1班开课、星期六下午2班开课、星期日上午3班开课、星期日下午4班开课），每周每班授课量4节。学校采取按年龄段分班的原则，把年龄5～28岁的233名新生

分成 4 个教学班。① 与此同时，考虑到学生分布在全岛各地，基本交通工具为汽车，学校采取方便家长接送孩子的措施。

其次是狠抓质量，出"精品课堂"。在国外的各类教育中，教学质量始终被看成是教育发展的生命线。其实，海外华文教育也是一样。要让一所华文学校特别是新建的华文学校生存下来，必须从一开始就狠抓质量关。而教学质量的切入口就是上好每一节课，出精品课堂。用支教教师的话来说，就是要在课堂中使学生"节节有兴趣、节节有任务、节节有节奏、节节有收获"②。

作为库拉索华文学校的课堂教学特色，支教教师因地制宜地采取了具有独特风格的教学方式，主要表现在以下几个方面：

其一，运用多种语言同时授课。为了适应华侨孩子的语言应用环境，支教教师采取五种语言，包括 Pa 文、英文、普通话、粤语、江门地区方言，同时进行教学。五种语言中，江门方言在国内也称"五邑方言"。就笔者现场观摩所知，主要是指当地华侨使用最多的恩平话。就笔者所知，这恐怕是世界上的华文学校中同时使用语种最多的教学方式了。当然，支教教师本人并不懂 Pa 文。客观地看，对这种在世界上应用范围极小的语言（基本上只有库拉索一岛的当地居民包括华侨在使用），学会了，在国际上的应用价值并不大。但为了在当地开展华文教育的需要，支教教师还是下定决心，克服困难，认真学起了 Pa 文。好在这种语言的语法结构比较简单，学起来不是很困难。当然，就教学需要来说，也不需要太高深的掌握和理解。

在当地，五种语言的使用方式、场合和效果是不一样的。其中，当地学校的教学语言通常是 Pa 文和荷兰文，小部分学校使用英文。所以，并非每个学生都能听懂英文，但绝大部分学生都能听懂 Pa 文。而华侨学生大多祖籍江门地区，与家人可用家乡话交流，还能听懂少许的粤语。有鉴于此，支教教师下决心将 Pa 文、英文、粤语及家乡方言和普通话融入课堂教学中。

就语言应用范围的主要区别——"听说功能"与"听说读写功能"（即通常所说的"四会"能力）两个方面来说，五种语言的分工是不一样的。按照笔者的理解，普通话是学习的主体语，教学目的自然是要具备"四会"能力（具体来说是由"听说"为主逐渐过渡到"读写"）；其他几种语言是教学辅助语，其中 Pa 文是"第一辅助语"。基于学生的语言环境，学生具备"第一辅助语"的"四会"能力应该不是问题；荷兰文应可作为"第二辅助语"，要求学生具备

---

① 黎艺青：《把华文教育梦栽种在库拉索——亲历荷属库拉索第一所华文学校的初建》，2015 年 6 月 22 日。

② 黎艺青：《把华文教育梦栽种在库拉索——亲历荷属库拉索第一所华文学校的初建》，2015 年 6 月 22 日。

"四会"能力也不是太大问题，但其难度明显大于"第一辅助语"，因为并非全部的华侨学生都接受过较为系统的荷兰文训练；英文大体上可以作为"第三辅助语"，虽然英文是国际通用语言，在中国稳居"第一外语"的地位，但库拉索的华侨孩子或在当地土生土长，或移民的时候年纪尚小，在移民前，基本上没有接受过较为系统的英语训练，故在库拉索华侨孩子中，它的地位并不显要；至于华侨同胞从家乡带到居住地的江门地方话，则基本上只能作为"听说语言"来使用。它不能直译为普通话，特别是不能一字对一字地直译为普通话。如果它被直译出来变为书面语言的话，肯定是一种非规范语言，且非规范的程度十分高，非普通话系统的人是很难看得懂的。因此，在中国国内正式场合，作为书面语言，它不被使用，在海外华文教育中，也不应被提倡使用。就使用英文、Pa文这两种普通话的书面辅助语言开展教学来说，支教教师进行了有益的尝试，效果十分显著。例如，支教教师在课堂上出示并带头朗读了三语互译的书面课文内容，并用粤语及江门方言（口头语）跟学生作进一步的解释，学生马上就懂得了课文的主要含义及词句的准确意思。随后，学生就与老师在愉快而响亮的朗读中，展开新课文的学习。经过这一摸索性改革，收到了意想不到的效果，学生终于听懂了课，并能在课堂上快速掌握课文要领，从而喜欢上老师的授课。这种改革，让课堂变得亲切、通俗易懂，使中文课堂的学习效率事半功倍。[①]

其二，开发"肢体表达与口语表达"相结合的形象教学模式。众所周知，汉语是世界上学习难度最大的语言之一，特别是对于缺乏汉语语境的学生来说更是这样。很多时候，在口授相传的教学过程中，学生懵懵懂懂，对着老师"大眼瞪小眼"。如果换位思考，设身处地地从学生的角度想想，倘若教师授课时只选择单纯的口授方式，课堂教学定会枯燥乏味。一节课40分钟下来，学生的学习热情也会大打折扣。所幸，支教教师从中央电视台新闻报道中口语播报与手语播报相并用的方式中得到启发，开始琢磨如何将"肢体表达"的形象教学融入华文教育的课堂中。支教教师在五年的师范学习期间，曾学习过五年舞蹈，并担任过学校文娱部长及艺术团团长，具备肢体语言表达的基本功。于是，她利用这一特长，将所有教学内容像编排舞蹈一般，编排成形象生动、易学易做的肢体语言，让学生边朗读，边做动作。这样，既帮助学生更直观形象地了解词句意思，更让严肃沉闷的课堂变得活跃、生气勃勃。例如，她在讲授《中文》里"大象""老虎""小鹿""小猪""小兔""老鼠"6种动物的主要神态特征及肢体特征时，设计了一套动物的肢体表达语言，最后学到"跳舞"这一动词时，快速而

---

① 黎艺青：《把华文教育梦栽种在库拉索——亲历荷属库拉索第一所华文学校的初建》，2015年6月22日。

夸张地扭动身体，全班学生哄堂大笑，然后全班学生都快乐地跟着扭动身体跳起舞来。这种方式能让学生迅速记住句子的含义，在双管齐下的语言训练中，孩子们能迅速地记住应学的中文词句，效果甚佳。华文课堂变成一种享受，一种乐趣。[①]

其三，开发"辅导—复习—新课—考核—作业"五环式课堂程序。由于学生的华文学习时间非常有限，每周三个小时的时间显得尤为珍贵。为了让学生养成良好的学习习惯，高效地完成学习任务，支教教师将每周三个小时的课程安排成固定的训练模式——"五环式程序"。这一程序环环相扣，互为作用，循序渐进，循环往复，缺一不可。具体操作如下：第一环：辅导。学生回校后第一时间找到老师与老师握手问好，并马上取出上周布置的作业让老师面批面改，这样老师就可以对学生进行短时间的个别辅导。第二环：复习。开课后马上进入旧课复习环节，以全班齐诵、分组表演诵的形式对学生的复习进行检查。这时候，班内定能响起热烈的诵读声。第三环：新课。通过"教师示范—分组演习—考核比赛"三步互动式的新课学习模式，指导学生快速掌握新知识。第四环：考核。发放考卷，全班用15分钟参加笔试考核（考核内容为上周的学习内容，即上周的作业，亦即本周第二步的复习内容）。接着马上批改，要求学生当场将考卷中有误的地方改正，并将试卷带回家后请家长签名确认。这种即考即改、当堂评卷的方式，可以让学生和家长及时了解学习成果，迅速获取学习华文的成就感。第五环：作业。在学生拿到改好的试卷后，布置本周的作业，学生可以在课堂中完成，也可将未完成的作业带回家中完成。正因为每次作业的内容都是下周的考试内容，学生和家长会非常看重每一次作业的质量，能腾出时间的家长还会自觉地在家里给孩子进行辅导及听写。该课堂程序的实施，让学生和家长对每周的学习任务心中有数、有章可循，同时也因为这种"每周一新课""每周一考""每周一复习"的学习方式简单而直接，所以学生每周的学习既清晰又充实。

其四，开发"教师示范—分组演习—考核比赛"三步互动式新课教学模式。为了打造高效课堂，增加课堂压力，使学生松弛的神经在富有节奏感的新课学习中兴奋起来，支教教师开发了步骤为"教师示范—分组演习—考核比赛"的三步互动式新课教学模式。第一步是教师示范。讲授新课时，教师先在课堂上作示范，从出示三语译文并领读带读，到肢体表达及口语表达的演示，都详细反复地为学生示范并让学生跟读跟演，让学生初步掌握新课内容。第二步是分组演习。先物色5~8个表现突出的学习骨干，并将其培养成"小老师"，再将全班学生分

---

① 黎艺青：《把华文教育梦栽种在库拉索——亲历荷属库拉索第一所华文学校的初建》，2015年6月22日。

成 5~8 个学习小组，把"小老师"分配到每个小组。在老师进行了堂上示范教学后，"小老师"可发挥自由择地学习的权利。同时，让"小老师"充分发挥主观能动性，根据老师的示范对伙伴们进行个别辅导，并带领伙伴们一起大声反复诵读课文。这种集中与分散相结合的学习方式可以一举多得，既能使学生集中统一地接受老师的授课，又能发挥学生的主观能动性。第三步是考核比赛。分组演习后，马上进入作为成果展示期的考核比赛。考核比赛是个收获期，可以看到孩子们的肢体表达与口语表达相得益彰，还可以看到孩子们收获成功的灿烂笑脸，更可以听到观众们的热烈喝彩与掌声。①

其五，开发"拼命三郎式考核模式"。支教教师开发设计了"学一课、考一课、过一课"的考核模式。这种考核，要求每个学生节节过关、课课过关，近乎严酷，目的是让孩子们每周都在快乐、轻松而紧张的学习氛围中不断看到自己的进步，也让家长每周都能看到自己孩子的成果，进而激励学生更积极地学好华文，鼓舞家长更热情地支持华文教育。高强度的考核，也让学生增强了抗压能力和学习责任感。学生刚开始感到压力很大，叫苦连连，但支教教师耐心地向孩子们解释"学会一种本领必须要下苦功夫"的道理。有趣的是，在试行了几次后，有的学生竟喜欢上了"拼命三郎式考核"，每次都盼望着成绩单的发放，看到自己勤奋学习的结晶。2014—2015 年，一个学年下来，学生们个个不甘落后，对知识的掌握越来越牢固。支教教师在该学年进行了 13 次考试，成绩贯穿了整个学年，客观地评价孩子们的学习情况和教师的支教成绩，均是可圈可点。

客观地看，学生喜欢上"拼命三郎式考核"，与他们在当地学校接受教育时所养成的良好学习态度分不开。这些学生平日接受的是标准的西式教育，乐于且善于表现自我。支教教师抓住这种心理，顺势而行，为孩子们提供表演才华的平台，使他们积极向上的心灵得到充分的释放。

最后一点也是相当重要的一点，是采用反射式教育，严肃课堂纪律，端正学生的学习态度。其实，这在很大程度上起因于支教教师上第一节课时所看到的课堂乱象。在支教教师的努力下，课堂纪律越来越好，得到了中国驻库拉索总领事馆陈绮曼总领事及华文学校黄冠雄校长的充分肯定。库拉索华文学校在给支教教师的鉴定中指出，"黎艺青的表现已经超过了华侨会所和校董会的要求，并获得了全体家长和学生的一致好评。除了她的教学水平毋庸置疑之外，她对学校全体学生的热情爱护和倾心打造最好的办学效果的态度，使学校成为所在地全体侨胞津津乐道的话题"。在黎艺青第一期的支教将结束之际，库拉索侨胞纷纷要求延长她的任期。

---

① 黎艺青：《把华文教育梦栽种在库拉索——亲历荷属库拉索第一所华文学校的初建》，2015 年 6 月 22 日。

第二节　华侨的文化体育活动与
中华文化在荷属加勒比地区的传承

中国传统节日是华人传承和弘扬传统中华文化的最重要平台之一。传统中华文化固定的表现形式，如春节、清明、端午、中秋、重阳等约定俗成的民间节日活动，本身就包含着中华文化的丰富内涵。

一、早年华侨的文化娱乐活动掠影

如前所述，在中国 20 世纪 80 年代新移民大量流入之前，荷属加勒比地区就有不少在此之前移民而来的老华侨。他们要么直接来自中国内地（主要是广东四邑地区），要么来自周边国家，后者既有来自中国内地的第一代移民，也有土生华人。不管怎样，所有新移民来到之前的荷属加勒比华人，在学术上都归为传统华人。

传统华人的主要文化特征是，他们的受教育程度不高但受传统文化影响较深，尤其是受家乡的"小传统文化"熏陶较深。例如，喜欢听、唱家乡传统戏曲，说家乡话和粤语，当然也践行家乡的民情风俗。不过，他们毕竟生活在自己的时代，也有属于他们那个时代的"与时俱进"的一面，加上居住地民族浪漫情调的影响，他们同样喜欢"时髦"的事物。例如，喜欢看电影（他们生活的那个时代最"时髦"的娱乐），喜欢打篮球、乒乓球，甚至喜欢举办舞会，等等。

在阿鲁巴，笔者从他们那个时代留下的照片惊讶地发现，大凡在开重要会议或者重要聚会的场合，男士都西装革履，打上领带，头发梳理得十分整齐，女士则穿上正装套裙，头发也打理得一丝不苟，与人们传统印象中拉丁美洲的契约华人劳工形象迥然两异。其实，他们那个时候的整体生活水平并不高，大部分人还属打工阶层，还在为温饱而拼搏。这说明，在那个时候华侨的观念里，衣着时髦与否与生活水平高低并不挂钩，爱美爱洁爱雅的观念已经开始扎根在每一个人心底，跟有没有钱、钱多钱少不画等号。当然话说回来，除了受荷兰上流社会的影响外，华侨当时的工作性质，例如作为店铺老板的外在要求，也是他们保持高雅绅士外表和风范的重要原因。值得指出的是，上述表现并非少数人，而是一大群人，应该是代表了当时人们的一般形象。总的来说，他们不像 19 世纪拉丁美洲

的契约劳工那样，普遍没有休闲，没有娱乐，只有没完没了的劳作。他们不仅有起码的文化娱乐活动，而且还比较丰富多彩，令人耳目一新。

阿鲁巴的华侨会馆也很活跃，经常与其成员和华人家庭举办活动，也在阿鲁巴社会举办很多舞会，由会馆提供资金资助。据记载，其他华侨会馆还有以下活动：一是 Mahjong 博彩、台球、乒乓球等；二是中文报纸杂志阅览室；三是篮球比赛，会馆有一个由中国人组成的篮球队，他们得了很多次冠军，会馆也跟一些球队举办国际篮球赛，例如，跟来自苏里南的冠军队"Chinese Little Devils"。此外，还有电影之夜、小孩子晚会、中国戏等。在那些年，以下文化活动总会有：其一，"双十节"庆祝；其二，中国新年放鞭炮、舞龙、放电影、篮球赛。[①]

阿鲁巴留下的老华侨的照片中，包括中华会馆篮球队的部分队员 1952 年在中华会馆组织的阿鲁巴篮球赛中获得冠军的照片，他们的姓名是：Chong Fat、Cheong Chick、Ho Siew、Ng San、Wong Walter、Pursi Jie A Swie。这当然只是一年的记录。实际上，阿鲁巴会馆每年都举行篮球比赛。

今天人们对早年华侨的印象都是刻板的，认为他们来自中国农村，没有受过多少教育，来到居住地只是为了赚钱。一般地说，这没有错，但实际上并非所有华侨都是如此，有个别华侨有这样那样的程度不等的文艺细胞。他们在家乡时只要有兴趣，就可以学会一些表演艺术，例如掌握一门乐器演奏技巧，这不需要上专门的学校。这些华侨是早年整个华侨群体开展文化娱乐活动的中坚力量。例如，第一代华侨 Wong Shun Kee（Wilson），1912 年生于中国广东，1949 年 4 月 29 日来到阿鲁巴，曾经在阿鲁巴中华会馆当厨师。他是 Hop Ling 食品杂货铺（位于 Socotoro，此地为奥拉涅斯塔德的一个区）的拥有人。他在中华会馆当了 6 年的看门人。据说他是个很棒的音乐人，会拉二胡，会弹夏威夷吉他、钢琴等，也是个喜剧演员。[②]

笔者上面所说的，是基于阿鲁巴的遗存资料。别的岛屿是否如此，还有待进一步的资料证明。但是库拉索四邑华侨公所领导 1964 年留下的合影照片，似乎说明至少那些脱离了贫困的华侨，已经开始追求生活品质的优化。

二、新移民的文化娱乐生活

分布在海外的四邑侨胞十分重乡情，每逢重要的传统节日，华人社团一般都在会馆内或借地举行活动，华侨华人都会有选择地参与其中。各国的传统华人社

---

① Tyrone Wong and Frank Fun，p. 84.

② Tyrone Wong and Frank Fun，p. 38.

团，特别是年深日久的社团，多半都有一个有关过节的常态化的日程表。特别是，新移民的到来，给拉丁美洲华侨华人社会带来非同寻常的变化，同时也带来了中华文化的巨大增值力、发散力与创新力。由于拉丁美洲的新移民大多来自中国大陆农村地区，他们在居住地所保留和传承的，基本上是地方或家乡特色浓重的"小传统"的中华文化。这种"小传统"的中华文化可以跟居住地老一辈华人传承下来的中华传统文化发生接合。今天拉丁美洲各国的大多数华裔，仍然保留着对祖（籍）国和家乡的美好情感，他们仍然钟情于以家乡民俗为基础的中华文化。同时，各地华侨华人也注意深入挖掘中华文化的内涵和精华，与中华文化的传承与弘扬结合起来，并使之传承到华人的第三、四代，乃至一代代传承下去。例如，库拉索举办的中国传统节日有元旦、春节、清明、中秋与国庆等。一般来说，节日活动是聚餐，有商家赞助场地。参加的会所会员有 500 多人，连家属有 1 000 多人。节日活动有舞狮、球赛、卡拉 OK 赛等。各地华侨会所承担着弘扬中华文化和与当地文化交流的义务。华侨会所的醒狮队，参加当地文化节表演，是最激动人心的时候。会所乒乓球队参与当地球会的训练和比赛，也成了文化交流的重要一环。这些活动提高了侨胞的自信心，也提高了华侨社会的凝聚力和号召力。

1. 元旦

在拉丁美洲所有当地人过的节日中，最隆重的便是圣诞节和元旦（新年）。每年的 12 月 26 日至次年的 1 月 1 日的一周间，往往是连续性的多天假期，即使没有连续假期也是节日气氛浓厚。在圣诞、新年期间，华侨华人一般以做节日生意为主，特别是对于以做百货、超市生意为主的拉美各国华侨华人来说，圣诞、新年期间几乎是一年之中最忙碌的时候。但到了元旦之日，华侨华人会将之作为自己的节日而全身心参与。因此，每到元旦，很多中华会馆都会举行联欢晚会。联欢会上，乡亲们表演的重头戏，仍然是家乡的传统风俗节目，如舞狮拜年等，以示喜庆、热闹吉祥。作为保留节目的舞狮，是社团活动的重头戏。所以，以中国传统节目庆祝居住国的节日，这本身就是一种文化交流的表现。元旦之日，侨胞们还欢聚一堂，共乐天伦，其中既有小家庭团聚，也有大家庭团聚。大家一起拉家常，谈国事世事，也交流生意经。有时候在联欢会上，粤剧爱好者、年轻的男女歌手会载歌载舞，尽情表演多种优美精彩的民俗舞蹈。来自中国内地的当代新移民一般都是卡拉 OK 高手，这时候也会登台一展歌喉。联欢会妙趣横生，高潮迭起，满堂生辉，令人深刻感受到华人大家庭的吉祥温馨和谐。

在库拉索，华侨会所历年的会议记录表明，每年 12 月的圣诞节和次年元旦节日，会所都举行同胞聚会，已成定例。聚会场所备有凉茶水、啤酒、饼干、糖果，会员免费饮食，有时候还放映录影带。同样的内容还出现在所谓"双十节"

的庆祝中。但抹去政治色彩，则可以看到，每有聚会，大家便欢聚一堂，辞旧迎新，共话乡情，其乐融融。例如，1989 年初，四邑华侨公所根据会员提议，在这一年春节活动中增设抄牌九娱乐。"打陀①是黄启宏，占收入 35%，会所占65%。娱乐场免费供应夜餐。"同时议决将闸门口旁的老人房改建成酒吧，租赁给会员开酒吧。② 有时还购买点心和烧鸭烧猪之类助兴。

　　这里且以 2014 年库拉索侨胞的元旦庆祝为例，对荷属加勒比地区侨胞的元旦庆祝活动作一观察。早在元旦前近一个月，库拉索华侨会所理事会就决定通过了整体活动方案，首先是，陈绮曼总领事率总领事馆同僚参加侨胞的庆祝活动，会所领导和陈总领事当日下午 5 时在国际学校体育馆主会场发表新年贺词，与侨胞进行交流。应该说，这是特例，不是每一年的元旦庆祝都有的，因为这是中国领事馆官员首次在库拉索与侨胞共庆元旦，所以特意安排了这一项活动。但是下面各项安排就基本上是常态性的：作为新年活动的主会场，会所租用国际学校体育馆，整天为侨胞开放，内设卡拉 OK、乒乓球、羽毛球、篮球和象棋等丰富多彩的活动供大众娱乐，同时供应饮料等；篮球、乒乓球和象棋列为有奖比赛节目。这一天下午 3 点开始进行篮球赛初赛，参加夺标队伍共 4 支，分别是新会裕华、库拉索东岸队和西岸队、阿鲁巴会馆代表队。其中篮球前三名奖金分别为1 500、1 000 和 500 元（应指出，外岛代表队参赛也不是每一年元旦都有的），乒乓球和象棋前三名的奖金分别为 300、200 和 100 元；另外安排两位获得库拉索乒乓球俱乐部杯赛冠军的选手为侨胞献上一场精彩的表演赛。③ 特别是会所醒狮队上午 9 时起开始，在会所拜关公后出发到各商号逐家拜狮，是每年必有的节目，且参下述。

　　2. 春节

　　春节是最全面最充分显现海外侨胞节日理念的一个节日。作为传承和弘扬中华文化的重要载体，"过春节"在某种意义上已经具有种族与文化认同的象征意义，比其他节日的功能和作用都大。它不仅是家庭欢聚的佳节，还透过"新春团拜"等活动而成为凝聚社群认同的舞台。在海外华人小区中，春节的这一功能突出地表现为全侨化（几乎所有华侨华人都参与庆祝）、家庭化（为一年中家庭成员的团聚期）、喜庆化（节日期间多有娱乐活动）等特征。

　　在荷属加勒比地区，春节是新移民参与最多的节日。在欧美新移民中，很多人的西化色彩相对较重，更愿意参与西方文化意义更浓的当地节日，对中国传统

---

① 笔者注：应是此项娱乐专用语。
② 《库拉索华侨会所理监事会议记录》，1989 年 1 月 22 日。
③ 库拉索华侨会所公告，2013 年 12 月 6 日。

节日则显淡漠。但在包括荷属加勒比在内的拉美地区，这种情况并不普遍，大多数新移民仍然对童年、少年和青年时代烙刻在脑海里的家乡"小传统文化"一往情深。在所有中国传统节日中，春节的庆祝方式最为隆重，侨胞参与人数最多，庆祝内容最为丰富，庆祝方式最为规范，影响也最广。在居住地族群看来，春节是华人这一族群的标志性节日。值得注意的是，在库拉索，从 2000 年开始，圣诞和元旦不再集中庆祝，而是旧历年新年在会所一如既往庆祝。[1] 这表明侨胞每年新年的庆祝活动回归中国传统。

依笔者观察，在荷属加勒比地区的春节联欢会上，跟委内瑞拉一样，中华会馆主席一般会致辞，代表中华会馆向所有侨胞致以节日的问候。联欢会节目也会精心编排，但由于环境、市场和设备等多方面的原因，荷属加勒比地区的春节联欢会显得较为简朴一点，比如舞醒狮，赛武术，表演刀、枪、剑、戟、拳、棍等在委内瑞拉一些华埠的常设性节目，就不见得都有，但诸如篮球比赛、卡拉 OK 赛、乒乓球赛、象棋比赛，或抽奖活动等，则大同小异。不过，华侨会馆对春节的重视程度却一点不下于委内瑞拉的华侨会馆，侨胞的欢乐与热情也一点不逊于委内瑞拉的华侨社团。例如每年大年初一这一天，荷属加勒比各埠中华会馆一般都举行春节联欢晚会，大开筵席。侨领及所有侨胞欢聚一堂，在华侨会馆内，或在借用的庆祝大堂内，张灯结彩，花团锦簇，鞭炮声声，锣鼓喧天，醒狮起舞，乡音绕耳，亲情浓烈，喜庆非凡，一片热闹、吉庆、温馨、祥和。大家尽兴而来，兴尽方归。

以 2011 年的兔年春节为例，在新春即将来临之际，库拉索华侨会所理事会决定 2 月 5 日晚上 10 时在假日酒店二楼大堂举办春节联欢晚会。晚会主要内容有：华侨会所醒狮队新春献瑞特别表演，呼吁侨胞子弟前往感受中国新年的欢乐气氛。晚会全部费用由华侨会所承担，并欢迎侨胞及商号赞助。所有赞助的钱物全部用于晚会开支和现场抽奖（由新会裕华杂货公司赞助）。另外，2011 年"华侨杯"男女乒乓球公开赛也于 2 月中旬举行（中国洗衣中心赞助）。[2]

值得一提的是，2013 年春节期间，索拉索、阿鲁巴和博内尔三岛华侨会所的有关领导一起举行了一次别开生面的 2013 年春节联谊晚会。晚会在库拉索假日酒店的二楼举行。荷属加勒比地区主要岛屿的华侨华人能够在春节这个中华民族的传统节日聚在一起，畅谈合作与发展，共度佳节，在历史上即使不是唯一的一次，也应是极少见的一次。

今天，在一些拉美国家，中国传统节日开始形成多民族共享的趋势，逐渐为

---

① 《库拉索华侨会所理监事会议记录》，1999 年 12 月 5 日。
② 库拉索华侨会所理事会通知，2011 年 1 月 28 日。

其他民族所认可和接受，其他民族逐渐开始参与华人春节的庆祝活动，有一步步地将春节视为自己民族节日的趋势。春节之所以为其他民族所欢迎，根本原因在于华人春节所营造的欢乐、和谐、祥和的气氛，以及华人春节丰富多彩的民族节目中所呈现出来的以"和"字为代表的核心价值观。可以发现，在荷属加勒比地区，这种场面可能没有一些南美国家（例如巴西）那样在民众中深入人心，但有时候这样的机会在荷属加勒比地区会来得更快。2014 年春节期间，库拉索政府首相、教育部长、经济部长，圣马丁总督夫妇、总理和议长等政府官员分别出席了各自所在岛的华侨会所举行的春节庆祝活动，参加的华侨有 600～700 人。中国驻威廉斯塔德总领事陈绮曼分别出席了阿鲁巴新中华会馆、库拉索华侨会所、圣马丁华人会馆举办的庆祝春节晚会活动。陈绮曼总领事在致辞中感谢各岛政府高官出席本岛华人春节联欢活动，鼓励广大华人团结一致，弘扬中华文化，遵守当地法律，回馈当地社会，为中国与该地区的友好合作作贡献。库拉索政府首相阿舍斯则首先向广大侨胞表示春节的问候，他盛赞中国从 1978 年实行改革开放以来所取得的举世瞩目的成就，表示库拉索政府希望同中国在旅游业、港口运输、金融、文化教育等多个领域开展双方合作。他还赞扬库拉索华侨同当地民众和睦相处，艰苦创业的同时积极回馈社会。圣马丁总理古布斯在讲话中表示十分高兴参加庆祝中国春节晚会。他说，圣马丁地理位置优越，交通便利，环境优美，风光旖旎，希望双方今后在旅游业方面加强合作，有更多的中国游客来圣马丁观光游览。紧跟着，晚会在舞狮和喜庆的锣鼓声中拉开序幕，各台晚会表演了华侨自编自演的舞蹈、诗朗诵等精彩的文艺节目，赢得了观众的阵阵掌声和笑声，晚会充满了浓浓的中国年味，气氛温馨欢乐、喜气洋洋。精彩纷呈的演出，不仅使在场的侨胞感受到了中国新年的喜庆和欢乐，也使许多参加晚会的外国友人了解了中国文化，体验了中国新年的欢乐祥和。会上，各岛华人社团还向当地教育和慈善机构进行了捐款。[①]

2017 年 2 月 3 日，库拉索华侨在 Punda 市中心的 Wilhelmina Park 举行了一场突显中国文化的舞狮表演、巡游和烟花燃放联欢活动，庆祝 2017 年春节，取得了圆满成功，从而将丁酉鸡年一系列庆祝活动推向了高潮。这些活动包括库拉索华侨会所理事会领导与总领事馆官员一同探访旅库老侨领和老华侨。与此同时，库拉索邮政局设计发行一套鸡年的专辑邮票，表达对中国文化的尊敬。参加晚会的库拉索华侨共 900 多人。中国驻威廉斯塔德总领事张维欣参加了上述活动，还率全体馆员参加春节联欢晚会。总领事馆 6 位女同胞为晚会献上舞蹈《相恋》。

---

① 《陈绮曼总领事分别出席华人华侨庆祝春节晚会活动和春节联欢活动》，据中国驻威廉斯塔德总领事馆网站消息，2015 年 3 月 17 日。

库拉索首相 Hensley Koeiman 及夫人、司法部长 Ornelio Martina、内务部长 Larmonie Cecilia 和副议长 Alcala Walle 等政要，以及海关、移民局、警察局等部门官员应邀出席晚会，兴致勃勃地观看晚会演出。本次活动筹集的善款共计29 988 盾，远远超过预期的目标。

张维欣总领事在晚会上致辞，向广大侨胞和当地友人拜年，介绍了祖国在过去的一年里取得的令人振奋的成就。指出中荷关系保持健康稳定发展，与库拉索的友好交流和务实合作有了良好开端；赞扬库拉索华侨华人勤劳俭朴，爱国爱乡，为当地社会经济发展作出了积极贡献；高度评价会所历届领导维护侨胞利益，致力于和谐侨社建设。柯伊曼首相在讲话中说，他对中国文化十分认同和喜爱。他还风趣地告诉大家他的生肖属猴，他展望鸡年，对库拉索与中国的友好关系充满信心。库拉索华侨会所主席容宇庭致辞说，今年春晚的节目丰富多彩。[①]

3. 清明节

对于其他中华民族节日或家乡节日，四邑侨胞每年都以自己的方式进行庆祝，或按照传统习惯开展活动。例如在清明节，侨胞便保持扫墓习俗。但传统华人和华人新移民的扫墓地点一般都不一样。据笔者所知，荷属加勒比的岛屿上，都已经建立了华人坟场，昔日华侨"叶落归根"、魂归故土的习俗已经成为历史。故有亲人安葬在岛上的侨胞（一般是居住在这里两代以上的传统华人），每到清明节，便可前往当地的华人墓地拜祭。但新移民就不一样，因为他们基本上是改革开放以后移民到这里来的，他们的父母和先辈都安葬在家乡。因此，每年清明节前后一个月左右的时间，是侨胞回乡扫墓的时间，俗称"返唐"。在这段时间内，总可以看到不少同胞进出于库拉索等地的机场，踏上归国之途，或从家乡归来，走出机场。从他们对民族与家乡习俗的顽强坚守，可以看出侨胞对中华文化和优秀民族传统的执着与热忱。就新移民回乡扫墓这一点来说，荷属加勒比侨胞跟委内瑞拉的侨胞是一样的。当然，荷属加勒比侨胞也会利用"返唐"的这段时间，打点其与家乡的生意往来，或处理家乡的遗留事务。这一点，他们也跟委内瑞拉侨胞一样。

4. 国庆节与中秋节

除了中国的传统节日外，华人社团还组织庆祝中国国庆节的活动。很多地方的华侨华人已经把国庆节列入中国传统节日的庆祝系列中。由于国庆节与中秋节的时间差不了多久，很多地方的华侨华人将之合二为一进行庆祝。

例如，2001 年 10 月 1 日晚，为庆祝中华人民共和国成立 52 周年，适逢农历八月十五中秋佳节，库拉索华侨会所假座假日酒店举办庆祝国庆欢度中秋游园晚

---

① 黄冠雄：《库拉索鸡年春节联欢晚会圆满落幕》，库拉索华侨会所网站，2017 年 2 月 6 日。

会。晚会活动内容包括：竞饮啤酒贺中华、中秋圆月猜灯谜、名歌欣赏贺中秋、有奖摊位游戏。入场餐券每券一人，凡在本埠的本会会员每人领一张。2013 年 9 月 21 日晚上库拉索华侨会所组织的一场晚会，有烧烤、卡拉 OK 和游园等节目。这个时间离 10 月 1 日国庆节仅一周多，与传统中秋节也相隔不久，是两个节日的"折中"之日，便是一个中秋"追月"活动与"迎国庆"相结合的晚会。

2014 年的庆祝国庆节与中秋节活动也合在一起进行，库拉索侨胞举行了有奖娱乐节目。据笔者看到的资料，这一次的节目十分丰富多彩。节目分四项：一是"花好月圆"，参加者不论男女老少，在起步地点蒙上眼睛，手拿锣槌向八步远的地方前进，打中锣者有奖；二是"仙桃献寿"，参加者单手持乒乓球拍，上放"仙桃"一个，经过八步独木"桥"，人不离"桥"，桃不掉地者有奖；三是"有福同享"，参加活动的父子或母子，各有一条腿绑在一起，大家一齐起跳，同步抵达终点者有奖；四是中秋灯谜竞猜。这些节目充满着十分浓郁的中国传统特色。另外，库拉索华侨会所还安排了丰富的美食。在大院内，租来的台凳八字排开，3 个烤炭炉为群众即场烤牛排、猪排、鸡翅和香肠等，各依次排队领取。各台面有月饼、点心、啤酒、凉水、凉茶等供应。这次晚会安排在星期六举行，主要是让儿童和学生也能参加，更增添了节日气氛。晚上 9 点开始，午夜 1 点结束。是时明月当空，大家欢聚一堂，共度佳节。[①]

歌咏和赞助型点歌，是荷属加勒比地区侨胞喜欢的节目，在每一次庆祝活动中都不可或缺。现场群众或者企业商号也可以出资点歌，指示专人唱歌或表演节目，大众同乐。众所周知，卡拉 OK 在过去几十年间盛行于中国大陆、港澳台地区以及海外华侨华人社会。尽管其鼎盛时期已成过去，但作为一种喜闻乐见的娱乐形式，至今不衰。在海外华侨华人中，卡拉 OK 几乎无处不在，在荷属加勒比地区也不例外。其他的娱乐设备可以没有，但至少一套卡拉 OK 设备却是华人社团必备的。这里的华侨华人大多是过去数十年间从中国大陆来的新移民。他们中大部分人的青春岁月是在家乡度过的。家乡，留下了他们童年、少年和青年的太多记忆，而今，他们都已逐渐老去，"此情可待成追忆，只是当时已惘然"。他们的这种情愫带到海外后，常常寄托在卡拉 OK 的旋律中。来自家乡的那一张张卡拉 OK 碟盘，刻录着 20 世纪 70 年代以来国内歌手演唱的经久不衰的著名歌曲，刻录着一代侨胞的真情实感。这种情感，一旦化为优美的旋律，彼此听了，唯有热泪盈眶！

圣马丁中华会馆的重大活动为春节、中秋（国庆），主要节目为舞狮、卡拉 OK 比赛等（一场唱完要 20 多个小时，包括评比），但没有书画活动。听说在这

---

① 库拉索华侨会所的春节活动方案，见库拉索华侨会所通告，2013 年 9 月 15 日。

里出生的华人第二代少年参加基督教活动，主要是教会学校的学生。①

侨胞除了在中国重大传统节日举行活动外，遇到其他重大事件、重要场合，例如，需要为某项活动筹款，为社会治安、华文教育筹聚资金等，也可根据需要组织活动，这类活动通常也以聚餐与文化娱乐活动为主，形式上跟上述中国传统节日的庆祝差不多。例如，为了弘扬中华文化，加深与祖国之间的感情，2005年，阿鲁巴新中华会馆成功地邀请了中国国家级的艺术团来阿鲁巴演出。当然，这一类活动难免受到荷属加勒比地区华侨社会的规模、华侨人口容量等客观条件的限制，不可能与华侨居住密集的地方相比。

在荷属加勒比地区，库拉索和阿鲁巴相隔较近，两岛的侨胞经常往来，关系密切。有时候节假日还派醒狮队或其他体育代表队互相访问，增进青年侨胞间的友谊。例如，在2014年的元旦，阿鲁巴新中华会馆华侨会所主席吴怡稳就曾率领他们岛上的华侨醒狮队和篮球队、乒乓球队来参加库拉索侨胞的庆祝活动。两个华侨会所的乒乓球队还举行了团体赛。

荷属加勒比地区华侨也已逐渐开始与当地民众有了文化交流的迹象。陈锡棠谈到这样一件事：他的一个朋友到新疆乌鲁木齐探望嫁到此地的妹妹时因接触"丝绸之路"有感而发创作了一个以"丝路"为题材的剧本。大略剧情是：非洲、欧洲与印度三路使者到中国，皇帝接见，赏丝绸。三路使节知道丝绸为蚕所产，乃欲将其偷盗出去，经过中间很多离奇曲折，终于取得成功。剧本以舞蹈（杂少林功夫）、音乐为主，陈锡棠演皇帝，其太太（祖籍意大利，会英语）演皇后，当地黑人当鼓手。演员多为库拉索本地人。② 此剧显然取材于中国丝绸被偷带到西方的传统故事，这个故事在西方世界家喻户晓，搬上舞台未尝不可。他们演这个剧目不可能十分专业，当地人也不知道其中意味。重要的是，这个蕴含中华传统文化的剧本，能在天之一隅的库拉索岛上以简洁的形式演出，不能不说是侨胞传播中华文化方面的匠心独具，让人看到了中国与荷属加勒比地区文化交流的一缕曙光。当然，就笔者观察，当地侨胞在入乡随俗与当地人一起过节方面，还比不上委内瑞拉等南美国家，要做到高水准的融合，还要走很长的路。

阿鲁巴新中华会馆参加当地文化活动的积极性也很高涨。例如，会馆的醒狮队经常参加阿鲁巴的文化节表演。这里特别值得一提的是，荷兰女皇禅位给儿子前最后一次来阿鲁巴时（2011年），阿鲁巴举行隆重的欢迎仪式，阿鲁巴政府特意安排了一个场地给新中华会馆，指示要用华侨特有的醒狮表演欢迎女皇。会馆抓住这个大好机会，着意通过醒狮艺术的形式，弘扬中华传统文化。当女皇一行

---

① 笔者2015年10月24日对黄仰杰的采访。
② 笔者2015年11月在库拉索对陈锡棠的采访。

走进华侨的表演场地，立时锣鼓震天，两头金色的醒狮龙腾虎跃，左右翻滚，随着锣鼓声的轻重缓急，跌宕起伏，金狮配合得驾轻就熟，惟妙惟肖，全场观众看得如痴如醉，掌声雷鸣，荷兰女皇三次举起大拇指说："真棒！真棒！"阿鲁巴侨胞没有辜负阿鲁巴政府对醒狮队的期望，也为海外侨胞和中国人争了光。① 在库拉索，华侨与当地最重要的联合活动是"嘉年华"，一般在 2 月份的某个星期天举行。华侨一般舞狮，对当地人来说比较新奇。侨胞舞狮在阿鲁巴早就存在，但这几年反而很少举行，因为会舞狮的少了。②

5. 华侨文化娱乐活动重要配角：醒狮队与华文学校学生

这里应指出，舞狮是中国的传统民间文化，不管是中国传统节日的活动，还是其他重大场合的活动，都离不开华侨醒狮队的表演。例如，2009 年 11 月，为发扬会所的凝聚力和号召力，库拉索华侨会所理事会认为需要争取积极吸收多元化元素，并决定举行"华侨会所筹款晚会"，借助醒狮队的精彩表演，为即将来临的元旦营造吉祥气氛，在提升会所影响力、显示华人社会团结的同时，也达到筹集经费的目的。③

醒狮也称舞狮，属于中国国家级的优秀民间艺术。每逢佳节或集会庆典，民间都以舞狮来助兴。狮子是由彩布条制作而成的。每头狮子由两个人合作表演，一人舞头，一人舞尾。表演者在锣鼓音乐下，装扮成狮子的样子，做出狮子的各种形态动作。舞狮还象征着欢乐、幸福以及对人们的美好祝福。在表演过程中，舞狮者要以各种招式来表现南派武功，非常富有阳刚之气。舞狮亦随着中国人移居海外而闻名世界。本来，国内的舞狮有南北之分，南方以广东舞狮表演最为有名。而在广东，四邑人对舞狮的钟爱可以说比任何地区有过之而无不及。因此在海外，特别是北美、南美和加勒比海等四邑人居住比较集中的地区，舞狮习俗更是如火如荼，风生水起，逢年过节，不可或缺，喜庆大事，呼之必至。当地华侨华人也组成不少醒狮会，平时练习，作为同行的雅兴节日演出，作为对同胞的祝福，同时营造吉祥喜庆的气氛，显示侨社的和睦团结。舞狮还有文狮、武狮之分。文狮子一般是戏耍性的，擅长表演各种风趣喜人的动作，如挠痒痒、舔毛、抓耳挠腮、打滚、跳跃、戏球等。武狮子则重在耍弄技巧，最普通的是踩球、采青、过跷跷板，难的甚至要做武功性的表演，比如走梅花桩这样的高难动作。荷属加勒比地区侨胞表演的舞狮，应是在两者之间。总之，舞狮表演已经与荷属加勒比地区的华侨文化密不可分，形影不离。平日商家开张，或个人有喜庆之事，

---

① 阿鲁巴新中华会馆供稿，2014 年 2 月 11 日。
② 笔者 2015 年 11 月 7 日在库拉索对冯朝汉的采访。
③ 库拉索华侨会所副主席李群力名义发布的公告，2009 年 12 月 1 日。

舞狮是少不了的环节。到了重大节日，就更不用说了，舞狮在人们的眼中便是喜上加喜，家家户户，特别是商家，都必须让狮子在自家大门前摇头晃脑地舞动一番，以示幸福吉祥，生意兴隆，舞狮丰富了侨民生活，也是弘扬中华文明和传播中华文化的精彩表现形式。在荷属加勒比地区，侨胞都是经营各种各样生意的，逢年过节舞狮，更是不可或缺。在库拉索和阿鲁巴，社团还有一个由年轻侨胞兼职组成的舞狮队。

库拉索华侨会所醒狮队在荷属加勒比地区声名远扬。这里举一个真实的场景：2009 年 11 月，这支醒狮队曾经参加当地政府举办的文化节汇演，获得成功。这是侨胞团结合作、精心组织、热情参与的成果。为迎接 2010 年元旦，华侨会所安排了舞狮程序，对到达各个商家所在地的具体时间作了明确的安排：9：00，醒狮队在会所贺岁（一般要拜关公），恭祝各侨胞新年进步；9：45，黄氏建材公司；10：30，木棉杂货；11：15，宇庭企业杂货；12：00，双龙酒家；下午 2：00，裕华洗衣；2：45，新会裕华杂货；3：30，恩平裕华杂货；4：15，东方红批发；5：00—7：00，国际学校体育馆篮球表演赛；7：15，真发杂货；7：45，真发酒家。[①] 又比如，2013 年元旦，库拉索华侨会所的醒狮队上午 9 点在会所开狮并拜过关公后出发到各商号拜年，下午，会集前来库拉索访问的阿鲁巴华侨醒狮队一起在国际学校主场表演。2014 年元旦，库拉索华侨会所醒狮队上午 9 时从会所拜过关公，即时出发到各商号逐家拜狮，下午 5 时前汇集国际学校主会场，为全体侨胞奉上精彩表演，让全体侨胞过上一个快乐的新年。应说明的是，醒狮队在哪一家商号和个人门前表演，是非常郑重的，需要提前向会所登记。这反映了醒狮表演在侨胞心目中的神圣地位。

在荷属加勒比地区，醒狮队的队员都是业余的，没有专职的舞狮者。所有舞狮参与人员都是凭着对狮艺的热爱而参与到这一弘扬中华文化的活动中。不少舞狮爱好者还舞狮与生意两不误，不仅是舞狮高手，也是商场高手。例如，圣马丁的朱氏家族，除了善于经营生意外，个个能商善武。舞狮就是他们的拿手好戏，也是圣马丁侨胞活动中的长期保留节目之一。[②]

功夫（武术）也是中华国粹，在荷属加勒比地区深受侨胞欢迎，常常在节日娱乐活动中显山露水。例如，圣马丁朱氏家族中的黑鬼良（真名赵国良）夫妇，就是其中的佼佼者。他们是珠城酒楼（Pink Pearl Restaurant）的老板。难能可贵的是，为弘扬国粹，2015 年，在圣马丁华人会馆的组织下，他们以近于免费的方式开班教学，培训华人少年儿童新一代功夫和舞狮。此举得到 20 多个家

---

① 据库拉索华侨会所元旦活动公告，2009 年 12 月 28 日。
② 黄仰杰：《圣马丁华人简介》，2015 年 10 月于圣马丁。

庭的响应。①

应指出，除了醒狮队外，各地华侨会馆还组建其他形式的体育团队，例如篮球队和乒乓球队，还有象棋比赛等，吸引了许多侨胞积极参加。卡拉 OK 大赛在荷属加勒比地区也很流行，有时还分初赛、决赛，经过初赛，再选出优胜选手参加决赛。决赛选手竞夺冠亚季军，分别获得一笔奖金。例如，1999 年 1 月 30 日，在库拉索假日酒店举行卡拉 OK 演唱初赛。2 月 15 日，亦在假日酒店举行卡拉OK 演唱决赛。② 会所积极举办这些活动，是为了吸引年轻一代侨民参加，提高整个华侨社会的凝聚力。这也是各地华侨会所长远壮大的需要。有时候，这些活动还会以体育比赛的方式进行。比如，得到某某企业赞助，举办"某某杯"乒乓球赛，等等。③

荷属加勒比地区华侨居住在不同的岛屿，每个岛屿的华侨人数不等，且文艺人才不多。华文学校学生是可观的节日文艺人力资源。目前，还只有库拉索华文学校的学生经常参加华侨的文化娱乐活动。华文学校成立以来，每当当地华侨有重要节日或庆典活动，华文学校的孩子们都会表演精彩的中国舞蹈，受到华侨和当地来宾的热烈赞扬。2014 年 12 月至 2015 年 2 月，华文学校筹备库拉索华文学校首届校园文化艺术节系列活动，分别组织了首届校园歌手比赛、书法比赛和"中国年·幸福家"绘画比赛等系列活动。2015 年 2 月 7 日，筹办并组织召开了库拉索华文学校首届校园文化艺术节成果展演暨家长开放日活动，家长们还观看了首届校园十大歌手比赛文艺晚会及学生首届书画作品展。2015 年 2 月 20 日，参与库拉索华侨会所组织的"2015 年库拉索华人春节联欢晚会"的筹备工作，负责晚会节目编排、舞台组织及晚会主持工作。在演出场地内，库拉索华文学校向与会人员首次展示了以"中国年·幸福家"为主题的长达 30 米的学生书画长廊，并为晚会献上了学生歌舞节目及题为"我的母亲"的朗诵节目等 8 个演出节目，库拉索总理阿舍斯及部分当地政府官员、中国领事馆总领事陈绮曼及总领事馆全部成员、库拉索华侨华人等共 700 多人出席了晚会，库拉索华文学校精心的组织、精彩的演出，获得了侨胞们的肯定，晚会获得成功并被库拉索当地多个电视频道转播，更增强了侨胞们对华文学校办学的信心。2015 年 5 月 30 日、31日，在库拉索华文学校举办"六一儿童节"庆祝活动。

2015 年 9 月 21 日，开办才一年的华文学校在库拉索又火了一把。这一次，华文学校黎艺青老师带领 20 个女孩用 38 天时间排练了一场精彩绝伦的扇子舞

---

① 黄仰杰：《圣马丁华人简介》，2015 年 10 月于圣马丁。
② 《库拉索华侨会所理监事会议记录》，1999 年 1 月 10 日。
③ 《库拉索华侨会所理监事会议记录》，1996 年 10 月 6 日。

《茉莉花》，在驻威廉斯塔德总领事馆举办的国庆 66 周年招待会上演出，大获成功。演出结束后，库拉索总统、总督、议长和中国驻威廉斯塔德总领事馆陈绮曼总领事高兴地与 20 位天仙般的女孩合影留念。中国的《茉莉花》登上了次日报纸的头版头条。

在 2015 年库拉索华人春节晚会节目的筹备中，库拉索华文学校 200 多名学生以一个大型表演诵节目《茉莉花》登台演出，这是库拉索华文学校办校以来第一次面向全体侨胞、库拉索人民的集体亮相。因为要求统一服装，校董会随即订制印有学校徽章的红色衬衣并把衬衣作为校服送给每位同学。此举得到了家长们的支持。晚会最终获得成功，华文学校学生的精彩演出被库拉索媒体搬上当地报纸的头版头条，向库拉索递交了一份优秀的答卷。在春节晚会中，黎艺青老师在助教 Cindy 的帮助下，一起完成了 500 多幅书画作品的独立装裱，并为晚会献上了 30 米长装裱精美、内容优质的艺术长廊。[1] 陈绮曼总领事陪同库拉索总理阿舍斯、库拉索教育部长一起欣赏库拉索华文学校首届文化艺术节学生书画作品展。

2017 年 2 月 3 日，华文学校学生在库拉索华侨庆祝 2017 年春节的晚会上，再次夺得了满堂掌声。华文学校担纲出演了第三届文化艺术节，展示了《中华傲》舞蹈等优秀节目。除了传统的舞狮喜庆，还第一次推出了具有中国文化符号特征的咏春拳武术表演和轻松愉快的魔术同庆活动。最获现场观众掌声的另一个节目是华文学校的学生——荷兰小伙 Yoel 与库拉索黑人妇女 Lissette 合唱的中国歌曲《月亮代表我的心》，优美的旋律和熟悉的歌词，在浓浓的亲情中将全场的气氛推向又一个高潮。[2]

当然，客观地说，在荷属加勒比地区，华侨没有直接的传媒，也没有人进入政府高层，华侨的很多文化活动只能自己举行，多少有点"自娱自乐"的意味，这不能不说是目前华侨社会的一个缺失与遗憾。

---

① 黎艺青：《把华文教育梦栽种在库拉索——亲历荷属库拉索第一所华文学校的初建》，2015 年 6 月 22 日。

② 黄冠雄：《库拉索鸡年春节联欢晚会圆满落幕》，库拉索华侨会所网站，2017 年 2 月 6 日。

第三节　移民文化：在原乡与他乡之间

荷属加勒比地区堪称世界上有可观数量的华侨华人居住的地方中离祖（籍）国最遥远和最偏僻的地方，即使在眼前摆开一幅偌大的世界地图，人们也未必就能一下子找出荷属加勒比的地名。不讳言地说，多年以来，连家乡从事侨务工作的工作人员，也未必能够说出这一带侨情之一二。但是，远离祖国和家乡的荷属加勒比侨胞的爱国之心不变，念祖爱乡之情不减，一有机会，便会通过不同形式，力所能及地支持家乡的经济建设和公益福利事业。

例如，库拉索老华侨——吴新植的爷爷吴述扶，是在凄风苦雨的年代中长大的。他生于1896年（据推算），出身赤贫，一共有四兄弟，其中有一个出走新加坡，吴述扶的父亲曾到新加坡寻找，没有下落，只得含泪回来；还有一个最小的被卖到新会为他人之子。他33岁左右出国，在当时交通十分不便的环境下辗转来到库拉索。出国后，他家里一贫如洗，剩下妻子带着孩子度日，生活极为困难。他曾在1948年回到家乡一年，应是建置房产。1951年，他最后回到家乡，其时家乡的土改已经完成，家里被划为中农。好在他回去后，国家的华侨政策开始落实，他也具有了华侨的身份。吴述扶此后在家乡40多年间虽然再没有出国，但他热心社会公益，把海外儿孙寄给他的钱（包括生日、节日零用钱）拿来修桥、修公路。他到新会引回了柑橘，种起了一个果园。他经常写信教诲在海外的儿孙，要勤俭节约。吴述扶1997年去世，享年约101岁。他在家乡时是当时公社的侨联主席。[1]

库拉索的老华侨陈衍祥，一直热心家乡的公益和慈善事业，他最早捐了一条从扁冲到村门口的公路，长有好几公里；后来给沙湖三中捐了9万元奖学金；捐了一座以他们夫妻名字命名的两层卫生院；还给沙湖一小捐运动场、给教师节捐款，等等。在修建华侨会所时，他垫支了5万元。[2]

荷属加勒比地区的移民历史没有拉丁美洲大多数国家的移民历史长，但也已经出现华人二、三代。按照通常的规律，第二代以后的华人对祖（籍）国和家乡情感已趋淡薄，对祖（籍）国和家乡的语言文化、风俗习惯也相当陌生。当然，这是到目前为止所看到的情况，有历史造成的客观原因。由于过去的老一代华侨华人基本上都是由家乡的农村到异国他乡打工谋生，一辈子筚路蓝缕，没有

---

① 笔者2015年11月9日在库拉索对吴新植、吴素翠（兄妹）的采访。

② 笔者2015年10月8日在库拉索对陈衍祥的采访。

时间教育下一代学习中华文化，而他们的下一代也没有机会回到家乡亲自感受祖（籍）国和家乡的传统文化，因而造成了二、三代对传统中华文化的隔膜。不过，随着祖国和家乡的经济发展和社会进步以及全方位的对外开放，造成二、三代对中华文化隔膜的环境已经大为弱化，海外华人二、三代，乃至四、五代以后的华人对中华文化一窍不通的现象将逐渐成为历史。

就目前而言，老一辈华人（传统移民）与新华侨华人（新移民），要经过一个较长的时期才可能磨合成为一个新的移民群体，这个群体与居住地民族的文化差异将缩小到微弱的程度，最重要的是要懂得相互容忍和相互尊重。在拉丁美洲，传统华人融入当地的程度已经很深，但由于新移民到来的时间尚短，故同属中华民族的传统华人与新华侨华人之间的差别反倒十分明显。

就全球的总体情况来说，中国新移民群体具有较好的教育素质、高端的科技文化水平、更深的"西化"意识、更明显的现代批判精神及法治理念，他们对居住地和中国现代化进程有更多更直接的参与，因而明显有别于传统华人群体。但对于拉美国家的中国新移民来说，这里概括的很多方面并不大适用。

新移民来到目的地，必然要与居住地民族发生关系。影响中国新移民与当地主流社会关系的深层次因素，应该从文化方面寻找，包括语言、宗教、道德以及当地风俗等。

首先，在语言方面。人们印象中的中国新移民多是在国内就先学好了外语，然后出国的。但在拉美地区，这种情况极少，特别是在那些年龄偏大、受教育不多的新移民群体中（这一群体在早期占了新移民的绝大多数），几乎看不到。拉美的新移民多来自中国农村，且多是在中国遭受经济困难和政治动乱的年代出生和接受教育的一代，学习新语言的能力相对较弱，所以在移民拉美国家后，多半只能生活在华侨群体中，由此也直接地影响着他们与当地民族的交流与融合。但是，这种情况正在悄悄改变。最集中的表现就在委内瑞拉和荷属加勒比地区的主要移民来源地——广东恩平市等地。今天，由于恩平等地设有"三语学校"（指中文、英文和西班牙文），很多家长富有前瞻意识，在孩子移民之前就将其送到这些学校读书；同时，已经移民当地的家长，也有意识地把已在当地生活的孩子（包括在当地出生的第二代）送回国内这类学校读书。这样，早年那种不通当地语言的移民现象在年轻一代中已有所减少，兼通多种语言（至少通中文和当地语）的新一代移民越来越多。还要看到，已经移民当地的老一代华侨中，有一部分人因为谋生的需要，也开始刻苦学习当地语。其中不乏有语言天赋者，三下五除二就熟练地掌握了当地语，经过一段时间实践，就可以如鱼得水。像荷属加勒比地区的库拉索，据说当地语很容易学，也是新移民学习当地语容易上手的一个原因。这样一来，在华侨居住地，就出现了越来越多的不同程度地掌握当地语的

新移民。不过，不能把新移民的语言能力估计过高，更不能把他们学习当地语的自觉性估计过高，大多数人是到了当地后才边学边用的，但因为谋生实在太忙，难以忙里偷闲，加上很多人老在华侨圈里打工，没有学习压力，就干脆不学不用，更不用说不少人一开始就立志不学当地语的，这样一来，这些新移民就终生只会说家乡话，当地语犹如一堵无形的墙，阻隔着一部分新移民与当地民族的关系，使他们不得不"被孤立"为一个独特的群体。

对于海外侨胞来说，在热爱祖国、家乡的语言文化的基础上，又能够熟练地掌握居住地的语言文化，不仅仅是才智的表现，也不仅仅是一种谋生的手段，更重要的，是中外文化交流与民族融合的需要。如果不懂居住地的语言，就无法了解当地的文化，也就很难顺利地开展文化交流，难以较好地融入当地社会。或问，有人学好了居住地的语言文化，不是走上了抛弃中华文化之路了吗？应该说，这样的人确实存在，但肯定是少数（事实上只存在于欧美国家那一小部分视白种人为"上等人"的华人中）。学好居住地的语言文化，与保持和热爱中华语言文化并不对立，两者可以相辅相成、相得益彰。如果仅仅懂得汉语，甚至只懂得家乡语，对在海外弘扬中华文化肯定是弊多利少。当然，如果仅仅懂得家乡语言，肯定不会妨碍对家乡文化的热爱。但仅仅热爱家乡文化而对居住地民族文化看不上眼的思想意识是不健康的，也不应提倡。作为新一代华侨华人，应该成为既热爱祖国和家乡文化也尊重居住地文化的高素质侨民。严格来说，所谓"新移民"，就是"新"在思想意识上，"新"在时代气息上，而不只是"新"在先天就有的侨民身份上。说到底，起决定作用的，还是一个现代人需要具备一种世代相传的优秀传统和品德。

荷属加勒比地区的华侨华人多说"四邑话"。四邑话形成于唐代。唐王朝历经近400年，制度与文化经过磨合而趋于一统，其中十分重要的一个文化现象就是中原汉语的统一。到唐末，广东地区的汉语也由"汉代的汉语"逐步演变为"唐代的汉语"。在这个过程中，经过数百年大唐盛世的洗礼，来自中原各地的汉族人在广东重新混合，形成了在珠三角以及沿北江、西江分布的"广府人"，语言文化上趋于一致。

四邑人属广府人，四邑话就属于广府话。不过，四邑人也非千篇一律地来自中原的同一个地方，这从四邑话的差别就可以大略看出一二。有趣的是，四邑圈子以外的人是不知道也听不出四邑话的差别的，他们中很多人都以为四邑话就是一种方言，是一种除了四邑人以外没有几个人听得懂的方言。殊不知，只有四邑人自身才知道不同县份的四邑话之间的差别。尽管四邑话内部存在着四邑人自己认为是"巨大"的差别，但四邑话仍然被认为是广府话的分支，并在历史上很少战乱、没有受北方少数民族语言影响的广东保存至今（与中国历史上第一部北宋初年官方权威的发音韵律书、仍基本上保持汉唐语言的《广韵》高度吻合），而此后中原汉语则因西夏和辽、金、元等少数民族语言的混合，到南宋时已经"胡化"为今天的客家话了（客家话在南宋以后被南迁汉人带到粤东北和江西、福建交界的梅县山区）。

其次，在宗教民俗方面。可以肯定，在中国大陆出生的一代新移民的宗教教育和宗教经验基本上为零。人们常说中国人不信仰宗教，其实并不准确。过去中国人即使信教，或"游戏式"地信教，也是无师自通的佛教和道教（更准确地说应是民俗）。大多数中国人不坚定地相信单一的宗教，也可以说中国人喜欢相信一种他们自己也说不清的"混合宗教"（如果也算宗教的话）。所谓"混合宗教"，往往是佛教、道教或者其他中国民族的若干"教义"的合成品。准确地说，合成之后的这些中国式"宗教"，也就是人们惯常所说的民俗。中国人的宗教或曰民俗无处不在。虽然拉美当地人普遍信仰基督教或天主教，但要华侨华人真正转信基督教、天主教，难度是很大的。但拉美的宗教环境很好。在拉美，能够信仰主流宗教——基督教、天主教，固然受人欢迎，但不信主流宗教或信仰从中国带去的宗教，也不被看成"异类"，有的当地人甚至颇为好奇地参与华侨华人的宗教或民俗活动。因此，包括荷属加勒比地区在内，拉丁美洲的中国新老华侨没有宗教压力，他们在居住国基本上都信奉从家乡带去的地方民俗。

在中国人千百年来的宗教观念中，存在着许许多多的神灵。中国人的民俗崇拜，吸纳了佛、道、儒的内容，涵盖极广，包容性极强，在民间极具影响力，几乎满足了中国人从生到死的一切人生要求。从百姓的生育、房中术、养生术、点金术直到"长生不老，羽化升仙"，无所不包。地上有什么职位，天上便可能有神的对应职位，每个神各得其所，各司其职，且各有特点，各有个性。从土地菩萨到关公元帅，都享有同等的香火供奉，有剪草为马、刀枪不入的本领。此外，中国人的宗教信仰或民俗崇拜还有一个特点是，既像是为了寻找心灵的归宿，也像是与神做交易：平安无事时，求神佛保佑升官发财，多子多福，然后捐给供奉神佛的寺庙几个香火钱；有事时，请神佛保佑自己平安度厄，一旦"如愿以偿"，就对神佛许诺重修庙宇，再塑金身。中国有句老话：穷看八字富烧香，背时倒灶问仙娘。这也是与西方的主流宗教基督教的最大不同。

华侨在向海外移民的同时，多喜欢把家乡的各种神明（包括在家乡早已造好的"人神"）顺手带过来，既缩短了心理上与家乡的距离，也在异国他乡构建了象征家乡文化、获得心灵寄托的精神家园。天长日久，来自家乡的神明便在居住地的华侨社会中落地生根。这种现象，就是"移神移鬼"。"移民"与"移神移鬼"几乎是同时进行的，表现在华侨在到了海外居住地时，第一时间会为自己设好神灵的位置，并即时供奉，即使初到时生活条件简陋，绳床瓦灶，饥寒交迫，

但供神敬神还是一点儿也不马虎。在华侨华人筚路蓝缕的奋斗过程中，各种各样的神祇确实是华侨的重要精神支撑。一些地方的华侨还秉承家乡的传统，把一些有功于民或品德高尚的官吏及各种杰出人物当作神灵来崇拜，创造了海外的本土神明，久而久之，这些被供奉者也成了神。一般来说，"移神移鬼"的结果，就会像家乡那样产生五花八门的宗祠或庙宇、宫观，宗祠、庙宇和宫观前面，往往香烟缭绕。

上面所云，是海外华侨华人居住地宗教民俗的一般情况。但据笔者观察，上述情况在荷属加勒比地区并非完全如出一辙。实际上，在世界上其他有四邑人居住的地方也非完全如此。这在很大程度上反映了四邑人的宗教信仰。四邑华侨在这方面没有与家乡背道而驰，而是恪守家乡的宗教信仰。

首先，四邑华侨的"移神移鬼"，主要"移"的是一种信仰，而非把神鬼体系的一整套东西（包括信仰及其寺庙等）都"移"到居住地。没有五花八门的宗祠或庙宇、宫观，也没有香烟缭绕。在四邑华侨看来，心中装着神灵、敬畏神灵则足矣，并不一定要建神庙，塑神像。当然，华侨还供奉一些从中原地区流进华侨家乡的神祇，但不同的神祇在不同地籍华侨中的受崇拜热度会有所不同。

其次，崇拜神的有选择性和简约化。简而言之，不像其他来源地的华侨那样，所信仰的神祇五花八门，多多益善，甚至还包括多如牛毛的本地自造神祇。四邑华侨普遍信仰的神祇多为观音和关公两位。在四邑地区，在数十年前还可以看到的主要寺庙是观音寺和关帝庙，此外还有北帝（玄天上帝）庙等。因此，四邑华侨出国后，要"移神移鬼"的话，远比不上其他华侨来源地丰富多彩。

虽然四邑华侨也有建造寺庙的意向，但他们不大喜欢在异国他乡建造宗教寺庙。在荷属加勒比地区，就看不到华侨建寺修庙。四邑人宗教民俗活动的外在表现比较淡薄。在商场摆上一个关公像，妇女在家里拜观音等，就被认为对神足够虔诚。[①] 在四邑华侨历史上，大慈大悲、救苦救难、普度众生的观音菩萨，享有极崇高的地位。在华侨祖籍地，主祀观音的大小庙堂遍布四面八方。无论是喧嚣的都会，或是荒僻的山村，到处都供奉着观音菩萨，到处都有"庙无观音不成其庙"之说。关公在中国民俗史上本来是个义勇神，但在四邑等地，特别是在海外四邑华侨中，关公早被改造为能保佑赚钱的"财神"。在华侨心目中，他是保佑平安发财的最实用的"功能神"，是华商最为崇拜、供奉最多的"显神"，也是一尊至高无上的"完神"。

笔者在荷属加勒比地区看到一些公司在明显地方供奉着关公像，但在野外或街道上没有看到关公庙。不建庙宇的原因，一是家乡在这方面习俗本来较为宽

---

① 笔者 2015 年 11 月 7 日在库拉索对冯朝汉的采访。

松，来到居住地后就一样松懈；二是居住地土地价格不菲，报建手续烦琐，建材全靠从家乡等地运进，必然大大抬高建筑成本，既然在家乡已是可有可无之俗，又何必在异国他乡多此一举？把观音和关公等供奉在家里，一样可以膜拜，一样可以祈求保佑，心诚则灵，并不一定要建观立庙。虽然拜神现象在中国民间（这里主要是说汉族地区）广为流行，但并非各地都一样隆重，有的地方的民众极为虔诚，如醉如痴，有的地方则比较淡薄。就笔者所见，四邑地区显得相当平淡简朴。这也充分反映了他们在宗教信仰方面的现实主义态度。

当然，就宗教民俗理念来说，四邑华侨跟别的地方的华侨没什么两样，表现在，其理念是模糊的。表面上看，华侨吸取了佛、道、儒三家的思想，对三家的神佛和权威神佛均顶礼膜拜，但在实际上，他们的"宗教理念"并非来自"正统"的儒、佛、道三家学说，而是来自两个体系：一是中国一千多年来的"民间戏曲系"，二是中国一千多年来的"民间小说系"。合起来，就是元明戏曲和民间传奇、志怪与章回小说中塑造的神灵和人物，比如玉皇大帝、关圣帝君、观音菩萨、文昌帝君、金花娘娘等，名目繁多，且杂乱无章，令人眼花缭乱。华侨喜欢语"怪力乱神"，但就四邑华侨来说，"怪力乱神"现象比其他来源地的华侨要弱得多、少得多。可以肯定，不论哪里的华侨，其宗教理念都非常"中国化"，或曰非常"中国民间化"，实即非常"现实主义化"。人们到了求神拜佛的地方，只是问卜，保佑家宅平安。而对一个寺庙是否灵验的唯一评判标准，就是看那里的香火是否旺盛，而香火是否旺盛，只需耳口相传，奔走相告，便可众口铄金。四邑华侨所信仰的神祇比较少（一般只有观音和关公两位），可能其心态也有所不同，但他们对所信仰的神祇的崇拜是绝对的、无条件的，即使自己求神的愿望没有实现，也一点儿都不怪神祇，而是把一切责任都包揽到自己身上。

另外，荷属加勒比地区一部分年轻人开始信天主教或基督教。他们显然是原先没有多少宗教信仰的一辈，移民当地后，受到当地习俗的影响，于是信基督教或天主教。

有一点应注意，在四邑华侨中，普遍信奉五行、八卦、堪舆、占卜和占相等被正统人士斥为"邪门歪道"的东西，风水之说更是大行其道。这一套东西，自古流传至今，源远流长。五行八卦分为阴阳五行和八卦理论，是古代的阴阳学说。五行即金、木、水、火、土。五行一直是中国古人从事各种研究的工具与方法，无论道、医、兵、儒、史、杂家或历算家，都必须精通之。八卦，即乾、坎、艮、震、巽、离、坤和兑，是阴阳、五行的延续，通常运用在方位、测卦、风水等学科上。所谓堪舆学，俗称地理风水与住宅阴阳风水，其"精髓"理论尽记注在罗盘上，亦历久不衰。而占卜和占相，即所谓命理学，则是根据人的固定出生年月日时辰进行推理的学说。地理风水与命理等在中国坊间流传，纷繁复

杂，莫衷一是，充满着神秘色彩。在荷属加勒比的华侨来源地四邑地区，信奉五行、八卦、堪舆、占卜和占相这一套的人很多，但绝大部分都是人云亦云，不知所以然者众。华侨来自农村者多，更是如此。就笔者所知，真正被乡人付诸"实践"的，主要是在葬俗、建筑风水和算命这几个方面。在一些农村地区，甚至将之说得玄之又玄，神秘无比，但绝大部分人也是云里雾里，不明就里。华侨移民到荷属加勒比地区后，"实践"这一套"理论"的客观条件已经大大减损甚至不存在。例如，在葬俗和建筑上，由于居住地环境和法规的影响，口头上谈谈倒无不可，但如果有谁想将家乡那一套搬过来，就是痴人说梦了。

有一点则可肯定，荷属加勒比地区的华侨华人一般都遵从当地葬俗，即基督教葬俗。人死后，要到教堂举行一整套基督教的葬礼仪式，然后到坟场实行土葬，之前当然要买好坟地。不过，华侨华人所遵行的基督教葬俗也并非按照当地人的一整套全盘复制，一般也"渗进"诸如烧香、烧蜡烛元宝之类的纯属华侨华人的葬俗。[①]

语言、文字和宗族关系等，都是维系包括四邑人在内的广府人的重要精神纽带，几乎所有的广府地区的乡村，屋里都会摆放着一个红底的"祖先牌位"，定期上香。广府人也顽强地传承着"宁丢祖宗田，莫丢祖宗言"的传统观念。

---

① 笔者 2015 年 11 月 7 日在库拉索对冯朝汉的采访。

后 记

十分感谢来自委内瑞拉与荷属加勒比地区的侨胞吴景先生、黄冠雄先生以及黎惠权先生对本书写作的无私支持。同时，十分感谢中国驻委内瑞拉大使馆和中国驻威廉斯塔德总领事馆的支持，十分感谢委内瑞拉各中华会馆/中华商会领导班子和荷属加勒比地区的库拉索、阿鲁巴、圣马丁和博内尔等地华侨/华人会馆领导积极提供有关所属会馆/商会的稿件，或接受不同形式的访谈，十分感谢笔者在委内瑞拉和荷属加勒比地区各岛屿调研期间所有接受采访和提供资料的侨胞全力以赴的无私协助。总之，没有他们的全力支持和诚挚帮助，本书的撰写和完成是无法想象的。所有这些，不仅反映了他们对笔者研究工作的支持，更反映了全体侨胞对自我生存和发展环境、对整体的华侨华人形象的关心和维护。借此机会，笔者对曾给予各种各样支持的所有海外侨胞、国内学术界同仁，以及所有为本书作出各种贡献而没有提及芳名的国内外朋友，一并致以最衷心的谢意！

此外，应特别感谢暨南大学国际关系学院/华侨华人研究院为本书的出版提供资助，感谢该院领导的理解和支持。毋庸讳言，作为华侨华人问题的基础研究部分，国别的和地区的华侨历史研究在当下有日渐衰退之势，远不如实用类的理论宣传类研究那样得到高效的回报和强劲的青睐。作为一名长期从事华侨华人和国际关系问题研究的学人，作为暨南大学华侨华人研究曾经的学科和业务主持人，笔者别无他求。但个人力量毕竟有限，加上时间的限制，故对整体的学科发展只能略尽绵薄之力而已。从这个角度来说，该院领导的理解和支持更加难能可贵。路漫漫其修远兮，当今的华侨华人研究，需要更多坚韧不拔的能够深入海外华侨华人"草根"中去的求索者，谨寄希望于后来者。

也十分感谢暨南大学出版社华侨华人研究事业部冯琳主任以及诸位编辑的努力，她们认真负责的工作为本书增色不少。

236

本书梳理了 2015 年末以前委内瑞拉和荷属加勒比地区华侨华人历史的基本内容。自 2016 年春本书稿搁笔至今，又是三年过去了。自那时至今，委内瑞拉局势发生了令国际社会惊愕的巨大变化。由于经济长期不景，治安长期不靖，社会动乱频发，居住在委内瑞拉的很多华侨华人大批回国或迁居其他国家和地区。但由于本书已经定稿，无法再将这几年的历史补充进去，只好有赖于后来者的继续研究了。

高伟浓

2019 年 3 月于暨南大学国际关系学院/华侨华人研究院

本书获广东省高水平大学建设项目

暨南大学"华侨华人与国际问题研究"学科组团建设经费资助

教育部人文社会科学重点研究基地
Key Research Institute of Humanities and Social Sciences at Universities

暨南大学华侨华人研究院
Academy of Overseas Chinese Studies in Jinan University

国家出版基金项目
NATIONAL PUBLICATION FOUNDATION

"百部好书"扶持项目
GUANGDONG PUBLISHING

· 世界华侨华人研究文库 ·

在海之隅

委内瑞拉与荷属加勒比地区的华侨

（上卷）

高伟浓　著

暨南大学出版社
JINAN UNIVERSITY PRESS

中国·广州

图书在版编目（CIP）数据

在海之隅：委内瑞拉与荷属加勒比地区的华侨：全二册／高伟浓著. 一广州：暨南大学出版社，2019.4

（世界华侨华人研究文库）

ISBN 978 - 7 - 5668 - 2495 - 0

Ⅰ.①在…　Ⅱ.①高…　Ⅲ.①华侨—调查研究—南美洲　Ⅳ.①D634.3

中国版本图书馆 CIP 数据核字（2018）第 296310 号

在海之隅：委内瑞拉与荷属加勒比地区的华侨（上卷）
ZAIHAIZHIYU：WEINEIRUILA YU HESHUJIALEBI DIQU DE HUAQIAO
（SHANGJUAN）
著　者：高伟浓

出 版 人：徐义雄
策划编辑：黄圣英
责任编辑：雷晓琪　黄佳娜
责任校对：詹建林　陈皓琳　王燕丽
责任印制：汤慧君　周一丹

出版发行：暨南大学出版社（510630）
电　　话：总编室（8620）85221601
　　　　　营销部（8620）85225284　85228291　85228292（邮购）
传　　真：（8620）85221583（办公室）　85223774（营销部）
网　　址：http://www.jnupress.com
排　　版：广州市天河星辰文化发展部照排中心
印　　刷：广州市快美印务有限公司
开　　本：787mm×1092mm　1/16
印　　张：50.75
字　　数：1000 千
版　　次：2019 年 4 月第 1 版
印　　次：2019 年 4 月第 1 次
总 定 价：248.00 元（全二册）

作者简介

高伟浓，暨南大学教授（1995 年起）、博士生导师（1996 年起），长期从事华侨华人问题、国际关系和中外关系史研究，已出版的学术著作有（除注明外皆为独撰）：《走向近世的中国与朝贡国关系》（广东高等教育出版社，1993）、《亚太国家的石油天然气勘探开发》（广东高等教育出版社，1994）、《更变千年如走马——古代中国人阿拉伯人对黄金半岛的认识》（学林书局，1995）、《菲律宾》（广西人民出版社，1995）、《国际海洋法与亚太地区海洋管辖权》（广东高等教育出版社，1999）、《下南洋》（南方日报出版社，1999）、《南中国海法理问题与中国的海洋权益》（国土资源部广州海洋地质调查局，2001）、《东南亚华人信仰诸神考说：泰国的个案研究》（曼谷大通出版有限公司，2001）、《韩山拾得：韩国古代文化与中国的影响》（中国华侨出版社，2002）、《中国的华侨华人研究：1979—2000》（与人合著，中国华侨出版社，2002）、《国际移民环境下的中国新移民》（中国华侨出版社，2003）、《粤籍华侨华人与粤地对外关系史》（与人合著，中国华侨出版社，2005）、《二十世纪初康有为保皇会在美国华侨社会中的活动》（学苑出版社，2009）、《软实力视野下的海外华人资源》（学林书局，2010）、《委内瑞拉华侨史略》（学林书局，2011）、《拉丁美洲华侨华人移民史、社团与文化活动远眺》（上下册，暨南大学出版社，2012）、《清代华侨在东南亚：跨国迁移、经济开发、社团沿衍与文化传承新探》（暨南大学出版社，2014）、《世界华侨华人通史·东南亚卷》（中国华侨出版社，2019）、《世界华侨华人通史·北美卷》（中国华侨出版社，2019）、《世界华侨华人通史·拉美卷》（中国华侨出版社，2019）。另发表论文一百多篇。此外已出版中国古体诗词集九种。曾任暨南大学的教育部人文社会科学重点研究基地（华侨华人研究）主任，为美国加州大学伯克利分校高级访问学者（2005—2006），另曾在多个国家的大学和研究机构做过访问学者，对世界各国不少重要侨社进行过调查；主持并完成了一系列国家、部（省）级项目，多项成果获奖。

总　序

在 20 世纪，华侨华人问题曾经四次引起学术界关注。第一次是 20 世纪初关于南非华工的问题；第二次是"一战"后欧洲华工问题；第三次是五六十年代东南亚国家出现的"排华"问题；第四次则是 80 年代中国经济崛起与海外华侨华人关系的问题。每次华侨华人研究成为研究热点时，都有大量高水平研究著作问世。

进入 21 世纪以来，随着全球化进程的加速和中国国际化水平的提升，海外华侨华人与中国的发展日益密切，华侨华人研究掀起了新一轮高潮。华侨华人研究机构由过去只有暨南大学、厦门大学、北京大学、华侨大学等少数几家壮大至目前遍布全国的近百所科研院校，研究领域从往昔以华侨史研究为主，拓展至华人政治、华人经济、华商管理、华文教育、华人文学、华文传媒、华人安全、华人宗教、侨乡研究等涉侨各个方面，研究方法也逐渐呈现出多学科交叉的趋势，融入政治学、历史学、社会学、民族学、教育学、新闻与传播学、经济学、管理学、法学等学科方法与视角。与此同时，政府、社会也愈益关注华侨华人研究。国务院侨办近年来不断加大研究经费投入，并先后在上海、武汉、杭州、广州等地设立侨务理论研究基地，凝聚了一大批海内外专家学者，形成了华侨华人研究与政府决策咨询相结合的科学发展机制。而以社会力量与学者智慧相结合的华商研究机构也先后在复旦大学、清华大学等地成立，闯出了一条理论研究与社会实践相结合的华侨华人研究新路径。

作为一所百年侨校，暨南大学在中国华侨华人研究中具有特殊的地位。暨南大学创立于 1906 年，是中国第一所华侨高等学府。华侨华人研究是学校重要的学术传统和特色。早在 1927 年，暨南大学便成立了南洋文化事业部，网罗人才，开展东南亚及华侨华人的研究，出版《南洋研究》等刊物。1981 年，经教育部

批准，暨南大学在全国率先成立华侨华人研究的专门学术机构——华侨研究所，由著名学者朱杰勤教授担任所长。1984 年在国内招收首批华侨史方向博士研究生。1996 年后华侨华人研究被纳入国家"211 工程" 1—3 期重点学科建设行列，2000 年获批教育部人文社会科学重点研究基地（华侨华人研究）。暨南大学于2006 年成立了华侨华人研究院，并聘请全国政协常委、国务院侨务办公室原副主任刘泽彭出任院长和基地主任。2011 年，学校再次整合提升华侨华人研究力量，将华侨华人研究院与国际关系学系（东南亚研究所）合并成立国际关系学院/华侨华人研究院，继续聘请刘泽彭同志出任华侨华人研究院院长和基地主任，由华侨华人与国际问题研究知名专家曹云华教授出任国际关系学院院长兼华侨华人研究院执行院长。同时，学校还加大科研经费投入，努力打造"华侨华人研究优势学科创新平台"。研究院在加强自身科研能力的基础上，采取以研究项目、开放性课题为中心，学者带项目、课题进院的工作体制，致力于多学科和国际视野下的前沿研究，立足于为国家的改革开放和现代化建设服务，为社会服务，为政府决策咨询服务，努力将之建设成为世界一流的学术研究机构和人才培养基地。

值华侨华人研究在中华大地百花齐放、百家争鸣之际，为进一步彰显暨南大学科研特色，整合校内外相关研究力量，发掘华侨华人研究新资源，推动华侨华人研究学科的发展，暨南大学华侨华人研究院在 2012 年推出了"世界华侨华人研究文库"。文库的著作多为本校优势学科的前沿研究成果，作者中既有资深教授、学科带头人，也有学界新秀。他们的研究成果从多学科视野探索了国内外华侨华人研究的一些新问题、新趋势，具有较高的学术价值和现实意义。截至 2016 年年底，文库已经出版三批 23 本，在华侨华人研究领域引起了不错的反响。

2015 年 6 月，暨南大学入选广东省高水平大学重点建设高校，"华侨华人与国际问题研究"成为学校高水平建设重点支持的一个学科组团。为了进一步发挥暨南大学的华侨华人研究优势，学院决定继续组织出版这套丛书。丛书的经费来源从之前的"211 工程"和暨南大学"华侨华人研究优势学科创新平台"变为广东省高水平大学建设暨南大学"华侨华人与国际问题研究"学科组团，编委会也随人员变动做了一些调整。

本套丛书的出版得到学校领导的大力关心与支持。国际关系学院/华侨华人研究院领导与部分教师特别是高水平大学建设学科组团中的华侨华人与跨国移民研究团队的教师们也付出了艰辛的劳动，他们在策划、选题、组稿、编辑、校对等环节投入大量精力。同时，暨南大学出版社对丛书出版也给予高度重视，组织最优秀的编辑团队全程跟进，并积极申报国家出版基金项目，获得立项资助。在此，我们对所有为本丛书出版付出宝贵心血与汗水的同仁致以最衷心的感谢！

在前面三批的总序中，我们表示"期盼本丛书的出版能在华侨华人研究领域激起一点小浪花"。现在看来，已部分达到了目的，尽管如此，我们仍坚持不忘初心，继往开来，汇聚国内外华侨华人研究的朵朵浪花，把这套文库办成展现全球华侨华人研究优秀成果的一个重要平台。

《世界华侨华人研究文库》编委会

2017 年 6 月

目　录

绪言　委内瑞拉与荷属加勒比地区华侨历史概说

委内瑞拉与荷属加勒比地区的华侨华人历史，既包括纵向的中国向这一带移民的华侨在当地生存与发展的历史，也包括横向的华侨经济、行业、社会与文化现状。作为开篇，这里先对其中若干个重要问题做简要概括，以期作为进一步了解、研究委内瑞拉与荷属加勒比地区华侨史的基础和导引。

一、写作缘起

撰写一个国家或一个地区的华侨史，资料（特别是原始资料）以及前人的研究基础固然重要，但还有两个重要因素，即需求和价值。现在，在国际华人历史学界，在各国华人精英中，有越来越多的人认识到华侨华人历史的重要性。他们试图通过忠于历史的辛勤研究，还原和重构华侨华人的历史。经过各国学者（以华人学者为主）多年坚持不懈的努力，各国华侨华人历史研究取得不同程度的进展。与此同时，很多华人学者也试图通过对当代华侨华人的正面研究，塑造华人融入、贡献当地社会的主流形象。

一个民族，特别是一个在异国他乡处于非主流地位的民族，如果要和平地生存发展，就必须得到主流社会的认同，融入主流社会中，共同奋斗，共同创造财富，共同分享社会发展的物质文化成果，共享社会的公平、公正、正义以及话语权。只有华侨华人在居住地享有应有的地位，他们才可能显现其应有的软、硬实力。要得到这一切，就需要树立与弘扬自己民族的正面形象，建立与匡正华侨华人自己的价值观，拓展与美化华侨华人自己的精神家园。遗憾的是，在漫长的历史长河中，由于种族歧视带来的傲慢与偏见，在很多国家，华侨华人的负面形象一直被夸大，华侨华人对居住国社会的巨大历史贡献一直被恶意地、无端地抹杀。华侨华人正面临着一个对自己民族的历史进行拨乱反正的繁重任务。这一重大使命，落到了一批有良知的华人知识人士身上。他们通过自己的著述，纠正了主流社会的偏见，重新树立了历史上华侨华人的正面形象。海外华人学者的这一历史功勋是值得人们纪念的。应该说，到目前为止，他们的努力取得了进展，也获得了一定的成功。有越来越多居住地的其他民族认识到历史上华侨华人的卓越贡献以及当代华侨华人的不俗表现与成就。但总的来说，要恢复和重塑华侨华人形象，今后要走的路还很长。

笔者认为，要改善华侨华人形象，事情千头万绪。其中，编写华侨华人在居住地奋斗与发展史一类著作，是一项十分重要的工作。近些年来，时有国外华人朋友提及修撰本国华族史之事，每为岁月之逝去、材料之散佚、人事之凋零、修撰之无成而焦虑。国内学者欲编撰跨国性的、洲别性的华人史著作，或研究某国华人专题时，也常因国别华人史的缺失而感到惆怅。

国别华侨华人史的重要性是不言而喻的。就笔者所知，很多有华侨华人的国家（地区），特别是华侨华人移民时间较长，即历史的纵向积淀较为厚实的国家（地区），那里的华侨华人多冀盼拥有一部记载本民族历史的著作。它是华侨华人祖祖辈辈在脚下这块土地上活动的真实记录，体现了华侨华人对当地经济发展和社会进步的贡献，是折射华侨华人价值观的重要标尺，是一个乐于融入当地社会的和平民族的精神丰碑，是留给后代的遗产，也是居住地华侨华人展现、改善自身形象的有效途径。

在漫长的历史时期中，华侨华人基本上是以国别为舞台展开活动的。很多国家都有不少关于华侨华人活动的著述，但千人千面，千部千腔，令人眼花缭乱，不得要领。是故，将这些成果集中起来，融会贯通，辑成一部反映华侨华人历史概貌的历史著作，必然是一项浩大工程。目前，世界上大多数国家的国别华侨华人史尚属空白。笔者以为，各国的华人社会机构、文化组织（例如重要华人会馆）和精英阶层应该负起编撰其居住国华侨华人史的使命。因此，在这里，应该提及委内瑞拉与荷属加勒比地区的众多侨领，将撰写该国该地区华侨华人历史的工作提上议事日程的胆识。

一国华侨华人史的主线，应该是本族裔的群体发展史。每个国家（地区）的华人，都必定有其移民居住地、创业、原始积累、成功、回报社会、融入当地、获得社会与文化认同、参政等诸多方面的经历，只是在不同方面，其经验的多寡与积蓄的厚薄有别而已。在此过程中，都必然与居住地民族发生各种各样的关系，各行各业都必定涌现出一批精英人物。这些记录构成了一国一地华侨华人史的主体。与此同时，一国一地区的华侨华人史，很可能还要涉及居住国与中国的关系、当地华侨华人与居住地主流社会的关系、当地华侨华人与中国关系等方面的内容。但这几方面应该作为辅线。

粗览各国华侨华人的发展史，不难看到一个共同的现象，即华侨华人历史脉络的非均衡性：历史往往高度聚焦于一些三五年一次或十数年一次、一般都稍纵即逝但影响较大的事件上，因而社会舆论和人们的注意力常常集中在这些事件上，有关华侨华人历史的原始材料和后人的研究成果也高度汇集于这些事件。这些事件短时期内看或虽影响重大，但长远来看可能是非主体性的。当然，这些重

大事件可以构成一国华侨华人史的重要组成部分，但若以之作为一部"正统"历史的主体，显然是有缺陷的。最突出的一点，是它忽略了华侨华人历史脉络还应包括的其他重要内容，从而忽略了一部华侨华人史应有的布局谋篇上的均衡性。委内瑞拉与荷属加勒比地区华侨史也呈现这样的特点：早年的材料极度匮乏，新近的材料则高度不均，因而笔者在描写早年华侨史时往往感到心力不逮，而对新近的华侨史，则常常要面对材料上的"断流"和"泥石流"状态。

公正地说，委内瑞拉与荷属加勒比地区的华侨历史内涵不薄，但由于文字资料的缺失和传播手段的单一落后，早期华侨史迄今无只字原始文献档案可查。又由于在过去很长的岁月中，人们对海外研究躲避唯恐不及，以致这些地方的华侨历史著述近乎空白。有关今天委内瑞拉与荷属加勒比地区华侨移民、居留生存、创业发展、经济文化活动、与当地民族的关系、回报社会以及慈善活动等诸多领域的资料，或是一片荒芜，或是真伪难辨。即使有若干记载，也没有人进行过系统的整理分析，或呈碎片化分布状态，即使是凤毛麟角的资料也真伪莫辨。还应注意的是，国别/地区的华侨历史，普遍存在着相互割裂、彼此难以对接的现象，故在整体的历史撰述中，难免会出现移民脉络模糊或侨民生存发展画面斑驳无序等情况。坦率地说，到目前为止，对于委内瑞拉与荷属加勒比地区的华侨历史，人们普遍的感觉是只有某些散乱的特写镜头（如契约华工），除此之外更多的是"碎片化"的逻辑缺失的蒙太奇截图。因之，整体的华侨历史难以横向地进行有序的整合，发展规律难以得到合理的概括，学术理论难以进行科学的升华。这些缺憾，有待更多资料特别是原始资料的发掘和相关研究的深化来弥补。种种先天不足，加上笔者学识粗浅，时间仓促，目前要撰写出一部满意的委内瑞拉与荷属加勒比地区华侨史的难度是可以预见的。

无论是委内瑞拉，还是荷属加勒比地区，在世界华侨华人史上都是有典型意义的地区。众所周知，华侨华人今天已经几乎遍居世界上所有多民族居住的地方。但多少年来，人们多关注人口密集、经济发达、商业与对外投资较广、华人中产阶级比例较高、富豪较密、科技人才较多，以及与祖（籍）国和家乡联系比较密切的地方的华侨华人社会，而地处偏僻、人口稀少、经济发展落后、华人阶层普遍较穷、富人稀少、科技人才稀缺的地方的华侨华人社会，就少有人关注，即使这些地方的华侨移民历史久远，在当地的影响也颇大。如果说在华侨华人研究的早期，由于研究人员和资料的局限，将较多的注意力集中在一些华侨华人重点地区还可以理解的话，那么随着这一领域研究的全面拓展，如果仍然轻此重彼，对一些地区青睐有加，对另一些地区视而不见，则非严谨的学术态度。从学术研究的角度来看，对所有华侨华人社会都应该予以同等关注。目前国内华侨华人问题的类型研究和地区性研究还很薄弱，反映到侨务政策层面，看到的总是

"放之四海而皆准"的政策条规，人们甚至在学术场合也正儿八经地说着所有地区都看似行得通，但其实所有地区都不大行得通的抽象化的时髦语言。笔者认为，这在一定程度上反映了华侨华人领域在类型研究、地区性研究方面的严重缺失和理论思维上的长期滞后。

在学术上，类型研究和地区性研究的普遍意义和借鉴作用是不言而喻的。例如，目前的委内瑞拉华侨，在非战争状态下与动荡环境中艰难地生存发展；荷属加勒比地区华侨，则是在袖珍型海岛经济和对外依存度极高的环境下生存发展的。这两个国家/地区的华侨，都高比例地来自中国同一个县市，移民与生存发展的高度网络化特征特别明显，且他们一直与家乡保持异乎寻常的紧密联系。其中很多因由，需要深入探寻。从理论上看，拉丁美洲华人社会与当地社会已经基本上形成"生产与消费"的二元民族分工格局。对于这一现象及其衍生形态，套用其他地区华人社会的发展模式就很难解释清楚。又比如，委内瑞拉的华侨华人长期陷入当地社会动荡中典型的"劣质生存状态"，对这一状态下华人社会的共性和个性的研究，对华人社会组织新功能的研究等，无疑具有学术上的重要价值和现实上的迫切需要。荷属加勒比地区的华侨的生存发展环境，则长期（也可能永远）属于自然禀赋先天不足和资源受到严重局限的"岛屿型经济"环境。目前世界上处于"岛屿型经济"下的华人社会不在少数，但几乎没有人注意到这一类型华人社会的特殊性。显然，对这两类华人社会的研究，可以扩大人们的视野，开拓对过去和现在世界上类似的华人社会的规律性认识。当然，本书只是为进一步的研究提供一个线索和脉络，希望对日后华侨华人研究的类型归纳、规律提炼、模式总结和理论抽象提供一些范例。不管怎样，对委内瑞拉与荷属加勒比地区华侨华人问题的研究刚刚开始，期许本书的内容能对后来的研究起一点铺垫和借鉴的作用。

二、早期华侨史中口述历史、民间传说与新华侨研究中"非纸质资料"的价值

根据现有材料，广东恩平人最早来到委内瑞拉，后来则陆续增加了来自其他地区的华人；而最早来到荷属加勒比地区的华侨，则是一位来自加拿大的广东台山人，后来又来了很多广东鹤山人。新近一批移民，则以广东恩平人居多。到今天，恩平籍华侨占了委内瑞拉与荷属加勒比地区华侨的大多数。

一部华侨史必应有开篇。例如，就委内瑞拉来说，开篇之语，自然应谈及华侨最早在何时登陆委内瑞拉。这是笔者最早关心的问题之一，也几乎是所有委内瑞拉侨胞最关心的问题之一。笼统地说，华侨到达这里的时间可上溯到 19 世纪

50 年代末，距今 160 年左右；到 20 世纪 20 年代，委内瑞拉因发现石油而涌进了大量华侨。这一时期可以作为委内瑞拉华侨史的开篇。然而，在这 60 余年间，委内瑞拉华侨史的轨迹是混沌而朦胧的。这个问题是该国华侨史中最棘手的问题。究其原因，是委内瑞拉华侨史与其他国家不同。很多国家的华侨史的始源基本上都有文字或档案资料可征，委内瑞拉华侨史的文字或档案资料却付之阙如。华侨华人在委内瑞拉时间虽不算久远，但无纸质史料可供查考。其实，在荷属加勒比地区，这种情况更为严重。

一种屡见不鲜的说法是，首位旅居委内瑞拉的恩平人祖籍是沙湖镇松巷村。清朝末期，由于清政府腐败无能，加上西方列强的侵略，国内经济萧条，民不聊生，为了生存，广东、福建等沿海地区不少人背井离乡，远渡重洋到南洋谋生。相传一位来自沙湖镇松巷村的华侨在南洋期间听说委内瑞拉的生存条件比南洋好，便与人们一道转去那里谋生。此后，恩平人便一批又一批地通过香港、关岛、檀香山等地取道去委内瑞拉，以后便一代一代地繁衍下来。这些恩平人虽然生活在委内瑞拉，但依然不忘乡音，在新一代出生后，老一辈教给他们的第一种语言就是恩平话。由于委内瑞拉大多数华侨根在恩平，恩平话便在这部分华侨中通行起来。因此，为了便于交流，一些祖籍不是恩平的华侨也学会了恩平话。这样，恩平话自然而然地成了旅委华侨互相交流的"母语"。

上面的描述可以见诸于地方报刊和各种各样的宣传品，可惜都没有出处，像是民间传说，若仔细品味还有点像童话。传说并非丝毫不可取，童话也不是绝对不可靠，但是历史讲究真实，真实来源于可靠的证据。问题就在于关于恩平人早期移民委内瑞拉的历史难以找到可靠的证据。久而久之，诸如此类的民间传说便堂而皇之地成为无人敢质疑的"信史"。本书所述地区的华侨史的"致命"困难在于，靠原始的纸质材料去复原和证明早期的移民历史几乎是不可能的，能够得到的也只有一些耳口相传的民间传说。

一位委内瑞拉老侨胞说，如果要研究委内瑞拉早期的华侨历史，唯一的途径是依靠更早来到委内瑞拉的老侨胞的叙述，老华侨又将比他们更早到此的老华侨的见闻转述出来。[①] 从历史学的角度来说，这实际上就是口述历史。从本书所述地区的情况来说，在尚健在的华侨的口述历史资料中，很多是老一辈华侨口耳相传下来的传说。除亲历者所言外，非亲历者的口述历史与民间传说的价值无甚差别。

那么，单靠口述历史包括非亲历者所云之民间传说，有没有可能复原早期的华侨史？答案不应该是全盘否定的，但也应谨慎对待。首先，复原早期的华侨史

---

① 吴锡沛 2010 年 1 月 23 日提供给笔者的书面采访稿。

有赖于口述历史/民间传说数量的多少。尽管其中很多口述资料可能是不可靠的、真假掺杂的，或者是以讹传讹的，然而有胜于无，多胜于少。只要有较充分的资料，总可以通过比照、互证、辩伪等诸多传统历史学手段，使历史尽可能地"清晰化""去朦胧化"。即使不可能还原出一幅历史全景图，至少也可以看到一幅幅"远近高低各不同"的历史断面。

一般来说，在历史研究的起始阶段，研究者处理资料时都奉行"宁滥勿缺"的原则。但现在的情况是，这类资料不是"少"的问题，而是出奇地"缺"，几近于"无"，还远远谈不上"滥"。这是笔者深入当地华侨社会，希望从不同的知情者那里获得尽可能多的口述资料的根本原因。2010 年 1 月，笔者抱着这样的目的，在委内瑞拉全国华侨华人联合总会和委内瑞拉《委华报》特别是社长吴景先生的大力支持下，对委内瑞拉多地侨胞进行了口头采访。尽管此时该国的社会治安形势已经十分严峻，但该国同胞还是给予异乎寻常的热情支持。2015 年 9—11 月，笔者又在库拉索的黄冠雄和荷属加勒比地区其他侨领的帮助下，对荷属加勒比地区多个有华侨居住的岛屿进行了调研，同样得到居住地侨胞的热情支持。如果说笔者在委内瑞拉与荷属加勒比地区华侨史的探索上有一点进展的话，首先应该感谢委内瑞拉与荷属加勒比地区的侨胞特别是接受采访的侨胞的热情帮助。

话说回来，口述资料即使足够充分，但仍然有明显缺陷。由于当事人或转述者中会出现记忆失实、传讹渗伪、内容朦胧混乱等情况，口述历史难免会产生这样那样的遗憾。口述者对具体历史事件陈述的时间错乱、地点错置、细节错叠和过程割裂，是采访时常见的事情。对诸如此类的问题，需要采访人负责任地进行考实与更正，还时而需要进行后续的追访。此外，单纯的口述历史应尽可能与其他相关的历史资料相互参证，特别是涉及具体的历史问题，如准确时间、具体地点、事件详情等"硬性"史实方面，应当有其他相关的翔实史料补证；如果确实没有或找不到这样的补证史料，对口述历史资料自然可以取其概略，存其枝干。这样就可能出现让采访人也感到无奈的事：一段历史可能会变得枝蔓稀疏甚至没有枝蔓。如果是被采访者本人的口述资料或其所亲历的口述资料，则其价值就完全不同，可视同一手资料看待。令人高兴的是，笔者调研期间看到，被采访者对待华侨历史的态度是十分认真的。有人甚至为某一件史实而"搜索枯肠"。多人在场时，还常常发生互相争论、互相补证的情况。这对华侨史的真实化和清晰化是十分有利的。

还值得庆幸的是，有一些侨胞长期业余办报或进行其他形式（如网络新闻传播）的传媒活动，一些人以当地媒体记者的身份，亲历现场，撰写稿件，发表在媒体上。所有这些，都是笔者撰写华侨史不可或缺的重要资料来源。笔者在此特

别感谢《委华报》前总编辑黎惠权先生向笔者提供了大量难得的资料，使委内瑞拉华侨史在初稿的基础上得到了极大的充实。荷属加勒比地区目前的华侨史迹更加稀薄，前期成果更为缺失，但笔者在对大量碎片化资料的整理分析的过程中，逐渐感觉到自己有充分的把握将这一地区华侨史概貌撰写出来，冀此对后来者的研究有所裨益。

拉丁美洲新华侨华人研究中，目前阶段的一个不可避免的问题是资料的"非纸质化"现象：一些材料出现在网络上，只有少部分出现在报刊和书籍中（书籍更少），而报刊资料也大量地重现在网络上。若舍弃非纸质资料，新华侨华人的研究几乎无法进行。长期以来，人们对纸质资料和非纸质资料的处理已经形成定见，一般是取前者而弃后者。从传统研究中纸质资料占压倒优势的状况来看，这种做法无可厚非。但在拉美新华侨华人研究中普遍存在着非纸质资料甚至没有纸质资料的情况下，忽视对非纸质资料的利用是不明智的。应看到，很多网络媒体已对得到的信息进行不同程度的处理，相信一些权威的网站（如中华人民共和国国务院侨办、外交部、商务部等中央政府网站和侨乡的省、市、县政府网站）还对相关信息进行了旨在去伪存真的过滤。大部分非纸质资料还是原始的一手材料，只是由于长期以来互联网上虚假材料泛滥等原因，这些材料的真实性才受到了"牵连"和质疑。本书对非纸质资料的处理当然也采取认真、谨慎和有选择性的态度，主要是选择信誉较高的网站，私人网站一般只供比对和参考用。与此同时，还遵循以下规则：第一，非纸质资料中的地点、时间和人名，一般不会出错，可以比较放心地引录（一般与公开出版物的权威名称比对后引录），外国的生僻地名或人名，一般照录而不予翻译；第二，鉴于数字在现代史书中的重要性，本书对各种数字还是尽可能采录，对非纸质资料中出现的数字，可以与其他来源进行比对后择善而从，无法比对者，也注明出处，在此也希望读者采录本书出现的数字时尽可能再作鉴别；第三，对非纸质资料所描述的事件过程，原则上进行"轮廓化再处理"后方予引录；第四，对非纸质资料中带有夸张、拔高、贬低、描红（描黑）意向的或带有明显主观情感色彩的话语，则予以摒弃。

顺便说明，笔者在委内瑞拉等地调查采访期间，曾接触到一些来源不详的材料。例如一些《委华报》的资料，其是否已经发表，作者是谁，或发表于哪一期已无从考究。遇到这种情况，笔者只能大致注明资料的时间范围，或标明"《委华报》资料"字样。

在诸如国际关系学、外交学等学科中，政府档案、外交文书是最重要的资料来源，级别越高，价值越大，而来自民间的、"草根"的资料则无足轻重，甚至被人不屑一顾。但在华侨华人研究特别是当代的新移民研究中，情况恰好相反。来自海外侨胞群体中的没有任何"级别"的民间的、"草根"的资料，是宝贵的

资料来源。越接近事件发生的现场（在委内瑞拉甚至是危险恐怖的现场），越是"草根"，价值越大。如果拘泥于政府档案、外交文书，并将之作为华侨华人研究的主要资料来源，只会显得无知。这是常识，无须赘言。

三、移民来源地的移民传统

（一）华侨主要来源地的政制沿革

历史上委内瑞拉与荷属加勒比地区的华侨以中国广东省四邑人和鹤山人（20世纪80年代后合称为"五邑"）为主。"四邑"是一个历史概念，已经根深蒂固。今天海外学者的华侨华人研究也还沿袭"四邑"这一概念。相应的华人社会，不管是在社团建置上，还是在社会结集与人们的观念上，也自称"四邑"。①而作为"五邑"之一的鹤山，则到清雍正十年（1732）才建县（在此之前隶属于四邑）。其时首任鹤山县令黄大鹏曾篆刻《建鹤山县记略》碑文，以志此事。本书为了方便叙事和尊重历史，也为了与本书所述的华侨居住地绝大多数人的观念和习惯接轨，在涉及原来四个县/市的华侨历史时，仍使用"四邑"这一概念。

"四邑"所包括的台山、新会、开平和恩平四县，是整个美洲（包括南、中、北美洲）华侨的最早来源地之一②。在"传统移民时代"，委内瑞拉华侨基本上是四邑人；荷属加勒比阿鲁巴的传统移民则多为鹤山人。20世纪80年代初进入"新移民时代"后，无论是委内瑞拉，还是荷属加勒比地区，恩平华侨的数量都越来越多。这与拉丁美洲其他国家、地区乃至世界上大部分国家、地区在中国改革开放后大量涌进来自全国各省、市的新移民，从而不同程度地"稀释"了传统移民构成的状况明显不同。

今天的五邑在秦汉时期属"百越"之地。顾名思义，所谓百越，是指数以百计的"蛮族"部落，他们在秦汉时期仍然茹毛饮血，刀耕火种。秦始皇统一六国后，派大军南下征服了百越，使今两广地区归属中原政权。秦末战乱时，龙川令赵佗称王，自立"南越国"。汉武帝时平定之。今天两广的省名，由是而来。

随着行政管辖地域的变化，广东后来又形成了广府人（占大多数，分布在珠三角及粤北、粤西地区）、潮汕人（分布于粤东南的潮汕平原）、客家人（分布于粤东的梅州、惠州）三大群体，以及相应的粤语（广府语）、潮汕话和客家话

---

① 历史上还曾有"六邑"（四邑加鹤山、赤溪）之说，但知者甚少。

② "四邑是整个美洲华侨的最早来源地之一"是一种比较谨慎的说法。因为在此之前，可能已经有一小部分居住在菲律宾的华侨通过西班牙人开辟的"大西洋航路"来到秘鲁等地。如果属实，他们应该来自福建。

三大方言①。这三大群体是中国历史上不同时期中国北方不同地区的汉族移民的后代②。他们在来到广东之前多居住在中原地带，经过多次南迁才来到居住地。广东"山高皇帝远"，历史上中原政权对这一带的统治力比较薄弱，在中原板荡、国土分裂时期更是如此。每当这种情况发生，总有中原人士南迁避乱或避难，相延成习，世代如此。

历史上中原民众第一次大规模避乱南迁，发生在西晋"八王之乱"时期，直到唐朝建立，才告一段落。在数百年的大唐盛世中，来自中原各地的汉族人在广东重新混合，形成了在珠三角以及沿北江、西江分布的"广府人"。而作为广府人较早的分支的四邑人，也是在这个历史进程中逐渐形成的。由此可见，近世四邑人移民的传统基因，早在 1 000 多年前就已经萌芽。到南宋时，由于北方少数民族入侵中原，长期的战乱引发中原汉人在中国历史上第二次南迁广东，一直到清朝初年才结束，此是后话。

作为一个行政地理概念，四邑源于清代。清末，广东省辖有 9 个府，即广州府、惠州府、肇庆府、潮州府、韶州府、高州府、雷州府、廉州府、琼州府；7 个直隶州，即罗定州、南雄州、连州、嘉应州、阳江州、钦州、崖州；3 个直隶厅，即佛冈厅、赤溪厅、连山厅。其中，高、雷、廉、琼四府都在广东南方，往往又被称为"四下府"。

广东省辖 9 个府中，广（州）、惠（州）、肇（州）三府隔邻，都处于广东中部，交往比较密切，历史上形成的地缘关系也比较深厚。后来这 3 府的民众移民海外后，也往往结集为帮。例如，他们在东南亚组成的同乡社团，常被称为"广惠肇帮"。不过在拉丁美洲地区未见这样的帮，可能只是移民人数不足以覆盖三府的缘故。清末，广州府则包括 14 个县，即南海、番禺、东莞、顺德、香山（今之中山）、清远、三水、从化、增城、龙门、新会、台山（1914 年前称新宁）、新安（又名宝安）和花县；惠州府位于广州西面，至清末管辖 9 个县和 1 个州。9 个县分别为归善（1913 年改称惠阳）、博罗、长宁（1914 年改称新丰）、永安（1915 年改称紫金）、海丰、陆丰、龙川、河源及和平，1 个州指连平州。肇庆府旧名为端州，位处珠江流域的支流西江。清末，肇庆府共有 10 个县和 1 个州，计为高要、四会、新兴、开平、恩平、广宁、封川、开建、高明及鹤山，1 个州指德庆州。

由此可见，四邑在清代分属于肇庆和广州两个府。但这种建立在行政区域上

① 广东省在 1988 年前还包括海南岛（简称"琼"）。1988 年 3 月设立海南省后，海南岛遂不被包括在广东省辖域内。此处所说的广东省范围均按现行辖域。

② 潮汕地区的移民多经福建辗转而来。

的聚合力，远不如基于地缘和经济活动所产生的聚合力。历史上可以看到这样的现象：肇庆府开平、恩平两县与广州府的新会、台山两县的关系实际上更为密切。世界各地的华侨社会中，往往以四邑的面目出现，至今这一情况依旧。只是在 20 世纪 80 年代江门建市后，原四邑加上鹤山市，才形成了"五邑"的地理概念。此后五邑的概念才在国内流行开来，渐渐取代了四邑的概念。

根据地方资料介绍，四邑地区属南亚热带季风气候区，温和多雨，阳光充沛。最冷为 1 月，最热为 7—8 月。月平均气温为 30℃左右，极端最高气温达 38℃以上，极端最低气温为 0.5℃。全年无霜期达 350 多天，年平均降雨量 1 600～2 700 毫米，有利于农作物的生长。夏秋盛行偏南风，高温多雨；冬春常吹偏北风，干冷少雨。风灾洪涝是主要的自然灾害。全年降雨量 70% 集中在 4 月至 9 月，形成明显的雨季汛期。夏秋，恩平沿海一带常常受到台风洪涝侵袭，风力最大可达 12 级。

恩平本是古越人居住之地，但大部分古越人的后裔后来也被早期抵达这里的汉族人同化了，少部分人渐渐演变为当地少数民族。南北朝时期的"乌浒"，亦即"俚人"，唐宋时期的壮族，均为土著的后裔。如恩平的横陂一带，东延伸到今台山市南部，西延至恩平市那吉镇、阳江市以西，乃至循西江流域直至广西南部的广袤地区，含"那"字、"古"字的大小地名不绝于野，说明这些地方古代均为土著活动之地。

历史上，恩平的辖域几经变迁。在秦统一中国之前，包括恩平在内的中国南部大片地方没有行政建置。公元前 221 年秦始皇统一全国后，推行郡县制。公元前 214 年，秦平岭南，接着在岭南设置了南海郡、桂林郡和象郡，今恩平地则为桂林郡属地。西汉时，恩平改属合浦郡。但那时由于恩平人口稀少，社会野蛮，封闭落后，中央政权对这一带的治理是象征性的。恩平最早设县是在三国时期的吴国，时称"思平县"，是四邑中最早建县者，县治大致在今恩平良西镇的恩平铺，辖今恩平全境及阳江、阳春部分地区。其时在恩平所设县名曰"思平"，反映了汉族统治者思盼早日平定此地"化外之民"之意，也间接说明由是时起，中央政权对恩平一带的治理开始走向实质化。南朝齐改"思平"曰"齐安"，隋朝开皇十八年（598）又改曰"海安"。"恩平"一名则正式出现于唐朝至德二年（757），其后屡有废革归并之举。恩平可能是"思平"之讹，也不排除是在故意的错讹中寄寓大唐一统天下后此地"沐天恩而平"之意。到明朝成化十四年（1478），"设广东肇庆府恩平县"，"恩平县"的称谓便稳定下来，县治也南移至今恩城镇。清朝沿袭不变。中华人民共和国成立后，又移归佛山地区管辖，1983 年划归江门市至今。但在中国漫长的历史中，"恩平"大多数时候是作为"县"的行政建制而存在的，直到 1994 年 2 月撤"县"设"市"（四邑中另三县在此

之前已撤县设市）。1994 年的一撤一设，并没有涉及原恩平县辖域的变化。

恩平半属山区，半属丘陵。海岸线长 21 公里，但历史上并无良港通外海，与周边交往闭塞，信息不灵，整个恩平实际上处于半"孤岛"的状态。在过去，这样的自然条件本可勉强维持农村民众的生存，但到了历史的晚近时期，由于居民人数增多，人均耕地面积减少，加上政治黑暗，吏治腐败，社会动荡，经常发生的灾荒便很容易激起民变，导致人民流离失所，逃亡异乡。恩平侨胞也分居世界各地，今天恩平华侨华人最集中的地方，就是本书所写的委内瑞拉和荷属加勒比地区，此外还有加勒比海的多米尼加。在这些地方，恩平侨胞占据了居住国/岛屿华侨华人总人口的绝大多数。

新会地处中国大陆珠江三角洲西南部，扼粤西南之咽喉，据珠三角之要冲，濒临南海，毗邻港澳。新会古称冈州，是广东历史文化名城。秦统一后，设南海郡番禺县，今新会、鹤山、台山、江门和开平大部分地区在其中。三国时期，吴国将今天的新会、鹤山、台山、江门和开平大部分地区从番禺划出，设立"平夷县"。这是今新会地域最早设立的县。"平夷"，意即镇平、管辖当地"夷民"。管治者自然是北方迁移来的汉民。到西晋太康元年（280），平夷县改称"新夷县"。一字之差，可以看出历史的进步。东晋元熙二年（420），分南海郡置新会郡（新夷县也改属新会郡），新会之名便沿用至今。其实，秦代以来，新会全境都是土著的天下，这些土著的南越族群发展到南朝时期，称"乌浒"，或者叫"俚人"，他们与南下的汉族移民杂居在新会一带。经过南朝东晋和刘宋的治理，汉族移民用更先进的文化不断同化当地土著。在逐渐汉化的过程中，新会一带需要一个高层次的行政设置，故"新会郡"应运而生。所谓"新会"，即将这个新郡定位为同化、开发土著族群而设立的几个县的集"会"。经过历代发展，新会于 1992 年撤县设市，2002 年撤市设区。新会是全国著名侨乡，旅外乡亲和港澳台同胞 70 多万人，主要分布在港澳、东南亚、美国、加拿大等多个地区和国家，但在委内瑞拉和荷属加勒比地区的较少。

从三国时期吴国平夷县设置以来，四邑的政治、经济、文化中心一直是在今天的会城。到明朝弘治十二年（1499），为了安定海疆，将新会县西南部析出，设立新宁县。清朝顺治年间，为了解决几个县之间的治安管辖问题，又将新会西北部划出，与恩平、新兴的一部分合设成开平县。清朝雍正年间，为了安置从粤东迁移来的客家移民，又析新会、开平两县，设立了鹤山县。鹤山的客家人便成了 19 世纪下半叶和 20 世纪上半叶加勒比地区一些国家（例如苏里南）和荷属阿鲁巴的重要移民来源（其中一部分先到苏里南等国后来再移民阿鲁巴）。就这样，新会的管辖范围便不断缩小。在新会不断缩小的同时，新会境内已经逐渐孕育着一个新的城镇的雏形，这就是"江门"。1925 年，江门设市，直属广东省政府。20 世纪 80 年代江门升格为直管包括五邑在内的地级市后，委内瑞拉与荷属加勒比地区就成了其海外乡亲的分布地之一。

台山位于广东省境南部沿海，珠江三角洲西南部，东邻珠海特区，北靠江门新会区，西连开平、恩平、阳江三市，南临南海。毗邻港澳，幅员辽阔，陆地总面积 3 286 平方公里，是广东省面积最大的县市之一。台山处山海之间、揽河流两岸，有广阔的平原，全县平原约占全县总面积的 1/3。台山在汉代为四会县地，晋属新会郡临允县，隋后为新会县地。明弘治十二年（1499），设新宁县，直到民国三年（1914）改名台山县，因境内有三台山而得名。1953 年赤溪县并入。1992 年 4 月 17 日，经国务院批准撤县设市。

台山人的出国历史可追溯到清乾隆三十九年（1774）。由于大批台山人漂泊海外谋生，今旅居海外及港澳台等 92 个国家和地区的台山籍华侨华人达 130 多万，主要是旅居美国、加拿大、澳大利亚、巴西、墨西哥、马来西亚、新加坡和香港，其中旅美 42 万多人、旅加 18 万多人，因此台山素有"中国第一侨乡""国内国外两个台山"之美誉。19 世纪中叶开始，台山侨胞先后大量到美国和加拿大淘金，后来修铁路，渐而旅居北美。台山华侨最多的时候占美国华侨总人数的 90% 以上，台山话在华侨中有"国语"之称。就本书来说，台山曾是 20 世纪 80 年代前荷属加勒比地区的库拉索的主要华侨来源地，20 世纪 80 年代后被恩平超过。但就全球而言，台山直到今天仍然是海外传统华人数量最多的县级市。每年都有大批旅外乡亲、港澳台同胞回乡探亲观光。同时，台山的归侨和侨眷也多。海外侨胞则积极支持家乡经济建设，同时通过侨汇缮养家人。台山旅美华侨陈宜禧曾在 20 世纪 10—20 年代修建新宁铁路（抗日战争时为日寇所毁），因此，该县商业殷盛，历史上有"小广州"之称。

开平市地处珠江三角洲西南面，位于广东省中南部、珠江三角洲西南面，毗邻港澳，北距广州市 110 公里，东北连新会，正北靠鹤山，东南近台山，西南接恩平，西北邻新兴。境内南北西部多低山丘陵，东、中部多丘陵平原，海拔 50 米以下的平原面积占全市面积的 69%，丘陵面积占 29%，山地面积占 2%。开平也是中国著名侨乡，旅居海外的华侨、华人、港澳台同胞共 75 万人，分布在世界上 67 个国家和地区。但以旅居北美的居多，中南美不多。开平还是闻名遐迩的碉楼之乡，包括立园、赤坎欧陆风情街、风采堂、加拿大村等。但开平在委内瑞拉和荷属加勒比地区的华侨人口较少。

鹤山位于珠江三角洲腹地，清雍正九年（1731）建县，因市内有山形似仙鹤而得名。中华人民共和国成立后，曾与高明县合称高鹤县，1982 年恢复鹤山县建制。1993 年 11 月撤县设市。鹤顶亭为鹤邑名胜，位于旧县城内鹤山之巅，清乾隆十九年（1754）由知县刘继倡建。刘继撰《鹤顶亭记》叙其建亭宗旨。建

亭垂二百余年，钟灵毓秀，有苍松环抱，丹枫耸峙，木棉参天。鹤山亦为中国著名的侨乡之一。历史上，鹤山人大量移民加勒比地区的周边岛屿和国家，例如苏里南、特立尼达和多巴哥、牙买加等地。鹤山人和鹤山县先已移民到加勒比地区周边岛屿与国家的华侨及其后裔，曾是本书所叙述的阿鲁巴华侨的主要来源地，到了 20 世纪 80 年代以后，阿鲁巴华侨方才主要来自恩平。

　　在地理上看，恩平与新会、台山、开平四地属同一个地理单元，在历史上就已形成内部联系相对紧密的区块整体。四邑交界处"各乡村，处处相通"①。在历史上就已经形成一种经济上相互依赖的关系。例如，"自新（新宁即台山）、恩（平）、开（平）、鹤（山）各县赴广州省会，必由新会经过"②，滨海的台山县海路畅通，对于"地多山谷、转运维艰"的恩平、开平，又"足资接济"③。四邑中，除新会县东北部"多商鲜农"外，其他地区具有浓厚的自然经济特色。例如，台山县"农安耕凿""工少滔淫"④，开平县则"男务耕耘，女勤纺织""百工手艺于为于农隙之时"⑤，恩平县则"邑人向业耕稼，远出逐利者少"⑥，即使是新会县，其西南部也"多农鲜贾"⑦。由于务农的收入极其微薄，四邑部分地区的农民有往外县（主要是较富庶的南海、番禺、顺德这"三邑"）打短工的习俗，"每于收获事竣，即间关数百里，往南海、九江等处估工担泥，借博劳资，至岁杪乃言旋"⑧。

　　从文化地理角度看，恩平与东邻台山、开平的共性，远多于其与西边的阳江、阳春等地的共性。例如，就语言来说，四邑话属于粤方言区的一个亚区。虽然其在恩平以及台山、新会、开平诸县市间存在着差别（其实，即使是同一个县市的不同村镇间，也存在着微妙的差别），但是，这种内部差别相对于其与外部其他县市间的差别而言，还是比较小的。举例说，就声母、韵母和声调而言，四邑话的内部差别不大，但与广州话比较，差别就很大。语言的一致或相近，是今天海外华侨华人中的四邑籍人更容易形成聚居地的原因之一。1903 年新会人梁启超游历北美后写道："凡外洋之粤民，皆有所谓三邑、四邑者，是最怪事。所谓三邑，则南海、番禺、顺德也。所谓四邑，则新会、新宁、恩平、开平也。

---

① 张葆连、刘坤一：《光绪新宁县志》，长沙：岳麓书社，2011 年。
② 聂崇一：《恩平县志补遗》（铅印本），民国十八年（1929），第 3 页。
③ 余丕承：《恩平县志》（铅印本）卷十四，上海：圣堂光华书局，民国二十三年（1934），第24页。
④ 张葆连、刘坤一：《光绪新宁县志》，长沙：岳麓书社，2011 年。
⑤ 《开平县志》卷五，民国二十一年（1932），第 1 页。
⑥ 余丕承：《恩平县志》（铅印本）卷十四，上海：圣堂光华书局，民国二十三年（1934），第 4 页。
⑦ 瑞麟、戴肇辰等修，史澄等纂：《广州府志》卷十五，新北：成文出版社，1966 年，第 26 页。
⑧ 余丕承：《恩平县志》（铅印本）卷四，上海：圣堂光华书局，民国二十三年（1934），第 12 页。

会、宁属广州府，恩、开属肇庆府，而会、宁人昵其异府之恩、开，而疏其同府之南、番、顺。"梁启超看到的现象，正是基于同一个文化传统的民众之间所具有的认同感、亲和力并不为行政区划所削弱，反而更为持久、顽强的表现。他也解释说："推其原故，则语言之异同为之也。"① 就委内瑞拉与荷属加勒比地区来说，除恩平籍人占大多数外，其他籍人中，仍以台山、新会、开平籍人为主。

（二）鸦片战争前四邑人的国内外移民之路

如上所述，四邑地区本来也有土著居民，但后来大部分都汉化了。近代四邑地区移民海外的汉族民众，基本上是历史上的北方移民的后裔，也不乏被汉化的原土著居民的后裔。自汉代以来，汉族民众就不断从北方迁入今四邑地区，到南宋时达到高峰。南宋到清朝初年，中原汉人的第二次南迁广东，给广东地区带来了大量社会冲突，主要表现为"土客械斗"，且参下述。

1. **历史长河中四邑人的国内流动与海外零星移民**

大量的"珠玑"移民，原本主要来自黄河中下游地区，他们构成了后世四邑人群的主体。清康雍年间，作为汉族一个独特民系，客家人从粤东大量迁入四邑地区，成为汉族中之后来者。明朝时，还有一些瑶族人从粤北迁移到恩平、台山、开平和新会，主要定居在山区。到清朝前期，他们基本上已经汉化。这说明，四邑自古以来就是一个北方移民流入的地区。可以说，此地越来越多的居民祖辈就有通过移民谋生的传统，他们的血液流动着与生俱来的移民因子。这是后来他们沉寂已久的移民"细胞"和"神经"得到激活，从而义无反顾地移民海外的文化基因。不同的是，历史上的四邑移民，只是在中国传统疆域内的陆地流动，而到了近代，则是群体性地走出国门的跨海流动。但从移民的本质——人口的迁移和生存，以及经济、社会与文化适应的角度来说，则是相通的。

众所周知，历史上南迁广东的中原人，在翻越南岭山脉到达粤北韶关的南雄地区时，如果没有受到战乱影响，一般来说就会在那里休养生息。后来，逐渐在南雄的珠玑巷形成了一个巨大的聚居区。今天四邑各地民间盛行的"称纪元必曰咸淳年，述故乡必曰珠玑巷"之说，便是移民运动的产物。

但是，珠玑巷并不是北方移民的最终栖居地。很多大姓氏会在那里居住一代或数代后继续南下。不过珠玑巷仍然会被那些继续南下的大姓氏追认为移民"圣地"，即他们在广东的发祥地。他们南下后繁衍的后代会回到珠玑巷，在那里修建"太公祠"，以缅怀历史上带领族群南下并安葬在那里的"太公"。这些"太公"一般会被认为是本姓氏在广东的开山祖。话说回来，他们的祖先当初来到珠

---

① 梁启超：《新大陆游记》，北京：社会科学文献出版社，2007 年。

玑巷后之所以继续南下，是因为珠玑巷所在的南雄地处山区，远不如平原地区富庶。他们要另觅新的富庶之地，所以，中原来的南迁汉人在南雄繁衍了一代或数代以后，大多会沿着北江南下，再沿西江西进，最后到达珠三角、粤西乃至今广西东部的平原地带。例如，恩平历史上盛产读书名人的"举人村"——歇马村，其先祖即为宋神宗时的梁绍。他先从中原迁徙到珠玑巷，其子孙后来又陆续向珠江三角洲移民。到元朝至正年间，其后裔梁永寿迁到今阳江，其子梁江又续迁到今圣堂锦江河边，建村歇马，是为歇马梁氏一世祖。梁氏后人秉承其祖先"笔筒量米也要教子读书"的遗训，世世代代，教育子孙刻苦读书，考取功名，是故历代名人辈出，饮誉遐迩。又如，南宋末居正公由福建莆田迁籍南雄珠玑巷，后嗣为广东黄氏始祖。其中罗贵带领 33 姓 97 户南迁的时候，其中就有黄姓 12 户。至今，从珠玑巷南迁的黄氏族人主要分布在广州、南海、顺德、开平、恩平、新会、东莞、番禺、宝安、鹤山、高要、台山、三水、花都、清远等地。再如，恩平冯氏始祖复春公，居南雄珠玑巷，在公元 1240 年迁到今恩平市牛江镇仕洞村定居。今恩平牛江镇仕洞村里有一座恩平历史最悠久、建筑面积最大的冯氏祠堂——复春冯公祠，建于清乾隆四十八年（1783）。此外，在中原汉人的大规模南迁中，原先广东地区的百越部落也逐渐被杀戮、被赶走或被同化，到唐末，只剩下粤北深山中的一个瑶族。后来广东的汉人便创造了一个全新的"粤"字，与原先的"越"字同音，以说明此"粤"非彼"越"。前者指南迁的汉人，后者指古老的百越遗裔。

中原移民，既是国家不幸陷于分裂时期的产物，但换个角度来说，也是使广东地区与中原的血缘和经济关系不断强化的黏合剂，因为每一波南迁，中原民众都在族长、村长（称"太公"）的带领下，整个家族、整条村庄"成建制"地扶老携幼长途跋涉南下。与此同时，也把中原的文化传统一股脑地带了过来。由此也就形成了中国式的移民传统。移民，不仅是参与群体的断断续续的线性运动，也不仅是居住地和居住环境的改变，更不仅是生存发展方式及与居住地民众关系的改变，它也是文化的迁移及其与新居住地的文化的融合过程，包括语言、风俗、宗教和生活方式等各个方面的迁移与碰撞、适应与融合。

中原民众的文化传统原本就存在多样化的现象。虽然彼此之间的差别并不十分明显，但历史没有足够的时间让原先各种各样的文化样式融合到完全一致，中原的民众就整个家族、整条村庄地南迁，导致他们在到达新的南方居住地后长久地保留了原中原居住地的文化传统，后来被"打包"带到海外。历史上的四邑地区居民，本来就有通过移民谋生的传统，他们的血液中，流动着与生俱来的移民因子。当然，即使具备移民传统，也还需要移民自身现时的主观动机，包括敢于移民的意愿和勇气。

说古代生长在恩平一方土地上的民众已具有移民的意识，是就他们的"祖传"因素而言。移民"祖传"因素具有"集体记忆"功能，在被埋没了很久以后，可以因某种原因得到发掘和张扬，从而在一定程度上催生新的移民潮。同理，移民文化的"祖传"因素也会淡化和消失。如果在一个较长的时期内没有得到发掘，它会随着岁月的流逝而逐渐发生衰变。

古代的移民，基本上表现为陆地路线和水面路线（以海上路线为主）两种方式。古代的四邑移民，则基本上是在中国大地上的陆地流动。当他们迁移到濒临南海的四邑地带以后，就基本上停止下来了。原因是海洋流动的自然条件比陆地恶劣得多，专制机器的严厉控制，中国宗法制度的严密约束，还有在四邑一方居地上生存状况的好转和生活的相对安定等，都是移民步伐停止的因素。再进一步做海外移民，便是 19 世纪中叶以后的事。但应指出的是，陆上移民步伐的停止，不等于对外交往的中止。相反，到了唐代晚期，随着中国经济重心的南移，四邑地区的对外交往趋势在加快，突出的表现是此后至清代出现了面向海洋的开放方向。

再看农民起义所导致的海外移民。明末清初，全国各地先后爆发大规模农民起义，四邑地区农民揭竿而起。这些起义席卷各县，并同增城、东莞、新兴、阳江、阳春一带的农民起义遥相呼应。此外，清灭明后，实行种族屠杀政策，不断激起汉人反抗。清初四邑地区的"反清复明"起义包括两部分，一是农奴（即受地主役使的奴婢、奴仆）起义，二是农民起义。可以推定，这些起义军中多有恩平籍士兵和各级军官。虽然起义最后均遭残酷镇压，起义者也多被杀害，但不少起义者，包括恩平籍士兵、军官及其家属利用四邑濒海的有利条件，乘船逃亡海外成了华侨。当然，这类华侨与和平环境下的移民还是有区别的。前者去如黄鹤，去后与家乡和亲人不可能有联系；而后者则多少存有复返家乡之念，与家乡亲人联系的可能性也大得多。两类移民都增长了四邑人的海洋移民意识，不过后者的影响应更深广。到清代，开始出现因落草为寇而浪迹海外最后演变成华侨者。最典型的例子是张保（1786—1822）的部属。他们在遭清军围剿后，部卒中有六七万人，大小船只千余艘，大部分人乘船逃亡菲律宾、马来亚和北婆罗洲等地，[①] 是为南宋灭亡后鸦片战争前四邑地区又一次人数较多的海外移民。

2．陆地与海洋上的移民文化

下面再看古代四邑人的海洋移民意识。客观地说，四邑人出现零星海洋移民的时间比陆地移民要晚得多，但出现海洋移民以后，便与陆地移民不时产生

---

① 据新会知县林星章道光二十年（1840）主编的《新会县志》所载；事参温雄飞：《南洋华侨通史》，上海：上海东方印书馆，1929 年。

交汇。

　　史籍载，南朝时海外"蛮夷"之舶每到粤地掠取土人贩卖海外。这里的粤地，应是包括今恩平、台山、阳江在内的广东沿海地区。是故，"蛮夷"之舶所掠土人，不排除其中有恩平等地土著居民。如果是这样的话，则他们应是恩平等地最早的海外"被动移民"，或曰"被贩猪仔"。

　　在唐代以前，四邑地区就已有了对外交往。如，北魏太武帝太延二年（436），北魏灭北燕，北燕首领冯弘率众逃往高丽（今朝鲜）；后遣独子冯业率300人浮海，投靠南朝宋文帝，不料遇风浪漂流至今新会境地，在此定居繁衍。后其孙子冯融任罗州刺史。融之子冯宝任高凉太守，他与冼氏联婚，教化越人。① 后来，作为冯氏家族杰出代表的冼夫人还在隋朝统一中国的过程中建立了不朽功勋。但从海洋移民的角度来看，现存史料没法说明冯氏势力在四邑地区的定居繁衍曾对恩平民众有什么影响。

　　到了唐代，社会的政治、经济、军事发展到一个历史高峰，中国的经济重心南移。四邑地区因而出现了两个面向海洋的开放方向。第一，广州方向。唐代的广州是重要的国际贸易港口，有"广州通海夷道"与南洋、印度洋沿岸和阿拉伯世界联通。其时广州设有"蕃坊""市舶司"。到唐玄宗开元二十三年（735），废冈州治，划新会归广州管辖。这样，广州便可以通过梯度递接的方式对四邑地区发生影响，四邑地区也就通过广州走向外部世界。第二，新会与台山方向。由于海路的畅通，四邑地区的虎跳门、崖门（在新会）和广海港（在台山）的商船就可以径直与南洋等地往来。若论对四邑地区的海洋文化影响，后一方向的作用更大一些。可以推定，当时四邑就有人（主要是新会人与台山人）远涉重洋，前往东南亚一带进行国际贸易活动，其中还有人滞居不返。宋人云："北人过海外，是岁不还者，谓之住蕃；诸国人至广州，是岁不归者，谓之住唐。"② "是岁不还者"，实际上就是华侨。后来乾符六年（879）夏黄巢率起义军攻克广州时，不少人随阿拉伯商人或自驾船只亡命苏门答腊巨港一带，不排除其中可能有新会与台山商人。但冷静地看，虽然今"海上丝绸和陶瓷之路"整体上对"四邑"地区有一定影响，但这种影响对恩平是最弱的。不管恩平有没有出现过"是岁不还者"，恩平对海洋相对封闭的地理特征，使生活在这里的人仍然受陆地农耕意识的支配。

　　在后来很长的历史时期内，还可以发现不少四邑地区对外交往相关的史料。

① 见《隋书》卷八十列传第四十五《列女传·谯国夫人》所载："初，冯弘之投高丽也，遣融大父业以三百人浮海归宋，因留于新会。"

② 朱彧：《萍洲可谈》卷二。

例如，1279 年，导致南宋亡国的宋元"崖山之战"后，宋朝余部及部分百姓 3 万多人乘船百艘移居交趾、占城及真腊等地。南宋灭亡前后数年间，四邑各地爆发了"抗元复宋"农民起义，失败后部分起义者亡命海外。明初实行海禁，官营贸易只有"朝贡"贸易一途。《广东新语》列有 9 个供贡舶停靠的"澳口"，中有新宁（台山）县辖下的广海、望峒、奇潭。这说明四邑沿海在国家海外贸易中所占有的地位。其时，四邑海滨民众多有以贩海为生者。明中期穆宗隆庆年间（1567—1572），废海禁，准民间出洋，一些海商和破产农民、手工业者由是纷纷出洋谋生。沿海四邑人此时自不甘落后，纷纷经营海外贸易。海洋文化可以说已在四邑地区扎根和繁衍。16 世纪中叶，开平就有人因生活所迫乘木帆船远渡重洋，到南洋群岛谋生，是为四邑华侨之先驱。

清初也行海禁，旋又行"迁界"政策，人民扶老携幼，流离失所，贫者行乞街市，露宿衢道，往往饿死。但东南沿海一些商人及贫苦之民仍冒死出洋。对此，四邑史志及族谱多有载述，在此不赘。

综上所述，通过陆地与海洋两种途径表现出来的移民文化是有十分明显的区别的。主要是，海洋移民比陆地移民具有更大的冒险性和分散性，而陆地移民更容易驱使移民群体寻找安定的居住环境、安逸的生活方式。作为移民群体，他们在与土著居民的生存竞争中，更容易满足于封闭、自足和低层次的环境。

客观地说，在古代四邑人中，恩平民众属于趋向于封闭、自足和具有"现实主义"意识的一群。除了专制机器严厉控制、中国宗法制度严密约束、生存状况相对安定等四邑环境共有的因素之外，恩平人生存的地理环境是较为封闭的。环顾恩平周遭，只有今其辖域的南部横陂一带尚算临海，其他地方均与其他州县陆连，在古代，基本上没有大的可航江河与外界交通。而横陂偏处南隅，古代人迹稀少，其开发也是非常晚近的事情。因此，很难想象在遥远的古代，这里有多少海洋移民文化。

若再以上述的恩平地理环境跟近邻的台山、开平和新会几县比较，则恩平远比不上后几县。后几县不仅与海洋接触的地理环境优于恩平，而且与珠江三角洲中心地带（如广州）的交往程度也明显优于恩平。四邑中，新会的崖门水道也是古代海上丝绸和陶瓷之路的通道之一。因此，新会人便得天独厚地充当了海外移民先锋的角色。台山的广海镇是中国"海上丝绸和陶瓷之路"通往南洋、西亚、东非的古老口岸之一。宋代在广海设置了望舶巡检司，南洋等地来的商船必须经过这里才可进入广州贸易。1514、1517、1518、1522 年，不断有葡萄牙人来到台山上川岛，但均因中葡冲突而丧生或返回。从 1537 年至 1554 年，上川岛成为葡萄牙人一个贸易地点。1552 年，葡萄牙传教士方济各·沙勿略也到了上川岛，计划由此展开在中国的传教活动。至于开平，属平原丘陵地带，历史上更容

易接受珠三角中心城市的经济文化辐射。长期的对外交往，使新会、台山、开平等地的民众对外界有一定的了解，亦对西方文化有一定的接触和了解。清朝前期，尽管有禁海令，一些人仍然冒险到了南洋进行贸易活动，他们不断地把所了解的异域风情转告乡亲。这样，当地人就逐渐形成一种比较开放的心态。这种心态，也就成了他们移民海外的潜意识。

与新会、台山比较，恩平人的这种开放心态和移民海外潜意识虽然滞后一些，但也并非全无。在漫长的中国传统社会中，生活在恩平一方土地上的民众已经有"祖传"的陆地移民意识。后来出现的零星海外移民，其历史影响虽不能估计过高，但至少对恩平人存在久远、源于陆地的移民意识产生某种"保温"作用。在社会生活安定的时候，移民意识会潜藏在人们的脑海里。但当社会动荡不安的时候，它会被"激活"并成为驱动人们再移民的动力。

18 世纪开始，中国迅速增长的人口与有限的耕地之间的矛盾日渐尖锐。对此，处于矛盾刃尖上的中国人的其中一个反应便是用脚"投票"，去国离乡，另谋出路。他们或从此乡迁到彼乡，寻找新的耕地，或从农村迁往城市，做点买卖或打工为生。值得注意的是，这些中国民众去国离乡的目的地，不仅有国内，也有国外，特别是东南亚地区自古就是中国民众避乱谋生的人口稀少地带。不过在明清实行海禁的时期，沿海人民只能偷偷出国。无论是出走国内他乡还是避居国外，他们的目的只是为了维持自身最起码的生计，还没有多少发家致富的奢望。人们主观上发家致富意识的萌生和实践，还是在西方人来到中国以后。中国和外部世界的经济反差，国内外劳动受益的巨大差别，使他们不可抗拒地萌生了通过出国寻求发家致富的意识。

应指出的是，历史上中国南方居民向海外移民，与在国内迁徙，在当事人本身的观念上并没有什么差异。在他们心目中，移民就是重新寻找一块更适合生存和发展的地方而已，不管这块地方是在哪里。诚然，一般来说，这块地方不管是在国内或是在国外，越近家乡越好（有时在国外可能比国内更好，因为在国外没有国内那样的苛捐杂税和贪官污吏）。但这是相对的，当"远在天边"的地方（例如美洲）无力到达时，"近在眼前"便是无奈的选择；但鸦片战争后，到美洲谋生已经不是传说而是活生生的现实。在美洲不仅可以糊口，还可以赚大钱，可以发家致富，那么，仅可维生或赚钱无多的"近在眼前"的地方便逐渐离开四邑人出国选择的视野，而钱多甚至可以发家致富的"远在天边"的地方，越来越成为四邑人的主要选择。历史上，美洲（主要是美国）被中国人称为"淘金"之地，不仅是因为那里真的可以通过淘金致富，而且在那里可以通过别的工作发家致富，甚至一夜暴富。这时候，"淘金"已经成为广义上的通过不同渠道发家致富的代名词。而"淘金"一词的广泛含义，就是由四邑人最先延伸开来

的，直到今天还在沿用。所以，四邑人出国，地理距离不是唯一的考量。相对于经济收益来说，对地理距离考量的"权重"会变得越来越轻，特别是在国际交通条件得到根本性改善的前提下。

应该注意到，移民传统带来的勇气也很重要。显而易见，在同样的历史条件下，四邑人选择移民"远在天边"的美洲可以毫不犹豫，义无反顾。但同时期中国的北方人，就可能犹犹豫豫，反反复复，甚至"铁石心肠"，绝不出洋。在他们眼里，祖宗的土地和基业、一亩三分地和老婆孩子热炕头重要得多。在其时一些人的眼中，出国移民甚至是一种背叛列祖列宗的不孝行为。

还要指出的是，以往人们在谈到近代中国人的移民行为时，往往过于强调中国国门打开后下层民众移民海外的"被迫"与"无奈"。这没有错，但不全面。除了"被迫"与"无奈"这两种心态外，还有移民传统造就的不少人的"主动"与"积极"心态。与此同时，夹杂着两种矛盾心态的出国者，相信也不在少数。

3. 鸦片战争后四邑地区汹涌澎湃的海外移民潮

中国人向外移民的"内推力"，很大程度上也是形成中国近代史的几种主要因素的合力。分别是：人口的压力，政治上的动荡不安和分裂，外国的干涉以及接二连三的自然灾害。不过，当这些因素发生在四邑地区时，其表现形式和作用力大小是有所不同的。

到了近代，古老的中国社会发生了千年未有之变局。1840 年爆发的鸦片战争，轰开了中国的国门。欧风美雨，扑面而至；海浪洋潮，劲袭而来，中国人的传统意识受到重大冲击。其中很重要的一点是，人们"祖传"的陆地移民意识很容易被激活，产生近乎几何级数般增大的移民意识并纷纷踏上出洋谋生之路。四邑地区在鸦片战争后出现的大规模海外移民，是上面所说的民众的移民意识（包括被动的和主动的）、家乡的经济社会现状，以及移民国家（地区）多重因素交互作用的结果。正当四邑地区社会经济的变化驱使民众争相出国之时，东南亚、美洲、大洋洲等地同时产生了对中国劳动力的强烈需求。一个推力，一个拉力，两相结合，有力地激活了四邑民众潜藏的海外移民因子，因而产生了难以抗拒的诱惑力。毫无疑问，如果没有这种内外因素发酵而成的诱惑力和吸引力，四邑民众向海外移民仍会像既往几百年那样，零零星星，点点滴滴，或许规模也会越来越大，链接性越来越强，但终究只是涓流，不会形成大潮。一个根本性的原因，是清政府奉行限制出海和抑商的政策，严重阻碍了珠江三角洲包括四邑地区商业和手工业的进一步发展。清前期，政府对出海贸易的限制十分严厉，从船的大小、只数、行期乃至携带粮食的数量都有苛刻的规定，人为地阻碍了海上贸易和航海业的发展。

那么，鸦片战争后是什么因素强烈地激发四邑民众的海外移民热潮？应该

说，这是一条环环相扣、愈演愈烈的移民链。

鸦片战争之后，西方列强对华政策的一个目标是迫使清朝政府进一步开放海禁，允许西方各国在华自由招工、自由从事苦力贩卖活动。1856 年，英、法发动第二次鸦片战争。1860 年，英、法逼迫清朝政府签订《北京条约》。该条约第五条规定："凡有华民，情甘出口，或在英（法）国所属各处，或在外洋别地承工，俱将与英（法）民立约为凭，无论单身或愿携带家属，一并赴通商各口，下英（法）船只，毫无禁阻。"① 这一条款实际上改变了清政府实行了 200 多年的海禁政策，从此，华工出国由非法变为合法。本土内战结束后急切需要加快西部开发的美国，也迫切需要输入华工，遂于 1868 年与清政府签订了《蒲安臣条约》。这个条约的第五条便是鼓励华人移民的规定："两国公民与臣民为了好奇、经商或作为永久居民者，彼此从一国自由移民到另一国对双方都有好处。"② 这一条约极大地改变了许多四邑人的命运，也可以说是后来在美国和加拿大得以形成一个以台山人为主体的华侨社会，以及在委内瑞拉得以形成一个以恩平人为主体的华侨社会的重要原因。假如没有这个条约，台山人、恩平人乃至四邑人大量移民美洲是不大可能的事。有了这个条约之后，清政府的华侨政策也开始发生不着痕迹的变化，由过去视出国华侨为"奸民""天朝弃民"，逐渐朝承认华侨出国合法、保护华侨在国内合法权益，乃至朝国外护侨的方向转变。但这个过程是漫长的，一直到 19 世纪 90 年代才明显完成，而到清朝最后 10 年才发生根本性的改变。就恩平移民来说，他们最早前往委内瑞拉的时期，恰是清朝政府的华侨政策发生历史性转折的时期。这一政策变化对早期前往委内瑞拉的恩平人最直接的影响是，他们可以不再被舆论骂为"奸民""天朝弃民"，因而可以义无反顾地出国谋生了。

列强的武装干涉对中国农民移民海外的影响也很大。这种影响是通过"列强武装干涉—中国政府失败—被迫向外国赔款—转嫁为农民的负担"的曲线方式发生的。从鸦片战争、第二次鸦片战争、中法战争、甲午中日战争，到八国联军侵略中国的战争，中国均以失败并支付大量战争赔款告终。为了应对外国赔款，清政府只能对农民大肆搜刮。鸦片买卖的合法化，使中国人在物质上被洗劫一空，精神上备受摧残，更是为人所深恶痛绝。另外，每战之后，外国势力总可通过不平等条约深入中国内地。外国势力在内地进行的重要活动是传播基督教。在当时中外的不平等地位日渐深化、列强将传播基督教当成是征服中国人心的工具的情况下，基督教难免不被中国乡民所理解，因而不可避免地导致中国人民的强烈反

① 宁可主编：《中华五千年纪事本末》，北京：人民出版社，1996 年。
② 宁可主编：《中华五千年纪事本末》，北京：人民出版社，1996 年。

抗。当然，上述事态的演变并没有也不可能均衡地发生在中国的每一个地方，比如在四邑地区，鸦片合法买卖、基督教传播等现象没有其他沿海地方严重甚至没有发生。但是，当时的中国经济已经形成一个不可分割的整体，牵一发而必动全身。中国沿海农村经济的整体破败，必然对四邑地区的农村经济的衰落产生影响，从而催生和加剧民众的移民意识。

就四邑地区来说，是诸多因素把人们赶上了出国之途。清代前期，珠江三角洲曾在经济上获得很大程度的发展。但是，这些发展是在封建制度的框架内取得的，因而也就无法摆脱封建制度基本矛盾的制约和支配。1840 年英国人用大炮轰开了中国大门后，珠江三角洲最先跌入半殖民地半封建的深渊。无论是商品经济比较发达的三邑，还是以自然经济为主的四邑，都未能逃脱破产的悲惨命运。当时四邑地区的主要社会矛盾有以下几点：

其一是随着土地越来越集中，"人稠地狭"即人口增长与耕地不足的矛盾日趋严重，造成民众生活日趋贫困。四邑地区本来就山多田少，耕地面积基本上是常量，亩产也基本上是常量，但人口却是个巨大的增量。于是，粮食的总供给与总需求严重失衡，人均粮食产量锐减，便不可避免地成为社会矛盾的主要产生源。其实，自 19 世纪中叶以来，就全中国而言，人口迅速增长、耕地不足的状况已日益严重。不幸的是，在四邑地区，这种矛盾比之全国有过之而无不及。清朝道光年间（1821—1850）以前，城乡民众的生活尚算安稳。之后，人口上升到 60 多万，清朝末期更是达到 80 多万，每人得田不足一亩，每人得粮仅可维持半年。[1] 这种现象在四邑不同地区的轻重程度也各不相同。但总的来说，应是主要产粮区、小平原地带更为严重，因为这些地区人口增长往往最为迅速。

导致以上问题雪上加霜的一个因素是土地不平均占有的情况变本加厉，以及鸦片战争后自然经济的迅速解体。当时在四邑农村，占总户数 5% 的地主占有 60%～70% 的土地，囤积居奇；而占 60% 多的贫雇农所占有的耕地仅为 9%，终岁劳动却不得温饱。[2] 很多贫苦农户每年收割完毕，交完田租和捐税后便所剩无几。鸦片战争以后，自给自足的农村自然经济不复存在，不少人被迫弃农为商、为贩、为无业游民，致农业劳动力逐渐减少，反过来又直接影响了粮食产量。由于严重缺粮，四邑地区只得大量进口洋米。据说，台山每年在买洋米上的开支是 118 万两白银，新会的粮食供销总量中有 60%～70% 来自海外。于是，"富者骤贫，贫者愈贫。教养并阙，民起为盗，赌盗相缘，而游手游食之辈遍城乡矣"[3]，

---

① 梅伟强、张国雄主编：《五邑华人华侨史》，广州：广东高等教育出版社，2001 年。
② 梅伟强、张国雄主编：《五邑华人华侨史》，广州：广东高等教育出版社，2001 年。
③ 贾雒英修、薛起姣等纂：《康熙新会县志》（康熙二十九年刻本影印本），北京：书目文献出版社，1991 年。

形成恶性循环。总之，西方资本主义的经济入侵，不但促使珠江三角洲的传统手工业纷纷破产，而且促使耕织结合的农村自然经济解体，激化了人稠地狭的矛盾，在失业大军中增添了无数的破产农民。

其二是由于自然经济解体，社会矛盾加剧，又直接导致冲突频繁，社会动荡，民不聊生。这种情况既是全国的大趋势，也在四邑地区产生直接反响。如清朝咸丰四年（1854），新会爆发红兵起义，10 万多农民揭竿而起，响应太平天国运动。起义军围攻新会县城达两个月之久，四邑各地起而响应。红兵起义最后遭到清军残酷镇压。起义失败后，不少农民被迫乘船逃往国外，以避迫害。

其三是四邑地区在清朝中后期自然灾害频仍，是广东自然灾害较严重的地区之一。四邑濒临大海，除了常见的水旱灾害外，每年台风频发。比如，1851—1908 年的 57 年间，新宁（台山）遭受大水灾 14 次，大台风灾害 7 次，大旱灾 4 次，地震 4 次，瘟疫 4 次，由此造成了 5 次大饥荒。[①] 自然灾害使本来就很贫困的百姓们的生活愈加困苦不堪。

其四是清朝咸丰、同治年间爆发的太平天国运动，使四邑地区风声鹤唳。随之，以台山、开平、恩平三县交界地为中心，发生了土人与客家人之间的械斗，时间长达 12 年（1855—1867）之久，殃及大半个四邑地区。"土客械斗"的起因，是广东的平原地区在此之前均已被广府人和潮汕人占据，故这些南迁的中原汉人只能迁居到粤东北和江西、福建交界的梅县山区，被称为"客家人"并说"客家话"。这些客家人后来或迁居台湾，或在清政府的安排下迁居到原广府人居住的地方，从而引发了导致广府人向海外大规模迁移的"土客械斗"。在中国的海外移民史上，"土客械斗"是一个重大事件。事件的大略经过是：清初，客家人大量聚居在粤东北的山区，广府人则聚居在珠三角和粤西平原区。广府人的居住地带人口不密集，且物产丰饶。于是，清政府安排广东北部居住在梅县、惠州一带的客家人迁往珠三角东岸的增城、新安县和肇庆、四邑地区。增城、新安离广东省的中心广州比较近，政府能够掌控局面，故迁往此带的客家人能够与当地广府人和平相处；肇庆、四邑地区则与之相反。据当地地方史志记载，到清朝中后期，广府人与客家人之间，多次发生大规模的械斗（即"土客之争"）。械斗一旦发生，往往相当惨烈，有时候需要清政府从广州调派军队去才能平息。"土客之争"持续了几十年。期间，骨肉同胞相互残杀数百次，往来拉锯，争斗不止，致田地荒芜，百业凋敝，肃杀之气遍野，惊恐之状盈巷，人们度日如年，

---

① 梅伟强、张国雄主编：《五邑华人华侨史》，广州：广东高等教育出版社，2001 年，第 32 页。

命如蝼蚁。① 结局是一部分客家人重回梅县、惠州一带，一部分客家人西迁至两广交界处，还有部分客家人则以通婚等形式彻底融入当地广府人族群中。最后，四邑和肇庆地区再无客家人村落。而广府人的结局也不"完美"，不少人因为家乡械斗而感到人身安全没有保障，只好亡命海外，成为华侨。更有相当数量的土客青年男女被对方掠为俘虏，当作"猪仔"卖往南美洲，仅此一项就有 1 万多人。② 总之，"土客械斗"使四邑地区民众被迫向外迁徙，到海外谋生。当时流亡海外的四邑地区民众，数新宁（台山）籍最多，也最早。"土客之争"由是成了华侨出国的重要推力，当然，还有其时美国发现"金山"等因素作为拉力。二力合一，终于将大量四邑人送到了海外，造就了一个庞大的"海外中国人"群体，同时也造就了一个闻名于世的传统意义上的"中国第一侨乡"。今天居住在委内瑞拉与荷属加勒比地区的四邑人，其祖先虽然不大可能就是当年土客之争的直接受害者，但基本上都是因为"中国第一侨乡"这一地缘关系而通过网络形式移民过来的。

19 世纪中叶太平天国被镇压下去后，到 19 世纪 70 年代，中央政府的权威在形式上已经重新树立，但是乡间依旧盗匪出没。特别是在广东农村，匪患频发，各种私人武装横行（包括盗匪武装与各村乡的自治武装），农村枪械多如牛毛，人们司空见惯，见怪不怪。腐败无能的清政府在 1912 年被推翻之后，人们欢庆结束帝制、建立共和之余，中国却连续出现了几届庸碌无能的政府。这些政府既不能实行新的政治制度，也不能消除国内的连年战乱。对于战乱中的中国北方"共和"政权来说，四邑地区属于"天高皇帝远"地带，而广东对于北京的中央政权来说则属鞭长莫及，地方政府是个弱势政府，对地方事务包括地方争端，很难有所作为。因此，平定村乡盗匪，平息百姓恐慌，不仅北京的中央政权无能为力，就是近在眼前的广东地方政府也徒叹奈何。当时四邑地区匪患频仍，最大的匪患，是以古兜山为据点的新会帮和以大隆洞为据点的信宜帮两股土匪。他们在台山南部的广海、海宴等地烧杀抢掠，绑架勒索，祸及台山北部及新会、恩平、开平等县。四邑地区由是治安恶化，民众谈匪色变，流离失所，加上天灾不断，于是，大批民众被逼上了出洋之路。如果说过去在生活重压之下尚可忍受，忍受不了尚可逃亡，无处逃亡尚可反抗的话，那么，现时赤贫化的四邑民众还多了一条出路，那就是出洋，移民海外。这条出路，比起忍受、逃亡和反抗还多一线生机和希望。在自己的祖国找不到立身之地的四邑民众，这时候只得忍痛离乡背

---

① 关于"土客械斗"的过程，详参刘平：《被遗忘的战争》，上海：上海文艺出版社，2009 年，第四章至第七章。

② 梅伟强、张国雄主编：《五邑华侨华人史》，广州：广东高等教育出版社，2001 年，第 31 页。

井，踏上茫茫的出国之途。这条出路，因其时海外强烈的劳动力需求而变得宽广，四邑民众数百年来潜藏的移民意识也因此得到激活。

当然，他们走出国门的初衷，并非去如黄鹤，而是冀求赚得少许钱财，养家糊口；最好是时来运转，一朝暴富，腰缠万贯，回归故里，光宗耀祖。总之，他们怀揣"黄金梦"出洋去，希望能在海外早日抱金回。已经破产或濒临破产的四邑地区贫苦农民、手工业工人、中小商人，当时在自己的祖国甚至连出卖劳动力的市场都找不到。有关早期美洲华侨出国的这一历史背景，可以从侨乡方志的记载中得以印证。例如，《开平县志》载："至光绪初年，侨外浸盛。""光绪中叶以来"，"男多出洋，女司耕作"。其原因是，"天然物产者既不足以赡其身家，而制造物品又未有工业学校及大工厂为之拓张开导焉"。总之，因"国内实业未兴，贫民生计日蹙，以致远涉重洋者日众"[1]。《恩平县志》亦载："光绪而后，闻邻邑经商海外者，群载而归，心焉向往。乃抛弃父母妻子……远至欧美，或洗衣裳，或种瓜菜，得以汗血所蓄，汇归故乡，邑中得此灌输，困难稍减。"[2] 鸦片战争前后的四邑等地社会，正经历着一个由"男务耕耘、女勤纺织"到"男多出洋、女司耕作"的巨大变化。

应该说，当时海内外的消息是不对称的。很多破产农民是在"出洋可以发大财"等不准确消息的诱导下登上了三桅木帆船，从而开始其充满血泪的行程的。在第一次鸦片战争以后，四邑地区就不断有人传播各种消息，致使人们议论纷纷："与其饿着肚子，不如远走高飞。不跑远程，有了金山银山，也不会流进你的口袋的""在外面干得好，还会升官发财""春天出去，冬天可以回来，捞一两百个大洋银，不就可以成个家"。这些传闻对急于寻找"出路"的破产农民来说，有挡不住的诱惑力。一些歌谣形象地反映了他们当时的心态："喜鹊喜，贺新年；爹爹去金山赚钱，赚得金银成万两，返来起屋兼买田。""当初穷过鬼，霎时富且贵，唔难屋润又家肥，回忆囊空因命水。运气催，黄白从心遂。否极泰来财积聚，腰缠十万锦衣归。""当初一文冇（四邑土话，意为没有），否极泰来到。旋过个边就富豪，移步何难财主佬。时运高，老天庇佑我。卖票霎时中个宝，腰缠十万力唔劳。"[3] 当时四邑地区很多人就是抱着这样的心态出国的。

美洲（包括北美洲、南美洲、中美洲和加勒比海地区）群体性的华侨移民历史，是由新宁（今台山）人为主的四邑人移民美国揭开序幕的。中国人移民美洲，首要的因素是航海技术的进步，具体来说，是中国美洲之间的远洋航行

---

① 余启谋、吴鼎新、黄汉光、张启煌等：《开平县志》卷五（舆地略四，风俗杂处），民国二十二年（1933）编。

② 余丕承：《恩平县志》（铅印本）卷四，上海：圣堂光华书局，民国二十三年（1934），第 4 页。

③ 梅伟强、张国雄主编：《五邑华人华侨史》，广州：广东高等教育出版社，2001 年，第 36 页。

中，轮船取代了木船。19 世纪 30 年代以前，中国人出洋都是乘坐中国帆船，航程长，时间长，载客量小，而且受季风等自然因素的影响很大，因此移民流量较小。但在 19 世纪 50 年代以后，外轮开始航行于中国沿海港口。美国的旧金山、加拿大的维多利亚等地与香港、澳门等地之间有定期的轮船往来，在进行货物贸易的同时，也搭载甚至掠夺华工出国。由于省钱又安全，轮船运输很快成为中国沿海地区的农民远洋航行和移民出国的主要交通工具，就远航美洲来说，它几乎是唯一的交通工具。香港与澳门紧邻四邑地区，可以轻而易举地被纳入中国美洲的航路中，成为四邑农民移民美洲之路。

应指出的是，今天很多研究成果所描绘的四邑华侨华人的移民历史，大多是充满血腥和泪水的异乡故事。这固然是事实，但同时也应看到，在血腥和泪水的背后，也有华侨收获甚至发迹的喜悦。这可以从侨乡方志的记载中得以印证。例如，《恩平县志》载："光绪而后，闻邻邑经商海外者，群载而归，心焉向往。乃抛弃父母妻子……远至欧美，或洗衣裳，或种瓜菜，得以汗血所蓄，汇归故乡，邑中得此灌输，困难稍减。"[1] 20 世纪初的台山，虽然只是偏安一隅的乡镇，但可能是中国最"土豪"的地方。资料显示，1929 年以前，台山每年的侨汇在千万美元以上，占全国侨汇总数的 1/8，1930 年开始每年侨汇增至 3 000 万美元左右，几乎占全国侨汇的 1/3，1937 年达到 1.8 亿美元。小小一个台山县稳居全国侨汇第一位。所以，台山一直流行着这样一首民谣："爸爸去金山，快快要寄银，全家靠住你，有银好寄回。"这些从"万国银行"寄回来的侨汇带来的最风光的变化就是：土洋结合的各种洋楼、碉楼和骑楼遍布乡村圩镇，洋楼碉楼的门是用很厚实的进口钢板做的，楼顶有可架长枪的枪眼，因为"金山伯"多，所以山匪也很多。圩镇开始充斥着各种西洋舶来品和"万国货"，农村出现漂亮的近代化学校，穿着西装讲着半吊子英语的"金山伯"来来往往，"富二代"在吃喝玩乐的节奏中消磨时光，成了一群洋不洋、土不土的"啃老族"。台山成了典型的消费型社会，商业和金融繁荣程度堪比广州，大人小孩都在"买买买"！那个年代，在台山等近代广东侨乡，流行着一种不分商业季节的风气，叫混搭风。这股风的传染性很大，甚至撬动了上海滩的商业模式。由于侨汇太多，在台山各圩镇，兼具邮政和金融功能的各种民间银号和商行风生水起，在侨汇业鼎盛时期，经营侨汇业务的机构多达数百家。冲蒌圩镇的银号也很多，像广昌隆、德安隆、福安公司和仁安药房等银号和商行更是远近闻名。这样的繁荣，都来自于"金山伯"源源不断寄回来的血汗钱。无疑，这样的风气也吸引着一代又一代的年轻人步老一辈的足迹出洋。

---

① 余丕承：《恩平县志》（铅印本）卷四，上海：圣堂光华书局，民国二十三年（1934），第 4 页。

四、拉丁美洲移民环境下的委内瑞拉与荷属加勒比地区华侨

本书的主角是华侨华人，华侨华人的到来则有赖于新航路的开通。本来，中国与美洲各处东西半球一端，远隔太平洋。中外学者对哥伦布前中国人是否到过美洲提出了种种猜想（包括印第安人的祖先为殷商的逃亡奴隶等），但均未得到证实。到 16 世纪，由于美洲被发现以及到东方新航路的开辟，中国与西方联系的主干道开始从大陆转向海洋，从而架起了中国与美洲之间交往的桥梁。16 世纪被称为"中国之船"的马尼拉大商帆首次越过太平洋，开辟了一条新的海上丝绸之路。这一迟到的接触，正发生在世界开始联成一体的历史大变动时期。随着世界市场的形成和世界贸易的兴起，出现了人类历史上空前的经济大增长、人口大迁移、文化大交流的现象。后来华侨华人能够来到加勒比地区，并在该地扮演重要的角色，也是美洲新大陆发现的一个成果。

拉丁美洲通常指南美洲、中美洲、西印度群岛和墨西哥，加起来共有 30 多个国家和若干个未独立的地区。以世界上的大地区论，中国人移民历史最久远的地区，除了东南亚外，就是拉丁美洲了。拉丁美洲的一些国家，像特立尼达和多巴哥、巴西等，中国人最早到达的历史已长达 200 年左右，到达墨西哥、秘鲁的时间甚至更早。

拉丁美洲各国接收中国移民的起始年代有早有晚。早在鸦片战争前，中国人已经小批量地流入拉丁美洲一些国家。但中国人以苦力形式大批移入拉丁美洲地区，则是在 1840 年鸦片战争之后。鸦片战争后，在内外因素的作用下，"近水楼台"的粤、闽沿海地带掀起了一次次国际性的移民高潮。有的地方村镇上的人，"涉重洋如履庭户"，离乡背井，远走他方，几乎家家有人出洋谋生，有的一家就有十几人。于是，中国移民潮在过去已经形成溪流的基础上，发展成为一波又一波的对外移民大潮，一直到 20 世纪 40 年代末，虽潮起潮落，但一直延绵不断。

众所周知，来自粤、闽沿海地方的人的祖先早已在东南亚地区扎根。但随着 19 世纪 40 年代末美国、加拿大金矿的相继发现、太平洋铁路的相继修建，主要来自广东沿海地带的出洋人也来到了北美。华工后来流向拉丁美洲和北美洲，可以看作是东南亚的华侨移民流的延伸。而在华侨大量移民北美的同时或稍早，拉丁美洲就已成为华工的大批量输入地。可以说，粤、闽沿海地带对东南亚地区早就存在的移民流，一定程度上奠定了华侨后来移民美洲大陆的基础。这一基础的核心，就是占了华侨移民主要组成部分的劳工。中国输出到东南亚地区的劳工，为后来输出到拉丁美洲地区的劳工奠定了两大基础。

其一，人员的基础，表现在两方面，一是劳工来源地和输出地的同一性，即劳工都来自鸦片战争后经济愈益萧条、传统社会秩序迅速瓦解中的广东等沿海农村地区；二是输出地都是殖民地国家，而殖民地的宗主国也具有某种相似性，在东南亚，是输往荷兰殖民地为主；在拉丁美洲，则是一部分劳工输往西班牙殖民地（例如委内瑞拉）。

其二，劳工制度的同一性基础。殖民地经济本身是一种发展中的奴役性经济，需要大量的从农民脱胎而来的劳动工人。最典型的表现形式就是种植园经济。在东南亚，种植园最发达的地区就是荷属东印度的种植园，而在拉丁美洲的委内瑞拉，种植园虽然不是最发达的，但也曾经存在过种植园的经济模式。当然，在荷属加勒比地区，由于岛屿经济的天然局限性以及自然禀赋的天然局限性，不存在种植园经济的基本条件。

拉丁美洲的一些地区曾经是中国劳工输出的目的地。1790 年至 1826 年，拉丁美洲爆发了轰轰烈烈的独立战争。独立运动期间，拉丁美洲绝大部分地区推翻了西班牙、葡萄牙和法国等宗主国的殖民统治，一系列新兴国家相继建立，并在独立战争期间或独立后不久先后宣布废除奴隶制，或颁布禁止买卖黑奴及禁止输入黑奴的法律。从此，华侨在拉丁美洲取得了迁徙自由。

荷属加勒比地区不可能直接卷入这期间拉丁美洲的独立运动，但这场独立运动不可能不对荷属加勒比地区产生影响。如上所述，独立运动的重要成果之一是已经来到拉美的华侨取得了迁徙自由。在独立运动之前，拉美很多国家和海岛地区都已存在大量的华侨，就是荷属加勒比地区邻近的一些国家和海岛，也曾经是中国劳工输出的目的地。所有拉美地区的华侨，如果要自由迁徙，理论上都可以选择所有有发展机会的居住地。但是，拉美独立运动后的荷属加勒比地区，同一时期没有任何已经居住在拉美地区（包括邻近岛屿）的华侨移民前来居住的记录，也没有华侨从中国直接移民到这里的记录。资料证明，至少在 20 世纪开始之前，荷属加勒比地区的几个岛屿都还没有华侨居住，且当时华侨也不愿意将触角伸向荷属加勒比地区。这是因为除了迁徙自由等制度性因素外，还需要起码的生存和发展条件。对于岛上原有居民来说，在"野蛮"的状态下生存没有问题，但对于要赚钱的华侨来说，没有发展机会的地方是不会去的。那个时候的荷属加勒比地区还没有发展的机会，没有赚钱的可能，华侨当然不会无缘无故地到这些"荒蛮"岛屿上去当原始居民。

在本书谈到委内瑞拉华侨史时，曾经提到 20 世纪初的华侨是通过"斩缆"（即政府将移民赶往大海，然后斩断缆绳使之随波逐流、自生自灭）来委内瑞拉的。当时通过"斩缆"来委内瑞拉的华侨只是一小部分，大量来委的华侨是从特立尼达（即今特立尼达和多巴哥共和国的主要岛屿之一，华侨至今仍称之为

"千里达")、古巴等地乘船"自由"地过来的。历史上的"斩缆"事件传达了一个十分重要的信息：20世纪初加勒比海地区（主要是特立尼达和古巴）的大量华侨曾经有被迫重新移民的可能。当然，即使是"斩缆"这样极端的排华行为，如此险恶的环境，华侨也只是流向委内瑞拉，而没有流向荷属加勒比地区，说明当时原始状态下没有发展机会的荷属加勒比地区，不是华侨理想的迁居之地。但是，这种情况很快因为经济开发（以库拉索炼油厂的设立为标志）而得到改变。

今天散布于世界各地的四邑籍华侨中，整体上要算台山人最多。台山华侨的集中居住地是美国。最壮观的时期是在清末，其时旅美新宁（即台山）籍华侨比例高达90%以上，台山话有"小国语"之称。这种情况，颇类似于今天的委内瑞拉。据保守的估计，今天恩平籍人占委内瑞拉华侨总人数的比例高达80%以上，甚至有说高达90%以上，恩平话也有委内瑞拉的"小国语"之说。相对于居住在其他国家的恩平籍华侨而言，委内瑞拉的恩平华侨处于鹤立鸡群的地位，故该国被称为"恩平华侨之乡"。在委内瑞拉，特别是在首都加拉加斯（Caracas）、华恋社（Valencia，即外界所称之"瓦伦西亚"，但华侨一般称其"华恋社"，本书亦沿用此称呼）、麻拉街（Maracay，即外界所称之"马拉凯"，但华侨几乎从不称其为"马拉凯"）、巴基西梅托（Barquisimeto）、马拉开波（Maracaibo）等地区和城市，聚居的恩平籍侨胞成千上万，这些城市因此也被戏称为"恩平城"。以县（邑）而论，台山和恩平两县华侨占一国华侨绝大多数的情况，在国别华侨史上是罕见的，也是有深刻的历史渊源的。但今天海外台山华侨华人人数占一国华侨华人半壁江山的历史已经不再，而海外恩平人的这一类型历史仍在继续。恩平籍华侨华人分布在全球50多个国家和地区，其中以南美洲的委内瑞拉、加勒比海地区的库拉索、阿鲁巴、多米尼加以及中美洲的哥斯达黎加等地最为集中。

历史上，华侨"叶落归根"的观念十分强烈。他们在外赚到可以养家糊口的钱后，就永久性地回到家乡去。但到了现当代，"叶落归根"的观念已经为"落地生根"所取代，华侨喜欢把居住地当作自己的第二故乡，不仅世代生于斯长于斯的华侨，就是新从中国移民来的第一代华侨，也愿意终老于斯。只是近十多年来，由于委内瑞拉政局持续动荡，社会不宁，治安差劣，一些人（特别是没有家业、基业的新移民）才产生了强烈的"田园荒芜矣，不如归去"的观念。于是，"叶落归根"现象又有所回潮。而在荷属加勒比地区，由于作为海岛经济的发展前景有限，入籍艰难，虽然华侨的经营环境比委内瑞拉好得多，但很多侨胞（主要是入籍前景艰难的同胞）"叶落归根"的观念仍然是根深蒂固的。

五、常态性的网络化移民方式

拉美不同地方存在着明显的中国移民级差。所谓移民级差，或许并非是一个合适的学术概念，但若用来形容历史上像拉丁美洲这样一个大区域的中国移民，也未尝不可。简言之，由于地理、社会、历史、自然资源等因素的明显级差，造成了拉丁美洲中国移民分布的级差。中国人移民传统的网络化倾向更拉大了这种级差。

拉丁美洲的中国传统移民来源地主要是广东省的多个县，而今天的中国新移民的来源地比传统移民广泛得多。他们大部分来自广东、福建、浙江、江苏、上海、北京等经济比较发达的省市，小部分来自中西部省市。总之，新移民的来源地已经遍及了中国绝大部分省市。就目的地而言，新移民的足迹也已遍及拉丁美洲几乎所有的国家或海岛，不管这些国家和海岛（或海岛所属的国家）是跟中国建交，还是仍然与台湾维持所谓的"邦交"，抑或与两者均无关系。

直到中国改革开放之时，中国移民所到达的拉美地区，主要是南美洲、中美洲、西印度群岛（习惯上也称作加勒比地区）的若干个重要国家以及墨西哥。但西印度群岛还有一些国家和岛屿没有出现中国移民的身影。那里的中国移民，基本上是中国改革开放后才陆续出现的。同样是拉美国家（海岛），一些国家（海岛）的中国移民"元年"与另一些国家（海岛）的中国移民"元年"，竟相差 100 多年乃至数百年。就整个西印度群岛而言，在中国新移民到来之前，华侨华人人数比不上南美洲、中美洲地区和墨西哥。

毋庸讳言，拉丁美洲的中国新移民和传统移民人数之间，存在着巨大的规模差别。有的国家传统华人与新移民数量相对均衡，如秘鲁、墨西哥、巴西、智利、厄瓜多尔、巴拿马、哥斯达黎加和洪都拉斯；有的国家传统华人少、新移民多，如委内瑞拉、阿根廷、智利、哥斯达黎加、苏里南、法属圭亚那、牙买加等；有的国家传统华人多、新移民少，如古巴、特立尼达和多巴哥、哥伦比亚、玻利维亚、多米尼加、圭亚那、巴拉圭、尼加拉瓜、乌拉圭、危地马拉和萨尔瓦多、马提尼克和美属波多黎各等（这些国家和地区中来自中国大陆的新移民很少，一些国家因与中国台湾有所谓"邦交"关系等原因也有来自台湾的新移民，但人数有限）；还有的国家（海岛），基本上没有传统华人而只有新移民，如伯里兹、海地、多米尼克、安提瓜和巴布达、巴巴多斯、格林纳达、圣卢西亚、瓜德罗普、巴哈马、英属开曼群岛，以及小安的列斯群岛上的若干个国家或海岛等。这些国家和海岛截至中国改革开放前，还罕见华侨华人的踪影，个别地方直到今天还不能肯定是否有过或尚存在华侨华人的踪迹，也无法确定那里的华侨华

人人口，至于他们在那里生存与发展的详情，就更难以论及了。

新老移民之间也存在着差别，表现在经济、观念、生存方式和发展路径等方面。一般来说，老一辈华侨（传统移民）与新华侨华人（新移民）要经过一个较长的时期，才可能磨合成为一个新的移民群体。由于新移民到来的时间尚短，故几乎在所有方面，传统华人与新华侨华人之间的差别都十分明显。拉美地区生活着中国新移民的国家和地区（包括海岛）众多，不同国家（海岛）间的这种差别更为突出。

拉丁美洲的中国新移民的同地缘结集现象是很普遍的，与世界上其他地区的新移民社区相比有过之而无不及。所谓地缘性结集，是指以地缘关系为基础的"网络式"移民，俗言之，是亲戚带亲戚，朋友带朋友，一串十，十串百，逐渐把家乡的亲戚朋友申请过来。至于地缘的范围，则可大可小。各国华侨华人最常见的地缘结集单位是县（过去称"邑"）。更大的范围，则以中国某一省内由多个县组成的方言区作为单位。一般来说，如果一个地方的移民足够多，就以县为结集单位；如果一个地方的移民比较少，就以更大范围的跨县地区作为单位。即使是新移民的来源地遍及中国各地的一些拉美国家，新移民也基本上按照各自的来源地（主要是县或省）进行结集。但在荷属加勒比地区，由于移民来源地高度集中于一个县，也由于一个岛的华侨华人人数较少，所以都以整个地区作为一个方言区地位，当然华人社团也没有再细分为不同的地籍。

地缘性移民结集分两种。其一是建立在传统华人基础上的新移民的地缘性群体结集。也就是说，一个国家的中国新移民之所以来源于中国同一个地方，是由于历史上（一般是1949年以前）就存在着来自这个地方的传统华人，后来的华侨就一代代前赴后继地迁移过来。其二是建立在新移民基础上的地缘性群体结集。也就是说，通过新移民带来更多的新移民。

就居住形态而言，可以是密集居住（即集中居住在一国的某一片或多片地区），但也不一定是密集居住。最重要的是形成一个常态化的联系网络。不论是哪一类型移民，基本上都是地缘性的，到了目的地后相互扶持，因而形成了以地缘性结集为基础的中国新移民群体。出国是地缘性的，到了目的地后的居住也是地缘性的。地缘性的根本目的，是相互扶持。因而，华侨中的地缘性社团往往起举足轻重的作用。在有的国家，地缘社团甚至主导着所有其他类型社团的运作。

荷属加勒比地区不少侨胞从委内瑞拉、多米尼加等附近国家再移民到库拉索，随后再申请中国大陆的亲友移民。这是一种典型的地缘式连锁移民模式。再仔细地看，整个拉丁美洲新老移民中，存在着比其他地区更浓烈的血缘因素，这种情况表现为家庭化、家族化或者宗亲化（可统一称为"家庭化"）。所谓"家庭化"，是指一个移民（通常是作为一家之主的男性）先行出国，其家眷和子女留在家乡，暂时两地（国）分居。他本人创业有成之后，便以家庭团聚名义将留守国内的成员一次或数次接到侨居地，从而在海外建立起一个完整的迁居家庭。这是第一层级的海外家庭。这个家庭的成员经过几年拼搏并有了一定的经济基础后，再充分利用侨居国的团聚政策，设法帮助家乡的近亲（如男、女双方的兄弟姐妹等）出国。被引带出国的人又经若干年的创业和积累，如法炮制，将其国内家人接来团聚，这样便形成第二层级的家庭。第二层级的家庭再依样画葫芦，通过同样的方式将他们的近亲引带出国，形成第三层级的海外家庭。依此类推，第四层级……第 n 层级的海外家庭相继建立。于是，具有中国特色的海外血缘家庭就可以一个接一个地在异国他乡建立起来。① 这只是一个海外家庭的迁居模式，在拉丁美洲国家，还不知道有多少个中国家庭曾经复制过这样的模式，因而，通过这种模式迁居出去的移民也不知道有多少。理论上，越到后来，移民的增长就越来越大。这就是"网络"移民，具体来说是血缘性的网络移民。与之相辅相成的是地缘性的网络移民。两类网络移民是拉丁美洲移民增长的基本模式。两两相比较，血缘性的网络移民更具有秩序性、规范性和可预期性；地缘性的网络移民更具有偶发性、广泛性②。当然，这种扩展性的网络移民普遍发生在拉美一些比较大的鼓励移民的国家，而在荷属加勒比地区的小岛，规模就受到限制。一是岛上移民需求量有限，政府也会加以控制；二是即使使尽浑身解数进来了，长久生存发展的前景也不大明朗。一些条件较好的华侨就会考量：移民来此，会不会有花一笔巨款买贫穷的风险。

在拉丁美洲，家庭化移民属血缘性网络移民。一旦一个人出去并定居下来，很快就会"拖"来一连串这样的移民。但是，家庭化移民往往是以地缘网络为基础的，姑且称之为地缘化基础上的家庭化移民。这是因为这类移民家庭、家族或宗亲，多数来自中国农村，一般都生长在某一个不太广阔的方言地域内。由此也不难理解，他们移民到居住地后所参加的当地华侨华人社团，也渗透着不少家庭化的色彩。

当然，移民的家庭化并不意味着他们在居住地职业的家庭化。相反，不同的家庭，在居住地会选择分散在不同的职业领域，以避免相互竞争，也为了谋生上的互补。地缘性的网络移民拖带来的移民应该更多，尽管对两类网络移民尚缺乏精确的统计和比较。不过，从现实情况来看，很难将两类型移民严格区分开来。

---

① 夏凤珍：《互动视野下的海外新移民研究：以浙江侨乡发展为例》，北京：中央编译出版社，2013年，第 54 页。

② 学术界也使用"链式移民"（chain migration）的概念。笔者不认为"网络移民"与"链式移民"有本质上的区别，但就拉丁美洲的情况而言，"网络移民"的概念似乎更能清晰地表达当地移民在时间和空间上纵横交错、相互叠合的现象。

更多的情况是血缘性网络移民常包括在地缘性网络移民之中。

有的移民属于个人行为，但实际上与移民网络如影随形。例如冯朝汉，恩平人，1986 年由朋友介绍，通过合法劳工身份从山多罗（多米尼加）来到库拉索（这里的工资比山多罗高，以倍数计），刚开始时在会馆做庶务（勤杂人员），是会馆唯一的领工薪人员。他在库拉索无亲戚，只是一个人移民来此。[1] 表面上看，冯朝汉是单骑走天下，但他一点也没有离开移民大网络连接起来的隐形网线。

网络移民的始源地属性，显然会导致华侨来源地的高度集中化。也就是说，一个地方乃至一个国家的华侨人口的来源高度地来自中国一两个地方，或是县，或是镇，甚至是村。这一两个地方的华侨迁移到居住国后，往往也会高度集中在一起，即使其中一部分人的居住地离开了本镇、本村的集中居住地，处于准散居状态，但仍然会与集中居住地的同乡保持密切的联系。委内瑞拉的大部分华侨来自广东恩平市，分布在委内瑞拉各大小城市。但如果再仔细观察，就会发现同镇、同村的华侨比较集中地居住在某些委内瑞拉小区的现象。在荷属加勒比地区的库拉索和阿鲁巴岛上的一些恩平籍移民中，也可发现有华侨比较集中地来自该市一些同姓自然村的现象。

这里顺便指出，由于地缘的因素，拉丁美洲华侨华人与美国的关系十分密切。其中，在拉丁美洲与北美洲之间居枢纽位置的美国迈阿密地区，集中了通往拉美国家的海陆空交通的绝对优势，这里约有 6 万华侨华人，绝大部分是来自拉美地区的再移民，许多人的亲戚朋友仍留在拉美。可以说，在迈阿密通过任何一位华人，都可以找到进入拉美各国的渠道。而在迈阿密从事贸易的华商中，90%以上是从事拉美与中国之间的进出口贸易。[2]

六、华侨前往委内瑞拉和荷属加勒比地区的路线

在契约华工时代，华侨是乘"专船"前来拉丁美洲的。从中国华南运送华工到拉丁美洲各国，一般需要 4 至 5 个月的海上航行。在 20 世纪 50 年代初以前，绝大多数来自中国大陆的华侨是乘船来的。但就自由移民来说，来拉丁美洲的华侨主要是乘坐商业客运船。水陆迢遥，他们不可能从家乡一筏到岸，而是经过多个港口，每个港口停留若干天、若干周甚至若干个月，最后才到达目的地。这种旅行耗时较长，但旅客可得到较为安稳的休息，有时甚至可以在某些中转站

---

① 笔者 2015 年 10 月 7 日在库拉索对冯朝汉的采访。

② 吕伟雄、冯子源：《对中南美洲侨情要有新认识，工作要有新举措》，吕伟雄：《海外华人社会新观察》，广州：岭南美术出版社，2004 年。

上岸观光（一般需要有亲友接送），故他们在到达目的地后一般精神尚好，不需要休养生息便可找工赚钱。

少数较富有的或者得到亲人资助的华侨，则乘飞机前来，但乘飞机也要经过中转，至少要中转一站，有时要经过数站中转，各个中转站的停留时间不等，一般都在候机室待机，无法安静入睡。及至经过二三十小时甚至三四十小时的长途旅行，待到达目的地后，早已筋疲力尽，人近"散架"，需经若干时日休息方可恢复元气。

也有些来自大陆的华侨选择水陆兼程。他们整个行程中既乘飞机，也乘轮船，辗转相接，最后来到目的地。选择水陆兼程前来的华侨并不轻松，也要经过一段时间的休息方可工作。

通过上述各种途径来到委内瑞拉与荷属加勒比地区的华侨，选择哪一种旅行方式，通常决定于他们的财力。全程乘飞机来，当然最贵，但好处是大大节省时间。选择全程水路的华侨，所费最少，但其代价是耗费时间较长。好在当时来自中国大陆的大部分华侨并不急于定时定点赶到目的地报到上班，所以才可以选择乘船的方式。选择水陆兼程的华侨，其所旅行耗费和时间均在两者之间。现在还不清楚当时华侨乘飞机与乘轮船的价格情况，但那时候乘飞机与乘轮船两者的价格比估计应比现下要高，因为那时候的航空技术、航线和市场远没有今天发达。应说明的是，大陆华侨移民途中使用何种交通工具，并不完全取决于价格，有时候还根据需要，比如要在途中会见华侨亲友接受救济，绕开某些可能不大安全的地方等。

也不排除少数华侨并没有具体目的地的情况。这些人只有一个模模糊糊的目的地概念，甚至只有一个朦朦胧胧的到"金山"淘金的意识，就登舟而去。在他们心中，或许相信"车到山前必有路"，或许相信"四海之内皆兄弟"。前路虽然凄迷渺茫，但不怕找不到活路。换一个角度来说，这也反映了具有厚实移民传统的四邑民众敢于冒险、敢于"上天揽月下洋捉鳖"的大无畏精神。

20世纪50年代初以后，乘坐飞机经其他地方中转来到目的地的选择便越来越多，航线也越来越单一。例如，从中国大陆出来的则经过香港乘飞机再经其他地方前往目的地。由于当代的航班较为密集，中转时间大为缩短，移民们到达目的地的时间也大为加快。例如，从中国到委内瑞拉，一般先飞委内瑞拉首都加拉加斯。要到加拉加斯，要么经德国法兰克福转机，要么经法国巴黎转机，要么经荷兰阿姆斯特丹转机。当移民们在空中的时候，飞机常常跟在太阳后面，乘机者会感到只有白天，没有黑夜，虽然航程近两万公里，但因为时间上没有感觉到多少变化，就不会觉得航程太遥远。这与过去漂洋过海的移民有天壤之别。当然，对"非正常移民"来说，他们乘飞机降落的地方就不一定是目的地，而是目的

地外的某个地方，然后，再通过预先安排好的陆上路线入境，辗转来到目的地。

最近几十年间，空中旅行已经成为中国大陆华侨前往委内瑞拉与荷属加勒比地区的唯一选择。选择水路特别是全程选择水路前往目的地的情况已经成为历史。这不仅是因为战后航空业逐渐发展，市场扩大，相比水路来说机票价格变得较为合算，也因为当代商业运转速度加快，资金与货物流通加速，市场千变万化，雇主对雇工的要求便是尽快到位，已经容不得、耗不起对雇工的漫长等待了。同时，当代的华侨移民一般是有备而来，他们大部分在目的地已有既定的具体工作意向，而不像许多传统的华侨那样到了目的地后漫无目标地乱找工作，瞎碰运气。一旦某个华侨决定移民某地并办好相关手续后，目的地的亲友便尽量为其物色好相应的工作，或者，准备移民的华侨本人其实就是奔着到目的地的亲友公司打工的。这样，这些华侨就不可能像他们的先辈那样慢悠悠地乘船前往了。

委内瑞拉全国面积 910 000 多平方公里，海岸线长 2 813 公里，位于南美洲大陆北部，东与圭亚那交界，南与巴西接壤，西与哥伦比亚为邻。从传统上来看，委内瑞拉的华侨主要来自北部的加勒比海以及邻近岛国（如特立尼达和多巴哥、古巴等岛国）。在 20 世纪 50 年代初以前，他们几乎全部是乘船路过这些岛国来委内瑞拉的，或在这些岛国作长短不等的停留后再来委内瑞拉的；而在 20 世纪 50 年代初以后，一部分华侨乘坐飞机经其他地方中转来到委内瑞拉（从中国大陆出来的则经过香港乘飞机再经其他地方来委）。当然，像秘鲁等南美国家，历史上产生华侨的时间更早，因而也可能有一小部分华侨从秘鲁等南美国家来到委内瑞拉。只是到了最近二三十年间，只有以非正常渠道进入委内瑞拉的华侨，才会通过包括哥伦比亚、厄瓜多尔、圭亚那等国在内的多条路线进入委内瑞拉。不过，这些路线至今还是一个个谜团。委内瑞拉的北面，就是荷属加勒比地区的库拉索、阿鲁巴、博内尔等岛屿。漫长的海岸线，以及邻近北美洲、中美洲等传统华侨移民热点的地理环境，使历史上的华侨可以比较方便地从海上和上述国家的陆地边界进入委内瑞拉与荷属加勒比地区。同时，由于委内瑞拉与荷属加勒比地区跟中美洲山水相连，历史上，也有一小部分华侨通过陆路从中美洲国家来到荷属加勒比地区的。当然，今天荷属加勒比地区各岛屿之间人员往来的主要交通工具是飞机。

七、委内瑞拉与荷属加勒比地区华侨经营的产业

委内瑞拉没有台风，土地肥沃，大小树根只在表土向外伸展，不向下疯长扎根，此谓"树无中根"。这一自然现象颇类于委内瑞拉与荷属加勒比地区其他民

族的经济适应方式；而华侨则不同，他们大多只能通过自己筚路蓝缕的努力，艰苦创业。

过去，委内瑞拉与荷属加勒比地区华侨的发展轨迹一般第一步是打工。打工既是华侨事业的起点，也是跳板。通过打工，学习语言，了解社会，了解市场行情。待到打工"毕业"，便开始新的里程。但打工是辛苦的，每天工作超过10小时，也并非每一个打工的人都能发迹。有的人出去10多年甚至更长时间，仍然无法跳出打工的圈子。个中原因，十分复杂。既有环境、机遇等客观因素，也有个人是勤奋或懒惰等主观因素。第二步，经营餐馆、杂货、百货商场等。第三步，做进出口贸易。但20世纪90年代后来的人有所不同，他们带来了资金，直接投资，且类型多，方式多样化，全面发展。除经营进出口外，也办工厂。

当然，不同时期委内瑞拉华侨的产业各有偏重，各有特色，但这并非意味着每个时期华侨的产业就局限于某些产业，而是说在一个新的时期，会产生新的产业，同时也兼容前一时期甚至前几个时期的产业。总的来说，华侨自从来到居住地后所从事的行（产）业，到今天都还没有绝迹，只是有的行业规模很小，影响甚微，不为人所知罢了。也可以这样说，华侨在居住地所从事的行（产）业，越滚越大，今天已经涉足当地大部分产业领域。但从产业构成来说，直到今天，委内瑞拉与荷属加勒比地区华侨在传统产业（主要是超市和餐馆业）方面仍然独占鳌头，占有相当比例。它们主要实行家庭式的传统经营模式，不过生存空间也越来越小。由于委内瑞拉华侨产（行）业的多样化，华侨的经营也遍及全国各地。过去华侨只在几个大城镇，现在已经遍布全国大小城镇，连边远地区也有华侨的足迹。据2001年的报道，就委内瑞拉而言，恩平人主要分布在23个城市。[①] 到21世纪10年代，恩平人分布的城市应不止于此。

今天，在一些移民历史较久的拉美国家，仍然存在着若干老一辈华人曾经居住过的唐人街，尽管从数量来说并不多。但拉美国家大部分新移民仍然可以像他们的先人那样，建有自己活动的固定会所，有的还拥有自己的集体物业。的确，由于当代信息交通十分发达，减少了华侨进行族际聚集的必要性。当代的高科技手段和便捷的交通网络，可以使某一大片地区的同行、同业等不同的"文化缘"基体，聚合成一个个或大或小、粘合力或强或弱的网络。但在拉美地区，这些现代化元素带来的冲击远没有其他地区那么大。现代化元素没有减低拉美华侨华人进行聚集的兴趣与热情，反而增加了他们聚集的便利。2013年9月13日，委内瑞拉拉省（即拉腊省，Lara）巴埠（即巴基西梅托）一中心商业街，被正式命名

[①] 黎惠权：《160年沧桑——委内瑞拉见闻》，恩平报社编：《恩平报获奖新闻作品选集（1983—2003）》，北京：人民日报出版社，2004年，第85页。

为唐人街。这是委内瑞拉首条唐人街，对凝聚侨心，聚集经营将产生积极影响。被命名为唐人街的 21 至 24 街和 30 至 36 街，几乎都是华侨经营的店铺。巴埠侨胞建立唐人街的想法，始于 20 世纪 80 年代末。当时，在此经营的华商虽然不多，也没现在这样的规模，但发展日新月异。据说，20 世纪 50 年代，在此经营的华商不下 5 家，到 70 年代也不过 10 家上下，从 80 年代开始，其发展才成为燎原之势。那时，华商经营的百货、杂货、五金建材、糖果、香水、饮食的店铺，一家又一家如雨后春笋般涌现。很快，这里便成了不是唐人街的唐人街：唐人的店铺，唐人的经营特色，还有唐人的乡土人情，等等。于是，建立唐人街从此成了会馆历任班子的一项议程。由于经营有方，这里的不少华商迅速致富，有的街被当地民众称为"快富街"。正是有了这一令人刮目相看的经营优势，这个处于该埠商业中心的华人店铺相对集中的街道，越来越引起当地政府的关注。所以，在拉省中华会馆历届班子多年的努力下，建立唐人街的报告终于得到了当地政府部门的审批同意。[①] 然而，在荷属加勒比地区，由于海岛环境下华侨居住地的分散、岛屿经济下市场的狭窄，以及华侨人数的有限，建立唐人街的必要性和可能性都不存在，不仅今天没有可能，就是历史上也没有可能。但是随着华人经济的发展，岛上华侨倒可能形成一个更加紧密地连接外部华侨华人的社会，也形成连接岛内居住民互联互通的社会网络。

回过头看，自踏上委内瑞拉与荷属加勒比地区后，华侨从种菜、洗衣开始一步步走来，又从咖啡馆、小餐馆开始一步步发展。经过包括新移民在内的几代人的拼搏，今天已经在经济上取得了一定成就。而今，展现在世人眼前的有杂货超市、日用百货（包括食品、轻工、服装、化妆品等零售和批发等）、旅游餐饮、建筑建材、电脑、家电、印刷、装潢、塑胶制造、汽车修配、车辆销售、进出口贸易等行业，还部分扩展到贸易、钱庄、首饰、能源、医药卫生等领域。

但应指出，华侨在委内瑞拉与荷属加勒比地区的经济表现是有明显区别的。这基于先天性的因素。委内瑞拉相对而言是个幅员广阔的"大国"，人口众多，市场需求量大，因而很容易在内部形成明确的经济上的横向分工和垂直分工，比较容易产生行业上的互补，与此同时也更容易出现商业竞争，就是在华商内部，出现商业竞争也是很自然的事情。例如，尽管华侨在委内瑞拉工商行业的经营还没形成主流，但华商数量超过 70% 的杂货超市早就在这一领域起到举足轻重的作用。日用百货、文具用品、五金交电、汽配汽修等行业的不断发展壮大，更使华商在经济形势良好的年代书写着创业和发展的神奇。不少眼光独到的华商，已逐渐将资金转向实业。日益发展的塑胶、玩具、文具、纸盒之类的华侨华人工

---

① 黎民、吴金波：《委内瑞拉巴埠一商业中心街命名为唐人街》，《委华报》，2013 年 9 月 13 日。

业，已在各自的领域分得一杯"美羹"。这表明，华侨多年来在委内瑞拉主要从商的局面，已开始被工商两业齐驱并进所取代。但在荷属加勒比地区，由于海岛型经济导致人口少、市场窄的特点，加上荷属加勒比地区各岛屿资源天然短缺而形成的消费经济特征，华侨的经营范围受到明显的限制，行业领域难以扩大，华商企业也难做大做强。不难看到这样的情况：一个华侨在试图转换一个新行业时，他的失败概率将很高，因为那个新行业的市场早已饱和了，如果不从新产品、新技术等更新的角度转换，他的转行很可能将以失败告终。至于华侨华人工业，至少在看得见的将来还不会出现。

今天的华侨群体中，涌现了一些富有的大企业家，但其余绝大多数还在维持小康生活。如果将委内瑞拉与荷属加勒比地区华侨华人与北美华侨华人相比较，则可以看出明显的区别。在委内瑞拉与荷属加勒比地区，自营自销的小老板比例高得多，受雇于他人的"打工仔"很少。新移民中虽然不少人在开始阶段是"打工仔"，但在积蓄到一笔资金后，大多数人会选择做小老板，希望从此走上发迹之路；而在北美国家，更多的人选择打工生涯，做老板的人比较少。委内瑞拉与荷属加勒比地区华侨在比较美加华侨与本地华侨的差别时说："在美加，是人使我；在我这里，是我使人。"意即，在美国、加拿大，华人打工的多，受人使唤；而在委内瑞拉与荷属加勒比地区，华人当老板的多，使唤他人。但应看到，北美华侨特别是新移民中，从事教育、高科技等白领职业的比例高得多，而在委内瑞拉与荷属加勒比地区，这种情况少之又少。所有这些，是与各国的国情和华侨的教育背景密不可分的。

令人耳目一新的是，在委内瑞拉与荷属加勒比地区，有少数开拓型的中年华侨正脱颖而出。他们或是原先在家乡就是小有成就者而近十数年从家乡移居当地，或是当地华侨的后代。他们年龄多在四五十岁，有生机，有知识，有胆识，有毅力。他们已经甩掉了祖辈的锅碗瓢勺，直接经营进出口贸易或投资办实业。他们在异常激烈的竞争环境中，在世界经济不景气的情况下，稳操航船，把握商机，勇于闯荡，敢于拼搏，精于谋算，善于取胜。他们是华侨中的佼佼者。

客观地说，在委内瑞拉与荷属加勒比地区，恩平人、四邑人，乃至所有侨胞，都谈不上是天之骄子，因为掌握经济命脉的，是西班牙、意大利和阿拉伯人的移民后裔。在委内瑞拉与荷属加勒比地区，华侨在经济上不可能跟根基深厚的阿拉伯人、意大利人、西班牙人、荷兰人后裔相匹敌。在关乎国家经济命脉的金融、石油、矿产等行业，华侨现在尚难沾边。但在街市、杂货、百货等食品、日用品市场，华侨却占有很大的份额。经过一个多世纪的打拼，华侨叱咤商海的态势已经凸显。他们中很多人以其在各个领域的骄人成就、对当地社会的出色贡献，以及对祖（籍）国和家乡的巨大回报，赢得了当地人和祖（籍）国、家乡

人民的瞩目。他们的事迹已广为人知。在提到各个历史时期委内瑞拉与荷属加勒比地区华侨社会的发展特点时，本书也对其中一些有杰出贡献并享有盛誉和威望的华侨人物有所描述，但由于篇幅的限制，不可能将华侨同胞的事迹展现无遗，这是需要说明的。

也应指出，与传统华人比较，新移民的吃苦精神或有欠缺。新移民往往雄心勃勃，但有的也眼高手低。很多新生代华侨带着发财梦想而来，但现实与梦想反差大，特别是因为就业形势受到金融危机影响，他们往往难以实现梦想。无论是新老侨胞，受其自身素质、身份地位以及职业结构的影响，多数人仍然生活在一个相对封闭的圈子内。毋庸讳言，一些人也把贪污、贿赂等坏风气、坏习惯带到当地，对华侨自身和当地社会造成不良影响。

八、委内瑞拉与荷属加勒比地区华人社团侧观

社团是人际关系结合的实体，并且总是运行于一定的社会关系网络之中，其社会功能的基本点，应是在某一特定群体与相对于该群体的社会之间架起相互沟通的桥梁。从这一基点出发，海外华人社团的功能恰似一座多层次的立交桥：在最低层次上，这座立交桥连接的是拼搏于异国他乡的华侨群体自身，以协调本群体内部不同家庭、宗教、朋友等小群体之间的相互关系；在中等层次上，这座立交桥连接的是一国华侨华人族群与该国大社会，为不同族群的相互交往建立正常的民间管道；而在最高层次上，这座立交桥又在政治、经济、文化诸方面联结成一个跨越国界的民间沟通网络，以利于促进不同国度（含祖籍国）华侨华人族群的相互联系与合作。可以看出，华人社团在不同层次都发挥着十分重要的作用。

具体来说，海外华侨华人社团是华侨华人社会的核心、代表与缩影，是华侨华人社会的象征与力量源泉，是传播和弘扬中华文化，促进中外文化交流的倡导者与组织者，是沟通华侨华人社会与居在国政府、居住地各民族关系的桥梁，同时也是促进祖（籍）国与居在国政府和人民友好往来的和平使者。

海外传统华人群体由于移民居住国的历史久远，故其成熟程度较高，融入居住地的程度也就较高。这一群体高成熟化和高融入度的重要标志，便是其高度的当地化。传统华人社会几乎所有重要的活动，都是以华人社团的形式进行的。因此，所谓传统华人群体的高度成熟化，其实也就是传统华人社团的高度成熟化。

今天，社团仍是传统华人社会不可替代的基本平台。就全球情况而言，传统华人社团的一大特点是它们都建有自己的会馆，作为社团领袖的办公地点和会员的活动场所。在一些国家，会馆本身作为物业存在，有的会馆则另置有物业。物

业可以对外营业，或对外出租，其收入可作为会馆稳定的经济来源，支撑本社团的长期发展。可以说，传统社团所以能够长期存在，有的传统社团还不断发展壮大，在很大程度上依赖于它们拥有一定的经济基础，而经济基础的主要表现形式就是物业。由于对拉美国家的传统社团未一一做调查，还很难确定是否都置有物业，但从很多传统社团的照片来看，说它们多拥有自己的聚会场所或作为不动产的会馆，则可以肯定。这是历史对传统华人社会的馈赠。

经过数十年乃至上百年的洗礼，传统华人社团已经形成自己的"社团政治文化"。所谓"社团政治文化"，就其本质来说，主要属于制度文化，包括社团组织形式、选举形式与议事方式等方面。"社团政治文化"对华人社团的现代运作是至关重要的。虽然海外大多数传统华人社团形成的历史长短不一，但其内部机制和运作方式早就程序化了。例如，每年对内对外的常规节日及礼仪活动几乎一成不变，各类节日及礼仪活动的重要出场人物和基本程序也几乎一成不变。如果有什么不同，就是一些偶发的大小事件（例如赈灾等慈善活动）会增加社团的活动量。但在时间、人力和物力的耗费上，这些偶发事件的总量加起来都无法跟常规安排的总量相比。

程序化安排在很大程度上是社团存在的标志，与此同时，也作为其成员间相互沟通的常设路径。在此过程中，社团领袖人物便可以通过高调的抛头露面，将他们个人的荣耀与社团集体的形象和谐地统一起来。在年复一年的程序化活动中，华人社团的基本功能便被定位在对内联谊、对外慈善的各种事务上。这一套"政治文化"，通行于世界上绝大部分华侨华人社会中，拉美国家也大略如此。

在世界上大部分国家，华人社团都积极参与当地社会事务，在政治、经济、科技和文化教育领域发挥重要作用。拉美国家的传统华人社团与其他地区的一般情况大略相似，但也有自己的特点。

一般来说，华人社团组织都在走向当地化，思想、习惯、传统观念到社团的宗旨、名称都随之发生变化。在转变的过程中，既要坚持社团福泽宗乡的宗旨，又要突破地域的鸿沟，加强与其他社团之间的联系与合作；既要为华人的生存和发展争取平等权益，又要领导同胞与当地其他民族携手合作，共同创造一个具有多元文化的社会。经过共同努力，它们逐步实现了本地化这一本质性的转变，即从华侨社团到华人社团的转变。突出表现在两方面：一是服务范围已超出华人小区，转向当地社会；二是日益使中华文化与当地文化相结合。

在拉美地区，社团当地化的趋势似乎弱得多。它们在致力于多元文化、努力服务于当地社会的同时，也始终维持作为华人社团的基本底色，有些传统社团还与新移民社团保持良好的合作关系。有一些已经彻底融进了当地主流社会的社团（如一些华裔组织），也刻意保持自己的华裔本色，通过寻根、回归中国传统等

方式以求强化中国元素，拉近与中国和当地其他中国社团的距离，借此方式在主流社会中独树一帜。

在欧美发达国家，华人社团在组织活动上逐步走向经济化，部分有影响的华人业缘性社团，为巩固和发展自身的力量，建立起一种具有联盟性质的组织。这种组织逐步由分散到集中，由单一到群体，由小的小区到大的小区，由省市到全国乃至国际化。而在拉美国家，传统华人社团的经济支撑一般来说仍然是传统方式（包括侨领的捐助等）。不过也有社团因为传统经济来源的枯竭而处境艰难，有的连日常运作都难以为继，个别社团甚至因此停止活动。

"二战"后至今，很多国家和地区的华人社团出现了集团性、区域性、国际性的组织。这些组织的建立无疑显示了华人社团的国际化动向。拉美国家的华侨华人社团中，有一部分也跨进了国际化的行列。但总的来说，拉美华侨华人社团的国际化不明显，绝大部分社团的主要跨国关系，仍然是其与祖（籍）国和家乡之间的"双边"关系。就委内瑞拉与荷属加勒比地区而言，这种现象十分明显。诚然，"双边"关系是其他"多边关系"的重要基石，相信委内瑞拉与荷属加勒比地区与周边乃至其他国家华人社团的关系会逐步加强。

在拉美国家，特别是华人经济相对发达、华人涉足的商业领域众多、华侨人数相对较多的南美国家，商业社团往往起不可替代的领头羊作用。这种状况突出地表现在一些在重要商会担任主要职务的有声望的侨领，利用其所在社团的平台，对华侨华人重大问题发表看法，对牵涉整个华社的重要事情，发出行动倡议；另外，代表华社对当地政府与当地民族提出诉求，或做出表态。整个华侨华人群体也通过这样的不成文程序，表现出对外基调的一致性。它们积极加强与当地政府部门的沟通，争取和维护华侨华人权益。在热心捐助家乡教育事业、赈灾捐款的同时，它们还推动华侨华人关注当地的公益事业，参与当地的慈善活动，成为华侨华人融入当地的桥梁。就本书而言，委内瑞拉的华人商业社团比较多，它们的社会活动及其在华社与当地主流社会中所发挥的作用比较突出。荷属加勒比地区的华侨人口少，每个岛屿一般只有一个全侨性的华人社团（中华会馆）。他们的自身利益，主要依赖这一社团来代表和维护。他们与居住地主流社会的关系，也主要依赖这一社团来维系。在拉美地区，很多华人社团在重大问题上的对外表态上通常表现出较好的"同声化"，较少看到因内部某些问题存在不同意见而公开拆台的现象。在委内瑞拉和荷属加勒比地区，华人社团这一良好传统也保持得较好。

概括来说，华人社团的功能主要表现在以下方面：第一，敦睦乡谊，助侨护侨。由于很多国家的华侨华人主要是改革开放后的新移民，属第一代移民，因此华侨华人社团明显带有早期社团所具有的守望相助特征。它们注重扶助困难乡

亲，保护侨胞权益。在委内瑞拉，商会的工作与当地经济紧密结合，得到了当地社会的认可和支持，有利于改善华侨华人的营商环境。商会会员经营的都是人民生活必需品，价格便宜，又经常举办大减价、促销抽奖等活动，受到当地居民欢迎。就商会自身来说，具有实现联络同业，促进发展的目的。商会凝聚了华侨小型商铺的力量，对外，与大商业公司抗衡，对抗"大鱼吃小鱼"的竞争环境，从而扩大了生存空间和经营渠道，增强了经济实力和竞争力；对内，一些国家的华侨华人商会采取统一订货、统一定价、统一宣传的做法，避免无序竞争，同时加强行业自律，促进了华商的团结，对推动华侨华人经济发展和保护华商利益都发挥了积极的作用。这样，便吸引了众多业主参与其中，增强了商会力量，形成了良好的竞争力，创造了更好的营商环境，同时还为后续到的新移民提供了就业机会。第二，开展华文教育，活跃文体活动。委内瑞拉与荷属加勒比地区的华文教育的前期和后续开展，多得到会馆的支持。一些文体活动，也要得到会馆的支持才可能举办。会馆还通过举办与祖（籍）国有关的喜庆活动，增强凝聚力，提高知名度。第三，联系家乡，支持家乡建设。委内瑞拉与荷属加勒比地区侨胞的经济实力不能算强，但他们爱国爱乡，桑梓情深，积极支持家乡建设。一些侨领还积极捐款支持家乡的教育事业。第四，沟通主流，促进融入。华人社团积极加强与当地政府部门的沟通，争取和维护侨胞权益。在热心捐助国内家乡教育事业、赈灾款项的同时，还推动华侨华人关注当地的公益事业，积极参与当地的慈善活动，回报当地社会，成为华侨华人融入当地的桥梁。第五，"反独促统"，支持中国统一。华人社团积极表达反"台独"、促统一的心声。当然还应看到，华人经济与华人人口的多寡同样决定着华人社团的类型、规模和活动能量。委内瑞拉华人社团的上述功能就表现得比较充分。但在荷属加勒比地区，华人社团的类型比较单一，功能也相对集中。一个岛屿如果只有一个"全能型"的华人社团，那它就可以应对华人社会的内部事务，与当地政府和民族打交道（当然社团内部需要不同部门的分工合作），而不像华人人数众多、华人商业地域广泛的委内瑞拉那样，需要不同类型的社团分工，特别是需要一种"双星座"的两类主流社团分立的态势，即由经济上强势的商业社团来支持、配合人脉上强势的地缘社团的运作。当然，这也与荷属加勒比地区华人社团发展的历史较短有关。

九、委内瑞拉与荷属加勒比地区华侨文化

文化是一个民族最重要的图腾和根脉，也是一个社会群体生命力、凝聚力的最重要源泉。中华文化的构成十分丰富深邃。传统中华文化是整体的中华文化的基本底色，传统中华文化的历史积淀以及在现当代的沿衍与融汇深化了中华文化

的深厚内涵。传统中华文化的基本内容包括民间艺术与美术、民间音乐、民间戏曲、民间舞蹈、民间手工技艺、民间信仰与宗教、民间文学、民间知识、岁时节令（春节、清明、端午、中秋、重阳等）、传统医药（中医、保健、膳食与养身之道等）等，也融汇在华人社会礼仪规范（包括创业礼仪、集会礼仪、各种宴会礼仪、游艺礼仪、婚丧奠祭礼仪等）活动中。华侨华人是传播文化的使者。遍布拉美各地的中餐馆、中医馆、武术馆、华文学校、中华民族文化艺术馆等，是华侨华人谋生的地方。他们同时也通过自己的职业传播着中国文化，默默无闻地承担着文化使者的责任。

在委内瑞拉与荷属加勒比地区，华侨一般不奢望在假日逛街市。在全民休假制度之下，除个别大商场和酒店外，几乎所有的商家，都在这个时候让铁锁看守大门。唯有海滩之类的场所，才是人们相聚休闲的圣地。中国新移民的到来，无疑要适应这样的文化环境，但中国新移民也给当地既有的文化环境带来新的元素，受到居住地民族的欢迎。新移民无疑给拉丁美洲华侨华人社会带来非同寻常的变化，同时也带来了中华文化的巨大增值力、发散力与刷新力。但一个全球性的普遍现象是，新移民常常因文化不适应而烦恼。众多的新移民在尝试把移居国作为新家园，并设法提升自己和整个族裔在当地的经济社会地位时，常常会突然发现在文化适应问题上陷于难以自解的矛盾：一方面，他们愿意而且已经去国离乡，但对家国又有割舍不了的情结；另一方面，他们愿意融入当地社会，但又常常因为语言文化的隔阂而被锁定在"外来族裔"的小圈子里。他们渴求当地社会能产生一个有效机制来帮助他们解决这些矛盾，但现实很冷漠。

华侨移民来到当地后，不可能生活在真空里，也不可能与当地民族划"界"而住，井水不犯河水。他们的到来给当地民族带来了极大的便利，也为当地经济发展和社会进步做出了不可否认的贡献；与此同时，他们并没有也不可能离开当地社会而僻居一隅。因为要在当地工作和生活，离不开当地政府的管治，离不开当地的法律管控和法律援助，离不开当地民族的习俗制约，连日常生活必需品都离不开当地的供应（即使是华侨内部日用必需品的供应也离不开当地的运输、仓储等服务）。一句话，在异国他乡讨生活，一切都离不开异国他乡。要在异国他乡存活下去，谋求发展，就要学会适应。适应这里的气候，适应这里的生活和工作条件，适应这里的法律，适应这里的民情，适应这里的习俗（包括成文的或不成文的习俗），适应这里的文化。

目前世界上的中国新移民与当地主流社会的关系可概括为三种类型：

第一种，入乡随俗型，即同化型。在拉美的中国新移民群体中，这种情形出现的概率几乎为零。主要原因是移入的时间尚短，要他们在这短短的二三十年里彻底放弃原有的信仰和道德体系，进而接受当地的一套信仰和道德体系是不可能的。

第二种，兼收并蓄型，即融合型。属于这种关系的中国新移民，一般来说仍多存在于高素质的专业技术人士之中。他们对两种文化体系采取有选择地吸收融合的态度。一方面，保留中华文化中一些核心的传统价值观，如忠孝、节俭、勤奋、好客、中庸等。另一方面，由于当地教育的影响，他们也接纳当地的重要价值观。如果是很小年纪就移居的新移民，则对当地的价值观接受得更多。在拉美，有条件的第一代新移民多喜欢把自己的子女送到美、加等国接受教育，因此他们的后代所接受的价值观中，或渗有更多的以欧美国家为参照系的西方元素。总体上说，拉美文化跟通常说的西方文化是有很大区别的。其中很重要的一方面，是对生活和工作的态度，如崇尚享受与消费，不注重节俭与储蓄，工作"懒惰"等。

第三种，完全保持传统型。这种新移民主要是低素质的特别是语言能力欠缺的人。这部分新移民在拉美最多。由于自身没有什么专业技能和资本，且使用当地语言的能力欠缺，因而不能进入劳动市场求职，通常局限在华侨华人开的餐馆、超市、杂货铺等商业单位供职，接受报酬低廉的工作。可以设想，他们的活动基本上是在华人小区进行。他们当然也与当地人发生接触，但多是个体的、表层次的（包括商场交易，也包括有时在博彩等"娱乐场所"的接触）。这限制了他们与主流社会的交流，无形之中，这部分新移民被"边缘化"了。但由于新移民本身就是一个庞大的社会，所以他们在主流社会中的"边缘化"，并不意味着他们在自身生活圈子的"边缘化"。在这种情形下，中华文化体系便可以得到相对完整的保存，如崇尚教育、孝道、家长作风、顺从等中国传统文化理念在这部分华侨华人中很普遍。

跟欧美等发达地区的新移民稍有不同，拉丁美洲的新移民大多来自中国大陆农村地区。他们在居住地所保留和传承的，基本上是地方或家乡特色浓重的"小传统"的中华文化。这种"小传统"的中华文化可以跟居住地老一辈华人传承下来的中华传统文化发生接合。由于多来自中国农村的缘故，他们的"乡恋"情结或更浓重。除了尽可能回乡外，他们也常常把"乡恋"情结倾注在对中国传统节日的庆祝上，以解乡思与乡愁。今天拉丁美洲各国的大多数华裔，仍然保留着对祖（籍）国和家乡的美好情感，他们仍然钟情于以家乡"小传统"民俗为基础的中华文化，即使是那些至今仍没有与中国建交的国家的传统华人也是如此。

如上所述，在今天的委内瑞拉与荷属加勒比地区，华侨的主要祖籍地是恩平。恩平文化属于四邑文化的一部分。究其来源有三：一为南越土著文化，二是中原传统文化，三是外来文化。自秦汉始，南越土著文化与中原传统文化逐步交

融，相互影响，但前者最终被后者同化。在此过程中，前者的一些元素被保留下来，而后者也在吸收前者诸多元素的基础上表现出"当地化"的倾向。到清朝前期，这种融合已告完成，恩平文化也就成为四邑文化的一部分，同时也成为广府文化的一部分。但无论是南越土著文化，还是中原传统文化，抑或是融合后的恩平的文化、四邑文化，基本上仍然属于农耕文化。不过，传统的恩平乃至四邑文化的"守土意识"不重，倒是商业文明的元素稀薄。到清朝后期乃至民国时期，来自海外的外来文化因素不断渗透进来，促成恩平的文化越来越具有中西兼容的特征，也越来越多地具有"侨乡文化"的特征。在新的"侨乡文化"中，商业文明的元素得到极大张扬。"侨乡文化"与"移民文化"存在着千丝万缕的联系，也可以说是因移民而派生的文化。"侨乡文化"从其形成到成熟，是一个较长的历史过程。在这个过程的早期，即十九世纪末的二三十年间，它已经对恩平海外移民产生一定的作用，在后来的历史发展中，它的作用也变得越来越大。随着岁月的流逝，华侨祖上所流传下来的传统中华文化，可能会逐渐"风化"或"碎片化"，而"风化"和"碎片化"了的中华文化，往往又夹杂着若干当地文化的元素。然而，即使对那些被"风化"和"碎片化"了的中华文化，当地传统华人依然十分执着，将之看作是民族的象征和符号。一段时期内，越来越多的恩平人、四邑人和其他地方的中国人纷纷来到这块美丽富饶的土地谋求发展。对于所有已经来到、正在前来和准备移民到那里的中华子孙来说，该以怎样的心态和方式在那里立足和发展？了解一点委内瑞拉与荷属加勒比地区的华侨史，了解一点四邑文化和广府文化，了解一点"移民文化"和"侨乡文化"，从而更深刻地理解凝聚、渗透在这些文化里面的中华文化，或许会有裨益。

移民在海外都有一个文化适应的问题。文化适应是一个动态的、自然的过程，不管是哪一种类型，哪一种形式，只要不是强迫的，都是正常的适应模式，不应随意贴上好或坏、进步或倒退的标签。当然，不同的适应模式，对中华文化的保存程度和保存方式是不一样的。

十、概念小释

众所周知，在中国大陆，"华侨"与"华人"两个概念是不同的。1955年4月，中国政府与印度尼西亚政府签订关于双重国籍问题的条约，宣布不承认双重国籍，即中国公民在取得他国国籍后，将自动丧失中国国籍。在此之后，中国政府又与蒙古、马来西亚、菲律宾、泰国等国政府签署联合公报，也重申不承认双重国籍。1980年开始实施的《中华人民共和国国籍法》再次明确规定中华人民共和国不承认中国公民具有双重国籍的原则。根据上述法律准则，便有"华侨"

与"华人"两个概念的划分：华侨，是指定居在国外，未加入当地国籍即仍保留中国国籍的中国公民，他们的合法权益受到中国宪法和法律的保护；华人，则是指已取得外国国籍的原华侨及其土生的后裔，又称"华裔"。本书的"华侨"一词，既包括已经取得居住国（地区）居留证的原中国公民，也包括通过非正常渠道进入委内瑞拉与荷属加勒比地区而"暂住"（包括没有取得居留证情况下的"长期居住"与"短期居住"）于该国的中国公民。

应该看到，在委内瑞拉与荷属加勒比地区，华侨华人客观上存在着特殊的现象。目前所有的"华侨华人"中，虽然"华侨"与"华人"各自的比例还没有一个可信的说法，但可以肯定，"华侨华人"中的极大一部分（其比例可能比眼下估算的要高）是最近二三十年间从中国大陆移民来的，即习惯上所说的"新移民"。他们中的很大一部分还处于"暂住"（居留）状态，而且可能长久地处于"暂住"（居留）状态直到有朝一日买棹还乡。按照中国的国籍法含义，他们仍然属于"华侨"；土生土长的"华裔"（按照中国国籍法则属"华人"）固然有，但比例远低于仍然持有"华侨"身份者。这与北美等地的情况不同，在北美等地，"华人"比例的高企，主要是由于"新移民"大幅度加入当地国籍。直白言之，目前居住在委内瑞拉与荷属加勒比地区的"华侨"人数比"华人"人数高得多。而且前一部分人中，已有不少在委内瑞拉与荷属加勒比地区生儿育女。事实上，在委内瑞拉与荷属加勒比地区，很大一部分新移民并不急于加入居住国国籍，或说只是浅层次地保持着加入居住国国籍的意识。当然，造成这种状况的原因有所不同：在委内瑞拉，由于持续的经济不景和社会动荡，新移民们保持着居高不下的"叶落归根"意识；在荷属加勒比地区，则是由于海岛经济环境下当地政府对外来移民入籍的多方面限制。一个有趣的现象是，在委内瑞拉与荷属加勒比地区，经常性地参与本书所说的集体活动的"华侨华人"，基本上就是"新移民"。还值得注意的是，几乎所有居住在委内瑞拉与荷属加勒比地区"华侨"和"华人"，都习以为常地把自己称作"华侨"，更多的情况下是将"华侨"与"华人"两个概念混用。说自己是"华侨"的人，他的真实身份可能是"华人"；以"华人"身份自称的人，他的真实身份可能是"华侨"。一般来说，由于"华侨"占了大多数，故这些人除了称呼自己为"华侨"外，也称呼另外那一小部分华人同胞为"华侨"。只有在居住地官员或民众众口一词地说"Chinese"时，"华侨华人"才把自己也称为"华人"，而不管自己到底是"华侨"还是"华人"。正如很多学者所感受到的那样，在下笔写作时硬要清晰地显现"华侨"与"华人"这两个概念，有时候是很困难的事情，不如"侨胞"两字来得轻松。另外，主要是为了叙述的方便，很多时候以"华人"两字作为某个组织、机构或者团体的前缀语，例如华人社团、华人杂货铺、华人舞狮队等等，并

非说这个组织、机构或者团体的构成人员都是"华人"。在这种情况下，"华人"纯粹是个前缀语，没有任何身份上的意义。由于委内瑞拉与荷属加勒比地区成规模的中国移民主要发生在 1949 年以前和 1979 年中国改革开放以后，1949 年以前中国还承认"双重国籍"，所有的中国移民们仍可以称为"华侨"，后来他们大部分已融入当地；改革开放后的中国新移民很少加入当地国籍，多通过"居留证"方式在当地生存发展，这些人的身份仍然是"华侨"。总之，本书所描述的委内瑞拉和荷属加勒比地区的中国移民，绝大多数是以"华侨"身份出现的。

还要指出，在委内瑞拉与荷属加勒比地区，侨胞（包括上面说的"华侨"与"华人"）在很多时候喜欢群体性地自称"唐人"，把回中国称为"返唐"。这是沿袭了一千多年来海外华人的习惯性称谓。在世界各国华侨华人社会中，可能数在委内瑞拉与荷属加勒比地区，这种称呼最为普遍。这也许反映了这里的侨胞对祖（籍）国更为强烈的认同感。委内瑞拉与荷属加勒比地区侨胞则喜欢称当地人和其他国家（中国除外）居住在该国的人为"老番"或"番人"，均属通俗的称法，本身并无贬义或恶意。

本书资料截止时间至 2015 年底，个别情况下至 2016 年底。

上　卷
委内瑞拉华侨史略

第一章　历史上的华侨移民

第一节　委内瑞拉国情与侨情

一、国情概略

委内瑞拉，全称委内瑞拉玻利瓦尔共和国，西班牙文为 República Bolivariana de Venezuela。国名里的"玻利瓦尔"一词在 1999 年委内瑞拉重修宪法时加入，用以纪念被视为开国英雄的西蒙·玻利瓦尔（Simón Bolívar）。古代的委内瑞拉本为印第安人阿拉瓦克族和加勒比族的居住地。1498 年，哥伦布发现新大陆，翌年，意大利航海家阿美利哥·维斯普奇进入马拉开波湖地区，因其滨海环境与土人习俗接近于威尼斯乃名之为"小威尼斯"，"委内瑞拉"便是意大利语"小威尼斯"的音译。当时居住在委内瑞拉的原始居民是还没有开化的印第安土人。1500 年起，西班牙人陆续移民前往开发。1522 年，西班牙在今日的委内瑞拉境内建立了南美洲第一个殖民地——新卡地兹（Nueva Cádiz），嗣后，委内瑞拉一直处于西班牙的统治下。1810 年 4 月 19 日，委内瑞拉发生政变，脱离西班牙控制，并于 1811 年 7 月 5 日宣布独立。但战争并未平息，此后历经多年动荡，终于在南美洲著名的独立英雄西蒙·玻利瓦尔率领下于 1821 年 6 月彻底摆脱西班牙殖民统治取得完全独立。1819 年同哥伦比亚、厄瓜多尔和巴拿马组成"大哥伦比亚共和国"（República de Colombia），后于 1829 年退出。1830 年建立委内瑞拉联邦共和国，大哥伦比亚也随之宣告瓦解。1864 年改名为委内瑞拉合众国，1953 年重新定国名为委内瑞拉共和国。1958 年实行宪政，开始建立文官政权。今委内瑞拉全国划分为 21 个州，2 个边疆地区，1 个首都特别区，以及一个由 311 个岛屿组成的联邦属地。华侨华人喜欢把委内瑞拉的"州"称为"省"，为叙述方便，本书有时也遵从华侨华人的表达习惯。

委内瑞拉地理位置十分优越，各类资源丰富。委内瑞拉全国地形可分为三个区域：一是西北部和北部山区，主要为安第斯山脉的东北分支梅里达山脉。它是境内最大的山脉，顶部终年积雪，有冰川，经常发生地震。根据委内瑞拉相关中

文网站等方面资料，玻利瓦尔峰海拔 5 007 米，为全国最高点。在梅里达山脉的西北，有南美洲最大湖泊——马拉开波湖，该湖面积约 14 000 平方公里，北通加勒比海，南端最深处达 250 米；湖区周围的沼泽低地为世界著名的石油产区。二是中部奥里诺科平原，平原的西半部为一片草原，平原的东半部为奥里诺科河口形成的三角洲沼泽地。三是东南部圭亚那高原，海拔 500~800 米。境内除山地外基本上属热带草原气候。气温随降水量和地势高低的不同而变化。山地温和，低地炎热。年平均气温为 26~28 摄氏度。年平均降水量从北部沿海往南由500 毫米递增至 3 000 毫米左右。降水最多的奥里诺科河上游盆地，年平均降水量达 3 000 毫米以上。最干燥地区在北部沿海，拉瓜伊拉港和麻拉街等城的年平均降水量仅 550 多毫米。每年 6—11 月为雨季，12—5 月为旱季。这样的气候和环境，颇适宜于来自华南的华侨居住和生存。这里四季如春，气候宜人，百花盛开，原始生态环境非常好。在委内瑞拉旅行，可以看到公路两旁是大片大片荒地，树木苍郁，绿草如茵，土地肥沃。但这个国家的农业并不发达，石油产业是国民经济命脉。

委内瑞拉的石油藏量尤为丰富，铁砂、铜、金、铝、锡、煤、磷石、锰、钨、铀、镁、钻石等资源也十分丰富。自从 20 世纪 50 年代起，委内瑞拉的石油资源不断被发现和开发。到 1998 年，石油已探明储藏量达 750 亿桶，居南美首位，约占全世界储量 4%，其中可开采的重油储量估计在 410 亿吨左右，是世界上最大的重油和超重油储备国，占世界储量的 51%。这里的油比水贱，被喻为"浮在海上的铁船"。1976 年 1 月 1 日，委内瑞拉总统佩雷斯在马拉开波湖附近一口商业油井的井址上，首次升起了一面巨幅的委内瑞拉国旗，象征委内瑞拉正式把石油工业收归国有，由国营委内瑞拉石油公司统一经营，结束了外国公司对委内瑞拉石油工业的控制。从此，石油工业成了委内瑞拉经济的支柱产业，其收入成了委内瑞拉经济的命脉，石油的收入约占国民经济的 70%。石油工业成了委内瑞拉一道亮丽的风景线。它使委内瑞拉经济得到飞跃发展，从而曾经一跃成为南美最富裕的国家之一。丰厚的石油收入有力推动了交通、运输、文化教育、医疗卫生、电信电力和建筑等行业的飞跃发展，大大改善了国计民生。

当地得天独厚的自然环境和石油开发带来的巨额财富，成为历史上吸引华侨前来委内瑞拉的重要磁石。20 世纪 20 年代初美国石油公司在苏利亚州（Zulia）开发了第一口名为 "R－4LOS BARROS NO2" 的油井并开始招聘大批石油工人后，消息不胫而走，吸引了原在特立尼达、秘鲁、库拉索、阿鲁巴和多米尼加等地谋生的华侨。他们开始以"偷关"方式进入委内瑞拉。后来，很多华侨赚到足够的钱，便在这里居住下来。

西班牙长达 300 年的殖民统治给委内瑞拉打下了深深的烙印，同样，荷兰殖民者对加勒比岛区长达百年的统治，也在当地留下了无法磨灭的痕迹。今天委内瑞拉与荷属加勒比地区的社会、文化、风俗与民情，仍然留有很多殖民地时代的痕迹，特别是不事商业、重视消费的经济观念和生活方式，对华侨的居住和生存发展特别是经商方式有很大的影响。这种影响与其他因素叠加在一起，又直接导致中国移民（主要是广东恩平移民）的增多。总体上看，委内瑞拉与荷属加勒比地区当地民族是欢迎华侨商业的存在的，因为这种商业存在与当地民族"消费导向型"的生活方式已形成一种天然的"互补机制"。但与此同时，当地部分民众又形成了不可忽视的妒忌华侨财富的心理，乃至发展成哄抢华侨商场的行为，使广大华侨产生了长久的恐慌心理。之所以如此，主要是因为原已存在的贫富差距矛盾被政治之火点燃，导致种族关系掺杂进来。立体地看，华侨商业、当地民族消费观念的"互补机制"与华侨、当地民族间的贫富差距，是两条既平衡延伸又时而发生矛盾交结的发展曲线。明白这两者间的关系，便可以大致明白委内瑞拉与荷属加勒比地区华侨社会的一个基本面。处理好这两者间的关系，也是在当地建设和谐侨社，搞好与当地民族的关系和融入当地主流社会的长期任务。

历史上的委内瑞拉一直敞开大门吸纳外来移民。现在的 2 700 万人口中，可谓人无"正种"，有白种人、黑种人、黄种人和混血种人。虽然各个族群人数有多有寡，其"原产地"或彼或此，其祖先来委时间有先有后，但谁也没有足够理由说自己就是正宗的"原住民"。因此历史地看，华侨也是委内瑞拉诸多移民人种中的一支，虽然是来得较晚的一支。

二、华侨史梗概

一般来说，中国人移民海外，是先到达沿海交通和商业发达地方，然后再向交通和商业次发达地方渐次扩展，最后在一国所有可以人居的地方都留下自己的足迹。在这样的发展格局中，也逐渐形成了中国移民的人数分布和经济、商业分布的网状格局。以恩平人为主体的委内瑞拉华侨，也大体上遵循这样的发展格局。可以肯定，从华侨移民之日起直到今天，他们的旅居地基本上是社会经济发展比较发达的地方。当然，所谓经济发达与否，是呈梯级状分布的，有最发达地区、次发达地区、次次发达地区……乃至最不发达地区等。一般而言，华侨最先到的地方是最发达地区，他们在感到最发达地区的发展空间有限而次一级发达地区的发展潜力更大、具有更多的比较优势时，便退到次一级地区谋求新的发展，依此类推。但这种情况对一部分人来说只是理论性的，因为这一部分人一旦在某个地区站稳脚跟，事业做大做强了，就很难连根拔起离开这个地区另谋出路。那时他最可能做的，是到另外一个或数个地区去建立新的隶属性根据地。所以，一

般来说，在委内瑞拉被称为"人间天堂"的 20 世纪 80 年代前的数十年间，没有哪个华侨是在一个地区生存不下去的，一旦他来到委内瑞拉并在某个地区扎下了根，他毕生事业的根基多半就在那个地方了。老一辈华侨说，在委内瑞拉确实生存不下去的事情，还真的只发生在 21 世纪开始以后。

历史上，较早移民委内瑞拉的恩平人是经加勒比海的特立尼达、古巴等地来到该国，并居住在委内瑞拉北岸的麻拉街、加拉加斯、华恋社等经济和商业相对发达的加勒比海岸边城市，后来才逐渐散居到其他市镇。直到今天，委内瑞拉华侨仍然保持分布于交通比较便利、商业相对发达的大中城镇的基本格局，偏远落后、交通不发达的地带仍少有华侨涉足。偏远落后、交通不发达的程度越是严重，就越是少有华侨涉足。不过，今天的华侨如果下车伊始就只身到上等发达地区去的话，已经很难找到发展机会，甚至是难以生存了，所以一般都寻找适合自己生存发展的较次一等地区。当然，在找到这样的地区之前，他们一般先投亲靠友，在亲戚朋友家暂住一段时日。另外，也有经亲戚朋友通过各种关系直接介绍到目的地去的。但应指出，20 世纪 90 年代以来，由于来委华侨曾经大量增多，商业竞争加剧，兼有偏远落后地带相对来说较容易赚钱等因素，一些华侨也开始离开交通发达的大中城镇，向偏远落后地带发展，一些过去人烟稀少甚至无人问津的地方，开始出现华侨的足迹。举一个例子，据说在南部与巴西接壤的地带，已经出现为来自巴西的采矿者提供衣食等商业服务的华侨。他们多是新近来到委内瑞拉的。这些华侨的经商环境显然比较艰苦。他们所经营的商品一般是从北部发达城镇辗转运来的，故价格高昂。当然，他们所居住的城镇再偏远落后，也肯定不是与世隔绝的，肯定有起码的对外交通路线。可以肯定，随着华侨的不断到来和人数的增多，委内瑞拉的不发达地区将有越来越多的华侨足迹。这一趋势有利于该国的经济发展和社会进步。

纵观华侨移民委内瑞拉至今的历史，笔者将之大略分为五个时期。但这还只是笔者初步的想法，兹在此列述之，供后来的研究者参考。

第一个时期从华侨最早登陆委内瑞拉开始，至 20 世纪 20 年代（具体来说可以 1922 年为界）委内瑞拉发现石油止，是委内瑞拉华侨寻求生存和立足的时期，或曰草创时期。第二个时期从 20 世纪 20 年代到 1949 年，是委内瑞拉华侨筚路蓝缕艰难发展的时期。第三个时期从 1949 年到 1979 年，是委内瑞拉华侨史上一个十分重要的过渡时期。第四个时期从 1979 年到 1989 年，是委内瑞拉华侨历史上发展的辉煌时期；第五个时期从 1989 年到现在，是委内瑞拉华侨备受煎熬、忍辱负重但仍然不屈不挠顽强拓展的时期。这里所提到的某些事件现在可能还在演变中，但由于截稿的缘故，本书无法更新资料，相信读者会继续跟进。

第一、二、三个时期来委的华侨都把到委内瑞拉叫作"走州府"，意即穿州过府，沿袭清代四邑人离开家乡到国内其他地方谋生的口头语。但华侨按照恩平方言谐音将之演绎为"朝朝苦"。这期间，中国国内正经历着 1840 年鸦片战争后巨大而痛苦的社会转型。在当时的华侨家乡，自然灾害频仍，吸毒、赌博、游手好闲等不良现象丛生。华侨在家乡度日艰难，不得不出国谋生。当时他们来到委内瑞拉，主要的工作是种菜、洗衣、做农村糕点外卖、开咖啡馆等。到后来，加上开餐馆，开杂货店铺、京解野（委内瑞拉侨胞对百货商店的通称）等。1974年 6 月 28 日中国与委内瑞拉建交后，来了很多单身华侨。他们来委后的主要工作是在餐馆"企台"（四邑地区的地方话，意站在餐桌旁，专指在餐馆帮工者）和做厨师，有个别华侨开杂货铺。

第四个时期来委的华侨主要是与家人团聚。因为早期出国来委的华侨已在委内瑞拉开有餐馆、杂货铺、工厂等，需要大量工人，故在这 10 年间，来了一大批华侨家属与亲人团聚。这一时期，华侨商业在全国各大中小城市蓬勃兴起。

毋庸讳言，第五个时期来委的华侨中，不少是"非正常渠道移民"（旧称"非法移民"，俗称之为"偷渡客"），其中包括民营企业家，还有个别非法攫取国家财富者及其子女。在这个时期的前半段，华侨多携资出国，一段时期内中资公司普遍看好委内瑞拉市场，加上现代年轻人掌握科学技术，故这一代华侨的谋生手段已今非昔比。老一辈华侨以开洗衣馆、咖啡馆为主，现在已转开现代工厂、大型超市、汽车旅店、车辆销售行、百货、电脑配件、汽车配件、印刷厂、纸箱厂、饭盒厂、胶袋厂、进出口公司、建筑公司、房地产、旅游公司、摩托车组装厂，以及其他加工厂。

上面所说的委内瑞拉数代华侨，是就华侨身份的演变而言。华侨历史当然不等同于华侨身份的演变史，尽管身份演变问题在一国华侨史中的意义是不可忽略的。实际上，第三个时期（1949—1979）以后来委的华侨，才算是真正意义上的"出国"，因为他们可以在中国开放的大背景下堂堂正正地踏出国门。历史不会有终止的一天，委内瑞拉华侨多姿多彩的历史还在延续，尽管在最后一个时期委内瑞拉华侨正经历风雨如磐的煎熬，但可能在未来某一个时刻回过头来看现在这段历史的时候，他们会感觉自己曾经经历过一段难忘的苦难辉煌时期。

在新的历史时期，公民出国的目的是不一样的，有的属家庭团聚，有的为继承祖业，有的是投亲靠友，有的属自谋生计。从中国方面来说，1949 年以来，由于特殊的历史原因，在海外有亲属关系的中国公民出国受到严格限制，被批准出国人数稀少。但到 20 世纪 70 年代末，中国迎来了改革开放，放宽了对公民出国定居的限制，公民出国的大门骤然打开。80—90 年代，以广东恩平人为主，形成了一股浩大的移民委内瑞拉的热潮。这个时候大批华侨之所以移民委内瑞拉，既存在着推力，也存在着拉力。除了委内瑞拉的历史、传统和特殊的国情十

分有利于华侨营商外，也因为恩平本地经济发展一直处于徘徊不前的局面，滞后于全国经济的总体发展水平。家乡与委内瑞拉两地发展形成的暂时反差，以及长期以来委内瑞拉华侨同胞通过经商迅速致富的现实与舆论，强烈地吸引着他们源源不绝地远渡重洋来到委内瑞拉。

在看到公民出国形成大潮的同时，也要看到各地对放宽出国限制的执行情况是不尽相同的，对国外亲属的辨识和出国目的（类别）的操控也存在严格处理、宽松处理和模糊处理的区别。就以委内瑞拉华侨最集中的四邑地区而言，恩平执行政策是最为宽松的，对申请人的国外亲属关系不过分纠缠，对申请人的出国目的也不刻意施控，以致委内瑞拉恩平籍华侨人数骤增，远多于其他几邑。这种情况也导致后来恩平籍公民以家庭团聚等理由申请来委，或通过其他各种途径来委人数呈滚雪球般增长的态势。20世纪90年代以后，恩平等地公民来委人数有增无减，其中多数属家庭团聚类别，还有的类别带有复合性（如家庭团聚加投资移民）；2000年以后，又增加了其他类别。

当然，作为历史分期中起界碑作用的每一个重大事件，其性质、特点和作用不一定是相同的，但本书中作为委内瑞拉华侨史界碑的每一个重大事件，都有一个十分相近的特点，即事件本身对移民委内瑞拉的华侨人数产生重要的推拉作用——如果重大事件发生在中国，则其作用为"推"；如果发生在委内瑞拉，则其作用为"拉"；如果发生在两国，则其作用为"又推又拉"。例如，1949年中华人民共和国的成立，短时期内导致华侨大批来委，其作用无疑是"推"；1974年两国建交，其作用则是"又推又拉"。同时也应看到，委内瑞拉华侨史上每次重大事件所起的作用，不是单一的、孤立的。因为这些事件不仅导致移民人数的增多，还会衍生连锁现象。例如，1949年后华侨的大幅增加，肯定导致华侨居住地的扩大，华侨经营领域的拓展，同时还会导致其他方面的结构性变化；只不过是有的变化大一点，有的变化小一点，有的变化容易为人察觉，有的变化不易为人所知，有的变化可能会立竿见影，有的变化则可能要旷日持久才能看得出来，如此而已。历史是一个复杂的联动系统，任何事物的产生、发展和变化都不是孤立的、单因果的，应该将发生的事件放在一个大系统里做长线的观察分析，才可能得出科学合理的结论。也应该通过系统的分析，发现每一件事物复合的前因后果，来龙去脉。

华侨在不同时期有不同的经营重点。就每一个时期华侨的职业而言，在第一个时期，华侨的工作主要是打工、做咖啡馆、种菜、洗衣；在第二个时期，华侨的主要产业则是在经营餐馆、杂货和百货等；在第三个时期，华侨的主要产业是在经营餐馆、杂货和百货的同时，加大了进出口贸易的比重；在第四个时期，华侨产业则向餐馆、杂货百货和进出口贸易全面发展，是委内瑞拉华侨历史上最辉煌的时期；第五个时期，则是在上一时期的基础上，从国内带来资金的华侨开始直接投资，除经营餐馆、杂货百货和进出口外，也向办工厂，如塑料厂、胶杯厂、扫帚厂、蜡烛厂、衣架厂、轧铁厂等行业全面进军。诚然，今天委内瑞拉众多的华侨产业中，很多情况仍然是模糊不清的。主要是由于材料的匮乏，本书也只能择其要者（如洗衣、餐饮、杂货和百货）介绍之。其他产业，希望以后轮廓能够越来越清晰，让人们逐渐知道其庐山真面目。

第二节　混沌甲子

一、委内瑞拉周边的华侨移民流

历史上四邑人移民海外的过程，大体上经历了先到东南亚，次到北、中、南美洲，再到大洋洲的发展过程。在每一个洲，他们都筚路蓝缕，艰难创业，立足当地，谋求生存和发展。

委内瑞拉属拉丁美洲。所谓拉丁美洲，包括现在通称的南美洲、中美洲、墨西哥和加勒比海地区。这一地域十分辽阔，资源丰富，原是英国、法国、西班牙、葡萄牙、荷兰等西方国家的殖民地。早在 16 世纪，就有关于中国人移居拉丁美洲的历史记载，但为数很少，时断时续，所起的作用和影响也不大。实际上，委内瑞拉还是西班牙殖民者抵达拉丁美洲时最早的落脚地。1515 年，西班牙殖民者在美洲"新大陆"建立了第一个城市，叫库马纳，是今天委内瑞拉东部苏克雷州（Sucre）的州府城市。2015 年，库马纳迎来了 500 周年的城庆日。从 16 世纪后期起，西班牙人在美洲已由殖民征服阶段转入开发掠夺时期。在继续奴役土著印第安人的同时，急需补充各行各业的劳动人手，主要靠从非洲大量输入黑人奴隶来解决这一问题。当时侨居菲律宾的华人中有许多能工巧匠，他们精湛的技艺吸引了西班牙殖民当局的注意。16 世纪末，西班牙王室下令允许华人工匠进入美洲。于是数以千计的中国工匠，包括织工、裁缝、木匠、泥瓦匠、铁匠、金银首饰匠以及理发师等，从马尼拉陆续转往美洲做工。[1] 1790—1826 年间，拉丁美洲地区爆发了轰轰烈烈的独立运动，并取得了巨大胜利。独立运动期间，拉丁美洲绝大部分地区推翻了西班牙、葡萄牙和法国等宗主国的殖民统治，建立了一系列新国家，并在独立运动期间或独立后不久相继宣布废除奴隶制度，或颁布禁止买卖黑奴法及禁止输入黑奴法。契约华工由于得到解放，也就有了迁

---

[1] 李春辉、杨生茂主编：《美洲华侨华人史》，北京：东方出版社，1990 年，第 11 页。

徙自由，可以流向任何对侨民开放的地区。因此，此时起到 20 世纪末及 21 世纪初，拉丁美洲华侨的分布情况和契约华工时代相比，发生了很大的变化。最重要的是，华侨的分布扩大到了整个拉丁美洲地区。委内瑞拉，还有其他一些从未到中国招过契约华工的拉美国家，这期间都开始移入华侨。

但在独立后，拉丁美洲立即成为英、美、法、德等国相互竞争的对象，并逐渐沦为西方资本主义列强的农矿原料供应地、工业品销售市场和投资场所。同时，各国开始修筑铁路，发展矿业以及垦辟种植园。随着世界市场对拉丁美洲农矿原料的需求不断增加，当地大庄园主、种植园主、矿场主及外国资本家都致力于片面发展拉丁美洲各国单一产品制经济，特别是少数几种专供出口外销的农产品与贵金属生产。随着经济发展的需要和奴隶制度的废除或对奴隶贸易的限制，拉丁美洲对开辟新的廉价劳动力来源的需求日感迫切。为满足劳动力的需求，各国政府先后采取措施，鼓励欧洲白人移民，但白人一般不愿从事繁重的体力劳动，特别是从事热带作物种植园和矿场生产，因而，各国不得不另找廉价劳动力的来源。这时候的中国是它们的重要目标。19 世纪中叶，西方殖民者和拉丁美洲有关国家的大种植园主乘鸦片战争打开中国大门之机，大肆掠夺契约华工到拉丁美洲接替黑奴或与黑奴并用，以充实种植园、大庄园和采矿场所需要的大量劳动人手。从 19 世纪初期起，特别是 1847—1874 年间，拉丁美洲输入契约华工约 50 万左右。拉丁美洲成为美洲大陆华人侨居最早和一度人口最多的地区。① 拉丁美洲华侨对拉丁美洲特别是对古巴、秘鲁、巴拿马、墨西哥和英属圭亚那的早期开发和经济发展，都起了重要作用。可以说，拉丁美洲华侨的历史，就是拉丁美洲华侨以其著称于世的刻苦耐劳精神参与开发拉丁美洲的历史。

如前所述，1840 年鸦片战争后，西方列强用武力迫使清政府开放了中国的门户，中国农民迅速破产，许多人不得不离乡背井，到处流浪。在清政府的腐败统治下，各地经济凋敝，社会动荡，民不聊生。沿海广东、福建一带的人民纷纷出国谋生，移民潮在过去已经形成溪流的基础上，发展成为一波又一波的向外移民大潮。移民的方向从过去的东南亚地区扩展到美洲各地。在内外因素的作用下，广东四邑地区开始掀起一次国际性的移民高潮。有的地方村镇的人"涉重洋如履庭户"，几乎家家有人出洋谋生，有的一家就有十几人。美国、加拿大金矿的相继发现，太平洋铁路的修建，南美洲种植园的开辟，造成大量五邑人或被卖作"猪仔"或当"赊单华工"，或作为自由移民进入美洲大陆。就拉美地区而言，据估计，在 19 世纪 40—70 年代，约有三四十万契约华工，包括人数至今难以估计的四邑籍华工输入拉美地区。他们主要分布在古巴以及盛产鸟粪的秘鲁，

---

① 李春辉、杨生茂主编：《美洲华侨华人史》，北京：东方出版社，1990 年，第 473 – 474 页。

矿产资源丰富的墨西哥、智利，以及进行重大工程建设的巴拿马等国。除了上述几个主要国家外，在巴西、阿根廷、委内瑞拉等南美大国，以及英属殖民地圭亚那、特立尼达和多巴哥、牙买加、荷属殖民地圭亚那（即今苏里南）、法属殖民地马提尼克、瓜德罗普等地的咖啡、甘蔗、棉花种植园里，也有大量的四邑籍华工。

随着 19 世纪后期北美、澳洲排华势力的增长，一些国家（如美国等）相继通过排华法案，四邑地区的国际移民运动进入低潮，出洋谋生的人数明显减少。同时也可以看到，仍然有一些人想尽各种办法进入敌视华工而且关卡重重的美国、加拿大、澳大利亚等国。据称："今虽美严入境之禁，英增人口之税，而多方营求假道者、偷关者，骈肩接踵，虽千金不惜。"[1] 这不是开平一地的现象，台山、恩平、新会同样存在。这一个时期四邑华侨大致是通过"猪仔华工"和"赊单华工"这样两种形式迁往世界各地的。南美种植园的四邑籍华侨，基本上都是以"猪仔华工"的形式被连哄带骗强制性迁入的廉价劳动力。

当时中国的出国移民潮，包括作为自由劳工和作为契约劳工两大类型。到中南美方向去的中国劳工，大多数属于后一种类型。在非洲黑奴贸易被禁止后，西方人口贩子为追逐高额利润，热衷于大规模地掠卖契约华工，将东方苦力贸易扩大到中南美洲地区。1790 年至 1826 年间，拉美（中南美洲）地区爆发了轰轰烈烈的独立战争。在独立战争期间或独立后不久，中南美洲不少国家先后宣布废除奴隶制。随着奴隶贸易的衰落和黑奴制度的崩溃，这些国家迫切需要廉价劳动力来开发经济，特别是补充热带种植园、采矿场的劳动力。中南美地区自此以后便在奴隶制印记下得到迅速开发。

关于移入拉丁美洲的华工人数，无疑很难统计清楚，但肯定是数量巨大的。这里举一些学者的研究数据为证。

其一，从 19 世纪初期起，特别是 1847—1874 年间，拉丁美洲各国输入契约华工约 50 万左右，一度成为整个美洲大陆华侨人口最多的地区。[2] 他们主要居住于古巴、秘鲁、巴拿马、墨西哥和英属圭亚那等国家和地区。

其二，在 19 世纪 40—70 年代，约有三四十万契约华工输入拉美地区。他们主要分布在古巴以及盛产鸟粪的秘鲁，矿产资源丰富的墨西哥、智利，以及进行重大工程的巴拿马等国。除了上述几个主要国家外，在巴西、阿根廷、委内瑞拉等南美大国，以及英属殖民地圭亚那、特立尼达和多巴哥、牙买加、荷属殖民地圭亚那，法属殖民地马提尼克、瓜德罗普等地的咖啡、甘蔗、棉花种植园里，也

---

① 宣统《开平县乡土志》。
② 李春辉、杨生茂主编：《美洲华侨华人史》，北京：东方出版社，1990 年，第 473－474 页。

有大量的华工（主要为广东四邑籍）。显然，上述国家和地区，是华侨移民拉丁美洲最早的地方，是华侨对拉丁美洲经济发展贡献最大、受到当地民族最多赞誉的地方，当然，也是华侨在拉丁美洲流下最多血泪、蒙受最多耻辱的地方。

其三，据谭乾初《古巴杂记》引用的英国驻哈瓦那总领事馆档案材料，1847至1874年间被运往古巴的契约华工总数达143 040人，实际到达古巴126 008人。另据秘鲁专门研究华工问题的学者温贝托·罗德里格斯所引用的材料，1849至1874年间约有10万多契约华工移入秘鲁。据特立尼达和多巴哥前总理埃里克·威廉斯（1911—1981）所著《加勒比地区史》，1853至1879年期间，有14 002名华工迁入英属圭亚那，1854至1887年有500名华工到达瓜德罗普，1859年有500名华工到达马提尼克。另据资料，1890年在荷属圭亚那的华工达1万人。20世纪初，英属特立尼达有华侨5 000人。[①]

拉丁美洲早期的殖民地向来以甘蔗种植园闻名于世，只有甘蔗种植园才需要大量契约华工。当然，甘蔗种植园并非遍地开花，而是只集中于古巴、秘鲁、英属圭亚那等几个殖民地和国家。是故，在契约华工时代之初，华侨只集中于几个产糖的殖民地和国家。只是契约华工时代结束后，为了寻找新的职业，获得自由的"前契约华工"才陆续流向其他国家和地区，再加上陆续前来的国内移民，到了19世纪末20世纪初，华侨的分布范围几乎已扩及拉丁美洲所有的国家和地区，共约15万余人。[②]

到了20世纪上半期，华侨已经遍布拉丁美洲的主要国家和岛屿，包括南美洲、中美洲的大部分国家和地区以及墨西哥，西印度群岛地区很多国家也有了华侨的足迹，但大部分海岛仍保持空白。更值得关注的是，华侨在拉丁美洲的人数分布是很不平衡的。

有趣的是，19世纪到北中南美洲去的华侨，几乎已经覆盖了当时这一大片地区的绝大部分国家，只有一块地方近乎空白，这就是委内瑞拉。当然，这里引用的资料中虽然没有提到委内瑞拉，但并非意味着当时这个国家全然没有华侨的足迹。如下所述，委内瑞拉应是整个南美大陆中最晚开发的国家之一，即使后来得到开发，也长时期处于发展明显滞后的状态。

当时，从中国华南运送华工到中南美各国，一般需要4至5个月的海上航行。例如，到秘鲁要120天，到古巴要147至168天。西方各国的航运商为了攫取暴利，草菅人命，拼命超载，苦力船上的饮水、伙食和卫生条件极差，华工在

---

① 徐世澄：《华人与拉丁美洲》，庄炎林主编：《世界华人精英传略·南美洲与加拿大卷》，天津：百花文艺出版社，1994年；索飒：《把我的心染棕：潜入美洲》，西宁：青海人民出版社，2009年。

② 李春辉、杨生茂主编：《美洲华侨华人史》，北京：东方出版社，1990年，第570页。

航程中的死亡率很高。1853 至 1873 年间，从中国运往古巴的 13 万多名华工，途中死亡率达 13%。运往秘鲁的华工的海上死亡率在 1850 年代有时竟高达 50%。[1]因此，人们将西方国家用来运载华工的苦力船称为"浮动地狱"。中国"苦力贩运"是西方殖民史上最肮脏的一页。从"成本"核算来看，"苦力"劳工去的应该是已经或正在开发的地方，而不可能是落后荒蛮的地方，因为后一类地方不能让"苦力"贩卖者很快收回成本。其时落后荒蛮的委内瑞拉，显然不符合这样的条件。

当时到中南美地区的华侨基本上属四邑籍，所以，说华侨对中南美地区经济与社会发展的重大贡献，基本上属四邑籍华侨的贡献。主要表现如下：其一，在 1821 年墨西哥摆脱西班牙殖民统治宣布独立后，直到 20 世纪初，华工参与墨西哥的开发，主要是开发银、铜、煤等矿，开垦麻种植园，修建铁路等，包括四邑籍华侨在内的华工正是从这时起大量移入墨西哥的。其二，19 世纪 50 年代参与修建巴拿马铁路，19 世纪 80 年代参与巴拿马运河的开挖。华人移居巴拿马始于 1851 年，他们中有不少是四邑人。其三，开发秘鲁。秘鲁 1821 年宣布独立，建立共和国。1849 年 11 月 17 日，秘鲁议会通过一项总的移民法，主要目的是鼓励引进中国人，故被称为"中国人法令"。据估计，1849—1874 年的 25 年中，约 8 万~10 万华工来到秘鲁，他们主要是契约华工，其中不少人是来自四邑地区，在种植园做苦力，或在岛上挖鸟粪。美国学者瓦特·斯图凡特著述的《秘鲁华工史》里，就有一份恩平人谢林签字画押的契约全文。其四，在古巴从事种植业。鸦片战争后华工大批被运往古巴成为廉价劳动力，其中广东籍占 90.9%，又以四邑地区为最多。古巴的契约华工，90% 被卖到甘蔗种植园和糖寮（糖厂）劳动，其余的则在烟草、咖啡、蔬菜等种植园里，也有的充当仆役。[2]四邑人对开发中南美地区的这几大贡献，其实也可以看作是对委内瑞拉移民环境的最大影响，因为墨西哥、巴拿马、秘鲁和古巴等国家都与委内瑞拉近在咫尺。

在中南美洲大多数国家相继成为契约华工输入地的情况下，委内瑞拉还是一片"处女地"。在 20 世纪 20 年代末发现和开采石油之前，委内瑞拉还是南美洲大陆一个鲜为人知的贫穷国度。工业十分落后，人民的日常生活用品几乎全部靠进口；农业也不发达，主要粮食和油料大部分也靠进口。可以说，在周边国家摧毁殖民统治后进行大开发的同时，委内瑞拉仍然处于"蒙昧"状态，是经济尚不发达的"穷州府"，没有吸纳外来劳工的需求。之所以如此，是因为拉丁美洲

① 徐世澄：《华人与拉丁美洲》，庄炎林主编：《世界华人精英传略·南美洲与加拿大卷》，天津：百花文艺出版社，1994 年。

② 徐世澄：《华人与拉丁美洲》，庄炎林主编：《世界华人精英传略·南美洲与加拿大卷》，天津：百花文艺出版社，1994 年。

早期的殖民地向来以甘蔗种植园闻名于世，只有甘蔗种植园才需要大量契约华工。而甘蔗种植园只集中于古巴、秘鲁、英属圭亚那等几个殖民地和国家，委内瑞拉不在此列。是故，在契约华工时代之初，华侨只集中于几个产糖的殖民地和国家，而不会到委内瑞拉来。只是到了契约华工时代结束后，为了寻找新的职业，被解放了的契约华工才陆续流向其他国家和地区。于是，到了 19 世纪末 20 世纪初，华侨的分布范围已几乎扩大到了拉丁美洲所有的国家和地区，总共约 15 万余人。[①] 有关情况可参下表。

表 1-1　19 世纪末 20 世纪初拉丁美洲华侨分布情况简表

国别	华侨人数	所在地区	籍贯	社会职业状况	社团组织
古巴	45 000 人 （1887 年）	半数居哈瓦那，次为圣地亚哥、卡马圭，余散居各地	广东四邑、中山、南海	主要从事商业，多经营粮食、杂货、水果、餐馆、洗衣馆及做市场摊贩	中华总会馆、中华总商会等
秘鲁	60 000 人 （1888 年）	主要居住于利马及沿海一带城镇	是华侨华人抵达最早的南美洲国家。祖籍多为广东中山市人，其次为番禺、鹤山、台山、恩平和新会等市县	主要开餐馆、粮食杂货店、旅馆、戏院、农场和肥皂、蜡烛工厂等	通惠总局、中山会馆等
巴西	2 000 人 （19 世纪末）	主要集中于圣保罗、里约热内卢等城市	广东台山、新会为最多	经营台布、绣花、瓷器手工艺品、酒家、农场等	巴京中华会馆、圣保罗中华会馆等

---

① 李春辉、杨生茂主编：《美洲华侨华人史》，北京：东方出版社，1990 年，第 570 页。

（续上表）

国别	华侨人数	所在地区	籍贯	社会职业状况	社团组织
墨西哥	13 203 人（1910 年）	大多定居于下加利福尼亚州，在墨西卡利和蒂华纳、墨西哥京城及顺拿腊省等地，形成华人社区	大批华侨进入是在 19 世纪末期。1864 年，从美国运来一批华工修筑美国到墨西哥的铁路。1891—1898 年，墨西哥从香港、澳门等地招募一批契约华工，到矿山采煤和种植棉花。1902 年开始，美国华人因为到处受迫害，只得从旧金山成群结队南下，转往墨西哥谋生	多从事矿工、园艺、洗衣等工作，开餐馆、开旅馆，或经营进出口业	中国社交社
巴拿马	5 000 人	聚居于巴拿马城及其他省省府		经营餐馆、其他商业及农业等	中华会馆等
智利	1 000 ~ 1 200 人	居于圣地亚哥及智利北部中部一带	老一辈华侨祖籍为广东台山、开平、新会、恩平、中山和鹤山等市县	经营牛肉店及杂货店	中华会馆等
厄瓜多尔	1 500 人（1918 年）	主要聚居于瓜亚基尔市	华侨早年多从广东中山等县迁往当地	多经营布匹、杂货贸易	中华总商会
哥伦比亚	800 人	聚居于波哥大、巴兰基利亚及其他城市	老一辈华侨都从广东的四邑、中山等县市迁入	经营杂货、匹头、粮食等业	中华总商会
乌拉圭	250 人	蒙得维的亚	广东台山最多，其次为中山、新会、开平及惠阳等	多经营洗衣馆、餐馆、咖啡店等	中华会馆
法属瓜德罗普	500 人（1854—1887 年）				

（续上表）

国别	华侨人数	所在地区	籍贯	社会职业状况	社团组织
法属马提尼克	500 人（1859 年）				
特立尼达	6 000 人（20 世纪初）		早年大多来自广东省中山、台山、新会等市		
荷属苏里南	1 000 人（1890 年）				
阿根廷	300 人	主要集中于首都布宜诺斯艾利斯	广东占 60%，后来有来自浙、鄂、湘、鲁等省者	多为店员、工人，少数经商	
委内瑞拉	2 700 人	加拉加斯、马拉开波油矿区	广东恩平最多，其次为开平、中山、新会、台山	多数经营咖啡馆、水果店，少数经营杂货批发，洗衣馆等	中华会馆
玻利维亚	80 人				
巴拉圭	700 人				
危地马拉	2 000 人	主要居住在危地马拉市及一些海港城市	早年多由广东省中山、顺德、南海市移民而来到危地马拉。他们中大多是早期种植园契约华工的后裔	经营杂货、布匹、成衣、餐馆、农场	华侨总会致公堂
尼加拉瓜	3 000 人	流动性颇大，多聚居于东海岸蓝甲城市和马那瓜	华侨移民尼加拉瓜始于 1892 年，不少来自广东沿海各市		
洪都拉斯	400 人				

（续上表）

国别	华侨人数	所在地区	籍贯	社会职业状况	社团组织
萨尔瓦多	300 人	聚居于萨尔瓦多、圣内纳等城市	早期华侨移民主要来自广东沿海各市，其中姓吴的人氏最多		
哥斯达黎加	2 000 人	大部分聚居于圣约瑟与克波斯港及其他城镇	早年的华侨多由广东中山、四邑等地移民而来	经商、经营可可及咖啡、香蕉等农场	中华会馆
海地	200 人				亲义公所
多米尼加	700 人		早年移居多米尼加的华侨多为早期甘蔗种植园的契约华工及其后裔，大多来自广东的恩平、台山等市县，其中以吴姓为众		中华总馆
英属圭亚那	2 622 人（1919 年）		1853 年英当局不择手段，从广东沿海诸县招募华工赴圭亚那	主要从事商业	中华协会
牙买加	3 696 人（1921 年）		1854 年至 1884 年，中国有三批华工涉足牙买加，主要来自广东省台山及四邑，以及东莞、惠阳、宝安三市县	经商，从事制造业、服务业，做杂货商	
波多黎各	75 人（1912 年）				
巴哈马			华侨早年多从广东新会、台山等县迁入		

资料来源：李春辉：《拉丁美洲史稿》，北京：东方出版社，1983 年，第 351 页。另参徐世澄：《华人与拉丁美洲》，庄炎林主编：《世界华人精英传略·南美洲与加拿大卷》，天津：百花文艺出版社，1994 年。

另外一个问题是，上表中，至少有关委内瑞拉的华侨数字应该是20世纪20年代该国发现油矿从而导致华侨人数大增之后的数字。但笔者对此数是严重存疑的。有相对权威的资料表明，到1910年，委内瑞拉的华侨只有二三十人。到1920年华侨增至100多人。此后随着委内瑞拉发现并生产大量石油，经济日益繁荣，又有一些华侨从古巴、墨西哥、美国及中国香港和内地等国家和地区陆续去委内瑞拉。即使这样，到1941年太平洋战争爆发前，旅居委内瑞拉的华侨约有1 500人。[①] 另外，这里的资料是国民政府侨务委员会统计室根据1941年委京中华总会馆报告资料编写的，其时委内瑞拉发生严重排华事件未久，所统计的数字很可能大有缩水。但上表所说的2 700名委内瑞拉华侨显然是该国石油大开发后的数字，若将之当作19世纪末20世纪初委内瑞拉的华侨数字，显然不妥。

话说回来，对于委内瑞拉这样的晚开发国家，即所谓的"处女地""穷州府"，华侨的流入速度还是较快的。在十九世纪最后二三十年，委内瑞拉周边国家进行大开发，需要越来越多华工，委内瑞拉迟早要受到周边国家的影响，被纳入整个地区大开发的大环境中来。具体来说就是，迟早要成为周边国家的自由华工的漂流地。古巴和其他中美洲国家（地区）的恩平籍人后来相继来到委内瑞拉，是这种趋势发展的必然结果。上表的最大价值在于说明当时华侨的分布已经扩及几乎所有拉丁美洲国家和地区、委内瑞拉华侨人数已经后来居上的事实。

在上述几个四邑人贡献最大的拉美地区中，迄今可以找到的资料表明，与恩平人移民委内瑞拉联系最为紧密的是早期的秘鲁恩平华侨。秘鲁《新视野·华文月刊》曾发表过秘鲁学者费尔南·阿莱萨的题为《中国人移民秘鲁历史有多久》的文章。文章说，秘鲁过去一直把1849年10月15日，作为华人抵秘的最早时间。但是，根据新史料可以断定，秘鲁是中国移民最先踏上的南美洲土地。中国人移民秘鲁的时间已超过390年。费尔南的证据是秘鲁《1613年定居在秘鲁的利马城的印第安人名录》。在《名录》2 113名被称为"印第安人"的名单中，发现了其中记录的114名住在利马城、为西班牙人服务的人，是来自中国、日本及葡萄牙殖民地的"印第安人"（当时西班牙人把所有不属于欧洲、阿拉伯和非洲的人，包括美洲及印度以东的亚洲人都称为"印第安人"）。文章中提到，这些早期从菲律宾移民秘鲁的华人，实际上大部分居住在马尼拉（当时菲律宾属西班牙殖民地）。他们有许多人已经有西班牙姓名，来秘鲁后受雇于西班牙人，大部分从事手工劳动，也有很多人做石材加工。在这份1613年的《名录》中，还对这些从菲律宾来的中国人所从事的职业、家庭状况、居住地点都有非常详细的

---

① 国民政府侨务委员会统计室：《国民政府档案》，委京中华总会馆报告资料，1941年。

记录。① 不过，即使可以确信 1613 年就有中国人移民秘鲁，也很难确认其中是否有恩平人或四邑人。我们宁愿谨慎地相信《名录》中的中国人是福建人（这是由于早期到菲律宾的绝大多数华侨是福建人）。所以，在还没有找到新证据之前，仍然以 19 世纪 50 年代末作为恩平人最早到达秘鲁的时间。

关于华侨最早来到委内瑞拉的时间问题，其实，笔者在访委之前就已看到一条材料："华侨华人移居委内瑞拉始于 1836 年，他们从巴拿马、和特立尼达等地抵达委内瑞拉。"② 原文中，这一说法没有注明出处，还需要继续探讨。另有记载说，华侨旅居委内瑞拉始于 1875 年，至今已有百余年的历史。第一批旅居委内瑞拉的华侨来自特立尼达、巴拿马等地。初期大多以洗衣维持生活，每人背一布袋挨门逐户收取脏衣。③ 此说同样没有注明出处。不过，这里所说的"1875年"来自"特立尼达、巴拿马等地"的华侨，与下面所说的来自秘鲁的华侨不同，且留待后述。

一般认为，早在 1860 年以前，就有恩平人移居秘鲁，人数应不在少数。这一年在秘鲁成立的一个由台山、新会、开平、恩平、鹤山籍人组织的"古冈州会馆"可证。如下所说，移民委内瑞拉的恩平人最早很可能是在 140 多年前，即 1860 年前后。如果此说被最终确认的话，则恩平人移民委内瑞拉的时间，相对其移民秘鲁的时间晚不了多久。

如上所述，最广为人知的说法是，首位移居委内瑞拉的恩平人祖籍沙湖镇松巷村。在他之前，广东、福建等沿海地区不少人背井离乡，远渡重洋到南洋谋生。在南洋期间，这位来自沙湖镇松巷村的华侨听说委内瑞拉的生存条件比南洋好，便与人们一道转去那里谋生。此后，恩平人便一批又一批地通过香港、关岛、檀香山等地取道去委内瑞拉，以后便一代一代地繁衍下来。

此说没有他移居委内瑞拉的具体时间，只知道是在清末。这倒不是大问题，大部分口头传说都是没有具体时间，或者时间模糊的。问题是，说他听闻委内瑞拉的生存条件好，便千里迢迢到那里谋生，就要打一个大大的问号了。且不说当时委内瑞拉的生存条件总体上不可能比南洋好，实际上两地远隔参商，在人员往来和经贸上还没有发生交集，东南亚与美洲之间唯一存在的交通线是菲律宾到墨西哥的大西洋贸易航道，但这条航道不到达委内瑞拉。再说，此后恩平人一批又一批地通过香港、关岛、檀香山等地取道到委内瑞拉的说法的历史可信度非常低，因为没有证据表明历史上恩平人大量移居委内瑞拉曾取道关岛、檀香山等地。

---

① 《身在海外　心系中华》，《华声报》，2007 年 2 月 8 日第 2 版。
② 焦震衡编著：《委内瑞拉》，北京：社会科学文献出版社，2005 年，第 299 页。
③ 李春辉、杨生茂主编：《美洲华侨华人史》，北京：东方出版社，1990 年，第 612 页。

还有一说是，恩平东成镇石岗村老华侨梁立铨是该镇最早到委内瑞拉的华侨之一，他 18 岁离家出走，也是因为连年灾荒，颗粒无收，家庭破产。[1] 梁立铨的移居可能是事实，但从华侨史的角度来说，其意义是有限的。华侨史上的移民更看重的是"群体"而非"个体"。

二、恩平籍人氏最早登陆委内瑞拉之始源辨

近代恩平人移民海外最早的历史可溯至何时？对于这个问题，至今没有一个确切的答案。被认为是恩平最早出国的华侨李龙，"清嘉庆年间（1796—1820年），沙湖杨桥乡人李龙携眷到暹罗（泰国的古称）谋生，开本县向外国移民的先例。"[2] 随后，有关恩平人出国活动的记载逐步增加，不过迄今所发现的，多是零碎的记载。清咸丰八年（1858），今东成镇坦巷村人陈广大（又名陈万昌）被人当作"猪仔"卖到悉尼做苦工。清同治末年（1870 年左右），今东成镇草坑村人梁远可移居北美加拿大。清光绪六年（1880）左右，金君堂镇牛庵坦村唐存美、唐存业（唐奕扑、唐存芙[3]）等人到美国做工。他们都是恩平最早旅居居住地（澳大利亚、加拿大和美国）的恩平华侨。[4] 冷静地看，这些零碎的史料所记载的出国恩平人，都是个体的画面，还难以形成群体的画面。

虽然上述恩平人不是前往委内瑞拉，但对判断恩平人出国史之始源还是有一定意义的。其意义就在于，既然斯时恩平已经有移民，那么，自当有后继者。更有趣的是，从李龙移民泰国的时间（暂且定在 1796 年）算起，到下面所说的可能属最早的恩平人移民秘鲁的大约时间——19 世纪 50 年代末，其间相隔约 60 年左右。这段时期，可以初步判定为恩平人陆续移民世界各地的滥觞时期。也就是说，恩平人从移民近邻的东南亚国家，到移民远在天边的美洲大陆，其间也只有一个甲子左右的短暂时间。到光绪年间（1874—1908），恩平人移民美洲已经蔚为风潮。其时"邑人向业耕稼，远出逐利者少。光绪而后，闻临邑经商海外者，满载而归，心焉向往，乃不惜抛弃父母妻儿远渡重洋，近则南洋，远则至欧美"。之所以如此，不只是因为恩平人对外面的世界太向往，更是因为这个世界变化得太快。

---

① 刘国强：《老华侨梁立铨记事》，梅伟强、张国雄主编：《五邑华侨华人史》，广州：广东高等教育出版社，2001 年，第 32 页。

② 王光华主编：《恩平华侨简史》，引自中国政治协商会议广东省恩平县委员会文史资料研究委员会：《恩平文史》第 27 期，1993 年。

③ 梅伟强、张国雄主编：《五邑华侨华人史》，广州：广东高等教育出版社，2001 年，第 38 页。

④ 王光华主编：《恩平华侨简史》，引自中国政治协商会议广东省恩平县委员会文史资料研究委员会：《恩平文史》第 27 期，1993 年，第 15 页。

关于最早登陆委内瑞拉的华侨，笔者从所采访到的"口述历史"中可以找到以下数说：

其一，郑炎浓先生说，委内瑞拉的华侨史有 140 年（他同时也提到，有人说是 120 年，也有人说是 100 年）。郑炎浓还说，1956 年时，他问过一个姓莫的老华侨，恩平人，在加拉加斯开咖啡馆，该华侨说来到委内瑞拉已经 54 年。[①] 这样的话，那位老华侨应是 1902 年来委的。从 1902 年算到 2010 年，则已 108 年。因此，委国华侨史至少有 108 年应无问题，但实际上可以肯定还有更早的移民。

其二，吴里驹先生提供了以下资料，较早来委内瑞拉的唐人中有一个李姓人，他娶了"番婆"（指当地女子），他的父亲应该是第一代，因他握有清朝的铁路股票。这个李姓人初到麻拉街摆街市，他不懂中文。[②] 清朝发行铁路股票不止一次，但笔者猜这位李姓人所握的，应是台山华侨陈宜禧的铁路股票。陈最早的股票发行于 1903 年。但李姓华侨不一定是买了 1903 年的股票，即使是买了这一年的股票，也不一定是这一年来委内瑞拉，很可能还要晚几年才来。不过，可以肯定他来委的时间不会晚于 1911 年清朝灭亡。

上面两则史料对于委内瑞拉华侨史来说还是有意义的，但不能证明最早来委的华侨是在什么时候。

其三，陈厚仓先生谈到来委华侨的时间更早。他说，在恩平人来委之前，恩平人在特立尼达、圭亚那、古巴、巴拿马、秘鲁等地从事农业约 30 年，当时在位的委内瑞拉军人总统何塞·塔德奥·莫纳加斯（Tosé Tadeo Monagas），在 1856—1858 年间，宣布放宽政策，准许华侨从秘鲁来委内瑞拉。[③] 接受采访时年已 80 高龄的陈厚仓，他在委内瑞拉已属第三代。爷爷是经特立尼达来委内瑞拉的，他爷爷还不是最早来到委内瑞拉的，松塘人到此至少已经 140～150 年，可能更早。爷爷来了一年后，他父亲就经巴拿马运河来委内瑞拉，当时是在第一次世界大战期间；他的家族从爷爷到他这一代，已经 120 多年。他的家乡是松塘村，村里的建筑都是华侨建的。[④] 陈厚仓关于松塘人到此至少已经 140～150 年之说，与他上面所说的何塞·塔德奥·莫纳加斯宣布放宽政策准许华侨从秘鲁来委内瑞拉的 1856、1857、1858 年大致吻合。何塞·塔德奥·莫纳加斯是自由党人，1846 年上台，在位 12 年。期间，与其弟何塞·格雷戈里奥把持军政大权，实行独裁统治。笔者没有找到有关他准许华侨从秘鲁来委内瑞拉的材料，但他在 1849 年通过关于废除因政治罪而判处死刑的法律和 1854 年通过关于废除奴隶制的法

---

① 笔者 2010 年 1 月 7 日在华恋社对郑炎浓的采访。
② 笔者 2010 年 1 月 8 日在麻拉街对冯雪茂的采访（在座还有冯景文和吴里驹）。
③ 笔者 2010 年 1 月 17 日在加拉加斯对陈厚仓的采访。
④ 笔者 2010 年 1 月 17 日在加拉加斯对陈厚仓的采访。

律则是事实。这些法律与放宽政策、准许华侨从秘鲁来委内瑞拉的政策是一致的。因此，陈厚仓所说的材料可信度颇高，大大地增加了华侨来委的历史达140～150年之说的可信性。这样则可以推断委内瑞拉的华侨最早是从秘鲁来的，时间约在19世纪50年代末、19世纪60年代初。如此一来，就意味着最早到委内瑞拉的华侨是来自秘鲁，而非如下面所说的较晚的海上"斩缆"。当然，后来到委内瑞拉的华侨基本上来自北部的特立尼达、古巴等地，而非来自秘鲁。

关于华侨最早登陆委内瑞拉的时间和方式，今天该国华侨说得最多的是"斩缆"之说。

所谓"斩缆"，是一种惨无人道的行为，今人听起来简直不可思议。委内瑞拉侨胞以之专指早期排华时，殖民主义者把唐人赶到大海，然后砍断缆绳，实际上是任由他们在茫茫大海上随波逐流，"人道"一点的话，在小艇上放上一点水和饼干，任其自生自灭，此谓之"斩缆"。结果多是葬身大海，幸运的，可能被人搭救，也可能被风吹回或被浪卷回岸边，拾回一条命。①

其一，郑炎浓说，最早的恩平人都是从特立尼达"斩缆"过来的。20世纪40年代来到这里的李登来、郑桃说过"斩缆"的事情，说他们6个经历"斩缆"的人，飘了三天三夜才来到这里。②

其二，吴锡麟说，（委内瑞拉）原宪法是不准中国人移民委内瑞拉的，所以以前来委内瑞拉的中国人一直都是非法移民。某某年（笔者注，受访者记不清时间）有8个唐人，乘小艇偷渡来委内瑞拉，不幸被委海军抓获，坐了几个月牢，然后用小艇拉到海中"斩缆"。但这几个唐人又偷跑回来了。③

其三，如上所述，陈厚仓说，中国人来委内瑞拉是为了谋生的，但不是直接来，而是先到了英国的殖民地——特立尼达、圭亚那，还有古巴、巴拿马（1914年巴拿马运河开通）、秘鲁等地后，再经过一段时间才来到委内瑞拉。他又说，他们来委之前是不知道去哪些国家，只知道是"出洋"。④ 中美洲诸国中，有一个时期恩平人去得最多的是特立尼达。他们先到特立尼达，后来才转来委内瑞拉。最早来委内瑞拉的华侨没有一个是合法的，都是偷关过来的。因为特立尼达和香港同属英属殖民地，不用签证。⑤ 其时特立尼达有吴、梁等姓在做生意。恩平人就先在那里做洗衣馆，等到有人来委内瑞拉，才托他们带到这里来。⑥

---

① 笔者2010年1月8日在麻拉街对冯雪茂的采访。
② 笔者2010年1月7日在华恋社对郑炎浓的采访。
③ 笔者2010年1月10日在麻拉街对华联会（即委内瑞拉麻拉街埠华侨联合会）的采访，在座有冯炎良、吴水活、吴锡麟、冯玉成、岑庆扬、梁永钦、吴里驹、冯景文、冯庭良、吴万超等。
④ 笔者2010年1月17日在加拉加斯对陈厚仓的采访。
⑤ 笔者2010年1月22日在泼渡尼咕噜对吴锡沛的采访。
⑥ 笔者2010年1月15日在加拉加斯对陈钟鼎、吴进鸿、钟永照的采访。

其四，在时间上说得最详细的是郑荣桂先生。他说，第一代华人是从特立尼达来的，那时来不用"人情"（入境纸），后来就需要"人情"了。华侨曾有很短一段时间通过"斩缆"来：偷渡客被抓后，（特立尼达）当局用小船送到公海，任其自生自灭。小船上的偷渡客在海中遇到别的船，大喊"救命"，于是被救，送到委内瑞拉。当时他们遇到的一般是美国军舰。美国人认为这样做违反"人道主义"，反对"斩缆"。所以实施"斩缆"的时间很短，大概持续两年左右。也就是说，美国人来了以后，就没有"斩缆"了。郑荣桂来的时候（20 世纪 50 年代），还见到过两三个通过"斩缆"来的人。[1]

郑荣桂所说的话很重要。第一，实施"斩缆"的时间很短，且"斩缆"是因为美国人的干预才停止的；第二，他在来委内瑞拉的 20 世纪 50 年代还见过因"斩缆"而来的人。他没有说明他见到的这几个人的年龄。假设其时他们都已经六七十岁（不可能太小），"斩缆"过来时为二三十岁，是则，20 世纪 50 年代离"斩缆"的时间也不过四五十年。那么，"斩缆"的大体时间就应是在 20 世纪初，很可能是在第一次世界大战之前。当时也是美国迅速崛起、积极干预拉美事务的时期。因此大致上可以推定，所谓华侨通过"斩缆"而来委内瑞拉，是 20 世纪初以后的事情，离上面所说的华侨来自秘鲁已经相隔 40 余年。还应指出，通过"斩缆"来委内瑞拉的华侨肯定只是一小部分，大量来委的华侨是从特立尼达、古巴等地乘船"自由"地过来的。

回到前面的问题，上述提到的始于 1875 年来自特立尼达、巴拿马等地的华侨，与 19 世纪 50 年代末来自秘鲁的华侨，以及 20 世纪初通过"斩缆"而来的华侨，明显不是一回事。19 世纪 50 年代末的华侨来自秘鲁，可以认定为来委最早的华侨；20 世纪初通过"斩缆"而来的华侨，是从特立尼达来的，其实只是持续时间不长的零星事件，因为"斩缆"一类事情太骇人听闻了，所以至今为人记忆犹新；1875 年左右来自特立尼达、巴拿马等地的华侨，可能是另一次华侨移民潮。可惜，虽然知道他们初期大多以洗衣维生，但因为没有材料来源，故具体年份是否为 1875 年，还可以进一步详考。但应注意，1874 年是废除契约华工制度的年份，而在废除契约华工制的次年就有人（可以肯定是自由华工）来委内瑞拉，故具体年份为 1875 年的说法是有一定可信度的。

三、最早移民委内瑞拉的华侨身份

一般来说，拉丁美洲华侨的历史大致可以分为两个阶段：第一阶段，从 1847

---

[1] 笔者 2010 年 1 月 27 日在巴基西梅托对郑荣桂的采访。

至 1874 年期间，被运往拉丁美洲的绝大部分是契约华工。他们没有人身自由，主要分布在古巴和秘鲁等地，从事农业和采矿业劳动；第二阶段，1874 年废除契约华工制度后，华人在所在国逐渐受到法律保护，取得较大程度的自由，他们除继续从事工农业生产劳动外，还可以从事如经营洗衣业、开办餐馆等商业性活动。19 世纪 70 年代以前，拉丁美洲的华侨基本上是清一色的契约华工，包括少数获得解放的契约华工。到 19 世纪末 20 世纪初，所有幸存的大约 10 万契约华工基本上都已获得解放，成了自由华工或自由华人。这是当时拉丁美洲华侨的主体。但是，除了这 10 万原来的契约华工之外，又增添了另外一种自由华侨，即契约苦力制度废除后从中国本土移住拉丁美洲的新自由华工或华人。[1] 不过，按照上述分析，最早到委内瑞拉的恩平华侨获得自由华工身份的时间显然比其他国家早。

近代到拉丁美洲去的中国人，其身份多为契约劳工。按理，他们在契约到期后，是要回到家乡的。但事实上，大部分人后来在当地居留下来。他们之所以居留下来，从动机上来说大略有二：一是从一开始就不打算在契约到期后回乡；二是希望在契约到期后继续“短暂”地居留一段时间，待赚到更多的钱或年迈后再打道回乡，但实际上由于各种各样的原因最终还是老死他乡。这两类人各自的比例有多少，今天已经很难区别。总之，大多数契约劳工后来都在他们最初进入的那个国家居留下来（少数人也流散他国），成为地地道道的异乡华人。作为真正的草根阶层，他们除了在世时与家乡的亲人或偶有联系外，没有留下什么文字纪录，只在曾经生活过的地面上留下诸如墓地之类的遗迹，或在居住地留下片言只语的传说或记载。随着时间的流逝，大多数人的事迹便被湮埋在历史的烟尘里，最后只剩下一个群体名字——契约劳工。但他们在过去的岁月中繁衍出一代又一代的华裔，算是他们留下的另类“遗物”。从这些华裔的记忆里，或许还能依稀找寻到他们祖上事迹的“碎片”。

鸦片战争后的中国出国移民，主要包括自由劳工和契约劳工两大类型。到拉丁美洲方向去的中国劳工，大多数属于后一种类型。在非洲黑奴贸易被禁止后，西方人口贩子为追逐高额利润，热衷于大规模地掠卖契约华工，将东方苦力贸易扩大到拉丁美洲。

中国“苦力贩运”是西方殖民史上肮脏和辛酸的一页。事实上，拉丁美洲华工的命运比其他地方的华侨更惨，因为这些底层民众是作为“猪仔”或赊单华工、契约华工被卖到拉美的，当然此外也有自由移民。到 19 世纪中叶，西方殖民者和拉丁美洲国家的大种植园主开始大肆掠夺契约华工到拉丁美洲，接替黑

---

[1]　李春辉、杨生茂主编：《美洲华侨华人史》，北京：东方出版社，1990 年，第 567 页。

奴或与黑奴并用，以充实种植园、大庄园和采矿场所需要的大量劳动人手。从"成本"核算来看，苦力劳工所去之处，一般是已经或正在开发的地方，而不可能是那些落后荒蛮的未开发之地，因为后一类地方很难让"苦力"贩卖者快速收回成本。

四邑籍契约华工主要前往加勒比地区和南美洲。他们的出洋绝大部分都是不情愿的，始于受诱骗，继而被武力威逼，从而无可奈何地踏上了血腥的死亡之途。那么，当时到委内瑞拉的恩平华侨属于什么身份？是"猪仔华工"还是赊单华工，抑或是其他类型的劳工？

这里首先有必要对这几类移民作一个简单交代。"猪仔华工"与赊单华工有无区别？目前国内学术界多倾向于认为两者本质上是一种类型。主要根据有两点：一是在出发前都签有合同，他们被迫打工还钱，工作和生活环境都是奴隶般的；二是都经历了令人发指的"海上浮动地狱"的煎熬。这种认识我们认为值得推敲。出发前签有合同，这确实是两者共同的一个特征，但是若因此就认为所有的契约华工都是"苦力""猪仔"，或者确定赊单华工就是"债奴"，是人贩子实施的"隐蔽的苦力奴隶制"，则是不准确的，至少四邑华侨不完全是这样。

"猪仔华工"与赊单华工的区别是比较明显的。

"猪仔华工"有这样几个特征：其一是进入猪仔馆的方式，主要是被拐骗、掳掠；其二是被强迫签订有5~8年期限的合同；其三是从一踏入"猪仔馆"开始就失去了人身自由，生活景况极其恶劣；其四是到达外国口岸再被拍卖给前来购买的雇主，在种植园、矿山、鸟粪场等场所被监视劳动，限制活动范围，以劳动来偿还债务（这类华工主要出现在南美洲、东南亚等地）。

同治十三年（1874）二月二十八日，古巴华工——来自新会的李承训的控诉就生动地揭示了被"卖猪仔"过程中复杂的心理活动和逼迫无奈的境遇：

> 窃我幼家贫，谨承父严训。行年十八岁，舌耕江门镇。壬申岁父殁，五月之中旬。求施于乡党，得钱三千文。叩谢乎闾里，归家议葬亲。因丧而失馆，家无粒粟贫。愿往亲友处，觅枝以栖身。路遇梁阿高，小泽乡民。旧识谈往事，复假问寒温。云澳一艇户，其家颇称殷。修金一十元，邀我为西宾。我信以为然，随到澳门津。伊指一洋船，云即我东人。乃用小艇往，半海露情真。云往吕宋国，我初不愿闻。伊出铁利器，不从定丧身。念家存老母，妻儿女成群。若然身丧后，合家靠谁怜？迫得乃从权，泣叹生不辰。到此古巴岛，与奴隶为伦。[1]

---

① 《古巴华工呈词节录》第2册，陈翰笙：《出国华工史料汇编》第1辑，北京：中华书局，1980年，第663页。

　　即使一些"自愿"走进"猪仔馆"的华工也是被花言巧语所迷惑。正如古巴华工——恩平人汤壬秀等所言："民等雇工此境,被骗拐而来者十有七八,谁愿洋海飘涉?"光绪七年（1881）黄亚均等6人之所以走进南海义和隆客栈,完全是受骗于到檀香山打工每月可挣银10元,20个月期满后去留自便的欺骗宣传。① "猪仔头"正是利用人们希望多挣钱而对外界又知之甚少极易上当的特点才屡屡得手。

　　四邑籍华工自落入"猪仔船"始,等待他们的便是皮鞭、棍棒、饥饿、疾病和繁重的体力劳动,死亡的阴影时常在他们头上盘旋。经过几个月"海上浮动地狱"中缺水少食的颠簸以及疾病和绝望痛苦的煎熬,在港口迎接他们的是人肉市场的喧嚣,接下来那长达数年在极其恶劣的自然环境中身负脚镣披星戴月的劳动折磨,更是炼狱般的煎熬。他们被卖到种植园后,要改名、注册、编号,打上烙印,饱受欺凌与虐待,每天天未亮就出工,一直干到太阳下山,动作稍迟即受鞭打。华工伙食米"霉烂不堪,若以之喂猪,猪亦不能食",死亡率之高令人震惊。西班牙殖民政府在古巴推行极为残酷的奴隶制度,华工像牛马一样在围有铁丝网的种植园和糖寮里,在手持毛瑟枪、长刀和鞭子的监工监督下劳动,许多华工被无辜打死。华工死后其尸体还被用于烧灰炼白糖。同治十三年（1874）二月十日恩平、新会籍古巴华工向前来调查的中国官员控诉："古巴一岛,形如鳄鱼,毒气熏蒸,迥殊别处。糖寮林立,四望蔗田纵横,千百里中,监房不下数千间,脚铐不止数万副。内中被虐工人,呼冤受痛之声,皮开肉裂之形,刎颈悬梁,吞烟投水之事,不一而足。"② 很多人离开故土后,再也没有回来过,连骨灰也撒在异国他乡,成为海外孤魂。道光年间贡生——鹤山人易其彬的一曲《卖猪叹》形象地唱出了"猪仔"被骗卖的经历和给家人造成的经济、心理等方面的危害,因而在侨乡流传至今:

　　朝亦闻卖猪,暮亦闻卖猪,朋友忽相值,辄云慎防虞,出门久不归,惶惶寻路衢。

　　番儿竟何为,买人以猪呼,奸民贪其金,掠买将人愚:"红毛宝藏国,金山跨珠湖,去时为陈胜,归来为陶朱,肥甘足汝口,轻暖足汝躯。"

　　贫民闻辄喜,争从番儿组,或有不受欺,白刃来相驱,一登番儿船,入笠难逃遁。

---

　　① 梅伟强、张国雄主编:《五邑华侨华人史》,广州:广东高等教育出版社,2001年,第51页。
　　② 《古巴华工呈词节录》第2册,陈翰笙:《出国华工史料汇编》第1辑,北京:中华书局,1980年,第665页。

汝行执行事，汝去托何区，传闻乡异词，骨肉知何如，虽不知何如，总然鲜安居，不胜番儿役，鞭扑无完肤，天风何惨惨，云雨常载涂。父母不可唤，兄弟隔海隅，此生有归期，敢怨衣食无？死为冻死鬼，犹得依吾庐。

良民自涕泣，奸民自欢娱，一身曳纨縠，妻孥缀琼琚，每食必玉馔，每饮必芳醑，日吸西洋坭，夜宴珠江妹，一掷轻万钱，千金获须臾。君莫嗔奸民，奸民如虎豹，虎豹亦可惜，大吏诚宽舒，岂无捕以献？倏忽归其间。

道途逢老翁，菜色霜鬒须，绕膝诸孩孙，垢面啼呱呱，前岁方失母，父今为番奴，我老已苦此，何能携众雏？言有同乡归，十载离鸾孤，溯自高曾来，伶俜寡友于，一子硕果存，宝之如常珠，昨日喜成人，今日供雁单，剩有新娶妇，含啼对阿姑，我听老翁言，不答徒嘻吁，闻道只今年，卖猪十万余。[1]

关于赊单华工的特征，其一是，拐骗、掳掠不是招募这类华工的主要方式，华工可以自由地与雇主就船票、伙食的垫付和偿还签订合同；其二是华工在得到船票或获得保证后，就去广州或香港住进特为移民开设的客栈，等候起航。这些客栈通常接待同一地区的移民，移民与经纪人多有特殊的关系；其三是与"猪仔华工"签订的合同一般都有具体期限不同（多为 5 年），赊单华工基本上没有明确的还债时间限定，多是规定工作确定后用每月的工资的一定比例偿还；其四是没有规定到外国后必须为谁工作，负责接待、安置他们的主要是侨团。那时对赊单华工的招工广告是这样描述华工们的"前途"的：美国人都很富，他们希望并且欢迎中国人到那儿去；那里工资高，房子又宽敞；至于吃和穿，更是任你挑任你选的；你可以随时给亲友写信寄钱，我们保证信和钱都能安全邮到；那可是个好地方，没有官府，没有士兵，人人平等；现在那儿已经有许多中国人，你不会感到陌生的；那里也有中国财神，还有招工局代办处；别害怕，你会走运……美国的钱多得很，随你花！[2]

两相相比，应该承认，赊单华工的人身自由度远大于"猪仔华工"，不能将两者等同看待。这类华侨主要是到美国、加拿大、澳大利亚，以美国最典型。当然这不等于否认大量赊单华工也遭受悲惨命运。

不管是 19 世纪 50 年代末至 19 世纪 60 年代初从秘鲁来的华侨，还是后来分别从特立尼达、圭亚那、古巴、巴拿马等地陆续来的华侨，都是自由劳工的形象，尽管他们在来委内瑞拉之前可能是"猪仔华工"，或可能是赊单华工，也可

---

① 谢中凡：《清代坡山文人易其彬〈卖猪叹〉读后》，梅伟强、张国雄主编：《五邑华侨华人史》，广州：广东高等教育出版社，2001 年，第 53 页。

② 麦金铃、迟进之：《金山路漫漫》，北京：新华出版社，1987 年，第 14 页。

能已经是"自由人",但在他们来到委内瑞拉后,他们都变成了完全的"自由人"。可以说,在新的土地上,他们都是已经挣脱了"猪仔华工"或赊单华工镣铐的自由职业者。当然,他们乍到委内瑞拉时,"自由"得一无所有。也因为他们身无分文,一无所有,才能在新的土地上从零做起。这是委内瑞拉华侨史的起点有别于中南美地区其他国家华侨史的一个重要特点。之所以有这样的特点,最重要的原因在于委内瑞拉的社会经济发展水平为华侨提供了这样的"自由职业"机遇。

19 世纪 40 年代,中国人除极少数人靠亲友代筹旅费外,多数人的旅费是由招工的经纪人先垫付,到国外赚到钱后,加上利息按月陆续扣还。利息是很高的,大约借 40 元,还时为 100 元或多些。[①] 只有清还欠债,才算是一个自由劳动者。从遭遇来说,比"契约工"或"猪仔"似乎好一些。

当时从海外传回来的都是好消息,到中国来招工者,说的也是一样的好消息,诸如工资高、回报快、食宿好,招工者和回乡客都在传播着令人鼓舞的信息,吸引了大量的华人到美国碰运气。在中国人的心理想象中,美国成了一座放射着万丈光芒的"金山"。这就是中国人去美国"淘金"之前的强烈心理预期。

传统移民时代的华人移民具有地缘性、骤发性、间歇性与涓流性交叉的特点。那时候海内外的消息也是不对称的。在第一次鸦片战争以后,四邑地区就不断有人传播各种消息,人们议论纷纷:"与其饿着肚子,不如远走高飞。不跑远程,有了金山银山,也不会流进你的口袋的""在外面干得好,还会升官发财""春天出去,冬天可以回来,捞一两百个大洋银,不就可以成个家"这些传闻对急于寻找"出路"的破产农民来说,有挡不住的诱惑力。这个时代的华人绝大多数属于草根阶层,历史、传统和现实使他们善于把自身生存与发展的场所延伸到海外。其中很多人是破产农民,当在"出洋可以发大财"等不准确消息传来时,他们或许半信半疑。如果是家有积蓄者,上路之前很可能就会踌躇再三,但这时一贫如洗的他们,就顾不了那么多了,在不准确信息和旁人的诱导下,登上了三桅木帆船,开始了其充满血泪的行程。但血泪是到达目的地以后的事,在出发的时候只有暂时告别乡关、离开亲人的泪,在途中则可能在发财的憧憬中喜极而泪,家里人则对他们在异国他乡实现发财之梦充满期待。一些歌谣形象地反映了他们当时的心态:"喜鹊喜,贺新年;爹爹去金山赚钱,赚得金银成万两,返来起屋兼买田","当初穷过鬼,霎时富且贵,唔难屋润又家肥,回忆囊空因命水。运气催,黄白从心遂。否极泰来财积聚,腰缠十万锦衣归","当初一文冇(四邑土话,意为没有),否极泰来到。旋过个边就富豪,移步何难财主佬。时

---

① 朱杰勤:《十九世纪后期中国人在美国开发中的作用及处境》,《历史研究》1980 年第 1 期。

运高，老天庇佑我。卖票霎时中个宝，腰缠十万力唔劳"①。无疑，当时四邑地区很多人就是抱着这样的心态出国的。

第三节　廿载草创（1922—1949）

一、华侨移民与1938年排华事件概略

对比第一个时期，1922年（这一年标志着委内瑞拉"石油时代"的开始，由此也导致华侨随后开始大规模涌入该国）至1949年（中华人民共和国成立）这一时期，委内瑞拉的华侨史画卷仍然清晰不了多少。但通过梳理诸多受访者的口述，参照相关资料，可以看到一些历史断面，从而折射出这一时期的华侨史若干场景。

纵向地观察这一时期的华侨移民，可以肯定分布是不均匀的，有时候移民较集中，有时候很分散。溯其原因，一是与委内瑞拉的经济发展水平密切相关，二是与殖民当局的移民政策相关。

"斩缆"式的畸形移民结束后，委内瑞拉便完全进入了自由移民时期。在这一时期中，包括华侨在内的外来移民均可自由出入。一直到1941年委内瑞拉设立移民局、开始颁行身份证时，移民始受到当局控制，②"自由移民"时期乃宣告结束。也正因为自由移民不受控制，没有任何记录，故要想找到相关的移民数据，简直难于上青天。

自由移民，意味着华侨在委内瑞拉土地上可以来去自由。即既可以长期居留，也可以短期居留。但是，当时在宏观上决定移民迁居意向和居留时限的，首先还不是当局的移民政策，而是委内瑞拉的经济发展状况。在20世纪20年代委内瑞拉发现石油之前，这个国家还处于相当落后的发展阶段，大部分地区没有得到开发。世界上很多人甚至在地图上还找不到这个国家。当时的委内瑞拉经济属于殖民地经济，消费方式看似奢华，但其消费水平和消费能力十分滞后，甚至十分原始，实际上属于以城镇为中心的孤岛型消费经济。不难想象当时的城乡经济场景：远处或可见街头点点灯火闪烁，鼓乐喧天，欢歌竟夜，但周遭田野是一片漆黑、一片死寂、一片阴森森的"原生态"。在西班牙殖民地经济下，当时委内瑞拉城镇消费的虚假旺盛不应是想象而应是事实。其时委内瑞拉经济的一个显著

---

① 梅伟强、张国雄主编：《五邑华侨华人史》，广州：广东高等教育出版社，2001年，第36页。

② 笔者2010年1月10日在麻街对华联会的采访，在座有冯炎良、吴水活、吴锡麟、冯玉成、岑庆扬、梁永钦、吴里驹、冯景文、冯庭良、吴万超等。

特征，是"消费刺激"或"消费拉动"。这种发展方式对委内瑞拉后来的历史影响至深，直到今天仍是有过之而无不及。当然，这对于华侨谋生来说绝非坏事，且参后述。

吴锡沛听老华侨吴文捷说，华侨来委大约在第一次世界大战前后，而在此很久以前，华侨集中在古巴（盛产砂糖）、巴拿马（有富裕的运河）、秘鲁（有长久的华侨移民历史）、多明尼加（多米尼加）、英属千里达（今特立尼达和多巴哥）等地。华侨所以大量进入委内瑞拉，说到底，缘于这个国家的石油开发。

委内瑞拉素有"石油之国"的美称，是世界上较早发现和开采石油的国家之一。早在西班牙人来到委内瑞拉之前，当地的印第安人就发现了石油，并称之为"梅内"，意即"大地的汗水"，还在日常生活中使用石油。西班牙人来到这里后，一开始还没有对石油特别在意，而更重视对金、银等贵重金属的勘探和开采。自 19 世纪下半叶起，石油的价值逐渐为人们所认识，殖民地政府开始重视对石油的勘探开发，并将大片土地租给个人进行开采。1878 年，委内瑞拉人曼努埃尔·普多利在靠近哥伦比亚边境的地方钻出了第一口油井，并成立了该国第一家石油公司——塔奇拉石油公司。1912 年，在马拉开波湖东岸一个储量丰富的石油储藏带被发现，由此开始商业化的石油开采，使委内瑞拉步入了世界石油生产国行列。在 1878 年至 1912 年之间的 34 年间，没有关于委内瑞拉石油开发的进一步信息，很可能还处于停滞不前状态。但到 19 世纪末，来自欧美国家的外资石油企业竞相涉足委内瑞拉的石油产业。1922 年，美国煤油大王石油公司首先在马拉开波湖畔卡比斯马（Cabisma）开凿的二号油井中发现巨大油流，标志着委内瑞拉进入"石油时代"。到 1926 年，短短的数年间，石油迅速跃升为该国的主要出口产品。1928 年，委内瑞拉便一跃成为世界第一大石油出口国和仅次于美国的第二大产油国。1940 年到 1970 年之间，曾是世界最大石油输出国。1973 年，委内瑞拉正式将石油产业国有化，石油的探、采、炼、运全部由国有公司负责。但是，委内瑞拉国家经济与石油紧密挂钩，或者说石油成为委内瑞拉的符号和代名词，也就是 20 世纪 20 年代的事情。

有趣的是，委内瑞拉"石油时代"的到来，也成了该国华侨史上一个新时代的开端。委内瑞拉石油的发现，既极大地改变了这个落后国家的历史，成了这个国家一个重要的历史界碑，也成了委内瑞拉华侨史的一个重要界碑。因为石油公司要大量招聘工人，便创造了极大的就业机会。消息传开后，先前已经移民到特立尼达、古巴等地谋生的华侨，便开始以"偷关"的方式进入委内瑞拉，特别是进入苏利亚州。

其实，那时进入委内瑞拉的华侨，不仅是因为石油而来，还因为其后开发铁砂、锡矿、铜矿及金矿等矿业而来。进入委内瑞拉的华侨人数也因为委内瑞拉各

业繁荣、社会发展而迅速增长。发现石油之初，华侨仅三五百人，流动性也颇大，到1944—1945年间，旅委的华侨人数已增至约3 000人。他们多数居加拉加斯和矿业发达的城区，除佣工外，多经营小本买卖生意，或洗衣店、理发店及饮食业等。中国抗战胜利后，华侨纷纷将留在家乡的眷属接往委内瑞拉，[①] 是导致华侨人数增加的原因之一。一说委内瑞拉华侨社会中出现华侨女性，是从1938年开始的。但华侨女性人数的大幅度增加，应是在抗战胜利之后。那时非法入境者要办理居留手续很方便，因为当时政府对管理移民事宜还没有走上轨道。

造成华侨移民委内瑞拉的更主要原因还有，其一，当时国民政府已设有商业代办办事处（还没设大使馆），协助华侨解决护照及移民所需的其他问题；其二，特立尼达为英国殖民地，同样，香港亦为英国殖民地，属地之间无须签证，因此华侨便利用特立尼达作为偷渡委内瑞拉的跳板。[②]

话说回来，即使在自由移民的情况下，华侨进出委内瑞拉也并非没有人为阻力。最大的人为阻力，无疑是政府随心所欲的歧视甚至制定排华政策。在世界各国的华侨史上，排华政策和排华事件屡见不鲜。委内瑞拉排华政策的随意性可能比其他很多国家有过之而无不及。其他一些国家还可能装模作样地经过立法机构的程序。但在委内瑞拉，某个总统一个脸色就可能使排华政策马上执行或立即停止执行。但据笔者观察，委内瑞拉历史上的排华，多半属于华侨的一种"心理恐慌"，就如坐在地震带上的人总担心什么时候会发生地震一样。在委内瑞拉老一辈华侨中，被说得最多的一次排华，也是一次真枪真刀、明火执仗的排华，便是20世纪30年代"长颈鹤"的排华。

"长颈鹤"的西班牙文名字是 Eleazar Lopez Contreras（中文译作埃莱亚萨·洛佩斯·孔特雷拉斯）。笔者也只是在委内瑞拉见到当地华侨如此不恭敬地称呼这位早已去了天国的总统。该总统之所以被华侨赠予此称号，从根源上来说是由于他奉行的排华政策及其对华侨造成的极大侵害，他可能天生一副消瘦和长脖尖嘴的外表，于是"长颈鹤"的绰号便非他莫属。

洛佩斯·孔特雷拉斯是他的前任总统——被称为"安第斯暴君"的胡安·维森特·戈麦斯（Juan Vicente Cómez）的塔奇拉同乡。戈麦斯的前任也是塔奇拉人。戈麦斯趁他在欧洲疗养期间发动政变，于1908年夺取了政权，在位长达27年。在位期间任人唯亲，议会成为他的工具，经他授意，先后颁布了6部宪法。司法部把他的意旨强加于法院，法院形同虚设。他凭借手中的军队和秘密警察，残酷镇压反对派，大批人被处死和流放。戈麦斯在位期间，由于委内瑞拉的经济

① 杨锋、陈宴图编著：《委内瑞拉华侨概况》，新北：正中书局，1988年，第15页。
② 吴锡沛2010年1月23日提供给笔者的书面采访稿。

发展特别是石油收入，他成了南美洲最大的富翁之一，过着极其奢华的生活。①

有意思的是，就是这样一个在委内瑞拉历史上留下恶名和骂名的总统，在笔者的采访中却有好几次被华侨同胞打了高分。原因倒不是因为他的"安第斯暴君"形象，而是因为他对华侨的友好态度。据说他对华人很好，他看到华人种菜，说华人勤劳，就不排华。② 一说在20世纪30年代（具体年份不详），一次他骑马出行，看到华侨很勤劳，便十分喜欢，对他们表示同情。据说他还释放了坐牢的华侨。笔者甚至听到这样的说法：那时是华侨处境最好的时候。③ 当然，所有这些都还只是传说。

真实的历史记载是：1935年，年已79岁的戈麦斯病死，标志着委内瑞拉长达百年的"考迪罗时代"即独裁统治时代的结束和现代化时代的开始。他死后，洛佩斯·孔特雷拉斯继任总统。洛佩斯·孔特雷拉斯在位时间不长，前后只有6年，到1941年，就为他在位时的国防部长、也是塔奇拉州（Tachira）同乡的伊萨亚斯·梅迪纳·安加里塔（Isaías Medina Angarita）所取代。实际上，对于委内瑞拉来说，洛佩斯·孔特雷拉斯在位时的政策相对来说还是比较开明的。虽然他在1936年修改宪法，禁止政治活动，但他还是采取了一些进步措施：如释放一些长期关押的政治犯，允许流亡者回国，允许成立群众性的政治组织和工会，经济上提出促进现代化的计划等。④ 不过，由于他在位时的排华行动，却在委内瑞拉华侨的印象中成为一名历史丑角和恶角。

1938年，洛佩斯·孔特雷拉斯统治下的委内瑞拉掀开了一场震惊一时、影响久远的排华运动。当时政府颁布法令，不仅严格限制华人入境，而且禁止旅委华侨经营酒馆。当局强行封闭了全部华侨酒馆，并准备了3艘法国轮船，拟将华侨强行遣送回国。只是当时正值中国的抗日战争时期，由于日本侵华军的封锁，外轮无法停靠中国码头，才不得不作罢，但洛佩斯·孔特雷拉斯仍强迫华侨把赚钱较多的酒馆生意全部让给在委内瑞拉的欧洲国家的侨民经营。委内瑞拉当时的宪法还规定，黄种人和其他有色人种不得加入委内瑞拉国籍。⑤ 据说洛佩斯·孔特雷拉斯排华时，哭着被赶回去的华侨不在少数。洛佩斯·孔特雷拉斯还把小埠的华侨抓到加拉加斯，然后赶回中国去。洛佩斯·孔特雷拉斯甚至见到华侨就抓，华侨不得不四处躲藏。有的华侨上了码头还在哭。⑥ 冷静地看，此次排华的

---

① 焦震衡编著：《委内瑞拉》，北京：社会科学文献出版社，2005年，第66-67页。

② 笔者2010年1月10日在麻拉街对华联会的采访，在座有冯炎良、吴水活、吴锡麟、冯玉成、岑庆扬、梁永钦、吴里驹、冯景文、冯庭良、吴万超等。

③ 笔者2010年1月15日下午在加拉加斯对陈钟鼎、吴进鸿、钟永照的采访。

④ 焦震衡编著：《委内瑞拉》，北京：社会科学文献出版社，2005，第67页。

⑤ 李春辉、杨生茂主编：《美洲华侨华人史》，北京：东方出版社，1990年，第677页。

⑥ 笔者2010年1月7日在洛斯瓜约斯伊斯法多（Los Guayos Esfado）对甄活炳的采访。

原因多少与华侨经营酒业有关。据说当时的华侨中，有80%是靠卖酒水、卖咖啡维生的。[①] 在须臾离不开酒的诸多当地民族中，酒业的背后，肯定牵扯到巨大的经济利益纠葛。

一说排华之时，中国在委内瑞拉没有使节，且抗日战争时期中国与委内瑞拉华侨的联系渠道不畅，信息敝滞，华侨即使遭到排挤也无法归国。在这种情况下，侨领与美国大使馆商议，向中国驻古巴大使李迪俊发电。李迪俊亲自来到委内瑞拉，呈交国书，与总统面商，事情才告解决，只是不准中国人卖酒，也不发营酒执照给中国人。[②] 不管怎样，溯前探后，在委内瑞拉华侨史上，真正称得上是有过排华行为的总统，也只有洛佩斯·孔特雷拉斯一人。真正令人有"一朝被蛇咬，十年怕井绳"之感的排华，也只有洛佩斯·孔特雷拉斯这一次。

洛佩斯·孔特雷拉斯1938年排华后，华侨入境更为困难，因此只能采取非法手段入境。入境后，生命财产也很难得到合法保障。这种情况一直延续到中华民国政府同委内瑞拉建交后才有改变。在此以后，华侨持民国政府所发的护照或身份证可向委内瑞拉申请入境。[③]

不过，如果不发生排华，在正常时期到委内瑞拉的华侨移民都已呈现出"网络化"的特点：一人移民，便可以带来多人移民。一批旧移民，可以带来一批新移民，新移民又带来更多更新的移民，因而移民人数滚雪球般增多。用恩平人的说法，华侨都是"一个拖一个"到这里来的。[④] 而中国移民从来都有"趋密群居"的特点，就是说，人们多喜欢移向亲戚多、老乡多的地方。委内瑞拉尤其如此，这是因为在委内瑞拉，属于血缘群体的人数一般较少，中国人移民向以地缘为主要依归。今天的委内瑞拉恩平籍移民特别多，便是这一现象的最好说明。恩平人到北美的比较少，多喜欢到中、南美洲，原因是中、南美洲最早形成了地缘性的移民空间。

在1949年以前，华侨的足迹仍主要限于委内瑞拉北部一些人口较多的大城市。因为那时候整个委内瑞拉的人口不多，很多地方还没有开发，华侨人数也很少，他们志在经商赚钱，因此只能居住在人多的地方，只有人多的地方才可能有商气。甄活炳说，在20世纪20年代中华会馆成立时，全国的华侨还不超过600人。[⑤] 他来委内瑞拉前，在广东省一中读书。其时从事教学的父亲要他出国，他便先到了哥斯达黎加，然后于1949年来到委内瑞拉。而在1949年3月的时候，

① 笔者2010年1月7日在洛斯瓜约斯伊斯法多对甄活炳的采访。
② 陈钟鼎：《委内瑞拉华侨历史述略》，《委国侨报》，2006年4月6日。
③ 李春辉、杨生茂主编：《美洲华侨华人史》，北京：东方出版社，1990年，第676页。
④ 笔者2010年1月7日上午在洛斯瓜约斯伊斯法多对甄活炳的采访。
⑤ 笔者2010年1月15日在加拉加斯对陈钟鼎、吴进鸿、钟永照的采访。

加拉加斯的唐人还不到 300 人。①

今天要准确算清当时委内瑞拉的华侨人数是不可能的，但要粗略地知道当时委内瑞拉华侨在所有拉美国家中的大致比例，则可以下表来说明。

表 1-2 1941—1944 年拉丁美洲国家华侨分布表

国别	人数（人）
墨西哥	9 500
危地马拉	3 500
洪都拉斯	630
萨尔多瓦	480
尼加拉瓜	2 500
哥斯达黎加	2 000
巴拿马	13 000
古巴	24 000
海地	209
牙买加	13 000
多米尼加	634
特立尼达	3 100
委内瑞拉	1 742
哥伦比亚	917
厄瓜多尔	3 155
秘鲁	23 577
玻利维亚	78
智利	1 034
阿根廷	263
乌拉圭	135
巴西	2 000
圭亚那	3 648

资料来源：《国民政府档》，侨务委员会根据驻外使馆查报材料所编制的"国外华侨人口分布统计（1941—1944 年）"。此据李春辉、杨生茂主编：《美洲华侨华人史》，北京：东方出版社，1990 年，第 612 页。

由于上表数据来自官方统计，可能偏于保守，但若将委内瑞拉华侨人数置于

① 笔者 2010 年 1 月 7 日在洛斯瓜约斯伊斯法多对甄活炳的采访。

拉美各国华侨的大盘中进行比较分析就可以看出，在委内瑞拉华侨史的第二个时期，该国华侨人数比例在拉美各国中大致处于中等水平。

顺便指出，在早期的很长一段时期内，麻拉街是委内瑞拉华侨的居住和活动中心。从现有材料来看，基本上可以肯定麻拉街是从委内瑞拉北岸即加勒比海特立尼达方向来的华侨在委内瑞拉最早落脚的地方。有一说是，1890 年从特立尼达来到麻拉街的华侨还拖着辫。这从早年麻拉街的当地人家还保留着瓷器可证。[①] 1890 年是不是华侨到麻拉街的最早年份？迄无确证。如果结合上面尚存疑的 1875 年之说，1890 年则显得有点晚。如再结合委内瑞拉最早的华侨有 140 多年历史之说，则可以这样解释：140 多年前的华侨主要来自秘鲁，他们不用经过麻拉街，随后便在委内瑞拉大地上散漫无踪，至今也没有留下痕迹；而麻拉街则是后来（1875 年可作为一说）从特立尼达方向来的华侨的首站落脚地。随后，他们才从麻拉街流散到委内瑞拉其他地方。麻拉街，可以说是委内瑞拉华侨史上的"珠玑巷"。应该指出的是，在 1938 年之前，委内瑞拉的总统府是在麻拉街，后来才迁到加拉加斯。早期的麻拉街是全国最繁华的地方。那时它之所以能够建设成为委内瑞拉的国家政治经济中心，应该说凝聚着华侨的贡献。

二、华侨职业分布

如上所述，很多华侨是在委内瑞拉发现石油后移民该国的。委内瑞拉第一个发现石油的地方是马拉开波的卡比斯马，是个小埠。1928 年，又在泼渡尼咕噜发现石油，开采石油的是美国公司。于是，委内瑞拉一下子变得十分迷人。昔日"养在深闺人不识"，这时则"万千宠爱在一身"，对很多人产生了难以抵挡的诱惑力。于是，大量中国人涌到这里。他们主要是做厨房工作，因为中国人"听话"。[②] 黄炳炘的父亲黄俊便是在那时一人到马拉开波去的，当时那里正开发石油。黄俊在"石油坎"包了一个厨房，生意做得很大，在当地很有名，人们都管他叫查理·黄（Chary Wong）。[③]

石油的发现使一部分华侨进入这个行业，但基本上没有改变这期间华侨的职业布局。在这个时期，委内瑞拉华侨的职业主要是种菜、洗衣和经营咖啡馆。

陈厚仓把早期委内瑞拉华侨的职业分为 3 个 30 年，即种菜 30 年，洗衣 30 年，杂货业 30 年。[④] 陈钟鼎、吴进鸿等似乎也同意这样的看法。他们认为，早年

---

① 笔者 2010 年 1 月 8 日在麻拉街对冯炎良的采访。
② 笔者 2010 年 1 月 22 日在泼渡尼咕噜对吴锡沛的采访。
③ 笔者 2010 年 1 月 23 日在泼渡尼咕噜对黄炳炘的采访。
④ 笔者 2010 年 1 月 17 日在加拉加斯对陈厚仓的采访。

来的恩平人没有文化，只好做低贱的工作。恩平人初来委内瑞拉主要经营咖啡馆，以前早二三十年来的人主要是做菜园和洗衣店。① 当然，这个划分肯定是粗糙的。3 个 30 年应是就每个 30 年中，华侨职业的主流而言，是一个大略的延续周期，肯定不是说某个 30 年结束了，所有华侨就一窝蜂地抛弃旧的职业转做新的职业，也不是说每个 30 年的具体时间长短整齐划一。但是，这种划分仍然不失为一种梳理和分析委内瑞拉华侨史的可取视角。种菜 30 年，洗衣 30 年，大略覆盖了 1949 年以前委内瑞拉华侨的主流职业；杂货业 30 年，则是下一个时期的事。

受访者还说，华侨在洗衣业领域做了 30 年后，就开始做小食铺。当时的小食包括经营马铃薯、玉米饼等。这应是后来华人餐饮业的雏形。在洗衣业占主导地位的时代，很多华侨还经营咖啡馆。咖啡馆应是这个时候华侨除洗衣业外的第二大职业。经营咖啡馆一般是三四人合股来做，月收入可达三四百元。据说那时的生意很好做。② 事实上，这一时期华侨在委内瑞拉的传统行业还有种菜、洗衣，开水果铺、咖啡馆、餐馆、铁行（即五金）、塑胶工厂、杂货铺，等等。塑胶工厂抗日战争前就有。不过是这些职业规模太小，从业人数有限，不为人所注意罢了。

受访者一致认为，上面各个行业中，应是种菜和洗衣较早。之所以如此，一个重要原因是，当时从事这些行业不用执照，不用多少资本，不用懂本地话（尤其是使用碳熨斗的洗衣业）。③

陈厚仓进一步说，早期的华侨来委内瑞拉从事农耕，30 年左右，等赚到 1 500～2 000 美元，就心满意足地打道回国，"叶落归根"去了。20 世纪 20 年代，委内瑞拉已有华侨洗衣店，他本人 1949 年到委内瑞拉是先从洗衣店做起的。④ 这样的话，则华侨从最早来到委内瑞拉起，其主流职业是种菜。但那时候种菜也不轻松，因为菜园里蚊子很多。⑤ 约从 20 世纪 20 年代开始，则以洗衣业为主，大略持续到 20 世纪 40 年代。也有一说是，在 1941 年太平洋战争爆发前旅居委内瑞拉的华侨，大都在加拉加斯开设洗衣店、酒馆、餐馆、咖啡馆以及杂货店。还有 20 多家在市郊经营菜园，雇佣华侨七八十人。⑥ 但此说与上面所说并不矛盾。上面所说的是华侨主业——洗衣和种菜；下面所说的包括华侨所有的产

① 笔者 2010 年 1 月 15 日在加拉加斯对陈钟鼎、吴进鸿、钟永照的采访。
② 笔者 2010 年 1 月 15 日在加拉加斯对陈钟鼎、吴进鸿、钟永照的采访。
③ 笔者 2010 年 1 月 16 日在加拉加斯对冯金来、吴德明、吴崇岳、吴兆洪、李锦盛、吴进鸿、吴添荣的采访。
④ 笔者 2010 年 1 月 17 日在加拉加斯对陈厚仓的采访。
⑤ 笔者 2010 年 1 月 7 日在洛斯瓜约斯伊斯法多对甄活炳的采访。
⑥ 李春辉、杨生茂主编：《美洲华侨华人史》，北京：东方出版社，1990 年，第 676 页。

业。不过也可以看出，这时候华侨的产业虽然存在主次之分，但已经全面开花。

在这个时期，华侨的生活是十分清苦而孤独的。那时，大部分华侨都是寄人篱下，孤苦伶仃。这是华侨的职业特征决定的。种菜和洗衣活，都可以只身为之，不需要他人帮忙，更不属集体作业。一个关于杂货铺主的故事说，杂货铺主是个文盲，但吃得了苦，来到委内瑞拉后，先做洗衣工，赚得一点钱后，就去经营杂货铺。他吃得非常简单，什么食物都放在一起"一锅熟"（其实当时很多人都是如此）。一次，他去土人店铺买鸡蛋。土人问他要买什么，他不会答，就学鸡叫，还做了一个母鸡下蛋的动作，才把鸡蛋买到。[1] 这个故事说明当时华侨的语言能力很差，无法跟当地人沟通，由此也可以想见他们跟当地人的关系很难密切起来。由于华侨旅委最初全是单身，故所营店馆本小利微，生活艰难，而中委两国没有建立外交关系，华侨旅居委内瑞拉未经过正式合法手续，生命财产也得不到法律保障。[2]

单身情况下，华侨的生活是十分枯燥的。他们做完工后要么去赌，要么去嫖，所以华侨只要有了一点钱就可能去嫖、去赌。[3]

如上所云，这一时期，也已开始有个别华侨经营20世纪50年代之后的主流产业。吴琼就是一个突出的例子。

吴琼全名吴锡琼（恩平人对熟悉老乡的称呼喜欢略去中间一字），在早年委内瑞拉华侨间妇孺皆知，他来自特立尼达，懂英文，来委后做进出口生意，其时华人很少，因而很快发迹。他于1968年在委内瑞拉去世，夫人为委内瑞拉人，子女5人，均受高等教育，并分别赴美国深造，已经完全委内瑞拉化。

关于吴琼家族的经营情况，吴琼的外甥郑荣桂说得比较详细。据他说，吴琼是恩平平安（君堂）宝城村人。吴氏在委内瑞拉有3兄弟，吴锡琼居长，另两弟为吴锡麟、吴锡才。他们都是从中国大陆来的，来委后都娶了"番婆"（当地女子）。他们家族的生意都是吴琼给带起来的。

吴琼是在委内瑞拉开工厂的第一个华侨。20世纪30年代，正值中国抗日战争期间，他在美国买了第一部塑料机，开了第一间工厂，做塑胶梳子。同时，他从日本进口日用百货，也从德国进口日用百货，做起了京解野（即百货店，华侨据当地语言音译）。不过，在进口日本货时，也曾引起当地华人的不满，因为其时华人正抵制日货。他们要烧他的店铺，但最后没有烧成。这样看来，吴琼也是在委内瑞拉第一个经营京解野的华人。也就在20世纪30年代，他在加拉加斯开

---

① 笔者2010年1月17日在加拉加斯对陈厚仓的采访。
② 李春辉、杨生茂主编：《美洲华侨华人史》，北京：东方出版社，1990年，第676页。
③ 笔者2010年1月7日在洛斯瓜约斯伊斯法多对甄活炳的采访。

了一个京解野总店，跟着在巴基西梅托埠 31 街开了一个分店，货物从加拉加斯运来。后者也是巴埠第一间京解野。到 1946 年，吴琼从美国采购塑料，在巴埠加工出售。直到现在，他的儿子还在做货物批发、零售等生意，货物来自世界各地。

1945 年抗日战争胜利后吴琼曾回上海考察，拟回国投资，在上海筹建大型纺织厂。但不久因国共内战爆发而作罢，复返委经营塑胶用品等工业。[1] 后吴琼还做起了水果、鸡蛋等批发生意，货源来自美国。他直到 20 世纪 50 年代还在做这一生意。郑荣桂说，他来委内瑞拉的时候，就帮他做挑鸡蛋的活，即把坏鸡蛋从好鸡蛋中分出来。1964 年吴琼曾携妻及幼子到台湾观光。

关于吴琼迅速发迹的原因，人们多提到他进口德国注塑机一事。对此，郑荣桂说，这是因为当时德国刚战败，没有人来收取先已交给他的机器的款项，也就是说，德国人白送了他一批机器，吴琼因此而发迹。对此，郑荣桂说详情他自己也不清楚。他说他 1954 年来的时候，吴琼还有 3 部注塑机。换言之，德国"白送"给他的，应都是做塑料的机器。无论如何，吴琼是在委内瑞拉绝大多数华侨尚处于自我糊口的时代就把商业触角伸到当地商业圈子去的少数华商中的杰出代表，他也成了这个时期委内瑞拉华侨中的首富。至于吴锡才，曾与后来的商业巨子冯雪茂合作过，后来冯雪茂到另一个地方（玻利瓦尔）继续发展，则转与郑荣桂合作。吴锡才逝世后，冯雪茂收购了他的店。[2]

同样的例子还有陈炳辉。他于 1897 年 1 月生于恩平，早年即移民委内瑞拉。初经营杂货店，以诚实闻名，生意日旺。后经营水果进口、批发，而创立了一个超级市场，财货益巨，成为有成就的老一辈旅委华侨。[3] 再如，1949 年时，冯龙在加拉加斯开杂货铺，当时甄活炳在他那里打了两年工后，自己才出来开咖啡馆。[4]

1949 年以前，委内瑞拉华侨的月薪为 100 玻利瓦尔（委内瑞拉货币单位）左右，直到 1951—1954 年还是这个水平（当时美元比值为 2.60，后来 3.30）；到 1956 年，为 300 玻利瓦尔左右（时 3.35 玻利瓦尔兑 1 美元）；1960 年以后，升到 500 玻利瓦尔一月。不过那时候的钱很好赚。生意好的话，每天甚至可以赚到 100 玻利瓦尔。到 1968 年，委币贬值，为 4.30 玻利瓦尔兑 1 美元，但华侨每月还可以赚到 600 多玻利瓦尔。20 世纪 50—60 年代的华侨中，每月能拿到

---

[1] 杨锋、陈宴图编著：《委内瑞拉华侨概况》，新北：正中书局，1988 年，第 31 页。
[2] 关于吴琼家族的商业事迹，据笔者 2010 年 1 月 27 日在巴基西梅托对郑荣桂的采访。
[3] 杨锋、陈宴图编著：《委内瑞拉华侨概况》，新北：正中书局，1988 年，第 32 页。
[4] 笔者 2010 年 1 月 7 日在洛斯瓜约斯伊斯法多对甄活炳的采访。

1 000 ~ 2 000 美元的人很少，大部分都很穷。[①]

上述数字根据当事人的记忆，不一定准确，但还是可以解释为什么华侨愿意在异国他乡忍辱负重、甘受煎熬。那时候，华侨的最大愿望是含辛茹苦，尽快赚得一笔钱回到老家去，虽谈不上衣锦还乡，但可以风风光光，然后在家乡购置产业，过上体面而有尊严的日子。"叶落回根"是那个时代华侨的主流观念。

三、华侨"叶落归根"与异族婚姻

过去华侨"叶落归根"，一般是如果他有钱，到 60 岁左右，就自行回国去。如果他没有钱，就靠人（一般靠乡亲）捐钱让他回去。但凡事总有例外。也有人因为各种各样的原因（如急病而亡、他杀身亡、举目无亲等等）而回不去，就只能葬在当地了。听说过去泼渡尼咕噜有 3 座华侨坟墓，其中 1 座是海员的，在当地死了，就葬在这里了。一般来说，在委内瑞拉死去的华侨是不捡骨归葬桑梓的，不是不愿意，而是很难这样做。[②] 这种情况跟美国等地有很大区别。在美国，因各种各样原因而死在当地的华侨，一般都由特定的组织——善堂在他身后捡骨归葬故里，虽然有时候归葬的时间会拖至死者身故之后十多年。归葬故里，说明了华侨对家乡的依恋，也是仍然活着的华侨对死者的最大尊重。在中国人的传统观念中，埋骨异乡的人是"死不瞑目"的。但是，一切决定于社会所能提供的客观条件。在委内瑞拉，当时的华侨就不具备捡骨归葬故里的条件，一是归乡的路程艰难曲折得多，二是普遍比较贫穷，三是善堂之类的社团组织比较落后，甚至没有。

从"叶落归根"到"落地生根"，对华侨本人在海外的事业发展是有很大影响的。如果是"叶落归根"，赚了足够的钱就回国去，那就意味着不在居住地谋求长远发展了，他自己的事业到一定时候就自然中断了。但如果是"落地生根"，他就会在当地投资，谋求长远发展，也会谋求融入当地主流社会，从而影响华侨与当地民族的经济与社会关系。话说到今天，由于社会治安等多重因素，现在委内瑞拉年轻一代华侨中又出现了越来越重的"叶落归根"观念和行为，对华侨在当地的长远发展显然是不利的。

应该指出，委内瑞拉华侨的"叶落回根"，并非只是某个人单人匹马地"去与回"的概念，而是一个父子兄弟间"轮换"的概念。也就是说，当一个华侨差不多到 60 岁了，或者，他觉得钱赚得差不多了，或者，他已经无力再拼搏下

---

① 笔者 2010 年 1 月 17 日在加拉加斯对陈厚仓的采访。
② 笔者 2010 年 1 月 22 日在泼渡尼咕噜对吴锡沛的采访。

去了，他就会"叶落回根"，回到老家去。然后，他的儿辈跟着还会再来"继承父业"。等到儿辈有朝一日也要回乡去了，再由孙辈前来"接任"，如此周而复始。陈厚仓说，那时候的华侨没有长居的打算，等赚到"一沙袋钱"后，便要回到中国去。回到中国后，就将"回头纸"（指从中国返回委内瑞拉的证件）交给他的儿子，儿子拿着爸爸的"回头纸"又回到委内瑞拉来。这样，新一代华侨又从头开始。但到第二次世界大战后，委内瑞拉改变政策，要求外国人持"入口纸"才能入境，规定有"定居能力"的人才可以带子女来。这样，很多人就只好冒充某人（多是亲戚关系）的儿女来委。如秦岳先生就是冒充他人的儿子来的，他本姓陈。[①] 后来，时代发生巨变，老一辈华侨"叶落归根"的观念才为"落地生根"观念所取代。

邓森茂家族的故事十分明白地说明当时华侨的"叶落归根"观念。

邓森茂祖家开平赤坎，父亲叫邓世咏（号），曾在特立尼达洗衣馆为人打工。当时洗衣靠手洗，因长时间浸泡洗衣粉，手指溃烂了，又改用脚搓，脚趾又溃烂了。当手脚全都溃烂后，才不得已到委内瑞拉来，时间是在1909年左右。来到委内瑞拉后，在酒水馆里做。他遇上了一个委内瑞拉女人。该女人需人帮手做生意，邓世咏则需要工作，两人各取所需，便结合了，生下两个子女。后来两个子女在后院捡到一颗手榴弹，因不懂事，往石头里砸，手榴弹爆炸了，两个小孩被炸死。委内瑞拉女人哭得几乎发疯，后来就死了。

他父亲的第一个妻子生有三女一子，时年30岁左右。大女出嫁，后来她丈夫死了，另嫁一个姓关的（赤坎人）。姓关的是加拉加斯有名的针灸医生。他父亲先要他大姐夫及其儿子来委内瑞拉。第二年，邓森茂哥哥也来了，在酒水馆附近做杂货。父亲的第一个妻子去世后，便回乡下娶了第二个妻子（邓森茂应是这个女人所生）。父亲在广州六二三路买了楼，有一间四层茶楼铺，有一间七层的出租。后来父亲是在中国大陆去世的。父亲回中国大陆后，把他的生意铺交给邓森茂的姐夫及他的其他儿子。

邓森茂的哥哥好赌，赌得十分疯狂，有时甚至坐飞机或火车到别的地方赌。原来父亲在中华会馆附近有5间屋，邓森茂哥哥赌博输一间卖一间，最后全卖光了。邓森茂哥哥在抗日战争胜利后回到祖家（"叶落归根"），当时邓森茂才十一二岁，还在乡下。哥哥后来与一个女人生下了4个女儿，没有儿子，于是在乡下花4 000美元买了一个儿子。养大后，在当地读书，后来到了香港，最后到了美国。但儿子患有肺痨病，当时在美国做餐馆，三十四五岁就死了。邓森茂则是

---

① 笔者2010年1月17日在加拉加斯对陈厚仓的采访。

1956 年由哥哥弄来委内瑞拉的。1967 年来到泼渡尼咕噜打工。[1] 显然，到他这一代，就不再回去了。

但也不能把当时委内瑞拉所有华侨都看成是"叶落归根"型的。黄炳炘的爷爷黄重立的故事就不大一样。

黄重立共有 4 兄弟，可能还有两三个姐妹。除姐姐外，爷爷居长，其下还有三个弟弟。黄重立最先与同村兄弟到古巴谋生，后来曾到过特立尼达。20 世纪 10 年代，黄重立来到委内瑞拉（另一说是黄重立在委内瑞拉开发了石油后才来，而石油开发是 1922 年的事）。

黄重立携子来委内瑞拉后即到了虎埠（Tigre）。黄炳炘的母亲叫 Lopez，是个土生土长的委内瑞拉本地人，故他父亲来委后便很容易便得到委内瑞拉国籍。黄重立后来又申请了他二弟和三弟（即黄炳炘的二公和三公）来委。三兄弟先是一起在虎埠开了个咖啡馆，时值 20 世纪 20 年代。

黄炳炘父亲叫黄俊，共有 8 个兄弟姐妹，都是他爷爷的委内瑞拉妻子所生。父亲居二，上面还有个姐姐，其下便是黄炳炘的二叔黄文，再其下是其三叔、四叔、父亲的两个妹妹和最小的五叔。当他父亲 5 岁、二叔 3 岁时，爷爷便带他们两人乘船回到中国。待回到中国后，爷爷不久又回到了委内瑞拉，时间是在太平洋战争前。父亲和二叔则留在家乡新会。两人在乡下读书，并在家乡结婚（估计两人结婚时应是十七八岁），而且还在广州做过警察。父亲就是在中国生下黄炳炘、他姐姐与妹妹三人的。[2]

爷爷为什么带两个儿子回国？据吴锡沛说，是因为爷爷原已在家乡娶有结发妻子，但她没有孩子，于是就要求爷爷给几个孩子由她抚养。于是，黄俊、黄文兄弟就回国去了。兄弟在国内读书，黄文还在国民党部队当过兵，受过伤，他在国内娶妻，1947 年或 1948 年来到委内瑞拉。黄俊、黄文都不会说委内瑞拉话，所以他们做生意要请人帮做。黄俊、黄文的三弟还做过国会上议院的议员。后来黄俊、黄文在乡下生的孩子也来了委内瑞拉（吴锡沛这里所说黄文当过国民党兵应就是黄炳炘所说的在广州当警察）。[3]

黄重立回到委内瑞拉后，继续在虎埠与他二公、三公开咖啡馆。后来，黄俊一人到马拉开波。[4] 黄重立、黄俊和黄炳炘祖孙三代都没有再回到老家去。黄俊、黄文来委内瑞拉的时候是在 1947 年或 1948 年，显然可以解释成为赚钱而来到委内瑞拉，而后来没有再回去则是 20 世纪 50 年代国内形势的变化使然——其

---

① 笔者 2010 年 1 月 22 日在泼渡尼咕噜对邓森茂的采访。
② 笔者 2010 年 1 月 23 日在泼渡尼咕噜对黄炳炘的采访。
③ 笔者 2010 年 1 月 22 日在泼渡尼咕噜对吴锡沛的采访。
④ 笔者 2010 年 1 月 23 日在泼渡尼咕噜对黄炳炘的采访。

时世界上的华侨也已开始转变观念"落地生根"了。黄重立没有"叶落归根"，似乎说明委内瑞拉华侨原先"叶落归根"的观念已经出现裂变。

上面两则故事都有一个十分有趣之点：到委内瑞拉谋生的华侨，都在当地娶一个"番婆"。由于本书的上下篇都涉及大量华侨娶居住地女子为妻（即"娶番婆"）问题，故这里有必要先对此问题作一简要阐析。

"番"字在汉语中最早应是对西方边境各少数民族和外国的称呼。如"番西"，是指四川西部少数民族地区；"番钱"，是指"外族钱币"；"番王"，是指少数民族的领袖；"番客"，则指客居中国的外族人或外国人，或客居南洋的中国人；"番邦"，原来为中国汉人对北方少数民族政权的称呼，在唐宋时就已经出现，后来也延伸为对南洋及更远的外国和外方民族政权的称呼。"番"也通"蕃"，此字早在唐代就已经出现，那时候把前来广州等地居住和经商的阿拉伯等地来的外国人称为"蕃商"，将中国人到海外居住和经商称为"住蕃"。可见，真正称外国人为"番"的，是中国南方的广东人，也有中国的沿海省份的中国人。

"番"字在广东的四邑地区沿用已久。在代指外国（人）方面，中国人还使用"洋"字。后者虽然也很早就代指外国，如南宋时就有"东西洋"之说，后来还有"南洋"的概念，但总的来说，在代指外国方面，广东地区对"番"字使用的时间更早。更重要的是，在广东地区，"番"字的使用范围和使用人口广泛得多。故广东人出洋后，如果娶了外国女子为妻，就被称之为"娶番婆"（"婆"字俗指"妻子"，如同"老婆"一词），而不是称"娶洋婆"。若娶了一个国外女子为妻，不仅在海外的华侨这样称呼，在国内的中国人也这样称呼，已经相沿成习，直到今天，四邑地区很多人仍然这样称呼娶外国女子为妻的中国人。由此可见，"娶番婆"其实是个中性词，本身没有恶意，也没有贬义。的确，在一些地方，人们看不起"娶番婆"的乡亲，不是因为"娶番婆"具有贬义，而是因为人们对这种现象本身反感；相反，在另一些地方，人们对娶外国女子没有反感，甚至心生羡慕，则"娶番婆"一语便成了高尚、时髦的代名词。当然，随着时代的发展，四邑人的文化水平明显提高，再用"娶番婆"一语称呼娶外国女子为妻的现象，就显得有点粗俗了，故这一概念的使用有所减少，但主要限于国内；在海外华侨居住地，人们谈论相关事情时，"娶番婆"一语仍时常脱口而出，不以为怪。

顺便指出，就笔者所见，今天说"娶番婆"的华侨，主要还是限于东南亚和南美、加勒比海等地区那些来自广东和福建的华侨群体，而在欧美"发达"国家和地区，或许老一辈的传统华人偶尔还这样说，新华侨（新移民）就不会这样说了，他们喜欢说"娶鬼妹"。客观地说，"鬼"字是近代中国人对西方列强的蔑称，但发展到今天，其贬义已经不复存在，而成为普通中国人对所有外国人的谐称，有点相当于过去的"番"或"洋"。例如广东人在私下场合就喜欢称外国人为"鬼佬"。当然，在公开场合直称外国人为"鬼佬""鬼婆""鬼仔""鬼妹"的情况并不多，除非双方非常熟络。

与"番"字相联系，过去广东人还把中国元素和外国元素结合在一起的事物叫作"半唐番"。这个概念的始源今天已经很难考实，不过，这个概念较早的时候可能就包括华人与外族联姻和取名一类事情。后来该概念被引申为两种元素紧密结合、密不可分的现象。例如，一个中国人（华侨）与一个外国女子结婚所组合的家庭，就称为"半唐番"家庭；他们所生的孩子所取的名字中，如果既包括中国特征的姓名，也包括外国特征的姓名，就称为"半唐番"名字。"半唐番"后来已经演化为对所有两种不同性质、样态的事物的混合形态的称呼，则不在此论。

在传统移民时代，华侨一般是男性孤身一人出洋，留下妻子在家操持家务，照顾公婆。而女性出洋的机会微乎其微，几属天方夜谭，这种情况应更为严重。因此，在传统移民时代，很多出洋男性都不得不在居住地与当地女子成家。另外，更重要的原因是，希望依靠女方家庭的关系，谋求在当地更好地生存与发展。虽然华侨社会内部有地缘和血缘社团等组织可以守望相助，互相帮扶，但毕竟无法完全取代家庭的功能特别是当地社会网络方面的功能，所以才有华侨娶当地女子的情况出现。由此也造成了出洋华侨在家乡与在侨居地各有一个妻子的"两头家"局面。对于华侨家庭来说，这是一个悲剧，但也是不可否认的历史事实。

顺便说明，在20世纪80年代中国进入新移民时代以后，由于"叶落归根"的观念为"落地生根"所取代，同时女性在法律上享有与男性同等的出国权利，上述现象就基本消失了。新移民群体中虽然有足够的男性华人与女性移民可以相互婚配，但有趣的是，这种"族内婚"现象不但没有增加，反而比例很低。很多男性华人喜欢找当地外国女子为妻（即"娶番婆"），与此同时，很多女性华人也喜欢找当地男子作为终身伴侣。结果，"水土流失"问题愈益严重。当然，这不见得是坏事，可以解释为全球化时代不同民族大融合现象的一个重要表现。如今男性或者女性中国移民与外族公民结婚的现象司空见惯，与上述历史现象已无联系。

应看到，把"娶番婆"现象仅仅看作是华侨生理上的需要，显然是庸俗的，也不符合历史事实。其实，"娶番婆"更主要的是出于现实利益的需要。因为华侨乍到了异国他乡，人生地不熟，要跟当地人做生意并非易事，要想闯天下建立起自己的商业网络更是难上加难。比较便捷的办法，就是娶一个当地"番婆"，

然后通过她的关系打通当地商业渠道，寻找商机。当然，要这样做，还需要一定的条件，比如说，华侨本人要有一定积蓄，且的确有这样的商业需求。华侨本人的生意与当地人的关系越密切，这种需求无疑就越迫切。实际上，类似的情况不是委内瑞拉所独有，在世界上其他地区，例如在东南亚国家，"娶番婆"的故事便屡见不鲜。当然，在某些特殊的时期，"娶番婆"现象会严重化。例如在中国抗日战争期间，委内瑞拉华侨不能归国，于是很多华侨在委内瑞拉娶"番婆"。抗战可能是促使华侨在当地成婚的一个原因。

华侨大量"娶番婆"造成的不可避免的后果是华人移民血统的衰退以及引发许多社会和伦理方面的问题，也可以称之为华人血统的"水土流失"问题。毋庸置疑，如果华人一方保持一代代地与异族通婚，华侨华人血统的"水土流失"是不可避免的。华人的血脉会1/2、1/4、1/8地一代代衰减下去。所以，防止血统"水土流失"的唯一办法是同族通婚，这就需要足够数量的华人妇女。这对于上百年前出洋的华侨华人男性来说是个难以解决的问题，因为中国传统上只有男性出洋，女性要留守家中伺候公婆，出洋女性极少，偶然有了，也如天外来客一般稀罕。这问题的解决，只有到了女性享有跟男性同等的出国权利以后。

娶"番婆"的一个衍生后果便是混血子女的出现。如上所说，黄重立8个子女都是混血儿，便是一个典型例子。那个时代的华侨一般都保留中国国籍，而他们在家乡一般也都有结发之妻。这样，他们便在家乡和居住国各有一个家，各有一个乃至一群子女，因而造成了许多人间悲剧。这种情况是特殊的时代环境造成的。不久之后，随着"落地生根"时代的到来，这种现象便基本上消失了。

各国早期华侨史的一个突出特点，是华侨性比例的极端不平衡，越是早期越是严重。开始的时候，都是男性华侨出外闯荡世界，女性一般留在乡下照顾一家老小，同时料理家务。在清朝时候，女性出洋是特别受鄙视的。但到了清末和进入民国以后，女性出洋现象已司空见惯，在广东四邑等地，人们的观念比较开放，女性出洋的事情已经很少遭受非议。不过在委内瑞拉等国，华侨特别艰苦贫穷，加上"叶落归根"意识很深，在居住地又娶有"番婆"，故在很长一段时期内，委内瑞拉华侨社会中的女性人数大抵为零，只是到后来才像"珍稀物种"般出现几个。女性华侨的大量出现，是在其夫赚得一笔钱以后，这时她们才有可能通过各种途径来到委内瑞拉。据说，直到20世纪30年代（一说1931年）才有中国妇女去委内瑞拉。此后，侨眷逐渐增加，当地出生的华裔也增多了。①

冯雪茂在1957年从委内瑞拉别地来麻拉街之前，先有吴福珠、吴兆佳和吴在觉（谐音）三兄弟在这里谋生。其中吴福珠是1938年前来委内瑞拉的，吴兆

---

① 李春辉、杨生茂主编：《美洲华侨华人史》，北京：东方出版社，1990年，第676页。

佳和吴在觉约在 1948—1949 年来委内瑞拉。他们一大家，共有十多口人。还有，吴景的外公冯业督（号子奇）与冯雪茂的叔父冯业兑是 1938 年从古巴来加拉加斯的。约在 1950—1957 年，活跃于麻拉街的华侨，主要是吴福珠、吴兆佳和吴在觉一大家。但直到这时，麻拉街仍没有唐人妇女。后来他们都回国结婚，然后一个一个地把亲属带到委内瑞拉来。① 由此可见，在 20 世纪 30 年代后，委内瑞拉华侨社会中才慢慢出现少数女性的身影；而在 1949 年以前，委内瑞拉华侨社会中还很少有女性华侨的身影，而一些男性华侨则娶有"番婆"。

华侨"落地生根"与坟山建设密切相关。在许多国家，华侨在移居的早年就在当地建坟山。但那时多是作为遭遇不测而突然死亡的同胞的临时安息地，一些国家（如美国）的华侨，还有捡骨归乡安葬之举。但在"落地生根"的观念深入人心之后，坟山便成了侨胞们的永久安息之所，规模因需要而扩大，管理也更加规范。不过，委内瑞拉绝大多数华埠没有专门的华侨坟山，只有苏利亚例外。1952 年（另一说是 1953 年），苏利亚中华会馆理事会发动侨胞捐款，在 AV. La Limpia 的"耶稣中心坟场"内购地 500 平方米，围建起一座中华义山，并建有传统牌楼。这是迄今为止委内瑞拉华侨社区唯一的中华义山。②

第四节　卅载宏图（1949—1979）

一、华侨移民与分布

1950—1979 年，是委内瑞拉经济发展的黄金时期，但在这个时期的大部分时间里，对于希望从中国大陆移民委内瑞拉的人来说，没有多少裨益。因为西方国家对中国实行封锁政策，中国的国门基本上是关闭的。因此，大部分委内瑞拉侨眷侨属难有机会到委内瑞拉来，更不用说那些在委内瑞拉毫无亲属关系的人了。这个时期能够从中国大陆移民委内瑞拉的少数人（他们一般都在委内瑞拉有亲戚关系），多是分两步走，即先通过他们在香港的亲属关系移民香港，然后再移民委内瑞拉。

1949 年，中华人民共和国成立。对于全世界的华侨来说，这绝对是一个重大历史事件。一方面，很多华侨感到扬眉吐气，觉得中国在经受 100 多年被侵略与欺凌的屈辱后，终于站起来了。当时南洋一带很多华侨毅然回到祖国，参加祖

---

① 笔者 2010 年 1 月 8 日在麻拉街对冯雪茂的采访。
② 据苏利亚中华会馆供稿，2011 年 6 月。

国的建设。当时旅居委内瑞拉的华侨中，老华侨大多已与当地妇女结婚。他们对中国革命的胜利，祖国的强大和进步感到骄傲，但与此同时，由于远居海外，对祖国的实际情况也了解甚少。另一方面，由于大部分华侨在国内都有家眷亲戚，生活相对富足，而当时共产党的政策是扶助穷苦百姓当家做主，打土豪分田地。作为拥有物业财产的华侨亲属，他们难免担心自己会被划为地主富农，成为革命的对象。加上一些地方对中央的华侨政策落实不到位，执行了过"左"的路线，一些华侨亲属蒙受不白之冤。在种种不明朗的气氛下，很多华侨亲属便选择出国。委内瑞拉华侨在中国国内的亲属也是一样。因此，在1949—1950年，中国大陆到委内瑞拉来的人最多，形成了一波移民潮。[①] 据说，在1949年时，国民党政权驻委内瑞拉大使也曾帮助过少量大陆华人经香港来到委内瑞拉。[②] 20世纪50年代初之所以有较多的华侨来委内瑞拉，还有朝鲜战争期间和战争后中美对抗的缘故。那时很多中国人（四邑人为主）去不了美国、加拿大，才转到委内瑞拉来。

委内瑞拉华侨多姓吴、冯、陈、郑。[③] 这也是恩平人数最多、居住历史最长的几个姓氏。除了恩平人占绝大多数外，台山人和开平人在朝鲜战争时就来到委内瑞拉。他们都是通过买"纸"[④] 来的，同样是因为去不了美国，才转而来到委内瑞拉。另外，他们又因为闻说香港要被收回（应是指朝鲜战争时的风声），才到委内瑞拉来的。后来还陆续有人来。[⑤] 新会人则在20世纪50年代前就已来委内瑞拉，他们都是乘船来的。[⑥]

在这个时期，除了中华人民共和国刚成立时形成过一波较大的移民潮外，后来的移民就越来越少了，一直到这个时期之末，从中国大陆来委内瑞拉的华侨亲属便成涓流之势。一方面，一些人按照中国大陆的华侨政策，通过正常渠道申请来委与家人团聚；另一方面，也有一部分人通过私自出走的途径来到委内瑞拉。一般来说，不管通过什么渠道，都要经过香港作为中转站。在1966—1976年"文化大革命"期间，从内地来委内瑞拉的人流就基本中断了。此后直到1979年改革开放，才又掀起一波前所未有的移民大潮。

粗略统计，自1949年中华人民共和国成立到1974年的25年中，由中国内地到委内瑞拉的华侨子弟有二三百人，另外还有一些出国谋生的职工。这些人亲

---

① 笔者2010年1月8日在麻拉街对冯雪茂的采访。

② 笔者2010年1月7日在华恋社对郑炎浓的采访。

③ 陈钟鼎：《委内瑞拉华侨历史述略》，《委国侨报》，2006年4月6日。

④ "纸"即英文paper，意指移民文件，是所有老一代广东华人的普遍说法。

⑤ 笔者2010年1月15日在加拉加斯对陈钟鼎、吴进鸿、钟永照的采访。

⑥ 笔者2010年1月16日对冯金来、吴德明、吴崇岳、吴兆洪、李锦盛、吴进鸿、吴添荣的采访。

眼看到了中华人民共和国成立后祖国的巨大变化，他们与国内联系也比较密切。1974 年中委两国建交后，由中国大陆申请去委内瑞拉的华侨、委籍华人亲属有 500 多人，另有从香港、台湾及其他地方到委内瑞拉的华侨也有 200 多人。[①] 顺便指出，这个时期乃至后来，从台湾来的移民很少，一直都是大陆移民占绝对优势。

20 世纪 50 年代华侨大量来委内瑞拉还得益于该国总统马科斯·佩雷斯·希门尼斯（Marcos Pérez Jiménez）的当政，他的上台对华侨有不少好处。如准许有父子、夫妻关系的华侨申请来委谋生，同时令移民局签发他们的护照时不能收取分文。他甚至说中华民族是个优秀的民族，不打架惹事，不做坏事，不问政治，刻苦耐劳。他通知中华会馆对每一个申请人收 1 000 元作会馆费用。[②] 1958 年 2 月 23 日，佩雷斯·希门尼斯被赶下台，由沃尔夫冈·拉腊萨瓦里（Wolfgang Larrazábal）当代理总统，1959 年选举罗慕洛·贝坦科尔特（Rómulo Betancourt）接任，直到 1964 年。

从 20 世纪 50 年代到 70 年代，华侨基本上盛行通过买"纸"的途径来委内瑞拉。华侨可以买"纸"，是因为中国过去没有出生证。通过买"纸"，父子兄弟亲属都可以申请来委。所以，很多通过这种方式来的人的姓氏是不真实的。当时每一个在委华侨可以申请 8 个亲属来委。只要他把申请表呈交给移民局，他就可以收到 8 张入境表。然后给委内瑞拉驻香港领事馆发电，他在国内的亲属就可以以"过境者"的身份来委内瑞拉（而在此之前，他在国内的亲属要通过各种途径来香港）。来委后，该亲属可获准一年居留。待住满五年，如果没有发现犯罪记录，就可以申请长期居留。在这个过程中，申请者所付不过邮票费而已，并不需交其他费用。在这个时期，很多华侨亲属就是通过这样的途径来到委内瑞拉的。但在 20 世纪 50 年代之前，委内瑞拉宪法规定中国人与阿拉伯人是不准入籍的；到 60 年代后，才准许中国人入籍。[③]

在 20 世纪 70 年代，有一段时间甚至不用出钱买"纸"，只要亲属自己申请就可以过来，故那时有些没有关系的人就通过假造身份冒充亲属的途径过来了。当时移民局也愿意把"纸"卖给一些华侨，这些侨胞便用这些"纸"申请国内的人到委内瑞拉来。有人说，是不是真亲属，要看当时是谁签的字。如果是移民局局长签的字，多数还是真的；但如果是他的下属签的字，则多数是假的。[④] 应

---

① 李春辉、杨生茂主编：《美洲华侨华人史》，北京：东方出版社，1990 年，第 680 页。

② 陈钟鼎：《委内瑞拉华侨历史述略》，《委国侨报》，2006 年 4 月 6 日。

③ 陈钟鼎：《委内瑞拉华侨历史述略》，《委国侨报》，2006 年 4 月 6 日。

④ 笔者 2010 年 1 月 10 日在麻拉街对华联会的采访，在座有冯炎良、吴水活、吴锡麟、冯玉成、岑庆扬、梁永钦、吴里驹、冯景文、冯庭良、吴万超等。

指出，在传统移民时代，华侨通过买"纸"出国是一种普遍行为。在家庭团聚困难和无钱出国的情况下，很多华侨通过这一途径出国，本身就是一种深深的恻痛。但那时候这种情况之所以通行，一个重要原因是旅行文件的防伪手段还比较落后。

20 世纪 50 年代到委内瑞拉的恩平人主要是因为亲戚关系才来的，没有亲戚关系的一般都跑到美国去了。显然，所谓亲戚关系，还包括了造"假纸"的情况。秦岳回忆说，他 1948 年到古巴，在那里待了 10 年，做小型杂货铺。1957 年才来委内瑞拉，主要是因为那时古巴政局动荡。当时古巴全国有 5 万 ~ 6 万华人（包括四邑人），年轻人多数跑到美国去。1957 年那一波来委内瑞拉的移民中恩平人很少，他们主要还是移往美加等国。①

这个时期仍然没有关于华侨人数的准确统计，只能做大略的估计。其实那时候统计华侨人数是不困难的。因为，那时每个人都要向中华会馆交会费，加上人数不多且集中，因此很容易统计人数。这里有两组数字，可以相互参考：

第一组数字是官方的全委华侨人数。

据台湾方面的统计，到 20 世纪 50 年代末，约有 2 500 人。② 1971 年 6 月据委内瑞拉中华总会馆估计，华侨增加到 7 000 多人。到 80 年代初，据中国有关方面统计，旅委华侨和委籍华人约有 12 000 人，其中 80% 左右已加入委籍。③ 这应该是改革开放初恩平等地华侨大量来委前的数字。这样的话，从 20 世纪 50 年代末到 80 年代初的 20 年左右时间，全委华侨人数增加了 9 000 多人。他们多聚居于委内瑞拉首都加拉加斯，总数约 6 000 人，大多数是广东恩平人；马拉开波市约 1 800 人，大多数是广东中山县人；其余分居巴基西梅托（约 800 人），巴伦西亚（即华恋社，约 700 人），马拉凯（即麻拉街，约 400 人）等大城市和内地小城镇。④

第二组数字是笔者在委采访到的关于委内瑞拉一些重要华埠的华侨概数，具有一定的参考价值。

陈钟鼎说，他来委内瑞拉已经 50 多年（即 20 世纪 50 年代初来委），到委时全国华侨不超过 1 000 人。⑤ 据郑炎浓回忆说，50 年代，委内瑞拉全国的华侨为 3 000 人左右，其中加拉加斯最多，为 1 000 多人，其次为华恋社，再次为麻拉

---

① 笔者 2010 年 1 月 17 日在加拉加斯对秦岳的采访。
② 《海外华侨人口分布表》，海外出版社编：《十年来的海外侨胞》，台北：海外出版社，1960 年。
③ 李春辉、杨生茂主编：《美洲华侨华人史》，北京：东方出版社，1990 年，第 679 页。
④ 李春辉、杨生茂主编：《美洲华侨华人史》，北京：东方出版社，1990 年，第 679 页。
⑤ 陈钟鼎：《委内瑞拉华侨历史述略》，《委国侨报》，2006 年 4 月 6 日。

街，最后为泼渡尼咕噜。① 吴进鸿是 1957 年来委内瑞拉的，时年 16 岁，他听说中华会馆做过调查，当时全委内瑞拉有华侨约 3 000 人，恩平人占了 95%，他们多数居住在加拉加斯，另居住在华恋社、麻拉街等大城市。② 秦岳则说，到 1957 年时，委内瑞拉华侨有 4 000 多人，加拉加斯占 30%～40% 在加拉加斯，恩平人占了 85% 以上。③

郑炎浓是 1949 年从香港乘飞机来委内瑞拉的，当时委内瑞拉全国的本土人数为 392 万～393 万。④ 另一说是，1950 年人口调查时，委内瑞拉共有 360 万人。⑤ 两说相差很大。但不管哪一说更正确，当时华侨人数相对于当地人来说，所占比例可说是微乎其微。

1964 年郑炎浓迁居华恋社时，全市只有 60 名华人，两间洗衣店。⑥ 而据李瑞华一户户回忆，1969 年时，华恋社的人数合计只有 120 人左右（这应是个保守的数字，因为回忆的人都有名姓），他一共回忆了 20 户。最少的每户一人，最多 8 人，一般是 5 到 6 人不等。⑦

冯雪茂是 1956 年从加拉加斯到麻拉街来的。他回忆说，1956 年时，麻拉街只有两三个唐人，他们先于他来到这里。从 1957 年到 1961 年这几年，才陆续有人到麻拉街来。⑧ 冯玉成说，他 1967 年从香港来麻拉街。当时这里的唐人只有三五户，小伙子也只有四五人。他帮舅父做杂货铺。大约到 20 世纪 70 年代中，麻拉街也只有 20 来人，多数是年轻人和家属。⑨

20 世纪 40—50 年代，巴基西梅托只有十多个华侨，人们来这里只是打打麻将。因为华侨少，中午时中华会馆还为他们提供免费午餐。20 世纪 60—70 年代，只有五一节、台湾"双十节"、春节，才举行庆祝，设宴十多桌。这样算起来，那时的中华会馆就有 100 多人。到 20 世纪 80 年代，有五六百人。到 90 年代新会馆建好后，就有几千人了。现在已接近 1 万人。⑩

上面这些数字只是靠回忆，可能不大准确。但回忆人都是当事人，故参考价值是很高的。可以肯定的是，这一时期，除加拉加斯外，其他城市的华侨人数还

① 笔者 2010 年 1 月 7 日在华恋社对郑炎浓的采访。
② 笔者 2010 年 1 月 15 日在加拉加斯对陈钟鼎、吴进鸿、钟永照的采访。
③ 笔者 2010 年 1 月 17 日在加拉加斯对秦岳的采访。
④ 笔者 2010 年 1 月 7 日在华恋社对郑炎浓的采访。
⑤ 笔者 2010 年 1 月 22 日在泼渡尼咕噜对吴锡沛的采访。
⑥ 笔者 2010 年 1 月 7 日在华恋社对郑炎浓的采访。
⑦ 笔者 2010 年 1 月 6 日在华恋社中华会馆对李瑞华的采访。
⑧ 笔者 2010 年 1 月 8 日在麻拉街对冯雪茂的采访。
⑨ 笔者 2010 年 1 月 10 日在麻拉街对华联会的采访，在座有冯炎良、吴水活、吴锡麟、冯玉成、岑庆扬、梁永钦、吴里驹、冯景文、冯庭良、吴万超等。
⑩ 笔者 2010 年 1 月 27 日在巴基西梅托对陈荣舜的采访。

很稀少。加拉加斯的华侨人数在很长时期里一直保持鹤立鸡群状态。

这里应该指出巴基西梅托华侨的一大独特贡献，就是他们在这个城市逐渐建起了一条"唐人街"。这是巴基西梅托一大特色，在委内瑞拉全国可说独此一街。"唐人街"集中在 Carrera 29～35（即 29～35 街），合起来约 17 个街口，几乎都是唐人。阿拉伯人（土生）则集中在 36～42 街。①　当然，巴基西梅托"唐人街"的建成决非朝夕之功，而应依靠这一时期数代华侨打下的基础。这唐人街直到今天还是委内瑞拉华侨华人的骄傲。

黄炳炘认为，黄氏家族是虎埠的"开埠功臣"，这一点得到州政府的承认。因为，起初还没有唐人到过这里。约 1968 年时，这里一共只有 5 户人家，分别是：吴锡沛（开超市）、黄志恒（开面包房）、郑锡凡（做杂货批发）、黄俊（做杂货批发，后兼做超市）、吴励章（先做杂货，一年后经营京解野直到现在），加起来不超过 30 人。当地人则有几万人。②　后来华侨才陆续迁居虎埠，加快了这里的开发。

还有一点应注意，那个时候，委内瑞拉的交通还很落后，比如，到加拉加斯去，要翻过一个山头，因此很少人去。后来修了路，交通才有改善。③　整个国家交通的不便，对各埠华侨人口的稳定起了重要作用。过去，除非因为重要原因要迁居外，一般来说，人们不会在不同地方间经常流动。

二、华侨主要职业

在谈到这一时期委内瑞拉华侨的职业时，应注意的是，这个时期正好遇上委内瑞拉发展的黄金时期。20 世纪 50 年代起，随着石油的逐渐发现和开发，委内瑞拉成了世界上排名第五位的石油出口国。国家经济飞跃发展，华人逐步走上创业之路，他们的生活也逐渐有所改观。在这一时期，华侨铸造了华侨社会的辉煌。

20 世纪 70 年代初，委内瑞拉的政坛基本上由白、绿两个政党轮流坐庄，总统宝座不属白党的党魁就属绿党的政客。政局长期稳定，经济繁荣，商业兴旺，人民安居乐业，处处呈现出一派生机勃勃的兴旺景象。委内瑞拉不少现代化的大型建设，如地铁、高速公路、大型商场和国际机场等，都是这个时期建设起来的。首都加拉加斯拔地而起的一幢幢的高楼大厦，鳞次栉比的一排排的别墅群，几乎都是这个时期相继竣工的。这个时期，委内瑞拉经济的最大特点就是金融稳

---

① 笔者 2010 年 1 月 27 日在巴基西梅托对陈荣舜的采访。
② 笔者 2010 年 1 月 23 日在泼渡尼咕噜对黄炳炘的采访。
③ 笔者 2010 年 1 月 7 日在洛斯瓜约斯伊斯法多对甄活炳的采访。

定。美元与委内瑞拉玻利瓦尔的兑换值长期稳定在1∶4.3的水平。因此，今天人们习惯把这个经济繁荣、政治稳定、人民富足的时期称作"4.3黄金时期"。从这个称呼也可看出人们对那个时代的怀念。

近半个世纪以来，委内瑞拉的工商业也发生了很大变化，20世纪50年代，委内瑞拉任何原材料、日常用品食品都由美国进口。但从60年代起，政府开始鼓励外国移民投资，积极建设公路、水库，种甘蔗、玉米。因此，几年后，委内瑞拉大米竟供给过剩而大量出口，食糖、咖啡及其他食品也基本达到自给。唯有汽车工业，政府与美国三大公司签有合约，规定最先数年间准许全部零部件均靠进口，并在委内瑞拉装配，但以后要每年在委内瑞拉生产一定比例的配件，直至委内瑞拉最终能支配整个汽车工业。[1] 在这个时期，不少华侨靠勤俭节约白手起家，他们筚路蓝缕，艰苦创业，开始跻身商界。当时在委内瑞拉做生意的都是外国人。根据委内瑞拉政策，戏院、西药店和长生店（销售丧葬类物品的店铺）等是不许外国人经营的。本地人则多在政府部门工作，比较下层的本地人则做清道夫、倒垃圾之类的工作。[2] 但华侨到来后，由初期的咖啡馆和餐饮业开始做起，到经营超市（杂货铺）、京解野，再发展到电器、银行、地产、车行、进出口和开办印刷厂、塑胶厂、矿泉水厂乃至医院等，一路走来，向多种行业发展。不少华侨经过几年的拼搏，便风生水起，创业有成。他们勤劳节俭，没几年就积蓄了一笔资金，在亲友的扶助下，很快当上老板。当然，华侨商店中，真正具有规模并称得上中产阶级的还是少数。他们绝大多数仍只属小本经营，做家庭式生意。但由于华侨奋发拼搏，加上那时市场兴旺，生意好做，他们的事业发展甚快。据说，那时即使是打工者，月薪一般都有1 000美元左右，为全南美之冠。委内瑞拉华侨的迅速发展，羡煞了中南美洲，甚至美国、加拿大等地的华人和香港人，慕名而来委内瑞拉发展者甚众。

那时涌现了一批知名企业家和侨领，如冯雪茂、冯金龙、冯明惠、冯根存、梅直夫、梅树芳、岑锦维、岑朋、吴国樑等。他们都是靠打工或开咖啡馆起家的。他们的业绩，直到今天仍为人们所津津乐道。

在这个黄金时期，1972年2月间，美国总统尼克松访华。尼克松对委内瑞拉乃至世界华人经济的最大贡献是宣传带动了华人餐饮业。在访华期间，他对色香美味的中国菜赞不绝口，于是，中国菜一下子风靡全球，成了时尚品牌。委内瑞拉也掀起了中餐热。跟着，1974年6月中委两国建交，更加速了中餐馆的发展。那时，中餐被公认为生意最好、最容易挣钱的行业。在华侨新移民中，到海滩、

---

① 吴锡沛2010年1月23日提供的书面采访稿。
② 陈钟鼎：《委内瑞拉华侨历史述略》，《委国侨报》，2006年4月6日。

车站、机场等公共场所流动卖饭、卖春卷并因此起家而成了老板的不乏其人。

如同上面所说的，这个时期委内瑞拉华侨进入了"咖啡馆"的三十年黄金时代。下面一组数字可资参考：

1950 年，加拉加斯有咖啡馆一百多间。[①] 郑炎浓也说，20 世纪 50 年代加拉加斯有咖啡馆 110 家左右，每家雇三四人，或五六人。[②] 这样的话，在加拉加斯，单咖啡馆一个行业就要雇用 300 ~ 600 多人，所雇用的应多为华侨，如是，则占了这个城市华侨总数（1 000 人左右）的 1/3 ~ 2/3，若取中位数的话，就占了一半左右。可以说，从就业机会来说，其时咖啡馆业是华侨的主要职业。加拉加斯如此，其他主要华埠虽然不详，但基本情况估计跟加拉加斯差不了多少。

1969 年，华恋社共有 15 间商铺，主要经营京解野，或餐馆、咖啡室等。[③] 虽然具体数字不详，但咖啡馆应占很大比例。当然，到这时，华侨咖啡馆业已经大不如昔了。

1956 年，麻拉街只有两三个华侨。有名有姓的是吴汝达（音）及其弟吴汝勤（音），兄做杂货店，弟做咖啡馆。大概 1960 年前后，又有"田舍郎"（可能是化名，是个大学生）到这里来开咖啡馆。[④]

在委内瑞拉，咖啡馆业的服务对象主要是当地人，特别是有钱人。这也是这个行业的从业者基本上应为华侨的原因。好在这个行业对外语的要求不高，来客一坐，服务生咧嘴一笑，来客随后举手一指，服务生再把咖啡一上，便大功告成。整个过程用不着多少语言交流。但服务生有时还要受气。甄活炳一次在咖啡馆收款，就被对方打了鼻梁，造成终身伤残。[⑤]

咖啡馆不仅为当地人提供了休息和聚会的场所，还是华侨重要的集会场地。例如，加拉加斯没有中华会馆，人们聚会时，便都到咖啡馆去。[⑥]

关于第一家华侨杂货铺开张的时间问题，有多种说法，彼此相差很大。甄活炳说委内瑞拉第一家杂货铺是一位吴姓华侨开的，时间是 1950 年左右。第二家为冯金龙所开，时间是在 20 世纪 50 年代。再后来，杂货铺便越来越多。[⑦] 另据吴励章说，50 年代在加拉加斯的萨巴那格兰德（Sabana Grande，区名），一位吴姓华侨开了全国第一家华侨杂货铺;[⑧] 不过郑炎浓说约在 1958—1959 年，才开始

---

① 笔者 2010 年 1 月 7 日在洛斯瓜约斯伊斯法多对甄活炳的采访。
② 笔者 2010 年 1 月 7 日在华恋社对郑炎浓的采访。
③ 笔者 2010 年 1 月 6 日在华恋社中华会馆对李瑞华的采访。
④ 笔者 2010 年 1 月 8 日在麻拉街对冯雪茂的采访。
⑤ 笔者 2010 年 1 月 7 日在洛斯瓜约斯伊斯法多对甄活炳的采访。
⑥ 笔者 2010 年 1 月 7 日在洛斯瓜约斯伊斯法多对甄活炳的采访。
⑦ 笔者 2010 年 1 月 7 日在洛斯瓜约斯伊斯法多对甄活炳的采访。
⑧ 笔者 2010 年 1 月 23 日在泼渡尼咕噜对吴励章的采访。

有华侨杂货铺。① 吴励章的说法比较中肯，跟甄活炳的说法结合起来看，第一家华侨杂货铺应是 50 年代初在加拉加斯开张的。甄活炳还说，杂货铺的经营方式一般实行股份制，这一点可以肯定。

在 20 世纪 50 年代以后，华侨杂货业也开始雨后春笋般地发展起来。咖啡馆和杂货铺是这一时期华侨最重要的两大行业。当时华侨立业一般是在两者中择其一。咖啡馆业者要继续发展的话，则最终要转营杂货业。成功后再扩大再生产，或进军其他行业。功成名就后，则将部分精力花在慈善事业上。这方面可以举出的例子很多。

最著名的例子是冯雪茂。冯雪茂出生于恩平牛江镇莲胜里一个贫苦农家。8 岁那年，发生大旱，母亲又不幸去世。他刚读了一年书，不得不辍学。此后，他虽然断断续续地又读过几年书，但大部分时间都是跟随父亲干农活。童年的苦难锻造了他坚韧和刻苦耐劳的性格，使他在后来几十年的商海闯荡中，无论是一帆风顺还是逆水行舟，始终表现出非凡的沉稳和干练。

1947 年，冯雪茂与一位在委内瑞拉谋生但失去联系多年的叔父重新取得联系，叔父为他申请移民。出国需要凑足一笔盘缠。父亲四处张罗，好不容易才为他凑够到香港的车船费和够买一套粗布衣的钱，路费远远不够。走时，冯雪茂脚上穿的旧皮鞋和手上提的旧藤笈，都是乡亲借的。他怀着"见一步走一步"的心情离开了充满期待的父亲。

初到委内瑞拉，冯雪茂一边打工，一边学西班牙文。他在咖啡馆打工 3 年，赚得 3 000 美元。他承传老一辈华侨勤奋好学的品质，同时逐渐抛弃了赚足一定资本就回乡买田置业的念头。1952 年，他在加拉加斯开了第一间小餐馆，由打工仔变为小老板。1956 年，在生意上初露头角的他，敢于第一个吃"螃蟹"，实施"战略转移"，由经营餐馆转为经营杂货，并把立足点选为当时还是小埠的麻拉街。②

1956 年之前，麻拉街就已有吴汝逯（音）开的杂货铺。据冯雪茂说，他自己那间杂货铺那时其实很小。麻拉街杂货铺行业的真正兴旺是在 20 世纪 60 年代末到 70 年代末。麻拉街的第一家超市为吴福珠（沙湖人）所开，时间约在 1963—1964 年左右。超市刚开，就发生地震，有几百人罹难。

1956 年冯雪茂来到麻拉街后开的杂货铺是与吴琼之弟合股的。1967 年，冯雪茂在麻拉街开了一间经营杂货的超市，称"东方"（ORIENTAL）。之后，杂货

---

① 笔者 2010 年 1 月 7 日下午对郑炎浓的采访。

② 黎惠权：《160 年沧桑——委内瑞拉见闻》，恩平报社编：《恩平报获奖新闻作品选集（1983—2003）》，北京：人民日报出版社，2004 年，第 106 页。

店便兴旺起来，先后有"本地"（REGIONAL，1967 年）、"西方"（OCCIDEN-TAL，1968—1969 年）、"上海"（SHANGHAI）、"最佳"（LOS MEJOR）等数家。"东方"是冯雪茂的第一家超市，1969 年他又开了自己的第二家分店，1973 年开了第三家分店，1975 年开第四家，最多时发展到 4 家。[①]

　　吴琼是麻拉街华侨中开产业的第一人，冯雪茂步其后。后来，他买写字楼，进军房地产业，兴办工厂等，在工商界脱颖而出。1989 年委内瑞拉发生暴乱时，很多华侨"走为上计"，纷纷投资移民美加。冯雪茂镇静自若，不为所乱，继续增加投资，扩大经营。事后他说，"要创大业就要冒大险，富从险中求。"现在，冯雪茂拥有一流的商场、工厂，涉足房地产、银行、报纸、电视台等行业。在麻拉街这座他看着发展起来并参与建设的城市，他兴建了一幢屹立在繁华地段的标志性建筑。他开办了十多家豪华超市、百货商场，他还在市郊拥有多家工厂。他的智慧和贡献集中在他赖以立足的麻拉街。他日理万机，但游刃有余，思维敏捷，从 1977 年到 1995 年，作为当地有突出贡献和杰出成就的人士，他先后获委内瑞拉总统授权颁发的三级"弗朗西斯·德米兰特"勋章、二级"弗朗西斯·德米兰特"勋章、"阿拉瓜曼萨朱樱花"勋章，二级"劳动功勋"奖章。[②]

　　吴国樑 1952 年从恩平到委内瑞拉谋生，先是在加拉加斯帮父亲经营咖啡店，1959 年转到华恋社开商店，至 1967 年开设华恋社第二间华侨餐馆——"龙华楼"，由此进入餐饮业领域。由于经营有方，事业有成后积极回报社会，受到华侨及当地人的敬重。1997 年 7 月当选为华恋社中华会馆主席，并连任三届。鉴于他对华恋社发展的巨大贡献，2000 年，他荣获华恋社市市长授予的"荣誉市民"称号。2001 年，他领头捐出巨款，创办华恋社中华会馆中文学校并亲任校监。2003 年，他荣获加省〔即加拉沃沃（Carabobo）〕省长颁发的"太阳"勋章。2007 年 7 月 25 日，作为吴氏中心广场董事长的吴国樑被有 100 多年历史的华恋社市商会（camara de comercio）授予"最有贡献奖"一等奖，为唯一荣获此项殊荣的华人；其子——吴氏中心广场总经理吴敬元当选为商会新一届理事，为该商会 11 名理事中唯一的华人理事。此是后来之事。

　　郑炎浓在加拉加斯待了 15 年后，1964 年到华恋社开了第一间超市（杂货店）。后来创建了加省华人杂货同业商会（ACEVAC）。这是全国最大的商会。他是第一、第二届商会的创会会长。[③]

　　冯根存 1935 年 12 月 4 日出生于恩平牛江镇横眉村委会莲乐里村。少年时期

---

① 笔者 2010 年 1 月 8 日在麻拉街对冯雪茂的采访。

② 黎惠权：《160 年沧桑——委内瑞拉见闻》，恩平报社编：《恩平报获奖新闻作品选集（1983—2003）》，北京：人民日报出版社，2004 年，第 106－107 页。

③ 笔者 2010 年 1 月 7 日在华恋社对郑炎浓的采访。

在乡下度过。郁文中学毕业后考入武汉大学，但终因当时特殊的历史环境而辍学。为求生计，于1955年（一说1954年）离乡背井，赴委内瑞拉谋生。初踏异国，人地生疏，语言不通，生活殊艰。但他吃苦耐劳，勤学苦练"洋文"，四个月后，终于找到了适合自己的工作。经过数年奋斗，终于能独当一面，投身经商行列，直到1962年才自立门户做杂货生意。由于他人缘好，生意越做越红火。迄今，他拥有多家超市、百货、餐馆、咖啡馆。他是第一个参加广州进出口商品交易会订货的委内瑞拉华侨。后来称雄于巴基西梅托和附近小埠。他从1990年开始就被推选为委内瑞拉巴基西缅度中华会馆以及商会主席。由于众望所归，连选连任。[①]

这一时期，其他产业也陆续发展起来。

京解野约1962—1963年才开始出现。[②] 据说，第一个开京解野的是李少云，可惜他开京解野的具体时间不详。[③]

碾米业是20世纪60年代发展起来的。在委内瑞拉，70年代的米业最兴旺。吴锡麟在1965年到1975年经营碾米业，然后到哥斯达黎加经营米厂。1980年，又回到麻拉街做蚊香生意，1990年做橡胶（鞋底、海绵等）生意，直到现在。[④]

到20世纪70年代，委内瑞拉的华侨工业开始发展起来。先有吴锡源、吴锡权、吴锡麟、吴锡逶几兄弟经营工业，他们全是大学生。约1976年，开始有华侨塑胶业，厂名曰"英豪"（音），地址靠近加拉加斯。吴锡源几兄弟约在1988—1989年转营塑胶业。在此之前，他们还做过蚊香厂、胶鞋厂等。他们的后人经营得更好。[⑤]

与杂货业、百货业的发展相对应，批发业也兴旺起来。如，"吴氏批发"的老板是来自沙湖高园的吴进鸿。他20世纪50年代就来到委内瑞拉，已经在街市上打拼了几十个年头。他的商场里，食用品琳琅满目，堆积如山。[⑥]

可见，在20世纪60年代后，华侨产业已经发展到各个行业。由于这些行业的技术含量低，华侨一般都能够胜任。因此，华侨在多个行业间的就业流动日渐

① 黎惠权：《从打工做起》，恩平报社编：《恩平报获奖新闻作品选集（1983—2003）》，北京：人民日报出版社，2004年，第87页；另据《委华报》资料。

② 笔者2010年1月7日在华恋社对郑炎浓的采访。

③ 笔者2010年1月16日在加拉加斯对冯金来、吴德明、吴崇岳、吴兆洪、李锦盛、吴进鸿、吴添荣的采访。

④ 笔者2010年1月10日在麻拉街对华联会的采访，在座有冯炎良、吴水活、吴锡麟、冯玉成、岑庆扬、梁永钦、吴里驹、冯景文、冯庭良、吴万超等。

⑤ 笔者2010年1月8日在麻拉街对冯雪茂的采访。

⑥ 黎惠权：《街市 杂货 百货》，恩平报社编：《恩平报获奖新闻作品选集（1983—2003）》，北京：人民日报出版社，2004年，第89页。

普遍起来。例如，岑庆扬 1964 年从香港乘飞机来委内瑞拉，到了华恋社，那时这里唐人很少。他先是在堂兄家做帮手，后经营京解野，再后来到了加拉加斯，在餐馆帮手。1970 年回到麻拉街，自己开餐馆，直到现在。他还做过酒吧、夜总会。后来年纪大了，便卖掉了一些产业。① 再如，郑荣桂 1949 年已经到香港，1953 年回乡建房，1953 年底到香港，1954 年到加拉加斯，先在塑胶厂做工。1957—1958 年到麻拉街，做咖啡馆，那时每月可赚 100 美元，1958—1959 年自开餐馆，1960 年回乡下接家人来委，1961 年来到巴基西梅托，开京解野。② 吴万超 2010 年回忆说，他 1978 年到香港，1979 年 4 月到加拉加斯，10 多年后到麻拉街，与人合股做餐馆"皇冠"直到现在，七八年前又经营京解野"超美"，5 年前经营京解野"万乐"。③

有统计说，这个时期的华侨大多经营餐馆、杂货店，仅加拉加斯一地就有 100 余家。其他有咖啡店、水果店、自动洗衣店、五金、电器以及中小型进出口商店等。据中国驻委内瑞拉大使馆经济商务参赞处估计，1980 年侨营商业共 285 家，以杂货店最多，计 141 家。工业方面有小型工厂如塑料、食品加工等 20 余家。原中华会馆主席吴（锡）琼开设的塑胶工厂有数百工人，其产品远销南美各国，获利颇丰。旅委最大侨商冯雪茂在麻拉街开设的玩具厂有工人 250 多人，另一铅笔厂有工人 200 人左右；农业方面有大型农场一家及小型咖啡园和蔬菜园数处，收入尚可维持。④ 这些数字多出自 20 世纪 80 年代，但可以看作是对这个时期之末委内瑞拉华侨职业情况的概括。

这个时期华侨经营杂货业与京解野业有两大优势。一是勤劳，这是传统优势。例如，1975 年时，麻拉街的华侨超市一周做 6 天半，一天最少开工 10 小时（从早上 8 点开门到晚上 8 点关门，中午吃饭 2 小时）。京解野业在 20 世纪 70 年代兴旺，大多数做批发。一般工作时间是 6 小时到 7 小时。⑤ 就笔者所见，今天在委内瑞拉经营京解野的华侨仍然保持勤劳的传统，工作非常辛苦。二是诚信。这是一大"软实力"，其实也是一种求生本领。那时候，如果谁的资金不足，就可以赊借。当时借一两万元甚至不用借据。因此，人们相互间经常赊货⑥。从现在的眼光看，那时的人不自私，民风淳朴；那时的人钱不多，胆量不大，不敢做

① 笔者 2010 年 1 月 10 日在麻拉街对岑庆扬的采访。
② 笔者 2010 年 1 月 27 日在巴基西梅托对郑荣桂的采访。
③ 笔者 2010 年 1 月 10 日在麻拉街对吴万超的采访。
④ 李春辉、杨生茂主编：《美洲华侨华人史》，北京：东方出版社，1990 年，第 680 页。
⑤ 笔者 2010 年 1 月 10 日在麻拉街对华联会的采访，在座有冯炎良、吴水活、吴锡麟、冯玉成、岑庆扬、梁永钦、吴里驹、冯景文、冯庭良、吴万超等。
⑥ 笔者 2010 年 1 月 16 日在加拉加斯对冯金来、吴德明、吴崇岳、吴兆洪、李锦盛、吴进鸿、吴添荣的采访。

大生意；那时的人不做假；那时的人只在几个大埠做生意（现在则遍布大小埠）；那时的人没资本、没知识、没文化，60%～70%的华侨不会签自己的名，他们又不愿意按指模。[1] 他们只想赚一点钱养家，要求不高；那时的人很艰难才能来到这里，父母亲戚也要花很大力气才能接过来（来委机票约需800多美元）；那时华侨很少，不敢跟当地人发生冲突；[2] 那时的人彼此间很亲密。据说，以前有知识的当地人都说华侨好。[3]

若将华侨与当地人比较，华侨的经营方式有一定优势：一是商品便宜，二是服务态度好。他们进货自中国大陆，经营的时间与当地人差不多，在20世纪70年代，他们还送货上门（超市），有时工作到十一二点。但因为成本在提高，现在已经没有送货的了。今天，当地人已经走向集团化，华侨仍然家族式经营。显然，现在华侨的经营方式已经落后于时代。[4]

一般人认为委内瑞拉华侨无非是经营杂货与京解野等业，即便没有文化也可经营。但陈厚仓的"陈氏艺宫"主要经营古董文物。他上学不多，但在异国文物古董市场中，已经打拼了数十年。他1944年12月到委内瑞拉，先在咖啡馆打工。1956年，一位当地人信得过他，在没有付款的情况下，把自己经营的商店转让给他。1974年，他又认识了一位台湾商人。那位商人也信得过他，每年给他赊价值几万美元的珠宝货。二人因此实现双赢，陈厚仓羽翼渐丰，那位商人则乐得其成。他们相互信任，各得其所。[5] 陈厚仓生意成功的秘诀是"诚信"二字。

值得注意的是，在这个时期，除了杂货业和京解野等业外，经营进出口贸易而致富的华侨也颇为引人注目。他们多是经营杂货或京解野起家，进而转营或兼营进出口贸易。例如冯明惠，早年来委，于马拉开波市经营杂货用品。因生意兴隆，营业日盛，遂开设进口庄，由香港进口各种杂货用品到委内瑞拉进行批发和零售，事业益隆。1971年，到台湾考察，见工业品繁多而价廉，乃联同冯雪茂、何林楚、冯金来、冯根存等人，每年到台湾采购各种货品回委内瑞拉销售。冯明惠是经商能手，眼光锐利，方法独到。他采购的货品，批发零售，广及苏利亚全省。但1984年因委内瑞拉经济剧变，货币贬值而遭受损失，便到台湾创建塑胶用具工厂。[6]

同样的例子还有何林楚，1948年由恩平来委内瑞拉，初在加拉加斯经营餐

① 笔者2010年1月17日在加拉加斯对陈厚仓的采访。

② 笔者2010年1月15日在加拉加斯对陈钟鼎、吴进鸿、钟永照的采访。

③ 笔者2010年1月7日在洛斯瓜约斯伊斯法多对甄活炳的采访。

④ 笔者2010年1月10日在麻拉街对冯景文的采访。

⑤ 黎惠权：《智信生财》，恩平报社编：《恩平报获奖新闻作品选集（1983—2003）》，北京：人民日报出版社，2004年，第94页。

⑥ 杨锋、陈宴图编著：《委内瑞拉华侨概况》，新北：正中书局，1988年，第38页。

馆，颇有成就，旋迁巴基西梅托，创立何氏进出口及五金百货公司，分别从美国、日本、中国香港、台湾进口各种用品、五金器材等到委国销售，事业发展迅速，数年遂成巨富，被誉为商界奇才。[①]

再如，冯金来是 20 世纪 50 年代来委的，得早年来委之兄——侨领冯金龙之助，开始经商，初营水果食品生意。他目光远大，知此业发展前景有限，旋转为玩具批发商，由美国、德国、日本和中国台湾等地大批进口产品，广事推销，不数年，成巨富，誉满全委。20 世纪 80 年代，与冯雪茂开设塑料玩具厂，产品亦行销全国，成为委内瑞拉玩具商之巨擘。[②]

三、华侨生活状况

这个时期华侨的聚居特点有二，一是小群体化，二是家庭化。冯金来说他1954 年来委内瑞拉时，见到华人只是四五人，或十人、八人成群，总之人数很少。那时，金来的叔叔的家族都在此：大兄金龙夫妻、二兄金远夫妻，以及金来本人，各家小孩，一大家族有十多人。[③] 小群体化主要是就活动而言，有的活动可能就在一个家庭范围内进行。

关于这时期华侨生活水平的资料非常难找，但可以从一般人的收入来判断。据云，旅居委内瑞拉的华人从事餐馆业者每月收入为 800～1 400 美元，在杂货店工作的一般每月收入为 600～1 100 美元。[④] 这应是这个时期末人们的收入水平，可供参考。

又据郑炎浓的回忆，他初开面包铺时（1949 年），曾雇了 4 人。当时给当地人的工钱是 250～300 玻利瓦尔，给华人约 500 玻利瓦尔。其他行业一般也是这个薪资。而当时他的收入为 12 000 玻利瓦尔（跟美金比值为 3.35）。[⑤] 由此可知，当时华侨的收入并不比同等工种的当地人收入低，甚至还要高出一倍。不过，这可能是特例，因为是用华侨老板给华侨雇员的薪金跟同一个华侨老板给当地人的薪金进行比较。换一个公司，比如说，用当地老板给当地雇员的薪金与同一个当地老板给华侨雇员的薪金进行比较，结果可能就不一样。但这个例子至少说明，华侨在委内瑞拉的打工收入并非总是比当地人低。

经过上百年间两三代人的艰苦奋斗，华侨中产阶级开始出现。1973 年，华

①　杨锋、陈宴图编著：《委内瑞拉华侨概况》，新北：正中书局，1988 年，第 39 页。
②　杨锋、陈宴图编著：《委内瑞拉华侨概况》，新北：正中书局，1988 年，第 40 页。
③　笔者 2010 年 1 月 16 日在加拉加斯对冯金来的采访。
④　李春辉、杨生茂主编：《美洲华侨华人史》，北京：东方出版社，1990 年，第 680 页。
⑤　笔者 2010 年 1 月 7 日在华恋社对郑炎浓的采访。

侨中开始出现比较富裕的阶层。有一个现象值得注意：华侨刚开始创业时，杂货铺是没有存货的，后来才慢慢开始有了存货。存货是十分重要的，因为如果没有存货的话，就意味着没有抵押品，那么，银行是不会轻易贷款的。[①]

当然，富裕阶层的出现也意味着华侨中贫富差距的出现和拉大。除了生活上的苦之外，华侨还有一层难以言传的心理上的苦。华侨有三种"苦"是很难受的：一是思乡情结深，二是语言不通，三是工作辛苦。人们在白天工作十多个小时，晚上回来已是筋疲力尽，倒头就睡。明天一早又要起床干活。长年如此，周而复始。枯燥、烦闷、紧张和不安时刻缠绕着每一个华侨，尤其是下层华侨。于是，一部分华侨便去寻找刺激，消极现象也越来越多。其中最突出的现象便是"黄"与"赌"。例如，当时加拉加斯有两间赌馆，一间叫"中央"，另一间叫"华侨"。看后一间赌馆的命名，似乎就是冲着华侨而开的。很多华侨收工后，便聚集到赌馆去。赌博自然是有赢有输，虽往往输者居多，但赌者仍然络绎不绝。当然，也有极少数赢了钱的；若赢了钱，他们就回中国去。一些华侨如果不上赌馆，就上妓院去，以此消磨时日。[②]

历史上，很多华侨就是通过移民网络移居委内瑞拉的，因此，同一个乡乃至同一个村、同一个姓氏的乡亲结集在一个地方的情况十分普遍。多少年来，他们一起流汗，一起拼搏，一起同甘苦共患难，不少华侨前辈已经把委内瑞拉这块土地当作自己的第二故乡。年轻一代经历过年长一辈的拼搏，年长一辈也亲历过更年长一辈的创业。年长一代把家业传给了年轻一代，年轻一代再传给更年轻的一代。华侨同胞在异国他乡的事业，就这样代代相传，周而复始，没有终结的一天。在这个历史长河中，多少乡亲成功了，享受着自己栽种的果实，但也有不少村中叔伯留下终身的遗憾，客死异乡，埋骨荒域。昔年种柳，依依汉南。今看摇落，凄怆江潭。树犹如此，人何以堪！应该说，那些在20世纪50年代前后就来到委内瑞拉的老华侨，经过多年打拼，已经生根开花，事业有成。如果说他们当初是因为贫困或环境所迫才远渡重洋来到委内瑞拉，那么今天他们已经彻底告别昨天，不再为生活犯愁，也没有了历史的包袱，完全可以笑对人生，潇洒前行。然而，也有人在人生的个别节点上没能抓住失去了就不可再有的历史机遇，最终给自己留下终生的遗憾。《委华报》曾经刊登过冯A、冯B和冯C三个人的故事，给人很多感慨和启发。

冯A，1949年来到委内瑞拉，其时正当而立之年。一路走来，他克勤克俭，做过餐馆、咖啡馆、洗衣铺，最后开山园。旅委几十年，虽然算不上十分风光，

---

① 笔者2010年1月17日在加拉加斯对陈厚仑的采访。
② 笔者2010年1月7日在洛斯瓜约斯伊斯法多对甄活炳的采访。

但也安稳安居。那些年，他立了业却一直没有成家。看到他一个人过日子，亲朋好友都劝他找个伴，免得老来孤单。对人生大事，他当然不会不考虑，特别是有朋友介绍对象时，他也有过结婚生子的冲动。但他独处惯了，喜欢无拘无束，每次稍作努力就可以实现的好事，最终还是因他自己而一一告吹。如今老了，冯A依然孑然一身，伴随他的，只有他奋力洒汗开发出来的山园。人固有一死，冯A当然不会不明白，他对死应该十分坦然。他想过，最终会有一天，他睡着了，就再也不会醒来，静等邻居发现他已经静静地离开了这个世界。事业上，冯A有过成功的快乐，但这种快乐最终没能陪伴他走到人生的最后一刻。

冯B是20世纪60年代来到委内瑞拉的。此前他已在香港打拼过。来到委内瑞拉，香港的经历让他在生意场上驾轻就熟，不久就经营了一个大型杂货超市。和所有那个年代的华商一样，冯B分享了委内瑞拉商业兴旺的成果。也和所有的华商一样，冯B希望他打下的"江山"能被后辈坚守，发扬光大。为此，他教育两个儿子不要做"败家仔"，要学会经营、学会守业。

冯B的"教育"不是多余的。在看到两个儿子与当地女子结缘又无法阻止时，他就意识到"把老鼠捉进米缸"的尴尬后果。所以，他苦口婆心，希望他们好好做人。然而，冯B最担心的事还是发生了。六七年前，他撒手西去，两个儿子就实施"三光"政策——"卖光、吃光、花光"，将他几十年辛辛苦苦积攒下来的家业挥霍殆尽。

冯C和冯B有相似的经历，也是从香港来到委内瑞拉的。不同的是，他做的是京解野，辞世后，他儿子不像冯B的"败家子"，生意越做越大，可谓后继有人。

但冯C就这样满足了吗？不，他的一个最大的心结是回家乡看看。常回家看看已不可能了，回家看一次总归可以吧？但是，就这么一次的愿望，也没法实现。冯C在20世纪50年代就离开了家乡，家乡的那片土地，虽然让他痛过、苦过，但毕竟是生他养他的地方。在外几十年走州过府，他从来没有忘记，做梦都想回去走一趟，"田园将芜矣，胡不归"。但在生之年，由于生意忙碌，他总是今年盼明年，明年盼后年，后年盼更后年。一年年过去，他还自我安慰道，"来日方长"。就这样，各种原因让他蹉跎了一天又一天，一年又一年，直到老死异乡的那一天。埋在冯C心底的乡愁，只就这样伴着他走到人生的终点。[①]

---

① 上述"三冯"的故事见《不要给人生留下太多的遗憾》，《委华报》，2015年3月30日。

第五节　十年弄潮（1979—1989）

一、中国改革开放后到委内瑞拉的新一代华侨

虽然 1949—1979 年间中国大陆直接移民委内瑞拉的华侨不多，但到中国改革开放政策后，形势很快便发生了巨大变化，出现了前所未有的移民浪潮。这股浪潮一直延续到现在。因此，这里所说的华侨移民情况，就不限于这一时期，而延及至下一时期。

变化是先从委内瑞拉乡亲回国观光开始的。其时委内瑞拉尚处于发展的黄金时期。而中国则刚刚打开国门。于是，居住在委内瑞拉的华侨便趁着祖国改革开放，陆续回乡探亲。首个旅委华人旅行观光团是 1978 年冬抵达中国大陆的。旅行团中 90% 以上的团员是广东恩平人。他们回到了久别的家乡，一个个慷慨大方，出手阔绰，又是大摆筵席又是派发利是。所到之处，人们前呼后拥，风光无限，引起了很大轰动。于是，便迅速推动了改革开放后以恩平人为主体的中国人移民委内瑞拉的第一波热潮。1979 年，一个到委内瑞拉淘金的出国潮很快在全县掀起，一批批恩平人通过合法签证来到了委内瑞拉，其时同来的还有少数中山、开平、台山和新会等县的人。从那时开始，委内瑞拉在恩平人眼里成了一道靓丽的风景线。在人们的心目中，那是个令人向往的金山，那里的华侨是响当当的金山客。小伙子们求亲托友找门路，也要出国到委内瑞拉去；姑娘们找对象也要找委内瑞拉华侨子弟或眷属，以期随夫出国。

与此同时，更多的人是想出国却苦于无门。于是，一些黑中介便应运而生，一些蛇头也看准了这个千载难逢的机会，串联组织了一批批"人蛇"偷渡来委内瑞拉。据说，那时每一个来委内瑞拉的"人蛇"要付给"蛇头"一万多美元。这对于当时的农村人来说，无疑是个天文数字。可是，不少人为了实现出国"淘金梦"，即使到处张罗，背负满身债务，也心甘情愿付出这笔巨款，由"蛇头"带着铤而走险，偷关来到委内瑞拉。

由于新移民不断增加，委内瑞拉的华侨人数剧增。在新移民中，也有不少人是带着资金来的。这些人一来到，就一边找人帮忙办理居留，一边找生意做。于是，华人商店发展很快。

但是华侨来委的黄金时期不长，自 1983 年 2 月起，委币就一直贬值，此后再没有回升过。物价也随之一再攀升。但从表面上看，那时仍然是百业一样兴旺，市场一样繁荣，华侨生意一样好做，商店有增无减，久盛不衰。据华侨社团

粗略统计，当时委内瑞拉全国共有华侨商店近 10 000 家。其中仅是餐馆、超市和京解野三个主要行业，就有近 8 000 家。不少人的生意越做越大，有的发展成多间连锁店，有的涉足多个行业。整个华侨社区呈现出一派欣欣向荣的景象。

另外，在 1978—1979 年，也来了一批买"纸"（即其冒充亲属向委内瑞拉移民局申请）来的大陆移民。他们来了以后，就按照先已冒充的姓在委居住，直到现在。

至于这一时期在委内瑞拉华侨移民史上的重要性，可以以数字来说明。据说，1980 年初，委内瑞拉只有 5 万～6 万华侨。但现在的华侨人数在 16 万以上。[①] 有人认为，现在 80%～90% 的华侨都是 1979 年以后从中国来到委内瑞拉的。[②] 按照这种估计，1979 年后来委的华侨至少也有 12.8 万。也就是说，1979 年后来委的华侨人数是 1979 年已有的华侨人数的两倍多。钟永照提供的数字差距更大。他说 2 000 年到中国参加画展。根据中国官方的记录，其时委内瑞拉华侨为 3 万人（应是有身份证者，加上无身份者肯定不止此数），而现在则达 20 万人。[③] 上述数字虽只能供参考，但 1979 年以后委内瑞拉华侨人数高速增长是可以肯定的。有的大埠的华侨人数增长尤速，如，1981 年麻拉街有华侨 2 000 人，现在已经达到 12 000 人。[④] 当然，也应看到，上述 1979 年后来委的华侨人数中，很大一部分是 1989 年后才来的。不过就绝对数字来说，仍是委内瑞拉当地人口增长较多。1981 年，委内瑞拉全国人口约有 900 万，现在则增加到约 2 700 万。

就来委华侨的地籍构成来说，变化更是巨大。钟永照的说法将之归因于改革开放初国内相关县份执行出国政策的差异，这一点很值得参考。他说 1979 年之时（钟来委的年份），估计恩平人与其他邑（县）的人数差不多，只是 1979 年中国开放后，恩平方面的来委移民宽松得多，不管是否为直系亲属，均获准前来（包括放宽公证书）。等到这些人在委站稳脚跟后，再申请他们的后代前来。此外，加上这几年来自恩平的"非正常移民"人数（其实很多人也是先来者的直系或非直系亲属），在委国的恩平籍华侨人数与其他邑（县）籍的华侨人数的差距便拉大了。而 1979 年后的一段时间，新会和台山等就只批准直系亲属来委，人数就少上加少了。[⑤] 当然，从华侨喜欢按照地缘关系而"密集群居"的角度来说，新会、台山等县因地缘因素而导致华侨密集群居的海外国家并非委内瑞拉，而是北美地区。委内瑞拉是恩平华侨因地缘因素而导致密集群居的国家。

---

① 笔者 2010 年 1 月 7 日在华恋社对郑炎浓的采访。
② 笔者 2010 年 1 月 17 日在加拉加斯对陈厚仓的采访。
③ 笔者 2010 年 1 月 17 日在加拉加斯对钟永照的采访。
④ 笔者 2010 年 1 月 8 日在麻拉街对冯炎良的采访。
⑤ 笔者 2010 年 1 月 17 日在加拉加斯对钟永照的采访。

在谈到这个问题时，不应只看到中国国内的原因，还要看到委内瑞拉方面的原因。1981 年前后，委内瑞拉政府也放宽了外国人的居留条件：凡有长留居留证的，都可带亲属来（其实不少人冒认亲属），他们来到委内瑞拉后也可长期居留。由于国内和委内瑞拉两方面的因素，恩平人数才猛烈增长。

至于恩平人大量来委的诱因，除了恩平本身经济发展低迷的因素外，还有恩平与委内瑞拉生活水平差异的因素（这种差异因人为的渲染而凸显）。这几年，居住在委内瑞拉的恩平人回到家乡，多被家乡人认为在海外"发迹"了，特别是有人故意"摆阔"，造成很大影响。家乡人都认为在委内瑞拉很好赚钱，从而大大加快了恩平人来委的速度。

那么，在这个时期之末，委内瑞拉的华侨人数有多少？这里就总体而言姑且以 1988 年出版的《委内瑞拉华侨概况》一书的数据作为参考。作者说当时华侨人口的分布情形是：居住在联邦区（Distrito Federal）及首都加拉加斯者约 8 000 人，占全部华侨人数之 40%，居住在新兴的石油城镇区苏利亚省（省会马拉开波）者约 3 000 人，居住在加拉沃沃省（省会华恋社）者约 3 000 人，居住在拉腊省（省会巴基西梅托）者约 3 000 人，居住在阿拉瓜（Aragua）省（省会麻拉街）者约 1 500 人，居住在阿普雷省（Apure）［省会圣费尔南多（San Fernando）］者约三四百人，其余散居于各省埠者，约共有千余人，唯尚无正式统计。[①]这样看来，当时委内瑞拉全国的华侨总数应在 20 000 人上下。

二、华侨职业与生活状况

委内瑞拉以其物产和地理条件，富饶程度曾居南美前列。但由于复杂的社会政治原因，委内瑞拉在经过 20 世纪 70 年代的黄金发展时期后，到 80 年代便每况愈下，人民生活水平走下坡路，其中华侨尤甚。

20 世纪 80 年代对委内瑞拉华侨经济影响最大的一件事便是 1982 年 2 月 18 日的货币贬值。自从 20 世纪 60 年代以来，委币的币值约为 3.35（即 1 美元可兑换的玻利瓦尔数，下同）。到 1982 年 2 月 28 日这一天，一下子贬到 4.3，后来又连续下贬。[②]到 1984 年 4 月，跌到 7.9，继至 1986 年底，竟跌至 29！政府财政日窘，通货不断膨胀，经济迅速萎缩。国民所得，1982 年为人均 4 700 美元，1984 年竟降至 1 500 美元。[③]陈厚仓说，1973 年到 1982 年是委内瑞拉华侨最富

---

① 杨锋、陈宴图编著：《委内瑞拉华侨概况》，新北：正中书局，1988 年，第 16 页。
② 笔者 2010 年 1 月 17 日在加拉加斯对陈厚仓的采访。
③ 杨锋、陈宴图编著：《委内瑞拉华侨概况》，新北：正中书局，1988 年，第 13 页。

裕的一段时期。但在 1982 年 2 月 18 日这一天，委内瑞拉总统宣布委币大贬值，华侨的收入一下子少了很多。即使这样，当时很多华侨的生活还是比较平稳的，因为他们在 1983 年以前就已经购置了房屋，已有自己的产业。^① 但就投资的角度来说，在委内瑞拉，进行物业投资是不保险的，因为政局动荡之故，物业投资难以升值。在委内瑞拉，只有美元才是最保险的。^② 因此，委币币值的升降，可以说是委内瑞拉华侨最关心的事情之一。

在 1982 年委币贬值之前（1981 年 8 月左右），人们已经听到贬值的传闻，但大多数人没有采取对策，因而他们在贬值后损失惨重。只有少数"先知先觉"者采取行动。他们是货币贬值的获益者。后来报纸报道获益的有 3 人，其中包括吴国樑和冯雪茂，因为他们有比较多的资本买下大笔美金，因而得益。^③

一般来说，在这一时期，由于改革开放后祖国日益强大，加之中委建交后两国关系的密切，也由于当地民族民主运动日益发展的影响，新老华侨与中国大陆的来往迅速增多，不少人改变了对祖国的过时看法。由于取得当地国籍对申请家属入境和经商更方便，不少华侨加入了委内瑞拉国籍。大部分加入委内瑞拉国籍的华侨都倾向祖（籍）国，愿为委中友好做出贡献。华侨后代（即华裔）多受过高等教育或专业训练，大多担任公职、民意代表、大企业职务或自由职业等，一般过着中产阶级生活。华侨一贯遵守当地政府法令，同当地人民友好相处，委内瑞拉政府对他们也比较尊重，对华侨经商就业一般不加限制。华侨与当地民族的关系也比较正常，像下一时期那样的哄抢事件在当时还是不可想象的事情。

在这个时期（其实可以上溯到上一时期），已有少数受过良好教育的华侨后裔进入当地精英行列。例如，第一任中华总会馆主席郑新林在抗战胜利后就接其尚在家乡的妻子来委，悉心栽培后进。其子郑耀锦，毕业于委内瑞拉大学的医学系，旋赴英国深造，20 世纪 80 年代回加拉加斯悬壶为医。因其医术高明，求医者众，尤其对生活窘迫的侨胞患者从廉收费，加上他热心服务社会，具有中国人的谦虚美德，故深得侨胞称颂，在首都加拉加斯颇有地位。^④ 又如陈其仪，作为经济学者，20 世纪 80 年代已任总统高级经济顾问，时为委内瑞拉经济学院院士，并任天主教大学经济研究所所长，在委内瑞拉学术界甚具声誉。再如出生于马来西亚沙捞越的沈纯强，先期毕业于南洋大学，旋赴加拿大深造，获博士学位，应聘任委内瑞拉国立工艺大学教授，研究在生产运输技术方面可提供节省人力与金

---

① 笔者 2010 年 1 月 17 日在加拉加斯对陈厚仓的采访。
② 笔者 2010 年 1 月 6 日在华恋社中华会馆对李瑞华的采访。
③ 笔者 2010 年 1 月 6 日在华恋社中华会馆对李瑞华的采访。
④ 杨锋、陈宴图编著：《委内瑞拉华侨概况》，新北：正中书局，1988 年，第 32 页。

钱的方法的"运筹学"，颇有成就。① 他是当今已知的唯一一个非直接来自中国大陆的华侨高端专业人士。

1979—1989 年的 10 年，是委内瑞拉华侨承前启后的重要过渡阶段。在这 10 年中，华侨同胞的经营，既继承了上一时期的产业门类和特点，也为下一时期打下了良好基础。因此，有关这一时期委内瑞拉华侨的职业和生活情况，姑且放在下一节一并叙述。

第六节　艰难时岁（1989 年至今）

一、新时期的移民动因：基于"推拉理论"的分析

如上所述，20 世纪 80 年代末 90 年代初，委内瑞拉迎来了一大拨中国人，其中绝大部分来自广东恩平。1989 年 12 月年仅 17 岁就踏上委内瑞拉的冯伟光回忆说："从 1989 年 12 月至 1992 年，起码有 6 万恩平人到了委内瑞拉。"来自广东的伍思雄后来也回忆说，"那个时候，来委内瑞拉的中国人真的很多。一架飞机两三百人，90% 都是中国人。"② 从那时起，委内瑞拉华侨史不但迎来了历史上的一个新阶段，更显现出它的独特性。这些侨胞凭着勤勤恳恳的努力，敏锐犀利的眼光，百折不挠的精神，在这片南美土地上闯出了属于自己的天地。根据华人圈中通传的说法，到 2016 年左右，在委华侨已有约 20 万，其中 90% 祖籍广东恩平。他们涉足餐馆、超市、进出口贸易等领域，已经成为当地经济发展的一支生力军。这个时期华侨来委，是因为其兄弟姐妹或其他亲戚在委内瑞拉。21 世纪以来，世人一直在以好奇的目光关注着委内瑞拉的政治、经济形势跌宕起伏的同时，也关注着世界华侨华人群体中生活在这个独特国家的群体的境况。

西方古典的推拉理论认为，劳动力迁移是由迁入与迁出地的工资差别所引起的。现代推拉理论认为，迁移的推拉因素除了更高的收入以外，还有更好的职业，更好的生活条件，自己与孩子能获得的更好的受教育的机会，以及更好的社会环境。

推拉理论的起源可以追溯到 19 世纪。英国的雷文斯坦（E. Ravenstien）在 1880 年发表的一篇题为《人口迁移之规律》的论文中，提出了人口迁移的 7 条规律，分别是：①人口的迁移主要是短距离的，方向是朝工商业发达的城市的；

---

① 杨锋、陈宴图编著：《委内瑞拉华侨概况》，新北：正中书局，1988 年，第 36 页。
② 《委内瑞拉华商：这里有危也有机》，新华网，2017 年 2 月 9 日。

②流动的人口首先迁居到城镇的周围地带，然后又迁居到城镇里面；③全国各地的流动都是相似的，即农村人口向城市集中；④每一次大的人口迁移也带来了作为补偿的反向流动；⑤长距离的流动基本上是向大城市的流动；⑥城市居民与农村居民相比，流动率要低得多；⑦女性流动率要高于男性。显然，推拉理论最初主要是针对劳动力从农村向城市流动的现象。

在中国，以推拉理论解释改革开放以来农村劳动力向城市流动的现象是合适的。影响农民工进城的因素很多，属于农村不利的生活条件，也就是"推"的因素有：农村收入水平低，没有挣钱机会；农村生活太苦，缺乏更好的发展机会，对在家乡从事的职业不满意；农村税费过重；家乡学习条件差，受教育机会少；家乡封闭保守，思想不解放，村干部作风恶劣等。属于"拉"的因素有：城市收入高，出外见世面，别人都出来了，受别人影响，城市生活条件好等。

可以说，推拉理论是较为全面、更能解释关于人口城乡迁移特别是农民工向城市流动动因的理论。按照这一理论，在完全市场经济条件下，农民工向城市流动的过程，简单地说，是市场机制自发地对劳动力资源进行重新配置的过程。问题是，这里所研究的是劳动力的跨国流动，例如恩平等地的劳动力向委内瑞拉流动的问题，当然存在着农村向城市流动的因素，但显然不是简单的城乡差别可以完全解释得了的，而是存在着多种跨国移民才可能存在的因素。比如，华侨基于地缘（乡缘）、血缘因素在他国的高度结集，并由此带来的华侨在生存与发展上的诸多便利和收益；不同民族的生存习惯、生活方式和生产态度上的明显差异，并由此带来的华侨在发展方面的明显优势；还有由于异国人口相对稀少等因素形成的自然资源分配上巨大差异，而华侨可以享受移民后更充分的自然资源分配等。所有这些，都不是本书要讨论的问题，因为涉及推拉理论的应用，这里仅稍作提及。这里应指出的是，恩平等地劳动力向委内瑞拉的跨国流动，固然存在着若干劳动力由农村向城市流动的因素，但更多的因素应来自跨国移民。不过，有一点是不变的，无论是传统的劳动力流动，还是现代的劳动力流动，无论是一国范围内的劳动力流动，还是跨国的劳动力流动，总是存在着一方"推"，另一方"拉"的因素，只有所有因素形成的综合力，才可能发生劳动力的流动，或者这里所说的华侨出国现象。

（一）推力

恩平是广东省江门地区著名侨乡之一，以2004年计算，全市总人口接近50万，据不完全统计，祖籍恩平的华侨华人和港澳同胞有50多万人，而与此同时，在家乡的侨眷和港澳同胞家属也有23万多人，因此有"国内一个恩平，海外一个恩平"之称。[①]

如前所述，恩平人移民委内瑞拉的历史并非始自今日，早在100多年前已经开始。但不可否认的是，在中国改革开放前的30年间，委内瑞拉华侨与其恩平祖籍地之间，被隔上了一道高高的屏障。家乡人只知在南美洲那边的一个遥远国度生活着他们的亲戚朋友，但并不知道他们生活得怎么样。改革开放后，这道屏障消失，家里人才了解那边的亲戚朋友过得如何。坦率地说，两相比较，差别是十分明显的。现代人在进行两个地区的比较时，一般是将双方主要的因素放在一起进行单项比较。比较的结果往往是A方在某几个要素上占优势，B方在另外几个要素上占优势，因此事实上各有优势，如果要进行孰优孰劣的选择，往往难分高下。如若要做移民选择，则只能把"自己是否应该移民"绑在最重要的一两个要素上。但改革开放之初，恩平人对双方的主要因素进行比较后所得出的结论无疑是令人诧异甚至是令他们自己吃惊的：几乎所有的要素都是对方占优势，甚至是明显优势。这样，对有移民条件的恩平人来说，移民似乎是不可动摇的选择了。可以说，恩平早先的委内瑞拉华侨回乡探亲所透露的信息，逐渐带动了家乡的出国风潮，在他们的牵引下，恩平大量乡民走上了国际移民的道路。于是，在早先出来的亲戚朋友的带领下，在当时大多数中国人还不熟悉出国为何物的时候，一批又一批的恩平人已经踏上前来委内瑞拉的"淘金"之路。这之中，当然有心理预期的因素，但在当时明显不如人意的现实与高涨的心理预期之间，人们在做移民选择时，无疑是把后者放在重要位置上的。当然，在他们的海外亲戚朋友所带回来的居住地信息中，肯定有不少是言过其实的，甚至是虚假的。但在"一鸟凌空，百鸟相从"的环境中，在高涨的心理预期面前，人们对不准确信息的分辨是软弱无力的，这部分信息对移民者所产生的阻拦作用自然也微不足道。值得注意的是，1979年至1989年，中国改革开放如火如荼之时，也正是委内瑞拉黄金发展的一个时期。客观地说，在这一时期，恩平地区与委内瑞拉的经济差异还是很明显的，更重要的是，这些准备移民委内瑞拉的华侨，大部分生活在恩平农村，但当他们有机会来到委内瑞拉后，几乎都会摇身一变成为生活在城市的商人或者是眼下的务工者未来的商人。他们通过自己的劳动，可以获取比生活在家乡农村高得多的经济回报。从这一点来说，也符合劳动力从农村向城市流动的传统推拉理论。当然，之所以如此，还有中国沿海人传统的商业天赋与委内瑞拉当地民族"西班牙化"的因素。这个问题在别的地方还要谈到，这里不赘述。倒是值得说明的是，恩平民众移民委内瑞拉，不能简单地套用所谓经济上的"上位国"向"下位国"流动的说法。

---

① 梅伟强、张国雄主编：《五邑华侨华人史》，广州：广东高等教育出版社，2001年，第41页。

跨国移民的一个重要因素是"移民网络"。所谓移民网络，主要是指由于地缘（乡缘）和血缘关系而建立起来的移民人员关系网，既包括历史上已经移民他国的华侨华人，也包括刚刚移民他国的华侨华人。这也就是侨乡的人缘优势。移民网络的作用在中国的沿海地区特别明显，恩平等地也不例外。20 世纪 70 年代末改革开放之后，中国逐步开放向外移民。恩平民众的出国，就发挥了"移民网络"的优势。经过历代移民和人口繁衍，在委内瑞拉本来已经生活着数量相当可观的恩平华侨华人，后来经过不断的移民，今天委内瑞拉的新老华侨华人已达到 20 万。一旦他们成为委内瑞拉的居民，他们就是这个移民网络中的一分子。有趣的是，虽然大部分农村移民不懂得如何办手续，不懂得西班牙文，口袋里也没有钱，但这些在一般人看来最要紧的因素，在他们眼里都显得无关紧要，他们可以淡定从容、信心满满地飞到委内瑞拉，因为他们心目中总装着一个"法力无边"的移民网络，一切困难都可以依靠移民网络化解或者弱化。也就是说，包括资金与手续等，一切事情都有人帮忙。显而易见，如果没有了移民网络，则一切手续要自己"亲自"办理，路费要自己"亲自"出，机票要自己"亲自"买，路也要自己"亲自"用当地话来问，那么，恩平就不会有那么多人出国了，至少他们在出国前会三思而行。移民委内瑞拉的恩平人，基本上是依靠在委内瑞拉的亲友的帮助才可能完成整个移民流程。不论是在办理移民的过程还是到了委内瑞拉之后，都不能没有这种关系。对于新移民来说，这种关系是最宝贵的。当然，在来到居住地后，就是说，在进入了属于自己的那个移民网络后，一切就简单化了。"天高任鸟飞，海阔任鱼跃"，此后自己的一切生存和发展大计，就基本上仰仗这个网络了。自从恩平等地民众在改革开放后再一次闯进了委内瑞拉这一移民"天堂"，此后十多年，委内瑞拉便成了恩平乃至江门地区民众公认的淘金掘宝之地，不少侨胞在此辛勤劳作奋力拼搏数年之后，就可衣锦还乡，置业购楼，让自己出国致富的成功尽显无遗。一时间，恩平的房地产被炒得热火朝天，恩平的经济也因旅委侨胞资金的注入而显得更加活跃。更加上他们回乡购买力的强劲和宴客消费的豪气，家乡人难免羡慕不已，许多年轻人因此产生了出去闯荡的念头。

恩平素来以农业为主，工业基础薄弱，历经多少朝代都没有太大进步。至中华人民共和国成立前，恩平仍是个"三天无雨田龟裂，一场大雨水连天"的"十旱九不收"之地。[①] 恩平市境内地形复杂，地处粤中低地孤山区，大部分地区属丘陵地带，农民的土地占有量也很少，生活十分艰辛。中华人民共和国成立之后，政府实行了一系列保护农民利益的政策，农民有了自己的土地，但是由于

---

① 恩平县地方志编纂委员会办公室编：《恩平县志》，北京：方志出版社，2006 年，第 2 页。

生产条件没有得到根本的改变，之后又经历了人民公社和"大跃进""文化大革命"等一系列的曲折历程，因此经济发展十分缓慢，比不上周边的县市。

改革开放之后，恩平粮食产量有所增加，但人均土地面积还是很少，不到一亩。于是这个时候恩平也开始发展工业生产。当时在恩平工厂做工的，大多是来自云南、广西、贵州这些地方的外地人，只有一小部分本地居民。本地人尽管生活条件不好，但也不愿意在本地打工，认为这样是"无出息"。总的来说，当时恩平侨乡本地的就业环境不算太好，因此本地人到"外面"打工是自然的选择，有些人就到周边经济比较发达的地区打工谋生，有小部分人选择出国。在本地打工被认为是"无出息"的观念，在侨乡有一定的普遍性，也对后来出国移民活动起到铺垫的作用。

中华人民共和国成立之后，由于国内外环境的变化，恩平人的海外移民活动显著减少。一段时间内由于国内政策过"左"，认为海外关系可能造成投敌叛国的情况发生，因而对人们出国有诸多限制。人们对出国颇多忌讳，尤其是在"文革"时期，出国的人更少，但偷渡到港澳继而出国的人却在逐渐增多。1978年十一届三中全会之后，开始纠正"左"倾思想路线，实行改革开放政策，邓小平提出"海外关系是个好东西"，开始大力落实侨务政策。作为传统侨乡的恩平，通过正常途径出境的人才开始不断增多。在20世纪80年代，许多恩平人利用家庭团聚的方式申请出国，由于当时恩平的移民限制较为宽松，因此出国的人数相对较多。1990年前后，移民的趋势有所减弱，但是也有零星地前往委内瑞拉投靠亲朋好友的。那个时候，以邓小平发表南方讲话为标志，中国各地掀起建设的高潮，恩平侨乡也不例外，到处是建设工地，到处都存在商机，所以人们对移民海外的热情不是很高。但情况到了90年代中期以后就发生了重大的变化，经济过热尤其是金融风险沉重打击了雄心勃勃的恩平。

对于恩平来说，1995年爆发的金融风暴影响非常大，恩平很多工厂都倒闭了，有一个说法是"金融风波使全市经济水平至少倒退了十年"，由此可见其后果之严重。那个时候，整个恩平都愁眉苦脸，不知苦日子何时到头，大家都在思索着解困变通之道，都在问路在何方。出路就是移民，移民去委内瑞拉！恩平市外侨局Y先生介绍说："恩平去委内瑞拉的人数比较多的时间是20世纪90年代，最集中的就是1998年和1999年那两年。当时我还不在外侨局工作，是在恩平市司法局公证处做公证。因为当时凡是出国，特别是到南美国家的人，必须做公证，才可以办理签证等手续。而据公证部门的统计，那两年有一万多个号码都是申请去委内瑞拉的。"在之后的几年，移民活动一直都在持续，2010年左右，委

内瑞拉国内的局势不稳,移民活动才稍有减少。[①]

在有关移民理论的阐述中,提到了关于移民文化的问题。这应也被看成是一个推力,尽管是一个"隐推力"或"软推力"。在某些地区和人群中,伴随着迁移活动的发展,逐渐在当地演绎出一种新的文化。这种文化在糅合移出国与移入国的价值观念、行为准则和人生态度的思想意识的基础之上,展示出一个崭新的、自主的、跨境的虚拟化想象,并具有如下两个特征:一是那些在物质、经济上获得成功、取得一定成就的移民被尊为模范,他们的行为方式、处事态度在国内原有的生活圈内被奉为经典,从而影响了一代、几代甚至是整个移出地人们的价值取向、文化定位;二是成长中的年轻人从就业取向、人生目标到价值观念均与移民国外融为一体,"移民"便成为该群体共享的社会文化资源。在这种特殊文化的潜移默化下,成长中的新人往往在潜意识中认为移民是理所当然的,追随被树为榜样的前辈走上移民道路,移民行为因此得以延续,生生不息。

如前所述,长久以来,恩平地区形成了浓厚的移民传统,因此当人们在国内遭遇生存危机的时候,不同于内陆其他地区的人,他们首先想到的是去国外谋求发展。"出国就能赚大钱"已经成为人们潜意识的想法。在牛江镇,听当地居民介绍说这里基本上家家户户都有华侨,委内瑞拉、美国和加拿大的最多。

去委内瑞拉工作挣钱,对许多人来说,是一件再自然不过的事情。一般人的观念是,如果家里没有人在国外,就明里暗里被认为不大正常,人们认为出国就是有本事,以"侨"为骄傲。这是长久积淀而成的一种观念,很难用一个"好"字或"坏"字来形容。但无一例外的是,获得成功的出国者是未出国者的榜样,因而引起了大家的模仿。模仿对象对模仿主体来说,起着一种榜样作用,如果一个榜样表现出一种行为方式且能够解决问题的话,那么面临同样问题的旁观者就会模仿;而当这种行为产生的效果积极且普遍时,那么就会成为一个群体的共同模仿对象。

(二) 拉力

恩平赴委内瑞拉的新移民,最初是想把委内瑞拉当作跳板,进入到美国,但是美国的移民管理很正规和严格,很难混进去。在此之下,恩平人看到在委内瑞拉做生意很赚钱,也很容易办到合法居留,于是就打消了去美国的念头,留在委内瑞拉"捞金"。

委内瑞拉是拉丁美洲地区经济较为发达的国家之一,是世界上重要的石油生产和出口国。西班牙殖民者长达300多年的统治,给委内瑞拉留下了深刻的印

[①]　乔志华:《委内瑞拉恩平籍新移民研究——以牛江侨乡为中心》,暨南大学硕士学位论文,2015年。

记，以至于今天的委内瑞拉在社会文化、风俗民情等方面都带有"西班牙化"的痕迹。西班牙人经常挂在嘴边的一句话是："工作是为了生活，活着不是为了工作。"而他们这种重消费、不事商业的生活方式和经济观念，对华侨的生存和经济发展有很大的影响。为了生存，世界各地的中国移民只要有条件都会做起小生意，起早贪黑，勤奋工作，而华侨的这种商业存在与委内瑞拉的重消费的生活方式形成互补机制，使得华侨的商业发展有着大好前景。另外，委内瑞拉的实用工业在经济中占有极其重要的地位，其收入占财政总收入的70%以上，国家比较富有，随之而来就是国民福利待遇水平的提高，国民可以享受免费的教育、医疗服务和失业补助，这些也助长了人民的惰性，为华侨从商提供了便利条件，因而钱"比较好赚"。①

一个准备移民的人，就他个人而言，促使他现在移民的各个组成要素肯定不是等量齐观的。当一个人真正面临移民选择的时候，肯定要考虑到方方面面的因素，但是，他无法也不可能把方方面面的因素都考虑得十全十美、照顾得妥妥帖帖。他只能对影响人生和前程的最重要的几项要素做综合的考量。例如，两个重要的组成要素中，如果选择了其中一个，就算另一个不是相向而行而是起逆反作用，也只能舍弃。人们常说一千张树叶有一千个样子，同样，一千个移民也有一千个选择。言人人殊，这里就不赘述了。

但是，一个准备移民的人，自己的主观选择只是一个方面，还有一个方面是客观条件的许可程度。所谓推力与拉力，其实是指允许移民的客观条件。任何一个准备移民的人，都不可能我行我素，而只能根据客观条件构思自己的移民计划。所谓客观条件，即组成推力和拉力的各个要素，其实也是错综复杂、犬牙交错的。推力与拉力各自的内部都有一个独立的运行系统，两者放在一起的时候，则相互作用，形成合力，同时也构成一个综合的运行系统。显然，推力与拉力的综合作用也不是一成不变的，它会因时间、地点和条件的变化而变化。

这里应该指出的是，在所有组成推力和拉力的要素中，中国政府的移民政策（一般称出入境政策）变化是至关重要的。它往往在构成合力的诸多要素中起一个"闸门"的作用。具体来说，如果国家的移民政策的"闸门"不放开（如同中国自20世纪50年代到70年代那样），纵使外部世界有多少拉力，国内有多大推力，向外移民也是纸上谈兵。进而论之，移民政策的"闸门"开得大或开得小，也会直接影响移民的流量。改革开放后，中国的移民政策逐渐恢复正常，政府对拥有海外关系的出国者大开绿灯，继而以法律形式确定出国是公民的一项基本权利，这也就意味着国家移民政策的"闸门"已经打开。于是，大批以家庭

---

① 乔志华：《委内瑞拉恩平籍新移民研究——以牛江侨乡为中心》，暨南大学硕士学位论文，2015年。

团聚、探亲为理由的出国者成为新移民大潮的先驱。但落实到不同地方的时候，这个"闸门"的大小是有区别的。就举移民委内瑞拉的例子来说，恩平的政策"闸门"被打开的时候，就显得比其他县区要大。恩平当时对于去委内瑞拉的移民的政策相对来说更加宽松一个表现是，申请人不管是否为直系亲属，都可以申请，而新会和台山等地就只批准直系亲属去委内瑞拉。于是，当时去委内瑞拉的恩平新移民人数最多。

其次是委内瑞拉方面的移民政策"闸门"与中国要相向而行。这一点十分重要。如果在移民政策的双"闸门"中只有一方开闸，另一方关闸，则无论开的那一方的"闸门"开得多大也是无济于事的。必须要双方同时开"闸门"方可，即使双方所开的"闸门"大小并不匹配。1981年前后，委内瑞拉政府放宽了外国人的居留条件：凡是有长期居留证的，都可带亲属来（其中有不少人是冒认亲属），他们来到委内瑞拉后也可以长期居留。另外一方面是由于委内瑞拉移民管理的松散性和无序化，这个国家的法律尚不健全，而且比较混乱，有关移民法律的不完善就给华侨尤其是通过非正常途径入境的移民有了可乘之机，一些人当时就成功地通过"偷渡"方式进入委内瑞拉，之后留下来打工，再想办法办理居留。其实当时办理居留是很容易的事情。只要拿着中国驻委内瑞拉大使馆重新颁发的护照（一般以丢失的理由申请）到委内瑞拉移民局，就可以轻而易举地办理短期居留。短期居留满一年之后，就能申请长期居留，五年之后就可以办理入籍了。如果希望提前办长期居留或者入籍的话，就要通过各种非正常的手续，这就给中介从中牟利的机会。华侨甚至直言不讳地说，委内瑞拉的移民局是全世界移民局中最黑的，这样的说法或许不是很准确，但是委内瑞拉国内的政治腐败是有目共睹的，当然有关移民方面也不能幸免。

有趣的是，委内瑞拉的移民政策"闸门"与中国的移民政策"闸门"几乎是同时打开的，特别值得注意的是，委内瑞拉的政策"闸门"与作为其华侨主要来源地的中国广东省恩平县（后来称恩平市）的地方"闸门"的打开遥相呼应，从而形成了恩平人到委内瑞拉的移民大潮。

（三）各个分项比较优势逐渐模糊以后的移民原因

说到这里，必须要回答的一个问题是，如上所述，恩平与委内瑞拉在改革开放之初的差异是很明显的，也就是说，通过多个主要因素的比较，委内瑞拉的优势是突出的，至少在要移民的人看来是这样。但是，多少年过去了，在各个分项要素的比较中，双方的差距越来越小了，恩平家乡一些单项的优势会逐渐赶上甚至超过委内瑞拉，那么，为什么还会有恩平人源源不绝地移民委内瑞拉？关于这个问题，还应该从多方面要素的复合作用来看。

可以看到，1989 年开始的移民潮至 20 世纪 10 年代已有 20 多年了，尽管移民的流速很不稳定，流量有的年头大，有的年头小。2013 年以后，移民的流量大幅减少，甚至出现了负增长（回流）现象。实际上，在这一时期的大部分年头，移民趋势在总体上是上行的，而就在移民趋势上行的同时，委内瑞拉经济形势却长期恶化。那么，在经济形势下行的总趋势下，为什么还有人不断向委内瑞拉移民甚至不惜花巨资移民？这是一个需要回答的问题。

首先，从国际移民的大环境来看，华侨移民委内瑞拉（包括通过非正常渠道）的原因应从移民接收国和移民输出国双方来看。从接收国方面看，委内瑞拉的经济社会形势不好只是一个方面。但从输出国中国来看就不一样。中国在改革开放以后，向国外移民已经成为常态。人们观念中也视移民为常态，不再以传统的价值观看待自己的未来，也不再对国际移民这样的社会现象简单地贴上好或不好的政治标签。移民观念常态化的一个重要表现是就业渠道选择的多元化，这种选择，包括对目前就业选择的考虑，但更重要的是对未来发展前景的综合估量。综合估量当然是以居住地为基础的，即以自己居住地的发展前景作为未来发展选择的第一要素。毕竟，在中国目前的国情下，要随心所欲地离开自己的居住地在全国范围内（退一步即使在一省范围内）任意地选择职业还是不大现实的。委内瑞拉华侨主要来自恩平市。这个市在过去 30 年间的观念变化特别剧烈，在某种意义上也可以说是特别混杂。有的观念变化是适合时代潮流的，有的观念变化是明显错误的，而更多的观念变化则是对错兼杂的。中国改革开放后全国的形势发展总的来说是日新月异，蒸蒸日上。但这并不意味着所有地方都以同样的速度迅速发展。全国大部分地方发展得很快，不过有的地方则发展得比较慢，还有个别地方的发展甚至出现滞后。恩平市便是属于发展较慢的那一类地方。由于一系列原因，恩平的经济形势在过去 20 年间基本没有多大起色，一直处于低位徘徊状态，与邻近市县形成十分明显的反差。于是，很多人便纷纷向外寻找出路。如上所述，向外寻找出路，自然先考虑离开本市到省内其他市县，或到国内其他省市，但这种国内流动方式对很多恩平人来说是前景不明的；其次就是出国。众所周知，绝大多数移民的出国都不是无的放矢的，总有一个具体的国别定向。跟珠江三角洲其他地方一样，恩平人国别定向的一个重要特点是血缘和地缘因素，即通常流向海外有亲戚或同乡关系的地方。对于受教育程度较低的人来说，恩平人出国的血缘和地缘因素尤显重要。血缘因素所集结的流动对象相对较小，而地缘因素则大得多。可以说，凡是贴上恩平人标签者（包括大部分有血缘因素者），都可以自然而然地成为地缘网络中所集结的流动对象。而中国沿海地区的地缘网络在国外是有若干个聚居焦点的。在海外，恩平人聚居最集中的国家，无疑就是委内瑞拉。因此，寻求出国的恩平人大量流向这个国家，就不是不可思议的事

情了。

其次，从作为移民接收国的委内瑞拉来说，有显在与隐性两大因素在吸引着华侨移民。显在因素是表面的，隐性因素是实质性的。

显在因素就是委内瑞拉移民管理的松散性和相对无序化。这个国家法律尚不健全甚至可以说是混乱的，关于移民的法律很不完善，给华侨移民特别是非正常移民留下很多自主选择的空间。当然，对这个问题也应一分为二地看。一方面，既要看到很多移民入境手续的非规范性；另一方面，也应看到这些移民在当地工作的客观效果及其对当地经济发展的正面贡献。目前在委内瑞拉，若一下子断开了非正常移民在国家经济发展链条上的环节，这个国家将遭遇的经济冲击肯定是不轻的。

隐性因素就是委内瑞拉当地民族的消费特点与由此造成的华侨与当地民族泾渭分明的经济分工。委内瑞拉市场的消费特点，是造成这种移民趋势的一个重要因素。这就是当地民族消费的"高比例化""泛民族化"。这一特点，换个角度来看，便成了委内瑞拉华侨的一大优势。因为华侨在委内瑞拉主要经营杂货业和百货业，而这两大行业，相当于人们通常所说的"柴米油盐酱醋茶"一类关系千家万户的事情，主要服务于当地居民须臾不可缺的日常生活需求。这跟别的地方不同，例如在北美国家，华人杂货与华人超市业主要以华人族群为服务对象，以为自己同胞服务为主。而在委内瑞拉，当地人都承认华人杂货业和百货业是委内瑞拉民众的主要消费行业。就拿杂货业来说（其实百货业也大同小异，不赘论），长期以来，当地家庭总是习惯性地一次把一些最重要的日常用品购买完毕，供一段时间（例如一周）内的家庭消费之用。每次的购买量不会很大，十天八天后便要把同样的商品再采购一轮，周而复始。因而一个家庭的重复交易次数十分频繁。一个地方，无论大小，肯定有很多个家庭。一个家庭往往对某个杂货店情有独钟，一个杂货店往往也就有一批相对固定的忠实客户。这是一个杂货店最主要的生意源。与此同时，由于杂货的涵域极广，几乎没有哪个家庭可以一次性地把一段时间内全家所需的杂货购买完毕，总有次要的杂货需要临时购买，缺什么，临时买什么。这是一个华侨杂货店生意的另一重要来源。此外，还有数不清的单身人士、单亲家庭来去无常地采购杂货。

华侨杂货店的消费对象不仅是当地民族，还是华侨群体。中国大陆来的土特产品多而全，令华侨有亲切感和归属感。这是吸引华侨顾客的原因之一。特别是，近20年来，移民委内瑞拉的华侨人数迅速增多。他们在中国长大，养成了对家乡饮食习惯的依恋。他们在来到委内瑞拉后，有时会想念家乡的口味，在一饱口福之时，也一解思乡之情。而这些东西只有在华侨杂货店（超市）里才能买到。每隔一段时间，或到了特定的年份和节日，他们便到这里采购来自家乡的食品。所以，旅居委内瑞拉的华侨人数越多，对来自家乡的杂货的需求就越大，就越需要更多的华侨从事这个行业，从而也就造成扩展这个行业的客观需求。

以上两点说明杂货行业是个消费群体大而广、交易量多，本质上却是一个靠薄利多销赚钱的行业。杂货行业的竞争十分激烈，在起步阶段，常常要一天工作十多个小时，甚至节假日无休（节假日是最好的做生意时间）。要善待每一个客户，千方百计稳住和扩大客源。具有这些特点的杂货业，很适合华侨经营。华侨以勤劳刻苦著称，他们在贫寒与创业的阶段，往往对生活没有奢求，没有节假日的概念，赚钱是"第一要务"。他们可以一年到头如牛似马地工作而没有怨言。越是老一辈的华侨，越是如此。华侨"与生俱来"地保留着勤劳、节俭、储蓄的民族传统。同时，为了赚钱（这是他们出国的初衷），华侨在居住地普遍投身于商业。因而在积攒到第一笔资金后，就积极投资，从最初投资较低层次、回报较低的产业，到后来投资较高层次、有较高回报的产业，一步步地经营、发展和壮大。

在这些方面，委内瑞拉当地民族与华侨形成了十分鲜明的对比。委内瑞拉当地人有关生产和储蓄的观念十分薄弱。除了日求三餐，夜求一宿之外，对节日、假日的重视度非常高。他们不求他日有钱，但求今日有钱开销。"今日有钱今日花，明日之钱明日找"，是委内瑞拉民族的基本生活理念和方式。很多人秉持旺盛的消费欲念。普通民众只希望、也只懂得通过打工赚取供自己"消费"和"享受"的钱，多赚多花，少赚少花。无论是个体的消费，还是群体的享受，他们都趋之若鹜。一旦快没有钱花了，才产生打工"赚钱"的动力。人们普遍不懂"储蓄"为何物。与此同时，在他们脑海中，"投资"的观念十分淡薄。总的来说，委内瑞拉当地的普通居民中，"弃商业化""弃投资化""消费行为短期化""高享受""高消费"的倾向是十分明显的。与之相对应，很多委内瑞拉人普遍保持达观的心态。他们可以身无分文，可以四处乞讨，可以居无片瓦，可以四处为家，但却不可以不达观，不可以不享受，不可以没有快乐的今天。人们对节假日的理念更是"一个也不能少"，喜事庆祝不断，生日派对成风，竟日笙歌如潮。这种风气，古已有之，于今为烈。

以上观念深深地影响了委内瑞拉当地民族的经济活动与社会生活方式。很多委内瑞拉当地人对自己认为是舒适、自由的生活的追求十分执着，有时甚至达到狂热的程度。少有人从事追逐蝇头微利、作息无度的商业活动，更不喜欢像华侨那样不分昼夜地扑在自己的一盘生意上，成为"赚钱机器"和"经济动物"。要一般的当地民众从事杂货业这样高节奏且高强度的行业，是很困难甚至是不可想象的事情。当然，当地委内瑞拉人中，也有懂得并善于投资的社会精英阶层，同时也存在着一个在投资与发展中获得成功的中产阶级。但这一部分人相对于委内

瑞拉人口来说，比例太少。委内瑞拉民俗如此，不能对之简单地贴上好或坏的标签，但这肯定深刻地影响着委内瑞拉的过去、现在和未来。诚然，也影响着华侨与委内瑞拉当地人的关系模式。

总之，委内瑞拉华侨的生存方式与当地人的生存方式正好形成强烈的反差，准确地说，也正好形成强烈的互补。委内瑞拉当地居民的"弃商业化""弃投资化""高享受化""高消费化"行为，客观上有助于勤劳、俭朴的华侨的商业经营和发展，因而也成为大量华侨移民源源不绝前来委内瑞拉寻找工作的强大动力。当然，也要说明，华侨在18世纪下半叶开始来到委内瑞拉后，在漫长的岁月中，在保留中华民族文化的同时，也逐渐融入了当地社会。他们在文化与社会风俗上也程度不等地浸染了"西班牙化"的色彩。但最大的区别在于，华侨没有将文化与社会风俗方面的"西班牙化"部分，带到自己的商业经营与投资的理念和行为上。

还应该看到，委内瑞拉的现行政策（主要是指查韦斯总统执政后奉行的"21世纪社会主义"政策），是加剧上述趋势的重要因素之一。在这一政策下，委内瑞拉下层民众住不用钱，水电免费，读书免费（从书本到校服），并实行公费医疗。穷人从星期一到星期五每天还可以享受免费午餐。只要经登记得到政府承认，就可以享受这样的待遇。他们几乎不用花什么钱，只需购买生活必需品即足够。若是打工，老板一般都包吃包住，他们得到的工资就等于零用钱。有人说，这种政策指导下的委内瑞拉成了一座超级"消费机构"。① 不讳言地说，奉行这一政策的后果已经众所周知，委内瑞拉为此付出了高昂的代价。这个问题在此不讨论。

目前委内瑞拉的渔农政策也加剧了这种倾向。过去数年中，政府虽然进行"土地改革"，但没有取得实质性进展，只是将粮、油、米厂收归国营，缺乏发展生产的全盘计划和机械化耕作。如果不改良种子、开发水源、改善耕作环境和交通条件，土地改革和农业改革就很难进行。农业搞不上去，农村劳动力不足，大量土地荒废，有田无人耕，以致多年来委内瑞拉粮食无法自给自足。另一方面，由于国家对穷人十分照顾，每人每月可派发600至700玻利瓦尔作为伙食费。最近几年中，一般贫穷者和农民不用劳作也能有固定收入，愿意辛苦耕田者鲜。本来，委内瑞拉拥有丰富的石油收入，上述政策尚可勉强执行。2008年世界金融海啸爆发后，石油价格直线下滑，委内瑞拉没有了以往的收入，政府开始减少免费供应鱼、肉类罐头和粮食。但是，一些人已经养成好逸恶劳的习惯。近几年，很多华侨商店、餐馆欲聘请工人而无法聘到。这是一个怪现象。再者，近

---

① 笔者2010年1月15日在加拉加斯对钟永照的采访。

几年来，由于治安不好，社会动荡，失业人数众多，打劫绑架屡屡发生。很多绑匪将农场主绑架勒索大量赎金。由于农民耕户缺乏人身保障和安全感，很多人放弃耕作，涌向城市，因而也给勤劳经商的华侨提供了更多的机遇。

应看到，委内瑞拉华侨移民的目的跟很多国家大不一样。在别的国家，特别是发达国家，华侨移民的首要目的是取得当地居留权，最后成为当地公民。但在委内瑞拉，这种状况并不普遍。大部分华侨到委内瑞拉来的目的是赚钱。至于居留权，并非是排在第一位的事情。特别在动荡的形势下，越来越多的人已经不把居留权当作重要目标。即使是那些千方百计要取得居留权的人，也是为了在委内瑞拉生存和经商方便的需要。如果有朝一日他们觉得自己的生存和经商环境受到威胁，他们会毫不犹豫地放弃其委内瑞拉居留权，然后回国，或到别的国家谋求居留权。

有一点是不能不说清楚的，委内瑞拉目前的经济社会坏境比较混乱，对华侨经商来说，是一种矛盾的现象。一方面，它不利于华侨经商，主要是不利于现在在该国已有稳定生意基础的华侨经商；但另一方面，它又有利于华侨经商，主要是有利于一部分善于在社会的隙缝中寻找生存和发展机会的华侨经商。因为在混乱的环境下，社会供求不平衡，而社会供求也容易出现大的漏洞。于是，一部分人便趁这样的机会加入商业行列，从中牟利。一部分华侨移民，其实是冲着委内瑞拉这样的商业机会来的，或者说，他们是听说这个国家存在着大量这样的商机而来的。事实上，这样的商机不仅仅是道听途说，很多旅委而通过经商致富的同乡、同事便是他们的榜样。还有一点，就是人们的心理预期。很多人相信，在过去一个长时期内，委内瑞拉的经商环境本来已经不好了，但一批批移民这里的人依然赚得大把钞票。他们不相信别人可以在恶劣的环境下有赚钱的机会，而自己就没有这样的机会。退一步来说，现在的环境固然不佳，但他们相信形势并非永远如此，他们中一些人还在等待着形势"好转"的一天。万一形势不好转，在这个世界上一搏，也总比待在家乡没有"出息"要强。

在上面种种因素的驱使下，很多人便通过各种途径移民委内瑞拉。若从"拉力"与"推力"的传统理论来解释，恩平人对委内瑞拉的移民就是两种作用力合力的结果。在说到两种作用力的时候，不要全部归结为纯经济和纯社会的因素。实际上，心理因素也是重要的合力之一。例如，前人的榜样作用，对自己命运的"赌博"，对委内瑞拉未来形势的预期，便是最重要的心理因素。

二、出国身份与方式

（一）华侨劳工移民：新"契约"方式

笔者曾经在另一本书中说过，拉丁美洲新老移民中，存在着比其他地区的移民更明显的血缘因素，这种情况表现为家庭化、家族化或者宗亲化（可统一称为"家庭化"）。所谓"家庭化"，是指一个移民（通常是作为一家之主的男性）先行出国，其家眷和子女留在家乡，暂时两地（国）分居。他本人创业有成之后，便以家庭团聚名义将留守国内的成员一次或数次接到侨居地，从而在海外建立起一个相对完整的迁居家庭。这类家庭的"相对性"表现在愿意移民的家族成员都出国去了，但不愿移民或失去移民能力的家族成员不在此列。这种情况也出现在委内瑞拉的华侨中。不过，由于委内瑞拉近些年来经营环境的恶化，已经居住在委内瑞拉的华侨在处理尚留守国内的家庭成员的问题上，可能更趋保守。一者，他们会让家庭成员留守、等待移民的时间更长；二者，他们会让家庭成员的"留守概率"（即介于最终移民与不移民之间的选择率）更高。用他们的话来说，即使最终没有办法移民委内瑞拉，也不是什么大不了的憾事。

如果一个移民在海外建立起一个完整的迁居家庭（通称为第一层级的海外家庭），那么，这个家庭的成员经过几年拼搏并有了一定的经济基础后，再充分利用侨居国的团聚政策，设法帮助家乡的近亲（如男、女双方的兄弟姐妹等）出国。被引带出国的人又经若干年的创业和积累，如法炮制，将其国内家人接来团聚，这样便形成第二层级的海外家庭。第二层级的家庭再依样画葫芦，通过同样的方式将他们的近亲引带出国，形成第三层级的海外家庭。依此类推，第四层级……第 n 层级的海外家庭也相继建立起来。于是，海外血缘家庭就可以一个接一个地在异国他乡建立起来。[1] 这只是一个海外家庭的迁居模式，在拉丁美洲国家，尚不知道有多少个中国家庭曾经复制过这样的模式，因而，通过这种模式迁居出去的移民也不知道有多少。但可以相信，到了第二层级后，家庭化移民的速度便加快了。事实上，这就是人们所说的"网络"移民，只不过是血缘性的网络移民而已。与之相辅相成的是地缘性的网络移民。两类网络移民，就是包括委内瑞拉在内的拉丁美洲移民增长的基本模式。两相比较，也可以知道血缘性的网络移民更具有秩序性、规范性和可预期性；地缘性的网络移民更具有偶发性、广泛性。

---

① 夏凤珍：《互动视野下的海外新移民研究：以浙江侨乡发展为例》，北京：中央编译出版社，2013年，第 54 页。

在拉丁美洲国家，家庭化移民现象并不鲜见。移民依靠的是"熟人"之间的信任关系，漂洋过海实现出国梦。来到异国他乡谋生，有亲戚朋友"罩着"（广东土语，意有人保护），就不会那么容易被骗，也比较容易地获得立足之地，从而可以一步步站稳脚跟。一旦一个人出去并定居下来了，很快就"拖"来了一连串这样的移民。其速度之快，往往是十年八年间甚至是三五年间的事。但是，这些国家的家庭化移民实际上也是包含在地缘化移民的网络内的，姑且称之为地缘化基础上的家庭化移民。这是因为，这类移民家庭、家族或宗亲，多数来自中国农村，一般都生长在某一个不太广阔的方言地域内。因而，血缘网络小，地缘网络大，前者就被"包"在后者之中。当然，尽管对两类网络移民尚缺乏精确的统计和比较，也可以知道地缘性的网络移民拖带来的移民更多。从现实情况来看，很难将两类型移民严格区分开来。更多的情况是，血缘性网络移民包含在地缘性网络移民之中。不难理解，他们移民到居住地后所参加的当地华侨华人社团，也渗透着不少家庭化的色彩。应说明的是，移民的家庭化并不意味着他们在居住地职业的家庭化。相反，不同的家庭，在居住地会选择不同的职业领域，以避免相互竞争，也为了谋生上的互补。

许多新移民研究者发现，全中国通过留学移民、技术移民、投资移民等方式出去的人越来越多，文化程度普遍较高。但恩平的新移民大部分是普通村民，最多是高中文化程度，而且受出国潮的影响，前些年许多初中生都中途辍学前往委内瑞拉打工，从事老华侨代代相传的行业。因此，新移民在来到委内瑞拉后，自然而然地就进入其亲友的工作圈和生活圈，因为初来者可以在先来的亲友辈的"引导"下，加快适应陌生环境的进程，减少摸索的弯路。这样，新移民在委内瑞拉的职业就难免遵循老华侨的轨迹，在生活上就必须与老华侨有高度的契合。但毋庸讳言的是，很多新移民还必须偿还他们移民委内瑞拉过程中"接洽者"或"引领人"的预付费用，如果他们非至亲骨肉的话（有时即使是至亲骨肉也要明算账）。初来的移民到了居住地后，一般会到有地缘或血缘关系的老侨店里工作。除非是当地没有这样的侨店，万不得已，才到当地人的店里工作。老侨店可能是父母、亲戚和朋友介绍的熟人店铺，或者就是他们自己的店铺。在老侨店干活，最大的好处是可以化解异质语言与习惯形成的障碍，使自己能在一个人生地不熟的环境中，不用经过一个"过渡"阶段就能马上进入工作状态。例如，在委内瑞拉，人们都知道冯雪茂这个名字。他家乡所在镇的一位副镇长说："茂叔在那边生意做得很大，他自己肯定忙不过来，所以就需要其他人帮助打理，但是又信不过那些外国人，所以就带自己的亲戚或者本村的人出去，这样一带二、

二带四的就去了好多人。"① 当然，如果得到冯雪茂这样在委内瑞拉或当地城镇有身份有地位的人帮助，移民过程会顺利得多。这体现了中国人对"自己人"的重视，实际上是传统意识中挥之不去的对亲缘、地缘关系的认同之情。

稍为细心者都会想到，网络移民不应是也不可能是一种单向的无偿"慈善"行为。一般来说，网络移民是有偿服务。这种服务，是通过移民成功后在目的地践行先前的"契约"来实现的。说起契约，人们都知道历史上有过"契约劳工"，那是一个不仅是贬义而且是肮脏的词汇，至今人们仍不屑去使用它。尽管今天的移民"契约"与历史上的劳工"契约"有着本质上的不同，但不可否认，今天很多网络移民事实上也有程度不等的"契约"性，故这里使用新"契约"的概念，以示区别。这种"契约"性表现在，在外面做老板的华侨（即使是素不相识的人一般也要通过这些关系）出钱出力，帮助其在国内的亲友办理好各种手续，包括垫资购买国际旅行机票等。待他到达目的地后，一般要在其店里打工3年左右，以偿还先前帮其办理出国手续、购买机票等欠下的各项债务。打工期间没有工资，但老板会包吃包住。3年期满，打工者本人便可获得"自由"，包括自主选择到别处打工谋生（当然也可以留下打工，如果双方都愿意）。事实上，已经居住在委内瑞拉的侨胞，之所以愿意申请和担保自己的乡亲（包括亲属、亲戚和朋友的子女）来委内瑞拉，目的之一就是让他们在委内瑞拉帮助自己干活，以解决当地的劳工短缺问题。这样，移民时双方有"工作契约"就是合情合理的，到了目的地后进入亲戚的店里干活也是理所当然的。具体来说，餐馆与杂货店是新移民在委内瑞拉工作的两个最主要行业，也是申请新移民来委工作的主要华侨老板店铺。新移民来委工作的这两个行业，几乎没有多少技术门槛，新移民很容易依靠自身的努力就能进入角色。

还有一种方式是，新移民本身是带着钱来的，他的钱一般是向别人借的。按照协议，在他到了目的地后，再找工作打工还钱。这样的话，移民者到了目的地后，就不必为某个老板打工。他下机伊始就是一个脱离了人身依附关系的"自由人"，但他在本质上还是一个在金钱上与家乡的"贷款人"存在着"契约"关系的人。上面所说的现代移民的"契约"性，主要表现在这里。

既然是"契约"，就是协议性质的，而不是强迫的，"契约"双方在人格上是平等的。一般情况下，是基于中国人传统的"一言既出，驷马难追"承诺，不会签订正式的文字合同，即使只是约定俗成，大家也都不会爽约。这也是今天的"契约"跟过去"契约"的本质区别。今天的"契约"协议可以是书面的，也可以是口头的，实际上多数是口头上的，原因是"契约"不只是两个人的事，

① 乔志华：《委内瑞拉恩平籍新移民研究——以牛江侨乡为中心》，暨南大学硕士学位论文，2015年。

还包括牵涉进来的诸多亲戚朋友，大家的利益都被牵扯其中。当然，更重要的是中国人的原始信用。况且，新移民本人要在当地谋生，也需要建立自己的信用。

这里应指出，偿还预付费用的过程并非是赤裸裸的金钱交易，而是一个充满乡情亲情和"义气"的过程，与其说是欠账的转付，倒不如说是人情的流淌，很多时候并不一定通过量化为货币的形式来偿还，而是通过心照不宣的、日常生活中习以为常的相互帮助来默默转还的。实际上，这样的转还过程已经将偿还的数字模糊化了。转还以后（多半是看不出期限的），感情依旧，友谊长存。在这种情况下，双方就会有种施恩和受恩的心态。彼此心里都清楚，说不准尔后谁还需要谁的帮助呢。留着一份感情和友谊，不比用货币展现的赤裸裸交换关系更符合人性吗？这就是恩平人实际上也是很多中国人的交易观。在这样的交易中，融进了更多的情感和人文因素。当然也不可否认，也会有个别人因私心而利用别人的感情。有的时候，个别老板会悄无声息地过度使唤刚刚来到的打工者，但一般不会引起打工者的反抗，敢怒不敢言已经是到顶点的了。此外，移民过程中也会有全部的或部分的金钱交易，但一般不会伤害到彼此的友情。

一般来说，老一辈华侨（传统移民）与新华侨（新移民）要经过一个较长的时期，才可能磨合成为一个新的移民群体，这个群体与居住地民族的文化差异将缩小到可以相互容忍和相互尊重的程度。委内瑞拉也是这样。由于新移民到来的时间尚短，故几乎在所有方面，老华侨与新移民之间的差别都是十分明显的。虽然如此，磨合的过程还是在无声无息地进行。

（二）婚姻移民（外嫁）方式

在传统移民时代，出洋的基本上是男性，而前往委内瑞拉这样以粗重劳动为主的遥远国家，则几乎是清一色的男性。但随着时代的发展，特别是中华人民共和国成立后女性社会地位的提高，很多女性已不再甘心被束缚在家中，男性也越来越乐意接受女性取得跟男性一样的平等地位。在委内瑞拉，新移民中的年轻女性群体的一个重要移民倾向，是希望寻找已在委内瑞拉立足且建立了一定经济基础的合意配偶，通过涉外婚姻方式把自己送到委内瑞拉，在取得当地居留权后，共同在居住地创业（例如开一家夫妻店）。众所周知，涉外婚姻是国际移民的重要方式，也是一条快捷途径。目前世界上的涉外婚姻，主要是女性嫁予国外的男性，在委内瑞拉也不例外。

事情总是双向的，委内瑞拉华侨之所以愿意回乡找配偶，一方面固然有维系和加强中华文化传统的考虑，但据笔者观察，这类男性有更现实的考虑。他们并非在委内瑞拉找不到配偶，相反，如果他们愿意找当地女性为配偶，一点也不难。他们是担心自幼养成了当地生活习惯和消费方式的当地年轻女性，难以适应

中国人的家庭传统，无法照料和扩展自己的生意。他们不能接受甚至不屑于当地人的"懒散习气"，有人甚至担心娶这样的当地人妻子会毁掉自己辛辛苦苦打下的商业江山。这些观念或许有一定的观念固化成分，或许是以偏概全，但这的确是他们的真实想法，因为这是很多前人曾经有过的生活体验，后来者不能不信。这与向往国外生活的一些侨乡女孩子不谋而合。有时侨乡待嫁女多，回乡觅偶男性少，僧多粥少之下，甚至出现女性排队相亲、"靓女先嫁"，男性华侨诸多挑拣等现象。对于女方来说，择偶外嫁也的确是一条出国捷径，既不用有求于亲戚帮忙带自己出国，也解决了自己的终身大事，而且效果超出自己的预期（年轻女性的愿望首先是经济富足、衣食无忧）。但也应该看到，大部分委内瑞拉华侨的婚姻嫁娶观念还是比较传统的，中国人世代流传下来排斥与异族通婚的观念仍然有一定的影响。

婚姻自由是公民的权利，政府当然应该尊重华侨男性和侨乡女性的选择。恩平市民政局公布的中国公民和外籍华人或华侨结婚所需要的证件和证明的规定如下：一、申请结婚登记当事人提供本人的有效护照；二、居住国公证机构或者有权机关出具的，经中华人民共和国驻该国使（领）馆认证的本人无配偶以及与对方当事人没有直系血亲和三代以内旁系血亲关系的证明，或者中华人民共和国驻该国使（领）馆出具的本人无配偶以及与对方当事人没有直系血亲和三代以内旁系血亲关系的证明。与中国无外交关系的国家出具的有关证明，应当经与该国及中国均有外交关系的第三国驻该国使（领）馆和中国驻第三国使（领）馆认证，或者经第三国驻华使（领）馆认证。结婚登记程序与国内公民登记程序相同。外国籍人员办理结婚登记办事指南：一、申请结婚登记当事人提供本人的有效护照或者其他有效的国际旅行证件；二、所在国公证机构或者有权机关出具的、经中华人民共和国驻该国使（领）馆认证或者该国驻华使（领）馆认证的本人无配偶的证明，或者所在国驻华使（领）馆出具的本人无配偶证明。与中国无外交关系的国家出具的有关证明，应当经与该国及中国均有外交关系的第三国驻该国使（领）馆认证。结婚登记程序与国内公民登记程序相同。即男方只需要出具相关的身份证明、单身证明等，即可与女方按照正常程序登记结婚。外国公民为初婚者，其配偶可在半年至 9 个月间出国；与海外华侨结婚者需要的时间稍微久一点。虽然领了结婚证之后不能立即出国，但这也只是个时间问题。①

（三）非正常渠道移民

改革开放初期，前往委内瑞拉的恩平人大多都是依靠亲属关系、直系亲属或

---

① 乔志华：《委内瑞拉恩平籍新移民研究——以牛江侨乡为中心》，暨南大学硕士学位论文，2015 年。

者远房亲戚，只要是有可以借用的关系，都会把握机会出国。在委内瑞拉没有亲属关系的人，就只有另寻他径，最普遍的就是人们通常说的"偷渡"。在一段时期内，要找经营非法移民业务的"蛇头"并不困难，只要支付一笔相当可观的偷渡费就可以了。偷渡的途径五花八门，偷渡者本身也不清楚，只能糊里糊涂地跟着走。只有最后到了目的地，事情才算大功告成。若是中途被逮着了，只能自认倒霉。不过有一点可以肯定，偷渡者必须经过不止一个中转站（一般是待在机场不出境）。例如，从中国某地起飞，先到东南亚某国，再飞到某个欧洲国家，然后飞到委内瑞拉周边某个国家，再循陆路进入委内瑞拉。笔者在委内瑞拉问过一位偷渡来委的恩平人，他感觉最"惊心动魄"的，就是最后进入委内瑞拉前的陆路行程。昼伏夜行，转山过水，总之，只能跟着"引路人"的号令走。不少人在最后一段被发现、被追赶，甚至被抓获也是家常便饭。如果被抓着了，其实也不是十分要紧，担保他/她来委的幕后老板总会想办法把他/她赎出来，不过"赎费"就要追加到他/她的偷渡费上了。这里顺便指出，正是因为委内瑞拉经济形势的日渐恶化，导致偷渡者在到达目的后的打工收入锐减。与此同时，偷渡费仍然居高不下甚至有所上涨，两相权衡，导致偷渡者的积极性明显降低，偷渡者便越来越少。显而易见，偷渡出国人数的升降与其目的地经济形势的好坏是成正相关关系的。

不管是通过哪种方式来到委内瑞拉的侨胞，来到目的地后，都意味着新生活的开始。不可否认，很长一段时期内的来委移民中，有人不惜放弃原有的如日中天的事业，有人放弃了令人羡慕的工作，当然，更多的人是不安于现状，希望改换环境，通过拼搏来改变人生。他们远离父母亲朋，心里多了一分牵挂自是在所难免，更大的改变是，一切注定要从人生高速公路的零点出发。初涉异域，人生地不熟，听惯了的母语不再萦绕耳际。为了要过语言关，听不懂的西班牙语也得硬着头皮学。由于要适应新的环境，就要独自面对生活的迷茫和寂寞。跟其他国家的华侨不同，他们还要适应委内瑞拉现时"独特"的经济形势和奇差的治安环境。这对很多曾经满腔热情和充满理想闯世界的年轻人来说，无疑是迎头一瓢冷水。

对此，有人能坦然面对，随遇而安，执着地追求，不惜拼力前行，尽管道路坎坷不平，他们从未想过退缩和放弃。但也有人对自己含辛茹苦、殚精竭虑的现状感到迷茫和焦虑，哀叹命运的不公，甚至纠结、忧郁、焦虑，打退堂鼓。更有甚者，在落寞和沮丧中无法看到前路之光，遇到困难和挫折时，不懂调节自己的心态，使自己陷入了精神崩溃的境地。《委华报》报道过这样一个故事：一位华侨女青年，来委之前有一份安逸的工作，因父母婚变而来委投奔亲戚。聪明的她很快学会了常见的简单用语，在亲戚的杂货超市当收银员。开始时感觉尚可，但

慢慢就不习惯枯燥的生活和粗茶淡饭。一次，她收钱时分神，给顾客找多了钱，晚上受到亲戚责备，从此她郁郁寡欢，有话不对人言，仅在电脑上倾诉心思，内心苦苦挣扎，痛苦煎熬，接着惶恐不安，不停地嗫嚅着一些令人费解的话，蜷缩在床上颤抖，出现幻觉、纠结、忧郁、焦虑，爬窗、爬墙、破坏、伤人（咬人），最终被诊断为精神分裂。[1]

三、新时期的新移民居留状况

（一）委内瑞拉华侨的客居心态与客居状况

海外华侨华人在海外居住地的居住形态，并非只有成为当地公民或以成为当地公民为目的的居住方式，还有很多人（通常为新移民）不以成为当地公民或不以取得当地公民身份为目的。他们只是作为一个外来人（或作为"世界公民"）为了谋生而居住在那里。就委内瑞拉来说，给外国人的签证种类有很多，包括旅游签证（Visado Turista T）、旅游另纸签证（Tarjeta de Turismo DEX－2）、商务签证（Transeúnte de Negocios TR－N）、投资签证（Transeúnte Inversionista TR－I）、企业/实业签证（Transeúnte Empresario/IndustrialTR－E/I）、委内瑞拉家属签证（Transeúnte Familiar Venezuela TR－FV）、租赁人签证（Transeúnte Rentita TR－RE）、学生签证（Transeúnte Estudiante TR－E）、过境签证（Viajero de Tránsito V－T）、工作签证（Transeúnte Laboral TR－L）等。有的签证是可以争取申请委内瑞拉居留许可的。居留许可的时间长短不一，有的1年，有的5年，甚至长达10年，还有的在达到某些条件后可以申请永久居留。如果得到了当局的居留许可，就可以合法地在当地找工作维生，也可以合法地流动。很多从中国来的新移民，也是通过非正常的渠道进入委内瑞拉，然后通过各种各样的途径取得居留许可，在当地居留下来的。不过，由于通过非正常渠道来委的人数越来越多，委内瑞拉收紧了取得居留许可的闸门。但是，由于该国的法制不健全，加上腐败现象丛生，居留许可也就渗进了越来越多五花八门的腐败因素，且花样翻新。中国新移民要在该国取得居留许可，也不得不现实地面对这样的局面。

通俗来说，当地公民包括已经取得委内瑞拉国籍的外来移民，属于"主居"状态；而外来移民包括已经取得居留许可者，只是这个地方的"过客"，是"客卿"，因此他们处于一种"客居"或"暂居"状态（至于"暂居"多久，大部分人是说不清楚的），他们的"客居"心态是十分明显的。这一类人既有仍然保

---

[1]　《来委闯世界，您准备好了吗？》，《委华报》，2014年6月23日。

留中国国籍的华侨，也有已经加入当地国籍的"华人"。他们心里很清楚，自己有朝一日仍然可能"叶落归根"，即使已经加入了当地国籍，娶了当地"番婆"（多是为了生存和发展的需要），到"叶落归根"的时候也可以再"换回"中国国籍，万一无法"换回"，也依然可以以外国公民身份生活在祖籍地，因为那是他们出生和成长的地方。几十年在海外的闯荡生涯不会抹去他们童年的记忆和生活习惯。

应该说，在发达国家，抱有"客居心态"的华侨华人少之又少，甚至没有；在拉丁美洲大陆上那些生活富足、政治稳定、社会治安状况良好的国家的华侨华人也没有多少抱着"客居心态"，但在像委内瑞拉这样的国家的华侨中，就不能不说相当多，特别是在经济形势恶劣的阴霾环境下，抱有"客居心态"的委内瑞拉华侨不在少数，有的人甚至在来到委内瑞拉的第一天起，就抱着这样的心态居住下来，随时准备打道回府。

但并非所有在委内瑞拉暂且做"客卿"，乃至做稳了"客卿"的华侨都是"三教九流"者，也还有已经迈入了"上流社会"行列的华侨。故这里有必要对委内瑞拉的华侨粗略地做一个类型上的划分。

有人把在委的华侨新移民按照经济和社会地位的高低分成三种类型：一是"商而优则仕"，即有一定的经济地位并且声望较高的当地侨领；二是中产阶级，他们有自己的生意，处于社会的中上层；三是普通的打工者，这一部分多是近十几年过去的新移民。

在委内瑞拉，初到的打工者一般都是老板包食住的，所以，他们以打工的工资维持在委内瑞拉的低水平生活一般是没有问题的，生活质量也不至于太低。当然，若在打工阶段，想靠一点可怜的工资赡养在中国的家人，难度就相当大了，特别是在委币急剧贬值的当下。实际上，几乎没有哪个初来的打工者能用自己低微的工资赡养在中国的家人。历史上初到委内瑞拉的打工一族，几乎都懂得集腋成裘的道理，他们将打工阶段的工资一点点地积蓄起来，等到有一天积蓄的数字达到一个可观的程度，就辞职自立，开小餐馆或小杂货店等，一步一步发展，越做越大，若碰到好运气也可以一下子做到非常大（当然碰到晦气也可能一朝破产）。经过长期的奋斗，从小老板到中老板，再到大老板。这就是一般传统华侨走过的路。今天的新移民中的一小部分人也许已经不习惯走老华侨的传统发迹之路，但大多数人还是遵循着这样的方式一步步前行的。

就目前委内瑞拉的华侨华人社会地位来说，这种划分大体上是合适的。应该注意的是，从移民的角度来看，抱有"客居心态"的华侨华人与抱有"主居心态"的华侨华人并没有本质上的区别，只要他们仍然居住在他们心中希望居住的一方土地上。但是，一旦他们有了准备迁移的念头，将之不同程度地付诸行动

（通常是一步一步地谋划，如卖房产、减生意等），那么，他们"客居心态"就变得越来越明朗化了。他们就属于我们在这一节要讨论的这一类华侨华人。当然，他们的"客居心态"变得越来越明朗，并不意味着他们最后必然会一走了之，也有一部分最终可能留下来，而在最终"一走了之"与最终"留下来"之间，必然会有一个时间长度不等的困惑和迷惘的过程。徘徊在这个过程中的人，便是我们这里要讨论的心情复杂的"困惑和迷惘"者。

那些决定在家乡投资的，一般是在委内瑞拉有较坚实经济基础的中上层人士。其中的侨领，不仅是在委华侨与当地社会的沟通纽带，也是在委华侨与家乡的联系纽带，他们身上肩负着维系委内瑞拉华社的重任。这份责任感，也让他们不能完全对委内瑞拉的一切置之不理而直接回归中国。如陈伟文，在家乡恩平投资商铺、房产等，一年之中，他一半时间在委内瑞拉，一半时间在恩平，过着"跨国"的生活。不少委内瑞拉华侨都以这样的方式生活。新移民 F 先生在 2000 年左右出国，在委内瑞拉做出口贸易生意，出于兴趣，又在家乡牛江开了一家奇石厂，在广州和深圳等地也都有其他生意。他一年之中会回国两三次，打理这边的生意。他说："其实我也知道现在委内瑞拉的形势并不好，但毕竟在那边拼了这么多年了，也不想直接都放弃，而且也没有亏损什么，只是利润不如之前了。况且我现在在国内也有生意，如果委内瑞拉的形势能变好的话最好，两边都能有发展，如果还是不好，国内仍有自己的退路。"对于大多数在委内瑞拉打拼多年的人来说，完全放弃在委内瑞拉拼搏已经取得的成就是不现实的，而且多年来他们也逐渐习惯了当地的生活方式。笔者接触过一些在委内瑞拉生活的中国新移民，他们都真诚地说，他们喜欢委内瑞拉。再问为什么，是不是在那里生活得太久了，回中国已经不习惯。他们几乎毫不犹豫地说不全是，是因为委内瑞拉这个国家自然资源丰富，风景优美，他们十分怀念过去那个衣食无忧、生活闲散的年代。今天滑落到如此地步，的确是他们想不到的，但总归形势会有好转的一天。然而他们同时也会说，他们还要常常回中国，不仅仅因为在中国还有他们的父母兄弟姐妹，还因为中国是他们的祖国。

对于仅仅在委内瑞拉打工的人来说，情况就不一样了，他们没有太多的事情需要考虑，只要能赚到钱，去哪里都行，"赤条条来去无牵挂"。一般来说，选择去委内瑞拉打工的人，基本上受教育程度都比较低，有很多甚至是中途辍学的初中生。这种情况在 21 世纪最初几年恩平市牛江和沙湖镇的初级中学表现得特别明显。由于教育水平的低下，他们在委内瑞拉所从事的，都是较为基础性的工作，很多是"3D"（即脏、难、险：Dirty，Difficult，Dangerous）工作。在委内瑞拉经济形势严峻的情况下，如果他们选择再移民，便无法进入美加等发达国家，只能到与委内瑞拉国情相似的周边南美国家去，或者重回中国。

委内瑞拉认可双重国籍。委1999年宪法第33、34条规定，外国人若诚心入籍委内瑞拉，须提出请求后在委连续居住满10年才予以处理。外国人与委内瑞拉人娶亲并自愿入委籍，须最少婚后5年才予以处理。委内瑞拉人在取得别国国籍后，仍可保存委内瑞拉国籍，也可自愿摒弃或重新办理委国籍。当然，对于中国公民来说，如果他们加入了委内瑞拉国籍，就会自动丧失中国国籍。但有调研表明，委内瑞拉的新移民对是否加入当地国籍没有美欧发达国家甚至没有其他拉丁美洲国家的新移民那样在乎。在经济形势和社会治安环境趋坏的情况下，他们的入境意愿也在一步步降低。例如，FW夫妇二人经营餐馆，一双儿女也已长大成人，开了间自己的超市，儿子还娶了当地的华侨，孩子也已经出生。他说："我现在还是拿的长期居留，没有入籍，还有中国的户口，回来就比较方便，所以我就想回去之后把自己的生意慢慢地交给他们（孩子），让他们去做，我跟老伴回到国内养老，就不再出去了。"[①] 其实，许多在新世纪之交以及之后出去的新移民，一般都不想加入当地的国籍，即使他们已经获得当地的长期居留许可站稳脚跟，生活也过得不错，亦是如此。他们依旧眷恋家乡，不想丢掉中国人的身份。这是一种朴素的家国观，与上面所述那些已经富裕起来的人没有两样。

（二）一部分新移民的居留身份问题

1989年是一个移民高潮，这一年，大批移民从大陆涌入委内瑞拉。每周的航船都是满员的，委内瑞拉一下子增加了数以万计的华侨。1990年以后，移民潮继续，直到21世纪10年代初。

在新移民中，"非正常移民"占了一大部分。值得注意的是，到委内瑞拉的"非正常移民"，固然跟到美国等国的"非正常移民"一样，出入境手续不全，个别甚至根本没有办理正当手续，但他们在进入居住国后的谋生方式和手段是有区别的。到美国等国的"非正常移民"多为身无分文的只身入境者，他们来到居住国后只能依靠宗亲关系，藏匿地下，靠打黑工维生，此外还要受"蛇头"网络的严密控制；到委内瑞拉的"非正常移民"中，固然也有不少这样的人，但还有不少人是携资入境者。他们成分复杂，既有民营企业家，也有少量在国内通过非正当手段攫取国家财富而暴富者。这些人中，一部分由于没有亲属关系渠道出国，所以才通过非正常渠道出国。不管是哪一部分人，在学术界中，他们都被称为"新移民"。话说回来，他们的出国手续虽然不健全，但这不影响他们对居住国经济发展的贡献，特别是在委内瑞拉这种当地民众普遍倾向于"消费型"生活方式而绝大多数华侨习惯于商业经营的国家来说，更是如此。不管是什么样

---

① 吴言：《困惑中的迷惘》，《委华报》，2014年。

的华侨移民，他们中大多数人对居住地的经济贡献不应轻易抹杀。当然，这样说并不意味着对"非正常"移民方式的鼓励。

21 世纪以来，虽通过不同途径进入委内瑞拉的中国新移民人数有增无减，但由于各种各样的原因，很多人还没有取得委内瑞拉国籍。也可以肯定，大部分人不可能在短期内取得委内瑞拉国籍，不少人甚至没有取得委内瑞拉国籍的信心或意愿。委内瑞拉的"非正常移民"比例有多大，没有一个统一的说法。人们一般都相信，还没有取得委内瑞拉国籍的华侨人数远超过已经取得该国国籍的华侨人数。而在前者中，通过非正常途径来委的人数又远超过通过正常途径来委的人数。

一般来说，"非正常移民"的入籍要等 5 年，5 年后才可以取得长期居留证。也就是说，要入籍的话，至少要交两次"大钱"。在这 5 年间每年还要交印花税，但不多。① 不少"非正常移民"为求生存，也为了避免军警的检查和敲诈勒索，还有极少数急于做生意，愿意通过交"大钱"来取得合法居留身份。于是，各式各样办居留的"中介"便应运而生，趁机敛财。不少新移民通过这些"中介"取得合法居留已是不争的事实，但在办理的过程中陷阱重重。

其一是通过"假结婚""假亲属"获取居留权，但遗留问题不少。一些"中介人"（不少是华侨）钻当地法律的空隙，找一些当地人或已加入了委内瑞拉国籍的华人为一些新移民搞"假结婚"或"假亲属关系"，从中捞取一笔不菲的"介绍费"。据悉，通过这种假关系取得委内瑞拉国籍的新移民，在过去相当长一段时间内多相安无事。然而，也有少数人留下了一些难题。近期委内瑞拉移民总局经电脑查证，过去一些华侨与当地人通过"假结婚"和"假亲属关系"所取得的入籍和居留是非法的，移民局准备不予承认。若是这样，这些侨胞将会有无国籍、无合法身份之虞。

其二是托私人代办居留身份证，造假情况多。委内瑞拉由于移民法制不健全，贪污成风，一些"中介"便利用各种各样的通天本事（如张冠李戴，用死亡或移民他国的人的身份证号码通过电脑技术处理，换上了新移民的姓名和照片；冒名顶替，把别人的姓名和身份证号码套在新移民身上；甚至模仿移民总局局长的签名，伪造印章，弄虚作假等）打着专门替新移民办理入籍或居留身份的招牌以敛财，不少华侨新移民受骗上当。一些打工者花了一大笔血汗钱，却只得到假的居留身份证。

其三是"大赦"期间办理的居留后遗症还不少。2004 年 2 月，查韦斯总统宣布对所有在委的外国侨民实行"大赦"，申请时间到 2005 年 2 月。据中国驻委

---

① 　笔者 2010 年 1 月 15 日在加拉加斯对陈钟鼎、吴进鸿、钟永照的采访。

内瑞拉大使馆提供的粗略数据，在委内瑞拉的华侨中，估计有 6 万人申请办理长期居留或入籍手续。办理的手续并不太难，提供护照或任何其他可证明其身份的文件、在委所从事活动或职业的证明及三张正面照片即可，不到一个月就可以完成申请。[①] 客观地说，这对新移民特别是"非正常移民"是个福音，受到华侨的热烈欢迎。但一些华侨在办理身份证过程中也留下不少后遗症，例如，所办手续不齐全、没有相片、电脑没有存底等，使他们的合法身份长期没能得到确认；一些侨胞在此州的移民分局办理了电脑存底的居留身份证，而在彼州的移民分局或者首都的移民总局却没有存底；一些侨领凭借其与移民局官员良好的人际关系帮助侨胞办理的正当合法居留身份，后来由于移民局长更迭而新任局长不予承认；委内瑞拉电话局由私有制转为国有后，电脑程序在转换中有所改变，致一些人的合法居留查不到存底等。委内瑞拉一些不法军警趁机敲诈勒索，一些侨胞甚至遭到无理拘禁，人身安全受到伤害，财产遭受损失。有的人可谓"竹篮挑水两头空"，成了无国籍的人。不少人为此焦头烂额，无所适从。

上述问题困扰着几万侨胞，给他们的工作、生活、生意和出入境带来诸多麻烦。新移民从家乡来到委内瑞拉，首先是要找个落脚点，然而居留问题成了一些侨胞迈开这一步的一大障碍。凡居留没办成功的，便成了"黑人黑户"，没有一个合法的身份，心里就发虚，出行时时担惊受怕。有人在加拉加斯国际机场受到歧视、责问、刁难、虐待、没收财物、敲诈勒索甚至栽赃嫁祸；有人携带合法美金出关被没收；有人在加拉加斯巴士站、地铁站等地方遭遇不法警察和移民局人员的"狩猎"式盘查，遭强行搜身、敲诈勒索、搜刮财物甚或人身侮辱等。

积极开展助侨护侨工作，为侨胞营造良好的经商和生活环境，是华侨会馆的职责。为了帮助侨胞解决居留问题，侨社领导积极通过法律程序协助办理，主动与委内瑞拉移民局打交道，积极协助侨胞解决好委内瑞拉实行"大赦令"后侨胞获取合法居留身份的问题，在一定程度上取得了进展。例如，2005 年 12 月 1 日，梅其羡医生与委内瑞拉总统商谈，为 200 多名华人免费办妥了居留证。此外，梅其羡还与委内瑞拉移民局、政府税务、卫生、市政等机构交涉，帮助侨胞们解决各方面问题，受到广大侨胞的称赞。客观地说，这些结果是通过人际关系达到的，只能算是一种偶然的、特殊的状态，不可能企盼所有的居留手续都通过人际关系完成。更多更普遍的居留手续，要通过法律的程序完成。

2015 年 2 月，委内瑞拉华人侨团联合总会（媒体也常称"委内瑞拉全国华侨华人联合总会"，以下简称"华联总会"）通过调查，了解到生活在委内瑞拉的侨胞还有一部分未有合法身份。对这些侨胞的处境，2015 年 1 月换届后的华联

---

① 《委华报》资料。

总会表示高度关注，通过与有关部门的沟通，尽快协助这些侨胞解决这个必须解决但又不好解决的问题。2月5日，华联总会候任主席陈坚辉等一行8人，受邀拜访了国会、工业部和移民局官员，包括国会议员 Jesus Faria 和他的助理 Yhonny Garcia，双方进行了亲切会谈。该助理表示，很多国会议员都非常重视委中两国的友好关系，赞扬了旅委华侨为委内瑞拉经济发展所作出的贡献。他寄望华联总会带动旅委华人一如既往地为委内瑞拉建设、委中友好交流作出更大的贡献。陈坚辉也表示，我们虽然是中国人，但生活在委内瑞拉，很多华侨的子女都出生在委内瑞拉，我们的家在这里，把国家建设得更好，是我们的共同愿望。当天下午，陈坚辉等一行在移民总局拜访了移民局的高级官员。会谈时，陈坚辉向移民局官员提出了各种关于旅委华人的身份问题、机场问题和无居留华侨回国的手续问题等。移民局官员详细解释了委内瑞拉的移民法，并表示非常关注旅委华人有关身份的各种问题，他表示尽量帮助旅委华侨取得合法居留和简化无居留华侨回国的手续。移民局当时的这种表态，起码让侨胞看到了一线希望。于是，华联总会加紧有关工作，并在5月15日发出通告，要求未办理合法居留的侨胞进行网上登记。这种登记，尽管没有实质性意义，但开始了为侨胞办理居留的基础性工作。到6月中下旬，陈坚辉和对外交流总监吴依娜又分别拜会了委内瑞拉内政部副部长姆尔斯和移民总局局长利华斯，两人分别表示可以考虑按有关规定给予办理。这次商讨，应该说是有建设性的。

2015年8月18日，陈坚辉和对外交流总监吴依娜分别拜会了委内瑞拉内政部副部长姆尔斯，就当前的治安、旅委华人的居留权等问题交换了意见。陈坚辉说，旅居委内瑞拉的华侨华人有20多万，很多人已经爱上这个国家并扎根在这里，对社会作出了贡献。然而，不少华商在贫困地区、边远小镇等警力相对较弱的地方经商，生命财产得不到保障，希望内政部与有关部门给予关注，增强保护力度。陈坚辉还指出，现时旅委侨胞中有3 000多人因为各种原因，无法办理合法居留，对工作、生活造成困扰；同时，有居留的要续期不好办理，请内政部加强协调，为我们侨胞办理居留及续期提供方便。姆尔斯表示，委内瑞拉和中国像兄弟一样亲密，华人在委内瑞拉遇到困难，我们理应想办法帮助解决；对治安问题，内政部一直非常重视，将会与警察部门密切联系、增加警力、增强执法力度、打击犯罪活动，让全民有一个安全的生活环境，如华商安全遭遇威胁，可立即报警。姆尔斯还表示，关于华人居留办理的问题，内政部将和有关部门协商，帮助解决。随后，他亲自安排移民总局局长与陈坚辉、吴依娜会面。8月21日，在姆尔斯的陪同下，陈坚辉和吴依娜在移民局总部大楼与移民总局局长利华斯就华人的居留权问题进行商讨。利华斯表示，由于有很多华人不精通当地语言，不熟悉法律，以致对政府人员产生误会。其实，居留续期手续很简单，只要本人按

正常程序在当地移民局办理即可，不要经过中介，以免被不法中介伪造假证。局长还表示，关于居留的办理问题，移民局会按照内政部的指示，由华联总会统一提供相关申请人的真实资料，交由移民总局审批。[①]

当然，当局可能打开的居留办理的窗口依然只是半开半掩，不可能像已故总统查韦斯在 2004 年的"大赦"一样，完全放开让外国侨民申请办理居留或入籍。一个国家的"大赦"需要一个良好的国内环境和一个良好的时机。目前的委内瑞拉，无论政治还是经济，都没有这样的基础。对居留办理一事，华联总会从一开始就保持慎重态度，但迎难而上，多次表示只要有 1% 的希望，就要尽 100% 的努力。这种不言放弃的态度，增强了有办理居留需求的侨胞的信心。此外，一些地方的省华侨会馆也在为侨胞解决居留问题而竭尽全力。

在中国驻委内瑞拉大使馆各位领导的关心和指导下，一些地方的省华侨会馆多次与华联总会主席陈坚辉一起奔走各政府部门联系沟通，经过不断努力，终于得到移民部门的支持。华联总会定于 2015 年 9 月 5 日至 6 日（星期六、日）中午在华恋社中华会馆协助无居留旅委侨胞申办咨询，协助侨胞查询居留是否合法，指导侨胞办理居留续期，在此期间所有工作人员均为义务工作。登记的侨胞有 300 多人。华恋社侨领和青年义工到场协助。[②]

四、恶劣经济环境下保持定力的新移民

这一时期委内瑞拉阴晴不定的形势引起了华侨社会的剧烈波动，出现了"撤""留"与"进"的艰难选择。"撤"是指将家族企业的全部或大部分撤离委内瑞拉，到别的国家重新发展。"撤"的华侨中，一部分是富有的华侨股商，人数不多，有的早已以蚂蚁搬家的方式离开委内瑞拉；至于"进"的那部分人，主要是通过非正常渠道移民委内瑞拉者，已见上述，此处不赘论。

并非所有华侨股商都选择"撤"，原因各种各样，例如，家大业大，年事已高，没有找到更好的撤退之地，对未来形势把握不定等，一些华侨股商还是留了下来。当然，留下来的股商还是有分别的，一些人已经深思熟虑，打定主意，无论形势如何变化也不会走，还有一些人仍在徘徊观望。

应指出的是，并非所有决意留下来的华侨和犹豫不决地留下来的华侨都是股商，他们只是一小部分，更多留下来的华侨是做小本生意者。由于人数较多，这

---

① 小影：《为旅委华人争取合法权益和居留权，陈坚辉等拜会内政部副部长和移民总局局长》，委内瑞拉全国华侨华人联合总会网站，2015 年 8 月 31 日。

② 陈淘涛：《无居留侨胞开始办理登记手续 华恋社侨领和青年义工到场协助》，《委华报》，2015 年 9 月 7 日。

部分人尤应重视。他们之所以不走，多是因为已经在委内瑞拉经营多年，根基在此，况且年纪已大，现在要到别的地方重新做起，很不现实。他们中很多人仍对委内瑞拉的前景抱有期待，希望委内瑞拉政局逐渐走向稳定，治安形势慢慢好转，华侨的生意和生活能一步步好起来。抱有这种念头的人半是期待，半是自我安慰。还有一些人是因为在委内瑞拉居留多年，对这里萌生了难以割舍的感情。总之，他们留下来的原因很复杂，不一而足。在留下来的这部分人中，很多人也是"身在曹营心在汉"，随时准备撤回国内。一个明显的事实是，他们赚到钱后都不断汇回国内，即使通过黑市高价换美元也要经地下钱庄把钱汇出去。他们还把子女送到美国、加拿大留学和工作，或者送回中国。用他们的话说，就是不愿意把鸡蛋都放在委内瑞拉这个篮子里。李瑞华在 2010 年就说，他来到这里 41 年，算今天最艰难。谈到华侨如何发展时，李瑞华说，做生意要保持清醒的头脑，先知先觉，抓住机会。[①] 今天，华侨仍然以多种形式生存。一些华侨利用目前委内瑞拉不正常秩序下形成的生存空隙，在其中游刃有余。

小陈数年前来委内瑞拉，那时他风华正茂，是大展拳脚的时候。虽然当时的环境已经不是很好，但付出辛劳还是有收获。小陈凭着自己的勤奋，几年下来就有了一定的积蓄。当时，他半年的工资，除可以买到一张回家的机票外，还可以买到信用卡上的外汇，而一年的工资足可以让他回乡玩半年。当然，小陈想得最多的，还是怎样成家立业。在亲人的扶持下，他找到了自己的人生伴侣，步入了结婚的殿堂，同时也开创了自己的事业——开了一间中型杂货超市。夫妻俩同心合力，生意做得十分红火。大儿子出生后，小陈在中国的父母为了让他们小两口无牵无挂地拼搏，主动承担了抚养孙儿的任务；小女儿出生了，他们同样把她送回中国养育。因为当时的生意尚可，美金汇率也未狂飙，小陈每年都可以回乡探望儿女，夫妻俩有时为了满足儿女的一家团圆的愿望，想什么时候回家就什么时候回家。可现在，委内瑞拉经济严重下滑，生意惨淡，小陈的回家之路再也没有了原来的顺畅。去年，他想回乡一趟探望父母和儿女，但昂贵的机票和飙升的美金，使他望而却步，只好祈望下年形势好转再行打算。谁知如今形势更加恶劣，机票不但贵，而且也不容易买到。此外，每月给家里寄赡养费也感到吃紧了，自己的经营收入，已无法满足国内家庭生活所需。每每想到这些，小陈就想放弃委内瑞拉的生意，打道回府。但目前这种时势，自己辛辛苦苦打拼出来的铺头（粤语，即"店铺"之意），即使价格便宜也不容易出手，就连回乡走一趟也难如上青天。他只好忍着、守着，盼望有好转的一天。现在的小陈，只能遥望远方想念

---

① 笔者 2010 年 1 月 6 日在华恋社中华会馆对李瑞华的采访。

儿女、父母，而且这样的日子还不知道哪是尽头。①

2009 年，F 经不住一位朋友的游说，告别妻子儿女，来到被誉为"遍地是黄金"的委内瑞拉。他打工的小埠很偏僻，周边的荒凉和生活的孤寂，曾使他彷徨，晚上躺在床上眼望窗外寂寥的夜空甚至不寒而栗。但适应后，小埠华人商铺意想不到的兴旺，慢慢地驱散他的寂寞，并在有了些积蓄后在心中点燃一种充满动力的希望：拼搏几年，自己当个小老板。2013 年委币大幅贬值时，虽然曾给他当头一瓢冷水，但他仍没死心，心想"暴雨"之后总会"天晴"。然而，被贬为"白菜"的委币一直没有"回头价"，有时虽然由"雨"转"阴"，但从没转"晴"。②

很多人对旅委侨胞十分钦佩。面对委内瑞拉的困局，一些自认为前景暗淡的乡亲选择了撤离，或打道回府，或移民他国。但更多的，则仍在坚守。在过去相当长的一段时间里，旅委侨胞在风险中把握机遇，在抢劫、绑架、凶杀的高危环境中走出一条快速致富之路。不妨回头看看，在委内瑞拉打拼的岁月里，可曾有几个年头侨胞们过着十分安稳、宁静的日子？20 世纪 80 年代末委内瑞拉发生的全国性大哄抢，没有几个商家能够逃过一劫。而在 21 世纪最初几年针对华侨的哄抢，更给不少侨胞留下了深深的创伤。但风雨之后，又见彩虹。挺过了令人心惊胆战的洗劫，广大侨胞重整旗鼓，用意志和毅力继续大展拳脚，续写辉煌。不过，2013 年以来的委内瑞拉，社会动荡，经济严重下滑。一方面，货物的奇缺使商家身陷入"无米之炊"的窘境；另一方面，价格的限制又挤压了华侨经商的利润空间。加上生命财产受到威胁，生意之难前所未有，困惑、迷茫、苦恼、郁闷难免。但即使在这种情况下，出于对未来的期待，大部分侨胞依然选择坚守。

之所以能坚守，是因为有物业的牵挂？或是对未来时来运转的期盼？对此，不能一言概之。但可以说，在身处逆境、进退两难之时能够坚守下来，需要一定的"定力"。所谓定力，就是要沉得住气。面对困难，善于思考和观察，不盲从、不浮躁。世间的路是坎坷不平的，社会发展不会没有动荡。在顺风顺水之时，固然可以得意扬扬，但在风雨欲来之日，需要有抵挡风雨的勇气。这种勇气，就是"坚守"所需要的"定力"。

其实，不论什么时候，都是困难与希望同在，机遇与挑战共存。面对困难，只要沉得住气，保持良好心态，根据市场行情调整经营策略，生意也不是绝对无法做。在华恋社经营京解野的冯先生一家，近年来和所有商家一样，遇到了前所

---

① 吴言：《回家的路为什么就这么难？》，《委华报》，2015 年 4 月 20 日。
② 柳絮：《当"白菜价"再创新高的时候》，《委华报》，2014 年。

未有的挑战。然而，他们没有泄气，多年的经营经验使他们懂得，不管在什么情况下，日用品生意和食品生意一样不可或缺。所以，他们把困难化作动力，没货的时候就四处去"扑货"，确保货架不空。钱虽然赚得少了点，但营业额还是节节上升。更有一些侨胞，善于观察和分析市场，市场需要什么就大做什么，不把自己"吊死在一棵树上"。在很多人彷徨无计之时，有些侨胞居然做厕纸而发了财。还有一些侨胞，在进口生意不好做的时候，转做出口生意，也赚个盆满钵满。于是有侨胞说，现在生意不是没得做，问题是你会不会做。①

总之，人生需要定力，更需要忍耐。蚕忍受着茧的束缚，在自己变成蝶之后，它会把积蓄的力量释放出来；蚌忍受沙石的打磨，在沙石变成珍珠之后，它会把美丽展现出来。人忍受别人所不能忍受的痛，吃别人所不能吃的苦，是为了收获别人得不到的成就。有定力的人，就能忍受当前政局不稳经济不景气的状况，在迷茫中正确选择发展的方向。

五、无奈归去的华侨

由于委内瑞拉政局动荡不安，社会治安趋坏，经济环境每况愈下，很多华侨，主要是年轻一代新移民的"驿站"意识越来越明显。一部分人不再把委内瑞拉作为他们最终定居地，甚至不作为自己的长期经营地，只是一边经商，一边做撤离的打算。在这种情况下，华侨对居住地的投资和消费骤减，资金大量转移家乡或海外其他地方，其子女也被送回家乡接受教育（当然也有想让后代接受中华文化教育的因素），一批懂西班牙语、英语、普通话、粤语、恩平话的多语种人才开始浮现，其中少数人又返回委内瑞拉施展拳脚，或到欧美国家留学。

（一）归去家乡发展者

一直以来，委内瑞拉在家乡人的眼中，是掘金淘宝的天堂。多年以来，移民潮席卷家乡大地，稍有一点关系的，都千方百计来到委内瑞拉。虽然浪迹委内瑞拉，人们几乎都要或为生活的重负，或为追寻自己发达的梦想而劳碌奔波、胼手胝足。日出而作日落而息的紧张生活每每使得人们颇觉疲惫，但物质上的回报会使人露出欢容。但如今委内瑞拉的犯罪、腐败现象严重，以前欣欣向荣的景象已经不再，今日的社会动荡已打破了侨胞们"光宗耀祖"的梦想，大家在迷茫中度日，在货物短缺中求存。短货缺物导致失业率和犯罪率高涨，迫使人们未雨绸缪。2013 年初，委币大幅贬值。很多新移民手中的委币不值钱了，原来的积蓄

---

① 柳絮：《坚守需要定力》，《委华报》，2014 年 5 月 12 日。

缩水大半。接下来的日子更令他们心寒。原先每月的工资折美元还有好几百元，但不到两年，工资看起来是成倍地增长，但一折成美元，很少达到 200 元的，有的还不到 100 元。① 于是，重新选择自己要走的路也在情理之中了。2013 年以来，因为委内瑞拉时势不好，不少早些年来到这里的乡亲走回头路，回到生他养他的地方。据不完全统计，约 2013 年到 2015 年间，返回中国大陆或向其他周边国家另谋发展的侨胞有 3 万多人。

曾任《委国侨报》主笔的庚志坚有过这样的经历：一天，委内瑞拉的一个老朋友打电话说，她到委内瑞拉快 40 年了，已是加入委内瑞拉国籍的华人，但她觉得委内瑞拉很难再待下去了。她经历了多届总统选举以及经济荣衰、生存环境的起伏变化，奋斗过，拥有过，最后还是决定在最困难的时刻把生意卖掉。现在说起来，大家都赞她有眼光。要不，现在委内瑞拉政府对商品实行限价，货源紧缺，买卖早晚也是要关门的。生意关门后，她在委内瑞拉做的是给中文报纸翻译当地新闻的工作。但由于治安环境糟糕、经济入不敷出，全家精神高度紧张，女儿得了病，已经成家立业的儿子又面临失业的威胁，整个家庭惶惶不可终日。所以，她不得不为了儿女的生命安全和前途着想，考虑到周边国家发展。当然第一时间就想起了一个比他们"跑得快"的、以前中文报纸的同事和朋友（即庚志坚）。②

告别妻子儿子来委内瑞拉打拼了近 3 年，在酒家当厨师的吴先生面对委币的大幅贬值和黑市美元的不断走高，再也坚持不下去了。一个灰蒙蒙的早晨，他提着简装的行李，坐上朋友的汽车前往加拉加斯机场，没有牵挂，只有一点点留恋。吴先生在家乡时，做过饮食行当，来到委内瑞拉后，他一直在酒家打工。开始的一年多，他月收入折美元有近 2 000 美元。那时他比较满足，因而一个劲儿地给自己加油，忍受着离乡别井的烦闷，日复一日的挑战自我，希望打几年工有点积蓄后，再盘算经营自己的小生意。然而，人算不如天算。委币大幅贬值，收入缩水，虽然老板也考虑到这个问题，根据情况调高了工资，但黑市美元不断攀升，月工资再怎么提升，一折成美元仍然在 500 元上下，仅为原来的 1/4。本来"一年望一年好"，哪知会"一天不如一天"！面对这种情景，他只能打消原来的念头，无可奈何地打道回府。

阿君是在淘金天堂的迷影下借债筹足路费来到委内瑞拉的。初时，他在餐馆帮工，工资折美金尚有六七百元，与家乡相比好了不少。后来当了"二锅"（恩平土语，意为吃了第二次亏），工资又有上涨。但好景不长，委内瑞拉经济不景

---

① 《柳暗花明又一村》，《委华报》，2015 年 3 月 2 日。
② 庚志坚：《近距离观察委内瑞拉》，《世界知识》2015 年第 7 期。

气，货币严重贬值，他每月领到的厚厚的一叠工资换成美元，只有薄薄的二三张。阿君心灰意冷了。

当然，这时候回中国去的华侨，也并非全部是因为经济形势的恶化。返回中国的原因多种多样，不能一概而论。例如，阿君有两位朋友，一个原来说好来委后帮助伯父料理生意，伯父只有一个女儿，出嫁后，生意就交给阿君这位朋友做。谁知伯父的女儿很要强，出嫁后尽管夫家有自己的生意，但她就是要独自打理父亲的生意，并用钱将这间经营了多年、生意颇旺的杂货超市从父母手中买了过来。这样，阿君这位朋友只能在那里当一名打工仔。老板梦破灭，加之委内瑞拉经济环境一天不如一天，阿君的朋友感到前路茫茫，于是，他不顾亲人和朋友的挽留，带着满腔的苦涩，登上了返回家乡的飞机。另一位是阿君儿时的邻居，由父母的一位远房亲戚当儿子带了出来。远房亲戚在一个边远小埠经营杂货超市，还有一个山园，既种农作物，又养鱼养猪。阿君的朋友主要是在山园生活，与当地人接触多，反而与华侨交往少。阿君好不容易与他联系上，知道他在那里过得很闭塞，几乎没出过远门，与自己的亲戚也很少沟通，完全处于一种身不由己的状况。寂寞中，他想念父母和留恋家中的温暖。有热心侨胞同情他的处境，在知道他有打道回府的想法后，便筹集了一些钱并帮他办好出境手续，让他飞回中国。面对两位朋友的回归，阿君心动了。他想，委内瑞拉的淘金期已过，继续下去，自己原来的雄心壮志虽在，但人只能变得越来越平庸，在委内瑞拉已不能兑现他的创业初心。况且，老一辈华侨中，有的也都选择逃离，移民美、加或回中国发展。不过，他现在的工作还过得去，要走会有点留恋。① 这样的两难选择让阿君很纠结。事实上，困惑中的选择总让人左右为难，这也是人之常情。阿君是这样，很多侨胞也是这样。

在委内瑞拉"走回头路"的打工一族华侨还有不少。由于委内瑞拉的动荡局面，许多恩平华侨都萌生"叶落归根"之意。据委内瑞拉富玛那省中华会馆主席陈伟文介绍，最近半年内已经有3 000多名委内瑞拉华侨返回家乡恩平，他们有的在等待委内瑞拉经济形势平静之后，再回去发展，而有的却不愿再次出国，想要在家乡投资和工作。② 当初，这些乡亲抱着"淘金"的梦想，希望在委内瑞拉走出一条快速致富、改变人生的路子。但想不到委内瑞拉风云变幻，不但治安持续恶化，而且生意也越来越难做，收入更因委币大幅贬值而大打折扣。

值得欣慰的是，"走回头路"的不少乡亲回到家乡后，找到了理想的或合适的工作，收入一般不少于在委内瑞拉打工。有人回到家乡后干起了老本行，正常

---

① 吴言：《困惑中的迷惘》，《委华报》，2014年。
② 《委内瑞拉华侨掀回乡潮，半年3 000余人返广东恩平》，海外网，2014年3月8日。

收入数千元左右，比在委内瑞拉打工强多了。从这一意义上说，撤离也是一种进取。当然，离开的时候，人们都有点伤感，甚至流下了眼泪。毕竟，委内瑞拉留下了他们的青春，承载过他们的梦想和希望。

"撤离"的不只是打工一族，一些在委内瑞拉经营了多年的老板目睹这样的时势，也失去了继续坚守的耐心。他们或出售物业或转让生意，或移民其他国家或回到中国投资。

从委内瑞拉回来的华侨，主要有以下三种类型：一是暂时在家中待业，待机再次回到委内瑞拉或者转战别国；二是利用自己在委内瑞拉打工所得的积蓄，在家乡开店做生意；三是选择去国内其他地区主要是广东地区打工，这里的打工并不是我们通常理解的做服务业或者去工厂做工，而是正式的工作，有的利用自己的语言优势去做翻译，还有做会计和房地产销售工作的。其中做翻译工作的工资稍高，每月有四千多元人民币，其他大多是两三千，销售类工作主要是靠提成。[1]

一位名叫"惊悚贵公子"的网友写了一篇名为《回中国一年的工作经历》的文章。他当初带着淘金梦来到委内瑞拉，经过几年打工，有了点积蓄即将可以自己当老板了，然而两年前突如其来的委币大幅贬值，使他辛苦赚来的身家在一夜之间被抛回原点。他因此彷徨过，在进退维谷的煎熬中选择了撤离，买上"最后一张"平价机票，返回曾被他认为出路艰难的中国。可能是在委内瑞拉的打工锻炼了他，回到在改革开放中日益兴旺发达的家乡，不用为安全问题担忧的他，感到无处不充满生机。凭着生意人的精明，他在广州、深圳两地从摆地摊做起，然后当房产中介公司员工，最后发挥从委内瑞拉学来的西班牙语特长，打入外贸公司。他一步一个脚印，开始了自己回归后的创业之路。

2013 年以来，告别委内瑞拉回国创业的华侨越来越多。这样的打道回府，对很多人来说或许很无奈，但不失为面对现实的一种选择。当初，委内瑞拉遍地黄金，所以淘金者前赴后继，纷至沓来。而现在，委内瑞拉经济跌入低谷，淘金梦断，撤离也是一种积极进取。

可以说，在这数以万计的撤退大军中，多是经过深思熟虑并在家乡有了更好的出路后才下定决心要走的，但也有没经仔细掂量，就凭着一时的冲动而盲目地随大流的人。盲目折返，结果不一定好。他们在委内瑞拉生活多年，已经把他乡当家乡，一旦回到生于斯长于斯的真正的家乡，竟无所适从。有的人在委内瑞拉十多年了，一般两三年才回家一次，已经习惯了国外的生活，回到家乡后，反而有很多不自在，总觉得自己跟中国社会脱节了。而且在中国工资也不高，根本不够花。可见，如果不经思量，人云亦云，人走亦走，很可能会再度迷惘，失去方

---

① 乔志华：《委内瑞拉恩平籍新移民研究——以牛江侨乡为中心》，暨南大学硕士学位论文，2015 年。

向，陷于被动。总之，不管是坚守还是撤离，都要权衡一下，看怎样才可以谋取最大的利益。如果是丢掉西瓜捡芝麻，显然是得不偿失。

（二）离开委国到邻近国家寻找出路者

也有人离开委内瑞拉后转移到第三国的。因为在南美洲，恩平华侨还分布在多米尼加、哥斯达黎加、古巴、哥伦比亚地区以及库拉索、阿鲁巴等荷属地区。

那些离开委内瑞拉后转移到第三国的华侨，或是投奔亲戚，或是自谋生路。究其原因，一是语言问题，因为这些国家基本上都是西班牙的前殖民地，所以同委内瑞拉一样通行西班牙语，相同的语言环境会消解一部分初到陌生国家的不安情绪；二是这些国家的风俗和华侨的生存环境都差不多，华侨大多也都是从事餐馆和超市行业，或开杂货铺，新移民可以很快地融入当地的就业环境中；三是这些国家的移民管理时松时紧，进入其境内以及获得居留证相对比较容易；四是这些国家的治安相对来说比较好，华侨的人身安全不易受到侵犯；五是这些国家经济形势稳定，工资有保障。[①] 天无绝人之路，在世界的每一个角落，都有让人施展拳脚的舞台。既然此地前景渺茫，那么，移民他国或打道回府，也是一种积极进取的态度。人总得往高处走，只要不失志气，到哪里都会有新的希望，新的发展。

（三）归去家乡等待者

由于委内瑞拉货币的贬值令华侨的资产大幅缩水，政府的限价措施限制了华侨生意的利润，只能做到基本的维持，利润大不如前。于是，有的商店老板干脆关闭了在委内瑞拉的商铺，停业回乡打工，等待委内瑞拉经济形势好转再卷土重来。例如，在东方市热闹的商业街上，就有经营者将自己的商铺关门后返乡打工。还好这里的铺租不贵，短期的关门停业，铺租还可以承受。返乡时他们都把钥匙交给自己的亲人，嘱咐一旦形势好转就开门营业。还有的老板卖了铺头，全家返乡，铺头卖不了的就把剩余的货物转给亲戚出售，宁愿亏一点中断出租合同，把锁匙交回屋主。当然也有不愿放弃自己苦心经营的生意的人，把儿女留在这里继续经营，自己带着妻子返乡重操旧业。[②]

（四）归去后因不如意而重回委内瑞拉者

原在麻拉街经营餐馆的一对夫妇，因为生意不理想，治安又不好，2014 年

---

① 乔志华：《委内瑞拉恩平籍新移民研究——以牛江侨乡为中心》，暨南大学硕士学位论文，2015 年。
② 陈淘涛：《经济日趋恶化　华商何去何从——委内瑞拉东方城市行纪事》，《委华报》，2015 年 6 月 29 日。

底返回中国。离开委内瑞拉前，他们已做出决定，回去后就去打工，因为在中国打工，每月收入几千元生活也不会很差。如他们所愿，回去后他们到东莞找了一份工作，工资两人合起来有五六千元，虽然不算高，但总比在委内瑞拉强。但东莞的消费太高，和香港、深圳差不多。夫妇俩在老板处打工，包吃不包住，自己得租房，还有其他消费。干了几个月，他们越来越吃不消了，感到还是在委内瑞拉好，且可以自己做老板。于是，夫妇俩双双返回委内瑞拉，重新开始了他们的他乡创业。

F 女士在委内瑞拉已打拼了好几年。3 个月前，她感到在这里很难待下去了，于是收拾行装，回到家乡恩平。本以为，生她养她的地方会有她施展拳脚的机会，所以走时对委内瑞拉完全失望的她发誓不再回来。谁知在家乡几个月过去，她依然如坠云雾，茫然而不知所措。不过当她清醒过来，想再次折回委内瑞拉的时候，她连买机票的钱也拿不出来了。现在，她只能盼望有请工的老板为她解决机票问题，以后再通过打工去偿还。

但凡事都没有绝对。委内瑞拉目前的经济环境，跟以往好的时候相比是有天壤之别。打工的，月收入折黑市美金仅 100 元左右；当老板的，身价分分钟缩水。但委内瑞拉毕竟资源丰富，发展潜力、创业空间也是世界少有的。就算当前货物短缺，物价飞涨，但如果把赚来的钱花在本地，一家人的生活还算安稳。也因为这样，不少侨胞能够挺着，在艰难时刻没有朝三暮四，等待着时势的好转。

哪好哪不好，只有亲身经历过了，自然会鉴别。正如 F 女士和麻拉街的那对夫妇，如果不是来回折腾过，也就不会有他们新的打算、新的开始。据说像他们一样回到家乡"揾食"（粤方言，本义为找吃的，引申义为工作）的侨胞，折回委内瑞拉重拾"淘金梦"的目前有不少。

最后还应指出，也有个别人是因没有居留证而被遣返中国的。这类人多数是在公众场合露面时遭到警察检查执法，因来委时间不长，语言无法沟通，被警察送至移民局扣押，最后被遣返。

六、改革开放前期来委的新移民的生存发展

中国改革开放后（20 世纪 80 年代后）到委内瑞拉的新移民，到了 21 世纪 10 年代以后，其实已经分为两大群体。第一个群体，是 20 世纪 80 年代初到 90 年代末乃至 21 世纪初年来委的新华侨。由于来委时间较早，或者不算太晚，他们通过自己的拼搏，多少积蓄了一笔财富，在不同的行业也当起了大大小小的老板。应该说，这一群体已经基本上在委内瑞拉扎下根来，有家有业，即使居住国的经济形势恶化到很严重的地步，他们也三思而后行，不轻言离开，不过一部分

在委家业不大者也十分纠结。第二个群体，是查韦斯执政晚期来委的新移民。此时委内瑞拉政局动荡已久，经济形势积重难返。他们虽然也像前辈那样拼命打工，很多人的拼搏劲头比起其前辈甚至有过之而无不及，但由于来委的时间的确太晚，形势比人强，他们所赚无法达到预期，积蓄无多，甚至徒劳无功。时也命也，此乃天数，非人力可及。如果不下决心打道回府的话，只能苦苦挣扎，过一天算一天。第一个群体属于前期来的"老新移民"，第二大群体属于较晚时期才来的"新新移民"。后一群体已见上述，下面再将前一群体的情况稍做介绍。

这一时期的华侨仍然承接上一时期的产业。比较容易获得成功的道路仍然是经营杂货和超市业。但是，这个行业的竞争越来越激烈了。从人口来说，2010年委内瑞拉全国的人口（包括华侨）只比1981年增长了3倍，但华人的超市数量则增长了10倍。华侨本身的竞争就十分激烈，很多华侨也感到生意越来越难做了。[①]

但是，"天堂梦"是这一时期华侨到委内瑞拉掘金淘宝的真实的梦和童话故事。一批又一批的逐梦者，不惜离乡别井，漂洋过海，含辛茹苦，筚路蓝缕，就是为了实现他们心中掘金致富的"天堂梦"，尽管一路走来，凶杀、绑架、抢劫、敲诈等总是如影随形。原因无他，这个时期是委内瑞拉经济发展的黄金时期，可以让华侨们的梦变得光彩夺目。委内瑞拉的高收入成了吸引华侨的最主要因素。当时在委内瑞拉，如果是在餐馆正式打工，每月能有600美元（相当于人民币4 800元）左右的工资，而其时国内的工资每月只有1 000元甚至几百元。[②]

有不少华侨注意把握机会，另辟蹊径，规避风险。例如，祖籍恩平市圣堂三山村的冯成富，1980年，趁着出国风来到委内瑞拉。初到时，他跟其他新移民一样，先是打工，逐渐适应下来，并闯过了语言关。但他没有沿着许多新移民的路走下去，把打工积攒下来的钱自立门户或与他人合伙开铺办店，而是到远离市区的地方圈地3公顷，当起了菜农。就在这块荒地上，他靠一把柴刀、一把菜刀起家。柴刀用来劈树开垦，菜刀用来收获。他一干就是十年，苦尽甘来，告别了那块浸透了他汗水的菜地，成了杂货店老板。到2001年左右，他已经在一个小埠经营着连大城市也少有的2 000多平方米的超级市场（包括仓库）。他随后还兴建了一家有2 000多平方米停车场、3 000多平方米商场和仓库的特大超级市场。[③]

不少后来经营百货或超市业的侨胞，都曾经有过经营餐馆业的先期资金积

---

① 笔者2010年1月8日在麻拉街对冯炎良的采访。
② 乔志华：《委内瑞拉恩平籍新移民研究——以牛江侨乡为中心》，暨南大学硕士学位论文，2015年。
③ 黎惠权：《靠两把菜刀起家》，恩平报社编：《恩平报获奖新闻作品选（1983—2003）》，北京：人民日报出版社，2004年，第100－101页。

累。何锡球的人生经历特别丰富。他是广东恩平人，1950 年 3 月解放军进军海南岛时，18 岁的他作为民兵救护队员参加了海南战役。在半个多月的战火中，他置生死于不顾，和战友们一起，穿梭于枪林弹雨之中，把伤员一个一个送到安全的地方，经历了他人生中最为悲壮的生与死的洗礼。之后，恋家的他告别部队，返回家乡，重事农作。1962 年，已经成家却未立业的何锡球，告别家中妻儿，只身到了香港。1964 年初，他应聘到了太平洋上的一个岛国——瑙鲁，当了一名装修工。才干了两年，何锡球发现瑙鲁非久留之地，于 1966 年底重回香港。其时香港局势动荡，他又于 1967 年春远渡重洋来到委内瑞拉。在此之前，他妻子的叔父伍权长、伍澄长已先到委内瑞拉一步，在马拉开波谋生。发展中的马拉开波石油业、当时羡煞中南美洲的在委打工的收入，以及 4.3∶1（即 4.3 玻利瓦尔换 1 美元）的外汇兑换价值，足以使何锡球看到在委内瑞拉发展的前景。于是，这一回他踏踏实实地把汗水洒在委内瑞拉。1972 年，已在马拉开波干了 5 年多的何锡球到了加拉加斯，成为何有练经营的"广州酒家"的一名厨师。在这间酒家，他和何有练成了知己，同时还与当时加拉加斯的热心侨领钟国常、何有良、吴哲明等人成了朋友。1980 年，当他回到马拉开波，与刚从家乡移民来的妻子、儿女相聚后，他在冯明惠、冯润新等侨领的支持下，风风光光地成了"香港酒家"的老板。香港酒家开张才两年，他自己经营的"香港百货"又呱呱坠地，开张迎客，之后不断扩张。1994 年起，又通过自建、购买、租赁等形式，在马拉开波一些黄金地段开了一家又一家具有一定规模的百货和超市店。[1]

这个时期，也有一些人紧紧抓住一切可以把握的机遇，在尚未为人看好的"冷门"产业中寻找发展契机。1981 年才到委内瑞拉的冯奋扬，做过杂货和百货生意，开过餐馆，虽有曲折，但总算站稳了脚跟。1997 年，在马港做着百货生意的他，突然来了一百八十度的大转弯，成为台湾金州制网工厂有限公司在委内瑞拉的总代理。马港是委内瑞拉最大的海港。那里活跃着一批专事出海捕鱼的渔民。冯奋扬在马港多年，很注意捕捉商机，在经营百货的时候，摸清了渔网在当地的供求情况，最后敲开了台湾金州制网工厂有限公司在委内瑞拉的大门，成为其总代理。为了争取和赢得客户，冯奋扬绞尽脑汁，甚至不惜做赔本生意，采取无偿试用的办法，让用户认识"金州"产品。到 2000 年，他付出的心血得到回报，营业额直线上升，大大超过原先预测。接着，他又紧盯大家看好的鱼虾出口贸易。[2]

---

① 《平凡中的不平凡——已故委内瑞拉侨领何锡球二三事》，《委华报》，2014 年 8 月 25 日。

② 黎惠权：《跳出杂货铺》，恩平报社编：《恩平报获奖新闻作品选集（1983—2003）》，北京：人民日报出版社，2004 年，第 96 页。

这一时期，侨胞开始打入委内瑞拉工业领域，但产品大部分是日用品，没有多少科技含量。他们从流通领域走上兴办实业之路，无疑是大大前进了一步。

委内瑞拉华侨中办工业、企业的人不多，且在兴办工厂的同时，一般还要经营杂货和餐馆。这是因为办工厂需要一定的资金，同时需要技术力量的支撑，还需要理想的销售渠道。21 世纪起，投资办实业的旅委恩平华侨普遍选择稳扎稳打的塑胶制品项目，生产市场大量需求的食品袋、包装袋和塑料玩具等，以减少投资风险。例如，吴英豪与其他 3 个合伙人开办的鸿运塑料厂，冯雪茂在麻拉街开办的地方塑料厂，冯明惠在麻拉街开办的南美塑料厂，刘高超在巴基西梅托开办的彩虹塑料厂，都有一定规模。其中南美塑料厂 2001 年左右的塑料产品月产量为 400～700 吨，曾是委内瑞拉最大的塑料厂家之一。祖籍广东恩平市沙湖镇高园村的吴锡权、吴锡源、吴锡麟三兄弟，在麻拉街开办的索富工业有限公司别开生面。两间工厂中，一间生产 EVA 塑料制品，一间生产橡胶制品。产品主要销往哥伦比亚和秘鲁等国家和地区，年产值达五六千万美元。[①]

虽然杂货是委内瑞拉华侨最大众化的经营项目，但现在一些眼光独到的华侨已经或正在把自己的生意触角伸向房地产业、国际贸易等更具挑战性的领域。有的在做好流通生意的同时，兴办具有挑战性的产业。

和世界各地一样，委内瑞拉的房地产业只相信资金。只有具备一定经济实力的人才有可能经营房地产业。目前委内瑞拉华侨从事这一行业的人还不多，其中一个原因是，在委内瑞拉从事房地产业不容易赚钱，风险较大，但高风险也有可能创造更高的利润。因此已有一些人在房地产业显山露水。

这一时期，老一辈华侨中不少有识之士开始让自己的子女接受高等教育，通过知识致富。他们越来越认识到文化科技知识的重要性，千方百计让子女上大学，到美国、加拿大等发达国家留学，取得硕士和博士学位。曾任泼渡尼咕噜福利会主席的吴锡沛，7 个子女全部为大学以上学历，其中博士 2 名，硕士 1 名，而且个个学有所成，在医学、电脑、原料工程等学科领域纵横驰骋，且工商硕士毕业的长女陈思华经营着超级市场。[②]

在委内瑞拉，新一代华侨科技精英已经开始崭露头角，乃至走向世界。例如冯莫艳雯女士，祖籍恩平，出生于巴拿马。自小在巴拿马的巴美学院（Instituto Panamericano）上小学、中学，高中毕业后到美国读大学。1993 年从美国南加州大学获得工业系统工程学士学位，1994 年获得南加州大学工程管理科学硕士学

---

① 黎惠权：《跳出杂货铺》，恩平报社编：《恩平报获奖新闻作品选集（1983—2003）》，北京：人民日报出版社，2004 年，第 96 – 97 页。

② 黎惠权：《智信生财》，恩平报社编：《恩平报获奖新闻作品选集（1983—2003）》，北京：人民日报出版社，2004 年，第 94 页。

位，同时完成了委内瑞拉中央大学的法律课程。1994 年委中工商会成立后，一直致力于推动两国经贸交流。1999 年 1 月，委总统府授予作为该商会主席的冯莫艳雯一级"弗朗西斯科·德米兰达"勋章，以表彰她对委内瑞拉社会和委中友好做出的突出贡献，这是旅委华人首次获得这一殊荣。她诚恳地说，自己是华人，愿为促进中国和委内瑞拉友好合作关系的发展尽自己的一分力量。[1] 到 2010 年左右，她从事委内瑞拉、拉丁美洲和中国、亚洲之间的项目已近 20 年，现任奥里诺高能源资源集团公司和新世界投资贸易有限公司董事长兼总裁。她立足行业，心忧天下，忧心目前能源需求的不断增加可能会造成的社会问题，她认为："必须投资可再生能源资源，因为这是我们唯一可以寻求的解决方案。"因她极力主张加大对可再生能源的研发支持，使之协助煤炭、柴油和重油以减少能源的消耗，为环保奔走呼号；她建立大型石油企业之间的联系，加强与中国企业在可再生能源方面的合作，包括研发、市场营销以及技术转移，为中国企业走出去投资可再生能源牵线搭桥开辟新途径。奥里诺能源公司作为一家跨国企业，其业务遍布南美洲、中国和东南亚，涉及能源、石油、化工、矿产、电信、基础设施和高科技项目、矿物开采等相关项目的投资与合作，为全球能源发展作出了突出的贡献。2009 年，在财富时报社、凤凰卫视、北京文化发展研究院等联合主办的年度人物推选大会上，她被推选为第六届"中华十大财智人物"特别奖获得者。[2]

---

① 管彦忠：《希望中国来投资———访委中工商会主席冯莫艳雯》，《人民日报》，1999 年 7 月 16 日。
② 《委华报》资料。

第二章　委内瑞拉华侨主要产业

经过一代又一代的拼搏，委内瑞拉华侨从洗衣种菜开始做起，今天已经发展到餐馆饮食业、杂货业、百货和超市业，包括食品、轻工、服装、化妆品零售和批发等在内的多个行业的经营，有的还扩展到贸易、钱庄、首饰、旅游、能源、医药卫生等诸多领域。本章集中对在委内瑞拉华侨史上占有重要地位和影响的洗衣、餐饮与种菜、杂货与百货等行业做一扼要分析。

第一节　委内瑞拉华侨洗衣业

一、早期华侨洗衣业概况

在海外华侨史上，裁缝洗衣业、中餐馆业和理发业，历来被称为"三把刀"（裁衣刀、菜刀、剪发刀）。以"三把刀"为代表的华侨经济，可以说是早期华侨经济的主要支柱。"三把刀"加上杂货业，是包括四邑籍华侨在内的所有早期旅居海外的中国人最重要的谋生手段。这些为华侨居住地的许多民族不屑一顾的职业，在世界各国发生恶性排华活动的时期，更是华侨安身立命的主要职业。

洗衣业与裁缝业是一对双胞胎。进入洗衣业的门槛比较低，技术资金方面没有太高要求，只要勤快肯做，吃苦耐劳，能够忍耐这个工种的单调沉闷，谁都可以来干这一行。洗衣业获利虽微，但成本亦小，简单省事，洗衣夫只要有一块搓板，一些肥皂、一个熨斗和熨衣架便可。把这几件东西装在一个箱子里，就是洗衣夫的全部家当。他们挑着担子，穿山过野，游走四方。到了一个地方，找一个简陋的铺位，把洗衣板支起来，就可以开张营业了。因此，洗衣业便很容易成为乍到异国他乡、一无所有的华侨起步的首选职业。当然，在顾客比较集中的地方（尤其是市镇），洗衣铺（店）主的工作便比较稳定。那里的洗衣铺一般有好多熨斗，后面的工作间里常年生着一只煤炉，可以烧水，也可以加热熨斗——把变凉了的熨斗放回炉子上再加热，换另一只热熨斗继续干活。但拿熨斗不是省力的活儿，一只熨斗八磅重，工作间里又热又闷，洗一件衬衣收费少之又少。这就是只有华侨才能忍受的"八磅生涯"。

做洗衣这一行，不可能像淘金等行业那样快速致富，胜在细水长流，收入虽低但稳定，而且，居住之处就是工作之处，可以节省很多开销。所以，早期来委的华侨，很多都从洗衣起步，就不难理解了。其实，这也是美洲地区很多华侨在移居地生存和创业的第一步。

委内瑞拉早期华侨洗衣业的另一个重要背景是当时社会生活的需要。一般来说，洗衣业市场大的国家，多是较为发达的西方资本主义国家。但亦不尽然，像委内瑞拉这样的市民生活深受欧美传统上流社会风气影响的国家，也存在着广阔的洗衣市场，因而最初洗衣业也就被华侨选为立足的"基础产业"。作为传统、保守的欧洲移民及其后裔，西班牙人注重消费和享受，中产阶级家庭特别是上流社会家庭对外应酬频繁，穿衣时髦讲究，因而给洗衣业提供了广阔的市场。不仅男主人如此，女主人更是有过之而无不及。即使是非西班牙裔的委内瑞拉人，岁岁年年，耳濡目染，也接受了西班牙化的生活方式。于是，随着早期委内瑞拉的迅速开发，家庭的数量在快速增长，家庭洗衣服务便形成一个越来越大的市场。华侨洗衣铺因可以提供优质、快速、廉价的服务，恰好满足了中上阶层家庭的日常需要。可以推定，委内瑞拉早期华侨洗衣业很重要的一部分服务对象，应是中上层的家庭妇女（她们也以女主人的身份执掌着家庭成员的洗衣安排）。笔者在委内瑞拉国内采访过程中，多次听到的关于洗衣华侨遇到不付钱的当地女人的故事，便可以间接地印证这一点。

华侨选择经营洗衣店的另一个原因是他们普遍缺乏运用当地语言的能力。他们来自广东农村，本来受教育程度就低，来到委内瑞拉后，日夜工作，如牛似马，更没有时间学习外语（当时也没有现在这样的专业外语学校），洗衣行业便可以让他们扬长避短。虽然服务对象大都是西班牙裔和当地富人，但与之打交道时，不需要太复杂的西班牙文，除了数字以外，只要掌握三五个单词即可，加上面对面交流时肢体动作的帮助，就足以应付日常需要了。

洗衣业看似简单轻松，技术要求不高，但极其辛苦。一是工作时间长，往往要早起晚睡，每天工作十几个小时，节假日也常要开工。二是劳动繁重，单调重复，孤单乏味。当时使用的熨斗笨重，且熨热技术十分落后，热源是木炭，费时耗力，熨衣时还要全神贯注生怕熨坏衣物。三是收入低微，一年到头，所赚无几。如果一不小心把衣服熨坏了，不但工钱分文无收，还要照价赔偿。有这样一首歌谣，道尽了四邑籍华侨从事洗衣业的艰辛：

> 一把熨斗八磅重，
> 十二小时手不闲。
> 一周干满七天活，

挣了一点血汗钱。

拣到洗，

熨到叠，

为了一碗活命饭，

辛苦劳累在"金山"。①

如前所述，有记载说，1875 年第一批旅居委内瑞拉的华侨来自特立尼达、巴拿马等地。初期大多以洗衣维持生活，每人背一布袋挨门逐户收取脏衣。他们工作和生活条件极差。由于年代久远，如今委内瑞拉早期华侨洗衣业的历史已经了无踪迹可寻。虽然第一批华侨来委的具体年份（是否在 1875 年）还有待确证，但有一点可以肯定，洗衣业是华侨在委内瑞拉从事的最早职业。因此上述这批来委华侨的职业应是洗衣业无疑。在委内瑞拉采访的过程中，受采访者几乎众口一词地同意这种说法。另外，笔者觉得还应加上一句：洗衣业同时也是当初委内瑞拉华侨所从事的最重要职业。关于这一点，在委内瑞拉虽然没有留下任何文字资料，但梁启超在美国的游记中有一段话可做参考。他记述："洗衣业，实在美华人最重要之职业也，东部诸省，十有九业此。其工价最廉者，每礼拜美金八九元。最昂贵者每礼拜二十元。"② 梁启超这里说的是美国华侨的情况，他没有到过委内瑞拉，因此不可能知道委内瑞拉当时也存在跟美国一样的华侨洗衣业。不过梁启超这段话中，有两点对评价其时委内瑞拉的华侨洗衣业是适用的：第一，洗衣业是华侨最重要的职业；第二，华侨洗衣业的工钱最低廉。其实这两点是互相联系的，也是有深刻历史背景的：由于洗衣业工钱最低廉，当地人不愿意为之，才被初到当地、身无分文的华侨捡过来，当作是安身立命的"基础产业"。

要清晰描绘早年华侨洗衣业是十分困难的。这里只能粗略地勾勒一幅相当模糊的图景。

居住加拉加斯的老华侨陈厚仓向笔者叙述了一个初到委内瑞拉的洗衣华侨的传说：那时由特立尼达、圭亚那、古巴等地来委内瑞拉的华侨，上岸后往往不知道自己该去哪里，只任由车夫把他拉到有华侨同胞的地方。但是，一般来说，如果不相熟，当地华侨（笔者注：应是洗衣店主）都不愿意开门收留。车夫便对初抵埠的华侨说，如果这一家不开门，我就把你拉到另一家去。结果试了很多家，都没人愿意开门接收他。最后，车夫没有办法，便对这位华侨说："我把你拉到一家，我来敲门，你等在一边，等户主一打开门，你就冲进去，然后我帮

---

① 黄兆英：《华人历史细说："八磅"生涯》，《五邑侨史》1994 年第 15 期。

② 梁启超：《新大陆游记》，北京：社会科学文献出版社，2007 年。

你把木箱拉进去就是了。"华侨的木箱很大，有四米长（笔者注：原话如此）。车夫用这样的方法才帮初抵埠的华侨找到一家落脚的洗衣店。[①]

陈厚仓又说，如果一个洗衣夫收留了一个熟人，此人就在他那里洗衣、熨衣。到晚上，没有床睡觉，就拿洗衣板当床。初来的人第二天就上门去找衣服来洗，有时一次两次都接不到生意。有一天，照旧去敲门找衣服洗，谁知门一开，一盆水就泼了过来，他全身都湿了，非常痛苦。[②]

陈厚仓爷爷那一代就已经移民到委内瑞拉。陈厚仓所说的故事应是祖上留传下来的，去除细节，具有足够的可信性。他的故事至少传递了以下信息：

首先，当时在委内瑞拉，华侨多从事洗衣业，而从附近地区（特立尼达、圭亚那、古巴等地）来的华侨所具备的"一技之长"，也是洗衣技术。

其次，当时在委内瑞拉，洗衣华侨是十分分散的，彼此各干各活，相互没有联系。究其原因，可能是乍到他乡，忙于揽活赚钱，没有时间和精力在彼此间建立联系网络。在陈厚仓的故事中，有一处说到初来华侨被拒的细节：车夫将初来的华侨拉来拉去，都没人愿意开门接收他。最后还是好心的车夫硬把他塞进一个洗衣华侨的屋子里。这个细节似乎说明，当时的洗衣业竞争十分激烈。而竞争激烈的根本原因是来从事洗衣业的华侨人数众多，快于市场的增长，僧多粥少，故而互相排斥。

再者，即使洗衣行当极其艰苦，收入低微，但仍然难以找到活干。陈厚仓的故事中，多次找不到生意的洗衣夫被一位房主一盆水浇湿的"镜头"清楚地阐释了这一点。这个房主应是委内瑞拉当地人，其高人一等的傲慢态度折射出洗衣夫社会地位的低下。

还有，洗衣夫的处境十分艰辛，甚至拿洗衣板当床睡。他的全部"家产"只有一套洗衣"家当"。那位由车夫拉到洗衣人家但被拒的外埠洗衣夫随身携带的笨重行李箱，便是随洗衣夫行走天下的"集装箱"。这种情况或许并非普遍，但已足可说明洗衣夫身无分文白手起家的艰困了。

最后，尽管洗衣业技术含量非常低，但毕竟是一门"技术工种"。可以推想委内瑞拉华侨的洗衣技术来自外地，主要是已先行普及洗衣技术的古巴等地。也就是说，委内瑞拉的洗衣技术是华侨从外埠带过来的。例如，这些职业在古巴曾经十分发达。古巴华侨在那里开设的洗衣店、餐馆、杂货店，满足了古巴人民的生活需要。后来，华侨从古巴来到委内瑞拉，很可能把他们在那里所从事的洗衣职业技术带到了委内瑞拉。

---

① 笔者 2010 年 1 月 17 日对陈厚仓的采访。
② 笔者 2010 年 1 月 17 日对陈厚仓的采访。

一般来说，洗衣行业的一个特点是居无定所，颠沛流离。早期委内瑞拉的洗衣铺大多分散，很少集中。由于居民住地分散，华侨洗衣业也就是铺随人驻，散落各地。洗衣夫们常常要挑着担子，包括他们的宝贝"集装箱"，穿山过野，游走四方，表面上自由得可以，实际他们处境艰辛，上无片瓦遮头，下无立锥之地，甚至风餐露宿，绳床瓦灶，拿洗衣板当床睡。每到一个地方，找一个简陋的铺位，找一块木板之类涂上用当地文写成的洗衣两个大字，就要开张营业了。晚上就睡在他们白天的"工作间"里。随着城市规模的扩大和城市空间的外延，洗衣店也亦步亦趋，跟随市场服务对象，开到当地人的居住区。在靠近服务对象的同时，还可以减少相互之间的恶性竞争，争取利润保障。

洗衣业虽然"低贱"，但小小的洗衣店也可以是中华文化的展示场所。铺面陈设、记账、算数、挽留回头客的方式等，种种细节，也在早期委内瑞拉的城市里展现出古老悠久的中华文化传统。

二、洗衣业现况

到了 20 世纪 30—40 年代，华侨手工洗衣店遭遇机器和蒸汽洗衣技术的激烈竞争，不可避免地江河日下了。从历史来看，1858 年，美国人汉密尔顿·史密斯在匹兹堡制成了世界上第一台洗衣机，随着电机技术的进步，美国人阿民瓦·丁·费希尔于 1901 年设计并制造出世界上第一台电动洗衣机。19 世纪发明的洗衣机是机械式的，其壳体是一只大木桶，桶内灌有肥皂水并装有一副沉重的旋翼用以搅拌衣物。这种搅动衣物使其在洗涤桶内翻转摩擦的洗涤原理仍为现在的洗衣机所采用。直至第二次世界大战前夕，美国才开始批量生产缸式洗衣机，其洗涤缸内有内装式涡轮喷洗头或立轴式搅拌旋翼。委内瑞拉的洗衣机技术发展情况不详，但应与美国基本同步。

随着技术进步，洗衣机开始大量进入家庭，方便、洁净、高效的优势赢得了众多消费者的青睐。当然，相对于机器洗衣，华侨的手工洗衣能更好地保护衣料及其颜色，依然受到部分消费者的欢迎。但手工洗衣业毕竟已夕阳西下，慢慢地，华侨手工洗衣铺几乎销声匿迹。今天，委内瑞拉的洗衣业早已跨过往昔的苦涩岁月，迈进了新的时代。最大的变化无疑是洗衣业的现代化，包括洗衣的机械化、管理的现代化和由此带来的行业的集约化。当年华侨洗衣工使用的笨重熨斗早已成为历史，而代之以先进的自动半自动洗衣机；当年由华侨独自进行的手工操作的洗衣业，也早已发展为一种具有科学管理的现代化产业。因而，现代的洗衣业已经发展成为一个高效率、规范的产业。另外，还应看到，家庭洗衣机的普及极大地冲击传统的洗衣业市场，洗衣业不可避免地走向衰落。当然，洗衣业的衰落并非意味着这个行业已经或即将退出历史舞台。由于白领阶层尤其是写字楼单身白领阶层的存在，人们的工作日趋紧张，也由于现代社会交际（主要是高级、正规场合的社会交际）对衣着要求仍然十分讲究（委内瑞拉当地人远比华侨讲究），因此，洗衣业，特别是服务于白领阶层的高档洗衣业仍然有一定的生存空间。

不可否认，今天委内瑞拉的华侨洗衣业已经成为"夕阳职业"。这是因为，从历史发展阶段来说，洗衣业作为华侨掘取第一桶金的历史使命早已完成，华侨已经相继走进了杂货超市业、百货业的发展道路。但是，少数华侨仍然继承父辈的基业，坚守着曾经给华侨带来过辛酸与梦想的洗衣业。同时，他们也与时俱进，采用先进的管理技术，把洗衣业引领到一个新的阶段。

很难对今天华侨的洗衣业情况做清晰的统计，这里同样通过一个个案对当今华侨洗衣业做一管窥。

陈荣舜是 1955 年经香港、夏威夷来到加拉加斯的，他在加拉加斯只待了一年。其时，加拉加斯华人多经营咖啡馆，洗衣业已剩下斜晖一脉。他的父亲当时做鸡场生意，但他不喜欢这个行业，于是就来了巴基西梅托。初到时，陈荣舜在一个洗衣馆做洗衣工（包食宿），同时也读书，即边工边读。3 个月书后，老板的儿子病了，缺少帮手，他只好辍学了。一年后，老板见他表现勤奋，就让他与人合股（占大头）做洗衣馆。1957 年，巴基西梅托只有 3 家华侨洗衣馆，其中包括陈荣舜的"上海洗衣馆"。

"当时从事洗衣业的都是'老番'，"陈荣舜说："现在巴基西梅托的洗衣馆只有两家，都是我开的。洗衣全部机械化了。过去的洗衣机器都是英国、美国进口的。现在虽然有新机器了，但中看不中用，还是老机器管用。"他还透露，过去曾经雇过 40 个工人，因为物价上涨等因素，现在只雇 9 个。洗衣工的工作包括洗、熨、收、补（扣子等）等。现在的工人很难雇，除了工钱外，还要看专业。洗衣对象都是"老番"，他所雇的工人也都是"老番"。[1] 华侨洗衣业目前的处境虽不能说是前程锦绣，但也不能说是前景暗淡。像陈荣舜一样，由于华侨工人很难雇到，少数仍从事洗衣业的华侨老板只能雇当地工人。这可能是目前华侨洗衣业的一种普遍现象。委内瑞拉经济不景气，洗衣业的劳动力成本节节攀升，白领阶层收入却每况愈下，所有这些，给华侨洗衣业的冲击是显而易见的。

---

① 笔者 2010 年 1 月 27 日在巴基西梅托对陈荣舜的采访。

第二节 委内瑞拉华侨餐饮业与蔬菜种植业

一、华侨餐饮业的历史发展概况

就世界范围来说，"目前超过半数的海外华人依然在从事餐饮业及相关行业"。① 对此一说，人们宁愿信其是也不愿信其非，因为有海水的地方就有华人，有华人的地方都会有中餐馆。中国人走到哪里，餐馆就开到哪里。这种情况古来如此，于今更是。委内瑞拉也不例外，100多年前，最早一批华侨来到委内瑞拉，寻找他们的"淘金梦"。100多年来，餐饮业一直是华侨实现他们"淘金梦"的重要平台。

委内瑞拉华侨餐饮业包括西餐（含当地餐）业和中餐业两种。华侨餐饮业可以以1972年为界限，大略分为两个大的时期。1972年以前，华侨餐饮业以西餐为主；1972年以后，则中餐业大盛，至今不衰。今天，中餐已深深地融入当地生活中，在委内瑞拉整体的餐饮业中占有十分重要的地位。

此处所说之中餐，是指其菜色风味为中国传统菜系中之一种，或一种为主多种混合，又或以中式菜色风味为主、兼杂西式或当地风味的菜式，主要为华侨经营，其主厨者亦为华侨。翻阅历史，世界性品牌的中国货可能不多，但若要列举的话，首屈一指的要算中餐。之所以如此，是因为中餐中蕴藏着丰富多彩的中华饮食文化，而中华饮食文化更广泛更深邃的底色，则是博大精深的中华文化。

笔者根据对许多老一辈华侨的采访所得出的判断，餐饮业不应是华侨来到委内瑞拉后所从事的第一种谋生职业（如上所述，他们最初的职业应是洗衣业）。华侨通过洗衣、种地积攒到一小笔资金后，才逐步涉足餐饮、杂货等行业。然而委内瑞拉的华侨餐饮业始于何时，则难以查考。

与此同时，迄今也很难判断在过去漫长的历史发展中，西餐中餐在与华侨餐饮业中各自所占比例如何。不过可以肯定的是，在1972年以前西餐与中餐的长时期竞争中，委内瑞拉华侨餐饮业难以以纯粹的中餐馆形式自立，华侨餐馆不得不经营西餐，中餐菜式即使有，充其量也只能作为附属，在西餐的缝隙中艰难生存。

委内瑞拉华侨中餐业在过去漫长的历史时期中之所以萎靡不振，与华侨的居

---

① 夏海淑、王晓楠：《食品风波后的海外中餐业》，中国华侨历史学会、中国华侨华人历史研究所合编：《华侨华人资料》2008年第2期，第4页。

住状况分不开。按照其他国家华侨餐饮业的发展历史，四邑籍华侨最初经营的餐饮业，主要是为了满足单身汉的消费需要，其后才是因应于本民族内部消费市场的需要。但这需要有一个重要前提，即华侨的居住比较集中，形成"唐人街"一类的居住环境。然而，在委内瑞拉华侨早期历史上没有形成这样的居住环境。早期委内瑞拉华侨社会的这一前提是脆弱的，甚至是不存在的。究其原因，一是因为华侨收入很少，饮食消费水准很低。早期华侨对饮食的需求非常简单，基本上是自做自食。他们往往把所有食物放在一起，一锅做好，便可打发一顿乃至一天数天。他们不愿到餐馆去，主要是为了节省开支，也是为了节省时间，因为他们常常要没日没夜地干活。二是早期来委内瑞拉的华侨人数稀少，居住分散，彼此联系不紧密，更没有像一些国家那样形成华侨聚居的"唐人街"，因而也就难以形成规模化的消费市场。早年的华侨对一日三餐的要求十分简单，多是自我解决。加拉加斯老华侨陈厚仓在回忆他早年看到的华侨生活时说："在 20 世纪 50—60 年代的时候，华侨多不是一个人住一间屋子，一般都是很多人住一间屋子，轮流做饭。"[1] 在 50—60 年代，委内瑞拉的华侨经济已经进入杂货业时代，华侨解决果腹问题尚且如此，更不用说更早的数十年间，他们对果腹的要求是如何简便了当了。

一般来说，华侨在异国他乡创业和发展过程中解决自身饮食问题大抵上经历了几个阶段。

第一阶段是自我解决。这时候，华侨忙于求生，如牛似马，疲于奔命，吃无所求，餐无定时，饥不择食，残菜剩饭，随意"进口"。

第二阶段是合伙分工（一般是在亲戚或乡亲之间），轮流为厨，也就是陈厚仓所说的情况。这时候华侨虽然不会吃无所求、食无定时、饥不择食，但伙食水平仍然很差，能果腹即已知足，或许逢节假日或特殊日子才稍作改善。在美国等国的大城市华侨居住比较集中的地方，这种情况后来基本上为"唐人街"的中餐馆所取代，但在委内瑞拉没有出现这种情况。

第三阶段是家庭厨房阶段，是华侨解决自身饮食问题的一种比较完善的形态。其前提是，华侨已经有比较丰厚的收入和积蓄，华侨群体中妇女比例增大，且大部分华侨已经组成家庭。当然，在家庭厨房阶段，并非意味着"唐人街"中餐馆的消失。对于解决华侨的饮食之便，两者可以互补，因此"唐人街"中餐馆会长期存在。

从委内瑞拉的情况来看，第二阶段比较明显，持续时间也比较长。因为，委内瑞拉华侨居住比较分散，历史上没有形成可以取代华侨"合伙为厨"状况的

---

① 笔者 2010 年 1 月 17 日在加拉加斯对陈厚仓的采访。

"唐人街"。实际上，直到今天，这种情况仍然屡见不鲜。至于委内瑞拉华侨餐馆以中餐的味美价廉和其他民族对中华饮食文化的好奇来吸引顾客，从而在其发展中孕育出对外服务的属性，则是后来的事。因此，在上述情况下，委内瑞拉华侨餐馆在一个很长的时期内仍以经营西餐为主，就是很自然的事情了。钟永照说，他家里至今还保留着大批西式餐具，却没有中式餐具，便是一个例子。[①]

在委内瑞拉经济发展的"4.3 黄金时期"，正好赶上 1972 年 2 月中美两国破冰之旅的美国总统尼克松访华。中美解冻的影响是跨国界的、世界性的，且是全方位的。事情起因于 1971 年 7 月基辛格博士的秘密访华，跟着在北京和华盛顿同步发布公报，宣布美国总统尼克松将在明年适当的时候访华，由此造成了令全世界目瞪口呆的"尼克松冲击"。尼克松访华是在次年 2 月，别的不说，且看其对委内瑞拉华人餐饮业的影响。他在中国期间，对色香味美的中国菜赞不绝口，消息不胫而走，加上媒体的渲染，中国菜一下子风靡全球，成了时尚品牌，在委内瑞拉当地社会也刮起了一阵"中餐旋风"。先是，在首都加拉加斯掀起了中餐热。到 1974 年 6 月中委两国建交，更加速了委内瑞拉中国餐馆的发展。于是，中餐便如雨后春笋般在委内瑞拉各地蓬勃兴起，生意兴隆，门庭若市。自此以后，中餐在委的地位便节节高升。据加拉加斯的新中华、梅园、亚洲、新中国、岭南等几家老牌中餐馆回忆，那时的生意实在红火。每天的餐期，餐房座无虚席，经常还得发排号候台，每逢节假日，更是火爆，餐馆在开门前一定要炒好两三大锅饭装成两三百盒，炸好几百条春卷和炒好一些杂碎，才能应付得了门外等候外卖的"长龙"。因为炒饭、春卷和杂碎是最富中国特色的家常饭菜，既美味又便宜，当地人普遍喜欢。那时的中餐馆是公认生意最好、最容易挣钱的行业。在华侨新移民中，依靠在海滩、车站、机场等公共场所流动卖饭和春卷起家而成了老板的不乏其人。

钟玖炎在 1972 年以前一直是开西餐馆的。由于收入微薄，买不起飞机票，一直没有回过中国。尼克松访华后，中餐大受青睐，一下子时来运转，钟玖炎马上改做中餐，生意火爆。以前做西餐时，一个月只赚 300～500 美元；尼克松访华后，一个月可以赚 1 000 多美元，收入翻倍。在此之前，很多华侨由于中餐馆难以经营，忍痛割爱千方百计地将自己苦心经营多年的中餐馆出售或出租；但在此后，中餐馆声名鹊起，原先已经出售或出租了中餐馆的老板也后悔不迭。1975年，钟玖炎自来委后第一次回到中国，那时还待在家乡的钟永照也第一次见到自己的父亲。此后，钟玖炎几乎每年都回中国。[②] 像钟玖炎这样的例子肯定不在

---

① 笔者 2010 年 1 月 15 日在加拉加斯对钟永照的采访。
② 笔者 2010 年 1 月 15 日在加拉加斯对钟永照的采访。

少数。

饮食业是最为大众化的行业，世界各地概莫能外。最近几十年来，委内瑞拉的不少华侨之所以乐于经营餐馆业，一个突出原因是，委内瑞拉的特殊国情可以让餐馆业得到可观的回报。委内瑞拉矿产资源丰富，但农业、轻工业和制造业极不发达，80%的食品和大多数的轻工产品、日用百货均依赖进口。且餐饮业是华侨经营的传统行业，投资少，收益快，容易起家。因此，在委内瑞拉开餐馆、开商店和操办进口贸易就比较容易获得成功。不少华侨深谙经营之道，便投资餐饮业。他们大量进口和销售来自中国家乡或亚洲地区各种价廉物美的食品，故餐馆生意十分兴隆。

以下数字可以大略反映委内瑞拉华侨餐馆业的发展。1981年麻拉街华侨开的正宗餐馆（即杂碎楼）只有9家，到2010年初增到135家，而麻拉街的快餐店也已超过100家。1981年的华人超市不足40家，现在则超过400家。[①] 到2002年，在首都加拉加斯，有500多家规模不等的中餐馆，有的是正式餐馆，有的则属酒吧间或快餐店。[②] 另据不完全统计，2009年，在委内瑞拉16万以上的华侨中，不少人的经营领域集中于餐馆、食品店和日用杂货店。

在麻拉街，有三个"第一"是华侨创造的：第一家唐人超市，为君堂牛栏郑姓人开；第一家华人餐馆，名"银龙酒店"，为东城歇马人梁伟（音）1960年所开；第一家华侨快餐店，为圣堂人冯焕和所开。[③] 这些首创都与饮食业相关。

时代在变化。今天委内瑞拉的华侨餐馆也今非昔比。为迎合顾客需要，餐馆多设有卡拉OK，有的还设有舞池，中西结合。酒家的服务员多是训练有素的女青年。置身于此，有宾至如归之感。不仅是华侨，越来越多的当地人也喜欢光顾中国餐馆。很多当地人来了还再来，不仅自己来，还带家人和亲戚朋友来。[④]

委内瑞拉的中餐馆大小不等，经营的历史长短不一。历史久远者，可达半个多世纪；短者，则一个月到数个月不等。规模大者，已开数家分号，小型餐馆则是自给自足的"夫妻档"。[⑤] 最典型的就是近些年来一些新移民华侨开的单家独户、快餐店形式的"夫妻档"。例如，在麻拉街就有很多这样的"夫妻店"，简陋得似乎无以复加：一般只有一间5米乘5米左右大小的小铺，几乎所有的事情，包括营业、主人的吃住等，都在小铺里发生和处理。这类"夫妻档"快餐

---

① 笔者2010年1月8日在麻拉街对冯炎良的采访。

② 刘宏：《委内瑞拉：变了味的中国菜（唐人街）》，《环球时报》，2002年1月17日。

③ 笔者2010年1月8日在麻拉街对冯炎良的采访。

④ 黎惠权：《中国餐馆》，恩平报社编：《恩平报获奖新闻作品选集（1983—2003）》，北京：人民日报出版社，2004年，第92页。

⑤ 刘宏：《委内瑞拉：变了味的中国菜（唐人街）》，《环球时报》，2002年1月17日。

店多开在贫民区一个随便可以经营的地方，改变了过去快餐店清一色地开在商场里的格局。这种店不用交税，因此每天所赚高达七八百微翁①。当然，这类"夫妻档"没有休息可言，一年到头都在上班，也就是说从不下班。但由于贫民区治安混乱，也容易被小贼光顾。②

若稍做回顾就可看到，21 世纪以来，委内瑞拉华侨餐馆业的形势总的来说并不乐观。由于政局动荡，也由于人民收入减少，消费不旺，加上新餐馆不断涌现，同行竞争加剧，分散了客源，中餐业备受冲击。除少数中餐馆盈利外，大部分生意一般。

跟华侨商场一样，中餐馆的一大忧患是社会治安问题。由于委内瑞拉的中餐馆数量不断增加，故比较大的中餐馆也成为个别不法警察和地头蛇勒索甚至抢劫的目标。勒索现象由来已久，虽无法杜绝，但尚不算十分可怕。令中餐馆谈虎色变的主要问题是抢劫。2001 年 3 月 5 日，加拉加斯发生了一起经营中餐馆的华侨被杀的惨案。同年 9 月，位于首都巴洛斯格兰德斯区的中餐馆"美南"也遭到了抢劫。③

二、餐饮业在华侨经济发展中的历史地位与中委饮食文化交流

一百多年来，一批批华侨逐渐跻身于当地中产阶层之列。在这个过程中，餐饮业是很多人的必经阶段。最明显的例子是被华侨尊称为"茂叔"的工商巨子冯雪茂。

冯雪茂 1947 年由其在委内瑞拉谋生的叔父带引，申请移民委内瑞拉。初到委内瑞拉时，他从打工干起。由于工作勤恳，老板对之十分赏识，工资也比他人高。但他志向高远，不欲一辈子为人打工。1952 年，当有了一定积蓄后，他便在加拉加斯开了一间小餐馆。到 1956 年，他羽毛渐丰，便由经营餐馆转向经营杂货，旋进军房地产、兴办工厂。现在，冯雪茂的经营范围除了商业、工业外，还涉足房地产、银行、报纸、电视媒体等行业，仅豪华超市、百货就达 10 多家。

吴国樑是另一个例子。他 1952 年从恩平移民委内瑞拉，1959 年转到华恋社开店做生意，1967 年开始经营餐饮业，由此起家。

华人餐馆的男女服务生（华侨称"企台"）大多也是华侨，是旅委华侨就业的重要平台，也是华侨未来精英的重要前期"实习基地"。并非所有在委内瑞拉

---

① 微翁，恩平籍华侨对委内瑞拉货币单位 UNMILLON 的音译。1 微翁相当于 100 万玻利瓦尔。
② 笔者 2010 年 1 月 10 日在麻拉街对冯炎良的采访。
③ 刘宏：《委内瑞拉：变了味的中国菜（唐人街）》，《环球时报》，2002 年 1 月 17 日。

的华侨都能迅速发财，绝大多数人必须从底层做起，做服务生是较好的选择之一。很多人是从餐馆服务生做起，积攒到第一笔钱后，才开始自立门户的。少数人往往因此成功，成为大企业家。冯雪茂和吴国樑的例子便可明证。经营餐饮业的大部分华侨同经营超市、杂货店等行业的华侨一样，经过多年的打拼，已逐渐跻身于当地中产阶层行列，社会地位有了一定的提高。

近十数年来，通过不同方式来到委内瑞拉的中国大陆人迅速增多。不少人来委后，因找不到稳定工作，只能在餐馆里打短工，所得酬金仅够维持自身生存。有的人甚至来委十多年了，仍无力经营一门属于自己的小生意。

总的来说，委内瑞拉虽不是饮食的天堂，但中式餐馆色香味极佳的中国菜，依然在委内瑞拉催生出璀璨的"食文化"。在委内瑞拉任何一个城市的街道，以中西文标示的中餐馆招牌比比皆是。从开始时狭小的咖啡馆到有现代气派的中国式餐馆，主宰着当地人现时无法取代的中西合璧的饮食市场。经营中国式餐馆，是旅委华侨在委内瑞拉拼搏的一个里程碑。与同一时期兴起的杂货铺一起，全面刷新了华侨在委内瑞拉的打拼记录。

中国式餐馆在委内瑞拉兴起和发展有一个过程。以加拉加斯有名的丽景大酒家、聚贤大酒家、皇宫酒家为例，都是经营者不断追求美轮美奂的装潢并不断改善经营，生意才越做越红火的。有过辉煌年代的丽景大酒家的老板吴伟明1985年接管经营时，它还只是一家十分普通的大排档。[①] 荔园大酒家位于华恋社 CM 商场附近的繁华街道，是华恋社一家老牌酒家。2012 年，该酒家为适应潮流而进行了全面的升级改造。2014 年 11 月 8 日，经重新装修、全面布局的荔园大酒家开门迎客。重新装修和布局后的荔园酒家分上下两层，一楼有大、小餐厅各一个，二楼除有一个餐厅外，还有四个贵宾房，其中两个是 KTV 房，整个酒家可同时容纳 600 人就餐。据了解，该酒家中西结合，但突出中国特色，特别在菜色方面，除保留原有的烧猪等粤式名菜外，还隆重推出世人喜欢的川菜、湘菜等系列，以满足顾客的多元需求。[②]

委内瑞拉的饮食市场巨大，中国式餐馆如何与西餐馆平分秋色？如何在竞争中把自己的"食文化"发扬光大？在这两点上华侨大有作为，像经营杂货店那样，大显身手，创出奇迹。

在委内瑞拉历史发展的长河中，华侨餐饮业的发展带来了中委两国饮食文化的交流与融汇。今天，委内瑞拉华侨餐饮业已深深地融入当地人的社会文化中，

---

① 黎惠权：《中国餐馆》，恩平报社编：《恩平报获奖新闻作品选集（1983—2003）》，北京：人民日报出版社，2004 年，第 92 页。

② 《中西结合有特色，粤川湘菜同登场，荔园大酒家新张迎客》，《委华报》，2014 年 11 月 10 日。

成为当地餐饮业不可忽略的组成部分。

首先，委内瑞拉当地民众越来越接受和喜欢中餐。历史上，委内瑞拉长期是西班牙的殖民地，饮食上也受其影响，以面包、黄油、咖啡为主。华侨19世纪中期来委后，开荒引水，栽种蔬菜，后来还从中国引进了芥蓝、白菜、油菜、苦瓜、豆角、韭菜、生姜等菜种，同时也引进了较为先进的蔬菜栽培方法。年复一年，中式饮食逐渐改变了当地人的饮食习惯。今天，当地人对中餐已经到了情有独钟、不可或缺的地步。每逢民族节日，或亲朋团聚，甚至平常日子，均经常光顾中餐馆。

其次，中式饮食习惯和风格也已有若干改变，以适应当地人的饮食习惯。今天，为了更好地生存，华侨餐饮业者也转变思路，选用本土出产的食材，适应本土食客的口味，做出折中的改良，创造出中西结合的中餐，为招徕客人奇招迭出。委内瑞拉华侨中以广东人居多，其中又以恩平人占大多数。恩平人和其他广东人开的中餐馆以粤菜为主，但很多菜已经当地化。他们认识到，烹调时，在不改变中国菜肴整体风格的前提下增添一些西式调料，可以更好地适应非华裔消费者的饮食习惯和口味，也只有这样，才能在激烈的竞争中立于不败之地。例如，原来的中餐炒菜一般是用猪肉的，但为了适应当地口味而改为使用牛肉；又如，虽然菜名仍叫麻婆豆腐，但基本上已经感觉不到多少辣味。[①] 华侨餐饮业向越来越多的非华裔开放的过程，也就是其外向属性逐渐强化的过程。在这个过程中，华侨餐饮业突破了传统经营的种族和地域范围，对整个民族聚居区来说，拓展了市场，也增强了发展活力；对华侨来说，扩大了本民族的经济规模，拓宽了华侨的就业渠道。华侨逐渐学会了依靠更高的质量、更整洁的环境、更周到的服务去赢取顾客，直接目的当然是为了赚取更高的利润，但无形中也作为一个窗口，通过对非华裔消费者的服务，让外界了解华侨社会的卫生习惯、社交礼仪、口味爱好、价值观念以及竞争规则。这本身是一个文化交流的过程。

当然，当地人对中餐的认识，也有一个从浅到深、从局部到全面的过程。一般来说，中餐特别是粤菜的花式品种比较多，但正宗中餐，特别是标志性的、高档次的中餐菜式一开始并没有移植到委内瑞拉来。很长时间内，华侨经营的多是从农村带来的大众化中餐。端上桌面最多的，是简便易做的炒饭和炒面。在较长的时期里，委内瑞拉当地人对中餐便形成了某种偏见，认为中餐不是炒饭就是炒面。但是，随着中餐馆数量的增多，经营规模的扩大化，水准的高档化，当地人对中餐的认识便开始改变，特别是改变了中餐单调乏味的观念。

在今天很多委内瑞拉当地人在对中餐各有所好的同时，普通大众的喜好仍然

---

① 刘宏：《委内瑞拉：变了味的中国菜（唐人街）》，《环球时报》，2002年1月17日。

集中在炒饭、烧排骨、春卷和杂碎（杂锦）数种中餐菜式上。① 新乐酒家是一家中等规模的中餐馆，主人吴崇岳，广东恩平人，20 世纪 70 年代来委内瑞拉。他开的中餐馆，顾客仍以当地人为主，人们点得比较多的是炒饭、炒面、春卷、咕噜肉和叉烧肉等。② 也有个别了解中餐的人，点菜时比一般华侨还内行。

可以说，中餐的美味抓住了各种肤色的委内瑞拉人的胃，令他们折服且赞赏不已。就世界上很多地方对中餐的反应而言，中餐的内涵是很重要的市场元素，也让当地的非华人心驰神往。美籍华裔学者陈本昌说："中国食物，是与礼貌、美学、诗意有关联的，加之以哲学的传统，神秘的历史，民间的药品，及迷信的性学……"③ 精明的华侨餐馆老板若做足中餐文化内涵的文章，会让人感到意蕴深远，回味无穷。在这一方面，委内瑞拉华侨餐饮业还有很大的发展空间。

与此同时，华侨餐饮业要做大做强，还要不断创新，学习和引进先进的餐艺。在这方面，委内瑞拉华侨餐饮业界已经有所行动。例如，2015 年 4 月 20 日，第 38 期华侨华人社团研习班暨海外中餐业协会负责人特色班在北京的清华大学开班。本次研习班由中国国务院侨务办公室国外司主办，世界中国烹饪联合会、北京市侨务办公室承办。此次研习班邀请了 51 位世烹联海外会员代表，涵盖 20 余个国家。研习班作为海外中餐繁荣计划的重要组成部分，主要面向海外中餐业协会负责人开办。委内瑞拉全国华侨华人联合总会餐饮部长梁永钦参加并在班上交流了自己的经营体会。④

三、因应餐饮业而蓬勃发展起来的当代华侨蔬菜种植业

委内瑞拉自然环境优越，虽然农地面积仅占全国总面积 3% 左右，但气候温和，土地肥沃，农业生产尚曰丰饶。主要农产品以咖啡、可可、甘蔗、芋草、棉花、稻米、玉米、大麦、小麦、苎麻、马铃薯和豆类为大宗，人民以稻米、麦和玉米为主食。但委内瑞拉农业开发不足，民众娱乐意识浓厚，不惯农耕苦差事，加上耕作方法落后，农业发展水平低下。这给来自中国华南那些向来从事农务的华侨以大显身手的机会。不过，委内瑞拉的农业发展机会尚未为广大华侨所青睐。对于华侨来说，目前最吸引他们的是中餐业蓬勃发展而带来的蔬菜种植业及其商机。委内瑞拉当地人十分喜欢中餐。有趣的是，他们因喜欢中餐而爱屋及乌

① 笔者 2010 年 1 月 10 日在麻拉街对冯炎良的采访。
② 刘宏：《委内瑞拉：变了味的中国菜（唐人街）》，《环球时报》，2002 年 1 月 17 日。
③ 陈本昌：《美国华侨餐馆工业》，台北：远东图书股份有限公司，1976 年，第 36 页。
④ 《海外中餐业协会负责人特色班在清华大学开班，全委华联总会餐饮部长梁永钦参加并在班上交流》，《委华报》，2015 年。

地喜欢上了"中国蔬菜",又因喜欢"中国蔬菜"而连锁性地带动了委内瑞拉的"中国蔬菜"种植业的兴旺。这种情况在委内瑞拉越来越普遍。因而,来自华侨家乡的一些纯种"中国蔬菜"再次被引进委内瑞拉。

在委内瑞拉从事蔬菜种植业的华侨为数不少,他们或合伙,或个体,辛勤劳作,忙碌在田野上和市场里。值得注意的是,他们的收入并不比一般的打工者低,而且稳定无忧。委内瑞拉终年如春,气温跟华南家乡相近,尤其是委内瑞拉几乎没有洪涝灾害,因此种菜生计更有保障。

其实,蔬菜种植还是华侨在委内瑞拉从事的最早职业之一。华侨当初刚到委内瑞拉,所从事的行业有二,一是洗衣,一是种菜。由于语言不通,与当地人难以沟通,恩平人只能干别人不愿意干的职业。洗衣和种菜便属于这样的职业。但是,两者中究竟何者更早一些,今天已经没有足够的证据可供考辨。不过可以肯定,两者开始的时间相差无几。也可以粗略地认定,两者都是华侨在委内瑞拉所从事的最早职业。只不过是那时从事种菜的华侨人数稀少,且分散,种植者几乎来无迹、去无踪,难以形成一个"产业"(今天甚至难以判断它的服务对象是当地人还是华侨同胞),不像洗衣业那样成行成市。还可以肯定的是,当时华侨种菜的地方主要集中在麻拉街、加拉加斯、华恋社等沿海大城市的郊区。[1] 今天,委内瑞拉华侨又"重操旧业",或许让许多人有时光倒转之感。但今天华侨所从事的蔬菜种植业跟100年前不可同日而语。今天,除了使用现代化种植和管理手段之外,还因为它与华侨所从事的中餐业密不可分而发展势头良好。当然,由于委内瑞拉地域辽阔,目前还难以对这一产业进行科学的调查和统计,因此无从描绘出一幅清晰的图景。这里且以一个著名个案作为委内瑞拉华侨蔬菜种植业的代表。

从华恋社驾车沿巴基西梅托方向西行约50公里,在一个叫奇尔瓜(Chirgua)的地方,有一个委内瑞拉中国蔬菜生产基地,在当地十分著名。它开了华侨在该国成功种植"中国蔬菜"的先河。该蔬菜基地分布在附近几条山谷里。在山谷公路两旁,栽培着各式各样的中国蔬菜,包括大白菜、菜心、芥蓝、空心菜、豆角、苦瓜、青瓜、南瓜、芋头、萝卜等,品种繁多。菜地油绿青翠,一畦一畦,一垄一垄,绵延十数公里。

这个生产基地的麦姓主人为恩平人,1980年来委内瑞拉谋生。20世纪80年代初,他和亲朋好友在这里投资买地种菜。他们从中国进口蔬菜良种,在这里大面积种植,为各大中城市供应新鲜瓜果菜。在中国蔬菜生产基地发展过程中,加

---

① 黎惠权:《160年沧桑——委内瑞拉见闻》,恩平报社编:《恩平报获奖新闻作品选集(1983—2003)》,北京:人民日报出版社,2004年,第85页。

省华联会副主席吴子钦给予大力支持。

经过 20 多年筚路蓝缕的艰苦创业，蔬菜基地已经打响"中国蔬菜"的品牌。由于基地生产的蔬菜新鲜可口，质量好，符合卫生标准，不仅华侨喜爱吃，许多委内瑞拉当地人也十分青睐，因而，"中国蔬菜"在委内瑞拉大行其道，供不应求。蔬菜基地越办越大，所生产的优质蔬菜和瓜果源源不断地销往加拉加斯、华恋社、麻拉街、巴基西梅托、马拉开波等大中城市，有的甚至远销到与巴西、哥伦比亚相邻的委内瑞拉边境城市，为当地经济的繁荣作出贡献。今天，这个蔬菜基地已经形成从生产到运销的系列服务。麦先生的亲戚伍先生来自武汉，来委内瑞拉已十多年。他与妻子朱女士专门为麦先生运销蔬菜。在华恋社玻利瓦尔大街 CM 商场、肥文食店附近的中国蔬菜店，专售中国蔬菜生产基地生产的蔬菜。

中国蔬菜生产基地也带动了当地种植业的发展。基地除了华侨自己耕种外，还雇了不少当地人种菜，为委内瑞拉当地人提供了不少就业岗位。这些当地人在这里学会了中国蔬菜的种植技术，也纷纷在这里置地种起中国菜来。中国蔬菜生产基地由是成了委内瑞拉当地人学种中国菜的示范园。当地人除了种植中国蔬菜外，还大量栽种土豆、西红柿和大青椒，规模不断扩大，推动当地农业的发展。对此，当地政府给予大力扶持，银行贷款给当地人种菜，菜农收成卖完菜后再还贷款。应该说，中国的农业栽培技术是非常先进的，基因工程更是位居世界前列。而委内瑞拉的土地、农产品市场都很大，因此，中委两国的农业互补性很强，合作领域广，潜力巨大，前景广阔。[1]

第三节　以杂货（超市）业与百货业为主干的委内瑞拉华侨商业

一、华侨经营杂货业与百货业主要商品

委内瑞拉华侨在异国他乡为了求生存、谋发展，白手起家，经过几代人的艰苦拼搏，不少人由穷到富，逐渐成就了自己一番事业，站稳了脚跟，取得了一定的经济地位。他们从商大多集中在杂货业、百货业、餐饮业三大领域，尤其是在杂货业和百货业领域。前者主要是经营各种食用商品和部分日用品，后者主要经

---

① 莫成雄、冯炎良：《中国人异乡拓土：委内瑞拉"中国蔬菜"大行其道》，《委华报》，2006 年 3 月 6 日。

营日用品。

杂货，在委内瑞拉是指食用品，举凡果菜、肉类、副食品等，无所不包。出售这些商品的杂货铺，现在通称超级市场，当地人称之为 Super Mecado，华侨音译为"思卑觅窖"。杂货业是委内瑞拉华侨最重要的谋生行业之一。杂货的经营范围广，品种繁多，有"杂"的特点。杂货也是与人们日常生活关系最为密切的商品，在委内瑞拉华侨商业网页上，经常出现的杂货可包括以下商品，兹整理如下：

（1）食物类，有米（arroz）、面条（pasta 或 espagueti）、面粉（harina de trigo）、粟米粉（harina de maiz）、饼干（galleta）等；

（2）佐料类，有油（aceite）、盐（sal）、糖（azucar）、醋（vinagre）、酱油（salsa de soya）、番酱油（salsa inglesa）、番茄酱（salsa de tomate）、果酱（mermelada）、调味鸡精（cubito de pollo）、什调味料（condimento）等；

（3）饮料零食类，有牛奶（leche）、果汁（jugo）、蜜糖（miel）、糖果（caramelo）、矿泉水（agua mineral）、汽水（refresco）等；

（4）菜果类，有蔬菜（verdura）、水果（fruta）等。

这里所列，也不可能包括杂货的全部，但从这个清单可以看出，杂货是人民日常衣食住行须臾不可或缺的物品。

百货，当地人称 QOIXICALLE，华侨音译为"京解野"。委内瑞拉华侨经营的百货商品也很多，难以一一赘列，且将网上出现的常用百货开列如下：

（1）家庭日用品类，有香水（perfume 或 colonia）、牙膏（crema dental）、牙刷（cepillo dental）、洗头液（champu）、卫生纸（papel higienico）、镜子（espejo）、梳子（peine）、指甲刀（cortau）、针（aguja）、线（hilo）、剪刀（tijera）、剃须刀（afeitadora）、吹风机（secadora）、钥匙（llave）、钥匙扣（llavero）、电话（telefono）、电筒（linterna）、火柴（fosforo）、打火机（yesquero 或 encendedordecigarrillo）、塑料袋（bolsaplastica）、纸袋（bolsa depapel）、电池（pila）、扣锁（candado）、门锁（cerradura）、软橡筋（liga）、臭丸（alcanfor）、蜡烛（vela）、大蜡烛（velon）、雨伞（paragua）、太阳伞（sombrilla）、指南针（brujula）、礼物袋（bolsa de regalo）、礼物纸（papel de regalo）、桶（tobo）、大长桶（pipote）等；

（2）电器类，有电线（cable）、电灯泡（bombillo）、光管（tubo fluorescente）、灯座头（socate）、加长电插座（extension de cable）、多式插座（multi - tomas 或 regreta）、尺子（regla）、家用变压器（transformador）、电风扇（ventilador）等；

（3）工具类，有铁线（alambre）、螺丝刀（destornillador）、锤子

（martillo）、钉子（clavo）、夹子（pinza）、管道钳（llave para el tubo）、钣钳（llave ajustable）、胶布（cinta adhesiva，通常称 cinta celoven）等；

（4）厨具类，有锅（olla）、厨用打火机（encendedor de cocina）等；

（5）餐饮用具类，有玻璃杯（vaso de vidrio）、塑料杯（vaso plastico）、碟（plato）、纸碟（plato de carton）、匙（cucharilla）、叉（tenedor）、刀（cuchillo）、餐巾纸（servilleta）、茶杯（taza）、壶（jarra）、汤碗（sopera）、勺子（cucharon）、牙签（palillo）、托盘（bandeja）、牙钳（alicate）、整套餐具（vajilla）等；

（6）洁品类，有清洁精（lavaplatos）、洗地水（lavansan，其中一种主要牌子）、肥皂（jabo）、除腋臭水（desolorante）等；

（7）药用品类，有酒精（alcohol）、棉花（algodon）、棉花棒（hisopo）、苏打水（soda）、消毒剂（desinfectantc）、清凉油（mentol）等；

（8）个人衣戴用品类，有手表/钟（reloj）、（项）链（cadena）、手链（pulsera）、手套（guantes）、凉鞋（sandalias）、钱包（cartera 或 billetera）、帽（gorra）、袜子（media）、眼镜（lentes）、自行车（bicicleta）等；

（9）文具类，有文具盒（cartuchera）、白纸（hoja blanca）、铅笔（lapiz）、圆珠笔（boligrafo 或 lapizero）、笔记本（cuaderno）、铅笔刀（sacapunta）、文件夹（carpeta）、钉书机（engrapadora）、起书钉机（sacagrapa）、信封（sobre）、信纸（hoja de carta）、胶水（pega）、图钉（chinche）、蜡彩笔（creyon）、粗彩色笔（marcador）、黄色划线笔（resaltador）、放大镜（lupa）、墨水笔（pluma）、计算器（calculadora）、书包（bolso 或 morral）等；

（10）娱乐用品类，有音乐盒（caja musical）、收音机（radio）、电视机（televisor）、天线（antena）、耳机（audifono）、相机（camara fotografica）、照相胶卷（rollo para camara fotografica）、照片架（portarretrato）、照片册（album de foto）、磁带（cassette）、光盘（cd）、光盘唱机（repruductor de cd）、扑克牌（carta 或 baraja）、跳棋（dama china）、口琴（monarica）、橡胶球（pelota de goma）、篮球（balon de basketbol）、足球（pelota de futbol）等；

（11）玩具类，有玩具（juguete）、（玩）娃娃（mu）、移（ca）、（玩）短枪（pistola）、（玩）长枪（escopeta）、（玩）剑（espada）、（玩具）车（carro）、（玩）火车（tren）等；

（12）烟草类，有香烟（cigarrillo）等。

委内瑞拉国内也按百货商品的燃烧特性，将之分为易燃商品、可燃商品、难燃和不燃商品三大类别，兹录之供参考：

其一，易燃商品，包括用硝化纤维、赛璐珞制成的乒乓球以及眼镜架、指甲油、手风琴、三角尺、漆布和日常生活用的酒精、花露水、打火机用的汽油和丁

烷气体、樟脑丸、油布伞、摩丝发胶，还有蜡纸改正液、补胎橡胶水、强力胶、鞭炮等。有些易燃商品还有自燃的特性，如赛璐珞制品等，应按化学危险物品的要求储存。

其二，可燃商品，包括各种棉、麻、毛、丝等天然纤维和人造纤维的纺织品；各种皮革、橡胶和塑料制品；薄、册、纸张、笔等各种文教用品以及各种可燃材料制成的玩具、体育器材和工艺美术品等。可燃商品的着火点一般都比较低，遇到火种和高温就会燃烧，其中的棉、麻织品，即使在堆捆的条件下，也会阴燃。在扑救这类商品火灾时，用水浇熄表面火焰之后，还会出现复燃。

其三，难燃和不燃商品，包括钟表、照相机、缝纫机、自行车、日用五金；各种家用电器以及瓶装的药品，还有搪瓷、陶瓷、玻璃器皿、铝制品等。难燃和不燃商品本身是用难燃或非燃材料制成的。但是，商品的包装材料都是木材、稻草、麻袋、纸板箱等可燃物，大件家用电器的包装箱内还使用极为易燃的且燃烧后产生有毒气体的聚苯乙烯泡沫塑料作填充保护物，同样会发生火灾。在发生火灾时，这些商品虽然不至于完全烧毁，但因受热、受潮，也会造成严重损失。

上面所列，不能肯定是否已经包括了委内瑞拉华侨经营的百货商品之全部。但不难看出，百货用品所涵盖的范围比杂货更广。杂货一般只指"衣食住行"四大类中的"食"一大类商品，而百货则囊括了另外三大类商品，此外还可包括其他的"另类"。

二、对早期华侨杂货铺功能的推想

做杂货业，本钱可大可小，生意亦可大可小，因而较易发展。其分布面也广，均为当地民众所需。在海外，对来自中国的杂货需求最迫切的，首先是乍到一地的华侨。他们刚从中国出来，衣食住行仍保留在中国家乡时的习惯。因此，他们所购杂货，多有来自中国者。这也是车站、码头和新华侨聚居处最早出现小摊、小贩和杂货小店的原因。

委内瑞拉华侨杂货铺的出现，是华侨开始告别最初种菜、洗衣时期的散居模式，聚居程度有所增强的重要标志。早期的华侨杂货铺，实际上是华侨情有独钟的物资供应站。由于委内瑞拉与中国交通极为不便，故委内瑞拉的一个杂货铺里所摆放的，往往是当地土货，但也应有一些辗转来自家乡的杂货。究竟那时委内瑞拉的华侨杂货铺里摆放哪些来自中国的杂货今已不可考。但若以美国等地的华侨杂货铺作参照的话，可举的中国物品有如铜壶、铁锅、葵扇、药材等生活用品，以及咸鱼、茶叶、腊肉、米酒等食品。不管如何，那个时候，当地或远处华侨定期或不定期到杂货铺来采购所需商品，"唐山货"肯定是抢手货。

　　睹物思人、思乡、思家，乃人之常情。杂货铺既是一个休息、娱乐、传播信息的聚会场所，同时也是他们消除孤寂、排解乡愁之地。一些乡亲或还择日来此享乐"挥霍"一番，或还有人来这里委托回乡的人把自己辛苦积攒的一点钱带给家乡的亲人。一批批的华侨集中到杂货铺来，既形成了一个消费群体，获得了一个稳定而独特的消费市场，也造就了华侨集散的枢纽与平台。所有这些，带有合理想象的成分。可惜，现在已不可能在委内瑞拉找到这方面的历史资料，这里仅摘引一段美国西雅图一位华侨的回忆供参考：

　　"有些华人商店是做买卖的，有些根本不做买卖，只在店门口挂个招牌，以吸引华人来聚聚。不仅亲戚们愿意来，谁都愿意来聊聊，谈天说地，或者教小辈们应当做些什么事和该怎么做等。有时他们还互相交流国内来的消息。比如我们村里如果有什么事，人们会写信告诉我们，我们在这儿的人便凑到一起商量出个办法，然后给村里写封回信。所以你看，我们常聚在一起聊聊，不然的话太寂寞了，也太闭塞了，什么事都不知道。"[1]

　　人同此心，世同此理，当年委内瑞拉华侨的心态如何，人们读了这段话，可以加深认识。当然应该看到，这位西雅图华侨回忆的是 20 世纪 40 年代以前的事，那时还是"唐山货"非常充裕的时候，1949 年以后，这种情况有了很大的改变。中国大陆与外界的直接联系基本上隔断了，直接的"唐山货"已很难得到。但是，间接的"唐山货"（例如来自香港），乃至冒牌的"唐山货"相信仍会不绝于市。对于身处天边的海外侨胞来说，即使看到冒牌的"唐山货"也比看不到一点"唐山货"要强。毕竟，它可以聊解乡思。所以，20 世纪 50 年代以后，通过看"唐山货"、买"唐山货"来睹物思乡的现象不会马上消失。当然，对于委内瑞拉来说，杂货业的兴起是 20 世纪 50 年代的事，西雅图那位华侨所回忆的"标准"场景不会在委内瑞拉全盘"复制"。但不管怎样，通过看"唐山货"来睹物思乡，不应只是存在于西雅图华侨中的"童话"。

　　如果说委内瑞拉早年杂货业的西雅图"童话"还是属于一种合理想象的话，那么，现在仍然存在的加拉加斯等地的"恩平墟"便留下了这种历史现象的余晖。

　　在委内瑞拉首都加拉加斯中华会馆院子内，有一个华侨称之为"恩平墟"的集市。它经历了一个很长的形成过程。早些年，一些恩平人为满足乡亲的需求，在恩平人出入较多的街边摆卖恩平人喜欢的食品和日用品，从而形成了最初的"恩平墟"。但临街摆卖影响交通，为当地城管所禁止。2000 年，委京中华会馆购买下现址后，为侨胞着想，在会馆的院子里开设了"恩平墟"，从而结束了

---

　　①　张国雄：《唐人街经济结构中的五邑华侨因素》，《五邑大学学报》（社会科学版）2002 年第 2 期。

临街摆卖的历史。现在的"恩平墟"球场般大，共有 38 个摊位。摊位都是临设的，只有星期天上午才开市。租用者可在这个时间段内在划定的摊位上摆卖。

在每个星期天上午，"恩平墟"熙熙攘攘。来"恩平墟"的几乎都是恩平人，听到的都是恩平方言，满眼都是从家乡通过国际贸易运来的恩平货或恩平人喜欢的商品，如恩平米酒、恩平味精、恩平蚝油、恩平米粉等。因为口味难改的缘故，恩平商品在这里特别受人青睐。有些商品虽不是恩平生产制作的，但只要其生产制作方法属于"恩平式"的，如豆腐、烧鹅、烧鸭等，恩平华侨就乐意去买。

"恩平墟"是乡亲聚会的极佳场所。在市场出口，一些乡亲把买好的东西放在一边，三三两两围在一起闲聊，有的干脆走进旁边的新乐酒家聚会。一周一度的大采购和相聚，不仅使"恩平墟"增添了商机，而且也使"恩平墟"充满了浓浓的乡情和亲情。通过"恩平墟"，恩平人保持着纯纯的乡音乡味和浓浓的乡情乡思。

不仅加拉加斯有"恩平墟"，其他一些城市也有。例如在华恋社，"恩平墟"也人头涌动，一派兴旺。[①] 虽然这些"恩平墟"的历史都不是很长，但可以折射出历史上委内瑞拉各地可能存在的"恩平墟"的影子，也可以感悟到历史上委内瑞拉华侨杂货铺的多重功能。

早年华侨杂货铺有一个功能往往容易为人忽略，即杂货铺的出现有利于孕育和形成一个松散的华工劳务市场。在华侨与居住地民族语言不通、交往闭塞，同时存在着程度不等的种族歧视的阴影下，华侨来到一个偏僻落后的国家谋生，往往收入低、工时长、工作条件恶劣，他们总是希望找到一份相对好的工作。在没有杂货铺的时代，他们找工作只能通过个人关系，只能看机会、碰运气。在有了杂货铺以后，向他们提供就业信息的渠道就扩宽了，就业机会也就增大了。这样就在一定程度上使存在着语言障碍、文化教育程度低、对当地社会缺乏了解的华侨省去了很多寻找工作的时间和精力。当然，经常来杂货铺的人，肯定以同村同乡者居多。在这个意义上，杂货铺具有某种乡帮色彩。不同行业的雇主也喜欢通过杂货铺招工，因而，杂货铺"劳务市场"具有某种工人、业主互利互赖的属性。在别的国家，这种功能是由"唐人街"担当的。但在委内瑞拉没有真正的"唐人街"的情况下，这一功能有可能由杂货铺来担当。上述情况，仍然带有合理想象的成分，还需要系统翔实的历史资料予以证实。

---

① 黎惠权：《工商翘楚冯雪茂——委内瑞拉见闻》，恩平报社编：《恩平报获奖新闻作品选集（1983—2003）》，北京：人民日报出版社，2004 年，第 108 – 109 页。

三、华侨杂货从业者的角色：流动小贩、固定摊贩或小商

早期华侨的经济结构按从业人员状况分析，主要由三部分人组成：一是经营进出口贸易的商人；二是开餐馆、洗衣店、杂货铺等服务行业的小业主；三是工人，为各行业华人业主提供劳动力。从产业结构来看，在较早的时期，肯定是洗衣业和餐饮业的业主人数为多。到20世纪50年代以后，杂货业主和百货业主的人数才逐渐增多。当然，早期华侨服务业还包括其他行业，如屠宰店、肉店、铁铺、水果店和其他各种零售商店等。但这些行业所需资本不多，雇用工人较少，经营规模较小，故与洗衣业、餐饮业以及杂货业相比，便是零星存在。所以，洗衣业、餐饮业以及杂货零售业是当时的三大"支柱产业"，它们吸纳了到委内瑞拉来的大部分华侨人力资源。

历史上，出国华侨在居住地多以商业谋生，而华侨商业又以小商贩著称。所谓小商贩，它包括零售商店、小杂货铺、市场摆摊、走街串巷以及在乡村叫卖的人。在海外华侨史上，其人数之多，分布之广，作用之大，是任何别的行业所难以企及的。直到今天，在不少经济发展落后、交通不便的国家，这种情况仍司空见惯，在委内瑞拉华侨史上，也应如是。不过在以小岛屿为基本居住地的荷属加勒比地区，杂货的销售形式就有所不同，固定的零售商店、小杂货铺、市场摆摊肯定存在，但走街串巷以及在乡村叫卖的人就不见得有，且参下篇所述。

长期以来，华侨小商贩是构成华侨商业的主体，在整个华侨职业结构中占重要地位。所谓小商贩，包括流动小贩、固定摊贩、小商。流动小贩和固定摊贩属于小商贩的低层，而小商则是小商贩群体的高级形式。不管是流动小贩，固定摊贩，还是小商，对于促进华侨内部经济的发展以及推动居住地的经济发展和社会进步，都功不可没。

流动小贩：所谓流动，是因为无固定的买卖地点，哪里有生产，哪里有市场，哪里就是买卖地点。他们属于小商贩的一种最低级经营形式，绝大多数属小本经营。在中国乡村，他们通称货郎或小贩。就经营地域来说，他们的足迹遍及山区、农村的偏僻地带；就经营货品来说，则包括什货、百货、蔬菜等日用品（通常为销售）和土特产（通常为收购）；就经营方式来说，有肩挑，有用小推车（或单车），有用双腿走街串巷等，不一而足。一般来说，他们都是售卖与收购并行。

固定摊贩：既然曰固定，则他们一般都有固定的摊位和营业时间。他们也属小本经营，多在政府当局指定的集市地点，与其他小商贩包括居住地民族小商贩混杂一起，设摊经营。一般是人在摊存，人走摊撤。固定摊贩跟流动小贩一样，

勤奋、节俭是其美德，也是其取得成功的主要优势。

小商：也就是坐商性质的小零售商。小商有几大特点，其一，通常有一个铺面或店面从事商品买卖，这是与固定摊贩不同之处。其二，经营货色品种较多，所售货物多为日常生活有关的必需品。其三，多为家庭或家族式经营，或夫妻店，或父子店，或亲属店，很少雇用工人或店员。其四，营业时间长，尤其是小商店，夫妻、父子或亲属常常轮流"站岗"，少数小商还雇有一二同乡或其他华侨。所有店员几乎昼夜不分，夜以继日，随叫随卖。在家庭/家族制经营模式下，杂货铺一般实行集权管理。集权管理的特点是，没有所有者与经营者分离的概念，但有家庭/家族成员角色分工的意识。例如，做丈夫的，既是业主，又是经营管理人员，还是对外联系的业务员；做妻子的，主要担当工人的角色，也承担一定的管理事务；如果雇用了同乡，则被雇佣者的唯一身份就是工人。其五，销购结合，特别是在穷乡僻壤，普遍如此。他们大都一身二任，既销售日用小商品，也兼收购当地土特产品。勤奋、节俭和善于理财，是华人小商的独特优势，但他们与流动小贩和固定摊贩一样，与居住地民族在语言、习俗等方面存在着天然的障碍。这一方面在委内瑞拉尤为明显。但相对而言，小商的经济地位较小贩高，其资金和营业额比流动小贩或固定摊贩大，一般有自己的店铺，经营规模则有大、中、小之分。在城市中，资金较多者，也有少量雇工，层次较高者，则向商业企业家转变。一般来说，杂货铺主的资金来源相对容易一些，因为他们资金充足，较容易得到别人的赊欠和代销。

根据目前所接触到的材料，委内瑞拉的华人杂货铺（店）主大多应属小商一类。与其他地区的华人杂货铺相比，最大的区别可能是上面说的第三点，即委内瑞拉历史上的华侨杂货铺很难做到家庭或家族式经营，原因是他们初时多是只身赴委，一般都把妻子留在家里照顾父母公婆和一家老小，自己漂洋过海赚钱去，原打算赚得差不多便打道回府，根本没有在海外长期驻扎的计划。当然，也有一些华人在居留地娶当地女子为妻，目的是在人生地不熟时尽快打开商业局面，是一种十分现实主义的利益考量。可以想象，那些在委内瑞拉另娶（或临时娶）一个"土著"妻子而后共同经营的杂货铺，都实行家庭或家族式经营。他们一般是来委时间较长的华侨，经营的杂货铺规模也比较大。

一般来说，作为杂货铺主的小商从做流动小贩、固定小贩，或做店员的实践中积累了一定金钱和经验，才开设小商店，成为杂货铺主的。这种模式，属扩大式经营。但委内瑞拉杂货铺的历史依稀表明，更多的杂货铺主不是走扩大式经营的道路，而是走"跳槽"式经营的道路，即从种菜园主（员工）、洗衣店主（员工）、咖啡馆小老板（员工），餐馆小老板（员工），一个"华丽转身"，成为杂货铺主。因为开杂货铺所需的资金远较前几个行业大，所以能够"跳槽"经营

杂货铺的，一般都是在经营种菜园、洗衣店、咖啡馆或餐馆时有一定积蓄的人。还有一点应注意的是，"跳槽"经营杂货铺的人不一定都破釜沉舟、义无反顾。一些人也心思活络，积极进取，如果经营杂货业成功，便不安小成，希望进一步上升为批发商。如果经营失败，则爬起重来，再从小贩或店员做起。

一个问题是，在委内瑞拉的杂货业发展史上，有没有流动小贩和固定摊贩两类商人存在？在理论上，这不应是个问题。但委内瑞拉早期华侨商业有其特殊性。主要表现在，委内瑞拉社会发展缓慢，商品经济起点低，市场需求有限，销售网络不大；加上华侨人数稀少，也较分散。他们主要来自乡村，受教育无多，与居住地民族存在着天然的语言隔阂和心理屏障；还有，他们赚钱心切，短期意识重。所以，他们的活动范围有限，在有的地方，活动范围甚至只局限于华侨群体内部。因为早期华侨群体的活动空间窄，很可能还不能冠之以"社会"一词，每个成员"自力更生"的生存方式比较普遍。是故，严重限制了流动小贩和固定摊贩的生存空间。不过，固定摊贩与小商（杂货铺主）的区别不是很大，有时候甚至很难找出两者的分野。因之，如果不刻意区别两者的特征的话，早期委内瑞拉华侨中也可以说存在过固定摊贩。当然，随着时间的流逝，特别是随着华侨与居住地民族关系的亲近，杂货铺也逐渐成为当地民众的光顾对象。为了就近销售其产品，免去长途运输的麻烦，一些杂货铺还兼销兼购当地土产品。

在华侨来到委内瑞拉后的一段时期，委内瑞拉基本上仍然是一个农业社会，商品化程度很低，大体上以小商品生产占优势，产生出来的产品基本上都是劳动高度密集型手工业品和当地农产品，且生产与消费均很分散。这时，华侨杂货铺的出现，便适应了地方市场流转的客观需要。

但从委内瑞拉杂货铺的历史来看，收购产品的分级加工、保管以及短途运输等生产活动和流通环节比较薄弱，因而难以充分满足各类消费者的不同需求。委内瑞拉对进出口的依赖十分严重。随着市场的不断扩大，分散的小生产与集中的大量出口的矛盾，以及集中的大宗进口与分散的消费市场的矛盾越来越突出，需要有大小商贩组成的商业网来解决。

华侨喜欢经商逐利，在早期则喜欢做小商贩。他们当初出国，就只有一个愿望，那就是通过劳动赚钱、积攒钱财，汇回国内，赡养家眷，光耀乡里。这种动机使华侨选择行业时十分重视经济效益，而经商收益多、周期短、灵活性强、赚钱快，适应了他们的需求。因此，在委内瑞拉，当地民众的消费观与华侨的经商心态和行为形成了十分强烈的反差。对于华侨杂货业的来说，这种反差是至关重要的，它使委内瑞拉华侨比其他国家的华侨更容易从商业活动中取得成功。杂货铺，成了华人取得成功的一个高峰。华侨在杂货行业乘势而上，是20世纪50年代以后的事，至今，已经稳稳地占领委内瑞拉杂货行业的半壁江山。

四、华侨杂货业与百货业的成长与现状

委内瑞拉杂货铺的生成过程与其他国家明显不同。一些国家的华侨杂货铺与其他行业的生成具有相对的同期性。如在美国，当华侨中的一部分人认为淘金不是唯一的致富之路以后，便在码头、车站摆起小摊做小生意。码头、车站人流熙熙攘攘，车水马龙，不少人还是刚刚抵达异国他乡的同胞。他们充满好奇，兴奋而又疲惫不堪。摊贩们便向这些初来乍到的同胞高声吆喝，招徕生意。也有一些华侨在矿区或筑路工地附近城镇开个杂货店铺，或者在店铺里做佣工来赚点钱。于是，这些城镇里便出现挂着外国人感到新鲜而不解其意、如图画般龙飞凤舞的方块汉字招牌的店铺和中国餐馆。一些华侨后来又从矿区或筑路工地回流到码头、车站、城镇。显然，这种现象是典型的"唐人街"形成模式。

但在委内瑞拉，杂货铺的出现背景可能不一样。委内瑞拉历史上没有出现过真正的"唐人街"。华侨洗衣业主、餐饮业主和杂货业主并非平行出现。杂货业主往往是在经营洗衣业和餐饮业赚得一笔资金后，才转营杂货业的（当然也有一些人在洗衣、餐饮等行业打工赚得一笔钱后就直接经营杂货铺）。也就是说，相对于种菜、洗衣和开咖啡馆等行业而言，委内瑞拉华侨的杂货业具有明显的"后期性"。在委内瑞拉华侨中，洗衣业主、餐饮业主和杂货业主虽同属小业主阶层，但早期的杂货业主显然比洗衣业、餐饮业等行业的业主更富有。委内瑞拉华侨杂货业主的成功一般都要经过从打工（原始积累）、零售到批发的过程。例如，有一位华侨叫作岑鹏，人们称他"鹏叔"。他出生于江洲太平里村，20世纪50年代从中国内地到香港，后又从香港只身到委内瑞拉加拉加斯谋生。岑鹏起初打工，后来做杂货生意，从零售到批发，生意越做越红火，加拉加斯的许多侨商和一些零售商都是通过他的档口进货的。他有一套经营贸易生意的经验，且为人厚道，乐于助人，受到委国华侨的称赞。岑鹏已故，其子岑文锐继承父业，继续拓展他的贸易王国。①

没有任何记载告诉后人，委内瑞拉早期的华侨杂货铺是什么模样。但有一点可以肯定，最初卖杂货的店铺、商摊是非常简陋的。清政府驻美国华盛顿公使张荫桓写道："华人来金山始居之地，初本海滩，支布棚以避风雨。商务渐拓，沿海沙砾逐年填筑，遂成冲衢。"② 张荫桓这里说的是美国，但可以作为合理推想早期委内瑞拉华侨杂货铺的参考。张荫桓说美国华人杂货铺是"支布棚以避风

---

① 据江门市外侨局网站资料，http：//www.jmwqj.gov.cn。
② 张荫桓著，任青、马忠文整理：《张荫桓日记》，上海：上海书店出版社，2004年。

雨"，意即由几张帐篷支起来作屋舍，对委内瑞拉当初的华人杂货铺也可作如是想象。

杂货业的发展往往会给一个都市带来繁荣。委内瑞拉的十字港市便是一个典型例子。这是一个港口城市，连接巴塞勒那市，已有几百年历史。早在20世纪20年代，就有华侨在此居住，与当地人民友好相处。但20世纪80年代新一代华侨的大规模涌入，改变了这座中小城市的人口结构。很大一部分华侨从事杂货业与百货业，举凡食品、烹料、电器、日常化妆品等，应有尽有，琳琅满目。杂货业与百货业既给华侨带来了生财的机会，也给这座城市带来了繁荣。十字港市有一条 ESPERANZA 街，长不过约400米，没有多少高新建筑，却有100多家商号，其中华侨商号近40家，而且大多门面讲究，里屋阔大，商品丰富。很多商号都与附近省市有业务批发联系，每天进出物品很多。这里的货物辐射附近几个省市，使这条街成了这座城市和邻近地区的批发销售中心区和商贸中心区。走在街上，随处可见华侨面孔和来自中国大陆、港澳的产品，听到耳熟能详的"唐话"。十字港市可说是一个因华侨杂货业而注入活力的城市。①

百货用品是人们日常生活中须臾不能缺少的，对于一个家庭来说，百货用品交易频繁而无定时，因而百货业拥有固定客户，是一个消费群体大而广、交易量多且繁，本质上靠薄利多销赚钱的行业。华侨经营百货业，虽然可以稳定地赚钱，但同时也非常辛苦且必须小心谨慎，常常需要一天工作十多小时，甚至节假日无休。因此，他们需要善待每一个客户，千方百计地稳住和扩大客源。百货业这些跟杂货业相近的特点，决定了华侨同样是最适合经营的群体，与重视消费和享受的委内瑞拉当地民众形成十分恰当的互补关系。

也许委内瑞拉华侨经营的百货业与其经营的杂货业最大的不同在于货源的区别。华侨经营的杂货很大一部分来自中国（特别是恩平市等地），这种情况在21世纪以来越来越明显；而他们经营的百货要不是委内瑞拉本国生产，要不就是来自邻近国家和地区。在过去数十年中，委内瑞拉相对忽视基础工业建设，导致本国工业基础落后。今天，很多工业用品包括百货商品均靠进口（其实不独委内瑞拉，很多南美国家都是如此）。这样，由于货源的原因，杂货业与中国的联系就比百货业，也比其他各个行业更为密切。

委内瑞拉华侨与家乡的这种关系可分两个层面。其一，他们早去委内瑞拉打拼，赚得些许钱财后，将其中一部分寄给家乡父母养家糊口；其二，利用他们与家乡熟悉的人脉关系，开展货物贸易，主要是从家乡将委内瑞拉所需的日用商品

---

① 广东省海外交流协会委内瑞拉、哥伦比亚访问团：《ESPERANZA 街：年青一代华人创造的繁荣——赴委国、哥国访问团专题报道之十》，广东侨网，2003 年 11 月 27 日。

运到居住地销售。由于委内瑞拉是个十分典型的轻工业品进口国（当然还包括很大一部分农产品），华侨在经营两国贸易方面历来大有可为。这是过去多年来通过华侨进行的委中民间贸易顺风顺水的基本原因，也是委内瑞拉华侨多在居住地从事杂货业（京解野业）的基本原因。

杂货、百货业与街市息息相关。委内瑞拉的街市所集散的不仅仅是农副产品，还有工业品，种类齐全。那些经营杂货百货的街市是他们进货的主要渠道，每天都要从这里源源不绝地补充所需所缺货物。

有人认为，在委内瑞拉乃至整个南美，最大最规范的街市在巴基西梅托。与加拉加斯的街市相比，巴埠街市更显出批发市场硬件的特有优势——庞大的停车场，宽阔的街道和井井有条的商铺，进货出货的商人与车辆来回穿梭，秩序并然。走进街市，即使顾客盈门，也没有加埠街市那样的杂乱和拥挤。据 2001 年前后统计，从这里批发的食用品，在委内瑞拉的市场占有率起码达 60%。①

委内瑞拉华商与当地的商务关系也正保持良好的发展势头。一个例子是 2009 年委内瑞拉华恋社国际农机商品展销会上，华商首次被邀参加，并设"中国馆"，且破例展出非农机商品的中国产的系列商品，可谓别开生面。这次展销会于 11 月 6 日下午 6 时在地处委内瑞拉中部的商业城市华恋社郊区的巴沙多罗（Pazatoro）隆重开幕，场面热闹非凡。"中国馆"展出东风牌汽车、摩托车、家用电器、音响设备、餐厨用具、景德镇陶瓷、圣诞礼物、儿童玩具和日用百货等系列产品。品种多样、琳琅满目的"中国货"成为一道亮丽的风景线。此外，馆内还设有一间唐人餐馆，让观众可品尝到别具中国风味的中餐。别开生面的设计和品种多样、价廉物美、具有中国特色的展品，受到中外参展人员的好评和欢迎。"中国馆"内每天都是人头攒动，很多委内瑞拉朋友还一而再，再而三地携家眷、邀朋友前来参观。展销会虽一年一度，但设"中国馆"属首次。华恋社市长、当地政府高官以及特邀嘉宾——中国驻委内瑞拉大使馆张拓大使和陈平参赞等出席了开幕式。华恋社中华会馆武术队的队员们进行了栩栩如生的双狮表演。大会的烟花是由华侨赞助的。委中贸易商会独资赞助 100 多微翁的烟花盛会。委中贸易商会的善举，受到了华恋社市长的肯定和赞扬。负责主办"中国馆"的委中贸易商会负责人陈坚辉、陈伟嶙说，展销会说明当地政府和展会对华商的重视和友好。委中贸易商会参与当地的展销会设立"中国馆"，取得了很好的成效和社会效应，是旅委华人逐渐融入当地社会的一个良好开端。②

---

① 黎惠权：《街市 杂货 百货》，恩平报社编：《恩平报获奖新闻作品选集（1983—2003）》，北京：人民日报出版社，2004 年，第 89 页。

② 《委华报》资料。

五、华侨杂货与百货业内部发展趋势与存在问题

就海外的总体情况而言，华侨最初为了谋生，又缺少技术与资本，只能从事最简单的谋生职业，即所谓"三把刀"：裁衣刀、菜刀与剪发刀。随着时代的变迁，第二代华商与新移民的大量流入，华商已经从过去单一的中餐业、制衣业开始逐步涉足外贸、电子、高科技等领域，金融、房地产、高新技术、律师、会计师等行业都已成为其涉足的领域。华商经济正呈现出多元化、科技化和趋于资本密集型等发展趋势。但从总体上讲，全球99%的华商仍在从事资产规模小、技术程度低、竞争力弱、经济效益差的零售业、餐饮服务业、中医针灸等职业。中餐业目前仍是华商最普遍的职业。

实际上，上述发展历程在委内瑞拉没有走完，有的环节甚至没有发生过。比如，"三把刀"就不是委内瑞拉华侨曾经走过的路。靠"三把刀"谋生虽然属于"下位"，但其优点是职业接触面广，不仅要接触华侨内部，也不同程度地跟当地居民发生关系，不但有利于华侨社会内部的整合和利益共生，反过来也有利于华侨社会的发展。委内瑞拉早期华侨做的是种菜和餐饮业，各自为生的情况比较普遍，难以在华侨社会内部形成利益共生圈，对华侨社会的发展不利。在这一阶段，华侨杂货业在委内瑞拉仍处在大发展时期。华侨开办的小超市、小百货店已超过5 000家，16万华人中有2/3的人靠此谋生，因此才有机会形成一个利益共生的华侨社会。可惜由于历史和现实的原因，委内瑞拉华侨社会内部的矛盾和冲突也十分复杂，其程度不亚于其他国家的华侨社会。

委内瑞拉华侨杂货业和百货业可分三种情况，一是只做零售；二是只做批发；三是既做零售又做批发。不管哪一种情况，其最大特点是家庭式经营，以小型业主居多。这样，两大行业在全国虽然占有主要市场（有的省份甚至达到50%以上），但是各自实力并不强，与委内瑞拉本地人所经营的相比，存在着资金、市场、价格和进货渠道等方面的劣势，加上语言不通，或多或少受到歧视，华侨在这两大行业中处于不利的竞争地位。为了避免委内瑞拉国内大公司的挤压，一些以经济利益为纽带的行业性华人商会应运而生。委内瑞拉第一家行业性华人商会——加省华人杂货同业商会，是1982年在华恋社成立的。

委内瑞拉华侨超市多，对华侨和当地人来说是好事。超市多可以使消费者买到尽可能便宜的商品，而对超市来说则难免会爆发价格战。但是，各地的超市经营情况都证明，价格战的实质就是对企业的管理。如果要把较便宜的商品推向市场，说到底，必须依靠严格的管理。严格的管理可以使商场实现"零浪费"，而"零浪费"才能使商品的价格降到最低，才是超市在价格战中取胜的保证。华侨

超市的竞争是非常激烈的。在竞争中，肯定会有成功者和失败者，潮起潮落，优胜劣汰，那些管理不善、缺乏竞争力的企业被淘汰出局，最终会有利于市场的发展。

进入 21 世纪以来，委内瑞拉杂货行业出现了大联合的趋势，其突出标志就是 2001 年 3 月委内瑞拉全国性的华人超市行业组织——委内瑞拉华人超市联合会的成立。在此之前两个月，华恋社、麻拉街、巴基西梅托、十字港和阿卡里瓜 5 个城市的 6 个华人杂货同业商会的 16 位负责人在华恋社举行了 3 次联席会议。他们讨论了当前委内瑞拉的经济环境和商业发展的趋势，认为形势逼人，成立华人超市联合会是大势所趋。只有成立超市联合会，才能加强全国华人杂货同业商会之间和广大会员之间的团结，彼此互通信息，互相关照和支持，并在必要时采取联合行动，增强凝聚力和在市场上的竞争力，在维护会员的合法权益方面发挥比商会更大的作用，取得更好的效果。①

就委内瑞拉华侨杂货业而言，虽然发展很快，但也存在不少隐忧。除了存在上面说到的大部分新移民经商者为小本经营，在资金、市场以及语言方面与本地企业竞争存在差距等问题外，还存在部分行业高度密集，导致华商竞争激烈，以及治安状况恶劣等问题。委内瑞拉华侨商店接二连三遭到当地人哄抢，是华侨挥之不去的心头隐痛。未来发展的方向是华侨与中国进行联系，物美价廉的中国商品会给华商带来了更多更大的发展空间。总体上看，由于经济的互补性较强，华商依托中国在委内瑞拉，乃至中南美洲还有很大的拓展空间。如何优化贸易结构，提升产业层次，团结互助共同维权，是华商发展需要面对的长久话题。

委内瑞拉华人商业曾在"风正一帆悬"的顺境中度过了黄金的二三十年。但 20 世纪 90 年代中期以来，委内瑞拉华人商业已经好景难再。究其缘由，在于委国政局的长期动荡。虽然政府的一系列社会主义主张和施政获得了较多人民特别是穷苦百姓的拥护和支持，但政府的政策在委内瑞拉绝大多数华侨中也备遭议论。华侨最关心也是最现实的问题，还是他们的处境。委内瑞拉通货膨胀率狂涨，为南美最高，也是世界最高，但人民收入无法跟上，生活困苦贫穷。而且黑市美金太贵，一般厂家和商人申请不到官价美金，一定需要购买黑市美元来应用。在这样的情况下，进口货物价格回升数倍。委内瑞拉除了石油、铁矿和少量原材料外，其他大部分物品如衣服、鞋袜、小手工艺品、电器、药物、甚至粮食，都靠进口才能满足供应。一个 75% 货物都靠进口的国家，必定耗费大量美元。委内瑞拉中央银行没有充足美元来支付进口货物，欠缺美元周转，委内瑞拉对美元求过于供，物以稀为贵。世界各国美元下跌，但在委内瑞拉持续升值，最

---

① 管彦忠：《委内瑞拉成立华人超市联合会》，人民网，2001 年 3 月 4 日。

重要的原因是委内瑞拉国库空虚。政府实行石油减价，将全国私人大企业（如石油企业、铝矿、电灯、电话、水泥厂等）收归国有。资本家和商人将资金抽调外逃，加上没有外来投资，美元势必减少。在 2008 年开始的金融海啸席卷全球的形势下，融资和集资更加困难。而委内瑞拉金融和赊货市场资本和现款有限，无法应对一般出入口商购买大量美元进口货物。加上委内瑞拉银行在世界外围失去赊账担保，亦无法开信用赊贷，要现款支付，或要担保，不能以分期付款方式结账。于是委内瑞拉银根吃紧。虽然委内瑞拉中央银行还有数百亿美元储备。但这些储备不全部是美元现款，其中有很大一部分黄金和债券。

委内瑞拉为控制资源付出了高通胀的代价。不过，由于油价保持较高水平，委内瑞拉的经济形势总体来说尚好。到 2010 年初，政府突然宣布汇率贬值，汇率从 2.15∶1 贬值到 4.3∶1；实行汇率双轨制，包括食品、药品在内的必要进口产品仍然执行原来的汇率政策；同时宣布管制商品价格。这一次货币贬值从宣布到实施只历时 3 天，让委内瑞拉华侨中从事小本生意的大多数人感到措手不及。物价上涨、物资紧缺和回款缓慢等三方面，直接冲击委内瑞拉华侨和当地中资企业，也给委内瑞拉造成不小的经济动荡。消息一公布，委内瑞拉全国顿时涌动抢购潮，民众蜂拥到商店，趁还没涨价，抢购各种进口商品。政府则下令军队打击工商企业抬高物价的行为，关闭 600 多家零售商店，造成了一些商店"有货不卖"或者"无货可卖"的局面。

委内瑞拉华侨大多从事杂货店、小商品批发这样的小生意。他们的生活与当地人一样受汇率变动的影响很大。周末抢购之后，虽然政府管制不让涨价，但物价上涨已经出现。例如，华侨也感到物价上涨的压力。最明显的是机票涨价，很多要回家的华侨必须多花一倍价格购买机票了。华侨原来回国机票美元标价大约 2 000 美元，原来只需要花 5 000 强势玻利瓦尔，现在则用 10 000 强势玻利瓦尔。又如，华侨有给国内家人汇钱的传统，每月可从政府那里兑换 900 美元。但汇率翻倍后，他们用委币付出的成本增加不少。再如，从事中国小商品批发生意的华侨面临巨大亏损。他们从中国进货，然后把货品批发给零售商，通常在一个月后才回款。这样收到的钱再兑换成美元，就损失了一半。在货币突然贬值后，商品出现无法定价的现象。① 实际上，委内瑞拉华侨这样的苦日子还没有到头，等待他们的，是下一阶段变本加厉的物资短缺与脱缰野马般的通货膨胀，以及急剧恶化的社会治安。委内瑞拉华侨的生存和发展受到了空前严峻的挑战。

委内瑞拉华侨正处于一个夹缝中求生存的艰难环境。委内瑞拉货品缺乏的现象日益严重，先是缺糖、缺牛奶，紧接着连米、油、盐都成了紧缺品，公司无货

---

① 《委京中华会馆主席梅其羡的谈话》，《委华报》，2010 年 1 月 10 日。

供应，很多商店无货可售，经营举步维艰。这种情况已经持续多年，每况愈下，到 2013 年以后更形严重，且参后述。另外，国家治安形势也越来越差，劫贼小偷不时光顾，一些税务、物价卫生人员时而变相进行敲诈勒索，甚或是封铺停业，无理重罚，很多华商如同置身于夹缝中。在夹缝中求存已经不易，在夹缝中发展更是难上加难。因此，生活在委内瑞拉的侨胞，在漫长的艰难环境中逐渐养成了时时小心、事事警惕的处事习惯。当然，他们希望这种局面会很快过去，但迎来的是一次比一次严峻的局势变化。

第三章　2013年以来委内瑞拉华侨的生存发展

第一节　委内瑞拉的物资短缺

自20世纪90年代委内瑞拉提出走"21世纪的社会主义"道路以来，这里的华侨就在经历该国华侨史上一个罕见的时期。他们在动荡的环境下谋生存、求发展。这种情况在世界华侨华人历史上并不鲜见，但像委内瑞拉华侨那样，在一个非战争、无排华的状态下为居住国的经济复苏无声地贡献着力量，同时与居住国人民一起承受着巨大的物质和精神之痛的情况，在拉丁美洲华侨华人史上堪称绝无仅有。今天在委内瑞拉华侨社会中出现的场景，在该国历史上还没有出现过。笔者认为，更详尽地保存和更进一步研究这段历史，对于世界华侨华人历史研究具有特殊意义。因此，笔者愿意在此花多一点笔墨予以阐析。应说明的是，在本书中，这种情况基本上只写到2015年底。实际上，委内瑞拉及居住在这个国家的华侨群体尽管还没有看到谷底，但是人们都盼望这种局面早日结束。

一、物资短缺大势下的主要短缺物资

查韦斯总统在任时，曾经推行一系列经济和社会改革，其中重点是实行资源和国家战略行业国有化、土地改革、价格与汇率及货币管控、增加财政对社会福利的投入并进行涉及医疗、教育、分配、住房等30多个社会领域的"使命计划"。这些措施，让委内瑞拉政府有效地控制了经济命脉，使贫困人口大幅减少，同时免费教育和医疗制度还让多数低收入人群受益。但不可否认的是，改革未能解决委内瑞拉根本的经济问题，即依靠石油的单一经济结构。这致使国家创汇只能依靠石油出口，而不能大力发展本国工业，基础民生商品几乎完全依靠进口。每当国际油价有风吹草动，就直接影响政府的财政收入。而政府超过能力所限的、缺少计划的扩大民生投入，让国家财政入不敷出，然而为了保证实现承诺，政府不得不放缓利民计划的实施，甚至减少进口民生用品，并高额举债，因此政府采取行政手段过度干预经济活动和汇率，导致经济失去自然活力，大批外资外

逃。今天的委内瑞拉民众，仍然生活在这样的社会框架中。

2007 年 1 月，委内瑞拉政府宣布将对石油、电信、电力等行业实行国有化，国内一些大型石油、电力、电信、钢铁、水泥和矿产项目陆续收归国有。2009 年 5 月 21 日，委内瑞拉总统宣布将几家涉及建材生产的企业国有化，其中包括至少 6 家合资企业受影响，有钢铁制造企业，也有陶瓷制造企业。总统在委内瑞拉西部城市玻利瓦尔向炼钢工人发表讲话说，这些企业要成为"坚实的社会主义平台"，对这些企业的国有化，是向这个方向发展的开始，有利于帮助委内瑞拉企业减少对进口产品的依赖，从而能帮助本国企业发展。政府在限富、均富思想的指导下，对一些私企的商品进行脱离实际的定价。委内瑞拉政局不稳，社会治安混乱，导致一系列经济问题——2013 年国际评级机构标准普尔发布报告，将委内瑞拉的主权外币债务评级从之前的 B + 调降至 B；彭博社公布了全球 51 个经济体的"痛苦指数"，委内瑞拉成为最"痛苦"的经济体。尽管国际机构对委内瑞拉经济的评价只供参考，但从中仍然可以看出国家经济的严峻形势。根据委内瑞拉中央银行的初步数据显示，2016 年委内瑞拉 CPI 暴涨了 800%，为历史上最糟的一年；与此同时，经济却收缩了 18.6%，出现 13 年来最大衰退幅度。[①] 更多的媒体对此报道，称由于油价大幅下跌，造成了委内瑞拉基本生活物品严重短缺，通货膨胀高企，经济状况堪忧。

关于委内瑞拉的混乱局势众说纷纭，但归根到底就是几个字：物资短缺。简单来说，委内瑞拉物资短缺的表现，一是不能自给，特别是粮食，有 70% 依赖进口；二是因为原料不断涨价，产品限价无利可图，本国的生产商纷纷减产或停产。既受制于人，又受制于己。从这个表面现象中可以看出更深层次的问题，委内瑞拉物资的短缺乃受制于没完没了的委币大幅贬值。

物资供应短缺一直是委内瑞拉的噩梦，也是个填不满的大窟窿。一个颇具标志性的事件是 2013 年 5 月中下旬，委内瑞拉曾突发"手纸售罄事件"。当时全国上下怨声载道，令人费解，也令人嗟叹，无奈地唱着"早上起来没牙膏，打开煤炉没粮油，要洗衣服没肥皂，走进厕所没厕纸……"的顺口溜度日如年的民众不在少数。

如果时光倒退 5 年甚至 10 年，外界怎么也不会相信，资源丰富、人口不多的委内瑞拉，在物资供应上会出问题。更料不到在 21 世纪的今天，一个国家怎么还会出现像电力、手纸、牙膏、肥皂等生活必需品严重短缺的现象，而这在今天的委内瑞拉却是千真万确的现实。在一些杂货店（超市），常常可以看到顾客为了买到这些日用品，多次徘徊往返，试碰运气，怀着期待而来，却沮丧而归。

---

① 《委内瑞拉华商：这里有危也有机》，新华网，2017 年 2 月 9 日。

　　如果说人们对上述日用消费品的短缺还可以暂且忍耐的话，那么，有一种东西的严重短缺是绝对不能忍耐的，那就是粮食。不幸的是，这种情况已经越发严峻。主要粮食紧缺，已困扰委内瑞拉多年。大约自 2014 年以来，能在超市买到粟米粉、面粉等主要粮食，对广大民众来说已是奢望。作为主要粮食之一的大米也出现了短缺的迹象。在面粉、粟米粉等严重不足的对比下，大米的供应形势还算好一点，至少可保持一定的供应量，即一段时期内只有限价，没有限购，想买还可以买到。但也有资料说，市民为了一次买到限购的 2 公斤大米，不得不花费大量时间去排队。跟很多紧缺货一样，大米紧销时，也会变戏法似的在短时间内甚至是一夜之间突告售罄，让购买者望着空空的货架唉声叹气。但是民以食为天，像大米、玉米、小麦等主要的、基本的粮食，如果持续紧缺下去，则后果不堪设想。

　　对于大米的紧缺，很多百姓早有预感。在面粉、粟米粉供不应求之后，很多人就料到大米供应迟早也会有这么一天。长期以来，委内瑞拉 70% 的食品、日用品靠进口或是靠国外原材料加工，国内生产严重不足，普通民众不得不忍受严重的物资短缺，甚至还养成了一次性囤积几个月的食品或生活用品的购物习惯。对于大米的"囤积"就更是如此，不少人家都千方百计"广积粮"，把米储足。特别是经营酒店、餐馆的，在供应商没有像以往那样送货上门，而超市又恢复按身份证尾码限购时，他们就感到了问题的严重性，想方设法利用各种关系通过各种渠道高价收购。但这只是权宜之计。依靠大米维持生存的餐馆特别是炒饭档，开始慢慢不支，在高价收购的门路收窄或完全没有货源的时候，只好望米兴叹，关门歇业。

　　委内瑞拉的主要粮食所以紧缺，主要是因为自给不足和进口有限。一直以来，委内瑞拉自产的粮食远远满足不了国内民众所需，最好时自给率也不过50%，目前，起码有70%要依赖国外进口。之所以如此，众所周知的原因是缺乏进口所需的外汇。再者，由于国内粮食限价，与周边国家的粮食价格相比，就有很大的利差。因而，粮食和汽油一样，成了一些不法分子走私的重要目标。一些进口粮食到岸后，就被偷龙转凤，走私出境。所以，在目前情况下，要想一揽子解决粮食和其他食品、日用品、药品紧缺的问题，谈何容易。

　　人们都说委内瑞拉土地资源十分充足，92 万平方公里的国土中可耕地面积不下 4 000 万公顷，且水源丰富，气候全年适合农作物生长，发展农业得天独厚，但在这个石油一业独大的国家，显然对农业开发没有足够的重视，在不同时期内，耕种过的土地一共只有不到 2 000 万公顷。

　　查韦斯执政时，农业的落后就是国家的一块心病。2003 年，查韦斯政府采取一系列措施，如向农民发放贷款、以优惠价格出售或出租来自中国的农业机械

等，这在一定程度上促进了农业的发展。于是在 2004 年至 2007 年间，委内瑞拉的粮食生产出现了历史上最好的时期。2011 年，查韦斯又推出"伟大的农业使命"计划，即通过为农业生产者提供政府信贷资金和农业生产补贴的措施，鼓励农业生产，使农业生产增加了后劲。当年，委内瑞拉主要粮食大米、玉米、豆类、高粱等自给率达到了 50%。

然而，农业的这一发展势头没有得到延续。由于委内瑞拉经济出现断崖式的衰退，农业生产的衰退也在劫难逃，导致主要粮食日益紧缺，出现了粟米粉、大米等经常断供的现象。虽然还没有发展到民不聊生的地步，但因此而诱发的抢购甚至哄抢现象，就不能不说是社会的一大隐患。

马杜罗执政后，政府应该看到了这一问题的严重性。因此在 2015 年政府的农业预算中，马杜罗政府强调要启动"委内瑞拉农业新时期重大任务"战略，以及推出继续惠农扶持方案；此外还积极寻求国际合作，让一些国家特别是周边国家如乌拉圭等把更多的农业产品出口到委内瑞拉以解燃眉之急。马杜罗 2015 年出访中国和越南时，也把农业合作作为重要议题。但是，进口物资要受汇率波动制约，一旦本币贬值，进口便大受影响。委内瑞拉在经过 2015 年 2 月的货币大幅贬值之后，美金奇缺，黑市美金越炒越高，用美金结算的进出口贸易，难有稳定的收益。

委内瑞拉中央银行从 2009 年起，就开始跟踪 100 种生活必需品的稀缺程度，2013 年 2 月的数据显示，在这 100 种商品中，有 21 种已经买不到了。所以，出现了同年 5 月份超市、商店无手纸可卖的"手纸事件"，尽管这对于委内瑞拉民众来说，已经是"见怪不怪"的事了。9 月 3 日，发生了包括首都加拉加斯在内的全国 70% 的区域电力供应中断的严重事件，政府不得不派军队到各地维持秩序。事后，总统马杜罗称大停电是极端组织发动的"低烈度战争"。

进入 2014 年 9 月，委内瑞拉市场上刮起一股涨价风。小商铺、大商场纷纷调整物价，致使服装、鞋、日用品以及粮食、蔬菜、水果等普遍涨价，甚至一些政府定价的食品和基本日用品也在或明或暗地跟着提价。委内瑞拉物价管理局 3 次发文，提高了洗涤剂、织物柔软剂、餐具洗涤灵、地板蜡、漂白剂、肥皂、消毒水、尿布、卫生巾、洗发水、护发素、除臭剂、剃刀、浴皂和牙膏 15 种清洁用品的零售价，涨价幅度分别在 7% 至 107%。[①]

委内瑞拉国内罕见的仍能实现增长的行业，就是帮助人们解决商品短缺问题的行业。有受访者解释道，"一盒牛奶的正常价格是 1 美元。而在黑市上的价格是 8~9 美元。这就破坏了经济，因为普通民众无法获得这些商品。大多数委内

---

① 吴志华：《委内瑞拉市场刮起涨价风》，《委华报》，2014 年 9 月 25 日。

瑞拉人的最低工资根本无法承受这种价格"。普通人一周只可以购买两盒牛奶，如果希望买到更多的牛奶，那么只能去黑市。此外你还可以付钱让人帮你排队，因为正常的排队可能长达 6 个小时。委内瑞拉人甚至在社交媒体上讨论"卫生纸战略"：就算手中有 50 卷卫生纸，也尽可能地再囤积一些，因为不知道卫生纸什么时候开始会再次短缺。最常见的省纸行为就是在如厕之后直接去洗澡。最小面值的委内瑞拉纸币被当作卫生纸，因为这些纸币毫无价值。这很搞笑，但确是事实。① 面对着令人心惊肉跳的物价水平，委内瑞拉政府曾经干脆停止了物资短缺率指标和通胀数据的发布。② 2001 年移民委内瑞拉的庾志坚几乎跑遍了全国。他认为，从各种媒体报道出来的画面看，新闻媒体里热炒的"委内瑞拉生活用品紧缺，市民需长时间排队购买粮食和基本生活用品"，绝对是千真万确的事情。但他认为，这种状况每年都存在，只不过现在显得更严重而已。③

二、物资短缺的主要表现

（一）物资短缺的表象之一：购物狂潮

委内瑞拉国内的食品极度缺乏。很多商店都没有库存，人们为了买到所需要的食品需要在商店外排起长队。"排长龙"现象可说是随处可见。在高速公路，在政府各个办事的窗口，在银行，在车站，在药店等地方，"长龙"里的那些黑黝黝的肤色在烈日下特别耀眼。开始时人们排的队伍还算有形，一个挨着一个。但到后来，"长龙"既不成行也不成列，人头攒动，像在步行街一样，即使排着队列也是乱哄哄的。无论在城市，在城郊，只要有限价货或紧缺货到，心急如焚的顾客必定或头顶烈日或彻夜不眠、披星戴月地等待，但最后因为人多货少，总有人空手而归。有一个做杂货的华侨诉苦说：最害怕早上前往铺头的那一刻，远远就见黑压压一大片人，里里外外围在铺门外。④

人们排队，不是盲目的守株待兔，而是根据探到的销售情报，提前到来守候的。实际上，在人们为抢购而奔忙的环境下，分头到各商店打听销售情报已经成为一种"专业分工"。一旦打探到"好消息"，就会迅速传开，然后开汽车、开摩托车或步行，从四面八方赶来，不到一会就排起长长的队伍。由于买的人多，

---

① 江门日报记者站：《委内瑞拉人民拿小额纸币当卫生纸，真穷得只剩下钱了……》，《委华报》，2016 年 3 月 12 日。

② 张锐：《危机四伏的委内瑞拉经济》，《中外企业文化》2015 年第 2 期，第 50 – 53 页。

③ 庾志坚：《近距离观察委内瑞拉》，《世界知识》2015 年第 7 期。

④ 黎民：《危机危险同在　委国仍在困境》，《委华报》，2013 年下半年。

卖的货物少，为了能买到，有些人会不择手段，拼命往前挤，因互不相让、互相拉扯而引起打斗，场面可怕。

2014年，委内瑞拉食品超市门前排队购物的现象越来越严重。国营超市里，每天还没有开始营业，门前已排起长队。到了下午再去，虽然不用排队，但超市内商品已经所剩不多，特别是鸡肉、牛肉、奶酪、植物油等都被抢购一空，就连水果蔬菜货柜，可能也只剩下几串香蕉挂在那里。2015年开始，委内瑞拉不少地方的居民掀起了空前的购物狂潮。不少店铺门前，几乎每天都有人排起长队，有的甚至长达1公里。看到有人排队的地方，人们就知道那里有限价货来了。不仅抢购紧缺的限价货，就连饼干、罐头、瓶装水等都抢着买。经过一番折腾，不少商铺的货架成了空架子。2015年下半年以来，抢购货物狂潮愈演愈烈。超市以食品为主的货架基本上空空如也。大米（特别是平价米）、粟米粉、面粉、面条、食用油、鱼罐头、白糖、沙律酱、牛奶、咖啡等生活必需品，似乎成了奢侈品，一货难求。超市的食粮，无论贵贱，都会被顾客一抢而光。有的甚至为争最后一包粟米粉、最后一罐牛奶而大打出手。不少供货公司因外汇不到位而关门歇业。其他日用消费品如洗发水、卫生纸、小儿纸尿布、肥（香）皂、洗衣粉、洗涤剂等，也是珍稀物品。[1] 抢购短缺物品的人中，虽不乏专门以炒货谋取暴利的炒家，但更多的是要积谷防饥储备足够食粮以备不时之需的民众。在排队的人中，有的可谓是"专业户"，他们排队抢购限价货，得手后高价转卖，获取暴利。而真正需要的人，碍于排队情况，只好以高价从这些二道贩子手中购买。据说，这些二道贩子每天所赚不少于3微翁，相比之下，打工一星期的收入所得比不上一天的排队。[2] 也因为这样，不少人放弃打工，做起了全职的排队专业户。街边的一些小摊档，短缺货物应有尽有。当然，这些限价的紧缺货到了他们手中，就是无法限价的高价货了。除了街边摊档，一些沿街叫卖果汁、面包的人，说不定就在暗地里售卖粟米粉、糖、奶粉之类的生活必需食品。这种种现象，对一个国家来说，不能不说是一个危险的信号。也就是说，在委内瑞拉，"越缺越买，越买越缺"的恶性循环还在继续。物资短缺所造成的市场紧张局面，以及民众由此产生的紧张心理，仍会在这种恶性循环中有增无减。有人说，排队抢购现象已成为委内瑞拉社会的一个毒瘤。这个毒瘤不铲除，委内瑞拉人民就不会有真正意义上的好日子。

华恋社某区经营杂货超市的陈先生，曾经历过一次上述典型场景的售卖过程。某星期五早上，他前往自己的店铺，远远就看见门外排起长长的"人龙"。

---

[1] 吴言：《一个危险的信号》，《委华报》，2015年7月3日。
[2] 吴言：《排队抢购的危害》，《委华报》，2015年2月16日。

他刚下车，就有人问来了多少粟米粉，有没有其他限价货。陈先生被问得一头雾水。实际上他还没有看到来货单，根本就不知道今天要来什么货。这时，送货的车来了，正在排队的人为防他人插队，就在手上写上序号，以便到时按顺序购买。实际上，这一办法是在早些天发明的。当时每有货到，顾客就拥挤不堪，秩序十分混乱。前来维护秩序的军人见了，就用笔在排队者手上写上顺序号码，按顺序购买，秩序才有所好转。不过，这种办法也会出乱子，有的人自己用笔在手上写上号码，造成同号混乱。鉴于这种情况，陈先生当天就吸取教训，改用纸条编码，并盖上章，让谁也无法弄虚作假。① 对商家来说，货物完售本是一件好事，但在物资短缺的委内瑞拉，没有谁能高兴起来，人们甚至有一种不祥的感觉。很多华商在此经营多年，总能一叶知秋，时时处处多长个心眼，以便应对。

同样的心理也导致人们对饼干、罐头等食品的狂购。据多位经营杂货超市的华商反映，2015 年元旦后，很多店铺的饼干、米、油、面粉、水等成了人们抢购的主要食品、饮品，有的成打成箱的购买，以致不少店铺此类货物早早售完。"每天超市门口都排长队，牙膏、洗发水、洗衣粉、面粉、大米都要限购，每人只能买两三样，结账还要使用身份证件，很多东西买不到。"这是一中资企业驻委内瑞拉员工给《第一财经日报》记者描绘的委内瑞拉最新境况。② 社会动荡、商品匮乏、汇率贬值、物价飞涨正折磨着低油价形势下这个对石油极度依赖的产油国。

圣诞节和元旦是检验委内瑞拉市场荣衰的风向标。与顾客需求的有增无减相反，委内瑞拉的圣诞市场在货物供应、销售效益、经营热情等方面却是有减无增。过去，每年的 12 月是一年中最旺的销售季节。因为委内瑞拉当地人十分注重圣诞的家居装饰，圣诞树、圣诞灯、圣诞花之类的饰品是少不了的。圣诞节是委内瑞拉消费力最强劲的节日，即使普通民众在动荡的年景中，生活水平一日不如一日，但"今朝有酒今朝醉"的消费观念和惯性，一样会使他们在这人人狂欢的节日倾尽积蓄，尽情消费。例如作为送给儿童的节日礼物，玩具、自行车等，更是必需的。圣诞节的到来，对商家来说无疑是一副兴奋剂。未雨绸缪，备足货源，是每个商家临近年末都要做的功课。临近年末，走在街上，进入店门，接触的和看到的，尽是疯狂购物的顾客。这个最热闹的节日孕育着无限的商机，每一个商家都不会轻易放过。结果，稀缺的圣诞货物一进入市场，便成了零售商的抢手货，且价格也如黑市美金一样直线飙升。例如，在 2012 年，最普通的圣

---

① 《购物狂潮的背后意味着什么？》，《委华报》，2015 年 1 月 12 日。

② 阎彦：《委内瑞拉通胀飞上天　超市门口排长队连牙膏都要限购》，第一财经日报网，2016 年 1 月 28 日。

诞灯批发价仅是 17 强势玻利瓦尔，而 2013 年为 70 强势玻利瓦尔；经济型玩具去年 50 强势玻利瓦尔就可以拿到货，但今年需 350 强势玻利瓦尔；最缺的自行车，12 寸的，2012 年每辆仅为 400 强势玻利瓦尔，而 2013 年，1 700 强势玻利瓦尔还不一定进到货。当然，圣诞货物的大幅升价，源于委币的大幅贬值和物价的普遍上涨，还有商家"炒"美元的因素。在黑市美元飙升、委币大幅贬值的情况下，圣诞应节商品的大幅涨价也就不足为奇了。

圣诞货物价格的高涨，虽然影响消费者的消费热情，但不会造成圣诞市场的急剧降温。不少商家力排种种困扰，广备货源，就是希望在这一年难逢的销售旺季赚上一把。不过，在近两年，由于牌价美元难以申请，黑市的又不稳定，需从国外进口的应节商品奇缺，几乎所有店铺的应节商品，都没有了往年琳琅满目的圣诞树、圣诞灯、圣诞花、儿童玩具、自行车等。看到一间间半闭半开的店门，一排排空无一物的货架，一个个无精打采的老板，不禁令人慨然感叹。2015 年元旦，市面上出售的应节商品，多是往年的存货。即使这些货全部卖完，也仅满足 20% 的市场需求。有商家千方百计进了些圣诞花回来，但货一到，也很快就卖个精光；想多进些货，却怎么也找不到货源，批发商的仓库早已空空如也。

（二）物资短缺的表象之二：满城皆商

委内瑞拉的物资奇缺，还催生了满街皆商的"奇葩"现象：只要肯花比平价、限价货高出数倍的价钱，想购买什么就有什么。走在街头，随时可以看到兜售紧缺、奇缺货物的人，商场里买不到的咖啡、粟米粉、纸尿布、洗发水、香皂等，应有尽有，而这些高价货都是商场里抢购来的。在委内瑞拉常常可以看到，只要哪个店铺来了限价货、紧缺货，就有排队抢购的人。有一些人一次又一次地排队抢购，就是为了把平价货买回来，然后再到处去高价炒卖。有的人还为此请人帮手，到处抢购限价货。这样一来，就催生出一批排队购物专业户。只要哪里有货，他们就出现在哪里。有的人为了达到目的，不惜花钱向超市员工买信息。据了解，排队购买限价货、紧缺货然后以比限价高出三倍的价格出售的现象不在少数。这超乎异常的利润，使许多投机者发了财。例如，一包限价不到 90 强势玻利瓦尔的皂粉，在黑市里可卖 1 000 强势玻利瓦尔；一瓶仅 25 强势玻利瓦尔的洗发水，转手就是原价的 4 倍或更多。试想还有什么手段比这更容易赚钱？政府本欲利民，为民谋福祉的限价货物，却成了一些排队专业户快速致富的捷径。政府有关部门不去管、也无法管这些排队购物专业户组成的游兵散勇。

一位曾在华人商店工作过、后来转行当排队专业户的当地人，他一家有六口人：妈妈、妻子、两个年幼的儿女及妹妹。以前打工，每星期六他领了工资，到下星期一回去又向老板借钱了。后来他发现排队购物、炒货的都富了起来，便辞职加入了炒货的行列。手上没钱，他就借高利贷，还动员全家出动，每天到离家不远的批发商场排队购货，然后把购得的紧缺货、限价货转手卖给流动商贩。据他说，有时为了买到限价货，全家人"三班倒"，轮流排队。就这样，他没多久就还清了高利贷，还赚了一笔钱。除了自己购货，他也加入了街上的兜售队伍，全家人"买卖一条龙"。赚钱后，为了方便走商场，他还买了摩托车，经常载着妻子、妹妹到处奔跑。①

二道贩子还经常引起委内瑞拉一些地方的治安危机。例如，2015 年 7 月下旬的一天，中部城市森特罗（Cnetro）的华人超市来了一批卫生纸、卫生巾、纸尿裤、洗衣粉之类的限价货，引来了大批顾客。当时大多数顾客遵守秩序自觉排队，也有物价部门的官员现场监督出售，以及警察现场维护秩序。然而，长期炒卖限价货的二道贩子，对物价部门的官员表示不满，乘机煽动不明真相的市民闹事。以至于最后在场的物价部门官员不得不立即致电当地宪兵部负责人，请求派来荷枪实弹的军人。

（三）物资短缺的表象之三：脱缰野马般的恶性通胀

委内瑞拉因石油价跌外汇减少，使本来就外债重重、赤字严重的财政雪上加霜。这个问题在 2014 年 8 月、9 月时因为受债务偿还等因素影响而显得特别突出，从而促使美元汇率开始上涨，黑市美元再次疯狂。到 9 月底，被形容为"白菜价"（委内瑞拉华侨以"白菜"暗喻委币，故"白菜价"即"美元价"）的汇率已跃升到 1∶100.93，2015 年又创出 1∶133 的新高。不到 3 个月，委币缩水32.07 百分点。到 2016 年为止，委币仍未有企稳的迹象。在物价的不断上涨和美元汇率的攀升中，百姓手中价如草纸的"白菜"委币，很有可能成为废纸。② 据西班牙媒体 2015 年 7 月 15 日报道，国际货币基金组织于本周三称，委内瑞拉2015 年的通货膨胀率将超过 100%。拉美国家也面临着经济衰退，国民生产总值下降了 7%。2014 年，委内瑞拉的经济增长下降了 4%，通货膨胀率达到了 60%以上。③ 有人说，疯狂的购物体现了委内瑞拉人的"钱袋子"不空，这是委内瑞拉的希望。这或许是调侃，但货物奇缺或无物可购却是委内瑞拉的悲哀。怀揣鼓鼓的钱包买不到想买的东西，这种情况在全球可能绝无仅有，但这才是活生生的事实。

市场涨价之风的背后，主要是供应不足，而供应不足的重要原因，就是缺少

---

① 《满街皆商显奇葩》，《委华报》，2015 年 7 月 20 日。
② 柳絮：《当"白菜价"再创新高的时候》，《委华报》，2014 年。
③ 吴志华：《从汇率变动看委内瑞拉的金融风险》，《委华报》，2015 年 7 月 20 日。

生产原料或是生产成本太高，企业和农业生产者见无利可图，为减少亏损，不是停产就是削减产量。由于农产品价格多年持续低迷，农民缺乏生产积极性，农牧业产量下降。委内瑞拉农业经济专家卡洛斯·阿利森说，"现在，委内瑞拉人均农业产量只有10年前的30%。"10年里产量下降了七成，市场供应能不紧张吗？①

物价的暴涨令老百姓有切肤之痛，对依靠工资收入的家庭来说影响更大。虽然主要食品、日用品和药品有政府的限价，但在销售限价货的商铺，要么常常货架空空，要么来货时市民蜂拥而至地抢购。而在商铺之外，二道贩子却在以数倍甚至十几倍的价格推销紧缺货物。有人算了这样一笔账，一个妇女如果每月来5天例假，她所使用的卫生巾得耗费一个普通员工最低月工资的近40%。一个普通员工一年的收入，如换成黑市美金，只有250美元上下。②

委内瑞拉观察普通民众生活状况有两个主要的经济指数：一个是国家统计局的"每个家庭每月食品开支"，其反映的是一家五口的家庭每个月在食物方面开支的情况，依据的是对50种基本食品物价涨跌的市场调查，其中17种还是政府控价食品。据9月17日公布的最新统计，2014年5月份，委内瑞拉家庭食品开支每月需要4 448强势玻利瓦尔。委内瑞拉目前最低工资标准是4 521强势玻利瓦尔，这就是说，光是解决一家人吃饭问题就需要一份最低工资，而在同年1月份，买同样的食物，只需花费3 640强势玻利瓦尔。5个月里，委内瑞拉人在食物方面的开支就增加808强势玻利瓦尔。委内瑞拉全国有40%的职工，每月收入仅是一份最低工资，不仅只能满足"一日三餐"，而且还面临手上的钱正不断贬值的风险。

另一个统计数据是委内瑞拉教师联合会社会分析研究中心的"家庭基本开支"，它是以食物、教育、医疗、清洁用品、房租、公用事业费以及服装和鞋等七大类产品的物价进行调查所得到的统计数据，反映出委内瑞拉一个普通家庭每个月基本生活开支上的负担。据这个研究中心最近公布的统计报告，2014年7月，委内瑞拉家庭基本开支需要21 572强势玻利瓦尔，而2013年7月份只需要12 258强势玻利瓦尔。这说明，一年里生活费用几乎翻了一番，而要满足一家人的衣、食、住、行和医疗，至少需要五份最低工资的收入。通过这些统计数据分析，我们可以看到，物价上涨对委内瑞拉普通民众的生活影响确实很大。要控制通货膨胀，出路只有扩大产量和增加供应，但对委内瑞拉来说，这无疑是非常大

---

① 吴志华：《委内瑞拉市场刮起涨价风》，《委华报》，2014年9月25日。
② 黎民：《玻币"一文不值"说明什么？》，《委华报》，2015年6月22日。

的挑战。①

市场物价为何不停地上涨？从委内瑞拉的情况看，主要来自两个方面：一是市场供应短缺，二是货币发行太多。

先说市场供应短缺。委内瑞拉虽然有广袤肥沃的土地和风调雨顺的气候，但是农牧业和制造业却非常落后，国内生产远远不能满足市场需求，很多基本生活用品和食品只能依靠进口补充。2014 年，政府手上外汇拮据，便收紧外汇使用，致使进口减少，加剧市场供应短缺。据委内瑞拉《宇宙报》同年 8 月 14 日报道，当年 4 月份，委内瑞拉市场上的牛奶和奶粉短缺率达到 99%，大豆和玉米油短缺率 93%，食糖短缺率 90%，面粉短缺率 89%，咖啡短缺率 83%。在国家统计局统计的 50 种基本食品中，有 19 种出现供应短缺问题。

再说货币发行。委内瑞拉政府财政收入的 75% 和外汇收入的 96% 来自石油生产和出口。这些年，石油收入增长不明显，而政府财政开支却有增无减，特别是社会领域的投资非常庞大，如建设住房，改造贫民窟，维持治安等，致使政府财政赤字一年比一年严重。政府手上钱不够花，怎么办？于是中央银行就加快印刷钞票，支持政府的财政需要，以此满足职工要求涨工资的诉求，满足各项社会事业开支需求。

委内瑞拉总统马杜罗 2014 年 1 月初宣布，从今年 1 月份起，全国城市职工的工资标准将提高 10%。与此同时，政府发放的养老金标准也相应增加 10%。马杜罗总统是在会见委内瑞拉全国代表大会新当选的领导班子成员时宣布政府这项措施的。马杜罗总统指出，由于市场投机活动和金融动荡的影响，2013 年委内瑞拉物价持续上涨，全年通货膨胀率达到 56.2%。为减轻职工收入受物价上涨的影响，委内瑞拉政府在 2013 年 5 月份、9 月份和 11 月份三次提高城市职工工资标准。现在，政府决定在 2014 年 1 月份再次给城市职工增加 10% 的工资，从而使 2013 年 5 月以来的工资增长幅度累计达到了 54%。马杜罗总统呼吁，民众增加收入后，要用于家庭储蓄而不是扩大消费。他说，政府将制定特殊的政策，鼓励商业银行和民众增加储蓄存款。②

嘎嘎作响的债务链在民众忍受这恶性通胀煎熬的同时，委内瑞拉政府的日子也过得十分艰难。据德意志银行估计，2015 年油价平均需要达到 117.5 美元/桶，委内瑞拉才能实现财政预算平衡，同时，委内瑞拉政府提交的 2015 年财政预算是建立在每桶 60 美元的预估油价上，而最新资料显示，委内瑞拉的原油出口售价是每桶 47.05 美元，看来，指望用石油换取外汇从而维系政府的正常开支已经

① 吴志华：《委内瑞拉今年通货膨胀将创新高》，《委华报》，2014 年 9 月 21 日。
② 吴志华：《委内瑞拉政府给职工涨工资　弥补通货膨胀影响》，《委华报》，2014 年 1 月 13 日。

没有任何可能，于是政府只有走上加印钞票和举借外债的道路。[1]

据统计，2012 年以来，委内瑞拉新增加的货币流通量每年都在 27% 左右。例如，2014 年 1 月至 8 月，委内瑞拉市场上的货币流动量从去年同期的 9 130 亿强势玻利瓦尔增加到了 1.55 万亿强势玻利瓦尔。用一句通俗的话说，中央银行多印了钞票。[2] 这些钞票进入市场后，如果生产和供应能力没有得到相应的提高，就会推动物价上涨，因为职工和公务员收入增加，会造成企业和服务业的劳务成本上涨，从而转化为物价成本。老百姓手上钱多了，却买不到东西，紧俏商品的价格也就水涨船高。而市场上货币流通量大了，也会刺激对黑市美元的需求，转化为物价上涨因素。

据委内瑞拉中央银行数据，市场上流通的委内瑞拉纸币发行量在大幅增长，其中面值最大的 100 强势玻利瓦尔纸币，从 2014 年 6 月的 9.09 亿张增加到 2015 年 6 月的 18.59 亿张，发行量在一年里翻了一番多。委内瑞拉目前市场上流通的纸币是在 2007 年底货币改革后开始进入市场流通的，被称为"强势玻利瓦尔"，因为新纸币 1 强势玻利瓦尔相当于旧纸币的 1 000 玻利瓦尔。这套新纸币一共有 6 种，面值分别是：2 强势玻利瓦尔、5 强势玻利瓦尔、10 强势玻利瓦尔、20 强势玻利瓦尔、50 强势玻利瓦尔和 100 强势玻利瓦尔。当地市场分析家认为，面值最大的 100 强势玻利瓦尔纸币发行量大幅增长，是受当地通货膨胀上升过快的影响。[3] 有人说，现在委内瑞拉国内的生活就如同当年魏玛政府下的德国，人们买东西需要带着一手推车的钱去付款。[4]

自 2014 年 12 月以来，一直对本国经济数据秘而不宣的委内瑞拉中央银行终于在 2016 年的 1 月 19 日公布了本国债务规模和累计通胀的最新数据。根据委内瑞拉中央银行的报告，处于 10 年来最低点的石油价格从 2014 年末以来已把该国的外汇收入削减了整整一半；2014 年 9 月至 2015 年第四季度，委内瑞拉全国平均累计通胀率高达 141%，其中食品价格上涨最为严重，高达 254.3%。从地区上看，主要城市如加拉加斯、马拉开波通胀水平最低，分别为 99.6% 和 95.7%，但小城市和农村地区则深受其害。[5]

委内瑞拉 720% 恶性通胀率将致国家于死地。据 2016 年初的消息，委币在过去一个月中再次贬值 17%。据《华尔街日报》报道，数百万磅的给养被装上 36

---

① 张锐：《危机四伏的委内瑞拉经济》，《中外企业文化》2015 年第 2 期，第 50－53 页。

② 吴志华：《委内瑞拉今年通货膨胀将创新高》，《委华报》，2014 年 9 月 21 日。

③ 吴志华：《委内瑞拉纸币发行量大幅增长》，人民网，2015 年 7 月 23 日。

④ 《委内瑞拉通货膨胀有多惨？用 36 架波音 747 飞机运钱》，凤凰网·财经，2016 年 2 月 9 日。

⑤ 阎彦：《委内瑞拉通胀飞上天　超市门口排长队连牙膏都要限购》，第一财经日报网，2016 年 1 月 28 日。

架波音 747 货机运往委内瑞拉，以支持委内瑞拉摇摇欲坠的经济。但是这些给养并不是食品和药物，飞机搭载的是委内瑞拉所急缺的：委内瑞拉货币——强势玻利瓦尔。根据援引 7 名相关人士的消息，该批委币是委内瑞拉进口的 50 亿纸币的一部分。委内瑞拉马杜罗政府在 2015 年下半年后期批准了政府增加国内委币的供应。①

消息人士透露，委内瑞拉中央银行正在秘密商谈订购超过 100 亿的纸币。这一订购量将使得目前委内瑞拉国内货币流通量增加一倍。仅仅这一次的订购量就超过美联储和欧央行每年印刷的美元和欧元近 80 亿，而委币并不是全球流通的货币。这意味着委内瑞拉的恶性通胀率，在初步达到预测的 720% 后还将翻上很多倍。②

尽管信用卡和银行转账的使用率在上升，但是很多委内瑞拉人很难使用这些方式付钱，因为小商贩们希望避免支付交易费。在一家餐厅享用一顿美好的晚餐需要支付厚达一块砖的纸币。一个奶酪玉米饼售价近 1 000 强势玻利瓦尔，需要 10 张最大面值的纸币，100 强势玻利瓦尔仅相当于 10 美分。③

而更荒唐的是委内瑞拉国内最大面值的货币仅为 100 强势玻利瓦尔。印刷纸币的高支出在油价暴跌的环境下对委内瑞拉来说是个特别沉重的负担。自由支出已经使得委内瑞拉国内金融状况摇摇欲坠。委内瑞拉中央银行在工业城市马拉凯的印刷公司既没有足够的安全纸张和金属来印制纸币，也没有足够的美元来支撑印刷，这同样是困扰委内瑞拉经济的问题。这意味着委内瑞拉必须不惜任何代价从国外购买委币。

委内瑞拉的痛苦对于那些印刷毫无价值的纸币的公司来说却是一笔巨大的订单，这些公司的一部分就是当年为德国魏玛政府印刷纸币的公司。根据消息人士透露，委内瑞拉 100 亿的纸币印刷量并不是一家公司可以完成的。因此这吸引了全球一些最大的商业印钞公司，每家印钞公司将负担一部分的印刷工作。消息人士表示，委内瑞拉中央银行最新的印刷纸币订单仅包括 100 强势玻利瓦尔和 50 强势玻利瓦尔面值的纸币。因为 20 强势玻利瓦尔、10 强势玻利瓦尔、5 强势玻利瓦尔和 2 强势玻利瓦尔面值的委币已经低于印刷的成本。100 强势玻利瓦尔纸币彩色复印件的花费都要超过纸币本身的价值。在社交媒体中有这样一幅照片被疯狂传播：一张 2 强势玻利瓦尔面值的纸币包着油腻的炸薯条。因为 2 强势玻利瓦尔纸币要比一张纸巾的价格便宜。④

---

① 《委内瑞拉通货膨胀有多惨？用 36 架波音 747 飞机运钱》，凤凰网·财经，2016 年 2 月 9 日。
② 《委内瑞拉通货膨胀有多惨？用 36 架波音 747 飞机运钱》，凤凰网·财经，2016 年 2 月 9 日。
③ 《委内瑞拉通货膨胀有多惨？用 36 架波音 747 飞机运钱》，凤凰网·财经，2016 年 2 月 9 日。
④ 《委内瑞拉通货膨胀有多惨？用 36 架波音 747 飞机运钱》，凤凰网·财经，2016 年 2 月 9 日。

三、物资短缺的缘由

（一）委内瑞拉"单一石油经济"的过去与现状

委内瑞拉首都加拉加斯的人口有 500 多万，而每天在街上行驶的汽车、卡车和摩托车就有 300 多万辆。车多、路堵，开车就成为揪心的事。特别是到上下班高峰时，原本步行 30 分钟的路程，开车却要花一个多小时。然而，在委内瑞拉开车也有"心情痛快"的时候，那就是到加油站去加油。这里每升汽油售价仅仅只有 0.095 玻利瓦尔。现行官方汇率是 1 美元兑换 6.30 玻利瓦尔。给一辆普通的私家车加上 40 升的汽油，花费不到 4 强势玻利瓦尔。而在当地，买一个鸡蛋就要 3 强势玻利瓦尔，买一瓶 355 毫升的矿泉水 4 强势玻利瓦尔，甚至买一小杯的酸奶也要花掉 12 强势玻利瓦尔。买一小杯的酸奶钱，足够给私家车加三回汽油。

委内瑞拉的汽油售价能够这么便宜，当然是靠委内瑞拉自己所拥有的丰富石油资源。委内瑞拉因油气等资源丰裕，被称作南美洲的"聚宝盆"。2010 年新石油储备的发现，使委内瑞拉超过沙特阿拉伯，成为世界上石油储备最多的国家。而其非传统石油储备，像不易开采的重油、油砂油、页岩油等，几乎相当于全球传统石油储备的总量！一说委内瑞拉的原油储量比沙特阿拉伯还要多，差不多相当于伊朗和伊拉克两国储量之和，同时是俄罗斯的三倍。

委内瑞拉的石油生产和销售早已实行国有化，石油资源为委内瑞拉人带来巨大的财富。委内瑞拉每天石油产量有 300 多万桶，其中国内消费 50 万桶，其余 250 万桶出口。据统计，2012 年委内瑞拉石油出口均价是每桶 104 美元，也就是说，每天石油的产值就有 3 亿多美元，一年下来，就是 1 240 多亿美元，相当于委内瑞拉国内生产总值的 1/3，国家财政收入的 70%，外贸出口收入的 90%。平均每个委内瑞拉人可以从中得到 400 多美元的收入。

不知情的人也许会说，委内瑞拉可以通过增加石油开采与输出量来换取更多美元外汇。可问题是，除石油收入绝大部分用来进口商品外，查韦斯时代还将剩余的外汇大量用于社会项目，社会性开支"挤出"生产性投资，使得委内瑞拉的石油产能日渐萎缩，且后来油价开始下跌并持续走低。这给委内瑞拉政府带来了全面的冲击。

资料显示，2014 年委内瑞拉日均石油产量仅为 270 万桶，远低于 OPEC（即石油输出国组织）为其限定的 310 万桶的配额。再仔细分析发现，在 270 万桶原油产量中，委内瑞拉必须挪出 80 万桶用于国内消费，其余 190 万桶出口额中，每日向古巴提供 10 万桶，向中国提供 25 万至 45 万桶，剩下的只有约 140 万桶用来换取外汇收入。以 48 美元/桶的最新价格计算，150 万桶的日产量每年只能产生约 242 亿美元的外汇。实际上，伴随着产能的不济，外加油价的波动，委内瑞拉的商品进口能力从两年前就开始走下坡路。数据显示，2012 年委内瑞拉进口商品花费 550 亿美元，2013 年削减至 440 亿美元，2014 年再次剧烈萎缩至 360 亿美元。看得出，虽然近两年委内瑞拉进口商品的外汇支出都超过了石油产生的收入，但依然没有改变国内物资奇缺和通胀高企的事实。①

曾经，巨大的石油财富和廉价的汽油使委内瑞拉人可以无所顾忌地消费。一到周末，许多人家都开着车到外地、远郊游览，到海边休闲度假。委内瑞拉人手里拿着石油、美元，可以"便利"地进口国内所需要的一切，很多人自然不愿再去种田，承受"汗滴禾下土"的艰苦。因此，委内瑞拉的农业和制造业仍然相当落后，80% 的食品和工业制成品都要靠进口。问题是，现在委内瑞拉的石油冶炼能力不足，70% 的汽油靠进口。从开采到炼油，再加上运输和零售的成本，政府不仅没有从汽油销售中得到一分钱的利润，每年还要补贴近 200 亿美元。不错，委内瑞拉汽油是世界上最便宜的，比水还便宜，但国家付出的成本却非常大。即使这样，石油价格还是只能低不能高，因为石油是委内瑞拉人民的"天然福利"。谁要说提高汽油价格，反对的声音必是众口一词，直截了当：石油资源是人民的，人民有权享受廉价的汽油。能否通过提高汽油价格，把汽油收益变为工农业生产的投资？《人民日报》驻委内瑞拉记者吴志华就此问题问过许多委内瑞拉人，得到的回答常常令人吃惊："这不可能，哪个总统要是这样做，非下台不可！""查韦斯总统曾经这么想过，但立刻就遇到示威游行，不得不放弃了。"在石油繁荣时期建立起来的一套高福利制度，一旦要改革或调整，马上会影响到人民生活水平，民众的不满情绪立即爆发。②

其实，早在石油开发初期，很多委内瑞拉知识人和政治家就看到了国家经济结构存在的这种弱点，呼吁政府利用雄厚的石油收入资本，创建本国渐进和可持续发展的经济体。作家阿图罗·乌斯拉尔·彼得里 1936 年出版一本名著《用石油播种》，他在书中呼吁，农牧业和制造业才是国家发展的基础，提出了利用不可再生的石化资源发展本国经济，摆脱对石油依赖的具体设想。

第二次世界大战结束后，委内瑞拉的民主行动党政府曾经实施过"用石油播种"的经济发展战略，想着手改变依赖石油的单一经济结构。20 世纪 70 年代，委内瑞拉政府第一次实行石油国有化政策，再次提出用石油收入来发展本国制造

---

① 张锐：《危机四伏的委内瑞拉经济》，《中外企业文化》2015 年第 2 期，第 50—53 页。
② 吴志华：《委内瑞拉：汽油比矿泉水还要便宜》，《委华报》，2013 年 8 月 5 日。

业的经济战略。然而，在那个时代里，委内瑞拉的石油命脉早被美国和欧洲的石油大亨所控制，彼得里和有抱负的政治家的"用石油播种"的理想和经济改革难以实现。而在今天，单一石油经济模式所长期影响下形成的消费理念，再次成为阻碍汽油提价的"拦路虎"。①

问题是，汽油是给汽车用的，但汽车的开动并不只是靠汽油。作为交通工具的汽车虽然有"比矿泉水还便宜"的汽油，但一旦遇上交通事故，所损坏的零部件将很难再找到。曾任委内瑞拉《委国侨报》主笔、专栏作者，《委华报》特约记者的庚志坚说，一位住在委内瑞拉边境的朋友打电话给我，让我帮忙在哥伦比亚找零配件寄过去。他说，车子已经在委内瑞拉坏了3个多月，还没有找到配件。在委内瑞拉，普通牌子的汽车很容易成为小偷作案的目标，不是因为汽车本身值钱，而是因为拆散了可以卖零件。②

国库空虚、财政赤字是政府的致命问题。委内瑞拉从查韦斯时代起，公共开支多集中于庞大的福利计划。马杜罗接任后，基本延续查韦斯的政治理念和主要政策，继续推行"玻利瓦尔革命"和"21世纪社会主义"的发展道路。但一直以来占全国出口收入95%以上、作为委内瑞拉经济支柱的石油经济严重缩水，严重影响委内瑞拉的国计民生。

作为完全依赖石油出口、顺应大宗商品周期的经济体典型，委内瑞拉要打破"百年石油"模式并不容易。在商品牛市的时代里，2006—2012年委内瑞拉的外债规模总计翻了6倍，石油产品在委内瑞拉出口商品篮子中的比重从70%增加至98%。③但当委内瑞拉经济陷入崩溃的边缘时，一切不可能都会成为可能，比如汽油价格上涨。2015年，委内瑞拉的通胀率为140%，于是北京时间2016年2月18日，委内瑞拉总统马杜罗刚刚宣布了该国汽油价格20年来首次上涨，同时大幅度贬值本国货币的决定，理由是为了支撑已经走到悬崖边缘的经济——该国外汇收入的95%都依赖原油出口，而油价暴跌对他们造成了严重打击。《卫报》报道称，当地时间周三，委内瑞拉95号汽油零售价格从上周五的每加仑0.097强势玻利瓦尔上涨至6强势玻利瓦尔，涨幅6 086%，91号汽油上涨1 300%。不过，即使涨价这么多，委内瑞拉的汽油依然是全球最便宜的，委内瑞拉人只要花三瓶啤酒的钱，就能够给自己的油箱灌满高标号的汽油。

委内瑞拉贪污腐败的顽疾也是导致市场供应短缺的一个重要原因。贪污、受贿等现象在委内瑞拉司空见惯。办事情，得用钱铺路；出了问题，得花钱消灾；

---

① 吴志华：《委内瑞拉：汽油比矿泉水还要便宜》，《委华报》，2013年8月5日。

② 庚志坚：《近距离观察委内瑞拉》，《世界知识》2015年第7期。

③ 阎彦：《委内瑞拉通胀飞上天 超市门口排长队连牙膏都要限购》，第一财经日报网，2016年1月28日。

执法弄来的"罚款"，有人胆敢私分；至于国库，被贪腐者"吃空"也不足为奇。查韦斯在上台时极力"反腐"，但由于激烈的政治斗争，一大批政治投机分子趁机混入执法部门和基层政府，腐败泛滥成灾，反腐终成空话。严苛的制度和腐败的管理，让委内瑞拉经济一步一步地走向"堕落"。从委内瑞拉陆续破获的一些贪污腐败案件，以及一些政府高级官员和公务员如拉瓜伊拉市海关与税务局局长、矿运铁路公司董事长等因涉嫌腐败和贪污受贿而被抓获或起诉等，可以看到委内瑞拉反腐的态势。马杜罗称，"不打击腐败，就没有国家"。据说马杜罗上台后对贪污受贿的重拳打击很有成效，上台后几个月，全国已查办了一批官员，其中不少是重要部门的贪官。还有消息说，长期在加拉加斯国际机场盘查中国侨胞的税务官员也整治了一批，侨胞出入机场较为顺畅了。

查韦斯走了，接棒的马杜罗继续高举着查韦斯的大旗。但在希望与失望中，委内瑞拉不少民众似乎更留恋过去"人人有工做，个个有饭吃"的国泰民安的年代。但人们应该越来越清醒地认识到，一个国家的制度，最根本的是要发展经济，改善民生。而现在的委内瑞拉，大好的资源在白白浪费；工业农业一蹶不振；而一味推广的"住房计划""食品市场计划"等，却因为没有坚实的经济基础而只剩下一句响亮的口号。假如粮食、肥皂等基本物资供应都没有保障，又何以改善民生？

（二）货币玻利瓦尔的悬崖式贬值

委内瑞拉在经过 20 世纪 70 年代的黄金发展期后，由于各种社会政治原因，到 20 世纪 80 年代便每况愈下，转折点便是 1983 年 2 月 18 日委内瑞拉总统宣布委币大贬值。

表 3 - 1　委内瑞拉发行新货币——强势玻利瓦尔之前（2008 年之前）

年份	1983 年之前	1983	1984	1986	1989	1994	1996—1999
美金兑委币	3.35	4.3	7.9	29	39.6	390	450～520

表 3 - 2　委内瑞拉发行新货币——强势玻利瓦尔之后（2008 年之后）

年份	2010	2012	2014
美金兑委币	4.3	8.5	6.3
黑市汇率	6.25	85	78.38

注：根据网上新闻资料整理；1 强势玻利瓦尔 = 1 000 玻利瓦尔。

从上面两表中我们可以看到，1983 年之后，委内瑞拉的货币持续贬值，贬值率达上千，让人不可思议，不过人们还能安稳地生活。到 2008 年时不得不发行新货币，实行外汇管制，但是没能挽回国家经济的颓势，经济状况日益恶化。

委币贬值的时间折点是 2013 年 2 月，其时的牌价美金与委币的汇价是 1：6.3，黑市是 1：20 左右。当时有人估计，这一汇价可能会稳定一段时间，因为委币在短期内不可能一贬再贬。但这一天真的幻想，很快便被黑市美金的走高所击破。还没到 4 月中旬，黑市美金与委币之比已到了 1：25，比年初涨了五六个百分点。5 月上旬，当黑市美金与委币汇价在 1：27 至 1：28 徘徊时，曾有人说其短期内跃过 1：30 关口不太可能，一些人甚至把没用得上的委币放着，等着回调到 1：25 时再来兑换。然而他们等来的，仍是黑市美金的节节走高。6 月，1：30 的汇价渐渐被新高改写，特别是在 8 月、9 月两个月，1：40、1：50 关口被直线突破，简直让人看得目瞪口呆。不到半年，黑市美金涨了 100%。马杜罗政府在 2013 年开始执政后，面临着复杂和困难的经济形势。黑市上的美元被恶意炒作，出现了汇率"天天上涨"的"异常波动"现象。到 2013 年 12 月，委官方汇率为 1 美元兑 6.3 强势玻利瓦尔，而黑市美元汇率 11 月初达到了 1：60，又比 2 个月前翻了一番。到 2014 年实行 SICAD2（第二套补充性外汇交易机制）后，大家在其推出前就充满着期待。那么，SICAD2 能否抑制黑市美金交易？3 月 24 日，SICAD2 首日交易。正如有人预料的那样，黑市美金应声大跌，本来徘徊在 1：80 以上的汇率，一下跌到了 1：60 之下。然而，还在一些人庆幸之时，黑市美金汇率一夜之间又恢复了本来的狂势，次日就上窜到了 1：80 上下的幅度。不久虽有下跌，但仍在 1：70 左右晃荡，仍然是过山车式的大落大起。委内瑞拉汇率在 8 月份和 9 月份出现了波动，特别是黑市美元汇率上升较快。9 月 27日，首次突破了 1 美元兑换 100 强势玻利瓦尔的大关。黑市美元行情一下子牵动了许多侨胞的心。这意味：用 100 张印有玻利瓦尔头像、面值 100 元的委内瑞拉纸币只能兑换 1 张 100 美元的"绿票子"。

汇率的波动影响到企业的利润，影响到进口商的利益，也影响到市场进口产品的物价。

其一，在财政方面，据委内瑞拉政府官方统计，从 2008 年起，委内瑞拉连续 6 年出现财政收支结算赤字，赤字比重也在逐年上升。2012 年，财政收支结算赤字相当于国内生产总值的 4.9%。但是，据委内瑞拉一些私人机构的调查，2006 年，委内瑞拉财政赤字相当于国内生产总值的 2%，2013 年，财政赤字上升到了约占国内生产总值 16% 的比重。

2014 年 9 月至 2015 年 9 月，该国 GDP 总计收缩了 7.1%，建筑、商业等行业增长率分别达到 -20.2% 和 -12.8%，而公共服务和通讯则是仅有能幸免于经济衰退的行业，分别增长 1% 和 2.2%。尽管 2015 年第四季度的数据尚不得而知，但根据国际货币基金组织（IMF）的预测，委内瑞拉经济过去一年收缩了整整 10%，通胀率超过 200%，政府的财政赤字达到 GDP 的 20%，全靠印钞票和对国内债权人的金融抑制税进行融资。[①]

其二，在外贸方面，委内瑞拉是石油出口大国，目前国际市场石油价格居于高位，这对委内瑞拉保持外贸结算平衡是有利的条件。据委内瑞拉中央银行统计，2005 年至 2013 年，委内瑞拉石油出口收入 6 418.72 亿美元，平均每年 700 多亿美元，外贸进出口结算基本保持平衡。由于委内瑞拉是石油生产和出口大国，石油价格和出口收入对弥补财政赤字和偿还到期债务具有非常重要的影响。据专家测算，国际市场石油价格每桶上涨 1 美元，委内瑞拉就会增加 7 亿美元的外汇收入。反之，就会减少 7 亿美元的收入，因此，国际市场石油价格走势也是衡量委内瑞拉金融风险的重要指标之一。

黑市美元的飙升，对当地老百姓的影响主要是进口商品的涨价，而对需要美元外汇做生意的进出口商，或对需要美元出国旅游或寄汇给国外亲友的人，影响更直接也更深。

委内瑞拉在同一个时期里存在着 3 种汇率，即官方汇率和两套补充性外汇交易机制的汇率，使汇率制度变得更加复杂。这既增加了政府监管外汇的难度，不同汇率的差距又给金融投机提供了很多机会。例如，进口企业以官方汇率从政府获得外汇，用外汇进口物品后，却以补充性外汇交易机制的汇率定价出售。企业就此赚到了更多的钱，老百姓却为国内物价上涨而抱怨。

于是政府采取行动，展开"经济战"，对市场物价大检查，收紧和严格控制外汇审批。如建立国家外贸中心，进一步加强对外汇管理；建立国家外贸集团，加强对食品和基本日用品的进口的监管，严格要求得到政府外汇的进口企业，必须以官方汇率定价销售等。这些措施对规范市场、管理外汇有一定的积极意义，然而，影响汇率稳定的核心问题，即外汇供应量却始终没有解决。一年来，石油出口收入没有增加，政府外汇需求和财政开支却在增长，削弱了政府的外汇供应能力。

严苛的外汇管制往往也意味着一国对外汇收入的极度敏感。随着国际原油价格进入低谷，外汇资源的缺少成了委内瑞拉最大的麻烦。为了避免巨额外债违约，2015 年委内瑞拉削减了超过 40% 的进口，以巨大的折扣出售了外币资产（包括流动储备、精炼厂、石油交易信贷），出售了黄金储备价值的 25%，甚至

---

① 阎彦：《委内瑞拉通胀飞上天 超市门口排长队连牙膏都要限购》，第一财经日报网，2016 年 1 月 28 日。

提取了本国在 IMF 特别提款权的 80%。不过，一系列的救市措施并没有让委内瑞拉经济喘上一口气。未来数年，随着石油价格预计将在 50 美元/桶以下徘徊，外债规模约占 GDP100% 的委内瑞拉实际上将孤立于国际金融市场。美国哈佛大学国际发展研究中心高级研究员桑托斯指出，当前，委内瑞拉日均石油产量大约比 50 年前少 100 万桶，但同期人口已增长 300 万，因此，目前委内瑞拉的人均石油产量大约比 50 年前低 74.5%。即使石油价格回到 100 美元/桶，该国石油收入可能仍然无法满足人口增长的需求。[①] 长期而言，唯有脱离石油依赖，找到其他方式获取外汇，才是委内瑞拉的唯一出路。但要想吸引外商直接投资，委内瑞拉恐怕还得努力改善投资环境。[②]

其三，在外债方面，为弥补庞大的公共开支赤字，在石油收入和税收不能满足财政需求的情况下，从 2008 年起，委内瑞拉政府通过各种途径加大了国际融资步伐。例如，在全球发行美元债券或与其他国家签署石油换贷款协议等。尽管这些年国际原油价格保持在高位，委内瑞拉的债务负担却越来越重。据统计，委内瑞拉政府外债余额从 2008 年的 440 亿美元逐步增长到 2012 年的 1 047 亿美元。委内瑞拉财政部 2013 年度报告显示，政府和国家石油公司债务余额从 2012 年的 1 448 亿美元增长到 2013 年的 1 585 亿美元，一年里增长了 9%。其中政府公共债务余额从 2012 年 1 047 亿美元上升到去年的 1 152 亿美元，增长 10%。国家石油公司债务余额从 2012 年 400 亿美元上升到 2013 年底的 433 亿美元。但是，上述债务还不包括中国提供的信贷资金和国家石油公司拖欠委内瑞拉中央银行的债务。面对越来越大的债务，委内瑞拉偿还债务的负担也越来越重，加重了财政开支的负担。2014 年，预算法已经表明债务在政府财政中的比重有多大。在 5 526 亿强势玻利瓦尔的预算里，偿还债务就占到了大约 22% 的比重，而 7 年前，偿还债务的比重只有 16%。

委内瑞拉国际旅游收入或是支出所占的比重很小，对汇率影响甚微。因此，委内瑞拉潜在的金融风险主要是在财政赤字和对外债务两个方面。委内瑞拉经济学家阿莱克斯·贡萨莱斯认为，委内瑞拉公共债务在国内生产总值中的比重还没有超过警戒线，委内瑞拉每年偿还外债的负担相当于石油出口收入的 24% 左右。短期内，委内瑞拉政府宣布"倒债"的风险相对比较小。不过，在 2013 年召开的一场经济研讨会上，委内瑞拉一些经济学家对今后几年委内瑞拉偿还债务的前景表示担忧。经济分析事务所的专家奥利维拉称，2014 年政府财政赤字可能要

---

① 阎彦：《委内瑞拉通胀飞上天　超市门口排长队连牙膏都要限购》，第一财经日报网，2016 年 1 月 28 日。

② 阎彦：《委内瑞拉通胀飞上天　超市门口排长队连牙膏都要限购》，第一财经日报网，2016 年 1 月 28 日。

达到国内生产总值的 20%。如果国际市场石油价格继续下跌的话，财政赤字甚至有可能上升到国内生产总值的 26%。经济学家格拉也认为，由于没有足够的外汇储备用于进口，委内瑞拉仍然需要寻求国际融资，否则政府的债务负担会越来越重。

2003 年至 2014 年，委内瑞拉外汇储备一直都保持在 190 亿美元以上。其中，2008 年，委内瑞拉外汇储备曾达到 431.27 亿美元。但是，据委内瑞拉中央银行统计，到 2015 年 7 月 16 日，委内瑞拉外汇储备降到 156.78 亿美元，与 2014 年底相比，减持 63.92 亿美元。这是自 1998 年以来，委内瑞拉外汇储备最低的水平。而 2015 年委内瑞拉外汇储备持续下降的主要原因就是原油出口创汇减少。委内瑞拉 96% 的外汇收入来自原油出口。据美国美林银行估计，受国际市场油价的影响，委内瑞拉今年上半年的原油出口收入大约减少了 46%。[①]

（三）"福利消费型"生活方式与国家的"希腊化"危机

作为西班牙的前殖民地，300 多年的殖民统治给委内瑞拉深深地打上了西班牙的烙印。不仅国家的通用语言是西班牙语，而且在生活方式和价值观方面也都深受影响。委内瑞拉有丰富的石油资源和其他矿产，这个取之不竭的"金矿"，曾经使它有一定的底气像发达国家一样，让民众享受衣食住行及医疗、教育等方面的福利。然而，这样的福利是一把"双刃剑"，它在造福于民的同时，也在让人懒惰。因为很多时候不劳而获或少劳多获很容易使人过分依赖名目繁多的补贴和救助。委内瑞拉一周工作四天半，周六工作到下午一点半就算是两天，周日一天算是三天，可以说这样的时间相当宽松。笔者在委内瑞拉时听到几乎所有的华侨对委内瑞拉人的第一印象就是懒惰。委内瑞拉也可以说是一个高福利国家。这个"石油富国"有着良好的社会福利政策，除了免费的教育和医疗，还有给穷人和失业者的福利补贴，这也使得他们有恃无恐，导致他们并不善于储蓄，以"月光族"为荣，今朝有酒今朝醉、今天有钱就今天花、明天没钱再去挣是他们的典型心态。这与中国人的勤劳奋进、慢慢积累财富的习惯完全不同。很多华侨都指出委内瑞拉当地人自以为是和看不起华侨的心态。可怕的是，经济恶化到目前这种程度，不少人仍然不思进取，因为懒而宁愿铤而走险去抢去劫。

委内瑞拉发生的情况跟希腊有异曲同工之妙。希腊危机，危在债务。2008 年由美国次贷危机引发的全球性金融危机，"虚胖"的希腊首当其冲，因为负债累累，2010 年经济濒临崩溃。为避免希腊破产以及因破产祸及其他国家，欧盟、国际货币基金组织和欧洲中央银行组成的三驾马车在 5 年内向其提供了两轮共

---

① 吴志华：《从汇率变动看委内瑞拉的金融风险》，《委华报》，2015 年 7 月 20 日。

2 400亿欧元的救助贷款，希望希腊用救助贷款刺激经济增长摆脱困境。为此，债权人给希腊开出紧缩药方，要求希腊人勒紧裤腰带，把钱用在刀刃上，但希腊人没做到。据统计，2 400 亿的贷款，仅有不到10% 用于提振经济，发展改革项目，因而希腊在危机的路上越走越远，越陷越深。2015 年 6 月 30 日，希腊未能偿还国际货币基金组织的 16 亿欧元到期贷款，成为历史上第一个未能按时向 IMF 偿还债务的发达国家。但希腊人在国家一步步走向破产的边缘，却还死死抱住现有的"高福利"制度不放。他们甚至无视银行连老人退休金也无法支付的景况，以公决形式否决了欧盟以紧缩（开支）增收（税）来避免希腊破产的救助计划。当该国议会不愿看到希腊就此破败而来个否定的否定，通过了政府向国际债权人提交的旨在确保希腊获得数百亿欧元贷款并继续留在欧元区的最新经济改革方案时，希腊人又走上街头，举行反紧缩示威。

委内瑞拉的一些高福利政策已经变成国家的不可承受之重。福利国家通过政府的二次分配人为缩小了收入差距，然而副作用就是这种经济模式不鼓励努力工作，反而促进享乐主义的抬头。如果说委内瑞拉与希腊有什么不同，那就是，希腊是发达国家，而委内瑞拉还是一个发展中国家。委内瑞拉的债务没希腊多，但也不堪重负。有人分析，如果不是有石油在扛着，像希腊这样的债务违约早就在委内瑞拉发生了。委内瑞拉人和希腊人一样陶醉于国家福利，即使国家陷于困境也不想失去既得利益。这种情况不改变，委内瑞拉说不定哪天就重蹈希腊之覆辙，一步步走向衰败。[①] 委内瑞拉一直以来有南美天堂之称，丰富的资源和得天独厚的自然环境，曾让世人无比向往。可惜委内瑞拉人太自我陶醉了，以为拥有资源就会拥有一切，长期以来依赖石油的风光过日子。殊不知，在全球石油价格悬崖式下跌时，整个国家赖以生存和发展的支柱就会轰然倒下，导致社会经济一蹶不振。委内瑞拉人能吸取希腊的教训吗？不能，起码目前不能。

面对新的危机，长期在欧盟的"温柔乡"里过好日子的希腊人不会像韩国人在 1998 年金融危机爆发后那样，砸锅卖铁捐黄金、首饰，帮助国家渡过难关，而是继续抱着"只想喝奶，不想养牛"的心态，强调"过好日子比改革更重要"。委内瑞拉这种状况，还可以从同为难兄难弟、"悲惨指数"位列第二的阿根廷的从天堂到地狱的变迁中找到影子。历史上，阿根廷是拉美国家中发达程度最高和最富裕的国家。有关资料显示，19 世纪末，阿根廷经济的增长速度之快，在世界上是有口皆碑的。当时，阿根廷向世界出口大量的粮食和牛肉，被誉为"世界的粮仓和肉库"，首都布宜诺斯艾利斯则被称作"南美洲的巴黎"。当时的阿根廷已经跻身于世界十大富国行列。1900 年，阿根廷的人均 GDP 为美国的一

---

① 《希腊危机是委国的一面镜子》，《委华报》，2015 年 7 月 13 日。

半，是日本的一倍，略高于芬兰和挪威，略低于意大利和瑞典。1913 年，阿根廷的人均收入为 3 797 美元，比法国和德国都高。甚至在 1950 年，阿根廷的富裕程度仍然领先于日本，大概与意大利、奥地利和德国相当。但自 21 世纪 70 年代开始，阿根廷的货币危机接连不断，特别是 2001—2002 年爆发的金融危机，使整个国家陷入财政危机、企业危机、政治危机、社会危机、体制危机的泥坑，直到现在尚未能恢复元气。原来让国民引以为豪的高工资、高福利成了"美好记忆"，超过 40% 的人口多年来挣扎在贫困线上，无法维持最低的生活水平；超过 1 000 亿美元的债务，更是成了政府的沉重负担。积重难返的一系列社会问题，还会让阿根廷人民过上一段苦日子。①

第二节　委内瑞拉政府对经济危机的应对

2013 年以来，委内瑞拉一直受货物短缺和美元奇缺的困扰，主要粮食及日用品供不应求，黑市美金不断走高。受此影响，物价不断上涨，通货膨胀飙升到了近 15 年来的最高水平。客观地说，委内瑞拉的经济也着实让马杜罗总统头痛。严重的通货膨胀和货物短缺，一直困扰着这位忠实奉行查韦斯政治理念的踌躇满志的新总统。面对国内糟糕的经济局面，政府总是埋怨、指责不法商人投机倒把、非法涨价，故意破坏了委内瑞拉的经济和社会稳定。总统强调"这已经不是简单的商业投机活动"，而是委内瑞拉政府指责反对派正在向政府发动的一场"经济战"。他公开声称这场"经济战"由一些富商和受美国支持的反对派发动。所以，针对这场战役反击的目标和对象，是以反对派为核心的富商。

为应对"经济战"，委内瑞拉政府在 2013 年 11 月推出一系列经济措施。这些措施主要有：对全国商场进行物价大检查，对恶意涨价的商业投机进行惩治；马杜罗总统依据国会授予的委任立法权，颁布新的物价法，规定商业和生产性利润不得超过 30%，规定商铺租赁的最高限价；建立国家外贸中心和国家对外贸易集团公司，加强国家对外贸进口的统一管理；改革外汇机制，建立"第二套补充性外汇交易机制"（SICAD 2），采用浮动汇率，允许公共企业、私人企业和个人在这套新机制下从事外汇交易等。这些措施对控制物价继续上涨、抑制通货膨胀和打击黑市美元交易起到了一定的作用，同时，也打击了私人企业的生产和贸易积极性。2014 年第一季度，委内瑞拉面临更加严峻的经济形势，市场供应紧张，货品短缺率从 2013 年底的 28% 上升到 2014 年 3 月份的 31%，企业生产继续

---

① 《天堂与地狱》，《委华报》，2015 年 3 月 9 日。

下降，经济活动停滞不前。委内瑞拉政府期待通过与私人企业的合作，恢复经济发展，解决当前所面临的经济困难。这些措施对以经营杂货（超市）、百货和餐饮业为主的华侨影响极大，因此这里需要作一较为详细的透示。

一、物价检查

马杜罗先后做出请求国会给予他在经济方面立法的权力，下令全国保消局等部门的官员在军队的配合下上门检查，做出强制下令商家降价、逮捕商户等多个举动。与此同时，政府派出数千名物价、税务稽查员在全国范围内进行物价、税收大检查，并呼吁全国平民上街检查、监督和举报。他还特别呼吁华人商家要降价销售。他说，"那些来自亚洲的商人，我们称他们是华商，请你们也要下调物价，不要等市场稽查人员到来后才降价。"阿雷阿萨强调："不管是来自哪个国家的商人，都要接受市场物价员的稽查。每个人都有在委内瑞拉自由经商的权利，但是，也有义务尊重当地人民和遵守当地的法律。"① 委内瑞拉所谓的"经济战"充满火药味，目的就是要打击哄抬物价，禁止商业暴利。有关检查工作在全国各地展开，检查人员除物价监督员、税务稽查员外，还有国民警卫军的配合。而且，检查的不仅仅是电器行业，还包括粮食、汽车、衣服鞋、五金等涨价比较明显的行业。不容置疑，正常的检查有利于平抑物价，确保市场健康、有序，但一些无厘头的检查，又难免令商家损皮伤骨。

2013 年 11 月 6 日，马杜罗指责委内瑞拉目前的通胀问题出在商家身上，说商家用牌价美金买回的产品高价卖出，利润大大超过政府允许的 30% 的最高限额。为此，在随后的 3 个星期里，政府派出大批物价稽查员在各地的家用电器连锁店、五金工具连锁店以及大型的购物商场里进行物价检查，对大幅度提价的商店给予行政处罚，并且强令要求商店以官方汇率为基础对进口产品定价。物价大检查一次接着一次，目的是要商场将物价回归至"合理"和"公道"的水平，并对恶意提价等行为予以严厉处罚。例如，政府从宣布打击高价电器连锁店，令其将商品价格降低销售起，物价、税收大检查开始轰轰烈烈地在全国开展。查价、查税已从电器行业扩大至衣服、鞋帽、汽车、基建设备等行业，且政府又严格限定，食品、百货的销售利润只能在 15% ~ 30% 内，不得高价出售商品。为此，政府有关部门最近已联合出动，在局部地区开展大检查，除查价、查税之外，还查货物囤积。

---

① 吴志华：《委内瑞拉副总统呼吁在委华商尊重当地法律，降价销售商品》，人民网·加拉加斯，11 月 29 日。

政府的一系列的行动，应该说见到了成效。被指恶意涨价的商品已被迫降价出售，各地物价开始回落。所以，经过一段时间的"大检查"后，就转入"小检查"阶段，政府如临大敌般地派出军队、物价、税务等部门出动的全面检查将告一段落。今后的"小检查"，据前来召集侨胞代表座谈的官员说，主要是针对被举报的商家。①

大检查对华侨华人的影响是巨大的。政府物价大检查涉及诸如服装、小家电、小五金、鞋等。在委的华人商铺大部分是从事此类进口小商品的买卖，应当引起注意，及时采取应对措施，维护好自己正当的营业活动。中华工商联合总会属下各地商会对此已十分关注，及时向会员发出通知，要求会员在检查之前自查自纠，将商品价格控制在规定的范围，即利润不得超过15%～30%。同时要准备好有关资料，如铺头的生意纸、纳税纸、卫生证、来货发票等。此外，还要看看所售商品是否过期和是否贴上价格标签。在经营中，必须守法、文明。特别在待客方面，一定要热情、礼貌，切勿因小不忍而惹出大麻烦。②

进入2014年以来，物价大检查的严厉程度有过之而无不及。例如，加拉沃沃省（华侨华人俗称之"加省"）华恋社街市内集结了国民自卫军等多个执法部门，对街市内的批发档进行大检查。其检查人员之多，检查手段之严前所未有的。执法部门重兵把守了两个出入口，沿途路上都设有检查岗，不时对一些密封的车辆进行检查。街市内，另一些人则对正在把紧缺货、限价货往货柜里装的商贩进行检查，有的商贩见势不妙弃货而走，检查人员便强行将货柜撬开，逐一检查。检查中，有多位超价出售限价货的商贩的货物被检查人员运送到托库伊托（Tocuyito）市内，第二天限价卖给顾客。在检查中，有一当地人顾客在商贩处买了些限价的粟米粉和油，该顾客无法出示发票，购买的价格又远高于限价，于是执法人员让这位顾客带着去到购货的商贩处。在检查商贩货物的来源时，得知商贩是高价从一华商处购来的，执法人员顺藤摸瓜，找到了超价批量出售限价货的华商，对其采取了处罚措施。据知情人透露，还有其他的华商也有将限价货超价卖给批发市场内的商贩进行牟利的，执法人员将逐一进行排查。③ 在排查中，全国不少地方传出华商因"超价"或"囤积"而被扣被罚的坏消息。尽管，这些超价和囤积多是一些"鸡蛋里挑刺"的问题，比如，店里来了限价货，员工将之大量卖出后，留下部分自己买，因没付款结账且货物又搁在店里，有人来查就扣上一个"囤积"的罪名。这种情况已司空见惯，且按照执法人员的逻辑，"囤

① 冯炎良、黎民：《大检查已近尾声　小检查还要继续》，《委华报》，2013年下半年。
② 一民：《认真应对查价查税》，《委华报》，2013年11月18日。
③ 侨声：《加省批发市场的物价大检查》，《委华报》，2014年。

积"是要"居奇",等待机会高价出售。所以,在"囤积"之下,必有"超价销售"的罪名。而碰到这种情况时,华商或因为语言障碍难以澄清,或高压之下百口莫辩,最后只能使自己成为一只任其宰割的羔羊,如果只是罚点款还好,要是拘留送上法庭,问题就麻烦了。

与此同时,马杜罗总统在获得了国会的特殊立法权后,通过修订,颁布了新的《控制成本、价格和利润法》,在 2014 年 2 月 10 日开始实施。这部新法将商企利润控制在 30% 以内,所以有分析人士指出,这部新法虽然是为了规范商品销售的定价机制,严厉打击商业暴利,但客观上大大地扼制了商家一直来随行就市的灵活性。此法措施严厉,一旦踩上红线,就可能有牢狱之灾,稍有闪失,都可能给自己带来麻烦。

这部新法出台后,曾遭到委内瑞拉企业主的批评和指责。委内瑞拉工商联合会曾表示要上诉委内瑞拉最高法院,要求撤销这部法律,因为这部法律"侵犯私人产权""违反宪法"和带有"歧视性"。但马杜罗总统则表示,这部新法律"旨在保护贫困民众利益,要求企业自律,制定合理价格"。他强调,委内瑞拉正在进行"经济革命","谁也不能阻止我"。对于违反新的《控制成本、价格和利润法》的企业和业主,政府将"采取最严厉的措施",如下面一些条款:

——利润超过 30% 的商家,入狱 8 至 10 年,罚款 1 000 到 5 万个税务单位(目前税务单位为 107 强势玻利瓦尔),政府强制关门整顿最多 180 天。

——妨碍商品销售者,入狱 10 至 12 年,罚款 1 000 到 5 万个税务单位。

——非法"囤积"商品搅乱经济的,入狱 8 至 10 年,罚款 1 000 到 5 万个税务单。

——走私商品出国的,入狱 10 到 14 年。

——销售有害健康或违禁品,入狱 6 到 8 年。

——损坏商品,或降低服务质量"搅乱市场供求"的,入狱 5 到 10 年,罚款 500 到 1 万个税务单位,政府管制商铺 180 天。

——销售过期或损坏的食品,入狱 1 到 3 年,罚款 200 到 1 万个税务单位。

——商铺业主收取超出物价监督局限定的租金,入狱 4 到 6 年。

——贷款活动中,收取高于中央银行或物价监管局规定的手续费或佣金,入狱 4 到 6 年。

——非法改动商品的质量、数量、重量、尺寸的供应商,入狱 6 个月到 2 年。

——通过各种渠道散播搅乱商品价格信息的,入狱 2 到 6 年。

——高价转卖第一必需品,罚款 200 到 1 万个税务单位(这是针对摆地摊的)。

——再次违反法例者,商铺关门 90 天,罚款 1 万个税务单位。

——在检查期间，不提供便利，或提供虚假信息者，罚款 200 到 500 个税务单位。①

公平价格监管局的稽查工作在全国各地展开，对查出超价出售货物的商人，则按照《公平价格法》第 39 条处以罚款。而且，参加现阶段稽查工作的，除了公平价格监管局执法人员和国民自卫军外，政府还发动了区镇的一些居民参与。这些编外的"稽查"人员分散于各商店、超市，以顾客的身份出现，一旦发现有超价出售限价货的，他们会立即用电话把"正规军"找来，对商家予以处罚。在委内瑞拉物价管理局发文提高了食品、洗涤剂、卫生用品等的零售价格后，政府有关部门的查价、查囤积、查税的大行动也就紧锣密鼓地开展，且来势比以往更加猛烈，以致有的商家感到难以应付。

这里举一例。2014 年，位于加省华恋社的批发市场，受到了由国民自卫军、税务、物价等部门人员组成的检查团的大检查。他们兵分三路，第一路检查食品批发店，看是否超价出售，是否囤积货物，是否开了发票，是否偷税漏税；稍有不慎，不是被捉就是被罚款，连当地人开的小餐馆仓库内存了一些小袋包装的限价米，也被视为违法。在检查人员看来，餐馆应该用大袋包装的米。另一路专门检查批发市场内用旧车厢囤装限价或紧缺货物的小贩，凡闻风关门停业的，一律用工具将车厢撬开，清点货物后，将车厢和货物全部拉走。其借口是一些小贩用旧车厢作仓库，把收购来的限价货或紧缺货囤积起来，然后高价出售，从中牟利。检查人员认为，小贩的这种作为，是在浑水摸鱼，严重搅乱了经济秩序，所以要严厉打击。当时，所有在批发市场的用作仓库的旧车箱，连同货物一起，全部被清理。第三路严守出口。凡是进出批发市场的有密封的大卡车、面包车都要检查，并查看发票，看有无超价购货或售货。有一华商因购买了几包市面上紧缺的豆类货物，商店老板没有开发票，而该华商又不想因此连累售货老板，所以在被查时说记不清是在哪家店买的，发票是自己忘了拿。但检查人员没放过他，将他押上军车。政府认为此举是为民着想，所以在检查中毫不手软，稍有点不是，就被法办。②

据了解，《公平价格法》2014 年 11 月 1 日起在全国正式实施后，违反该法律的外国人将遭到遣返，已入籍人士将被取消国籍。而为贯彻执行这一法例而开展的大检查，来势十分凶猛，检查人员除来自保卫社会主义经济总署外，还涵盖消费、物价、税务、卫生、质检、军警、暗查、法院等部门，其队伍之大，检查

---

① 莫熙丰、黎民：《成本与价格新法今起实施，有关措施严厉千万别踩红线》，《委华报》，2014 年 2 月 10 日。

② 《检查行动又升格》，《委华报》，2014 年。

面之宽，打击力度之大和处罚之严，恐怕史无前例。①

二、物价限制

随着市场供应紧张，物价也在节节攀涨。另外，查韦斯逝世后继任总统的马杜罗所面对的是日益严重的财政赤字和 110 亿美元到期债券越来越高的违约风险，但别无良策，只得不断地开动印钞机。不计后果地扩大货币发行，从而加剧了国内的恶性通胀和物价暴涨。美银美林估算，委内瑞拉 2015 年 4 月的通胀率高达 100%，但实际情况也许要严重得多。根据约翰·霍普金斯卡托研究所（Johns Hopkins – Cato Institute）"处困货币项目"（Troubled Currencies Project）搜集的黑市汇率数据，委内瑞拉当前隐含的年通胀率实际上在 510% 左右。这是全球最高的通胀率，远远高于第二名的叙利亚（84%）。②

委内瑞拉政府计算通胀指数，采用的是"消费者物价指数（INPC）"。"消费者物价指数"由国家统计局通过对市场物价跟踪调查得出的统计数据，具有官方的权威性，反映出委内瑞拉每个月市场物价涨跌情况。但委内瑞拉政府迟迟不公布通货膨胀指数，民众的直接感受就是"物价涨了"。直到 2014 年 9 月 9 日晚上，委内瑞拉中央银行和国家统计局才公布 6 月至 8 月份的通胀指数。从统计数据看，这 3 个月通货膨胀累计约 13%，具体地说，6 月份是 4.4%，7 月份是 4.1%，8 月份是 3.9%。即使按照这样的通胀指数也是很高的。与巴西比较，其全年通胀率只有 4.5%，仅相当于委内瑞拉 6 月份的指数。更令人担忧的是，2014 年 1 月至 8 月，通胀累计已是 39%，超过了政府年初制定的全年通胀率要控制在 26% 至 28% 的目标。③ 委内瑞拉已经陷入了物资供应不足、物价上涨的周而复始的怪圈。

2014 年下半年，委内瑞拉物价高涨，货币急剧贬值。马杜罗总统指责这是反对派向政府发动的一场"经济战"。为应对"经济战"，也为了控制通货膨胀和遏制物价上涨，委内瑞拉政府于同年 11 月推出一系列经济措施，其中包括总统依据国会授予的委任立法权，颁布新的物价法，规定商业和生产性利润不得超过 30%。④ 这可以看作是作为政府行为的委内瑞拉物价限制的开始。

按照政府的规定，就出现了一批所谓的限价货，实际上就是委内瑞拉当前紧缺的商品如食品、日用品，如粟米粉、大米、食油、面条、食糖、沐浴液、洗发

---

① 《别让自己成为有缝的蛋》，《委华报》，2014 年 11 月 17 日。
② 黎民：《玻币"一文不值"说明什么？》，《委华报》，2015 年 6 月 22 日。
③ 吴志华：《委内瑞拉今年通货膨胀将创新高》，《委华报》，2014 年 9 月 21 日。
④ 柳絮：《政府限价，按下葫芦浮起瓢》，《委华报》，2015 年 6 月 1 日。

水、纸巾、纸尿布等。由于这些货物价格低，只要有，市民都抢着买，即使家中不缺，也多买些以备不时之需。但按照物价法，这些属于限价范围的货物在超市内只能按规定价售卖，不能超过一分一毫。政府的限价政策可谓用心良苦。如果这些限价的货物真正是给需要的平民购买，应该说是委内瑞拉平民的一种福利。但是，对于一些专门炒卖货物的人来说，却成了一条生财致富的捷径。

限价是委内瑞拉的一大特色，也可以说是政府为稳定局势而采取的不是办法的办法。由于委内瑞拉食品、日用品奇缺，要是放任不限，供不应求的商品价格就会像脱缰野马般狂奔，商家也会坐地起价。这种情况，在委内瑞拉是无论如何也不能发生的，不但政府不愿意看到，就是普通市民也不接受。在委内瑞拉，很多人不仅没有住房，甚至连"一日三餐"都没有保障。汽车可有可无，住房可大可小，但食物却绝不能没有。这些人的衣食不解决，社会怎能安定，谈何发展？所以，对于关系民生的基本食品，不能完全由市场说了算。委内瑞拉政府是想通过对基本食品的定价，让低收入民众都能买得起食品。过去，国家也是用平价外汇进口或生产的大米、食油、粟米粉、皂粉、洗发水等食品、日用品，以较低的价格，限价供应国内市场，百姓只要花一点点钱，就可以获得非常超值的东西。事实上，民众特别是中下层民众已经习惯了享受国家福利，如果放出物价飙升这匹野马，无异于在太岁头上动土。如果物价失控，引发的不只是通胀，还有民众对执政党合法性的怀疑。委内瑞拉政府一系列限价举措，虽然属头痛医头、脚痛医脚，不可能在根本上解决问题，但面对江河日下的形势，政府还能有什么更好的办法？

然而，今天的委内瑞拉早非物阜民安，在货物奇缺，供不应求的情况下，这些紧缺的货物，同时也成了二道贩子平买贵卖、谋取暴利的手段。只要哪个商店有货到了，就马上会引起抢购。特别是那些做买卖谋利的，常常在深夜就来到他们认为将有货来的店铺排队（有人预先花钱打听到相关消息）。应该说，政府的限价政策的本意是好的，但因为有人浑水摸鱼，这种利民政策就被二道贩子所利用，成为他们牟取暴利的手段。当谨慎守法的商家（包括华侨商家）不折不扣地执行"限价"政策、广大民众有机会舒心地享受"限价"的时候，暴利熏心的"奸商"，早已在谋划利用限价和非限价的差价，通过正当或非正当途径拿到限价货，随手倒卖出去，牟取暴利。这边厢，政府限价没半点松动；那边厢，炒家却坐地起价，近似疯狂。同一种物品，售价相差竟达数倍甚至十几倍。委内瑞拉限价政策出现的这一顾此失彼现象，有人形容为"按下葫芦浮起瓢"。另一方面，为了抢购而出现的壮观的排"长龙"现象，常常诱发混乱，成为社会的不稳定因素。现实情况是，尽管政府有关部门开展了一轮又一轮的查价、查货行动，一批又一批恶意涨价的投机者遭到惩治，但是炒买炒卖者依然故我，煞而不

止，治而还乱。谁是政府限价政策的真正的受益者？显而易见，不是那些急需的平民。而那些不厌其烦地"狩猎"般等候购限价货的顾客，很多都不是缺食少用的人。这些被称为"奸商"的二道贩子从中作祟，买空卖空，只能加重货物的匮缺，造成市场的混乱。虽然有军警维持秩序，混乱局面或得到一定程度的控制，但致命的问题是，市场无货供应的紧张气氛难以消除。

这里举一个实例。约 2015 年 6 月初，位于加省批发市场外的一间大型批发超市有牛奶供应，每人可购买 2 罐，每罐的限价在 10 万以内。很多人蜂拥而至，购得牛奶后欢喜而归。在批发商店的出口处，有一当地人将一货车停在路边。见购得牛奶的人出来，便上前出高价收购。前者用 7 万购买的牛奶，那人却出 50 万购走。如此大的差价，何乐而不为？于是，排队买到限价牛奶的人，爽快地转手卖给那人，卖了后，又到超市重新排队购买，有人如此反复多次，很快就赚了一个多微翁。一个多微翁等于一个打工者一个星期才能赚得的工资！收益如此巨大，谁还愿意去打工？而那位收购货物的商人用高价收购的牛奶很快就装满一车。他将车开到附近一个小集市，又以 90 万一罐的价钱出售。在这一购一销的转手间，每罐牛奶就赚了 40 万~50 万，满满一货车的牛奶利润有多少，就不用说了。这是典型的恶性"投机倒把"，最大的受害者当然是那些家里有小孩又急需牛奶的打工一族，他们只好忍痛出高价购买。[①]

应指出，按照物价法，作为经营者，华侨也只能守法经营，绝对不能像投机取巧者那样去经营，稍有不慎，便会让人抓住把柄，难脱被罚和被勒索之灾。实际上，绝大多数华侨华人是守法经营的。但由于委内瑞拉法制松弛，贪赃枉法现象严重，华侨常常被诬蔑为违法经营，各种各样的冤错假案层出不穷，且参后述。

三、外汇管制

巴西著名经济学家恩里克·西蒙森曾说："通货膨胀可以压垮人，但是，汇率却要置人死地。"委内瑞拉汇率制度比较复杂，具有许多自身特点。从 2003 年起，委内瑞拉政府就开始实行外汇管制和固定汇率制度。2005 年至 2009 年，官方汇率是 1 美元兑换 2.15 玻利瓦尔。2010 年实行"双轨制"汇率：对进口食品、医疗用品等关乎民生的进口产品，实行 1 美元兑换 2.60 强势玻利瓦尔的汇率，而对汽车、烟酒、家电进口则实行 1 美元兑 4.30 强势玻利瓦尔的汇率。双轨制仅实行一年，2011 年 1 月 1 日起又实行单一汇率：1 美元兑换 4.30 强势玻

---

① 吴言：《限价货物益了谁？》，《委华报》，2015 年 6 月 8 日。

利瓦尔。2013 年 2 月 8 日，委内瑞拉政府调整汇率，新的汇率为 1 美元兑换 6.30 强势玻利瓦尔。

外汇管制的初衷本来很好：抑制资本流失，让更多外汇资本留在委内瑞拉。刚开始实行的头一两年，的确看到了一些成效。但国际上很多经济学家认为，委内瑞拉严重的商品短缺，重要原因是过于严格的汇率管制系统，导致国家经济陷入困境。

官方外汇兑换不能满足企业所需，几乎是肯定的，就算是在外汇管制运行初期，很多企业就很难获得所需的额度。到后来，经济和政治环境恶化，促使资金出逃更加严重，换美元更成为难题，"不给黑钱申请不到美金"已经成为人们共识。对普通商人打击更大的是，政府在对粮食和基本生活用品限价时，成本计算的价格却是按美元计算，为的是"打击暴利"。这意味着成本以美元计算，消费价格却按照贬值的本币计算，盈利想都不敢想。例如，某大公司要维持在全国范围的销售不脱节（到最后就是运作成本也难保），需要向政府申请外汇购买原材料，而审批下来的外汇只有百分之三四十，其他的资金需要从黑市获取。由于黑市价要高出 10 倍或以上，一旦运营下来，商品的最终价格肯定会超出国家给他们的限价。但如果销售价格超过国家规定限价，企业就有可能被认定在牟取暴利和投机，一旦查出，企业就会被处以罚款甚至没收商品。近年来，一些大型国际公司在委内瑞拉亏本就是这个原因。不单它们，随着商品限价品种的不断增多，所有做进口业务的或者需要进口原材料生产的企业都得倒闭。[1] 实际上，只要委内瑞拉局势不变，政策不改，等待它们的只有死路一条。

2013 年 2 月委币大幅贬值时，美金与委币 1∶25 的黑市兑换价已令人震惊。尽管，货币的贬值多年来在委内瑞拉已成常态，但资产在一夜之间不知不觉腰斩近一半，还是让没什么心理准备仍沉浸在春节喜气中的华商感到难以接受。人们希望委币从此走强，再贬也不要越过下一个整数关——阶段性心理线 1∶30。但黑市美金还是按照自己的走势而飙升。不到 3 个月，这个阶段性心理线被击垮，最高时以 1∶38 刷新了黑市美金在委内瑞拉的纪录。

窥一斑而见全豹。透过黑市美金的走强，便可看到委内瑞拉货币的隐性贬值以及委内瑞拉经济的走势。有权威人士根据现状分析，委内瑞拉的经济早已崩溃。他说，世界上没有哪个国家的货币像委内瑞拉这样在 10 年内大幅度贬值 5 次，也没几个国家黑市上 1 美元汇率为官方币值的 6 倍。[2]

马杜罗政府在 2013 年开始执政后，面临着复杂和困难的经济形势。民众生

---

① 庾志坚：《近距离观察委内瑞拉》，《世界知识》2015 年第 7 期。
② 黎民：《危机危险同在　委国仍在困境》，《委华报》，2013 年下半年。

活需求与市场供应短缺的矛盾日益突出。2013 年 9 月和 10 月，委内瑞拉的通胀率分别达到4.4%和5.1%，2013 年前 10 个月的通胀率累计高达45.8%，为此前 10 多年来最高。另一方面，黑市上的美元被恶意炒作，出现了汇率"天天上涨"的"异常波动"现象。目前，委官方汇率为 1 美元兑 6.30 强势玻利瓦尔，而黑市美元汇率 11 月初达到了 1∶60，比 2 个月前翻了一番。受美元行情影响，商家纷纷上调商品价格，特别是进口家用电器等电子产品，往往 2 个月的提价幅度就达到30%至100%，有的甚至高达500%。① 说委内瑞拉经济"崩溃"可能有点过头，说是"深度衰退"可能比较准确。

在委内瑞拉政府看来，美元黑市行情飙涨及物价飞涨，都是"人为因素"造成的。委内瑞拉实行外汇管制，企业和个人使用外汇都须向国家外汇管理局申请，并按官方汇率购买。而商家往往按官方汇率提供的外汇进口商品，却按黑市美元行情给商品定高价。对于商家这种欺诈和牟取暴利的行为，委政府决意从源头上予以遏制和打击：在关闭所有发布黑市美元行情的网站、禁止网上从事美元交易的同时，要求商家必须按官方汇率对商品重新定价。

根据 2013 年 11 月 21 日新出台的法律，委内瑞拉政府还建立了国家外贸中心和国家外贸公司，对外汇和外贸实行统一管理，同时修改了企业用汇申请条例，要求所有使用外汇从事贸易进口的企业，都必须向国家外贸中心申请，并承诺用官方汇率出售进口产品。这些企业在进口报关时，必须说明外汇来源，以便政府监管。

委内瑞拉97%的外汇来自国家石油公司和国有企业的出口，私人企业出口创汇仅占 3%。在这种背景下，当地一些经济学家认为，马杜罗政府通过强化国家对外汇和外贸的统一管理，从源头上刹住套汇和恶意提价之风，稳定国内市场物价、整顿经济秩序具有可行性。不过，若想切实改善委内瑞拉的经济形势，除了提高政府工作效率和改善国有企业经营外，还需要扩大本国生产和市场的供应能力，改善供需关系。也只有这样，才能从根本上实现物价的稳定。

委内瑞拉本来就有两套汇率，即被称为第一汇率的官方汇率和第二汇率的第一套补充性外汇交易机制 SICAD 1。后又推出第二套补充性外汇交易机制 SICAD 2，也就被称之为第三汇率。三套汇率并行，不能不说是委内瑞拉的特色。

从 2003 年起，委内瑞拉政府实行国家统一的外汇管理体制，由中央银行颁布官方汇率，国家外汇管理局批拨外汇的分配和使用。无论是国有企业，还是私人企业，都必须向国家外汇管理局申请用汇。2013 年以来，委内瑞拉官方汇率保持在 1 美元兑换 6.30 强势玻利瓦尔的水平上。无疑，作为"第一汇率"的官

---

① 吴志华：《没有经济秩序就没有公道物价》，《人民日报》，2013 年 12 月 6 日。

方外汇，在国民经济中起着关键作用。然而，这一由中央银行颁布、国家外汇管理局批拨的汇率，尽管在目前动荡不定的局势下仍像铆钉一样稳稳地保持在 1 美元兑换 6.30 强势玻利瓦尔的水平上，但其象征意义大于实际意义。可以在这一汇率获得外汇的，除个别国有企业和重点生产行业用于进口国内必需的食品、基本生活用品和企业生产资料，个人申请出国旅游、留学或治病的用汇（也需向国家外汇管理局申请并且有限额规定）外，一般行业特别是私人企业和个人，很难从中分到一杯羹。

由于国家对外汇实行严格管理，申请用汇程序烦琐和复杂，并且外汇的分配是重点保障国有企业和重点生产行业的进口需要，因此，一些私人企业和个人为了得到更多的美元，就以黑市汇率从私人手上购买美元，造成黑市美元猖獗，汇率猛涨。为满足个人和私人企业的用汇需求，委内瑞拉中央银行于 2013 年 8 月建立了"补充性外汇交易机制（SICAD 1）"，即由中央银行拿出一部分外汇，以拍卖方式向个人或私人企业出售，从而增加市场外汇供应量，因此被称为"补充性外汇"。补充性外汇交易机制由中央银行管理，每周交易一次，汇率有限浮动，并且高于官方汇率。目前是 1 美元兑换 11 强势玻利瓦尔左右。中央银行每周为 SICAD 1 提供大约 2 亿美元的外汇，个人和企业申购外汇有最高额度的限制。对于私人企业，首先是满足重点产业部门的用汇需求。

尽管有补充性外汇交易机制，但外汇供应有限，仍然无法满足私人企业和进口商的外汇需求。去年，委内瑞拉外汇储备下降，石油出口量比前一年略有减少，造成金融市场恐慌和投机，致使黑市美元汇率急剧上升。企业界和商界纷纷参考黑市美元汇率定价，使进口产品的物价猛涨，推升委内瑞拉通货膨胀 2013 年达到 56.2%。

石油生产和出口是委内瑞拉的支柱产业。石油出口收入占国家外贸收入的 96% 和国家财政收入的 70% 左右。因此，严格管理和合理使用外汇对稳定经济、保障供应具有决定性的作用。委内瑞拉政府 2013 年底开始酝酿改革外汇管理体制，并陆续出台一系列法规和措施。例如，建立国家外贸中心，统一掌管国有企业的外贸进口业务，并且承担国家外汇监管、分配和使用的职能。政府还规定官方汇率的外汇主要是保障基本生活用品的供应和重点行业的原材料进口。取缔黑市美元行情和牌价的发布，规定以官方汇率获得国家外汇的进口商，必须与政府签署合同，承诺以官方汇率为进口产品定价。颁布《成本与价格法》，规定企业和商家的最高利润不得超过 30% 等。这些措施显然是进一步加强了国家对外汇的掌管，减少和限制了私人企业在偿还外债和进口产品上的外汇需求，从而引起私人企业的不满，造成私人企业进口锐减，库存减少，市场供应不足等问题。

顾名思义，作为"补充性"的外汇交易系统，第二汇率 SICAD 1 的作用就是

要弥补官方外汇的不足。但这一系统虽然为个人出国旅游、留学、治病和私人企业进口生产原料提供外汇，其"补充"的效果微乎其微，中央银行每周一次约 2 亿美元的拍卖，依然是僧多粥少。

这样的机制无法满足市场对美元的需求。在黑市美金急剧上升、物价猛涨和通货膨胀的危局下，第三汇率即第二套补充性外汇交易机制 SICAD 2 的推出也就"生逢其时"了。委内瑞拉政府推出第二套补充性外汇交易机制，主要目的是为了满足私人企业和个人的外汇需求。通过这套新机制，吸收社会上个人和企业所拥有的外汇，增加外汇供应量，借助这套机制取代或抑制黑市美元交易。委内瑞拉负责经济事务的副总统拉米雷斯说，委内瑞拉"通货膨胀率与汇率过度浮动有很大关系"，黑市美元行情扭曲了国内生产体系的成本和价格，很多人以黑市美元汇率作为定价的参考，"打击黑市美元交易，平衡外汇供应机制，我们就能控制住通货膨胀"。[①]

委内瑞拉政府推出这个外汇交易新机制，被称为"第二套补充性外汇交易机制（SICAD 2）"，这是 2003 年以来委内瑞拉政府在改革外汇管理体制上最重要的措施之一，其目的就是为个人或企业提供新的外汇交易渠道，增加市场外汇供应量，满足国内生产和进口的需要，抑制黑市美元交易，促进金融市场稳定和经济的发展。

根据委内瑞拉政府的介绍，第二套补充性外汇交易机制具有以下几个特点。

其一，外汇交易的资金来源：个人或法人都可以进入这个新机制参与外汇的买卖交易。委内瑞拉石油公司、中央银行、公共银行等国有金融机构和国有企业参与新机制外汇交易，向市场提供他们持有的外汇，同时，委内瑞拉政府也允许个人或私人企业通过新机制抛售或收购外汇。例如，从事外贸和服务出口的个人或企业，必须将 40% 的外汇收入出售给中央银行，其余 60% 的外汇收入就可以通过第二套补充性外汇交易机制出售。也就是说，这个新机制鼓励个人和私人企业参与外汇交易，以增加市场上的外汇供应量，同时也为个人和私人企业购买所需外汇提供了一个正式的渠道。

其二，外汇交易的操作流程：新的外汇交易机制设在委内瑞拉金融机构或证券交易所内，每个工作日开盘交易，外汇交易实行浮动汇率，由中央银行每天发布外汇牌价。外汇申购人向金融机构申报拟购外汇数量和所能接受的牌价。出售外汇的个人或企业也向金融机构申报拟售外汇数量和报价。金融机构按规定将这些信息传递到中央银行，由中央银行根据外汇供需行情制定出每天的汇率牌价。

---

① 吴志华：《委内瑞拉将启动补充性外汇新机制，市场化交易和浮动汇率令人注目》，《委华报》，2014 年 3 月 17 日。

各个金融机构不得自行规定外汇交易牌价，也不能以其他金融机构的外汇牌价作为参考。

其三，参与外汇交易的基本条件：有兴趣通过第二套补充性外汇交易机制从事外汇买卖的个人或企业，都必须在委内瑞拉境内金融机构开设或拥有自己的外汇账户。通过外汇账户从事外汇交易或向国外转账。据了解，委内瑞拉政府自2012年9月17日起，就允许个人在国内公共银行开具美元账户。委内瑞拉国民银行（Banco Nacional de Venezuela）、二百周年银行（Banco Bicentenario）、工业银行（Banco de la Industria）和国库银行（Banco Tesouro）是第一批允许开设美元账户的公共银行。现在，私人银行也有兴趣并获得政府批准，为个人和企业开具外汇账户，其条件是：必须在该银行拥有当地货币的账户、出示身份证、出示缴纳公用事业费的收据，开新账户没有最低存款的要求，可以通过新账户向国外转账。如果国外没有账户的话，客户可以申请美元借记卡，用借记卡到国外消费。[①]

简言之，SICAD 2 的一个显著特点，就是个人或法人都可以进入这个新机制参与外汇的买卖交易。它由中央银行根据外汇供求行情制定每天的汇率牌价，境内所有法人和自然人只要在国内银行开设有美元账户，都可通过该系统以拍卖的方式进行外汇现金或债券交易。对一般人来说，SICAD 2 与前两个汇率不同，其交易是双向的，即既可以买，也可以卖。这样，个人和私企交易外汇就有了一个正式的渠道。

第二套补充性外汇交易机制从酝酿到颁布实施，在委内瑞拉备受关注，并且一直存在着争议。委内瑞拉政府强调，新的外汇交易机制的实施，并不意味着改变或取代委内瑞拉现有的汇率制度。委内瑞拉仍然实行以官方固定汇率为主体的外汇管理体制。第一套补充性外汇交易机制（SICAD 1）和第二套补充性外汇交易机制（SICAD 2）是调剂外汇供应量的两种"补充性"工具。当地一些经济学家认为，尽管只是"补充性的"外汇管理手段，但是，第二套补充性外汇交易机制在一定程度上反映出外汇管理的"市场化尝试"。政府通过这个机制抛售外汇，可以增加财政收入，回笼货币，有利于抑制通货膨胀。

但是，"让人充满期待"的 SICAD 2 还是压不住黑市美金的疯狂。其深层次的问题，可能是一般人所难以深究的。但就事论事，还是供求失衡的问题。委内瑞拉工商总会主席豪尔赫·罗伊格对此直言不讳，说："日前展开的第三种兑换系统只能满足国内外汇需求的8%。"如是这样，SICAD 2 的推出或许只是一个新

---

① 吴志华：《委内瑞拉将启动补充性外汇新机制，市场化交易和浮动汇率令人注目》，《委华报》，2014年3月17日。

的摆设。有分析人士指出，如果仍然没有足够的美元在这个系统满足人们的交易，黑市美金就不会老老实实地退出市场。况且，手持美金的个人或企业，如果可以在黑市获到更多的利润，他们就不会乐于将美金送到 SICAD 2 去折腾。[1]

由于委内瑞拉外汇供应有限，一些私人企业和个人出于生产和生活需要，仍然到黑市寻找外汇。于是，以"今日美元"（Dolar Today）网站为代表的黑市汇率应运而生。官方汇率与黑市汇率之间的巨大差距，更是刺激了黑市外汇交易。委内瑞拉社区及社会运动部部长豪亚 2015 年 7 月 14 日在接受委内瑞拉电视台采访时说，逃亡海外的委内瑞拉金融投机分子，在美国创建"今日美元"网站，通过公布黑市美元汇率，故意操纵汇率，制造金融泡沫，打击委内瑞拉经济。豪亚还说："我们要求引渡那些躲藏在美国迈阿密的金融犯罪分子，他们运用科技手段创建网上外汇交易平台，恶意操纵非法汇率，制造金融泡沫，以达到损害委内瑞拉经济的目的。"

随着黑市汇率不断攀升，委内瑞拉市场物价被汇率拖引而不断冲高，助长了通货膨胀。一年前，"今日美元"网站公布的汇率是 1 美元兑换 70 强势玻利瓦尔。今年上半年，这个网站的汇率就不断被刷新。为阻止黑市美元无限制上扬，委内瑞拉政府于今年 2 月推出过渡性质的"边际浮动汇率"（SIMADI）。然而，恶意操纵黑市美元交易的金融投机有恃无恐。7 月初，"今日美元"网站的汇率首次突破到 1 美元兑换 500 强势玻利瓦尔大关。最近几天，"今日美元"汇率更是突飞猛进，甚至在不到 24 小时内，委币与美元的汇率就大幅贬值 10%。今天，"今日美元"网站的汇率几乎接近官方基本汇率的 100 倍，达到 1 美元兑换 629 强势玻利瓦尔。委内瑞拉政府则要求将躲藏在美国的金融投机分子引渡回国，绳之以法，以利于保障国内金融汇率的稳定。[2]

随着汇率由市场决定的委内瑞拉边际外汇体系 SIMADI 的出台，人们可以自由兑换、交易外汇了。2015 年 2 月，开始实施新外汇交易制度，百姓 12 年来首次可以用现金以市场汇率在银行和兑换所最多购买 300 美元，尽管汇率比官方汇率贵很多。这对一些需要外汇的人如久旱遇甘霖，每天可购买 300 美元，每月不超过 2000 美元。不过这样一来，又推动了新一轮通货膨胀。许多货物的价格因为 SIMADI 的出现而又一次高升，因为 SIMADI 实质上是本币的一次大幅贬值。现在，商家每次收到公司的来货，都是上涨了的新价格，且是按政府规定在货物上标上价钱，不得随意变动。工资也一升再升，但相比之下，工资的上升怎么也追不上物价的上涨，普通百姓苦不堪言。

---

① 黎民、莫熙丰：《SICAD 2 推出就可以稳定金融市场?》，《委华报》，2014 年 3 月 31 日。
② 吴志华：《没有经济秩序就没有公道物价》，《人民日报》，2013 年 12 月 6 日。

有一从事杂货超市的华商，曾经从中国进一些百货商品到委内瑞拉销售。进货是以美金结算，到了委内瑞拉，再按当时汇率折委币售卖。当时，美金与委币的汇率不高，进来的货物价格不是很贵。但随着黑市美金汇率的不断上窜，进口货物的价格也一升再升。对此，有的人不理解，要求有关部门彻查，看是否超价销售。物价部门的人来了，要求该华商出示来货单，可当时是自进自销，哪来的进货单？就因为这样，该华商被罚了一笔，损失惨重。该华商说，这都是美金飙升惹的祸。

由于货币不断贬值，打工一族的日子也不好过。有一在华人店铺内打工的外国人员工说，以前他父亲也在华人店铺工作，虽然当时环境也不是很好，但所得可以供他兄妹四人读书，可以维持一家人的基本生活，基本衣食无忧。他成了家，有了第一个孩子时，牛奶、纸尿布、湿纸巾等婴儿用品供应充足，生活无忧，他可以常和孩子去游乐场、海滩游玩。现在，他第二个孩子出生了，牛奶、纸尿布等婴儿用品的价格飙升，且无处可买，常常花上比限价货高五六倍的价格从二道贩子手上购买。自己的工资入不敷出，为维持生计，他只好打两份工，在华人店铺下班后，再到菜市场做清洁工。因为经济拮据，他从来不在外面的炒饭档吃一份仅是 20 万的炒饭，尽量节约开支帮补家计。他没想到，当时他父亲一人打一份工可以供他们兄妹四人读书及维持一家人的生活，现在他打两份工养两个孩子却如此吃力。

委内瑞拉当局很多事情往往是只见雷响，不见雨落，而且有的事情在具体操作中往往走样。2013 年 11 月政府推出一系列经济措施以控制通货膨胀，遏制物价上涨，并为此开展了第一轮"经济战"。这些措施虽然对控制物价继续上涨、抑制通货膨胀和打击黑市美元交易起到了一定的作用，但同时也打击了企业和商家的生产和经营的积极性。有的事项还名不副实，如第二套补充性外汇交易机制 SICAD 2 的建立，并没有多少人从中得到好处，很多参与者"为了美元七日申请八次不中九战不胜"。[①]

本币的大幅贬值，对于经商或打工的人来说，都如雪上加霜，使人觉得不堪重负。货币是经济的晴雨表，货币不稳定，经济就谈不上稳定。人们知道，委内瑞拉目前最需要的是美元。经观察发现，委内瑞拉目前实行的是三重外汇管理制度，即第一层汇率由国家外贸中心提供给国企、医疗和外交领域人员等，维持 1 美元兑 6.3 强势玻利瓦尔；第二层汇率是主要为出国公民、航空业和部分制造业提供，汇率幅度约 1 美元兑 12 强势玻利瓦尔；第三层汇率由中央银行根据外汇供求行情制定每天的汇率牌价，委境内所有法人和自然人只要在该国银行开设有

---

① 柳絮：《委华论坛：私人企业扩大生产有戏吗？》，《委华报》，2014 年。

美元账户，都可通过该系统以拍卖的方式进行外汇现金或债券交易，汇率幅度约为 1 美元兑 50 强势玻利瓦尔。与此同时，目前委国内黑市上 1 美元可以兑换超过 180 强势玻利瓦尔。黑市汇率是官方汇率的近 29 倍，足见汇率管理机制扭曲之下美元的奇缺。因此，根据美银美林的最新分析报告，委内瑞拉必须贬值其货币，即三套汇率合一，允许委币兑换美元浮动价格接近黑市汇率。的确，在目前的体系下，委币被高估，这相当于政府在以低价出售美元，强迫政策制定者发行更多的货币来满足国内的消费需求。因此，美银美林指出，如果汇率不进行大幅度的改革，委内瑞拉很可能看到 3 位数的通胀，甚至是 4 位数的通胀。然而，本币的贬值固然可以提高以美元定价的委内瑞拉石油出口收入，但同时会加剧资本外流，这等于是杀鸡取卵，进而会导致经济的进一步萎缩。[1]

目前委币并没被政府宣布贬值，牌价美金与委币的汇价还是 1 : 6.3，但黑市美金为何稳不住呢？其实，这个问题从供求方面看并不难理解，它是供不应求的必然结果。在实施外汇管制的委内瑞拉，当其外汇管理系统所提供的总外汇远远低于经济的整体需求时，黑市美金便会被急切需要外汇的商家、厂家所推高。一个没有足够坚实的工业、农业基础的国家，当大量食品、日用品依赖进口，以及为数不多的生产厂家的原材料向外购进需要大量的美金而政府又不能满足时，黑市美金走向疯狂是必然的。与此同时，目前委内瑞拉不但没有鼓励外资到国内投资的良好政策，更没有鼓励内资扩大生产的优惠。因而，不少国内厂家对投资前景失去信心，不是关门就是减产，把资金向外转移，在某种程度上也加速了大量资金的外流，从而使对美金极度饥渴的委内瑞拉在外汇供应上雪上加霜。没有经济的健康发展，就会有黑市美金的疯狂。

当然这之中还有迫不得已的因素。在经历了一次又一次的委币贬值之后，人们明白了一条"死理"：在委内瑞拉，必须把委币换成美金，不然再多的委币也是"废纸"一堆。普通民众对委币信心的丧失，以及为保值而对美金的追求，也对黑市美金的走高起了推波助澜的作用。没有国家强硬政策的调控，黑市美金走高在所难免。富裕阶层开始将其持有的本国货币换成美元以保值，但是很快政府宣布委币兑换美元为不合法行为。商人们无法进口商品，因为他们手中没有美元，而其他国家又不接受委内瑞拉一文不值的委币玻利瓦尔。这就带来了委内瑞拉国内卫生纸等商品稀缺以及医院病人只能躺在地上的局面。[2]

---

① 张锐：《危机四伏的委内瑞拉经济》，《中外企业文化》2015 年第 2 期，第 50 - 53 页。

② 江门日报记者站：《委内瑞拉人民拿小额纸币当卫生纸，真穷得只剩下钱了……》，《委华报》，2016 年 3 月 12 日。

四、打击委哥边境走私

据英国路透社 2014 年 1 月 7 日报道，受石油价格不断下滑影响，委内瑞拉近期经济形势更趋严峻，经济衰退幅度和通货膨胀率都在拉美地区居首位。为应付经济危机，委内瑞拉人不得不另辟蹊径谋生存。而在委内瑞拉草原中心地带的居民为养家糊口，依托地缘优势开创出一条全新的水上贸易之路——铤而走险将鱼走私到哥伦比亚。尽管走私汽油和药品多年来早有所闻，但走私鱼却鲜为人知。委内瑞拉人将成吨的淡水鱼装入狭长的机动独木舟中，然后经历几天的艰难航行最终到达哥伦比亚。而在与哥伦比亚交界的委内瑞拉的"大草原"（llanos）或农业平原的阿普雷州，渔民和中间商与哥伦比亚游击队公开讨价还价，甚至公开贿赂委内瑞拉边境官员。这就是整个村庄赖以生存的边贸活动。

委内瑞拉与邻国哥伦比亚有漫长的边境线，但边界一到晚上就封关，这一行动已持续很长时间，为的是扼制委内瑞拉向哥伦比亚走私。很多人会纳闷，为何是从委内瑞拉向哥伦比亚走私，而不是相反？为何委内瑞拉供应短缺，却能向哥伦比亚走私？而且查获走私货物的新闻不绝于报道？这是因为两国产品之间存在巨大价格差异，在走私者眼中，这就有了巨额的利润空间。这种状况早就存在，近年因为委内瑞拉货币在黑市加速贬值而越演越烈。

其实走私与限价之间存在着千丝万缕的联系。委内瑞拉严格的外汇管制是导致走私贸易活跃的主因。内外市场的差别、差价，以及由此形成的丰厚利润，总会让一些人敢冒天下之大不韪，孤注一掷，铤而走险。能攫取高额非法利润是走私存在的最根本原因。英国学者托·约·登宁有句名言："有 50% 的利润，它就铤而走险；为了 100% 的利润，它就敢践踏一切人间法律；有 300% 的利润，它就敢犯任何罪行，甚至冒绞首的危险。"以汽油为例，委内瑞拉石油资源丰富，价格比矿泉水还便宜。多年来，委内瑞拉的汽油一直是走私的热门。一台面包车装满一箱汽油，三年前在委内瑞拉只需要付一听可乐的价钱，现在是一听可乐可以加六箱汽油。如果按照美元计价（一箱汽油是 5 强势玻利瓦尔，按照黑市 1 美元兑换 200 强势玻利瓦尔），一箱汽油仅相当于 0.025 美元。而在哥伦比亚这边，一箱汽油却要 40 美元左右。据知情人士透露，与三四十年前相比，今天的汽油走私利润更加诱人，十几倍的收益，吸引着越来越多的亡命之徒不择手段，内外串通，上下勾结，其疯狂程度可谓登峰造极。据英国广播公司（BBC）称，走私分子每天至少从委内瑞拉运走 10 万桶汽油到哥伦比亚非法出售。[①] 在巨额利润的

---

① 柳絮：《大军压境就能刹绝走私？》，《委华报》，2014 年 8 月 25 日。

驱使下，从军人、警察到平民百姓都参与到走私的队伍里。虽然边境地区也早就实行了电子卡片登记加油的措施，但收效甚微。负责看守加油站的军人与走私客有他们的联系方式，走私汽油的车辆总是把关口附近的公路和城镇堵塞。当然，更为猖獗的是整台油罐车过关的走私方式，但那已非一般人所能为。

与汽油走私同样猖獗的，还有食品和药品等。由于现任总统马杜罗坚持和发展已故总统查韦斯的政策，对粮食和基本生活用品限价之风越刮越猛，限价商品的范围越来越广，有把所有物品都纳入限价范围的趋势。过分严格的限价，除了打击了生产者的积极性外，还加快了走私行为的蔓延。在委内瑞拉，如果生产者把牛肉、鸡肉、咖啡、糖等产品，以政府所限定的价格出售的话，根本不能维持生产成本，更谈何盈利？而卖给走私客的话，则可获得很好的利润，何乐而不为呢？在委内瑞拉，食品、药品奇缺，70% 以上需要从国外进口。然而，由于这些商品是政府限价的，低价购进这些货品走私到境外，利益十分可观。于是，在委内瑞拉就出现了这么一种怪现象，好不容易花外汇从国外进口的食品、日用品、药品，转眼间又成了走私分子的"出口货"。猖獗的边境走私不但把国内命脉般重要的汽油偷卖到邻国，而且好不容易从国外进口的以解缺货燃眉之急的食品、药品等，也一大车一大车地往外拉。这些都是公开的秘密。

委内瑞拉猖獗的边境走私给国内及周边国家市场的冲击及造成的损失可想而知。委内瑞拉官方对此直言不讳，说因为走私，仅直接的经济损失每年就高达37 亿美元。哥伦比亚则由于大米、牛奶、鸡蛋等从委内瑞拉通过走私大量涌入，使其从一直是委内瑞拉食品和生活必需品的主要供应国变成进口国，供求关系严重扭曲。

疯狂的走私，不可能长期让政府高层睁一只眼、闭一只眼。走私贸易的泛滥，激怒了委内瑞拉政府，政府大规模打击走私活动已让数百名走私嫌疑犯落网。2014 年 8 月 1 日，委内瑞拉总统马杜罗会晤哥伦比亚总统桑托斯，就两国之间的走私问题展开磋商，并最终在边境封锁的举措上达成一致。8 日，马杜罗委任战略作战司令部司令洛佩兹将军调动部队开展反走私行动。11 日，委内瑞拉首次在晚间实施了边境封锁，每天晚上至次日凌晨 5 时，禁止人员出入境，而货运车辆（如厢式货车和卡车）从每晚 6 时起就不得出境。20 日晚，他在一个电视节目里又大声说要来一个全面开展打击走私的行动。跟着，调动近 3 万军警在苏利亚、塔奇拉、阿普雷等省长达 2 000 公里的边境线布防，希望通过军警的警戒，将走私通道封锁。[①] 委内瑞拉大军压境，对猖獗的走私会有一定的遏制，但未必能杜绝走私。

---

① 柳絮：《大军压境就能剎绝走私?》，《委华报》，2014 年 8 月 25 日。

到 2015 年 4 月，总统马杜罗指责哥伦比亚商人大量购进委内瑞拉政府限价商品，进行走私和倒卖，下令在全国超市推广使用指纹扫描器进行购物，动用军警到处查处囤积货物和哄抬物价行为。但这都是治标不治本的措施。要消灭走私，关键还是政府要理顺生产成本，采取必要措施，提高生产积极性，贷款扶持那些急需品的生产。①

委内瑞拉和哥伦比亚是南美洲地区的两个邻国。哥伦比亚和委内瑞拉有着 2 200 多公里长的漫长边界。边境地区的跨界犯罪活动一直是直接影响两国关系正常发展的重要因素。最近 10 多年里，两国政府在边境安全、贸易走私、打击毒品和政治问题上存在着严重的意见分歧，相互指责和对抗，甚至导致了两国外交关系多次中断。2013 年 7 月 22 日，委内瑞拉总统马杜罗和哥伦比亚总统桑托斯在边境城市阿亚库乔举行会晤，双方达成了许多共识，决定重新修复两国关系，并指示两国部长级高层委员会尽快召开会议，就两国在政治、经济、安全、社会领域的合作制定具体的计划和措施。

根据两国元首达成的共识，2013 年 8 月 5 日，委内瑞拉和哥伦比亚举行两国部长级高层委员会联席会议，由两国外交部部长共同主持。这是两国关系恢复正常后第一次举行政府间的双边会谈。双方一致认为，改善两国关系有利于两国的民众，并且同意加强两国在政治、安全、能源和贸易领域的合作。会议还决定两国外汇管理部门将制定联合行动计划，共同打击假冒信用卡和非法向境外转移外汇的金融犯罪活动。

委内瑞拉外长豪亚在会上指出，已故总统查韦斯说过，两国边境不能只是军人的事情。应当把边境地区看成是一个经济发展的区域，那里有生产的潜力。两国军队应当利用他们各自的经验和技术来促进当地经济的发展。根据双方的建议，会议通过了一项有关联合打击边境走私犯罪活动的计划。两国情报部门和税务部门将根据这项计划加强对边境贸易活动和毒品走私的监管，切断边境走私的运输通道。②

2015 年 8 月，委内瑞拉总统马杜罗签署法令，宣布塔奇拉州的 5 个边境城市进入"紧急状态"，并宣布无限期关闭塔奇拉州与哥伦比亚接壤的边界和边境口岸。这是 1999 年颁布新宪法以来，委内瑞拉第一次实施"紧急状态法"。总统府军民联防最高指挥部成员、阿拉瓜州（Aragua）州长阿西明在总统府通过电视直播向全国宣读了马杜罗总统签署的法令后说，根据总统法令，在塔奇拉州的玻利

---

① 庚志坚：《近距离观察委内瑞拉》，《世界知识》2015 年第 7 期。
② 吴志华：《打击走私犯罪活动，促进边境经济发展，委内瑞拉与哥伦比亚举行部长级高层会议》，《委华报》，2013 年 8 月 5 日。

瓦尔、乌莱纳、胡宁、解放和独立等 5 个城市实施为期 60 天并可顺延 60 天的"紧急状态",成为临时性的"边境特区"。紧急状态期间,临时中止宪法赋予公民的权利保障,禁止民众携带武器、禁止街头集会或抗议示威。阿西明说,政府已经派出 2 400 名军人进驻边境特区,当地民众应配合军方搜查和维持秩序的行动。对需要紧急通关的人(如医疗急救),临时设立"人道主义走廊",提供通关便利。塔奇拉州长莫塔被马杜罗总统任命为边境特区最高长官,负责领导在该地区的治安和军事行动。塔奇拉州政府也设立了应急指挥部,密切监视当地局势的发展。阿西明强调,宣布该地区进入"紧急状态",是为了恢复当地正常的经济活动,保障民众的安全。塔奇拉州长莫塔也曾表示,将召开会议讨论保障当地食品供应的问题,并呼吁当地超市和店铺照常开门营业。

塔奇拉州是委内瑞拉与哥伦比亚交界的边境地区,也是两国民众频繁往来和通商的重要口岸。2015 年以来,当地社会治安每况愈下。8 月 19 日,在塔奇拉州查缉物品走私的国民卫队,突然遭到一伙武装分子的袭击。国民卫队 3 名军人受重伤。当晚,委内瑞拉总统马杜罗下令立即关闭委内瑞拉与哥伦比亚边界 72 小时,并谴责这伙武装分子属于跨境犯罪的准军事组织成员,要求军方搜捕凶手。马杜罗总统还谴责跨境武装分子在边境地区从事倒卖和走私商品的犯罪活动,利用委哥两国食品和汽油差价谋取暴利。[1]

五、鼓励私人企业

多年来石油企业一手遮天的委内瑞拉,突然为一直受到打压的私人企业拉开一个口子帮助其扩大生产,如果不是副总统阿雷阿萨 2014 年亲自主持这个"电视对话"并发布这一消息,很多人或对此表示怀疑。阿雷阿萨说,委内瑞拉"需要私人企业、公共企业和合资企业一起努力,打破单纯依赖石油收入的经济模式"。委内瑞拉政府通过"电视对话",向地方私人企业发出一则重要信息:委内瑞拉政府鼓励私人企业扩大生产。

国有、私有,还有外资企业齐发展,这是当今世界各国经济发展的主流,委内瑞拉早就应该这样做了。然而,由于有石油工业的支撑,使这个国家一直以来对其他企业不屑一顾,甚至给非国有企业莫须有罪名,进行打压或没收。所以多年来,委内瑞拉的私人企业只能在挤压中生存,在消极中发展。

体系较为健全的委内瑞拉石油工业经过百年发展,已成为委内瑞拉的支柱产

---

① 吴志华:《委内瑞拉 5 个边境城市进入紧急状态,禁止民众街头集会》,《委华报》,2015 年 8 月 24 日。

业，是委内瑞拉政府财政收入和国家外汇收入的主要来源。也正因为有石油经济的支撑，使得委内瑞拉政府多年来可以在庞大的民生工程方面投入大量资金，让广大民众在医疗、住房等方面分享这一成果。但石油工业独大，却导致委内瑞拉经济发展的严重失衡，其中，事关民生的食品、日用品工业发展严重滞后，以至国内所需的食品、日用品过分依赖进口。这是委内瑞拉多年来特别是近一年多来为什么货品奇缺、物价飞涨的一个重要原因。

远水解不了近渴。依靠大量进口货品充实国内市场的做法，其结果是让整个国家陷入"越缺越进，越进越缺"的怪圈。广泛流传的"十间铺头，九间缺货""货仓货架，空空如也……"等打油诗，从一个侧面反映了这一让人担忧的现实。

不容置疑，大力发展企业，特别是私人企业，对委内瑞拉来说不仅事关国计，也事关民生。政府发出"鼓励私人企业扩大生产"的呼声，正说明政府高层已意识到继续坚持"石油工业一业独大"畸形发展的弊端。若是这样，这是委内瑞拉的希望，更是广大民众的福音。

在委内瑞拉政府将重点保障和优先发展的 11 个具有战略意义的经济部门中，为使私人企业扩大生产，政府还将通过"国家发展基金""委中基金"和国有银行的公共信贷，对私人企业提供更多的生产资金，帮助这些企业提高生产能力。从中可以看出，政府鼓励私人企业扩大生产，不但有明确的目标，而且有具体的措施。

据说，鼓励私人企业扩大生产是马杜罗政府开展第二轮"经济战"的重要部署。马杜罗总统 2014 年 4 月 15 日表示，委内瑞拉政府将开展新一轮的"经济战"，其主要目标有三个：提高生产能力、改善市场供应和敦促物价回归合理水平。此外，4 月 23 日马杜罗总统在主持召开的经济领域的"全国和平大会"上也指出了单一的石油工业的问题。他说，最近 50 年里，委内瑞拉"经济发展模式是以石油收入为基础的，具有不劳动、不努力和不生产特征的经济文化"。他呼吁"打破这种经济文化，创建生产性的新委内瑞拉，建立以生产、投资和供应为三大支柱的新型经济模式"。委内瑞拉中央银行行长梅伦特斯 4 月 22 日也表示，在第二轮"经济战"中，政府将与私人企业协调行动，共同促进生产和发展经济。第一轮"经济战"让人有点"摸不着头脑"，这一轮"经济战"能如愿以偿吗？人们只能拭目以待。

2014 年 5 月 7 日，马杜罗总统在介绍经济形势时说，国民政府对全国 2 911 家企业进行了调查，发现 39% 的企业具有出口竞争能力，27% 的企业已经恢复生产并有所扩大。但是，还有 20% 的企业却处于停工状态。他说，"20% 的企业因各种因素的影响而停止了生产，我们对此感到担忧。"马杜罗总统希望各地州长配合行动，落实政府的各项经济措施。他表示，在对企业生产状况的调查过程

中，政府接到 77 条有关恢复企业生产、保障供应和实行合理价格的建议。

2014 年 5 月 7 日，委内瑞拉总统马杜罗召集全国各地的州长在国家石油公司总部开会，讨论当前所面临的经济局势和与其相对应的对策。马杜罗总统在会上介绍了委内瑞拉政府发动"第二轮经济攻势"的目标和主要措施，强调委内瑞拉可以通过扩大出口来替代进口，为国家创收更多的外汇。[①]

2015 年 2 月 5 日，陈坚辉等在就经济发展问题拜会委内瑞拉国会和工业部官员时，与国家工业部与副部长助理菲德尔·贡萨雷斯（Fidel Gonzalez）进行座谈，深入探讨委内瑞拉工业生产的严峻形势。菲德尔·贡萨雷斯表示，由于各方面的原因，现时委内瑞拉有一批工厂已停产。现在政府需要一批优秀的管理人才和投资商注资、管理，让这些工厂重新运作，生产更多的高质量产品，推向国内或国际市场。他表示将向政府申请更多的优惠政策，扶持这些合资企业。菲德尔·贡萨雷斯还说，中国工业高速发展，涌现一大批优秀的工业管理和技术人才，希望华联总会与工业部紧密交流、合作，推动旅委华商积极参与国家工业合资项目。陈坚辉简单介绍了在委华商的工业发展情况，并表示会在侨界做出大力宣传，发动华商积极参与工业部受理的项目，共同发展，创造双赢。[②]

六、委内瑞拉建立新的国家经济管理机制的努力

2013 年 11 月 19 日，委内瑞拉立法机构——委内瑞拉国民大会在第二次讨论中通过法案，授予该国总统马杜罗为期 1 年的委任立法权。也就是意味着，在接下来的 12 个月中，马杜罗将在经济和反腐领域享有颁布与法律同等效力政令的"特殊权力"，而他颁布的法令也无须再经过议会的讨论和批准，即具有法律的效力。

2013 年 11 月 21 日，委内瑞拉总统马杜罗使用该国议会赋予他的委任立法权通过了两条经济方面的法律，主要内容分别是限制本商业经营活动的最高利润及加强政府对进出口和外汇方面的管控。此前，马杜罗还曾下令对本国多个大型家电连锁店实行商品出售价格监管，并在全国范围内打击暴力经营商家，逮捕了数十名非法涨价的商人。

而此次马杜罗宣布的两项法律也是他第一次行使自己的特殊立法权。第一条法律名为《成本、价格及收益控制法》。其中强制规定了该国商业经营活动的最

---

① 吴志华：《委内瑞拉两成企业停工停产，总统召集州长讨论经济措施》，《委华报》，2014 年 5 月 12 日。

② 《为商讨经济发展和反映身份居留等问题，陈坚辉等拜访国会和工业部及移民局官员》，《委华报》，2015 年 9 月 7 日。

高利润。马杜罗称，这是为了限制和调控委内瑞拉的物价，控制通胀，保证委内瑞拉普通人民的利益。他表示，这条法律将于同年 11 月 25 日提交给最高法院，以便最高法院将其性质定义为基本法。而第二条法案的内容则是委内瑞拉将建立国家外贸中心和国家外贸公司，这两个机构将负责统筹和管理国家所有商品进出口贸易及外汇。

委内瑞拉自前总统查韦斯去世后就面临着一系列非常严重的经济问题。总统马杜罗认为，目前委内瑞拉的经济困难的主要原因是委内瑞拉右翼势力蓄意发动的一场"经济战争"，不法商人投机倒把、非法涨价，故意破坏委内瑞拉的经济和社会稳定。因此，他才会先后做出请求国会给予他在经济方面立法的权力，并做出出动军队、强制下令商家降价、逮捕商户等多个举动，试图以国家强制力来恢复经济的正常运转。

此前，马杜罗强令在全国范围内打击暴利经营的商家，控制多个大型家电、五金、汽车配件连锁店并强令其大幅降价后，一方面，一些非法涨价、投机倒把的商人的确受到了惩处，一些民众也的确以大大低于正常的价格买到了自己心仪的商品。然而，另一方面也需要看到，很快这些商户就以缺货等理由关门歇业。而由于利润被大大降低，他们很多不愿意再度开门营业。而对于中小商户的影响可能还要更大一些。许多中小商户是从大的分销商那里进货，由于被限定了出售价格，分销商也不愿意出售更多的货品，因此中小商户也面临着无法更新库存，很快将无货可卖、关门大吉的现状。此外，许多商户进口的时候，由于未能从国家正规渠道取得外汇，不得不转投黑市，而黑市上美元的价格是官方汇率的 8 倍以上，这意味着这些商户的成本大大提高，因此政府人为的定价将使他们亏本，迫使其失去继续营业的意愿。①

2014 年 4 月 23 日，马杜罗主持召开经济领域的全国和平大会，这是马杜罗政府开展第二轮"经济战"的重要部署。在此之前，马杜罗在 4 月 15 日表示，委内瑞拉政府将开展新一轮的"经济战"，其主要目标有三个：提高生产能力、改善市场供应和敦促物价回归合理水平。委内瑞拉中央银行行长梅伦特斯 22 日也表示，在第二轮"经济战"中，政府将与私人企业协调行动，共同促进生产和发展经济。

全国和平大会邀请私人企业代表与政府官员"对话"，商讨和落实促进生产的新一轮经济措施。马杜罗在大会上指出，最近 50 年里，委内瑞拉"经济发展模式是以石油收入为基础，具有不劳动、不努力和不生产特性的经济文化"，他

---

① 白云怡：《一手平抑物价，一手管控进出口和外汇，马杜罗总统获国会"特权"后签署两项法案》，国际在线消息网，2013 年 11 月 22 日。

呼吁"打破这种经济文化，创建生产性的新委内瑞拉，建立以生产、投资和供应为三大支柱的新型经济模式"。

马杜罗总统说，委内瑞拉将建立三个经济特区，即奥里诺科地区的"查韦斯特区"、巴伦西亚市的"莫隆经济特区"和安索阿特吉州的经济特区。他同时表示"政府将研究企业提出的建议，完善经济特区的规划"。①

委内瑞拉负责经济事务的副总统拉米雷斯（同时还兼任委内瑞拉能源矿产部长和国家石油公司总裁）则强调，实现经济"平衡"首先体现在"外汇管理的平衡"。为此，政府新近制定了"2014 年外汇总计划"，是实现"外汇收支的平衡"的重要工具。他说，马杜罗总统去年根据国会授予的委任立法权，宣布成立国家外贸中心和国家外贸公司，"这两大机构的核心任务就是管理我们现有的外汇"。拉米雷斯认为，打击美元黑市交易是一场重要的战斗。黑市美元交易是反民族的侵略性行为，给国家带来严重的损失。黑市美元汇率还是造成通货膨胀上涨、物资匮乏、破坏成本价格结构的重要因素。为此，委内瑞拉须建立新的汇率机制，增强补充性外汇拍卖的机制，迎头打击黑市美元。关于这一措施，且参前述（外汇部分）。

拉米雷斯说，委内瑞拉经济再平衡的第二个目标是"实现进口、生产和消费之间的平衡"。为此，委内瑞拉政府将重点保障 11 个具有战略意义的经济部门，根据这些部门的情况制定各个部门的进口保障计划。11 个部门是石油、石油化工、建筑、制造业、汽车、农牧业、农产品加工、旅游、纺织与制鞋、矿产、通讯与技术。政府不仅保障"优先发展"的部门，而且把保障食品和卫生用品供应作为政府近期工作的重点。为使私人企业扩大生产，政府还将通过"国家发展基金""委中基金"和国有银行的公共信贷，给私人企业提供更多的生产资金，帮助这些企业提高生产能力。

此外，委内瑞拉政府还要促进"开支、储蓄和投资之间的平衡"。在这方面，政府已经颁布了一项重要的措施，即建立"人民储蓄基金"。拉米雷斯强调，这是委内瑞拉经济史上第一个人民储蓄基金。"民众可以通过储蓄基金，直接参与石油工业发展和基础设施建设的投资项目"。② 在国家外贸中心的领导下，委内瑞拉成立了"国家外贸集团公司"和"国家外贸运输公司"，统一协调国有外贸企业的进出口业务，同时"以特殊的方式"接纳私营企业或是跨国企业的加盟。

国家外贸中心成立后，委内瑞拉所有从事外贸的企业，在向国家外汇管理局

---

① 吴志华：《委内瑞拉计划经济：增加生产、控制物价》，人民网·加拉加斯，2014 年 4 月 23 日。
② 吴志华：《委内瑞拉宣布今年经济新措施》，《委华报》，2014 年 1 月 27 日。

申请用于进口货物的外汇时，都必须填写新的表格，并签字承诺将用政府规定的汇率给在国内市场销售的进口产品定价。除此之外，进口额低于 5 万美元的小企业，也要向国家外汇管理局注册登记，并在海关申报货物进关时，必须说明进口货物的外汇来源。这两条措施对在委内瑞拉从事贸易，特别是从事进口生意的华侨企业将产生直接的影响。华侨企业或华商应重视和关注政府经济制度调整和改革的动向，遵守新的法律规定，采取稳妥的措施，规避风险，继续做好生意。

马杜罗政府上述这些措施的颁布和实施，有助于加强国家对外贸进口业务，特别是外汇使用的管理，稳定外汇的汇率。由于委内瑞拉政府拥有国家 97% 的外汇来源，国有企业经营全国 40% 的外贸进口业务，上述措施将有利于稳定国内市场的物价，防范商业投机和谋取暴利。但是，也有经济专家认为，政府加强对外汇和外贸的控制权后，如果不提高和改善政府和国有企业的办事效率，将会挫伤私人企业的生产和进口积极性，不利于私人企业的发展。在市场供应短缺的问题得不到充分解决的情况下，很难控制住物价，满足民众的基本生活用品的需求。[①] 面对该国 200 年历史中最为严重的危机之一，留给委内瑞拉政府的选择其实并不多。

第三节　经济环境恶化状态下华侨的生存发展

上述形势使委内瑞拉华侨的生存和发展受到越来越大的影响。曾几何时，购买力超强的委内瑞拉人造就了数以万计的华商。而今，不论是在中心城区还是在偏远小埠，都有华商的足迹。然而，有过辉煌、尝过甜头的他们，在经济形势动荡的今天，危机、危险、危难无处不在，并时时向他们袭来。在委内瑞拉的杂货、百货行业中，华商占有 70% 以上的份额，大量限价的食品、日用品要通过华商去销售。但打击"超价""囤积"的政策所指向的必然是这些行业的华商。华商普遍感到生意越来越难做，开门难，不开门也难，进退维艰，无所适从，有的一筹莫展，有的濒临破产，勉强能撑下去的日子也不好过。尤其是经营食品超市更难，不仅主要食品（如食糖、牛奶、大米、粟米油等）货源短缺，连日常生活不可缺的食盐也经常缺货。中小型超市更是惨淡，有的倒闭，有的被迫出售，有的欲迁移他国另寻出路。这些现象，可以解释为委内瑞拉政治、社会、经济转型期间民众不能不承受的阵痛，同时也是旅委侨胞所面临的现状。

---

① 吴志华：《为加强对外汇和物价的监管，委内瑞拉调整经济管理制度》，人民网·加拉加斯，11 月 24 日。

一、华侨的惨淡经营

（一）惨淡经营的主要行业

1. 杂货店与百货店

在委内瑞拉，不少华商经营杂货（超市）和京解野（百货）。杂货是大米、面粉、粉仔、牛肉、食油等食品流通的主要渠道；京解野则是肥皂、牙膏等日用品的主要销售平台。2013 年以来，由于货物的短缺，致使供货链常常断开。因而，昔日纵横驰骋的商家，常常被缺货断货困扰，拳脚难以施展。作为商家，往往还处于两难境地：没货找货难，有货放在仓库又被指责囤积居奇。即使是老到的商家，也顿时深陷困局失去方向，大有无可奈何花落去之感。过去还可以从中国进些紧俏商品来委国补充市场，但现在做得越多，亏得越多。据了解，现在在委内瑞拉无论是经营京解野还是经营杂货（超市）或是经营进出口贸易，都面临着空前的挑战，其中全委最大的华人食品商场华恋社"CM"，所有进口货物都是卖一件少一件，很难进货补充。①

委内瑞拉在全球享有资源丰富的美名，但没有也不善于利用自己的优势去创造经济发展的传奇，经济每况愈下，事到如今，只能在钞票的含金量上大做文章，通过印钞机的动力去缓解财政的重压。在此环境下，遭遇最惨的是商家，特别是华商，他们好不容易积累或回笼的资金或许就在一夜之间被大量蒸发。

或许没有谁曾想到，在物质高度丰富的今天，委内瑞拉的主要食品如粟米粉、食油、白糖、牛奶和日用品如肥皂、牙膏、厕纸等会难寻其踪。而华商传统的、同时也是主要的经营项目是杂货和百货，货源的不足，再加上政府的限价，使得本来踌躇满志的商家，只能挣扎在缺货和限价的两面夹击之中，往日"货如轮转"的喜悦，已被蒙上"无米之炊"的阴影。黑市美金的冲高，让侨胞如坠云里雾里，辨不清方向。一些生意，如多年来一直兴盛不衰的进口贸易，在黑市美金和物价一日多变的行情下一落千丈。一些商家，即使资金雄厚、实力强大，也不能不高挂"免进牌"。

在委内瑞拉东方一大城市，华商开设的杂货超市和京解野遍布整个城市的每个角落。来委几十年的郑先生，在商海筚路蓝缕，艰苦打拼，终于在一旺区的大街开了一间大型超市，一半经营杂货，一半经营百货。十几年来，由于管理有方，再加上他们夫妻俩每天起早摸黑，勤勤恳恳，生意做得不错。但是，近两年

---

① 黎民：《危机危险同在，委国仍在困境》，《委华报》，2013 年下半年。

来货币不断贬值，物价又不断地上涨，生意一日比一日难做，原来关系很好的公司卖手，现在也不见踪影，杳无音讯。曾经琳琅满目、摆满货架的商品，现已零落不堪。为减少各种费用开支，郑先生只好裁减人员，把原来800平方米的超市缩小至400平方米。后来，郑先生又决定把自己的铺头交由亲戚经营，自己带着家人回乡度假，希望这样的日子快些过去。①

在加省一小埠从事杂货超市生意的吴先生，销售的食品较多，生意兴旺。有一供货公司，每给吴先生供应一批限价大米时，必搭配一些有配料的价钱较贵的大米，而当地的居民只喜欢购买限价大米，有配料较贵的大米自然滞销。这样一来，限价大米卖完，滞销的就是带配料的大米。数月下来，除了部分上货架销售，其余的只好放在仓库里。一天，一班执法人员闯进其杂货超市检查，货价、货物皆无异议。但在仓库发现了这些卖不出去的大米，于是指责吴先生囤积货物伺机高价售卖。吴先生百般解释，执法人员不仅不听，还调来汽车将吴先生仓库内存放的带配料的大米悉数运走，然后要吴先生自带装货的胶袋到平民区内平价将大米销售。吴先生因此白白损失了一笔钱。

另有一从事食物批发生意的冯先生，向公司订购了几百包大米，公司送货到时已是下班时间。次日早上刚开门营业，执法人员就到，看到几百包大米和一些其他食品堆在仓库，不由分说便指责冯先生囤积货物，走时扔下一张罚单，并用车将冯先生的粮食全部运走，美其名曰许多地方的平民缺少粮食，要将这些粮食运去救贫。但他们到底运到哪里，只有天知道。②

华恋社某小埠一经营杂货超市的华商，前段时间订了大量汽水，但由于市道不好，迟迟未能卖出，大部分已到期或过期，但该华商因人手不足而没能好好处理，只是将之堆放在铺内一个角落里，然后用纸盖上，并写明是在等待换货的过期货。但检查人员前来检查并发现后，指出是违规行为，说店铺只能放可卖给顾客的货物。当检查人员在雪柜里还发现一瓶可能是当地工人捡拾漏了的汽水时，就借题发挥，指责华商销售过期食物。尽管华商百般解释，但检查人员气势汹汹，没有丝毫商量余地，最后狠狠的罚了一笔才了事。

中部某市经营超市的吴先生，生意不错，每天顾客盈门。为了不出问题，所有货物他都认真计算，利润严控在30%以内。一天，其店铺来了一批新价牙膏，他按来货价将售价计算好，交售货员贴上标签。谁知粗心的售货员将标签贴在旧价的牙膏上，被检查人员发现，硬说吴先生在超价销售，严重违法，下令关门处理。

---

① 陈淘涛：《经济日趋恶化，华商何去何从——委内瑞拉东方城市行纪事》，《委华报》，2015年6月29日。

② 吴言：《小心应对货物大检查》，《委华报》，2013年10月21日。

虽然作为当地人的销货员主动承担责任，但最后还是被罚了一笔才解决问题。[①]

委内瑞拉的玛岛山水如画，是世界著名的旅游胜地。100 多年前已有华侨到此打工。20 世纪 80 年代，进入玛岛的华侨逐渐多了起来，他们经营餐馆、京解野、杂货等行业。如今，华商的生意在这里占有一定比例，且遍及全岛每个地方。在玛岛最繁华的市区中心，商铺林立，行人川流不息。19 间华人商铺，以经营杂货为主，虽不是大型超市，但也有一定规模。近年来，生意却越来越难做。有的货架已空出一半，其中牛肉、鸡、肠仔等根本没货，有商铺的牛肉部已空置数月。一位华商说，供应限价货的公司已经很久没有来货了，就算来了一些其他货物，因为价钱成倍上升，也无利可图，有时还得倒贴人工，这样继续下去，铺租也成问题。[②]

为了更好地理解限价销售的含义，这里以麻拉街一家华商电器铺为例。这家电器铺被举报后，联合检查组人员立马赶到，对商品价格一一核对。检查组的计算公式没错，仍是："销售价＝进货价×6.3（牌价汇率）×10%（费用）×30%（利润）"。问题是，这位老板在进货时，为了减轻税负，所进货物全部作了技术处理，现在按进货单上的进货价计算，损失就惨了，比如，原本标价 1 100 强势玻利瓦尔的 DVD 被降至 220 强势玻利瓦尔，150 强势玻利瓦尔的节能灯只能收 6 强势玻利瓦尔。对此，华商只好自认倒霉。有知情者说，麻拉街一阿拉伯人开的大型家私、电器店，不知有什么背景，由宪兵把守着，各类商品虽然没有像华商那样大削价，但有些产品价格也都有 10% 到 20% 的降幅。

委内瑞拉华侨主要经营的杂货和百货用品，在人们的日常生活中是不可或缺的，薄利多销，市场需求很大，因而很多委内瑞拉华侨选择经营杂货和百货业。委币大贬值和随之而来的物价上涨和物资紧缺，直接冲击了在委经商办厂的华侨华人。一夜之间，很多人辛辛苦苦赚来的钱和积累的资产腰斩一半，杂货和百货业主也面临越来越艰难的处境。这些店主往往自己还不知道店里有没有、有什么限价货出售，店门前就已经人头攒动。最常见的是，一些批发超市和百货店铺门前，常常莫名其妙地排起"长龙"，原因无他，是当地民众风闻有限价货或紧缺货快到了，就不管消息真假，先排起队再说。一旦有人排队，便会一鸟凌空、众鸟相从，顷刻间一条"长龙"便大功告成，有时候排队的"长龙"越来越长，还在街角拐了几个弯。常常会听到排队的人一脸茫然地说，他是看到别人排队而跟着排的。

① 《大检查中没有鸡毛蒜皮的小事》，《委华报》，2014 年 11 月 17 日。

② 陈淘涛：《经济环境不好更要守法经营——加省华联商会玛岛行侧记》，《委华报》，2015 年 7 月 20 日。

本来，生意人最喜欢的是货如轮转、客似潮来，但现在华商们的心情却越来越矛盾，既希望每天生意兴隆，也怕销售限价货，为此常常惶恐不安。如果没有限价货到，一些听到谣言的人会以讹传讹，在店前胡搅蛮缠；如果真的有限价货来，人们便会潮水般涌来，让你喘不过气；即使限价货卖完了，也不能松一口气，那些排了老半天而买不到货的人，会把满腔怨愤发泄到店主身上，说店主私藏余货不卖，囤货以谋巨利。这时候，筋疲力尽的店主往往百口莫辩。如果现场没有警察维持治安，处境就很难预测了。事实上，在缺货的年月，有货不售，别说政府不允许，就是自己也觉得不妥。而且如果不做这样的生意，就少了一笔收入，尽管限价货的利润空间少得可怜，有时甚至要倒贴人工。

若就盈亏考虑，要是将贬值之前进的限价货在此时卖出，价格就腰斩一大截。那是硬着头皮微利或亏损经营，还是高挂"免战牌"关门大吉？面临窘境的商家真的是售也不是，不售也不是。于是，正常的经营被打乱。一方面，过去一直以委内瑞拉为主战场的食品、生活必需品供应商，突然"闭门谢客"，中断供货。另一方面，那些依赖于批发商的零售商要么不敢进货，要么进不到货，以至造成一些地方诸如肥皂、牙膏等日用品紧缺的局面。于是，传统的货物贸易流向被扭曲。一直以来，委内瑞拉绝大部分的食品和生活必需品严重依赖进口，然而，在委币大幅贬值的形势下，委内瑞拉和有的国家如与相邻的哥伦比亚的食品、日用品的进出口贸易逆向而行——委内瑞拉从食品和日用品的净进口国变为出口国。这样一来，本来食品、日用品紧缺的委内瑞拉更是雪上加霜，缺上加缺。

下面几个场景，生活在委内瑞拉的华侨早已司空见惯：

2015 年 1 月底一个周四的早上，在华恋社经营杂货超市的华商陈先生开车前往铺头。8 点多，陈先生和员工像往日一样招呼顾客。突然，伴着一阵喧哗，一群人匆匆从门前走过。他以为哪里出了乱子，故叫员工迅速把铁栏拉下，以防不测。后来才弄清，这些人急急往前赶，是听说不远处的京解野来了一批紧缺货——婴儿纸尿布。到 9 点多，他铺门前就陆续有人排队。他感到愕然，问他们，这里没有货来，排队要买什么？谁知他们指着门前一辆大货车说，"货不是来了吗？"说着，还有人走过去拍车门，问司机为什么还不下货。当得知这是一辆过路车，停在这里是要买东西后，这班人才"呼"的一声散开。又过了约半个小时，真的有车送货来了，是几箱浴液和十几箱衣物柔顺剂及一些其他商品。因为货不多，陈先生按次序卖给顾客，不一会就卖完了，但排队的顾客还不愿离开。过了一会，又来了 300 箱罐头。当时，有查价的人在场，陈先生按他们意见，每人限购 6 罐，每次限 5 人进入店里，分批销售。忙了 2 个多小时，罐头卖完了，在陈先生他们想要轻松一下时，公司又送来了目前市场紧缺的果子酱，刚散去的人马上又急涌而来，转眼间门前又出现"长龙"。连续不停的销售，使陈

先生他们连吃饭的时间都没有。幸好果子酱可以成箱地卖，没花很多时间就卖完了，但这已是下午两点多。约 3 时，送粟米粉的车又来了。见者即用手机呼朋唤友前来购买，门前很快又排起了长龙，且来的人越来越多。为此，陈先生用纸写上序号，顾客按顺序排队，依次购买。尽管这样，仍有人插队，秩序越来越乱。见此情景，陈先生只好关门售货，但门外顾客不时起哄，喊声震耳欲聋。忙了一天，限价货、紧缺货终于销完了，门外买了一轮又一轮的顾客仍不愿离去，后经前来维持秩序的国民自卫军的劝解，才悻悻散开。但经此一天的折腾，陈先生他们累得像散了架一样。他说，这一天他们正式的卖货时间只有两三个小时，其余时间都在混乱中维持秩序，这样的销售方式，真的苦不堪言。[1]

2015 年 9 月 15 日上午 9 时，在华恋社的一个华人杂货铺来了粟米粉、白糖、面粉等限价货。在场的物价部门监督员根据货物数量规定了顾客每人可购的数量。大约 11 时半，所来的限价货全部售完，在门口负责安保工作的两个警察将情况及时告诉了在排队等购的市民。但这些市民还是排着队，待大门打开，全部涌进店内。其中有一个约 50 岁的人到各个暗角看了一遍后，来到负责管理的华人面前说："你们出售政府的限价货不公平，为什么后边排队的人就没买到？你们这样做，市民非常不满。"这话被刚好被结束工作脱下制服站在一旁的物价官员听得清清楚楚，他跨上一步说："你买不到就不能说不公平，店主出售过程中完全符合政府的销售法。"那人原来是警察，以为跟他说话的物价官员是该店的打工仔，便从衣袋里出示警察证进行恐吓。物价官员也毫不示弱，从自己的手袋里拿出制服。面对物价官员的批评，警察无话可说，灰溜溜地走了。[2]

上面所述，本来是在网络上才可以看到的搞笑镜头，而在今天的委内瑞拉，都变成了现实。

经营限价货尚可赚蝇头微利，但如果不经营限价货，在物价飞速上涨的形势下，很可能会血本无归，甚至还得倒贴。例如，2015 年 6 月初，经营塑胶制品的冯先生，购进一批价值 300 微翁的乳胶成品，15 日，他又进了同样的一批货，但价钱却上升一倍，也就是说第二次进货要倒贴 300 微翁。

应说明的是，上述现象是全国性的，也不是华侨华人所独有。在玛岛，人们看到，大型超市也一样缺货，连大米、粉仔也没有，长长的货架空空的，购物的顾客也不多。委内瑞拉东部地区的货源非常紧缺，中部地区比东部稍好，加省华联商会会员地处中部，经营环境和市场空间大一点，紧缺的货品和限价的食品，

---

① 吴言：《杂货铺华商的一天》，《委华报》，2015 年 2 月 2 日。

② 陈淘涛：《警察没买到货就指责售货不公 物价官员不甘示弱主持公道》，《委华报》，2015 年 9 月 21 日。

公司会断断续续的有货提供，铺头门口也因此时常排起"长龙"。①

2. 餐饮业

餐馆是吸纳华侨新移民就业的重要行业。委内瑞拉的中餐馆规模大小不等，大型的有几家分号，小型的则是"夫妻档"。前者有供客人吃饭的大堂，要雇佣厨师和跑堂服务员，需要较大的资金投入，一般新移民仅靠打工挣下的钱是开不了这类餐馆的。新移民所开的餐馆以小型快餐店为主，只做外卖业务，没有堂食，吃住和工作都在里面。过去新移民在委内瑞拉的奋斗道路，基本上都是先通过打工站稳脚跟，继而积累资金，一般两三年，就可以开一个快餐式的小餐馆。

但 2015 年初以来，委内瑞拉东部城市开始缺米，到了 6 月、7 月愈发严重，就连从未缺过大米的中部地区也无法避免，保持有米销售的超市少之又少。这样一来，不少餐馆（炒饭档）就成了无米之炊，生意日渐下降，难以为继，华叔的餐馆就是其中一个缩影。

华叔 1999 年来到委国，经过 10 多年的打拼，2010 年，在东方一个城市开了一家炒饭档，利用自己学到的厨艺，开始炒饭、炸鸡，做红烧排骨等，飘香四里，顾客如云，成为当地闻名遐迩的中华美食。华叔不但是出了名的中国厨师，也是一个遵纪守法的中国人。做生意几年来，他以服务第一、顾客至上为宗旨，坚持守法经营，文明经商。政府的多次检查，从未查到任何问题。谁知，经营上从没遇到难题的他，今年却碰到了最头痛的问题。一直来，他餐馆的用米会有公司送上门来，可 2015 年 6 月以来，再也没有货送来。无奈，华叔只好到朋友超市购米，虽然量不多，但尚可以维持餐馆的正常运作。可好景不长，由于 7 月底 8 月初圣费利克斯发生哄抢事件，给超市供米的公司为避免哄抢，再也不敢贸然送货上门，以致当地大米缺之又缺，即使有米供来，也得统一由军人看管出售。面对此状况，华叔无计可施，曾想着怎样把餐馆卖掉，带家人回去打工。但现在的餐馆也是所值无几，权衡之下，华叔还是选择坚持。这样，华叔每天早上跑街市找米下锅，好运气的话，一次可以买到几斤高价大米，如遇宪兵到场检查，那些半暗半明的出售高价大米的小贩一跑而光，就什么也买不到了。据悉，像华叔这样缺米下锅的餐馆还不少，个个叫苦连天。②

在邻埠做餐馆（炒饭档）生意的梁小姐也有自己的苦衷。2015 年 6 月底以来，她已更改二次餐牌价钱，原因是餐馆所用米、油、鸡、肉、饭盒等日日涨价。像她那样的小餐馆，大多数开设在贫民区，适合低消费市民用餐，如果原料

---

① 陈淘涛：《经济环境不好更要守法经营——加省华联商会玛岛行侧记》，《委华报》，2015 年 7 月 20 日。

② 陈淘涛：《餐馆断米，老板叹苦》，《委华报》，2015 年 8 月 31 日。

太贵，菜的价钱上调，顾客就难以接受。例如一个普通炒饭加上一块炸鸡和薯条，几个月前在 200 强势玻利瓦尔以内，现在成本价都不止 200 强势玻利瓦尔，总共加起来也需要 350 强势玻利瓦尔，一般的打工市民根本承受不起，以致客源日少，生意越来越难做。[①]

3. 委中贸易

早些年，不少华商看好委内瑞拉市场，从中国，特别是委内瑞拉侨胞来源地最多的恩平进口食品和日用品，进口贸易风生水起。其中，有"批发街"之称的恩平万兴路，六七年前就开始有人从这里倒腾商品到委内瑞拉，其出货数量及速度令人惊叹，"委国货运"在恩平由此如雨后春笋般涌现，并自然而然地成了"批发街"这绝无仅有的本土特色。然而，随着黑市美金的一路走高，华商从家乡进口货物数量已呈明显下降之势。黑市美元变动无常，一直做进口贸易但近年来高挂"免进牌"的冯先生，谈起进口生意一脸无奈。今日的进货利润，很有可能会被明天的黑市美金的窜高吞掉，搞不好就是血本无归。而做委内瑞拉本地杂货生意的商家，也因为黑市美元的走高和货源的不足而利润大大减少。在委内瑞拉一小埠做杂货生意的吴先生说，以前每月可赚两三万美元，现在能赚八九千就不错了。他说这样下去不知会是什么结果。[②]

（二）经营环境恶化的主要表现

1. 资产缩水

华侨华人经济环境的恶劣，首先源自委币的大贬值。大贬值意味着所有人包括华侨华人的资产大缩水。今天在委内瑞拉，人们可以相信点石成金，但没有人相信委币可以保值。每年累计不少于 17% 的"缩水"，令国民已经麻木，见怪不怪。缩水是正常的，哪一天忽然不缩水了，反而不正常了。话虽这样说，有一天货币真的大幅贬值，人们再怎样心坚如石，心理上还是难以承受。

货币贬值，本是一个国家调控经济的一种手段。但它是一把双刃剑，有利也有弊。作为生意人，总不希望货币贬值，眼睁睁地看着自己辛辛苦苦赚来的钱一夜之间被蒸发。因此，在委国营商的华侨华人最怕委币贬值。可能是因为委币一次又一次的贬值大大出于人们的预料，所以西方称委内瑞拉的货币贬值是解决国内经济危机的"必杀技"和"核弹"。每当委内瑞拉经济"满头雾水"的时候，当局就拿出这一撒手锏，以缓解当前的危机。自查韦斯总统执政以来，委币的贬

---

①　陈淘涛：《经济日趋恶化，华商何去何从——委内瑞拉东方城市行纪事》，《委华报》，2015 年 6 月 29 日。

②　《黑市美金走高，老板难做，打工一族难顶》，《委华报》，2013 年下半年。

值有一泻千里之势，日益滑落深谷。委内瑞拉货币的不稳定，已不是什么新鲜事。有人统计过，从1998年查韦斯第一次赢得选举开始，委内瑞拉货币累计每年贬值约17%。尽管查韦斯曾多次拒绝本币贬值，但物价不断上涨引发的难以抑制的通胀，还有难以缓解的政府财务状况日益恶化和本国市场对美元的深度饥渴等，迫使查韦斯不得不通过本币贬值甚至大幅贬值，来缓解来自通胀和政府财政赤字等压力。

面对委币的贬值，有的工商企业者在一次次的吃亏中变得聪明，他们把手中的委币兑换成美金，哪怕是黑市的。但有的经营者总存侥幸心理，并认为兑换黑市美金不合算，因此，他们只能在一次次的吃亏中后悔不迭。

2013年2月8日起，委内瑞拉政府宣布了一项对工商界来说近乎地震的决定：从2月13日起，委币兑美元汇率上调32%，升至6.3。同时规定，政府对1月15日以前订购的特定进口产品保留4.3的汇率不变。这样算来，实际升幅为46.51%。换句话说，委币贬值近50%。也许，有不少在委华商没想到，自己辛辛苦苦赚来的钱或积累的资产，在一夜之间蒸发了一半，或者想到了，却不曾料到来势如此凶猛。别说这次委币贬值给华人中小工商企业者带来多大的资产缩水，就是那些实力雄厚的中国在委内瑞拉有销售业务的公司，也因此而蜕皮折骨。

委内瑞拉的委币本很值钱。委内瑞拉华侨经常以衣食住行中最重要的指标之一的"白菜价"（即美元汇率）作为衡量通货膨胀和生活水平升降的标准。在"白菜价"还没跌破10的年月里，侨胞们把在委内瑞拉的打拼当作淘金。想起那年那月的那情那景，大家依然陶醉。"白菜"的"烂市"（即委币兑美元的汇率下跌），始于2013年初。2月13日，委国政府宣布委币大幅贬值。从此，"白菜价"掉头向下，走向悬崖，从当时的20左右一路狂跌，直至450之上。在两年多的时间里，"白菜价"跌了20多倍，经济学家分析委内瑞拉经济正"走向崩溃的边缘"；文学家形容委内瑞拉经济在"悬崖式下滑"。2014年3月，委国政府推出SICAD 2时，曾令很多人为之一振。因为官方消息称这是2003年以来委内瑞拉政府在外汇管理体制改革上最重要的措施之一，出台的目的是要抑制黑市美元交易，促进金融市场稳定和经济的发展。3月24日，SICAD 2首日交易正如有人预料的那样，"白菜价"应声大升，本来徘徊在1∶80以上的汇率，一下升到了1∶60之下。可是，正当饱受黑市美金横行之苦的商家对SICAD 2的推出充满期待时，"白菜价"一夜之间恢复了本来的面目，次日就跌回了1∶80上下的幅度。

2014年，当黑市美元又一次冲刺，一跃跨过1∶130（1美元换130强势玻利瓦尔）关口，最高达到1∶133的时候，一直对"白菜价"不断新高见怪不怪的

侨胞 F，还是向朋友 Q 发出了无可奈何的哀叹：完了，天堂梦！F 在做外汇兑换中介，一直看着"白菜价"节节攀升。当"白菜价"一再创出新高时，他和所有的侨胞一样感到不安。于是，F 准备把几个月的工资换成美金寄回家。他知道"白菜价"不菲，但没想到已涨到这个价位，他以为还是早些时候的 1∶115 上下。目睹自己手中的委币又缩水了近 20 百分点，他目瞪口呆，对自己在委国打工的价值再次打上问号。而今，"白菜价"让他望而心寒，昔日的"淘金梦"，不再让他一往情深，"老板梦"虽不能说已灰飞烟灭，但起码已渐行渐远。又，L 是个老华侨，委币与美元汇率在 1 位数的几十年里，他和所有乡亲一样，收获的是硕果，尝到的是甜头。现在，"白菜价"窜上三位数，他用"不可思议"来表达自己的直觉。①

2015 年 2 月，政府又出新招，启用新浮动汇率外汇平台 SIMADI。当时，不少人对此持怀疑态度，还有人直指它是官方的"白菜价"。虽然政府用意是要以此遏制外汇外流，可是，SIMADI 实施后"白菜价"很快就进入 3 字和 4 字头，尽管这与 SIMADI 的实施没有直接关系，但其实际意义便不能不被人打上一个问号。

到 2015 年 6 月初，媒体广为传播的"委内瑞拉的钱一文不值"的消息，让世人从一个侧面看到了委内瑞拉当前的窘境。海外媒体的报道指出，委内瑞拉的货币在一周内贬值了 30%。就在一个月前，1 美元可兑换 279 强势玻利瓦尔，对于委内瑞拉来说，这已经很凄凉了。不过，根据非官方汇率，眼下 1 美元可兑换 408 强势玻利瓦尔。反过来，1 强势玻利瓦尔只能兑换 0.02 美元。这则报道是 6 月初发表的，不到 20 天，委币的"一文不值"一再凸显。上周末，在一些人庆幸委内瑞拉政府又得到中国 50 亿美元货款支持时，委内瑞拉特色的黑市"白菜价"却不近人情，向下再创出新低，跌破 450。

委币为何"一文不值"？外媒将之归咎于石油价格下跌造成的国家金库的空虚。他们指出：委内瑞拉主要依靠石油出口来为国内经济提供支撑。然而，受油价大幅下跌所累，收入锐减，经济和财政已在崩溃边缘。在截至 2015 年 6 月 3日的一周时间里，委内瑞拉外汇储备从 175.26 亿美元降至 168.97 亿美元，创下近 12 年以来的新低。②

2. 严苛管理下的华商寒冬

在政府严苛管理下的限价货，对于经营杂货和百货业的华商来说，有时候真像一个烫手的山芋，食之难咽，弃之不舍。限价货，主要是粟米粉、牛油、牛

---

① 柳絮：《当"白菜价"再创新高的时候》，《委华报》，2014 年。
② 黎民：《玻币"一文不值"说明什么？》，《委华报》，2015 年 6 月 22 日。

奶、大米、粉仔、香皂、纸球等之类。限价货之所以限价，是因为它们是广大民众生活的必需品，销量之大，可想而知。然而，销售限价货，不是大家想象的那么乐观，不知何时起，限价货成了一些投机商（即二道小贩）聚财手法，因而在限价货的销售中，往往成了买卖双方的一场剑拔弩张的争斗。不少商人觉得限价货是一个烫手的山芋，搞不好会被"烫伤"，甚至带来灾难。

在加省华恋社一区的冯生，经营着一大型杂货铺，其铺头因营业额较大，所以公司的来货也较齐全。一次，冯生铺头来了几百包奶粉，消息灵通的人早早就来到铺头门口排队等候购买。开始销售时，顾客还按次序交钱取货，但到奶粉卖到差不多时，后面就有人起哄了，说华人没有将奶粉全部拿出来售卖，就算冯生怎么解释都不相信。奶粉卖光了，后面的人还不肯离去，其中一位顾客还与冯生发生争执，说冯生的店内仍藏有奶粉。冯生耐心解释，说奶粉进货时就全部堆在铺头门口内侧，大家都一目了然，并表示自己一包都没有收藏。但顾客蛮不讲理，与冯生争执起来，越争越激动，最后返到自己的汽车上拿来了一罐汽油，并打着了打火机，向冯生嚷叫，说冯生将奶粉藏起，再不卖给他，他就要用汽油烧了冯生的铺头。危急之时，有侨胞马上电话向附近的警局报了警，请警察来解围。在千钧一发之际，警察赶到，勒令要烧铺的顾客放下危险物，然后应顾客要求，陪其入冯生铺内，仔细观看了冯生的仓库和铺内的角角落落，直到没有发现藏有奶粉，才愤愤不平地离去。如果不是警方及时赶到，冯生的铺头还不知道会发生什么灾难！

李生也是华恋社一大型杂货铺的老板。一个星期三的中午，李生的铺头门前排起了"长龙"，因为有人说看到了粟米粉公司的车送货来了。李生的货仓在铺头后面，当卸完货，李生告诉排队的顾客，公司没有送限价的粟米粉来，只来了罐头、米、少量粉仔、皂粉、肥皂等。排队的人群不相信，轰动起来，说李生是要囤积居奇、高价出售。这队伍里也有不少是二道小贩，打算购买限价货，然后高价出售，如果买不到限价货，岂不砸了他们的饭碗？于是，他们竭力鼓动人们去仓库查看，在相持不下之时，李生报警请来了警察，然后与排队的人协商，他们派出代表，随同警察与李生等人去到仓库仔细查看了货物和来货单，知道公司真的没有粟米粉供应，才一哄而散。①

每当年近岁晚，许多大公司和供货单位都会有一段长时间的休息，停止供货。而商家也提早做好存货，以应付年晚顾客购物高峰期的到来。但近年的情况令人大跌眼镜。首先是货物奇缺，人们日常生活必需品如粟米粉、粟米油、粉仔等在很多商家的货架上声销迹匿，卫生纸等用品也是一卷难求。倘若哪家商铺有

---

① 吴言：《限价货，烫手的山芋》，《委华报》，2014 年 5 月 5 日。

这样的货物送到，顾客会蜂拥而至，排队抢购。

2015 年 7 月 21 日，玻利瓦尔州侨胞 N 先生在圣费利克斯经营杂货超市。每个星期二，公司都有限价货送来。故事发当天，200 多名知情的顾客早早就在 N 先生的铺门外等候购买。下午 4 点多，货来了，有大米、粉仔、奶油、皂粉等。卸完货，N 先生不敢洞开大门，为防出乱，只开一个小窗口开卖。现场虽然有警察维持，但因没军人配合，秩序不太好。不到一会儿，性急的顾客开始起哄，敲门击窗，场面混乱。现场警察向天连开数枪示警，但慌乱中，子弹击中棚底反弹致一顾客中流弹当场死亡，2 名被击伤，场面乱上加乱。N 先生急向当地侨领何国威求助。何国威迅速请来军人，协助警察将事态平息，伤者也被送往医院救治。下午 7 时，来货售完，一切恢复平静。但到 8 时，突然有十几人把旧车胎搬到 N 先生铺门口，点火就烧。幸好住在此地的屋主一家及时拿来灭火器将火扑灭。N 先生再也不敢原地居住（二楼是住家），第二天也不敢再营业，将可卖之货转手别的商家销售。他说后事处理好后将和家人返回中国，短期内不会回来。①

2015 年下半年，由委内瑞拉多个部门人员组成的稽查队，在全国展开了新一轮的物价、税务大检查。政府有关人员宣称，此次行动是为了落实《公平价格法》的实施，让商家真正的守法经营，让普罗大众能真正得到好处。此次稽查，可谓来势迅猛，波及面广，让人猝不及防。近一年多来，货物奇缺、物价飞涨和货币贬值本已使委内瑞拉的商业一片萧条，不少商家惨淡经营，现在又进行大稽查，随时可能被关门封铺，使人每日心惊胆战、疲于奔命。在加省从事杂货超市的吴姓商人，向记者诉说了他最近接受稽查数次的苦衷。例如，吴生经商十几年，一直以来非常注意税务的缴纳和税单的保管。这次检查，他听说附近一小埠有近半条街的商店被关了门，原因是税单不齐全。为了应对检查，吴生除了做好铺头的日常工作外，还找来会计人员集齐税单。星期二早上刚开始营业，检查人员来了，查了一通没发现问题，但还是开出一张单，要求补充材料，限定时间交到市政厅有关部门，并说明违期将处以罚款。吴生马上将情况告知会计人员，会计人员说到时一定把材料补齐。致此，吴生以为可以松一口气了。谁知，气还没喘过来，五六个全副武装的宪兵和几名穿红衣制服的男女就来了。吴生的铺头没设仓库，库存的货物全放在货架的顶部。稽查人员进来，发现货架空空，也没有限价紧缺的粟米粉、米、牛油、粉仔、牛奶、白糖等货物，仅有几十包限价卫生纸散落在架头，便不停地追问卫生纸的售价，有没有超价销售，又令银柜收款员将卫生纸放于电脑银柜前查看。当看到无超价时才悻悻作罢。接着又告知吴生需检查卫生纸、生意纸、税务登记等证件。吴生全部奉上。他们挑不出刺后，又抛

---

① 《销售限价货秩序失控　警察鸣枪顾客意外死亡　老板被迫关门》，《委华报》，2015 年 7 月 27 日。

下一句话："我们明天还会来。我们是加拉加斯来的。"

送走这班人，吴先生怎么也想不出还有什么问题没搞好，只好忐忑不安地等待明天的到来。第二天，真的有人来了，不过不是加拉加斯的，而是另外一些人，说是新成立的组织，除了要查看税务、卫生纸、营业执照外，连垃圾费都要管，此外还有消防等，甚至在门口贴的一张通知都要管。走时，又留下一张写满补充材料的纸，要吴生下星期到他们的部门办理有关手续。如此终于把吴生折腾得精疲力竭。这样的检查，真不知要持续到什么时候。吴生是这样，其他侨胞何曾不是这样？[①]

伴随着货币的大幅贬值，投资者在委内瑞拉的经营便处于动荡的状态。首当其冲的是华人投资者，最近已因"哄抬物价""偷税漏税"等罪名一批批尝到了封铺停业的苦头。有时候，税务稽查人员进行主要针对华商的税务大检查，仅是看了看有关的生意纸、税务交纳单，不论情况如何，便留下一句"关门多少多少小时"的话，然后放下一张早已印刷好的纸条，让铺头的当地工人贴上。有时对华侨铺头查得很严，从早上9时查到下午2时，不但要求出示生意纸和每月税务缴纳单，还抽查、对照，一丝不苟，毫不放松，并提出要将电脑银柜的内存资料带回检查。有商铺按要求将资料呈上后，以为顺利过关了，谁知一样收到一张早已准备好的纸条，说了句"关门多少小时"，店门就被关掉，然后交付罚款。有的地方一日的税务检查中就关了10多间华侨商店。

坚守在委内瑞拉的华商处境艰难：货仓空了，货架空了，钱包也空了。富的变成了穷的，穷的变成了难民。缺货的年月，华侨不会有想要的赚钱机会。要想坚持下去，必须加强团结，相互支持，多点关心媒体信息和关注有关动态，加强防范意识。

2014年8月22日早上，做杂货生意的岑生和往常一样，到华恋社街市买番茄、大蕉、葱蒜等农副产品。当驾车到了街市大门口时，他看到了和以往不同的情景：大批宪兵、警察站在那里，对开出的车辆进行检查，要买主出示购物票据。当地老华侨说，检查杂货商品是经常性的事，是符合政府法例的，而且发票正单要随货而行。但购买农副产品也要检查并出示票据，他还是第一次听到。农副产品是委国自由市场交易产品，不受政府限制，过去到街市进货，一直不用检查。退一步说，如果一定要检查，也应该由政府督促卖方完善，而不是找买方解决。老华侨对此十分担忧，因为这关系到广大华商的切身利益。[②]

委币大幅贬值给商家造成的冲击，还不仅仅体现在经营动荡本身，来自社会

① 《稽查的烦恼》，《委华报》，2014年5月26日。
② 陈淘涛：《注意，在街市买农副产品也检查发票》，《委华报》，2014年。

形形色色的压力，更使人心寒。"封铺停业"，是真的因为"哄抬物价""偷税漏税"之过？个别经营者面对检查，花钱应对，以求安稳。殊不知，花出冤枉钱，往往不但不能解决实质性问题，相反弄巧成拙，招来更多的麻烦。令人防不胜防的还有，不知在哪个时候，一些害群之马突然光顾，趁火打劫。他们打着种种合法的旗号，或无中生有，或小题大做，就是为了让人乖乖地给他们送好处。在委内瑞拉，公开的哄抢已见怪不怪。在食品、日用品紧缺的日子里，那些无赖只会变本加厉，捕捉那些他们早已盯住的或者是进入了他们猎区的目标。

跟以往一样，委币贬值特别是大幅贬值，对在委经商办厂的华人也造成一定的杀伤力。面对现实，几乎所有商家都在关注，这样的影响还要持续多长时间。没有谁能给出一个满意的答案。但可以肯定，令人揪心的日子不会很快结束。全球范围内货币贬值序幕已徐徐拉开。在全球货币贬值依然是主旋律的今天，去谈论委币贬值负面影响的终结为时尚早。委内瑞拉是个可生财发财却难以守财聚财的地方，在政局不稳、社会动荡、治安恶化的背景下，这片挖银掘金的沃土培植的，除少数眼光独到的投资家外，更多的是见好就收的"投机者"，而趋利避害，就是投机者们的护身法宝。①

3. 哄抢的恐慌

在委内瑞拉，抢劫、抢夺盛行已使人高度警惕，而哄抢，因为其纠集的人众多，同时搜掠财物有如狂风暴雨，所以更加恐怖。如果说前者的作案还是单个的或是团伙式的偷偷摸摸，后者则是光天化日之下的群体性的明火执仗。1989 年 2 月，委内瑞拉发生了第一起暴徒聚众哄抢华人商店事件，震惊世界。很快，局势便稳定下来，但 2002—2004 年，又接连发生了 3 次哄抢华人商店事件，虽然损失没有第一次大，但这是一小部分别有用心的人专门组织策划的、针对华人的案件，比起第一次更让人觉得可怕。

2008 年以来，委内瑞拉政局虽较稳定，但治安形势依然严峻，歹徒持械抢劫、绑架、勒索的花样更多。诸如敲门贼、迷晕贼、掷石党、"快餐"式绑架等，层出不穷。有些犯罪团伙甚至身穿军警服，冒充军警人员作案，警匪难分，更是令人防不胜防。

这些年来，委内瑞拉经济萧条，货物奇缺，特别是人们必需的食品、日用品。许多超市的货架无货可摆，空空如也；一旦有货来了，即有人排队抢购。不少店铺为防不测，不得不请军警协助维持秩序，否则就会被一些别有用心的人鼓动哄抢，当年的惨祸便会重演。

目前的委内瑞拉，货物奇缺，货价暴涨，人民群众吃饭和日常用品供应都无

---

① 黎民：《委币贬值之痛》，《委华报》，2014 年 3 月 5 日。

法满足，民众已有哭天抢地之势，也可以说已经到了经济濒临崩溃的边缘。其所产生的社会动荡不得不令人感到担忧，物资的缺乏也导致本来已奇差的社会治安更是犯罪率上升。哄抢的发生，固然有不怀好意者的恶意煽动，但有更深刻的社会根源。在委内瑞拉，每次货物紧缺，物价疯涨，都会催发新一轮的哄抢事件。我们可以这样总结出哄抢的规律：因为缺货而使市道恶化，供不应求；供求失衡造成买卖双方的紧张气氛；紧张气氛一旦无法控制，在一些人的煽动下，便不可避免地爆发哄抢。

例如，某日早晨，被指责部分产品售价今年内上涨超过 500%、严重侵害消费者利益的华恋社的那瓜那瓜（Naguanagua）电器店（阿拉伯人经营），被一些好事之徒哄抢，店内削价销售的电器被抢个精光。与此同时，DAKA 旗下分布于全国的其他几家店铺，也受到不同程度的冲击，店内电器在政府派出的荷枪实弹的国民警卫队的"监视"下，依然被不少通宵排队的民众抢购一空。这一事件虽然很快平息，但其冲击波却在持续扩散。当日，全国各地不少商家关门停业，静观事态发展。接着，类似事件在全国其他地方陆续发生，其中保利华省一家大型华人超市 14 日被抢。尽管这是个例，但其造成的阴影总在人们心中挥之不去。

哄抢的最直接起因就是顾客大排"长龙"却买不到货进而质疑华商有货不卖引起的。由于货物紧缺，经营乱象不时出现。特别是来了限价货，市民抢购，买到的还好，买不到的常大吵大闹，甚至趁机起哄，说华人店内私藏货物，高价出售。在此经商的华人，越来越感到如惊弓之鸟，惶惶不可终日，担心抢购变成哄抢。例如，Bejuma 有一华商从事百货进口，商店内儿童玩具、圣诞应节货物琳琅满目，政府人员来检查，要其限价出售，闻讯者从四面八方赶来，排队抢购，货物很快卖得七七八八。现在全国各地都一样，只要有削价商品销售，就会有人排队抢购，容易造成混乱。特别是那些短缺的食品、日用品，如粟米粉、纸球、面粉等，一有货到，店门外就会有长长的人龙。①

有这样一个场景：一间公司给做小百货的一个华商送货来了，车刚停下，货还没下，闻讯而来的顾客就在门外排起长长的队伍。店主怕出乱子，果断关上铺门。货送进来了，两袋洗衣粉，六箱香皂，四包纸尿布，四箱衣物柔顺剂。还未写好回执给当地人司机，门外的当地人顾客已不耐烦地吵闹着："华人开门，搞什么名堂，你们华人！"店主如临大敌，两人收钱，一人守门，一人分发货物，还将两条入架的通道堵上。铺门只打开窄窄的门缝，先让几个顾客进来，搞定了又换几个。门外排队的，有的怕轮不到自己，拼命地往前挤。但无奈僧多粥少，不一会，货卖完了，但排队等购的顾客却不愿散去，有的大吵大闹，说华人藏货

---

① 一民：《认真应对查价查税》，《委华报》，2013 年 11 月 18 日。

了，店内还有。店主百般解释，说货就这么多了，全卖完了。可那些人就是不听，疯了一般地要进到铺里去看看。有的还扬言要冲进去哄抢货物。这种情况下，店主真是百口莫辩。好不容易挨到下午六点，等讨不到便宜的人慢慢离去后，店主和他的员工才拉下门闸，关门回家。这样的"长龙"早已见怪不怪了，只要不出乱子就行，但这种场面如果得不到控制，那肯定会成为商家的噩梦。

2014 年 2 月 24 日，旅委华人不愿看到的一幕终于发生了。一伙身份不明的人趁着示威游行发生冲突之机，哄抢一家华人超市及附近几家当地人店铺。是日，委内瑞拉各地持续了两个星期的动荡仍在继续。下午 3 点左右，位于委内瑞拉西部的杜鲁吉罗（Trujillo）市，不同政见的两派在游行示威中发生冲突，互扔石块、玻璃瓶等，场面混乱。就在这时，十几名身份不明的人骑着摩托车，来到距游行队伍约 50 米外的已暂时关门停业的华人超市。他们撬开超市大门，然后肆无忌惮地哄抢货品。当地侨领闻讯，即向辖地军方报告。很快，一班军人赶到并用催泪弹驱散哄抢人群。但这时，歹徒作案已达 10 多分钟，超市货物被抢去部分，还有银柜等财物也遭到不同程度的损坏。与此同时，华人超市附近的番人电器店、酒铺和餐馆也遭遇了同样的厄运。事发时，杜鲁吉罗中华会馆副主席陈庆伟、莫卓怀等迅速到达现场，协助军方驱散哄抢歹徒。事后又组织人员做善后工作，帮助受害人抢修店门，整理货物等。同时向当地侨胞发出紧急通知，要求大家在动荡期间保持高度警惕并采取各项防备措施，防患于未然。[①]

2014 年 2 月 26 日晚，华恋社一间华人京解野遭到哄抢，店内所有货物被抢光，损失惨重。被哄抢的华人京解野位于拉伊萨贝里卡（La Isabelica）区一条大街。近来，这里经常有人游行并焚烧轮胎堵塞交通，以致在这里开店的商人极度紧张，事发这一天，所有店铺关门停业。晚上 7 时多，一伙人骑着摩托车并带着作案工具，在街上转来转去。一辆客车经过这里时，这伙人突然投出自制的汽油瓶将汽车引燃。顿时，熊熊大火烧了好一会。快到 10 点时，这伙人把目标转到一华人京解野。他们用预先准备好的工具，花了近一个小时把店门撬开后，一拥而入，把店内货物抢了个精光。据了解，事发时，邻里番人曾多次报警，但直到最后，都没见到警察、宪兵的踪影。24 日 10 时左右，与该京解野相距只有 50 米的华人杂货铺，也遭到贼人哄抢，店里只剩下货架。事发后，中华工商联合总会主席冯永贤、华恋社中华会馆主席陈坚辉先后到现场了解有关情况，向受害华商表示慰问，并就损失赔偿问题与保险公司进行了沟通。[②]

---

① 莫熙丰：《歹徒趁游行示威冲突之机作案，委内瑞拉 TRUJILLO 一华人超市被哄抢，同时波及附近几家番人店铺》，《委华报》，2014 年 3 月 3 日。

② 陈淘涛：《华恋社一华人京解野遭哄抢》，《委华报》，2014 年 3 月 3 日。

即使这样，哄抢的危险还是无所不在。特别是在 2015 年元旦前后的一轮抢购浪潮后，委内瑞拉的大型超市和一些位于居民区的杂货铺都没能得到供货公司的货源补充，不少货架空空如也。而就在这种情况下，各种传言满天飞，如买婴儿奶粉、纸尿布等要凭婴儿出世纸，大人饮用牛奶和一些常用的食品需凭身份证等，在社会上形成一种紧张气氛。于是，不少市民到处了解有没有限价货或紧缺货供应，只要有货到，顾客便闻风而来，排队抢购。如果货物售完，排队等购的顾客往往不愿离去，甚至有人煽风点火，说华人没有将货卖完，肯定还有藏货，还有人高叫要抢华人的铺头。有人听信谣言，在店内的货架乱翻，把纸箱一一打开查看。外面的人见此情景，也会一齐起哄，直到找不到"藏货"，才慢慢安静下来。每当发生这种情景，就有可能出现一场由抢购引起的哄抢。面对当前的抢购风潮，侨胞一点也不能大意。

例如，2015 年 1 月 31 日，在华恋社附近一个小埠的华人杂货铺来了多种限价货，大批市民涌来抢购，门前排起了"长龙"，严重阻塞交通。军方闻讯赶来，施放催泪弹把人群驱散才使交通恢复畅顺。是日早上，一公司给该华商送来一车限价货。货没下完就挤满了顾客，以致门前的大街严重堵塞，有的还争先恐后，互不相让甚至大打出手。这时，正好又有另一公司送来肥皂粉等限价货，车在另一街口停了一个小时也无法进来卸货，无奈之下只好调头返回。上了高速，这车在收费站被正在值班的国防军拦截，问明情况后，即派出两辆军车十几名国防军与公司送货车一起前往华商铺头。回到堵塞的大街，只见抢购的人比送货司机调头离开时还多。军车鸣号前行，荷枪实弹的军人要市民让路，但在排队的这些人无动于衷，有的还大骂。军方忍无可忍，连续施放 3 颗催泪弹，才把人群驱散。后来在军警的维持下，现场顾客终于安分守己，排队购买，大街交通才得以恢复。[①]

又如，2015 年 3 月 21 日中午，位于加省华恋社的新华恋社（Nueva Valencia）区一个储存铝锭的废品仓库（专门收购废铝罐压制成铝锭出售的仓库），在光天化日之下被一伙别有用心的人挖墙钻了进去，将库内存放的铝锭抢去。紧接着，闻讯而来的人如潮水般。据目击者称，当时参与哄抢的起码有几百人，手拿的、肩扛的、用袋装的、用摩托车载的都有，不一会就将仓库内的铝锭哄抢一空，整个仓库狼藉一片。接到报警的国民自卫军士兵荷枪实弹赶到现场，仍未能制止，在劝告无效的情况下，士兵向天鸣枪警告，但仍有人胆大妄为，抢着铝锭往外跑，被国民自卫军逮住。遭此一抢，该仓库老板损失惨重。这次铝锭仓库被哄抢时，附近的华人商铺赶紧拉下铁闸，拦住了哄抢的人群，不然的话，

---

① 陈淘涛：《换购货物阻塞交通军方放催泪弹解决》，《委华报》，2015 年 2 月 2 日。

后果不堪设想。华恋社的动乱已使华商深受其害。2015 年上半年，至少有 8 家华人商铺被抢，而且全发生在拉伊萨贝利卡区。据受害人反映，发案地段常有人游行并焚烧轮胎堵塞交通，作案歹徒是个团伙。2015 年某月 24、25、26 三天，歹徒乘乱作案，连抢 3 家华人商铺。2015 年某月 12 日，歹徒变本加厉，在同一区街再抢 5 家华人商铺。据说，作案者不但有专门的作案工具，而且手持武器。作案前，这伙人先行封街，任何车辆、行人不得入内。案发时，虽有警方、军方人员和华恋社中华会馆的侨领前往解救，但面对手持武器的凶徒，也只能徒叹奈何。从迹象分析，如此疯狂的哄抢，很可能是有预谋、有计划的。

圣费利克斯市更是出现了哄抢商铺的恶性事件，有多间华人商店被抢，货物被洗劫一空，遍地狼藉满目疮痍，惨不忍睹。有些暴徒在未被抢的华人店铺门外淋上汽油，扬言一把火烧了华人店铺，幸好一群有正义感的当地人及时制止了暴徒的恶行，并协力用水帮助华人将淋在地上的汽油冲洗干净，才避免了一场更大的惨祸。①

每有示威游行，就有封路堵街的恶行随之发生。开始时，只是用一些垃圾、轮胎、树木等把路拦住，车辆无法通行。但随着动乱的升级，封路堵街的情况也进一步恶化。前段时间，华恋社通往圣地亚哥的路段被人用砖块砌了一堵小墙，硬把主要通道封死。封路堵街的做法，或有确保游行队伍安全的用意，但如此作为，客观上造成交通阻塞，影响市民出行。更令人忧心的是，因为交通问题，煤气公司从安全角度考虑，已停止华恋社好几个区的煤气输送。另外，一些厂家或公司也停止或减少对客户送货，不少商家因此缺货，生意大受影响。②

面对如此严峻的形势，在此经商的华商都必须做好充分的心理准备。货物紧缺、查价查税虽然也影响经营，甚至造成惨淡经营，但不至于置商家于死地，而哄抢除造成经济损失外，还会有生命安全威胁，遗留的心理阴影会让人时时胆战心惊。哄抢和查罚已不鲜见，早成为压在侨胞头上的两座大山。抢购往往是哄抢的前奏，抢购过程的一点点问题，都会成为哄抢的导火索。一言概之，货物奇缺引发的抢购是哄抢的一个危险信号。侨胞要团结自强，守望相助，拧成一股绳，同心同德，同舟共济，共同抵御来自方方面面的艰难和险阻。唯有这样，方能共渡难关。侨社在逆境中，更应该起中流砥柱作用，力挽狂澜，团结全侨，采取有效措施，维护华人华侨的生命财产安全。拉伊萨贝利卡区华商被抢之事已引起华人社团的高度关注。16 日下午，华联总会和华恋社中华会馆侨领约谈受害者，详细了解有关情况。华联总会主席李瑞华表示将把有关情况详细报告中国驻委内

---

① 莫熙丰：《交通堵塞煤气中断商铺被抢，华恋社成了委国动乱重灾区》，《委华报》资料。
② 莫熙丰：《交通堵塞煤气中断商铺被抢，华恋社成了委国动乱重灾区》，《委华报》资料。

瑞拉大使馆，通过大使馆向委内瑞拉有关部门交涉，敦促有关方面采取有力措施，确保华商生命财产安全。①

委内瑞拉社会治安恶化对华侨打击最大的是"哄抢"问题，引起了委内瑞拉华侨社团的高度关注。"哄抢"事件的直接原因是委内瑞拉近年经济萧条，通货膨胀，货币贬值，不少食品工厂生产停滞，甚至停产，以致市面一些主要食品，如粟米粉、牛奶、大米、面粉等严重短缺，特别是边远的小镇，往往供不应求，甚至经常无货供应，严重影响人民的正常生活。②

4. 雇工难

在委内瑞拉，没有人看好委币，只有美金才是真金白银。因而，在牌价美金得不到满足的时候，黑市美金不断走高。受其影响，老板难做、打工一族难顶的问题，在华侨华人社会日益显露。黑市美金走高，旅委华侨无论是当老板的还是打工的，都很"受伤"。使老板犯难的是，在黑市美金节节走高时，工人的工资不知如何支付。因为大家习惯上都把工资所得的委币折算为美金，当黑市美金天天走高时，工资的增长总跟不上黑市美金的高涨。这样一来，劳资方面的矛盾，特别是本来就存在的"雇工难"的问题便日益突出。③ 关于这个问题，在上面谈到委内瑞拉新移民纷纷回国和转移他国的时候已经说到，这里不赘。

话至于此，且录下一段委内瑞拉华侨写的《委侨苦，委侨累》文本歌词（改编自《老板苦，老板累》）：

都说委侨好，都说委侨美，穿金戴银佩名牌，身份很高贵。谁知道委侨苦，谁知道委侨累，谁知道委国华侨身心好疲惫。

都说委侨阔，花钱如流水，豪车洋房哥们多。三餐有美味，谁知道委侨苦，谁知道委侨累，谁知道委侨把心都操碎。

委国华侨苦，委国华侨累，风霜雨雪走南闯北，家中的妻儿难照料，年迈的高堂不能安慰。

委侨苦，委侨累，委侨含着难言的泪。应付"正苦"查价弯折了腰，逢节过年"做戏"跑断了腿。

委侨苦，委侨累，委国华侨咽下心酸的泪。委侨苦，委侨累，委国华侨的苦衷谁能体会？

---

① 莫熙丰：《交通堵塞煤气中断商铺被抢，华恋社成了委国动乱重灾区》，《委华报》资料。
② 《委华报》资料，2008年1月15日。
③ 《黑市美金走高，老板难做，打工一族难顶》，《委华报》，2013年下半年。

二、华侨的应对与维权

（一）遵守法规

1. 邀请当地部门官员说法

由于不少华商对有关法规不了解，导致在某些经营环节上处理不好而被罚被抓，造成了不必要的损失，其中在所谓的囤货和超价销售问题上比较突出。另外，常有执法人员上门来，有的检查人员可能是假冒的，他们以检查为名，行敲诈之实。凡此种种，原因何在？该怎样应对？2013 年 8 月 29 日中午，加省物价局长路易斯维切应华恋社中华会馆邀请，在会馆为华商就如何守法经营和防止欺诈等问题做了具体的指导。

局长指出，这里面既有经营者的问题，也有执法者特别是假冒执法者的问题。作为经营者，首先要守法经营，再就是沉着应对检查，同时要善于识别假借检查进行敲诈的不法之徒。为此，局长提出如下意见：①货物卸载后存放仓库不要超过 12 个小时，如果超过，便有囤货之嫌，一旦查到，便要受罚；②上了货架的商品必须明码标价，限价商品不能随意涨价更改价码；③要搞好清洁卫生，确保食品不被污染，不符合卫生要求的会被关门 24 小时整顿；④服务态度要好，不能用生硬语言如"不买就罢"等对待顾客；⑤要加强与本街道管理人员的沟通并保持良好的关系，以取得他们的支持；⑥如有政府执法人员恐吓勒索，一定要他（们）出示工作证，不能随意给钱解决；⑦经营者在没确认检查人员身份之前，有权利不出示有关证件；⑧当检查人员发现货架上有过期商品时，经营者要即时下架表示改正，切勿用钱买"宽容"；⑨如发现可疑人员上门检查敲诈，请发信息投诉。①

2013 年以来，由于委内瑞拉经济形势不但没有得到好转反而每况愈下，马杜罗总统以查价、查税为突破口的"经济战"正如火如荼地在全国展开。在这场"经济战"中，华商很可能被推到风口浪尖。如何主动应对以保持经营稳定？2013 年 11 月 28 日，华恋社中华会馆举行经济形势报告会，邀请加省税务局、物价局和消委会等部门官员上门说法，提醒侨胞在当前复杂多变的经济环境下经营要守法，待客要文明，做事要小心，切勿因小失大，避免不必要损失。华恋社中华会馆特意请来的三部门官员为侨胞解说有关问题，其中特别提出四点：

（1）不能超价销售。目前，政府把物价上涨归罪于"奸商"作为，保消局

---

① 《如何守法经营，怎样防止欺诈，CARABOBO 物价局长为华商支招》，《委华报》资料。

的官员也说他们收到不少消费者说商家乱涨价的投诉。这就告诉我们，把利润控制在合理的范围内（30%以下），这是当下谁也不能碰的"高压线"。特别是限价商品，绝不能随意提价。

（2）不要做二道贩子。在货物短缺的目前，个别有"路数"的人在弄到别人弄不到的货时，总想着做"短平快"的生意，即将来货整车转手卖给别的商家。这就委内瑞拉当前法律来说，是不允许的。或许有的侨胞还不清楚，目前，委内瑞拉对限价商品特别是主要食品的供应，是有计划的分配，一批货物供应到哪里，有人落实，有人跟踪，不能随意变动更改。据说，最近已有华商在做这种买卖的时候被逮个正着，结果可想而知。

（3）来货一定要取正单。现在，有的公司没有按规定价格供货，而在货单上又做手脚。比如，本来每件10元的物品，要收15元，但开具的仅是每件10元的单据，另外5元不出或是随便开张收据。而买了这种超价物品的商家，为了赚钱必然再次提价。这种情况一旦遇有检查，便难以收拾。

（4）售货一定要打单。很多商家或许想减少交税，或许是想减少麻烦，收款时少了打单这个最后环节。须知，打单不仅有利于经营额的统计，而且也有利于售货量的显示。这些功夫做好了，所有的检查就不费事了。

此外，会馆主席陈坚辉在会上还特别提醒侨胞，年税、月税一定要自己到银行办理，不要随便给会计师或自己不信任的人办理，以免出假税务单据。在委内瑞拉，用假税务单充当完税是违法的，若被查获就要负刑事责任。同时，更改了公司名称后，一定要到银行申请换用新公司名下的收款刷卡机，旧公司名下的刷卡机就不能用了，以免被冠以欺骗税务的罪名。再说，面对查税，一定要沉着应对，即使自己有错漏，也不要怕，顶多是罚款，不会被拘留。会上，有的侨胞对当前政府查价查税的一些做法提出疑问，三部门都做了耐心解释。[①]

当前，物价、税务等大检查一次比一次严厉。如何做好有关工作，避免检查中出现麻烦，昨日下午，麻拉街董事局举办座谈会，邀请3名专业律师给本省华商讲解有关法例并提出注意事项。根据目前物价、税务检查的项目及华商普遍存在的问题，3名律师重点提出以下注意事项：①各商号自己经营必需的生意纸、酒牌、卫生证、消防证等一定要齐全，且要注意有效时间；②铺头的应急灯、灭火器、电开关总闸、报警器等要保持良好状态；③华商货单，即购货单、订单、报货单要分装好，检查时要出示合法正单；④政府指定的限价货和紧缺食品、日用品绝不能囤积，来货后要即时摆上货架，同时绝不能超价，哪怕是一毫一分，

---

① 《华恋社中华会馆邀请税务局、物价局和消委会等部门官员上门说法，提醒侨胞——经营要守法，待客要文明，做事要小心》，《委华报》，2013年下半年。

也不要多收；⑤劳工保险要切实办理好，保险费要缴清，不能拖欠；⑥营业税每月 15 日前一定要交清。

华联会董事局主席黄达相对座谈会高度重视，亲自和几位董事坐镇。在护侨组、法律顾问组、公关组副组长冯炎良的主持下，与会人员各抒己见，就目前治安继续恶化的情况下如何加强自保等提出了不少意见建议。冯组长还列举例子，总结经验教训，提醒大家做好工作，应对检查，尽量减少不必要的损失。① 大力检查和整顿市场行动，应该说是稳定市场的一个举措。这是特殊情形之下的特殊行动。对此，有的商人，包括华商可能不理解，甚至埋怨。但不理解也好，埋怨也罢，在这种情况下，作为商人，最好别犯糊涂，按规矩做事。稍有闪失，吃亏的永远是自己。

2013 年 11 月 27 日，玛岛（Margarita）中华会馆、中华商会针对当前新一轮的查货、查价行动，邀请当地物价、卫生等部门官员到会馆为华商举办法律讲座。是日下午 4 时，100 多华商把玛岛会馆大厅挤得满满的。讲座在会馆主席郑健强、商会主席吴文喜的主持下，先由卫生局长作如何搞好卫生工作，应对检查的报告。他强调要做好以下几点：①保持铺头的清洁卫生；②要定期杀虫灭鼠；③过期食品要下货架不能出售；④厨房在铺头的要用板块隔开并保持清洁。

随后，物价局长讲解了有关法律。他说，总统马杜罗十分关注华商的经营状况，希望华商遵纪守法，为本地经济发展做出更大贡献。针对当前的大检查，局长强调要求注意以下几点：①货架上的商品要明码标价；②不要囤积和转卖短缺的货品；③滞销的商品不能搭好卖的商品一起出售；④出售商品一定要经过银柜并出票给顾客；⑤限价商品不能超价出售，没限价的商品最高利润不能超过45％；⑥每家商铺都要注册"RUPDAE"，过期不注册的最高可罚 20 000 税务单位。为方便商家，注册时间已延至 11 月 14 日，未办的要尽快办理。与会华商听后，提出了一些常见问题，两位局长一一作了解答。不少华商听后，受到很大启发。②

2013 年 10 月 8 日晚，华恋社中华会馆邀请当地官员给加省华商举办法律讲座，就如何应对当前的物价税务大检查提出了具体的指导性意见。宪兵负责人指出，在前段时间的大检查中，加省大多数华商遵纪守法，文明经商并配合检查，做得很好。但仍发现有超价销售及铺头账目整理不全的问题。税务官员指出，商人在经营中一定要数目清楚，出售的货物一定要开银柜单据。价钱局曾发出关于

---

① 莫熙丰：《当前物价税务等大检查如何应对？麻拉街董事局请教专业律师》，《委华报》资料。

② 玛岛中华会馆、中华商会：《玛岛中华会馆举办法律讲座，邀请政府官员宣讲有关法例》，《委华报》资料。

任何一种生意都要在 10 月 3 日前在网上登记，但至今尚有部分商家没有登记，故登记时间延长一个月，至 11 月 3 日止。价钱局官员说，除政府的限价货按限价出售外，其他货物利润只能在 30% 以内，所计算的 12.5% 的费用，必须列出清单，做出详细说明。负责质量监督的官员说，公司来货，只能按价出售，不能换包或调包，更不能以次充好、短斤缺两。公共事务检察官员说，当前政府的管理条例非常严格，大检查也还在继续，查出问题先上法庭，轻者关门封铺，重者罚款坐牢。

华恋社对举办这次讲座高度重视，陈坚辉主席为此专门上门邀请有关部门官员前来讲解，希望通过这样的讲座让华商了解当前的形势并做好可以做好的工作。会上，他还提醒大家注意一个问题，就是在收到公司来货后，不要在未办好手续的情况下将货送到朋友的铺头出售，因为这样是触犯有关条例的，一旦发现，会被指控转手或高价出售。加省华人超市同业协会主席冯永贤、加省华联商会主席吴梓钦分别带领班子人员听了讲座。①

其实，在某种意义上，检查也是一种促进。通过检查，可以促使侨胞更好地学会规则，懂得法律，进而诚信从业，依法经营。身在海外，法律法规才是最好的护身符，只有懂得法律法规才能使自己更好的安分守己洁身自好。因此，华侨不必总对检查耿耿于怀，也不必因为检查来了就提心吊胆。

2. 引导华侨会员守法经营

2015 年 7 月 10 日至 13 日，加省华联商会的侨领一行 10 人，在吴梓钦主席的带领下千里迢迢到达玛岛这个旅游城市，拜会当地侨社并深入商铺，了解商情。玛岛行之后，华联商会的侨领多了一份迫感。他们深深感到，本会会员铺头近 100 间，遍布加省各个城市。商会成立以来，会员一直看好商会，把商会当成一个大家庭。当前经营环境虽然不好，但大家还是紧密团结，共同应对。也因为这样，商会始终关心会员的生存问题，每周一次的会务会议从未间断，各个委员及时了解和反映会员的销售动向。他们认为，在恶劣的经济环境下，更应引导会员守法经营，文明经商。现在政府的检查行动仍在继续，且一次比一次严格，所以，要不断提醒各会员保持清醒头脑，依法依规做好经营，以免被检查人员抓住把柄，小题大做而蒙受损失。吴梓钦主席表示，大家对商会寄予厚望，商会则应尽心尽力，为会员做点好事。这次商会组织侨领到玛岛参观，了解商情，目的就是要引导会员面对恶劣的经济环境，更好地守法经营，文明经商。②

---

① 陈淘涛：《华恋社中华会馆邀请官员给华商讲法律》，《委华报》资料。
② 陈淘涛：《经济环境不好更要守法经营——加省华联商会玛岛行侧记》，《委华报》，2015 年 7 月 20 日。

3．建设华侨自身的法律队伍

旅委侨胞久盼的、可以为大家开展律师、会计、保险等事务服务的综合性机构——"GVCAF 服务中心"及各项业务于 2014 年 10 月在麻拉街正式启动。麻拉街华联会主席黄达相、副主席岑庆旺和梁永钦、冯炎良等侨领出席了当天的启动仪式，并代表广大侨胞致以热烈的祝贺。"GVCAF 服务中心"由华裔律师冯元蔼与其他 4 位律师合伙组建，他们都是经济法方面的专才，特别在商业方面，对商铺注册、申领牌照、劳动仲裁、劳工保险、会计事务等有着丰富的经验。只要业主需要，可提供一条龙服务。更由于他们与委内瑞拉相关部门有着良好的关系，可以帮助商家应对诸如物价、税务等检查，化解不利因素，尽可能帮助店主避免被罚、被扣、被封铺关门等问题，确保商家利益。如有官司，更能协助事主提出诉讼或为被告进行辩护，最大限度地为诉讼人或被告争取合法权益。此外，该中心还为当地华人社团、公司或企业提供免费法律咨询，使大家更好地了解有关法律，避免行错踏错蒙受不必要的损失。据悉，冯元蔼大学学的是法律专业。毕业后，在委内瑞拉高等法院工作了五年，是委内瑞拉一位大法官的助理。由于有良好的家庭教育和社会工作阅历，她不但了解和熟悉华人社会，而且对华商在委国的一些不公遭遇深表同情。她与人合伙开办"GVCAF 服务中心"，目的就是更好更多地为华人服务。[①]

4 月 7 日，墨西哥东北著名观光城市蒂华纳（Tijuana），开平人经营的中餐馆"乐合福"因宰杀活狗入菜被当地政府勒令停业。事件被媒体曝光后又波及同行，令附近 500 家中餐馆营业额直线下跌不少于 70%，并严重影响与餐馆业有关联的如肉鸡、牛肉、蔬菜等行业的经营。墨西哥中餐馆杀狗入菜事件引发的风波，再一次说明，认真遵守当地的法律法规，不仅关系到树立海外华侨华人形象问题，还直接关系到海外华侨华人能否与当地居民和谐相处的问题，关系到树立祖（籍）国形象的问题。同时，任何一起被媒体报道出来的华侨华人违法犯罪事件，都会被"扩大化"，影响华侨华人与当地居民的相邻关系。这种"扩大化"的影响，有的是即时的、显见的，有的则是缓慢的、隐蔽的。因此，海外华侨华人应该认识到，与当地居民和谐相处应该从遵守法律法规做起。别忘了，委内瑞拉对狗等动物的保护与墨西哥相似，而委国侨胞吃狗肉及一些野生动物的习惯和墨西哥的侨胞没什么两样，稍不注意，委国侨胞也会犯同样的错。还有，委内瑞拉有不少法例，如不准随意砍伐树木（即使在自家的地方），不准打骂妇女、儿童，不准捕杀鳄鱼、果子狸、穿山甲等，这都是需要委国侨胞懂得并严格

---

① 黎民、莫熙丰：《为侨、便侨、保侨 GVCAF 律师会计保险事务中心工作启动》，《委华报》，2014年 10 月 20 日。

遵守的，要是把中国的一些习惯带到这里，那就不是好吃不好吃、好做不好做的问题了。过去，有的侨胞以身试法，明知故犯，在捕、食野生动物方面吃过苦头，这样的事情，不能再重演了。①

在 2013 年以后委内瑞拉全国性的物价、税务大检查中，杂货超市首当其冲，成了检查的重点目标。政府检查人员的检查多是突袭式的。因为是突然到来，商家就显得比较被动，较难应对，加之检查项目除物价税务外，还包括看有没有囤积，甚至查看身份证，如果没有正当居留，则被罚款或被拘留。同时，在检查时稍有点把柄就被抓住不放，轻则罚款，重则上纲上线入罪送上法庭。不少华商虽然检查前自查自纠，但检查中，往往被检查人员"在鸡蛋里挑出刺来"。

针对以上情况，各地侨社纷纷采取措施，如加强与当地有关部门联系，了解检查动态及有关要求，并及时向侨胞宣讲和提出注意事项，尽可能防患于未然。检查中一旦有什么不测，则竭力相助，尽量减少当事人损失。2014 年 9 月根据检查中的一些问题及部分侨领和华商提出的意见，有人提出仍需审时度势，认真应对，不可存任何侥幸心理。其一，华商要文明经商，遵守国家各项法律法规，同时文明待客，与当地民众保持友好关系；其二，不囤积货物，紧缺的限价货，货到即上货架，同时不要超价出售；其三，紧缺限价货物，不要配搭其他货物出售，同时限价货物要散卖，不可成箱出售；其四，出售的货物要明码标价，利润不要超过政府限定的 30%；其五，牛肉部的牛肉名称要写清楚，标上价格，瓜菜部的瓜菜也要标上价钱；其六，要认真看清自己营业执照上所限定的经营范围（如经营糖果饼干的店铺，执照上没有标明可以经营粮、油、粉、面的，如经营了就属违法、违规），按规经营，不要越界；其七，不要将限价货物超价卖给一些别有用心的人，这些人可能是走私的或是"探子"；其八，上班时随身带好自己的有效证件，以备检查；其九，有检查人员到来，要以礼相待，积极配合检查，若查出有小问题，就及时当场纠正，切不可与执法人员发生不必要的争执；其十，各店铺要继续做好自查自纠，不要给检查人员留下任何把柄。② 总之，在物价大检查中，侨胞要小心谨慎，要与同行和当地侨领加强联系，互通信息，遇事要共商对策。同时，要关注媒体的有关新闻，及时了解有关动态，并根据要求规范自己的经营，避免不必要的损失。

2015 年 8 月 18 日下午，一位"老表"（在委国无亲友，持香港护照的游客）踏上回航归程，谁知在委国出境时被宪兵带走，事因他行李内有两千几百微翁的委币，按政府汇率折美元有十多万（按现时委国金融政策出境最多只可携带美元

---

① 《墨西哥一中餐馆杀狗入菜引风波警醒了谁?》，《委华报》，2015 年 5 月 4 日。
② 吴言：《对大检查要谨慎应对》，《委华报》，2014 年 9 月 15 日。

1 万）。这样，"老表"被宪兵拘留起诉，但委币在上交时被私吞了百多微翁，另损 3 000 多元港币及美金、欧元等。会馆侨领在了解情况后第一时间打电话给有关部门官员，先确保"老表"的人身安全，然后派会馆律师义务跟进。[1]

　　2015 年 10 月 6 日，在瓜卡拉（Guacara）一向守法经营的郑先生在经销卡马乔（Camacho）公司送来的有物价局批文的食油、粉仔、牛油等紧缺货物时，被军人以违规销售强行拘留。在随后两天，在华恋社地区一些地方又有几人被同样的军人以同样的罪名、同样的手法拘留，以致当地所有华商人心惶惶，不知所措。10 月 10 日，接到报告的中华工商联合总会主席冯永贤即与卡马乔公司高层及加省物价局长沟通，商讨解决办法。当日下午，加省物价局长和卡马乔公司有关人员应约来华恋社听取受害人的情况反映，同时就如何解决问题和防止类似事件再次发生作了具体的商讨。冯永贤当场就此提出四点解决办法。同时指出卡马乔公司有国家食品粮食部批文，这些货物可以供给一般的杂货超市销售，来货渠道正当，华商合法经营。为解决遗留问题，中华工商总会还专门请了律师，以书面形式向国家食品粮食部交涉。[2]

　　2015 年 11 月 20 日晚，麻拉街华联会护侨小组针对国会议员选举和圣诞新年即将来临的治安情况，在会馆会议室召开加强侨胞安全保护工作特别会议。为应对形势，护侨小组向全省侨胞发出通知：一是提高治安防范的意识，未雨绸缪，防患于未然，对不安全的因素进行自查，及时纠正。二是守法经营，文明经商，出售政府限价货时请警察或国防军做好安全工作，防止哄抢事件发生。三是年关将至，是抢劫案的高发期，侨胞出门多长个心眼，顾前看后，特别是去银行更要注意安全，有条件的请警察或国防军随行保护。四是尽量减少外出办事，如确实需要必须两人以上随行，晚上尽量不要出街。五是各埠各区的侨胞要互通信息，发生情况要及时联系沟通。六是会馆护侨小组与各埠警方保持密切的联系，一旦在侨胞中发生事故和其他案件及时向警方报警或联系护侨小组。会议最后还决定护侨小组近日由会馆主要负责人带头拜会当地警方、军方以及政府相关部门，加强沟通。[3] 应该说，麻拉街华联会护侨小组提出的六点安全措施，在委内瑞拉全国严峻的治安形势下，具有普遍意义。

（二）自觉遵守和维护市场秩序，树立华商守法经营的良好形象

　　这几年来，委内瑞拉货币贬值，物资短缺，物价上涨。委内瑞拉政府忙于应

----

　　① 吴艳贞：《老表携带大量委币出境被拘》，《委华报》，2015 年 8 月 24 日。
　　② 《文件"打架"华商遭殃，冯永贤提出四个解决办法平息事端并提醒华商注意》，《委华报》资料。
　　③ 陈淘涛：《麻拉街护侨小组召开安全会议提出六点安全措施》，《委华报》，2015 年 11 月 23 日。

对。2014 年 2 月，《控制成本、价格和利润法》开始实施了。这项新法，条款之具体，措辞之严厉，据说史无前例。在一个物资短缺的形势下，控制物价，打击暴利，是马杜罗总统执政后的一个"坚定目标"。在马杜罗看来，国内物价急剧上涨、货物奇缺等一系列经济问题，主要原因在于反对派的蓄意破坏及一些不法奸商蓄意囤积货品抬高物价所致。总统还认为，这种"蓄意破坏"是反对派结合美国等大国势力、以经济为突破点所发动的一场"经济战争"，而自己要做的，是采取新的经济政策，打好"经济反击战"。为打好"经济反击战"，2013 年 11 月初，委内瑞拉政府派出了大批稽查人员，从全国最大的家电连锁店 DA-KA 开始，在全国展开物价大检查。而在此前后，马杜罗多次在公开场合扬言要严厉打击扰乱市场秩序的投机商人，强令商场将价格回归到合理的水平，利润不得超过 30%。同时，总统还向国会申请一项可以使他不经过国会批准就可以颁布法令治理国家的特权。显然，马杜罗总统在治理物价上不但有"紧迫感"，而且上升到政治层面。也就是说，物价问题已不仅仅是国计民生的事，更是反击"敌对势力"和"反对派"挑战的"一场战役"。

现在，在委内瑞拉经营杂货生意的华商不少，在有的地方还占有垄断的地位。这样的形势，的确给华商的经营带来了十分不利的影响，也给华侨华人的经济带来了损失。为平抑物价，保障供给，委内瑞拉政府不但对多种商品进行限价出售，而且还派出了宪兵、警察协助物价、卫生等部门对杂货铺、百货等进行严格检查。检查中，有被罚款的，也有被没收货物的，还有被关门整顿的。按照《控制成本、价格和利润法》，一旦高价销售限价货的事实确立，甚至有可能被处以 8 至 10 年徒刑，并罚款 1 000 到 50 000 个税务单位等。① 所以，有侨胞总结出这样的经验教训：诚信守法，"财"能长远。华商的一举一动，事关华侨华人在委内瑞拉的形象。俗话说"君子爱财，取之有道"，守法经营就是道。要树立华商良好形象，就应该从守法经营做起。对于这样的"一场战役"，中国驻委内瑞拉大使馆、委内瑞拉全国华侨华人联合总会、中华工商联合总会及各地侨社团体，都发出提醒，提醒和要求华商认真应对，切勿在风头火势之时为图一时之利而把自己推向查价、查税、查囤积的风口浪尖。2014 年 7 月 1 日，中国驻委内瑞拉大使馆领事部曾就此发出通知，提醒华商在当前情况下严格遵守当地法律法规，诚信经营。中国驻委内瑞拉大使馆领事部还提醒广大华商要关注近期的市场整顿行动，从维护自身利益和发展角度出发，严格遵守当地各项法律法规，检查好铺头内的各项工作是否依法规行事，对限价货物，一定要按价出售，而不可以任意提价，要文明经营，诚信待客，使自己的店铺能在专项检查中不触礁，顺利

---

① 《委华报》评论员：《诚信守法，"财"能走远》，《委华报》，2014 年 2 月 10 日。

通过，以维护自己的切身利益，同时树立华商诚信经营的良好形象。同时，要预先加强自查自纠，防止相关执法行动对华侨经营活动造成不利的影响。中华总商会也在2014年7月6日的注册会议上就当前如何应对委国的市场检查作专门讨论，要求各地华商文明经商，守法经营，加强自保，以免行差踏错造成不必要的损失。总商会主席还特别强调目前情况下不要超价出售，不要囤积货物，不要把紧缺货物大批量转手卖给二道贩子，万万不可在"刀尖上赚钱"。

法有情，也无情。正当经营会受到法律的保护，反之则受到法律的制裁。特殊时期不乏华商超价销售被检查队带走的例子。有些侨胞还停留在过去一直屡试不爽的做法，以为在关键时刻花点钱就可以消灾。据说事发后还有人抱侥幸心理，以为这样的检查、拘留，只要像过去那样"讲讲数"（即讨价还价），问题就解决了，但今天这些办法很可能不灵了，即使当地侨领解救也可能作用不大。但据说仍有侨胞对此视而不见，听而不闻，我行我素，铤而走险。

应该肯定的是，在当前环境下，华商中的大多数是守法经营的。以下是几个例子：

冯姓老板来委内瑞拉已几十年，是一位老侨领。多年来，他一直守法经营，文明待客。每有限价货到，店门前都会挤满等购的顾客。为确保经营秩序，冯老板一方面请求军人、警察前来维护秩序，一方面要求顾客自觉排队，以防混乱，就算是员工、乡亲，也要和其他顾客一样排队。他这样做，目的是不让别人抓住把柄，在保持良好经营秩序的同时维护华人的形象。[①]

2014年12月9日，华恋社邻埠店主梁小姐门口就来了一辆大货车，是给她送香皂、护肤品等限价货来的。来了货就得收，当货在下着，还没点货，店门口已挤满了顾客。梁小姐做生意多年，经验丰富。因此，来了限价货后她头脑十分清醒。在售卖前，她叫顾客排好队，并叫保安和员工把守好门口，维持好秩序，然后按次序一个个销售。由于措施到位，顾客配合，结果，整个销售过程秩序良好，就连前来检查的宪兵和税务、物价人员看了也啧啧称赞。[②]

吴先生来委30多年，创下杂货超市的家业。他很有满足感，因年事已高，将杂货超市转给了儿子。儿子也勤恳能干，杂货超市生意蒸蒸日上。吴先生还有一个侄子，是他从家乡带来的，开始时在吴先生的杂货超市打工，由于他的头脑机灵，学习了一段时间西班牙文后，虚心向吴先生学习杂货超市的运作知识，深得吴先生的喜爱。在侄子干了几年有了点积蓄后，吴先生便资助侄子在居民聚集区内开了一间杂货超市。儿子、侄子并驾齐驱，生意红红火火。近两年来，由于

---

① 陈淘涛：《华姓老板公平待客限价货来了，员工、乡亲一样排队购买》，《委华报》资料。

② 陈淘涛：《限价货到店后销售不能乱》，《委华报》，2014年12月15日。

杂货超市无货可供，吴先生也爱莫能助。但一段时间后，吴先生发现侄子的店铺来货充足，连平时难得一见的油、平价米等都有公司送来，然而儿子的店铺还是老样子。经吴先生分别观察，原来是侄子有"好处"给送货的卖手，因此货物源源不断。不过侄子给卖手送的"好处"会在销售上捞回，有些货物还超价销售。吴先生与儿子谈起原因，儿子怕父亲会因自己生意不好而责怪他，但想不到父亲在听说了缘由后，却十分欣慰。父亲觉得儿子不搞歪门邪道，成熟了。①

2014年7月17日，有《委华报》记者走访了东方多个城市，也听到了不少令人遗憾的情况。如在一小埠，一位经营杂货的华商，在一次高价出售限价货物时被宪兵发现。结果，这些货物全部被收缴，还被通知听候处理。这位华商致电当地侨领"求救"，并振振有词地说宪兵有意为难他。当地侨领认真、反复地了解调查后，探明事情原委，严肃地对他进行了批评。这位华商认识到自己的问题的严重性，表示悔改。

一位开杂货铺的郑姓华商来委国时间不长，但想一夜暴富。一天，公司来了一批粟米粉，便以高出政府限价一半的价格转卖给邻近一个路边小贩。知情群众向当地媒体和物价部门举报，还有人把事情告到省（州）府。幸得省（州）长通融，才没把事情弄大，只约见当地侨领，告诫华商守法经营，不要重蹈覆辙。另外在一个小埠，也有一位华商把公司送来的一车粟米粉高价卖给一个路边小贩，物价部门接报，即罚款300微翁，有关公司也停止给他供货。②

委内瑞拉中部城市，一执法人员扮成顾客到一华商店铺检查粟米粉、牛油、粟米油、皂粉的物价，发现全都高出限价，执法人员于是亮出了证件，结果可想而知。另外也有华商将限价的奇缺货物少量放在店内售卖，留部分放在仓库内，货架上售卖完毕但未及时充货，被有关执法人员查到，以囤积货物谋取暴利为由重罚严罚。以上行为影响了华商诚信经营的良好形象，也使华商自己的经济遭受严重的损失，得不偿失。③

2015年8月11日上午，在委内瑞拉中部一个城市，只相距一公里的A华商和B华商的超市公司来了一批油、粟米粉和洗衣粉等限价货。车未停好，顾客已将大货车团团围住。幸好两华商预先联络好的警察及时赶来，敦促顾客依次排队。为防不测，荷枪实弹的警察还分别站在门口和货车旁守护，时刻注意周围的动向。店主说，为防止出乱，他们的超市每次有限价货来都请警察维持秩序。出售时，不管熟客、生客，都一视同仁，并尽快把货售完，以免横生枝节。A华商

---

① 一民：《一得一失，哪重哪轻?》，《委华报》资料。
② 金波：《树立守法经营的良好形象——东方行随笔》，《委华报》资料。
③ 吴言：《我有话要说　认真应对市场整顿行动》，《委华报》，2013年7月8日。

和 B 华商的做法值得借鉴。[①]

（三）加强与当地相关部门的沟通

华商总希望在生意场上一帆风顺，财源滚滚，但在现实中，"风正一帆悬"是不多见的。在委内瑞拉，最让侨胞烦心与费心，且无时无刻不让人提心吊胆的，莫过于安全。安全包括人身的安全，也包括财产的安全，还有经营上的安全。人身和财产上的安全威胁主要来自当前的社会治安日趋恶化，华人被抢、被劫、被杀事件不断发生；而经营上的安全除了社会治安的因素外，还有政治因素，特别是来势汹汹的"大检查"，让不少华商无所适从。就算政治环境、经济环境和自然环境很好，得天时地利人和，但经营上的互相竞争，生意场上的"明争暗斗"，也少不了风风雨雨。所以华商在拼搏中越来越体验到"富从苦中来，财从险中求"。

1. 在社会治安的沟通方面

瓜卡拉处于华恋社近郊，治安环境一直不尽人意，抢劫事件时有发生，给当地华人华商的生活和经营带来重重压力。改善治安环境，确保平安，多年来一直成为当地民众特别是华人华侨的呼声。华恋社中华会馆和瓜卡拉华人联谊会十分重视，特别是近年来，他们多次与华恋社及当地警方沟通并达成共识，双方共同努力，整治和维护当地治安。2013 年 4 月 29 日下午，瓜卡拉华人联谊会向当地警察局赠送摩托车两辆，并提供一定的费用，以充实当地警察巡逻车辆。交接仪式在警察局内进行。华联总会主席李瑞华，加省警长瓜卡拉警长和华人联谊会负责人出席了交接仪式。在交接仪式上，加省警长 Lcdo. Dany Tang 代表省警察局和瓜卡拉警察局对华恋社中华会馆及瓜卡拉华人联谊会给予的支持表示衷心感谢，并希望今后进一步加强警侨合作，共同把瓜卡拉治安搞好，为华侨华人经商营造良好的治安环境，切实保障华侨华人的利益。[②]

2013 年下半年以来，华联总会先后接到了马都顶（Matulin）、奥尔达港（Puetor Orda）、玻利瓦市（Ciuda Bolivar）、蓬托菲霍（Punto Fijo）等埠会馆或商会负责人的报告，反映华商在这些地方不断遭到贼人、劫匪的骚扰，被抢、被劫事件不断发生，严重影响了华商的人身安全和经营的正常开展。对此，华联总会高度重视，在尽职、尽责、尽力协助处理部分个案的同时，加强与有关部门沟通，力争得到政府有关部门的关注。2013 年 8 月 27 日，华联总会主席李瑞华、

---

① 陈淘涛：《有备才能无患 两华商有序出售限价货值得借鉴》，《委华报》，2015 年 8 月 17 日。
② 黎民、吴金波：《GUACARA 警侨合作保平安 华人联谊会向当地警察局赠送摩托车两辆》，《委华报》，2013 年 5 月 6 日。

副主席陈坚辉，还有委京中华会馆的刘国振主席和委员吴崇岳、吴添荣、李锦盛等一起，约见当地警察机构 CICP 负责人，反映了贼人、劫匪作案的疯狂及其特点。他们指出，不论是在白天还是在黑夜，不论是在路上还是在店铺住宅，不论有人在还是无人在，贼人、劫匪均作过案，且他们流动性大，一个地方风声紧了就跑到另一个地方。贼匪的肆无忌惮，严重影响了华商的人身安全和生意的正常开展，要求政府有关部门特别是警方予以关注。该负责人听后深表关切。他说，贼匪作恶多端，严重影响社会安定，警方会密切关注并严厉打击。他表示将责成上述地方有关部门严密侦查，将作案嫌疑人捉拿归案绳之以法。此外，针对最近贼人贩私严重的情况，华联总会呼吁广大华商切勿为贼人销赃，以免助纣为虐恶性循环。[①]

2010 年底，马都顶中华会馆换届时，广大侨胞选举出以司徒子文为主席、郑明伟等为副主席的领导班子。几年来，班子在司徒子文的带领下，充分发挥会馆的作用，在会馆建设和保侨护侨工作中作出了贡献。在马都顶，会馆与军警部门关系密切，社会人际关系好，从而有力地保障了华侨华人的权益。[②]

2015 年 1 月 26 日，瓜卡拉华人联谊会为加强与本埠警察局的联系并增进友谊，特意送上超薄液晶电视机数台。当天上午，瓜卡拉警察局在本局会议厅举行了一场赠送仪式。当局长亲手接过华人联谊会赠送的电视机时，全场响起了热烈的掌声。局长与前来参加活动的华人联谊会会长冯永彪、执行会长冯金水及众侨领一一握手并合影留念。赠送仪式结束后，双方进行了座谈。到任不久的该局长说，本市当前的治安比年前好了好多，但还存在隐患，如本局视频监控中心由于经济问题，器材缺乏，未能把监控视频有效覆盖，给了犯罪分子可乘之机。但这个问题已得到华人联谊会的支持，今天就送来了电视机，为解决这个问题助了一臂之力。局长还指出，不少华商周六、周日正常开门营业，但警察都休息了，这对治安也不利，这个问题要解决。为此，他当即要求下属做好安排，加强周六、周日的巡逻。冯永彪、冯金水分别在会上表示，要尽最大能力，在物质上给警局改善工作条件提供支持，希望双方加强沟通，密切联系，为加强本地治安和振兴本地经济多作贡献。

据了解，瓜卡拉前几年的治安非常不好，华人铺头不时被打劫，贼人谋财又害命，很多案件不了了之。后来，冯永彪、冯金水、冯国养、吴国添等在本埠侨胞的支持下，成立了华人联谊会。由于联谊会不断加强与政府和军警方的联系，

---

① 《联合总会侨领约见 CICP 负责人，反映当前治安恶化华人被抢被劫事件不断发生等情况》，《委华报》，2013 年 9 月 2 日。

② 吴金波：《讲团结、聚侨心、谋福祉——马都顶中华会馆见闻》，《委华报》，2014 年 9 月 8 日。

警方采取措施，一举端掉了几个贼窝。去年底一无良宪兵打着检查的旗号，到一华人铺头"捞油水"，店主向联谊会报告后，冯永彪、冯金水即与军警方联系，及时制止，保护了华商的利益。该埠治安不断好转，华人安居乐业。[①]

2015 年 4 月、5 月、6 月期间，麻拉街市中心出现多起汽车被劫事件。一个团伙专在傍晚下班的时间，埋伏在一些车流较多的街边或加油站，伺机作案。只要发现有人停车，就用枪指吓，把车开走，然后索要两三百微翁的赎金。近 3 个月来，受害的侨胞不下 25 人，当地人更多。劫匪的猖獗，令当地驾车者人心惶惶。麻拉街华联会护侨组根据部分受害人的反映，及时将有关情况通报当地警方。2015 年 6 月的一个星期三，警方通过卫星定位跟踪锁定几个犯罪嫌疑人后，一举将这个团伙捣毁，当场捉获四人，其中两人有犯罪记录，还有一名是现役警察。根据犯罪事实，警方将其中的两人拘捕，等待他们的将是法律的严惩。[②]

一天早上，卡鲁帕诺市一位冯姓老华侨上医院看病，出门不远即遇上宪兵要检查身份证。因身份证放在店铺，冯老于是叫他们去居委会检查去。冯老在卡鲁帕诺市生活时间长，当地的宪兵小头目都认识他，故他不怕事，应对自如。卡鲁帕诺市检查身份证的行动，引起了中华会馆主席陈朝浣的注意。为让侨胞不因此而影响正常的生活和工作，他即致电自己的好友——委内瑞拉军界一位将军反映有关情况，希望他以中委两国人民的友谊为重，不要以过分的手段检查华侨的身份证。接着，陈朝浣又与一名高级法官到当地宪兵部拜会军部头领，进一步反映有关情况。军头十分重视，表示要妥当处理。由于陈朝浣的及时疏通，第二天，卡鲁帕诺市再也没有原先那样的检查身份证的事情发生。[③]

2. 在经济执法检查的沟通方面

对委内瑞拉的生意场，有人这样总结：除了常见的盗和抢，还有两大奇观。一是店外排"长龙"，店内关门卖。因为货物短缺，有货来了，顾客闻风而来抢购。店主怕人多混乱，只好关着门，分批进入，一批一批销售。有时为维持秩序，还得请来军警。在委内瑞拉，不怀好意者乘乱"博懵"（粤方言"浑水摸鱼"之意）甚至哄抢已不足为怪，没有应急措施，搞不好商家就会血本无归。二是执法者"鸡蛋里挑刺"。就算商家无懈可击，他们也可能会抓住一点点不是问题的问题，小题大做，或使用掩眼法，制造一些麻烦，让人百口莫辩，防不胜防。这无异于盗抢，无异于敲诈勒索。一旦这样的事情发生，如若没有"救兵"，只能眼睁睁地任人宰割。

---

① 陈淘涛：《GUACARA 华人联谊会与当地警察局加强沟通，增进友谊》，《委华报》，2015 年 2 月 2 日。

② 《多行不义必自毙，麻拉街警方捣毁一个作恶多端的劫车团伙》，《委华报》，2015 年 6 月 15 日。

③ 吴金波：《卡鲁帕诺查证风紧，会馆主席及时疏通》，《委华报》资料。

值得庆幸的是，面对危机四伏的生意场，各地中华会馆和商会想侨胞之所想，急侨胞之所急，主动、积极加强与当地军警及相关部门的联系沟通，通过上门拜访或请有关官员举办讲座等，获得有关信息及注意事项，并取得有关部门的同情和支持，使得执法者在某些时候、某些方面和某些做法上对华商网开一面，并在人身、财产安全方面给予最大限度的保护，减少不利因素的侵袭和冲击。这样的做法，在一些地方已明显见效或逐渐见效。不少侨胞从中越来越体会到，有沟通才能更好地化解或缓解来自方方面面的压力和危机。

2013 年，华恋社和全国一样，正开展着市场专项检查行动。检查内容包括商品价格是否标高，商家是否有囤积行为。对此，广大华商认为，在物资紧缺，物价高涨的时候，开展这样的检查有利于防止乱涨价和囤积居奇，应予以配合，并认真接受检查。然而，个别执法人员在检查时，不经仔细了解和检查，就乱开罚单和关门通知。如此粗暴的执法，不但打击商家，也有损执法者的形象。为此，2013 年 7 月 13 日中午，华恋社中华会馆侨领邀请加省物价局官员到会馆座谈，就当前在物价检查中发生的一些问题进行沟通，以促进依法检查和守法经营。在座谈中，华恋社侨领对上述情况作了如实反映，希望华恋社物价局认真正视和解决这个问题，为华商营造一个合法、宽松的经营环境。

物价局官员听完后做出积极反应。物价局局长表示："检查是执行政府的决定，检查中依法查处超价销售货物和囤积居奇的商人，是执法者的职责，但决不允许不文明的粗暴执法，更不允许乱罚款乱关门。对这种事这种人，我们将认真查处，决不姑息。"在座谈会上，双方达成共识，表示今后加强沟通，及时解决有关问题，共同努力，在华恋社营造一个良好的经商环境。[①]

物价大检查一次接着一次，目的是要商场将物价回归至"合理"和"公道"的水平。查价、查税已从电器行业扩大至衣服、鞋帽、汽车、基建设备等行业，且政府又严格限定，无论食品、百货的销售利润只能在15% ～30% 内，不得高价出售。大检查对华侨华人的影响是巨大的。物价大检查涉及诸如服装、小家电、小五金、鞋等，这些都是大部分华侨商铺经营的进口小商品。2014 年以来，物价大检查的严厉程度有过之而无不及。例如，加省华恋社街市内集结了由国民自卫军等多个执法部门，对街市内的批发档进行大检查。其检查人员之多，检查手段之严前所未有。执法部门重兵把守了两个出入口，沿途路上都设有检查岗，不时对一些密封的车辆进行检查。街市内，另一班人则对正在把紧缺货、限价货往货柜里装的商贩进行检查，有的商贩见势不妙弃货而走，检查人员便强行将货柜

---

① 金波：《华恋社侨领与加省物价官员座谈，就当前物价检查中的一些问题进行沟通并达成共识》，《委华报》，2013 年 7 月 15 日。

撬开，逐一检查。

为此，中华工商联合总会属下各地商会及时向会员发出通知，要求会员在检查之前自查自纠，将商品价格控制在规定的范围，即利润不得超过 15%～30%。同时要准备好有关资料，如铺头的生意纸、纳税纸、卫生证、来货发票等。此外，还要看看所售商品是否过期和是否贴上价格标签。在经营中，必须守法、文明。特别在待客方面，一定要热情、礼貌，切勿以小不忍而惹出大麻烦。在排查中，良莠不齐的检查人员过度执法的现象司空见惯，全国不少地方传出华商因被冤枉"超价"或"囤积"而被扣被罚的坏消息。比如，店里来了限价货，员工将之大量卖出后，留下部分自己买，因没付款结账且货物又搁在店里，若被查到，很可能就被套上一个"囤积"的罪名。很多华商或因为语言障碍难以澄清，或高压之下百口莫辩，最后只能使自己成为一只任其宰割的羔羊。遇到这种情况时，华人社团的侨领就要出面，东奔西跑，帮助出事华商解决问题。

2013 年 4 月 15 日，在华恋社那瓜那瓜经营的一家华人杂货百货店在一夜之间被洗劫精光。店主欲哭无泪，他想到了华联总会的李瑞华主席，于是便抱着试试看的心情，向他打电话求救。李瑞华听说店主已在一保险公司买了保险，便通过他与保险公司经纪多年的良好关系，为索赔牵针引线。由于索赔时必须出示的进货单在货物被劫时已散失，李瑞华又让店主去找中华总商会解决。中华总商会主席冯永贤了解情况后随即吩咐商会有关人员帮店主从进货公司开具进货证据。9 月 5 日，在补发的进货凭据得到保险公司的确认后，店主得到了保险公司 1 800 微翁的赔偿。社团领导事无巨细，为侨胞排忧解难，给侨胞留下了深刻的印象。一些事情虽然算不上惊天动地，但深深地感动了受到帮助的侨胞。有一封给李瑞华的感谢信这样写道："前段时间，我铺头的卫生证向有关部门申请一直未能办妥。无奈之下，我寻求华联总会主席李瑞华帮助。李瑞华主席听了我的倾诉后，非常同情。为此，他以一个侨领的高度责任感，放下自己的工作，放弃自己的休息时间，通过自己的社会人际关系，找到有关部门领导，终于为我们四间出售唐山货的铺头办理了卫生证。"

2014 年 2 月 1 日下午 3 时，亚普雷省圣费尔南多的一位经营杂货超市已近 10 年的岑姓华商店铺，遭到检查队（由物价、市政、税务、警察、宪兵等组成）的检查，发现洗发精、洗衣粉等超价出售，并有少许商品过期。岑生因而被检查队拘留作进一步调查。事发后，当地中华会馆侨领十分关注，除设法解救外，还提醒华商吸取教训，引以为戒。[1]

---

[1]　陈淘涛：《亚普雷省圣费尔南多一华商被查拘，当地会馆提醒华商要吸取教训引以为戒》，《委华报》，2014 年 2 月 10 日。

2014 年 9 月初，加省华恋社华商林生一家五口，被军方无端地以超价销售的罪名扣留。华恋社中华会馆主席陈坚辉立即率护侨小组前往解救，否则，等着他们的，不是牢狱之苦，就是一笔重重的"罚金"。[1] 林生一家所以能逃过一劫，就是因为华恋社护侨小组的据理力争。在委内瑞拉，华商中像林生这样的冤案太多了，稍有风吹草动，执法人员说不定就随时会到华人商铺，在一番检查之后，店主要不"破财消灾"，要不就法庭伺候。更可怕的是，治安不靖的环境中，绑架、抢劫、凶杀不时发生，侨胞的生命财产时刻受到威胁。

2014 年 2 月 17 日，阿拉瓜州一个新闻发布会一则由该州州长发出的消息令人惊愕：来自中国的郑某某疑似恐怖分子。其根据是，当天早上，军方根据有关线索，在麻拉街郑某某的住宅里搜出手枪和一批高仿真玩具枪、催泪弹和子弹等。据知情人透露，警方、军方是因为他的一个当地人朋友涉嫌一凶杀案，顺藤摸瓜，查到了郑某某身上的。据查，当场搜出的手枪是真的，但他有持枪许可证，而气枪、机枪虽是玩具枪，但仿真程度极高，可用作准军事训练，具有一定杀伤力。另外还有一批不同口径的子弹、催泪弹及通信设施等，被认为可以用来"培训准军事团队"。消息发布后，迅速在华人社会传开，大家十分疑惑。中国驻委内瑞拉大使馆和当地侨领十分关注，郑某某亲属也聘请律师申诉。据说经交涉及进一步调查取证，"疑似恐怖分子"的嫌疑已被排除，阿拉瓜州州长在 18 日自己的推特上予以澄清。[2]

2014 年 3 月 24 日，官方有关部门在科赫德斯州（Cojedes）直辖市圣伊西德罗地区检查时发现，当事人何生店里货架上无厕纸，但仓库里存有 398 包。检查人员不容分辩，一口咬定何生"涉嫌囤积居奇"并即予扣留。事发当日是星期一，因当天开门营业后两名女工忙于应付顾客而无暇补充货架而造成（上星期五、星期六货架上的厕纸已卖完）。此事引起华联总会和当地商会的关注，他们除提醒侨胞在这方面注意外，还希望通过有关途径还何生一个清白。[3]

2014 年 8 月 29 日，加省华恋社发生了一件轰动侨社的华商被查被扣案。是日中午，某华人超市突然来了班宪兵，因有人举报该超市超价售卖限价油为名，要将其店内的存货罚没。华商感到愕然，并拿出进货凭据，说明货源及价格，希望检查宪兵了解事实并中止罚没行动。但检查宪兵根本不理，继续把店内尚未卖出的黄豆油往外搬，华商坚决不让搬走。相持中，华商及其员工不够冷静而与检查人员发生肢体冲突，虽然在场顾客认为宪兵执法无礼，但宪兵一意孤行。最

---

① 《护侨助侨，任重道远》，《委华报》，2014 年 9 月 8 日。
② 莫熙丰：《郑某某是恐怖分子？》，《委华报》，2014 年 3 月 24 日。
③ 莫熙丰：《这也算"囤积"吗？》，《委华报》，2014 年 4 月 7 日。

后，以华商抗拒执法为名，强行将其一家五口扣留。事后，华商所在的加省华联商会即向华恋社中华会馆负责人报告。会馆主席陈坚辉接报后，意识到问题的严重性，即与护侨小组负责人前往扣留华商的军房了解有关情况，并提出解决办法。第二天晚上，已被扣上超价售卖限价油、抗拒执法等罪名的华商一家五口被释放，避免了一场大祸。显然，这是一宗执法处置失当的典型案件。但该侨胞也有错失，处事不够冷静，使本来可以即时化解的问题严重化，乃至难以收拾。由于政府查价、查囤积行动来势凶猛，故陈坚辉举一反三，希望广大华商注意：一是政府管制的限价货万万不能超价销售，而且来货后不要进仓库，要直接摆上货架出售；二是认真应对检查，对执法人员要热情、礼貌，对检查要积极配合；对疑点要耐心解释，对处罚要冷静对待；三是要尽快在护侨小组的基础上建立护侨基金，使护侨工作建立在雄厚的人力和经济基础之上。为让侨胞在艰难时刻及时求助、求救，他还公布了两个护侨小组的电话，① 充分体现了对同胞关爱负责的精神。

2014 年 8 月 29 日下午，在华恋社利散多洛阿尔瓦拉多（Lizandro Alvarado）区经营杂货超市的林先生一家五人在营业中遭遇国民自卫军检查，因语言沟通问题而发生了肢体冲突，被全部扣押带至军部。消息传开，华人社区人心惶惶。事发后，林先生急电商会负责人求助。商会负责人即往华恋社中华会馆，希望陈坚辉主席出面解救。陈主席顾不上吃饭，即与有关人员商量解救措施。他向兵部的领导卡萨·梅约讲明事情经过，希望释放扣押的华商。卡萨·梅约拒绝，并扬言要将林先生一家告上法庭。第二天早上，陈主席又和另一侨领一起亲自去找卡萨·梅约，动之以情晓之以理。卡萨·梅约遂被陈主席积极想方设法维护侨胞的高度负责精神感动，将当天晚上呈送法院告林先生及家人殴打国民自卫军军人的诉状诉词更改为"因华人林先生不谙西文，无法与国民自卫军执法人员沟通造成误会，导致肢体冲突"。法院鉴于林先生并非有意触犯法律，且冲突双方均持谅解态度，当场宣布将林先生及其家人释放。陈主席等急侨胞之所急，为侨胞排忧解难，时刻维护侨胞利益，全心全意为侨胞服务的精神，得到了侨胞的交口称赞。②

2015 年 4 月 12 日下午 1 时许，在加拉加斯会馆摆卖唐山货的吴姓侨胞驱车到一高速公路路口时，被两名警察截停。两警察反复查看吴先生拿出的货单和证件两个小时，没有发现任何问题，最后凶相毕露，要吴先生给他们几十微翁，不

---

① 莫熙丰：《有理但处置失当，华商一家五口被扣》，《委华报》，2014 年 9 月 1 日。

② 晓藜：《被疑超价销售，林家五口被军方扣留，侨社据理力争，问题终得到妥善解决》，《委华报》，2014 年 9 月 1 日。

然就扣车扣物。吴先生只好打电话到处求助，经一好友将情况告知梁林涛主席，并通过梁林涛主席与当地警方疏通，刁蛮警察才让吴先生回家。他说，如果不是梁林涛主席帮忙，他肯定难逃一劫。[①]

2015 年 5 月 29 日下午 3 时，郑太在加拉加斯的安德列斯贝洛斯（Andrés Bellos）经营的百货来了一批厕纸和厨房卫生纸。市民闻讯蜂拥而至，很快就排起长队等购。出售时，有合理价格局官员现场监督，销售过程秩序良好。快 6 点时，来货基本售完，得到合理价格局官员默许而关门停业。但郑太刚回到家，就有朋友来电话叫她迅速回来。回到店铺，郑太看到的是另一班政府官员。她出示了今天的货单和银柜单，什么都没有错。但这班人却以下午出售货物时门前排了长队为由，声称要扣留她。于是，郑太以 3 个孩子没成年为由请求放她一马。官员只答应让她回去把小孩安顿好，明天早上再跟他们回去。回到家里，她的好朋友叫她找侨领梁林涛。郑太虽然与之素不相识，但还是鼓足勇气打通他的电话。第二天，梁林涛即来到店铺，与正好到来的政府官员据理力争。但没有结果，郑太还是被他们带走了。在这种情况下，梁林涛找自己熟悉的检察官和法官，恳求他们秉公执法。最后，法官出具了手令，郑太于 5 月 31 日下午 1 点才得以保释。不过，15 天后她还得到法院报到。梁林涛的尽力相助，让郑太有了一个缓冲的时间。[②]

2015 年 7 月的一个星期四，加拉加斯经营杂货的甄先生和另一铺头的 A 女士的店铺来了一批限价货，周围的市民闻讯纷纷涌来，很快就排起了"长龙"。因为店铺靠近委内瑞拉粮食部，排队抢购的一幕，被部里的官员看得清清楚楚。没多久，部里的领导便领着一班国卫军，荷枪实弹，前来捉人。没容申辩，甄先生和 A 女士被带回了兵房，周六又被送上法庭。不用说，这是冤枉事。甄先生只好向委京中华会馆求助。会馆主席吴崇岳接到报告，即与有关方面的领导沟通，最后法院判之无罪，问题最终得以解决。[③]

华恋社林先生的公司曾因"食油事件"而蒙祸。当时他的店里来了一批没限价的食油，他便在来货价的基础上，加上一些费用出售。但极少数不明缘由的顾客说林先生高价出售，并叫来宪兵进行检查。宪兵不分青红皂白关了林先生的店门，并把那些所谓高价食油带回宪兵房，一时满城风雨。心情极度难过的林先

① 莫熙丰：《警察的胡搞蛮缠，商会百般疏通，加拉加斯吴姓侨胞求助逃过一劫》，《委华报》，2015 年 4 月 13 日。

② 莫熙丰：《因门前有人排队，就被入罪扣留，侨胞郑太蒙冤，侨领梁林涛热心解救》，《委华报》，2015 年 6 月 1 日。

③ 微尘：《顾客排队购物，老板无端被扣，委京会馆主席吴崇岳救助使之化解》，《委华报》，2015 年 7 月 20 日。

生打电话向本商会主席吴梓钦等人反映，他们迅速致电华恋社中华会馆主席陈坚辉和黄田生、吴锡儒等几位侨领，后者随即放下手上的工作迅速汇集会馆，研究解救方案。陈坚辉一方面致电有关部门负责人了解情况，另一方面派律师深入了解事件的来龙去脉，并于当天下午带着众侨领赶到当地兵房，约见主要负责人，详细反映事件经过，说明出售价格合理，高价出售纯属误会。早已了解情况的兵房负责人随即放人。虽然林先生无辜，但如果没有华恋社中华会馆的全力相助，后果将不堪设想。①

一日，在加省一埠工作和生活的侨胞刘生、陈生前往巴埠办事，途经亚拉奎（Yaracuy）一检查站时，因携带的身份证是假证而被宪兵拘留，过一夜又被送往暗查房。还好，在被送法庭前，接到报告的亚拉奎中华会馆主席梁焕年等侨领尽力疏通关系，使刘、陈二人免受检控获得解救。据悉，在亚拉奎省连续发生多起无居留证侨胞被宪兵站查捕的事件。为此，亚拉奎中华会馆发出通告，希望侨胞出行注意：第一，没有居留证的侨胞们没事不要外出，特别是经过宪兵检查站的地方要三思而行。第二，急需出行并过省埠的，切勿使用假身份证。若遇检查就说身份证忘记带，进而与之沟通灵活处理。第三，出行要做好充分准备，所有经过的路线、沿途各省侨领联系方式要明了，以便在危急时刻求救。交通工具最好是私人车辆，并要有会说西文的朋友同行。② 这对暂未办理居留证的侨胞在四处设卡盘查的委内瑞拉旅行还是提供了一定的帮助和安全系数。

玛岛的中华会馆与中华商会虽然会务不同，但目的都是全心全意为侨胞服务。近年来，两会连成一体，密不可分，工作中不分你我，想方设法保护侨胞的合法权益。例如，在 2014 年政府几次开展查货查价行动时，两会及时邀请相关部门负责人和律师到会馆为侨胞讲解有关法律，让侨胞提高认识并及时整改，避免了检查中可能出现的种种麻烦。③

2015 年 1 月 13 日起，候任主席陈坚辉、第一副主席吴月崇和现任主席李瑞华、委中商报副社长李锦盛一起，深入全国各地侨社调研。在调研的前后 3 个星期的行程中，他们敞开心扉，听取了很多有建设性的意见和建议。一行所到之处的中华会馆、中华商会，都热烈欢迎他们的到来。④ 2015 年 9 月 30 日下午，已经上任的委内瑞拉全国华侨华人联合总会主席陈坚辉、第一副主席吴月崇等 20

①　陈淘涛：《感恩——加省华联商会扩大会议小记》，《委华报》（发表时间估计为 2014 年 5 月底 6 月初）。

②　莫熙丰：《两侨胞使用假身份证被查》，《委华报》，2015 年 6 月 29 日。

③　陈淘涛：《经济环境不好更要守法经营——加省华联商会玛岛行侧记》，《委华报》，2015 年 7 月 20 日。

④　《广纳良策谋新篇——全委华联总会候任主席陈坚辉等深入侨社调研纪事》，《委华报》，2015 年 2 月 2 日。

人在加拉加斯格兰梅利亚酒店（Hotel Gran Melia）会见委内瑞拉内政部副部长雅希尔·穆诺兹等高层官员，就当前侨胞关注的安全、执法、机场、身份等问题展开坦诚友好的交谈。中国驻委内瑞拉大使馆赵本堂大使、蓝虎参赞、孙研领事会见时在座。会谈时间虽然不长，但大家畅所欲言。内政部副部长说："委内瑞拉与中国的关系已提升到战略伙伴的地位，两国合作关系不断增强。生活和参与我们国家建设的华侨华人，理应得到我们政府的支持和保护。"孙领事高度评价了中委两国的友好关系，同时对目前一些比较复杂的问题，如有的政府部门执法时与侨胞发生矛盾等作了具体分析。他希望委内瑞拉政府公正公平地维护在委经商、投资、生活的中国公民的合法权益。该副部长听了大家的意见和建议后表示，委内瑞拉政府近来加大了反腐倡廉工作的力度，对一小部分执法犯法的人员作了严厉处理。今后，将不断整顿存在问题，希望大家积极提供有利信息。他还说，为没身份的华人办理合法居留的工作目前正在加紧进行。凡符合条件的，我们将尽快给予办理，以免一些腐败分子从中渔利。最后他呼吁大家遵守本国法律和依法经商，为促进委内瑞拉的经济发展而共寻商机，共享繁荣。会谈在坦诚友好的气氛中结束。①

"7·31"哄抢事件发生后，各地侨社都在与当地有关部门沟通，特别是加强了与军警方的联系。有了平时的沟通，有了良好的关系，关键时刻才能淡定应对，有备才能无患。② 哄抢也好，查罚也罢，都是委内瑞拉社会目前的一种社会生态。委内瑞拉的乱之源及乱之势，华侨华人无法改变，唯有小心提防，加强自保。加强自保，首先是自己要做好。也就是说，经营上要守法。同时要多长个心眼，看到异常苗头，要当机立断，或及时关门，或向军警方和侨社求救。其次是侨社要加强与政府有关部门和军方的联系，并切实制定应急预案。

其实，"沟通"就是"公关"。这种公关，就是与当地军方、警方和政府有关部门建立良好关系，密切联系。经验教训使大家深刻懂得，只有这样做，才能获得更多来自上层的信息，知道什么可以做，什么不可以做，以及怎样才能做得更好。同时，有了良好的关系，关键时刻才可能获得来自军方、警方和政府有关部门的支持和保护。事实已经证明，凡是公关工作做得好的地方，那里的侨胞就相对太平，安居乐业。凡是公关没有到位的地方，那里的侨胞就缺乏安全感。所以，在情势复杂的委内瑞拉，以"沟通"为主要目标的"公关"工作，是所有侨社工作的重中之重，不可轻视，更不能削弱。当然，这样的"公关"，平时要

---

① 吴国勋：《陈坚辉吴月崇等会见委国内政部高层官员，赵本堂大使、蓝虎参赞、孙研领事会见时在座》，《委华报》，2015 年 10 月 5 日。

② 《力求不要倒在哄抢和查罚中》，《委华报》，2015 年 8 月 10 日。

做好，而且要做得扎实，而不是等到有问题或出了事以后，才去"亡羊补牢"。面对来自治安和"大检查"等方面的困扰，各地中华会馆和商会，都能主动、积极与当地军警等相关部门沟通。

（四）据理力争仍然是不可放弃的选项

华侨给人的印象是软弱可欺，胆小怕事，遇事甘心吃亏，往往宁愿破财消灾，息事宁人。或者，担心打击报复，遇难不敢报警，不愿声张，宁愿"哑巴吃黄连——有苦自己知"。在金融和治安双重危机下，有的华侨不敢直面危机，往往抱着多一事不如少一事的心态，明知自己有理，也不敢理直气壮地据理力争，甘于逆来顺受，结果助长了罪犯的嚣张气焰，也惯坏了那些不法军警和无良政府工作人员。在他们的眼中，华侨胆小怕事，很好欺负，因此经常以检查证件为借口对华人商店进行敲诈勒索，侨胞不知被刮去了多少冤枉钱。

不过，也有侨胞据理力争颇有成效。2015 年 4 月底的一天，在加省从事杂货超市经营的华青吴先生因铺头缺货，便利用中午休息时间到一大型批发商场采购。刚好该批发商行来了一批货物，虽是限量购买，但吴先生有几个人同行，所以合起来也买了不少，开来的一辆面包车装不下，便将包装盒去掉，腾出空间，硬是把全部购进的货装上。但他们的举动被在该商场周围执勤的几个军警看个一清二楚。在吴先生他们离开商场但还没上高速公路时，便遭到几个军警的拦截。他们先检查司机驾驶证和各人身份证，然后直截了当地说车辆超载，还说有走私嫌疑。吴先生出示了购货单，说明所进的货不会使车辆超载。但军警不依不饶，强词夺理，说吴先生他们无权购买这么多货物，并要他们出示生意证件，不然就将货物充公并罚款。看这架势，吴先生他们知道这伙人的目的是在借机勒索，有人提出跟他们"讲数"（讨价还价），花钱消灾。但吴先生不赞成。他在委内瑞拉长大，比较熟悉有关法规，知道自己没有违反任何法律。如果这次让他们得逞，说不定下回还会故伎重演。于是，吴先生跟他们据理力争，言之凿凿，铿锵有力。军警没想到吴先生与其他遇检华侨的唯唯诺诺迥然不同，眼看继续下去只会让自己出洋相，只好软了下来，立马放行。[①]

此举给侨胞这样一个启示：委内瑞拉军警拥有至高至大的权力，在接受他们检查时，不少侨胞因为不太熟悉有关法律或不太懂西文，很容易受到一些无良军警的敲诈。反之，如果精通西文，懂得法律，就可以在遇到麻烦时据理力争，避免不必要的损失。故生活在委内瑞拉一定要学好西文，一定要懂得有关法规。有了这两个法宝，处事便有底气，做事就不会盲从，不做任宰的羔羊。当然，在据

---

① 吴言：《不做任宰的羔羊》，《委华报》，2015 年 5 月 4 日。

理力争的时候，也要讲究谈话技巧，保持良好的态度。据理力争绝不等同于态度冷峻。

2015 年 4 月下旬，一家华人店铺公司来了一批皂粉和妇女卫生用品。货到后，华商第一时间打电话报告物价局，请求安排时间以身份证号码尾数分批出售，以防止顾客争先恐后，造成混乱。经物价局安排，该超市按规定出售了多天，每天下午 3 点开始，当日安排的号码销完后，顾客散尽就清场，然后敞开大门如常营业。一个星期六下午 3 点，伊斯塔多瓜里科（Estado Guárico）物价局一位女性和友人来到这家华人店铺购买皂粉。华商说这不是购买时间，不能擅自卖出。穿制服女子听了，将身上的制服抖了抖，大声说："我是物价局的，你为什么将皂粉藏起来不卖？"华商知道这女子要耍威风了，于是他即电告物价局头领。物价局头领要华商让穿制服的女子给他回电。电话里，物价局头领似乎训了这女子一顿，她脸色很难看。随后，物价局头领在电话中对华商说店门外已有不少顾客在等购，叫华商售卖给身份证尾数是 4 的顾客。这女子见此情景，和同来的人灰溜溜地走了。[1]

2015 年 8 月上旬一个星期五，有西班牙文报刊大肆报道加拉加斯附近的伊斯塔多米兰达（Valles del Tuy Estado Miranda）埠一华人老板虐待一当地人女顾客。但事实是该女顾客撒泼，并无理报警。警察来后，不由分说就把华人老板及两名员工扣留。为此，华人铺头及时向警方提供现场闭路录像，但现场警员拒绝观看，坚持带走 3 位华人。第二天早上，华商代表律师在当地法庭出示监控视频后情况一清二楚。于是，被扣的华人老板等 3 人当庭无罪释放。然而，当地媒体不经核实就把不真实的情况报道了出去，说华人老板虐待顾客，在当地乃至全国造成极坏影响。[2] 虽然在媒体上吃了亏，但在法庭上如果不据理力争，结果会更糟糕。

2015 年 1 月 9 日，何姓侨胞被两个警察在拉维多利亚（la Victoria）路段抢劫的事件被披露后，社会一片哗然。因为其抢劫的狼狈相被拍了下来，当晚，一位热心侨胞把相片经他的朋友——加省国家警察局的一位专员上传加拉加斯总部。随即，两名警察的恶行被曝光并被当局拘留。12 日上午，当事人何先生经一位热心侨胞的引领，又当面向这位专员报告案发过程，然后通过加拉加斯委京中华工商联合会主席梁林涛的帮助，到加拉加斯国家警察总部录口供。警察总部表示一定要从重从严处理违反纪律的警察，打击罪犯。[3]

---

① 风影：《鼠辈也敢疯狂》，《委华报》，2015 年 4 月 27 日。

② 莫熙丰：《华人老板虐待顾客？闭路录像还其清白！》，《委华报》，2015 年 8 月 10 日。

③ 莫熙丰：《抢劫时被拍照留下证据，无良警察被拘留》，《委华报》，2015 年 1 月 19 日。

不可否认，在贪赃枉法、敲诈勒索和无理取闹的人面前据理力争，肯定还不是也不可能是侨胞应对这类事情的基本态度，如此做法所占的比例甚至微乎其微，因为这取决于居住国的客观经济环境，取决于华侨华人的社会地位。受人宰割，是华侨华人不愿看到却又不得不承受的局面。在"情愿"被人敲诈比"不情愿"更好时，他们唯有选择前者。被人宰了，往往还得把苦水往肚里咽；出了问题，也只能低声下气，花钱消灾，大事化小，小事化了。不少华商都有这样的经历。走在街上，当地人用"Chino"称呼华人，虽然不算是对华人的羞辱，但绝非文明礼貌。每次查价查税，即使侨胞安分守己，中规中矩，还是免不了被罚、被扣的结局。很多抢劫、绑架案件虽不能说都是针对华侨华人的，但不可否认，社会治安日益恶化下的委内瑞拉，这仍是最让华侨华人担惊受怕的事情。[1]当然，华侨华人的地位不可能永远如此。据理力争，当然属于正当维权，但在丑陋行为面前适度的妥协退让、忍辱负重，也不能说是目前委内瑞拉华侨华人一种不得已的"曲线维权"。

（五）记取经验教训，吃一堑长一智

在委内瑞拉，目前政府组织了消费、物价、质检、卫生、税务、法院和军、警等部门，在全国范围内开展了声势浩大的以保卫社会主义经济、保护消费者利益为目的的物价大检查的形势下，华商每每首当其冲，在惨淡经营中，要应对没完没了的种种检查。检查规模之大，检查面之广，处罚之严，前所未有。有时候，执法人员一天之内查了货仓又查店面，最后是计单对价，消市了，也要奉陪至他们愿意离开为止。每年的大检查都来势凶猛，查价同时还要查税、查货、查卫生、查身份等。在这五花八门的检查中，商家绝不能糊涂，稍有不是，就会给自己带来不必要的损失。过去常有这种情况，店内员工买了限价货放在一边就是"囤积"，来了限价货店门外有顾客排队等购就是"违规"，把过期的商品放在一边不及时处理就是"出售过期货"，不小心把新价码标签贴在旧的货品上就是"超价"等，这已经成了检查中常见的情况，往往是一些假冒的或不安好心的检查人员过度执法造成的。所以，在委内瑞拉，华侨华人营商无小事，正常情况下一些不经意的小事也可能惹起大祸。

要应对检查，作为华商，首先要按照政府的有关条例严格检查铺头的情况，做好自查自纠。同时要文明经商，守法经营，礼貌待客，尽量不要因为小事情就与执法人员或顾客发生冲突。其次，不能超价，不能有过期货，银柜的结数不能少于当日所卖的限价货的总额，更不能囤积、暗中出售和投机倒把。只有自己做

---

[1] 柳絮：《怎的成了人家砧板上的肥肉？》，《委华报》，2015 年 3 月 23 日。

好了，才有可能应对方方面面的检查，才有可能避免不必要的损失。此外，华商对以下几种情况要格外小心。实际上，已有华商因不小心而吃了大亏。

其一，对来路不明的货物，要拒绝诱惑，千万莫伸手。销售者可能是好意，但货源可能是一些人偷盗或抢劫货物后拿出来兜售的，甚或是警匪同谋，狼狈为奸，专门向一些贪图便宜的商家推销的来路不明的货物。华商买了这些货物后，可能马上就有执法人员找上门来，让他"破财消灾"。这样的事不少。例如，约2013年11月中旬，在加省一埠经商的吴先生见一些生活必需品匮乏，而顾客的需求量又很大，所以千方百计到处求货。一天下午，有人来吴先生的铺头推销货物，虽然货量不大，但价格非常便宜，且又是紧俏货，所以吴先生不假思索就付款进了货。第二天早上开门营业，由于多了些紧俏货，铺头生意顿时好了起来，购物人潮如织。但就在这时，门外突然驶来一辆汽车，车上下来了几个人，自称是物价局的暗查，并出示证件，说要检查吴先生的仓库。在仓库，检查人员要看昨天所进货物的发票。这下可坏了，昨天进的便宜货，售货人根本就没给发票，吴先生也无法提供货物的正当来源。于是，检查人员就说这批货是来路不明的"老鼠货"，全部没收，还将吴先生带走。后经一番周折，吴先生被罚了一笔重款，此事才得以了结。[1] 作为商家，还是守法经营为好。如果为贪点便宜，让人算计，很不值得。

其二，尽管不少华商陪上十二分小心也绕不过命运的捉弄，但对待排"长龙"的限价紧缺货的销售还是切切不可马虎。2014年11月初，位于委国中部城市一华商铺头来了一批洗发水、皂粉、香皂、除臭液等限价货物后，顾客排队购买。因为货不多，一部分排在后面买不到货的人十分不满，甚至怀疑店主故意将部分货藏了起来。他们走进店内左寻右找，在顾客存放货物的柜台里发现有6支除臭液（那是该店一名当地员工购买自用的，但未付款也没发票）后，便高声喧闹并打电话投诉华商匿藏货物牟利，当地人员工怎么解释也不理会。很快，接到投诉的消费者利益保卫委员会的人来了，他们不问青红皂白就指控华商私留货物，且要严罚。华商和当事的当地人员工怎样辩解也无济于事。在权衡利弊之后，华商只好任其敲诈。

其三，不要贪小便宜。一些执法者敢于违法敲诈，多半与被敲作者本身有"猫腻"被抓住把柄不无关系。其中有的问题，本来就不是什么问题，正如最近检查出来并见之于报端的餐馆多买了些大米，只因没有注册SADA，就被指控"囤积""走私"；商店员工留下小小紧缺货要自购，只是还没付款，就被指责是"私藏"等。如果是在正常的情况下，这些问题谁也不会把它看作不对。但现在

---

① 一民：《手莫伸，伸手必被捉》，《委华报》，2013年12月初。

的委内瑞拉正处于一种非常状态，货物的奇缺，使得任何把紧缺货放着不卖的做法，都会被视为犯法。所以，某些看来不是问题的问题便成了可大可小的问题，一旦执法者强词夺理，当事者的"据理力争"往往就显得苍白，最后只好自认倒霉，息事宁人。

不少华人商店用借记卡和银行信用卡在铺头刷卡赚一点手续费，被查到后也受到了严罚。2014 年 11 月上旬，华商吴先生刚开门营业，便有一女人进店内说需要些现金支付在其他商店的货款，能不能方便给兑换些现金。吴生见她一副着急的样子，便心生同情，答应了她。但当吴先生刷卡并拿出现金给这女人时，门外突然进来几个暗查，开口就指责吴先生违法，扬言要封铺扣人。吴先生见此淫威，承认了自己的过错。但这班人毫无商量余地，张口闭口就一个"罚"字。后吴先生反复求情并被敲诈了一笔后，才把事情了了。这样的事情在华恋社很多区都出现过。有人怀疑这是一个圈套，先来人要你刷卡兑换现金，接着有人进来敲诈。[1]

华恋社一华商的铺头来了一批洗地水及其他紧缺货。消息传开，很快来了大批顾客排队购买。快要卖完的时候，该华商想到自家用的洗地水快用完了，要留点自用。于是，他叫员工留下 3 箱搬回仓库。这一举动被排队等购的顾客看得一清二楚。下午，宪兵接到报告，突然来检查。尽管这位华商非常热情，配合检查，但放在仓库里的 3 箱洗地水他怎么解释也无济于事。宪兵说，自己用 1 箱就够了，政府规定只可自留 1 箱，你为何留 3 箱？面对这样的执法，该华商百口莫辩。最后，他只能哑口吃黄连，被罚 30 微翁了事。[2]

苏利亚州邻近哥伦比亚一个小镇，山高皇帝远，平时很少有政府人员来查，边境贸易比较活跃。华商阿明靠着自己的精明头脑，近几年在这个小镇经营杂货赚了不少钱，而且认识不少哥伦比亚商人。一天，一商人告诉阿明，现在将委内瑞拉的限价货运到哥伦比亚可以赚几倍甚至十几倍的差价。阿明听了胃口大开，想到过两天就有近一吨的砂糖到店，可以大赚一笔。于是，他与这商人谈好价钱，说货一到就转手给他。果然，近一吨砂糖按时到店，他即联系商人暗中转手。但就在卸货装货的时候，宪兵从天而降。阿明被告上法庭，等待他的不但是罚款，还有牢狱之苦。[3]

在加省一个小埠，一名郑姓华商将粟米粉、咖啡、牛奶、糖、油等限价货超价卖给那些在街上摆卖的小贩。一天，政府检查人员在检查这些小贩时，发现卖

---

① 吴言：《认真应对大检查》，《委华报》，2014 年 11 月 10 日。
② 陈淘涛：《他们为什么被罚被捉——几个得不偿失的深刻教训》，《委华报》资料。
③ 陈淘涛：《他们为什么被罚被捉——几个得不偿失的深刻教训》，《委华报》资料。

出的限价货价格高出政府规定的几倍或十几倍，且卖完后很快就有货源补充。于是，检查人员顺藤摸瓜。很快，郑姓华商被发现。检查人员经几天的明察暗访，最终查出郑某存放货物的仓库。郑某受到法律的严惩。①

其四，经营过程中务必小心谨慎，不留下任何隐患。有备才能无患，居安必须思危。2013 年起，政府对限价货物、短缺的家庭电器和粮食食品的检查遍及全国各地，且检查的方法各异，处罚的措施也非常严厉。每有检查，总有华人店铺被重点"关照"，不是出这样的问题就是那样的事端。

2014 年，亚拉奎出现了假冒执法人员敲诈华商的事件，虽然及时识穿，防止了事态的发展，但其留下的阴影总让人挥之不去。更有执法人员在检查中抓住所谓"私藏""碌卡谋利"之类的问题，小题大做，以扣人罚款、封铺停业等恐吓"敲"了被查者一笔。还有些以执法为名，行敲诈敛财为实的检查人员，他们上街不是执行公务，而是想方设法找机会敲诈华商的钱。他们常等候在门外，便衣出击，见到买东西出来的顾客拿要发票，查看货物，如果顾客未能出示发票或说售货员忘了给发票，他们便趁机对店铺的华商发难，少则开口要十多微翁，多则要上百。碰到这种情况，有的华商为了息事宁人，在讨价还价后只能任其宰割。

即使执法人员不设陷阱，但很多看起来都是小问题的事情，他们往往不分大小，只要跟哪条法例对得上号，就不会放过，抓住"鸡脚"（小问题）进行处罚。华商如被人员抓到把柄，难免会遭受不必要的损失。但个别华商总对当前形势认识不足，认为存在的一些问题是鸡毛蒜皮的小事，以致被执法人员处罚。所以，对那些看来是鸡毛蒜皮的小事，也不要掉以轻心，任何一点疏忽，都会给自己带来或大或小的损失。政府打击哄抬物价的运动正风头火势，侨胞们需要按规定做足工作，小心经营，守法经营，文明经营，严格遵照有关规定，不要超价卖货，不要囤积货物，才能平稳度过这个非常时期。

在东方一埠的吴姓华商，有一加尔蓬（Galpon，南美一种给农业工人使用的房子）作为仓库存放百货货物之用，在检查人员到达仓库之时，吴先生未能及时赶到，等得不耐烦的检查人员砸开了其仓库的大门，进去搬走部分玩具，说是要归公。待吴赶到，面对狼藉一片的仓库欲哭无泪，最后也是被罚款了事。是故，在检查人员动真格检查加尔蓬仓库时，有加尔蓬作仓库的侨胞，提前做好工作，准备好仓库存货的发票，同时仓库里的货物，铺头货架上一定要同样摆上，不要因为准备工作不足而授人把柄，使自己受到不应有的损失。②

---

① 陈淘涛：《他们为什么被罚被捉——几个得不偿失的深刻教训》，《委华报》资料。
② 一民：《检查 Galpon 动真格》，《委华报》资料。

　　华恋社一位经营杂货十几年的华商，在他销售的粟米粉到站后，坐镇银柜旁，按政府限价出售。售完后，又让员工检查一遍，看是否还有存货。每个销售环节，都不留隐患。在委国中部城市，有一对老华侨夫妇，经营几十年百货商店，凡进出货物，单据齐全，限价物品，从不超价销售。执法人员的多次检查，没有一次不过关的。他经常说，生意就得规规矩矩地做，要是出了问题，就要冒很大的风险，甚至受罚。①

　　有时候，即使是做好事，也要小心是否有违法之嫌。对一些敏感的货物（如卫生纸等），更要小心为上，不要为了蝇头小利或某种好心而被人抓住把柄。委内瑞拉货物短缺，卫生纸是极为敏感的商品，无论哪个店铺，无论位置如何偏远，只要来了卫生纸供货公司的运输车，店铺很快便会被围得水泄不通。许多经商的老板只好待货物全部下完后，让排队在外的顾客依序 10 个人一组进入店内，然后关门拉闸，待进入店内的顾客每人限购 2 包卫生纸放行出去后，再让另一组顾客进入购买，以保持购销秩序。但毕竟货物有限，先购得者自然满意而归，后来者空手而回必是牢骚满腹。一天傍晚，加省华恋社附近一小埠一位华商的供货商送来了一批卫生纸。该华商考虑到货物奇缺，想留一部分给自己的顾客。但怕留下的部分若放在铺头很快被抢购完，放在仓库又会被政府有关部门查到时指责匿藏货物，罚款甚至关门封铺。思考再三，该华商决定将部分卫生纸搬回自己位于同一埠的住宅内存放，以免惹出麻烦。谁知，该华商将卫生纸搬回家的举动被附近居住的当地人看得一清二楚，有人向当地的有关部门举报。很快，当地有关部门和国民自卫军士兵搜查了该华商的住宅，将华商的卫生纸等货物全部没收拉走，同时将华商也一并扣押回国民自卫军军部，并将以匿藏货物的罪名给予处罚。② 该华商本是一片好心，想让自己的老顾客买到紧缺货，谁知遭此罪名，教训应该记取。

　　东方某市一华商来了 200 包粟米粉后，就售给排队等候的顾客。华商专门请来几名宪兵维持秩序。出售过程中，一宪兵提出部队需要 50 包，请华商预留，待会让人开车来取。华商一口答应，并要他们尽早取走。但到上午粟米粉快卖完、维持秩序的宪兵也离开时，还没有人来拿。到下午店门开后不久，宪兵和检查人员来了，开口就问有无粟米粉。员工说上午的卖完了。他们不信，到仓库查看，发现那 50 包粟米粉就叠在一个角落里，问是怎么回事。华商把情况原原本本说明，并打电话给上午留货的宪兵，谁知这宪兵电话处于关机状态。没有证

---

① 吴金波：《树立守法经营的良好形象——东方行随笔》，《委华报》资料。
② 吴言：《一起敏感货物处理的教训》，《委华报》，2013 年 5 月 27 日。

人，华商百口莫辩。最后只好任由宰割。① 说到底，还是华商不留个心眼。如果当时让那宪兵开个条子，结果或未必如此。在委内瑞拉，即使好心经商，也要处处小心，事事留神。

提高警惕，害人之心不可有，但防人之心不可无，尤其是在当前恶劣的治安形势下。例如，加拉加斯"12·20"凶杀案的发生就是因为侯生完全丧失警惕。4个月前，侯永胜经营的糖果店需要请人帮工，凶手前来应聘。按常规，聘请员工需要向见工者索要身份证复印件、工作经验介绍信、个人简历等，但侯永胜并没有索要以上证明文件，也没有详细了解其人的为人。该员工总随身带着枪上班，据说上班不到一个月就勾结同伙，在路上劫了侯永胜的车，勒索了600微翁，但侯永胜没有意识到是员工作案，没有提高警惕，最终被枪杀于店内。

2015年9月的一个星期二，华恋社几个骗子假冒卫生局人员检查在华恋社开铺20年的梁先生。约在上午10时，突然进来几个手提公文袋的"顾客"。他们在铺内转了一圈后，来到一名女收款员面前，说他们是卫生局检查人员，要她通知一下管理人员。梁先生即从办公室出来。他们对梁先生说有市民举报你出售过期食品。梁先生断然否认，并请对方拿出证据来。梁先生是商海经验丰富、社会人际关系极好的华商，每次大检查从未受过政府的处罚。今天在与这几个人的争辩中，梁先生越听越怀疑他们的目的是勒索钱财，便回到办公室致电卫生部门官员了解情况，对方答复没有派出人员去检查。由于梁先生警惕性高，当场识破了这几个假冒卫生局人员的骗子。随后，几名荷枪实弹的宪兵赶到，但几个骗子已早无踪影。原来，这几个假冒卫生局工作人员的骗子趁梁先生进入办公室打电话时已逃离现场。②

但也有华商因为未能防患于未然，往往在执法人员的检查面前吃亏。对库存货物的加尔蓬的检查便是一例。随着查价、查税"经济战"的展开，加省华恋社地区有不少库存货物的加尔蓬都被有关人员检查，他们的做法是在有加尔蓬的地方找到业主，询问租赁人的情况，然后让业主面知租赁人在约定的时间到加尔蓬开门接受检查，如果找不到业主的，便在加尔蓬门口贴通告，让租赁人按指定的时间来开门接受检查，如果没有人回应，便砸锁开门，发现有库存货物且不能提供有效单据的则罚款，严重的会没收货物。

在华恋社经营杂货和塑料品的岑生和冯生，因在华恋社近郊租赁了加尔蓬做货仓而被传呼到加尔蓬开门接受有关人员的检查。尽管岑生和冯生打开了货仓的门，也出示了库内货物的正当来货发票，但检查人员仍认为仓库内存放的货物有

---

① 陈淘涛：《好心留货却被控囤积》，《委华报》，2014年6月2日。
② 陈淘涛：《以检查为名敲诈钱财，几个假冒卫生局人员被华商识破》，《委华报》，2015年9月14日。

些是不合法的，认为他们的仓库离经商的地方过远，有囤积货物的嫌疑，虽然存放的仅是塑料制品和汽水之类的货物，但检查人员还是向岑生和冯生罚了一笔钱。

其五，任何情况下，都不要留下可能引起触犯法规嫌疑的痕迹。在一个法制不健全的社会里，雪中送炭的人虽有，但贪赃枉法、落井下石的人也不少，鸡蛋里面挑骨头的人更是防不胜防。《公平价格法》2014 年 11 月 1 日起在全国正式实施后，为贯彻执行这一法例而开展的大检查，来势十分凶猛，检查人员除来自保卫社会主义经济总署外，还涵盖消费、物价、税务、卫生、质检、军警、暗查、法院等部门，其队伍之大，检查面之宽，打击力度之大和处罚之严，史无前例。[①] 的确，要防患于未然，只有有备，才能无患。一个完好的、无缝的蛋，任凭苍蝇怎么叮，也叮不出什么。因此，现在我们要做的，就是不要让自己成为一个有缝的"蛋"。

例如，一个店里，如果有几件卖剩的货物，或有一些待退货的漏气的饮料，可能以前不少人都不在意，但在大检查中，这些不为人注意的东西也可能被检查人员无限上纲上线，商家因此而尝到苦头。在中部城市经营杂货兼京解野的梁先生，一向安分守己，合法经营，每次检查都查不出问题，检查人员还曾因此表扬过他。但在 2014 年 11 月的一次检查中，带队的女人可能因为"没收获"而有点不爽，于是检查后再次折回店铺。看到架头上有几件零散的玩具等货物，她要求梁生出示进货发票。这下可难住了梁生。他对检查人员解释，这是往年没卖出的旧货，因时间长，发票也没保存好，这些东西如果检查人员需要就拿去好了。但事情没像梁生想得那么简单，这女人除把这些旧货搬上了自己的车外，还开具一张几十微翁的罚单。无独有偶，2014 年 11 月，在东方做杂货生意的冯先生的铺头来了一批饮料。货到后，不到几个小时就售完，只有几箱因漏气的没卖出，堆放在铺头的一个角落等候退货。谁料，11 月 10 日，执法人员前来检查，看到这些饮料后就说他囤积货物，冯先生夫妇怎么解释也说不清，最后任其宰割，被罚了几十微翁。[②]

网上推销，是 21 世纪才兴起的产品销售的又一新渠道。很多人通过被广泛使用的 QQ、微信发布消息，就可以轻而易举地把顾客请到自己的"网上门店"，把要卖的商品推销出去。因为网上销售少了经营实体门店所需的种种费用，成本大大下降。同时，顾客足不出户，就可以买到自己称心如意的货品。因此，网

---

① 《别让自己成为有缝的蛋》，《委华报》，2014 年 11 月 17 日。
② 陈淘涛：《陈旧货物和待退货物要注意处理，检查中已有商家因为有这样的货物尝到苦头》，《委华报》，2014 年 11 月 17 日。

上销售的效果和效益，往往比实体商场更好，因而得到不少人的推崇并仿效。一些人或受此启发，在网上大力炒卖政府限价货或紧缺货，其中炒得比较热和价格比较高的有：限价不到 110 强势玻利瓦尔的小儿奶粉卖出 1 500 强势玻利瓦尔，22 强势玻利瓦尔的婴儿洗头水卖出 1 200 强势玻利瓦尔等。在一个开放的市场，商品价格随行就市是正常的，但在委内瑞拉，国内市场依然在政府管制下运行于一个封闭式的框架内，主要食品、日用品、药品等都被严格限价，就算是普通商品，也把销售利润控制在 30% 以内。在当前恶劣的经济环境中，政府宁愿缺货也不愿意看到价涨，普通百姓宁愿排队抢购也不愿意去买价格暴涨的商品，除非急用，才会很不情愿地把钱花在炒货的二道贩子（包括网上炒家）手上。委内瑞拉目前的这种情况，既是一项国家政策，也是一种经营文化。当你利用 QQ 或微信推销限价货并以为神通广大时，一双双诡异的眼睛正盯着你，一不小心，就有可能掉入深渊。2015 年 6 月，有人在网上热炒限价货，不知炒者是否明白这种生意会触犯"超价"的红线而要承担法律的责任。

尽管华商守法经营，忍受利薄货缺的惨淡生意，但仍有一些好事的官员抓住我们某些把柄大做文章。比如，一份名叫"*último noticias*"的当地西文报纸刊登了一篇题为《请用放大镜的方式检查亚洲商人商铺》的报道，就要求税务、物价、卫生、移民等部门全面出击，严查亚裔商铺收款不开发票、销售限价货不给胶袋、餐馆卫生不好、聘请的员工没身份等问题。可见，华商在当地的一举一动，都有人注视着，稍有不是，都有可能被无限放大。[①]

其六，处事冷静，在与当地民众交往的场合，即使处于情急之中，也要谨言慎行，不要动辄与顾客（主要是当地人）发生口角纷争，以免惹祸上身。小陈是华商陈生从家乡带出来的，在其店铺的牛肉部工作。两人相携相扶，感情甚笃。2014 年四五月间的一天，小陈正在用尖利的牛刀割牛肉，突然他听到一片吵闹声，好像是有人在打架。他还清楚地听到有乡里说有人欺负陈老板了。小陈无名火起，急得连手中的刀也没放下就快步跑了出去。只见一男性顾客与陈老板有肢体冲突，在场的人有劝架的，有报警的。这时，刚好一班警察骑着摩托车赶到，见到手持牛肉刀的小陈，不由分说便认定他参与打架，令在场的人一时摸不着头脑。事情的起因是，有贼人在陈老板的店铺偷东西（将罐头塞进衣服内），顾客发现后并告诉了陈先生。陈先生好言劝阻，希望他将罐头拿到银柜交钱，但此人不知羞耻，凭着自己个高体壮推搡陈先生。陈先生躲避之时，也拉扯了一下那贼人的衣服，那人恼羞成怒，一拳便往陈先生打去，并拿起扫帚棍要打陈先生。顾客见状惊叫，因此引来了还不知怎么回事的小陈。小陈仗义相帮没错，但

---

① 《网上"炒货"或要付出代价》，《委华报》，2015 年 6 月 29 日。

因一时疏忽,没有把刀放下而入罪。这次教训是深刻的。在委内瑞拉,学法、懂法、守法十分重要,但即使懂法、守法,还要小心行事,因为一时不慎,也会铸成大错。[①]

2014年曾发生这样一件事,在亚拉奎省一小埠经营杂货兼京解野的华商A和C的铺头来了一批政府限价的粟米粉等货物,消息传开,市民就从四面八方赶来排队购买。在销售过程中,A无意中得罪了一位税务人员,C则与顾客发生口角。在场的顾客见了,便向有关部门投诉,消息很快传到省政府。而这时,到该省检查的加拉加斯税务总局主要官员正与省长商谈有关工作,听到这一消息后,拍案而起,即通知有关部门前往检查,并亲临现场督战。结果,一批没发票的货物被装上汽车拉走。此事引起了该省中华会馆及商会的高度重视。本省华商一向守法经营,与有关部门关系也好,以往一直没发生过乱查乱罚的问题。但这次,A和C因为一时冲动,与顾客有语言冲突而招来严查严罚,其教训是深刻的。会馆和商会因此提醒侨胞,在守法经营的基础上,还要坚持"顾客至上"的宗旨。[②]

其七,既要自己行得正,也要预防飞来横祸,警惕猫腻。常言道,"行得正就能站得稳",但有的时候,行得正也会遭遇飞来的横祸。马拉开波一餐馆老板F怎么也没想到,他正当途经购买了一批餐馆用的非限价大米,只是由于没有到检查局注册,就被以囤积罪收监入狱。10月28日傍晚,很多店铺尚未关门。F与一家离自己餐馆不远的杂货超市说好,要买35包(每包24公斤)不是限价的蒜子味大米。不一会,卖方用车把货送上门来,同来的除司机外,还有一个卸货的员工。这是一单很正常的买卖,事前大概没人料到会有什么问题。然而下货的时候,一辆宪兵车突然停在餐馆门口。宪兵下来,不由分说就把F夫妇两人及送货来的司机及卸货员工一起带回了兵营,跟着又以"囤货"和"走私"罪名上诉到法庭。对此,许多侨胞不理解,总以为商家就得有货,只有货足满仓,方可财源广进。但侨胞要充分考虑到,这是委内瑞拉,食品、日用品长期短缺形成的政策和法律法规,或多或少有悖于常理。

据说在马拉开波一个小埠,一位华商铺头里的女员工把5包女性卫生巾放在银柜下面柜子里,准备下班时付款结账,谁知检查人员来后发现了这一"问题",再逐一检查,又在店里的厨房发现6瓶食用油和自家亲戚孩子用的3包纸尿布。这下麻烦来了,"私藏""囤积"的罪名怎么解释也洗之不清。最后,华

[①] 吴言:《一时不慎会酿成大祸》,《委华报》,2014年5月12日。
[②] 陈淘涛:《只因与顾客发生口角,华商A和C被举报严查》,《委华报》,2014年。

商被押上执法车。[①]

2014 年 7 月初，加省华恋社某区一间华人超市，因供货公司数月无婴儿纸尿布供应，华商冯先生为满足顾客需求，想方设法在批发市场以超出政府限价的价钱购买了一些纸尿布和湿纸巾回来出售。因为贵买，所以贵卖。顾客对冯先生的做法表示谅解并乐于购买。但有一天来了几个年轻的男女，自称是西部城市来此购买紧缺货的，冯先生说明纸尿布是超价进货、超价卖出的情况。那几个人表示可以接受。但就在他们把货点好装袋时，突然来了一班稽查人员，进门就说冯超价售卖货物，要严肃处理。冯先是觉得奇怪，但当看到执法人员和那几个男女交头接耳时，马上就明白，那几个所谓的顾客，是稽查人员的"侦探"。他们假扮顾客，通过讨价还价了解商家"秘密"，一旦抓到商家的不是，便立即报告。冯生因此被罚了一笔，并关门 3 天。[②]

其八，别让自己变成有缝的蛋，存侥幸过关心理。每有检查，总有人被重点"关照"，不是出这样的问题就是那样的事端。不久前，亚拉奎省出现了假冒执法人员敲诈华商的事件，这事虽然及时被识穿，阻止了事态的发展，但其留下的阴影总让人挥之不去。最近，更有执法人员在检查中抓住所谓"私藏""刷卡谋利"之类的问题，小题大做，以扣人罚款、封铺停业等相要挟，"敲"了被查者一笔。

其九，积极想办法应对，如果出了事，也要尽量将损失减少到最低程度。近年来，在委内瑞拉各个城市，每逢星期一至五早上超市未开门，或是在超市门口停着大货车，就有不少顾客排起"长龙"等待购买限价货。面对这样的顾客，不少老板为了不被政府检查人员抓住把柄，都在销售限价货上想了很多办法，一般是先集中人力把限价货售完，然后再卖其他的，但最终还是影响了自己的生意。例如，一伍姓华商的大型杂货超市位于加省一城市中心，人流多，地头旺，顾客多。一直以来，伍姓华商都按此策经营，基本没发生什么意外。但有时候因为卖几包粟米粉，就得花费一个上午，影响了自己的其他生意。一日，他借鉴他人之策，采取按身份证尾号轮购的做法销售限价货。只要有限价货到来，他就按星期一"1 和 2"，星期二"3 和 4"的尾数（以此类推）进行售卖。为此，他先在超市门口公示，广而告知。经过两周实践，经营秩序良好，既缓解了市民排队的紧张气氛，又不影响其他的生意，关键是，没违反政府规定，物价部门支持，顾客也满意，皆大欢喜。[③]

---

①　柳絮：《"行得正"也须防"飞来祸"》，《委华报》，2014 年 11 月 3 日。

②　一民：《稽查未有穷期》，《委华报》，2014 年 7 月 14 日。

③　陈淘涛：《伍华商出售限价货的做法值得借鉴》，《委华报》，2015 年 10 月 12 日。

2015 年 3 月，在麻拉街附近一小埠发生暗查敲诈华商的事件。事发 20 日上午 10 时许，被敲诈的华商铺头来了一批皂粉和女士卫生巾。顾客闻讯而至，铺门外很快就聚集了二三百人，个个争着往前挤。慌乱中，一当地人女子不知怎么被门弄伤了一根手指。随后，她竟跑到警察局报案。她的无理报案被拒之警局门外，但这女子也不是吃素的，警局报不成，她又去了暗查房。暗查房的人正闲着，竟接受了女子的报案。于是，这天中午，一班暗查到了华商的铺头，不由分说，就将他带到暗查房，既不问情由，也不说是犯了哪条法律，开口就是要 300 微翁。很明显，暗查们的目的是要敲几个钱花。华商有理无势，在委内瑞拉多年，这样的事他见得多也听得多了，知道硬撑下去不会有什么好结果，唯一能做的就是讨价还价。最后，他把"罚款"说到自己可以承受的底线。走出暗查房，太阳早已西沉，他除赔了一笔"罚款"外，还白白赔了一个下午的生意。[1] 但是在实在没有办法的情况下，妥协退让也不是绝对不可取的。

最后，也是最浅显的常识，限价货是不能超价销售的，但有意无意违规者不少，可能有人侥幸过关，但更多人是吃亏在眼前。东方某小城开杂货超市的华姓老板的杂货超市开张未久，为盘活生意，几经周折，从外埠高价购进一批面粉，然后高价卖给顾客。一天被警察发现，华老板实话实说，明言自己只是赚了点蝇头小利。但法律却不容许，于是警察报告有关部门，被检查人员告上法庭。华老板被带走，其家属请律师辩护，说他杂货超市刚开，对有关法律认识不足，希望法庭从轻处理。经律师提请，华老板才被当场释放。即使"从轻处理"，也让他在经济上蒙受重大损失。[2]

（六）在艰难中前行，在逆境中寻找机遇

1. "卧倒"策略

在经济持续低迷的环境中，委内瑞拉的侨胞度过了一年又一年的艰苦生活，往年的好生意少了，昔日的喜悦少了，但还是要满怀信心前行。面对一次又一次名目繁多的查罚，华商陷入了一种莫名的恐惧，几乎所有人都在拷问，这样的日子什么时候才能终了？没有谁能给出一个准确的答案。但可以肯定，在国家政局还在动荡的时候，在社会经济还没走出困境的时候，在市场货物短缺现状还没有根本改善的时候，这样的行动还没有尽头。原因很简单，在委内瑞拉通胀日甚、物价日涨的时候，有人总有一种错觉，认为这种局面是因为"不法商人"（其中华商是重要的组成部分）的行为（如囤积居奇等）所致。他们以为，只要看住、

---

① 柳絮：《怎的成了人家砧板上的肥肉？》，《委华报》，2015 年 3 月 23 日。
② 陈淘涛：《超价销售面粉给自己造成损失》，《委华报》，2014 年 6 月 2 日。

管住几个商人，就可以达到管控局势乃至改变现状的目的。但问题的症结是，要想在短期内扭转委内瑞拉目前这种局面是不太可能的。一个粮食和日用消费品都过分依赖进口的国家，一个财力疲软根本无力解决民生问题的国家，很难一下子找到迅速解决困局的钥匙。华侨华人必须保持清醒，善于趋吉避凶，趋利避害，在恶化的形势下争取相对不太坏的结果。既然已经来到这里，要在这里发展，就要懂得和适应这里的政治气候，并把握好种种机遇，学会如何做人、怎样做事，知法守法，循规蹈矩，以变应变等。

面对委内瑞拉日趋恶化的经营环境，有的经营者不是"投降"，而是采取"卧倒"策略，即把店铺门关了，或外出度假，或另谋生计，以此获得一时的超脱。这样的"卧倒"，当然不是心甘情愿的事，但在"做不做一个样，不做反而更好"的情况下，经营者关门休整未必是坏事。当前委内瑞拉的情势，用华商自己的话来说，是"越做越黑"。如果以前的"越来越难做"还可以坚持的话，那么"越做越黑"就不是能否坚持的问题了。试想，在"想卖的货没来，可卖的货又得利微薄"的情形下，商家的日子会好过吗？

商场如战场。华商不但有同行的竞争，更要面对市场的风险。如果说同行的竞争还可以通过优质服务等主观行为避免劣势的话，那么市场的风险特别是政局动荡和经济不景气所带来的风险，就不是人为因素能应对的了。而华商所面对的正是这种风险。当然，在艰难困境中总有善于把握机遇的商家，比如，有人在委币贬值情况下仍然做出口生意，花"一文不值"的委币去换"一文值千金"的美元，也有人见风使舵，适时转换经营环境，把生意做到境外等。但是，这样的机遇不是随处可见的，也非每个人都可以把握的。更多的委内瑞拉华商是在艰难中等待，在黑夜里摸索。这里说的"卧倒"者，就是那些在黑夜里无可奈何的摸索者。

别说"卧倒"者无能。在风雨来袭时，"卧倒"也是一种"战斗"，一种保护自己、寻找新战机的战斗。在战场上，聪明的战士不能只会盲目地冲锋陷阵，而要懂得如何保护自己才能消灭敌人。假如前面处处暗堡、弹如雨下，如果硬冲硬拼，结果无疑是死亡。而选择有利地形，顺势卧倒，再仔细观察，寻找战机，这样的暂时"卧倒"孕育的是胜利的曙光。在商场上，一样是识时务者为俊杰，聪明的商家从不轻易做亏本生意。在现时的经营充满风险、无利可图又没有找到新出路时，像一名战士那样在枪林弹雨中断然"卧倒"，等待时机再冲锋，不能不说是一种不是办法的办法。当然，这样的"卧倒"空转，也会让自己吃些老本，这是必要的代价。同理，一个成功的商家，并不是也不可能永远一往无前。虽然可以相信彩虹总在风雨后，相信委内瑞拉凭着得天独厚的自然资源，总有好转的一天，但现实却不能不理性面对，即如此艰难的局面不会在短期内得到改

变。所以，在前路坎坷举步维艰时，不妨"卧倒"稍息一下，然后审时度势，或择机而上，或华丽转身。风物长宜放眼量，不要在乎一时的得失，而要志在长久的兴旺和发达。[①] 当然要注意的是，在目前情况下，不要因为生意不好就随意关门。按照有关规定，停业必须向税务部门申报，不然仍要纳税。在物价检查尚未结束时，不要因为回避检查而随便关门，不然会被视作对抗行为。有人前来购物，要以礼待人，不要因为一个胶袋（有的物品本不需要胶袋包装，但顾客也占用一个）或其他区区小事而得罪顾客，以防好事之徒借题发挥，制造混乱。在此关头，和气和容忍一样重要。

2. 保持良好的心理定力

老一辈华侨都十分留恋过去的委内瑞拉，那个曾被称为"人间天堂"的国度。那段岁月，最是侨胞意气风发、大展拳脚的时候。20 世纪末，不少乡亲不惜离乡别井，远涉重洋，来到这里尽情创业，开心赚钱。但是，时移世易，天不由人愿，随着委内瑞拉经济不断衰退，加上黑市美金不断走高，华侨生意早已一落千丈，今非昔比，不但老板难做，打工一族也难顶。有侨胞说，现在在委内瑞拉拼搏，安全、不亏就是万幸。

不言放弃，坚守、寻机，在迷惘和逆境中，成就了委内瑞拉华侨的另一种坚强。同时，还要致力于华侨华人形象建设，传播中华文化。华侨华人在委内瑞拉生存和发展的历史向世人表明，自从他们踏上委内瑞拉这片土地，从最初的种菜、洗衣开始，一步步走来，再从开咖啡馆、小餐馆开始，一步步发展。而今，已经在工商两业齐驱并进，共创商机，共享繁荣。2013 年，委内瑞拉首条唐人街在巴埠正式命名。这条被当地民众称为"快富街"的商业街，是委内瑞拉华商辉煌历史的一个缩影。屹立在"快富街"街头的"唐人街"标志，给当地，同时也给外埠树立一个繁荣兴旺的商业地标。

过去这些年，委内瑞拉华侨华人没有遇到彩虹，遭遇的是风雨。他们在进退维谷中守望相助，共克时艰，争取新的转机和希望，日复一日，月复一月。无望中，有的侨胞撤离，这无疑是令人心酸的选择；艰难中，更多的侨胞在坚守。之所以能坚守，不是他们有着特别的能耐，也不等于就没有一点动摇。他们安于现状，一方面是由于在这里已立足多年，在当地经商、生活已经习以为常；另一方面，他们笃信彩虹总在风雨后，困难总会过去，机会总会到来。艰难时刻，只要沉得住气，保持良好心态，依法依规经营，就有可能变不利为有利，化风险为机遇。

面对目前的境况，侨胞难免有这样那样的抱怨。不过，在各种各样的情绪宣泄之后，大多数侨胞还是保持了冷静。毕竟，世界时刻在变，华侨的观念和经营

---

① 《"卧倒"稍息未必是坏事》，《委华报》，2015 年 7 月 6 日。

策略也得变，不可能要求一个国家按照自己的意愿和设想运行。每个国家都有自己的国情，在不同的时期有不同的治理方式。也应明白，委内瑞拉虽然资源丰富，但还是发展中国家。在这里，科学与迷信，先进与落后，激进与守旧还会不断碰撞。委内瑞拉还在走下坡路，尽管政府一直在试图扭转这种局面，打击走私、控制物价、调整税收、反贪反腐、维护治安等举措一个接着一个，但局势很难使人振奋。短期内，要委内瑞拉如当局所说的那样解决生产不足、货物紧缺等经济问题仍是一厢情愿；要铲除凶杀、绑架、抢劫等社会毒瘤，仍然只是人们的良好愿望；侨胞们对货币的贬值及黑市美金的走高仍然心有余悸；对缺货及限价削价以及没完没了的"查价查税查囤积"仍然耿耿于怀，对经营状况的每况愈下仍然忧心忡忡。

总之，虽然目前华侨华人所面临的困难、风险、危机远没有消去，但机遇也在向他们走来。随着世界经济的逐渐复苏，新一轮经济发展的大潮迟早也将涌来。华侨华人对委内瑞拉的政治发展也提高了信心。相对平静的选举，执政党与反对党对选举结果的互认，都意味着委内瑞拉的国家权力得到了起码的或者说暂时的平衡。华侨华人对总统获得国民议会赋予的"临时立法权"后的新政频出，国家外贸中心和国家外贸集团公司的挂牌运作，汽油的酝酿涨价等，仍然是抱有信心的。在走过一段艰难、坎坷的路后，更需要的是振作。懦弱的人裹足不前，莽撞的人引火烧身，只有果敢、灵活的人才能所向披靡。面对困难及种种不确定因素，没有必要怨天尤人。路是人走来的；世界上本来就没有路，走的人多了，便成了路；世界上本来也没有平坦的路，走的人多了，路便越来越平坦了；世界上的路本来也没有尽头，走的人多了，路便会不断地向前伸展。走路的人多，意味着人心的依归，意味着信心的增强。艰难中，唯有昂首前行，才有希望，才有机会。希望和机会不是等来的，而是走出来的。前进的路，不可能一马平川。回过头看，拼搏在委国的侨胞，有多少时候风平浪静？一百多年的委内瑞拉华侨史，写就的都是逆境中奋起、夹缝中寻机的故事。在避风的港湾里，找不到昂扬的帆。困难与希望同在，挑战与机遇并存。当前这个世界，意想不到的事太多。在这个不确定的世界，在这个不确定的环境，在积极进取的同时，仍需保持冷静和机警，且行且思。适应新形势，顺应新潮流，才是前进的方向，才有发展的动力。

第四章　委内瑞拉华侨社团

　　人们要在一个语言、生活习惯、宗教信仰完全不同的复杂而陌生的环境中生存下来，依靠团体的力量相互扶助是最主要的途径。历史上，华侨到了海外居住地，不管日后是否回归故里，在他们侨居的日子里，为了生存和立足，都会抱团取暖、守望相助，因而华侨群体中很早就建立了以地缘和血缘为基础的社团组织，谓之会所，或曰会馆。就四邑籍华侨而言，最早的社团大量地出现在东南亚。后来，美洲成为一个新的移民方向，四邑籍华侨社团如雨后春笋般出现在美洲。由于四邑籍华侨遍布世界各地，因此四邑籍华侨社团也就遍布世界各地。

　　从移民历史的角度来看，粤、闽沿海地区的古代移民，先从中国的中原地区辗转来到粤、闽两省，后来又移居到海外，大体上可分国内与国外两段路程。这两段路程的最大区别在其社会组织方面。国内一段是家族式移民，整个姓氏、整个家族南下，最后来到粤、闽居住地后也聚族而居，跟在中原一样雄踞一方。一些大族还在粤、闽居住地开基创业，计算世系，称一世祖、二世族等。当然古代也有"散户"移民，但跟大族移民相比，"散户"移民到粤、闽居住地安顿下来后，没有社会地位。国外一段则全然不同，基本上没有也不可能有大家族移民（那时下洋的人只想单枪匹马赚上一大笔就回乡），绝大多数是以某个乡、某个邑为结集单位的"散户"移民或曰个体移民。他们来到居住地后，不可能像在国内那样聚氏族而居，也不可能雄踞一方，更不可能开基重算世系。这样，就形成了血缘弱、地缘强的特征。

　　一般来说，历史上世界各地华侨社会的血缘和地缘两类社团的出现时间最早。原因是，血缘和地缘社团要最先担负起华侨移民在移居地的最基本也是最重要的功能，立足和生存。由于初期创业者所从事的行业具有一定的规模，随后而至的亲友也在协助创业者的情况下，从事相同的行业。由于各行业的规模及收入参差不齐，加上人数众寡有别，导致各籍人民之间产生隔膜并相互排挤。故为求自保及加强团结，血缘性社团及地缘性社团便相继建立起来。

　　社团是海外华人自助组织的通称，有叫会馆者，有叫商会者，[①] 或叫其他名

---

① 本章所载各地方华侨社团，有的称会馆，有的称商会，有的两个名称混用，也有个别的用别的名称，均遵从各社团来稿或其他公开资料。

称，都是华侨在海外团结互助、共谋发展的生存方式的体现和最重要的集结点。与其他国家的华侨华人社会一样，委内瑞拉也存在众多华侨社团组织。在这些社团的组织领导下，广大侨胞积极参与各种各样的社会公益活动和文化活动。其中，以开展慈善活动和文化、体育活动最为出色，在世界华人社会中独领风骚。委内瑞拉的华文教育也别具一格。与此同时，广大侨胞与祖籍地家乡保持着非同一般的密切关系。由于近些年委内瑞拉国内社会治安有恶化趋势，广大侨胞的经济活动和生活水平受到很大影响。他们也在维护自身权益而积极行动。本章将对上述情况进行分类阐述。

现今委内瑞拉的华人社团，大致可分为全国性社团、地方性社团、宗亲社团、宗教社团、校友会、文化社团等类别。[1] 这几类社团中，最多的是地方全侨性社团和商会组织。下面对早期委内瑞拉的社团情况做一简单介绍，再对当代五类社团的情况分别做一简介（排序不分先后）。

第一节　早期华侨社团情况

"中华会馆"这一社团名称起源于清末。它本身就是在当时清政府实行新侨务政策的形势下要求海外华侨建立的社团机构的统一名称，在很长一段时期内，也为海外华侨社团所接受。就所知的资料来看，早在民国时期，海外华侨华人建立中华会馆的进程已经基本结束。但委内瑞拉的中华会馆建立进程后来仍在延续。这一进程的完成，很可能要持续到委内瑞拉有华侨华人旅居的所有省（州）都建起中华会馆为止。不过跟其他拉美国家不同的是，其他国家的中华会馆属传统社团，一般为老一辈传统华人所操持；在委内瑞拉，由于新移民占压倒优势，中华会馆这一本来属于传统华人社团的旧名称，却具有新华侨华人社团的特质，实际上，也为新移民所操持，此是后话。

一般而言，在海外华侨社会中，最早的社团一般都是宗亲和同乡社团。就两者来说，宗亲社团应更早一点。华侨乍到异国他乡，需要彼此同舟共济、合伙互助，而最亲密、最信任的合伙人，除了父子兄弟外就是其他沾亲带故的人，特别是同姓同族的人。这时候，即使亲缘关系极为稀疏，在家乡时老死不相往来，到了异国他乡后也会亲密百倍。然而，同姓同族人毕竟不多，可以结成的宗亲社团人数有限，于是，同乡社团便应运而生，并且很快取代宗亲社团而成为华侨对外

---

[1] 《在"社会主义"环境下委内瑞拉华侨华人的生存状态》，吕伟雄主编：《海外华人社会新视野》，香港：香港社会科学出版社有限公司，2008 年。

联系的主要团体。地缘社团以地缘为纽带，通俗而言，地缘社团即同乡人的社团。但何谓同乡，范围有大小之别。"乡"是指祖籍地，大到中国一个大地区，小至一邑，皆可称之为"乡"。至于以多大范围作为同乡的基本单位，则视华侨居住地人数多少、业务需要和管理的合理性而定。在中国传统社会中，人们通常有着浓厚的乡土意识和同乡观念，同乡关系是最重要的人际关系之一。身处异国他乡的华侨，具有血亲关系的人群数量通常很少，很多时候不足以结成一个血缘社团，而建立在同乡关系基础上的地缘组织则容易形成较大的规模，从而作为居住地中国人群体的合适社团形式。但问题是，委内瑞拉的华侨基本上来自恩平一邑，邑以下虽然有乡，但当年华侨以"乡"作为单位集结的情况非常少，很多地方是来自恩平多个乡的华侨集中在一起。所以，委内瑞拉的地缘社团地位很难"降低"到"乡"一级。这样一来，既然都是恩平人，那么，就没有打出恩平同乡会之类的旗号。所以在委内瑞拉，基本上没有以祖籍地命名的地缘社团。

委内瑞拉早期有没有宗亲或同乡社团，现在没有材料可资证明。按理这些会馆应该存在才对，但从委内瑞拉的特殊侨情推测，即使存在过这些类型的社团，也应该很少，也不活跃。因为早期来委内瑞拉的华侨几乎是清一色的广东恩平人，彼此聚在一起，不是宗亲就是同乡。最重要的是，一个地方就那么几个人，朝夕相处，与当地人民没有多少社会交往，也就不大需要随时站出来为华侨争取权益的社团一类组织。以上几点，与美国等地华侨人数众多、成员关系和内部利益错综复杂、与当地民族关系紧张等情况有很大不同。更何况，早期的委内瑞拉华侨为生计而疲于奔命，一天干活十多个小时，很难还有闲暇和精力去做社团一类"分外"之事。倒是华侨在当地养老或回乡之事，需要社团一类组织予以协助，但这类工作量不大，所以，那时的华侨社会，似乎没有多少成立正规社团的必要。合理的推测是，在委内瑞拉华侨史的早期，各地的华侨主要靠传统的中国式信用——亲情、乡情、面子、义气等来维持彼此的关系。不过，这种状况肯定不是长久性的。到了一定时候，华侨的人数足够多了，华侨与当地民族的来往越来越频繁、关系越来越复杂了，华侨就需要一个团体来维护自己的权益，于是，社团便出现了。可惜，有关早期海外华侨社团的线索已难有痕迹可寻。

委内瑞拉的华侨社团是不是循各国华侨社团的老路，即先出现血源与地缘社团，然后才出现业缘社团，抑或是另有蹊径，跨越血源与地缘社团而一步到位地出现业缘社团？这个问题现在还不好贸然下结论，有赖于确切的史料和细致的研究来证明。但是，在委内瑞拉后来的华侨社团历史中，有一个重要现象值得注意，这就是，它们从一开始就是全国性的（以委内瑞拉命名），或是当地性的（一般以省/州、城市名命名），并冠之以"中华会馆"的名称，而没有出现过以家乡（祖籍）名称命名的会馆（如四邑会馆、恩平会馆等）。这一情况在世界各地的华侨社会中是鲜见的。它反映了委内瑞拉华侨来源地高度密集，而血缘性来源地比较分散的特点。这也有助于说明委内瑞拉历史上可能没有出现过有影响力的血缘性和地缘性社团。根据先辈的回忆，这类社团应该被热议过，一些地方大概还出现过其"胚胎"，但很可能作用有限，有的昙花一现。

一说是，委内瑞拉最早的会馆是苏利亚省中华会馆。1936 年，邓江等 6 名老华侨目睹华侨在委内瑞拉受歧视、受排斥，便租了一幢两层的旧楼房组建了会馆。此后，会馆帮助华侨开展商务及协办居留等事务，并照顾一些无依无靠的老华侨，使他们老有所养，逝有所葬。①

实际上，此说不确。委内瑞拉最早的社团是建于 1933 年的委内瑞拉民惠总局，其建立时间比苏利亚省中华会馆更早。会所设在加拉加斯华侨聚居的街道内。这个社团冠之以"总局"的名衔，表明它一开始就是作为全国性社团而建立起来的。

委内瑞拉民惠总局是成立之时委国华侨借鉴秘鲁等国华侨的做法而建立起来的全国性社团。秘鲁最大的华侨组织叫"中华通惠总局"，早在 1885 年就由清朝政府第二任驻美、西、秘三国公使郑藻如亲自创立，所需购地费和修建费均由华侨集资而来。之所以取名"通惠总局"，乃取"通商惠工谊也"之意。② 1889 年傅云龙游历秘鲁时，正值中华通惠总局局署竣工，曾欣然应邀为该局作对联一副："尝六万里艰难，权作寓公，相助当如左右手；历五十年生聚，每逢佳节，何人不起本源情？"③ 由此可见，秘鲁中华通惠总局的根本宗旨是相互扶助，继承和发扬中华民族传统。

早在 20 世纪初，旅居委内瑞拉的华侨就越来越多。据先辈回忆，委内瑞拉民惠总局成立之时已有几百人，都有意愿组织宗亲会和同乡会等华侨社团。但这些团体的作用和影响力不大，于是部分华侨主张借鉴秘鲁等国华侨的做法，成立全国性的华侨组织。经多次开会协商和筹备，于 1933 年成立委内瑞拉民惠总局，会所设在加拉加斯华侨聚居的街道内。这是有史可鉴的委内瑞拉最早的华侨社团。但它成立不久，便因部分会员陆续到外埠发展而开始产生意见分歧。1936年，民惠总局便因意见分裂而解体，一部分人于同年另组华侨俱乐部。1944 年，华侨俱乐部改组，正式成立委京中华总会馆。④ 同年，在委政府注册登记，取名

---

① 黎惠权：《会馆　商会　福利会》，恩平报社编：《恩平报获奖新闻作品选集（1983—2003）》，北京：人民日报出版社，2004 年，第 102 页。

② 傅云龙：《游历秘鲁图经》，福建师范大学历史系华侨史资料选辑组编：《晚清海外笔记选》，北京：海洋出版社，1983 年，第 246 页。

③ 傅云龙：《游历秘鲁图经》，福建师范大学历史系华侨史资料选辑组编：《晚清海外笔记选》，北京：海洋出版社，1983 年，第 246 页。

④ 杨锋、陈宴图编著：《委内瑞拉华侨概况》，新北：正中书局，1988 年，第 18 页。

为"Asociacion China De Caracas"，并筹资在加拉加斯中区购买了馆舍作为会址。

华侨俱乐部改组为委京中华总会馆时，郑新林被推为第一任主席。郑新林，恩平人，在国内曾接受旧式教育，属早期移民委内瑞拉的极少数华侨知识分子之一。由于知识水平较高，经商得法，故较早致富。他热心侨务，协和侨众，对帮助侨胞申请其眷来委、创办华侨福利事业、筹建华侨义山等事，均全力以赴，建树良多。①

委京中华总会馆成立后不久，在马拉开波、巴基西梅托、华恋社等城市先后建立了委京中华会馆分馆。这是委京中华总会馆作为全国性的社团组织最先在华人居住比较集中的城市建立的一批社团。到1960年中国京剧团访问委内瑞拉和同年华侨联合会成立后，委京中华总会馆的作用便逐渐减弱。1974年中委建交后，其会员进一步分化。这三个分会先后同中国驻委大使馆取得联系，此是后话。不过，由于委京中华会馆成立时中国正处于战乱时期，其会务只局限于侨胞间的联谊聚会。

这里应提及台湾当局与委内瑞拉侨团的关系。委内瑞拉是1943年与民国政府正式建立外交关系的。两国建交后，李迪俊出任中华民国驻委内瑞拉公使，曾指导协助委京中华总会馆建成，并向民国政府登记立案。② 但在1949年中华人民共和国政府宣告成立后，委内瑞拉仍与台湾当局保持联系。直至1974年中委建交前，台湾当局仍通过其驻委机构操控委京中华总会馆，在旅委华侨中组织"双十节"等庆祝活动，仍对外声称代表"全侨"。实际上，当时的委京中华总会馆已处于半停顿状态，后来连会址也被私人占用。③

1960年4月，以陈忠经为团长的北京京剧团访问委内瑞拉。这是来自中国大陆的第一个代表团，意义非凡。京剧团在加拉加斯市剧院演出《白蛇传》，委内瑞拉总统贝坦库尔（Betancourt）也出席观看，还向华侨招手致意。5月1日，京剧团在锡伦西奥（Silencio）公演，很多委内瑞拉当地人前来观看，他们对中国文化大加赞赏。

中国京剧团访问委内瑞拉推进了华侨社团的演变。其到访消息传出后，华侨异常振奋，并联合100多人主动建立了旅委华侨联合会，其中主要负责人有吴振恭、吴添德、吴庭骥、陈钟鼎等。不过当时只能秘密活动。虽然其时委内瑞拉和

---

① 杨锋、陈宴图编著：《委内瑞拉华侨概况》，新北：正中书局，1988年，第18页。
② 杨锋、陈宴图编著：《委内瑞拉华侨概况》，新北：正中书局，1988年，第18页。
③ 另据委京中华总会馆第五届委员会稿称（2011年4月8日），1972年，中华会馆主要成员组织各方侨胞筹资在加拉加斯的阿尔塔米拉（Altamira）区购买了馆址。由于遭到该区街坊会的反对，1974年，该地中华会馆会址被迫撤销。

中国还没建交，但联合会已开始与中国政府来往。[①] 另一说是，在得知京剧团到来演出的消息后，1949 年前来委的华侨，特别是在加拉加斯工作生活的华侨到全国各地串联，组成了一个 60 人组织的联合会，并定名为"旅委华侨联合会"，吴庭骥任会长，其宗旨是加强华侨互助团结，增进侨胞们对祖国的了解和认识，促进中委两国人民的友谊。[②]

如上所述，1960 年中国京剧团访问委内瑞拉及同年旅委华侨联合会成立后，委京中华总会馆的作用便逐渐减弱。1961 年，在委内瑞拉政府清剿游击队、镇压左派力量的情况下，旅委华侨联合会因内部发生矛盾，力量大大被削弱，除"十一"国庆聚餐座谈外，停止了其他活动。1971 年，旅委华侨联合会重新向委内瑞拉政府登记。一说 1962 年后，因中委两国未建交，华侨的活动空间极少。由于形势不利，曾中断了一个时期，活动不敢公开，只能暗暗地进行，却被当时的警察发现，他们把抓到的会员送到外地作为处罚，且不准这些华侨回到加拉加斯。可大多数会员过了一段时间后，还是跑回加拉加斯继续宣传中华文化。[③]

1972 年底，中国乒乓球队访问委内瑞拉，也是由旅委华侨联合会出面接待，并设宴于加拉加斯的广州酒家。1974 年，国际海洋法大会在委内瑞拉召开，以凌青（后任中国驻委首任大使）为团长的中国代表团出席。会后，委内瑞拉内政部长与凌青协商两国建交事宜。随后，中委两国遂正式建交。[④] 中委关系开始进入一个新时代，委内瑞拉华侨史及华侨华人与祖（籍）国的关系也进入了一个新时代。

中委建交后，台湾驻外机构撤离，但仍留下一些人在加拉加斯设立"商务办事处"，继续进行活动。直到 20 世纪 80 年代，加拉加斯还存在着各种各样的俱乐部，如华侨俱乐部、工人俱乐部和香港俱乐部等。它们初为侨胞聚会、联谊等的娱乐场所，但后来因为没有正常的运作经费维持，还时而进行赌博等非正当娱乐，被当地警察和治安机构取缔。到 80 年代末，这些俱乐部多已名存实亡。这期间，比较活跃的会馆有神龙武艺馆（陈宴图创办）、中华健身学院、精华武馆、中国武术馆、蔡李佛武馆等。这些武术馆均收费教习中国功夫，有营业性

---

① 委京中华总会馆第五届委员会供稿，2011 年 4 月 8 日。据后来发现的早年华侨写的《委内瑞拉华侨联合会简介》（执笔人为旅居加拉加斯的广东恩平市东城石岗村人梁先生，他于 1992 年病逝），旅委华侨联合会成立后，不少华侨利用工作之余和节假日到会馆活动，人员从 60 人增至 100 多人。

② 《委内瑞拉华侨联合会简介》，陈淘涛：《一份尘封多年委国华侨联合会简介》，《委华报》，2015 年 6 月 15 日。

③ 《委内瑞拉华侨联合会简介》，陈淘涛：《一份尘封多年委国华侨联合会简介》，《委华报》，2015 年 6 月 15 日。

④ 陈钟鼎：《委内瑞拉华侨历史述略》，《委国侨报》，2006 年 4 月 6 日。

质，流派复杂，变化无常。它们都供奉关云长神像，以示教忠存义之意，传承中华文化。[①] 其中一些会馆也为台湾当局所利用和控制，例如神龙武术馆，在中委建交后，台湾当局就企图以武术馆为基础，纠集华侨力量。[②] 武术馆后因人数和影响渐小而停办，逐渐淡出华侨华人社会。据甄活炳讲述，他曾是委京中华总会馆的委员，台湾当局说他反国民党，要抓回台湾"枪毙"，他便躲藏起来，3 个月没有出门。[③]

但中委建交后华侨心向祖国已是大势所趋。1975 年，陈钟鼎与钟玖炎等一行十多人在他们移民后第一次回国观光，得到邓小平的接见。此后，钟玖炎每年都回国。1979 年，陈钟鼎第二次回国参加"五一"观礼，再次得到邓小平接见。[④] 1974—1997 年，加拉加斯陆续成立了 4 个爱国的华人社团组织，分别是：中华联合总会、餐馆联谊会[⑤]、中委文化协会、至德行。再加上此前已经存在的委京中华总会馆、旅委华侨联合会，[⑥] 一共有 6 个华人组织，规模都不大。它们各自为政，作用和社会影响力有限。[⑦] 到 1997 年委京中华会馆成立后，它们便相继停止了会务活动。

第二节　当代全国性社团

如上所述，早在中华民国时期，委内瑞拉一些地方就建立起中华会馆。但委内瑞拉新一轮中华会馆的建馆高潮是在 20 世纪 90 年代之后。其时以恩平籍为主的新移民纷至沓来，为了维护新侨民的合法权益，加强内部沟通和团结，加强与居住地政府和民族的关系，各地华侨华人以州（侨胞一般称"省"）为单位，陆续建立起中华会馆。

委内瑞拉各地中华会馆的会址一般在各个州的首府。如果一地的华侨人数有

① 杨锋、陈宴图编著：《委内瑞拉华侨概况》，新北：正中书局，1988 年，第 20 页。
② 杨锋、陈宴图编著：《委内瑞拉华侨概况》，新北：正中书局，1988 年，第 20 页。
③ 笔者 2010 年 1 月 7 日在洛斯瓜约斯伊斯法多对甄活炳的采访。
④ 笔者 2010 年 1 月 15 日在加拉加斯对陈钟鼎、吴进鸿、钟永照的采访。
⑤ 餐馆联谊会成立后，曾开办过儿童中文班，有时还举办球赛并开设赌场，赌场抽头成为经费来源之一。1980 年以来，曾多次接待中国访问委内瑞拉的代表团。参见李春辉、杨生茂主编：《美洲华侨华人史》，北京：东方出版社，1990 年，第 680 页。
⑥ 李春辉、杨生茂主编：《美洲华侨华人史》，北京：东方出版社，1990 年，第 680 页。在 1976 年，华侨联合会内部已发生分裂，一部分华侨脱离"旅委华侨联合会"而另成立一个"旅委华侨总会"。第一任主席为吴明光，后任主席是谢跃夫。
⑦ 委京中华总会馆第五届委员会供稿，2011 年 4 月 8 日。

一定规模，一般都建有一个中华会馆，作为当地华侨聚会和举行各种活动的场所。由于多种原因，到 2013 年底，委内瑞拉还有一些华埠（主要是州一级华埠）没有建立中华会馆。已经建立起来的中华会馆，活动越来越活跃，越来越频繁，规模也越来越大。各地商会是其所在地的中华会馆的财力后盾。一般来说，会馆下设青年会、护侨小组、康乐文化部、各种娱乐协会（如醒狮协会、篮球协会、象棋协会、乒乓球协会）等。多年来，会馆在维护侨胞合法权益、提升华侨地位、支援祖国家乡建设、举办慈善公益活动等方面做了大量工作。会馆设有护侨基金，以应对华侨社会突发事件。

今天，在委内瑞拉，华侨较多的城市特别是中心城市，都建有华侨会馆、华侨商会或华侨福利会。这些会馆虽然名称不同，但都是联络、服务侨胞，为其争取权益的华侨社会组织。一般而言，会馆属综合性组织，商会属经济、贸易与商务性组织，福利会属福利慈善机构。不过，在委内瑞拉，由于一个地方的会馆、商会和福利会各自的领导班子和成员相互交叉，彼此之间在功能和职权上也就不那么分明。与此同时，委内瑞拉各类华侨社团也与国内侨务机构保持密切的联系，上至国家侨务部门，下至县和乡镇部门，都留下了他们的身影。对于重要侨团的代表和表现突出的海外乡亲个人，国内侨务部门也常邀请他们出席各种活动。例如，应国务院侨务办公室的邀请，委内瑞拉中华总商会主席冯永贤，委京中华会馆主席梅其羡，梅里达（Merida）省中华会馆主席郑安石，拉省中华会馆主席、巴埠华人商会主席郑永生一行 4 人，出席了 2014 年 6 月 5 日开幕的第七届世界华人华侨联谊大会。[①] 世界华侨华人联谊大会是一个全球性华侨华人社团的联谊盛会，自 2001 年以来已成功举办 36 届。

中华会馆在委内瑞拉已有七八十年的历史，其无论是组织机构，还是选举办法，都已经比较成熟。毋庸讳言，中华会馆在换届选举上，也会产生一些因枝枝叶叶的问题而纠缠不止的现象，有时还很严重，甚至争得不可开交。但是关键在于，委内瑞拉华侨人数众多、社团林立，且住在国经济衰退，治安形势严峻，任何社团都没有不从侨胞整体利益出发、以大局为重的理由。只有从这一原则出发，社团才能够保持团结和活力，才能发扬民主，选贤任能，让更多有文化、有知识、有才能的年青一代参与会馆工作，以最大的努力维护侨胞的合法正当权益，保护侨胞生命财产安全，只有这样，相关问题才能迎刃而解。

全国性社团可分全侨性社团、政治性社团、商会三种。

---

① 陈淘涛：《冯永贤等赴北京出席第七届世界华人华侨联谊大会》，《委华报》，2014 年。

一、全国性的全侨性社团

在委内瑞拉，直至 2015 年，真正属于全国性的全侨性社团只有委内瑞拉华人侨团联合会。

委内瑞拉华人侨团联合总会（媒体也常称"委内瑞拉全国华侨华人联合总会"，简称"华联总会"）成立于 2001 年。当时委内瑞拉经济不景气，社会治安差，华侨被抢劫以至被绑架、杀害的事件时有发生。委京中华会馆便发起了成立委内瑞拉华人侨团联合会的倡议。恰适其时，中国国家主席江泽民访委，来自全国各地迎送江泽民的侨界代表 60 多人响应委京中华会馆的倡议，开会共商筹备事宜。与会者认为，为了维护旅委华侨的合法权益和生命财产安全，需要成立一个强有力的华侨团体。于是，一致同意成立委内瑞拉华人侨团联合会。与会者还同意制定一个章程，重大问题经全体委员通过后执行。

2001 年 4 月，华联总会正式成立。其委员会由全国 9 个城市的华侨社团负责人组成，主席由 9 个华侨社团成员轮流担任，每届一至两年。其时推举麻拉街华联会主席冯雪茂为首届委员会主席，委京中华会馆主席吴德明为副主席。[1] 该会会址长期设在麻拉街华联会内，地址为：Alberto Mao Fung Cuay Avda. Santos Michelena Oeste 17 – A – Apdo. 157 Maracay – Aragua Venezuela S. A. 。凡涉及全委华侨华人的大事，如国内外赈灾募捐等，往往以华联总会的名义倡议组织，对团结联络、凝聚全委华侨社团起了积极作用。[2]

2014 年 1 月 18 日下午在华恋社中华会馆召开的委内瑞拉全国华侨华人联合总会工作会议上，经广泛征求意见，决定成立工商贸、餐饮、旅游、文化与传媒、体育、青年、妇女、老年人、护侨等九大协会，作为总会的下属机构。[3]

2015 年 1 月 10 日下午，华联总会在华恋社中华会馆举行第四届选举大会，经总会所属侨社代表通过无记名投票，选举出陈坚辉为主席，吴月崇为第一副主席。陈坚辉发表当选感言，希望大家加强团结，同心同德，把华联总会办成华侨华人的温馨大家庭，并采取有力措施，维护侨胞的合法权益并确保其生命财产安全。按照选举规则，当选的主席、第一副主席根据工作需要，任命副主席及有关部门领导成员。在此之前，自 2015 年 1 月 13 日起，为了找准工作的着重点和着

---

[1]　管彦忠，人民网·加拉加斯，2001 年 4 月 28 日电。

[2]　《在"社会主义"环境下委内瑞拉华侨华人的生存状态》，吕伟雄主编：《海外华人社会新视野》，香港：香港社会科学出版社有限公司，2008 年。另，根据委内瑞拉各华侨会馆提供的资料，各会馆机构组成人员名单等基本情况只更新到 2010 年，此后的变化不在本章所述，特此说明。

[3]　《委全国华侨华人联合总会新年新举措：成立九大协会》，《委华报》，2014 年 1 月 20 日。

力点，以便今后更好地用行动实践自己的承诺，候任主席陈坚辉、第一副主席吴月崇和现任主席李瑞华、委中商报社副社长李锦盛一起，深入全国各地侨社调研，就新一届总会如何组建核心团队及今后怎样做好工作等广泛听取意见。这是华联总会成立以来首次进行如此广泛、深入的调研。[①] 2015 年 6 月 6 日晚，委内瑞拉第四届华侨华人联合总会委员就职典礼在加拉加斯军人俱乐部大礼堂隆重举行。中国驻使馆赵荣宪、委内瑞拉外交部副部长诺亚应邀出席并致辞。全委 23 个侨社的侨领和侨胞，委内瑞拉有关部门官员共 1 000 多人共同参与了这一盛典。

二、全国性的政治性社团

目前委内瑞拉唯一一个政治性社团是委内瑞拉中国和平统一促进会（简称"和统会"），该社团由华恋社的侨领发起，2002 年 9 月 1 日在华恋社成立，全国各地主要侨领参加，主席为华恋社的李瑞华。[②] 会议通过了反对"台独"和促进祖国统一宣言，指出委内瑞拉和统会将团结海内外一切爱国力量，为完成祖国统一大业而努力奋斗。

全球性的第一届"促统反独"大会于 2001 年在巴拿马召开，李瑞华、郑铭树、伍志伟、黄田生等代表委内瑞拉华侨参加；第二届于 2002 年在秘鲁召开，华恋社有 5 位代表参加；第三、四、五、六届分别在巴西、阿根廷、墨西哥、智利召开。[③] 委内瑞拉和统会每年均组团出席中南美洲和平统一促进会的年会。2007 年，委国和统会动员全侨力量成功举办了"中南美洲中国和平统一促进会委内瑞拉 2007 年年会"，年会由李瑞华负责组织。委内瑞拉和统会主办该次大会，得到了委国 32 个华侨社团的支持。它们共为大会捐款 20 多万美元。大会从筹备到召开，是对委国华侨社团号召力、凝聚力、组织力的一次大检阅，也是对这些华侨社团的一次大锻炼和大促进。

委内瑞拉和统会与世界各地和统会特别是中南美洲的和统会保持着密切联系，除了成立在本国举行的"促统反独"大会，每年都派出大型代表团参加在中南美洲各国举行的"促统反独"大会。例如，2013 年 6 月 8 至 9 日，中南美洲中国和平统一促进会年会在厄瓜多尔举行。中南美洲中国和平统一促进会副主

---

① 《广纳良策谋新篇——全委华联总会候任主席陈坚辉等深入侨社调研纪事》，《委华报》，2015 年 2 月 2 日。

② 《在"社会主义"环境下委内瑞拉华侨华人的生存状态》，吕伟雄主编：《海外华人社会新视野》，香港：香港社会科学出版社有限公司，2008 年。

③ 笔者 2010 年 1 月 6 日在华恋社中华会馆对李瑞华的采访。

席、委内瑞拉中国和平统一促进会主席李瑞华率领委内瑞拉代表团出席了会议。中南美洲中国和平统一促进会 2014 年大会于当年 6 月 23 日在秘鲁首都利马举行。以李瑞华为团长、冯永贤为副团长的委内瑞拉中国和平统一促进会代表团出席了会议。中南美洲中国和平统一促进会于 2001 年在巴拿马成立,每年在中南美洲不同国家轮流举行年会。各国和统会通过这一平台,凝聚侨心,携手奋进,有力地推动了本地"促统反独"力量的联合。

三、全国性的商会

目前具有全国性名衔的华侨商会有委内瑞拉东方千禧年发展有限公司、委内瑞拉中国贸易合作商会、委内瑞拉中华工商联合总会,另有一个由中方在委国的中资企业组成的全国性商会——委内瑞拉中国企业商会,这里也附带作一简介。

(一)委内瑞拉东方千禧年发展有限公司

委内瑞拉东方千禧年发展有限公司是委内瑞拉第一个以股份制形式成立的全国性华人社团公司,公司一直全心全意为侨胞服务,不为私人谋利益。

1999 年,以冯雪茂和吴德明为首的一班侨领,为了在加拉加斯购买一个作为侨民永久性活动场所的固定物业,发动委内瑞拉全国各地的侨团、侨胞积极购买股份。同时,借助此一平台,联合各省、埠的中华会馆,成立了全国性的"委内瑞拉华人华侨联合总会",以便更好地协助中国大使馆做好委内瑞拉侨胞工作。

公司成立以后,无私地为委京中华会馆和委内瑞拉华联做贡献。十多年来,公司在全国各地的 181 位股东没有分过一点利润收益。同时,每逢当地或祖(籍)国有需要的时候,总是积极响应支持。其中,以在四川汶川地震和青海玉树地震中的贡献更为突出,得到了中国大使馆领导和侨胞的赞赏。

公司历届领导机构组成如下:永久董事(8 名):冯雪茂、吴国樑、吴德明、陈少权、梅宝贤、吴英豪、吴伟明、Dr. Cheang vera Enrique Jose(笔者注:中文名不详)。

第一届:主席:吴德明;副主席:钟国常、吴崇岳、梅宝贤、梅直夫。第二届:主席:吴德明;副主席:梅宝贤、吴兆洪、冯金来、吴崇岳;财政:吴兆洪。第三届:主席:吴添荣;副主席:吴崇岳、刘国振、李锦盛、吴连欢;财政:李锦盛、岑悦宁。[①] 第四届:主席:吴添荣;副主席:吴崇岳、刘国振、李锦盛、冯金来、吴新递、吴许森。(各届董事会成员略)

---

① 委内瑞拉东方千禧年发展有限公司供稿,2011 年 6 月 25 日。

（二）委内瑞拉中国贸易合作商会

委内瑞拉中国贸易合作商会（简称"委中贸易商会"），2007 年 7 月 8 日正式挂牌成立。商会的宗旨是：建立一个崭新的委中贸易平台，推动委中两国贸易的良好发展和友好往来，促进委中商务交流合作，加强会员间的团结协作，维护会员的合法权益，开拓市场，创造更多的商机及利润。

委中贸易商会自成立以来，其全体委员精诚团结，同心同德，充分发挥商会能量，商会不断发展壮大，成为涵盖贸易、商业、工业和报业的大型商会，会员不断扩展到委内瑞拉全国各地，为繁荣当地经济做出了积极贡献。它的总部设在委内瑞拉华恋社，在中国广州、汕头、义乌、澄海设有多个办事处，目前拥有会员 112 名（2011 年初统计），商会会员主要以商铺或公司名义加入，会员通过商会在中国进出口货物与委国提柜等环节享有价格优惠，共享商会资源、商务信息，并参与商会举办的活动。商会朝着一个大目标发展，即努力使各会员商家逐渐摆脱既往的传统家庭经营方式，朝企业化、规范化、多元化的方向转变，将商会打造成为一个大规模的、具有较大知名度和影响力的股份制企业。

据陈坚辉说，委中贸易商会创办 8 年来，从事的进出口贸易累计超过 5 亿美元，推动了中委贸易的发展。2007 年，商会成员从事的进出口贸易额只有 3 930 万美元。到 2011 年，进出口贸易额超过 1 亿美元。最近几年，受委内瑞拉经济衰退的影响，商会贸易额有所下降。2012 年贸易额为 8 737 万美元，2014 年跌到 1 000 万美元。[①] 但是，商会成员正在努力克服困难，积极寻找新的商机。

商会成立以来，举办或参与了多个具重要意义的大型活动，知名度及影响力日益提高。主要举办或参与的活动有：

一是 2009 年，受中国广东省侨办、广东省侨联、江门市政府、恩平市政府等部门和有关企业的邀请，与华恋社市长率团到广东省考察投资商业环境。

二是 2010 年，在华恋社政府的盛情邀请与支持下，组织中国特色商铺参加华恋社一年一度的商品展销会。展销产品受到当地人的喜爱和热购，受到华恋社市政府的高度重视和赞扬。

三是 2010 年 7 月 8 日，组织举办委中贸易商会成立三周年庆典。中国驻委大使馆领导，当地省、市主要官员及旅委各大华侨社团负责人或代表应邀出席。当晚还举行了商会为当时委国遭受水灾的城市、地区捐款捐物的受捐仪式，场面盛大感人，收到良好的社会反响。

四是 2010 年 10 月，组织会员回中国参加中国上海世博会和广州秋交会，还

---

① 陈淘涛：《委中贸易商会举行八周年志庆暨第三届委员就职典礼》，《委华报》，2015 年 8 月 10 日。

考察了国内一些大型的公司企业，加深了商会会员对中国经济环境及发展的认识，创造了不少商机。

近年来，委国经济环境日趋恶化，各行各业的经营越来越困难。但商会全体会员能同舟共济，共渡难关。2015年8月8日晚，华恋社中华会馆隆重举行八周年志庆暨第三届委员就职典礼，陈伟嶙当选为新一届会长。

（三）委内瑞拉中华工商联合总会

委内瑞拉中华工商联合总会是由原来的委内瑞拉中华总商会更名而来的。名称在"商"字前面加了一个"工"字，反映了华侨华人在委内瑞拉的经营模式已由过去比较单一的经商向经商和办厂齐驱并进的转变。经营模式的扩充，带动商会业务的更新，这是大势所趋、人心所向。据总会主席冯永贤2013年9月27日在委内瑞拉中华工商联合总会召开的全国各地中华工商会会长会议上称，恩平市政府同意成立委内瑞拉中华工商联合总会恩平分会。恩平分会成立后，会址设在恩城小岛。同时，该分会积极配合恩平市政府招商引资，为侨胞回恩平投资做好穿针引线的工作。此外，江门市政府访问团在此前抵达委内瑞拉，决定在中南美洲成立两个分会，其中一个是与委内瑞拉中华工商联合总会合办的，这对旅委侨胞回乡投资将起到重要的桥梁作用。[①] 2013年10月12日，在完成了一系列的组织、策划、注册等手续后，委内瑞拉中华工商联合总会在华恋社中华会馆宣告成立，并举行了首届班子就职典礼，首届总会主席冯永贤，总顾问梅其羡，第一副主席郑瑞伦，副主席郑永生、冯英略、陈焕堂。当地政府及有关部门官员、工商界人士，委内瑞拉各地侨领及侨胞等300多人到会庆贺。新成立的委内瑞拉中华工商联合总会还特向加省红十字会捐款10微翁。中国驻委大使馆、广东省政府侨务办公室、江门市人民政府、江门市外事侨务局、恩平市政府等中国政府部门和团体专门发来贺电或贺信。[②]

委内瑞拉中华工商联合总会的成立，凝聚着老一辈华人的心血和智慧，凝聚着广大侨胞的共识和信心。10多年前，一些具有远见卓识的侨胞顺应华人工商业发展的大势，倡议成立委内瑞拉中华工商联合总会。它成立后，以维护华侨华人在贸易、投资及其他行业的利益为己任，充当商家、厂家与政府、有关部门之间联络沟通的桥梁，协助侨胞营造更有利的经营投资环境，搭建一个互通信息、共同发展的平台，让会员彼此间有强烈的归属感、认同感，以更好地以发展现代企业为目标。该总会拟实行强强合作的股份制或连锁经营模式，扭转目前单打独

① 吴金波：《中华工商联合总会召开各地会长会议》，《委华报》，2013年。
② 《委内瑞拉中华工商联合总会成立　承载侨胞期盼》，《委华报》资料。

斗、分散经营的局面。同时，让侨胞在复杂多变的环境中明辨方向，加强合作，寻找和分享丰富的资源和商机。此外，可在国际的双边、区域、多边场合中，能更好地充当工商业主的代表，帮助工商业主扩大国际贸易，加强国际业务交流。

委内瑞拉境内的杂货超市，华人经营的起码占70%，但销售量仅占30%左右，发展空间很大。委内瑞拉有几万华人商户，给当地带来了数以万计的就业岗位，为当地的经济建设做出了不可否认的贡献。但委内瑞拉工商联合总会是在委内瑞拉经济形势开始严重恶化的时期成立的。因此，总会和各地商会担负着引导华商守法经营，关心帮助华商，加强与政府和有关部门的联系沟通，劝告华商不超价销售限价货、不囤积货物、不购买来历不明货物、勿在"刀尖"上赚钱，以及随时应对检查人员的检查等各项任务。

（四）委内瑞拉中国企业商会

委内瑞拉中国企业商会于2005年9月29日晚由中国驻委内瑞拉大使居一杰在加拉加斯庆祝中华人民共和国成立56周年招待会上宣布成立。其时在委的中国企业已有20多家，业务涉及石油开采、铁路建设、矿产开发、基础设施建设、通信、农业、电器、电子、贸易等多个领域。委内瑞拉矿产资源丰富，其石油业为国民经济命脉。委内瑞拉是中国在拉美的第六大贸易伙伴，中国则是委内瑞拉的第七大贸易伙伴、第九大进口来源国、第七大出口目的地和亚洲第二大贸易伙伴。查维斯执政以来，中委两国关系稳步发展。1996年，中委两国就签署了共同开发石油领域合作的协定。随着中委两国在石油领域合作的进一步深入，中委公司已经成为中国在委内瑞拉的龙头企业。2004年中委双边贸易额突破13亿美元，委内瑞拉成为拉丁美洲吸收中国投资最多的国家。在此情况下，委内瑞拉中国企业商会的成立，对中国企业在委更好地开展业务、促进中委两国经贸合作，具有重要意义。

委内瑞拉中国企业商会的创始会员有14家企业，包括：中石油、中石化、兖矿、金兖、华为、中兴、川铁、中工国际、清华同方、中铁、上海贝尔、长荣公司等。中国企业商会的主要职责是代表会员对外交涉经济事务，维护会员的合法权益；协调会员间的经营；沟通信息和经验交流等。经中国商务部批准或备案的中资公司均可加入该商会。①

---

① 《中国石油报》，记者吴森、特约记者魏雄。

第三节　当代地方性社团

地方性社团可分全侨性社团和商会两种。前者即各地的"中华会馆"，它是由各方面侨胞代表组成的社团，其会址一般在各个州的首府。如果当地的华侨人数有一定规模，一般都建有中华会馆，作为当地华侨聚会和举行各种活动的场所。2013 年，亚拉奎、特鲁希略（Trujillo）的中华会馆先后成立。[①] 与那些早期成立的中华会馆相比，这两地的中华会馆显得有点姗姗来迟，但这后起的脚步不乏动力，在团结侨胞、服务侨胞方面，他们与那些早期建立的中华会馆一样，彰显着华侨社团组织在不断发扬光大且日益深入人心。总的来说，近十来年各地建立中华会馆的趋势在加快。在已经建立了中华会馆的地区，其活动越来越活跃、越来越频繁，规模也越来越大。

中华会馆的发展与同一地方商会的发展是相辅相成、相得益彰的。一般来说，中华会馆的活跃程度也反映了当地商会活动的活跃程度。相对于中华会馆来说，华侨商会则充满"商味"，为了共同的利益，同一行业的华侨往往自发联合起来组成商会。华侨福利会这种组织形式在委内瑞拉不多。迄今只知道在拨度尼咕噜有一个华侨福利会。下面根据所收集的资料，对委内瑞拉各地社团的基本情况做一简介。应说明的是，在不同地方，中华会馆（属全侨性社团）和商会的关系是不一样的，有的地方两者合二为一，有的地方各自独立。属合二为一的，这里放在一起叙述；如各自独立的，则分别叙述。

一、委京中华会馆

1974—1997 年，加拉加斯陆续成立了 4 个华侨社团组织，分别是：中华联合总会（主要负责人为陈厚仓、钟玖炎）、餐馆联谊会（1975 年创立，主要负责人为梅树芳、何有良、何有连、梅宝贤、梅直生、吴连照、钟国常等）[②]、中委文化协会（梅宝良）、至德行（吴、周、蔡、翁、曹五姓组织）。再加上此前已有

---

① 《艰难中前行　逆境中寻机——元旦献词》，《委华报》，2013 年 12 月 30 日。
② 餐馆联谊会成立后，曾开办过儿童中文班，有时还举办球赛并开设赌场，赌场抽头成为经费来源之一。1980 年以来，曾多次接待过中国访问委内瑞拉的代表团。参见李春辉、杨生茂主编：《美洲华侨华人史》，北京：东方出版社，1990 年，第 680 页。

的委京中华总会馆、旅委华侨联合会，① 一共有 6 个华侨组织，规模都不大。它们各自为政，虽然作用和社会影响力有限，但它们都是爱国华侨组织。② 1997 年委京中华会馆成立后，各侨团组织便相继停止了会务活动。

1997 年，当时在任的刘伯鸣大使组织了加拉加斯 6 个侨团的侨领在大使馆召开座谈会，倡议 6 个侨团集中力量，重组委京中华会馆。其时大家都明白团结的重要性，一致同意联合起来，并选举产生了新的领导班子，钟国常当选为第一届主席（1998—2000 年）。③

1998 年，前餐馆联谊会会址（即现在委京中华会馆会址）房东要出售此物业。中国驻委大使馆提议委京中华会馆买下此物业作为永久会址。1998 年 12 月27 日（星期日）下午，委京中华会馆在餐馆联谊会会址球场召开了全侨动员大会，发出了由大使馆打字制作的号召书和通告，决定以股份数量定金额的方式捐款，以便更快更好地集资。当时会馆募款人员团结一致，热情高涨，都为建立委京中华会馆这一华侨之家而奔走。侨胞中不乏热心之人，不仅加拉加斯侨胞给予大力支持，外埠侨胞也积极参与，纷纷以一个或多个 A 股（3 000 美元）或 B 股（300 美元）参与认捐。2000 年 5 月，会馆已筹得款项 70 多万美元。为了保障房产权，让委京中华会馆会址永远不被变卖和转让，遂以捐款建设会址的 181 位股东成立东方千禧年发展有限公司，并以此公司名义购买了馆址，由委京中华会馆行使对馆址的管理和使用权。④

十年来，委京中华会馆不断发展成长。第一届委员会（钟国常为主席），主要是筹购会址；第二届委员会（吴德明为主席）着重于会址的改建，投入了很大财力增加设施；第三届委员会（梅直夫为主席）开始增加会馆活动；第四、五届委员会（梅其羡为主席）乘祖国改革开放的东风，接待了很多中国政府来访团体。大小活动层出不穷，丰富了侨胞文体生活，助侨护侨事例不胜枚举。其中大规模的活动有：协调全国侨社于加拉加斯成功举办了第一届华裔小姐选美活动，中外来宾 2 700 多人参加了晚会。2007 年，承担了全国侨团的促统工作，在加拉加斯成功举办了旅委华侨有史以来最大规模的洲际促统大会，来自 24 个国家的侨领以及 7 位中国副部级官员共计近 800 人参加了这一盛会，有力地遏制"台独"分裂势力，为祖国和平统一、维护中华民族的根本利益做出了贡献。

---

① 1976 年，华侨联合会内部已发生分裂，一部分华侨脱离"旅委华侨联合会"而另成立一个"旅委华侨总会"。第一任主席为吴明光，后任主席是谢跃夫。参见李春辉、杨生茂主编：《美洲华侨华人史》，北京：东方出版社，1990 年，第 680 页。

② 委京中华会馆第五届委员会供稿，2011 年 4 月 8 日。

③ 委京中华会馆第五届委员会供稿，2011 年 4 月 8 日。

④ 委京中华会馆第五届委员会供稿，2011 年 4 月 8 日。

2008 年，成功举办了第十一届全国华人华侨运动会，是历届运动会规模之最。此外，还组织力量反绑架，向恶势力宣战，保卫侨胞生命财产。2008 年，在为四川汶川大地震捐款的活动中，其捐款数额也是全委各侨团之最。所有这些活动，加强了委京中华会馆的凝聚力。现在的委京中华会馆，朝气蓬勃，团结侨胞传扬中华文化，已成为全国最有影响力的侨团之一。①

委京中华会馆的宗旨是：热爱国家，关心世界，服务社会，造福人类；推动华文文化发展，积极促进祖国统一，促进华人商贸发展和合作；为全球华人发展提供多方位的渠道和平台。促进侨胞团结友爱，继承和发扬中华传统文化，维护华人权益。团结互助，增进情谊，造福桑梓，谋求发展。利用会馆开展联谊活动，发展福利事业，增进联络，每逢年节集会聚餐；欢迎和接待中国访委团组。

委京中华会馆第五届委员会主席：梅其羡；第一副主席：梅宝贤；副主席：刘国振、钟杏芳、吴伟明、郑文辉；监察长：陈钟鼎；秘书长：方健新；中文秘书：冯云霞、庾志坚、陈小云；西文秘书：李露霏、李仪、陈厚仓；财政：钟杏芳、李露霏；公关：钟国常、吴连欢、梅宝良、吴启源；文娱：冯云霞、袁敏聪；体育：郑文辉、聂国常；妇女：方燕红、陈美婵；文化：刘国振、刘孔良；事务：冯福光、谢博义；常务委员：梅其羡、梅宝贤、吴伟明、陈钟鼎、方健新、钟杏芳、李露霏、钟国常、吴连欢、郑文辉、聂国常、刘国振、冯福光、聂均常、吴英豪、梅直夫、谢博义。全体委员为：梅其羡、梅宝贤、吴伟明、陈钟鼎、方健新、钟杏芳、李露霏、钟国常、吴连欢、郑文辉、聂国常、刘国振、冯福光、聂均常、吴英豪、梅直夫、谢博义、冯云霞、袁敏聪、方燕红、陈美婵、梁林海、梁林涛、郑可源、余文彬、庾志坚、陈小云、梅宝良、吴启源、岑永忠、陈厚仓、王家勇、何健辉、黎艺贤、梁荣想、梁国新、何明新、李仪、刘孔良。②

加拉加斯中华会馆是 1997 年在时任中国驻委内瑞拉大使刘伯鸣和老一辈侨领及东方千禧年发展有限公司的支持下成立的，至 2010 年已经历了 5 次换届工作。历届委员会在建设会馆、维护侨胞的正当合法权益等方面都做出了积极贡献。第五届委员会应在 2009 年期满，但由于种种原因，超期 4 年多未能正常换届。为尽快做好换届选举工作，该会馆于 2010 年 2 月成立了由刘国振任主席的第六届选举委员会。2014 年 1 月 5 日和 12 日，选举委员会召开两次会议，并基本达成共识，但仍有些问题需广泛听取侨胞意见，故召开侨胞座谈会。两次座谈会均有近 200 名侨胞参加。2 月 19 日，参与会谈的代表签署了《会谈纪要》。按

---

① 委京中华会馆第五届委员会供稿，2011 年 4 月 8 日。
② 委京中华会馆第五届委员会供稿，2011 年 4 月 8 日。

照《公告》和《会谈纪要》，选举工作将先进行会员和候选人登记，然后逐步启动有关工作直到选举圆满完成。2014 年 7 月，依照有关章程和公平、公正、公开、选贤任能的原则，委京中华会馆选出新一届班子，梅其羡卸任主席。他在职时默默奉献，为侨胞做了大量好事、实事。新一届委员产生后，又向当选委员表示了诚挚的祝贺，充分体现了一位老侨领的高风亮节。[1]

青年是侨社工作的有生力量，是侨社的未来。发挥青年人作用，做好侨社工作，是中华会馆工作中的一项重要工作。据《委华报》2015 年 11 月的报道，委京中华会馆将成立青年会。青年会的成立，就是要充分利用青年人的优势和特点，广泛联系和团结各界华侨华人和华裔，传承和发扬老一辈华侨华人优良传统，维护华侨华人合法权益，鼓励华侨华人融入当地社会，为推动中委两国经济发展和社会进步，贡献青年人的智慧和力量。青年会原计划于 2015 年 12 月 13日召开成立大会，选举产生首届委京青年会领导机构。[2]

委京中华会馆的地址是：Av. Ppal. El Bosque c/c Gloria El Bosque Caracas – Venezuela。

二、加拉加斯（委京）华人商会

加拉加斯（或称"委京"）是委内瑞拉首都，是委国最兴旺发达的城市之一，也是旅委华侨居住较多的城市。按最新数字统计，该地区现有华侨 4 万多人。华侨开设的商铺林立，主要经营杂货，还有近 1 000 家华侨餐馆。加拉加斯华人商会办公地址在委京中华会馆内，设有一名专职秘书负责日常工作。

加拉加斯（委京）华人商会成立于 2002 年 10 月 8 日，当时在委京中华会馆举行了成立大会，中国驻委大使馆官员和该会会员及一些公司代表共 600 多人参加大会。商会登记会员 86 家（重点是杂货铺），商会委员 24 人，聂均常任主席，吴瑞毛、梁林海、岑崇明任副主席。

商会是由加拉加斯热心人自动发起成立的。商会的宗旨是团结侨胞，增进乡情，服务侨胞，为会员谋福祉，维权益，更好地服务社会。具体目的有二：一是使在加拉加斯的经商华侨中有一个属于自己的社团组织，有一个代表华商说话的组织机构，以便互通信息、互相了解；二是加强与厂家、公司的联络沟通，争取更多权益，以繁荣当地市场。

---

① 《团结一致　携手并进——贺委京中华会馆选出新一届班子》，《委华报》，2014 年 7 月 17 日。

② 莫熙丰：《委京中华会馆将成立青年会　昨日召开筹备会筹划有关工作》，《委华报》，2015 年 11月 23 日。

在商会成立之初，由于经验不足，存在不少困难。但全体委员凭着一颗为侨胞服务的炽热之心，团结一致，迎难而上。在主席聂均常的带领下，采取"走出去、请进来"的做法，向兄弟商会学习，健全会章，加强各项工作的领导。尤其是一些委员，放下自己商铺的生意，废寝忘食，无私奉献，既出钱，又出力，全心全意为侨胞服务，为商会的发展壮大做贡献。由于全体委员精诚团结，会员大力支持，商会的工作做得井井有条，受到会员和侨胞的积极拥护。目前商会的发展状况良好，参会会员有 100 多家商铺。

商会成立近 10 年来，为会员做了不少好事。其中较为突出之事有三。一是 2005 年，商会与麻拉街一家公司合作，通过相互的联系沟通与协商，达成共识，由该公司向本会会员供货，结果会员受益，利润大增；二是 2007 年，商会与委京华人杂货同业商会共同合作，针对当时社会经济形势，与有关公司、厂家谈判，结果供应商在货源短缺的情况下按时供货，有效地扭转了由于货源紧缺而影响华商生意的局面，大大增加了各商铺的生意额；三是 2010 年 6 月，加拉加斯地区有个别华商因经商中出现了某些涉及政策的问题，被消费委员以货物囤积居奇为由，提出商铺充公。商会积极与中国驻委大使馆和各地商会加强联系，在全国华侨华人联合总会的大力帮助下，化解了矛盾，避免了重大损失。

加拉加斯（委京）华人商会组织机构为：会长：聂均常；副会长：吴瑞毛；副会长：梁林海、岑崇明；财政：吴新迻；秘书：梁林涛；公关主任：聂国常；委员：冯礼兴、吴大维、吴悦宁、吴悦康、冯松锡、吴瑞源、吴金醒、黎艺贤、张伟东、张伟胜、郑文辉、吴进鸿、吴赞想、刘原广、聂林根、聂卓立、郑伟真、刘国振。[①]

三、委京华人杂货同业商会

委京中华工商联合会前身委京华人杂货同业商会成立于 2002 年 10 月 8 日。多年来，该商会在聂均常会长的领导下，团结委京大区商号，互通信息，成功与 Alimentos Heinz 等多家公司谈判，争取华商合理的商品价格和权益。同时，秉承爱国爱侨、团结发展的宗旨，积极参与华侨社团的公益活动，多次组织了为祖国灾区捐款献爱心的活动并组织代表团回国访问考察。加拉加斯从事批发业者约 150 家，其中加入商会的 38 家，规模较小未加入商会的 105 家。中餐馆有一两百家，中小百货店约 400 家。华侨还投资办橡胶厂、塑料袋厂、纸杯厂、纸箱厂等，是华侨办厂最多的城市。委京华人杂货同业商会会长聂均常从事进口商品批

---

① 加拉加斯华人商会供稿，2011 年 7 月。

发业务，每天营业额也十分可观。①

2014 年 12 月 2 日，委京华人杂货同业商会改组为委京中华工商联合会。新当选的梁林海会长表示，当前，委国的政治经济面临着前所未有的困难。在华商的生存空间越来越小的情况下，商会将把华商团结在一起，互相帮助，共渡难关，并通过加强与政府及安全部门的沟通，为华商争取更大的权益。他希望华商努力做到合法文明经营，遇到不公平的事件即与商会负责人联络，共同商讨对策，把损失减到最低。②

商会地址为：E. D. F Kyoto Piso Io Apt – 101 Calle Machado Ei Paraiso Caracas Venezuela S. A. 。

四、委内瑞拉麻拉街埠华侨联合会

麻拉街华联会（Asoc. Civil. Centro Social Chino Del Estado Aragua）全称为"委内瑞拉麻拉街埠华侨联合会"，由亚省著名侨领冯雪茂牵头，于 1987 年 1 月与该省陈栋彬、吴水活、冯文光、冯昆、陈文杰、岑庆扬、李鸿扬、赵景平、吴慈怀、吴锡权、郑自庆、何炳文等一道商议成立。1987 年 6 月，该会经向委国政府注册，成为一个不营利的合法机构。其立会宗旨是：注重文体交流与公益活动，使亚省华侨能拥有一个联络感情、促进各子弟互认和增进友谊的大家庭。

麻拉街华联会第一届董事局组成如下：主席：冯雪茂；副主席：陈栋彬；书记：吴水活；副书记：冯昆；财政：陈文杰；副财政：冯德明；委员：岑庆扬、李鸿扬、赵景平、吴慈怀、冯文光。检察组长：吴锡权；书记：郑自庆；委员：冯作超、冯银利、何炳文。

麻拉街华联会自成立到 1988 年，其会址曾两度搬迁。到 1989 年 8 月，华联会集资购得位于 Av. Negro Primero Casa Parcela No. 92 Sector La Morita Turmero Estado Aragua、占地面积 6 603.5 平方米的旧葡萄牙会馆的使用权。为了集得更多资金，董事局决定，华联会以一个股东经营会所的形式进行招股。股金分 A、B 两种，每种各占 500 股，每人只允许认购其中一股；A 股要交月费，有选举权和被选举权。1992 年，麻拉街华联所进行内部修建。在各委员和全体会员的共同努力下，经过近 3 年修建，华联会所初步建立起来。1995 年，为了购买会所的永久使用权，华联会董事局由书记吴水活倡议，举办了两次义卖抽奖汽车和义卖

① 《在"社会主义"环境下委内瑞拉华侨华人的生存状态》，吕伟雄主编：《海外华人社会新视野》，香港：香港社会科学出版社有限公司，2008 年。

② 莫熙丰：《委京杂货同业商会改组为委京中华工商联合会，梁林海当选为会长》，《委华报》，2014 年。

食物活动，均获得空前成功，并由主席冯雪茂、书记吴水活和财政陈文杰代表华联会向"Instituto Agrario Nacional"Minesterio De Agricultura Y CAIA 购得私有地权。

在此期间，华联会选出了第二届董事局：主席：冯雪茂；副主席：李鸿扬；书记：吴水活；副书记：冯昆；财政：陈文杰；副财政：冯德芬；委员：岑庆扬、吴慈怀、黄达相、郑世雄、冯文光、冯玉成、吴立山、吴润相、岑庆旺。检察组长：吴锡权；书记：何炳文；委员：冯作超、冯银利、吴源衡。

到 2001 年，华联会选出了第三届董事局：主席：冯雪茂；副主席：黄达相；书记：吴水活；副书记：冯玉成；财政：陈文杰；副财政：冯德芬；委员：吴慈怀、郑世雄、吴立山、岑庆旺、李志刚、冯文成、吴润相、赵景生、陈沃平。检察组长：吴源衡；书记：冯德龙；委员：陈沃衡、冯景文、何炳文、吴锡麟。

新一届董事局成立后，一致通过了第三次扩建华联会会馆的决议。因工程和建筑费用庞大，遂由主席冯雪茂做担保人，与承建商达成协议，所需款项共 1 600 多微翁，在 7 年内分期支付款息，至 2007 年付清。经三年扩建，华联会面貌全面改观。

2005 年，华联会选出第四届董事局：主席：冯雪茂；副主席：黄达相、郑世雄；书记：吴水活；副书记：冯玉成；财政：陈文杰；副财政：岑庆旺；委员：吴慈怀、吴立山、李志刚、吴润相、冯文成、冯昆、赵景生。检察组长：吴源衡；书记：冯德龙；委员：冯景文、吴锡麟、陈沃衡。

到 2007 年，冯雪茂、吴水活、陈文杰、吴润相和吴锡麟等前辈功成身退，遂选出第五届新董事局：永远名誉主席：冯雪茂；总顾问：冯雪茂；顾问：吴水活、吴润相、吴锡麟、陈文杰；主席：黄达相；副主席：郑世雄、冯景文、吴里驹、冯德龙；书记：吴慈怀；副书记：冯文威；财政：岑庆旺；副财政：郑奕亨；委员：吴源衡、赵景瑞、冯玉成、吴炽成、岑庆扬、谢伟攀、郑仁浩、唐毅鸿、冯伟光、梁永钦、岑俊城、冯炎明。检察组长：李志刚；书记：冯炎良；委员：吴万超、冯庭良、岑荣满、冯进荣。

2009 年，新董事局会议通过了第四次内部改建计划。这次改建共使用了 900 微翁。

经过十多年的连续改建，华联会内部设备逐渐完备。今天所看到的华联会，麻雀虽小，五脏俱全。三大楼面宏伟壮观，外有入口牌楼，外表古色古香。内有大小礼堂各一个，停车场两个，中型游泳池一个，网球场两个，儿童游乐场一个，办公室一个，会客室一间，课室六间。另外，租出酒家一间、唐山货超市一间、不同面积的小型商铺八间。所有租金均用作一切日常开支，专款专用。华联会迄今所取得的成就，永远名誉主席冯雪茂居功至伟，书记吴水活、财政陈文杰、已故副主席陈栋彬、李鸿扬、郑世雄和历届董事局委员亦功不可没。

华联会一向热心慈善活动和社会公益活动。2008 年，中国四川省汶川发生特大地震。华联会董事局、亚省华侨积极捐款，共得善款 440 多个微翁；2010 年，青海省玉树发生强烈地震。不巧，时华联会董事局有三分之二的委员回中国祭祖，乃经未出国的委员授权，由妇女组出面，三天内筹得善款 130 多个微翁。华联会每年都给亚省防癌协会和儿童基金会捐款，曾多次参加市政府主办的埠庆花车游行，获得很高赞誉。现今委国治安差，为了保证各会员及侨胞出入安全，华联会于 2010 年年中安装了闭路电视监控，并拟在不久的将来使用电脑卡进入。①

"华联会"地址是：Centro Social Chino De Aragua Apartado No 2077 Maracay Venezuela S. A. 。

五、华恋社中华会馆

早年旅居华恋社（Valencia，一般译作巴伦西亚。委国华人基本上都称华恋社）的华侨较少，他们多以经营洗衣铺、咖啡馆为生，地位低下，生活艰苦。后来，华恋社华侨逐渐增多，成为委内瑞拉华侨相对集中的地方。为了凝聚华侨力量，让侨胞们有一个聚会场所，1961 年，老一辈热心侨领发起并组织成立了华恋社中华会馆，同时推选吴炼金为第一任主席。会馆最初并没有属于自己的馆址，只在市区租赁了一间面积 200 多平方米的居所作为办公及侨胞聚会之用。

随着社会发展，华恋社逐渐发展为委内瑞拉主要的工商业城市。繁华的商业活动吸引着众多侨胞前来投资和居住，华恋社成为委内瑞拉华侨最为集中、人口最多的城市之一。这时就需要一个更完善的中华会馆作为侨胞的强大后盾，保护和服务侨民。1991 年（时李瑞华任会馆主席），会馆为了提升华人地位，加强与当地政府部门的沟通与联系，让侨胞拥有一个弘扬中华文化的阵地和休闲娱乐运动的场所，开始发起筹建如今的场地。建馆初期，遇到很大困难，会馆各委员不畏辛劳，穿州过府，募集捐款。最困难之时，在吴国樑先生等人的帮助和担保下，会馆主席将自家房产抵押银行以争取建筑资金。兴建会馆的计划也得到广大同胞的支持，本埠和外埠兄弟城市的侨胞慷慨捐款。在侨领冯选棠、郑炎浓、郑铭树、黄田生等人及委京华人杂货同业商会的大力支持和帮助下，新会馆在经历了艰辛的努力和付出之后，于 1997 年 2 月竣工落成，华恋社侨胞终于拥有了一个属于自己的家。

---

① 据华联会书记吴慈怀所撰稿件，2011 年 4 月 18 日。

在历届委员的苦心经营下，华恋社中华会馆发生了巨大变化。发展到今天，已成为委内瑞拉最具规模和最为活跃的中华会馆之一，闻名遐迩。会员人数从最初的一百几十人发展到数以万计。馆址从无到有，从小到大，从当初租赁场地到如今占地过万平方米，变化颇多。会馆主楼为一幢两层高、实用面积达 4 000 多平方米、极具中国特色的绿瓦飞檐建筑。内部配套有室内大会堂、委员办公室、中文学校、餐馆、图书阅览室、卫生医疗室、律师咨询室，另有篮球场、乒乓球室、桌球室、儿童游乐场等设施。这些设施绝大部分对侨胞免费开放，一直深受侨胞欢迎。会馆也是一个维侨、护侨的公益性服务团体，其下设青年会、护侨小组、康乐文化部、醒狮协会、篮球协会、象棋协会、乒乓球协会等团体。多年来，会馆在维护侨胞合法权益、提升华侨地位、支援祖（籍）国家乡建设、举办慈善公益活动等方面做了大量工作，受到中国驻委大使馆、广东省侨办、江门市政府、恩平市政府及委内瑞拉当地政府的肯定和赞许。会馆设有护侨基金，以应对华侨社会突发事件。[①]

以陈坚辉、冯永贤分别为正、副主席的新一届会馆委员从 2010 年开始任职。新一届会馆委员就职后，传承老一辈侨领的创业精神和优良传统，继往开来，与全体侨胞团结一致，开拓创新，在护侨、完善会馆管理体制、丰富配套设备、提高为侨服务水平等方面做出了大量努力，进行了新的尝试。根据这一届华恋社中华会馆委员会设计的发展蓝图，会馆扩建，新增游泳池、羽毛球场、双层停车场、购物商场、休闲茶餐厅等设施，以满足侨胞越来越多的康乐需求。2013 年 7 月 5 日，在华恋社中华会馆建馆 52 周年之际，健身房、会议室、烧烤场、儿童游乐场、停车场落成剪彩。[②] 今天，华恋社中华会馆已逐渐成为一个集集会、学习、娱乐、健身、医疗卫生和律师咨询于一炉的华人大家庭。在新形势下，会馆的主要工作是积极配合警方，努力改善治安，以人（侨）为本，关注民生，并坚持不懈地秉承爱侨护侨、促进中委人民友谊、传承中华优秀传统文化的宗旨，为广大侨胞服务。

2013 年 12 月 3 日，陈坚辉连任主席，黄田生等老委员继续留任，岑明辉等新人充实了新一届领导班子。多年来，陈坚辉凭着自己较为通晓本地语言的优势，保持着与政府有关部门的良好关系，成功地化解了一个个对侨胞生活和经商不利的难题，尽最大努力保护侨胞，为侨胞争取正当的权益。岑明辉、陈伟嶙、李锦盛 3 位年轻人首次入选，当选为副主席。冯润河自 1991 年起历任三届会馆

---

① 《委华报》，2010 年 1 月 4 日。
② 黎民：《华恋社中华会馆隆重纪念建馆 52 周年，健身房等剪彩和中文学校晚会等为纪念活动大添光彩》，《委华报》，2013 年 7 月 8 日。

委员，一直默默地工作，到 2013 年又被推举为第一副主席。黄田生一向低调，但热心为人，既有公心，又有爱心。陈坚辉连任主席后，表示将在服务侨胞和会馆建设方面取得成绩，如增加了会馆办公室、医疗诊所、律师室；新建了游泳池；成功举办了第 15 届华人华侨体育运动会；新购地皮建停车场和娱乐场（即将竣工）等。①

华恋社中华会馆创始人为：吴宏栋、吴杨霭、吴灼荣、吴炼金、吴栋惠、梁修艳、吴国樑、吴潮光、吴树常、吴森女、黄和生、李培惠、冯如庄、陈盛彩、岑福慰、曾兆业、冯如日、周桃炎、郑财丁、吴进豪、冯根朗、郑进伟（排名不分先后）。

华恋社中华会馆第十五届委员（任期由 1991 年 7 月 5 日至 1993 年 7 月 4 日）：永远顾问：冯选棠、郑铭树；主席：李瑞华；副主席：甄汝棠；中文书记：梁洽相；西文书记：冯润赞；财政：郑明高、吴永昌；交际主任：冯荣臻、冯标奇；委员：吴金叶、冯润河、冯根朗、吴威明、吴建章、吴树全、甄汝濠。

华恋社中华会馆第十六届委员（任期由 1993 年 7 月 5 日至 1995 年 7 月 4 日）：永远顾问：冯选棠、郑铭树；主席：李瑞华；副主席：郑明高；中文书记：黄田生；西文书记：冯润赞；财政：甄汝濠、吴永昌；公关：吴威明、冯标奇；体育部：吴永全、徐子平；康乐部：麦永基；福利部：吴金叶；委员：甄汝棠、吴令享、冯润河。

华恋社中华会馆第十七届委员（任期由 1995 年 7 月 5 日至 1997 年 7 月 4 日）：永远顾问：冯选棠、郑铭树；主席：李瑞华；副主席：郑明高；中文书记：黄田生；西文书记：冯润赞；财政：甄汝濠、吴永昌；公关：吴威明、郑辉平；体育部：吴永全、陈毅辉；文化部：甄汝棠、冯永贤、王诚勋；卫生部：吴令享、郑浩生、徐子平；康乐部：吴敬维、冯标奇、郑钜森、吴豪光、徐霖毅；福利部：吴金叶、冯润河；公安部：柳锦波。

华恋社中华会馆第十八届委员：永远名誉主席：冯选棠、郑铭树、李瑞华；主席：吴国樑；第一副主席：冯永贤；第二副主席：陈坚辉；第三副主席：郑钜豪；财政：冯润河；副财政：李扬声；中文书记：黄田生；第一副中文书记：郑明高；第二副中文书记：吴瓒堂；西文书记：张英帆；副西文书记：郑伟荣；保安主任：郑荣悦；副保安主任：谢健平；公关主任：郑汉荣；第一副公关主任：吴汝超；第二副公关主任：郑安能；第三副公关主任：方权裕；第四副公关主任：吴永青；文化体育主任：吴方荣；第一副文化体育主任：余霖润；第二副文化体育主任：余永泉；第三副文化体育主任：陈孝炎；康乐福利主任：余霖毅；

---

① 吴金波：《华恋社中华会馆举行就职典礼暨新年晚会》，《委华报》，2013 年 1 月 6 日。

第一副康乐福利主任：吴光甫；第二副康乐福利主任：吴柱钿。

华恋社中华会馆第十九届委员（任期由 2010 年 1 月 1 日至 2011 年 12 月 31 日）：永远名誉主席：冯选棠、郑铭树、郑炎浓、李瑞华、吴国樑；主席：陈坚辉；第一副主席：冯永贤；第二副主席：郑钜豪；第三副主席：李扬声；中文书记：黄田生；第一副中文书记：吴瓒堂；第二副中文书记：吴凌石；西文书记：吴敬元；副西文书记：冯劲赞；财政：岑明辉；第一副财政：李锦盛；第二副财政：冯进源；公关主任：冯润河；第一副公关主任：吴汝超；第二副公关主任：程广怀；第三副公关主任：陈伟嶙；第四副公关主任：冯金水；文化体育主任：徐如湛；第一副文化体育主任：陈丽；第二副文化体育主任：余霖润；第三副文化体育主任：陈坚强；第四副文化体育主任：郑建文；康乐福利主任：吴郑碧云；第一副康乐福利主任：冯大林；第二副康乐福利主任：吴国强。[①]

现华恋社中华会馆地址为：Club Caina Urbani Iacion Urb La Isabela No. 95 – 84 Valencia Venezuela S. A.；加州（省）华人杂货同业商会地址：Roberto Feng Urb. la Isabela No. 95 – 84 Valencia – Edo Carabobo Venezuela S. A.。

六、加省华人超市同业商会

加省华人超市同业商会原名为"加省华人杂货同业商会"（ACEVAC）。加省是委内瑞拉经济比较发达的一个省，首府华恋社是委内瑞拉中部肥沃平原上最大的工业城市，也是委国最富庶的农业区域，人口 100 多万。这里华商较多，华侨商业发展较快。据截至 2008 年的统计，华恋社有华侨超市约 241 家［属于连锁超市商会成员的 171 家，其中周边 4 省加入的会员商户 40 家；属于加省华联会成员的约 70 家］。[②]

加省华人超市同业商会于 1982 年 5 月在全国最大的经济商业城市华恋社成立，为最早成立的委内瑞拉华人商会之一。会员有 38 家华人商铺，主要经营超市和日用百货。商会第一届委员会有委员 21 名，郑炎浓为主席，吴扬霭为副主席。

商会的建会宗旨是：弘扬中华民族爱国爱乡精神，团结侨胞，促经济，谋发展，提升华侨地位，争取和维护华商权益，为振兴当地经济做出贡献。它的成立，标志着华侨华人社团对当地经济、商业等领域的影响迈向一个新的阶段，在

---

① 华恋社中华会馆供稿，2011 年 5 月。

② 《在"社会主义"环境下委内瑞拉华侨华人的生存状态》，吕伟雄主编：《海外华人社会新视野》，香港：香港社会科学出版社有限公司，2008 年。

委内瑞拉引起积极反响，尤其是受到当地政府重视。各大公司均表示祝贺，并纷纷主动与商会沟通联谊，加强交流，谋求新的合作和发展机会。

商会成立之初，尽管在茫茫商海中各项经验略显不足，但全体委员带领众会员精诚团结、积极探索、勇于尝试，使工作顺利有序地进行，会务不断发展，成绩喜人，也为华人商业社团建立新的发展模式开辟了先河。今天，商会会员已达178名，分布于全国多个省份，已成为一个极具影响力的大型老牌商会，对旅委华人商会的发展起了示范作用。

多年来，商会积极推进当地经济发展，拓展市场，带动就业，组织举办了不计其数的大型活动，取得了良好的社会效应。有些活动还作为传统被保留下来，每年均循例举办。如商会周年志庆，要举行盛大而隆重的宴会，中国大使馆及当地政府官员均出席。受邀嘉宾也是在社会上具有一定影响力的知名人士及各大公司代表，电视报刊等媒体会竞相报道。人们以得到一张加省华人超市同业商会的周年志庆请柬而感到光荣。由于周年志庆的日子与中国农历新年时间接近，商会侨领为弘扬中华文化，在宴会中安排醒狮表演、燃放烟花爆竹等大型活动。宴会开始前，会有一个盛大的烟花会演，此时很多当地人都会偕朋带友，相约就近观看这个特别节目。而根据中国风俗，烟花燃放时，会安排燃放一个有当年生肖图案的烟花，委内瑞拉的人们纷纷惊叹新奇。此举也让他们认识和了解中国传统新年和有关习俗。商会的周年志庆及烟花会演，将作为华侨与委国民众的共同文化盛会而被传承下去。

商会在取得商业效益的同时，也注重开展公益活动，回馈社会。多年来，在支援祖（籍）国家乡建设、支持华恋社中华会馆发展、救灾筹款等方面做了大量工作，在各项事务中发挥了积极带头作用。计商会组织与参与的主要活动有：

一是每年均调拨资金向委内瑞拉儿童福利会捐赠善款，支持公益事业，每年都得到委内瑞拉红十字会加省分会的嘉奖。

二是1996年中国华东地区发生特大水灾，造成重大损失，商会了解情况后，响应中国政府号召，发动商会内部及旅委侨胞积极捐款救灾，并通过有关部门把一笔金额可观的善款送到灾区人民手上。

三是1999年委内瑞拉东部发生地震，商会闻讯后，主动向灾区人民献爱心，伸援手，捐出一笔可观善款。此款是当时全委企事业单位中最多的一笔捐款，受到政府的特别赞扬。

四是在1997年香港回归、2001年中国申奥成功、2008年北京奥运会开幕等重大日子里，为树立中国崛起的强大形象，让远在他乡的侨胞也能切身感受祖（籍）国的喜庆氛围，商会群策群力，贡献大量人力物力，举办大型庆祝宣传活动，组织花车60多辆并安排人员上街巡游，组织侨胞观看北京奥运会现场投影，

并邀请中外使馆、当地政府官员一起参与。社区内无不欢腾鼓舞，彰显了海外侨胞的爱国之心，受到祖国侨务部门的高度评价。

五是 2008 年发生汶川大地震，灾情严重，冯永贤主席急灾民之所急，怀着爱国爱乡的热情，与中国驻委大使馆、全国华侨华人社团联合总会、华恋社中华会馆、各华人媒体等联合组织抗震救灾募捐活动。募捐活动宣传到位，侨胞捐款热情高涨，短时间内就筹得金额可观的善款，并通过中国大使馆汇到四川灾区人民手中。

2011 年 3 月，商会迎来了第十五届委员会换届选举，由于近年来委内瑞拉的经济下滑，许多商家经营陷入困境，曾担任四届商会主席的冯永贤受众人推选，被委以重任，再度担任主席一职。他率领新一届领导班子，发扬商会老一辈侨领的优良作风，艰苦奋斗，鼓足干劲，力争上游。为了引导会员寻求商机，走出低谷，他保持与各大公司、厂家的紧密联系，坚持每周召开委员会议，互通信息，针对形势解决问题。2011 年 5 月，在加省华人超市同业商会的牵头与组织下，召开了两次全国华人商会会长会议，收到了极好的效果。各商会一致认为，在困难时期，更要保持各商会的活力，迎难而上，抓住机遇，开拓市场，力促经济发展。众人对战胜目前困难、展望未来经济飞跃发展充满信心。

加省华人超市同业商会历届主席为：第一、二届：郑炎浓；第三、四届：郑铭树；第五届：冯荣臻；第六届：冯润赞；第七届：郑浩生；第八、九届：郑铭树；第十、十一、十二、十三届：冯永贤；第十四届：郑钜豪；第十五届：冯永贤。[①] 2014 年 1 月 26 日下午，在加省华人超市同业商会假座华恋社北京酒家召开的会员年会上，冯永贤连任新一届商会主席。经大家同意，任期从原来的 2 年改为 4 年。

七、华恋社华联商会

华恋社华联商会（ASUMERCA）于 1997 年 8 月由多位经营粮食杂货的资深商家组成，旨在团结商家，守法经营，为会员谋福祉，使会员的生意顺利发展。商会班子成员均在商海经营多年，有一定的经济头脑和战略眼光。他们紧密团结，精诚协作，不谋私利，得到会员的拥戴。商会从小到大，从弱到强，现已颇具规模。

商会成员各司其职、分工合作。在经济形势变幻无常的情况下，各委员密切联系商会会员，互通情报，力求自保，避免遭受不测之灾。因委国经济萧条，货

---

① 加省华人超市同业商会供稿，2011 年 5 月 13 日。

物奇缺，为了给会员争取利益，也为了让各杂货铺谋得发展，商会领导牵头与有关供货单位协商，争取供货，并争取好的供货价。商会先集资订货，然后分送给各商家，从而使会员在夹缝中恢复生机，渡过了难关。对歧视华商的供货单位，商会委员敢于不屈不挠地与之据理力争。几年前，某公司在同样供货的情况下，对一些外国人店铺给予优惠价，对华商的供货价则略高一筹。这种歧视华商的行为在华商中引起了极大反响。商会领导遂联合其他商会，在与该公司多次协商无果的情况下，在加省开展抵制该公司货物进入店铺的行动，主宰加省杂货行业命脉的华侨商店不买该公司的货，致该公司生意额大降，最后不得不为自己歧视华商的行为道歉。此举大长了华侨的志气。

在护侨、助侨方面，商会委员也做了大量的工作。特别是，吴梓钦副主席利用自己与当地警方和政府部门的良好关系，为需要帮助的侨胞解决了很多困难。甄卓仁主席也曾利用自己与卫生局人员相熟的有利条件，集中给有需要的商会会员店铺领取卫生证件，为他们解除了很多后顾之忧。

华联商会还经常与兄弟商会交流，取长补短。商会的领导班子成员定期集中聚会，研究当前形势，互通情报，制订新的工作计划，推动商会工作迈上新的台阶。

商会领导积极带领会员参与赈灾、救灾活动，奉献爱心。在 2008 年汶川大地震和 2010 年委内瑞拉水灾中，商会成员自觉捐款捐物，把温暖送给受灾者。[①]

近些年来，由于委内瑞拉经济不振，商家面临前所未有的挑战。特别是"成本与价格"新法实施后，商家不但销售利润受到严格控制，而且在经营方面面临种种要求，但商会坚持同心协力，精诚合作，共寻商机，采取不同的策略、不同的措施，为商家找出路、谋发展，引导会员迎难而上，守法经营，文明经商，为繁荣当地市场、促进经济发展做出了积极贡献。

八、玻利瓦尔中华会馆

20 世纪 60 年代，玻利瓦尔省玻利瓦尔市已有中华会馆组织，时称"和利华中华会馆"（Club Chino Bolivar，1971—1972 年改称"保利华中华会馆"），关其杰任主席。其时玻利瓦尔市只有 10 户华侨，总人数不足 60 人，除去老者及妇幼，青壮年只有十五六人。但这十来人义无反顾地承担起会馆的工作。20 世纪 60 年代的治安良好，民风淳朴，夜不闭户。会馆平时的工作无非是在喜庆与重要纪念日升挂国旗，以及筹款回乡办学、修祖庙等事。此外最重要的工作便是安

---

① 华恋社华联商会供稿，2011 年 6 月。

置和照顾那些无亲无故的年迈华侨，为他们解决食宿乃至百年后入土安葬等问题。

1971—1972 年，关其杰举家移民美国，主席一职由莫和接任，首次划分职务，分配会馆职务。1973 年莫和迁居加拉加斯发展，李康继任主席。其时委内瑞拉经济一片大好，无依无靠的老人家尽已故去，由是会馆形同虚设，日渐式微。李康后来移民美国。20 世纪 80 年代后，迁居玻利瓦尔市的华侨日渐增多，几达百家，于是有同胞推举侨领冯辉（现任冯碧强主席之叔父）重组会馆。冯辉辛苦经营了数年，太平无事。

到 20 世纪 90 年代，委国经济下滑，政局动荡。2002 年爆发了哄抢事件，华侨店铺首当其冲。数日之间，玻利瓦尔市 6 家华侨店铺遭抢。其中一岑姓同胞店铺被抢之后，还被放火烧光。形势严峻，人人自危，于是，中国城酒家东主冯积康振臂一呼，侨胞们共聚一堂，谋求重组会馆，团结力量，以解燃眉之急。但组织会馆非朝夕之功，当时只选出侨领伍永昌任主席。他立即组织人手，筹得款项，送到军警部门，要求加派巡逻人手。与此同时，命秘书投书该省省长及军警首长，并命冯志强致电中国大使馆求援。军警部门收钱后，只是装模作样地巡查了两圈，便再无下文，投书亦如石沉大海。中国大使馆的王珍大使虽在休假，但仍嘱咐参赞和领事亲临玻利瓦尔市会见省长，要求他正视哄抢问题。省长即令国家防卫军（宪兵）上街，制止了一场哄抢浪潮。王珍休假之后随即访问玻利瓦尔市，忠告同胞们团结起来，排除私见，组织会馆，还语重心长地就如何组织和运作会馆提出指导性意见。2002 年 5 月，玻利瓦尔中华会馆正式成立。首届主席为伍永昌。后来他因健康问题而身退。2004 年，冯碧强获选新任主席，一直连任至今。现在的会馆，大部分委员为青年人。他们朝气蓬勃，热爱公益，满腔热情地为侨胞服务。

会馆也积极参与当地的慈善事业。例如，2010 年委内瑞拉全国连月发生洪灾，导致 12 个州变成泽国，数万灾民流离失所，粮食与饮用水短缺，虽经中央和各省政府全力营救，但仍未能满足灾民的基本需求。其时已有很多公私组织开展募捐救灾活动。在此情况下，会馆发出《赈灾通告》，呼吁全体侨胞不甘落后，慷慨捐输，解救灾民于水火，乐做善事，回馈社会，也借此提高华人声誉。

2002 年选出的第一届玻利瓦尔省中华会馆领导班子（任期两年）：主席：伍永昌；副主席：冯碧强、鲍超帆；名誉会长：冯积康；财政：伍汉潮、冯志强；文书：李国栋、吴茂灵；公关：郑武坤、伍焕能；顾问：何国瑞、吴旭光、郑国培、陈少雄、冯积创、何国存、郑锡添、吴裕聪、冯健明、郑超、吴兵。

2005 年 2 月 5 日选出的第二届玻利瓦尔省中华会馆领导班子（任期两年）：主席：冯碧强；副主席：伍汉潮、冯志强、鲍超帆、何国存；财政：何国辉、吴明康；中文秘书：冯灼才；西文秘书：冯振荣；中西秘书：鲍超帆；监督：冯哲文、何国瑞、冯健明；公关：冯锦成、吴裕聪、冯宝来；文康：冯立勋、冯锡勤、陈少雄。

2011 年 1 月 19 日选出的新一届玻利瓦尔省中华会馆领导班子：顾问：冯哲文、何国存、冯志强、伍汉朝、冯积仓、李国栋、郑锡添；主席：冯碧强；副主席：郑武坤、何健康、鲍超帆、郑超锦、郑艺彬、冯宝来；财政：何国辉、岑锦堂、卢昌焕；秘书：鲍超帆、伍伟明；翻译：冯振荣；交际：冯利活、伍大维、郑广进、吴明康；文娱活动：冯立勋、伍大维、梁义龙、谢毅云、卢坚毅；妇女组：赵伊娜、冯乃芬、李妙静、何才秀、莫艾清、吴小清；分区委员：Periferico；P. Meneses 区：冯哲文、冯利活、伍大维、郑广进；Sabanita；Colon 区：郑艺彬、冯宝来、伍汉朝、卢昌焕、岑锦堂、冯源源、冯杰财、莫满华；Vista Hermosa；Negro Primero 区：谢毅云、郑武坤、何暖强、卢坚毅、郑国泉、岑柏安；Soledad 区：梁义龙、岑崇辉、冯定财；Proceres；Peru 区：吴炳桥、冯超明；Centro 区：鲍超帆、郑超权、冯锡勤。[①]

九、玻利瓦尔省中华商会

玻利瓦尔（Bolivar，华人有时译作保利华）省面积辽阔，为委国最大的行政省，从地图上看几乎占据委国疆土的 1/3。境内有世界著名的奥里诺科河，和嘉罗尼河贯通，以及绵延起伏的秀丽群山，与巴西接壤。由于地理位置特殊，土地广阔，区内华人分布比较零散。辖区内圣费利克斯埠历来是全委犯罪率最高的地区之一，因而在此居住谋生的侨胞在治安、经营、合法权益等问题上面对着不少的问题。有鉴于此，在吴汉光、何国威、吴金享、吴伟壮、何松明、吴汉楼、吴毅文、郑联发等一班热心侨领的发起和带领下，经玻利瓦尔省侨胞共同努力，玻利瓦尔省中华商会（Asociacion Civil De Chinos Comerciantes Del Estado Bolivar.，简称"ASOCOBOL"）于 2006 年 9 月 27 日正式挂牌成立，办公室设在 Pto Ordaz 埠。

自商会成立以来，在各届主席及委员的带领下，商会团结合作、共同努力，越办越出色，在爱侨护侨方面起了积极的作用。2008 年中国汶川地震，商会发动全省侨胞捐款救灾，各委员出钱出力，筹得不少善款，为灾区同胞献出爱心。为了让广大侨胞更好地融入当地社会，商会开办了西班牙语学习班，又多次组织捐款，资助当地孤儿院及患癌症的小朋友等。商会的努力得到当地政府的充分肯

---

① 保利华中华会馆副主席兼秘书鲍超帆供稿，2011 年 6 月。

定与赞许。

在委国经济和治安奇差的环境中，为了广大侨胞的利益，商会积极与当地军方、警方、工商等相关政府部门及中国大使馆保持紧密联系与沟通，为侨胞创造了良好的生活环境。如 2010 年 Pto Ordaz 埠发生劫童案，劫匪持枪在光天化日之下闯入华人商铺把一个两岁儿童劫走。事件轰动了整个玻利瓦尔省。正在办公室开例会的商会领导接到儿童家人的求助电话后，果断地成立了营救小组，随即展开行动。营救小组成员放下自己生意，不顾个人安危，亲临事发地，并前往省特警总部寻求沟通。凭着平日与军方、警方的良好关系，营救小组与他们一同商议营救方案，采取行动，只用了 6 天时间便成功地救出了被劫儿童，将绑匪绳之以法。通过这次绑架案，越来越多的侨胞深深认识到，要有一个属于华侨自己的组织，团结协作，才能战胜困难。如今，几乎所有华人商铺都加入了玻利瓦尔省中华商会，商会通过努力为侨胞服务，不断发展壮大。

玻利瓦尔中华商会第一届委员会（2006—2008 年）主席：何松明；副主席：吴金享、吴汉楼；秘书长：郑联发；会计：Azael Hug Martinez；秘书：Eita 叶。地区委员：郑胜日、岑栋杨（Pto Ordaz）；吴金享、吴汉江、吴伟壮、何国威、冯瑞聪、吴汉楼（San Felix）；郑联发、郑玩勤、吴捷添、吴新华（Upata）；陈炳辉、吴金尧（Guasipati）；冯福匀、何永能（Callao）；何亮明、陈满森（Tumeremo）；陈柏熙、何华辉（Sta Elena）。

玻利瓦尔中华商会第二届委员会（2009—2010 年）名誉主席：何松明；主席：郑联发；副主席：吴毅文、郑胜日、郑玩勤；秘书长：陈素华；会计：Azael Hug Martinez；顾问：吴瑞灼；秘书：Eita 叶。地区委员：郑胜日、岑栋杨、郑建创（Pto Ordaz）；吴伟壮、吴毅文、吴汉楼、冯瑞聪、吴金享、何国威、谢国清、吴景泉、何永年、李茂俸、郑佳豪、陈竞、郑庞（San Felix）；吴荣海、郑玩勤、吴永强、吴新华（Upata）；陈炳辉、吴金尧（Guasipati）；冯福匀、何永能（Callao）；何亮明、陈满森、黎艺辉（Tumeremo）；陈柏熙、何华辉（Sta. Elena）。财政核数员：吴荣海、黎艺辉。

玻利瓦尔中华商会第三届委员会（2011—2012 年）名誉主席：何松明；主席：郑联发；副主席：吴毅文、吴金享、何国威、陈竞；秘书长：陈素华；顾问：吴瑞灼、吴汉江；会计：Azael Hug Martinez；财政：吴伟壮、吴汉楼；秘书：Eita 叶。地区委员：郑胜日、岑栋杨、吴毅文、冯远宁、余永亮（Pto Ordaz）；吴金享、吴伟壮、吴汉楼、冯瑞聪、陈国富、何国威、陈竞、吴玩景、郑满冲、陈金达、郑国崇、陈福达、吴健雄（San Felix）；吴荣海、吴永强、吴卓锋、郑玩勤（Upata）；吴金尧、何年威（Guasipati）；何永能、冯福连（Callao）；何亮明、陈满森、吴永泉（Tumeremo）；陈柏熙、何华辉、吴炳雄（Sta Elena）。[1]

十、拉省中华会馆、巴基西梅托埠华商联合会与拉省中华商会

拉省位于委内瑞拉西南中心地带，为全国的农业生产基地，也是西南五省的交通枢纽。现旅居拉省的华侨多经营杂货铺、百货批发及零售、烧鸡铺，次为塑料制品工厂、五金建材店、香水店、洗衣店等。拉省首府巴基西梅托处于委国西南部，是委内瑞拉五大城市之一，这里华侨众多，华侨居住人口超过3万，其经营的商店数以千计。[2] 巴埠华人商会会员覆盖本省各中小城市，是目前全国中华商会中会员最多的一个商会。

2013年9月13日，委内瑞拉拉省巴埠一中心商业街在一片锣鼓声中，被宣告命名为唐人街。这是委内瑞拉首条唐人街。是日，当巴埠中华会馆主席郑永生和巴埠规划部长将幕布徐徐揭开，伫立于街边的用西文书写有"唐人街"的街碑，成为巴埠唐人街永远的见证。

揭幕仪式虽不隆重，但十分热烈。精彩的舞狮，铿锵有力的鼓声，噼噼啪啪的鞭炮声，都吸引了顾客和行人驻足观看。拉省中华会馆郑永生等，巴埠规划部长等及巴埠侨胞出席了命名仪式。郑永生在揭幕仪式上接受中西媒体记者采访时说，今后要进一步打造唐人街，引导华商在做好生意的基础上，继续努力，不断完善唐人街的有关设施，如建设好牌楼、闸阁等，使唐人街富有中国特色。[3]

拉省（巴埠）中华会馆始建于1945年，会址位于巴基西梅托市22街交31街与32街间，规模不大，侨胞郑连煜用自己的积蓄先行建造，之后由各会员合资支付。其时名称为"中委会巴埠中华会馆"，后又称"旅委巴埠中华会馆"。直到2010年，因本地区华侨人数剧增，遍及拉省大中小埠，为扩大对会员的服务面，经第22届执行委员会决定，才更名为"拉省中华会馆"。

初时的中委会巴埠中华会馆是一个由22名会员组成的民间组织，分别是：刘孟均、黄仁盛、侯相焕、刘雅辉、吴锡麟、区文胜、刘立笃、吴树才、黄礼威、刘孟畴、侯秋、侯才荣、区炎、刘孟淋、萧炎、郑连煜、余中卓、黄经寅、潘悦隆、莫捷、吴才、颜用世。会馆宗旨是联络侨胞感情，保障侨胞福利，弘扬祖国文化，增进中委友谊。当时大多数侨胞以打工维生，经济收入少，为团结互助、凝聚乡情而走到一起。因会员较少，各方面的服务需求不多，能够成立一个

---

[1] 玻利瓦尔省中华商会供稿（玛莉花整理），2011年4月10日。

[2] 一说巴埠现旅居华侨38 000多人，其经营的杂货超市、日用百货、五金建材等店铺不下2 000家。参见黎民、吴金波：《委内瑞拉巴埠一商业中心街命名为唐人街》，《委华报》，2013年。

[3] 黎民、吴金波：《委内瑞拉巴埠一商业中心街命名为唐人街》，《委华报》，2013年。

华侨社会组织已属不易，故会馆没有设立执行委员会，也没有选举主席和其他岗位职员。

直到 1960 年 2 月 8 日，方选举出第一届执行委员会，包括主席及各个岗位职员。其时侨胞日渐增多，各项需求随之增加，且很多侨胞已开始做生意，因此，经会馆执行委员会研究决定，于同年 10 月间集资购建一间位于 40 街交 23 街与 24 街之间的房屋和空地，作为会馆新地址。

到 1974 年，开始在欧贝里斯科（Obelisco）附近筹建会馆，于同年底完成各项工作，复于 1975 年 1 月 18 日举行开幕典礼。

到 1988 年，又开始筹建现时的新会馆。历经两年筹备建设，于 1991 年 1 月完成大堂、篮球场、足球场及部分的配套设施工程。此会馆据说是目前委内瑞拉占地最大的华侨会馆，可进行包括篮球等在内的多项比赛。2007 年委国华人运动会即在该会馆内举办。[①] 但到目前为止，有很多项目尚未完成，今后尚有赖于侨胞合力为之。

1960 年 1 月 26 日举行会馆第一届执行委员会选举，产生了首届执行委员会。主席：吴锡麟；执行委员：刘孟均、刘孟畴、萧炎、郑连煜、侯才荣；常务委员：刘立笃；财政：侯相焕；中文书记：吴树才；西文书记：区炎；交际：区炎；庶务员：潘悦隆。

1964 年 5 月 22 日举行第二届执行委员会选举，产生了新的执行委员会，并于 1964 年 5 月 26 日就职。主席：吴锡麟；西文书记：区炎；交际：区炎；庶务员：潘悦隆。

1967 年 5 月 28 日举行第三届执行委员会选举，产生了新的执行委员会，并于 1967 年 6 月 15 日就职。主席：郑欢荣；副主席：区景魁、刘景宣；财政：吴麟、陈家炳；中文书记：陈立鸿；西文书记：区炎；交际：梁文熙；监察：陈立仁、陈立礼；娱乐：冯根存、郑全；庶务员：刘立笃。

1969 年 5 月 11 日举行第四届执行委员会选举，产生了新的执行委员会，并于 1969 年 5 月 18 日就职。主席：刘景宣；副主席：区景魁；财政：陈新朋、冯长赞；中文书记：陈立仁；西文书记：区炎；交际：梁文熙、刘立笃；娱乐：冯根存。

1971 年 5 月 22 日举行第五届执行委员会选举，产生了新的执行委员会，并于 1971 年 5 月 30 日就职。主席：刘景宣；副主席：区景魁；财政：陈新朋、冯长赞；中文书记：梁纪；西文书记：区赐荫；交际：梁文熙、刘立笃；娱乐：冯

① 《在"社会主义"环境下委内瑞拉华侨华人的生存状态》，吕伟雄主编：《海外华人社会新视野》，香港：香港社会科学出版社有限公司，2008 年。

根存。

1975 年 5 月 21 日举行第六届执行委员会选举，产生了新的执行委员会，并于 1975 年 6 月 3 日就职。主席：郑华柱；副主席：刘景宣；常务委员：郑连煜、陈立仁、区景魁、陈新朋、雷灼均、冯长赞、陈卓柱、郑进湘；财政：陈锐坚、何林楚；监察委员：吴华超、陈锐涛、陈锐锋、陈家炳、高吉棠；交际：梁文熙、郑欢荣；娱乐：冯根存、郑连金；中文书记：侯新丁；西文书记：刘景宣；庶务：刘立笃。

1977 年 5 月 24 日举行第七届执行委员会选举，产生了新的执行委员会，并于 1977 年 6 月 2 日就职。主席：郑华柱；副主席：郑连金、刘景宣；财政：陈锐坚、何林楚；中文书记：侯新丁；交际：梁文熙、郑欢荣；娱乐：冯根存；庶务：刘立笃；常务委员：区景魁、陈立仁、高吉棠、郑连煜。

1979 年 5 月 21 日举行第八届执行委员会选举，产生了新的执行委员会，并于 1979 年 5 月 28 日就职。主席：郑华柱；副主席：郑欢荣、区景魁；中文书记：郑连金、侯新丁；财政：陈新朋、陈锐坚；常务委员：陈立仁、高吉棠、郑连煜、陈家炳；交际：梁文熙、郑欢荣；娱乐：冯根存。

1981 年 5 月 16 日举行第九届执行委员会选举，产生了新的执行委员会，并于 1981 年 5 月 22 日就职。主席：郑连金；副主席：郑欢荣、区景魁；中文书记：侯新丁；常务委员：郑华柱、陈锐坚、高吉棠、郑连煜；财政：陈新朋、何林楚；交际：梁文熙；娱乐：冯根存。

1983 年 5 月 20 日举行第十届执行委员会选举，产生了新的执行委员会，并于 1983 年 5 月 27 日就职。主席：郑连金；副主席：刘景宣、区景魁；中文书记：侯新丁；常务委员：郑华柱、陈锐坚、高吉棠、陈立仁；财政：陈新朋；交际：梁文熙、郑欢荣；娱乐：冯根存、郑杜成。

1985 年 5 月 16 日举行第十一届执行委员会选举，产生了新的执行委员会，并于 1985 年 5 月 23 日就职。主席：郑华柱；副主席：郑欢荣；常务委员：郑连煜、陈立仁、郑连金；中文书记：侯新丁、郑朝春；财政：陈新朋、陈家炳；交际：梁文熙；娱乐：冯根存。

1987 年 5 月 28 日举行第十二届执行委员会选举，产生了新的执行委员会，并于 1985 年 5 月 28 日就职。主席：郑华柱；副主席：郑欢荣；中文书记：侯新丁、郑朝春；财政：陈新朋、陈家炳；交际：梁文熙；娱乐：冯根存、郑杜成。

1989 年 5 月 20 日举行第十三届执行委员会选举，产生了新的执行委员会，并于 1989 年 5 月 23 日就职。主席：郑华柱；副主席：郑欢荣；中文书记：侯新丁、郑朝春；财政：陈新朋、陈家炳；交际：梁文熙；娱乐：冯根存、郑杜成。

1991 年 5 月 22 日举行第十四届执行委员会选举，产生了新的执行委员会，

并于1991年5月29日就职。主席：冯根存；副主席：郑欢荣、陈坚锐；中文书记：岑英仁、郑朝春；财政：陈新朋、郑梅滚；交际：梁文熙、郑永生；娱乐：郑瑞韶、郑杜成。

1993年5月17日举行第十五届执行委员会选举，产生了新的执行委员会，并于1993年5月24日就职。主席：冯根存；副主席：蔡佐明、郑梅滚；中文书记：岑英仁、郑朝春；财政：陈新朋、郑瑞雄；交际：梁文熙、梁汉伟、郑永生；娱乐：郑瑞韶、郑杜成。

1995年11月2日举行第十六届执行委员会选举，产生了新的执行委员会，并于1995年11月9日就职。主席：冯根存；副主席：蔡佐明、郑梅滚；中文书记：岑英仁、郑朝春；财政：陈新朋、郑瑞雄；交际：梁文熙、梁汉伟、郑永生；娱乐：郑瑞韶、郑杜成。

1998年11月6日举行第十七届执行委员会选举，产生了新的执行委员会，并于1998年11月13日就职。主席：冯根存；副主席：郑梅滚、陈锐坚；财政：陈新朋、郑瑞雄；中文书记：郑朝春、岑英仁、郑永生；交际：梁汉伟、唐利；娱乐：郑瑞韶、郑杜成。

2001年1月25日举行第十八届执行委员会选举，产生了新的执行委员会，并于2001年2月8日就职。主席：岑英仁；副主席：蔡佐明、陈锐坚；财政：陈新朋、郑梅滚；中文书记：郑朝春、郑永生、梁汉伟；交际：唐利、郑荣炽；娱乐：郑瑞韶、郑杜成。

2003年6月17日举行第十九届执行委员会选举，产生了新的执行委员会，并于2003年6月24日就职。主席：冯根存；副主席：郑华柱、蔡佐明、梁汉伟；监察：陈卓柱、陈锐坚；秘书：郑荣炽；交际：唐利、吴柏伦；娱乐：郑瑞韶、郑杜成。

2006年1月12日举行第二十届执行委员会选举，产生了新的执行委员会，并于2006年2月3日就职。主席：冯根存；副主席：郑永生、梁汉伟、郑梅滚、唐力行、郑永汉；财政：唐力行、郑瑞雄；西文秘书：郑荣炽；中文秘书：唐力行；外交：梁汉伟、郑永生；娱乐：郑瑞韶、郑杜成。

2007年12月2日举行第二十一届执行委员会选举，产生了新的执行委员会，并于2007年12月7日就职。主席：冯根存；副主席：郑永生、梁汉伟、郑永汉；财政：郑瑞雄、郑梅滚；中文秘书：岳赞炎；西文秘书：郑荣炽；公关：冯仕明、伍思雄；娱乐：郑瑞韶、郑杜成。

2009年12月20日举行第二十二届执行委员会选举，产生了新的执行委员会，并于2009年12月27日就职。主席：郑永汉；副主席：郑永生、梁汉伟、陈荣舜、郑杜成、岑国强；常务主任：岳赞炎、郑瑞雄；财政：张润良、唐力雄、周健琛；中文秘书：郑绵军、吴武军、郑洪威；公关：伍思雄、冯仕明、郑华洋；文娱：郑瑞韶、冯惠洪、梁焕年；妇女：吴佩琴、梁焕琴、陈嘉惠；护侨：郑育森、岑荣辉。①

巴基西梅托现有巴基西梅托埠华商联合会（简称"巴埠华人商会"）和"拉省中华商会"两个商会。②前者成立于1993年初，后者成立于2001年12月8日。

巴埠华人商会成立前，委内瑞拉政局动荡，经济不稳，特别是超市行业，货源日渐短缺，供销商只对全国连锁店或大型超市实行优惠政策。这对中小型华侨商铺十分不利，将在恶性市场竞争中失去竞争能力，甚至可能被淘汰。当此关头，巴埠老侨领郑华柱、陈锐坚、蔡佐明和岑英仁等号召全体侨商团结起来，经讨论，决定采取团购方式来应对市场竞争。其时，在委内瑞拉唯一一个华人社团商会——加省华人杂货同业商会骨干分子的积极指导和本埠侨商的大力支持下，于这一年年初成立了巴埠华人商会，并选举产生了首届商会正副主席和委员。之后商会各届主席和副主席名单如下：

第一届（1993—1995年）：主席：郑华柱；副主席：蔡佐明。第二届（1995—1997年）：主席：郑华柱；副主席：蔡佐明。第三届（1997—2000年）：主席：蔡佐明；副主席：陈锐坚（因特殊情况，两个月后，由副主席陈锐坚代任主席）。第四届（2000—2003年）：主席：陈锐坚；副主席：郑永生。第五届（2003—2005年）：主席：郑永生；副主席：郑杜成、侯永福。第六届（2006—2008年）：主席：郑永生；副主席：郑杜成、刘伟侨、吴国勋。第七届（2009—2012年）：主席：郑永生；副主席：郑杜成、吴国勋、刘伟侨。③

拉省中华商会（ASOCVEL）成立时，社会动荡，政党斗争激烈，罢工、示威、游行不断，治安奇差，经济低迷，货币贬值，物价飞涨，主要食品经常短缺。有鉴于此，郑炳湛、陈殿凡、何京年三位有识之士吸纳一些专门经营杂货批发的华商，成立拉省中华商会，以求团结起来保障自己的权益。经他们倡议和组织发动，很多杂货批发华商纷纷加入，并选举出第一届领导班子：主席：郑炳湛；副主席：陈殿凡、何京年；财政：唐力行、郑悦齐；中文秘书：唐利；西文秘书：郑永汉；常务委员：郑永恩、郑健锋、吴卓雄、周纪强、郑奕彬、吴安树。

在郑炳湛的带领下，领导班子全体成员精诚团结，同舟共济，在变幻莫测的

---

① 拉省中华会馆梁焕年搜集资料并供稿，2011年4月15日。

② 《在"社会主义"环境下委内瑞拉华侨华人的生存状态》，吕伟雄主编：《海外华人社会新视野》，香港：香港社会科学出版社有限公司，2008年。此书中，"拉省中华商会"作"拉省华商会"。

③ 巴埠华人商会供稿，2011年5月。

商海上力挽狂澜，战胜惊涛骇浪，积极维护会员的合法权益。商会提出"互通有无，搞活全局"的策略，对较难求购的商品，商会采取集体进货的办法；对畅销、滞销的商品，则在会员之间彼此交换；还实行"大船带小艇"，由经营面较大的会员向经营面较小的会员提供照顾。商会靠发扬团结互助精神，获得了会员的信任、拥护和支持。故当 2003 年第二届领导班子举行选举时，首届班子成员全部连任。

2006 年，拉省中华商会通过选举产生了第三届领导班子：荣誉主席：郑炳湛；主席：郑永汉；副主席：郑永恩、陈殿凡、唐力行、何京年；财政：郑悦齐、唐力雄；中文秘书：岳赞炎；西文秘书：郑健锋；常务委员：郑奕彬、吴安树、梁伟瑞、郑国辉、吴卓雄。新一届领导班子以中青年为主体。他们精力充沛，团结互助，为维护会员的合法权益，保证商会的正常运转，主动加强与各大公司的联系与沟通，取得其对商会的信任和支持。同时，与各大公司的经理、销售人员交朋友，联络感情，增进友谊，彼此间建立了紧密的合作关系。故当商会出现商品严重短缺情况时，各大公司能给予大力支持，解了燃眉之急，从而保证了会员生意正常进行。

商会主席郑永汉为搞好、搞活商会，凡事以身作则，身体力行，对会员有求必应，还经常注意政局与商业动态，凡听到电视广播或报纸刊登的政局信息，以及经济、金融、法制、劳工、物价等方面的消息，即及时传递给会员，大大提高了会员的政策和法制意识。

商会成立十年来，在郑炳湛和郑永汉两位新老主席的带领下，全体会员积极做好各项工作，商会会务进展顺利，为进一步发展奠定了厚实基础。商会积极回馈社会，凡义事善举，都组织会员积极响应。当地老人院和残疾儿童基金会，有他们送去的爱心；南亚地区海啸、家乡广东水灾、祖国大陆雪灾、四川汶川地震等，有他们伸出的援手。此外，侨胞组织举办的委内瑞拉华人小姐选美大赛、在委内瑞拉举行的 2007 年中南美洲反"独"促统大会、巴埠华人运动会、巴埠会馆联欢晚会等，他们都出钱出力。[1]

十一、安省华侨福利会

拨度那古暗亦称十字港（Puetro La Cruz），是一个港口城市，连接巴塞罗那（Barcelona）市，已有几百年的历史。安省的最早兴旺是始于虎埠。它之所以兴旺，一是由于盛产石油、煤气，二是由于地理条件适中（在 Pariguan 与 Anaco 之

---

[1]　拉省中华商会供稿，2011 年 5 月。

间），因此这 3 个城市得以蓬勃发展。20 世纪 20 年代就有华人在拨度那古喑居住。20 世纪 80 年代以来，华侨大规模涌入，改变了这座中小城市的人口结构，也带来了商机。安省现有华侨 2 万人左右。

早在 1940 年左右，安省就已有许多华侨从商。至 1964 年，当地华侨同胞合力在十字港成立了中华会馆（Asociacion China Puerto La Cruz），为后来华侨福利会的创建奠定了基础。中华会馆位于安省十字港 Calle Ricuarte 的一间屋宇内，是当地华侨唯一的聚会之地，每逢周末和公众假期，人们相约到此举办娱乐活动，打马吊、天九，小孩们也结伴玩耍，大家过得非常高兴。

安省华侨福利会（Centro De La Colonia China A. C）是顺应华侨社会发展的需要而产生的。其时中华会馆可容纳数十人，作为华侨的活动场所尚算宽敞，但后来随着华侨人数逐渐增多，中华会馆便显狭窄。至 1980 年，侨界有识之士郑国玲、吴励章有鉴于此，同时觉得需要建立一个更大的会馆以利华侨子弟更好地成长，从而使华侨有一个大家庭。经他们商量，联同郑植洪、郑森懋一道，从零开始，在全国侨界开展募捐。他们不辞劳苦，从十字港开始，奔走于各省，甚至远至马拉开波，进行全国性募捐。他们后来回忆说，那时真是非常感谢各省各埠侨胞的慷慨解囊，因为有了他们的支持才能筹建起今天的华侨福利会。

1981 年至 1982 年，吴励章和郑国玲开始寻找会址，后在十字港与巴塞罗那两市之间一个叫雷彻日亚（Lecheria）的城市购得一块地皮，即如今的华侨福利会会址。当时相对于商业重镇十字港和巴塞罗那来说，雷彻日亚市显得更为清洁雅观，环境优美，街道绿树成荫，房屋均为别墅式，居民也较为富裕。其时被列为游览区，称为"Zona De Turistica"。

不料在图纸设计期间，却遭遇重重困难。会址邻居住着当时的市长，他在第一时间就否决了其居所邻近建筑会馆，理由是会馆之内设餐厅，且卖酒，如有人醉酒闹事，则对邻居影响甚大。郑国玲、吴励章则以雷彻日亚市是"Zona De Turistica"为由，与之据理力争，称有权申请建筑会馆。双方争持数月，达白热化，后经双方朋友劝解，市长态度才开始转变，最后批下公文同意兴建会馆。

华侨福利会建设期间，因没有主席及委员，群众推荐郑国玲代任临时主席，吴励章暂代财政，保管建筑款项及监管建筑过程。几经艰辛，华侨福利会场所终于建成。1983 年 2 月 13 日，一个风和日丽的星期日，华侨福利会正式开馆。当时安省省长、军部要人也应邀与会参加庆典。在那个年代，这是一次很体面的盛会。华侨福利会可以说是当时委国华侨社团最体面的会址之一，自然也开始成为当地华侨聚会及对外交往的基地。今天的福利会，集娱乐、休闲、集会、体育活

动及学习中国文化等多种功能于一体，是当地侨胞节假日的好去处。①

自创立至今 30 多年的漫长岁月中，华侨福利会经历过不少困难和挫折，秉承联络侨胞、服务侨胞的宗旨，一心一意为侨胞谋福祉，想方设法维护侨胞的合法权益。在 20 世纪 10 年代之后的艰难困境中，福利会在主席莫瑞锋的带领下，不断加强与当地军、政、警各方有关部门的沟通和联系，尽最大努力为侨胞排忧解难，赢得了大家的好评和敬重。在历届侨领、职员和本埠侨胞的努力和支持下，福利会已发展成为安省侨胞一个温暖的大家庭，也是护侨核心力量的所在地。福利会在为谋求侨胞的福祉、维护侨胞合法权益和保护侨胞生命财产安全等各方面做出了不可磨灭的贡献。2015 年 10 月 11 日，安省华侨福利会举行换届选举。李国忠接替莫瑞锋当选安省华侨福利会新一届主席。新当选主席的李国忠，是当地商会两任主席。②

安省华侨福利会地址位于：Av Piritu Esquina Los Uveros Lecherias Barcelona Edo Anzoatequi Venezuela S. A 。中华会馆的地址为：Centro Social Chino Calle Ricaurte No. 79a Puerto La Crue Edo Anzoatequi Venezuela。

十二、安省虎埠中华会馆

早在 20 世纪 30 年代，由张先生等 7 位侨胞以私人名义在虎埠市中心购置了一间会馆。先侨们素有爱国爱乡传统，曾先后捐款，赈济 1943 年的大饥荒及抗日战争，备受当时国民政府嘉奖。有关文物保存在广东省江门华侨博物馆。到 1973 年，由于大部分侨胞向外发展，只剩下 3 户华侨在此地做生意。最后一任会馆主席为陈伟俊。遗憾的是，该会馆因停止运作 30 余年，根据委内瑞拉法例，已被收归国有。

从 1973 年至 2006 年，虎埠市华侨店铺渐增。在热心人士的倡议下，2006 年 6 月，虎埠中华会馆成立了。陈咏隆当选为主席，李国忠当选为第一副主席。该会成立后，即筹备一笔钱，购买了一块空地，准备新建会馆。无奈当时治安不良，绑架案频发，不少侨胞谈"虎"色变，纷纷退避，导致计划落空。在此期间，本埠侨胞积极参与汶川大地震赈灾活动及其他公益事业。可谓功不可没。

虎埠中华会馆第一届主席：陈咏隆；第一副主席：李国忠；副主席：吴捷鑫、张伟健；财务：李坚能、吴健醒；公关：吴旭东、郑洪国、谢文杰、岑顺

---

① 吴励章、冯年欣提供资料，陈巧珠执笔，2011 年 5 月。
② 莫熙丰：《安省华侨福利会换届选举选出主席李国忠接替莫瑞锋当选》，《委华报》，2015 年 10 月 12 日。

荣；中文秘书：谢文杰（兼）；西文秘书：陈伟俊；委员：冯泉浪、吴沃光、陈广湛、伍郁欣、吴力凡、莫健华、岑华强、陈俊昂、潭启昌、吴润扬、唐武能、吴汉华、岑日强、张健华、岑志坚、吴捷源（排名不分先后）。

十三、巴塞罗那中华商会

巴塞罗那中华商会成立于 2004 年 1 月，由旅居本地区的华商组成，以商铺为单位。商会成立之初有 30 个会员，不到一年，发展到 100 个会员。现共有 150 个会员，遍布于安省大小城市。

该商会在委国政府合法注册。商会的宗旨是：团结广大华商，争取更大的正当权益。商会定位为一个华侨社团组织，团结、带领本地区侨胞为争取侨胞福祉而奋斗。商会成立以来，坚持带领华商合法经营，带领侨胞融入当地社会，为搭建中委桥梁做了大量工作，从而提高了华侨的社会地位。

巴塞罗那是安省的省府，是委内瑞拉东部的交通枢纽，也是全省的政治、文化、工商中心。商会成员意识到，商会办得如何，不但影响着安省地区的侨胞，还会影响整个东方地区乃至全国的侨胞。因此，商会代表华侨积极与当地政府联络沟通。通过努力，当地政府也视该商会为当地华侨代表，邀请其参与当地的政治、文化、慈善等社会活动。

由于委国近年来治安形势恶劣，商会审时度势，成立了护侨委员会，为侨胞排忧解难。经护侨委员会积极与本地执法和行政机关密切合作，本地治安情况有了很大改善。

商会积极加强与兄弟社团的联系，协调工作，为联侨、护侨，建设和谐侨社做出了贡献。

巴塞罗那商会领导：主席：吴松泮；副主席：吴钦凡、李国尧、冯永忠；监察主任：吴健明；财政：黄民超：秘书：郑敏聪；委员：何文波、李斌尧、何广正、吴锐权。①

巴塞罗那商会的办公地址：Av. Fuerzas Armadas Centro Comercial Chhaguaramos No. 8 Barcelona Edo Anzoatiqui。

十四、苏利亚省中华会馆

苏利亚省有 200 多万人，其中马拉开波 100 万人。全省资源丰富，水陆交通

---

① 巴塞罗那商会供稿，2011 年 6 月。

方便，经贸发达。其首府马拉开波市是全国第二大城市，是著名的石油城。该省是委国最大的石油基地。中国在该省设有跨国石油开采公司。

目前苏利亚省华侨主要集中在马拉开波市。此外，还分布在 Cabimas、Ciudad Ojeda、Bachaquero、Los Puertos de Altagracia 4 个县市，共约 10 000 人。在马拉开波市的华侨商企约 500 家，主要集中在大街市中心，以杂货（伙食）、糖果饼干、日用香水、儿童玩具等批发及小型餐饮档为主。工厂集中在工厂区，以生产塑料袋居多，且具一定规模。此外，还有塑胶花厂、塑料拖鞋厂、小型五金灯具厂、酱油厂及咸鱼加工厂等。在市区街道有大型超市、百货商场、酒家（包括中小型餐馆）、贸易公司等。2006 年，成立苏利亚省华人商会（ACCEZUL）。

苏利亚省中华会馆的前称是"麻埠中华会馆"，成立于 1936 年初。1974 年 6 月 29 日新建会址落成后，正式易名为"苏利亚省中华会馆"并沿用至今。

至少在 20 世纪 20 年代之前，在苏利亚省马拉开波市（Maracaibo Edo de Zulia）已有中国人居住。他们多是从中南美洲其他国家如古巴、苏里南和秘鲁等，通过海道从马拉开波湖上岸来的。有的还来自中国大陆或香港，他们要乘搭越洋货轮，在海上漂泊三个多月，几经转折才能到达。

20 世纪 30 年代初，中国人在委内瑞拉很受歧视，没有正式身份的常遭抓捕、囚禁。当时华侨很少，为求自保以及帮助和营救被囚同胞，在侨胞邓光、林兆威、吴学攀等人的发动下，组成了 6 人理事会，于 1936 年初成立麻埠中华会馆，并在当地政府注册，正式挂牌公开活动。这是委内瑞拉全国第一个华侨组织。

20 世纪 40 年代至 50 年代，因委内瑞拉发展石油工业，来委侨胞有所增加。当时侨胞的生活非常艰苦，从事的都是卑微的服务行业，如开设洗衣店、咖啡馆，在街市摆卖杂货、大蒜、洋葱等摊档。较好的一点的是做"Comp"，即在马拉开波湖给石油公司工人包餐。由于行业不多，找工作困难，新到埠的侨胞只能到"散仔馆"（如"黄兴馆""太平馆"等专门分租给单身侨胞食宿的地方）"痞墩"（意即栖身），工作不计时间及报酬，但求两餐一宿。当时会馆还没有固定会所，侨胞的活动只在"散仔馆"或私人住所举行。

1952 年，会馆理事会发动侨胞捐款，在马拉开波市的 Calle Comercio（又称"穷人巷"，即 Callejon de Pobre）购置了一所二层楼房，作为会馆活动场所。该楼经改建后，地下专供孤寡病弱老人居住，每月免费向他们提供伙食及日常零用。二楼为礼堂，增建三楼为餐房及俱乐部。从此，苏利亚省侨胞有了属于自己的活动场所。

1952 年（另一说是 1953 年），又捐资在 Av. La Limpia 的"耶稣中心坟场"内购地 500 平方米，建起了"中华义山"，并建有传统牌楼。这是迄今为止委内瑞拉华人社区唯一的"中华义山"。20 世纪 70 年代前，居住在当地的老侨寿终后，大多葬于此。其中一些没有亲属的，由中华会馆及其生前好友代办殡葬及善后事宜。"中华义山"现有墓冢230多座，每年都依当地习俗，在"亡灵日"由会馆负责人携备祭品前往祭拜。这一习惯沿袭至今。

为集资购建会馆及"中华义山"，当地侨胞做出了很大贡献。其中贡献较大的，除邓江、林兆威、吴学攀等人，还有黄凯、萧鹏兄弟、黄林、司徒芬、陈华山、陈均、萧昆、梅优峰等人。

随着委内瑞拉实行民主制度，大量开采石油，社会财富不断增加，政府放宽了对外国人的入境限制，来委的中国人逐渐增多。他们多是青年人，且较有文化。与此同时，华侨社会也发生深刻的变化。首先，经济开始转型，昔日在街市摆卖的小摊档转为杂货零售批发，并逐步向城市中心及周边小埠发展。至20世纪60年代末，华侨经营的生意逐渐多样化，出现了一批著名商人与商家，如做杂货批发的林时想、林强、吴卓麟、黄北顺、赵展辉、赵登等；经营超市的萧鹏、陈均、邓炳高、萧锡儒等；经营日用百货的冯明惠、冯汝贤、吴毅湛、冯茂权、刘伯钦等；经营饮食业的，有陈华山的金星酒家以及李崇均、"肥林"、何礼、周英运、敖炳辉等的"雪糕铺"（小型简便餐馆）；此外还有经营钟表金饰的冯润新兄弟，晒咸鱼出口的梁凤潮，开小客栈的李章等。进入20世纪70年代，侨胞的经济地位日趋稳固和提高，经营范围进一步扩大，如开工厂的有冯汝贤、萧锡儒、林粤新、伍金元等；做进口贸易的有冯明惠、冯汝贤等。

其时居住在本地的侨胞，最多的是广东中山人，其次是新会、恩平、台山及开平人。由于生意兴旺，生活条件大幅改善，许多侨胞都购置了物业，从家乡来委团聚的家眷不断增多（而在20世纪50年代初只有林兆威、黄凯从家乡携带太太，这两位太太应是最早来到马拉开波埠的华侨女性）。这时，"散仔馆"也随之消失。

在此之前，出入会馆的只有居住在当地的老人及少数到俱乐部娱乐的侨胞，大部分侨胞，尤其是青年人，绝少到会馆去。侨胞普遍缺乏各种文化体育活动。因之，会馆会务日渐式微，要开展工作亦有心无力。由于原来的会馆地方狭小，已不适应形势发展的需要。在新的形势下，侨胞们要求新建会馆的呼声日渐高涨。

1971年是会馆换届选举之年，前届主席是赵振辉，书记为聂杰。在选举前，部分理事及热心人士在杨隶然家开了几次座谈会，最后决定成立新的执监理事会进行选举。出席该次选举会议的有杨隶然、赵振辉、何北镇、邓炳高、萧锡儒、聂杰、刘伯钦、周英运、蔡炳庚、萧继夫10人。通过无记名投票，高票选出萧锡儒为主席，邓炳高为副主席。萧锡儒是20世纪60年代从中国到马拉开波的，是当时罕见的青年大学生。

在新的一届理事会上，主席萧锡儒提出了建设新会馆的建议，立即得到大家的支持，经深入讨论，制定出具体措施。以杨隶然为召集人的筹备小组很快做出了规划和预算。前届主席赵振辉以低于市值的价格出让了 3 600 平方米土地给会馆。为筹集资金，理事会创办了《华侨简报》月刊进行宣传，并举办乒乓球、象棋、篮球比赛等一系列活动，以扩大影响。同时，为了争取外埠侨胞的援助，大造声势，首次组织"加京访问团"，由主席、执行委员带领篮球代表队及侨胞共 90 多人，到加拉加斯进行友好访问，并举行友谊赛。通过这次访问，促进了两地侨胞的相互了解及会务交流，还得到了许多捐助。最后，通过集体的艰苦努力及侨胞的慷慨解囊，共筹得资金玻币 320 000 元（当时币值）。由华人设计师杰克·蔡、华人建筑师乔治·杨、吴毅南免费以成本价开工建设，经两年多的努力，终于建成新的会馆。新建会馆有礼堂、会议室、俱乐室、餐厅以及篮球场、排球场等。新会馆的落成，在当时委内瑞拉华侨社会是一件特大盛事，开创了委内瑞拉华侨社团兴建多功能中华会馆之先河。

1974 年 6 月 29 日，新建会馆落成揭幕，正式定名为"苏利亚省中华会馆"，并成立了第一届委员会，原来的主席及执监理事会委员全部连任。各埠侨团侨胞、各有关商贸公司、本省高级官员等都派代表参加开幕典礼，盛况空前。恰好前一天是中委建交建馆之日，大使馆也派官员参加，这是中委建交后中国大使馆官员首次正式参加当地华侨社团的活动。在开幕典礼当日，会馆还发表声明，拥护中委建交，欢迎大使馆官员参加社团活动。这在当时是有特定历史意义的。

新会馆的建成，给侨胞的业余生活带来生机，会务蒸蒸日上。为了丰富和活跃青年人的文化生活，除经常举办各种体育比赛外，每逢周末都在礼堂播放电影或不定期举行舞会。

自新建会馆成立第一届委员会后，历届委员会在护侨助侨方面都发挥了重要作用。如继续保留旧会馆给无亲属的老人居住，每月向他们提供伙食费及医药费直至终老（最多时有 14 人）；如乡中有亲属而又愿意回乡者，由会馆发出"善部"，请仁者善翁捐助，助其回乡。对于一些新到的侨胞来说，长期以来最大的困扰是居留问题。为了协助他们，在 1981 年委国绿党执政期间，会馆出面与当时的移民局长交涉，并达成协议，由侨胞捐助移民局职工休息室全套设备，移民局则发给申请表办理居留手续。因此，侨胞成功地为 48 位新侨取得合法居留证。

从第一届委员会开始，苏利亚省中华会馆历任主席有：萧锡儒（已故）、周英运、林兆威（已故）、冯明惠、林粤新、冯润新、冯茂凡、赵成有（已故）、冯茂培、林粤俊等。在林粤俊任主席、何德活任副主席期间，会馆又重整旗鼓，提出改革建议，在会馆内增设酒家及唐山杂货等。

从第十五届委员会起（2000 年起），何锡球的侄儿何德活当了会馆主席，副主席是敖越俊、林伟森、叶锦辉。上任伊始，何德活承前启后，在会馆兴建中文学校、扩建二楼、灯光球场、儿童游乐场，开设唐山杂货店和餐馆等。[1] 他们及大部分委员都连任五届。这一时期，在全体委员的共同努力和全体侨胞的大力支持下，会馆内又增建儿童游乐园、盖式灯光球场。2005 年，又进一步扩建会馆二楼，增设中文学校、阅览室、乒乓球室、桌球室及会议室等。在 2000 年初，还出版《中华简讯》月刊，主编为林伟森。因在此之前，委内瑞拉还没有中文报纸，故《中华简讯》颇受侨胞欢迎。后来《委华报》及《委国侨报》等相继出版，《中华简讯》因为没有必要继续刊行而停刊。何德活卸任会馆主席，任全国华侨华人联合总会第一副主席，会馆主席由其侄儿何正伟接手。

在会馆委员会的带领下，侨胞乐于为社会献爱心，做善事。如 1999 年，委国某地区发生水灾，侨胞捐赠大批救灾物资，包括衣物、食品、药品、饮料及现款等，及时用车辆送到省府慈善单位，当地电视、电台及报纸争相报道，也成为两国人民的佳话。2008 年，中国汶川地区发生特大地震。在会馆的号召下，侨胞伸出援手，筹集赈灾善款，折合美金约 16 万元寄回国内。

2010 年，第二十届委员会换选。经旧班子成员协商，取得共识，决定年老一辈全部退出，让青年人全面担任领导职务。经民主选举，时年 34 岁的何正伟当选主席，副主席为郑积寅、叶锦辉、何德思、林建辉。他们大多是年轻人。吸纳和培养更多的年轻人担负侨社领导职务，实现老中青相结合，以青年人为主导，是发扬侨社传统精神，保持侨社生机和活力，是承前启后的重要举措，也是传承中华文化传统，促进爱国爱乡热情的必行之道。苏利亚省中华会馆率先示范，对全国侨社产生了很好的影响。

苏利亚省中华会馆历任正副主席为：1971 年前为邓光、林兆威、萧鹏、萧昆、陈均、赵振辉（以上全已故）；1971 年后为萧锡儒（已故）、邓炳高、周英运、冯明惠、林粤新、冯润新、冯茂凡、赵成有（已故）、冯茂培、林粤俊、何德活、敖越俊、林伟森、叶锦辉、冯国平。

第二十届委员会名誉主席：何德活；主席：何正伟；副主席：郑积寅、叶锦辉、何德思、林建辉；委员：敖越俊、林伟森、冯国平、吴卓炎、曹根友、何利民、冯小龙、刘关松、吴剑锋、岑梓良、赵朝令、何伟泉、林雅超、莫步球、黄汝钧、李顺权、冯奕锋、冯根深、聂源爵、郑振华。[2]

---

① 《平凡中的不平凡——已故委内瑞拉侨领何锡球二三事》，《委华报》，2014 年 8 月 25 日。

② 苏利亚省中华会馆供稿，林伟森综合整理，2011 年 7 月。

十五、梅里达省中华会馆　梅里达省华人商会

梅里达省地处委内瑞拉西北部，东接巴里纳斯（Barinas）省，西临塔奇拉（Tachira）省，南邻苏利亚省，北壤特鲁希略省，面积 61 000 平方公里，人口 96 万多。安第斯山脉贯穿全省。委内瑞拉全国十大最高峰都在梅里达，其中以皮科玻利瓦（Pico Bolivar）为最高（海拔 4 978 米），也最著名。山顶常年积雪，有全球最长之缆车直通雪山顶，游客络绎不绝。全省由 23 个行政区组成。最大城市为梅里达市，埃尔维基亚（El Vigia）市、托瓦（Tovar）市。梅里达市两面靠山，皮科玻利瓦市坐落在其旁。梅里达市气候宜人，一年四季如春，著名大学安第斯大学便坐落在此。埃尔维基亚市地处梅里达南边，是通往塔奇拉省、苏利亚省、特鲁希略省及梅里达省的中转站，素为战略要地。这里四周为平原，雨量充沛，土地肥沃，草原茂盛，为全国著名的养牛基地及蕉园区；托瓦市崇山峻岭环绕，是著名的咖啡与可可种植园，居民生活淳朴，安居乐业；帕拉莫（Paramo）地区山清水秀，是著名旅游胜地，被称为"委国的加拿大"。

20 世纪 50 年代，有一位姓邓的侨胞来到梅里达经营洗衣馆。他是到梅里达的第一个华人。第二位到梅里达的侨胞便是曹小驹。他在此经营"中国酒家"数十年，人们印象殊深。其后，有多位台山、开平、恩平籍侨胞陆续在此开了数家唐人餐馆。唐人餐馆、商铺由是逐渐增多。到 20 世纪末，唐人商铺已不下 20 家。进入 21 世纪，特别是最近五六年，唐人商铺更如雨后春笋般出现，主要经营超市、百货、餐馆、五金建材等。据不完全统计，仅梅里达市就有 80 多家。若加上其他埠，最少也有 150 多家。"园林酒家"是其中的佼佼者。它由小餐馆起步，现已成为一个颇具规模的园林商业中心，当地华侨引以为豪。

由于华人日渐增多，冯福朝、吴卓良等有识之士发起成立梅里达中华会馆。其时，在《委华报》总编余贤毅、副社长冯炎良的鼎力相助下，在全体侨胞的热烈响应和支持下，会馆于 2004 年 6 月 18 日成立，并选出第一届领导班子，徐如恩为主席。由于各位侨领的共同努力，会馆与当地军政界的良好关系，以及全体侨胞安分守己，勤俭节约，特别是，由于前些年一年一度的送温暖活动加深了当地人对中国人的良好印象，华侨与当地人相处融洽，生活安逸，在委国来说此处治安相对较好。

2007 年 9 月 2 日，梅里达省华人商会成立，选举了以胡瑞生为主席的商会领导班子。

经过郑安石、徐如恩、郑俊明、吴卓良等热心侨领的共同努力，梅里达省中华会馆新会址于 2011 年 3 月 6 日挂牌并正式投入使用。新会址内置会议室、娱

乐场、唐人杂货店等，集生意经营及服务侨胞于一体，侨胞乐也融融。[①]

十六、瓜纳雷中华会馆　瓜纳雷中华商会

瓜纳雷（Guanare）地处委国西部，为波图格萨（Portuguesa）省府所在地，第一批华侨于 20 世纪 80 年代初来到此地定居和经商。现有华侨近 500 人，经营杂货超市、百货、五金家电、建筑材料、糖饼及饮食、杂货批发等商店共约 100 家。

瓜纳雷中华会馆和中华商会成立于 2004 年 10 月。成立伊始，就通过民主与集中的方式制定了会规：会馆与商会两个机构（两会）为一个班子，永不分割。两会收入永远不分红，永远不设立股份制。所有参加两会的华侨都有相当的义务与权利。

在筹建两会的过程中，冯英略、吴伟锋、梁冲、吴荣燮、郑锦荣等人各处奔波，组织发动，与广大侨胞座谈，动之以情，晓之以理，使大家充分认识到成立两会的重要性和迫切性。因为有了坚实的群众基础和团结一致的氛围，自愿入会率达到 95%，两会的工作进而能在困难中寻求出路，在逆境中奋发前进。近 7 年，委国政局混乱，经济低迷，治安恶劣，人心惶惶，形势不利于两会的发展，但是，依靠中国驻委大使馆的支持，两会虚心学习其他先进侨团的经验，结合自身实际，充分调动广大华侨的积极性，从一无所有发展至今，现已拥有占地 2.5 公顷的自购会址，铺设水泥混凝土的风雨棚标准篮球场两个，还建成了周长 800 多米、高 2.8 米的围墙，共填埋土石方 20 000 多立方米，共投资 150 万强势玻利瓦尔。除了华侨捐款 60 万强势玻利瓦尔外，其余均是两会创会以来的收入。另外，还规划建设中式门楼一座、700 多平方米的餐馆及其他服务场所、1 000 多平方米的礼堂、标准游泳池以及儿童小型游乐场等。多年来，会馆（商会）每年都举办"迎新年、庆圣诞"联欢会，所有开支均由两会支付。2008 年，中国四川汶川发生大地震，会馆（商会）自发捐款达 96 000 万强势玻利瓦尔，约合人均 100 元美金，在委国各地侨团中名列前茅。

经过近 7 年的努力，两会已建成为一个团结奋进、齐心发展的侨团和富有号召力、凝聚力的华人之家，因而，得到了中国驻委大使馆的充分肯定和委国各地侨团的认同和赞誉。

两会现任领导班子：主席：冯英略（2004 年 10 月至今）；副主席：吴伟锋（2004 年 10 月至今）、刘锦涛（2005 年 10 月至今）、吴美昌（2007 年 10 月至

---

① 梅里达省中华会馆供稿，2011 年 5 月 25 日。

今）；名誉主席：吴荣燮（2005 年 10 月至今）；委员：梁冲（2004 年 10 月至今）、岑锦畴（2004 年 10 月至今）、周海进（2004 年 10 月至今）、李月深（2004 年 10 月至今）、方华春（2004 年 10 月至今）、陈武威（2007 年 10 月至今）、郑艺桥（2009 年 10 月至今）、郑健华（2009 年 10 月至今）、吴锐明（2009 年 10 月至今）；曾当选委员：秦家权、郑锦荣、吴国强、吴佩玲、郑健平（已故）、李达昌（已故）。[1]

十七、亚加里俄中华会馆　亚加里俄中华商会

亚加里俄（Acarigua，一般译作"阿卡里瓜"）地处委内瑞拉西部中心，是委内瑞拉一个中小埠，也是波图格萨省（Portuguesa）的工商重镇，更是闻名全国的粮油加工城市，有西部"粮仓"之称。旅居这里的华侨约 1 000 人，其中恩平籍居多，主要经营餐馆、小型超市、日用百货等，对当地经济堪称举足轻重。

经该埠华侨元老郑国祯、郑悦扬倡议，在郑醒炽、郑瑞伦、郑伯谋等华侨的大力支持下，亚加里俄中华商会（简称"亚华商会"）于 1999 年 3 月 11 日在当地政府登记注册并正式成立，郑醒炽为主席，郑伯谋为副主席。其时中国大使馆领事、参赞等亲临祝贺，并送来红旗和镜画等贺礼。

亚华商会集商会、会馆功能于一身。成立之初，只有 10 多个会员，至今也只有 70 多个，在全国现有的 16 个华侨商会中只是个小商会，但它自成立以来，与本埠侨胞风雨同舟，休戚与共，在委内瑞拉华人商界中口碑甚佳。

商会成立后，采取了三条措施维护会员的正当合法权益；一是商会与各大公司统一订货，会员的大小商号一视同仁，利益均等；二是加强与各大公司的密切联系与沟通，争取货品价格合理；三是加强会员的法制观念，遵纪守法经商。经全体会员同心协力，积极推动，商会业务蒸蒸日上。在委内瑞拉，亚华商会是较富有的华侨社团之一。

亚华商会在其成立的第二年即购置占地面积达 12 公顷的会所，是委国华人社团中面积最大的会所，在全球华人会所中也名列前茅。随后建成两个风雨球场、游泳池、网球（室内足球）场、餐馆、唐山杂货店等附属设施。商会基本设施日趋完善。

随着商会日益壮大，原有的几间低矮小平房已远不敷用，于是在 2007 年 8 月，一幢建筑面积为 2 000 平方米、两层楼高、室用面积近 4 000 平方米的多功能综合大楼破土动工。其时委币大贬值，加上物价和建筑费用不断上涨，原来绰

---

[1]　瓜纳雷中华会馆/中华商会供稿，执笔者梁冲。

绰有余的资金显得捉襟见肘。不少大公司财政陷入困境，原答应给商会的回扣和赞助大部分没有兑现。商会收入因之锐减，原资金预算与现实建筑费用之间出现巨额落差。此时大楼主体工程只完成了一半。面对进退两难的处境，商会主席郑瑞伦连续几次召集商会委员召开紧急会议研讨对策。他建议发动本地侨商捐款，并率先捐出 50 微翁（相当于 2 万美元）。在他的带动下，9 个商会委员即时共捐出 286 微翁（相当于 10 多万美元）。他们的率先示范得到全埠华侨的热烈响应，仅一天时间，全埠不足 1 000 名华侨共捐得 1 019 微翁（相当于 50 万美元），人均达 500 美元之多，彰显了亚华商会的号召力和凝聚力。此举也为旅委华侨史上所鲜见。据统计，建设中华商会大厦所用 140 多万美元，有一半来自商会，另一半则来自侨胞捐赠。2009 年初，一幢面积达数千平方米、宏伟壮观的多功能两层大楼终于落成。这是一幢在大城市华侨社团中也难以见到的大厦。大楼内设大礼堂、办公室、会员会议室、图书阅览室、展览室、老人康乐室、桌球室、羽毛球场、乒乓球室、唐山货、美发店等，集开会、学习、休闲、购物、健身和娱乐于一体，成为名副其实的华人大家庭。2009 年 5 月 30 日，大厦举行落成典礼，委内瑞拉各华侨社团代表以及当地官员应邀出席。中国驻委大使张拓、亚加里俄市中华商会主席郑瑞伦共同为大厦落成揭幕。亚加里俄市市长，各地中华商会和中华会馆代表，以及各大公司代表等中外人士 800 多人出席剪彩典礼。晚上还举行大型庆祝晚会。

华侨身在异乡，心系祖国，胸怀世界，凡义举善事，商会都积极支持，2004 年 12 月南亚发生海啸，商会闻之，在委内瑞拉华侨社团中率先捐款两万多美元，并通过中国驻委大使馆送给灾区。在中国 2006 年广东水灾、2008 年南方雪灾、"5·12" 四川大地震赈灾捐款中，商会不仅行动快，而且每次捐款数额都十分可观。平时，不管家乡还是当地的义举善事，商会无不快速、热烈响应，积极参与。因而亚华商会在侨界享有 "慈善商会" 的美誉。

由于亚埠离首都加拉加斯较远，侨胞要到中国大使馆办理续、换护照手续或签证出国很不方便，来回要花两三天时间，且不少人听不懂普通话，老人和小孩更是麻烦。为此，商会每年都用专车邀请中国驻委大使馆领事部的官员和工作人员到亚埠商会商场办公，大大方便了侨胞，受到侨胞欢迎。

亚埠是个中小城市，加上离一些大城市较远，华侨菜贩甚少到这里来，侨胞很难吃到中国蔬菜。商会想侨胞所想，自力更生，花巨资打了一口深达百多米能提供优质水的水井。同时，动员回乡侨胞每人都带些瓜菜种子回来，并在侨胞中物色了一对有瓜菜种植经验的夫妇，利用馆内暂时闲置的土地，种植了各种各样的中国瓜菜，谓之 "菜篮子工程"。几年来，这里瓜菜满园，亚埠和邻埠的华侨都吃上了价廉物美、无公害的放心菜。这在旅委华侨史上是一个创举。

商会意识到侨胞（特别是新移民）在海外谋生不易，要安居乐业，融入当地社会，定要提高自身素质。几年来，商会针对本埠侨胞多且不谙西语的情况，连续举办了多期西语学习班，学员全部免费。通过学习，大多数学员基本上能掌握一些日常用语。为了提高侨胞的道德操守，商会又针对国内外和华人社会中发生的重大事件，举办了多届时事论坛。例如2003年初，委内瑞拉政局动荡，社会混乱，经济低迷，华人商店受冲击、被哄抢火烧的事件屡屡发生，不少华侨感到前路迷茫。商会便以"当前局势严峻，华人如何应对"为主题举办论坛。通过讨论，大家情绪安定了下来。又如2004年7月，华侨社区发生一起华侨老人因儿女不愿赡养而致流浪街头无家可归的事件，引起侨界关注。商会针对此事，以"海外华人要不要弘扬中华民族的孝道"为主题进行讨论。

近几年来，委内瑞拉社会治安奇差，亚埠华侨被绑架、遭抢劫的事件时有发生。为了维护华侨的生命财产安全，商会一方面组织护侨小组，团结自保；另一方面加强与当地安全部门的沟通与联系，密切配合警方打击犯罪活动。商会除要求警方增派警员对华侨商业区加强巡逻外，还与他们建立了直线联系电话。当地华侨社区治安因而逐步改善。

亚华商会成立至今，已成功举办两届全委华人运动会，得到全侨一致好评和高度赞扬。以一中小埠华人的财力，独力成功承办包括场地、各参赛团运动员食宿在内的运动会，并非易事，这在旅委华侨社团中令人瞩目。

商会本着增进中委两国人民友谊、积极融入当地社会的理念，积极搞好与当地政府部门和人民的关系，同时，积极回馈社会，参与当地一切公益活动，如慰问敬老院，为全委范围内的灾害捐款等。亚埠华人的慈善义举得到了当地政府和人民的一致好评和认同，为华侨在当地更好地生活打下了良好基础。

亚华商会本着"以人为本"的理念，多方造福侨胞，每逢重大的节日（元旦、春节、妇女节、母亲节、父亲节、儿童节、中秋节、国庆节等），必组织庆祝活动，内容丰富多彩。例如，元旦、春节举行团拜会，商会特别给当地60岁以上的侨胞一个红包和小袋礼物，以示敬老；中秋节举行赏月晚会，全埠侨胞欢聚一起，赏月、吃月饼；母亲节、儿童节均有礼物分发；每逢妇女节，除举办晚会抽奖活动外，还特别聘请当地医生为华侨妇女做免费检查。所有费用都是亚华商会自己支出，不收同胞分文。

十多年来，亚华商会无私地与当地华侨分享经济成果，造福当地侨胞，使侨胞们真切感受到大家庭的温暖，增强了对商会的认同感和凝聚力，在旅委华人社团中独树一帜。

亚加里俄中华商会第一届（1999—2001年）主席：郑醒炽；副主席：郑伯谋；委员：郑醒炽、郑伯谋、郑瑞伦、郑伯均、郑文峰、郑文健、郑悦杨、郑宁悦、吴绮平。第二届（2001—2003 年）主席：郑伯谋；副主席：郑瑞伦。第三届（2003—2005 年）主席：郑醒炽；副主席：郑瑞伦。第四届（2005—2007年）主席：郑醒炽；副主席：郑瑞伦。第五届（2007—2009 年）主席：郑瑞伦；副主席：郑伯均。第六届（2009—2011 年）主席：郑瑞伦；副主席：郑伯均。[①]

十八、马都顶中华会馆　马都顶中华商会

马都顶（一般译作"马图林"）是委国石油大省莫纳加斯省（Monagas）的省会。现有华侨约 2 000 人，除传统行业外，还经营汽车旅馆，专为石油公司提供方便的劳动服务公司，负责提供中石油、大庆油田公司的日用品，劳保用品以及技术土建工程服务。

1976 年以前在马都顶谋生的华侨仅有几个人。马都顶第一家唐人餐馆"中龙餐馆"是在 1976 年由莫云所开（全家 8 口人）。第一家杂货铺是 1981 年，为冯华国所开。到 1985 年，从外地来此开店铺的华侨共有 8 家，其中一家为餐馆，一家为杂货铺。1988 年，又有华侨开了一间杂货铺。到 1989 年，马都顶有华侨39 人。1990 年，第二家餐馆——中城酒家开业。到 1996 年，马都顶全埠华侨有百余人。为了团结全侨，乃酝酿成立中华会馆。经郑石文提议和召集，在中龙酒家举行会议，并筹集经费。郑石文被选为会馆主席。1998 年，会馆买得价值 7 万美元（折合 35 微翁）的 800 平方米住地，用作会馆办公和活动场所。到 2000年，马都顶居住华侨已有 700 余人，且人数在不断增加，生意规模在不断扩大。到 2010 年，马都顶居住华侨已猛增至 6 000 余人，已发放牌照的店铺达 600多家。[②]

马都顶原中华会馆坐落于市中心。随着时间的推移，原来的会馆不能满足侨胞需求，每逢节日搞文体活动，只能向当地政府租借场地。2010 年底新一届班子成立后，通过调查了解到，该埠不少中青年侨胞早年来到委内瑞拉，经历一番拼搏，都已当上了老板。他们出国前多接受过较高的文化教育，并经历过社会历练，故对会馆建设有较高的要求，强烈要求建设新会馆。于是，新班子向全省侨胞发出了建设新会馆的倡议书，并得到侨胞的热烈响应和支持。刚好这时有一块地皮要出售，且价钱便宜，地点适中，于是会馆不失时机，在资金尚未完全到位的情况下，通过向会馆委员出借的办法，筹集资金把地皮买下，节省了迟买升值的费用。接着，会馆决定筹款和开工同时进行。各地捐款过程场面热烈。经过近

---

①　亚加里俄中华商会供稿，2011 年 4 月 18 日。
②　马都顶中华会馆提供资料，2011 年 6 月 8 日。

一年的施工，第一期工程完成，设施较为完善的马都顶中华会馆，成为委内瑞拉乃至中南美洲最大的会馆。[①]

在老一辈侨领的言传身教下，会馆成员做事不为名，不为利，不争位，也不出位。例如青年侨领冯路英，他生在本地，既会讲西文，又会中文、英语和粤语，在父母的支持下，他积极参加侨社工作，从不计较个人利益，会馆或侨胞有事，不管工作多忙，都会尽力帮忙。司徒子文自担任主席的第一天起，就与侨胞打成一片，察侨情，听侨声。2014 年 6 月，该埠发生一宗枪杀华侨案。惨案发生后，会馆委员第一时间赶到现场，协助警方勘查现场并急送受害者到医院抢救。司徒子文迅速组成 4 个小组，第一组由会馆负责人带领，配合警方勘查现场和走访群众。第二组到医院处理善后工作。第三组由会馆委员负责人出面，约见当地政府、军方、警方负责人。第四组以会馆的名誉慰问受害者家属，做好安抚工作。由于沟通及时，当地警察组成了一个追捕特别行动小组，经过 20 天的努力，把凶手一网打尽，凶手得到应有下场。[②]

鉴于全委华侨社团纷纷成立商会的形势，2004 年，根据郑石文、郑明伟、陈越经、郑明威等的联合倡议，马都顶成立商会。郑石文当选首届商会主席，郑明威为秘书。郑石文为老一辈侨领，被尊称为"九叔"，对马都顶中华会馆的创立和发展起了举足轻重的作用。郑明威是郑石文之侄，平时热心侨社工作，凡烦琐事务，均由其代为办理。他经常放下自己的生意帮助侨胞解决突出问题，因得本埠华人一致好评，后高票当选为商会主席。2004 年，当地发生水灾，商会及会馆除捐钱外，还捐赠了两车食品给灾民，受到市政府赞扬。马都顶运动员参加运动会，商会及会馆向大会赠送了 2 000 件运动服，得到当地人民好评。[③]

历任马都顶中华会馆主席为：郑石文（1996—2000 年）、冯华国（2000—2002 年）、陈金庭（2003—2006 年）、郑明威（2007—2010 年）。曾任马都顶商会主席的有：陈述文（2007—2008 年）、李活常（2009—2010 年）。[④]

2010 年时，马都顶华人杂货同业商会（ACEVMO）在职领导班子为：永远名誉主席：郑石文、郑明伟；主席：陈焕堂；第一副主席：曹德全；副主席：冯大卫、郑锡永。

---

① 吴金波：《讲团结　聚侨心　谋福祉——马都顶中华会馆见闻》，《委华报》，2014 年 9 月 8 日。
② 吴金波：《讲团结　聚侨心　谋福祉——马都顶中华会馆见闻》，《委华报》，2014 年 9 月 8 日。
③ 管彦忠：《委内瑞拉成立华人超市联合会》，人民网，2001 年 3 月 4 日。
④ 马都顶中华会馆提供资料，2011 年 6 月 8 日。

十九、加罗拉中华会馆

加罗拉为委内瑞拉中西部城市，位于拉省与苏利亚省之间，也是拉省第一大城市，无论人口、占地面积或经济状况，均位居拉省前列。在这里居住和工作的侨胞有 400 多人，主要经营超市、日杂、百货、餐饮、物业、工厂等。

2003 年 1 月的一天，委华报社主编余贤毅等人专程到该市采访侨胞并了解侨情，受到当地各界人士的热情接待。在当日举行的侨胞座谈会上，余主编指出，加罗拉作为边远地区，一定要有一个社团组织，才能有效地保障和维护侨胞利益。受此启发，该市全体侨胞一致响应并行动起来，不到一个月时间，便选举产生了第一届会馆领导班子，李瑞华为总顾问，吴国勋为主席，吴艺扬为副主席。委员有刘广庭、吴杜文、冯景湖、吴创宇、张哲辉、郑能植、冯煜富、郑瑞艺、郑艺缵、岑廉均、郑永权。

该会馆的成立，使侨胞有了一个温暖的大家庭。尽管还没有会址，但侨胞加强了团结，统一了思想，尤其是会馆领导班子，团结一致，与侨胞保持密切联系，积极与当地军政部门联络，及时反映侨胞在生活工作中遇到的问题。如 2007 年 5 月，加罗拉市社会治安一度混乱，华侨的人身安全受到威胁，几乎每个侨胞的店铺、住宅都遭到了劫匪抢劫。虽然当地警察部门采取了一些措施，但效果不佳。这时，会馆主席吴国勋看在眼里，急在心上，他迅速召开会馆领导班子会议，与各委员共同商量对策。他的建议得到大家的同意和积极支持。于是，他驱车到拉省警察总局，找到了警察局长，如实反映情况。局长听后，表示支持，并表示第二天晚上将到加罗拉与侨胞开会，听取意见。局长到了加罗拉后，一边深入了解情况，一边召开华侨大会听取意见。他说，华侨关注社会治安，如实反映情况，使他非常感动。他当场表示从省里抽调警力，会同当地警察狠狠打击犯罪分子。最后，在他的亲自指挥下，警方重拳出击，捣毁了两个犯罪团伙。加罗拉市终于平静下来，华侨的安全得到了保障。

在吴国勋的带领下，会馆与当地军政机关部门积极沟通，参与当地的各种文化活动。尤其是，在该市每年的嘉年华、市庆等社团花车游行中，加罗拉中华会馆均名列前茅，获一等奖，受到当地政府与市民的高度评价。在一年一度的华人春节到来前，会馆还经常向当地贫困孩子送上玩具，让一张张纯洁可爱的小脸挂上欢喜的笑容。此外，在祖国历次抗洪抗震救灾中，会馆均与全国各地侨胞一起，不遗余力地捐款救灾。

由于该地区过境公路的检查站特别多，也特别严，不少侨胞往该地区过境时，常因证件不全而遇到不少麻烦，遭到拘留、关押，甚至上法庭，有时一个月

内就有两三宗类似事件发生。吴国勋闻讯后，不分昼夜，出钱出力，为侨胞排忧解难。不少被帮助过的侨胞在报刊上刊登感谢信。

尤应指出，会馆主席吴国勋为弘扬中华民族醒狮文化做出了积极贡献。在委内瑞拉，他不但是一位醒狮文化爱好者，还是一位传播者。2003年，该会成立不到一个月时，吴国勋自己出资从中国购进了锣鼓钹、醒狮及各种传统器具，成立了委内瑞拉第一支醒狮武术队——加罗拉中华会馆青年醒狮武术队。经他言传身教，精心策划，一支技术全面、别具一格的醒狮队很快在加罗拉市成立。2010年9月30日，在中国大使馆一系列文化交流节活动中，吴国勋亲自出马，带领醒狮队在委国国会山及人民大会堂进行了精彩表演，在场的委国军政要员眼界大开，掌鸣不息，并给予他高度评价。正因为如此，醒狮队在近几年市庆及各种活动中担任了重要角色，其生龙活虎、淋漓尽致的表演受到当地政府和市民好评，多次获一等奖。与此同时，在吴国勋的大力倡导下，目前委内瑞拉华侨社团已经成立十多支醒狮队。不但如此，吴国勋还经常受邀到各醒狮队传授经验，组织醒狮队参加当地政府和中资公司的庆祝活动，大大推动了中华民族醒狮文化在异国他乡发扬光大，为华侨增添光彩，也树立了良好形象。

加罗拉中华会馆全体委员精诚团结，上下配合，针对当前社会形势，全力以赴带领侨胞团结一致，做好护侨工作。同时，进一步与当地政府以及警方联络，切实维护侨胞的合法权益和生命财产安全，努力推进会馆建设，为华侨争光，为社会做出新的贡献。[1]

二十、蒂纳基洛中华会馆

蒂纳基洛（Tinaquillo）中华会馆在委内瑞拉众多华人社团组织中，是较晚成立的。它成立于2005年，由首任主席吴光甫等侨领倡议组建，以维护侨胞合法权益、服务侨社为宗旨。2011年，会馆迎来了第二届委员会换届选举，热心人士、会馆副主席吴允恩（人尊称"六叔"）无偿捐赠一个面积达2 400平方米的新会址供会馆使用。内设有篮球场，也可用作网球场、羽毛球场、儿童游乐场、乒乓球室、麻将房、办公室、卡拉OK室等。由于蒂那奎洛埠全体侨胞众志成城，团结一致，会馆从筹建至今短短数年间发展迅速。

蒂纳基洛中华会馆创办人之一、首任主席吴光甫被誉为会馆的最大功臣之一。数年来，他努力工作，鞠躬尽瘁，默默耕耘，为会馆的发展奠定了坚实基础。

---

[1] 加罗拉中华会馆供稿，2011年5月。

华恋社中华会馆永远名誉主席李瑞华被蒂纳基洛中华会馆礼聘为总顾问后，全身心投入，发挥办社团的丰富经验，利用其广泛的人际关系，近年来，有效地组织一班青年才俊积极参与，使会务进展一帆风顺。有个别政府官员对待蒂那奎洛埠华侨的不公平事件，均因李瑞华与本市政府各部门间的密切关系而得以解决，华侨华人才能正常开展工作。军警界中时亦有人向侨胞发难，如在蒂纳基洛公路入口收费站，有负责治安的军警专向华侨勒索。李瑞华获悉，即与会馆公关委员吴有维联络并拜访军部最高主管，详细陈说华侨遭遇。主管经深入调查后，将在收费站的驻军全部调走。此外，李瑞华还特别关心该埠年青一代的康乐活动，慷慨捐赠给蒂纳基洛埠会馆一套进口的高质量玻璃纤维篮球架。

如今，以梁卫东为主席的新一届委员会传承上届委员会的优良作风，全心全意为侨胞服务，以期将会馆建设为委内瑞拉华人社团一颗闪亮的新星。

蒂纳基洛中华会馆第一届委员会名单（任期由 2003 年 5 月 29 日至 2011 年 2 月 5 日）特聘总顾问：李瑞华；永远名誉主席：吴光甫；中文秘书：梁卫东；副主席：吴允恩、梁锦华；财政：吴健超；副财政：赵冠然；西文秘书：吴有维；公关主任：吴有维（兼）；中文秘书：莫正文。

蒂纳基洛中华会馆第二届委员会名单（任期由 2011 年 2 月 6 日至 2015 年 2 月 5 日）特聘总顾问：李瑞华；永远名誉主席：吴光甫；主席：梁卫东；副主席：吴允恩、梁锦华、郑活明、吴瑞凡、吴新彩、陈重光、莫正文；财政：吴健超；副财政：赵冠然、莫辉；西文秘书：吴有维、吴俊明；公关主任：吴有维（兼）；中文秘书：莫正文（兼）、梁锦照；委员及文体组：冯有发、郑达超、何家豪、林庆文、冯礼明、郑延正、梁超强、郑选洪、吴超良、何健标、运赞、陆天瑞、何文长。①

二十一、圣洁多华中华会馆

圣洁多华中华会馆成立于 2001 年 10 月，2002 年 5 月正式注册。2002 年 10 月，经现时股东集资，购入土地（属私人投资物业），面积共 9 000 平方米，除借出一部分地方暂作会址之用外，其余土地作日后投资者兴建小型唐人屋舍用。会馆设施有：300 平方米的餐厅一个，提供中西式餐点；健身房与音乐室，设有健身器材、桌球桌、乒乓球桌，卡拉 OK、歌厅，设有音响器材、电脑点歌机，酒吧、俱乐部提供麻将、扑克牌和其他活动器材；还有唐山杂货店，出售中国杂货物品。另有标准篮球场与综合球场。

---

① 蒂纳基洛中华会馆供稿，2011 年 2 月 25 日。

会馆的宗旨和工作方向是：为侨胞相互联络提供场地；团结合作，守望相助；服务侨胞，帮助侨胞了解侨社和社区信息，引导侨胞参与本地社区活动，以提高华侨的社会地位；增进对中国和本地文化的了解等。

会馆每年至少举办两次全侨大联欢活动。此外，其他重大活动有：2008年与2011年参加市圣诞花车巡游，举办中国新年市区醒狮巡游活动，得到本地市民一致好评；举办过7 000米马拉松步行竞赛，得到市政府、市民的赞许与好评，市政府还颁发奖状；举办汉语学习班；参加扶轮会的义卖筹款活动；响应红十字会的募捐号召，呼吁筹款捐助玉树灾民、海地灾民等。

圣洁多华中华会馆首任主席：陈少权；副主席：黄锡源；委员：潘衍超、林松生、吴超越、吴荣彬、曹伟权、潘岳。现届主席：陈少权；副主席：黄锡源；委员：吴超越、吴荣彬、何伟鸿、甄惠抗、梁大伟。①

二十二、阿普雷省中华会馆

阿普雷省区内约有华侨200多人，商户38户。2004年12月8日，在中国大使馆和各兄弟社团的关怀和帮助下，经本省侨胞共同努力，阿普雷省中华会馆正式成立。会馆成立7年多以来，团结侨胞，众志成城，奋力拼搏，尤其是在护侨、爱侨、助侨、维护侨胞正当权益方面做出了显著成绩。会馆积极支持祖国和家乡的建设发展及公益事业。例如，2008年四川省汶川发生特大地震，会馆积极发动全埠侨胞捐款。所捐款项达17 600强势玻利瓦尔，为灾区人民献出爱心，为他们尽快恢复家园贡献了自己一分力量。会馆也十分重视华侨同胞与委内瑞拉人民的融洽相处，经常举办联谊和慈善活动，互相关怀，互相帮助，以使华侨同胞更好地融入当地社会。

阿普雷省中华会馆组织参与的活动中，以下两例最为突出：

一是捐助受灾地区。2011年12月委内瑞拉多个城市和地区遭受40年来罕见的特大洪灾，许多民众家园被冲毁，灾民无家可归。12月15日，阿普雷省中华会馆积极响应委国华侨华人联合总会关于《支援委国抗洪救灾的倡议书》发动募捐活动的号召，主席冯均乐、副主席郑荣惠、梁永辉及侨胞冯海峰等以身作则，带头捐献。他们放下手头私事，走街过巷，废寝忘食，发动募捐。所到之处，侨胞们热情高涨，都积极参与捐献。侨胞们异口同声地说："我们是委国人民的一分子，灾区人民的难就是我们的难。"在短短几天行动中，他们共筹得善款2 640强势玻利瓦尔及价值30 000强势玻利瓦尔的食物、衣物、生活用品等共

---

① 圣洁多华中华会馆供稿，2011年5月。

339 件。12 月 19 日早上，冯均乐、郑荣惠、陈有为、岑建柏、吴乔辉等侨领与当地政府取得联系，用 3 吨大货车把款项与物资送到灾区指定的红十字会接收中心。此举受到该省总书记和市总秘书等官员及当地人民的热烈赞扬，当地电视台及报社也前来采访，场面感人。在接收大会上，市政府颁给会馆一幅奖牌，并表示："华人社团一贯为发展当地经济做出贡献。这次灾难中，华人同胞伸出援手帮助灾区人民渡过难关。你们的爱心委国人民铭记心中，是值得委国人民学习的好榜样。我们永远是中国人民的好兄弟，我们代表灾区人民感谢你们。"

二是伸出援手解救危在旦夕的何先生。2008 年 4 月 17 日，阿普雷省侨胞何先生突发脑中风。上午 9 时，陈有明、郑荣惠两位主席接到求助电话，火速前往事发地了解情况。当发现何先生已经不省人事时，便立刻呼叫救护车将其送往医院急救。经医生检查，必须紧急施行脑部手术，但需要一大笔医疗费用。何先生来委 4 年，已 56 岁，仅有一个来委一年的女儿在身边，妻子和一个读大学二年级的儿子在中国家乡，他本身经济压力沉重，根本无力支付手术所需费用。会馆委员得知情况后，立即召开紧急会议，发动筹款。委员们放下手头工作，分工合作，上门筹款。经过两天的努力，终于为何先生筹得医疗费用 58 600 强势玻利瓦尔，及时做了手术，暂时度过危险期。遗憾的是 6 天后何先生病情复发，不幸逝去。但此事依旧体现了会馆全体侨领和侨胞团结互爱，一方有难、八方支援的中华民族传统美德。

阿普雷省中华会馆商会第一届领导班子（任期由 2004 年 12 月 8 日至 2007 年 12 月 8 日）：主席：梁永钦；副主席：梁永辉、吴活鹏、何琪璋；总秘书：郑荣惠；财政：郑荣惠、吴少壬；委员：梁永欣、陈有为、吴锡恒、吴柱庭、冯均乐、黄顺荣、莫文任、陈有明。

第二届领导班子（任期由 2007 年 12 月 8 日至 2009 年 12 月 8 日）：主席：陈有明；副主席：郑荣惠、梁永辉；秘书：郑嵩耀、陈家扬；财政：郑荣惠（兼）、吴少壬；委员：陈汉廉、陈有为、黄顺荣、何创思、冯移锋、何琪璋、岑嵩斌、冯均乐、吴柱庭。

第三届领导班子（任期由 2009 年 12 月 8 日至 2011 年）：主席：冯均乐；副主席：郑荣惠；秘书：郑嵩耀、陈建柏；财政：郑荣惠（兼）、吴少壬；委员：黄顺荣、何创思、吴柱庭、冯均爵、冯移锋、郑沛林、岑岳标、陈有为、陈汉廉、岑嵩斌。①

---

① 阿普雷省中华会馆供稿，2011 年 5 月。

二十三、卡鲁帕诺中华会馆

卡鲁帕诺（Carupano）为委内瑞拉东部边陲小城，它左邻玛格丽塔，右近特立尼达，是一个有着蓝天碧海、阳光沙滩的旅游城市。

早在 20 世纪 80 年代初，就有一位祖籍恩平的华人开始涉足这片海产丰富、环境优美的土地，开了一家"羊城酒家"，这是第一家华人商铺，但详情今已无从考证。最为人所熟知者，莫过于 20 世纪 90 年代末来此开杂货铺的陈姓兄弟。他们凭着独特的眼光和勤俭敬业的精神，在这里创造了属于自己的事业。他们就是卡鲁帕诺中华会馆创始人陈朝浣和陈潮沁先生。

20 世纪 80 年代以来，来自五湖四海的侨胞乡亲不断涌入这里，由初时的两三小伙增加到现在五六百人，短短 20 多年间，逐渐形成了一个较有规模的华人群体。他们大多经营杂货铺、餐馆、日用小超市和五金铺等。

随着侨胞不断增加，为使来自祖国大陆背井离乡的兄弟姐妹能有一个团聚、互助、联系乡情的地方，埠里几位有远见的热心人士开始筹划组建中华会馆。在陈朝浣的积极带动下，成立了会馆筹建委员会，成员有：陈朝浣、黄冠悦、吴健明、邹炎芳、余小明、吴惠源、吴健庭、吴礼明、曾丽明、何新洪、冯润何、吴健权、吴健锋、陈国强、张茂宏、冯年俊、吴迪能（排名不分先后）。经过委员们的努力，短短两个多月时间内，便筹措到成立会馆所需的第一笔资金，并于 2007 年（具体日期不详）于当地香港城酒家举行卡鲁帕诺中华会馆成立仪式，推选出会馆第一届领导班子成员。当时，《委华报》曾专派记者前来祝贺，图文并茂地报道了会馆成立之夜的盛况。

陈朝浣主席认为，组织机构的成立只是形式，拥有属于自己的场地，兴建会馆，让大家有一个娱乐、聚会、举行活动的地方才是实在的。故在会馆成立后，他便马不停蹄地展开购买馆址工作，为物色一块价廉实用的土地而劳碌奔波。有志者事竟成。经过一段时间的考察和当地人介绍，并经会馆全体委员开会商议，他终于在邻近市中心购得一块 700 多平方米的土地，以当时汇率计算，为 10 多万美元，价钱相对较高。当时有些乡亲担心，日后兴建会馆所需材料、人工费用等更庞大的开支，这个仅有五六百人的小埠能否承受得起。面对种种困难和乡亲的担心，陈朝浣以身作则，率先捐出一笔数额相当可观的资金，随后，会馆各委员、华侨商号，乃至埠内工薪阶层也纷纷踊跃捐款。在大家的团结努力下，2010 年初，会馆大厦正式动工兴建，计划一年左右完成。工程完成后，卡鲁帕诺中华会馆带领区内侨胞迈出新的步伐。

卡鲁帕诺中华会馆第一届委员会名单：主席：陈朝浣；第一副主席：吴惠

源；副主席：吴健庭、何新洪；中文秘书：吴健权；西文秘书：吴健锋；财政：吴礼明、何新洪；保安：张茂宏、陈金权；监督：冯润河、吴健明。[①]

二十四、富玛纳中华会馆

20 世纪 50 年代起，就有华侨到富玛纳埠谋生。时有一位人称"王伯"的华侨开了一家咖啡馆；在旧街市附近，则有何姓华侨开了一家杂货批发店。到 20 世纪 60 年代，在该埠中心公园一带，有方姓家族开了一家巴黎餐馆，还有吴姓华侨开了一家杂货店。随后，有林姓华侨在商业中心区开了一家京解野。

二十世纪七八十年代，富玛纳埠已有 20 多家华人商店。这时期，全体华人十分团结，感情相当融洽。每当大年初一，均不约而同地逐家逐户拜年，家家设酒水、点心、糖果以待。当嘉年华、复活节来临，华侨多不约而同地到海滩游泳、烧烤，其乐融融。

20 世纪 80 年代，中国驻委内瑞拉大使曾到富玛纳埠与全体侨胞联络感情。其时该埠还没有中华会馆，全体侨胞仍聚集起来，在华兴酒家设宴款待。有一事甚为有趣：大使讲话时，华侨中无人会汉语。幸好大使能操一口流利的西班牙语，便由一位侨胞林创业翻译为华侨用语。

20 世纪初，富玛纳埠的商店已发展到百余家，遂有人提出组建会馆，即得到全体侨胞拥护。大家慷慨解囊，捐赠资费。2008 年 12 月 21 日，富玛纳中华会馆正式宣布成立。陈伟民当选为第一任主席，何国豪担任副主席。

陈伟民为人坚强，和蔼可亲，为公共事业做过很多贡献。每当侨胞求助，他总是尽最大力量助人。他是当地华侨中的佼佼者。[②]

二十五、宏光省中华会馆

宏光（Falcon，一般译作"法尔孔"）省中华会馆位于 Punto Fijo 市，成立于 2008 年。会馆根据自己所在埠作为免税港的特殊区位优势，团结全体侨胞，带领他们创业、立业、兴业。

宏光省中华会馆领导趋于年轻化，他们具有一定的文化素质，有远大目光。他们发动侨胞集资购买房屋，建起了中华会馆，使侨胞有一个集休闲、娱乐、集会于一体的侨胞之家。逢年过节，他们组织侨胞聚餐联欢，联络感情，相互沟

---

① 卡鲁帕诺中华会馆供稿，2011 年 5 月。
② 富玛纳中华会馆梁卓球供稿，2011 年 6 月。

通，全埠侨胞团结如同一家人。会馆委员还经常组织年青一代参加体育活动，参与全国华人体育运动会的比赛，增强侨胞体质。

在中国四川省汶川地震和玉树地震的赈灾捐款中，全体侨胞发扬"一方有难，八方支援"的优良美德，自觉捐款，向灾区同胞奉献爱心。当委国暴雨成灾殃及当地人时，会馆委员带头捐款捐物，全体侨胞也义不容辞地献出自己的一份爱心。侨胞的赈灾献爱心活动得到当地有关部门的好评。

会馆委员还积极帮助侨胞维护自己的合法权益，自觉承担起护侨与助侨重任，积极与有关部门沟通，加强防范。数年来，侨胞中没有重大案件发生。对一些不良分子敲诈勒索侨胞的行为，会馆委员闻之即据理力争。侨胞平时如有困难求助于会馆，会馆委员则放下自己的工作，为他们排忧解难。会馆委员想侨胞所想，全心全意为侨胞造福祉，深受侨胞信任。

宏光省中华会馆领导：荣誉主席：黎伟鸿；主席：吴连亨；会馆委员：吴连国、吴瑞鑫、吴坚里、吴瑞樊、张宝玉、聂光余、伍文彪、张运强、吴合德、夏瑞能、张伟扬、冯郁烈、Juan Chen、Lee Chong、Luisa Lourdes、Siu De Falcon（陈健明）。[1]

二十六、玛岛华侨联合会　玛岛商会

玛雅丽塔岛，简称"玛岛"，位于委内瑞拉北部加勒比海沿岸，由三个岛屿组成，为委内瑞拉一个行政省（州），最大岛屿为玛雅丽塔岛。岛上建有机场、港口、公路，海陆空交通还算方便。玛岛有加勒比海明珠之誉。这里风光明媚，阳光灿烂，有美丽的沙滩、椰树，是加勒比海旅游胜地，也是一个免税港。每逢节假日，外国游客及本地游人络绎不绝。岛上华侨人数超过 1 000 人。

以前由于治安好，又是自由免税港，前来做生意的华侨越来越多。到 1996 年，在中国大使馆的关怀下，由 14 位热心人士发起并成立了玛岛华侨联合会。联合会成立后，上下一心，不计得失，勇于进取，开拓创新，积极为侨服务，开展护侨工作。

以前，每年到玛岛来的游客中，常夹杂着个别来自加拉加斯的不良移民局官员。他们利用度假的机会，到华侨店铺去，借口一些华侨的居留证件有问题，借机勒索，以作度假及购物开销。对此，很多侨胞敢怒不敢言。玛岛华侨联合会成立后，十分重视侨胞所反映的这方面情况。为维护华侨权益，2002 年 7 月，郑先生、雷先生、岑先生几位联合会负责人与当地警方取得联系，得到他们的同意和

---

① 宏光省中华会馆供稿，2011 年 6 月。

协助，将计就计，由受害人将钱送到不良移民局官员约定的餐馆。待他们刚出门，埋伏在外的便衣警察一拥而上，人赃并获，给了他们一个下马威。之后，移民局官员再没敢用这种方式来玛岛对侨胞进行勒索，侨胞的一大困扰因此得以解决。

2003年，玛岛移民局新调来一位年轻女官员。她刚上任，即依仗着移民总局局长是其男友，每天都到华侨店铺查验身份证件，不管有无居留证件，均肆意拘留，以致一段时间里，玛岛华侨居无宁日。最后一次，她抓捕了四位有合法身份的侨胞，理由是不承认他们的香港签证及上一任移民总局局长所办的居留手续，并将他们派送到加拉加斯的移民总局关押。玛岛联合会负责人急侨胞所急，将这一重大事件通告中国驻委大使馆。大使即与委国内政部、外交部、移民局交涉，大使馆相关领事等也多次到委国移民总局交涉，促其放人。大使还为此事三次亲临玛岛，甚至直接与总统通电话反映情况。最后，迫于压力，移民总局局长不得不放人。玛岛华侨联合会还多次会见省长。后由省长亲自出马，将上任不到一年且有强硬后台的玛岛女移民局长撤职。接着，就侨胞居留权问题，玛岛华侨联合会在加拉加斯将移民总局局长告上法庭，并对簿公堂。庭上，移民总局局长在法官的严斥下，第一次在华侨面前理亏地低下了头。移民总局被迫重新承认香港签证及上一任局长所办的居留证件有效。几千华侨同胞因而受益。直到现在，再无移民局官员在玛岛上门查证件之事发生。侨民们得以安心经商。

2005年，内政部派来一个来头不小的政治警察新头目。他来到玛岛后，每到傍晚，穿着特警装备的人便到处设卡，对华侨百般刁难、勒索。侨胞慑于政治警察的特殊身份，不敢多言。玛岛华侨联合会与之多次交涉，均无果。不久，发生了其对三个持正当中国护照来玛岛旅游的中国人棍棒相向的严重事件。他们的手机、手表、钱财等被搜刮一空。同时，警察要他们在玛岛的朋友上交3 000元才放人。从下午两点开始，一直折腾到晚上九点多才放人。玛岛华侨联合会领导得知消息后，即将其野蛮行径用中西文通报中国大使馆领事部。大使馆十分重视。第二天，大使馆即前往委国内政部、外交部递交了抗议信。三天后，内政部即派直升机将这位政治警察头目送到加拉加斯总部，后将之撤职查办。

为了更好地团结侨胞，玛岛华侨联合会经多方物色，2003年在市区购得了一块很有商业价值的2 000多平方米的土地，用于建设会馆，并在玛岛华侨联合会基础上成立了玛岛中华商会。由于有商会的支持，初期建设进展很快，围墙、灯光球场很快建成。侨胞们有了自己的家。

今天，玛岛华侨联合会真诚为侨、护侨，得到了广大侨胞的认同、支持和拥护。联合会上下各尽其职，同时，积极搞好与本地政府部门的关系。现在在玛岛，已很少听到有军警刁难侨胞的事发生。现在举办的各项活动以及上门进行的

公益募捐，侨胞们都踊跃支持，积极参加。

玛岛华侨联合会（Asochina De Margarita）委员会名单：首届主席：郑健强；委员：梁林、雷庆城、岑路涛、吴阅平、朱冠权、郑文兴、吴嘉强、郑勇甫、郑耀祥、林爱玉、陈新强；第二届主席：郑健强；副主席：岑路涛、梁林、雷庆城、郑文兴。财政：郑惠雄、卢德慰；西文秘书：David Kwok；中文秘书：岑炜坚、岑路涛；公关：梁林、Simon Chan；文体：梁念慈、吴朝坚；监督：梁文超、朱冠权、雷伟坚、陈日能、吴嘉仍、陈新强；委员：林爱玉、吴嘉强、郑勇甫、郑耀祥、吴伟新、岑健照、陈深奕、吴悦平、冯活良、谭培植、梁惠源、冯景伦、梁顺豪、吴嘉辉、吴悦财、郑展辉、陈泽伟、郑运源、陈柏慈、梁寿文、何永涛、何松悦、冯瑞钦。

玛岛商会主席：林爱玉；副主席：芦德尉、吴加强、吴伟新、陈深亦、吴文喜；顾问：岑路涛、吴松柏；公关：郑健强、岑路涛、林爱玉；财政：郑勇甫、芦德尉；文书：（西文）郑耀祥、（中文）郑念慈、岑路涛；委员：吴家迎、莫国俊、谭培植、岑伟甜、吴家辉、岑炜坚、雷伟坚、伍灿华、冯活良、陈日能、关树迎。[①]

二十七、华里拿省中华商会

华里拿（Gamara，一般译作"加马拉"）省中华商会于 2003 年 3 月成立。商会宗旨是团结广大华商，以集体力量争取更大的商业利益，更好地服务侨社，回馈社会。

商会由在华里拿省经商的华侨组成，以商铺为单位。成立初期有 62 个会员，至 2010 年有 67 个会员。会员以经营超市为主。该商会是华里拿省商会（Camara Comecio）的常务委员会。

商会的运作方式，一是以商会为代表，与供应商沟通，争取合理、优惠的价格和足够的货物供应。二是以商会为代表，与政府行政机关联系、沟通，争取华侨的合法权益。当地政府凡邀请社团参加活动，商会都作为华侨代表被邀请出席。三是以商会凝聚广大侨胞，提供侨社福利，回馈社会。如每年华里拿省侨胞举行新年团拜会，都由商会举办和独资赞助；侨胞有困难，商会出资出力救助；祖（籍）国、住在国以及国际上遇重大灾难，商会牵头、号召和组织侨胞积极参与捐助。

第一届商会委员会名单：总顾问：何琪练；主席：方毅锋；副主席：伍德

---

① 据玛岛华侨联合会（Asochina De Margarita）网站，http://www.sochina.com。

林、吴锡林；委员：何琪练、方毅锋、伍德林、吴锡林、吴小文、方华锋、甄惠文、陈卓辉、陈永宁、方君佐、甄郁存、吴卫章、方伟良。

第二届商会委员会名单：总顾问：何琪练；主席：方毅锋；副主席：吴锡林、吴小文、何琪练（兼）；委员：何琪练、方毅锋、伍德林、吴锡林、吴小文、方华锋、甄惠文、陈卓辉、陈永宁、方君佐、甄郁存、方伟良。

商会办事处常务工作人员：一名华人秘书，一名会计师，一名资深律师。[1]

二十八、卡拉沃索中华会馆

委内瑞拉中部城市卡拉沃索（Calabozo）有华侨 300 多人，各类店铺 40 多家。2012 年以前，这个小埠治安较差，打劫、盗窃，甚至绑架案时有发生，严重影响华侨的工作和生活。一向团结的该埠华侨意识到必须有一个社团组织，才能与当地政府有关部门加强联系，保护华侨的安全。于是，他们发起组建中华会馆的倡议，并一致推选社会经验丰富、办事能力强、人际关系好、能够出钱出力热心助人的甄耀庭（人尊称"七叔"）为会馆主席。当任两年来，甄耀庭始终与侨胞打成一片，以务实的态度和扎实的工作作风，竭尽全力服务侨胞，充分发挥会馆的作用，不断与政府有关部门加强沟通，建立良好关系，使侨胞在本埠工作、生活有了安全保障，因此在换届选举中得到全体侨胞的信任，连任主席。甄耀庭表示，不辜负大家的期望，将竭尽全力与侨胞一道，同心协力做好护侨工作，确保侨胞权益，同时希望全埠侨胞更加团结，支持会馆工作，把会馆办成一个温暖的大家庭。

2014 年 11 月 16 日下午，卡拉沃索中华会馆举行换届选举，选出本会馆第二届领导班子成员，甄耀庭全票通过，连任会馆主席，吴均强、冯荣森、何建国、吴万庭、方小俊当选为副主席。[2]

二十九、拉维多利亚中华商会

拉维多利亚中华商会于 2012 年成立。第一、二届的商会主席都是冯暖强。

离麻拉街仅半个小时车程的拉维多利亚埠，环抱在青山绿林之中，其商会是华侨的温暖大家庭。这里的侨胞不是很多，但很有凝聚力。自从商会成立以来，

---

[1]　华里拿省中华商会供稿。

[2]　吴金波：《CALABOZO 中华会馆第二届组织机构产生，甄耀庭连任会馆主席》，《委华报》，2014 年 11 月 22 日。

在全埠侨胞的大力支持下，商会自始至终以服务侨胞为宗旨，特别是在加强同政府、军警方的沟通方面做了大量工作，加强了侨胞的安全保护措施，使侨胞有安全感。此外，商会想侨胞所想，与当地有关部门及民众建立了良好的关系，为侨胞经商营造了良好的环境，侨胞在这里安居乐业。两年来，华侨社区没发生过大案，华侨商铺也未发现有被乱查、乱扣、乱罚的现象。①

三十、亚拉奎省中华会馆

2013 年 10 月 20 日，经过充分酝酿和积极筹备，委内瑞拉亚拉奎省中华会馆终于成立。这是旅委侨胞成立的第 22 个中华会馆。委内瑞拉全国华侨华人联合总会李瑞华等专程前往祝贺，并被聘请为该会馆的总顾问。

亚拉奎省辖下有十几个中小城市，侨胞近 2 000 人。多年来，该省有识侨胞曾多次提议在本省成立中华会馆，以使乡亲们有一个属于自己的"家"。但是，由于该省侨胞相对分散，难以商议，故未能如愿。2013 年 9 月 24 日，该省圣费立佩市一位侨胞被杀。在这次事件中，该省侨胞共捐款 3 万多元人民币。事发后，大家痛定思痛，成立会馆的呼声日趋强烈并被提上议事日程。经过积极的筹备，是日下午，该省举行侨胞代表会议，选举产生了首届组织机构。梁焕年当选为主席，刘焕忠当选为第一副主席，吴青云、吴柏堂、李吴兰芳当选为副主席，刘树均等当选为委员。②

亚拉奎省地处委内瑞拉西北部，与加拉沃沃和拉腊两省交界，面积不大，人口不多，除圣费利佩（省会）、奇瓦科阿（Chivacoa）、耶里打俄、呢俄几个市镇稍大一点外，其他市镇面积都比较小，且比较偏僻和落后，起初并不被华商所注意。但随着交通的日益发达及当地农业、畜牧业的发展，亚拉奎省逐渐成为人们创业、居住的"风水宝地"，其中，背靠连绵大山、面向广阔原野、高速公路东西贯通的省会圣费利佩市有世外桃源之称，吸引着越来越多的有识之士前来投资经商。1980 年，梁姓华商第一个踏足圣费利佩，开张经营华人首家百货商店。此后，华商陆续进驻，经营餐馆、杂货、五金等生意，约至 2010 年已有 40 多户华人在圣费利佩安家立业。与此同时，奇瓦科阿、耶里打俄、呢俄等市镇也逐渐有了华商的活跃身影，特别是 20 世纪 90 年代，大量华侨来亚拉奎省创业，至今遍布于亚拉奎省各中小市镇的华人商铺有 200 多家，涉及杂货、百货、五金、建

① 陈淘涛：《拉维多利亚中华商会举行新一届班子就职暨二周年庆》，《委华报》，2014 年。
② 黎民：《凝聚侨胞力量　谋求侨胞福祉，Yaracuy 省中华会馆选举产生首届组织机构》，《委华报》，2013 年 10 月 21 日。

材、餐饮、运输、零配件、种植养殖、进出口贸易和小工业等。

亚拉奎省会馆的硬件建设从无到有。在侨领刘炳富借出大屋一间（近 2 000 平方米）和已捣制了地面 1 600 多平方米地皮后，会馆全体委员既出钱又出力，完成第一期建设工程，建有篮球场一个，羽毛球场两个，还有乒乓球室、桌球室、麻将室、儿童公园、茶餐厅等。

2014 年 3 月，会馆首次由巨龙花车及双醒狮组成艺术队，参加该省奇瓦科阿的嘉年华盛会，大大展示了中华文化和华人风采，在当地产生了积极的影响。接着，又积极参加当地的"三八"妇女节纪念活动，还大力举办母亲节晚会、篮球赛等活动，侨胞们增加了无穷乐趣，并较好地融入了当地社会。亚拉奎省中华会馆对未来充满信心。

逆境中诞生的亚拉奎省中华会馆，一开始就遭遇委国的政治动荡和经济的严重衰退。处于风口浪尖上的会馆首届委员，为避免侨胞受到不该遭受的伤害，积极应对，除提醒侨胞合法经营、文明经商、加强自保外，还与当地政府有关部门加强沟通，让有关官员上门与华商讲解政策及注意事项等。同时在各埠成立治安管理小组，与政府、军警部门合作，形成治安联防态势，确保华侨华人的安全。2014 年 6 月 15 日，亚拉奎省中华会馆产生了新的领导机构。圣费利佩市长、圣巴勃罗（San Pablo）市长、奇瓦科阿市长、国防军 Hedade 将军等当地官员，以及中国驻委内瑞拉大使馆领事部主任、全国华侨华人联合总会、委内瑞拉中华工商联合总会、全国各地中华会馆、商会侨领及当地侨胞纷纷前来祝贺。[①]

三十一、特鲁希略省中华会馆

2013 年 11 月 10 日，风光秀丽的特鲁希略省中华会馆在经过侨胞的充分酝酿和积极的筹备后隆重成立。首届主席为方伦健。是日下午，特鲁希略省中华会馆成立暨首届委员就职典礼隆重举行。600 多名侨胞从该省各埠汇集到一起见证这一重要时刻，全国华侨华人联合总会主席李瑞华与多个中华会馆的主席前往祝贺。

特鲁希略省的华侨历史不长，1978 年才开始出现侨胞拼搏的足迹。经过 30 多年的打拼，今天的特鲁希略已有了华侨的新天地，不断发展壮大的杂货超市、日用百货等，为当地经济的发展及社会的繁荣兴旺做出了积极的贡献。

然而，在多年的拼搏中，没有一个团体组织，侨胞们深感势单力薄，特别是要维护自身正当权益、利益时，往往孤掌难鸣，力不从心。因此，成立会馆，凝

---

① 《团结一致携手向前，竭尽所能服务侨胞》，《委华报》，2014 年 6 月 15 日。

心聚力，便成了侨胞们的一大心愿。经过一番筹划，该省会馆终于正式成立。[①]

三十二、委内瑞拉台湾商会

台湾在委内瑞拉的商会称"委内瑞拉台湾商会"，成立于 1983 年 11 月 12 日。时会长为林耀庭，会员 33 人。其他情况不详。

华侨遍布委内瑞拉各省，但由于各种原因，有些省还没有建立会馆或商会组织。没有会馆或商会，华侨内部的联系和华侨利益的维护自然诸多不便，但当地华侨并没有因此而停止社会活动。例如，赫德斯省位于委内瑞拉西部，华侨主要居住在圣卡洛斯等小城市，至 2010 年春还没有建立中华会馆等华侨组织。但有一个事实很能说明这里侨胞的爱国爱乡热情：2008 年中国汶川大地震时，赫德斯省的华侨同胞共捐了 4.5 万强势玻利瓦尔（约合 2.1 万美元），当时无法把捐款汇给中国地震灾区，加之当地治安差，有 5 个年轻人自告奋勇担当"捐款押送人"，天还没亮就开车上路，驱车 5 个多小时到达首都加拉加斯，把当地华侨捐献的款目交到中国驻委内瑞拉大使馆。又如，2006 年 7 月，卡鲁帕诺埠的侨胞看了全国华侨华人联合会的"救灾倡议书"非常感动，觉得广东是家乡，便要义不容辞地支援家乡救灾，重建家园。虽然这个埠侨胞不多，没有中华会馆，但侨胞们自觉性高，踊跃募捐，以实际行动表达对家乡同胞的爱心。

综上所述，在委内瑞拉华侨社会中，能够起中坚作用的，是各个地方的社团组织，一些社团还以"一套人马两个牌子"的面目出现（中华会馆和商会）。

中华会馆领导班子通过民主程序选举产生，作为当地的华侨领袖，代表本地华侨开展对外联系，包括与外地华侨社团的联系和与当地军政方、社会团体的联系，为华侨争取合法权益；也代表本地华侨开展与祖国和家乡的交流活动；同时协调本地区华侨社会，加强内部团结，解决分歧和矛盾，开展公益活动，增加华侨福利，提高当地华侨地位。中华会馆一般来说都有会所，面积有大有小，功能比较齐全，有会议厅、娱乐室，有的还有中文学校、运动场所等。它们一般都有自己的办公场所，有的甚至富丽堂皇，有工作人员，但在华侨人数稀少的偏僻地方，一些社团也没有办公场所和工作人员。

华侨商会则是同一行业的华侨为了共同的利益自发地联合建立起来的。如在华恋社，就分别成立了加省华人杂货同业商会、加省华人百货同业商会、华联杂货商会。商会的宗旨，就是通过会员的集体合作，发出一致的声音，共同维护会员权益。同时，领导和推动会员在本地市场自由竞争，使会员获得更多的商业利

---

① 黎民：《特鲁希略（Trujillo）省中华会馆隆重成立》，《委华报》，2013 年。

益。比如，商会经常了解市场行情，不断向会员提供市场信息。让他们知道什么时候以什么价格进什么货最好，从而获取尽可能大的利润。一些商会还研究本地区货物流通及贸易对策，设计和采取相应的行动，使会员获得较多的好处。

委内瑞拉很多地方性华侨社团和当地商会的"一套人马两个招牌"机制在世界各国华侨社团中堪具典型性和创新性，两者之间有着密不可分的关系。这是委国华侨社团的一大特点。不同的是，有的地方两个招牌都用得比较多，而有的地方多使用其中一个招牌。两者的交叉使用主要表现在以下几个方面：一是中华会馆会所的建设资金部分或主要来源于商会成员的捐助；二是商会一般没有独立的办公地点，而是依托在中华会馆会所办公；三是中华会馆、商会经常联合举办面向侨社的活动，或者以中华会馆名义主办活动，由商会进行赞助支持；四是许多侨领身份重叠，分别在不同社团（特别是中华会馆、商会、和统会）担任不同的职务。一般来说，中华会馆主席不任商会主席，而商会会长一般都会在当地中华会馆担任副主席等领导职务。[①] 商会负责人（主席及成员）由同行业实力雄厚的侨领担任，会员一般只需缴纳些许入会费，不用定期缴纳会费。侨领对维持本地会馆的业务以及会馆财务负有很大义务。虽然各地华人商会团结当地华人商铺共同生存发展，但也存在各自为政的现象。顺便说明，参加商会的人，一般都是华侨，只有麻拉街的阿拉俄杂货同业商会例外，这个商会有 76 家会员，其中有 14 家西人会员，他们都是过去的合作伙伴。

由于委内瑞拉的华侨中八九成是恩平人，所以各中华会馆的掌门人几乎都是恩平人。他们都是由会员通过民主方式选举出来的。他们在华侨中有威望，不仅仅因为他们是出色的生意人，还因为他们是出色的社会活动家。他们都是以自己卓越的成就而被当地华侨拥戴为中华会馆或商会领袖的。

21 世纪以来，委内瑞拉经济持续滑坡，社会需求和购买力持续下降。政府又对生活必需品实行最高限价，华侨杂货铺、百货铺所售的商品大多在政府限价之列。与此同时，委内瑞拉货币不断贬值。在这种环境下，华侨经营的行业困难重重，许多业主损失巨大，甚至面临着倒闭的厄运。同时，委内瑞拉时常陷于半无政府状态，治安十分差，抢劫盗窃横行，歧视华侨的苗头有所上升，多个城市的华侨商铺遭哄抢甚至被焚。面对严峻的形势，加省华人杂货同业商会的成立，使华人杂货业、百货业主看到了希望的曙光，他们纷纷效仿，先后成立了以杂货业为主的各种商会。

目前委内瑞拉影响较大的华侨商会有十多个，包括加省华人杂货同业商会

---

① 《在"社会主义"环境下委内瑞拉华侨华人的生存状态》，吕伟雄主编：《海外华人社会新视野》，香港：香港社会科学出版社有限公司，2008 年。

（华恋社）、加省华人百货同业商会（华恋社）、华联杂货商会、巴埠华人商会、拉省中华商会、委京华人杂货同业商会（加拉加斯）、安省华商会、波省亚加里俄市中华商会、阿拉瓜省超市商会、华里拿省中华商会、马都顶华人杂货同业商会、玛雅丽塔岛华商会等。截至2010年底，行业商会仅局限于超市，华侨经营的百货业还没有行业组织。

委内瑞拉华侨地方商会一般经济实力雄厚，成为当地社团的中坚力量。各地华人商会的负责人，大部分在中华会馆担任要职，在经济上大力支持中华会馆等华侨社团的活动。例如，加省华恋社中华会馆的主席和委员中，80%是加省华人杂货同业商会的成员，他们为创办中华会馆中文学校出钱出力。此外，商会还热心捐助弱势华社团体，解决诸如被抢后的安置问题等。如华恋社三个商会在得知九位来委国种菜的山东籍侨胞遭到匪徒抢劫后一无所有的情况后，各商会侨领开着6辆满载商会和商会热心人士私人捐助物品的车辆，在圣诞日前往农场慰问，带去了广东乡亲的亲切问候，还提出治安方面的建议。有了商会的实力支持，各华侨团体增强了活力，也保持了生命力。①

各种华人商会的运作方式虽略有不同，但主要有以下两种运作方式：

一是商会统一订货价及零售价，然后通过向厂家、供货商收取赞助、广告费，用于商会日常开支。这种方式以加省华人杂货同业商会为代表。商会聘有两名秘书，商会负责人轮流值班，与供货商谈判，决定有关事项。这个商会代表167家华人杂货铺（超市）与供货商谈判，谈妥订货价后，将有关商品的统一订货价和零售价印发给会员。会员根据自己的需求量直接从供货商进货，然后按统一零售价出售，但超过规定售货时间后可以浮动价格出售。会员可以享受优惠的进货条件。商会每年派送年历，经常举行抽奖销售活动，广告效应非常好。商会会员的生意因此越做越红火，商铺实力壮大，竞争力增强。

二是商会以批发公司形式运作，统一订货，然后以批发价格卖给商会会员，从中收取佣金，作为公司的利润。这些利润用于公司日常开支，部分作为红利分给商会会员。这以巴埠华人商会为代表。它已在巴基西梅托郊外的工业区副食品批发市场占有一个铺位，聘了一位经理，三位秘书，一般事务由经理负责。这家商会联合123家华人超市和商行，根据各个会员的订货需求统一订货。由于订货数量大，商会在与供货商谈进货条件时往往处于主动地位，能够以比较低的价钱订货，再以略高的价钱（远远低于市场价）批发给会员，赚取的差额作为公司收入，通过收取佣金的方式赚取公司的利润。这些利润部分用于商会的日常开支，部分作为利润分红分给各商会会员。这既有利于商会的运作，也有利于会员

---

① 资料来源：广东侨网。

通过商会的支持而保持良好的竞争力。①

为了保证商会的信誉，商会建立了一套比较完善的规章制度，规定会员必须遵守商会章程，守法经营。如巴埠华人商会章程规定，会员必须是华侨或华人子孙，拥有食物行业零售生意（经营粮油、饮料等食物的超市和商行）；需两封以上商会正式会员的介绍信；如果有违反章程的如贩卖赃物等不良行为，商会委员开会讨论后可取消其会员资格。

委内瑞拉的华侨社团经过多年的发展，已日渐成熟，在侨社日益发挥重要影响和作用，其作用主要有六个方面：

第一，敦睦乡谊，助侨护侨。由于委国华侨主要是改革开放后的新移民，属第一代移民，因此委国华侨社团仍明显带有早期华侨社团所具有的守望相助特征。它们注重扶助困难乡亲，保护华侨权益。商会的工作与当地经济紧密结合，得到了当地社会的认可和支持，有利于改善华侨的营商环境。由于商会会员售卖的都是人民生活必需品，价格便宜，又经常举办大减价、促销抽奖等活动，深受当地居民欢迎，如华恋社的电视台直播、报纸刊登商会抽奖活动，既宣传了商会，也使商会会员的生意更加红火，占领了主要市场。

第二，联络同业，促进发展。商会凝聚了华侨小型商铺的力量，对外，与大商业公司抗衡，对抗"大鱼吃小鱼"的竞争环境，从而扩大了生存空间和经营渠道，增强了经济实力和竞争力；对内，各地华侨商会采取统一订货（主要是粮油糖）、统一定价、统一宣传的做法，避免无序竞争，同时加强行业自律，促进了华商的团结，对推动华侨经济发展和保护华商利益都起到了积极的作用。这样，便吸引了众多业主参与其中，增强了商会力量，形成了良好的竞争力，创造了更好的营商环境，同时还为新移民提供了就业机会。

第三，开展华文教育，活跃文体活动。21世纪以来，委国的华文教育陆续开展，加拉加斯、华恋社、麻拉街等地的周末中文学校多由中华会馆兴办，或得到会馆的支持。全国性的华人选美会、华人体育运动会等文体活动，也由中华会馆和商会支持举办。商会还通过举办与祖（籍）国有关的喜庆活动，增强了商会凝聚力，提高了知名度。如加省华人杂货同业商会举办庆祝澳门回归活动，现场提供食品、饮料，吸引了不少当地人参加，活跃了气氛；北京申办2008年奥运会成功，该商会提供了30微翁的赞助，组织了30辆车游行，舞狮带队，沿途有统一穿商会2008年奥运会标志衣服的商会会员派送糖果，场面热烈，取得良好的宣传效果。②

---

① 资料来源：广东侨网。
② 资料来源：广东侨网。

第四，联系家乡，支持家乡建设。委国侨胞虽然总体经济实力不是很强，目前处境欠佳，但他们爱国爱乡，桑梓情深，积极支持家乡建设。一些侨领、商会会长积极捐款支持家乡的教育事业，各校友会也纷纷筹款支持母校建设。如2006年广东部分地区发生历史上最大的洪涝灾害，委国侨社响应广东省侨办和省海外交流协会的倡议，在短短10多天便组织捐款103万元人民币，支持韶关灾民建设"侨心居"。

第五，沟通主流，促进融合。华侨社团积极加强与当地政府部门的沟通，争取华侨权益。在热心捐助国内家乡教育事业、赈灾款项的同时，还鼓励华侨关注当地的公益活动，积极参与当地的慈善活动，回报当地社会。如巴埠华人商会自成立以来，共向社会捐助了30万美元；加省华人杂货同业商会，经常捐助孤儿院、养老院，参加他们的活动。他们关心周边民众的疾苦，注意适当地回馈社会，取得了良好的社会效益，既提高了商会的地位，也提升了华侨的地位。① 华侨与当地人民和睦相处，互帮互助，增进了中委两国人民的友谊。商会通过赞助当地的公益活动，取得良好的社会效益，成为华侨融入当地的桥梁。商会还促使当地政要重视商会，经常参加商会庆典等活动，支持配合商会处理有关保护侨胞权益等事项，华商的权益相对得到保障。

第六，反"独"促统，支持统一。委国华侨华人社团积极向住在国政府宣传中国政府对台工作的方针政策，表达侨胞反"台独"、促统一的心声。② 这种活动主要发生在台湾民进党执政时期（2000年5月至2008年5月）。

中国大陆有关部门也重视与委内瑞拉华侨的经贸交流与合作。为进一步做好以侨促贸工作，2006年3月1日至7日，广东省侨办、广东省海外交流协会邀请委国华商经贸考察团一行15人访问了广州、深圳、东莞、中山、江门等地。委内瑞拉各地12个商会组织中，此次有8个商会组团来粤。它们分别是加省华人杂货同业商会、巴埠华人商会、亚布里中华会馆商会、委京华人杂货同业商会、马都顶华人杂货同业商会、巴塞罗那商会、ASOCOPOR商会、麻拉街华联会，考察团员全部是恩平籍人。考察交流期间，考察团成员听取了各地对经济建设、社会进步、发展规划等方面的介绍，从多角度了解广东，亲身感受到中国改革开放以来广东取得的辉煌成就和巨大变化，增强了对中国和广东的认识，加深了与祖（籍）国的感情。本次考察也加强了委国各地华商会的联系和团结，提高了在委华侨的地位。③

---

① 资料来源：广东侨网。
② 《在"社会主义"环境下委内瑞拉华侨华人的生存状态》，吕伟雄主编：《海外华人社会新视野》，香港：香港社会科学出版社有限公司，2008年。
③ 资料来源：广东侨网。

第四节　宗乡会馆

　　顾名思义，血缘社团是按照血缘关系结成的较为稳定的社会共同体，是以具有相同的中国姓氏为基本资格自愿加入的团体。华侨成立血缘性社团的目的，除了加强团结、守望相助，也负有照顾宗亲衣食住行，以及为新来的移民寻找工作的责任。血缘性组织除了以祠堂、堂号及公司命名之外，也有以公会、公所、宗亲会、联宗会、家族会社、家庙等名称命名的。各种不同的名称，可以大致上反映出其活动内容及所肩负的功能。比如，以祠堂、家庙命名者多以奉祀祖神以及进行致祭大典为主；以家族会命名者只接收其同乡家族为会员，不同乡的同姓人不被接受为会员，其开展的活动多以家族为主；以堂号命名者，则堂号所包括的姓氏都可入会；在海外，也有一些以地域命名的血缘性组织；但其余的以公所、公会、宗亲会、联宗会及社命名者，其活动内容及宗旨与一般的华侨社团没有多少分别。

　　血缘和地缘社团在任何一个地方的华侨社会中的作用必不可少。其实，在古代中国农村，真正的血缘或宗亲关系多半是出现在同一个乡内。所以，血缘社团和地缘社团的成员常常发生重叠。除了血缘和地缘社团外，早期华侨社会中还有秘密会社。血缘和地缘社团的成员还可以同时是秘密会社的成员，而华侨领袖也可以同时是三者的领袖，形成"三合一"现象。这种情况，可能在20世纪70年代以前的委内瑞拉出现过。早期委内瑞拉华侨中存在着秘密会社是人尽皆知的。

　　在血缘和地缘社团发挥其功能的过程中，其他类型的社团也会发挥协同的功能。特别是在今天，涉及某些专门问题和专业领域，相关类型的社团会走在前面，但离不开血缘和地缘社团的支持。

　　近代以前的中国乡村，真正的血缘关系一般局限于一定的地域内（旧时乡村人家择偶时还很注重语言的相同或相近），与人们所说的天南海北的同姓关系是两回事（后者充其量只能算是宗族关系）。真正的血缘关系内部的亲疏程度是与血缘关系的"图谱排序"相对应的。血缘社团是华侨从中国带到居住地的，更具中国特色。因为中国传统社会是在宗族的基础上发展起来的，且传统社会中最大的血缘组织是宗族。宗族是同聚落居住的父系血缘按伦常建立的社会组织，通常拥有一些共同的财产和一定的共同文化，具有政治、经济和宗教等方面的较为完整的功能。华侨到了海外后，这些功能都不同程度地被保留下来。例如，宗族包括血缘关系的丁口，即亲戚成员，还要有显示这种关系的族谱、祠堂、祖坟、族产以及协调这种关系的族规和房长（族长）。

部分宗祠也指祖庙、家庙或祠堂，或在会所中安置始祖的灵位以作为膜拜、祭祀的对象。在那里，始祖的来源及故事被一代代地传诵着。在传统的中国，能够兴建家祠的，多为地方的望族，或是有幸通过科举登榜的秀才、举人、进士，乃至解元、会元、状元等。宗祠的兴建，不只是显示光宗耀祖，也代表子孙对祖上感恩。在海外华侨居住地，虽然不可能有科举考试，但这些传统观念在不少华侨中依然世代相传。所有这些，充分体现了中华文化中饮水思源与认祖归宗的传统。

顺便指出，在一些地方的华侨社会中，还存在着一类可称为"宗族性团体"的社团（这里采用"宗族性团体"的概念，以区别于一般的"血缘性团体"）。这些"宗族性团体"只是将一些互有渊源的姓氏联合组成的数姓团体，如某某姓氏宗亲会等。此外，还有基于某种历史和传说而组成的多姓氏社团，如刘、关、张、赵结义社团等。

在海外华侨社会中，属真正的血缘关系所组成的亲属圈并不多。同姓中，要么是相隔很多代，早已不算亲了，要么就是无法追寻氏族源流的宗族关系。不过应注意，即使是很疏远的宗族关系，到了住在国后（特别是在创立基业的早期），也会迅速聚合成比在国内时亲密百倍的"血缘关系"。地缘关系即同乡关系，内部的亲疏程度多与其在中国故乡的距离相对应。但到了海外后，即使是最生疏的同乡关系，在找不到更亲密的关系的情况下同样会变得亲密百倍。这些都是常识，不消细说。

早期南迁华侨以男性为主，他们多是单身一人前来。宗乡社团是他们抵埠后投靠的唯一场所。在水深火热的环境中，大众都能守望相助，遇到各种各样的困难，都可向宗乡社团求助。此外，对打算返乡定居的贫病老弱者，宗乡社团也会尽力协助。当然，各宗乡社团的活动内容也随着年轻人的喜好和社会潮流的变化而进行适当的调整，例如，活动项目、内容更加多元化，更加与时俱进等。

华人血缘社团一般会对祭祖、寻根问祖一类活动表现出强烈的兴趣，同时，对族谱或家谱的收集与研究等也十分热心，因为族谱蕴藏着丰富的资料，包括姓氏来源、世系记载、祖先传记与功绩、堂号、辈号、家训等。华侨华人血缘性社团这些活动的目的，是把现在与过去的世系联系起来。这种现象在海外有增无减。

一、委内瑞拉至德总堂

至德总堂是一个世界性组织，在许多国家都有会馆。各国至德总堂奉行"至德精神"，即谦让与开拓。"至德精神"被认为产生于 3 000 多年前。春秋后期，传到朝鲜、越南、日本，秦汉时期向东南亚开拓，到元、明、清，几乎传遍美洲及欧亚大陆。

委内瑞拉的至德总堂于 1955 年成立于首都加拉加斯（一说成立于 1957 年 1 月 1 日），为委国华侨周、吴、蔡、翁、曹五姓联宗社团。其宗旨是：团结互助，增进情谊，造福桑梓，谋求发展。成立后，主要致力于宗亲互助，发展福利事业，增进联络，逢年过节集会聚餐，欢迎和接待中国访问委内瑞拉的团组，派主要领导人出席中国驻委内瑞拉使馆的国庆招待会和春节联欢会等。1987 年吴万当选理事长。吴德明、吴国樑等知名侨领是其会员。

二、旅委歇马宗亲联谊会

旅委歇马宗亲联谊会成立于 2012 年 9 月，以服务委国恩平宗亲为宗旨。2013 年 5 月 26 日下午，旅委歇马宗亲联谊会召开 2013 年第一次会议。经过热烈的讨论，与会者达成共识：要进一步把旅委歇马宗亲联谊会打造成联络宗亲、服务宗亲的平台，为旅委宗亲服务，为家乡宗亲服务。为了更好地开展工作，会议确定了各埠负责人、联系人，并要求各埠尽快做好会员登记造册工作。此外，宗亲联谊会主席梁焕年还强调要充分发挥青年人交际广、有活力的作用，使之成为联谊会的一支重要力量。①

该宗亲联谊会的成立背景是：近些年来，旅委歇马宗亲不但队伍日益壮大，而且生意也有较好发展。建立这个平台，有利于互扶互帮，共同发展。特别是对有困难的宗亲，可以提供有力的帮助。此外，还可以在做好旅委宗亲工作的基础上，尽可能地回报家乡宗亲，为家乡建设和敬老、重教等贡献绵薄之力。联谊会成立以后，竭诚为内外宗亲服务，特别是对有困难的旅委宗亲的帮扶和对家乡歇马老人的关怀等举动给人留下深刻的印象。

三、横眉村联谊会

横眉村人旅居委内瑞拉已有 80 多年历史，现在委国的乡亲至少 600 人，经过艰苦打拼，事业有成。而今，横眉村人虽然散布于委内瑞拉各地，但乡情、亲情总把他们联结在一起。2013 年底，华恋社中华会馆永远名誉主席冯选棠等老前辈提出成立横眉村乡亲联谊会的建议，得到乡亲们的大力支持。于是，2014 年 1 月 12 日，首次乡亲聚会在麻拉街进行，横眉村乡亲联谊会宣告成立，冯选棠担任横眉村联谊会会长。他们相约，今后每年 1 月的第二个星期日，将举行同

---

① 黎民：《联络宗亲服务宗亲的平台》，《委华报》，2013 年 5 月 27 日。

样的活动，以加强联络、沟通。① 横眉村联谊会可算是委内瑞拉历史上第一个华侨华人"村级"联谊会。

横眉村位于恩平市牛江镇，至今仍仅有 70 多户人家，而有 500 多名村人在委内瑞拉各个角落打拼。他们生活在地球的另一端，在逐渐融入当地社会的同时，也仍保持着横眉村人勤劳、奋发的本色。

20 世纪 20 年代，国内战乱，民不聊生。正当壮年的横眉村人冯子祺，目睹家乡的贫穷落后，一心另谋出路。于是在 1925 年，冯子祺到了澳门，坐上前往南美的轮船，经过 3 个月的海上航行，不知挨过多少个不眠之夜，他到了特立尼达，再辗转来到委内瑞拉。他是第一个踏足委内瑞拉的横眉村人。冯子祺就是委华报社社长吴景的外公，副社长冯炎良的二公。

踏出委内瑞拉麻拉街埠的码头（当时麻拉街是外来移民登陆委内瑞拉的第一站），冯子祺落脚于老虎埠，开始做起了自己的小吃生意，从此翻开了他同时也是横眉村乡亲在委内瑞拉打拼的一页。6 年后的 1931 年，冯子祺之侄冯厚源（号邓家，冯文威祖父），也循着冯子祺走过的路，成为第二个踏足委内瑞拉的横眉村人。跟着，冯树省、冯树源等横眉村人也接踵而至，于是委内瑞拉又多了两个横眉村人的身影。冯子祺以及冯厚源、冯辉、冯树源等一班人远涉重洋前往委内瑞拉，让困苦中的横眉村人看到了新的希望。二十世纪四五十年代，不安于"面向黄土背朝天"的生活的冯作超、冯如添、冯如壮、冯如日、冯如炎、冯如浩、冯选棠、冯作京、冯秋觉、冯长强、冯长多、冯长运、冯如晃、冯荣光、冯华集、冯荣富、冯维棠、冯信棠等先后到达，横眉村人在委内瑞拉慢慢地由木成林。1979—1989 年委内瑞拉处于发展黄金时期的十年间，在早先出来的亲朋好友的牵引下，横眉村人一批又一批地踏上了前往委内瑞拉的"淘金"之路。②

而今，位于牛江圩以南仅 2 公里的横眉村，早就是恩平的文明村，村中的门楼、图书室、水塔、水泥铺就的道路等，几乎都是旅委乡亲捐款建成的。但村中仅有 72 户人家、100 来人，相比于在委内瑞拉打拼的 500 多人，那只能说是一个村的象征罢了。从东半球走到西半球，从祖祖辈辈的小耕小作走向经商办厂。几十年的努力，横眉村人实现了自己在异国他乡的彻底蜕变。③

初到委内瑞拉，虽然几乎人人都有自己的生意，但是，他们在委内瑞拉人生

---

① 《90 年前，冯子祺捷足先登，而今，500 多个乡亲同在异国他乡打拼，横眉村人在委国》，《委华报》，2014 年 1 月 20 日。

② 《90 年前，冯子祺捷足先登，而今，500 多个乡亲同在异国他乡打拼，横眉村人在委国》，《委华报》，2014 年 1 月 20 日。

③ 《90 年前，冯子祺捷足先登，而今，500 多个乡亲同在异国他乡打拼，横眉村人在委国》，《委华报》，2014 年 1 月 20 日。

地不熟，打工的艰辛、创业的艰难，都是不言而喻的。每个人初到委内瑞拉，都有一段艰苦的打工经历，有了点积蓄之后，才做些小吃之类的小本买卖，或利用一技之长修理钟表（如冯树省），日子并不好过。然而，人往高处走，横眉村人硬是凭着勤劳、奋发本色，或各自努力，或相互提携，杀开了一条血路，也走出了一条生路。他们团结互助，共寻商机，相互提携，把横眉村人拧成一股绳。[①]

横眉村第二个踏足委内瑞拉的冯厚源，从洗衣做起，开始了他家族发展的原始积累。后经儿子冯作超、孙子冯文威的努力，家族开商场，买物业，办工厂，家业像滚雪球一样越滚越大。在麻拉街，冯文威已当了 11 年的商会主席。同时，他还是华联会的委员。

在华恋社响当当的冯如壮，20 世纪 60 年代就做进出口贸易，70 年代在华恋社中华会馆附近建起 10 多层高的华盛顿大楼，早早地成了他在委内瑞拉发展、发达的名片。

冯长强、冯长多兄弟和他们的姐姐冯长运，20 世纪 50 年代中期来到委内瑞拉后，经过一番打拼，买地建铺、开超市，在亚布里埠深深地扎稳了脚跟。

在麻拉街，冯健铮、冯伟明、冯财星、冯练新等办了具有一定规模的塑料袋厂或纸盒厂，使他们成了当地具有一定名气的工商界人士。

在委内瑞拉多年的冯炎良，见证了 20 世纪 70 年代中期之后来到委内瑞拉的村里人的发展变化。他说，多年来，村里什么时候有人来，委内瑞拉就什么时候有传帮带的人。所以，现在最让横眉村人津津乐道并感到自豪的，是村里不管谁出来，只要经过 5 年左右的历练，一般都可以另起炉灶，自立门户当老板。横眉村人以其聪明才智，不断在委内瑞拉书写他们新的传奇。[②]

2015 年 1 月 18 日下午，旅委恩平牛江镇横眉村乡亲假座麻拉街华联会大礼堂聚会。来自全委的近 250 位乡亲欢聚一堂，其乐融融。2015 年参加聚会的乡亲比 2014 年的多，聚会活动内容丰富多彩，除抽奖外，还给每户送上纪念品，乡亲情谊浓浓。聚会由冯炎良主持，冯选棠致辞："旅委乡亲今日相聚，十分开心。谨祝大家在新的一年出入平安，工作顺利，事事如意，身体健康。同时，希望全体乡亲一如既往，团结一致，加强联络沟通，为办好本村联谊会和搞好村中建设贡献力量。"[③]

---

① 《90 年前，冯子祺捷足先登，而今，500 多个乡亲同在异国他乡打拼，横眉村人在委国》，《委华报》，2014 年 1 月 20 日。

② 《90 年前，冯子祺捷足先登，而今，500 多个乡亲同在异国他乡打拼，横眉村人在委国》，《委华报》，2014 年 1 月 20 日。

③ 陈淘涛：《横冈村乡亲的第二次聚会》，《委华报》，2015 年 1 月 19 日。

第五章 委内瑞拉社会治安恶化及华侨社会的应对

第一节 针对华侨的各类违法犯罪案件

20 世纪 80—90 年代，中国香港和台湾的黑社会势力曾经绞尽脑汁要向委内瑞拉华侨社会渗透，但黑社会势力在其他地方呼风唤雨的那一套，在委内瑞拉华侨中却不起作用。原因是，委内瑞拉华侨多是通过亲戚朋友的帮助才移民来委的，相互关系错综复杂。一般情况下，黑社会团伙难以渗透其中。这些黑社会势力在到处碰壁后也就无功而返。[①] 委内瑞拉社会治安恶化主要是因为当地犯罪分子和团伙，他们对华侨构成的威胁主要表现在凶杀、抢劫、哄抢、绑架、盗窃、诈骗等方面。

一、故意杀人抢劫的罪案

最令人触目惊心的犯罪案件，无疑就是故意杀人案。俗语说谋财害命，就是说害命是为了谋财。在委内瑞拉经济形势恶化的大环境下，杀人案的起因，常常就是为财。诸多杀人案中最凶恶、最可怕的一种，是一开始就开枪置人于死地，被害者毫无防备就死于非命。还有一些当地人随身携枪，常常为一桩小事而开枪逞威，也会造成血案。下面举几个轰动一时的案例。

2013 年 5 月 26 日晚，在华恋社经营小餐馆的李姓华商，遭到歹徒枪击，不治身亡。几个月后于 2013 年 8 月 19 日深夜 2 点，夜深人静之时，两个似乎很熟悉环境的劫匪，径直走近麻拉街车站附近一家华人超市的主人居处，爬上屋顶，掀开盖顶铁皮，轻手轻脚进入屋内。屋里住的是经营这家超市的 3 名年仅 25 岁左右的华侨青年（两人为谢姓兄妹，另一合伙人为谢女的未婚夫余某）。两名男子在打劫过程中当场被枪击身亡，谢女身中一枪，造成重伤。谢女醒来后忍痛给

---

① 黎惠权：《华人社会不容》，恩平报社编：《恩平报获奖新闻作品选集（1983—2003）》，北京：人民日报出版社，2004 年，第 118 页。

在加拉加斯的父亲和余某的父亲打电话，同时报警并向邻居求助。但最终，他们几年的打工积蓄就这样化为流水。[1]

2014年1月15日中午近12点，在马达莱诺（Madaleno）埠开设炒饭店的陈某像往常一样准时营业，突被一劫匪在店铺近距离开枪致亡。在不远处开杂货铺的陈先生闻声急忙和店里几个当地员工报警，拨打医院急救电话，但已无济于事。[2]

2014年4月17日下午1点左右，在塔卡利瓜（Tacarigua）埠的一个"京解野"华人老板准备关门时，突有一持枪贼直接上前拉他，见没拉动，就向当事人开了一枪，子弹从肺部射入，再射碎腰脊椎骨。路人见状即呼救护车送医院，但伤势太重，当地医院不接受为其治疗。后转另一家医院，经医生5个小时的抢救，仍未见醒。[3]

2014年6月16日，马都顶华人青年曹先生在自己的杂货铺被匪徒杀害。案发后，马都顶中华会馆在主要领导的安排下，一方面做好家属的安抚和善后工作，一方面约见当地警方和军方领导，同时将案情报告中国驻委使馆。领事部孙研主任抵达马都顶，在会馆侨领的陪同下，到殡仪馆慰问受害者家属。接着又前往当地兵房拜会一位将军和暗查房负责人，进行交涉。[4]

2015年6月30日上午9点许，阿拉瓜省库拉村的47岁劳姓侨胞带着货款前往银行存款时，在离银行约10米处，突遭几名劫匪枪击，头部中枪重伤，劫匪抢钱后逃之夭夭。劳先生即被送往卡瓜医院抢救。[5]

2015年12月20日，加拉加斯发生了一起凶杀案，经营糖果店的侯永胜在发工资时被店内的"鬼仔"（当地人）员工残忍枪杀。当天是星期六，按常规，下午下班时要给当地员工发工资。店里一名当地员工被叫进封闭地下室，瞬间见财起心，用随身带的手枪向毫无戒备的侯永胜连开两枪，将之射杀。该员工一不做二不休，回到店铺里叫侯太太和华人员工刘先生到地下仓库去，趁其无防备，向两人各开一枪，然后把仓库反锁并拆掉店铺里的监控设备，将店里的现金全部卷走。约10分钟后刘先生苏醒，用尽全力爬出大街，用微弱的声音向路人求救。[6]

有的华侨只身一人来委，只能单打独斗，最终死于非命，实在令人不寒而

① 黎民、吴金波：《贼人夜深潜入室内，要钱还要命》，《委华报》，2013年8月26日。
② 吴金波：《Madaleno埠发生一宗枪杀华人案，事发后大使馆孙研领事赶赴麻拉街督促警方尽早破案》，《委华报》，2014年1月20日。
③ 莫熙丰：《Tacarigua埠一华商被贼人开枪击昏》，《委华报》，2014年4月21日。
④ 吴金波：《马都顶枪杀华人案引起多方关注　中国驻委使馆孙研主任奔赴当地敦促警方尽快破案并慰问受害者家属》，《委华报》，2014年6月23日。
⑤ 莫熙丰：《Aragua省劳姓侨胞中枪重伤》，《委华报》，2015年7月6日。
⑥ 《警惕，别引狼入室——12.20加拉加斯凶杀华人案追踪》，《委华报》资料。

栗。李某3年前自广东台山来委，在华恋社的散漫（Sanman）独自开了一间小餐馆。2013年5月26日晚9点左右遭到歹徒枪击身亡。警方分析，可能是歹徒先向李某要饭吃，李某没给而导致如此恶果。①

也有的匪徒并非一开始就下手杀人，而是在抢劫行为遭到反抗或不遂的情况下才动手的。2015年2月28日下午4点许，正当午市休市，一名17岁左右的当地男子来到唐姓侨胞开的家庭式餐馆，要求给他做一个炒饭，结账时该男子从袋里掏出手枪声称打劫。这时钱已按习惯点清放好，但可能是语言交流有障碍，当唐姓侨胞转身进去取钱时，劫匪以为他开溜，恼羞成怒，一枪射了过去，致其受伤。②

2015年4月9日早上，发现了一具身中多刀、被棒球棍猛击过的尸体，死者是被贼人活活打死的。他就是华恋社拉伊萨贝利卡（La Isabelica）区的侨胞郑某。官方尸检报告说，匪徒先用小牛肉刀向郑某身上捅去，然后再用棒球棍敲击头部，致其失血过多而亡。歹徒可能是先装成顾客进入店铺，然后藏起来伺机行窃，但当晚郑某从楼上的宿舍走到楼下的店铺，歹徒误以为事情败露，便对他下了毒手。③

2015年9月29日傍晚7点多，巴塞罗那埠一位梁姓华侨青年所经营的杂货铺员工下班返回楼上住宅时，早已埋伏在附近的4个劫匪尾随员工跟了上去。该员工还未反应过来，劫匪已冲入家中大厅，用枪和刀指着正在做晚饭的梁姓华侨青年，叫他打开保险箱。梁先生说两个保险箱是原来业主留下来的，他没有钥匙。劫匪根本不听，一持枪的劫匪向梁先生的头部开了一枪，致其当场倒地身亡。④

有的受害人死于劫匪的周密行动。受害者聂某，在卡提亚（Catia）区开了两家杂货超市。他每天习惯早起，先到街市进货，然后准时回来开门营业。2014年12月29日早上，他在自家楼下车库取车，劫匪早已埋伏好，待聂某走近便一拥而上，企图绑架。聂某趁天还没亮想摆脱劫匪，但被一枪击中，后送医院证实不治。⑤

2014年12月底，年仅26岁的住在阿拉瓜省卡瓜（Cagua）的吴英杰在圣诞

① 《华恋社李姓华商遭歹徒枪击身亡》，《委华报》资料。

② 莫熙丰：《劫匪没能得手恼羞成怒　侨胞中枪受伤陷入困境　拉省中华会馆迅速反应提供帮助》，《委华报》，2015年3月9日。

③ 莫熙丰：《钱没赚到，魂断异乡　华恋社郑某在铺内被杀害　孙研领事慰问受害者亲属并提醒侨胞加强自保》，《委华报》，2015年4月13日。

④ 陈淘涛：《巴塞罗那埠发生一宗入屋抢劫枪杀案，26岁华青头部中枪当场死亡》，《委华报》，2015年10月5日。

⑤ 吴金波：《加拉加斯又发生一宗枪杀华人案》，《委华报》，2015年1月5日。

节约了朋友去海滩，在与家人失联一天后，其尸体在卡瓜一个路段被发现。警方查实，吴家餐馆有两个当地员工"好帮手"——约翰·卡马乔马丁内斯和女子玛丽亚·费尔南达。前者给吴英杰介绍女朋友，后者就是疑凶之一。吴英杰与之坠入"情网"，遂有圣诞到海滩度假之举。玛丽亚却是另一在逃疑凶萨帕塔·乌尔塔多的老婆。吴英杰是被萨帕塔一枪击中头部毙命的。正是约翰以玛丽亚作诱饵，让吴英杰一步步走进他们早已设定的陷阱。①

并非所有杀人案件都可以在第一时间被发现。2015 年 9 月 15 日下午 4 点多，一名华侨在加拉加斯的卡提亚区被枪杀。此事是当局的暗查房总头给委京中华会馆吴崇岳主席来电，要寻找被害人的家人，吴崇岳即把信息公布于各大微信群，经转发，才在当天下午 6 点联系到被害人家属。②

二、抢劫案

委内瑞拉经济一直萎靡不振，社会治安的混乱使其雪上加霜，华侨社区成了重灾区，华侨成了匪徒袭击、勒索的主要对象，案件屡有发生，其中加拉沃沃省、麻拉街、马图林、玻利瓦尔等尤其严重。连治安一贯较好的梅里达和玛雅丽塔等地也经常发生抢劫华侨的罪案。入屋抢劫，将屋内的值钱物品扫劫一空，更是常见。

委内瑞拉发生的大多数劫案，是窃贼为了满足温饱而铤而走险的劫案，跟人们印象中司空见惯的"劫财型"劫案迥然不同。由于粮食和基本生活用品短缺，打劫厂家送货车辆的，紧缺物资到货时哄抢的，这类案件时有发生。

应该说，抢劫案在委内瑞拉的历史更长，花样更是层出不穷。2009 年以来，打家劫舍的贼人横行，到处流窜作案，作案手法多样。归结起来有"抢银柜贼""入行贼""敲门贼""撬门贼""凿墙贼""斯文贼"等。其中，"抢银柜贼""入行贼"过去已经司空见惯。

"抢银柜贼"是先佯装顾客进入华人商店"探水"，然后趁生意红火期刚过，或到准备收市打烊之时突然闯进去，掏枪威胁收款员把银柜打开，将现款悉数抢走。这种劫案在全国各地华侨社区几乎天天都发生，有的城市一天多起，有的华侨商店一周多次。据悉，做过生意的华侨几乎无一幸免，但多数被劫者甚少声张。

---

① 《新闻观察：最信得过的人或是你最危险的人》，《委华报》，2015 年 4 月 11 日。
② 委京中华会馆：《加拉加斯一侨胞被杀，委京会馆忠告同胞万事安全为上》，《委华报》，2015 年 9 月 21 日。

"入行贼"则是专门打劫赴银行的华商。他们摸准一些华商入行的规律（包括时间、线路和银行地点等），守候在途中或银行门口，截车作案。

"敲门贼"则是伙同当地犯罪团伙作奸犯科，专门坑害同胞的极少数华侨。这种犯罪团伙中，必有一两名华侨先行"探水"，物色作案对象及了解其经济状况。作案时，以各种手法（如冒充做生意的屋主人的同乡、同学或朋友，或假冒修理水管、电视机或通下水道等）骗屋主开门，并由守候两旁的团伙窜进屋内实施打劫。"敲门贼"往往威胁人身安全，比"窃贼"更具危险性。

"撬门贼"则随身携带开锁撬门的作案工具，多选择屋主及其家人不在的时间作案。

"凿墙贼"，华侨俗称为"开窿贼"，是一种常用盗窃方式。窃贼多选择夜深人静时带着作案工具，先在选定的仓库或商店墙壁上凿开一个大窟窿，然后入屋盗窃值钱之物。

"斯文贼"一般衣着光鲜，西装、领带、皮鞋，头发油光亮滑，专门在光天化日下作案。

（一）手法多样的打家劫舍与入屋盗窃案

一是光天化日下的打劫。

有目击者称，2009 年底，一个由六人组成的犯罪团伙在华恋社频频作案。这个团伙还驾着一辆红色新轿车，在加拉沃沃省和巴基西梅托等地流窜，专挑华侨住宅下手。据不完全统计，仅 2009 年 11 月，在华恋社的特利卡尔（Triqal）、皮里波（Prebo）和旧街市等社区就作案 20 多次。据受害人称，该团伙多在楼下或门口守候，每见到一个作案对象，即用枪要挟其回家开门，然后捆绑手脚，实施抢劫。[①] 劫匪常因没达到目的（通常嫌钱少），或认为受害人不配合而对其横加伤害，轻者在受害人身上留下伤痕，重者危及受害人生命。数年前，巴埠一华商遭入屋打劫，全家人被五花大绑。劫匪吼叫着要钱，华商家里放着一笔钱，但由于华商没全数拿出，劫贼便在华商脚上划了几刀。华商没办法，最后还是把钱全部拿出来。然而劫匪更加不满，临走时用刀在华商肛门狠狠地捅了几刀。

在麻拉街附近一小埠，一天，一位侨胞从店铺回家。快到家时，早已埋伏在此的劫匪蜂拥而上，迫他入屋，接着将他五花大绑，展开地毯式搜查。这位侨胞没多少钱放在家里，劫匪只搜得几十微翁，便将这位侨胞的脚按在桌面，一刀砍下来。侨胞本能地将脚缩了回来，但还是有一个脚趾被砍了半截。

2014 年 9 月 16 日下午约 6 点半，来委国约 4 年、在玻利维亚城（Ciudad

---

① 上述均据《委华报》资料。

Bolivar，亦作保利华城）西班牙大道（Av. España）经营超市的谢均森准备关门的时候，3 名劫匪乘两辆摩托车飞驰而至，乔装顾客入内购物。付钱时，一劫匪突然向受害人脸上喷催泪气体，随即拉下卷闸，将谢均森夫妇捆绑，然后将货架、货仓及店铺后住宅中的贵重财物搜掠走。临走时，劫匪见受害者在挣扎解绑，便在他身上刺了多刀，并将店里的监控设备连接线斩断，带走刻录机，然后逃离。谢均森被送医院后不治而亡。①

最近这几年，一些地方的华侨被劫，不但财物受损，而且精神也受到极大创伤。贼人作案手法多样，作案数量一度下降的入室案件，大有卷土重来之势。连一向被认为太平无事、多年来未出过盗劫事故的玛格丽塔岛，近年来也是盗劫频发。在华恋社附近的小埠瓜卡拉，则因短时间内由于劫匪的疯狂抢劫而笼罩在一片阴云之中。在瓜卡拉经营的华商有八九十家，多是家庭式的杂货铺和糖果店，规模不大，员工不多。劫贼看中了这些店家势单力薄与"忍气吞声"的特点，一段时间内，好几十人的团伙分散对华商作案，屡屡得手。一时间，瓜卡拉华商闻贼色变，天天都被笼罩在"贼祸临头"的紧张气氛中。②

光天化日下的劫匪屡见不鲜，最明显的就是 2014 年华恋社接二连三的示威游行活动中，有人在一些主要街道燃烧轮胎，堵塞交通，迫使 90% 以上的店铺在中午 12 点就关门停业，一些不法之徒则趁街上车辆和行人稀少时，在街头巷尾打劫。2014 年 2 月 20 日晚 7 点多，20 多个暴徒拿着作案工具，来到玻利维亚大街的一家商场，用铁锤、铁棒砸烂两边大门，然后用同样的办法砸烂 6 家店铺的玻璃门，再通过拉、推、撬等手段将店门打开。据悉，在这次抢劫中，6 间店铺均受到不同程度的损失，有的损失惨重。③

2015 年 4 月 24 日晚 9 点左右，居住在加拉加斯的拉维加斯（La Vegas）区一幢住宅楼的一名经营餐馆的侨胞下班回来，突然一辆车急刹停下，车上走下几个手持手枪的牛高马大的劫匪。劫匪用枪指着他声称打劫，并推着他往楼上走。劫匪对住在楼内的 6 户华侨采取捆绑和恐吓手段，劫走手机、电脑等值钱的物品和现款。④

敢于在光天化日下行劫的，不单有团伙劫匪，还有个体劫匪。2014 年 9 月 2 日早上 7 点许，在华恋社北区经营超市的吴姓侨胞像往常一样到新街市（华恋社蔬果杂货批发市场）采购。事情办得差不多了，吴先生打算再购些菠萝。就在这时，他突然感到一把小刀紧贴着右耳下颈部，并传来低沉的要钱声音。其时天色

---

① 《乔装顾客入铺劫货杀人　Bolivar 凶徒令人发指》，《委华报》资料。
② 《贼人肆无忌惮，抢劫阴云笼罩 Guacara》，《委华报》资料。
③ 陈淘涛：《华恋社一商场遭暴徒盗抢，当地国防军及时赶到　当场缉拿一人》，《委华报》，2014 年。
④ 陈淘涛：《加拉加斯劫匪猖狂 6 户华人遭洗劫》，《委华报》，2015 年 4 月 27 日。

大亮，市场里人来人往，吴先生以为是当地人在开玩笑，将头往左扭转并随手将刀子一推。但没想到接着有人往他背后狠狠地捅了一刀，吴先生鲜血直流。①

当然，匪徒光天化日下的行凶打劫也有因运气不佳而遭到灭顶之灾的时候。2014 年 5 月 29 日晚 8 点多，加拉加斯国际机场附近迈克蒂亚（Maiquetia）埠，有 5 名歹徒打劫当地一家餐馆，逃离时碰上前来查案的警察，慌乱中爬上一家华人商店的楼顶。店内员工听到枪响也没太在意，后听到楼上的撞门声才知事情不妙。他们应警方要求，迅速打开店门让警察进去。一阵激烈的枪声响过，5 名劫匪中的 1 人被当场击毙，3 名被捉，1 人逃脱。据说，这 5 名歹徒是惯犯，最近曾多次在该华人商店附近一带作案，当地商家忧心忡忡。②

又如，2014 年 11 月 29 日晚 7 点多，6 名匪徒带上枪支驾车来到马都顶闹市区一家华人餐馆门口旁，借着夜色和灯光潜入餐馆，用枪指着正在就餐的顾客和店主，抢走所有的财物后要逃离时，十几辆警车载着大批军警突然赶到，将餐馆围住并鸣枪示警。劫匪利用门口一辆汽车作掩护，向军警开枪。军警随即还击，当场将 6 名劫匪击毙。据知情人说，这个团伙最近在马都顶作案多宗。案发前警方已派出便衣警察暗中跟踪，并在该街区布置警力 24 小时监控。③

再如，2014 年 4 月 10 日上午 8 点多，华恋社拉伊萨贝利卡区居民因不满当前治安恶劣、食品紧缺和经常停电而上街游行抗议。游行队伍到福特街时，突然来了一帮骑摩托车的人。他们截停 2 辆载有鸡肉、牛肉的大卡车，在抢了一把后纵火焚车，一辆路过的大巴也遭厄运。警察闻讯赶来，这伙人仍与之对峙，警方使用催泪弹才将人群驱散。④

二是"快餐式"抢劫。

顾名思义，所谓"快餐式"抢劫，就是趁受害人毫无防备，以迅雷不及掩耳之势劫人财物，甚至祸及他人性命。说起"快餐式"，在委内瑞拉多与绑架画等号。"快餐式"抢劫的特点也很明显，就是只抢日常衣食住行所需之物，肯定是因当下市场某些食品、日用品奇缺，难以买到，故铤而走险。

2014 年 4 月 6 日（星期日）下午，麻拉街附近一小埠一对从事电脑维修和程序设计的华侨夫妇正在家午睡。蒙眬中听到了门响声，以为是邻居而开门。但就在不知不觉中，门开了，先进来一个女人，接着再进来两个男人，直截了当说要打劫，然后翻箱倒柜找想要的东西。经过约 15 分钟的搜掠，劫贼匆匆逃离。

① 莫熙丰：《吴姓侨胞大白天遇劫被刺，幸无大碍仅受皮肉之苦》，《委华报》，2014 年 9 月 8 日。
② 莫熙丰：《贼人狗急跳墙逃入华人商店，警察跟踪追击果断毙一捉三》，《委华报》，2014 年 5 月。
③ 陈淘涛：《6 名匪徒抢劫华人餐馆　军警迅即赶到将其击毙》，《委华报》，2014 年 12 月 3 日。
④ 黎民、莫熙丰：《上边谋求对话　下边乱局依然　紧防：食品紧缺滋生"快餐式"抢劫》，《委华报》，2014 年 4 月 14 日。

之后，夫妇俩把整间房子细看了一遍，本以为会被抢的一小批台式电脑完好无损，一些值钱的东西也都原封不动，但大米、食油、糖、粉仔、卫生纸、肥皂、洗头水等食品、日用品几乎一无所剩，2 台手提电脑被顺手牵羊拿走。①

2014 年 5 月 30 日下午 2 点左右，在马拉开波郑老板经营的餐馆还有 2 桌客人在吃饭，他从厨房走到餐厅时，一劫匪快步向他走来，掏出一支枪，低声喝叫拿电话来。见郑先生没有电话，劫贼要他坐在一边，然后走向女收款员，令其打开银柜，将现金全部拿走，临走时又抢走收款员的智能手机。②

三是"风卷残云"式抢劫。

这种抢劫，即将受害人家中财物劫掠一空，一无所剩。受害人的损失最大，如果银行无存款的话，便注定要家徒四壁了。

2013 年 6 月 15 日傍晚，一向起早摸黑做生意的冯女士回到家里，面对眼前的一幕，她惊呆了：房里房外乱七八糟，一片狼藉。再查看，自己在不显眼处放好的 30 微翁一个不剩。事后，冯女士将情况告诉邻居，谁知邻居也遭到同样的洗劫，存放于家中的 10 微翁和一部新买的手提电脑被掠走。据受害者反映，这帮劫贼常在塞洛洛（Ceroro）一带作案，带有枪支和万能锁匙，破门入屋没任何损坏，作案动作迅速，得手后快速逃离。③

2013 年 6 月 12 日，一华人妇女在家带小孩。中午时分，盗贼 3 男 1 女持枪破门入屋，先用枪指着不谙西文的华人妇女，喝令她把钱交出。华人妇女不从，便用绳子将她及小孩捆绑起来。几乎同时，几个盗贼在屋内翻箱倒柜进行地毯式搜劫，将几千美金和 20 多微翁劫掠一空，临走时还威胁华人妇女："若报警，就要你的命。"④

2014 年 10 月 19 日上午 9 点多，为星期日，在玛岛住同一栋楼的吴姓侨胞等人有的还在熟睡，有的已去店铺，有的正在吃早餐。突然，4 个劫匪打开楼房大门，进入几户华侨住家声称打劫。每到一户，都用捆绑、威胁等手段，要华侨把钱及金银首饰交出来，并进行地毯式搜劫，几户华侨被洗劫一空。⑤

2014 年 11 月 11 日凌晨 1 点左右，玻利瓦尔一华商全家已经熟睡，3 名贼人从空调窗口爬入住处 2 楼一个房间后，一贼用手捂住当事人 F 女士口鼻，用手示

① 黎民、莫熙丰：《上边谋求对话 下边乱局依然 紧防：食品紧缺滋生"快餐式"抢劫》，《委华报》，2014 年 4 月 14 日。

② 《兵贼难分，出行小心手机成了劫贼一个重点抢劫目标》，《委华报》，2014 年 6 月 2 日。

③ 陈淘涛：《贼人盗抢 不得不防，最近 Maracay 和 Ceroro 接连发生两宗入屋盗抢案》，《委华报》资料。

④ 陈淘涛：《贼人盗抢 不得不防，最近 Maracay 和 Ceroro 接连发生两宗入屋盗抢案》，《委华报》资料。

⑤ 陈淘涛：《谨防劫贼入屋作案》，《委华报》资料。

意她不要出声。在床前的另一个贼则用枪指着她说不准呼叫,后来她被贼人用枪敲了一下头,鲜血直流。而在被贼人裹挟着进入房间后,一个贼人把 F 女士推倒在床前,另两个贼人各拿枪对着她的丈夫和儿子,要其立即交出所有钱财。贼人恐吓当事人后自己找了一会儿,见钱少,又一阵恐吓,说如果不交出全部,就要杀人。接着翻箱倒柜,找值钱的东西,但收获不大。贼人大为不满,拿刀在 F 女士儿子的大腿插了一刀,稍微动一下,就一枪敲在头上。最后,贼匪又到楼下店里大肆搜掠,连香烟、电话卡及护照等证件也拿走了,整个过程持续一个多小时。走时,贼人还绑住 F 女士一家三口,并扯掉了电话线。①

2015 年 2 月 3 日晚 7 点许,在华恋社经营摩托车修配店的吴先生下班后和妻儿一起回家。到家刚打开车库门,3 个持枪劫匪黑洞洞的枪口就对着他们,声称打劫。劫匪拿出事先准备好的绳子和封箱胶带对他们进行捆绑、封口,让他们别声张,并交出家里钥匙。接着,一匪徒拿着钥匙上了吴先生住处 3 楼搜刮财物,另外两人匪徒将吴先生一家三口人押着离开。劫匪们得手后,至晚上近 10 点才让他们回家。据悉,劫匪把吴家值钱之物搜掠一空,包括手提电脑、平板电脑、手机等,亲戚寄放的财物也悉数拿走。②

2015 年 5 月中,在东部一城市生活和经商的华人陈先生与朋友聚会后,于晚上 9 时多驾车回家。到自家楼下车库前用遥控器打开铁门后,察觉身后有不明车辆,他快速将车驶进去,但一辆汽车也跟着冲进来。只见车上下来几个凶神恶煞、持有手枪的大汉,胁迫陈先生回家开门。进门后,贼人将陈先生捆绑起来,将其妻儿关在一个房间,然后要陈先生说出藏钱、藏金器的地方,并地毯式地搜索了一轮,连垃圾桶都没放过。最后将陈先生家的手提电脑、电话等值钱物品装进一个皮箱内,还威胁不准报警。说完,拿着陈先生车库的遥控器扬长而去。另外,在中部城市,也有一吴姓华商收工回家时,被藏在楼内的贼人胁迫,打开家门入屋搜去了全部的财物。受此惊吓,吴先生一家第二天便搬了家。③

显然,"风卷残云"式抢劫的动作幅度较大,对贼匪来说风险更高,故往往是团伙作案。据了解,上案的几名贼匪就是一个流窜作案的团伙,曾在东方城市专门入屋抢劫华人,警方也曾缉拿过几次,但每次他们都是前门入,后门出,这次是在圣费利克斯作案后流窜到玛岛的。

四是"顺手牵羊"式抢劫。

所谓"顺手牵羊"式抢劫,一般没有特定的抢劫对象,也没有抢劫的数量

---

① 莫熙丰:《Bolivar 华商遭入屋打劫,家里和店里值钱东西被洗劫》,《委华报》,2014 年 11 月 17 日。

② 莫熙丰:《吴生一家下班回家被劫家中财物遭到洗劫》,《委华报》,2015 年 2 月 9 日。

③ 吴言:《小心防范打家劫舍之贼》,《委华报》,2015 年 6 月 22 日。

目标，只是守株待兔，趁势而为。当然，劫匪能够获得多少财物就看运气了。一般来说，劫匪抢劫前可以做到"静如处子"，但抢劫时"动如脱兔"，动作快捷迅猛。这类抢劫一般不入屋，而趁事主出门见势行事。当然，也有的劫匪是随机性的，即一时兴起，或"突发奇想"，便下手抢劫。2014 年 8 月 17 日早上 7 点，家住加省那瓜那瓜的侨胞岑女士携着 7 岁多的儿子去加拉加斯探亲，刚下楼出门，两个劫匪骑着摩托车飞速驶近岑女士，并没下车，只提起上衣露出别在腰间的手枪并低喝："别动，抢劫！"接着用手抓住岑女士的小手袋用力一扯，袋绳"啪"一声断开。得手后，贼人开动摩托车绝尘而去。事主包里有价值不菲的智能手机、银行卡，还有少量现金等财物。[①]

五是"专项"式抢劫。

"专项"式抢劫，劫匪要抢的一般是名贵的东西，没有明确的抢劫对象。在某个时期，最多的"专项"式抢劫是专抢手机。新款手机由于功能多、价值高而成为贼人的目标。不少华侨对此没有足够的防备，空闲时在商店或在路上发微信或接听电话，都让劫匪有可乘之机。

一天，东部城市一华人超市因下大雨而顾客稀少，几位收银员和工作人员觉得无聊，便拿手机玩了起来。兴致正浓时，突然来了几个当地青年，声称打劫。接着，劫匪让他们每人都把手机交出来，得手后迅速逃离。据说，当时除了一人因把手机放在了收银台里没被抢，其他的无一幸免，被抢手机总价值 100 多微翁。[②]

2014 年 8 月中旬，华恋社邻埠出现一个专门骑摩托车上门抢劫手机的团伙。一天下午 3 点多，一华侨在自己的杂货铺正常营业。突然，店门外停下两部摩托车，坐在车后的两个人快速进入店铺并从腰间拔出手枪声称打劫，要在场的人把手机拿出来。贼伙迅速从他们袋中掏出手机，顺便抢走当地人的钱物，然后迅速坐上尚未熄火的摩托车离去。[③]

六是"守株待兔"式抢劫。

"守株待兔"式抢劫的匪徒既有个体的，也有团伙的。所谓"守株待兔"，是要捕捉最佳的作案时机，如等待住户外出或屋内人少的时机，因为住户家门难以打开而需等待其回来开门时乘势而入等。

2014 年 3 月 21 日晚 7 点左右，加拉加斯一华人女批发商带着 2 岁的女儿回家。因为大门有保安，一般来说不会有什么不测。但走进电梯，一人也跟着进

---

① 莫熙丰：《女侨胞在家门口遭劫》，《委华报》，2014 年 8 月 18 日。

② 《委华报》资料。

③ 陈淘涛：《警惕劫贼抢劫新花招》，《委华报》，2014 年 8 月 4 日。

来，并拿枪指着她，硬邦邦地甩出"打劫"两字。接着，劫匪将早在楼下等着的另外两个劫匪叫上来，用枪逼着女华商开门。劫匪进门后将女华商的老公和两个表亲绑起来，并封了口，小孩也不放过。然后就是持续两个小时的地毯式搜掠，屋中可以带走的所有值钱物品，都没能幸免。①

2014年3月22日7点多，在华恋社经营牛肉档口的一对华人夫妇关门停业后，开车载儿子和一个女工回家。快到家时，不知从哪里盯上他们的劫匪突然超车并将他们截停，实施绑架。最后华恋社中华会馆侨领迅速采取应急措施，确保他们的人身安全。②

2014年7月初的一个星期天下午，同住一宿舍的三位员工中有两位外出办事，顺手拉上铁闸并锁上了保险锁。过了一会儿，没外出的那位员工睡意蒙眬中，突然被人推醒。睁眼一看，站在他床前的有三个人，分别用枪指着他。劫匪开口就恶狠狠地要钱。三个劫匪拿到钱后，又在宿舍里翻箱倒柜，把外出两人的钱也全部搜光。完后还说留家的那位厨师不老实，狠狠地用枪托敲他的头部，然后逃之夭夭。③

匪徒守株待兔的地点并不一定是华侨的住宅，处处皆有可能。时逢乱世，甚至连大商场内也不安全了。2015年8月10日下午，在加拉加斯Chacao Sambil大商场内，侨胞吴先生带着两个儿子及朋友来到大商场顶层的机动游乐场娱乐。其间，他独自去游乐场内的公共厕所时，两名匪徒紧跟入内，一名匪徒把门，对他实施打劫。10分钟后，三名匪徒匆匆逃离，吴先生在厕所内不省人事。据了解，吴先生是被匪徒勒脖子和拳打脚踢而晕倒，手机、钱财等被抢。④

七是趁火（货）抢劫。

2015年5月下旬一个星期四，在加省某区一华商的超市前，华商吴先生店铺前来了一辆满载儿童尿不湿、卫生巾和洗涤剂的货车。这些货物要分送给包括吴先生在内的几家杂货超市，他的超市是下货的第一站。因是紧缺货，很快就引来了不少顾客。在货物正搬进吴先生店铺时，突然有几个人持枪指向送货的工人，要他们将送去其他店铺的货物全部放在吴先生店铺内。待这辆车的货卸完，几个持枪的人已招来大批人马，抢先站到排队人群前，大声呼喊着所要的货物型号和数量，然后让收银员按价计数，后交了货款，拎着货物扬长而去。因大家见这伙人有枪，大气都不敢喘。待他们抢购完（起码抢购了2/3）走了，人们才敢按排

---

① 锋民：《动乱时期　更要小心》，《委华报》，2014年3月24日。
② 锋民：《动乱时期　更要小心》，《委华报》，2014年3月24日。
③ 一民：《劫贼猖獗　小心门户》，《委华报》，2014年7月30日。
④ 《大商场内也不安全》，《委华报》，2015年8月17日。

队的次序进去购买，但后面的顾客已无货可购。①

2015年7月的一个周五下午3点多，送货车送来了大批紧缺货，排队的人看到，纷纷打电话呼家人、朋友前来购买。货卸完，陈先生按照组合售货方式卖货。一拨一拨的顾客满心欢喜地购得了一袋袋限价平价的食品和日用品。有些顾客也热心地帮忙维持秩序。由于货物较多，到7点多要关门了仍未售完，陈先生为了照顾顾客情绪，决定将货物全部售完再关门。至货物全部售完，要拉闸关门时，门外有几个人叫嚷着要买货，硬是挤了进去，一进去便亮出枪，说要抢劫。由于售货较忙，陈先生将售货的钱款全部放在一个纸箱内。陈先生犹豫着要不要把钱全部交给劫匪时，一个劫匪用枪托敲打他的头致其差点晕过去。在劫匪的胁迫下，陈先生只好告知劫匪放钱的地方，劫匪将整箱钱劫走。②

2014年6月下旬某一天，有人传说华恋社某区一个汽车零件供销店第二天早上将有国家限价的一种货物出售。大家连夜排队，但夜深后都慢慢睡去。天将拂晓，熟睡的排队人群被一阵阵吆喝声吵醒，只见有几个持枪的穿军装的人推醒睡着的人，让大家依照现金支付和卡付排成两队。排好队后，那几个穿军装的人脸色一变，声称打劫，胁迫排在现金支付队伍的人交出现金，并将手机一一劫走。对卡付的人也胁迫其交出身上的钱，声称如有不从者，就开枪打死。这时大家明白了，他们都是劫匪。③

八是"文明礼貌"式打劫。

2015年1月底，一天下午，一侨胞的当地人朋友的表兄在那瓜那瓜市格兰贾商场内一柜员机提款时，一人过来用枪指着他（枪用挂袋套着，没露出来），轻轻地对他说："打劫，不要出声，跟我来。"劫匪把他带进商场的一个大型五金店EPA，当他不知劫匪意欲何为之际，三个在排队付款的同伙走过来，细声地对他说："想要命的就乖乖地帮我们付款。"他只好按照收银员所说的金额付了138 000委元，劫贼还要他上车。当车出了停车场后，贼人把那买货的单给了他，然后对他说，"谢谢了，下车吧"。他犹如做了一场梦。④

令人哭笑不得的是，在五花八门的抢劫案中，劫匪还表现出一定的"专业素质"。他们经常是打一枪换一个地方，今天在这个埠作案，明天又窜到另外一个埠，行踪诡秘，手法狡黠，让人防不胜防。他们往往内外勾结，沆瀣一气，重复性作案。劫匪之间也没有约定，这个劫匪来过了，保不定那个劫匪还会再来；这

---

① 吴言：《打劫还是抢购?》，《委华报》，2015年6月1日。

② 吴言：《销售限价货惹的祸》，《委华报》，2015年7月27日。

③ 侨声：《有人传言限价货有售，有人假冒军人捉弄华恋社一单离奇的打劫》，《委华报》，2014年6月30日。

④ 《劫匪新花招：商场买货，找人埋单》，《委华报》，2015年2月2日。

一群劫匪来过了，说不准那一群劫匪也会来。为了提高抢劫的"成功率"，劫贼实施抢劫之前的计划有越来越严密与呈高科技化作案之势。劫匪在抢劫过程中，使用高科技手段是不言而喻的。其中使用最多的就是手机，包括用来通话、发微信等。

（二）公路遭劫怪象种种

治安奇差的委内瑞拉的劫匪，手法百变，无孔不钻，连红绿灯前红灯亮的那一瞬间，都成了他们作案的机会。

最常见的，就是贼人在路上放上"鸡爪钉"，把车胎扎穿，然后乘机抢劫。例如，2013 年 5 月中旬的一个晚上，生活在加省的陈先生收工回家，因途中要送一个朋友回家，便转道从城北方向的道路回家。当汽车驶至一路段的红绿灯前时，红灯亮起，转换一次的时间长达 70 多秒，其时仅有几辆车在静候红灯转绿。就在此时，突然从一侧驶来两辆摩托车，车上分别坐着两个人，一辆停在陈先生的车前，一辆停在右侧。坐在摩托车后面的人用手拉开陈先生副驾驶室的车门，用枪指着他，并一把抓起他放在车座上的手枪，要他拿出钱物。陈先生只好任由劫匪将车内的一包钱劫去。①

2015 年 1 月 17 日，华恋社的岑先生从东方归来。当晚 10 点左右，车行至卡瓜路段时，车辆的一个轮胎突然有漏气现象，他觉得可能是中了劫匪的"鸡爪钉"之招。就在他打开车门要下来的一刻，路边草丛中窜出两个劫匪，其中一人用枪指着他，吼叫着要他把手机和钱拿出来。接着，草丛里又上来 3 个劫匪。5 个劫匪中，两个手持来复枪，两个拿着手枪，一个握着尖刀，个个凶神恶煞。他们把岑先生拉到路边的草丛，不由分说就一拳打了过来，同时喊着要钱。岑先生把身上的现金及钱包都给了还嫌少，拳打脚踢，还用枪托敲打，最后又把车上所有的钱财货物掠走，连纸巾、矿泉水也不放过。为防报警，劫匪在走前还把岑先生关在车尾箱，幸得他有经验，预先将后排座的机关打开，等劫匪走了好几个小时后确定安全时，才从后座爬了出来。更令他气愤的是，在报警找人拖车的过程中，他再次被无良警察和拖车人敲诈。②

车流量大、路况复杂、安全隐患多的公路，常常成为劫匪们行劫的"热门"地段。从华恋社通往麻拉街有一条笔直的调整公路就是这样的地段。据多名华侨反映，2014 年 12 月初以来，经常有 10 辆左右的摩托车停在那里，看似等候载

---

① 一民：《红绿灯前惊恐的一幕》，《委华报》，2013 年 6 月 3 日。

② 莫熙丰：《贼人在高速公路设套作案岑姓侨胞车胎被戳穿财物被洗劫》，《委华报》，2015 年 1 月 26 日。

客，实质上他们是一个抢劫团伙。只要看到有慢行的车辆，他们就蜂拥而上，把车拦停，然后喝令司机把车门打开，实施抢劫。①

在马路上光天化日之下疯狂作案的案件也不少见。据委国新闻网报道，2014年6月前后，华恋社出现多起高档轿车被劫案件。路上人来车往，但劫匪如入无人之境，作案后大摇大摆地离开。更有甚者，劫匪开着高档车，专对开高档轿车的车主下手，这是劫匪作案的一个新动向。②

劫匪冒充警察作案，或警察本身就是劫匪的事情防不胜防。2014年7月4日晚，已在华恋社生活了几十年的冯先生应朋友之约，到本市一个一向治安较好的邻埠办事，被两名身穿警服、带着枪支的警察拦住，检查证件后，还要搜身。他不敢不从，将自己的名牌手机和身上的10多微翁放在座椅上。警察毫不客气，把证件收起，拿了手机和钱就放进了自己的衣袋。③

一天，一位华侨到近100公里的邻埠办事，所驾之车刚买不久，从未发生过故障。但由于急着出门，忘了携带备用轮胎。不巧车行约40公里，后面一个轮胎爆了。在他打了电话等人把轮胎送来之时，一辆小车上有三个彪形大汉下车并向他扑来，其中一个拔出枪，示意打劫。接着，他身上的10多微翁被搜掠一空。④

善良、仁爱、热心助人，是中华民族的传统美德。一直以来，旅委侨胞古道热肠、豪侠仗义、助人为乐的精神被当地人称道。但有些心怀鬼胎的劫匪就利用华侨的善良、仁爱作案。2014年7月初，东方某埠一华侨青年收工步行回家，途中遇到一位中年本地人，身背行李，面容疲惫，像一位远途跋涉者。他拦着青年，问哪里有卖中国炒饭的华人餐馆。没走几步，又回头哀求带他前去那个餐馆。这位青年心生恻隐，一口答应，还顺手帮他提了一个袋。到了一僻静处，那中年人突然掏出手枪，露出凶相。毫无防备的青年侨胞只好任其将身上的钱物包括手机尽数劫去。劫匪得手后，抛下身上的背包和手袋飞快逃离。这位青年一看，里面装的全是垃圾。⑤

劫匪向来往车辆砸石，以使受袭汽车司机停下看个究竟时趁机洗劫，也是抢劫之招。2014年6月的一个晚上9点许，居住在加省华恋社的陈先生出埠办事开车归来。当汽车途经华恋社至麻拉街高速公路时，几块石头乱飞而来，接着又有几块团状物砸向陈生的汽车挡风玻璃，喷散开来，阻碍了他的视线。陈先生知道

---

① 陈淘涛：《劫贼作案有新招》，《委华报》，2014年12月22日。
② 《贼人盯上高档车　侨胞出行要注意》，《委华报》，2014年6月15日。
③ 陈淘涛：《晚上驾车外出要小心慎防》，《委华报》，2014年7月14日。
④ 陈淘涛：《驾车外出要带上备用轮胎》，《委华报》，2014年8月18日。
⑤ 吴言：《莫让劫贼利用华人的仁爱以售其奸》，《委华报》，2014年7月7日。

不妙，加大油门快速驶离，凭着前面的一点点模糊灯光，镇定地开车前行，直到把汽车开到安全的地带才停下。①

串通设套，勒索过路司机，是一种比较"文明"的劫掠方式。2014 年 12 月初，华恋社的华商甄先生中午在那瓜那瓜一个洗车场洗车。一个修理工过来要为他检修，甄先生怕是个串好的圈套，乃大声不让这人操作。吆喝声惊动了附近几个摆摊的当地人，他们都熟悉在此区经商多年的甄先生，都围了过来，纷纷指责修理工。他们告诉甄先生，这个所谓的修理工，在这里已勒索了几个路人，应该是和洗车工串通好的。②

在情况复杂的路段，也有假警察浑水摸鱼的。司机需要提高警惕，机智应变。2015 年 3 月 18 日中午 12 点左右，马都顶一家中资公司的一名华人 A 载着一名华人妇人 B 前往巴塞罗那市办事。行至阿那科圣马菲奥（Anaco San Mafeo）路段一座桥下时，两名身穿警服的人掏出手枪指向他们。A 判断是抢劫，乃果断加大油门，试图脱身。就在这一刻，穿警服的人朝左边车门连开两枪，子弹穿过车门玻璃擦过 A 后颈部后，射向副驾驶座上的 B 头部左侧。千钧一发之际，A 将车调头，迅速将伤者送到阿那科医院抢救。③

如果贪图方便，把车停在外面街边的停车场，也可能遭劫，劫匪可能就是那些在路边经常帮人泊车的年轻当地人。据说，这些劫匪是惯犯。④

有时候劫匪会紧盯某个目标（主要是目标暴露了带有名贵物品）伺机在公路上进行抢劫。2015 年 7 月 15 日下午 3 时多，从中国返回加拉加斯的 N 女士走出机场，同行的还有她的弟弟、弟媳。N 女士的家就在加拉加斯附近一个小埠。车在高速公路走了一个多小时，便停在了家门口。她和弟弟、弟媳先后下了车。在从车上把行李往外拿时，一个骑着大型摩托车的劫匪不知从哪里飞了过来，用枪指着从驾驶座上下来的弟弟，声称打劫。劫匪要抢的，是 N 女士手上的帝舵手表。抢完手表，劫匪还要抢钱。临走，还把弟弟的手机和弟媳的手表也拿走了。有人推测，这可能是从机场跟踪过来的专门抢劫名贵手表的团伙成员。这些人只要看到有人戴着值钱的手表，就内外夹攻，伺机作案。⑤

（三）花样百变的银行抢劫

银行是华商经常进出的地方，因为经商的华侨同胞总要去银行存款、贷款。

---

① 一民：《石头鸡蛋砸夜车　往来侨胞请防范》，《委华报》，2014 年 6 月 23 日。

② 《警钟！提防另类诈骗》，《委华报》，2014 年 12 月 15 日。

③ 陈淘涛：《是真警察还是假警察？San Mafeo 路段发生一宗拦路抢劫案　一华妇中枪受重伤》，《委华报》，2015 年 3 月 23 日。

④ 莫熙丰：《防贼防劫勿大意》，《委华报》资料。

⑤ 莫熙丰：《为抢一只帝舵手表，劫匪一路跟踪到家门》，《委华报》，2015 年 7 月 20 日。

一般来说，银行的安保工作也相对严密。但在委内瑞拉，银行也不安全。遇劫的事情经常发生，且花样百变。

2013 年 9 月 12 日中午 1 点多，在麻拉街邻埠图尔梅洛（Turmero）做杂货生意的吴姓华侨青年徒步到离自己店铺不远的银行办事。在走到离银行还有 100 米左右的地方时，被两名同乘一辆摩托车的劫匪挡住了去路。他还没反应过来，乘坐在摩托车后面的劫匪便从衣袋中抽出刀来，直向他胸口捅去（经医生检查伤口深度达 10 厘米），然后从其衣袋中掠去 10 多微翁。得手后，劫匪迅速逃离。①

即使到了银行大堂里面，也并不意味着就安全了。2014 年 6 月 26 日早上 10 点左右，华恋社某华商让当地员工拿着面值 5 万玻币的购物券去工业区某银行办理存款时，银行人多拥挤，好不容易进去了并拿了排队号码。忽然有人在他背后拍了一下。回头一看，是位穿戴斯文的女人，指着地下的几张 100 玻币的钞票，十分肯定地说她亲眼见钱从他的裤袋里掉下，他就蹲下去拾。谁知就在他下蹲的一刻，他手里紧紧拿着的袋子突然被一名男子狠狠一扯，被抢了过去。那男人对他说，他是银行工作人员，要帮他办存行手续，说毕快步离去。当他从愕然中惊醒时，那男人已经没了踪影。②

又如，2014 年 1 月 7 日下午 2 点多，当事人心想圣诞和元旦刚过，上银行办事的人会相对少些，于是便选择这个时间到银行存款。果然，当时银行里面只有十多个人。但就在他填写存款单的时候，突然听到低沉的一声"打劫"。抬头一看，一支黑洞洞的枪口正指着他。当事人为了人身安全，只好让劫匪把装满钱的袋子拿去。③

还有一种引诱式抢劫。一天，一位老华侨在银行排队存款。约半小时后，来了一位中年华人妇人，看样子也带了不少钱来存款，她看了看有没有熟人，希望尽快把事办妥。这时，有一中年当地人走过来，说帮她排队，这位妇女就要跟着去的时候，在一旁看得一清二楚的老华侨用家乡话大声对她说："你不能去，这是个陷阱。"她清醒过来，没跟那人走。原来，老华侨在这个城市待了几十年，对当地情况十分了解。当天他来到这家银行时，同样在排队存款的一位当地人朋友告诉他，门口有两个可疑的人，既不是银行职员，也不是顾客，而是专门以不用排队找熟人办理为名，引诱顾客跟他们走，然后伺机抢劫。④

使用迷药，也是劫匪的抢劫手段之一。2015 年 3 月 25 日下午 2 点许，某小

① 陈淘涛：《Turmero 一华青在徒步去银行时遭抢劫　被捅一刀致重伤》，《委华报》，2013 年 9 月 16 日。

② 莫熙丰：《在银行遇劫一幕：表面斯文藏诡计，暗地抢劫露真相》，《委华报》，2014 年 6 月 30 日。

③ 莫生：《在银行里面也不安全》，《委华报》，2014 年 1 月 13 日。

④ 陈淘涛：《警惕劫贼抢劫新花招》，《委华报》，2014 年 8 月 4 日。

镇，侨胞 N 小姐带着十几万玻币到当地银行存款，拿了排队号码后坐在银行大厅等候。尾随 N 小姐进入的 1 男 2 女，其中一位女性就坐在 N 小姐旁边，十分客气地跟 N 小姐套近乎。之后，N 小姐迷迷糊糊失去了知觉，那位女性则趁机把 N 小姐装着现金的袋子拿走，快速离开了银行。①

当然，银行也并非是劫匪为非作歹的天堂，警方严厉打击。2013 年 8 月 1 日，一伙劫匪在瓜卡拉的华人店铺抢劫收银台时，在附近巡逻的警方马上出击，将劫匪当场拦截，破获了这个在瓜卡拉行恶一时的抢劫团伙，大大打击了当地劫匪的嚣张气焰。②

（四）在其他场合遭劫

2015 年 8 月 24 日早上 8 点许，侨胞 F 小姐到诊所等候例行检查。坐下大约 10 分钟，忽然听到一声"抢劫"，只见两名男劫匪持枪指着诊所的一群妇女，并命令其中一个穿运动鞋的当地妇女解下鞋带，把护士（也是医生秘书）的双手反绑，并要候诊室全部人交出手机，双手抱头蹲在原地不许动，不许声张。接着，匪徒走进诊室把医生也绑了，正在接受检查的孕妇也被赶出候诊室蹲在地上。两名匪徒中的一人持枪看管诊所里的人，另外一名拿出扳手等工具，把固定在墙上的电视机拆了下来，还走进诊室拆 B 超，只因为固定 B 超的螺丝太多，匪徒拆了近 1 小时也没拆下来，只好拿着抢到的手机和已拆下的电视机一走了之。③

吴先生有一天跟一群朋友到加勒比海捕鱼。然而，正在捉蟹时，两只小船开到离他们不远的地方。在他们捉完蟹收网上岸时，对面有 6 个人走过来，均 20 岁上下。吴先生走在后面，见状立即将手机扔到沙滩再用脚踩入沙堆。劫贼抢了钱后又抢手机，抢衣服抢鞋，还要车钥匙上车搜，最终车上东西被他们抢掠一空，然后上船迅速离去。④

2015 年 10 月 31 日上午，麻拉街一墓地 3 小时内连续发生 4 宗抢劫案。前来祭祀的人车上的钱财均被洗劫一空。当天是委国清明节，居住在麻拉街的冯氏兄弟几人大约 10 点 30 分到达墓地。不一会儿，一部豪车也驶了进来，几个打扮时尚的青年男女先后从车上下来。就在这时，几个假扮上坟的劫匪蜂拥而上，从腰间拔出手枪，喝令所有人把手机和钱交出来。这几个青年男女只好把手机和提包

---

① 莫熙丰：《在银行存款被人迷晕，十几万玻币被抢精光》，《委华报》，2015 年 3 月 30 日。
② 吴言：《Guacara 破获一起专门抢劫华人银柜的团伙》，《委华报》，2013 年 8 月 5 日。
③ 莫熙丰：《劫匪连病人也不放过，麻拉街一妇科诊所遭劫》，《委华报》，2015 年 8 月 31 日。
④ 据当事人吴先生本人报料，载《委华报》。

交给劫匪。得手后，劫匪迅速登上停在一边的车辆逃之夭夭。[①]

三、绑架华侨人质进行敲诈勒索的案件

在委内瑞拉，绑匪活动猖獗，绑架、劫持人质的案件并非始自今日。但是，专门针对华侨的重大绑架案件却是近几年的事情，这些案件引起华侨社会的极大震惊。以下所述几宗重大绑架案，不过是见诸报刊的数宗。

2004年8月31日凌晨3点许，居住在华恋社某高档住宅区一幢大厦五楼的某女华商被剧烈的敲门声惊醒，三持枪恶徒在进行地毯式搜查后把家中仅有的300万玻利瓦尔及值钱的东西抢掠一空，并要挟事主再给5000万玻利瓦尔，在凌晨6点前筹集好，准时交赎金方可放人。事主（人质）急得频频拨打求助电话。一位接电话的热心朋友嘱女事主使用"拖"字诀周旋，并急电护侨小组求援。护侨小组即与当地警方联系，在其指定的交赎金地点布下天罗地网。最终一名歹徒被当场击毙，两名当场被抓。警方成功解救了人质后，顺藤摸瓜，直捣犯罪团伙巢穴，缴获了5辆作案车辆和大批赃物。[②]

2006年4月，华侨社区连续发生多宗华人被劫杀的案件，其中包括玻利瓦尔市华商冯武宁，马拉开波市的华侨餐馆吴姓老板，马都顶市华商梁先生以及华侨"打工仔"吴达超等。他们均被歹徒打劫并受重伤，前三人后不治身亡。吴达超则受重伤，四肢瘫痪，为取出身上子弹，全委华侨出手相助。[③]

2006年10月31日晚上7点半，安河十字港一女华商在收市后与同事4人驾车回家，途中突遭一伙持械歹徒拦截并被绑走。当晚，当地侨社护侨小组一面协助事主家属与绑匪周旋，一面与当地军警部门联系组织营救。在先后收到两笔赎金后，绑匪释放了女华商。[④]

2006年11月10日，中国驻委大使馆商务处遭一伙持枪歹徒洗劫。歹徒在光天化日下闯入商务处用电线等捆绑了工作人员，并在抢走了保险柜内3万美元后驾车逃之夭夭，所幸无人员伤亡。[⑤]

2006年11月23日上午10点，几位华侨从小埠到加拉加斯移民总局领取护照，到地下准备进入总局办公室通过电脑检查时被工作人员不问情由地推进一间

[①] 陈淘涛：《假扮拜山伺机抢劫，麻拉街一坟场3小时内发生4宗抢劫案》，《委华报》，2015年11月9日。

[②] 《委华报》资料。

[③] 《委华报》资料。

[④] 《委华报》资料。

[⑤] 《委华报》资料。

密室，抢去其身上的钱和手机，然后脱光其衣服进行殴打。还要每人罚款 5 微翁（相当 2 000 多美元），并要胁他们用电话通知家属带钱来才放人。后经中国大使馆领事 3 个多小时的严正交涉之后才放人。但工作人员只承认抢走其手机，拒不承认抢钱和殴打凌辱他们。①

2006 年 11 月 25 日，安河十字港侨领陈先生及其夫人、儿子（13 岁）一家三口刚从一中餐馆用完餐驱车回家途中，突遭一伙持枪歹徒以前后两车阻截。陈先生逃走时头部被枪托狠击，头破血流，一家三口被绑匪劫持而去，分囚两地。绑匪开口要 11 亿委元（相当于 50 万美元）赎金。在当地护侨小组侨领及中国大使馆的关注和交涉下，事主亲属交出了第一笔 250 万委元的赎金。绑匪收赎金后只释放了陈先生妻子。事主无奈，愿以同样的赎金赎回儿子。但当亲属携带赎金按绑匪指定地点前去交钱时却不见人来收。儿子已被绑匪抛在机场旁边的山林里。②

自 2008 年以来，歹徒持械抢劫、绑架、勒索的花样更多，如"掷石党""快餐式"绑架等。据华侨反映，有的犯罪团伙甚至穿上制服冒充警察，让人防不胜防。

2008 年 5 月 21 日（星期三）早上 7 点 30 分在十字港，李健民到附近的货仓取货物时遇贼匪打劫，不幸中枪身亡。李先生祖籍中国广东省新会，少年时远渡重洋来委，在十字港埠已生活 30 多年。出殡当天，侨胞们放下手头工作前来送葬，队伍庞大。5 月 28 日中午，在华侨福利会侨领的带领下，全市华侨商店罢市关门，4 000 多人（其中华侨与当地人各占一半）高举"打击犯罪""除暴安良""改善治安""严惩杀害华人凶手"等标语游行，并向当地检察院递交请愿书，强烈要求当地政府和警方严查此案，尽快缉拿凶手归案，保障华侨生命财产安全。此举引起了当地政府的重视，安河检察院第一检察官接见了游行侨领，并接受了请愿书，慰问了死者家属。③

2008 年 6 月 4 日下午 7 点，马都顶市华商吴先生被劫匪枪击，当场毙命。案发后，马图林中华会馆和中华商会的侨领第一时间赶到现场，安抚死者家属，并迅速组成代表团前往当地警察局和检察院请愿，得到当地政府积极回应，表示将尽快逮捕凶手绳之以法。④

类似手段凶残、谋财害命的案件频频发生，仅 2009 年 5 月、6 月见诸报端的恶性案件就有多起：5 月 16 日加拉沃沃蒂纳基洛市唐人餐馆的范老板被一歹徒从门外开枪击中胸部，不治身亡；5 月 28 日瓜里科（Guarico）省沙拉沙市

---

① 《委华报》资料。
② 《委华报》资料。
③ 《委华报》资料。
④ 《委华报》资料。

（Zaraza）开杂货铺的何老板与19岁的女儿一起驱车去银行存款，中途被几名歹徒拦截，他们开枪向车内射击，何受重伤，女儿不幸身亡；6月3日，亚拉奎省尼尔瓜市（Nirgua）吴姓杂货店遭劫后还被开枪扫射。吴老板当场中枪倒地，经抢救幸无生命危险。应指出的是，沙拉沙市和呢俄市还是两个小城镇，华侨不多，小城镇尚且如此，其他大中城市治安的恶化就可以想见了。①

绑架的形式也在花样翻新。最令人胆寒的，是所谓"快餐式"绑架。这种绑架不论时间地点，也不论对象是老板还是打工者。一般来说，赎金开价不高。但因为被绑架对象广而众，在全国各地都频频发生，有的歹徒甚至身穿军装或警服进行绑架或打劫（据了解，有的是假扮，也有的是不法军警与歹徒勾结作案），兵贼难分，令人防不胜防，故人人自危，谈虎色变。据华恋社的侨领反映，自2005年12月以来，绑架和打劫华人的案件几乎天天都发生，且有时一天内连续发生"快餐式"绑架案，达3次之多。②

2009年底，出现两种新的绑架种类。一是"的士绑架"。绑架者一般为无牌的士司机，有的司机本身就是绑匪，或是与绑匪勾结的同伙，载客只是幌子。他们先把车停放在商场门口待客，有客上车后，便将之载到僻静处，用枪进行敲诈勒索，收了赎金便放人；二是绑架婴儿和小孩，迫使心焦的父母赶紧交出赎金。③

2013年10月27日中午，一位生活在加省华恋社附近小埠的华侨青年小龙（化名）收工后，在自家的车库内准备开车外出，被早就埋伏在车库内的几个绑匪用枪胁迫。绑匪向其家人开出了巨额赎金。④

2014年，华恋社某区发生一宗华人绑架案。华恋社一华侨女性带着两位朋友，正在某区迎接从远方来的朋友，突然有几个彪形大汉路过，从腰间掏出枪，将他们强行推上了车。上车后，绑匪用枪指着他们，示意不准乱说乱动。在华恋社转了近一个小时后，绑匪把这3名华人送到一处很难辨认的地方藏了起来。接着，绑匪向3名华人的家属打电话，开始狮子大开口，后来受害家属以三更半夜拿不到钱为由，使绑匪把赎金降低。绑匪拿到赎金后，于当晚11点多将人放回。⑤

2015年4月28日，莫纳加斯一个小埠的侨胞L女士遭遇"快餐式"绑架。是日，L女士像往常一样，与自己店里的当地人司机一起，到马图林批发市场进货。没出发多久，L女士发现后面有车尾随。很快，后面的车超车了并将车截停，声称绑架。这时，L女士已没了退路，其家属为确保她的安全，一方面同意

---

① 《委华报》资料。
② 《委华报》资料。
③ 《委华报》资料。
④ 一民：《加省一华青遭绑架》，《委华报》，2013年10月28日。
⑤ 陈淘涛：《华恋社发生一宗绑架华人案》，《委华报》，2014年。

交付赎金，一方面迅速向当地侨领陈焕唐、冯路英等人报告。蒙纳加斯省情报局、51 号兵营和反绑架勒索部接报后迅速部署展开侦查。下午 2 点许，6 名绑匪中的 2 名落网。[1]

在委内瑞拉，绑架似乎成了家常便饭。不仅华侨华人遭劫，其他国家来的人也遭劫。据综合报道，2013 年 6 月 9 日，加省国家犯罪调查局（CICPC）及警方在追踪一宗绑架案的勒索电话时，用现代科技监察得知电话的信号来自加省特林彻拉斯（Trin Cheras）附近，经过侦查监控，锁定了目标在一山庄内。于是警方和国家犯罪调查局联手出击，在山庄内一衣柜底发现了一个地下室，里面关着一个被绑架了 11 个月的葡萄牙商人。据报道，这位葡萄牙商人在麻拉街附近一埠经商，11 个月前被绑架后，绑匪向其家人索要大笔赎金，因未能得逞，故被绑匪一直关押到现在，幸得警方将绑匪制服并解救了他，才重见天日。[2]

四、针对华侨超市的哄抢事件

在委内瑞拉，进入 21 世纪以来曾经发生一系列针对华侨超市的哄抢事件，每每令华侨同胞谈虎色变，闻之胆战心惊。在委内瑞拉，哄抢就意味着灾难、浩劫和倾家荡产。

委内瑞拉经济从 20 世纪 80 年代开始就走下坡路，加上社会动荡，政局不稳，委内瑞拉至今仍然在经济、社会和政治的下滑轨道上行进，发展前景未明。在此过程中，华侨移民委内瑞拉与其在当地生存和适应的过程充满悲伤与艰涩。对移民委内瑞拉的华侨来说，直接的影响主要表现在两个方面。一是委内瑞拉经济持续萎靡不振，当地人生活水准不断下降。于是，在极少数人的煽动下，当地人把矛头对准一向勤劳守法的华侨。其中最严重的事件，便是哄抢。这个时期曾发生过 4 次哄抢。二是委内瑞拉政局长期不稳，社会不靖，法律形同虚设，华侨难以安居乐业，长期生活在担惊受怕的状态中。

第一次哄抢发生在 1989 年 2 月底，当时所有的超市几乎无一幸免。这是一次暴徒聚众哄抢，波及全国、震惊世界的事件。在这场浩劫中，华商损失惨重，元气大伤。被抢的不光是华侨商店，其他人的商店也一样遭殃。华侨超市与"京解野"几乎无一幸免，不少住家在商店的家具杂物，甚至泡在盆里的衣服也被抢个精光。少数经济基础较好的华商生怕悲剧重演，于是把生意贱卖了，匆匆移民美国和加拿大等地。

---

① 莫熙丰：《侨胞 L 女士遭遇"快餐"绑架》，《委华报》，2015 年 5 月 4 日。
② 《葡萄牙商人被绑关押 11 个月 警方监控锁定目标一举解救》，《委华报》，2013 年 6 月 24 日。

377

劫后，由于政局较稳定，社会也很快安定下来，恢复到与往常一样，百业兴旺，市场繁荣，加上当时外汇开放，各大公司的生产正常，产品充足。华侨只要有一个铺面，就会有赊贷期以及大量商品供应。劫后的多数华商或多或少还有点积蓄，加上保险公司的赔偿，还有乡亲们的扶持和帮助，很快便收拾了残局。很多华侨重整旗鼓，重新开张。这样，劫后的华商仍然生意兴隆，不到两年工夫，大多数华商元气恢复。与此同时，一些有积蓄的打工人士也看准商机，果断地买下便宜的铺面。他们虽然初涉商界，但也日渐有了起色。相反，那些重金投资美加的华商中，不少人感到拳脚难展，觉得还是委内瑞拉生意好做，于是纷纷回来重操旧业。从第一次哄抢到第二次哄抢的十余年间，华侨移民仍然呈上升趋势。

随后的几次哄抢则是接踵而来，且都是针对华人超市的，让人惶恐至极。2000 年以后，由于委内瑞拉国内政治斗争激化，大罢工、大游行不断，政局动荡，社会不宁，乱象丛生，经济严重衰退。加上政府控制外汇，不少外资企业、跨国公司撤离，一些工厂停产，以致一些主要食品货源奇缺，供不应求，市场萧条，失业率不断攀升。由于社会治安不断恶化，犯罪分子猖獗。华侨首当其冲，成了袭击主要对象，哄抢、绑架、打家劫舍甚至杀人放火等恶性事件在华侨社区屡屡发生，华侨生命财产受到严重威胁。

2002 年 4 月间的安省十字港、巴塞罗那市，共有 31 家华人超市和百货商店被哄抢，其中有 17 家被洗劫一空，两家遭抢后被放火烧光。据统计，仅 17 家被抢光的商店已损失共 300 多万美元，其余 14 家尚未计算在内。[①] 劫后，商店门倒窗破，一片狼藉。最惨的是那些住宅连着商店的店主。他们十多年艰苦创业得到的财富片刻间付之东流，同时面临无家可归的境地。

2003 年 2 月间，加马拉省周边的桑塔罗萨（Santa Rosa）、萨博阿涅塔（Saboa-neta）等小城市，7 家（一说 8 家）华人超市和一个大货仓被哄抢殆尽，其中两家被抢后遭焚烧。一华侨老人在暴徒哄抢时被砸伤腿，鲜血淋漓，当场昏倒在地。一华侨孕妇因被推挤而差点流产。华商损失惨重。其中最惨的是那些住宅连着商店（地下是商店，楼上是住家和货仓）的华商，遭哄抢后，一夜之间赤贫如洗。[②]

2004 年 7 月 17 日，圣费利克斯市发生了一件震惊全国的纵火事件，一家华侨超市被焚烧，烧死 4 人，伤 1 人，歹徒还借超市命案作乱。事发经过是，当日上午 11 点左右，一名顾客（委国当地人）在一家华侨超市实施偷窃，与保安（亦委国当地人）发生口角和争斗，偷窃者被保安开枪打死，店主冯老板立即报

---

① 《委华报》资料。一说是共有 31 家华人商店遭哄抢，其中 17 家被洗劫一空，11 家被烧光，宣布破产，共损失 1 804 多微翁（相当于 1 000 多万美元）。

② 《委华报》资料。

警。当地一些别有用心的人趁机纠集一批不明真相的人聚集在店门口恣意闹事，企图哄抢。他们把店主的车和停放在对面一家华人商店门口的两辆小汽车推翻砸烂。当地报纸和电视台未调查事实真相便谎称"超市老板指使保安开枪杀人"。下午4点，不明真相的人涌上街头，叫嚷要对华侨进行报复，要哄抢、火烧华侨商店，杀死华侨。其他华侨商店见状纷纷关门。一家离该超市1000多米的郑姓华侨超市来不及关门，即被一伙暴徒扔进汽油瓶和火种。店里顿时变成一片火海。时有一名怀抱仅8个月婴儿的女顾客（委国当地人）、店里一位保安以及店主的一位亲属（为18岁华侨青年）共4人，当场不幸丧生。由于当地媒体对此案报道不实，中国驻委内瑞拉大使馆召开发布会澄清事实真相。同时，派出两名官员于当晚飞抵圣费利克斯了解案发经过。之后，使馆官员还与当地军政领导会晤，协商处理此事，并要求当地政府认真关注事态发展，公正、公平、妥善地处理好此案，及时采取相应措施切实保障华商生命财产安全。[1]

2004年11月1日至2日一连两天，值委内瑞拉地方选举刚结束，在华恋社市连续发生了4家商店被哄抢，其中一家被火烧的严重事件。遭哄抢的4家华侨商店均位于华恋社市贫民聚居区。据目击者称，在加拉沃沃省华恋社市中心的一家华侨经营的超市门前，当时聚集了一群执政党省长候选人的狂热支持者，当听到他以50.42%的优势暂时领先时，哄抢者发出阵阵欢呼，情绪十分高涨。这时，一个身材矮小的妇女突然带煽动性地大声说："大家听着，这超级市场的所有食品全部都是属于人民的，也就是属于我们的，为什么我们不拿回去？"哄抢者纷纷高声表示赞同。[2]

2008年1月11日，苏克雷省的边陲小镇贡吗拿哥华（Cumanacoa）市发生哄抢事件。案发的起因是，1月4日，该地华商吴先生的儿子采购了一百多包面粉准备运回店发售，但车到中途，面粉就被抢光。同街的另一家华侨杂货店主从外地运回的一车杂货，刚运回店门口正准备卸货，也被哄抢一空。到1月11日下午1点，吴先生的商店和另一家华侨杂货店来了一车粟米粉。市民闻讯，即蜂拥而至，先是抢购，继而引起哄抢，一些暴徒更趁机煽动群众哄抢两店，一时间，满城风雨，数以千计哄抢者涌向街头，冲击两家华侨杂货店。店主只好立即关门，用几辆大卡车顶住后门仓库铁门。但有十多个暴徒仍爬墙越过进入货仓进行哄抢。据悉，两个货仓有上千微翁（相当于40万美元）存货。一旦破门被抢，后果将不堪设想。店主一边向当地报警，一边急电委京中华会馆主席梅其羡求救。在各方配合下，军警及时赶到，但因哄抢者人多势众，场面十分混乱，尽管

---

[1]　《委华报》资料。

[2]　《委华报》资料。

警方鸣枪警告，一时也难以制止。军警逮捕了 30 多个暴徒。后经核查，两家华侨超市被哄抢的货物价值约为 500 多微翁（相当于 10 万多美元），损失严重。①

上面的哄呛事件，只是见诸报端的几例。虽是局部的，经济损失也没有第一次哄抢事件严重，但性质有所不同。这些哄抢事件是一小撮别有用心的人抱着不可告人的目的，有组织有计划地针对华侨的恶性犯罪活动，且因连年发生，震撼效应更大。歹徒要么针对某家商店进行哄抢，要么趁某一突发小事件煽动民众实施哄抢。前者一般是先有具体哄抢目标。作案前，暴徒先选定某家华人商店，然后在店门口挂上一个大花圈（象征判处死刑）。人们见到了这个花圈，就自动汇集在这里。待人群聚集得差不多了，就用利器撬开商店铁门，砸烂门窗，然后领头人一声令下，带领群众冲进店内进行哄抢。有的在抢完后还放一把火烧光。

在实施哄抢前，歹徒先大造舆论，散布排华言论，蛊惑人心，然后开始行动。在哄抢事件中，曾出现"警匪一家"的情况。例如，2003 年发生在华里拿省的哄抢事件中，受害华商和侨领曾多次急电当地警方和市长求救，警察却视而不见，置之不理。市长甚至说"抢了就算了"。他后来虽然到了现场，但不仅不加制止，反而叫人群有秩序地进行。这样一来，暴徒更加有恃无恐，扬言在华里拿省抢完了小埠抢大埠，然后向巴里纳斯、亚加里俄和巴基西梅托进发，再转向华恋社、麻拉街，最后直捣加拉加斯，把全国所有的华人商店抢光，赶走华人。② 每次哄抢过后，华商均元气大伤，虽然大多数人凭着平时的一点积蓄，自强不息，重整旗鼓，东山再起，但仍有少数人一蹶不振，难以翻身。实际上，也有越来越多的当地人认识到，哄抢后必然经济萧条，最后受损失的还是当地人。

虽然 2008 年贡吗拿哥华哄抢事件以后没有发生大规模的哄抢事件，但偶然的、小规模的哄抢事件还是随时可能发生的。例如，2015 年 10 月 14 日上午，委国中部一个小城镇的一家华人杂货铺在出售政府限价货时，一批市民正在门口排队等候买货。有 3 个不明身份的人气势汹汹冲入店铺里大吵大闹，指责华商仓库存有大量的限价货，扬言要把货物抢走，任凭该华商怎样解释也不听。该华商只好叫上几名员工立即把铁闸关上。但这 3 个人仍不死心，指挥现场市民用力拍打铁闸，还拿来硬物撬铁闸。在千钧一发之际，该华商致电当地军房求救。5 分钟后，几名骑着摩托车、荷枪实弹的国卫军赶到，在门口闹事的人也很快走开。③如果没有国卫军赶到，发生一场小规模哄抢事件并非不可能。如果经济形势继续恶化下去，迟早会发生大规模的哄抢事件。

---

① 《委华报》资料。

② 激浪：《为什么委内瑞拉哄抢多针对华人?》，《委华报》，2004 年 11 月 26 日。

③ 陈淘涛：《名为指责存货不卖，实为煽动市民哄抢，一华商危急关头请来国卫军解围》，《委华报》资料。

五、防不胜防的诈骗案

由于社会治安不好，各式各样的骗子招摇过市，真假难辨，令人防不胜防。最多的是"执法"骗子，他们冒充便衣警察暗查（实际上既无搜查令，也无所属机关的任何证件），或冒充税务人员、移民局人员等，闯进华侨商店，借口检查身份证、营业证、卫生证以及税务、物价等，对华商进行敲诈勒索。这种现象在全国华侨社区频频出现。又如银行骗子，多是女性，身穿银行职员制服，佩戴银行证章，冒充职员，穿梭于客户中间，常趁人们进入银行排长队时出现。看准目标后，以可为客户提早办理业务为名（收若干手续费），骗取客户存款交其代办后，旋即不见踪影。

也有利用人们对国家或公众信息的高信誉度进行诈骗的。例如，陈先生经营着几个部门，但进货一直要租车。在积蓄了一笔钱后，他想买一辆汽车。他在一些报刊看到了相关广告，知道拉委内佐拉那（La Venezolana）车行是"委国的大型车业"，且在网上看到这车行和中国制车企业签订的"合约"。于是陈先生到银行办了一张 300 多微翁的现金支票，交到位于华恋社的该车行分行，并办理了购买合同。然而，不久朋友告诉他，最近报上报道拉委内佐拉那车行是一个没有得到政府批准就打着政府旗号销售中国汽车的诈骗公司。[①]

还有的是利用人们瞬间的疏忽进行诈骗。一天上午，麻拉街市中心最繁华的华商批发街，一家文具批发店收到了公司送来的 5 箱铅笔。和往常一样，老板将货清点完并在货单上签收后，送货人便与之握别。过了 10 分钟许，又来了两个推小车的人，说刚才送来的 5 箱铅笔搞错货主了，是另一家的。老板一挥手就让来人把货拉走了，不过很快就清醒过来，明白后两个人是骗子。据说，同样在麻拉街市中心的华商批发街，同在一个星期，有五家文具、糖果、杂货批发店被几个骗子用同样的手法骗走了刚送进去的货物。[②]

但是，对华侨伤害最大的还是某些移民局官员。例如，早些年他们借政府"大赦"政策为华侨办居留手续，不管是何年到委的，只要交足 1 000 美元就给办一个居留身份证，真假也由他们说了算，有不幸被其拦住查证者，不花钱就不放人，重则挨打。有华侨为了一张居留证甚至花掉几年积蓄，办了一次又一次，但还是拿不准真假。[③]

---

① 一民：《只因为轻信　购车梦成了恶梦》，《委华报》，2014 年 6 月 2 日。
② 《我有话要说警惕，贼人冒充送货人搏懵》，《委华报》，2013 年 9 月 9 日。
③ 《委华报》资料。

个别别有用心的警察利用未成年少女在网上引诱别人，进而敲诈勒索。2015年，在委国中部一个大城市，一位侨胞从外地出差到该埠，住在某酒店。一天，该侨胞通过电话联系到一名少女，并相约到某酒店见面。他们到了酒店，开房后一起到房间。不久，便有人敲门。门打开，一个荷枪的警察冲入房间，以检查身份证为名当场把该侨胞带走。警察软硬兼施向他要4 000微翁的罚款，如果不从，就以强奸未成年少女罪起诉。①

六、泛众化的盗窃抢劫行为

委内瑞拉日用必需品奇缺，催生出一批批以窃货为职业的团伙。这些年来，群体偷盗之现象每每可见。这类型群体偷盗往往"协同作战""声东击西""围魏救赵"，手法老到。而且，这些人流窜作案，手法多变，有组织，有计划，声东击西，相互掩护，打一枪换一个地方，屡屡得手，令华侨店铺防不胜防。

例如在华恋社某埠，2015年2月中，吴先生的店铺来了一批罐头，人们蜂拥而至进行抢购，顾客全部涌进店内，店内人潮如涌。有几个当地妇女趁机一个劲地打开挎包往里塞进货物。负责巡行的员工便紧紧盯着，但有一人却拦着他不停纠缠。到交钱时，那女子说货物太贵，自己带来的钱不够。这时另一个女子则要巡行的员工给她另取货物，掩护这个女子乘虚而出，待吴先生及员工发现，她们早已登车绝尘而去。过了一个星期，她们又出现在吴先生的铺里，并故伎重演，铺内员工马上报警。附近警察赶到，将之捉拿归案。原来她们是一个流窜作案团伙，很多东西买不到，于是想到了偷。她们偷的东西包括洗洁剂、洗衣液、奶瓶、罐头、饼干、茶叶等。②

每年的圣诞节，是委内瑞拉的购物高峰期，也是窃贼活动的猖獗期。往年的委内瑞拉相对而言物质丰富，盗窃现象虽然不可能绝迹，但起码不至于如此猖獗，也不至于如此团伙化。现在一到圣诞节，盗窃圣诞节及装饰品的现象就如影随形。由于社会混乱，一些不法之徒往往趁机作案，以致平时常见的盗窃更加猖獗——盗贼也在想方设法偷钱窃物准备过年。他们作案手法多端，让人防不胜防。

2014年年关期间，加省就有多家华侨商铺被盗贼光顾。如位于加省一埠的华商吴先生如常回到店里开门营业时，店铺门口站了六七个人，似是等待购物。

---

① 陈淘涛：《无良警察别有用心　利用未成年少女在网上敲诈勒索》，《委华报》，2015年10月26日。

② 《委华报》资料。

门一打开，这几个人就蜂拥而入，有的问价，有的推着车挑选要买的货物。吴先生和收款员忙着应付。过了一会儿，购物的和看货的都渐渐离开后，吴先生打开办公室的门，发现里面杂乱不堪，在桌子里锁着的前三天的营业货款已不翼而飞。[1]

陈先生从事百货批发零售，多年前已开始从国内采购价廉物美的商品到委国供应，品种齐全，又能满足委国人需求，生意十分红火。因业务需要，陈先生在离自己店铺较远的一个地方租了一间仓库，囤足货物。数量较多，陈先生很少盘点，只知道大概存量，凭印象做进出货计划。2015 年 3 月的一个周末，陈先生突然接到电话，说位于城郊的仓库遭人盗窃。他急忙和家人赶到现场，只见仓库门上的大铁锁和铁链被人用铁剪剪开，铁门被撬，仓库内狼藉一片，货物散落一地，大小货物只要能拿走的都被拿走了，估计盗贼是一个团伙，且盗走的货肯定是用汽车装运，一看就知道这不是一般的损失。[2]

还有盗贼常趁人多杂乱之际，盗窃华侨摊档的钱物和顾客的手机、手袋及钱财，且专挑单独行走的华人下手。2014 年一个星期日中午，一华侨女青年一手提着买来的肉菜，一手拿着名牌手机在市场里边走边看微信，在走到停车场一侧时，突然从后面冲出几个高瘦的当地人青年，猛地夺过她手中的手机，然后快速越过铁栅栏逃离。据说，这些劫匪专门找单独行走的女青年下手。还有一个华商，星期天到集市购买肉菜时，将汽车停放在 CM 商场后面的空地上。他腰间的腰包引起了几个劫匪的注意。当他下车准备进市场时，几个劫匪散开，呈伞状向华商靠拢，以迅雷不及掩耳之势抢走了华商的腰包，然后在众目睽睽之下以百米冲刺的速度跨过铁栅栏逃离。[3]

一些从事杂货超市的华商反映，这样的偷窃现象比起以前有增无减，偷窃的手法更加变化多端。从犯罪性质来说，盗窃罪固然算不上什么大罪重罪，但物质短缺导致一部分委国人民道德沦丧，由此可见一斑。

七、执法人员对权力的滥用

委内瑞拉政局日益动荡，官员腐败严重，华侨深受其害，即使华侨有理也无法据理力争，一些无良军警以检查为名，行敲诈勒索之实。时下的委内瑞拉，警方人员也有鱼目混珠的，以执法为由进行敲诈勒索的大有人在。不时可以看到，

---

① 吴言：《2014 年年关将至　防盗防窃莫大意》，《委华报》资料。
② 吴言：《非常时期防窃贼》，《委华报》，2015 年 3 月 30 日。
③ 一民：《华人肉菜市场劫贼又猖狂》，《委华报》，2014 年 5 月 26 日。

在高速公路上，有的宪兵、警察毫不客气地截停华侨车辆，勒索或强抢钱物。个别军警为达到目的，还以卑鄙手段往车内扔白粉之类的毒品栽赃，继而以上法庭等为由恐吓，逼迫华侨就范，对其任意敲诈。在国际机场，无论华侨携带行李多少，均先收缴护照并靠边站，然后都要依次进入室内"检查"，交上"罚款"，才会放行。

关于委内瑞拉的社会治安，曾经任职于《委国侨报》的庾志坚在 2010 年至 2011 年就写过头版头条——《犯罪，在委内瑞拉已经成为职业》，文章分析了委内瑞拉罪案发生的因素和近年演变的过程：哥伦比亚游击队的渗透，黑枪的泛滥，司法等国家机器的腐败。最不可思议的是，不少罪案有军警或政府人员参与，成为"穿着制服拿着枪的贼"，令人防不胜防。庾志坚说，在他主笔《委国侨报》的一年时间里，共有 28 位二三十岁的华侨华人被害。据警方内部透露，65％的绑架案与军警或政府人员有关。[①]

（一）层出不穷的敲诈勒索

2013 年 8 月 1 日，工作生活在加省的青年小吴，在加省华恋社萨姆比尔（Sambil）商场购物后驾车回家，在商场附近的食街被一伙设岗查证的警察拦截。警察在装模作样地检查了一番后，说在小吴的车上查到了一包毒品。不太懂西文的小吴急了，用生硬的话语与警察争辩起来。但这时他有理说不清，车被警察开到附近的山上，警察一口咬定小吴私藏毒品，并要小吴打电话给他的朋友，筹交 30 微翁的罚款。小吴不从，警察便拳打脚踢，并进行恐吓，说要是不拿钱来，便法律解决（即要关押）。在电话上，小吴的朋友与警察讨价还价，才将罚款减至 7 微翁。最终，小吴交了罚款才得以脱身。[②]

2014 年 10 月 6 日晚 12 点多，华恋社冯生在会馆玩完麻将后和一位同乡驾车回家。走出会馆不远，他们见到一辆警灯闪烁的警车，过了一会，警车加大油门超车走在了前头，在一个商场门口突然掉头，反方向用远灯照着冯生他们。接着，4 个持枪警察气势汹汹走过来，直接说证件不检查了，给点咖啡钱就行，并说不给就带回警察局。冯生给了他们 1 微翁，却被嫌少，又拿了许多才扬长而去。[③] 实际上，这类事情在委内瑞拉司空见惯，司机虽没违章，证件也齐全，但在这种情况下不给钱是脱不了身的。

有时候，一些不良警察就是无理取闹，甚至鸡蛋里面挑骨头，以达到敲诈勒

---

① 庾志坚：《近距离观察委内瑞拉》，《世界知识》2015 年第 7 期。
② 吴言：《我有话要说　谨防无良警察查车时栽赃勒索》，《委华报》，2013 年 8 月 5 日。
③ 陈淘涛：《是警察还是劫贼？冯生深夜在公路上被劫》，《委华报》资料。

索的目的。一日早上，一班员工和往常一样到店里上班。突然来了五六个穿着便衣的暗查，腰间都别着手枪。他们进入仓库，看见里面放着不少的商品，便大声叫嚣："你们怎么囤积商品？"但他们看到货单，知道没抓到把柄，又说要查身份证。在查身份证时，他们说还要再查仓库（仓库的货刚才已经确认是合法的）。到这时，当事人才明白，他们搞来搞去，可能是敲诈的目的没有达到，继续下去，肯定不会有好结果。在这种情况下，他们赶紧给两位热心助人的侨领打电话。两人闻讯迅速赶来，经和暗查头头交涉，才把事情了结。①

在盗贼横行的环境下，有时兵贼难分。2014 年 5 月 28 日，特鲁希略省青年侨胞开车出巴基西梅托，经过一个收费站和一个糖厂之间的两个加油站时，停车到中间那个餐厅吃午饭。他还没下车，就跟着来了一辆车，无车牌号，两个人自称暗查，用枪指着侨胞，要求他下车并要检查车辆。他们抢走侨胞手机后，看查不出什么来，就要求侨胞上他们的车跟着走。侨胞知道他们不安好心，看到面包店里有几位警察在用餐，便快步走去求救。那两个暗查见有警察在，才灰溜溜上车逃离。②

2014 年 12 月 22 日，加省瓜卡拉埠吴姓老板的店铺里来了一位宪兵找茬。吴老板意识到有点麻烦，便致电本埠华人联谊会会长冯永彪。冯永彪和执行会长冯金水接到电话后，因本埠华人联谊会与当地有关部门关系密切，于是打电话给本埠驻军军头。经了解，这个宪兵是瓜卡拉桥路收费站的，瓜卡拉的安全工作不属于他们管辖。他来店的目的，是想向华人老板捞点好处过新年。结果，他的不轨之举被军头当场识破，只好灰溜溜地走了。③

一天，东部城市冯先生经营的牛肉铺，突然来了几位国民自卫军士兵和物价检查员，他们径自进入店内，说冯先生购买了国家限价的牛肉在店内高价出售，要没收他的全部货物。冯先生据理力争。但几个"执法人员"就是不听，冯先生百口莫辩。那几个"执法人员"也想徇私枉法，向冯先生开出两个条件任选。一是将冯先生的牛肉全部带走；二是罚款。权衡之下，冯先生只好认罚。那几个"执法者"收钱后扬长而去，也没有留下任何收据。④

面对政府的"商铺大检查"，许多商人有应招之功，却无还手之力。稍不注意就被抓住把柄。不良警察敲诈勒索的惯用手法是栽赃枉法。例如，一日，驻守在巴里纳斯州的玻利瓦尔国防军第 14 支队的队长率队来到陈姓侨胞的仓库，说他们接到举报，谓其有私藏军火嫌疑，要进行搜查。他们在仓库里搜获了 6 支猎

①　莫熙丰：《是要检查呢还是要敲诈？》，《委华报》，2015 年 6 月 1 日。

②　《兵贼难分，出行小心手机成了劫贼一个重点抢劫目标》，《委华报》，2014 年 6 月 2 日。

③　陈淘涛：《宪兵　居心不良烦华商　会长　请出军头解了围》，《委华报》，2014 年 12 月 29 日。

④　吴言：《不要授人予把柄》，《委华报》资料。

枪，3 颗催泪弹，1 000 多粒猎枪子弹。据知情人士透露，当时，该名国防军队队长想敲诈若干玻币，不然就控诉他私藏军火。陈姓侨胞知道被搜出的都是猎枪猎弹，而且是作为商品销售的，自己所为犯不上罪，于是拒绝了队长的勒索。幸好，他被带走后，凭着他自幼生活在委国精通当地语言和法例，据理力争，最后通过有关人士帮助走法律途径，还自己一个清白。①

据悉，在华（恋社）麻（拉街）高速隧道至拉维克提尔塔（La Victirta）埠路段，每天在此路段执勤的省警、市警、交警不下 30 人，而且眼睛紧盯着过往车辆。凡是黄皮肤华侨的车辆进入他们的视线，便以查证为由进行拦停，找借口罚款。一般来说，驾驶证谁都会有，但有证不一定可以逃脱厄运，有的不良警察总是没事找事。例如，不系安全带、驾车使用手机等，即使驾车者根本就没摸过电话，也会被说使用手机，使人有口难辩。驾车者只好认罚，少者 10 个税务单位（1 070 元新币），多者狮子开大口，罚 3～5 微翁。假如不从，车就会被随后赶到的吊车拖走。华侨碰上这些倒霉事，如会说点西语，还可以为自己辩护脱身。如果语言无法沟通，那只能哑巴吃黄连了。还有，不少生活在麻拉凯邻埠的华侨通常每个星期都会到麻拉街批发街进一些新到的产品。因为所进货物不多，一般都是用自己的小车进行装载。而这种车辆一旦被拦，更是百口莫辩。②

要保证不被敲诈勒索，掌握西班牙语十分重要。如果遇到麻烦事不懂得交流，最终吃亏的还是自己。生活工作在加省华恋社的吴先生，来委数年，由于生活奔波，工作忙碌，很少有时间学习西班牙语，粗通的几句只能应付简单的日常生活和工作。一次，他驾车路过华恋社大街，被设岗的警察拦截检查证件，警察硬说吴先生的卫生证是伪造的，原因是卫生证上的资料不是用电脑打的字，而是手写的。实际上吴先生的卫生证是通过正当渠道取得的，但他西文懂得太少，无法表达清楚，与警察争辩几句后，就被警察敲诈了一笔。后来，吴先生开车陪外埠来华恋社办事的朋友途经同一条大街，又是以卫生证是手写的老问题来敲诈吴先生。吴先生的朋友以流畅的西语与警察对话，据理力争。警察无言以对，只好放行。③

（二）越权的非正常执法

相对于哄抢事件来说，查罚没有那么恐怖，但也令商家不寒而栗，因为商家要面对进行种种检查的政府部门，包括税务、消费、物价、卫生、社保、消防、

---

① 莫熙丰：《私藏军火？陈姓侨胞协查后被宣布无罪释放》，《委华报》资料。
② 《高速路上打你"脚骨"没商量》，《委华报》，2013 年 5 月 27 日。
③ 吴言：《同样的遭遇不一样的结果的启示》，《委华报》资料。

暗查、宪兵和街坊委员会等，检查项目之多，检查要求之苛刻，令人侧目。如果是正常的检查，当然不可怕，即使检查项目多，也可以花些时间作陪。但非正常的乱查乱罚，就让人有哑巴吃黄连之苦了。

所谓非正常检查，就是不该检，或不属于其部门检查权限的检查。在委内瑞拉，职能部门的乱查乱罚已不是什么新鲜事，冒充职能部门的乱查乱罚也不新奇。这乱查乱罚的背后，不是别的，是利益。也就是说，只要抓住一个把柄，就可以软硬兼施，榨取油水。比如，宪兵的职责是守卫边疆，也可以在边境、海关、码头、机场、公路等地方设卡检查，也可以查酒牌，在非常时期可以协助有关部门做其他检查（如查价查货等），以确保检查的安全、有效。但现在一些宪兵已经越过了职权范围，无所不查。

例如，麻拉街市中心一华人餐馆有一次来了4名宪兵，他们是来查酒牌的，却总想在鸡蛋里挑点刺。果然，功夫不负有心人，他们在厨房里查出蟑螂。老板无言以对。宪兵给他开了三个处罚方式：给政府罚款；不罚款关门3天；私下解决。没有讨价还价的余地，也没有辩驳的机会。看着这4个"执法"的宪兵，老板只得板着脸，把私下解决的"罚款"奉上。

又如，一天下午4点许，屠宰场给麻拉街一华人餐馆送来200多公斤排骨。排骨用塑料袋装着，在厨房过秤后，排骨暂时放在地上等候处理。就在这时，8名宪兵巡逻经过此地，看到了排骨放在地上，于是他们走进厨房，话还没说就用手机把这情景拍了下来。然后，领头的对老板说："按照法例，排骨要用盆子装起来，不能放在地上。你这样做，知道后果吗？"老板一下傻了眼，听出来是要敲诈他。"要罚多少？"老板主动开口。宪兵很干脆地说要50微翁。因要价太高，老板没有答应，他打电话向华联会侨领求助。接电话的侨领马上与当地宪兵领导沟通，最后把"罚款"减少到每人1 000玻币。本来，这是卫生部门的事情，但宪兵还是充当了"卫生警察"。

陈先生的杂货超市位于加省华恋社附近一个区。一天，陈先生正忙着招呼顾客时，从门外走进两位骑摩托车来的国民自卫军士兵。他们一进门就要陈先生拿出生意纸、卫生纸、消防纸、税单等证件给他们检查。陈先生向来守法经营，文明待客，并做好应对检查的有关工作，除卫生纸拿去卫生局续期尚未办妥外，生意纸、消防纸、税单等一应备齐。而这两名士兵却抓住陈先生没有卫生纸不放，从中进行敲诈。陈先生没法，只好与之讨价还价，将"罚款"压到最低。这种时候，不受罚是解决不了问题的。

（三）暴力执法

如果以正常的渠道和正常的方式进货，商家有货即有生意，有生意即有钱赚。但现由于政府某些执法部门及军方人员，不时上店里突击检查，如存货量稍大，就说是囤积货物，处罚起来，货物不是充公就是要拉到平民区限价销售，还要罚款。

例如，2013 年 10 月下旬，加省华恋社一批发市场包括华商在内的批发商，遭到了国民自卫军的突然袭击。其中有十来个荷枪实弹的国民自卫军闯进一华商的店铺，从铺面到仓库，一点不漏地左看右看。当他们发现华商的仓库内有一批纸尿布、牙膏等货物，便不由分说，指责华商囤积货物（其实这些货物对一个批发商来说，只是少量的存货），要全部充公，如不，就罚款。华商据理力争，但面对荷枪实弹的军人，华商有理也说不清，最后只好忍痛"认罚"。①

经营杂货超市的吴女士，公司来了 200 包白糖和 200 袋米，货物堆满货架后，余货堆放在仓库。军人来检查时，说货存量太多，要全部拉走。于是，吴女士还是逃不掉货物被拉走的厄运。试想，一个中型杂货超市，200 袋白糖 200 包米，仅是一个上午的销售量，算什么"囤积"？但话语权不在商家，只能任由检查人员胡乱处置。②

2014 年 1 月 21 日早上 7 点左右，在马拉开波市批发市场经营的商人 H 如常开门营业。一群身穿警察制服且荷枪实弹的执法人员进来后，得知店铺有货，40 多个穿着同样制服的人迅速进入货仓搜索，见有牙膏、洗洁精、洗衣粉、洗发水、纸尿裤、婴儿奶粉等货物，不问缘由便将货物搬走，往停在店铺门口的车上搬。在众目睽睽之下，这群人在 H 的店里"查"了差不多一个小时。H 看到他们搬走东西，开始时曾叫员工拿纸笔记录，以便自己日后对账，但被带队的人阻止。据说，这些货物被运回当地警察总部处理，在这批发市场营业的有华商，也有当地人，当天，他们都遭遇了同样的不幸，被搬走的货物总值大约为 800 微翁。③

对于上述现象，委内瑞拉华侨早已经司空见惯，见怪不怪。重要的是，记住别重蹈覆辙。在一个法制不健全的地方，知法犯法、执法违法并不出奇。

（四）对华侨身份证的不规范检查

2014 年开始，委内瑞拉有关部门曾宣布要在全国范围内进行身份证检查行动，其规模虽然不及查税、查价大，但检查中如发现无身份证者或持假身份证者，除罚款外，搞不好就把他们递送出境。

---

① 吴言：《老调重弹说货物》，《委华报》，2013 年 10 月 28 日。
② 吴言：《老调重弹说货物》，《委华报》，2013 年 10 月 28 日。
③ 莫熙丰：《这是正常执法吗？Maracaibo 街市有人借检查之名强行将货物运走》，《委华报》，2014 年 1 月 27 日。

2014年9月初，生活在P埠的华侨青年小冯乘夜车到加省探望朋友，到达华恋社汽车总站时刚好天亮。因初来情况不熟，小冯在候车室静待朋友来接。不一会儿，一位在巡逻的军人走过来查看身份证。小冯因来委时间不长，不熟谙西文，仅能作简单的对答。随后，该军人查出小冯只带身份证而没有护照，就将他带到军人值班室进行严厉拷问。那军人一口咬定小冯的身份证是假的，要扣押他。小冯的朋友据理力争，说华侨外出一般只带身份证而不带护照，希望给予放行。见小冯朋友那副焦急的样子，这军人口气一转，说如果不想被扣，就得罚一笔款。小冯和朋友只好把身上的钱拿出来了。[①]

2015年1月初的一个周三中午，吴先生和员工午休后开门不久，门外来了两个骑摩托车的国民自卫军，进门就问有无牛奶、纸尿布、湿巾等婴儿用品出售。得知没有后，他们在店内转了一圈，然后要吴先生和员工出示身份证，挨个检查。检查到吴太太时，其中一人对吴先生说，吴太太的身份证是假的。吴先生愕然，他说，她来委内瑞拉已十多年，店铺是夫妻两人买的，"生意纸"（即营业执照）写的夫妻两人的名字，银行账户也是用两人的身份证开的，如果有假，怎么能办成这些事？吴先生还拿出生意纸让两个国民自卫军检查。在事实面前，两个军人无言以对。[②]

约2015年3月份，委内瑞拉有关部门检查身份证的行动又有所升级，原来多在路上拦车检查，现在则进入店铺，在查价查税的同时兼查身份证，发现无证或持假证的，一律扣押、重罚。[③] 在华恋社批发市场内，购买瓜菜的华侨也不时要接受检查人员的检查，有证的放行，无证的或被认为是持假证的，则被扣押，轻则罚款，重则扣留，递送移民局处理。[④]

（五）机场的不规范执法

机场税局无理扣缴华侨护照，巧立名目宰割华侨之事已久，侨胞的反响很大，全国华侨华人联合总会为此做了一定的工作，但收效不明显。后来，机场税局扣缴华侨护照、勒索华侨钱财的情况越来越严重。在加拉加斯国际机场，针对华侨的所谓查处变本加厉，日甚一日，甚至大打出手。以下是几个比较突出的例子：

2013年5月5日，在加拉加斯国际机场出现了针对华人的暴力执法事件。是日下午2点多，机场税务人员将外国人和华侨分列两队，只让华侨把行李箱打

---

① 吴言：《这样的检查令人目瞪口呆》，《委华报》，2014年9月29日。
② 吴言：《查身份证时谨防被诈》，《委华报》，2015年2月9日。
③ 一民：《外出要带身份证》，《委华报》，2015年3月23日。
④ 一民：《外出要带身份证》，《委华报》，2015年3月23日。

开，草草一看，便要罚款两三微翁不等。本来，按海关规定，自带 1 000 美元以内的自用货物是无须收税的。机场税务人员的罚款有违此规定，人群内不时发出阵阵抗议声，还有人致电中华总会的负责人，希望能得到帮助。一些对这些执法人员强烈不满的侨胞，目睹眼前的徇私枉法贪得无厌的行为，声言不交款。为控制局面，税务人员将华侨一个个叫进小屋内。第一个被"请"的是当时曾对税务人员藐视华人做法表示不满的青年小伙子。小伙子兄妹俩被推进屋，门被关上。几位税务人员拳头相向，吓得小伙子的妹妹惊恐大叫。门外的侨胞听到呼救声，知道税务人员在违章暴力执法，抗议声一浪高于一浪。骑虎难下的税务人员请出机场内的国民自卫军帮助解围。在他们的胁迫下，待检查的华侨不得不交了"罚款"。这次事件从下午 2 点多一直持续到 6 点 30 分才结束。

"5·5 机场事件"引起了中国大使馆的高度重视。5 月 8 日，大使馆领事部负责人紧急约见了委内瑞拉外交部领事及司长，就"5·5 机场事件"提出严正交涉，要求相关部门转达旅委侨胞的强烈不满和大使馆的高度关注，切实采取有效措施，尊重和保护中国公民的合法权益，严禁暴力执法。对方听取了情况介绍，表示对事情的严重程度感到震惊。[1]

2013 年 6 月 8 日中午，居住在华恋社地区的吴女士与两位亲人驾驶一辆小车，送亲戚去加拉加斯国际机场乘机回国，在拉维托拉（La Vitorara）路段时，后面尾随的警车突然打开警灯，司机知道被警车盯上了，只好将车停在路旁。很快，一个领头的警察带着年轻的三男一女走过来，检查他们的证件等，但无功而返，但这些人听说车上有人回中国，马上提出要检查他们的行李，当看到行李中的利是封装有美元（吴女士亲戚因回乡治病，在此又无法将钱汇回去，只好随身带了 5 000 美元），便一口咬定吴女士 4 人专门倒卖美元，触犯国法，要全部抓回警局，收缴美元和汽车，还说要告上法庭。吴女士再三与之论理，警察却说只允许带 500 美元，并要吴女士出示兑换美元的银行凭据。见吴女士一行无法出示凭据，这些警察便提出两个选择，一是要抓人收缴美元和汽车，然后告上法庭；二是出钱消灾。权衡之下，吴女士只好任宰。那些警察还当着吴女士等人的面将"罚款"（相当于两千元牌价美元的委币）瓜分了。[2]

在加拉加斯机场，最难过的是行李检查这一关。据说税务局检查人员专门在这里捉弄华侨华人，凡过这一关，没有几个不被宰的。常常可以看到华侨推着行李，排着队等待税局人员的宰割，多是敢怒而不敢言。一天，在委内瑞拉做生意的吴先生，从香港乘坐德国航空公司班机返回加拉加斯机场。吴先生这次返乡乘

---

① 《"5·5 机场事件"始末》，《委华报》，2013 年 5 月 7 日。
② 一民：《光天化日之下的拦路勒索》，《委华报》，2013 年 5 月 10 日。

坐的是商务仓，根据规定可带行李 3 件（2 个大皮箱 1 个小皮箱）。某天下午，他返回加拉加斯机场并办完入境手续时，被两个税务人员拦住。他们先拿走了他的护照，然后推入黑房检查。负责检查的税务领导，看到他是华人，皮箱没打开检查便开口要每个皮箱罚 10 微翁，3 个皮箱共罚 30 微翁。吴先生说我是回中国探亲返回委国的，身上没有这么多钱，这一叠钱（近 10 微翁）就全部给你们。但税务人员说不行，叫吴先生再给 20 微翁。吴先生为证明自己身上没有这么多钱，就把钱包和袋子翻出来给税务人员看，在这过程中，钱包内用一张纸夹着的 200 欧元露了出来，税务人员看到伸出手就拿，跟着一挥手，叫吴先生快些离开。据说，当天吴先生在机场入境时，其他的旅客十分畅顺，但 10 多个华侨和他一样，一个个地被推进黑房检查、罚款，其中一女侨胞携带两个皮箱，在黑房检查时，因为没有钱，税务人员便叫她去向外边接机的亲人借，最后拿到钱才把女侨胞放走。[①]

八、不鲜见的纵火案

在委内瑞拉，除凶杀、绑架、抢劫之外，纵火也是歹徒的手段之一。纵火行为还常常是抢劫等犯罪活动的"补充"。纵火是一些人某种情绪的宣泄，他们丧尽天良，往往买不到就抢，抢不到就烧，就是抢到了还要加一把火，非把受害人的家财一举化为灰烬不可。熊熊烈火在无情地吞噬财物的同时，也在吞噬歹徒们的良知。当然，歹徒们抢劫之后再加一把火的一个重要目的是毁灭罪证。华侨看到这种情况，也只能远远躲避，因为跟那些失去理智的人纠缠在一起，还会危及生命。另外，还有人以火泄愤。一旦社会动荡或有看不惯的事件发生，心理失衡、心怀不满者，就会把可以燃烧的东西，如旧轮胎、木头、垃圾等弄到交通要道、主要街口或攻击的地点（如商铺、房屋等），再加点廉价汽油，把火点燃，以表达不满和抗议。

2015 年 8 月 16 日星期日，晚上 12 点左右，有几个盗贼趁夜深人静，来到华恋社新街市一糖果批发店门口，企图用工具撬开门盗窃店内的货物，但最终没能把门打开。一怒之下，盗贼拿来汽油，泼在店铺门口，点燃后逃跑。住在不远处的群众迅即向消防部门报警，待消防员赶到现场，店铺已全部烧光，过火面积百分之百。该批发店面积不算大，但生意不错，瞬间化为乌有，损失惨重。[②] 另外，据知情者说，华恋社新街市在此前的近两个月内，火烧商铺的事件已发生了

---

①　陈淘涛：《机场宰客依然，吴先生硬生生被"罚"200 欧元》，《委华报》资料。

②　陈淘涛：《华恋社新街市发生一宗火灾，一华人店铺被烧光》，《委华报》，2015 年 8 月 24 日。

四宗，其中两宗的受害人是华侨。[①]

又如，2015 年 7 月下旬，玻利瓦尔的圣费利克斯侨胞 N 在销售限价货时场面失控，警察鸣枪示警又意外伤及顾客，以致乱上加乱，最后有军人到场才平息了事态。但当天晚上，来了十几人，用旧轮胎在 N 的店铺门口点火。幸好住在此地的屋主一家及时拿来灭火器，将火扑灭，不然，店铺也将化为灰烬。[②] 这十几人显然是为复仇而来的，因为当天警察鸣枪示警时，流弹导致他们一死两伤。这种极端的泄愤行为所产生的快感，是以对公共环境或私人财物的破坏为代价，其显示和反映的，是一种扭曲的灵魂和心态。

第二节　委内瑞拉社会治安环境的恶化以及当局的对策

一、治安环境的总体观察

委内瑞拉的治安环境令人触目惊心。由于经济形势每况愈下，很多人开始选择铤而走险，委内瑞拉的犯罪率已经失控。有巴西报纸评论说，最近 15 年，委内瑞拉犯罪率在持续上升。1999 年，委内瑞拉全国因凶杀而死亡的人数是 6 000 人。按照国际上通行的标准，委内瑞拉的犯罪率是每 10 万居民中有 25 人死于暴力凶杀。委内瑞拉政府最后一次统计犯罪率是 2003 年。那一年，委内瑞拉每 10 万居民中有 39 人死于暴力伤害。又据委内瑞拉内政部与司法部 2013 年的工作报告，2012 年委内瑞拉有 13 340 人死于暴力伤害，按照国际通用标准，暴力伤害死亡率是十万分之三十四。在世界范围内，委内瑞拉属于犯罪率比较高的国家。而非政府组织"委内瑞拉暴力犯罪观察站"的调查数据更加触目惊心：2013 年，委内瑞拉有 24 700 人因受到暴力伤害而死亡，死亡率为十万分之七十九，在世界上排名第二。2009—2012 年，委内瑞拉每年发生的绑架抢劫案都在 800 件以上，首都加拉加斯地区每年因暴力伤害而死亡的人数都在 5 000 以上。据委华网消息，在 2016 年上半年，共有 2 827 具尸体转移到贝略蒙特藏尸房，相比 2015 年的 2 619 具尸体高出了 8%。6 月份是 2016 年以来在委国首都加拉加斯发生暴力事件最多的一个月，按统计，共 500 人死于暴力事件，其中 80% 死于谋杀，而 20% 死于交通意外。委内瑞拉的治安还在恶化，有人称之为"不是战争的战争"。他们做出这样的比较：美国打伊拉克时，每天死 6 人左右；叙利亚内战，

[①] 《谨防"火烧"》，《委华报》，2015 年 8 月 24 日。
[②] 《谨防"火烧"》，《委华报》，2015 年 8 月 24 日。

平均每天死五六人（以上未经考证，仅供参考）；而委内瑞拉既无外侵又无内战，打劫和仇杀平均每天死亡 12 人（委国刑事侦查科对外显示的资料），这还不包括那些被杀但找不到尸体的失踪者。

匪徒的枪击目标甚至对准了持枪的警察。2015 年 11 月的一则报道，至今仍让人感到恐惧：10 月 31 日，玻利瓦尔州两名警察在执勤时，突然遭到几个匪徒的枪击。子弹击中头部，两名警察当场毙命。

有人说，委内瑞拉首都加拉加斯现在是比伊拉克首都巴格达还要危险的地方。晚上 6 点以后没有人是真正安全的。如果在晚上外出，即使身上没有什么值钱的东西也有可能丢掉性命。据说加拉加斯是世界上谋杀案发生率最高的城市之一，有 90% 的谋杀案没有破获。加拉加斯一个商业中心曾被一群武装歹徒打劫，9 名商场值班人员被捆绑，珠宝店被抢劫一空。值勤的军人迅速出动，抓住了 12 名歹徒，结果一查，其中有 7 名歹徒竟然是当地的警察。在社会治安不好的情形下，加拉加斯的一些街区，一到晚上就冷冷清清，没有行人影踪，许多人宁愿待在家里也不出门，怕的就是晚上出门被抢。听不到罪恶的枪声时，委内瑞拉的阳光灿烂无比，川流不息的车流，疯狂购物的商场，会给人一种太平盛世的光景。然而，不时闪现的刀光剑影，总让人们的生活失去安宁。"提着脑袋过日子"，在这里并不是一句戏言。

随着粮食和基本生活用品的短缺，本来就恶劣的社会治安形势雪上加霜。商家们尤其是超市行业，是没货卖愁，有货来也愁。没货卖愁费用支出大，有货来又怕被哄抢，甚至怕被恶意地以"莫须有"的"囤积"罪名没收兼罚款。[①]

委内瑞拉治安形势恶化的一个标志性事件是"莫尼卡案"及其后的持久余波。据媒体报道，2014 年 1 月 6 日晚，在委内瑞拉这个热衷于选美的国度里，曾经荣耀地戴上"委内瑞拉小姐"桂冠、代表委内瑞拉去竞逐"环球小姐"的 29 岁的莫尼卡·斯皮尔，和 39 岁的丈夫亨利·佩雷及女儿马娅结束旅程，驾驶一辆轿车返回首都加拉加斯，当晚 10 点 30 分许汽车行驶在一条连接卡鲁帕诺和华恋社的公路上时，突然压上尖锐物体，轮胎爆炸。于是 3 人停车等待前来抢修的拖车。正当轿车被拉上一辆拖车时，5 名劫匪出现。为免遭劫掠，莫妮卡一家将车门反锁。歹徒赶上来举枪就射，莫尼卡当场中弹，瘫倒在座位上，身旁 5 岁的女儿腿部也被枪弹击伤，佩雷也倒在血泊中。拖车司机双手抱头装死才幸免于难。5 名歹徒抢了莫尼卡夫妇的物品。后来警方将参加这起杀人抢劫案的犯罪团伙一网打尽。这就是震惊委内瑞拉全国的"莫尼卡案"。

这伙犯罪分子是坎布尔镇一个名叫"嗜血成性"的犯罪团伙，大部分都有

---

① 庾志坚：《近距离观察委内瑞拉》，《世界知识》2015 年第 7 期。

犯罪前科，已经在高速公路上作案多年。他们经常盘踞在高速公路附近的违章建筑伺机作案，通常是将一些障碍物扔在公路上，故意给过往行驶的车辆制造爆胎故障，然后等司机下车检修车辆时，乘机抢劫司机或汽车上的物品。当地居民和一些受害人曾经多次报案，但是没有引起当地警方的重视。

莫尼卡夫妇被凶杀的地方是在加拉沃沃州，州长阿梅利亚切表示，2012 年这个州有 1 709 人被暴力打死。2013 年，该州有 1 259 人因暴力伤害而死亡，比 2012 年减少了 26.33%，但是，这个数据仍然是很高的。① 梅里达省长卡普利莱斯说，委内瑞拉正处于暴力犯罪的"紧急状态"，政府应当采取实际行动，召集不分意识形态、不分党派的人寻求解决问题的出路。他说，"2013 年有 2.5 万人死于暴力凶杀，这足以说明我们正处于暴力犯罪的危险期"，"我们的民众处在暴力犯罪阴影下生活"。

作为一宗刑事案件，"莫妮卡案"只不过是委内瑞拉抢劫、凶杀悲剧的又一重演。有报道称，在委内瑞拉，像莫妮卡这样的在高速路上抛锚后被抢劫或杀害的案例十分常见。不过，大部分因凶杀而死亡的悲剧都没有像"莫尼卡案"一样得到广泛的关注和同情，而仅仅成为统计报告上的数据。倘若悲剧的主人公是一个普通人，或是一个军人、警察，顶多也只能换来媒体的一阵鼓噪罢了。然而，美丽、年轻和聪颖的莫尼卡·斯皮尔是 2004 年的"委内瑞拉小姐"，就像巴西"足球王国"里的足球明星一样，是民众喜爱和追崇的耀眼明星，后又转型为演员，曾出演过美国 NBC 电视台西班牙语电视网络的热门剧集，是委国人心中的偶像。但这颗璀璨的明星却似流星一样，被穷凶极恶的犯罪分子夺去了生命，令人嘘唏不已。2014 年 1 月 10 日，莫尼卡夫妇在位于委内瑞拉首都加拉加斯东区的东方公墓下葬。从早晨开始，前来送葬的人们就络绎不绝地从四面八方赶来。公墓里弥漫着一片肃穆的悲情气氛。莫尼卡夫妇的不幸，引发了委内瑞拉媒体的高度关注，委内瑞拉的电视台、报纸都进行了大量的报道，铺天盖地，群情激昂，史无前例，进而演变为对日益恶化的社会治安的无比担忧。群众纷纷要求委内瑞拉政府采取措施，改善治安形势，避免类似悲剧的再发生。

造成社会治安差的社会原因很多。例如，委内瑞拉有大量的非法武器流入街头，犯罪分子很容易得到武器。据委内瑞拉政府发布的新闻公告，全国枪械武器泛滥情况十分严重。按照政府军方估计和推测，超过 450 万支无登记私枪及无证黑枪流落在民间。在加拉加斯只缴获 2 000 支，而其中有长短枪、冲锋枪、猎枪、机关枪、火箭筒，甚至还有军用攻击性的武器与手榴弹及各式各样枪支。②

---

① 吴志华：《选美小姐遭遇劫杀　总统誓用铁拳打击》，2014 年 1 月 13 日。
② 《委华报》资料。

枪支泛滥是社会犯罪根源之一，犯罪分子利用枪械去抢劫、杀人、敲诈、勒索、绑架，对扰乱社会秩序和治安有直接影响。

委内瑞拉的司法效率低，破案率低，造成有法不依的现象。据巴西报纸报道，委内瑞拉的刑事破案率只有3%，也就是说每发生100起杀人案，只有3件案子被侦破。委内瑞拉警察人数占总人口的0.38%，与其他国家相比，警察人数不算少，但实际上只有1/3的警察真正上街管理治安，很多警察被派去保护政府官员、政府办公大楼、外交使团住所、企业和商业写字楼等。

另外一个原因是委内瑞拉青年人的失业情况仍然严重。据世界劳工组织的报告，2013年委内瑞拉失业率已经下降到6.4%，但是青年人中的失业率高达17%。邻国哥伦比亚在严厉打击贩毒走私后，委内瑞拉成为毒品走私的新通道，贩毒集团也转移到委内瑞拉境内作案，从而造成委内瑞拉犯罪率的上升。值得注意的是委内瑞拉的低龄化犯罪现象。2017年3月21日凌晨3点，两名陆军军士下了班后，在加拉加斯解放者市沙巴那格兰德（Sabana Grande）商业步行大道的一间酒吧餐厅享受娱乐后到酒吧门外吸烟，被两个小童抢了他们其中一个的小提包，他们企图追上夺回小提包的一刻，出现了另外3个12岁上下的少年手持小刀袭击他们。这一帮由8岁至15岁的儿童少年组成的犯罪匪帮名叫"幼崽"（Los Cachorros），他们用刀子袭击两名军士，一个当场死亡，另一个被送往私立医院，不治身亡。现场抓获一个15岁的少女犯罪者，她竟是指挥这一班流荡在街上的无家儿童作案犯罪的首领。[1]

查韦斯在执政期间，曾采取一些措施整顿社会秩序，十年中收缴了民间枪支约30万支，但社会治安并未得到明显改善。马杜罗虽然在担任代总统的一个多月里，逐步整顿社会治安，但委内瑞拉的治安问题积重难返，想在短期内一举扭转这种局面，是不现实的。

社会治安恶化缘于国家经济政治形势的恶化。近十年来，委内瑞拉政坛持续动荡不定，党派之争激烈，经济不振，人民生活水平下滑，加上官员腐败现象严重，政商勾结，华侨中的极少数害群之马与当地流氓地痞狼狈为奸，以致社会风气每况愈下，形成恶性循环。

二、委内瑞拉政府的对策

（一）"安全祖国计划"

治安好不好，是考量一国政府执政能力的重要部分。多年来，委内瑞拉的社

---

[1]　李仪编译：《无家犯罪儿童杀害两名陆战军士》，委内瑞拉中资讯网，2017年3月22日。

会治安每况愈下，抢劫、绑架、勒索甚至杀人令人防不胜防，其刑事案件中故意杀人、伤人的残忍和残酷，被人喻为"不是战争的战争"。马杜罗对此没有熟视无睹。他在任总统时，就开始在全国建立和启动了国家反敲诈勒索和绑架指挥部，促使全国代表大会通过了禁止向个人出售武器的法律，并在全国开展维护治安的宣传活动，还调动军队配合警方打击犯罪，维护社会治安，不少地方的街头都有军人巡逻的身影。尽管委内瑞拉的社会治安多少有了一点好转，但客观地说，有关绑匪、贼人落网的消息虽不时见诸报端，但绑架、杀人之类的恶性案件还是屡见不鲜。

对于发生在委内瑞拉的抢劫、凶杀、绑架之类的事，很多人或许已见怪不怪，但失去安全感的日子，人人都过得很压抑。其实，在 2012 年 6 月，时任委内瑞拉总统的查韦斯，就实施过"委内瑞拉生命计划"（Plan Patria Segura），承诺要改革国家的警察体系和司法体系。一年之后，马杜罗又制订了"安全祖国计划"，把改善治安作为其执政的优先目标之一。应该说，"安全祖国计划"是马杜罗顺从民意之举。据统计，2011 年仅仅报案的绑架勒索案件就有 1 168 件。司法与内政部部长托雷斯称，梅里达省是全国最不安全的一个州，2012 年共发生暴力凶杀案件 2 576 起。2013 年 4 月份，在委内瑞拉举行总统选举前的民意调查中，物资供应短缺、社会治安差和贪污腐败严重，是选民最关切的三个问题。为此，马杜罗当选总统后采取了措施，"安全祖国计划"就是加强社会治安的一项重要措施。按照司法与内政部部长托雷斯后来的说法，随着这项新的部署实施，"安全祖国计划"已经在全国各地全面铺开。他指出，"安全祖国计划"的目标主要有两个：一是军队和警察联合行动，增强力量，加强维持社会治安，减少城市暴力犯罪；二是培训国家警察学院新毕业的 9 000 名学生，让他们增长实际工作经验。

"安全祖国计划"在 2013 年 5 月初实施。首先在新埃斯帕塔省、亚马孙省、阿普雷省和波图格萨省正式启动。司法与内政部部长托雷斯指出，这次在四个州开展的"安全祖国计划"行动，动员了玻利瓦尔国家武装部队（FANB）、玻利瓦尔国民警察部队（PNB）和地方警察部队共约 3 万名官兵。当时，加拉加斯的街头上突然增派了大批荷枪实弹的军人，三五成群，在交通要道和城市街区路口，对过往的摩托车和汽车以及路上行人进行验证和搜身检查，收缴随身携带的武器，防范绑架案件。人们驾驶车辆经过军人检查站时，都要慢速行驶并打开车窗，让值勤军人能够查看车内情况。一些摩托车被勒令停下，驾驶人被搜身检查。除派出军队上街搜查和收缴武器、维持秩序外，还为国民警卫队增配了警力和警车，建立了警察分区巡逻制度等。7 月 14 日，委内瑞拉政府又颁布了经国会批准的解除武装和管制武器的法律，对自动上缴枪支武器给予奖励，对携带和

购买枪支做了更严格的法律规定。2013 年圣诞节和新年期间，政府又派出大批军人和警察到各地的休假旅游地区和交通要道加强安全防范。据政府发布的消息，这年圣诞节和新年期间的犯罪率已经比往年有所降低。

据司法与内政部公布的统计数据，在实施"安全祖国计划"最初的一个半月里，共抓捕暴力抢劫犯罪分子 196 人，66 个犯罪团伙被打掉，1 750 辆被盗汽车被查获，收获各类武器 575 件，还有 1 700 多人因其他犯罪被拘留。

司法与内政部部长托雷斯透露，实施"安全祖国计划"，也将为今后制定警察巡逻治安的模式提供参考性经验。他说，2013 年 9 月份，警察学校 9 000 名学生毕业后，将进入警察行列。在补充和配备新的警力后，国民警察部队将在居民街区执行巡逻值勤的任务。他强调，"安全祖国计划"是一项建设"安全社会"的长远计划。这项计划必须得到社区民众的参与和支持才能获得最大的成功。民众安全和社会稳定，"涉及各个机关和单位，必须联合行动，综合法理，毫不畏惧地推向前进"。为此，他要求社会各界和民间团体积极参与，共同努力，"保障我们人身财产的安全，走向互助型的和谐社会"①。

其实，马杜罗不是在当政后，而是在代理总统时，就开始在全国建立和启动了国家反敲诈勒索和绑架指挥部，促使全国代表大会通过了禁止向个人出售武器的法律。正式当政后，又动员了 3 万多军人，参与各地的街头巡逻和值勤，与国民卫队和当地警察形成庞大的联防体系，对持枪抢劫、暴力凶杀、聚众闹事的犯罪活动保持高压态势。

一石击起千重浪。人们又一次把委内瑞拉的治安问题和"安全祖国计划"紧密联系起来。2014 年 1 月 8 日，总统马杜罗提前召开了原定于迟些时候举行的国家安全会议，与全国 79 位州长及市长共同讨论如何遏制委内瑞拉严峻的治安形势与高企的犯罪率。马杜罗说，莫妮卡的不幸死亡是一起"屠杀"事件，要求对这一案件彻查，并在全国范围内打击暴力犯罪行为。同日，加拉加斯市长表示，委内瑞拉最近发生的暴力凶案已使本国治安达到了紧急状态。他称，委内瑞拉治安的恶化已严重影响国人的安全，政府应从速处理每日发生的暴力事件，绝不可以有罪不罚，让凶徒作案后逍遥法外。

有人问，马杜罗总统当政后既然实施"安全祖国计划"，但为何安全问题依然成为广大民众乃至警方、军方的心头大患？于是，有人质疑，"安全祖国计划"到底安不安全？事实上，委内瑞拉在治安问题上不是没有动作，只是治而不安而已。

---

① 吴志华：《委内瑞拉政府动员 3 万军警维持社会治安　"安全祖国计划"在全国各地全面实施》，《人民日报》，2013 年 7 月 17 日。

（二）"警察改革计划"

2014 年 10 月 31 日，委内瑞拉总统马杜罗在拉腊州宣布，成立隶属于总统府的警察系统改革委员会，任命国会议员贝尔纳尔为委员会负责人，其成员还有警察实验大学校长拉克鲁斯、武装部队参谋长联席会议成员拉米雷斯上将、内政部负责警察系统的副部长奥里维利、总统府社区理事会成员拉莫斯以及 3 名律师等。马杜罗总统称，"这是司法领域的一场革命"，要求这个委员会在 2015 年 4 月拿出警察系统的改组方案。

警察系统是维护社会治安的执法部门，其职责就是保护民众生命和财产安全，建立和维护安定有序的社会环境。委内瑞拉是世界上刑事犯罪案件高发的国家，建立高素质、高效率的警察队伍当然显得更加重要和更为迫切。

马杜罗就任总统后，把强化社会治安列为政府工作重点，先后采取一些措施。例如 2014 年 1 月 8 日起实施"安全祖国计划"，派出数千军人参与社会治安。马杜罗总统当天还表示："要全力以赴建立一个社会稳定的国家。"去年夏季休假高峰期间，政府曾动员 17 万警察上路值勤维护治安。8 月 23 日，政府新建的警察实验大学正式开学。这所大学设有 55 个班，每年可以培养 1 万名警察。马杜罗总统提出，到 2019 年，具有大学文化程度的警察人数要达到 7.8 万人。2014 年 2 月起，内政与司法部又在全国陆续推广和建立"警察智能巡逻"模式，把城区划分为若干警区，分别由巡逻警察负责。警察局内设立监控中心，通过调取现场录像，随时调动巡逻警察前往案发地点，提高打击犯罪的机动性。

然而从整体上看，委内瑞拉社会治安并没有得到根本的好转。其中一个重要原因就是警察队伍缺乏战斗力，机制不能适应需要。委内瑞拉警察队伍存在着三大问题：一是破案率低，二是警察素质低下，三是警察收入低下，影响积极性并诱发收贿或索贿。据统计，警方对于杀人绑架这类恶性案件的破案率只有 3%。不少偷盗和抢劫犯罪都有警察参与其中。去年 7 月底，恰卡乌市的丽都商业中心遭遇 12 名歹徒抢劫，其中 9 人竟然是当地的城市警察。今年 8 月 25 日，米兰达州 5 名城市警察动用警车，用枪逼迫和绑架一名商人，要求其家属支付 30 万玻利瓦尔的赎金。另外，警察是高风险职业，加拉加斯地区每年都有几十名警察在值勤中殉职。然而，警察工资收入和待遇都比较低。据了解，普通警察的工资分为三等，去年 11 月起，分别是 5 888 玻利瓦尔、6 291 玻利瓦尔和 6 672 玻利瓦尔。警长工资也不过 8 993 玻利瓦尔。警察的人身保险为 5 万玻利瓦尔。警察遇难后，政府仅提供葬礼费，安葬费还要由家属承担。

委内瑞拉曾在 2007 年议论过对警察系统进行改革的问题。当时，委内瑞拉全国设有 126 个独立运作的警察系统，除了刑事警察、玻利瓦尔国民警察

（PNB）和地面交通警察外，还有 24 个州立警察局和 99 个城市警察局。州警察、市警察和交警分别隶属当地州政府或市政府管辖，刑事警察和玻利瓦尔国民警察则隶属于内政与司法部。玻利瓦尔国民警察创建于 2009 年 12 月 20 日，分布在全国 8 个州，听从内政与司法部的调动，处置突发性的社会事件。由于隶属不同和分头管理，国民警察、刑事警察和地方警察之间缺乏有效的配合，再加上地方的干预，警察系统的关系变得更为复杂。因此，有关改革警察系统的事，议论归议论，多年过去了，情况还是照旧。

促使马杜罗总统下决心改革警察系统的，主要是 2015 年 10 月 7 日在加拉加斯发生的一起突发事件。当时，刑事警察局的侦探来到巴尔拉特大街一栋楼房前搜捕几名犯罪嫌疑人。不料，这些犯罪嫌疑人是当地"集体社"（Coletivo）的成员，他们拥有武器，拒绝警察进入自己的地盘，并与警察发生武装冲突。在双方交火中，5 名集体社成员被打死。

"集体社"是统一社会主义党倡导建立的基层民间组织，其宗旨是联系和团结当地居民，实施互帮互助。如当地居民遇到生活困难，集体社就动员邻居献爱心、伸援手。集体社还在社区开办面包房或缝纫室等，为居民提供就业机会，改善社区生活。后来，有的集体社以维护当地治安为名配备了武器和摩托车，因而引起社会的非议和担忧。10 月 7 日的武装冲突事件激化了警察与集体社之间的矛盾。10 月 23 日，集体社组织民众到内政与司法部示威抗议，指责警察滥用职权。马杜罗总统最终接受托雷斯部长辞职，任命前国防部长梅伦特斯为新的内政与司法部长，并宣布改组警察系统。

担负这次警察系统改组重任的贝尔纳尔，曾就读于加拉加斯的警察学院，是一名具有专业技术的警察。后来他加入第五共和国运动并于 1999 年当选制宪议会的议员，2000 年至 2008 年又连续当选两届加拉加斯的市长。因此，他对警察体制可谓了如指掌，与集体社也有密切联系，可以借助自己的阅历和经验，深入思考全国警察系统的改革方案。屈指算来，从 1998 年至 2013 年，委内瑞拉政府先后推出过 22 个有关加强社会治安的计划。但这些计划的实施效果都不能令人满意，民众仍然把社会治安差列为最担忧的生活问题。未来的警察系统如何改革，如何平衡各方利益，改革能否真正对改善社会治安发挥长效作用……显然，警察系统的改革比制订一部社会治安计划更加艰难和复杂。委内瑞拉学者塞伦·德波顿在 2007 年写过一篇文章，反映出作者对警察系统改革既期待、又疑惑的心情，这篇文章的题目是"委内瑞拉警察改革：乌托邦，还是现实？"。①

在阿拉瓜州，有几个团伙武装到牙齿，在当地横行霸道，凶杀、绑架、抢劫

---

① 吴志华：《委内瑞拉要对警察系统进行改革》，《人民日报》，2014 年 10 月 31 日。

无恶不作，有不少犯罪记录，还向当地商家勒索保护费，稍有不从，就会动手，严重影响社区安宁。据说这些团伙主要盘踞于阿拉瓜州圣维森特区。他们不自量力，公然向警方、军方挑衅，以恐吓、投弹等手段，试图逼迫对方屈服于他们的淫威。在肆无忌惮导演了几幕丑剧后，被警方、军方联合一网打尽。2015 年 4—5 月，当地警方、军方采取行动，严厉打击了一些犯罪团伙，大大打压了他们的嚣张气焰。但黑帮团伙不会也不可能就此就范，一直以"老大"自居的他们，在经受一轮打击后，胆大包天地摆出阵势与警方、军方对抗。据知情人说，5 月 8 日，团伙成员分别向阿拉瓜州的 3 个警局投弹。次日，团伙成员向当地军方一位高官发出恐吓，要他把部队撤出军营，把地盘交给他们。炸弹虽然没有造成重大的破坏和伤亡，但其冲击力不可能不刺痛警方。12 日凌晨 3 点，阿拉瓜州警方、军方联合出击，把圣维森特区的黑帮团伙一网打尽。据当地官方新闻发言人说，行动打掉了 4 个黑帮团伙，其中 3 人被击毙，13 名有犯罪记录的团伙成员被扣留，另有 836 人被带走调查。[①]

应指出，委内瑞拉警察和司法部门执法不力，并非意味着所有警察都不尽责，很多警察在维持社会治安、维护华侨华人权益方面还是尽心尽力的。例如，2015 年 11 月 16 日下午，到银行存款的市民特别多。在那里埋伏多时的劫匪见时机成熟，便从腰间拔出手枪，对在排队的市民进行打劫。在场排队存款的有一名训练有素的便衣暗查，他把身上的钱和金项链扔到地上，劫匪见状，即弯下腰去捡。就在这一刻，暗查迅速近距离向劫匪连开数枪，劫匪当场死去。数分钟后，警察赶到并包围现场，准备将其他埋伏的劫匪一网打尽，其他劫匪见状逃之夭夭。[②]

不能不看到，委内瑞拉执政党与反对党在社会治安问题上是存在着对立立场的。近年来，持枪抢劫、暴力凶杀、绑架勒索的犯罪活动日益猖獗。社会治安状况是委内瑞拉民众普遍担心的社会问题。例如，2014 年 2 月 15 日，加拉加斯发生了两场不同的和平集会，一场是亲政府的，一场是亲反对党的。但两场集会都表达了委内瑞拉民众的共同心愿——"制止暴力，和平生活"，这是委内瑞拉社会实现平稳发展的希望。然而，街头冲突和催泪瓦斯也在显示，委内瑞拉在消除政治对抗、实现和谐社会的道路上仍然面临着艰难的政治抉择和重大的挑战。

---

① 《鸡蛋碰得过石头?》，《委华报》，2015 年 5 月 18 日。
② 陈淘涛：《暗查智勇双全当场击毙劫匪》，《委华报》，2015 年 11 月 23 日。

第三节　守望相助，同舟共济，共渡难关

一、同胞相惜，珍爱生命

盗贼横行在委内瑞拉已不是新鲜事，每每盗抢案件发生，都伴随着刀枪挥舞，一桩桩惨案骇人听闻。在歹徒极端凶残的地方，人的生命就极其脆弱。的确，委内瑞拉正处在一个"特殊"的时期，盗贼横行，环境"特殊"。在这里，盗贼公开哄抢可以无所顾忌，凶徒乱枪射杀、罔顾生命可以逍遥法外。而且一些作案团伙的背后，说不定就有道貌岸然的警察或军人，案件不了了之已成常态，每次"敦促破案"都成了轻描淡写的例行公事。官方统计的每年死于非命的2万多人的可怕局面，已使这个昔日曾经有过的日无贼抢、夜无贼扰的"南美天堂"失色。由于窃贼横行，侨胞都在做自保工作，特别是对远离住宅或店铺的仓库，更是加固门户，或请人看护，多作防范，以保证人身财产安全。

所谓自保，其实就是要小心提防。比如，在劫匪经常光顾的店铺，尽量不要住人。同时，出入多长个心眼，尽量不要早出晚归。一旦出现危险，要冷静应对，不要惊慌失措。关键时刻，要把保护性命放在第一位，尽量避免可能危及生命安全的抵抗。此外，还要多学点西文。面对凶徒，会说几句或多说几句能让歹徒放下刀枪的话，危险或能得到缓解。例如华侨唐先生就是吃了这个亏，当劫匪用枪对着他的时候，他本想到屋里拿钱，但由于歹徒没听明白他的话，以为他在找机会反击，便残忍地射出了子弹。当然，委内瑞拉虽然治安奇差，但好人总比坏人多，大可不必草木皆兵，因此平时与当地人和睦相处、搞好关系至关重要。

凡有同胞来到委内瑞拉，前辈都会说面对劫匪要冷静应对。钱是身外物，安全最重要。2014年6月16日，年仅25岁的马都顶青年侨胞曹先生疾恶如仇，面对劫匪毫不手软，却被劫匪击中多枪而不治，是真汉子，但更多的人为之惋惜和叹息。比起世间一切事物，生命是最宝贵的。在对付手持凶器的劫匪时，确保自己安全是第一位的。毕竟，生命只有一次，而失去的财物可以通过努力再次争取。不管怎样说，在委内瑞拉，最好还是寻求法律的保护。曹先生的案件发生后，中国驻委使馆孙研领事在马都顶向政府有关部门官员交涉，敦促其尽快破案的同时，也一再要求当地侨领、侨胞加强与当地政府、警方和军方的密切沟通，以便获得更多支持。这次案发后，当地警方、军方迅速反应，及时调集警力、军力封锁现场，并堵住贼车擒获一贼，这有赖于马都顶中华会馆侨领平时与警方、

军方建立的良好关系。[①]

委内瑞拉华人社会已经实现了信息的网络化共享。这对于华人社会加强联系、增进团结和谐是有益的。例如，2015 年 3 月 11 日晚 9 点多，马都顶邻埠发生一宗华人驾车翻车重大事故，车上 4 名华人 2 人死亡 2 人重伤。事故发生后，该埠热心华人张先生等立即赶到现场，协助警方和医务人员救治伤者。随后，张先生致电马都顶中华会馆，并把事故情况发到网上，寻找伤者和死者家属。[②]

患难当头，侨胞之间同心同德，防暴自保，团结协作，守望相助，同舟共济，共渡难关就显得尤为重要。2013 年 5 月 5 日，华恋社吴先生兄弟几人恰好从中国回到委国。当他们办妥手续准备出关时，发现旁边有一个讲普通话的同胞在打手机，非常着急地对电话那头的人说税务局要罚他，但他钱不够，走不了，外边接机的人也不能进来，只能干着急。吴氏兄弟听了，觉得华人有困难理应相互帮助，于是几兄弟凑够钱交给该同胞，让他赶快去交款。[③]

又如，加省某区的一个商业街内，一天，X 先生的杂货超市来了一批限价货，有粟米粉、粉仔、牛油、洗衣粉等，顾客意见不一，互不相让，甚至发生肢体冲突，秩序大乱。X 和几个员工合力把铁闸关上，以免哄抢。与此同时，一名员工还急电将情况告诉附近的几家华人店铺的人。这几家华人店铺的老板和员工闻讯，赶紧放下自己的生意，来到 X 的店铺，共同维护现场秩序，有的还急电自己熟悉的警方人员求助。经大家努力，加上及时赶到的警方的维持，X 按每五人一组的办法，分批让顾客进入铺内购买限价货，直到卖完为止，前后花了两个多小时。前来相助的华商同处在一区，经营虽然有所不同，但平时保持沟通，并对同样的商品尽量保持价格一致，避免不必要的恶性竞争。更可贵的是，大家守望相助，不论哪家出现麻烦，都会热情相帮。[④]

二、齐抓共管，联防合治

说到人们印象中委内瑞拉的种种恶劣环境，首先想到的，自然是社会治安问题，让人谈"治"色变。2013 年马杜罗总统执政后，在全国建立和启动了国家反敲诈勒索和绑架指挥部，促使全国代表大会通过了禁止向个人出售武器的法律，还调动军队配合警方打击犯罪，维护社会治安；同时中委两国警方也合作打掉了一个在委内瑞拉专门危害同胞的团伙。

---

① 柳絮：《面对凶徒，反击还是忍耐?》，《委华报》，2014 年。
② 陈淘涛：《马都顶发生华人驾车翻车重大事故　造成 2 死 2 重伤》，《委华报》，2015 年 3 月 16 日。
③ 《热心助人的吴氏兄弟》，《委华报》，2013 年 5 月 27 日。
④ 《团结就是力量》，《委华报》，2015 年 5 月 18 日。

华侨无论生活在哪里，赚了钱后，第一就是要改善自己的生活，比如买房、买车、置业等。但目前的委内瑞拉，90%以上的华侨赚钱后不敢张扬，保持低调。以前华侨在居住地的活动，不论白天或黑夜，都可随时出街购物、办事或探亲访友和散步，但在险象环生的今天，绝大多数华人傍晚下班后回到家里，吃饭、看电视、睡觉，成了夜生活的全部。

每天发生的刑事案件暂且不说，外面传来真真假假的治安事件就让华侨寝食不安，特别是在手机高度普及、各种渠道的信息每时每刻都飞进人们眼际的今天。2015年3月17日，有人在网上发了这样一条骇人听闻的消息，说亚拉奎省近奇瓦科阿市附近的一个叫乌拉奇切的镇上上演了强抢唐人小女孩的一幕。10点左右，在上小学的小女孩在附近学校上学时，突遭两名当地男性抢走。这则消息立马被不少人转发，成了那几天最为热门也最令人担惊受怕的新闻。经过求证，事实与网上所传完全不同。其实，两个当地人劫匪当时要抢的是小孩的书包，而不是要抢人。由于附近顾客大声制止，加上小女孩反抗，劫匪最终连书包也没抢成。小女孩只是受了惊吓，手臂在反抗和挣扎时有点外伤。[①] 一些网友没经核实就以讹传讹，以致人心惶惶，这固然不好，但这一消息令人深思。如此多的人转发这一消息，折射出委内瑞拉治安形势的严峻程度，也提醒全体华侨同胞出行小心为上。

在华侨被杀害的命案频发，抢劫、绑架、诈骗、盗窃、纵火等各种各样的刑事犯罪案件层出不穷，华侨的生命财产安全面临着空前严重威胁的情况下，华侨华人社团勇敢地站出来，承担起保护侨胞生命财产安全、维护侨胞权益的历史使命。确保华侨华人的生存和发展，多年来已成为各地中华会馆的重要工作。有的地方如华恋社、加拉加斯、巴基西梅托、苏利亚省、马都顶、安省等地中华会馆纷纷成立了护侨小组，由主要侨领挂帅，与军警政界加强联系，密切沟通，以防不测。瓜卡拉华人联谊会还与当地警方共建文明，实际上是这一护侨方式的继续和延伸。增强自我保护意识，加强与当地警方及其他部门的联系，在工作和生活中筑起一道保护的墙，是在不断恶化的治安中避免不必要损失的较为明智的选择。

2013年，麻拉街发生"8·19劫杀案"。凌晨2点，华人超市被贼人劫掠，两名男子当场被贼人枪击身亡，一名女子身中一枪，造成重伤。早晨8点多，从加拉加斯赶来的受害者的父亲致电华联会委员冯炎良，要求华联会协助处理后事等问题。华联会主席黄达相接到冯炎良的报告后，即吩咐华联会委员岑庆旺赶赴现场处理具体的善后工作，同时将情况电告中国驻委使馆。为更好地治伤，华联

---

① 莫熙丰：《网上疯传：Chivacoa 小市镇有人强抢小孩》，2015 年 3 月 23 日。

会和受伤女子的亲人特将她从政府医院转入麻拉街最好的私立医院。与此同时，华联会在侨胞中开展募捐活动，以解决后事处理中的困难。冯炎良与警方高层保持联系。幸存者谢女士在经过 10 多天的治疗后基本康复。麻拉街华联会侨领黄达相和夫人、岑庆旺、冯炎良等前往医院探望，同时将本省侨胞捐助的 320 多微翁送到谢女士父亲手上。通过与警方沟通，两名男子的尸体于当天下午 6 点提前取回，被安置于殡仪馆内。次日出殡，家属、亲人、朋友和社会人士同哀。华联会黄达相主席、冯景文副主席和谢伟攀、岑庆旺等委员前往拜祭。中国大使馆孙研领事从加拉加斯赶来，先到殡仪馆慰问受害者家属，接着约见当地刑侦局长，敦促破案。①

2013 年 9 月，亚拉奎省发生华人被杀案。被害者在委内瑞拉孤身一人，当地侨胞以罢市方式表达悲痛，送受害者最后一程。他们痛定思痛，深深意识到团结的必要性。于是，他们久盼的中华会馆在这一事件后不到一个月就宣告成立。从此，亚拉奎中华会馆通过不懈的努力，与当地政府有关部门加强沟通，与军警加强合作，形成联防态势，确保华侨华人生命财产安全；同时开展各项文体活动，让百忙中的侨胞有一个休闲娱乐、怡悦心情的机会。当地侨胞说，有了会馆，他们就有了实实在在的安全感和一个温馨的家。②

2014 年底前后仅仅 10 天内，委内瑞拉就有 3 位侨胞——侯永胜、吴英杰和聂木春先后被害，另有 2 名侨胞受枪伤。其中聂木春是 2014 年 12 月 29 日早上在自家楼下车库取车时被凶手一枪击中后送医院证实不治的。这是加拉加斯不到 10 天内的第二宗枪杀华人案。加拉加斯中华会馆高度重视，接到报案后，会馆主席吴崇岳、副主席刘国振等第一时间赶到现场，配合警方调查。31 日晚，刘国振、吴许森、梁林涛等侨领自始至终协助办理后事。其他事发地的中华会馆、中华商会的侨领也自始至终配合警方侦查并协助受害者家属处理后事。12 月 30 日，中国驻委内瑞拉大使馆领事孙研还专程到麻拉街，与华联会主席黄达相、护侨小组负责人冯炎良等一道拜会当地警方高层，了解案情并敦促尽快破案，同时慰问了受害者家属，③ 此外，会馆还致电警方高层，希望他们重拳出击，迅速缉拿凶手，这些都充分体现了中华民族"一人有难，众人相帮"的传统美德。

2015 年 2 月 28 日，在巴埠经营餐馆的唐姓侨胞遭遇抢劫，劫匪因没能得手恼羞成怒，开枪将唐姓侨胞击伤，伤者虽无生命危险，但因治疗花费较多而使他一下陷入困境。得到消息的拉省中华会馆副主席郑杜成即与警方联系，并派出会

① 黎民、吴金波：《贼人夜深潜入室内，要钱还要命》，《委华报》，2013 年 8 月 26 日。
② 《护侨助侨，任重道远》，《委华报》，2014 年 9 月 8 日。
③ 《仅仅 10 天，三死两伤，枪杀华人案令人震惊》，《委华报》，2015 年 1 月 5 日。

馆委员前往医院探望，还通过本会馆的微信群通报有关情况，让大家为受害者提供必要的帮助。3 月初，唐姓侨胞左半身仍处于麻木状态，刚从中国回来的会馆主席郑永生和会馆委员冯惠洪一起，把当地有名的专科医生带到受害者家中，希望通过继续治疗让他早日康复。郑永生表示，如果受害者有困难，他们会为他提供必要的帮助。[①]

2015 年 7 月 20 日下午 3 点多，4 个劫匪撞门冲入加拉加斯邻近的伊格罗特（Higuerote）埠中心街一侨胞生意楼上的宿舍，抢去女收银员的手机，同时用刀追砍侨胞。危险时刻，梁先生冲上去与几个劫匪对打，因左手被砍多刀流血不止，4 名劫匪分别带伤而逃。梁先生随后打电话告知委京会馆副主席吴茂聪并报警。在吴茂聪向会馆吴崇岳主席报告情况后，吴崇岳即电本埠警队负责人，要求增派警力追捕贼匪，当日捉获一贼。[②]

在重大刑事案件发生之前，采取预防措施，加强联防自保互助，也是华人社团和侨领工作的重要方面。例如，面对当前的动荡，华里拿中华商会与当地有关部门紧密沟通。2014 年 2 月 26 日，他们牵头联合该省商会拜会了省、军、警官员，并在省警察总局召开临时会议，商讨对策，以确保华商安全。商会代表认真向政府官员解释各华人商户在货源短缺的情况下，仍然坚持正常营业，向市民正常供应食品和日用品的情况，摆明事理，同时建议政府针对目前社会动荡和其他埠发生哄抢商铺事件的情况，采取切实有效行动，保障全省商人的生命财产安全和合法权益，该建议得到政府官员的肯定。与会的罗克·卡莫纳将军表示，维护社会秩序是军人、警察的职责。为了防止突发事件的发生，与会官员还留下了专线专人的联络电话，如遇特别情况，可由商会代表即时通知军警，让军警能在第一时间赶到现场。会议还决定在华里拿市容易生事的地方，以华人超市为目标，设立 7 个重点巡逻区和临时警岗，以防患于未然。与此同时，商会还发出通报，希望本省华商同胞在特别时期共同携手，团结合作，应对危局。[③]

瓜卡拉位于华恋社近郊，地处贫民居住区，治安环境一直不尽人意，被抢被劫事件时有发生，给当地华人的生活和华商的经营带来重重压力。改善治安环境，确保平安，多年来一直是当地民众特别是华侨华人的呼声。对此，华恋社中华会馆和瓜卡拉华人联谊会十分重视，他们多次与华恋社及当地警方沟通并达成共识，双方共同努力，整治和维护当地治安，2012 年还组建了护侨小组，以加

① 莫熙丰：《劫匪没能得手恼羞成怒　侨胞中枪受伤陷入困境　拉省中华会馆迅速反应提供帮助》，《委华报》，2015 年 3 月 9 日。

② 《梁生勇斗凶匪　侨领报警追凶》，《委华报》，2015 年 7 月 27 日。

③ 何琪练、莫剑锋：《携手团结，应对危局，华里拿中华商会在当前局势下紧密与当地有关部门沟通确保华商安全》，2014 年 3 月 3 日。

强自保和更好地凝聚乡亲及沟通当地警方等有关部门。2013年4月，他们为支持当地警方的工作，还特地送去了2辆摩托车。但由于警官、警员的不断调整，以及警匪之间某些说不清道不明的关系，护侨小组的工作没能很好地达到遏制抢劫等犯罪的目的。尽管这样，侨胞们对护侨小组和当地警方依然抱有希望。对瓜卡拉贼人的疯狂作案，侨领李瑞华、陈坚辉他们早就关注着，并一直与有关部门保持联系，促使有关部门采取相应措施如调整当地警官、警员和加强巡查，给贼人以打击等。此外，他们还一再要求瓜卡拉华商在被抢后一定要报案。

目前在委内瑞拉，安全比什么都重要，侨胞时时受到抢劫、绑架甚至凶杀的威胁。侨胞的话题，很难离开"安全"两字。作为侨社组织，最大的责任是要确保侨胞的财产和生命安全。对于华人社团来说，特别是对于侨领来说，"勇于担当"不能只成为一种口号，而要成为一个真正的责任。只要是涉及侨胞生命和财产安全的大事，华人社团和侨领必须与当地执法部门甚至国家高层沟通，通过最直接有效的途径，维护侨胞的人身与财产安全以及他们的合法权益。

委内瑞拉的侨社组织，主要是全国和各省的中华会馆和各类型商会，在过去上百年的岁月中，一步步走来，发展到现在的会馆、商会或福利会，其机构形式和规模大小或有不同，但宗旨没有改变过，都是为护侨、助侨而产生、存在和发展的。只是，护侨、助侨在不同的时期有不同的内容和重点罢了。在鳏寡孤独者比较多的早期，养老送终无疑是个难题，如何让孤寡侨胞老有所依，是社团要面对和必须要解决的问题。在杂货超市、百货大发展的时期，如何寻商机、谋发展，商会有机会大展拳脚。现在，华侨面对的，是一个危机四伏的社会，安全问题首当其冲，经营问题也越来越突出。因此，如何保护侨胞的合法权益并确保生命财产安全，是侨社组织不可回避的责任。多年来，各地中华会馆、商会都在加强沟通、合作方面做了大量工作，也收到了成效。但侨社工作仍然不断地面临着新的课题，护侨、助侨任务依然任重道远。一些地方的华侨华人成立了自己的护侨小组，已多次在紧要关头妥善处置了绑架、哄抢、勒索之类的案件，成了侨胞的保护神。

与此同时，立足当前，抱团取暖，抱团生存，抱团发展，抱团求安，必不可少。委京中华会馆众委员为了侨胞的安全，凭着与军界的人脉关系，在当前的严峻形势下请求国防部派宪兵驻守会馆门口及巡逻周边街道，给那些不良军警及匪徒以有力打击，再从政府"绿党"部门租借商业用地五百多平方米，用于扩大会馆街市和增设羽毛球场、乒乓球室、桌球室、醒狮武术训练场及中文学校等，让老、中、青、幼侨胞进入会馆后有更多的文体活动，视会馆如家。会馆侨领曾多次走访政府各部门官员，联络周边各埠华侨华人交换意见，经常走巷串街发动侨胞向本地贫困家庭及儿童捐赠款物，和本地居民友好往来，增进感情，使侨胞

融入当地社会，为侨胞的正当权益搭建信息共享的交流平台。华联总会于2001年4月15日成立后，经老前辈冯雪茂、李瑞华两任主席和前委员们呕心沥血的付出，得到旅委侨胞的信赖。2015年1月10日，陈坚辉当选新一届华联总会主席后，沿着老侨领们开拓的道路向前迈进，为20多万旅委华侨服务。这是一项艰巨的工作，上要保持与中国驻委使馆和政府部门及军警的沟通，下要保持与各地侨社的联系合作，既要当桥梁，更要做实事。不景气的经济和不稳定的社会，给侨社工作特别是华侨的正当维权工作带来极大的难度。

几乎所有的委内瑞拉侨社组织，在每次政府组织的物价检查行动之前，都苦口婆心地提醒侨胞们谨慎应对，切勿授人以柄。虽然今日的委内瑞拉经济衰退，风光不再，但它曾经拥有"南美瑞士"的美誉。这里，有几代侨胞艰难创业的足迹。因此，侨胞更应该抱团取暖，不离不弃，同舟共济，携手前行，以崛起中的强大祖国为后盾，以会馆为凝聚力，加强团结，积极探索新的发展空间，等待时机，再创辉煌。

总的来说，针对委内瑞拉社会治安形势和华侨生存环境的持续恶化，委内瑞拉华侨采取多种应对之策：

第一，以各地中华会馆为首，始终坚持把做好护侨助侨工作摆在会馆工作的重中之重，未雨绸缪，防患于未然。与此同时，华侨社会内部加强团结，遵纪守法，努力回馈当地社会；与当地人民和睦相处；重视智力投资，积极培养华侨自己的精英，争取进入军政上层，融入当地上流社会；增强法律意识，遇事及时报警，依靠当地社团和中国使馆，以便通过正当的外交和法律途径来解决。

与此同时，很多华侨会馆本着交友联谊的目的，与当地军、警、政等部门保持经常性的联系与沟通，例如，逢圣诞、新年，会馆委员会带礼物到有关部门慰问；凡是会馆举行的大型庆典或联欢活动，邀请当地部门的官员参加；节假日，邀请他们的球队进行友谊赛；平时，会馆与当地部门经常互访，增进了解，加深友谊。此外，不少华侨商店还经常给军警部门有关人员提供购物优惠价，以示友好等。

梅里达中华会馆与当地各部门的人际关系就十分和谐融洽。军警部门大力支持会馆的护侨活动，不仅严厉打击犯罪活动，还增派警员加强对华侨商店的巡逻。与此同时，军警对华侨十分友好和尊重，也从未发生过军警无故搜查、敲诈勒索华人的事件。

为了构建当地的和谐侨社，梅里达中华会馆在大小会议上大力提倡宽容礼让，与当地人和睦相处。自2003年会馆成立以来，十分重视组织华商积极做好回馈社会工作，每逢圣诞、新年或遭遇水灾，都发动华侨送温暖、献爱心，然后将所捐赠的衣物和食品，分装成一包包，用卡车运送到当地贫民区和灾区分发，向贫民们祝贺圣诞、新年，向灾民表示慰问。会馆侨领明知，在这些贫民和灾民中，有的是劫匪的家属和亲戚朋友，但会馆侨领均一视同仁，令他们十分感动。在华侨的爱心和宽容的感召下，劫匪及其家属所受的思想触动很大，劫匪也深为过去抢劫华侨的行为感到内疚。一次，当地学生的示威游行队伍在一家颇具规模的华侨超市门前经过，几个暴徒企图趁火打劫，煽动围观的群众冲进超市哄抢。附近一群贫民见状，一声呼喝，马上手拉手排成了一列队伍，挡在准备哄抢的群众面前。附近的贫民闻讯，也纷纷走出家门，汇成了一道铜墙铁壁，终于制止了一次哄抢事故，保护了华侨超市。据事后了解，在这些制止哄抢的人群中，竟有多个曾是贼人。《委华报》2006年9月发表社论说："由此可见，宽容是一种无形的动力。穷凶极恶的歹徒毕竟是少数，有的或受人教唆而上了贼船，有的或因生活所迫而去偷抢，而这些人多数是良心未泯的……对待这些人，只要我们采取宽容的态度，用爱心去关心他们，其中不少人也会受感化，改邪归正的。"①

此外还要重礼仪、讲风格，塑造华侨华人的良好形象。中华民族是个礼仪之邦。在大小会议上，侨团领导经常提醒侨胞们要重礼仪、讲风格、遵纪守法。这样一来，当地人民会对华侨更加友好和尊重。华侨有事，当地有关部门和左邻右舍必会出手相助。例如，梅里达不少新移民在"大赦"期间办理的护照和居留证遗留下不少问题，以致在出入境时经常遭到海关人员的刁难和勒索。梅里达中华会馆将情况向有关部门反映，得到当地移民局大力支持，及时派出工作人员到华侨社区办公，仅一天时间就为300名华人处理好"大赦"的遗留问题。据说，为了进一步做好护侨工作，会馆还计划成立"护侨基金会"和"华人治安联防队"，各华人商店都配备对讲机，会馆安排一位委员专门负责接警和报警事宜，一遇险情，能够及时报警救援。因此，梅里达的社会治安保持良好，处处呈现出一派安定和谐和兴旺繁荣景象，生活在这里的华侨华人安居乐业，重大案件从未发生过，成了当今委内瑞拉华人社区鲜有的"一片净土"。②

类似的例子不只发生在梅里达，如在瓜纳雷市的福罗罗马诺（Fororomano），自从中华会馆和商会成立以来，以侨为本，加强与军、警、政等部门的沟通联络，及时研究本市治安问题，与警方互相配合，加大护侨保侨的工作力度，杜绝在华侨社区发生恶性事件，减少或避免无端骚扰，使华商经商和侨胞的生活有了一个稳定的环境。近年来，基本没有发生过重大案件。③

第二，在案件发生后，华侨社会要敢于面对，积极报案，协助当局破案，解

---

① 《委华报》，2006年9月。
② 《委华报》资料。
③ 《委华报》资料。

决善后问题。在平时，要积极行动起来，未雨绸缪，联合有关力量，寻求自保。例如，巴塞罗那和华里拿省两次哄抢事件发生后，《委华报》都派了几名记者赶赴现场采访。尤其是在华里拿省，当时形势十分严峻，全委华商岌岌可危。暴徒抢完了小埠，正准备"移师"向华里拿省城进发。眼看着一场哄抢即将蔓延开来，在这千钧一发之际，中委两国商工农旅总会主席、《委华报》名誉社长冯莫艳雯女士见义勇为，挺身而出，一面通电国会和当地的军政要员并向他们求救，一面请了一位国会议员、一名资深律师和《委华报》两名记者，星夜赶到华里拿，实地深入调查事件真相。随行的国会议员和律师耳闻目睹一切，对华侨的悲惨遭遇愤愤不平，表示定将事情的真相和所见所闻写成书面报告上送国会，运用法律武器制止暴徒的罪恶活动，为华侨讨回公道。后来在国会的支持下，及时制止了事态的蔓延，平息了一起即将掀起的排华风暴，使绝大多数的华商逃过这一劫。事后国会第一副主席还亲自在国会大厦会见了冯莫艳雯、华里拿省受害的华商以及《委华报》的记者，倾听被害华商的控诉。据悉，那个煽动暴徒哄抢的市长不久就被"炒了鱿鱼"。[1]

再如，2004年11月1日、2日华恋社市贫民聚居区连续发生4家华侨商店哄抢事件，其中一家华人商店还遭暴徒纵火焚烧，哄抢事件发生第一天，当地华商就召开紧急会议，并电告中国驻委内瑞拉大使馆。华恋社知名侨领李瑞华第一时间接到了求救电话，他一边急电中国驻委大使馆，一边驱车到当地军部、暗查部和保安部请求派出军警保护。华恋社中华会馆、加省华人杂货同业商会以及华人护侨小组的主要领导人也分别接到了被抢华商的求救电话，大家决定当晚在中华会馆召开临时紧急会议。会议决定：①延长会馆值班人员的值班时间；②将目前的危情分别电告全市的华侨商号，提醒华商密切注意事态的发展，加强防范，遇事要及时通报；③会馆、商会和护侨小组的成员全部出动，配合大使馆，加强与当地军、警、政部门的密切联系，争取他们尽快派出军警巡逻和保护，尽快阻止事态蔓延。李瑞华还亲自驱车到加拉加斯中国大使馆面陈事态。居一杰大使当即召集有关人员开了个短暂碰头会，然后分头行动：一面急电委政府内政部、外交部、国民卫队总司令部和暗查总局，要求对方采取切实有效的紧急措施，阻止事态的蔓延，保护华侨生命财产安全；一面派出领事和武官急赴华恋社。当地暗查总局官员也主动陪同中国大使馆官员抵达华恋社。他们在当地侨领的紧密配合下，先后拜会了当地军、政、警等部主要官员。对方称已接获上级命令，2日下午4时已派出国民卫队和警察加强巡逻，遏止即将蔓延的哄抢风。局势很快平静

---

① 激浪：《为什么委内瑞拉哄抢多针对华人?》，《委华报》，2004年11月26日。

下来，华侨商店照常营业。①

鉴于近年来委国社会治安不靖，绑架华侨的案件不断发生，各地中华会馆把护侨作为重要工作，凝聚力量，团结自保，维护华商合法权益和生命财产安全。华恋社、加拉加斯、巴基西梅托、苏利亚省、马都顶、安省等地的中华会馆纷纷成立了护侨小组。护侨小组一般由主要侨领在背后支持，由5名左右的青壮年组成，他们大多为当地土生土长的华人，与当地军警、政界关系密切且善于沟通。这些地方的中华会馆还号召侨胞们有钱出钱，有力出力，建立护侨基金。例如，华恋社的华侨社区是委内瑞拉治安奇差之地，"快餐式"绑架案频发，在某个时期几乎天天都有案发，甚至一天几宗，弄得人心惶惶，华侨出入提心吊胆。为了应对这一恶劣形势，冯永贤与侨领吴国櫆、李瑞华、黄田生、陈坚辉、郑钜豪、郑铭树、甄卓仁、吴威明、吴树多、吴梓钦、吴汝超、冯润河、陈荣悦等密切配合，组建华恋社中华会馆护侨小组，吸纳了一批血气方刚、见义勇为的华青。护侨小组制订了反绑架行动计划。从下面《华恋社中华会馆公告》可以窥见其一斑：

华恋社中华会馆公告

华恋社中华会馆护侨小组，自从获得一班能言善辩、智勇双全的青年"竹升"天王加盟后，如虎添翼，更凭着良好的人际关系得到有关部门高层有力人士的大力支持及配合，在此恶劣的治安环境下，侨胞们绝不可能坐以待毙，向罪恶势力低头，任由鱼肉。一场面对我侨胞生命财产有威胁的不法分子防范保卫战，正在如火如荼展开中。在这十天、八天内，发生在侨胞身上的不如意事件，与之前相比已有显著的降低，成绩是有目共睹。自护侨小组的部分工作情况公告，于八月二十八日见报后，护侨小组各成员的电话响个不停，侨胞们均表示，如在黑暗中遇到一线曙光，衷心赞赏他们那种关心公益、关怀侨胞的高尚风格，并向他们致以崇高敬意。除此之外，广大侨胞更出谋献策，提出很多宝贵意见，有一个共同点，是大家十分清楚明白，今次与恶势力的抗战是一场持久战，因此，保持时常与有关治安等各部门的密切联系是极需要的，纵使拥有精锐的三军，若没有粮草，是绝不可行的，大家深明个中道理，纷纷慷慨解囊，自发性地向护侨小组捐献，专款专用，在这短短的数天内，护侨小组已收集到一笔数目不菲的基金。侨胞们的热烈反应，对护侨小组起着极大鼓舞作用。侨胞们，勇者无惧，为侨抗争，邪不能胜正，期望大家团结一致，出钱出力，为人为己，力求避免过去所发

---

① 《委华报》资料。

生的不幸事件再次落在侨胞身上。护侨小组除了接受侨胞们在电话认捐外，更将委派工作人员组成募捐小组登门向侨胞募捐。大家在捐款后，请向工作人员索取印有"华恋社中华会馆护侨山小组"字样的收据。

护侨小组部分成员名单及联系电话号码：（略）

华恋社中华会馆

二〇〇六年九月一日①

到 2016 年 4 月，委内瑞拉的治安看不到一点好转的迹象。26 日，委内瑞拉全国华侨华人联合总会发出了迄今为止最严峻的治安警告。全文如下：

监（鉴）于目前委国政局不稳定的因素日渐加剧，危机四伏，长时间的食物短缺已引发很多社会问题，再加上近日电荒、水荒，使民众心理矛盾爆发。现全国有部分地区已出现哄抢现象。为了我们在委侨胞的人身安全，联合总会在此提醒大家做好自身保护措施以及提出以下建议：

一、不在公共场合谈论政治话题。

二、不参与带有政治色彩的派系活动。

三、做到文明经商、合法经营。

四、与邻居打好关系。

五、严禁使用任何方式传播有损于华人形象的视频、图像，违反者追究法律责任。

六、严禁把本地限价稀缺的商品使用微信广告、微商交易和倒买等方式售出。

七、从现在起重新检查、评估自身经营的地方、商铺是否有足够的安全系数和紧急时能确保有逃避门道等。

八、住宅家居适当储备些粮食、饮用水等。

九、住宅最好有有线电话，因为通常紧急情况下它才是最终的通信工具。

十、无事少出街、小事不出埠。

十一、各省市侨团组织要做好护侨工作，加强与当地政府和安全部门的联系，遇紧急情况致电联合总会陈主席及中使馆。

侨胞们，委内瑞拉目前这样的局势还需要有一段时间去面对和缓冲，在此呼

---

① 《委华报》资料。

吁大家必须团结一致，守望相助，守法经营，做到有备无患，继续努力维护我们华人的良好形象，为我们能够安居乐业和未来美好的憧憬而努力奋斗！

委内瑞拉全国华侨华人联合总会

秘书处吴国勋[①]

2016 年 4 月 26 日

  2006 年 5 月 15 日，华恋社华商柳先生及 5 位同伴遭 3 个持枪劫匪抢劫，一个歹徒开枪打死一名为华侨带路的当地律师，另一匪徒同时开枪击伤柳先生的左臂。在万分危急的关头，受伤的华商柳先生临危不惧，奋起开枪还击，当场击毙一个匪徒，打伤两个，保住了自己和其他 5 位华人的生命。这 3 个匪徒是附近麻拉街一个黑社会犯罪团伙 "LOS MARACAYEROS" 的成员，被击毙的匪徒是该团伙的 "老二"。警方顺藤摸瓜，捣毁了犯罪团伙一个巢穴，缴获了大批赃物。据《委华报》报道，柳先生正当自卫，不顾个人安危保护华侨同胞的英勇事迹在当地侨界传为佳话。事发后，华恋社的侨领、华侨同胞以及当地居民等 200 多人自发地到医院看望、慰问；当地警察局、安全局、暗查局等部门也派人到医院看望他；附近许多华侨和当地人纷纷伸出援手救助身负重伤的他；当地报纸和电视台都做了报道。又，2006 年 8 月 31 日，一伙歹徒在华恋社绑架华侨时被警方和华侨合力痛击，一绑匪被击毙，两个被抓，警方成功解救了华侨人质，并捣毁了一匪徒巢穴，缴获了大批赃物。到 2006 年 12 月 8 日，华恋社护侨小组和警方成功地解救了被绑架的郑先生一家三口，并将绑匪当场捉获归案；此前的 2006 年 10 月 6 日，苏利亚省侨领密切配合警方，成功解救了一位被绑架的林姓女华商。反绑架连奏凯歌，大大振奋了侨心，鼓舞了华侨反绑架的斗志，暂时遏制了绑架华侨案件的发生。[②]

  生活在异国他乡的华侨华人，危难不可预料，就算没有战争和动乱，但随时都可能发生的政局动荡、经济危机、自然灾害、犯罪侵害、交通事故、疾病折磨等，都可能成为个人或家庭难以承受的困难。在各种各样的风险和危机中，要确保自己生命财产安全，就要团结互助，同心同德，抱团取暖，遵纪守法，文明有礼，防暴自保，审时度势，患难相扶，同舟共济，共渡难关。在危难之时，各类型社团是最直接、最可信赖的依靠之一。

  华侨社团还充当华人利益的代表者，向当地政府反映其诉求。如玻利瓦尔州 2007 年 4 月发生劫匪持枪抢劫华侨超市并打死超市华侨老板的事件后，该州中华

---

  ① 《委国怎么了？委国全国华侨华人联合总会日前发出紧急通知！》，恩平广播电视台，2016 年 4 月 28 日。

  ② 《委华报》资料。

会馆组织全侨在死者出殡日（4 月 25 日）停业罢市，以促请当局改善当地治安环境和经营环境，保护华侨的生命财产安全。此外，当案件发生时，受害人本人也要勇敢机智，争取化险为夷。2005 年 12 月 12 日，时近圣诞，委内瑞拉居民忙于选购礼物，梁志光的百货商店门庭若市。中午时分，一伙暴徒闯进了店内进行哄抢。梁志光一向喜欢习武，见势头不对，即挺身而出，凭着一身好功夫，把这帮暴徒打得抱头鼠窜，制止了哄抢，保护了商店。消息不胫而走，当地人一片赞扬声，称其为"李小龙"再生。当地的电视台和电台播放了这一新闻，委内瑞拉大小报刊皆在头版头条用醒目的标题"一亚裔用精练的功夫，勇敢地保护自己的商店"，图文并茂地报道了这一事件。①

第三，中国大使馆积极为护侨工作排忧解难。近些年来，中国政府执行"外交为民""以人为本"政策。2004 年，境外中国公民和机构安全保护工作部联席会议在北京召开，并将负责制定境外中国公民和机构安全保护工作政策和措施，协调处理相关的重大事件。② 在委内瑞拉，主要是加强对针对华侨超市的严重罪案的关注，同时配合委内瑞拉当局和华侨社团及时处理。归结起来，中国大使馆这方面的行动包括以下几点：

一是积极参与既发案件的善后处理。除了上面提到的以外，类似的例子还有：2004 年 7 月 17 日圣菲里市发生超市纵火事件后，中国大使馆当即派出两名官员，于当晚飞抵圣菲里。他们深入了解案发的经过以及事件真相之后，使馆官员与当地军、政领导会晤，协商如何把案件处理好，要求当地政府密切关注事件，公正、公平、妥善地处理，并及时采取相应措施，切实保障华商的生命及财产安全。2008 年 1 月 11 日贡吗拿哥华市哄抢事件后，中国驻委大使馆于周四宣布，中国已要求委内瑞拉政府保护境内的中国侨民及其生意。大使馆发言人称，委内瑞拉政府已应中国外交部门的要求，承诺将为防止中国人的财产遭攻击或中国侨民遭绑架而做出特殊努力。③

二是积极与委内瑞拉有关部门联系，争取对方支持并寻求解决华侨社区治安问题的办法。2006 年，中国驻委大使居一杰还分别会见了加州和安州州长，反映了华侨社区治安恶劣、华侨屡遭抢劫和绑架的迫切问题，敦促委方采取措施保护华侨生命财产的安全。此外，使馆的官员们还到华埠召开多次治安专门会议，与侨领一起研究加强防范、团结自保的工作。④

三是积极筹谋，与侨社取得协调和谅解。2006 年 5 月 7 日，委内瑞拉各地华

① 《委华报》资料。
② 《为什么委内瑞拉哄抢多针对华人?》，《委华报》，2004 年 11 月 26 日。
③ 《委华报》资料。
④ 《委华报》资料。

侨社团侨领代表共 60 多人在委国东方海港城市十字港召开有关当前华侨安全问题的座谈会，时中国驻委大使居一杰出席。座谈会由东道主侨领吴励章、陈兆光、吴洪辉主持。大家摆案例，谈遭遇，析原因，探对策，达成了普遍共识。最后，居一杰做了小结，着重谈了三个问题：一是华侨的安全问题；二是"大赦"后遗留的问题；三是华侨的自身问题。居一杰强调，当前华侨的安全确是个大问题，侨胞特别是侨领一定要加强团结，只有团结才能自保；侨胞要增强法律意识，通过法律途径保护自己；华侨社团要与当地军、警、政部门加强沟通与联系，搞好关系，遇事争取他们的帮助与保护。①

2009 年 5 月 30 日，值委内瑞拉各地社团侨领参加亚加里俄中华商会综合大楼落成剪彩之机，时中国驻委大使张拓就加强领事部工作以及护侨工作召开会议，三家华文报纸媒体及侨领 40 多人参加。张拓说，当前领事部的工作繁重，为更好地服务侨胞，要更快地为侨胞办理护照更换手续以及各项办证工作。

在委内瑞拉华侨华人面临的经济逆境中，中国驻委内瑞拉大使馆和全国各地的中华会馆、商会成了广大侨胞的"稳定器"。他们与政府、军方、警方等部门不断加强的联系沟通，错综复杂情况下的正确指引，危急情况下的救助解困，都让彷徨中的侨胞增强了安全感并保持清醒的头脑，知道什么可为，什么不可为，怎样才能可为，少走了弯路，避免或减少了损失。有使馆作坚强后盾，有会馆、商会的正确领导，侨胞就不会被乱花迷眼和被浮云遮眼，就能直视各种风险和挑战，善于化危为机、转危为安。

例如，2013 年 5 月 26 日晚 9 点左右，在华恋社经营小餐馆的李姓华商，遭到歹徒枪击，不治身亡。5 月 30 日上午，接到有关情况报告的中国驻委使馆派秘书李建英前来华恋社中华会馆，向警方和会馆负责人李瑞华、陈坚辉等了解有关案情，并向李某亲属表示慰问。李建英强烈要求华恋社警方严查凶手，并采取有效措施，避免类似惨案发生，为华商营造良好的经营环境。②

又如，2015 年 4 月 9 日早上，华恋社拉伊萨贝利卡区的侨胞郑某在他打工的店铺内被贼人活活打死，中国驻委使馆领事孙研闻讯，专程来到华恋社，慰问受害者亲属。同时，在华恋社中华会馆的组织下与部分侨胞座谈，就当前环境下如何把危险减至最低提出了大家需要注意的问题。他说，委内瑞拉治安奇差是目前世界少有的。生活和工作在这个地方，不仅是我们华人，别国公民包括外国驻委国使馆的外交官员，以及当地人，也没有安全感。处在这样一个到处都有匪徒，同时很多人都有枪的环境里，谁也无法保障安全，唯有提高警惕，加强自保，才

---

① 《委华报》资料。
② 《华恋社李姓华商遭歹徒枪击身亡》，《委华报》，2013 年。

能把危险减到最低。首先，面对匪徒，不要惊慌。要知道，做贼的也是心虚的。在危险关头，要冷静应对，要懂得周旋，把保命放在第一，避免不必要的抵抗。为此，多学点西文，特别是要学会比较常用的可以让匪徒放下刀枪的话。其次，外出要多长个心眼，留意周围动态，尽量避免早出晚归。再次，发现问题，要及时向当地会馆或使馆报告。平时亲人或同事之间要保持联系，通过电话、微信等互通情况，尽量远离危险。据悉，孙研在华恋社拜会警方和检察院有关官员，敦促破案和协商处理死者后事。①

再如，在某一段时间，为更好地应对新一轮的物价大检查，各地侨社已针对普遍存在的问题，纷纷组织侨胞举办讲座，让大家了解相关法例和做法。中国驻委内瑞拉大使馆更是发文郑重提示侨胞密切关注形势发展，及时了解相关政策法规的调整，增强法治观念，主动自查自纠，遵守相关法律法规及调整措施，诚信从业，守法经营，规避不当行为，避免因触犯法律造成经济损失和囹圄之灾。委内瑞拉中华总商会也郑重要求广大华商按照政府法律法规行事，发现问题，及时纠正。

对于以上行动，委内瑞拉侨胞是欢迎和支持的。《委华报》22 日发表的社评为中国"外交为民"的新理念叫好。社评认为，中国使领馆在"以人为本，外交为民"方针的指引下，工作作风和工作方法有了较大的改进，在护侨工作方面做了一些令人欣赏、为侨胞所欢迎的实事。社评说，当前委内瑞拉华侨正处于多灾多难之秋，有赖中国使馆大力贯彻落实"外交为民"这一方针，加大外交的力度，采取有效的措施，千方百计维护侨胞的正当权益和生命财产的安全。

第四，要让当地人民知道事实真相，争取他们的同情和支持。毕竟，犯罪分子只是一小撮，不仅危害华侨的生命财产安全，也危害当地人民的生命财产安全，所有居住在委内瑞拉一方土地上的广大民众都是社会治安恶化的受害者，都对这种局面深恶痛绝。委内瑞拉广大人民对华侨是友好的。华侨捍卫自身权益的正义行动必然会得到当地所有民族的支持与同情。例如，2008 年，十字港和马都顶两地华侨因李健文被杀案件而发出正义呼声并做出行动，得到了当地人民的同情和支持。近 2 000 名当地居民自发加入华侨游行队伍行列。当地 6 家媒体进行了现场采访报道。十字港目击李健文被害的市民及时向警方提供重要线索，使此案很快告破。在马都顶歹徒枪杀吴先生案发后，当地人民纷纷自发站出来向警方提供线索，警方于当晚 9 点（距案发仅 2 小时）即将嫌犯（当地一流氓恶霸）擒获。两案疑凶被缉拿后，当地政府加强了在华侨社区巡逻的警力。

---

① 莫熙丰：《钱没赚到，魂断异乡　华恋社郑某在铺内被杀害　孙研领事慰问受害者亲属并提醒侨胞加强自保》，《委华报》，2015 年 4 月 13 日。

第五，在社会治安恶化的情况下，时时处处保持高度的警惕，对于每一个侨胞来说都是必不可少的。加拉加斯经营糖果店的侯永胜在发工资时，被店内的当地员工残忍枪杀，就是一个深刻的教训。事后，使馆领导和会馆侨领希望广大侨胞要注意以下几点：①发工资时最好不要单独两个人在办公室。每次要发工资时，最好先用纸袋装好，拿到一个公开的地方签发。②自己商铺的营业额不能泄露，钱放在哪里一定要保密。非常时期，千万不要张扬显富。③请来的员工一定要提供身份证复印件及详细住址、电话，还要他带上卫生证和良民证。总之，时逢委国严峻形势，各种犯罪分子都会出现，要加倍警惕，小心防范，避免此类悲剧再次发生。①

在应对劫匪的过程中，侨胞在没有绝对生命安全把握的情况下一般是顺从劫匪要求，交出一般数量的财物，也有的急中生智，与劫匪巧妙周旋，以赢得时间，争取外援。但也有的侨胞敢于与劫匪殊死搏斗，精神尤为可嘉。

---

① 《警惕，别引狼入室——12.20加拉加斯凶杀华人案追踪》，《委华报》资料。

第六章　委内瑞拉华侨的慈善活动
及其与当地民族和家乡的关系

乐善好施是中华民族的传统美德。在委内瑞拉，慈善公益之事，侨胞年年、月月在做，甚至天天都在做。不论什么时候，只要哪个地方有灾或有难，哪里就有侨胞捐款赠物的身影。例如为 2008 年四川汶川大地震捐款赈灾，平时为孤寡老人养老送终等，不胜枚举。同时，华侨与委内瑞拉当地人民长期相处，彼此结下了深厚感情。各地的中华会馆、商会，每逢节日都组织侨胞向当地老人院、孤儿院和福利院送衣送物，遇自然灾害，则伸出援手，奉献爱心，得到政府的高度赞扬，受到市民的称赞，更体现了中华民族的美德。参与慈善公益事业，就是不断地付出和奉献，这需要保持初发善念时的那份单纯与虔诚，需要无怨无悔的精神与毅力。

第一节　当代华侨的慈善活动

一、常态化的儿童慈善活动

孩子是未来社会的栋梁，作为长辈、家长，侨胞的职责就是要把自己的小孩教育好，让他们健康成长。因此，很多华侨居住地的社团每年都免费为孩子举办有关活动，为侨胞的孩子设立一个交流学习的平台。在委内瑞拉，华侨较重视的一个节日就是儿童节。通过这个专属节日，可以让小朋友过上欢乐的一天，营造一个快乐的成长氛围。大家在尽情欢乐之余，感受生活的温暖、社会的阳光，引领孩子们从小就产生参与华侨社团活动的意识。对大人来说，也可以加强侨社的凝聚力。遇到困难，大家慷慨解囊。更有意义的是，可以让孩子见证社团举办慈善活动的意义并逐渐熟悉活动方式和程序，发动和带动更多的华侨后代积极参与侨社活动。等他们长大后，能更好地继承华侨华人的优良传统。如果侨社的慈善活动是针对居住地民族的孩子的，也可以通过此类活动建立和改善华人的形象，促进华侨与当地民族的和谐发展。与此同时，还可以使当地民族的孩子自幼就形成对华侨的好感和美好印象。

（一）对华侨同胞儿童的慈善活动

1. 麻拉街华联会

麻拉街华联会十多年来都为所在地孩子举办相关活动。例如，2014年7月20日，麻拉街华联会大会堂举办庆祝儿童节活动。参加活动的侨胞和中外小朋友有800多人，华联会侨领专门为本次活动做义工。活动节目丰富多彩，既有美味可口的小吃和各种饮料，也有孩子特别喜欢的跳气床、闭眼击球、击鼓传球等。①

2. 委京中华会馆

2015年7月19日下午1点，委京中华会馆在主席吴崇岳、第一副主席刘国振及众委员和义工的组织下，家长、义工及部分本地儿童600多人参加了蹦蹦床、跳跳床、小丑卡通表演和画花面等活动，会馆还向小朋友及家长免费提供节日蛋糕、热狗面包、爆米花、糖果、饮料等，小朋友们沉浸在温馨热闹的气氛中。②

3. 亚拉奎中华会馆

亚拉奎中华会馆一年一度举办委内瑞拉儿童节庆祝活动。例如2015年7月19日下午的活动中，小朋友们欢聚一堂，各显神通，积极参与各种游戏，活动现场气氛热烈，加油声、惊叹声、欢呼声此起彼伏。小朋友们在活动中得到了锻炼，切实感受到了童年的幸福。陪同活动的家长们，脸上也洋溢着节日的快乐。③

4. 安河华侨福利会

为庆祝儿童节，安河华侨福利会领导班子于7月19日举办儿童节联欢会。活动得到福利会领导班子及很多商号慷慨赞助的活动经费。会场上播放着歌曲，烧烤炉烟雾袅袅，香味四溢，到处充满欢声笑语，一片节日的欢乐景象。节目内容丰富多彩，小朋友们排队打"piñata"（一种纸扎小人模型，用于游戏中），有的玩弹跳床、滑梯，还有的参与特别节目如拔河比赛，群情高涨，大小同乐。最后是切蛋糕及派送玩具和礼物袋给小朋友，还免费供应饮品、春卷、炒饭、烧烤等，大家玩至较晚，尽兴而回。侨领还充当义工招呼和服务大众。④

（二）对当地民族儿童的慈善活动

2013年12月10日，在新年即将到来之际，为表达旅委华侨对儿童福利院和

---

① 陈淘涛：《麻拉街华联会举行儿童节活动》，《委华报》，2014年7月21日。

② 《委华报》资料。

③ 《委华报》资料。

④ 陈巧珠：《安河华侨福利会热烈庆祝儿童节》，《委华报》，2015年7月27日。

孤儿院孩子的爱心，华恋社中华会馆、加省华人超市同业商会、加省华联商会、委中贸易商会向加省儿童福利院捐赠礼物 1 000 多份。捐赠仪式在华恋社中华会馆举行。华恋社中华会馆主席陈坚辉，加省省长夫人分别发表讲话。陈坚辉说，伸援手、献爱心是中华民族的美德。[1]

2014 年 7 月 27 日，拉维多利亚市华人商会和该市市长胡安·卡洛斯·桑切斯一起，举办了一个给当地贫困儿童捐赠玩具的活动。当天，该商会侨领在会长冯暖强的带领及该市市长胡安·卡洛斯·桑切斯的陪同下，将礼物送往当地社区。社区理事会 Sorelys 贝尼特斯圣黑德维希部门和索利玛尔杜达梅尔社区理事会谷圣黑德维希部门等参加协助分发玩具礼物，当地政府在接收了这批礼物后表示衷心感谢，并指出这种社会工作是出色的，他们应该多对贫困家庭提供捐助。应指出的是，去年的儿童节，他们也举办了同样的慈善活动。据悉，拉维多利亚华人商会成立两周年，与当地政府有关部门和民众关系密切。[2]

对当地民族孩子开展慈善活动，在委内瑞拉已初步成为华侨的习惯性行为。2015 年 7 月 22 日下午 4 点，获得加省迷尔小姐竞赛宝贝级冠军的周雪莹遂了获奖后给有困难的小朋友送礼物的心愿，她和一同参赛并获得其他奖项的华恋社小佳丽一起，在华恋社中华会馆副主席黄田生、陈伟嶙的带领下，先后给一家政府医院（Hospital universitario Dr Angel Larralde）的住院病童们和那瓜那瓜孤儿院送去儿童节礼物及饼干、饮料等。该项慈善活动得到了华恋社中华会馆侨领们的支持，共捐出 100 多份玩具、饼干及饮料。同时，周雪莹捐出 40 床被子及玩具、文具等，获迷尔级公主奖的莫星星捐出 50 多份包装精美的玩具，其他获奖小佳丽们也带去不同数量的礼物。[3] 当然，周雪莹年纪尚小，她自己不大可能有太多的慈善自觉，也不见得向住院病童、孤儿院送儿童节礼物全是出自她的个人意识，很可能是大人的引导，但是，此举对自幼培养小朋友的慈善意识，对在当地民族包括当地小朋友心目中树立华人的良好形象，意义是不可低估的。

2014 年 12 月 2 日晚，在华恋社中华会馆举行的加省公益慈善时尚音乐会，充满激情的歌舞撩动了观众的爱心，当晚收到热心人士捐赠的儿童玩具一大批。由华恋社中华会馆公益慈善基金会主办的这次音乐会，旨在宣扬慈善精神，褒扬慈善贡献和营造向善氛围。会馆副主席李锦盛代表基金会致辞说，我们华人生活在委内瑞拉，与不同肤色的本地人同在一方天空下。我们有责任在圣诞、元旦到来之际，为广大儿童送上一份节日的礼物，给贫困儿童一个幸福的微笑。李锦盛

---

　　① 陈淘涛：《给儿童送温暖献爱心　华恋社中华会馆和加省各商会向加省儿童福利院捐赠节日礼物》，《委华报》，2013 年。
　　② 莫熙丰：《拉维多利亚华人商会和市长一起给贫困儿童捐赠玩具》，《委华报》，2014 年。
　　③ 莫熙丰：《小小年纪爱心浓》，《委华报》，2014 年。

还希望大家一如既往，倾情倾力，积极投身扶贫济困、兴办公益、敬老扶幼、恤孤助残等慈善事业。据悉，当日捐赠的玩具中，嘉诚进出口贸易公司的捐赠总值达 330 多微翁，另有东方千禧年发展有限公司董事长吴添荣捐赠的一批。热心人士捐献的玩具，全部捐赠给当地孤儿院和政府医院的贫困儿童。[①]

2015 年 3 月 26 日下午，由多个单位联合主办的加省 2015 年儿童时装表演秀在利多特尔酒店（Hotel Lidotel）举行。加省 2014 年迷尔小姐冠军周雪莹亮丽出演，十分引人注目。据悉，这次表演所得收入，将捐给加省儿童癌症和艾滋病防治中心等社会福利机构。[②]

2015 年 7 月 12 日，在儿童节即将到来之际，拉维多利亚商会举办活动庆祝。商会主席冯暖强和一班委员，为活动准备了丰富的节目和礼物，让华裔儿童在切蛋糕、打"piñata"等活动的热闹气氛中度过难忘的时刻。据悉，该商会除组织本地华裔儿童活动外，全体会员还捐款捐物，准备通过当地政府有关部门，给贫困儿童送上节日礼物。[③]

委内瑞拉中华总商会自成立以来，对家乡恩平的教育事业特别重视，2012 年曾向教育部门捐款 12 万元人民币用作奖教奖学。2013 年 5 月 29 日晚上 7 点，返乡的委内瑞拉华人总商会主席冯永贤参加了恩平市幼教集团在恩平市冯如广场举行的第四届阳光、花朵、希望、文化艺术节活动。市领导和各集团公司领导以及各幼儿园教师、儿童共 1 000 多人参加了活动。恩平幼教集团幼师表演了舞蹈，依次进行的还有各幼儿园的儿童表演。冯永贤以及与会的何其练、何国威、郑海燕等应市政府的邀请也出席了活动，并向这次活动捐款 5 000 元人民币，[④]把慈善活动做到了家乡。

二、对突发性自然灾害的慈善捐款

（一）对祖（籍）国家乡的捐款赈灾活动

当代委内瑞拉华侨经常为祖国家乡同胞捐款赈灾，主要始于 20 世纪 90 年代。比较重大的有以下几次：

---

① 黎民、莫熙丰：《宣扬慈善精神，营造向善氛围　加省公益慈善时尚音乐晚会撩动众人心》，《委华报》，2014 年。

② 莫熙丰：《加省 San Diego 市政府举行 2014 工作汇报会　陈伟嶙薛如盛应邀出席》，《委华报》，2015 年 3 月 30 日。

③ 莫熙丰：《儿童节将到拉·维多利亚商会举办活动庆祝》，《委华报》，2015 年。

④ 陈淘涛：《恩平明远幼教集团举行六一儿童节活动　委内瑞拉中华总商会为活动捐款 5 000 元人民币》，《委华报》，2013 年 6 月 3 日。

一是在 1998 年向遭受百年特大水灾的中国人民捐款赈灾。虽然无法一一描述当时的捐款场面，但以下几个镜头仍然可以代表当时委国同胞的爱国爱乡热情。

在加拉加斯，8 月 30 日这一天，从清晨 7 点开始，中华会馆的工作人员就来到中国餐馆联谊会所在地的院子里募捐救灾款。一台大彩电播放着中央电视台等单位举办的赈灾义演晚会的精彩节目。一些人在观看节目，另一些人在捐款，工作人员进行登记和开具收据。这一天第一个认捐的是"大东行"商场，捐了 50 万玻利瓦尔。到晚上 7 点，共筹得救灾款 200 多万玻利瓦尔。9 月 1 日下午，募捐赈灾通告发出后，侨胞们反应十分热烈。加拉加斯的中华会馆领导专门召开会议研究捐款赈灾问题。委员们带头捐了 400 多万玻利瓦尔。这里的侨胞住地很分散，负责财务的两名委员开车到各处募捐，所到之处，都得到积极响应。好述餐馆老板梅宝贤的弟弟梅树芳认捐 50 万玻利瓦尔。开办塑料厂的吴英豪自己捐了 30 万玻利瓦尔，厂里的工友们捐了 100 万玻利瓦尔。美南餐馆的梅高先生已捐过 10 万玻利瓦尔，并替女儿捐了 6 万玻利瓦尔。莫纳加斯州中华会馆的秘书秦岳向中国驻委内瑞拉使馆领事部转交了当地侨胞们捐献的 300 万玻利瓦尔的支票。

在离首都 400 多公里的马拉开波市，苏利亚省中华会馆筹集到救灾捐款 400 多万玻利瓦尔，会馆的正副主席每人都捐了 30 万玻利瓦尔。阿拉瓜州首府麻拉街的华侨已捐救灾款 5 000 美元，其中中华会馆主席冯雪茂先生捐了 100 万玻利瓦尔。东部城市十字港的华侨福利会交来 7 500 美元的救灾款。[①] 这些数字只是当时的粗略统计，有的地方的捐款情况还没有被包括在内，但由此足可看出委内瑞拉侨胞对祖国和家乡的深厚情谊。这也是他们在后来中国陆续发生的自然灾害中踊跃捐款的先声。

二是向受台风"碧利斯"肆虐的广东家乡捐款赈灾，共捐人民币 110 多万元，同时积极捐款支持广东侨心慈善基金会发起的"侨心居"工程。

2006 年 7 月中旬，广东受第四号强热带风暴"碧利斯"的影响，发生了百年一遇的洪灾，造成了人民生命财产的巨大损失。7 月 26 日，委内瑞拉华侨华人联合总会以及委华报报社接到广东省人民政府侨务办公室转发的灾情通报，并分别于 7 月 28 日向旅委华人侨胞发出救灾倡议书和"广东发生严重水灾，呼吁全侨伸援手救灾"的新闻报道。各地侨社热烈响应，立即行动起来，慷慨解囊，掀起一场声势浩大的赈灾救灾活动，一个齐伸援手、奉献爱心、支援灾区的捐款活动在全侨展开。

在捐款活动中，各地侨领踊跃带头。例如，7 月 26 日，在马拉开波市，委

---

① 管彦忠，《人民日报》，1998 年 9 月 8 日。

内瑞拉华侨华人联合总会第一副主席、苏利亚省中华会馆主席何德活在接到灾情通报后，迅即与在家的几位会馆侨领互通电话，通报广东灾情，放下自己的生意，上门做宣传发动工作。第二天又马上召开会馆委员扩大会议，呼吁侨胞行动起来，为灾区人民献爱心，并与副主席叶锦辉、敖越俊等带头捐款。

个人捐款的事迹不胜枚举。例如，7月27日，在华恋社，伤病中的方先生在得知广东灾情严重后，第二天即通过自己的朋友找到了加省华人杂货同业商会主席冯永贤的电话，当即捐款200美元。华恋社江海唐山杂货店老板郑先生主动打电话给冯永贤，捐款300美元。[①] 实际上，这些年来，只要他在报上看到救助侨胞的报道，就想方设法尽自己的心意捐款。华恋社一位老侨胞吴先生，离开家乡已几十年，当看了《委华报》8月9日关于"旅委华人踊跃募捐，支援广东灾区"的报道后，当晚即与儿子商量向灾区人民捐款。儿子对父亲的意见非常支持，第二天捐款1微翁到华恋社中华会馆负责人手上。

值得注意的是，当时委内瑞拉经济不景气近十年之久，华侨经济实力也深受影响。委国华侨以经营小超市、小餐馆居多，鲜有大富大贵者，但他们仍以极高的热情支持参与对国内的赈灾活动，体现了中华民族"一方有难，八方支援"的传统美德。

三是在2008年春节前后向中国大陆南方地区多个省份遭受50多年来罕见雪灾的灾民捐款。2月1日，委内瑞拉华侨华人联合总会主席冯雪茂向全侨发起"支援祖国抗雪救灾紧急大行动"的倡议书，主要内容如："近半月来，中央电视台和网络经常出现祖国大陆抗灾救灾的感人画面，这是长江中下游多个省份发生的50多年来未遇的罕见雪灾，灾情严重，损失惨重。据不完全统计，目前已造成近8 000万人受灾，直接经济损失近221亿元，因灾死亡60人。因灾造成很多房屋倒塌，输电线路被破坏，铁路、机场和高速公路被迫关闭，不少地方交通中断，无数同胞被滞留在车站、机场（仅广州火车站就超过80万旅客滞留）……这一切引起了广大旅委侨胞的深切关注。'一方有难，八方支援'，这是中华民族的传统美德。今天，我们向全体旅委侨胞发起'支援祖国抗雪救灾紧急大行动'倡议书。希望各地华人社团迅速行动起来，发动广大侨胞进行募捐，掀起一个'伸援手、献爱心'的活动，为受灾同胞送温暖，支援灾区抗雪救灾。"在倡议书发出时，冯雪茂说："我捐1 000万玻利瓦尔委币（相当于4 500美元），作个牵头。虽微不足道，但聊表本人对祖国受灾同胞的关爱之情。"

2月3日下午1点，中国驻委内瑞拉大使张拓在使馆内举办春节招待会。会上，张大使通报了祖国抗雪救灾的近况，呼吁侨胞支援祖国赈灾。接着，由委内

---

① 吴金波：《血浓于水　委内瑞拉侨胞踊跃捐款支持广东赈灾救灾》，《委华报》，2006年8月17日。

瑞拉华侨华人联合总会第一副主席、苏利亚省中华会馆主席何德活宣读了冯雪茂发起的"支援祖国抗雪救灾紧急大行动"倡议书，引起了与会者的强烈反响，在场的亚加里俄华商会负责人之一谢宁芳当即表示代表商会捐献 25 000 强势玻利瓦尔（约相当于 12 000 美元）。月前才回国的当时仍在家乡的该商会主席郑兆伦目睹中国灾情，即致电商会，叮嘱商会其他领导尽力抓紧抓好这件事，并表示他个人义捐 5 000 强势玻利瓦尔。

何德活刚参加完中国大使馆的春节招待会，2 月 3 日下午 5 点即从加拉加斯飞回马拉开波市，当即召开苏利亚省中华会馆委员紧急会议。会上，他宣读了华联总会的倡议书，指出是次支援祖国抗灾任务急而重，呼吁会馆和商会委员以身作则，为祖国灾区人民及时传递爱心。不到半个小时，共捐得现款 32 500 强势玻利瓦尔（约相当于 15 000 美元）。

为了落实华联总会发起的倡议，麻拉街华联会召开了董事会议。董事会主席黄达相传达了华联会的倡议书，说明了当前抗雪救灾的形势，并带头捐了 5 000 强势玻利瓦尔。会上群情激动，纷纷表示愿力尽所能，为灾民伸援手，献爱心，送温暖。本来这里有个惯例，平时为义举善事捐款，董事们多向主席看齐，捐款的数字只能与主席相等，不会超过。但这次新生代侨领李志刚等认为，一般董事的捐款能超过主席是好事。说毕，即表示认捐 5 170 强势玻利瓦尔。大家见状，纷纷慷慨解囊。会上共捐现款 85 000 强势玻利瓦尔（约相当于 40 000 多美元），为全国华侨社团捐款之冠。

春节期间，巴基西梅托中华会馆、玛格丽塔华侨联合会举行春节团拜活动和联欢晚会，会馆主席冯根存、郑健强和商会主席林爱玉、郑永汉、郑杜成等分别利用这个机会向与会侨胞通报祖国大陆抗雪救灾形势，呼吁大家欢度春节不忘赈灾。结果，席间人们纷纷捐献。不到半小时，巴埠共捐现款 52 700 强势玻利瓦尔（约相当于 25 000 美元）。此外，玛岛华联会共捐现款 26 000 强势玻利瓦尔（约相当于 12 000 美元）。

卡鲁帕诺是个地处东方边陲的小镇，这里周边几个小镇的华侨合起来也不过300 人。鉴于治安形势严峻，为求团结起来自保自救，他们已于 2007 年 11 月成立了中华会馆，选出了以陈朝浣为主席的委员会。2008 年中国驻委大使馆举行春节招待会，该会馆因地处偏僻，交通不便，没有接到大使馆的请柬，因而没有派人参加使馆的招待会，也听不到华联总会的倡议书。四五天后，该会主席收到了新一期的《委华报》，才知道这一信息。当晚，他即召开紧急会议，要求委员们牵头认捐。会上很快捐出现款 11 380 强势玻利瓦尔（折合约 5 000 美元），并于翌日早晨汇入中国大使馆为救灾专设的银行账户，成了全国第二个捐款入账的华侨社团。

加拉加斯中华总会馆的侨领则在主席梅其羡的带领下以身作则，带头捐献，且主动放下自己的生意和工作，不辞劳苦，走街串巷，到各华侨商号募捐。至2018年2月15日止，捐得首批现款63 613强势玻利瓦尔（约相当于3万美元）。

仅至2月10日，《委华报》收到部分侨社报来的首批赈灾款项共325 550强势玻利瓦尔（约相当于15.13万美元）；另外，中南美洲和统会委内瑞拉筹备委员会将委内瑞拉华侨社团赞助给大会作为经费的剩余款项80 000强势玻利瓦尔（约相当于38 000美元）全部捐献给大陆赈灾。据华联总会初步统计，第一、二批捐款总额已超过50万强势玻利瓦尔（约相当于25万美元）。[1]

四是为2008年四川汶川大地震的灾民捐款。汶川大地震是一次震惊世界的特大自然灾害，牵动着旅委华侨的心。5月14日，委内瑞拉华侨华人联合总会主席冯雪茂向全侨发起"支援四川抗震救灾的紧急倡议书"。倡议书全文如下：

5月12日14时，四川汶川县发生里氏7.8级强震，造成了人员重大伤亡和严重的经济损失。相关报道和视频画面，在委内瑞拉华人社区引起极大的震动和深切的关注。我们委内瑞拉全国华侨华人联合总会对灾区同胞的灾难感同身受，特向全侨发出支援四川抗震救灾的紧急倡议书。"灾情就是命令，时间就是生命！"当前，一个紧急的声势浩大的抗震救灾活动正在全国和海外各国的华人侨界全面开展。我们旅委华人侨胞心系祖国，情牵灾区人民。在这十分火急的时刻，我们呼吁全委华人社团及广大华人侨胞，迅速行动起来，发扬中华民族"一方有难，八方支援"的传统美德，人人伸援手，个个献爱心，慷慨解囊，以最快速度捐款赈灾，把我们的爱心和温暖送往灾区，把我们的关爱和慰问带给受灾的同胞。呼吁全体旅委侨胞，迅速行动起来进行募捐。为四川受灾同胞雪中送炭，赈灾救灾，帮助灾区人民渡过难关，恢复正常生活，重建美好家园。

委内瑞拉华侨旋即发起了一场声势浩大的捐款活动。捐款现场遍及加拉加斯、麻拉街、华恋社、亚加里俄、苏利亚、巴基西梅托等大中城市，乃至举凡有华侨的地方，从侨领到委员，从老板到雇员，从老人到小孩，都自发地参加捐款。有的人捐了款后转身再捐，也有的托朋友来捐。捐款者中既有留名的，也有不留名的。这次大捐款行动分为前后两轮高潮。第一轮从5月14日至17日，一共捐得款项850微翁（约人民币300万元）。17日，各地社团负责人参加全国华联总会的赈灾募捐现场会，汇报了首批捐款数字及情况。[2] 在首批捐款中，个人

---

[1] 《委华报》资料。

[2] 《委华报》资料。

捐款最多的是梅里达中华会馆侨领郑聪铭，捐赠 25 微翁（约相当于 8 万元人民币）；集体捐款最多的是仅有 900 多名华侨、属于小商会的亚加里俄中华商会，捐了 217 微翁（约相当于 70 万元人民币），为全国侨社之冠。[①]

5 月 17 日，由委内瑞拉华侨华人侨团联合总会发起的委内瑞拉华侨华人为四川地震赈灾捐款现场会在麻拉街华联会会议厅举行，由联合总会副主席何德活主持。张拓大使以及委内瑞拉各埠中华会馆、中华商会的负责人等 60 多人参加了现场会。联合总会主席冯雪茂和张拓大使发表了讲话，号召广大旅委侨胞发扬爱国爱乡优良传统，为四川灾区捐款爱心。紧接着，黄达相、梅其羡、梁汉伟、郑瑞伦、冯英略、何振平、冯永贤、吴月崇等侨领分别代表麻拉街、加拉加斯、巴基西梅托、亚加里俄、瓜纳雷、梅里达、华恋社、华里拿省等地区的中华会馆、中华商会介绍了开展赈灾募捐的详细情况。与此同时，私人现场捐款和认捐善款也一浪接一浪，高潮迭起。冯雪茂、何德活、郑聪铭、郑永生、郑永汉、冯英略、何振平、吴月崇、聂均常等十多位侨领先后捐出了数额不等的爱心善款，大会专门举行现场支票捐赠仪式，张拓大使代表中国政府和灾区人民接受了支票。

第二天（18 日），正巧得知中国国务院决定全国从 5 月 19 日至 21 日一连三天为四川地震罹难同胞举行哀悼的消息，在委侨胞决定以哀悼为动力，进一步推动赈灾捐款活动，于是，出现了第二轮高潮。在这三天内，委内瑞拉华侨化悲痛为力量，升华爱心大行动，一共捐得 2 400 多微翁（约合人民币 770 多万元）。至此，两次高潮合起来共得款项 3 250 多微翁（约合人民币 1 070 多万元），陆续汇入中国驻委大使馆指定的银行账号。[②]

[①] 《委内瑞拉华社：召开支援四川抗震救灾募捐现场会》，人民网，2008 年 5 月 20 日。

[②] 2008 年 5 月的四川汶川大地震，委内瑞拉全国华侨华人联合总会筹集捐款 4 468 微翁（折合 208 万美元）。中新网 2018 年 5 月 26 日电，据《委华报》报道，委内瑞拉华侨华人联合总会通报。有关各地的准确捐款数字不甚详明，但捐款过程中华联总会统计的一份捐款清单可供参考：到目前为止，捐款总数 4 490 498.93（当时委元，下同），其中委京中华总会馆 553 392.00；华恋社中华会馆 521 699.00；麻拉街华联会 362 800；苏利亚省中华会馆 336 690.00；巴埠中华会馆 322 747.00；特鲁希略省侨胞 242 747.00；亚加里俄中华商会 229 000.00；华里拿中华会馆 191 885.00；玻利瓦尔省中华商会 173 389.93；安华华人侨胞 154 285.00；马都顶中华会馆 152 965.00；Valle la Pascua 埠侨胞 150 770.00；梅里达省中华会馆 115 371.00；塔奇真中华会馆 107 825.00；瓜纳雷中华会馆 91 480.00；玛岛中华会馆 83 824.00；法尔孔中华会馆 81 000.00；Los Feques 埠侨胞 71 825.00；Cumana 中华会馆 71 785.00；San Carlos 埠侨胞 45 200.00；卡鲁帕诺中华会馆 42 150.00；Tucupita Edodelta Amacuro 埠侨胞 41 550.00；加拉加斯东方千禧年公司 53 215.00；久达德玻利瓦尔省中华会馆 41 032.00；奇瓦科阿埠侨胞 26 911.00；加罗拉中华会馆 25 400.00；巴塞罗那中华商会 24 926.00；Cantaura 埠侨胞 21 235.00；阿普雷省中华会馆 20 054.00；卡拉沃索埠侨胞 17 850.00；Las Mercedes Del Llano（Guarico）埠侨胞 5 300.00；沙拉沙埠侨胞 5 000.00；蒂格雷中华会馆 79 865.00；委内瑞拉中国和平统一促进会 17 700.00；委京华人浸信会 3 800.00；其他人员 3 000.00。参见《拳拳赤子心，殷殷民族情 委内瑞拉华人华侨为四川"5·12"抗震赈灾纪实》。

这次捐款的一大特点是行动快，声势大，范围广，人数多，效率高，堪称前所未有。按照往常的善举捐款规律，一般来说，第一轮捐款的数字应是最多的，第二轮只是补充性的。但这次恰恰相反，第二轮捐款是第一轮的 3 倍，反映了委内瑞拉华侨对四川受难同胞的深切同情与关爱。例如在华恋社的中华会馆，报来的捐款数字不断在刷新，最后华恋社捐款多达 21 万强势玻利瓦尔（约相当于 68 万元人民币）。委内瑞拉的捐款数按华侨人口比例来说在世界华侨社会中是较高的，在中南美洲华侨社会中是数额最多的。[①] 当时委内瑞拉经济形势不好，货币贬值，但仍然能够得到如此多的捐款，确实不易。

委内瑞拉侨胞捐出善款后，广东省侨办非常重视。接到款后，即组织人员前往汶川，选择一个"侨心居"工程援建项目。因为各地捐款数目太多，要选一个完整项目不容易。广东省侨办最后帮忙用 200 万元捐了一个"侨心居"项目，另外的 200 万元捐了一个项目，余下的 1 000 万元捐了一个教育与卫生项目。灾区人民对此也非常感谢。四川省副省长访问美国时，还专程到委内瑞拉来表示感谢。[②]

冯永贤时任委内瑞拉加省华人杂货同业商会主席、华恋社中华会馆第一副主席，一向热心于慈善事业。他领导的商会积极回馈当地社会。凡有关当地的义举、善事，凡遇遭灾侨胞，均不甘人后。他还积极捐款支援家乡和广东建学校、医院、纪念场馆、敬老院、文化楼以及为家乡赈灾等。每次义举善事，加拉沃沃省华人杂货同业商会的委员和会员的捐赠数字都十分可观，在华人社会中口碑甚佳。汶川大地震后，冯永贤情系灾区，积极奔走，广泛发动全委各地华人社会踊跃捐款。在短短十几天时间里，共发动经济条件并不优越的委内瑞拉侨胞为灾区募捐超过人民币 1 400 万元。2009 年，冯永贤当选为本年度广东十大慈善人物之一。

五是为 2009 年 8 月遭"莫拉克"台风肆虐的台湾同胞捐款。这次风灾在台湾称"八八风灾"，造成严重灾情，也再一次牵动了旅委华侨的心。委内瑞拉华侨华人联合总会主席冯雪茂即向全体侨胞发出倡议书。倡议书全文如下：

据近日有关报道，惊悉台风"莫拉克"侵袭肆虐宝岛台湾，造成了严重的人员伤亡和财产的损失。灾情牵动了旅委华侨华人的心，我们感同身受，并对灾情高度关注，特向在台风中不幸遇难的台湾同胞表示深切的哀悼，向受灾台湾兄弟表达真诚的同情和诚挚的慰问，祈愿也深信受灾的同胞能化伤痛为力量，团结

---

① 《委华报》资料。
② 笔者 2010 年 1 月 11 日在华恋社对冯永贤的采访。

赈灾，同舟共济，渡过难关。

中华民族是个大家庭，"一方有难，八方支援"是中华民族的传统美德。全球中华儿女骨肉相连、血浓于水是战胜各种自然灾害的力量源泉。有道是："雪中送炭心存暖，送人玫瑰手留香。"本会特发出倡议，号召全委华侨华人迅速行动起来，伸援手、献爱心、慷慨解囊，捐款救灾，以便帮助受灾台湾同胞战胜灾难，早日重建家园！

倡议书发出后，委内瑞拉各地华社和各界人士热烈响应，踊跃行动。据来自加拉加斯的消息，委京中华总会馆于18日（周二）晚上召开委员会议，研究部署开展募捐工作。会上梅其羡主席、副主席梅宝贤、郑文辉、刘国振、吴伟明等带头慷慨解囊，部分委员也即席认捐，共捐得30多微翁。会馆的委员们上门进店募捐，并在周日的唐人街市设捐款箱让侨胞自由捐款。首批捐款近70微翁。东方千禧年有限公司在吴添荣主席的领导下召开董事局会议，仅在会上董事局成员的即席捐款已超过50微翁。在华恋社，郑钜豪、李瑞华、吴凌石、郑碧云、陈丽、胡敏仪等一些侨领和热心人士闻风而动，主动承担募捐的任务，兵分几路，走街串巷，登门募捐。仅两天时间，初步统计捐款已超过70多微翁。此外，在巴基西梅托、马拉开波、玛格丽塔、十字港、巴塞罗那、玻利瓦尔、梅里达、马都顶、特鲁希略等城市的中华商会（会馆）也都先后召开委员会议，专门部署援台捐款工作。一个为台湾受灾同胞伸援手、献爱心的捐款热潮在委内瑞拉全国各地华社中掀起。据不完全统计。截至24日，委内瑞拉全国华侨首批捐款共约300微翁。一天傍晚，一位年逾古稀的老华侨泉叔说要赶去会馆替一位化名"空智"的热心人士为援台捐款1微翁（近500美元）。侨胞们对台湾受灾同胞的手足情义由此可见一斑。①

六是对2013年四川雅安大地震的捐款救灾。2013年5月20日8点2分，四川雅安地区发生7.0级强烈地震，造成人员伤亡、房屋倒塌、山体滑坡、道路塌方，给普通民众造成深重灾难，13个市69个县150多万人受灾，遇难近200人，受伤15 000人，重伤近1 000人。这场大地震又一次给生活在地球另一边的委内瑞拉广大侨胞以极大的震撼。远隔万里的旅委华侨从电视等媒体了解这个消息后，寝食不安，感同身受。他们遥望雅安，默默地向灾区民众祈福的同时，最大的心愿，就是能尽微薄之力，为灾区人民送点爱心，让他们早日走出悲痛，重建家园。大爱无边，真爱无言，地震无情，人人有情。于是，一个"情牵灾区，奉献爱心"的捐款活动，在委内瑞拉中华总商会的倡议和推动下，连日来在全委迅

---

① 《委华报》资料。

速展开。全国各地不少中华商会会员致电总商会，要求向灾区人民献爱心。总商会顺应大家的意愿，发出倡议书。当晚，委内瑞拉中华总商会主席冯永贤、第一副主席郑瑞伦以及其他副主席互通电话后，于 4 月 22 日向各地中华商会发出倡议，号召全体会员伸援手、献爱心，以捐款形式为四川雅安灾区同胞提供援助，帮助灾区同胞渡过难关。与此同时，总商会会员也积极捐款赈灾。倡议书指出，心系灾区，关爱生命，战胜困难，是我们的共同心声。在地球的大家园中，在世界的每个角落，我们共同承受着生命的疼痛。眼看着灾区同胞受灾受难，我们理应尽一份责任，献一份爱心，帮助灾区同胞尽快脱离地震造成的创伤和摆脱地震带来的阴影，让他们绝处逢生，灾后重建。并提出，各社团（包括会馆和商会）可以独立方式进行募捐，行动越快越好。为了方便侨胞捐款，可采取灵活多样的方式，如组织募捐小组上街到各商号募捐，在会馆和华人较多的地方设募捐箱，电话认捐等。各地社团捐款后，可直接把款项汇到中国大使馆指定的银行账号，然后由大使馆将委币兑换成美元汇回国内赈灾部门。汇款后将银行汇款单连同捐款名单一起传给加省华人杂货同业商会主席冯永贤，然后由他集中统计，把捐款名单和捐款数额交给三家华文报刊公布，进行表彰。倡议书当夜起草好后于第二天发出，一场热火朝天的为四川雅安捐款赈灾的活动随即展开。各地商会响应总商会倡议，积极行动起来，开展捐款赈灾。广大侨胞更是一呼百应，纷纷捐款。

亚加里俄中华商会是委内瑞拉侨社中有名的爱国爱乡的商会。2008 年四川汶川地震发生后，商会带领全体会员捐款，仅用 3 天时间就收集捐款 200 多微翁，是全委社团中捐款最快最多的一个商会。这次接到总商会的倡议书后，他们于当晚就召开了全体委员会议。会上，主席郑伯均带头捐款，其他委员踊跃捐款，不到 5 分钟就捐得 100 多微翁。第二天，委员们又根据会上的分工，放下自己的工作分头到附近小埠收集其他会员的捐款。由于大家的热情参与，亚加里俄仅用两天时间就收到会员捐款 300 多微翁。有的捐款场面很是感人。例如，有的侨胞来委时间不长，还在打工，当商会委员来到时，即主动捐款。他们说，虽然自己收入不多，但是支援灾区是他们的义务，应尽力而为。

在首都加拉加斯，委京中华会馆、委京华人杂货同业商会主要负责人收到了中华总商会的倡议书后，即于当天晚上召开特别会议，研究发动侨胞和会员向四川雅安灾区人民捐款的事宜。与此同时，加拉加斯侨胞从电视、报刊听闻雅安发生地震的消息后，纷纷致电会馆和商会，表达捐款意愿。很快，会馆、商会侨领上门收集捐款，并于 4 月 28 日趁集市时间设置捐款箱，以方便赶集的侨胞捐款。会馆主席梅其羡和郑文辉、聂均常等侨领亲自到现场引领动员侨胞捐款。捐款者有大人也有小孩。其中有一位小朋友，手上拿着当天母亲给他买零食的 5 万委元，经过捐款现场时，毫不犹豫地将钱送到工作人员手里。钱虽然不多，但小朋

友的精神感动了在场所有工作人员。据统计，委京中华会馆和委京华人杂货同业商会共收到侨胞捐款 203 微翁。

到 2013 年 5 月 7 日，加省华联商会、亚加里俄中华商会、加拉加斯华人社团、玻利瓦尔省中华商会、加省华人超市同业商会、玛岛中华商会、苏利亚省中华商会等的捐款已超过 10 万美元。①

与此同时，为尽快将捐款送往灾区，中国驻委内瑞拉大使馆表示，将积极支援中华总商会把善款按官方价兑换成美金后汇入指定的账户，使之尽快用于灾区重建。

天灾不由人，抗灾不由天。地震固然会给雅安人民带来损失和痛苦，但也激发了海内外同胞及国际社会的同情和支持。这些年，委内瑞拉听说的发生在中国和其他国家的地震灾害太多了：2008 年 5 月 12 日发生的四川汶川大地震；使居民住房大量倒塌、农牧业生产设施受损、生态环境受到严重威胁的 2010 年 4 月 14 日发生的玉树大地震；还有发生在加勒比海地区的海地大地震等。山崩地裂、天昏地暗的情景，那飞沙走石吞噬村庄的情景，那些不可能逃避的突如其来的灾难，使原本充满快乐的一家人顷刻间阴阳相隔的情景，人们记忆犹新。一次接一次的捐款行动，使他们的爱心也得到一次又一次的升华。所以，每当听到有地震发生，特别是听到祖国有 5 级以上的强烈地震发生，虽是一场始料不及的噩梦，但同时也是他们的爱心自觉萌生的时候。面对自然界的无情灾难，看着那些无家可归的灾民、一片狼藉的家园，侨胞的第一反应就是迅速行动、慷慨解囊，充分展示了侨胞对灾区人民的大爱。

顺便指出，委内瑞拉华侨也参与国际赈灾活动，最突出的一次行动是向遭受 2004 年 12 月 26 日印度洋海啸的灾民捐款。海啸事件后，委内瑞拉华侨华人联合总会高度关注，发动华侨华人捐款赈灾，所得捐款委托中国驻委大使馆代转交有关国际救援组织。

（二）救助当地遭受自然灾害的侨胞

华侨在异国他乡生活，发生偶然性的灾害是在所难免的。在灾害发生的过程中，守望相助显得尤为重要。守望相助，危难相帮，是中华民族的优良传统，侨胞生活在此，无论是同胞还是当地人朋友遇到困难，伸出援手，是侨胞义不容辞的责任。例如，2015 年 7 月初，阿普雷省的瓜杜阿里托市发生多年罕见的严重水灾，受灾人数达 3.5 万人，许多房屋倒塌，灾民无家可归，连吃饭、饮水都成问

---

① 陈淘涛：《一方有难 八方支援——委内瑞拉中华总商会为四川雅安捐款赈灾实录》，《委华报》，2013 年 5 月 7 日。

题。眼看灾区人民受灾受难，该省中华会馆主席岑坚柏、副主席郑荣惠等，筹集了一批物资，在警察长和当地人朋友的协助下，用货车带把救援物资送达瓜杜阿里托市。当时，街道水浸一米多深的痕迹还非常明显。岑坚柏等早已约好该市十几家商店的华侨进行短暂座谈，了解灾情后，接着开始行动，在警察和居委会的协助下，分头将救援物资分发给严重的灾区，共计有水 250 箱，面包 700 小包，粟米 90 包。所有救援物资用小袋装好，挨家挨户地派送，灾民无不感动。[①]

三、对遭灾遇难同胞的救助

委内瑞拉华侨关爱居住地有困难的华侨同胞的义举不胜枚举，下面是见诸报端的数例：

2006 年 5—6 月，梅里达中华会馆向全省侨胞发出开展"人人伸援手、献爱心拯救吴光荣"的活动。吴光荣是老华侨，当年 70 岁，40 年前来委，娶当地人为妻，育三子三女，已全部抚养成人，但均远走高飞，无人照顾，晚景凄凉。妻子早已离异，剩下他一人孤苦伶仃，收入甚微，经常连吃饭也成问题。侨居该市的吴柏华看在眼里，主动招呼他到自己的餐馆就餐，一吃便是三年多，却不知他是何方人氏。后来他才道出老家是恩平鹤洲村。在吴柏华及众侨胞的关怀下，吴光荣的日子过得很愉快。后来，由于吴光荣患上肺病等多种疾病，吴柏华、方锡平等侨领每次都雇车接送他看病，为他付医疗费。2006 年 5 月的一天，吴光荣在街上摔倒，头破血流，生命垂危。中华会馆向全省侨胞发出开展"人人伸援手、献爱心拯救荣伯"的活动。一时间，华侨社区人人行动，捐钱或问候。会馆的几位主要领导成员分别带头捐献。吴光荣于 6 月 21 日夜因病重不治辞世。会馆两位主席徐如恩、郑安石，名誉主席吴柏华还前往吴光荣小女儿家探望其家属，送去慰问金。出殡那天，拜拉多雷斯市市长、梅里达中华会馆多位侨领及当地侨胞、街坊邻里共 200 多人前往送殡。[②]

2006 年，华侨青年冯武宁和吴达超被劫匪枪击致重伤，生命垂危。旅委侨胞纷纷伸援手救助，当地中华会馆侨领积极带领侨胞捐款，使处于瘫痪状态的吴达超得以回国治疗，为抢救无效而去世的冯武宁交清了医疗费和殡葬费用，剩余的全部交与其家属作为抚恤金。[③]

委内瑞拉华侨对穷苦同胞各种形式的关爱行动，普遍存在于委内瑞拉华侨社

---

① 莫熙丰：《Guaduarito 市发生多年罕见水灾，Apure 省中华会馆商会为灾区伸援手献爱心》，《委华报》，2015 年 7 月 13 日。

② 《委华报》资料。

③ 《委华报》资料。

会中，不胜枚举，充分体现了中华民族血浓于水、患难与共、同舟共济的传统美德与手足之情。随着时间的推移，越来越多的华侨同胞也逐渐认识到其社会意义：不仅可以促进华侨社会内部的和谐与团结合作，也可以树立和提高华侨在当地民族中的形象。同时，也与委内瑞拉政府的道德精神建设相呼应。例如，委内瑞拉政府2003年以来曾推行"深入贫民区"计划，包括开展扫盲运动、资助穷民子女上学、为中下层平民兴建住房、向中小企业主发放生产性优惠贷款等行动。①

　　约2013年4月底，高1.8米、身强体壮、来委时间不长仍在打工的何泽峰，突感身体不适，经医院检查，方知肝部长了一个肿瘤。医生建议他尽快进行手术治疗，或回中国治疗。何泽峰暂时在医院住下，但费用高昂。消息很快传开，他得到众多好心人的相助。加省华人杂货同业商会第一副主席黄田生得知后，立即送去30微翁。华恋社中华会馆主席陈坚辉、第一副主席冯永贤也各捐了10微翁，并发动会馆其他侨领捐款。全国华侨华人联合总会主席李瑞华当即捐了10微翁。在麻拉街，华联会董事局副主席冯景文了解到何泽峰要回中国治疗但护照因办居留仍在移民局的情况后，想方设法把护照取回，同时送去5微翁。刚从中国回来的华联会主席黄达相，表示将继续发动侨胞捐款，帮助他渡过难关。何泽峰的病情还牵动了不少旅委华侨的心。例如，华联会中文学校的学生家长得知其病情后，纷纷送上爱心；在加拉加斯永安旅行社主持工作的 SAN SAN 小姐以特价出售机票并提供优质的服务。当何泽峰从医院回到麻拉街准备回中国治病的时候，会馆里的华城酒家老板梁永钦不但为他捐款，还吩咐酒家服务员为其夫妇提供免费饮食。②

　　2013年10月29日，来自广东阳春的在加省华恋社 San Diego 一餐馆工作的40多岁的厨师周先生，突患急病不治。他一人来委拼搏数年，家里有一个80多岁的老母亲，一个13岁的儿子和一个6岁的女儿，妻子在深圳一工厂打工，家境困难。他突然辞世，使这个不幸家庭雪上加霜。他在委国举目无亲，因事发突然，国内的家属希望他的朋友谭生等帮忙处理后事。华恋社中华会馆的侨领得知后，主席陈坚辉和一位人称"大家姐"的有名热心人等纷纷带头捐款。至2013年11月3日，捐款达90微翁。他生前的好友们放下自己的工作，办妥手续将周先生火化，以后再择机将骨灰送回中国，完成了周先生家人的嘱托。③

　　2014年1月15日，马达莱诺埠发生一宗枪杀案，华人店主陈先生遭歹徒枪

---

① 《人民日报》，2004年6月1日。
② 陈淘涛：《泽峰老师病重　各方伸手资助》，《委华报》，2013年6月24日。
③ 一民：《加省厨师周生急病不治，侨领侨胞老板献爱心》，《委华报》，2013年11月4日。

击身亡。他 2005 年来委国，为了多挣钱，所开设的炒饭店每逢节假日都开门营业。事件发生后，该埠侨胞迅即致电麻拉街华联会侨领冯炎良。冯炎良高度关注，立即向大使馆和麻拉街华联会代主席岑庆旺报告，然后指派在帕洛内格罗（Palo Negro）的华联会护侨小组侨领岑锦超带领几名热心侨胞和律师奔向出事地点，协助处理善后工作。马达莱诺埠的侨胞听到这个不幸消息后，个个伸出援助之手，出钱出力，竭力处理陈先生的后事。中国驻委大使馆也派人赶赴麻拉街慰问受害者亲属。①

塔卡尔瓜（Tacarigua）埠一华商吴海津被劫匪开枪击至重伤的消息通过媒体发布后，引起了全国侨社及侨胞的关注。不少热心侨胞纷纷捐款，委内瑞拉全国华侨华人联合总会副主席刘国振，加拉加斯侨领吴荣添、吴崇岳、李森、何振凡、伍瑞明等专程到医院探望，并带去慰问金。《委华报》第一时间作了报道。接着，一些侨社的 QQ 群相继发布了这一消息。侨胞们及其他好心人还通过 QQ 群、微信群等发布受害人亲属的求助信，同时公开向社会发动捐款，以帮助吴海津渡过难关。伊格罗特的当地热心人聪哥、华哥、大伦大力支持，当委华互助网群热心网友"鸿运当头"和另一位热心侨胞说明来意，就立刻放下手中工作，不辞劳苦，顶着酷热的天气，带他们去每家华人店里发动捐款，共得捐款 166 微翁。塔卡尔瓜各位热心侨胞捐款 27.2 微翁，Maporla 的各位热心侨胞捐款 16 微翁。三个埠共捐款 209.2 微翁，并将善款交到吴海津亲属手上。在这笔善款中还包括一位当地人朋友捐出的 500 玻币。另外，一位打工的侨胞阿姨捐款后不愿公开姓名。在互助网群里还有 3 位网友身在库拉索及墨西哥，也捐出善款表露爱心。有的网友发来捐款信息，但要求不要透露身份。另一位热心侨胞今天继续去罗奇科（Rochico）、桑若塞（Sanjose）两个埠发动捐款，两埠华人伸出援手，热情捐出爱心，两个埠共捐善款 73.8 微翁，两天收到善款 283 微翁。各埠侨胞那种真挚的善心，令人感动，也体现了人间有爱，真情无限。善款已如数转交伤者家人手上，捐款名单在报上刊登。②

2015 年 2 月 28 日下午 4 时许，巴基西梅托的华商唐华武因被劫匪枪击而遭受重伤。唐出事后，拉省中华会馆已在郑杜成副主席的倡议下，发动当地部分侨胞给予帮助，协助他渡过难关。会馆主席郑永生还在出国旅游途中通过微信了解情况，刚回委国，即亲自去探访了解，并为其物色有丰富经验的医师。事后一个多月，唐华武虽在当地医院医治，脱离生命危险，但由于子弹击穿颈部伤及神

---

① 吴金波：《Madaleno 埠发生一宗枪杀华人案，事发后大使馆孙研领事赶赴麻拉街督促警方尽早破案》，《委华报》，2014 年 1 月 20 日。

② 莫熙丰：《一人有难　众人相帮　中枪重伤华商得到全国侨社及侨胞关注》，《委华报》，2014 年 4 月 28 日。

经，身体极度虚弱，呈半身不遂状态，因此，唐华武及其家属决定回中国治疗，但需要大笔资金。唐华武来委多年，只靠借款开了一家小餐馆，由夫妻俩经营，还遇过多次打劫，借款至今未还，他本人毫无积蓄。他受伤后的治疗已耗掉了所有的积蓄，现在连最起码的路费也无法解决。为此，他与家人只好向拉省中华会馆求助。所幸他得到海内外乡亲的关注。会馆主席郑永生为此专门召开会议，发起捐款倡议。《委华报》发表了《唐姓侨胞中枪伤及神经，急需回国治疗寻求救助》一文。经《委华报》和其他华文媒体报道，同时通过委国新闻网、江门日报恩平记者站以及有关 QQ 群、微信群平台转发求助信息，引起了海内外广大乡亲的关注，不少热心人士纷纷捐款。委国新闻网的领导人在恩平，除第一时间转发报道外，还以单位名义捐了 30 微翁。委内瑞拉梁氏集团获悉情况后，以最快的速度，把 200 微翁打入受害者指定的账户。据不完全统计，至 2015 年 4 月 20 日左右，已收善款 281 909 920 玻币，人民币 655 000 元，美元 100 元。① 唐华武和家人用这些善款购买了机票，顺利登上回国的飞机。

2014 年 12 月 20 日，加拉加斯发生了一起华人凶杀案。经营糖果店的侯永胜在发工资时，被店内的当地员工残忍枪杀。侨胞冯小姐和她的男友第一时间赶到事发现场，协助警察打开大门，救出伤者，在救护车迟迟未来之时，又扶着两位血淋淋的伤者上警车，到医院急救。医院要收押金，冯小姐在身上钱不够的情况下用自己的生命作担保，向医生求救。医生被冯小姐的真诚感动，加紧抢救，使伤者脱离生命危险。②

2014 年 6 月 16 日，马都顶华人青年曹先生在自己打理的杂货铺正常营业时被抢劫匪徒杀害。曹先生已是两个孩子的父亲，从小就跟随父母来到委国。他人品好，特别是与警方、军方关系非常密切。他的不幸，让很多人为之悲痛。19 日，马都顶侨胞为寄托哀思，一起罢市为死者送行。在长达 1 千米的送殡队伍中，有 150 多辆车，共 1 500 多人。马都顶警方和军方派出警车开路。在送行队伍中，还有当地朋友。大家泪流满面，希望此案早日破获，严惩凶手，让死者在九泉之下安息。③

---

① 莫熙丰：《唐华武离委回国求医》，《委华报》，2015 年 4 月 20 日。
② 《警惕，别引狼入室——12.20 加拉加斯凶杀华人案追踪》，《委华报》资料。
③ 吴金波：《马都顶枪杀华人案引起多方关注　中国驻委使馆孙研主任奔赴当地敦促警方尽快破案并慰问受害者家属》，《委华报》，2014 年 6 月 23 日。

四、华恋社中华会馆公益慈善基金会的成立及委华慈善事业的常态化趋势

2014 年 10 月，华恋社中华会馆做出了一个重大决定：成立华恋社中华会馆公益慈善基金会（简称"华基"）。华基是由陈坚辉倡导、李锦盛负责执行的华恋社中华会馆公益慈善基金会，经会馆委员会审议通过后正式成立。10 月 23 日，华基宣告成立，首批捐款名单即被各华媒报端收录。陈坚辉、李锦盛、黄启富、陈坚强等都捐出了巨款，为新建立的华基打下了坚实的基础，打开了积善积德的大门。华恋社慈善基金会的成立，充分体现了加省华侨的爱心和热心。同时表明，除了会赚钱，华侨还对社会充满责任和爱心。

据悉，该基金会财政将由专人负责，任何单位和个人不得侵占、私分或挪用，所有项目要做到公平、公正、透明，所有受捐物品、善款明细及捐赠情况和公益项目进展情况及时在当地中文媒体公布。基金会所有职员全部义务工作，不收取任何酬劳，并接受全侨监督。

为什么华基在这个时候成立？可以看出，过去所有的赈灾救灾或助困解难，多是分散的，或是临时的，只可惜事情一过，就退下潮来。华基的不同之处，就是要构筑一个平台，让献爱心、送温暖活动成为常态，把"一方有难，八方支援"的精神发扬光大。所有的善长仁翁，不一定个个都家财万贯，但都有布施救济的心念。华基顺应广大侨胞乐善好施以及慈善公益事业常态化的趋势，构筑了这个让人随时都可以布施救济的平台。①

华基的宗旨，是要引导更多的侨胞融入当地社会并致力于公益慈善事业，关心当地的青少年教育，关注当地的弱势群体，大力参与当地的扶危解困，以此倡导现代慈善理念和引领慈善风尚。② 明确的宗旨和目的，把广大侨胞的公益慈善之心紧紧地拧在了一起。秉承这一宗旨，该基金会将面向当地社会实施慈善救助和开展公益活动，除大力参与当地的救急扶危、扶贫帮困等社会慈善事业，还将积极为当地青少年教育事业提供帮助。其主要职责，一是接受加省全体侨胞的社会组织及个人捐款，二是接受加省全体侨胞的物品捐赠，包括日用品、食品、玩具、新旧鞋类和衣物等。所得款物，全部发放到当地的孤儿院、老人院和贫穷地区，送给需要帮助的穷人和相关机构；改善贫困地区的教学环境，增加贫困孩子的受教育机会；资助当地孩子到会馆中文学校学习中文，搭建中委两国儿童的交流平台；资助会馆中文学校聘请外文教师，让更多不精通西文的侨胞接受外文教

---

① 《大爱无疆　为爱同行——华恋社中华会馆公益慈善活动侧记》，《委华报》，2015 年 2 月 9 日。

② 黎民、莫熙丰：《宣扬慈善精神　营造向善氛围　加省公益慈善时尚音乐晚会撩动众人心》，《委华报》，2014 年。

育；资助会馆中文学校完善教学设施。

为更好地开展慈善活动，该基金会将筹建志愿者团队，招募各种专业义工，如医生、翻译、会计、律师等，帮助有需要的侨胞了解当地法律、法规，协助不懂外文的侨胞就诊、翻译等。

虽然华基的公益慈善活动刚刚起步，但已把积善积德的大门打开。可以看出，华基既要聚集广大侨胞，也面向当地社会。作为一项慈善公益事业，它在发动广大侨胞积极参与的同时，也在想方设法让乡亲们实实在在地分享本会的成果。相信广大侨胞的扬善济世之心，将越发显得诚挚而感人。

2014 年 12 月 1 日晚，一个为宣扬慈善精神、营造向善氛围的公益慈善时尚音乐晚会在华恋社中华会馆举办。入场券是一件不论大小的新玩具。傍晚时分，观众陆续从四面八方赶来。身穿统一服装的志愿者站在门前恭候并接受捐赠物。摆放在门前一侧的玩具在不断增多。华基精心组织的这一场演唱会，让善长仁翁与爱同行，晚会由专业团队演出。每一个精彩的时装表演或民族舞蹈之后，总有一个热心人士走到台上慷慨捐助。有这样一个令人感动的镜头：在演唱会就要开始的时候，一位老婆婆走过来，笑吟吟地跟现场的志愿者说，她本来没打算来，所以事先没准备好玩具。说着，就把 10 微翁交到志愿者手中。当晚，晚会接受的捐款数目不菲，衣物无数，玩具总价值不下 1 000 微翁。华基执行主席李锦盛说："我们华人生活在委内瑞拉，与不同肤色的本地人同在一方天空下……我们要倾情倾力，积极投身扶贫济困、兴办公益、敬老扶幼、恤孤助残等慈善事业，共同汇聚和传递奉献爱心、助推进步的正能量。"[1]

五、对居住地民众的各种慈善活动

客观地说，华侨与委内瑞拉当地人长期形成的在生存与发展方式上的强烈互补，是一柄双刃剑。尤其是在民族关系上，可能会形成"一个民族投资、另一个民族消费"的和谐经济，但也可能因这种经济分工的过度畸形化而产生民族隔阂，从而导致民族关系的紧张。近些年来委内瑞拉社会治安差，究其主要原因，固然是政局不稳，但其中也蕴含着民族的分工差异而造成的经济差距悬殊的因素。从长远来看，存在着民族冲突的风险。华侨与委内瑞拉富有阶层的关系一直较好，与贫穷阶层特别是社会底层的沟通则还有待加强。今天，委内瑞拉华侨社会已越来越意识到这种风险对华侨生存环境的严重威胁，正以开展慈善活动、回报当地社会等多种形式，消弭潜在的矛盾。他们通过各种慈善活动帮助有需要的

---

[1]　《大爱无疆　为爱同行——华恋社中华会馆公益慈善活动侧记》，《委华报》，2015 年 2 月 9 日。

当地民众，主要是针对当地贫穷阶层的。相信通过华侨社会与委内瑞拉当地人民的共同努力，华侨会更好地融入当地，为委内瑞拉的经济发展和社会进步，为建设一个多种族共处、多元文化共存的和谐社会做出自己的贡献。

（一）华侨对居住地民众的重要慈善活动回望

近十年，在委内瑞拉的中资机构和华侨成倍增加。据不完全统计，华侨大小商店约 7 000 家，遍布全国大、中、小城市，凡有人群的地方，几乎都有华侨和华侨开设的商店。委内瑞拉是个移民国家，但华侨仍属弱势的群体。由于祖国的日益强盛和国际地位的提高，特别是中委两国战略伙伴关系越来越密切，两国的双边关系正朝着良好的势头发展，故华侨越来越得到当地人民的尊重和友好相待。特别是华侨在当地开展的慈善活动，深得当地人民赞扬。在这方面，梅里达中华会馆做得比较突出。

这些年来，梅里达中华会馆每年都举办"送温暖，献爱心"活动。这个活动主要是在圣诞、新年期间进行，且在全省各埠全面展开，在梅里达省广大市民中传为佳话。如在 2005 年圣诞节，梅里达中华会馆把侨胞募捐的首批价值 600万玻利瓦尔的食品分装成 200 多袋，由会馆派出专车送到维格拉（Vigia）市，分送给该市老弱病残者。会馆主席徐如恩、副主席郑安石、委员张立洪等一大早从梅里达赶到维格拉市，会同侨居该市的副主席冯福潮、委员郑新潮等，向现场聚集在银宫酒楼门前的停车场等候的数百名当地贫困市民分发圣诞礼物。维格拉市当地前来领取礼物的市民，除了老弱病残者，更多的是洪水灾区的灾民。维格拉市民政救助处派出数名官员和警员协助分发工作。大学城四位大学教授也前来参加义送活动。省税务总局稽查处负责人玛里诗拉也专程驱车从梅里达市赶到现场参加分发活动。圣诞礼物分发完毕，何振平夫妇还在自己酒楼的餐厅，为维格拉市孤儿院 15 名孤儿准备了丰盛的团圆饭。

在梅里达市区，华侨侨领为 70 岁以上老人举行了"送温暖"活动。因老人行动不便，在当地居委会的协助下，侨领们挨家挨户把礼物送上门，所到之处，老人交口称赞。到现场采访的四家当地媒体的记者拍下了一个个精彩镜头，其中三家作了现场直播，有两家媒体还专访了会馆副主席何振平的夫人李美凤。梅里达中华会馆这次善举活动在全省反响强烈，受到人们称赞。

维格拉市在此之前因暴雨成灾，近 50 间穷苦人家简陋的住房被水淹，其中多间被冲毁，300 多人无家可归。梅里达中华会馆闻讯，立即紧急动员当地侨胞进行募捐救灾，前后仅两个小时，就筹集了一大批价值约 1 000 万玻利瓦尔的救灾物品，装满了一辆 3.5 吨的大卡车，由会馆组织了慰问代表团，在会馆主席徐如恩的带领下，及时送到了灾区慰问灾民。他们筹备的第二批食品则于 12 月

20—22 日分别送给梅里达的敬老院和孤儿院,让他们欢度圣诞、新年。

在平时,凡遇到重大灾难,会馆副主席何振平及夫人李美凤都会在他们经营的餐馆"银宫酒家"炒好几百盒饭,亲自驾车及时送到灾区分发给灾民,灾民很受感动。一连两年的圣诞和新年,会馆都装了一大卡车的礼物,全体委员出动,并邀请当地官员和媒体参加,队伍由五星红旗和醒狮作前导,敲锣打鼓,浩浩荡荡送到贫民区,分赠贫民。①

此外,委内瑞拉其他一些地方的中华会馆也进行类似献爱心、送温暖的活动。例如,2004 年圣诞、新年期间,华恋社中华会馆向加州儿童福利院送出首批价值约 500 万玻利瓦尔的圣诞、新年礼物共 800 份,其中 350 份送到华恋社市政府,然后由市政府分发给无依无靠的流浪儿童;另 450 份由华恋社中华会馆主席吴国樑和加者华人杂货同业商会主席冯永贤代表会馆赠送给加省儿童基金会。该会主席、州长卡莱斯夫人亚苏拉和州府秘书希文尼斯莱亲自驱车到会馆接收。②

2004 年圣诞新年期间,亚加里俄、加拉加斯、巴基西梅托、马都顶、华里拿和俄那里等地的中华会馆及商会均募捐了款项、衣物、食品和儿童玩具,分别送给当地的老人院、孤儿院及贫困市民。这次活动,不仅受到当地市民的欢迎和好评,也得到当地政府的深切关注和大力支持。2006 年 12 月 19 日,亚加里俄中华商会设宴招待当地老人院 60 多位老人,奉献爱心。2006 年 10 月 1 日,瓜纳雷市中华会馆、商会邀请当地卫生局人员到会馆,为华人检查身体,办理健康证。华人与当地人民和睦相处,互帮互助,增进了中委两国人民的友谊。③ 巴基西梅托埠华商联合会成立以来,也经常赞助当地的公益活动,积极做好社会的回馈工作,如捐建中华会馆新址的围墙等,取得良好的社会效益。④

2009 年 6 月,委内瑞拉加州大学医学系的教授、医生及学员共 42 人响应政府号召,奔赴委国边远山区为贫困人民义诊。但由于该系教授、医生出差经费欠缺,便向上级报告。经州政府批准,向加州地区的华人杂货同业商会(ACE-VAC)属下的会员请求支持。2009 年 6 月 27 日,华人杂货同业商会向各商号发函呼吁:"济世扶贫、见危相助、回馈社会是我们华人的传统美德。我们生活在异国他乡,为当地的事业发展出点力是应该的,也是一项神圣义务。希望全体会员有钱出钱,有物捐物,积极支持,奉献爱心。"⑤

2010 年 12 月初,委内瑞拉由于连续强降雨,造成特大洪灾。天灾无情,华

---

① 《委华报》资料。
② 《委华报》资料。
③ 《委华报》资料。
④ 据广东省海外交流协会委内瑞拉、哥伦比亚访问团。资料来源:广东侨网。
⑤ 《委华报》资料。

侨有爱，灾情牵动着旅委侨胞的心。委京中华会馆、华恋社中华会馆、华里拿省中华会馆、麻拉街华联会、苏利亚中华会馆、巴埠中华会馆、亚加里俄商会以及瓜蒂雷（Guatire）、瓜雷纳（Guarena）等地区的侨领闻风而动，率先发动侨胞捐赠救灾物资，用专车送往当地慈善机构分发给灾民。

为了进一步发动全侨开展赈灾工作，委内瑞拉全国华侨华人联合总会主席冯雪茂于 12 月 8 日发出了呼吁紧急赈灾的倡议书，希望全侨同胞向已经率先行动的上述会馆和侨领学习，迎头赶上，发动捐款赠物，支援灾区。倡议书全文如下：

近日来，由于连续多天的强降雨，造成了委内瑞拉近 40 年来未遇的特大洪灾。据当地媒体报道，在洪灾中至少 35 人丧生，7 万多人逃离了家园，10 万多人无家可归，经济损失惨重。为此，委内瑞拉政府已宣布法尔孔（Falcon）/米兰达（Miranda）/巴尔加斯（Vargas）和首都区（Distrito Capital）等州地区进入紧急状态，并呼吁全国人民支援灾区。

我们旅委华侨华人也是委内瑞拉大家庭中的一员，心系灾民的安危，与灾区人民患难与共，感同身受。为此，本会仅代表全体旅委华侨向灾区人民表示深切的同情与慰问，并向我全侨发出紧急的赈灾倡议：

一、全侨立即行动起来，在当地侨社的领导下，发扬我们中华民族"一方有难，八方支援"的优良传统和旅委华人素有乐善好施的美德，广泛开展捐款赠物活动，向灾区人民伸援手，献爱心，帮助灾区的人民渡难关，重建家园。

二、各地华人侨胞所捐赠的善款和赈灾物资，由各地华人社团集中后与当地政府联系，送往指定的地点。

三、希望各地侨团力争用最短的时间、最快的速度完成任务。大家知道"救灾如救火，时间就是生命"。望各地中华会馆（或商会）认真把这一赈灾工作抓紧抓好。……有道是："雪中送炭心存暖，送人玫瑰手留香。"让我们以实际行动回馈当地社会，为增进中委两国的友谊做出新的贡献！①

各地会馆和侨领纷纷响应华人联合总会的号召，踊跃捐献，在委内瑞拉华侨慈善事业史上又写下了光辉的篇章。

参与公益慈善活动，是华侨融入当地社会的重要体现。委内瑞拉许多社团都把热心慈善、热心公益活动作为宗旨之一，引导成员在发展自己事业的同时，不忘回馈社会。很多社团乐善好施，当地人有口皆碑，树立了良好形象。通过公益

---

① 冯雪茂：《支援委国抗洪救灾倡议书》，《委华报》，2010 年 12 月 8 日。

慈善活动来提高华侨在当地的社会地位和影响力，日益成为很多社团的共识。

（二）华恋社中华会馆慈善基金会等慈善机构对当地民族的慈善活动

华恋社中华会馆慈善基金会成立于 2014 年，到 2015 年 9 月，已向加省的孤儿院、养老院、医院、特殊学校、教堂和贫民区捐出价值 2 000 多微翁的物品。[①]

华恋社中华会馆慈善基金会的影响力也逐渐向当地民众扩展。每一年的圣诞节，是华侨慈善活动比较密集的时间。例如，在 2014 年在圣诞就要到来的时候，12 月 11 日，华恋社中华会馆公益慈善基金会举办"大爱无疆　让我们爱在一起"活动。在公益慈善基金会主席李锦盛的带领下，他们给特利加尔（Trigal）智障学校的儿童及那瓜那瓜三家孤儿院共赠送近 500 份圣诞礼物。公益慈善基金会财政主管陈坚强，妇女会吴郑碧云、陈素红及慈善志愿者郑永超等人参加了活动。[②] 到 12 月下旬，圣诞、元旦快要到了，节日的气氛越来越浓。这是孩子们的快乐时光，假日的嬉戏，还有家中亲人少不了的节日礼物，都会让他们在这美好时刻充满希望与期待。然而，同在蓝天下，有的孩子却挣扎在贫病交加的水深火热之中。新成立的华基，首先关注的，就是这些在贫病中煎熬的孩子。圣诞前连续 3 天，华基李锦盛、陈坚强、黄田生、吴郑碧云、薛如盛、梁健大等侨领及志愿者，满载着善长仁翁的深情厚谊，把演唱会中收集的玩具及其他礼物分送给乡村、医院、孤儿院等单位的贫困、病残儿童。

2014 年 12 月 21 日和 22 日连续两天，华恋社中华会馆公益慈善基金会在执行主席李锦盛的带领下，分别向贫困儿童发送节日礼物。李锦盛主席以及财政陈坚强，基金会委员黄田生、吴郑碧云、薛如盛、梁健大等，华恋社妇女会和华恋社选美组织吉娜及一些爱心志愿者参加了这一活动。[③]

21 日上午，李锦盛主席一行首先来到当地一家大学医院。换上医院的消毒衣，他们走进了住有好几名重病儿童的急症观察室，把每一件玩具送到孩子们的手中。饱受病痛折磨的儿童，接到礼物时都扬起了灿烂的笑容。21 日下午，侨领一行从医院出来，已是下午 3 点多。第二站他们要去的，是一个比较偏僻的农村洛斯沙曼。他们远远听到了孩子们哗哗啦啦的欢呼声。他们是农村的孩子，贫困人家的孩子。在很多城里人看来并不稀罕的一件小小玩具，却可以让他们站在烈日之下久久等待。他们的这种执着，不能不使华基的志愿者们感到慈善公益事业的伟大。当圣诞和新年礼物送到孩子们的手上时，他们一个个用不太熟练的中

---

① 陈淘涛：《华恋社中华会馆公益慈善基金会举行交流义演活动》，《委华报》，2015 年。
② 莫熙丰：《华恋社中华会馆公益慈善基金会给儿童赠送圣诞礼物》，《委华报》，2014 年 12 月 15 日。
③ 《圣诞元旦送爱心——华恋社中华会馆公益慈善基金会给贫困儿童送节日礼物剪影》，《委华报》，2014 年 12 月 29 日。

文说"谢谢"。① 同是 21 日下午，李锦盛主席一行来到了中心医院（Hospital Central）。病床上躺着的，都是各种病残儿童。听到一声声问候，接过一件件礼物，在病中挣扎的孩子，暂时忘却了自己的病痛，显得特别开心，他们的父母原来忧郁的脸孔上也绽放出笑意。② 22 日，李锦盛一行先后到了 Guegul 一个教堂及 Flor Amarllo Edo Carabobo 儿童福利基金会。儿童福利基金会有 66 位儿童，他们接过送来的玩具，立刻围在一起玩耍嬉闹，眼前就是一片欢乐的海洋。12 月 23 日下午 3 点，联合会主席李瑞华与慈善基金会主席李锦盛、财务组陈坚强等又给那瓜那瓜军营送上节日的问候，当值军官热情接待他们并合照留念。③

一件件玩具、一声声节日问候，倾注了广大善长仁翁对贫困儿童的关爱，体现了广大侨胞对慈善公益事业的关注。每到一地，接过玩具的儿童，便立刻围在一起玩耍嬉闹，好不快乐。几天下来，华基送出的是玩具，收获的却是当地民众的敬重。当地人高度赞扬：华人在这里不只是赚钱，还有爱心。李锦盛在回味这一时刻时难以忘怀，他说就是从这些贫困孩子期待的目光里，看到了慈善公益事业的重要性和必要性。

2015 年 9 月 5 日，华恋社中华会馆车水马龙，热闹非凡，华恋社中华会馆公益慈善基金会举办的公益慈善基金会交流义演活动吸引了大批市民前来购物和观看演出。这次活动为期两天，参展展位近 50 个，其中包括服装、化妆品、装饰品、家具和美食等。同时，当地青年男女的服装表演、舞蹈等节目赢得了观众的阵阵掌声和喝彩声，为慈善交流活动增添了热闹气氛，加强了与当地政府和广大市民的交流，促进了加省侨胞与当地人民的友谊，推动了慈善工作的发展。④ 此次活动的所有收入，将交给会馆中文学校，用于增加教育设施和奖励加省优秀学生。

2015 年 3 月 26 日，加省文化局在那瓜那瓜奥林匹克村举办大型"和平使命"演奏表演，以庆祝华恋社成立 460 周年。加省省长、军区将领和加省节日基金会（Fundacion Festivales De Carabobo）主席等出席了当天的活动。华恋社公益慈善基金会受到邀请，派出特别代表 Gina 女士等参加。Gina 女士向省长介绍了华恋社公益慈善基金会的近况。省长听后非常高兴，希望基金会今后积极参与更

---

① 《大爱无疆，为爱同行——华恋社中华会馆公益慈善活动侧记》，《委华报》，2015 年 2 月 9 日。

② 《圣诞元旦送爱心——华恋社中华会馆公益慈善基金会给贫困儿童送节日礼物剪影》，《委华报》，2014 年 12 月 29 日。

③ 《圣诞元旦送爱心——华恋社中华会馆公益慈善基金会给贫困儿童送节日礼物剪影》，《委华报》，2014 年 12 月 29 日。

④ 陈淘涛：《华恋社中华会馆公益慈善基金会举行交流义演活动》，《委华报》，2015 年。

多的公益慈善活动，帮助更多需要帮助的人。①

　　值得注意的是，华基倡导侨胞的社会责任和与原住民的友谊一同发展，要在当地的公益慈善事业中亮出华人的新形象。委内瑞拉的原住民，生活仍然十分贫困，需要社会救助。1993 年，第 48 届联合国大会决定将每年 8 月 9 日定为"国际土著人日"，以呼吁国际社会重视保护土著人的生存和发展权益。阿雷阿萨副总统指出，委内瑞拉宪法明确承认和保护印第安人的文化、政治和经济的权益。他强调，已故总统查韦斯生前非常重视保护印第安人，推动国会在宪法中增加了有关保护印第安人的法律条文。② 如上所述，到 2015 年，委内瑞拉华侨的慈善活动已经遍及很多领域，但对作为当地民族最弱势群体的土著印第安人的慈善活动还没有提上议事日程，相信在不远的将来也将看到华侨的身影。

　　除了华恋社中华会馆慈善基金会外，一些华侨组织也开展不同形式的慈善活动。例如，2015 年 7 月 14 上午 11 时许，阿拉瓜（Aragua）省帕罗内格罗（Palo Negro）埠的华人联谊会部分会员，在当地政府官员与省警局及当地警官的陪同下，带上由该会会员集体出资购买的一台组合音响及一批食品和生活用品到老人院慰问，受到了当地民众的热烈欢迎和称赞。在探访慰问活动中，老人们十分感动。帕罗内格罗埠华人联谊会会长岑锦超说，此举是为了拉近彼此间的距离，增进友谊，传递我们广大华商的正能量，拔高华人形象。③

　　又如，2015 年 7 月 26 日，旅委侨胞吴冉云女士在拉省基沃尔（Quibor）市发起了慈善救济活动。这次活动是吴冉云以佛教慈济慈善基金会的名义发起的。据悉，佛教慈济慈善事业基金会是台湾的佛教慈善团体（简称"慈济功德会"）。当地包括华商在内的商家捐出众多物品，送给当地 230 多户困难户。因为这是济世救人的好事，所以得到当地包括华商在内的 20 多个商家的响应，共捐出大米、粟米粉、面条、奶油、糖、纸尿布、纸巾等一大批。当地 230 多户贫困户得到这些捐物时，无不感动，无不称赞。麻拉街侨领冯炎良参加了这次活动，并当场捐出 60 微翁（其中 50 微翁捐给贫困户，10 微翁捐给当地教会）。④

　　行乞是一种社会现象，不论过去或现在，不论哪个国家都存在。在委内瑞拉的街头巷尾、红绿灯区、商场门口，到处可见行乞者。这些人，或因家庭贫困，生活所逼；或因身体残废，失去正常的劳动能力。对这种现象，华侨一般给予同

　　① 　小影：《加省文化局举办大型"和平使命"演奏表演，华恋社公益慈善基金会应邀派参加活动》，《委华报》，2015 年。

　　② 　吴志华：《委内瑞拉庆祝"国际土著人日"，134 名印第安人进入医学院深造》，人民网·加拉加斯，2013 年 8 月 9 日。

　　③ 　莫熙丰：《Palo Negro 埠华人联谊会给老人院送温暖》，《委华报》，2015 年 7 月 20 日。

　　④ 　《委华报》，2015 年 7 月 27 日。

情。例如，有一天，一位侨胞驾车到某城办事，在等候红绿灯时，有两个 30 来岁的残疾人正在路边行乞。他见后心生同情，当他俩来到车前时，便每人给了几十元。他觉得，送点爱心是华侨的美德。

第二节　华侨与居住地民族的关系

华侨移居委内瑞拉已经有一个半世纪的历史，他们为委内瑞拉的经济发展、社会进步和民族独立做出了不可磨灭的贡献。华侨与居住地各民族和睦相处，彼此互相支持，互相帮助，结下了深厚的友谊。20 世纪末以来，委内瑞拉经济下滑，社会治安差，华侨与委内瑞拉当地人民和居住在该国的其他国家移民一道，患难与共，共度时艰。虽然委内瑞拉各种犯罪案件在增多，但犯罪分子在委内瑞拉当地人口中只是极少数，广大华侨同胞与委内瑞拉当地民众一直维持着良好的民族关系。

一、增进与当地民族的相互接触、了解和信任

在委内瑞拉，不少侨胞的事业已经开枝发芽。他们也意识到，自己的生活和事业与居住地息息相关，当地的公益事业更有自己的一份责任。融入当地，支持社会，也是华侨的本分。只有这样，才能更好地与当地人和睦相处，才能有更大的发展空间。老一辈华侨常说，我们不能只会赚钱，还要学会回报，特别是在当前营商环境恶化，凶杀、绑架、抢盗等威胁频发的形势下。为了让侨胞坚持下去，全国各地的侨社一直在想方设法，与当地政府、警方、军方等有关部门加强沟通，互通情报，化危解困。沟通是相互的，侨胞不能只要求人家支持，自己却一毛不拔。

例如，2014 年底，巴塞罗那中华商会会员在要不要支持当地政府友好部门装修办公室，要不要支持本市区中心安装花灯、圣诞灯等事情上有不同意见，结果更多的会员表示赞同，认为在政府及社会需要时，应尽力而为，以实际行动彰显华侨华人在公益事业方面的公益心和爱心。巴塞罗那中华商会最后做出支持的决定。他们发动会员捐款，为当地政府做好事，也为本市营造节日气氛贡献力量。通过这一行动，商会进一步加强了与当地有关部门的沟通，这有利于在今后的工作中尽可能减少不必要的麻烦。商会这一倡议，得到了该会大部分会员的理解和支持。应指出，有些人很可能是把这种支持与一些无谓的"打点"混淆了。的确，有人试图通过"打点"、给人钱财来帮自己"消灾"。这种"打点"，有时

会见效，但为人所不屑。但像对巴塞罗那这样的支持，与"打点"显然有根本的区别。①

　　卡瓜埠是一个小商城，有华人 700 多位、商铺 80 多家。2012 年成立的华人商会，为全埠华人安全着想，不断加强与警方的沟通，治安有所好转。2013 年 10 月 7 日上午，卡瓜华人商会代表全埠华侨华人向当地警察局捐赠摩托车两辆。商会总顾问冯炎良、主席冯庭良、副主席梁荣进、冯适文和当地侨领参加了捐赠交接仪式。当警察局长从商会主席冯庭良手中接过车钥匙，再交由两名警察启动摩托车时，现场响起了热烈的掌声。警察局长说，卡瓜商会向我们局捐赠摩托车，是对我们工作的关心和支持。局长还说，委中两国关系密切，卡瓜华侨和当地民众友好相处。今后，警方将加强本地治安巡查，努力维护一方安全，为大家经商提供一个良好的环境。②

　　2015 年 7 月 4 日上午，委京中华会馆主席吴崇岳带领众委员拜会了委国总检察院副检察长，反映当前某些部门刁难、乱查、勒索侨胞的问题，因为前些时候吴崇岳主席带领众委员深入米兰达省周边 10 多个埠了解侨情时，不少侨胞反映了一些部门故意刁难、乱查身份甚至无理取闹、敲诈勒索的现象。为维护侨胞合法权益，是日，吴崇岳带领会馆众委员专程前往委国总检察院反映情况。在总检察长的安排下，副检察长热情接待并认真听取了意见和建议，并表示要把大家反映的情况向总检察长和内政部长如实汇报，同时采取措施加以解决，避免类似问题再次发生。此外，副检察长还表示近期要和中国大使馆官员一起，前往委京中华会馆向侨胞们宣传、解释各种法律、法规及有关制度，好让大家依法、依规行事。对此，吴崇岳主席表示将密切配合，免费提供场所，让检察院组织律师团队到委京中华会馆办公。③

　　2015 年 6 月 30 日，那瓜那瓜 41 号军区隆重举行将领晋升仪式，委内瑞拉全国华侨华人联合总会主席李锦盛、联络员吴依娜应邀出席观礼。一直以来，委内瑞拉全国华侨华人联合总会都与当地军方保持良好的关系。晋升仪式结束后，李锦盛盛情邀请委方与会将领参观了华恋社中华会馆。④

　　2015 年 5 月 18 日，委京中华会馆主席吴崇岳、副主席李锦盛及委国体育部联络主任何伟业等应委国军事学院的热情邀请，出席 2015 年军事学员的毕业典礼及授勋仪式。每年 5 月，经过 4 年严格培训和学习的委国军事学院的一批热血

---

① 柳絮：《对"公益"得有公心和爱心》，《委华报》，2014 年 12 月 1 日。

② 陈海涛：《Cagua 华人商会向警方赠送摩托车》，《委华报》，2013 年。

③ 委京中华会馆供稿：《委京中华会馆侨领拜会委国副检察长，反映一些部门人员刁难、乱查、勒索我们侨胞的问题》，《委华报》，2015 年 7 月 6 日。

④ 《李锦盛吴依娜应邀出席军区将领晋升仪式》，《委华报》，2015 年 7 月 6 日。

青年走出学堂，奔赴各基层及边防部队履行保家卫国的职责。是日，来自世界10多个国家的驻委国大使馆武官、委国国防部官兵、军事院校学员及亲属等3 000多人在军事学院大礼堂见证了他们的毕业盛典。委京中华会馆侨领应邀出席，充分体现了委国华人社团与委国军界的兄弟关系。5月7日，委国国防部为表彰吴崇岳、刘国振、李锦盛、何伟业等为深化同军界的传统友谊所做的努力，还授予他们"贡献奖"勋章。①

2014年8月25日上午，加省那瓜那瓜军营举行受勋仪式。委内瑞拉内政部部长、全国陆军总司令、加省省长、麻拉街省府秘书长等出席了受勋仪式。全国华侨华人联合总会主席李瑞华，华恋社中华会馆副主席岑明辉、陈伟嶙、陈坚强、李锦盛、薛如盛等受邀参加观礼。受勋仪式进行了隆重的海陆空三军检阅。活动在给空降兵精彩表演的掌声中圆满结束。②

二、积极参加当地大型庆祝活动，扩大华侨社会影响

2014年2月23日11点开始，麻拉街举行巡游，庆祝本埠埠庆。麻拉街华联会组织醒狮队和花车参加巡游，这一中国特色的巡游方队给巡游活动增添了不少色彩并吸引了热情的观众。虽然过去一个多月，委内瑞拉民众的游行示威引发社会动荡的阴影犹存，但麻拉街还是以极大的热情参加了当地市政厅组织的庆祝埠庆巡游活动。据了解，参加这次巡游活动的有来自各地的方队70多个、花车30多辆。各巡游队伍早早就在指定的地点集合。各方队沿着国父道载歌载舞，一路热闹非凡。由醒狮开道，花车紧跟其后的华联会方队，一路锣鼓铿锵，引人瞩目。所经之处，观众报以热烈的掌声和欢呼声，不少观众还走过来拍照。③

麻拉街每年举办这样的活动，都邀请华联会参加。华联会也值此机会，展示华侨华人形象并加强与当地官方及民众的联系，让侨胞更好地融入当地社会。与往年不同，2014年参加巡游活动的多是年轻人。

2015年的1月、2月，在相隔不到三周的时间里，麻拉街华联会派出醒狮队，先后应两个城市的热情邀请，参加了当地群众性的巡游活动。第一次是2015年1月30日，麻拉街华联会应阿拉瓜省图尔梅洛埠市政府邀请，派出醒狮队参加当地埠庆巡演活动。在岑庆旺常务副主席和几位侨领的带领下，醒狮和花车的

① 委京中华会馆：《委京中华会馆侨领应委国国防部邀请，参加新届军事学员毕业典礼及授勋仪式》，《委华报》，2015年。

② 莫熙丰：《Naguanagua军营举行受勋仪式，李瑞华等受邀参加观礼》，《委华报》，2014年。

③ 莫熙丰：《麻拉街举行巡游庆埠庆，华联会馆的醒狮、花车吸引眼球》，《委华报》，2014年。

精彩表演博得了当地居民热烈的掌声和喝彩声；[1] 第二次是 2015 年 2 月 20 日，麻拉街华联会应阿拉瓜省帕罗内格罗市政府邀请，由黄达相主席统筹，委派岑庆旺和几位侨领带领醒狮和花车队参加了当地的巡游活动。适逢新春佳节，醒狮、花车巡游所到之处，逐户给华侨华人商铺拜年。此活动还得到了市长嘉奖。[2]

通过这两次巡游活动，委国人民进一步了解和认识了中国的传统文化，同时提高了华侨华人的正面形象并增进了与当地民众的友好关系。华侨华人的积极参与和出色的表演，博得了当地居民的热烈掌声和喝彩。

圣费利佩市是亚拉奎省的省府所在地，人口众多。一个星期日下午，亚拉奎省中华会馆应当地政府邀请参加了当地的嘉年华活动。花车装饰得特别漂亮，主题是广寒宫仙女下凡，与人间人民同乐。下午 3 点，嘉年华活动开始，只见亚拉奎会馆花车上的"仙女"花枝招展，千姿百态，妩媚动人，成为一道特别风景，格外引人注目。与花车同行的，是欢腾狂舞的金银两醒狮。他们所到之处，观众热情欢呼，并争相请求与醒狮合影。第二天（星期一），亚拉奎会馆的花车又参加了圣巴勃罗市的嘉年华活动。圣巴勃罗是亚拉奎省中华会馆所在地。这个城市小，且农业人口多，文化相对落后，但民风淳朴。他们看到中国特色的花车和醒狮，十分好奇和惊讶，特别是见到金狮银狮的精彩表演，喝彩声不绝，许多民众走过来，争相请求合影留念。经过主席台时，更博得了台上包括市长在内的官员们的掌声。第三天（星期二），亚拉奎省中华会馆又一次参加奇瓦科阿市的嘉年华活动。该市有悠久的嘉年华文化历史，能参与其活动是一种肯定。一年前，亚拉奎省中华会馆第一次参加活动就得到了市民的热烈欢迎。参加活动的各队伍的艺术花车精彩绝妙，但中华会馆的花车毫不逊色，队伍一进入游行区，观众就欢呼雀跃，金狮银狮和花车上的"仙女"的精彩表演博得了观众的热烈喝彩。三天的巡游表演，他们认为最大的收获，是在一定程度上改变了当地民众对华侨的看法，提升了华侨的形象和地位。[3]

三、妥善处理好与当地雇员的劳资纠纷

要学好委内瑞拉的有关法例，才能懂得如何通过法律途径解决纷争。但侨胞认为，在委内瑞拉，不能指望所有的问题都通过法律解决。有时在处理一些问题时，人治往往多于法治。比如在常见的处理华侨华人与本地人纠纷的问题上，就

---

① 莫熙丰：《麻拉街华联会醒狮队和花车出彩一路巡游一路掌声》，《委华报》，2015 年 2 月 2 日。
② 莫熙丰：《Palo Negro 埠：醒狮花车巡游》，《委华报》，2015 年 2 月 23 日。
③ 《委华报》资料。

往往出现明显的庇护当地人的倾向。法官对劳资纠纷的判决，主要向劳工方面倾斜，特别是向当地人劳工倾斜。

不过话说回来，委内瑞拉有不少法律法规却不能熟视无睹。做生意也好，日常的言谈举止也好，华侨都应增强法律意识，有些法律空子，也不是每个人说钻就可以钻的。比如，在用工问题上，新的劳工法例已不看雇主有没有签订用工协议。有了劳资纠纷，更不是依据双方协议去处置。其中对辞职者的处置办法，最明智的是让会计师或律师给劳工处发一封通知信，以此存档和备案。一旦以后出现纠纷，这封通知信就可以说个明明白白。

在委内瑞拉，劳资纠纷或争议，说不定哪一天就会影响华侨的生活。面对纠纷、争议，有人动不动就诉之公堂，聘请律师打官司，以为有理有法就什么都不怕。但现实是，一些胜算很大的官司，也会糊里糊涂地让人钻入"赢了也是输"的死胡同。有时候当地人员无理敲诈，结果可能是华人老板赢了官司，却耗费了大量时间和人力，还有精神上的压力。所以，这样的官司得不偿失，虽赢犹输。

所以，在处理劳资纠纷时，如何使用正确的法律手段并应用灵活的处理办法，这是侨胞不得不考虑的问题。首先，当前的委内瑞拉还不是一个完全法治的国家，人为的因素、腐败的作为，都会左右官司的进展。其次，打官司是一个复杂的过程，从写诉状到立案、开庭、判决，再到最后的执行，相当烦琐，需要耗费大量时间和人力、物力。所以，有的纠纷或争议，如果通过双方协商或由第三人调解可以解决，也是不错的选择。再次，官司非打不可时，一定要请一个好律师。一个好律师，除了掌握全面的法律知识，还要有综合运用能力和实践经验。诉讼程序是一次性的，走过的程序不可逆转，并且其结果关系到当事人切身利益。因此，为了更好地维护自身合法权益，避免有理的官司打不赢的情况出现，在诉讼时选择一个好律师十分重要。总之，细节决定成败。面对随时可能发生的纠纷或争议，该用何种办法、何种措施，须三思而行。

四、搞好与当地人的邻里关系

语言的共用与对不同宗教、风俗的相互容忍和尊重是民族融合的重要尺度。委内瑞拉语言并不复杂，以西班牙语为官方语言，也有部分人民使用印第安语，一般知识分子都谙熟英语。一般来说，委内瑞拉华侨多能使用西班牙语，主要是在商业往来上。同时，委内瑞拉是个宗教信仰十分自由的国家。国内基督教、犹太教、伊斯兰教、佛教与土生宗教并存，基本上还算和睦相处，各不相扰。绝大多数华侨同胞则信仰佛教或民间宗教，与委内瑞拉当地民族的宗教信仰各成体系，相互尊重，没有出现一些国家那样的宗教摩擦甚至冲突的迹象。这是一种可

喜现象，有利于华侨与居住地民族和谐相处乃至融入当地社会。

远亲不如近邻，好邻居，抵万金。这一在中国流传千百年的俗语对生活在委内瑞拉的侨胞来说并不陌生。在委内瑞拉经历过种种险恶环境的华侨，对这句话的感悟更深。在委内瑞拉，处理好与当地人的邻里关系十分重要，在治安恶劣的当下尤为重要。人在异乡，"五胡杂居"，和睦相处就更值得提倡。相处好了，有事可以互相帮忙，有问题可以共同解决。彼此相处好了，远在天涯若比邻；相处不好，就算相见亦擦肩而过，形同陌路。

有一位侨胞亲历了这样一件事：一个早上，他跟往常一样，时间到了，就到自己的店里去打理商务。但这天走得匆忙，他楼上、楼下的门都锁上了，但家里一大串钥匙还留在街边那扇铁门的匙孔里。一个白天过去了，他埋头商务，毫无察觉，直至晚上回到家门口时，当一位当地人邻居把那串钥匙递过来时，他才恍然大悟。无独有偶，过了没多久，他的儿子又犯了同样的错误。只不过这次发现钥匙挂在门上的另一位邻居知道他的电话，及时让他回来把钥匙拿走了。这两件事情对于生活在良好治安环境下的人可能不算什么，但对于生活在社会治安恶劣的委内瑞拉华侨来说，却是令人心悸的大事。如果哪个居心不良的窃贼发现钥匙挂在门外，很可能会酿成一个事故。幸好，这华侨父子俩碰到了好邻居，从而避免了损失。"好邻居，金不换。"冯先生两次掉钥匙却安然无恙的故事虽很简单，道理却非常深刻。[①]

华侨冯先生来委时间不长，但他一直强烈要求自己融入当地，并善于与不同族裔结交朋友。他说："同在一个地方工作和生活，早见晚见，没有必要让自己生活在藩篱之中。"熟悉他的人也看到，他无论走到哪里，见到熟人总打个招呼问问好，不熟悉的也微笑示意，说声"Ohra"。据说在他家附近一带的居民，没有谁不认识他的，邻居关系更是热络、融洽，谁家有事找到他，他不会袖手旁观，有困难需要帮助时，别人也会热心相助。他家对面一家当地人朋友说现在商场里好多日用品不容易买到，他就不时给这家人捎上些他家急需的物品。这家人投桃报李，知道冯先生一家整天忙于生意，很少在家，为了安全，在家闲着的老人整天为冯家当"保安"。[②]

麻拉街有一对夫妇，妻子十月怀胎，临产时怕是在晚上找不到出租车。平时相处很好的邻居知道了，就说"到时找我就行"。有了这颗"定心丸"，这对夫妇不再犯愁。但也有这样一对夫妇，买了晚上的车票到外埠走亲戚，到车站这段

---

①　冯炎良：《好邻居　抵万金》，《委华报》，2015 年 3 月 16 日。
②　冯炎良：《好邻居　抵万金》，《委华报》，2015 年 3 月 16 日。

路想要邻居帮忙，但一想到平时"老死不相往来"，最后只好舍近求远。[①]

在委内瑞拉生活了几十年的老华侨冯先生说，委内瑞拉普通百姓比较纯朴，心地善良，和蔼可亲，热情有礼。他还说，有好几任中国驻委使馆领事跟他聊天问起这些事时，他都坦然相告，说起码有90%以上的"老番"（华侨对当地人的昵称）是热情友善的，只有不到10%的低文化、缺教养的人才摆出副不可一世的脸孔。

冯先生还以自己的一次亲身经历，表达了对"老番"热情有礼的好感。那是20年前，一天，他母亲从美国归来，他到加拉加斯国际机场接机。回来的路上，天下大雨，他打开了雾灯和应急灯，提醒后面司机小心行驶。即使这样，他和前面的5辆车还是发生了连环相撞。这已是晚上10点多，雨越下越大。坏了的事故车，还有受伤的人员，在茫茫雨夜中任凭风吹雨打。但是，后面的来车纷纷停下，嘘寒问暖。那时没有移动电话，车在途中，无法报警。但路过的车主不但帮他们找来交警，而且找来了消防员和宪兵，还把伤者送往医院。这感人的一幕，感动了冯先生好多年，至今难以忘怀。他还说，类似的当地人乐于助人的事不胜枚举。

今天的委内瑞拉，总体上说，是今不如昔。最令侨胞感到可怕的是，当地一些犯罪分子变得越来越没有人性和凶残。过去，贼人打劫，一般只是要点钱，即使手里拿着刀和枪，也多是用来唬人的。但那些过去只在银幕上看到的动刀动枪的惨剧，今天却真实地出现在现实生活中。不过，一小撮害群之马在委内瑞拉虽然越来越凶残，但也总有"老番"在关键时刻出现在华侨眼前，帮华侨解困，送去温馨。这样的患难之交，华侨不会忘记，也不该忘记。

有这样一个例子：一个傍晚，一个华侨青年在下班后按老板吩咐用车送一个当地工友回家。在途经华恋社托克怡托（Tocvyito）区一个居民住宅区时，由于道路颠簸，青年的车不慎与同方向的摩托车相撞。摩托车被撞坏，车上当地人倒地，伤势无大碍。事故发生后，住在附近的当地人围拢来，有看热闹的，有不怀好意挑拨事端的。从未见过如此阵势的华侨青年被围在中间，进退不能，心里很是紧张。因为住在这个区的多是素质较低的人，有理讲不清，如果蛮横起来，后果很难设想。当时这位青年身上的钱不多，赔偿肯定不够，而打出的求救电话又不通，想要脱身很难。正当他一筹莫展时，一个当地人青年站了出来（他也住在此区，听到吵闹声出来看究竟），对他说："我也是为华人打工的，我想办法送你出去。"接着对围观的人说："我现在用车送华人回去取钱，汽车就停在这里作抵押，请大家不要再闹。"他还特意叫附近相熟的人帮忙照看好汽车，然后

---

① 冯炎良：《好邻居 抵万金》，《委华报》，2015年3月16日。

用自己的摩托车将青年送到一家华人杂货铺。杂货铺老板了解情况后，即电话请相熟的军警帮忙。军警驱车来到事发现场，维持秩序，并平息了在场当地人的过激情绪。华侨青年的老板接报后很快赶到现场，在军警的协调下，与被撞摩托车主达成赔偿协议并做了赔偿。就这样，一场一触即发的恶意围攻被平息。事后，那位出手相助的当地人青年说，他工作的华人商场，老板对他们很好，因此他对华人很有感情。所以今天见到华侨青年被围攻，他很是不平，故站出来相助。①

委内瑞拉就是这样一个国家，先进与落后，美丽与丑陋，仁慈和罪恶，原始与现代，相互交织。所以，有人赞之为天堂，有人贬之为地狱。要在这个地方出人头地，不说要有独到的眼光，起码也需要学会趋利避凶。华侨自己要做的是自尊、自重、自强。华侨每前进一步，都充满艰辛与风险。也许可以说，目前委内瑞拉华侨生活上的艰辛与生存风险，比世界上大部分国家的华侨都更甚。这也是国内从事华侨华人研究的学者和侨务工作者应该知道的。对委内瑞拉华侨生存与发展上的潜在危机，如何未雨绸缪，防患于未然，并由此举一反三，了解世界各国华侨华人的生存和发展现状，对其居住地可能存在的排华苗头做好预防工作，是国内侨务工作者和学者应该关心和思考的课题。这也是他们对广大海外同胞应负的责任。

五、塑造良好的华侨形象

重塑海外华侨的良好形象不仅十分必要，而且十分急迫。华侨在海外谋生实在不容易，更应时刻检视自己的言行举止是否文明，是否合乎时代与当地的要求。只有这样，才能提升华侨在住在国的社会地位，融入当地社会，为人所尊重，才能与当地人民和睦相处，安居乐业。在这方面，梅里达中华会馆的经验值得借鉴。面对周围恶劣的治安环境，梅里达中华会馆委员精诚团结，领导带头，以身作则，身体力行，出钱出力，做好各方面的防范工作。

多行善举善事，积极回馈当地社会。梅里达中华会馆平时除了积极参与当地各项慈善活动外，凡当地遇到重大灾难或是每逢圣诞、新年等节日，会馆必发动侨胞开展送温暖、献爱心活动。这些活动，在当地社会引起了强烈的反响，不仅当地的报纸在头版作了大幅图文并茂的报道，当地的电视台作了现场直播，且有的地方官员还亲自参与分派礼物，盛赞侨胞的善举。这些慈善活动，救济了穷人，影响了地区，改变了他们的亲戚朋友对华侨的看法。有的贼人受到感化，在华人遭到危险时，甚至挺身而出保护华侨。

---

① 吴言：《华青因车相撞遭围攻　番人不平出来相助》，《委华报》，2013 年 6 月 18 日。

有的华侨待人无礼，与左邻右舍不能和睦相处，遇事便孤立无援；有的华商贪小便宜，不守法经营，卖赃货（称"老鼠货"）或任意抬高物价，引起群众不满；有的华侨社团不够团结，无法凝聚华侨的力量而为人小觑。

随着近几年来新移民的剧增，华侨社会变得越来越复杂，其中有极少数的华侨，与中国内地和当地的一些贪官互相勾结，组织偷渡、伪造各类证件和护照、搞假居留证入籍。他们还帮当地贼人销赃，甚至明目张胆地勒索乡亲，为了敛财而不择手段。

华侨中也出现一些不文明行为和陋习，主要表现在：满口粗言；衣冠不整，蓬头垢面；有的人办事不排队，甚至插队抢位；乘车见到老弱妇孺不让座等。[1]新移民华侨内部的不良因素也对这种现象起了推波助澜的作用。一些新移民在出国前就染有吸毒、赌博等恶习，到了委内瑞拉后，劣性不改，重蹈覆辙，甚至变本加厉。有吸毒者难以生存下去，只好由会馆出面将之送回家。曾有一段时间，国内有的家长看到子女不成器，便想把他们送出国，希望他们在新的环境里痛改前非，重新做人。但他们中相当一部分人在远走他乡失去拘束后便如脱缰野马，在邪门歪道上越走越远，以致无可救药。[2]

一种形象，就是一种尊严。委内瑞拉是个移民国家，通常情况下不会有明显的种族歧视。但常有人抱怨在这里得不到应有的尊重，说某些部门的人板着脸，甚至敲诈勒索。这固然是事实，但另一方面，华侨也应知道，尊严和形象密不可分，只有好的形象，才能赢得尊重，任何人都不会把尊重送给一个不重小节、不懂自律的人。毋庸讳言，华侨华人常常对一些让外国人反感的问题不以为然，其中比较突出的，是在公共场所大声喧哗、随地吐痰、乱扔垃圾、不讲秩序、爱插队、不尊重别人的文化习俗、爱炫富、恃财凌人等。这些举动多是不经意的，非恶意的，在华侨看来甚至已经习惯成自然，但在当地民族看来，就是没素质、没教养。往往就是这些不经意的举动影响着华侨的形象，造成负面影响，也会失去一些本该有的尊重。

华侨不注意公共卫生、公共秩序，其实在很多时候都会有所听闻。在华侨集中居住的地方，总给人脏的感觉；华侨餐馆里的卫生间，总不那么干净。一些华侨手中的纸屑总是随地乱丢，在本是禁烟的地方堂而皇之地烟抽，口中的痰在大庭广众之下乱吐。麻拉街有两家酒店，凡是华人来住，总以"客满"为由予以谢绝。因为这家酒店多次发现，华人住过的房间，总有乱扔的烟头，且用过的厕

---

① 《重塑旅委华人的良好形象》，中国侨网，2007 年 8 月 15 日。

② 黎惠权：《华人社会不容》，恩平报社编：《恩平报获奖新闻作品选集（1983—2003）》，北京：人民日报出版社，2004 年，第 119 页。

所不认真冲洗，用过的物品被搞得乱七八糟等。无独有偶，一些当地人房东也对华侨敬而远之。《委华报》曾报道过这样一件事：有一年，一个当地人把自己空着的几个房间租给一些华侨，但没几天，同住一起的当地人房东就忍不住了。一是这些华侨早出晚归，且每次出门或归来总把门弄得"嘭嘭"响；二是晚上回来了不是静静休息，而是把电视打开，音量开到令邻舍感到不适的程度，假日的麻将声更是无所顾忌；三是煮饭、烧菜，油烟浓烈，经常是乌烟瘴气。一年后，房东忍无可忍，把房子收回，再也不给华侨租住。[①]

华侨也的确曾给当地人留下一些不好的形象。如很多华侨在杂货铺、"京解野"穿着拖鞋上班，衣着随便；一些华侨在餐馆大声说话；一些华侨在家中不讲究，家里摆放凌乱；一些华侨喜欢在公共场合抽烟等。特别是近 5 年来的新移民，处事更是不检点。[②] 有人不讲文明礼仪，在公共场合衣冠不整，粗言滥语，行为不端，严重损害了华侨形象，因而也影响到他们的商业经营。[③] 另外，影响华侨形象和商业经营的还有华侨社会的团结问题。在这方面，华侨社团做了大量工作。如商会、会馆之间的沟通，加强自身建设，与政府沟通，促进华侨之间的团结。但华侨社会的团结和"和谐侨社"的建设是一个长期的努力目标，不是朝夕间可以解决的。

在委内瑞拉，很多在华侨看来属于"随便"的事情不能随便。经常可以看到，在餐馆或在咖啡馆，当地人吃完、喝完后用过的纸巾或塑料袋，总会细心地清理好，放在用过的盘子里或扔到垃圾桶。这些被华侨称为"手尾"的工作，对他们来说已然自觉，无须多说。如果华侨在这种环境下依然按照自己的习惯行事，必会令当地人反感。

以上种种，往往发生在不经意之中。小的如乱扔烟头、大声叫嚷，大的如经营违法违规，其表现程度不同，但影响是一样的，都给华侨同胞抹黑。中华民族是礼仪之邦，养成良好的行为习惯，既是在弘扬中华传统美德，也是在树立自己的良好形象。中华民族也是一个知礼守礼的民族，文明守法，谦和友善，诚信守礼，是优秀的民族传统。华侨居住在异国他乡，更应该诚实守信、守法经营、与邻为善、和谐相处，保护生态环境，不买卖、携带违禁品，不食用珍稀野生动物等。从小处说，华侨的一言一行，都会影响到当地人的看法，影响到华侨社会地位的提升，影响到每个华侨的生存环境，所以树立华侨的美好形象绝非小事一

---

① 《若要人尊重，需树好形象》，《委华报》，2015 年 7 月 20 日。
② 笔者 2010 年 1 月 10 日在麻拉街对华联会的冯炎良、吴水活、吴锡麟、冯玉成、岑庆扬、梁永钦、吴里驹、冯景文、冯庭良、吴万超等人的采访。
③ 黎惠权：《华人社会不容》，恩平报社编：《恩平报获奖新闻作品选集（1983—2003）》，北京：人民日报出版社，2004 年，第 119 页。

桩。今天的委内瑞拉，时逢乱世，华侨生活在此，就不能事不关己，更需要提高自身的文化和道德修养。一个人的容貌、气质、衣着打扮等固然重要，谈吐文雅、举止斯文、待人彬彬有礼、尊重别人也很重要。人们可以直观地看到人的美与丑，透过外表窥探人的内心世界。尊重自己的同胞，待人彬彬有礼，就显示了中国人的良好修养，维护了中国人的尊严和形象。但如果随意将身上不雅观、不礼貌、不近人情的陋习劣行表现出来，既大煞风景，也有损中国人的人格和中国人的形象，切不可等闲视之。

近些年，委内瑞拉一些老侨胞还认为，华侨之所以常常成为袭击对象，原因之一可能是有的同胞住在异国，或在加入该国国籍后，却一直没有主人翁意识，没有真正融入当地社会，常常"事不关己，高高挂起"，忽略了自己应有的政治地位。与华侨相比，移民历史较长的意大利移民和阿拉伯移民因乐于参政而出了不少政坛代言人，如政府官员、议员等。相比之下，华侨更愿意把时间花在经商上，对政治不太关心。长此以往，最终结果就是华侨的政治地位无法提高，游离于主流社会之外，很难为自己和下一代在住在国争得发言的机会，也就难以得到住在国的足够重视，得不到相应的安全保障。

上述现象的性质各不相同，违法或犯罪的轻重程度也各不一样。但不管何者，都损害了华侨的正面形象，尽管委内瑞拉华侨中的绝大多数是好的、遵纪守法的。

有的华侨当初抱着"淘金梦"而来，他们在委内瑞拉的唯一目的就是挣更多的钱，而在拥有了一定经济基础之后，没有回报社会的意识，没有考虑到"取之于民，回报于民"，不愿多做善事，而是将大把的钱投到个人享乐甚至赌场上；有的华侨挣了钱后就趾高气扬，招摇过市，显富露贵。这些都很容易引起当地人的嫉恨。加之与当地人因为语言隔阂而缺乏沟通，故不少华侨在面对困境时常常孤立无援。同时不能不指出，个别华侨有好赌的不良习惯。例如，一位侨胞来到委内瑞拉已经20多年，经过打拼，一家人在街市开了一个食品批发店和两间较有规模的超市。在华侨当中，他的成功和收获令人羡慕，然而他却陷入赌博的泥淖之中。2012年7—8月，他在赌场上搏杀，一时红了眼，越陷越深，一发不可收拾。转眼间，只一个月工夫，他全家20多年的积蓄和三间店铺输了个精光。等待他的，是从零开始的打工生活。[①]

应该看到，一部分委内瑞拉当地人仍然歧视华侨，这也影响了华侨的生存与发展。他们认为华侨和阿拉伯人最吝啬。过去委内瑞拉的幼儿园教科书中，华侨的形象被画成"猪尾巴"，说这就是"Chino"（含不敬意）。显然，对小孩从小进行歧视华侨的教育现在还不能说已经完全消失。当然，华侨也要坚持自己的民

---

① 《赌博走上不归路》，《委华报》，2013年6月18日。

族正气，不应躲躲闪闪，畏畏缩缩。例如，委内瑞拉搞笑明星 Larry El Moreni Michael 一次在选美大赛上演唱了一首嘲笑华侨的歌曲。据说这首歌出自 50 年前一位歌星，里面有嘲笑华侨的内容。Larry El Moreni Michael 演唱时，没认真注意这个问题，只觉得好听、搞笑，就拿到大赛上演唱，造成不良影响，损害了华侨的形象，伤害了华侨的感情，被传得沸沸扬扬。在知道广大华侨对此表示反感后，Larry El Moreni Michael 特地从加拉加斯赶来，为自己的演唱通过媒体作公开道歉。因为他的演唱不是故意且未怀恶意，所以在道歉之后，华侨表示原谅。①

在一个资信十分发达的现代社会，通过传媒来宣传华侨，提升华侨形象显得十分必要。2015 年 3 月 30 日至 4 月 7 日，香港无线电视翡翠台《世界零距离》摄制组抵达委内瑞拉，就选美、治安、交通、旅游、华侨华人奋斗史等课题展开采访，生动地记录并真实反映了委内瑞拉有关方面的情况。摄制组在委内瑞拉采访拍摄期间，适逢第 18 届华人华侨运动会，他们改变原定的采访行程，到现场摄录了开幕式的精彩镜头，并采访了陈坚辉、刘国振、陈毅浑、梁焕年等侨领。② 2015 年 7 月 10 日起，每逢星期一至星期五北京时间下午 1：55，香港无线互动新闻台（TVB）播放该台《世界零距离》摄制组记者 3 月 30 日至 4 月 7 日在委内瑞拉现场采访的专辑。

2015 年 6 月 10 日中午 2 点，委内瑞拉中国和平统一促进会主席、华联总会永远名誉主席李瑞华在委内瑞拉环球电视台（Globovision）直播室接受专访。他畅谈中国文化和改革开放成就，盛赞中委两国人民的友好往来，介绍旅委华侨华人对当地经济发展做出的贡献。这次直播专访时间安排在黄金时段，并由该台著名记者胡利奥先生（原委内瑞拉驻外大使）担任主持。访谈中，李瑞华用流利的西班牙语向委内瑞拉人民宣传了华联总会成立的宗旨；介绍了中国的历史文化、改革开放取得的丰硕成果；赞扬了委内瑞拉人民的友好和热情，介绍了华侨华人在委的发展历程和对当地经济建设做出的贡献，展示了友好形象，传递了心声。例如，作为第三届华联总会主席，李瑞华谈到华联总会是联合全国 23 个省市社团组成的。全国 23 个省，每个省都有一个社团，每个社团都是华联总会的一分子。李瑞华特别指出，全国每个侨社都很重要，每个侨社都起到团结和教导当地华侨华人遵守法律和合法经营的指导作用。李瑞华还告诉提问人，生活在这里的多数是广东人，大部分都是来自同一地方，大家像亲戚一样。当主持人问及李瑞华的子女在做什么工作，是否熟悉中国文化，他们有没有回中国探亲访友

① 陈淘涛：《华恋社中华会馆召开新闻记者会，向记者表示节日问候，同时演唱嘲笑华人歌曲的搞笑明星公开道歉》，《委华报》，2013 年 7 月 15 日。

② 莫熙丰：《香港无线电视翡翠台到委采访》，《委华报》，2015 年 4 月 6 日。

时，李瑞华回答说，我女儿自小在这里读书，大学毕业后在这里工作，女儿很熟悉中国文化，也经常回中国。主持人问，那你想一直生活在委内瑞拉吗？李瑞华答，委内瑞拉是我的第二家乡，其他地方我不想去。主持人再问，你是否喜欢委内瑞拉人和这里的气候。李瑞华答，委内瑞拉人友善、热心，在这生活得很好、很自由，我很开心。主持人又问，你感觉到委内瑞拉人是否会喜欢华人。李瑞华答，委内瑞拉人很友善，我们已建立了友谊。最后主持人说，我非常喜欢和中国人聊天，我知道很多旅委华人虽然西班牙语讲得不好，但心是向着委内瑞拉的，我也相信你们华人已扎根在这里，在委内瑞拉你们会感受到如家一般的温暖。[①]由此可见，这场问答是一次成功的形象公关，向委内瑞拉公众正面宣传了华侨华人在居住地生存和发展的态度，传达了善意，提升了形象。

最后也应看到，华侨与委内瑞拉知识精英阶层的交往迄今仍然十分有限。委内瑞拉精英阶层对作为"外来人"的华侨的了解还十分有限。委内瑞拉曾经建立起比较发达的教育体系，拥有诸如中央大学、苏利亚大学、加拉沃沃大学、东方大学、洛丝德丝大学、密利亚大学、京都师范学院及私立圣玛利亚大学、安德勒斯培约大学等名校，以及众多的私立补习学校。但如此多的大学中，迄今还没有产生出一批有影响力的当地人知华专家、汉学家等；华侨华人群体中，也没有产生既精通中华文化、又通晓当地文化的知识分子精英，委内瑞拉国内的大学尚缺乏著名的华人专家教授，委内瑞拉国内的电台、电视台、报刊中缺乏著名的华人传媒人，委内瑞拉法律界缺乏著名华人律师，委内瑞拉政坛上更没有响当当的华人政治家。由于委内瑞拉新华侨受教育水平和发展阶段的天然局限，要在他们中间产生这样的专家学者是不现实的，老一代传统华侨却失去了这样的机会。所有这些，对华侨华人深层次地融入当地社会、参与政治以及长远发展产生不利影响。华侨华人要改变这一局面，尚有漫长的路要走。

第三节　华侨与家乡的关系

一、历史的回顾：华侨捐款支援祖国抗战

委内瑞拉华侨对祖国家乡的慈善和爱国活动的支持是有历史传统的。老一辈委内瑞拉华侨说得最多的便是捐款支援祖国的抗日战争。1937年卢沟桥事变后，不仅委内瑞拉，整个美洲华侨的捐资活动都跟全世界各地的华侨一样踊跃。根据

---

① 《李瑞华接受环球电视台专访》，《委华报》，2015年6月22日。

1973 年有关方面的资料估计，美洲 29 个国家和地区的华侨，从 1937 年至 1945 年捐款支援祖国全面抗战的情况如下：

美洲华侨捐款支援祖国全面抗战统计表（1937—1945）

区别	国别	华侨人数	八年全面抗战华侨捐献总数（单位：美元）	备注
北美洲	加拿大	46 000	5 000 000	
	美国	103 175	56 000 000	
	墨西哥	12 500	2 000 000	
	小计	161 675	63 000 000	
中美洲	古巴	32 000	2 400 000	
	海地	40	3 840	
	多明尼加	362	34 752	即多米尼加
	瓜地马拉	745	71 520	即危地马拉
	宏都拉斯	400	38 400	即洪都拉斯
	萨尔多瓦	167	16 032	
	尼加拉瓜	1 500	144 000	
	哥斯达黎加	600	57 600	
	巴拿马	2 000	192 000	
	千里达	5 000	480 000	
	占美加	8 000	515 635	
	古拉梳	700	67 200	
	亚鲁巴	257	24 672	
	小计	51 771	4 045 651	
南美洲	哥伦比亚	550	52 800	
	厄瓜多	800	76 800	即厄瓜多尔
	委内瑞拉	1 500	144 000	
	圭亚那	2 646	254 016	
	苏利南	3 016	289 536	即苏里南
	开因	163	15 648	原为法属地
	巴西	592	56 832	
	乌拉圭	55	5 280	
	巴拉圭	12	1 152	

（续上表）

区别	国别	华侨人数	八年全面抗战华侨捐献总数（单位：美元）	备注
南美洲	玻利维亚	35	3 560	
	秘鲁	10 915	1 047 840	
	智利	1 500	144 000	
	阿根廷	200	19 200	
	小计	21 984	2 110 664	
总计		235 430	69 156 315	

资料来源：华侨革命史编纂委员会编：《华侨革命史》（下册），新北：正中书局，1981年，第 683–684 页。

上述估计数字表明，八年全面抗战中，美洲 23.5 万余名华侨，共捐献 6 915.6 万余美元，人均捐款近 300 美元。这个数目是惊人的。在这之中，委内瑞拉华侨的表现不俗。虽然总数不能跟富裕的北美华侨相比，但在中南美国家中，还是十分可观的。必须指出的是，抗战期间，委内瑞拉华侨人数不多，处境也十分艰难。更为严重的是，1938 年委内瑞拉发生大规模排华运动，以致华侨难以在该国立足，多少年后人们说起来还心有余悸。在这样的困境中，委内瑞拉华侨节衣缩食，捐资抗日，就显得更为可贵了。

现在已经不可能获得当年委内瑞拉华侨捐款的详细数字，但今天委国华侨谈得最多的捐款人的祖籍地，则是恩平市沙湖镇乌石滘村，捐款地在委内瑞拉的加拉必度（Carapito），[①] 至于捐款时间，则只知道是 20 世纪 40 年代抗战期间。其中，数吴（锡）琼、陈连聪二人捐得最多。捐款总数合共 1 万多美元（当时汇率为 3.5），按当时的价格可买半架飞机。[②] 还有一种说法是，"中华总会馆成立之始（笔者注：应为 1944 年），即发动全侨捐助，支持祖国，据总会记载，首次汇回捐款即达美金十万元之巨，并订有每月派捐规定，以示支持祖国。相继出任总会主席者，有区景魁氏、吴锡琼氏及陈炳辉氏等，在抗战建国期间，先后捐劝及认销公债等，约达美金一百万元"[③]。显然，笔者采访得到的材料，只是抗战期间委国华侨捐款的一个片段，而后一种说法所反映的，则是整个抗战期间委国

---

① 笔者 2010 年 1 月 16 日在加拉加斯对冯金来、吴德明、吴崇岳、吴兆洪、李锦盛、吴进鸿、吴添荣的采访。

② 笔者 2010 年 1 月 15 日在加拉加斯对陈钟鼎、吴进鸿、钟永照的采访。

③ 杨锋、陈宴图：《委内瑞拉华侨概况》，新北：正中书局，1988 年，第 19 页。

华侨捐款的全景图（包括捐款和公债等），是一种连续性行为，当然也是华侨的一种自发性行为。可以说，今天委内瑞拉侨胞的捐款赈灾活动，是对优秀历史传统的继承与发扬光大。

二、支持家乡大宗公益事业：华侨名人的捐赠

改革开放以来，委内瑞拉侨胞支持家乡公益事业建设的事迹很多，这里仅举几例。

委内瑞拉较早捐赠家乡建设的是郑进伟。1979 年 8 月，他第一次回国观光，在家小住数日，看到家乡交通不便，便分别给君堂区和恩平县医院捐赠了旅行车；1981 年 7 月，他带儿女回乡探亲，为正在兴建的侨联大厦捐赠了 2 000 美元。此后，君堂侨联大厦、区礼堂、独醒中学教学楼等先后筹建，他都慷慨解囊。在家乡期间，他见县医院地方窄小、设备落后，便与县领导商量，在鳌峰山南另辟空地 10 万平方米兴建新医院。返回委内瑞拉后，他与女婿吴金叶、女儿郑碧云四处奔走，发动侨胞集资。在他们的发动下，先后有 1 000 多名侨胞和港澳同胞捐资赠物，建起了新的医院门诊大楼。后来，他还带动乡侨给村里捐资，改善环境，该村因而被评为恩平县第一个由旅外乡亲集资兴建的文明村。[①] 据不完全统计，郑进伟为家乡公益事业捐资达 70 多万港元。[②]

在委内瑞拉华侨社会中，冯雪茂的名字无人不晓，他让许多希冀有朝一日功成名就的乡人兴奋和激动，他是委内瑞拉华侨的楷模和骄傲。在他出现的地方，无论大人小孩，都亲切地称他为"茂叔"。他待人平和，朴实无华，没有富豪派头，不摆架子。尽管他去国离乡已经一甲子，但仍然心怀家乡，热心家乡公益。多年来，他除了在委内瑞拉带头捐资兴建麻拉街华联会外，还捐资家乡办学。他捐资兴建了牛江雪茂中学、恩平电视大学等，实践了他"诚实劳动，不光为满足个人需求，还要造福社会"的人生哲学。[③]

冯根存素来爱国爱乡，热心服务侨胞。他事业有成后，不但热心家乡公益，也热心侨社活动。早在 1973 年，中国还处于"文化大革命"期间，他大胆申请回国参加广州交易会，成为当时委国华侨中第一位回国参加贸易活动的商人，受到省、市有关领导的热烈欢迎和盛情接待。从此，他经常回国观光，回乡探亲。

---

① 张炎基：《拳拳赤子心：记君堂区三山里村旅委老华侨郑进伟先生》，地方侨刊资料，由吴郑碧云（郑进伟女儿）提供。

② （恩平）《均安侨刊》第 6 期，1992 年 7 月，第 6 页。

③ 黎惠权：《160 年沧桑——委内瑞拉见闻》，恩平报社编：《恩平报获奖新闻作品选集（1983—2003）》，北京：人民日报出版社，2004 年，第 106 – 107 页。

举凡家乡修桥筑路、建设文明村，以及市镇举办公益事业，他都出钱出力，慷慨解囊。1994年，他再度回国观光，耳闻目睹祖国的变化，感受良多。但当回到建于20世纪70年代的横眉小学参观时，见到该校设备陈旧，校舍成为危房，顿生在家乡兴建学校之念。他的想法得到当地政府的大力支持，双方共同出钱出力，重新在横眉兴建了一所学校。一年后，由冯根存捐助100多万元、占地面积15亩、建筑面积近2 000平方米的根存学校落成，并于1996年3月30日举行落成剪彩典礼。1998年，冯根存偕眷回乡观光，又捐助20多万元在该校兴建一座教师宿舍楼。1999年，他应国务院邀请回国参加中华人民共和国成立50周年观礼，受到党和国家领导人的接见，并到祖国各地旅游观光。随后回家乡省亲，市领导及有关部门设宴为他洗尘，他当即又向根存学校领导表示捐助3万元给该校美化、绿化校园。据统计，改革开放以来，冯根存为家乡的公益事业捐款达200多万元。[①]

何锡球所在的马拉开波，有"石油城"之称，何锡球在生意场上有了起色后，自然成了这里中华会馆的热心侨领。1979年7月，在海外闯荡了十几年的何锡球第一次回到魂牵梦萦的家乡。他是随梅植生、钟国常率领的回国观光团，从北京、上海一路南下，最后回到恩平，与家人和乡亲相聚的。38年过去了，大麻坪村人至今还记得，何锡球春风满面地走进村子，乡亲们收到他带回的一份沉甸甸的礼物——彩色电视机。那时的中国，彩色电视机还是稀罕之物。有了这台电视机，每到晚上，村里那间有点残旧的文化室里，总挤满了兴致勃勃的观众。

在恩平城乡，何锡球看到坑坑洼洼的村道，雨天泥泞积水，晴天尘土飞扬。不太平坦的泥滩长着一些杂草。于是，在结束观光行程前，他和钟国常、何有练等老朋友积极倡建恩平侨联大厦。1982年，恩平侨联大厦屹立在恩城锦江南岸，何锡球1万元港币的捐款赫然在列——这在当时是一笔巨款。此外，在沙湖侨联、沙湖影剧院等单位的建设中，也留下了他积极捐款的记录。对村中各项建设，他更是责无旁贷，由他本人或由他发动家族成员捐赠的巨款，多年来源源不断地汇到家乡。20世纪末，何锡球发动家族成员在恩平沙湖镇兴建立资大厦，以纪念先辈（何立资是何锡球的父亲、何德活等的爷爷）。由于不忘家乡，不忘祖宗，2012年，年过八十的他，还在关心村前通往马沙公路那段2公里长的道路的建设，发动捐款80多万元，圆了他人生中最后一个家乡建设梦。2014年8月4日，何锡球与世长辞，享年83岁。[②]

恩平市本身的工业基础比较薄弱，经济发展缓慢。改革开放之后，恩平侨胞

---

① 《委华报》资料。
② 《平凡中的不平凡——已故委内瑞拉侨领何锡球二三事》，《委华报》，2014年8月25日。

积极参与家乡建设，回乡投资，开厂办实业，一开始是"三来一补"企业，后来则是合资或者独资企业。这些企业涵盖了房地产、工业、能源、纺织、皮具、机械等行业，带动了恩平经济的发展。这其中包括委内瑞拉侨胞的贡献。

三、"仙女散花"式的各种经济贡献

早在改革开放前，委内瑞拉侨胞跟其他国家的侨胞一样，通过寄侨汇的方式对国内家庭成员或亲戚提供一定的经济支持。有关数字今已难以确切统计。此外，还有少数海外侨胞对村中其他有经济困难的乡亲提供侨汇支持。由于那时的国家政策一般还不允许接受海外侨胞对家乡公益事业的捐助，所以后一类经济支持可以看作是改革开放后侨胞支持祖国和家乡公益事业的先声。例如，旅委侨胞郑进伟原籍恩平君堂三山里村，他的家人都在国外，但那时村里谁有困难，他都热情相助。据统计，他帮助22户乡亲建了新房子，资助25个青年成婚。仅这两项，就花去了他十多万元。[1]

广东省恩平市是委内瑞拉华侨的主要来源地，据估计，委内瑞拉恩平华侨的比例不少于80%，有人估计甚至高达90%。具体数字已经无关紧要，重要的是，一国的侨民如此集中地来自国内一个县，单凭这一点，就可说明该国华侨与国内关系的密切程度了。尤应指出的是，委内瑞拉的华侨中，大部分是20世纪80年代初中国改革开放后通过各种途径来到委内瑞拉的新移民，他们中每一个人都还有亲戚朋友生活在家乡，有的人在家乡甚至"上有老，下有小"，只有一个人孤身闯荡，在委内瑞拉求生存、谋发展。由此可见，委内瑞拉华侨群体与家乡的关系是多么密切了。

在21世纪头几年，委内瑞拉的经济形势还算比较稳定，委内瑞拉的货币贬值不严重，再加上大多数华侨都勤奋，赚到了不少钱，并把钱寄回家乡，外汇逐年增加。他们是通过"速汇金"汇回家乡的。2005年，工商银行恩平支行就办理了46 722笔，金额达1 430万美元；到2006年已经分别增加一倍；到2007年第一季度，又再增加了37 543笔、金额1 136万美元。[2] 这些外汇，成为推动恩平经济社会发展的一个重要资金来源。由于新移民的家属仍留在恩平，侨汇也就成为侨属家庭生活的主要经济来源（如支付子女学费、购房置业等），关系到千万海内外恩平乡亲的切身利益。

---

[1] 张炎基：《拳拳赤子心：记君堂区三山里村旅委老华侨郑进伟先生》。地方侨刊资料由吴郑碧云（郑进伟女儿）提供。

[2] 《委华报》资料。

有人做过调查，旨在了解旅委恩平人对家乡亲人及家乡建设的贡献：

第一，平均每人每一年寄钱回乡的数值为：春节 100 美元，清明 100 美元，中秋节 100 美元，父母生日 100 美元，岳父岳母生日 100 美元，总数每年约 500 美元。以此推算，以每人每年寄钱 500 美元、寄钱人数 15 万人算，金额可达 7 500 万美元。

第二，2010 年委国政府允许购买养家费期间，每月在委国汇回恩平的养家费有 9 000 笔，这数目在中国正当汇款统计中排名第一，亚洲排名第二。以此推算，以每个月 9 000 笔，每一笔金额 900 美元算，一年就有 9 720 万美元。

第三，旅委恩平人的孩子回国读书人数约有 2 000 人，平均每人每年费用开支（包括学费、书费、生活费、医疗费）约 1 万美元。以此推算，回乡读书的 2 000 名孩子，每年费用就达 2 000 万美元。

第四，回中国探亲访友、旅游观光及商务考察的，每年大约有 1 万名恩平华侨，平均每人花费 5 000 元。以此推算，金额可达 5 000 万美元。

第五，旅委恩平人回国订柜买货，平均每个货柜价值是 5 万美元，每年恩平人订购的来委货柜约有 1 000 个，则每年为 5 000 万美元。

第六，侨胞在私人汇款部汇款回中国和正当汇款回中国的数额，按目前统计接近 4 亿美元。①

上述数字是有关人士于 2010 年前后做出的估计，此后委内瑞拉和中国国内的通货膨胀水平已发生了相当大的变化，故仅供参考，不过从中可以看出委内瑞拉华侨特别是恩平华侨对家乡的巨大贡献。

委内瑞拉恩平华侨含辛茹苦赚取的侨汇，曾经是其家乡经济发展的动力及侨眷生活的重要来源。恩平华侨爱国爱乡，与家乡联系密切，回乡投资办厂，参与的公益事业不断增多，华侨子女大量回乡接受教育，对侨乡经济社会发展起到了积极的促进作用。华侨与家乡的联系由是变得越来越密切。华侨所经营的杂货、百货商品大多来自家乡恩平等地，因而在恩平等地形成了一个庞大的对委供货出口市场；恩平市一段时期内的房地产市场因委内瑞拉华侨的大量参与而被热炒，房价上升；华侨同胞经委当局准许寄回家乡用于赡养家庭成员的"速汇金"已经形成了规模；很多华侨飞回家乡的频率也大大增加，很长一段时期内，在加拉加斯机场，每天都可以见到不少操恩平口音的华侨同胞。

---

① 麻拉街冯炎良 2010 年 1 月 8 日提供的书面材料。在材料中作者原注：以上资料为 2006—2009 年；2005 年以前，（委）政府不准许寄汇用牌价美金，因此要寄汇只能买黑市。2006 年以后，才有上述事情发生。

四、委国经济不振对华侨支持家乡能力的影响

侨居国经济的不振不但影响到恩平人民的移民活动，而且也对恩平侨乡的经济产生了重大的影响。侨汇的减少削弱了侨属在家乡的消费力。近几年恩平房地产行业发展的起伏以及城乡餐饮业的兴衰，反映出侨汇对侨乡经济发展的重大影响。委内瑞拉经济与恩平经济产生共振现象，其主要原因是恩平移民结构的单一性，即恩平的移民集中在某个国家——委内瑞拉。如果恩平的移民分散在多个国家，委内瑞拉的局势就不可能像现在这样，对侨乡产生这么大的影响。

（一）对华侨与其家乡经济关系的影响

跟许多国家不一样，由于委内瑞拉的经济和社会发展尚处于较低的发展水平，更重要的是，由于该国政局持续不稳，社会动荡不安，治安经久不靖，华侨比其他国家更需要来自祖国的保护，因而，委内瑞拉华侨对祖国的依赖感、认同感往往更为强烈；同时，对祖国的经济发展成就更加感到自豪，对祖国发生的自然灾害更加关切，赈灾的意愿和行动更加自觉，善款金额往往超乎寻常。

身居异邦，心怀桑梓，是委内瑞拉华侨的优良传统。2008—2009年，中国的四川汶川、青海玉树先后发生特大地震灾害，东北地区发生雪灾，台湾发生水灾。旅委侨胞踊跃伸援手、献爱心，积极捐款。尤其是汶川赈灾工作，在委内瑞拉全国华侨华人联合总会冯雪茂主席的倡议下，委国华侨社团于短时间内为汶川灾区捐出680万强势玻利瓦尔，折合210多万美元，人民币1 400多万元。经广东省侨办主任吴锐成与四川省侨办主任周敏谦落实，向汶川县漩口镇捐建了一座教育大楼（命名"委内瑞拉华侨教育大楼"）和一间乡镇卫生院。委内瑞拉全国华侨华人联合总会常务副主席冯德活先生和加省华人杂货同业商会主席冯永贤先生参加了现场奠基庆典。

但是，委内瑞拉经济形势的持续恶化，对旅委侨胞及其与家乡的经济关系产生了极其严重的影响。黑市美金狂飙，对生活在委国的华侨——无论是当老板的还是打工的来说，都是苦不堪言的重负，因为，从事外贸生意的企业，需要以手中的美元进行商业活动，而无论是做老板的还是打工的，都要寄钱回国养家，一些人还要支付物业等各项开支。不仅老板面对美元节节下滑一筹莫展，华侨中的打工一族所受影响更大。他们本来抱着"掘金"的愿望，不惜孤注一掷来到委内瑞拉，希望三五年内通过努力改写自己的命运。但委内瑞拉经济日益恶化的形势，令他们不寒而栗。有的打工华侨说："一年前，我的工资折美金有近2 000元，但现仅600多元。"在一家餐馆做厨师的岑先生一提起黑市美金走高，就唉声叹气。他说，他两年前独自从恩平来到委内瑞拉打工，赚了钱都寄回去养家，但现在干一个月就这么几百元美金，不如回恩平打工了。[①] 美元的大幅缩水，令华侨手中所持的美元价值迅速蒸发，这对华侨与其家乡的影响，主要表现在下面几大方面：

其一，华侨支持家乡能力的疲软。

吴先生原在一进出口公司当卖手。由于他勤劳肯干、热情待客，几年下来，就有了自己的朋友圈，业务不断拓展，收入渐丰。由于自己尚未有独立经营的能力，他将钱投资于国内，以月供形式购买了 3 套房。他想，国内房产升值快，这样的投资方式也好赚钱。当时，委币还比较稳定，在支付了首期后，以他这样的收入，每月供款绰绰有余。他还想过段时间继续购买店铺，把供房买铺做大。但就在他憧憬美好远景时，委内瑞拉货币大幅贬值，经济严重下滑，他的收入不但大不如前，而且黑市美金节节攀高。于是，每月的供房费用便成了问题，再也无以为继，想出手又没人接。他一筹莫展，不知如何应对。

有三个孩子的冯先生夫妇，和表弟一起经营着一间杂货超市，本小利不大。由于工作繁忙，孩子无法照看，个个在襁褓之时就送回家乡，寄养在孩子的祖父母处。现在，孩子中大的已上幼儿园了，每月的费用得从这里寄回。委币稳定的那些年月，这是个容易解决的问题。可现在，委国经济萧条，生意难做，加上货物紧缺，尽管冯先生夫妇起早摸黑，千方百计将生意做大，但还是经常缺货，收入减少。再说黑市美金不断高涨，成袋的委币也换不了几张美金。需要寄钱回去供养家中老人和孩子的他们，真的不知如何是好。[②]

陈先生经营"京解野"，从做小首饰起步，早已走上正轨。但陈先生起步较晚，起步后几乎所有的收入都用于再投资。发展顺利时，他一家生活还算舒心。但天有不测之风云，他在家乡的年迈父亲因高血压而突发脑血管疾病，急需一笔治疗费用，平时就没多少积蓄的他，只好将手中的委币兑换黑市美金寄回。令人不寒而栗的是，一纸箱的委币，只换来几千元美金！父亲的后续治疗还需要大笔的钱，陈先生一想到这里，便欲哭无泪。[③]

其二，机票飞涨与回家难。

由于委内瑞拉华侨与家乡的经济和人事联系密切，华侨的返乡率非常高。华侨返乡的唯一交通工具是飞机。但是，由于委币持续贬值，加拉加斯到中国的机票价格大幅上涨，因而严重地影响了华侨的返乡愿望，面对越来越贵的返乡航

---

① 《黑市美金走高，老板难做，打工一族难顶》，《委华报》，2013 年下半年。
② 吴言：《黑市美金高压下旅委华人的种种窘境》，《委华报》，2015 年 1 月 5 日。
③ 吴言：《黑市美金高压下旅委华人的种种窘境》，《委华报》，2015 年 1 月 5 日。

程，越来越多的华侨望而却步，他们不得不减少回乡的次数，这间接地对其与家乡的经济和人事联系造成了不利影响。

早些年委内瑞拉经济环境尚好时，想返乡省亲或旅游度假，都是不难的事情。有些新移民，办妥了居留手续，凑够了机票的钱，再换上几千元牌价美金，就可以潇洒地回家走一回，休整好几个月再回来拼搏。那时因为票价不贵，只要能放下手中的生意，想走就走，想回就回，轻而易举。所以，加拉加斯每天飞往巴黎的飞机，起码有1/3是华人，机上老乡见老乡，十分热闹，跟聚会没什么两样。据2013年底的消息，在全球很多国家的飞机座位不满不得不以打折吸引乘客来提高上座率的时候，委内瑞拉的国际航班机票却爆满。据说包括中国在内的一些国际航班机票，2014年4月前的已全部售罄，一票难求。这在国际航班运力总体处于供过于求的当时，不能不说是一个奇闻。

委内瑞拉国际航班机票的紧缺，是2013年下半年后的事情。这一年7月份之前，从加拉加斯至广州白云机场的机票，经济舱每位不过是18~23微翁，但8月开始，票价节节攀升，最高时达50多微翁。后来航空公司一张不到100微翁的返乡机票，经旅行社转手到乘客手上，就高达1 000微翁。但那时还只是票价猛涨，不至于买不到票。特别是在航班减少、一票难求的情况下，归心似箭者就算票价再高也在所不惜。但后来，即使出再多的钱，也买不到了。很多人没想到，食品、日用品奇缺的委内瑞拉，机票也会紧张。因为飞往世界各国的航班多，不但航线可选择，而且座位充足，乘客想什么时候走就什么时候走。但后来委内瑞拉在食品、日用品奇缺之外，机票更是紧缺，可谓祸不单行。

小陈数年前来委。凭着自己的勤奋，几年下来就有了一定的积蓄。当时他半年的工资，除可以买到一张回家的机票，还可以买到信用卡上的外汇。在亲人的扶持下，他找到了自己的人生伴侣，同时也开了一家中型杂货超市。夫妻俩齐心合力，生意红红火火。大儿子和小女儿先后降生了，为了让小两口无牵无挂地拼搏，在中国的父母主动承担了抚养孙儿女的任务。当时生意尚可，美金汇率也未狂飙，小陈每年都可以随心所欲地回乡探望儿女。及至委内瑞拉经济严重下滑，生意惨淡，小陈的回家之路，再也没有原来顺畅。再到后来形势更加恶劣，机票不但贵，而且也不容易买到。此外，每月给家里寄的赡养费也感到吃紧了。小陈只能遥望远方想念儿女、父母。这样的日子还不知道哪天是尽头。①

有急事要回去的侨胞，常常望票兴叹。东部城市有一出来数年的女华侨青年，母亲病重之时，她手上的钱不够买一张机票（因为票价飙升），等向亲戚朋友借够了钱，又没机票卖，母亲病危直到去世，她都无法回去，唯有痛哭、对天

---

① 吴言：《回家的路为什么就这么难？》，《委华报》，2015年4月20日。

遥拜。机票难买的遗憾，成为她心头永远的痛。

有些乡亲本来早已预订了机票回中国，因孩子的护照到期，需要带他们在委国重办有关手续，但因航空公司飞往委国的航班减少，有的甚至停航，所以旅行社只能失信，将机票钱退回了事。实际上，旅行社工作人员也有苦衷，他们有时为了帮助回国的乡亲找机票而彻夜不眠，守在电脑前，一眼不眨地看有没有"秒杀"机票的机会。[1]

华侨的返乡机票价格，是一个市场价，是彻彻底底脱离了政府定价、限价的自由价。在委内瑞拉，很多货物被放进限价的笼子，但机票如此放得开。面对机票价格暴涨、乱涨，很多人不知所措，机票到底是怎样被一再推高的？[2] 实际上，机票短缺的原因是出国的人多。那么为什么这么多人抢着出国？一言以蔽之，为了国家外汇！委内瑞拉有一政策，公民出国旅游，只要向政府提交去境外旅行的机票、酒店订单等证明文件，就可以从政府申请到在境外以美元消费的信用卡。这种信用卡根据旅行目的地不同，有不同的消费限额，如前往旅途较远的中国和日本等地，消费总额可达 3 900 美元。这些消费，在还款时只需用以官价汇率折算的强势玻利瓦尔。但现在委内瑞拉黑市美金是官价的 10 倍多。出国旅游者回国后，将刷卡所得的美金在黑市上一倒手，就是成倍成倍的高额利润。在委内瑞拉，出国旅游的吸引力就在这里，同时机票紧缺的死结也在这里。据说有一段时间，不少买了机票出国旅游的人士不一定真的要出去，他们把自己申请下来的卡交给朋友，让朋友带出境套现就行了。后来有关部门管得严，申请到境外消费信用卡后不出境不行，于是又将长途改短途，到邻近的国家转一转就回来，达到目的就是。可谓上有政策，下有对策。不过，随着有关部门对这一问题的重视并采取相应措施，如出入境时需检验指纹等，这个情况或许会得到缓解。[3]

其三，汇率制度的变化使大部分侨胞的利益大为受损。

客观来说，造成这种局面的始因，来自一小部分华侨的"小聪明"。十年前，因为货币的不断贬值和通胀，委内瑞拉国内数以千计的企业纷纷倒闭，不少财团和生意人对委内瑞拉的发展前景感到渺茫，于是大量套取美金跑路，导致国内外汇储备岌岌可危。查韦斯政权为稳住阵脚，遂设立了一个新机构——美金管理委员会。目的是希望通过有力的管制，防止外汇流失。这个机构，也让所有的委内瑞拉外国侨民盼来一个惊喜：以牌价兑换美金邮寄养家费。2006—2007 年，委内瑞拉美金管理委员会内设了一个部门，专门负责审批外国侨民寄钱给国内父

---

① 吴言：《回家为什么就这么难？》，《委华报》，2014 年 8 月 4 日。

② 《谁给机票定价？》，《委华报》，2015 年 6 月 16 日。

③ 《机票荒折射出的一个死结》，《委华报》，2013 年 11 月 11 日。

母、兄弟、姐妹、夫妻、儿女等直属亲人的事项。这一事项，名为"邮寄养家费"。按规定，一个外国侨民每年可给在国内的直属亲人寄3份养家费，每份300美元，共900美元，但受寄者必须有当地公证机关的公证书，且公证书必须经委内瑞拉驻受寄者所在国使馆的认证。起初，这项业务不怎么被人看好，因为那时的委币与美金的汇率相差无几，且手续烦琐，侨胞从中国办公证到认证再寄到委内瑞拉，前后需耗费2～3个月的时间。但尽管这样，广大侨胞还是按规定申寄，通过这一渠道不断地给家乡的亲人寄钱。

邮寄养家费可以发财，始于2008年底黑市美金推高时。很多人也许没想到，邮寄养家费也能成为一条致富之路。当时的委内瑞拉，黑市美金是牌价的一倍。随着委币的不断贬值，黑市美金在被不断炒高。一些聪明的人，便也想到了这条捷径。渐渐地，需要花几个月时间办理的公证、认证一夜之间可以办妥，一人一年只可寄3份的限额也可以随意打破。委内瑞拉盛行的交易，让一些人有机可乘并铤而走险。在这样的背景下，邮寄养家费一下火热起来，有路数的大干，没路数的也跟着干。人们很快发现，在短短几年间，一些人特别是那些懂电脑操作的新移民，利用这一赚钱机会，在无声无息中富了起来。

显然，委内瑞拉官方没有预料到，这样的一项利民政策被部分人利用了。当邮寄人数大大超出预期，美金被大量套取时，查韦斯政府还以为委国驻北京大使馆在乱搞认证，而对有关责任人进行了革职查办。但当事件真相浮出水面后，一些伪造假证和利用假证申寄养家费的人逐渐被盯上，被查获后或被法办，或要洗钱。这项益侨举措在2012年戛然终止。终止的原因，可能是申领方面的漏洞百出，也可能是委国国库外汇不济。政府对利用假证邮寄养家费的人进行查处。被查出来的人中，有的虽然得到了保释，但由于其信用被列入黑名单，不但人身自由受到控制，而且一切经济往来或多或少受到了影响。还有个别侨胞，虽然明面上没被查获，但暗地里被警方盯着，常受到无良警察的敲诈。显然，邮寄养家费本是一项好政策，如果继续健康发展下去，那么受益者也有侨胞。可惜，这样的好政策在实施中走了样。①

（二）委国经济低迷对华侨主要来源地经济的影响

1. 对房地产业的影响

在委内瑞拉华侨的主要来源地恩平农村地区，千百年来，人们的住宅基本上是一家一户的私房。早年的恩平城乡仍然是自给自足的经济，大宗消费的最主要表现就是"整屋"，即建私房，平生最令邑人激动和自豪的一件事就是"整屋"。

---

① 逢人熟、柳絮：《邮寄养家费，事了人未了》，《委华报》，2013年下半年。

长期以来，老百姓买地自建房屋，或在自家老房子的地皮上去旧建新，往往会引来乡人羡慕的目光。

富贵不还乡"整屋"，莫若衣锦夜行。是故，包括委内瑞拉华侨在内的旅外侨胞纷纷回乡"整屋"。为了顺应这种需求，恩平有一家专门的公司提供服务，这就是恩平县华侨住宅投资公司，集体所有制，1984 年 3 月 26 日注册成立，由恩平县建设局主管。且看 1984 年 4 月该公司在《恩平公报》上发布的一则广告："恩平县华侨住宅投资公司热诚欢迎华侨、侨眷、港澳同胞及其家属在恩城、江洲、君堂、沙湖、牛江、圣堂等圩镇或者家乡自由选择地点兴建住宅，手续简便，收费从廉，价格面议，营建快捷，工程优质。规格：公寓式，二房一厅（55平方米）、三房一厅（70 平方米）、四房一厅（85 平方米）、四房二厅（100 平方米），别墅式（面积按意愿建造）。优惠：凡购一套住宅，按面积大小，可迁二至四人户籍入城；住宅产权、使用权归购买者所有，政府发给契据，可依法继承、赠予、转让、出卖。联系地址：恩平县基本建设委员会。"从这则广告可以看出，侨胞们可以自由选择住宅的地点、风格、面积大小等，而恩平县华侨住宅投资公司只是负责建屋，相当于承包建筑工程。与一般公司不同的是，此公司由政府部门主导，房子建好之后，屋主可以获得房产处理权，同时还可以选择将部分家人户籍迁入城镇。直到 20 世纪 90 年代中期，建私房之风仍未彻底转变。翻阅《恩平公报》，可以看到最多的报道是许多华侨在国外挣了钱之后在家新建房屋，并宴请乡邻大肆庆祝。

华侨出国大多是为了赚取更多财富，提高自身经济地位，让自己和家人过上舒适的生活。这一点最初没有变，但在移民代际交替的过程中，侨胞在房子问题上的观念却在变，"根"文化的内涵也在变。随着时代的进步，房地产行业开始兴起。加上委内瑞拉经济形势和治安环境趋于恶劣，恩平新移民大多不愿意在委内瑞拉购置太多的房产，也越来越不愿意加入委国国籍，而是在赚到足够的钱之后叶落归根。所以，大部分委内瑞拉华侨都有回乡购置房产的行为。21 世纪初的恩平侨乡，人们不再关心有没有在老家"整屋"，而是有没有去"睇（看）楼""买楼"。对于华侨来说，过去多是在老家建屋，期望叶落归根，21 世纪初则是到城市购买商品房居住。在城镇社区交通便利、生活设施配套齐全、城市小区的娱乐和安全设施都比较好的环境下，华侨对老家的根意识不再局限于祖屋，而是选择更大的文化认同空间，对老家的"根"的认同也扩大到家乡的城镇。一些侨胞在委内瑞拉做生意，隔一段时间会回乡小住。

恩平的市区就叫恩城，走进恩城，映入眼帘的是一条条整齐干净的街道，继而是恩平的标志性建筑——熙春塔，主要道路的两旁是连片的住宅小区。恩平的委内瑞拉华侨都是生活在恩城，拜祖在家乡。生活在恩城，是说很多华侨会在恩

城买商品房，作为回国定居或者探亲期间的住处，毕竟恩城的生活环境要好一些；拜祖在家乡，是说还是要回到自己的老家祭拜先人。这是华侨叶落归根或者说是对"根"的认识，形象地反映了华侨与家乡的关系和感情的新变化，概括了侨乡的"根"文化。恩平华侨的住房观念逐渐从"整屋"向"睇楼"和"买楼"转变，不仅是由于经济的不断发展、社会的文明程度不断提高、人们对自己生活质量和环境的要求提高的结果，同时也体现出恩平华侨对家乡认同的具体内容的变化。这是当代华侨华人对侨乡认同的一大变化。

　　委内瑞拉华侨在家乡的购房行为无疑对恩平的房地产市场影响很大。2004年，恩平市房地产行业逐渐兴起。随着人们对自己生活环境质量的要求越来越高，住房观念也发生了变化，不再只是拿钱重建家中的旧房子，而是开始在恩平市区购买商品房居住，有的人也会把买房作为一种投资方式。2012年中国的房地产政策稳中趋紧，2013年国务院颁布房地产调控"新国五条"，坚决抑制投机投资性购房。在这样的情况下，国内不少一、二线城市的楼市限购，但是恩平的楼市却逆势上扬，保持了不错的销售业绩。如2012年前三季度中，恩平市商品房成交总面积15.05万平方米，同比增长69%，成交金额达6.8亿元；而中秋和国庆"双节"8天假期期间，恩平市商品房销售更是出现井喷式增长，共成交426套，销售面积达到5.4万平方米，成交金额接近2.5亿元。据恩平市住建局的资料分析统计，2013年，在作为主力军的回乡华侨购房者中，旅委华侨的比例达到31%。[①]

　　恩平的经济发展水平在江门五邑地区中是相对比较低的，房地产行业的兴盛增加了地方政府的财政收入，带动了恩平经济的发展。恩平市住建局也提出，近几年恩平房地产行业的发展给地方财政带来了相当可观的收入，恩平市地方经济对房地产业的依存度较高。恩平房地产行业真正起步之后，全国各地的房地产商都扎堆到恩平发展，不断地开发建设楼盘，2013年建设中的楼盘约有40个，而且楼盘的区域已不仅仅局限于恩城城区，逐渐蔓延到了恩平市下面的乡镇，如恒大地产公司建设的位于良西镇的恒大泉都别墅区，每平方米均价在8 000元左右。

　　恩平房地产行业的买方市场，除了本地的购买者之外，最大的动力就来自海外的恩平回乡华侨尤其是委国的新移民。委内瑞拉国内局势相对稳定时，新移民通过辛勤劳动所获得的收入还比较可观。但从2013年11月开始，恩平购房者的观望气氛很浓，主要原因有两个：一是委内瑞拉局势不稳定，回流到恩平的资金大大减少；二是引起热议的"崩盘论"影响了人们对市场的判断。而又由于

―――――――――――

　　① 乔志华：《委内瑞拉恩平籍新移民研究——以牛江侨乡为中心》，暨南大学硕士学位论文，2015年。

"羊群效应"这种从众心理的影响，也使很多人持币观望。①

约2003年到2013年的十年，是恩平房地产业的黄金十年。大量海外侨胞特别是委国侨胞在家乡购房置业，此举大大推动了恩平房地产业的超常规发展。委国侨胞的青睐，是恩平房地产发展的一个动力。委内瑞拉华侨还愿意在家乡购置物业，无论走到哪一个楼盘，都会见到相识的或不相识的委国侨胞住户。早年从委国回到恩平开发房地产的冯勇创和他的兄弟，就是看准了侨胞回乡置业的行情，在恩平大力开发房地产。几年间，腾飞华庭、金润华庭、绿岛华庭等楼盘一个接一个地在恩城崛起。众多的委国侨胞，成了常住或暂住的业主。众多房地产商也深知委国侨胞的购房潜力，在营销策略中无一不打委国客户的主意。面积最大的，往往早已被委国侨胞所订购，一次订购十几幢的，也是委国侨胞的家族。委国侨胞是他们实实在在的潜在客户。

但是，约2013年以后，恩平的房地产业就是另一番光景了。一天，回乡探亲的委国华侨冯炎良去探望一位朋友。他住的地方是恩平一个不错的楼盘，一幢幢新楼房，一丛丛花草，一棵棵树木，十分怡人。可惜，这些开盘多时的楼盘有的还没售出，有的即使卖了也没人入住，整个院落看上去给人空洞洞的感觉。这几年，恩平新开发的楼盘不少，但因为种种原因，买的人不多。其中，委国侨胞不但现在买得少，而且有的侨胞因为委币贬值造成供楼困难，只好低价贱卖。②总之，今非昔比，今天的委国已经不是昨天的委国，今天的委国客也不可能是昨天的委国客了。

2. 对侨乡与委内瑞拉商贸关系的影响

在委内瑞拉经济发展正常的情况下，华侨在委国的生存和发展自然是"风正一帆悬"，但在当前该国经济一片萧条的环境下，华侨过着苦日子就在所难免了。值得注意的是，过去由于委内瑞拉华侨与家乡的经贸关系密切，使恩平经济构成中的很大一部分与委内瑞拉密不可分，两者间早已形成了水涨船高、水落船低的关系。委内瑞拉经济形势好，旅委侨胞兴旺发达，则恩平经济好，恩平华侨亲属的日子就过得宽裕，同时也会拉动家乡发展；相反，如果委内瑞拉的经济形势不好，则恩平的侨属就深受其害。可想而知，如今委内瑞拉的经济一落千丈，甚至还看不见谷底，则其对恩平侨属乃至恩平市经济发展的不良影响就不难想见了。

恩平商贸发展与委国经济息息相关。已经来到委内瑞拉几十年的冯炎良，对恩城万兴东路这一古老的小街印象深刻，这里的一店一铺，都曾留下他们匆匆而来、满载而归的身影。特别是改革开放后由"猪笼街"变成"发廊街"，再由

---

① 乔志华：《委内瑞拉恩平籍新移民研究——以牛江侨乡为中心》，暨南大学硕士学位论文，2015年。
② 冯炎良：《委国经济不振，恩平亦受连累——回乡见闻录》，《委华报》，2014年。

"发廊街"到"批发街"的两次亮丽转身，都在他心中留下美好的记忆。在某一年，他回到恩平正准备返回委国的前两天，夫人念念不忘地说要买些家乡特产带回来，于是一同去了万兴批发街。那些年，唐山货大举出口委国，万兴批发街由此繁荣兴旺，几百米的小街上，一家挨一家的全是土特产批发店铺，红枣、糖果、饼干、酱油、毛巾、洗发水、沐浴露等，副食品、干货和日用品林林总总，顾客熙熙攘攘，显得格外热闹。因为人多，他们花了两三个小时才好不容易买到自己要买的东西。

他们每次回去，都会来这里买点货，尽管他们并不是专门做唐山货生意的。今年，他们一样前往光顾。然而，这条以往终日人声鼎沸的批发街显得有点冷清，卖家也没有了昔日的神气，有顾客进来总会热情招呼，不会像以往那样"买不买由你"，也有了更大的讲价空间。再看那些当年应运而生的"委国货运"，有的已关门。今昔对比，令人叹息。

3. 对侨乡消费能力的影响

过去，旅委侨胞成千上万地在恩平转动，消费力强，恩平的餐饮业十分旺盛。但自2013年以后，由于委国经济严重衰退，旅委侨胞经济状况大不如前，回到家乡自然不会像以往那样大手大脚。再说，机票价高且难买，回去的侨胞大大减少，恩平的消费力就大为变动。例如，在恩平，有朋友来，请喝茶是少不了的。过去，特别是周末，喝早茶不早点来就没位子，得排队等候。约2013年前后，酒店大厅里的餐桌虽然空的不多，但再也没有过去顾客盈门的那种热闹景象：一般来说，上午11时本是早、午茶转换的时间，正常情况下客人应较多，但进入店门，并不是印象中的座无虚席，有几张空空的茶桌在偌大的大厅特别显眼。即使有人的茶桌，也多是寥寥几人。时下恩平各大酒店的生意都不乐观，酒吧更惨，有的已关门停业，只有一些档次高点的还算可以。而在城乡特别是在华侨较多的乡村，上门摆酒席的热闹景象也淡了许多。所有这些，除了国内执行中央"八项规定"严格控制公款消费的原因外，委国局势不好也是一大原因。另外，可能是海外侨胞特别是委国侨胞现在赚钱不容易，操办喜事时总要精打细算，不像以往那样大手大脚。

时装店的经营似乎也不怎么样。一天，冯炎良为买一件合心的衬衣在恩新路几家时装店逛了一会儿。在一家店里，老板知道他是从委国回来的，容颜大悦，说很久没见到委国顾客了，以前只要有委国顾客进来，就有好生意。他们看中就买，也不怎么讨价还价。这老板说的不假，可他不知道，在委国买衣服比在恩城还便宜。因为委币贬值后，兑换美金再折成人民币，原来100元委币可以买到的东西，现在得花上1 000元，很不划算。自然，委国侨胞回乡买衣服的兴致大打折扣。

五、当代恩平籍华侨的叶落归根

在传统移民时代，拉丁美洲华侨的主流观念也是叶落归根，即趁年轻力壮在国外拼命赚钱，到年纪大了，或因病痛而无法打拼了，便买棹归乡。不过，在叶落归根流行的同时，在当地居留下来而没有回到家乡的情况就已经出现，尽管其案例较少。究其原因，既有华侨本人主观上的因素，也有不以华侨意志为转移的客观因素（如急病而亡、他杀身亡、举目无亲等）而回不去的，就只能葬在当地了。一般来说，在拉丁美洲国家死去的人很难捡骨归葬桑梓。一是归乡的路程艰难曲折，二是普遍比较贫穷，三是基本上没有善堂之类的慈善组织。但就荷属加勒比地区来说，华侨葬在当地似乎早已形成习俗，于今为烈。一旦出现第一代华侨，第二代、第三代乃至后面各代华裔便会出现。由于第一代华侨的留驻，后面各代华裔（土生华人）也会留驻，代代相连，没有尽头。

历史上，世界各地华侨叶落归根的观念尽管十分强烈，但其表现形式可能有所不同。就包括加勒比地区在内的拉丁美洲华侨而言，一个华侨的叶落归根并不是故事的结束，还可能是他的海外生涯通过"金蝉脱壳"的方式在后代身上延续新故事的开始。华侨与当地女性生育下来的子女，要么在华侨本人叶落归根之前带回中国，要么留在当地。留在当地的子女，一般不通华语，不谙中国习俗，四邑人称之为"半唐番"。若干年、若干代之后，华侨后代的身份可能不复存在，他的祖籍地也无迹寻觅，只在他大脑里虚化为一个"中国"的大概念。如果他喜欢中国，便逢人就说他的根在遥远的中国，至于中国什么地方，谁也不知道。

过去华侨的叶落归根多是永久性的。其一旦年老回到家乡，便不可能再出来。到了现当代，叶落归根的观念已经为落地生根所取代，华侨便喜欢把居住地当作自己的第二故乡，不仅是世代生于斯、长于斯的华裔，就是从中国移民来的第一代华侨，也愿意终老于斯。当然，也有特殊的情况。一些人（特别是没有家业、基业的新移民）也有强烈的"田园荒芜矣，不如归去"的观念，今天，叶落归根现象又有回潮。

但无论是叶落归根还是落地生根，传统华人的"根"观念总是存在的。"根"，是不受意识形态左右的万古长青之物。"根"的意识与"寻根"行为，后来便成了新一代华人对叶落归根的观念的替代物。一个人，只要还有家乡观念，只要还有乡愁，时常都会念叨着"不如归去"。过去的华侨以叶落归根的行动来兑现"不如归去"，现在则以"寻根"来实践"不如归去"。过去是身体的"归去"，现在则是精神、心灵的"归去"，可以看作另一种形式的"归去"。

　　老一辈华侨都有挥之不去的乡愁，他们的第一代总希望有朝一日能返回故里，即使客死他乡，也要狐死首丘，魂归故里。或问，老一辈华侨文化程度低，何以有乡愁？笔者以为，一个人受教育程度低，并不意味着他没有乡愁。传统文化对人的教育是潜移默化的，不管一个人是否有机会读书、读多少书。历史上，华侨的家乡与客居地山高水远，交通极度不便，反倒使他们的乡愁更深、更浓。在这个意义上，乡愁是一个人去国离乡后因为对乡关的恒久思念而产生出来的情感，带有强烈的文化美学意义。一个人总有儿时的欢愉记忆，总有对家乡父老兄弟、山川草木、风俗民情等家乡美好事物的羁绊。这一切，是跟中国传统文化的美学价值紧密联系在一起的。显然，作为一种特殊情感，乡愁与"寻根"大不一样。

　　作为一种客观现实，移民历史发展到今天，乡愁在许多新移民身上已经淡化，甚或不复存在。连许多受过良好教育的新移民也不知乡愁，不解乡愁。有人将此现象与现代通信技术的发达和"地球村"现象挂钩。笔者以为，现代移民乡愁意识趋淡的原因十分复杂，但20世纪50年代以后在中国大陆出生的新移民对中华传统文化感知的严重缺失，应是重要原因。当然，今天也有新移民仍存在着浓淡不等的乡愁。就笔者所见，至少就加勒比地区的四邑籍新移民而言，乡愁仍然是浓重的。他们常常通过与家乡的各种联系（例如一年一度的清明回乡扫墓）来化解挥之不去的乡愁。

　　如前所述，"二战"后，时代发生了巨变，老一辈华侨叶落归根的观念已经逐渐为落地生根的观念所取代。同样，今天中国新移民的主流观念是从离国的那一天起，就定下了终身移民的打算，也就是说，一开始就已经树立了落地生根的观念，尽管他们仍然承认中国是他们的祖（籍）国，热爱这个自幼成长、受教育的国度，热爱他们家乡的传统文化。

　　人们对发达国家（主要是欧洲、北美国家）的中国新移民纷纷加入当地国籍而不复思归的现象司空见惯，而以为这是所有地区的中国新移民的常态。这种认识是有一定误差的。在拉丁美洲，落地生根虽说也是新移民的主流意识，但还不能简单地说成是每一个新移民的绝对意识。至少在拉丁美洲一些国家中，新移民的最终归宿是落地生根还是叶落归根，还不是一个完全没有讨论空间的问题。

　　今天拉丁美洲的大多数新移民是来自中国农村的第一代，他们的中国情结很深，保留的中华传统文化元素很多，不过对自己未来的最终归宿仍然摇摆不定的人也确实存在。当然，大多数人移民已久，年纪也越来越大，摇摆不定的人已经越来越少了。拉丁美洲新移民对自己最终归宿的选择，很大程度上取决于住在国的生存和发展环境，取决于这种环境与家乡环境的综合比较。例如，生活在巴西的大多数新移民就认为他们现在所居住的这个国家是个宜居之国。实际上，这个南美大国的经济发展前景良好，幸福指数较高，又是一个民族大熔炉，没有其他一些国家那样多而明显的种族歧视，具有乐意接受所有外来民族的文化环境。因此，巴西大多数新移民对自己是否最终回归中国的选择是"No"。与之形成鲜明对照的是，在委内瑞拉过去 20 余年间，这个昔日石油、矿产和农业资源极度富庶的天堂之国，已经濒临经济崩溃、政局不稳、社会动荡、治安恶化的险峻处境。越来越多的新移民感到生意经营艰难，如果他们没有别的退路的话，对自己是否最终回归中国的选择就越来越倾向于"Yes"。诚然，目前委内瑞拉的情况在拉丁美洲国家中可能只是个案。但是，现实是不以人们的主观意志为转移的。一些其他国家的新移民，在看到委内瑞拉的局势变化后，不可能无动于衷，有时候也真的不能不考虑一下万一自己面临这样的处境时的退路。应当指出，拉丁美洲新移民的最终归宿意识是处于变化中的，尽管随着他们年龄的增长会趋于稳定，趋于承认现实。就笔者观察，目前大多数人留居当地的意愿还是坚决的。这里应说明的一点是，拉丁美洲新移民的所谓最终归宿意识，并非他们在权衡各种各样的因素后，建立在深思熟虑的基础上的庄重决定。大多数人答案是主观的、随机性的和从众性的，也没有认真考虑过法律上的复杂程序。很多人的选择多是从属于家庭去向，个人的因素微乎其微。还应看到，一些人的最终归宿并不一定就是祖籍地或是中国某个地方，而可能是美洲某个有其他家庭成员、亲戚或朋友居留的国家（最好是美国）。因为对于他们来说，重新移居到这些国家比回归中国容易得多。

据不完全统计，约 2010 年前后，恩平有港澳台同胞和海外华侨 50 多万人，分布在全球 50 多个国家和地区，其中旅居委内瑞拉的恩平人为 16 万～20 万。与恩平目前 50 多万的常住人口相比，可以说有一半恩平人已经迁徙到世界各地，其中有 1/3 恩平人就居住在委内瑞拉。

恩平城乡很多村庄都有乡亲在委内瑞拉。例如东成镇横岗头村，这个村庄本应有 2 000 多人居住，但是在 20 世纪第一个 10 年中，该村只有 300 多名村民，大量村民已经移民海外，其中有 1 000 多人在委内瑞拉。像这样的村庄，在恩平不止一个。[①]

有一些侨村的房子，往往只有一位或者两位老人在里面坐着，寂静无声，即使是在假期，也看不到小朋友玩耍的身影，给外人的印象是一个气派的村子，但缺少生气。为什么如此？因为这个村里的青年劳动力基本上都在国外，特别是在委内瑞拉。村里大多数人是在外面生活的，有的在城里买房，连老人都接出去住了，所以村子里只是剩下祖屋。尽管大门敞开，却没有见到左邻右舍来串门，也

---

① 《委华报》资料。

没有小朋友跑来跑去。例如，沙湖镇大院村，原来有 600 多人，但到 2015 年左右，只剩下 100 多人，原来的村民基本上都去了委内瑞拉，村子里就剩下老人和一些小孩子。显然，侨乡的空巢化确实是非常明显的。①

顺便指出，由于恩平出国的新移民数量比较多，在农忙时节，缺失的劳动力就由来自别的省份的南下务工人员临时填充。简单地说，本地的劳动力到国外打工，本地的农活由本国外地人完成，这不是孤立的现象，而是当代新移民重点侨乡的一个突出现象。

一些人赚了钱后留在委内瑞拉发展，但也有人赚了钱后回到故里颐养天年。他们在家乡修建房屋、购置家电，并介绍更多的亲友出国。一般来说，赚了钱后回归故里的，都是老年人。这种情况，跟华侨史上的叶落归根现象相似。例如在拉省中华会馆任多届中文书记的郑朝春，是君堂镇新塘村人，1982 年 6 月出国，才出国几个月就遭抢劫。在委国谋生的前 10 年，很多时候负责送货，每天早上 8 点上班，到晚上 9 点才能跟老板的车回家。1992 年，他用工作积攒下来的钱，加上从亲友处借来的钱购置了一个店铺，经营百货。2002 年，郑朝春一人带着孙子、外孙共 12 人回到家乡。② 郑朝春回到家乡后，其乐融融，经常写古体诗以自娱。

在历史上，华侨回国不外是两个方面的原因：一是当地发生社会政治动荡，二是当地经济萧条。目前，委内瑞拉局势发生新变化，政治局势动荡，社会治安变差，经济衰退，尤其是委币贬值，华侨的收入大不如前，因此叶落归根的思想开始在华侨中间产生。不少华侨回到家乡，有钱的人住在小区里享受家乡的优质生活，静观其变，侨乡成为新移民躲避海外风险的避风港。当然，更多的人在徘徊不定之中，毕竟在委内瑞拉已有打拼多年的根基，不可能完全放下。对于文化程度不高的移民来说，到国外打工比在中国打工更有出息，因此他们考虑再次移民，前往委内瑞拉周边国家如哥斯达黎加、多米尼加等，但是他们还是很希望委内瑞拉的局势能够尽快好起来，再回去生活。显然，经济收入的差距是影响他们选择是否回国或者再移民的重要原因。

老人们回国后，很少出远门，平时到附近镇圩喝茶，与亲朋好友说说家常，回忆在海外的往事。有的村庄，这种老人比较多，乃至形成一大景观。如在东成、圣堂等镇圩的酒楼里，几乎每天中午都会坐着几百位老人，他们被称为"空巢老人"。③

---

① 乔志华：《委内瑞拉恩平籍新移民研究——以牛江侨乡为中心》，暨南大学硕士学位论文，2015 年。

② 《委华报》资料。

③ 《委华报》资料。

回到家乡的老华侨，往往以喝早茶来度过大半日的安静时光。喝早茶，当地人称"饮早茶"，或"吃早茶"。喝早茶并非只是喝茶，而是包括茶水糕点，其中有许多精致的小点心和传统的地方美食，甚至会有一些米粉之类的主食。实际上，喝早茶就是吃早餐的代名词，但因为有一个"茶"字点缀，就比一般的吃早餐悠闲、雅致了许多。喝早茶是广东人一大习惯，其风俗之始，可追溯到清咸丰、同治年间，最初只是以几张木桌木凳迎客，供应茶水糕点。后来逐渐出现茶居，规模逐渐扩大，再后来又变成了茶楼。改革开放之前的数十年间，由于物质供应短缺和政治运动冲击，人们生活单调贫乏，喝早茶就成了人们对更久远的往事的追忆。改革开放后，喝早茶的习惯很快恢复，遍及广东城乡，乃至于无茶不是粤，成为人们休闲生活中一道亮丽的风景线。

恩平地区喝早茶的习惯最早开始于何时，今已难以考实，估计与广东城乡喝早茶的历史不相上下。但在今天一些恩平归侨比较集中的地方（例如委内瑞拉归侨比较多的牛江镇），已经形成了"三茶两饭"习俗。"三茶"，指的是早茶、午茶和晚茶，都要去酒楼（茶楼）吃；"两饭"，指的是午饭和晚饭，一般会在家里吃。每天早上，当安静的乡村从沉睡中醒来，喝早茶的人们或走路，或骑自行车，或骑着小摩托车和电动三轮车来到镇上固定的店家。这种店家自然不止一家，但有名的店家则为数不多，且往往客满。要想在这样的店家待客或闲聊，往往需要早起"霸（占）位"。天亮以后，茶客就会越来越多。前来喝早茶的人，除了亲戚朋友、老乡同事聚会之外（当然这些聚会也可以以喝午茶和晚茶的形式进行），常态化的喝早茶往往是家庭式的，茶客常常是一对老夫妻，或者父子一起，有人也会带着自己的孙子孙女。午茶的时间一般是在中午 12 点左右，有一些人会在家中吃过午饭再来茶楼坐一下，所以很少点菜，而是纯粹喝茶，只是象征性地点一些瓜子，或者一碟点心。晚茶的时间一般是在晚上八九点开始，相当于"宵夜"（也叫"夜宵"），灯火辉煌，三两熟悉的人凑成一桌，喝茶聊天，直到九点、十点半不等，方各自散去，店家复归宁静，老板和员工下班休息。第二天天未亮又要早早起床，做好各种准备，迎接茶客。就这样，一年到头，周而复始。不过有一点可以肯定，在恩平侨乡，喝茶的基本上都是老年人和儿童，年轻人寥若晨星。之所以如此，主要是农村劳动力空心化的缘故，年轻人和壮年人多外出务工去了。不过恩平侨乡青壮年外出务工的现象与中国北方农村不同。北方农村青壮年多到中国南方沿海地区或北方的富裕城镇务工，恩平青壮年外出的地方是国外，主要是委内瑞拉等乡人比较集中的国家。另外，恩平外出的青壮年不只是男性，还包括女性，且女性外出的积极性一点不亚于男性，当然她们多数还是跟着熟悉的男性一道出国，或务工，或嫁人，名副其实地做起当年朝思暮想的华侨来。也有已婚女性跟随丈夫在国外打拼，把孩子留在家乡，委托父母或者其

他亲戚帮忙照管。这样，便形成了老人和儿童占大部分比例的现象。这种现象，从恩平侨乡茶客中的老人、小孩居多的状况便可略窥一二。当然，侨乡的老人中，很多人也是曾经的华侨，经过风雨，见过世面，回归故里时一般都带着一笔数目不小的积蓄，要不也不好意思经常出现在茶楼里。而小孩则可能就是后备华侨，喝茶多了，以后到了侨居国也会照喝不误，自然而然地融入当地华侨中。老人们每日的早茶消费，要么是他们的积蓄，要么是作为他们子女的新移民们源源不绝寄回的赡养他们的外汇。在恩平侨乡这种悠闲生活的后面，折射出老人们完全有别于中国传统的"老有所依"的情况，也体现着不同于既往的儿女辈的当代式孝心。历史上华侨们在国外打拼的储蓄，其实是包括了未来赡养父母的开销的，是一种传统孝道形式的物质体现。这一孝道形式古已有之，于今为烈，善莫大焉。当然，今天恩平侨乡年轻人的尽孝方式，也有别于传统。不管怎样，喝早茶就是海外华侨向家中老人表达孝心的一种方式。在这种情况下，茶楼的功能是多元化的，既充当人们闲聊的好去处，也可以相互交流信息，当然还隐含着无尽的孝意。

归侨们还喜欢大摆筵宴，一般是首先宴请本村乡亲。一个村子的村民多寡不等，大的村子，人数上千，一摆就得一百数十席，但归侨们为了邀人一乐，也为了村众的和谐，往往在所不惜。广东人的宴席更多是为了庆贺归侨自己的整十之寿。有的寿宴办得比较大，除了尽邀村中男女老少，还请来演员表演，唱歌、跳舞，尽兴而散。至于一场宴席的耗费，则年年不一，相距甚大，主要是物价上涨所致。不过，一场耗费数万乃至十万的宴席并不在少数（早些年十万元在许多农村地区足以盖一座新房子），除了美食和人工外，还包括文艺表演的舞台、音响、灯光、表演等耗费。

为什么人们会花费这么多的钱却只为办一场宴席？这与华侨有很大的关系。恩平人出国的初衷，就是为了能够赚取更多的钱，过上更好的生活，为了有朝一日衣锦还乡，光宗耀祖，过上体面的生活。在委内瑞拉经济形势较为稳定的时期，新移民在居住地省吃俭用，起早摸黑，夜以继日，辛苦劳作。有的人从出国到第一次回家，中间相隔十年、八年。到委内瑞拉的移民，主要是社会底层的民众。他们在最开始的几年是打拼最艰难的时期，是处在一个存钱还债和积累创业资本的非常时期，即使想回国探亲，也要站住脚跟再说，加上往返路费高昂，因此首次回国都是在好几年以后了。然而，这期间在异国他乡打拼的酸甜苦辣，一言难尽。不管怎样，通过艰苦拼搏，多数新移民还是有了数量不等的积蓄，苦尽甘来。所以，一朝荣归故里，便要隆重宴请邻居亲朋，与大家一起分享自己成功的喜悦。事实上，许多人每一次回乡探亲，都会出手阔绰地宴请亲朋好友、左邻右舍，风光非凡。通过此举，一者告诉故人，我已凤凰涅槃、脱离苦海、顶天立

地了，大有高祖高唱《大风歌》回归故里的气势；二者犒赏自己：过去委屈自己这副骨骼了，现在得好好慰劳一下。有趣的是，宴请邻居亲朋不是一次性的，一些华侨生意做得较大，回乡宴请的次数就比较多。于是，宴请邻居亲朋便逐渐形成风气。在侨乡，人们对这种现象习以为常，乡人当然对衣锦还乡者报以敬佩的目光，也不觉得吃了人家的有什么愧疚。当然，华侨们仍然会继续老一辈侨民的故事，捐赠钱物支援家乡建设。

恩平侨乡本来就有大摆宴席祝寿的传统，人们一般比较重视过了 60 岁以后逢十的寿辰。委内瑞拉华侨的财富，也为侨乡的老人家属和亲戚的祝寿宴席提供了一定的经济支撑。很多侨乡寿宴的资金支持，直接来源于华侨所赚取的财富，当然，华侨财富的多寡，最终归结于委内瑞拉国内的经济状况。寿宴场面之豪华自不必说，寿星与家人合影、贺寿文艺表演等，散发着浓浓的乡土气息，让寿星如众星拱月般风光。值得指出的是，恩平侨乡向有"免礼宴请"之俗，即来参加寿宴不用交份子钱，来者有份，皆大欢喜。按照当地习俗，来吃酒席的人越多，表示主人家越有面子，主人会越高兴。从这里也可以看出侨乡人豪气的一面。由此可见，华侨住在国与家乡看似遥远，却有着最紧密的联系。[①]

然而，在恩平侨乡，有人要回来，有人要出去。希望出国的人，多是十七八岁、没有读过多少书的年轻人。他们希望能够在异乡一展拳脚，像前辈那样发家致富。还在委内瑞拉拼搏的年轻人，对自己的未来去向并不清楚。由于委内瑞拉的治安和经济形势每况愈下，很多人的朦胧念头仍然是最后回归故里。有趣的是，来委时间越是短、家底比较薄弱的人，最终回归故里的念头越是清晰。

恩平兴旺的发往委国的货运，以及排着长队领取汇款的人群，都显现出委国"金山客"带来的财富。据有关部门统计，2009 年 1—9 月，恩平汇金达 2.1 亿美元。1979—2009 年，华侨、港澳同胞捐赠家乡项目达 2 867 项，金额约 5.38 亿元。[②]

六、有关部门为侨胞排忧解难

最近几年，国内侨务部门积极履行自己的职责，为侨服务，为侨胞排忧解难，很多问题得到了妥善的处理，有力地促进了祖国、家乡和海外侨胞和谐关系的建立，增进了侨胞与祖国和家乡的感情。例如，2005 年 10 月 27 日晚，华恋社中华会馆接待了广东省海外交流协会（简称"海交会"）代表团一行 9 人，吴国

---

① 乔志华：《委内瑞拉恩平籍新移民研究——以牛江侨乡为中心》，暨南大学硕士学位论文，2015 年。
② 乔志华：《委内瑞拉恩平籍新移民研究——以牛江侨乡为中心》，暨南大学硕士学位论文，2015 年。

樑、冯永贤、冯选棠、郑铭树、郑钜豪、黄田生等侨领以及委华报社成员等40多人参加了座谈会。这次座谈会主要就下列几个问题进行讨论：

其一，侨胞合法身份的遗留问题。过去，由于历史原因，许多旅委乡亲没有合法身份，这给工作和生活带来极大困扰，人身安全也受到威胁。2004年，委内瑞拉推行总统"大赦"令，使那些过去一直没有合法身份的侨胞有机会获得合法身份，可以在这里合法居留，合法经商。然而，由于种种原因，委国在实行"大赦"过程中尚存在一些遗留问题，如有的侨胞没有办妥合法身份证；有的虽办了身份证，但没拿回护照；有的拿回护照但没盖居留印章等，致使侨胞身份手续不齐全，其在委合法身份未能得到确认。这是关系到侨胞切身利益的一个重大问题，亟须加以解决。代表团表示，广东省有关方面将与中国驻委大使馆密切配合，通过与委国移民有关部门的沟通和合作，妥善解决侨胞的合法身份确认问题。

其二，通报广东侦破"5·12"特大组织他人偷渡案件的处理结果。2003年底，广东省侨务办接到侨胞反映，称有数万来自广东恩平的侨民在委国等南美国家处境堪忧，其中有不少人是广东的"蛇头"组织偷渡过来的。这一小撮人偷渡到南美后，由于生活所迫，在当地从事不法活动，直接侵害了守法侨胞的切身利益，并严重损害了绝大部分守法侨胞的良好形象和声誉。祖国对此高度重视，中央政法委、国务院侨办、公安部迅速做出要求广东立即查办的批示。广东省政府根据中央批示，随即成立了由省政法委牵头，省公安厅为主，省侨办、省检察院等职能部门组成的专项工作领导小组，指导、协调广东江门市相关职能部门开展查处打击工作。经过近一年的缜密侦查，广东省成功破获了这宗以牟取暴利为目的、专门组织恩平人偷渡南美国家的特大刑事案件，抓获该犯罪集团8名成员。而后江门市中级人民法院对其中的4名主要犯罪成员依法做出判决。

其三，妥善解决华侨子女回祖国读书办签证的问题。对于侨胞反映的华侨子女往返祖国读书签证难、签证期限短的问题，代表们表示，将会就此问题进行专题调研，妥善解决学生签证这个刻不容缓的问题。由于出入境签证是一项政策性极强的工作，涉及有关职能部门的审批权限问题，属于他们职责范围内的，他们一定抓紧解决；属于上级部门审批的，他们也会在政策许可范围内争取下放权力或是积极向上级部门力陈其重，为海外莘莘学子回国求学、学习中华文化提供方便。后来这个问题在广东省侨办和恩平市政府的配合下得到圆满解决。

其四，沟通乡情侨情，共筑互动平台。代表团表示，作为祖国与广大海外侨胞联系的桥梁部门，广东省海交会今后将进一步加强与侨胞的密切联系，希望广大侨胞继续积极向其反映情况，广东省海协会将一如既往，倾听广大海外侨胞的心声，并及时向祖国有关政府职能部门反映，与广大侨胞一起，共同构建一个便于广大海外侨胞与祖国联系的互动平台。①

2007 年上半年恩平工商银行"速汇金"业务办理难的问题，因委国各主要城市的侨领联名向国务院侨办"告状"，并在《委华报》上全文刊登，引起了广东省侨办和恩平市政府及银行部门的高度重视，最终促使问题得到妥善解决。问题缘于 2007 年两个季度，"速汇金"的笔数和款项急剧增加，每天 1 000 多笔，而银行每天最多仅可办理约 500 笔。因此，恩平市自春节后出现了"速汇金"业务兑付难的问题，仅今年第一季度积压的业务就达 2 万笔，该行出现客户排长队的情况，2007 年 5 月份发放的预约排号已安排到两个月后。由于该种款项不准由他人代领，因侨眷中的老人、小孩及病残弱者到营业厅排队不方便等而延误了办理时间。而对于领取这种款项，银行有规定：超过 45 天未能解汇的资金又将被冻结。这种情况严重影响了侨心安定。2007 年 5 月以来，广东省侨办和恩平市委市政府领导对此高度重视，积极协调推动问题解决，努力消除海外侨胞的误解。省侨办领导多次赴恩平市进行调研，与有关部门和单位的领导座谈，共商解决办法。同时，工商银行恩平支行也向上级行反映同样情况，争取在设备、人手和政策方面的支持。

经过多方的协调，此事得到上级政府部门和金融机构的重视，并从 6 月起陆续采取了四项措施：一是可凭公证书代办"速汇金"业务；二是延长解汇冻结期至 90 天，并为被冻结"速汇金"的客户提供实时解冻服务；三是将办理业务的 3 个柜台增加到 12 个，并增购了设备；四是将专职办理"速汇金"的人员增加到 13 名，且星期六照常办理。这些措施大大提高了办理效率，令该银行日均处理"速汇金"的能力从 500 笔提高到 1 800 笔，并且在 7 月底消化完前期积压的业务，及时受理新汇入的"速汇金"业务。另外，该市司法局推出上门办理公证服务，市公安局配合做好有关银行的治安维护工作等，这些方面都受到市民的好评。不仅如此，省侨办邀请了江门市及恩平市政府、工商银行等金融单位与回乡的委内瑞拉侨领直接对话，解释"速汇金"办理难的真正原因和应对措施。

广东省人民政府侨务办公室以及恩平市人民政府虽然与委内瑞拉远隔万里，但是彼此之间情谊深厚，近几年，家乡侨务部门与委国侨社交往密切，与中国驻委内瑞拉使馆也建立了良好的关系，上述部门经常组团拜访委内瑞拉华侨华人，送来祖国和家乡的问候和温暖。2007 年 8 月 19 日至 8 月 22 日，中国驻委内瑞拉使馆领事张家榜一行到访恩平市，为进一步做好旅居委内瑞拉华侨华人的侨务工作开展专题调查研究。恩平市政府、市政治协商会议、市外事侨务局、侨联等有关部门负责人会见了张家榜一行。张领事首先向恩平市有关领导、在乡华侨华人

---

① 《委华报》资料。

和归侨代表通报了委内瑞拉的新侨情。恩平市侨务部门负责人表示将一如既往地全力配合使馆的工作。

在委内瑞拉办理寄养委托公证，是 2011 年以后才热起来的。以往很少有侨胞主动办理此类公证，但从 2012 年开始，办证数量直线上升，2013 年更是大幅增长。究其原因，是过去有的侨胞因对寄养委托的意义和作用不了解而没有办理。但随着国内法制不断健全，公安机关对外籍未成年人的入境和居留管理逐步严格，驻外使领馆公证或认证的寄养委托书已是外籍未成年人办理签证、居留、入学等手续的必备材料之一，也是切实保护外籍未成年人合法权益的重要做法。所以，当寄养委托公证成为必要时，办理数量的突增也就在情理之中。

2013 年 5 月 1 日起，中国驻委内瑞拉大使馆已在网上推出护照办理查询业务，凡申请办理护照的侨胞，均可通过委华网查询到办理结果。这样一来，提交申请办理护照的侨胞大大减少了过去那种多方打听办理结果的麻烦，从而可以从容轻松地安排前往使馆领证的时间。①

---

① 《关注侨民　服务侨胞——访中国驻委内瑞拉大使馆领事孙研》，《委华报》，2013 年 5 月 19 日。

第七章 委内瑞拉华侨的教育、文化、体育、媒体、活动与中华文化在居住地的传承

华侨移民委内瑞拉已经有100多年的历史。在20世纪70年代末以前，经过在委内瑞拉100多年的繁衍生息和筚路蓝缕的发展，华侨已为委内瑞拉的经济发展和社会进步做出重要贡献，同时也在他们活动和生活的地方留下了中华文化的斑驳痕迹。70年代末以后，随着新一代侨民数量的大幅增长，华侨已不满足于在居住地重复过去简单、封闭的生存发展模式。他们开始积极参与当地的社会活动，还在华侨社会中开展华文教育，在当地民族中传播和弘扬中华文化、开展文化交流等。

第一节　华文教育

一、委内瑞拉侨社的华文教育

年青一代是社会的未来。学习中华文化，接受华文教育，是海外华侨后代的期盼。今天，世界上有华侨居住的地方，就有不同方式的华文教育存在。随着中国的崛起和国际地位的提高，中国同时也成为世界上发展最快且最具潜力的市场之一，华文在国际交往中的地位日益重要。有人预言，汉语将成为全球的核心语言之一。因此，世界各地的华文教育正以前所未有的速度向前发展。特别是20世纪90年代以来，全球掀起汉语热，华文学校如雨后春笋般涌现，遍布世界各地。它不但在华侨聚居的地方发展很快，在华侨不太多的地区也在不断发展。这些华文学校当中，主要以中小学、职业学校等为主。一些地方还举办各类中文业余学校、夜校、培训班、进修班、实习班或辅导中心等。

开展华文教育，要充分发挥华文华语传媒的作用。近年来，世界各地的华语广播电台、电视台，华文报纸迅速崛起，在普及推广华文教育方面扮演着重要的角色，还营造了华文教育的氛围。委内瑞拉目前的华文传媒对全国的华文教育是起了一定的积极作用的。同时，世界上许多国家都注意组织形式多样、内容丰富的活动，营造良好的中华文化氛围，以帮助人们加深对中国的了解，引起和加深

人们学习华语的兴趣，以便更好地开展华语教育活动。此外，还应加强华文的学习、研讨与交流。世界各地的华侨团体、组织和机构经常组织不同类型的活动、会议，如各式各样的同乡会、宗亲会、商会、联谊会等，一方面，可开展华语的直接交流，另一方面，还可以经常有机会商讨如何提高华文教育质量。委内瑞拉华侨社团举办的很多文化活动都为华文教育创造了良好的氛围。

中国政府及有关部门对海外华文教育十分重视。政府支持和制定有关汉语考核的规定。国务院侨办文教宣传司是协助海外华侨华人开展文教事业的业务部门，负有对短期来华开展教师培训、协助编辑适应当地教材、提供教师参考书和音像制品、主办以学习汉语为主题的夏令营等职能。各地政治协商会议、侨务部门、统战部门在支持世界各地华侨开展华文教育方面，也给予热情关注和支持。此外，国家教育部制定了一些关于外国人到中国留学须过汉语关的规定，对不少希望有机会到中国高校学习的外国学者学习中文也有一定的推动作用。

在委内瑞拉，中小学都没有开设中文课程。但委内瑞拉老一辈华侨都希望其子女能有机会接受严格的中文教育。今天的大部分华侨是新移民，他们青少年时在祖国接受教育，都程度不同地植下了中华文化的根脉。许多华侨深切地认识到，要想把根留住，只有发展华文教育，通过母语文化的熏陶，让下一代了解祖国灿烂的历史和辉煌成就。他们也希望子孙后代能在异国他乡保留和弘扬祖国优秀的传统文化，希望中华语言文化能作为子女与祖国保持血肉联系的纽带，同时预防过度"西化"。从现实的角度来说，通晓中文，也可使孩子在未来多一种竞争与生存的工具。因此，旅委华侨对中文教育都很热心，许多家长都希望自己在本地出生的后代能接受中华传统文化的教育。

（一）加拉加斯

在委内瑞拉，早在20世纪80年代以前，委京中华会馆就曾广筹经费，设立华文补习班，鼓励华裔与侨眷参与学习。初期蔚成风气，颇见成效。但华裔有其自身考虑，他们长大后要在当地立足谋生，故必须进当地正规学校求学，因而华文补习班与正规学校在时间上发生冲突，且侨胞散居各处，往返费时，集中不易，于是补习班生员越来越少，虽经一再发动鼓励，但都先盛后衰。①

华文学校是目前世界各国华文教育的主要平台，是推广华文教育的主要途径。在加拉加斯，较早的华文学校有刘国振于2000年10月出资创办的中文学校。刘国振1981年到委内瑞拉，出国前当过中小学老师。来委后，他一直梦想办一所中文学校，但因为初到异国他乡，以打工为生，没有经济实力，致使他的

---

① 杨锋、陈宴图编著：《委内瑞拉华侨概况》，新北：正中书局，1988年，第28页。

办学梦想一次次破灭。直到 20 世纪 90 年代最后几年，他在商海站稳脚跟后，才把办学计划提上日程。经过多次论证和广泛征求意见，2000 年 10 月，他在加拉加斯创办加京中文学校[①]，他任校长。首期招收华侨子弟 38 名。按照设想，加京中文学校在第一学年办好第一个班的基础上，第二年开始扩招为两个班，以后逐年扩大；先办好中文班，再办西班牙文班，最后办一所正规的全日制学校（完全小学）。学生除学习西班牙文和中文外，还学习英文，且在中国需 6 年学完的小学语文课程，要在 3 年内学完，使学生掌握 2 000 个左右的常用词。[②] 加京中文学校因而在委内瑞拉华文教育史上进行了一项重大实验。2005 年夏，加京中文学校师生一行 26 人在访问了广州等地后来到恩平寻根。

由委京中华会馆新开办的委京中华会馆中文学校，到 2016 年始正式开办。据校长刘国振所说，学校之所以到这时候才开办，主要是校舍问题，因为在这里找一个适合小孩子活动和读书的地方很困难。实际上，对于开办中文学校，加拉加斯的侨胞是十分渴盼的。当地很多侨胞都是恩平人，他们很希望在这里出生的小孩子能够认识中文，了解中华文化。而到了这个时候，办学条件有了改善，委京中华会馆扩大了，暂时可以腾出 3 间课室专供学生学中文。2016 年 3 月 13 日下午 3 点，委京中文学校在会馆球场隆重举行以"新学校，新学期，新希望"为主题的开学典礼。这标志着从这一天开始，委内瑞拉的华裔终于有了一家学习母语的中文学校。中国驻委内瑞拉大使赵本堂及大使馆的官员、华人媒体、委国当地媒体，以及侨胞和全校师生等 600 多人出席开学典礼。刘国振在发言中指出，尽管当前困难重重，但要着眼未来，明确新学期的奋斗目标和努力的方向，把学校办得更好。随后，赵本堂在开学典礼上向学校赠送书本，指出学习中华文化的重要性，并感谢委京中华会馆努力办学，以及老师们为华文教育在委内瑞拉的传播做出的贡献，还鼓励同学们要好好学习，天天向上。开学典礼上，学生现场表演了独唱、合唱、朗诵等精彩的文艺节目，赢得一阵阵热烈掌声。[③] 当时上课的学生有 107 人。

（二）华恋社

自 21 世纪以来，一些委内瑞拉的华侨会馆也举办中文补习班。华恋社中华会馆把弘扬中华文化和为后代营造一个良好的中文学习环境作为己任，在该会馆

---

① 一些报道也使用"委京中文学校"的名称。

② 黎惠权：《兴办中文学校》，恩平报社编：《恩平报获奖新闻作品选集（1983—2003）》，北京：人民日报出版社，2004 年，第 112–113 页。

③ 郑裕豪：《委内瑞拉中文学校开学，再也不用担心这里的华人华侨子女不会中华文化啦！》，恩平广播电视台，2016 年 3 月 22 日。

侨领的牵头和亲身参与下，在该地侨胞的大力支持下，华恋社中文学校于2002年在会馆成立，开始接收适龄儿童，一直延续至今，满足了部分华侨子弟学习汉语的需求。中文学校设有幼儿班、中文班，还担负教授当地西方人汉语的任务。还有不少当地人愿意在华恋社中文学校学习中文，学讲普通话。该中文学校通过推进改革，规范管理，使教师勤教，学生勤学，成功地扭亏为盈。

华恋社的侨领非常重视学校的教育质量。中文学校的校长由会馆永远名誉主席郑明树担任。2010年新一届华恋社中华会馆委员就职后，同样把办好中文学校作为己任。主席陈坚辉担任中文学校的校长，会馆委员经常询问中文学校的教育进展情况。校长之下，设教导主任和各班主席，都是由有丰富教学经验和学校管理经验的教师担任，其中还有台湾籍的经验丰富的教师。家长都觉得华恋社中文学校校风正，师资优，环境佳，将孩子送到这里学中文，让人放心。

华恋社中文学校采用普通话授课，师生关系融洽，尊师重教。很多学生在初学方块汉字时，觉得难读、难写、难记，任课老师便采用引导的方法，增强学生的学习兴趣，激励他们克服困难，提高学习积极性，同时表扬勤奋好学的学生，使学生间形成比、学、赶、帮的氛围。经过一段时间的勤学苦练，学生基本上可以自如地使用中文写简短的日记和文章，基本上可以阅读中文报刊。不少学生会说一口流利的中文，与老师和家长可以用中文交流。

华恋社中华会馆中文学校开办以来，经过全体侨胞的鼎力支持和学校教师的共同努力，培养出一批又一批让家长、侨胞满意的学生。该校坚持教书育人，根据中国教学模式并结合委国情况，加强对学生多方面的教育，教学水平不断提高，得到有关部门的称赞。学校重视教育学生德、智、体、美全面发展，既向孩子传播中华文化，灌输中华民族传统美德，又引导他们参与各种体育和文艺活动。每次会馆的节日晚会上，中文学校的学生都会献上自己拿手的歌舞节目，精彩纷呈，得到了家长的一致好评。中文学校既教育学生掌握中文知识，增长本领，更重要的，是让他们知道自己的根在中国，自己是龙的传人。[①]

客观地说，这所学校的规模不算大。根据资料，该校2014年时有学生50多名，教师5名，有六个年级。值得注意的是，学生中，包括其他国家学生在内。[②]显然，其他国家学生入读中文学校，是得到其家长支持的。

2013年8月29日，加省文化部在华恋社召开国际文化交流会，古巴、智利、厄瓜多尔、法国、葡萄牙等国驻华恋社领事馆领事和华恋社中华会馆侨领代表李瑞华、郑宝荣、郑汉荣出席会议，并就有关文化工作进行了交流。加省文化部部

---

① 晓藜（华恋社）供稿，2011年5月。
② 陈淘涛：《华恋社中文学校举办学生学习汇报会》，《委华报》，2014年7月30日。

长出席交流会并讲话。她希望各国旅居当地的侨民共同努力，进一步加强加省博物馆、图书馆等公共文化设施建设，不断完善公共文化服务网络，丰富公共文化服务内容，提升公共文化服务质量，让文化活动成为群众自我表现、自我教育、自我服务的重要平台和舞台。李瑞华在会上发言，对加省的各项文化建设表示支持。同时，他简要地介绍了华恋社中文学校的情况，表示可以为本省政府部门及有关领事国免费提供 2～3 个学位。会上，还通过录像资料详细展示了加省各项文化建设的情况。①

2014 年 7 月 23 日晚，华恋社中华会馆中文学校举办了 2013—2014 年度学生学习汇报会。参加的近 200 人中，除了会馆主席、校长陈坚辉，以及陈伟嶙、岑明辉等侨领和中文学校学生、家长外，还有一些其他国家的朋友。就在这个晚会上，在学生何力凡、吴雅琪的主持下，学生纷纷登台汇报演出，演唱中文歌曲，朗诵诗歌，表演中国武术等节目，博得了现场观众的阵阵掌声。②

（三）麻拉街

麻拉街华联会原开办中文学校，曾是委内瑞拉华侨创办的较为有名的中文学校之一。1993 年，华联会董事局授权妇女组创办中文班，每星期日下午授课。其时有男女学童 90 多名，共分 3 班，由妇女同胞开展义务教学，可说是委国第一家授课而不受薪的中文学校。③ 妇女组齐心合力，贡献突出，精神可嘉。2004年以来，该校首次统一使用中国九年制义务教育的标准教材进行教学，并聘用 3名教学经验丰富的教师讲课，教学质量不断提高，办得有声有色。不少侨胞家长纷纷将子女送来这里上学。该校主要招收华裔学生。学生年龄差距甚大，有的学生年龄甚至比教师还大，但师生关系十分融洽，尊师、重教、好学，蔚然成风。④

20 世纪 90 年代末，麻拉街华联会开办了一所周阳中文学校，为本省华侨华人子女了解、学习中国文化铺就了最直接、最便捷的通道。遗憾的是，由于委内瑞拉治安不断恶化，不少家长从安全着想，只得把子女送回中国就读。周阳中文学校生源逐渐减少，遂于 2010 年前后停办。随后两三年，委内瑞拉局势急转直下，经济一落千丈，同时，侨胞往返于委内瑞拉和中国的机票难买，于是家长纷纷把回中国读书的子女接了回来。鉴于这种状况，华联会董事局为华侨华人子女着想，决定复办中文学校，并实施免费教育。2012 年初，何泽峰与梁悦娴夫妻

---

① 《Carabobo 力促国际文化交流和加强文化设施建设，华恋社中文学校敞开大门欢迎各国学子就读》，《委华报》资料。

② 陈淘涛：《华恋社中文学校举办学生学习汇报会》，《委华报》，2014 年 7 月 30 日。

③ 据华联会书记吴慈怀所撰稿，2011 年 4 月 18 日。

④ 《委华报》资料。

俩来到麻拉街，重办已经停课的华联会中文学校。何泽峰是在此之前两年从家乡恩平来到委内瑞拉的，先是与早年来委的妻子梁悦娴一起，在华恋社、麻拉街两地打工。妻子曾在华恋社中文学校任教，何泽峰曾在加省华人杂货同业商会任秘书。[①] 2012 年 9 月 16 日，在新学年开学的时候，麻拉街 25 名适龄儿童踏进了刚刚复办的周阳中文学校。据悉，华联会中文学校实行半日制上课，学生上午到当地学校学习，下午到中文学校学习。[②] 2014 年下半年，招生工作继续进行。因为何、梁夫妻俩都是大学毕业，且有从教经历，所以无论在华恋社还是在麻拉街，他们都能发挥专长，教书育人有方，深得学生、家长和侨胞的好评。

该中文学校是委内瑞拉第一家实施义务教育的中文学校。学生在学校期间，学费及教学器材全由华联会负责，书本由国内有关部门和中国驻委使馆提供。

（四）拉省

拉省中文学校于 2014 年 11 月 3 日开始试课。在此前后，一位姓甄的热心人士赞助了一批桌椅和教学器材，娱乐公司赞助了一台大型复印机。试课后，教师授课和学生学习情况良好，家长也很配合。学生的测验、考试成绩百分之百达标。学生家长希望拉省中文学校成为培育后代、弘扬中华文化的基地。据拉省中华会馆副主席、拉省中华会馆中文学校校长郑杜成在 2015 年会馆举办的春节晚会上介绍，拉省中华会馆办中文学校，人力、财力、物力全部到位，拉省中文学校于此日正式成立，并正式开课。[③]

总的来说，委内瑞拉正规的华文学校教育还相当薄弱，远不能满足委内瑞拉的华侨子女学习中文的需求。虽然华侨社团办中文学校的势头良好，但困难仍然很多，且师资难求，有的中文班时开时闭，难以为继。

华文教育的另一个重要平台是在当地学校开设中文课程和中文专业，包括在政府办的公立学校中开设中文课程和中文专业。这一点在委内瑞拉还极为薄弱。虽然如此，委内瑞拉也有当地人学习中文。如若干年前，委内瑞拉十字港市华侨福利会中文班举行开班典礼。该中文班是委内瑞拉东部州的第一家讲授中文和中华文化的课程班，首期共招收学员近 30 名，其中大部分是委国人。他们渴望学习中文，了解中华文化。时中国驻委内瑞拉使馆张伯伦参赞及文化处、领事部官员应邀出席了典礼。张伯伦代表居一杰大使向中文班赠送了一幅题为"江山如此多娇"的中国画和百余册中文图书和十余盒专题片光盘。这个班的开课对于推广

①　陈淘涛：《泽峰老师病重，各方伸手资助》，《委华报》，2013 年 6 月 24 日。
②　冯炎良、黎民：《麻拉街华联会实施中文义务教育，首批 25 名适龄儿童开心上学》，《委华报》资料。
③　谢炳坚：《拉省中华会馆举行春节联欢晚会暨中文学校开课典礼》，《委华报》，2015 年 3 月 2 日。

汉语、传播中华文化具有积极意义。①

二、在国内读书的委国侨胞子女

在中国国内读书的委国侨胞子女包括两种类型：一是回流华侨学生，因各种情况而被居住在委内瑞拉的家长送回家乡接受教育；二是准华侨学生，是指准备移民委内瑞拉但暂时留在家乡接受教育的孩子。前一种情况在世界上的华侨华人社会中，数恩平华侨最为普遍。后一种情况在中国沿海侨乡多有所见，但数委内瑞拉华侨的主要来源地广东恩平的情况最为典型。

（一）家乡专属侨校中的委内瑞拉华侨学生

在世界上一些国家，由于办学条件限制，或由于当地学校没有开设中文课程，一些华侨往往自己当教师教子女学习华文。此外，还主动请家庭教师，或由几户人合办中文辅导站一类华文教育站点。但这种情况在委内瑞拉比较少见。主要原因是，委内瑞拉的新移民华侨大多从事杂货业（超市）和百货业等高度消耗时间和精力的行业，很难抽出时间为其子女补习功课，且大部分新移民的文化素质不高，难以胜任孩子的课外教师，特别是委内瑞拉局势持续不稳定，于是，华侨把子女送回国读书的情况越来越普遍。

委内瑞拉新东方公司总经理、中华会馆秘书梁汉伟出国前是广州市第十六中学的教师，20 世纪 80 年代初期移居委内瑞拉。20 多年来，他一直热心侨务工作，为侨胞服务。2003 年 7 月 18 日，他应广东省侨办邀请，回国参加广东省海交会第三届理事大会，作为委内瑞拉华侨的代表被聘为理事。梁汉伟乃受侨胞之托，为委内瑞拉华侨子女在广东寻找学校读书。他看中了广东省华侨中专学校，希望它能尽快招收委内瑞拉华侨子女来校读书。在广东省海交会的大力支持下，梁汉伟与该校就招收委内瑞拉华侨子女，开办汉语班、初高中先修班等问题取得共识。学校全权委托他在委内瑞拉代理招生业务。7 月 28 日，梁汉伟回到委内瑞拉后，经过一个多月的努力，共有 30 多名华裔学生报了名。他又多次驱车到加拉加斯，热情周到地帮助学生办理护照签证、委托书、公证书，寻找旅行社订机票，协助学生做好来华留学的各项准备工作。9 月 15 日，他带着年龄从 11 岁到 18 岁的 26 名华裔学生，飞越大西洋，安全来到华侨中专学校。②

为了满足旅居委内瑞拉华侨送子女回家乡读书的需要，已旅居委内瑞拉近

---

① 《委华报》资料。
② 《委内瑞拉华人梁汉伟先生热心华文教育的事迹》，广东侨网讯，2003 年 7 月 6 日。

20年的恩平籍实业家吴超景于2003年3月斥资1 160多万元人民币在恩平市金山湖风景区内创办了恩平市集贤"中西英"三语学校。学校占地面积近80亩，教师均有大学或专科学历，并聘请了3位委内瑞拉国籍的西班牙语老师。到2008年11月，学校有教职工40多人，外国籍学生约300人。学生主要来自委内瑞拉、多米尼加、墨西哥、哥斯达黎加、巴拿马、美国、加拿大等美洲国家。目前，学校以"中西英"三语的特色教学，开创"分班管理，层次教学"个性化教育模式，得到了社会各界的认可。学生在参加国家级、省级、市级各项学科竞赛中有多人获奖。学校于2004年取得《中华人民共和国民办学校办学许可证》。时任中华人民共和国驻委内瑞拉大使居一杰，委内瑞拉驻中国大使罗西奥·马内罗·冈萨雷斯女士、领事涩古嗯多·色格列达里奥·路易斯·马尔弟聂斯、文化参赞维尔弗莱多·加利萨雷斯，广东省教育厅张泰岭副厅长，省侨办赵金陵副主任，江门市教育、侨务等职能部门领导曾经先后来学校视察。实践证明，这一模式完全适合华侨子弟的个性特点，符合广大华侨的要求。①

委内瑞拉的华侨父母为何送子女回国寄养和读书？客观地说，这是旅委侨胞多年的习惯。即使是在委内瑞拉的国内局势相对稳定、华侨的发展蒸蒸日上的时期，侨胞们也把孩子送回国内接受教育。因为不少孩子的父母，包括打工族或老板，都忙于生计，很少有时间照顾子女。另外，委内瑞拉的教育质量一直不理想，侨胞把孩子放在当地接受教育不放心。

约2010年以来，由于委内瑞拉的经济恶化，社会治安形势急转直下，越来越多的委内瑞拉侨胞送孩子回国接受教育。为了避乱，很多侨胞就干脆把自己的子女送回广州、江门等地的学校上学，因而出现了委内瑞拉华侨儿童回乡潮。把孩子送回国内，委托亲人照料，一是可以减轻自己的工作和心理压力，二是可以让子女学好中文，一举两得。当然，这也是没有办法的办法。

委内瑞拉华侨子女在其家乡（恩平等地）、广州、江门等地的普通学校和专门学校接受教育的情况很普遍。委内瑞拉华裔是目前广东境内最大的外国华裔求学群体。据广东省侨办不完全统计，在2010年左右，回国读书的委内瑞拉华侨子弟就超过3 000人。②他们主要是在恩平的学校（幼儿园）和江门市中港英文学校就读。一般来说，接受过国内学校教育的委内瑞拉华侨子女具有良好的素质。他们掌握了多种语言，在未来的就业竞争中将占有优势。

当然，早年把孩子送回国内接受教育，也面临着一系列的问题。一是申领

----

①　唐思明：《关于解决恩平市旅居委内瑞拉等国华侨子女读书签证问题的建议》，江门市人大办公室、江门市人民政府办公室、江门政协办公室网讯。

②　《委华报》资料。

《招收外国学生资格证》问题。广东省《招收外国学生资格证》行政审批权曾下放到江门市教育行政部门，但在国发〔2004〕16号文《国务院关于第三批取消和调整行政审批项目的决定》中，又取消了江门市教育行政部门该项行政审批。二是旅居委内瑞拉等国华侨子女读书签证的问题。由于学校没有《招收外国学生资格证》就直接影响该学校外籍学生在中国申请办理签证，外籍学生只能靠国内的监护人（多数是年迈的祖父祖母）帮忙办理旅游签证延期（一次半年期限），一年只能申请两次，之后又不得不出境（香港或澳门）再入境，这对年迈的老人而言十分困难。而且，由于学生经常为签证奔波劳累，严重影响了他们的学习。①

由于国内有关部门和相关人士的高度重视，上述问题很快得到了答复和解决。在2008年11月举行的江门市政治协商会议第十一届委员会第二次会议上，唐思明委员提出了《关于解决恩平市旅居委内瑞拉等国华侨子女读书签证问题的建议》的提案，建议江门市人民政府按照2006年江门市公安局出入境管理科经请示省公安厅后复函上有关的指示精神，召集侨务办、公安出入境管理部门、教育行政部门一起协商，切实解决在恩平市就读（尤其是指在恩平市集贤"中西英"三语学校就读）的华侨子女（外籍学生）签证问题，以方便广大华侨子弟。他认为，解决在恩平市就读的华侨子女（外籍学生）签证问题，可以说是一项安民心、侨心工程，希望江门市人民政府和上级有关职能部门一起协商，实地调研，帮助解决在恩平市就读的华侨子女（外籍学生）签证问题。对此，江门市公安局会同市教育局、市外侨局进行研究，于2008年5月26日发函进行了答复。主要内容包括：其一，关于恩平市集贤"中西英"三语学校申领《招收外国学生资格证》以及就读该校的外籍学生申办读书签证上遇到的问题。由于《中小学校接受外国学生资格》的行政审批已列入《国务院关于第三批取消和调整行政审批项目的决定》（国发〔2004〕16号）被取消行政审批的项目，因此，今后不存在中小学校接受外国学生资格审批的情况，实际上省教育厅也早已停止办理此类资格证的审批、发放。同时指出，在法律法规允许的前提下，坚持特事特办、急事急办的原则，尽力为申请人提供方便和解决实际困难。对于恩平旅居委内瑞拉等国华侨外籍子女回国读书在办理签证上遇到的问题，2006—2007年，江门市公安局出入境管理部门先后多次主动会同市外事、教育等部门开展调研及召开座谈会，并多次就此事请示省公安厅和公安部。经多方面努力，省公安厅已同意在申办外籍儿童寄养签证手续过程中，免除原规定需提供由境外机构出具的

---

① 唐思明：《关于解决恩平市旅居委内瑞拉等国华侨子女读书签证问题的建议》，江门市人大办公室、江门市人民政府办公室、江门政协办公室网讯。

出生证认证这一手续，该简化措施已在实际工作中执行。其二，针对恩平市集贤"中西英"三语学校目前的情况以及提案反映该校外籍学生申办旅游类签证所遇到的签证期限较短（一次半年）、之后又不得不出境（香港或澳门）再入境等问题，建议按照在中国寄养外籍子女的有关规定申请办理外国人签证。根据公安部《外国人签证和居留许可工作规范》第十一条规定："外籍华人、华侨在中国寄养的未满18周岁的外籍子女可申请有效期6个月或者1年的零次、一次、二次或者多次签证，签发次数不限。在申请时，须提供必要的材料。"[1]

现在，国内法制不断健全，公安机关对外籍未成年人的入境和居留管理逐步严格，驻外使领馆公证或认证的寄养委托书已是外籍未成年人办理签证、居留、入学等手续的必备材料之一，也是切实保护外籍未成年人合法权益的重要做法。所以，当寄养委托公证成为必要时，办理数量的突增也就在情理之中。在中国驻委内瑞拉大使馆，每天都可以看到有很多侨胞前来办理公证。[2]

（二）准华侨学生

华侨素有重视教育的传统，热心支持家乡教育、公益事业。特别是中国改革开放以来，华侨对家乡的教育事业发展贡献良多。就委内瑞拉华侨的主要家乡恩平的情况而言，在20世纪80年代掀起的兴学育才热潮中，侨胞们积极投资办教育，办起了诸如恩平广播电视大学、恩平海外联谊学校、江洲中学、年乐学校、雪茂学校等学校。侨胞们还为成绩优异或者家庭困难的学生提供各种奖学金，激励他们努力学习。同时，还积极为家乡的文明村建设捐资出力，改善了家乡的生活环境，丰富了家乡人民的精神生活。在委内瑞拉著名侨领冯雪茂和冯根存的家乡广东恩平牛江镇，海外侨胞所捐助的多所学校中，就有他们二人分别独资建设的校区。2013年，年乐学校雪茂校区有6个班级，教师11人，学生148人；年乐学校根存校区则有6个班级，教师11人，学生152人。[3]华侨的捐赠，改善了当地农村的教育条件，学生不再只是单纯地在课堂上学习课本知识，还有其他丰富的艺术课程。由于条件优越，学生受教育的条件已经与城市不相上下。

不可否认，华侨捐助的学校对当地孩子思想观念的影响也是客观存在的。国际移民，使侨乡民众的视野开阔起来，但华侨的生活方式，对侨乡的教育也产生了一定的负面影响。在委内瑞拉移民源源不断的时期，这种情况尤为突出。孩子们看到，乡亲们出国打工所赚取的财富，以及伴随而来的地位提升、虚荣心的满

---

① 据江门市人大办公室、江门市人民政府办公室、江门政协办公室网讯。
② 《关注侨民　服务侨胞——访中国驻委内瑞拉大使馆领事孙研》，《委华报》，2013年5月19日。
③ 恩平市牛江镇人民政府：《冯如神韵　侨乡风采》，2013年。

足，使许多家长乃至他们的孩子逐渐改变了只有知识才能改变命运的观念，进而影响到了当地的教育。如恩平市沙湖镇，一位高中生目睹了自己从小学到高中的同班同学人数的减少：小学时有四五十人，升至初中就剩下一半，而到了高中，只有他一个人还在上学，其他人都出国了。牛江镇1 000多名小学生中，大概有200人有委内瑞拉国籍，他们在读完小学课程后，大多数会被送到在委内瑞拉的父母身边，有一部分条件比较好的家庭会把孩子送到恩平市或者江门市的中学去读书，有的还会到广州市读书，真正到牛江镇初中上学的孩子就少了很多。即使在本地上初中的孩子，也不一定都能安心读完。[①]

学生数量减少，一方面是由于执行计划生育政策，许多家庭不再像以前一样生好几个孩子，生源便逐渐变少；另一方面就是由于很多孩子都出国了，尤其是在初中这个阶段，办理退学出国的学生特别多，有的学生是在父母帮他们办妥护照等手续之后才办理退学手续的，有的学生却是一心只想出国，护照还没有办好就不来上学了，在家等着。对于已经移民委内瑞拉的孩子家长来说，在孩子读初中时就让其移民国外，主要是为了让他们提早适应海外的生活。

海外华侨一向重视侨乡的教育事业，捐资捐物发展侨乡的教育，建造学校楼房，设立基金会扶持教育的长远发展等。但在另一方面，侨乡青少年无心读书的现象也相当突出。由于很多孩子都是移民的后备军，无心向学，学校的后继生源减少，多数留守儿童没有强烈的进取心和求知欲。他们认为读书对于他们来说没有必要，因为在这里学到的知识到外国用不上，侨乡教育与海外需要脱节。他们知道父母迟早都会把自己带出国去，所以孩子们到学校来不是为了学习，而是在消磨等待出国之前的那段时光。有的移民较多的村庄，学校的学生都走光了。现实情况是，许多父母出国后，家庭收入远高于国内工薪阶层或务农者的收入，加上我国大中专毕业生不再实行包分配政策，而且大中专院校扩招，就业难度逐年增大，不少留守学生和家长难免产生了读书无用的思想。[②] 这对他们的全面成长和未来发展是很不利的。不过，侨乡教育是国民教育体系的一环，不是针对特定群体的专门教育，不可能专门为准移民学生推行与海外需求衔接的特殊教育。这就导致国际移民对侨乡教育的双重影响，他们一方面在思想上和行动上支持教育事业的发展，一方面在客观上对侨乡教育产生负面的影响。

但是，2013年以来，委内瑞拉国内局势急转直下，华侨资产缩水，工资减少，人身安全得不到完全保障。这种情况对委内瑞拉华侨人数最多的恩平华侨儿

---

① 乔志华：《委内瑞拉恩平籍新移民研究——以牛江侨乡为中心》，暨南大学硕士学位论文，2015年。
② 郑柳卿：《侨乡留守儿童心理状况及其教育对策》，恩平市牛江镇人民政府编：《教学之窗：牛江镇教师论文集》，2013年，第57页。

童冲击最大。过去持续不退的出国（委内瑞拉）信念开始动摇，热情逐渐减弱，人们开始重新审视和权衡移民委内瑞拉的利弊得失，还未出国的人开始三思而行。这反映在教育上，留在侨乡读书的孩子变得认真和比较安分，学生人数也相对稳定。学生中途辍学出国的情况越来越少了。而且，一些侨胞子女还因为避乱而回乡就读。据 2017 年 2 月笔者的了解，委内瑞拉籍侨胞子女在恩平就读的学校主要是恩城一小、海外联谊学校和恩平一中，其中恩城一小 228 人，海外联谊学校 332 人，恩平一中 27 人，[①] 可见从小学到中学都有回乡就读的学生。

第二节　中华节日与侨胞乡情

唐代著名诗人王维诗云：“独在异乡为异客，每逢佳节倍思亲。”恩平侨胞十分重视乡情，每逢传统重大节日，一般都在当地中华会馆举行全侨庆祝活动，欢庆佳节。很多地方的侨胞还入乡随俗，跟当地人一起庆祝。在所有的节日中，最热闹的是元旦和春节。

每年的元旦，很多中华会馆都举行联欢晚会。联欢会上，乡亲们表演的重头戏是家乡传统节目，如舞狮拜年、燃放爆竹烟花等，以示喜庆、热闹、吉祥，此外还开展丰富多彩的文娱活动，让侨胞高高兴兴地过元旦佳节。舞狮是华侨的专长，在铿锵的鼓乐声中，或是金狮，或是彩狮，在一班青年的舞弄下，时而伸腰，时而蹶腿，时而高高跃起，时而磕头鞠躬，这时候，引发的喝彩声、掌声此起彼伏，台上台下，成了一片欢乐的海洋。

有的会馆还举行新年团拜宴会。侨胞欢聚一堂，其中既有小家庭团聚，也有大家庭团聚。大家一起拉家常，谈国事世事，交流生意经，互相拜年祝福，热闹非常。有时候，在联欢会上，中文学校的学生歌手、粤剧爱好者、年轻的男歌手和工作人员等载歌载舞为大家带来久违的乡音，小朋友和当地的女华侨青年还尽情表演多种优美精彩的民族舞蹈，令人耳目一新。爱好卡拉 OK 的侨胞也纷纷登台一展歌喉。有的会馆还开展作为压轴戏的幸运大抽奖活动。整个联欢会妙趣横生，高潮迭起，满堂生辉，令人倍感大家庭的温馨、和谐。

由于各地区华侨人数不等、中华会馆或商会的财力不等等原因，各地侨胞的元旦庆祝规模也不一样，但华侨大埠的庆祝规模一般要大一些。例如，在华恋社，元旦晚上的中华会馆车水马龙，人潮涌动，锣鼓喧天，瑞狮起舞，歌声悠扬，引来阵阵掌声。会馆二楼会堂一般会举行盛大的新年联欢晚会。加省华人超

① 据恩平市政府办公室伍少华副主任 2017 年 2 月 22 日提供的信息。

市同业商会、加省华联商会、委中贸易商会侨领及侨胞往往有 1 000 多人出席。晚会在醒狮起舞中开幕。两条闪光发亮的醒狮，在大门口向侨胞拜年，并表演醒狮技艺。

百节年为首。今天在委内瑞拉，虽然不少侨胞根据当地主流习俗，将过年庆祝活动排在圣诞、元旦之后，但是，这并没让他们淡忘春节，家乡的年味依然深深地铭刻在每个侨胞身上，沁润于每个侨胞心里。

春节之所以无法让炎黄子孙淡忘，是因为它是最具中华传统文化魅力的节日。对海外游子来说，春节是一个解不开的情结。春节来了，身在海外的游子怀念亲人的思绪，会如一泻千里的江水，冲破情感的闸门，奔向远方的故乡。侨胞也通过现代发达的通信网络向亲人送上深深的祝福，"恭喜发财""新春大吉""身体健康""万事如意"，声声恭贺，句句情深。侨胞把春节变成了情感的纽带，跨越千山万水，成为联结他们与故乡亲人的千丝万缕的情愫。在春节到来的日子里，身在异国他乡的游子尽管不可能像在故乡那样感受到浓烈的氛围，但仍可感到鲜红对联贴在门前的吉祥和喜庆，想起当年一家人围坐吃团圆饭的欢乐和温馨，在声声爆竹声中激发对万象更新的憧憬。在春节，可以忘却过去一年的辛劳，在辞旧迎新的欢愉中，感受明媚的春光，祈求新的一年平平安安、和和顺顺。

春节较为系统地体现了海外华人对中华传统文化的继承，特别是，它较为突出地体现了和睦的家庭氛围、祥和吉庆的美好愿景。这一点集中体现在春节的主题——团圆上。除夕夜家庭团圆作为华侨华人长期奉行的一种习俗，已经上升为春节文化价值观的最重要组成部分，成为维系华侨华人联系的重要纽带。与此同时，今天海外侨胞的春节活动内容，也是传统元素与现代元素不同程度的结合，既保留着传统元素，也糅合了现代的元素。与时俱进也是春节保持旺盛生命力的重要因素。

春节在海外的氛围越来越浓，节庆规模和影响范围也日趋扩大。把中国春节定为本国法定假日的国家已经不下 20 个。越来越多国家的人民，通过春节感受中国独特的民情风俗。春节节庆中的中国元素，日益成为全球人眼中极富特色的文化标签。

每一年的春节，委内瑞拉各地的中华会馆、中华商会都会早早对春节活动做出详尽的筹划。届时有传统的团聚晚宴、家乡特色的舞狮、民族特色的歌舞，还有燃放烟花等。敬老爱幼是春节晚会的一大特点。侨胞们尽兴而来，兴尽而归。会上，中华会馆委员都会向侨胞拜年。中华会馆主席一般还在会上致辞，代表中华会馆向全省侨胞致以节日的问候，并祝大家新年身体健康、万事如意。联欢晚会往往精心编排丰富多彩的节目，如舞狮，表演刀、枪、剑、戟、拳、棍等中国

武术，或举行篮球、歌唱、乒乓球、象棋比赛，或举行抽奖活动等。有的会馆的活动还吸引了当地人参加，一道感受欢庆。一般来说，很多会馆侨领还会为篮球、卡拉OK比赛和晚会抽奖颁发奖品和纪念品。对联、抽奖等交错进行，笑声、掌声阵阵，大家欢欢喜喜，其乐融融。第二天的大年初一，各埠中华会馆一般都举行春节联欢晚会，大开筵席。侨领及所有侨胞欢聚一堂，会馆内张灯结彩，花团锦簇，鞭炮声声，锣鼓喧天，醒狮起舞，乡音绕耳，喜庆非凡。每年春节晚会，都十分喜庆、温馨、祥和，各地都有"火树银天不夜天"的热闹场面。

在委内瑞拉华侨的家乡，有趁春节给商家舞狮拜年的习俗。侨胞也把这一习俗带到了委内瑞拉。例如，2015年2月20日，应阿拉瓜省帕罗内格罗埠市政府的热情邀请，麻拉街华联会主席黄达相亲自统筹，委派常务副主席岑庆旺和几位侨领带领醒狮和花车队参加了当地的巡游活动。适逢新春佳节，醒狮、花车巡游所到之处，还逐户给华人商铺拜年。该埠华侨积极参与这次活动，出色的表演博得了当地居民的热烈掌声和喝彩，并得到了市长嘉奖。①

如果遇上其他喜庆之事，则益增春节气氛。例如，2015年2月22日星期日，拉省中华会馆隆重举行羊年春节联欢晚会暨中文学校开学典礼。是日晚，拉省中华会馆灯火通明，彩球高挂。侨胞们一进场即感受到了节日的气氛。大家欢声笑语，互相祝福。在喧天的锣鼓声中，醒狮献瑞，诗歌传递祝福。②

多年以来，越来越多的当地政府官员乐于出席华侨的春节庆祝活动。春节成为侨胞加深与当地民族和政府关系的一大平台。例如，如2007年2月18日（大年初一），梅里达中华会馆在维吉拉（Vigia）市银宫酒楼举办首届迎新春卡拉OK大赛。维吉拉市政府部分要员、警察局长、宪兵部负责人、税务与移民局负责人等嘉宾应邀参加庆祝活动。③2014年2月2日侨胞欢庆马年春节的时候，加省华人超市同业商会同时迎来了成立32周年庆。加省省长代表，华恋社市长，圣迭戈（San Diego）市长，加省安全、物价、税务等部门负责人，以及一些公司高管和侨胞共1 000多人前来参加晚会。该会全体同仁满怀激情地和嘉宾一起，在华恋社中华会馆通过醒狮表演、燃放烟花、歌舞表演等方式庆贺节目。加省省长等向侨胞致以诚挚的新春祝福。④2015年2月18日（年三十）晚，委国中部城市奇瓦科阿侨胞假座东方大酒家举行团圆晚宴。

奇瓦科阿是一个交通发达的城市，居住侨胞约300人，店铺近40家。这里

---

①　莫熙丰：《欢庆中国年》，《委华报》，2015年2月23日。

②　谢炳坚：《拉省中华会馆举行春节联欢晚会暨中文学校开课典礼》，《委华报》，2015年3月2日。

③　《委华报》资料。

④　黎民、莫熙丰：《加省华人超市同业商会举行32周年志庆暨春节联欢晚会》，《委华报》，2014年2月3日。

虽然没有侨社组织，但有一群热心人士，凡公益慈善之事一呼百应。长期以来，侨胞与当地政府部门关系良好，与当地民众和睦相处，侨胞守法、文明，在政府的物价大检查中没有发现乱查、乱罚的问题，还得到了政府相关部门的好评。市长及卫生、交通、消防等政府部门官员，驻军将军和警察局长等前来庆贺并向侨胞拜年。由热心人士赞助的烟花持续燃放了半个小时，前来观看的市民把酒家门前的大街小巷围得水泄不通。东方大酒家精制的晚餐十分丰盛，家乡特色的焖鹅、烧鸭、烧猪、炸鸡、发菜汤等美味可口。大家在品尝过程中都感受到了浓浓的乡情、亲情，都说如在家中过年一样。据说奇瓦科阿市侨胞已连续 5 年举办团圆晚宴。[①]

近些年来，委内瑞拉当地人对中国春节的认识也进一步加深。例如，委内瑞拉大学三年级学生卡布里埃在听完有关中国春节的文化课后说："中国人过春节，不仅有家庭气氛的年味，更有传统文化的品味。"他和自己的同胞兄弟菲里克斯都是委内瑞拉西蒙·玻利瓦尔大学国际贸易专业的学生。这对双胞胎兄弟选修汉语已经有一年多，对中华文化的兴趣越来越浓。他们用汉语说，"我们很喜欢中国文化，我们很想有机会去中国看看"。

西蒙·玻利瓦尔大学是委内瑞拉著名的理工大学，在科学技术领域具有很高的学术水平。目前在校学生有 5 000 多人。虽然是理工大学，但是，校方很重视学生的文化修养，把文化课列为大学生的必修课，并鼓励学生选修外国语言课。近年来，学校开设了中国汉语课和中国文化课，讲课的是华人教师宋琳。她曾留学日本，婚后随丈夫来到委内瑞拉。

中国文化课吸引了在校的大学生们。春节前教室的气氛也不同往常：天花板上悬挂着红彤彤的中国灯笼，黑板和墙壁上贴了中国的剪纸画、年画和迎春招贴画。走进教室，立马就能感受到中国春节的喜庆年味。30 多位委内瑞拉大学生坐在教室里兴致勃勃地听课。讲课的是中国驻委内瑞拉大使馆文化处专员周子韧，他从中国春节和阴历闰年的来历讲起，逐一介绍中国人过春节的传统习俗，如挂灯笼、贴剪纸、吃饺子、给压岁钱、逛庙会……他一边讲，一边还播放相关的录像，课堂里不时发出会心的笑声。凯萨是委内瑞拉人，他学习中国武术已有20 多年。他还经常代表委内瑞拉去中国参加国际武术比赛或武术大会。2014 年春节期间，他也专程赶来，给学生讲解中国武术和太极拳的知识，还当场表演了太极拳并带领听课学生一起到室外练习太极拳。高个子的路易斯是机械工程系的大学生。他说他喜欢这堂课，听完以后对中国传统文化有了更多的了解。他选修

---

① 陈淘涛：《Chivacoa 市侨胞团圆晚宴贺新春，市长等政府官员和部队将军等前来庆贺》，《委华报》，2015 年 2 月 23 日。

中国文化课，就是希望通过学习汉语来更好地了解中国。卡布里埃说，委内瑞拉人也有迎新年的习俗，"全家人团聚，吃饭、聊天、唱歌，有很浓厚的家庭气氛"。听完这堂文化课，"我觉得中国人过春节和我们迎新年一样，全家人聚在一起包饺子、剪纸画，有很浓的家庭情味。但是，中国有悠久的文化传统，中国人过春节的习俗，文化传统更加丰富"①。

月是故乡明，人是故乡亲。中秋节也是中国传统节日。一般来说，各地中华会馆等会举行各项活动，举办"国庆杯"乒乓球赛和篮球友谊赛、歌唱比赛等，届时会馆会备好中秋美食，让侨胞品尝，侨胞们欢聚一堂，以传统的方式欢欢喜喜地度过一个愉快的节日。大家感觉到在异国他乡赏月，就像在家乡一样。侨胞们明白，儿女长大成家后，各在一方，各忙自己的生意，很少有时间在一起。趁中秋月圆之时，一家大小团圆，而且还能和众多的侨胞见面畅谈，是十分难得的乐事。

每年的10月1日是中国的国庆节，各地中华会馆也会举行庆祝活动，晚会节目丰富多彩，例如歌唱、舞蹈和幸运大抽奖等。在加拉加斯，中国大使馆官员还与当地侨团一起举行庆祝活动。遇到逢五逢十的大庆年头，加拉加斯的中国大使馆和当地侨团举办的庆祝场面会更盛大，各地中华会馆的庆祝活动也更热闹。

很多时候，中秋节跟10月1日的中华人民共和国国庆日在时间上相隔不久，侨胞便会把这两个节日放在一起庆祝，这样，就会夹杂着家庭团圆和庆祝祖国生日的双重气氛。会馆灯火辉煌，大开筵席，歌声嘹亮，高朋满座。晚会上，侨胞们会激情地高唱歌颂祖国的歌曲，唱出生活的激情，唱出对未来的希望。很多会馆会把中秋晚会节目设计得丰富多彩，常常既有传统的中秋月饼和节日餐点，还有歌唱和幸运抽奖、拔河等助兴活动。一些会馆还开展猜谜、有奖问答等活动，这些节目的参与者最为踊跃，而且在一问一答中，一次次地让中华文化深深地在侨胞心中烙下印记。侨胞们或一家大小，或三五知己，陆续从四面八方赶到早已布置一新的会馆，相聚倾谈家事、心事，沟通乡情。大家兴致勃勃，在月圆人圆的日子里，共享明月，开心地畅叙友情和亲情，共谈美好前程，气氛热烈。晚会节目轮番登台，浓浓的乡音，浓浓的乡情，让整个晚会充满了欢乐和温馨。最后，侨领们还向夺得卡拉OK比赛获奖者颁发奖状和奖金。近些年来，一些华埠的阿姨们还跳起了活力广场舞，充满中国特色。

对于其他中华民族节日或家乡节日，委内瑞拉侨胞每年都以自己的方式进行庆祝，或按照传统习俗开展活动。例如，每年清明节前后一个月左右的时间，是

---

① 吴志华：《中国过春节　文化品味浓——委内瑞拉大学中国春节文化课侧记》，《委华报》，2014年1月27日。

委国侨胞回乡扫墓的时期。在这段时间内，总可以看到不少同胞进出加拉加斯机场，踏上归国之途，或从家乡归来。从他们对民族与家乡习俗的顽强坚守，可以看出旅委侨胞对中华文化和民族传统的执着与热忱。

在委内瑞拉，华侨主要是新移民，在日常忙碌的工作之外，娱乐休闲活动很少。这与中国人勤劳勇敢的传统拼搏精神相关，也与华侨在委内瑞拉的职业构成相关。华侨的传统工作，如经营餐馆、杂货（超市）和百货等，都是长时间劳作甚至是没日没夜操劳的职业。一天下来，精疲力竭，倒头就睡，自然没有时间娱乐。由于华侨的这一特点，很多人只能在家自娱自乐，自唱自弹。当然，即使有时间，一些人是由于性格原因不愿出门娱乐，更多的人则是因为不懂当地语言而不敢出门。

由于年轻的新移民越来越多，委内瑞拉侨胞中的艺术人才在不断涌现，他们经常参加侨社的文化活动，艺术水平也不断提高。华侨文艺演员一般都不是专业的，但他们十分敬业。一些会馆还有一些具有民族特色的女演员，她们舞姿曼妙、歌声甜美，令人陶醉。2014 年 11 月 30 日晚，由华恋社中华会馆、《委中商报》联合主办的"中国梦之声"歌唱大赛在这里举行最后的角逐——决赛。"中国梦之声"歌唱大赛展现的，就是个人梦与中国梦的相辅相成。16 位参赛歌手，以最充满激情的曲子舒展自己的歌喉。他们中有初露锋芒的歌坛新秀，也有多次参赛并获奖的老歌手。他们来自全国各地，皆是华人歌坛的佼佼者，其中不乏科班出身的演唱者。他们悠扬、婉转的歌韵，伴着委内瑞拉舞者的舞蹈；高亢激昂的歌声，伴着舞者的中国功夫，显示出浓浓的中华文化色彩。一曲《中国人》，演唱者的精彩演绎，调动了全场观众的激情，大家情不自禁地站了起来，和着唱了起来。在两个多小时的表演中，歌手们尽情演绎，高潮迭起，精彩镜头不断出现。[1]

在委内瑞拉华侨圈里，冯炎良享有"金牌司仪"的美誉。虽然司仪只是他业余的"半个职业"，但他名声在外，有时全职当司仪也忙不过来。自 2007 年至今，他和其他搭档主持的大小庆典活动不下 100 次。经过多年的历练，冯炎良对各种场合的庆典主持已经有了自己一套纯熟的技巧。2015 年 9 月 27 日，麻拉街华联会举行的中秋节庆祝晚会，特别给冯炎良和他的女搭档谭画娜分别赠送"能文能商，侨界才俊""能歌善舞，侨届才女"的牌匾。这一经历大大丰富了冯炎良的人生。[2]

---

① 黎伟旗、莫熙丰：《放歌"中国梦"——华恋社中华会馆"中国梦之声"歌唱大赛小记》，《委华报》，2014 年 12 月 1 日。

② 黎民：《风趣优雅——小记"金牌司仪"冯炎良》，《委华报》，2015 年。

一些年轻人经常结伴打篮球、锻炼身体，但他们平时其他活动不是特别多。遇到当地的国庆节、圣诞节等重大节日，全国都会放假，这时候他们的店也会关门，会馆会准备一些节目，安排聚餐。他们自然也过中国传统节日，比如端午、中秋、春节等，但中国节日不放假，照常工作，只是到了晚上大家才能聚在一起。所有的中国节日当中，春节会更热闹，有武术表演、游街等活动，侨团也会组织一些文娱比赛或体育比赛。有时候，大家会每人凑一点钱，多少不等，以之作为基金，碰到大的节日就会聚一下，但小的节日就各自过。

第三节　委内瑞拉全国华人华侨运动会与其他中华特色体育活动

一、全国华人华侨运动会

委内瑞拉全国华人华侨运动会（Juegos Deportivos De La Comunidad China En Venezuela）始自20世纪90年代初，其时加拉加斯、加拉沃沃和阿拉瓜三地华侨中的篮球爱好者自发组织篮球比赛。后来，拉省和安省相继组队加入，并正式以"中华会馆代表队"的名义组织比赛。根据委内瑞拉的实际情况，篮球赛定于每年的复活节期间举行（复活节法定假期3~4天）。这是全国华人华侨运动会的雏形。

至1998年，由在任运动会主席陈毅辉及热心球友 Orlando Wu、Joselito Shum、Omaira Fung、Alexander Choi 等倡议发起，每年均举行全国华人华侨运动会，并正式成立专门机构——全国华人华侨运动会组委会。倡议得到许多侨胞及中华会馆的热烈响应，组委会随即在华恋社组织举办了第一届委内瑞拉全国华人华侨运动会。当时有8支篮球队、2支足球队参加了两个比赛项目。为了活跃气氛，组委会增加了别开生面的中华会馆礼仪小姐评选活动。这一活动作为特色项目，以后在每一届运动会上都会组织举行。

委内瑞拉全国华人华侨运动会以振奋人心、凝聚力量、联络乡情、树立形象为宗旨，以追求"更高、更快、更强"为目标，为当地华侨提供了一个展示自我、超越自我、相互交流、共同进取的平台。运动会的目的是丰富侨胞文体生活，锻炼体能，增强身体素质，加强侨胞之间的认识和交流，传承和发扬中华民族的优良传统和优秀文化；会旗设计为七色彩环白底旗：白底象征和平与安定，中间七色彩环相扣，象征华侨华人社团及同胞间的团结友爱、互助共荣。

1998年4月，在华恋社隆重举行了第一届委内瑞拉全国华人华侨运动会。此

后每年一届的运动会，为华侨华人体育运动在委内瑞拉的蓬勃开展起了催化作用。十多年过去了，运动会会旗（原为五环后，改七环）年年交接，年年传递，比赛项目和参赛运动员年年增加，各地体育场所不断扩大和翻新。

信念与追求，拼搏与进取，渗透在体育运动中。通过华侨华人体育运动会，既可看到运动员高水平技术的发挥，更看到了运动员不言败、不放弃、不气馁的勇气。这种勇气折射出来的，就是坚持不懈、顽强拼搏的精神。这种精神，正是华侨创业所必需的。开展体育活动，包括体育比赛和日常的体育活动，目的就是强身健体和锤炼意志，既追求轻松愉悦，也为修身养性。在赛事中，运动健儿的努力拼搏，充分展示了华侨的魅力和风采。同时，奋勇争先、健康向上的体育精神也得到弘扬。虽然竞争有先后，比赛有胜负，但明白了比赛的目的和意义，就能微笑面对。体育运动让人看到了旅委华侨在商务之外的另一种拼搏进取和积极向上的人生态度。赛场上的输赢是一种磨炼，更重要的是超越自我、征服自我的不服输精神。体育活动，不但已成为侨胞增强体质的重要组成部分，而且成为联络乡情、传承和弘扬中华传统文化的重要平台。一年一次的委内瑞拉全国华人华侨运动会，激发了广大侨胞把体育融入生活的精神。华侨在繁忙的工作之余，开展丰富多彩的体育活动，形成自觉参加体育锻炼的良好习惯，用健康的身心适应优胜劣汰的竞争时代。各地群众性体育活动的蓬勃兴起，是委内瑞拉全国华人华侨运动会一届接一届成功举办的坚实基础。

随着形势的发展，越来越多的中华会馆相继加入，比赛人数不断增加，比赛项目不断丰富。目前，几乎所有的中华会馆，都毫不例外地设有相关体育设施，包括篮球场、乒乓球室、羽毛球场、游泳池、桌球室、象棋室等。在工作之余，大家打球、游泳、下棋、做操，使体育成为生活、工作不可或缺的组成部分。例如，每一次运动会上，华恋社运动员都能取得骄人的成绩，便得益于当地侨胞体育活动的普遍开展。华恋社中华会馆在 2000 年第七届委内瑞拉全国华人华侨运动会在华恋社举行之际，全面完善体育场建设及有关设施，近几年来又不断更新，为体育活动提供了良好的条件。华恋社中华会馆设有康乐部，每当华灯初上，会馆里的运动场就成为一道亮丽的风景，篮球场、足球场、羽毛球场、乒乓球室、桌球室等，到处活跃着体育爱好者的身影。为提高运动水平，会馆每年组织的各项目比赛不少于 2 次，其中篮球联赛几乎贯穿于全年，每个循环打 100 多场。在这个基础上，篮球、乒乓球、羽毛球、象棋等队还经常"请进来、走出去"，与兄弟队举行友谊赛，通过比赛切磋技艺。有的球队还专门请教练指导训练。每次委内瑞拉全国华人华侨运动会开幕，会馆的所有委员除因特殊情况外，都会到现场，一方面指导运动员比赛，一方面给运动员当啦啦队。每次比赛结

束，还举行庆功大会，总结比赛经验和奖励优秀运动员。[1] 又如，亚加里俄中华商会小有名气，不论会馆的建设还是各项活动都成绩显著，曾成功举办两届全国华人华侨运动会。每年的全国华人华侨运动会，该会侨领都非常重视，亲自带队，每届都取得优异成绩。现在，坐落在园林中的这个商会，每逢夜幕降临，前来参加体育活动的侨胞都不少，体育活动成了这里一道亮丽的风景。[2]

如今，委内瑞拉全国华人华侨运动会已是一个具有较大规模、在国内有较大影响力的华侨团体，也是唯一能全面聚集全国 17 个省的中华会馆的团体。其成员包括：加拉加斯，阿拉瓜，加拉沃沃，波图格萨（Portuguesa），拉腊，苏利亚，梅里达，阿普雷，安索阿特吉（Anzoategui，华人通译作安省），新埃斯帕塔（Nueva Esparta），莫纳加斯，法尔孔，苏克雷，玻利瓦尔，瓜利科（Guarico），巴里纳斯，科赫德斯。运动会的主要比赛项目有篮球、足球、乒乓球、中国象棋、台球、保龄球、棒球、羽毛球（新增）等。按照章程，委内瑞拉全国华人华侨运动会每年在不同的城市举办一次。委内瑞拉全国华人华侨运动会组委会主席为陈毅辉，委员为各中华会馆负责人。[3]

历届运动会举办地点为：1998 年在华恋社；1999 年在阿拉瓜；2000 年在拉省；2001 年在加拉加斯；2002 年在安省；2003 年在亚加里俄；2004 年在苏利亚；2005 年在华恋社；2006 年在阿拉瓜；2007 年在拉省；2008 年在加拉加斯；2009 年在安省；2010 年在亚加里俄；2011 年在苏利亚马拉开波市；2013 年在麻拉街；2014 年在拉省的巴基西梅托；2015 年在加拉加斯（中缺 2012 年，待查）。

下面以第 17、18 届运动会为例，对委内瑞拉华侨华人体育运动的运作方式作一个直观的了解。

2013 年在麻拉街举办的第 16 届委内瑞拉全国华人华侨运动会闭幕之时，拉省中华会馆主席郑永生从华联会董事局主席黄达相手上接过了委内瑞拉全国华人华侨运动会旗，宣告新一届赛事将在拉省举行。在全省侨胞的大力支持下，筹备工作随之紧锣密鼓地进行。在会馆侨领中，郑永生带头捐款，同时发动委员、侨胞筹集资金，对体育场地及设施进行建设和更新。共同的努力，终使每一项工作落到实处。

第 17 届委内瑞拉全国华人华侨运动会于 2014 年 4 月 17—19 日在拉省举行，主办单位是拉省中华会馆。由于委内瑞拉经济环境恶劣，举办这样的运动会，困难可想而知。起初，曾有个别侨领打退堂鼓，认为在这种形势下举办运动会不太

---

① 黎民、莫熙丰：《华恋社队荣获全侨运动会六连冠》，《委华报》，2015 年 4 月 6 日。

② 陈淘涛：《亚加里俄中华商会举行体育友谊赛，麻拉街、华恋社、拉省、亚加里俄会馆四个队参赛》，《委华报》，2015 年 7 月 6 日。

③ 委内瑞拉全国华人华侨运动会组委会供稿。

适合。但权衡再三，大家还是统一了意见，表示困难再大，也不能让运动会因此而中断。大家认识到，举办运动会是全体侨胞生活中的一件盛事，不但要坚持办下去，而且要办好。会馆广泛听取侨胞意见。意见统一后，会馆开始积极筹款。在会馆主席郑永生的带领下，会馆委员个个慷慨解囊。同时，侨胞的捐款也十分踊跃。有的侨胞还主动找上门来，表示有钱出钱，有力出力。拉省华侨曾在2007年成功举办过第10届运动会。对即将举行的第17届运动会，该省侨胞充满期待，希望新一届运动会有新的特色、新的水平、新的突破。经过近一年的精心筹划和组织，原来露天的运动场盖上崭新的风雨棚，比赛用的篮球场、足球场、羽毛球场等符合国际标准。① 委内瑞拉局势动荡、治安恶劣、货物奇缺，给广大侨胞的经商和生活带来极大的风险，却没有影响本届运动会的举办，侨胞们参与运动会的热情依然高涨。委内瑞拉全国华人华侨运动委员会主席陈毅辉说，报名参加本届运动会的有全国14个省的队伍，比2013年增加了4个；报名参加运动会的运动员有600多人。②

2014年4月17日至19日，第17届委内瑞拉全国华人华侨体育运动会在拉省巴埠中华会馆举行。全国12个代表队参加了篮球、足球、乒乓球、羽毛球、桌球、保龄球、象棋7个项目的比赛。来自全国各地的侨胞包括运动员、教练、裁判员近2000人。③ 开幕式异彩纷呈，节目丰富多彩。拉省中华会馆醒狮队到场助兴，加拉加斯傅君正武术队到场表演。更令人高兴的是由南美新知杂志社赞助的体育健美小姐比赛。8位参赛的华裔小姐经过角逐，苏利亚省代表队甄嘉仪小姐夺得第一名。

为使比赛顺利进行，拉省中华会馆还专设医疗小组，安排华人医生全天候服务，以防意外。在运动会期间，会馆委员精诚团结，同心协力，个个主动担当重任。每天从早到晚，坚持在运动场各司其职，一直忙到晚上10点多才回家。这次运动会侨胞鼎力支持，为大会做义工的侨胞不下150人。④

参加第17届运动会的各地代表队，侨领都亲自带领，并到现场鼓舞士气。在比赛的几天里，侨领们经常坐镇赛场，既当指挥员，又当服务员。他们对运动员的安全、作息、纪律等时时关注，以确保运动员全情投入。

---

① 黎民、莫熙丰：《第十七届华人华侨体育运动会开幕进入倒计时，拉省中华会馆主办，各项筹备工作基本就绪》，《委华报》，2014年4月7日。

② 黎民、莫熙丰：《第十七届华人华侨体育运动会开幕进入倒计时，拉省中华会馆主办，各项筹备工作基本就绪》，《委华报》，2014年4月7日。

③ 陈淘涛：《第十七届华人华侨体育运动会在拉省中华会馆举行，赵荣宪大使发来贺信　参加运动员为历届之最》，《委华报》，2014年4月21日。

④ 黎民、莫熙丰：《第十七届华人华侨体育运动会开幕进入倒计时，拉省中华会馆主办，各项筹备工作基本就绪》，《委华报》，2014年4月7日。

　　加省是委国一个大省，旅委华人 4 万多人，体育活动比较活跃。近几年来，会馆对体育工作相当重视，成立了体育协会，积极组织侨胞开展体育活动。每天晚上或节假日，都有不少侨胞前去会馆参加各项体育活动，整个会馆就如同一个体育馆。

　　第 17 届运动会参赛的 12 支代表队中，华恋社代表队阵容最大，人数最多（170 人），士气最高。为鼓舞士气，会馆主席陈坚辉特带领 20 多名侨领前往。华恋社代表队参加了所有项目的比赛。其中，篮球是他们的强项，每届运动会比赛都进入前三。为取得好成绩，赛前，会馆除组织运动员开展训练外，出征前还召开誓师大会。会上，陈坚辉要求运动员树立信心，赛出水平，赛出风格，赛出成绩，不要辜负全省侨胞的期望。由于大家的努力，华恋社代表队在比赛中取得了优异成绩，其中冠军 1 个，亚军 4 个，季军 3 个，并蝉联团体总分第一，实现五连冠。①

　　亚加里俄在委国是个小城市，生活在该埠或周边埠的华人不到 1 500 人，但华人华侨运动会在该埠已举办了 2 次，且该埠商会每年都组队参赛。据商会侨领谢宁芳介绍，本届运动会他们参加 5 项赛事。在赛前，商会主席郑瑞伦召开动员会，要求运动员要做到"友谊第一，比赛第二"，要遵守大会章程和本队纪律，统一行动，听从指挥。②

　　第 17 届运动会有 3 个代表队引人瞩目：首次参加运动会的巴里纳斯队、特鲁希略队和"元老"亚加里俄队。这几个队，无论从实力或经验，都不具备夺取名次特别是夺冠的条件。但他们不在乎名次，他们参加运动会，重在参与，借机学习，与各代表队交流经验，切磋技艺。③

　　第 18 届委内瑞拉全国华人华侨体育运动会，于 2015 年 4 月 2 日在加拉加斯军人俱乐部隆重开幕。本届运动会重新调整了组织机构并修改了比赛章程。新章程规定，凡是参赛运动员不能参与两个代表队的比赛，运动员必须是华侨华人血统。

　　加拉加斯承办第 18 届运动会的资金筹集，在艰难环境下实属不易。第 18 届运动会正值委内瑞拉经济极度萧条之时，广大华商正处于困境。难能可贵的是，困难没有吓倒他们。主办的加拉加斯中华会馆一如往届，筹备工作做到"滴水不

---

　　① 陈淘涛：《一次团结友谊的盛会——第十七届华人华侨体育运动会花絮》，《委华报》，2014 年 4 月 28 日。

　　② 陈淘涛：《一次团结友谊的盛会——第十七届华人华侨体育运动会花絮》，《委华报》，2014 年 4 月 28 日。

　　③ 陈淘涛：《一次团结友谊的盛会——第十七届华人华侨体育运动会花絮》，《委华报》，2014 年 4 月 28 日。

漏"，大家有钱出钱，有力出力。在会馆主席吴崇岳、第一副主席刘国振的带领下，全体委员踊跃捐款，每人捐款不少于50微翁，其中吴崇岳捐了300微翁，刘国振捐了280微翁。此外，经会馆大力发动，有350个商号和个人也捐了款。由于大家大力支持，运动会所需资金到位，保证了运动会的圆满成功。

开幕式于2日下午6点举行。参加本届运动会的代表队有亚加里俄队、安索阿特吉队、阿拉瓜队、巴里纳斯队、玻利瓦尔队、加拉加斯队、科赫德斯队、法尔孔队、拉腊队、马都顶队、新埃斯帕塔队、华恋社队、亚拉奎队和苏利亚队，运动员、裁判员、教练和工作人员共500多人。比赛项目有篮球、足球、乒乓球、羽毛球、桌球、棒球、保龄球和中国象棋8项。经激烈角逐，获得总分前三名的依次是华恋社、加拉加斯、麻拉街。参加本届运动会的华恋社代表队在所有的代表队中，阵容最大，共150多人，并取得总分第一，获得六连冠。

麻拉街华联会组织近百名运动员参加了第18届运动会的足球等七个项目的比赛，其中足球、桌球、保龄球获得冠军，桌球获得亚军，乒乓球男女混合获得第三名，团体总分名列第三。这一成绩，是麻拉街代表队历届运动会取得的最好成绩。

亚加里俄参加本届运动会的运动员有38人，大多数是打工一族。他们参加比赛，多少影响到商铺的生意。为此，亚加里俄中华商会工作做在先，和运动员所在商铺的老板加强沟通。老板们从大局出发，个个表示大力支持。他们说，为了运动会，就算关门也要让运动员参赛。由于大家的支持，亚加里俄参赛运动员非常努力，虽然有的强项没能取得往届的成绩，但在乒乓球比赛中异军突起。

二、各地华侨举行的非定期单项体育赛事

除了一年一度的全国华人华侨运动会外，委内瑞拉华侨平时举行的体育赛事和体育活动还有不少。这些赛事和活动范围不等，或两三州之间，或一个州内部，甚至一群爱好者自己举行。个别赛事已经准常规化，但大多数还处在"随兴而至"的状态。下面是可以在媒体上找到的一些体育赛事和活动，未见报道的小规模赛事和活动肯定还有不少。

（一）委内瑞拉华侨省际的篮球赛

2013年7月28日，华恋社中华会馆举行2013"友谊杯"篮球、羽毛球、乒乓球邀请赛。参加比赛的有来自拉省、亚加里俄、麻拉街、加拉加斯、安省和华恋社的代表队运动员近100人。经过激烈交锋，全部比赛于当晚9点多决出名次。这是一次切磋球艺、促进友谊、沟通乡情的比赛。为办好这次比赛，热心侨

胞积极捐款，裁判、教练、工作人员积极参与。其中篮球的比赛结果为，第一名：华恋社；第二名：拉省；第三名：麻拉街。①

2014年2月1—2日，马都顶中华会馆举行春节华人篮球友谊赛。马都顶队、华恋社队、加拉加斯队、玛格丽塔（Margarita）队、安索阿特吉队和久达德玻利瓦尔（Ciudad Bolivar）队参加了比赛。会馆青年醒狮队绕会场一周，并表演了醒狮技艺"水底捞月"，给现场增添了节日气氛。第一副主席郑明伟、商会主席陈焕堂、运动会主席陈艺辉分别在会上致辞。他们说，马都顶举办这次篮球友谊赛事，为的是弘扬中华文化，发展旅委华侨华人的体育事业，增添节日的热烈气氛，同时为大家提供一个强身健体、互相学习、交流经验、加深友谊、增进乡情的平台。

马都顶这次篮球赛是在新建会馆5 000平方米的运动场举行的。据了解，马都顶中华会馆原设在市区中心，但由于无法满足侨胞活动需要，2010年底，新一届会馆领导机构成立后，提出要建设一间新会馆。这一决定公布后，全省侨胞积极支持，一呼百应，捐款近1万微翁，购买了一块4万平方米的地皮，并于2011年8月破土动工。经过一年多的施工，设有办公室、会议室、娱乐室、运动场、豪华餐馆、购物中心的新会馆落成并交付使用。马都顶中华会馆新一届委员的创举，深受侨胞好评。为了本次篮球友谊赛，马都顶的青年人同样放下了自己店铺的工作，既出钱又出力，其中李仲坚、陈焕堂、冯路英、何景文、梁智雄等表现特别突出，深受侨胞称赞。②

2014年5月3日至4日，华恋社中华会馆在本会馆举办了一次全国篮球邀请赛，瓜里科队、巴里纳斯队、科赫德斯队、马都顶队和华恋社队参加了比赛。据了解，这次邀请赛是在华恋社中华会馆侨领的热心支持下举办的，是一次互相交流、互相学习、切磋球艺、增进友谊的机会。经过两天比赛，华恋社队获得第一名，马都顶队第二名，科赫德斯队第三名，巴里纳斯队第四名，瓜里科队第五名。在比赛中，各队充分发挥，配合默契，赛出了风格，赛出了水平，为在华侨中进一步推动体育运动的普及起了积极的作用。③

2015年10月12日晚，由华联总会体育协会和华恋社中华会馆共同主办的"国庆杯"全国篮球公开赛在华恋社中华会馆圆满结束。比赛结果是：青年队第一名科赫德斯，第二名华恋社，第三名麻拉街；老人队第一名华恋社，第二名亚拉奎，第三名加拉加斯。这次比赛进行了两天，参赛的青年队有加拉加斯、麻拉

①　吴金波：《切磋球艺促进友谊沟通乡情，华恋社中华会馆举办"友谊杯"篮球羽毛球乒乓球邀请赛》，《委华报》，2013年。

②　《马都顶中华会馆举行春节篮球友谊赛》，《委华报》，2014年。

③　陈淘涛：《华恋社中华会馆举办篮球邀请赛》，《委华报》，2014年5月5日。

街、华恋社、亚拉奎和科赫德斯 5 支球队，老人队有华恋社、加拉加斯和麻拉街 3 支球队。各地中华会馆非常重视，由侨领带队。全体运动员热情高涨，精神饱满，积极参与。比赛结束后，举行颁奖仪式，华恋社中华会馆侨领向获奖代表队颁发纪念牌匾和奖杯。①

（二）乒乓球赛

2015 年 7 月 5 日（星期日），亚加里俄中华商会在其会馆举行篮球、乒乓球友谊赛。麻拉街华联会、华恋社中华会馆、拉省中华会馆和亚加里俄中华商会共 4 个代表队参加。据主办单位亚加里俄中华商会主席郑瑞伦、副主席郑伯均介绍，这次篮球、乒乓球友谊赛邀请周边四个埠的体育运动员参加，旨在弘扬中华文化，发展侨民的体育运动。比赛非常精彩，不少邻埠的体育爱好者和本埠侨胞前来观看。各埠会馆代表队由侨领亲自带队。

以球会友，联络乡情，促进侨社团结。亚加里俄青年人多，举办这样的赛事也有利于增强大家对体育运动的喜爱，有利于促进本地体育运动的开展。现在把华恋社等地的球队请进来，以后本地球友也要走出去，组织运动员与各地运动员交流，取长补短，大力促进本地群众性体育活动的发展。

2013 年 7 月 28 日，华恋社中华会馆举行 2013 "友谊杯" 篮球、羽毛球、乒乓球邀请赛。参加比赛的有来自拉省、亚加里俄、麻拉街、加拉加斯、安省和华恋社的代表队运动员共近 100 人。经过激烈交锋，全部比赛于当晚 9 点多决出名次。其中乒乓球的比赛结果是：男子单打第一名：林国俊（华恋社），第二名：冯文昌（亚加里俄），第三名：方健新（加里加斯）；女子单打第一名：冯美美（亚加里俄），第二名：郑添菊（华恋社），第三名：冯小微（华恋社），第四名：张莲花（华恋社）；混合双打第一名：吴凌石、郑添菊（华恋社），第二名：Villiam Wu、Cow Liang（巴基西梅托），第三名：叶惠诺、叶权武（Fernando）。②

2015 年 3 月 22 日下午，华恋社中华会馆举行乒乓球邀请赛。来自加拉加斯和加省的当地 15 名乒乓球高手与华恋社乒协球手激战，高潮迭起，博得观众阵阵掌声。加拉加斯的 11 岁女将、2014 年南美洲女子乒乓球赛少年冠军 Lisa Palacios 名不虚传，打得特别出色，进攻十分凌厉，一路过关斩将，获得冠军。获得亚军和季军的分别是华恋社的 Edgar Rodrigue（笔者注：是否为华人不详）和吴

---

① 陈淘涛：《国庆杯篮球公开赛圆满结束》，《委华报》，2015 年。

② 吴金波：《切磋球艺促进友谊沟通乡情，华恋社中华会馆举办 "友谊杯" 篮球羽毛球乒乓球邀请赛》，《委华报》，2013 年。

凌石。①

据华恋社乒协的吴凌石说，2015 年，华恋社中华会馆"国庆杯"乒乓球赛以后，他们的店铺楼上每晚都很热闹。每当生意打烊，店里员工不论男女老少，一齐登场。兴奋之时，还打个通宵才罢休。消息传开，大家纷纷赶来，既凑热闹，又比高低，老少同乐。初时，由于人多，单打、双打、混合双打，不时交替进行。②

（三）羽毛球赛

2013 年 7 月 28 日，华恋社中华会馆举行 2013 "友谊杯"篮球、羽毛球、乒乓球邀请赛。羽毛球的比赛结果是：男子单打第一名：伍国俊（虎埠），第二名：冯加路（华恋社），第三名：冯财（华恋社），第四名：陈程宇（华恋社）；女子单打第一名：岑小婵（加拉加斯），第二名：岑小娜（加拉加斯），第三名：吴绮平（加拉加斯），第四名：陈丽（华恋社）；混合双打第一名：岑小婵、伍国俊（虎埠），第二名：冯加路、陈丽（华恋社），第三名：岑小娜、陈程宇（加拉加斯）。③

（四）中国象棋赛

中国象棋是中华文化的重要载体，博大精深，历史悠久，深受各地华侨喜爱。在委内瑞拉华侨的主要故乡恩平市，中国象棋广受民众欢迎，节日或平时都经常开展比赛活动。华侨来到委内瑞拉后，也把这种民间喜闻乐见的娱乐形式带到居住地来，大小比赛经常举办。

为把象棋活动全面推广，委内瑞拉各地侨领和社会热心人士对象棋赛大力支持。在委内瑞拉华社，有委内瑞拉中国象棋协会，其于 2004 年中秋前夕成立。棋艺精湛的陈武坤是棋坛上的一名老将，也是委内瑞拉中国象棋协会创始人。每年在国庆期间举行的比赛，吸引了不少爱好者，对活跃华社文体活动、增进华社团结起到了积极的推动作用。例如，为庆祝中华人民共和国 60 周年华诞，委内瑞拉中国象棋协会主办、华恋社中华会馆协办全侨中国象棋公开赛。参赛的共有 19 名棋手，是人数最多的一次比赛。经过比赛，于 2009 年 10 月 1 日晚在华恋社中华会馆举行的"庆国庆、贺中秋联"欢会上，当地侨领和象棋协会负责人向

---

① 《华恋社中华会馆举行乒乓球邀请赛，11 岁女将 Lisa palacios 一路过关斩将获冠军》，《委华报》，2015 年 3 月 23 日。

② 吴凌石：《挥拍乒乓乐趣无穷》，《委华报》，2015 年 10 月 5 日。

③ 吴金波：《切磋球艺促进友谊沟通乡情，华恋社中华会馆举办"友谊杯"篮球羽毛球乒乓球邀请赛》，《委华报》，2013 年。

获奖者颁发了奖品、奖金。① 为庆祝中华人民共和国成立 65 周年，由麻拉街华联会和委内瑞拉中国象棋协会共同主办的"国庆杯"全国象棋比赛于 2014 年 9 月 28 日在麻拉街华联会大礼堂举行。目的是让大家更好地记住中华人民共和国的成立并更加热爱祖国，同时利用这个机会让象棋爱好者互相学习，切磋棋艺。这次比赛得到麻拉街华联会的高度重视，赛前做了大量准备工作。经过大半天的激烈赛事，比赛于当晚 12 点结束。② 又如，2015 年 9 月 20 日中午，由委内瑞拉中国象棋协会、华恋社中华会馆主办的贺中秋、迎国庆和象棋协会成立 12 周年全国象棋公开赛在华恋社中华会馆举行。这次比赛气氛热烈，本着友谊第一、比赛第二的精神，象棋爱好者积极参赛，以棋会友，互相切磋。③

2014 年 1 月 26 日，旅委中国象棋协会在华恋社 CM 商场举行 2014 年春节象棋公开赛，全国各地象棋爱好者踊跃参加。据主办人陈武坤、吴凌石介绍，举办这次象棋公开赛，是为了欢庆中国的传统节日和丰富侨胞的春节文化生活，同时让象棋爱好者通过比赛切磋棋艺，增进友谊。经过激烈角逐，陈武坤（华恋社）夺得冠军，陈永权（华恋社）获亚军，陈健章（华恋社）获季军，吴伟强（华恋社）获第四名，黄瑜标（华恋社）获第五名，何兆强（加拉加斯）获第六名。华恋社侨领和象棋协会负责人向获奖者颁发了奖金和奖杯。④

（五）太极拳与武术

Ana Wong 女士祖籍广东梅县，出国前曾在广州太极拳协会系统地学过太极拳，熟悉中国传统太极拳的多种套路。到委国后，她打太极拳的热情不减，不论工作多忙，每天都坚持练习。在此过程中，她结识了许多爱好太极拳的华侨。经亲朋好友倡议，她在华恋社的内格里波利卡公园开办了中国太极拳学习班，接收华侨华人和当地人为学员。消息不胫而走，慕名而来者众。她每天早上 7 点半左右开始授课，课程主要为杨氏太极拳之 24 式、48 式和 88 式套路，使用剑和扇，适合男女老少练习。数年来，共培养学员上百名。其中，有到各地去继续办班传播太极拳者，有在家教授亲朋好友者。今天，在华恋社乃至委内瑞拉全国，学打太极拳者越来越多。委国报纸 Notitarde 曾在头版显著位置上刊登 Ana Wong 在华恋社开班传授中国太极拳的消息，并配发彩色图片。Revista 杂志的封面还印上 Ana Wong 女士手拿扇子练太极拳的全幅彩色相片。⑤

---

① 《委华报》资料。
② 陈淘涛：《国庆杯象棋全国公开赛事在麻拉街举行》，《委华报》，2014 年。
③ 陈淘涛：《全国象棋公开赛在华城举行》，《委华报》，2015 年 9 月 21 日。
④ 陈淘涛：《旅委中国象棋协会举办春节象棋公开赛》，《委华报》，2014 年 2 月 3 日。
⑤ 《委华报》资料。

武术是中华民族的国粹。委内瑞拉有一些侨胞在家乡时就懂得武术，到了委内瑞拉后也坚持习武。例如，80 岁高龄的傅君正先生在委内瑞拉生活了 30 多年，不仅自己习武练拳，还带出一大批热爱中国武术的委内瑞拉弟子。在一次国庆联欢会上，几名跟随他习武多年的委内瑞拉弟子陆续登台献艺，分别表演了少林拳、螳螂拳、双刀、八卦刀、双棍对打和太极拳等，傅老先生也兴致勃勃地拿着拐杖与弟子表演起对打。他们精彩的表演赢得了满堂喝彩。[1] 有时候，当地朋友还和华人青年同台表演中国功夫。他们都是华人功夫师傅的弟子，身手敏捷，气势磅礴，台上台下喝彩声不绝于耳。

值得骄傲的是，委内瑞拉华人华侨运动会等重大赛事，华侨华人群体仍在继续举办。比赛不只是为了名次，根本的目的是树立华侨华人形象，弘扬中华传统文化，激发侨胞奋发向上的精神。体育比赛在角逐、较量之后，会推动侨胞在繁忙的工作之余，把体育活动融入生活，并通过体育活动磨砺自己的意志和毅力，以健康的身心和永不言败的精神，去适应当今优胜劣汰的竞争时代并立足于这个强者为王的社会。

第四节　华文媒体与全委文联

一、华文媒体

委内瑞拉全国有 100 多种报纸杂志，其中日报 70 多种。但是，委内瑞拉华侨很少读当地报纸。委内瑞拉华侨史虽已有 100 多年，但长期以来，绝大多数委内瑞拉华侨仅为衣食而劳碌奔波，中华文化在这里几乎断层。20 世纪 90 年代前，这里没有华文刊物。直至 1991 年左右，才由当时委京餐馆联谊会的一些有识之士和侨领创办了《侨声报》和《侨鸣》杂志两份中文刊物。不过由于人才缺乏，设备简陋，加上出版发行不正规，刊物也比较粗糙，仅办了不长时间便停刊了。此后 10 年，再没有其他华文刊物出版过，以致委内瑞拉有中华文化"荒漠"之称。

1991 年 12 月，原恩平市人大副主任、宣传部长吴景应委内瑞拉华侨社团之邀来委进行文化交流，获得中国驻委大使馆的重视与支持。中国驻委大使馆与委内瑞拉国家图书馆联合主办，在加拉加斯的首都图书馆举办了吴景的个人书法展览，接着又在华恋社会馆展出，均大获成功。侨界对他独具一格的反笔草书书法

---

[1]　《委京中华会馆举行联欢会，庆祝新中国成立 65 周年》，《委华报》，2014 年。

大感兴趣，赞赏和仿效者众。事后，中国驻委内瑞拉大使黄志良电邀吴景到大使馆，洽商办报事宜。黄大使指出，委内瑞拉很需要办一份中文报纸，但现时《侨声报》人才缺乏，难以为继，希望吴景来委办报。吴景受此重托，回国后经请示同意，决定衔命前往。当时曾商定在《羊城晚报》和《恩平报》抽调人力，并征邀《羊城晚报》吴活枚和恩平市文艺编辑余贤毅担任主编，同时，与恩平市经委商妥往委投资办一家印刷厂，以解决办报经费及印刷问题。1992 年初，吴景偕市印刷厂技术副厂长往委，进行考察筹办工作，却不幸因当时委内瑞拉正发生军事政变以及其他原因而被暂时搁置下来。1999 年的某一天，吴景等人在华恋社中华会馆共商办报一事。报纸初拟为"华城报"（意旨为旅委华侨华人众志成城），社址设在华恋社。后因怕有人误以地域取名，故正名为"委华报"。每周出版一次，集资形式采取股份制与热心人士捐赠相结合。[1] 到 2000 年初，吴景再次牵头组织了一些来自祖国大陆的文化人士（其中有省作协会员、剧团编剧和文学爱好者）来委。万事开头难，初期由于技术人才、设备未到位，硬是"蚂蚁啃骨头"，用打字机剪拼出样本，再送去印刷厂制胶版印刷，费时误事。同仁夜以继日，凭着坚定的信念、满腔的热情，克服了一个又一个的困难，包括发行和广告等问题。在大使馆和广大旅委侨胞的大力支持和帮助下，《委华报》（创刊号）终于在 2000 年 4 月 1 日顺利出版。不久，吴景因事返乡，报社实行集体领导，每个星期日下午在麻拉街埠鸿福酒家召开报务会议，总结成绩，找出存在问题，布置下周工作，并作详细的会议记录。那时，报社内部呈现出一派精诚团结、通力合作的氛围。报业蒸蒸日上，深得侨心。[2] 另外，中文报纸的印刷也是一个难题，很多当地人的印刷厂因为不懂中文宁愿不接单。起初，报社好不容易在加拉加斯找到愿意印刷的厂家。但由于路远，送样、制版、印刷前后得花 3 天时间，还要耗费大量的人力，报纸也缺乏时效性。后经各方联系，在麻拉街找到了新的厂家，解了燃眉之急。4 年后，报社有了自己的印刷厂，在麻拉街的印刷才告一段落。十多年过去了，当初大家一起编织的网络还在延伸着。各发行网点和广告代理为了《委华报》，同时也为了广大读者而兢兢业业，默默奉献。[3]

《委华报》主编余园毅第一次来委内瑞拉，是在 2000 年国庆之后。那一次他以广东新闻采访团记者的身份，深入委内瑞拉大小城市，写下了《搏在委国》的篇章，从侧面揭开了此前一批又一批恩平人前赴后继到委内瑞拉打拼的神秘面纱。后来以年过花甲又退休返聘的身份，出任《委华报》主编。

---

① 方有彬：《我与〈委华报〉——献给〈委华报〉创刊十五周年》，《委华报》，2015 年 3 月 13 日。
② 方有彬：《我与〈委华报〉——献给〈委华报〉创刊十五周年》，《委华报》，2015 年 3 月 13 日。
③ 冯炎良：《甘当垫脚石——我与委华报的 15 年》，《委华报》，2015 年 4 月 6 日。

《委华报》创刊伊始，得到了中国两任驻委大使刘伯鸣和王珍的大力支持。他们为《委华报》的创刊题写了热情洋溢的祝贺词。王珍大使上任刚一周，便率领全馆外交官访问了《委华报》，并捐赠了设备。他在工作之余，经常撰写诗词在报上发表。中国国务院侨办副主任刘泽彭于2003年访委时，特别会见了《委华报》的社长和总编，对《委华报》所发表的社论和评论以及报纸内容给予充分肯定和高度评价。后来，中新社不仅派了原海南分社长莫成雄来委协助《委华报》工作，还长期免费为《委华报》提供每月200张新闻图片供选用。广东省侨办吕伟雄主任每次访委不仅必到《委华报》，且对该报同仁给予多方鼓励，并提供不少信息。《人民日报》的管彦忠伉俪三年如一日，每期为报纸提供1版至2版的翻译稿。

多年来，在社长吴景的带领下，在中国驻委大使馆和全国华侨华人社团的鼎力支持下，该报全体采编人员精诚团结，共同努力，与广大读者风雨同途，克服了一个又一个困难，使报纸越办越好。它曾经风行全国，发行量不断增加，影响力日益扩大，不仅为广大旅委侨胞所喜闻乐见，且深受周边的阿鲁巴和库拉索等国家的华侨所喜爱。当时，该报不仅是中南美洲颇具影响力的一份报纸，且在世界中文媒体中占有一席之地。具体表现在以下三个方面：

其一，该报要文多为海外媒体转载或播放。约到2010年，该报超过450篇重要文章（其中包括社论、评论和新闻报道）在中国大陆、中国香港以及美加的主要中文媒体如人民网、中新网、新华网、新浪网、中国侨网、网易、搜狐、凤凰网以及《人民日报》（海外版）、《法制晚报》、中国香港《大公报》、中国香港《文汇报》、中国香港《明报》、美国《侨报》、美国《世界日报》、美国《星岛日报》、加拿大《辣椒城》等网站和报纸所转载。仅《环球视野》杂志，近两年来就转发了该报近40篇评论文章。中国中央电视台《华人世界》专栏开播两年多来，共播放了该报15篇文章。中国国际广播电台经常播放该报采写的新闻，2010年9月间，以该台副总编辑马为公为团长的一行五人还特地来委，与《委华报》编辑人员在华恋社会馆座谈，共襄进一步交流与合作。

其二，加强交流与合作，实现资讯共享。《委华报》创办以来，应中国国务院侨办和中国新闻社、中国海外交流协会广东分会以及广东省侨办等单位的邀请，曾派出主要领导成员参加世界华文传媒论坛、世界华文传媒高层参访团、世界华文传媒高层学习班等大型传媒高层活动。该报在论坛中推送的《发扬海外华文媒体在助侨护侨中的作用》《海外华文媒体应为构建和谐华社鼓与呼》《华文报纸如何做好涉华突发事件的报道》等文入选《全球华文传媒论坛论文精选集》并出版。该报社长吴景还被评选为"世界文化名人"。2007年7月间，该报应美国《侨报》之约，彼此签订了资讯交流合约。9月间，美国《侨报》刊登了该报提供的有关委内瑞拉资讯的 6 个专版，该报也选登了《侨报》所提供的一些资讯，双方合作良好。这一切不仅大大加强了《委华报》与海外同行的交流与合作，实现资讯共享，也大大提高了《委华报》的知名度，扩大了影响力。目前《委华报》已成了中国国务院侨办重点联系的海外中文媒体之一。

其三，开展大型文化活动，促进中委文化交流。主要活动如下：

一是结合《委华报》创刊周年庆典，举办两次大型的"卡拉 OK 大赛"。参赛的华人歌手除了演唱中文歌曲外，还演唱了外文歌曲，当地的阿拉伯舞蹈团还登台演出，使大赛的舞台变成了中西文化交流的平台。

二是倡议举办首次委内瑞拉全国华人小姐选举大赛。委内瑞拉是个闻名于世的盛产美女的王国，在历届世界小姐选美大赛中，很多参赛者披金戴银。这里选美成风，各行各业每年都举行选美活动，唯独评选华人小姐活动一直还未开展。为了填补这一空白，该报倡议举办首届华人小姐选美大赛。大赛于 2005 年 5 月 31 日在加拉加斯大剧院举行。21 名候选佳丽参加了总决赛。中外人士 2 500 多人共同观看了这次大赛。中国驻委大使馆全体官员、当地政府高官及文艺界名流出席现场。大赛获得圆满成功，不仅当地 20 多家媒体作了报道和现场直播，且由该报发出的相关选美信息也为海外多个国家的数十家中文媒体转发。

三是为广泛团结广大旅委华人的文艺工作者及爱好者，进一步繁荣海外华文创作，促进中委文化交流，为构建和谐社会鼓和呼，该报倡议，于 2008 年 1 月 13 日成立全委华人文联，现有会员近 90 人。该会成立后，其中一项重要工作就是加强采写报道和翻译当地报刊所报道的委内瑞拉相关消息。为此，该报诚恳期望能有机会与委内瑞拉的新闻机构和报刊进行交流与合作，既利于从多方面报道委内瑞拉，也利于促进中委文化交流，实现资讯共享。

《委华报》的名誉社长为冯莫艳雯，总顾问为冯雪茂等，此外还有一批顾问；社长为吴景；常务副社长为甄柱景；副社长有吴毅聘、吴健翔、冯炎良等。总编辑：余贤毅；副主编：林伟森、黎伟旗；特约副主编：钟永照、王刚。此外，美国、深圳、恩平等地设有记者站站长。[①]

在委内瑞拉，与《委华报》竞相绽放的还有《南美新侨报》《委国侨报》和《南美新知》杂志。

《南美新侨报》（*Noti. Venechi*，周报）创刊于 2008 年 1 月 22 日，在委内瑞拉当地政府合法注册、正当发行，是目前唯一一份在首都加拉加斯出版、面向委内瑞拉全国发行的华文报纸。《南美新侨报》办报宗旨是：弘扬中华文化，搭建

---

① 《委华报》编辑部，2011 年 4 月 27 日。有关委内瑞拉《委华报》及其他报刊的人事变动等项内容，截至 2011 年止。

中委友谊桥梁，沟通内外，联络乡情，团结侨胞，帮助侨胞融入当地社会，维护侨胞合法权益，努力推动侨社事业发展。

2009 年 9 月 21 日，《南美新侨报》加入世界华文媒体合作联盟；2010 年 1 月 13 日，《南美新侨报》与《人民日报》（海外版）签订合作协议书，成为其合作伙伴，并于 4 月 13 日创刊。这是《人民日报》在南美洲创办的首份当地周刊。《南美新侨报》曾经设有重要新闻、委侨心声、委国新闻、中国新闻、港澳台新闻、国际新闻、五邑新闻、娱乐新闻、健康天地、军事新闻、财经新闻、体育新闻、情感婚姻、炎黄文艺、华侨之声等版面。

《南美新侨报》社长：刘国振；常务副社长：梁国练；副社长：何琪练、陈咏隆、梁冲、郑海燕等。①

《委国侨报》为周报，1999 年底在委内瑞拉内政部注册，2000 年 2 月正式创刊发行，是委内瑞拉第一份华文报刊。《委国侨报》办报宗旨是：为委内瑞拉华侨提供财经、时事、生活方面的新闻信息和服务。它以海内外华人、华商、中小企业主、各类投资机构以及新社会阶层等近 20 万高端人群为目标读者。《委国侨报》生存于众多华文媒体的最大优势是该报中西合璧，融入当地社会，了解当地社会，能在第一时间给读者带来最新、最准的新闻消息。

据 2011 年以前的资料，《委国侨报》曾经是一份每周出 40~48 版的大型综合性华文周报，逢大型活动及节日便有特刊推出。每周在委内瑞拉华恋社印刷发行，并行销委内瑞拉众多华侨聚居的城市，主要有华恋社、加拉加斯、麻拉街、巴基西梅托、马拉开波等。与此同时，《委国侨报》的西文版——*China En Espanol* 也于 2009 年创刊。它向委内瑞拉当地人推荐中国以及传播中国文化，在委国独树一帜，赢得读者的广泛好评，现已成为中委两国文化以及商业交流的重要平台。2010 年 6 月份，《委国侨报》与委内瑞拉第一家华人网站委华网合作推出了《委国侨报》电子版，成为委内瑞拉第一份电子报。

《委国侨报》董事长：郑炎浓；社长：郑洪山；副社长：李彦平、吴威明、聂国常、李仪、梁志海、郑周惠娴、杨宗培；总编辑：龙涛；主辑：庾志坚。②

《南美新知》杂志创刊于 2007 年 3 月，是一份公开发行并销售的中西文双语月刊杂志，每期 68 页，全彩色印刷。《南美新知》以中委新闻、人物、专题、文化、历史、旅游及生活时尚等为主要内容，读者定位为委内瑞拉的华侨华人，以及对阅读中文有困难的华裔和刚踏足委国的华人新移民，还有那些对中国文化有浓厚兴趣的委国读者。以中文和西班牙文的双语形式出版这本杂志，目的在于使

---

① 《南美新侨报》供稿，2011 年 4 月。

② 委国侨报社供稿，2011 年 5 月。

委内瑞拉的华裔和委国朋友对中国文化及中国的方方面面有一个更形象、更深入、更具体的了解。它通过图文（中、西双文）介绍中国的名胜古迹、历史文化，引起许多华裔和委国朋友的浓厚兴趣，有一些委国读者还致电《南美新知》询问一些景区的路线图，收到良好的宣传效果，从而促进中委两国文化的交流，起到传承和弘扬中华文化的作用。

据 2010 年以前资料，《南美新知》特别编排了一些中西双文对译的西班牙语教材，并以中文形式解释西班牙语语法，还根据一些读者提出的急需学会的某些西班牙语的要求，实行急用先教，收到立竿见影的效果，深受读者欢迎。《南美新知》还提供一定的篇幅，以彩色图像为主，刊登华人社团的一系列重大活动，包括中国驻委使馆举办的各项文化活动，华人商会的庆典活动，全委华人华侨运动会等。甚至一些较大型的华人婚宴，都会刊登在杂志上，把侨胞们多彩的画面呈现在广大读者面前，让大家共同分享欢乐、幸福的时刻。

2008 年《南美新知》杂志社还创办了南美新知彩色印刷厂。几年来，印刷厂业务不断扩大发展，由于交付时间和印刷质量有保证，博得客户的信赖和好评。

《南美新知》杂志社社长：余腾波；副社长：郑小平；行政总裁：吴劲纯；总编辑：余欣；中文、西班牙文翻译，西班牙语教材编辑：余欣；助理编辑：梁兆棋、梁淑君。①

在媒体迅速走向国际化、互联网化的今天，委内瑞拉也已出现中文网站。委国华人网、委中资讯网和委中商报网等诸多委内瑞拉中文网站应运而生。它们提供委内瑞拉全方位的介绍，包括委内瑞拉新闻、旅游、概况、投资指南、政策法规、企业名录、地图、贸易、华商黄页、商务签证、生活指南、招工、交友以及其他各种分类信息，是委内瑞拉重要的华人门户网站。不可否认，中文网站对存在已久的中文纸质媒体形成了强烈冲击。

中华文化博大精深，它以其独特的魅力成为中国软实力的重要部分。华文报刊等媒体的创办，不仅弘扬了中华文化，满足了侨胞的精神需求，而且也成为侨胞联络情谊、沟通乡情的纽带。华文媒体有义务、有责任弘扬中华民族的优秀文化，并将之发扬光大，让它在广大侨胞中渗透流传。《委华报》《委国侨报》《委中商报》《南美新知》带着底蕴深厚、博大精深的中华文化之根，扎入委国的土壤，以祖国为坚强后盾，以经济实力和文化实力为依托，面向华侨华人社区，为华侨华人发声，做侨胞的喉舌。华文媒体多是以提醒、敲警钟的方式引导华侨华人在住在国要遵纪守法、文明经商，与当地人和睦相处。同时，通过新闻报道反

---

① 据 2010 年（委内瑞拉）《南美新知》杂志社稿。

映侨胞的声音和动向，维护侨胞的利益。

2013 年以来，委国形势险峻，《委华报》亦面临重重困难。2015 年 3 月 9 日晚，《委华报》《委国侨报》《委中商报》三家华媒报人聚首华恋社富来酒家，共同探讨当前艰难环境下办好华文报纸的良策。三家华媒报人就当前恶劣环境下如何加强联系并实现资源共享作了积极的探讨。

二、全委华人文联的成立与活动

委内瑞拉华人文学艺术爱好者联合会（简称"全委华人文联"）是由委华报社社长吴景发起，于 2008 年 1 月 13 日成立的。2006 年 1 月 8 日，来自全国各地的文友在华恋社富来酒家开会讨论成立文联之事。与会者投票选出全委华人文联筹委会。此后，花了两年时间开展筹备工作。2008 年 1 月 13 日，全委华人文联在加拉加斯宣告成立。委内瑞拉侨领、文学艺术爱好者、华文媒体工作者等 90 多人与会。中国驻委大使馆张拓大使及夫人、张伯伦参赞等莅临祝贺。与会者就全委华人文联的组织机构、章程等进行民主协商。《委华报》名誉社长、委中两国工商农业和旅游业总会主席冯莫艳雯和委内瑞拉全国华侨华人联合总会主席冯雪茂被推举为全委华人文联名誉主席。

全委华人文联是个非政治性和非牟利性的纯粹群众组织。其宗旨是：弘扬中华文化艺术，活跃华人的文化生活，提高华人的文化素质和文学艺术创作水平，加强旅委华人文学艺术爱好者之间的团结、交流与合作，为构建和谐社会做贡献。侨胞们生活在委内瑞拉，同样也肩负着振兴中华民族的使命。全委华人文联的成立，激发了旅委华侨华人的文学艺术创作热情。他们经常以文会友，陶冶情操，用笔墨传播中华文化，弘扬民族精神。

全委华人文联成立后，一般每年都假座加拉加斯丽京大酒家举行一年一度的联欢会，检阅一年来委内瑞拉华侨华人文学艺术爱好者的成果，交流创作经验。来自委内瑞拉各地的文联成员，包括侨界作家、诗人和画家出席庆祝活动，有的还在现场展出自己的书法和绘画作品。他们表示，优秀文化是民族之灵魂、精神之寄托，希望各位文友再接再厉，创作出更多的好作品，丰富华侨华人的文化生活。每一次聚会时，还举行颁奖仪式，奖励一年来的优秀文学作品和个人。每次活动，来自委国各地的社会贤达、侨领纷纷与会，中国驻委内瑞拉大使馆官员也参加庆祝活动。一些参与者在兴起之时，常常高歌起舞，最后大家尽兴而归。例如，全委华人文联成立一周年庆典活动时，有来自委内瑞拉全国各地的文联会员及侨领代表共 80 多人与会，活动内容包括即席挥毫、闭目象棋打擂台、文艺表演、举行颁奖仪式。①

全委华人文联成员来自社会各界热心人士。多年来，文联成员与祖（籍）国同呼吸、共命运，用手中的笔捍卫祖国领土完整，声援保护钓鱼岛、反"台独"、反"藏独"、反"疆独"。全委华人文联还及时报道了诸如汶川大地震、北京奥运会、祖国国庆周年庆典等家乡重大信息，彰显出中国文化人的风采。全委华人文联成员积极组织华侨子女学习中文和回国参加寻根活动，举办象棋大赛、创办粤韵曲社以及举办纪念孔子诞辰等活动，传播中国传统文化。

全委华人文联成员也利用自身特长，在侨团工作中发挥了重要作用。如在嘉年华活动中，他们协助侨团组织参加花车巡游，向当地人展示中华文化风采，传递爱心；他们参与的瑞狮呈祥活动增添了节日气氛。在各项活动中，全委华人文联成员每每担当秘书、司仪等，工作上任劳任怨。他们常与侨胞同台，欢歌共舞，活跃了侨界的文化生活。全委华人文联与国内有关市属文联开展交流活动，以促使全委华人文联更上一个新台阶。全委华人文联不定期地组织会员讨论时事，积极配合侨社开展护侨助侨、赈灾捐款等活动。全委华人文联还协助编写侨史，并甄选华裔女青年参加侨乡丽人风采大赛，另外还举行征文活动等。各位文友身体力行，工作开展得有声有色。在大家的积极参与和配合下，全委华人文联各项工作均取得预期效果。委国侨界文坛呈现了一派蒸蒸日上的势头。

2013年12月15—16日，委内瑞拉全国华侨华人联合总会和中国北京市海淀区文联在加拉加斯联合举办"中国—拉美华人华侨优秀书画展"，共有120幅书法和绘画作品参展。主办者介绍，这次书画展是为纪念毛泽东诞辰120周年，弘扬中国传统文化的书法与绘画，同时，也是为了让拉美人民更多地感受到中国传统文化的艺术魅力。这次书画展还举办书画拍卖和向委内瑞拉儿童基金会捐赠书画等活动。全委华人文联执行主席钟永照特意创作一幅山水画，上题有"春风杨柳万千条，六亿神州尽舜尧"。画中的青山绿水和杨柳表现出当代中国神州处处盎然的春天气息，着力体现毛泽东诗句中的意境。陈惠洁是一位来自台湾的华侨，毕业于委内瑞拉中央大学美术系。她的绘画作品《马》中使用许多中国甲骨文的文字，另外一幅作品《春天》也在泼墨花卉之间嵌入中国现代文字。《春天》此前还参加了法国驻委内瑞拉大使馆举办的画展。

2014年8月16日，第二届夏季青年奥林匹克运动会将在中国南京举办。4月30日，运动会圣火在希腊采集并开展为期108天的网络火炬传递活动。火炬将递至全球204个国家和地区。为了让更多的青年人成为"火炬手"，本届青奥会组委会和南京侨联联合宣布，将借助海外华人华社侨团的平台，开展青奥会网

---

① 《委华报》资料。

络火炬传递和海外推广活动。根据有关安排，网络火炬传递到委国的时间是北京时间5月28日下午4点（委内瑞拉时间28日凌晨4点30分至中午12点30分）。全委华人文联和加拉加斯中华会馆被邀请参加委内瑞拉网络接力圣火的传递活动。全委华人文联主席、委京中华总会馆主席梅其羡十分重视这一活动，对网络火炬传递工作进行了部署、组织，选出了方健新、余欣作为火炬手，代表委内瑞拉的华侨华人青年接过火炬，并将其传递下去。《南美新知》杂志社社长余腾波、副社长郑小平、总编余欣协同全力组织这次网络火炬传递活动。全委华人文联和委京中华总会馆决定，5月28日组织侨胞青年在加拉加斯名人广场举行盛大的网络火炬传递活动。[①]

2014年，文联成员踊跃响应和参与"中国梦、我的梦"的中国国庆征文活动，以诗歌、对联、国画、书法等文艺作品，讴歌祖国，抒发爱国情怀。例如，冯雷霆在20世纪90年代末退休后来到委内瑞拉，与儿女团聚并一起生活。他老当益壮，笔耕不辍，积极参与《委华报》的创办和全委华人文联的活动，发表了大量新闻稿件和文学作品。

全委华人文联的组织机构完善，设有财政总务组、新闻报道组、文艺创作组、音乐舞蹈组、书法美术摄影组、时事评论组、醒狮组、象棋组、公关组、易学研究组、教研组和诗词组等。文联主席：梅其羡；执行主席：钟永照；此外还有一批副主席。[②]

梅其羡祖籍为广东省著名侨乡台山市端芬镇，他自幼就萌发了学医济世的念头。1964年秋，他高中毕业后，以优异成绩考入了广州中医学校。他学习如饥似渴，后以精诚之心为从不收徒的名中医戚汉伟老教授所破例收录。在名师指点下，他掌握了针灸、艾灸和脚脉等医术秘传。1967年秋毕业后回到故乡当医生，十年如一日，不辞劳苦地为病患者解除痛苦。1980年，他移居委内瑞拉。在异国他乡，他克服了诸如语言障碍、中医未为当地人接受、缺乏中草药、开诊所挂牌难等一个个困难，秉承"济世为怀，助人为乐"的祖训，坚持"固本扶元，辨证诊治"的医疗原则，采取"中西结合，针灸并用，标本兼治"的治疗方法，对症下药，药到病除，治愈率甚高，前来求诊的人日多，被赞为华裔医生的奇才。[③] 他在委国上层也广有影响，曾经给三位委国总统针灸治病，被誉为"御医"。

钟永照担任全委华人文联执行主席。他从小热爱中国传统绘画和诗歌创作，移居委内瑞拉后，仍然在工作之余潜心研究和创作了大量中国传统风格的诗歌，

---

① 晚藜：《圆"青奥"火炬手之梦》，《委华报》，2014年5月19日。

② 委内瑞拉华人文学艺术爱好者联合会供稿（执笔：钟永照）。

③ 《人民日报》（海外版），2001年2月7日。

出版了《钟永照诗抄》。在委内瑞拉，喜欢吟诗作赋、舞文弄墨和挥毫作画的新移民还有不少。他们还在家乡时就具备了一定的中华传统文化的基础，到了委内瑞拉后，雅趣不减，把自己的爱好带到居住地。在繁忙的工作之余，每当有文化活动乃至相关场景，他们就赋诗作对，以文会友，其乐融融。

按照中国驻委内瑞拉文化参赞代表大使馆提出的建议，全委华人文联的工作包括：第一，抓好文化建设这个核心的任务。文联成员创作出很多优秀的作品，体现出我们民族传统的文化。全委华人文联应当通过这个平台，团结侨界更多的文化人和文化精英，还可以引进当地的文化元素，在侨界文化活动中实现中西合璧。第二，做好中国文化的宣传工作。侨胞们创作了好的作品，不能光摆在家里自我欣赏。可以利用当地的文化平台，如美术馆、艺术馆等，展出侨胞的文艺作品。宣传中国文化，既是侨胞应尽的义务，也为全委华人文联不断发展壮大提供了空间和交流渠道。第三，全委华人文联要为侨胞提供更多的文化产品，丰富侨胞的文化生活，为整个华社的发展做出更多的贡献。[①]

第五节　华裔小姐选美活动

委内瑞拉是闻名于世的盛产美女的国家。委内瑞拉现有人口 2 370 多万，但当地原土著人口仅 4.5 万。从 1567 年开始，委内瑞拉为西班牙的殖民地长达 300 年之久。在西人统治期间，欧洲国家特别是西班牙、葡萄牙、意大利和法国移民大量涌入。因此，居民中由欧洲移民和当地印第安人形成的混血人种占 60% 以上，其次是白人、黑人和黄种人。由于异族通婚多，混血儿也较多，混血儿中美女就较多，因而委内瑞拉成了盛产美女、崇尚美女的王国。这里的女性美丽、热情、活泼、开放、宽容大度。据说有的女性的工资收入，用于购买化妆品和衣着的占三分之二以上。委内瑞拉 2 300 万人口中的 80% 生活在贫困线以下，但单从外表上看，最富的人和最穷的人没有多少差别，即使公共汽车里面也充满了名贵的香水味。委内瑞拉人如此爱美，国人热衷选美也就顺理成章。委内瑞拉选美风气的盛行让人叹为观止，一些小孩 4 岁时便进入礼仪学校接受培训。据悉，委内瑞拉设有几家专门物色和培训美女的学校。参加选美对于很多女孩子来说是梦寐以求的事。一旦成为某个选美大赛的得奖者，幸运之神可能就会从此降临，一生的命运因此得以改变。如果谁在选美中得了殊荣，就是一家几代人的荣耀。这对

---

① 吴志华：《委内瑞拉全国华人文联今天在此间举办成立 7 周年庆祝活动》，人民网·加拉加斯，2015 年 1 月 18 日。

年轻女孩来说诱惑太大了。因此，虽然委内瑞拉女多男少，但人们还是以生女孩为最大的快乐和荣耀。每年9月，一年一度的委内瑞拉小姐选美活动是这个国家最重要的事情，每到这段时间，街上都空空荡荡，所有人都坐在电视机前收看电视台的直播节目。当然，委内瑞拉美女也不都是天生丽质。参加比赛的美女都是接受了10年以上的礼仪训练，有的还要经过多次整容。

委内瑞拉是一个狂热崇拜美女的国家，既是个美女王国，也是个选美王国。没有哪个国家的女孩可以在选美中获得像委内瑞拉女孩一样多的荣誉。由于委内瑞拉的佳丽们在国际性的选美比赛中多次夺冠，因此委内瑞拉小姐的选美比赛被称为"选美盛会中的盛会"，世界上没有哪个国家可以望其项背。1979年，委内瑞拉小姐马内萨·莱亚诺（Maritza Sayalero）在澳大利亚帕斯参加环球小姐的角逐，艳压群芳，为委内瑞拉夺得有史以来首个环球小姐的称号，消息轰动全国，人们为之骄傲。据说约至2009年，委内瑞拉已撷取了11个国际小姐的桂冠，其中世界小姐5名，环球小姐6名。委内瑞拉拥有世界上名目最繁多的选美比赛，有国家、学校、社区和村庄级别的；有咖啡行业、制药行业、汽车行业、商品零售行业、服务行业等行业联合会举办的；有海军和汽车俱乐部组织的；甚至连女子监狱和养老院也会喜气洋洋地举办自己的选美比赛。一个个环球小姐、世界小姐，就是在这样的选美赛中走向世界，享誉全球。

一、华侨华人自己举办的选美活动

2005年：第一次选美

华侨来到委内瑞拉已有100多年的历史，对选美活动耳濡目染。但是，很长时间以来，唯独没有华侨自己的选美比赛。委内瑞拉华侨觉得这是在这个选美王国中的一大缺憾。华裔小姐的选美活动姗姗来迟，举办全国性的华裔小姐选美活动还是近10年的事情。多年来，看着委内瑞拉名目繁多的选美活动不断得以开展，旅委华侨总想看到自己的选美壮举。

2005年5月，在《委华报》五周年华诞之际，由《委华报》发起，在加拉加斯大剧院举办了首届委内瑞拉全国华裔小姐选美大赛。这次大赛填补了华人在委内瑞拉选美活动中的空白。21名候选佳丽参加了总决赛。中外人士2500多人共同观看了这次大赛。中国驻委大使馆全体官员、当地政府高官及文艺界名流出席观看。尽管相比于那些国际性的选美大赛，那一次选美比赛的规模和影响有点微不足道，但意义非比寻常。这样一次选美活动，使生活在异域他乡的广大同胞乡亲，在"选美之国"的委内瑞拉树起了自己的一面旗帜，在委内瑞拉华人社会激起重重涟漪，同时大大地丰富了华侨华人的文化生活，大家至今仍津津乐道。有华侨在委国生活了几十年，看了华裔小姐选美之后称赞有加："我们过去是看人家的选美，现在我们要让人家看我们的了。"

2007年1月14日下午，在华恋社中华会馆举行了全委首届华裔小姐选美大赛暨《委华报》创刊五周年志庆纪念册首发式。中国驻委大使馆张伯伦参赞等以及全国各地部分侨领和《委华报》部分作者等60多人出席。该纪念册由委华报社、恩平市归国华侨联合会、恩平公报社联合编印出版，内容丰富，图文并茂，印刷精美。它的出版是广大旅委侨胞共同努力的结果，它丰富了全委侨胞的文化生活。国务院侨办副主任、中国新闻社长刘泽彭、中国驻委大使居一杰、委内瑞拉全国华侨华人联合总会主席冯雪茂分别为《委华报》创刊五周年题词。国侨办文宣司、中新社、广东省侨办、江门市人民政府、恩平市人民政府、江门市外事侨务局、新华社加拉加斯分社等发来贺信。纪念册内容分两大部分：第一部分编入选美的有关新闻报道、社论、评论，并刊登了"选美大赛赞助芳名"，详细记载了选美的全过程；第二部分收录了《委华报》创刊五年来有代表性的优秀作品。还有的珍贵历史照片被该纪念册收录。①

2013年：第二次选美

有了第一次突破，便会有后来的轰动。第二次委内瑞拉华裔小姐选美大赛是在2013年2月正式确定的。之后，得到委内瑞拉各地华侨社团、社会贤达和热心人士的鼎力支持，在委华人表现出极大的热情，各项工作顺利进展。特别是在报名工作中，由于广泛宣传，大力发动，深入人心，报名者踊跃。据说，华裔小姐选美大赛的决定一公布，整个选美大赛的筹备工作就在万众瞩目中紧锣密鼓地进行，各项组织工作和筹款工作如火如荼地开展。在踊跃报名的背后，是组织工作的缜密。发动工作并不仅仅停留于一般的号召，除在报纸广告宣传之外，更多的是依靠具体的人的工作，如电话沟通、上门鼓劲等。特别是不少业界人士和社会有关人士和评委等，经常在晚上前来商会办公室，就各项工作如会场布置、人员培训等提出指导意见，出谋划策。2013年3月3日，主办单位委中商会、委中商报社假座华恋社山顶酒店召开首场新闻发布会。据悉，大赛原定15名人选，现在要增加到19名。作为专业模特、医生、大学生的19名参赛选手，来自19个省，其中有17名是当地出生的，另两名分别来自中国台湾和韩国。综合素质高、形象佳是她们的共同特点。在3月3日举办的首场新闻发布会上，率先报名参赛的15名佳丽，就以其亮丽的面孔和窈窕的身姿，令人们眼前一亮。

---

① 《委内瑞拉华人举行选美暨委华报周年纪念册首发式》，中国新闻网，2007年1月17日。

　　大赛的奖励是诱人的，除了丰厚的奖品，前三甲将回中国参加相关的华裔小姐选美活动等。据悉，从报名到比赛一切费用由举办方提供。期间，入围佳丽每位配有专业服装设计师设计的服饰，同时到罗克斯群岛（Los Roques）、伊斯拉莫罗科伊特（Isla Morrocoyt）等地进行外景拍摄。比赛第一名奖 30 微翁，第二名奖 20 微翁，第三名奖 10 微翁。① 显然，主办单位不是单靠参赛者的脸孔来吸引眼球的。19 名参赛佳丽从各地汇集一起，开始了她们登台竞技前的严格训练。

　　2013 年 3 月 23 日，装扮一新的华恋社会馆，华灯透亮，鲜花芳香。由委中商会、《委中商报》主办的委内瑞拉华裔小姐选美大赛在这里隆重举行。委内瑞拉全国华侨华人联合总会、全委中华总商会、全委各地中华会馆和中华商会侨领、侨胞等 1 200 多人前来参加这次文化盛会。参赛佳丽都有亮丽的外表，仅靠容貌抢分胜算不大，靠智慧与内涵以及临场发挥，方能为自己加分。参赛佳丽几乎都受过高等教育，且都有一定的社会阅历，综合素质旗鼓相当。所以，在赛场上，佳丽们不但要比仪容、仪态，更要比气质、比智慧。经过几轮的比赛，由选美业界专业人士、华侨社团侨领等组成的评委给大赛评出结果，其中前三名依次为戴安娜、胡玉冰、姜佳慧。按照本次大赛的规定，比赛中表现优秀的佳丽，将代表委内瑞拉参加日后举办的委国班德拉小组（Miss Bandera Venezuela）、加省小组等选美赛事，以及中国华裔小姐选美大赛，可以担任企业、商业模特，广告模特，影视演艺人等。

　　穿插进行的助兴节目，无论是乡音乡味十足的中国歌曲，还是拉美风情的劲歌热舞，都让现场观众为之倾倒。委内瑞拉华裔小姐选美大赛是成功的，正如陈坚辉所说，委内瑞拉华裔小姐选美大赛，将更好地提升华人形象及地位，弘扬中华文化和增进中委文化交流。② 这是一次展示华人形象的大赛。大赛酝酿之初，主办单位委中商会、《委中商报》及其他协办单位，就明确地把展示华人形象并提高华人地位作为大赛的主旨。

2014 年：第三次选美

　　第二次华裔小姐选美大赛的成功举办，对 2014 年的第三次大赛产生积极影响。筹备工作启动后，全国各地适龄佳丽踊跃报名。③ 2014 年 5 月 4 日晚，委中

---

　　① 吴金波、黎民：《精心组织　踊跃参与　委华裔小姐选美大赛进展顺利》，《委华报》，2013 年 3 月 5 日。

　　② 《十八佳丽同台竞艳　提升形象凝聚侨心，委内瑞拉华裔小姐选美大赛隆重举行》，《委华报》，2013 年 3 月 24 日。

　　③ 《2014 华裔小姐选美大赛新闻发布会举行，陈坚辉主席介绍有关情况，19 位参赛佳丽亮相》，《委华报》，2014 年 5 月 19 日。

贸易商会在华恋社中华会馆召开座谈会，就选美宣传工作邀请 3 家华文媒体记者进行座谈。2014 年 5 月 11 日，在华恋社中华会馆二楼举行新闻发布会，就选美有关事项向华社进行通报。2014 年 5 月 16 日下午，委内瑞拉 2014 年华裔小姐选美大赛新闻发布会在华恋社中华会馆举行。

2014 年 6 月 7 日晚，华恋社中华会馆充满了节日般的喜气。由委中贸易商会主办，委内瑞拉全国华侨华人联合总会、华恋社中华会馆、《委华报》、《委国侨报》协办的委内瑞拉全国华裔小姐选美大赛在华恋社中华会馆举行。装饰一新的华恋社中华会馆格外热闹，在此隆重举行的委内瑞拉 2014 年华裔小姐选美大赛，吸引着数以千计的嘉宾和观众，他们从四面八方赶来，会馆二楼临时放置的近 1 500 个座位坐得满满的。19 位佳丽经过各环节的精彩角逐后，冠、亚、季军以及各奖项全部产生并得以揭晓。

2015 年：第四次选美

2015 年 4 月 30 日晚，2015 年加省小姐竞选在希斯皮里亚（Hesperia）酒店举行，43 位参选佳丽中有两位是华裔小姐，她们是李嘉欣和张海霞。是日晚 10 点许，43 位佳丽闪亮登场。经过自我简介、泳装、晚礼服等环节的同台斗艳，至次日凌晨 1 点，选出 8 位佳丽参加今年的委内瑞拉小姐竞选，她们分别是：丹妮拉·曼萨纳雷斯、玛丽亚·罗德里格斯、玛丽亚安德烈·科雷亚、布伦达·卡斯蒂略、玛丽亚·何布里托、艾琳巴蒂斯塔、伊里安尼斯·加尔斯泰、瓦伦蒂娜·洛佩兹（排名不分先后）。2 位华裔佳丽虽然未入围，但也各获奖项，李嘉欣荣获"皮尔马斯林达"（Piel Mas Linda）奖，张海霞荣获"奇卡加尔博"（Chica Garbo）奖。本次竞选活动不设冠、亚、季军。

华裔小姐选美，是委国华侨华人在新的一年里精神生活中的一件大事，也是海外华侨华人文化生活中的一件盛事，标志着海外华侨华人素质日益提高，体现了华侨华人凝聚力日渐加强，是逐渐融入住在国的主流社会进而融入世界潮流的一个新的起点。有华侨说："近 10 年华裔小姐选美大赛的相继举办，正向世人宣告，选美，正强势走进旅委华人的生活。"在委国有着 100 多年历史和 20 多万之众的旅委华侨，为了弘扬中华文化，促进中委两国人民的交流，加强华侨华人的团结，凝聚侨心，树立美好形象，提高社会地位，争取融入当地社会，举办了华裔小姐选美大赛，一班风姿绰约、气质高雅、文化素质较高的美女，经过一番激烈的角逐，展现出一个个群芳竞艳、多姿多彩、彰显华裔女性独具迷人风采的动人场面。①

---

① 微声：《喜看群芳竞艳的华裔小姐选美》，《委华报》，2014 年 6 月 2 日。

据介绍，此次参加华裔小姐选美的佳丽都接受过较高的文化教育，有良好的修养、高雅的气质和优美的形象，从外表到心灵都散发出青春的气息。旗袍式的长裙，三点式的泳装，宽松式的休闲服……佳丽每次出场亮相，那怡人的装扮，总让人眼前一亮。她们在委国不同的地方、不同的工作和学习岗位上为自己的追求做不懈的努力，为自己理想的实现锲而不舍地奋斗。这次她们参与选美，淋漓尽致地显示华人小姐的神韵与睿智，向人们展示华人小姐美的形体和多姿多彩的才艺，向广大华人和外国朋友奉上一顿丰盛的中华文化视觉盛宴。

二、委内瑞拉当地选美比赛中的华裔

2014 年加省迷尔小姐决赛的华裔黑马

2014 年 7 月 4 日，加省迷尔小姐预赛在华恋社会馆举行。下午 4 时，预赛在劲歌热舞中拉开帷幕。参赛者唱歌、跳舞，以动听的歌声和优美的舞姿展示自己。5 位华裔小佳丽参加了比赛，她们分别是周嘉怡（Gayl Chou）、关琳琳（Karlna Guan）、周雪莹（Zueyln Chou）、陈美华（Mey Chen）、莫星星。在比赛中，小佳丽们争奇斗艳，展风采，演才艺，出色的表演博得了台下观众阵阵热烈的掌声和欢呼声。

2014 年加省迷尔小姐决赛于 7 月 17 日在 Hotel Hesperia 举行。据悉，华恋社中华会馆为搭建与当地人的友谊桥梁，让华人更好地融入当地生活，免费为比赛提供了场地。参赛的 55 名小佳丽，把自己最美的舞姿、最美的歌声、最美的仪态献给现场的观众。其中包括上述 5 位华裔小佳丽。大赛分宝贝级（Miss Baby）、迷尔级（Miss Mini）、前青少年级（Miss Preteen）和青少年级（Miss Teen）。经过角逐，周雪莹荣获宝贝级冠军，奖品是由委内瑞拉著名银匠、王冠打造大师乔治·威迪制作的银质王冠一顶。据悉，她是委内瑞拉选美史上首位获得冠军的华裔。莫星星获得迷尔级公主奖，奖品也是银质王冠。获奖的小佳丽们在同年 8 月角逐委内瑞拉迷尔小姐。①

周雪莹的父亲周先生来自开平蚬冈，母亲延尼·海米斯（Yenni Jaimes）是当地女子，他们在加省华恋社从事进口贸易生意。2007 年 8 月，中西混血的周雪莹呱呱坠地，长成了今天人见人爱的小姑娘。很多影星都因混血而美得倾城倾国。周雪莹同是混血，她的美应该与中西结合的遗传分不开。她的美丽，让她在

---

① 莫熙丰：《2014 年加省迷尔小姐决赛落幕　华裔小佳丽周雪莹荣获宝贝级冠军》，《委华报》，2014 年。

选美台上独放异彩。

2014 年 6 月，一年一次的加省迷尔小姐竞选开始接受报名并面试。周雪莹的堂姐即今年 10 岁的周嘉怡报名参赛。当时不到 7 岁的周雪莹感到新鲜，嚷着自己也要去。父母拗不过她，只好依着她。报名那天，也没给她打扮，一身素服。因为家人一开始就没指望她上镜，所以在其他参赛者忙着领奖或等着领奖的时候，他们却睡意浓浓地等着回家。

比赛一直延续到次日凌晨 3 点多。随着一阵阵如雷贯耳的掌声和欢呼声，一个个奖项得主产生。眼看就要结束了，坐在前面第 3 排的华裔小佳丽周雪莹和陪同她参赛的父母，听着宣布的一个又一个获奖名单中没有自己，便渐渐地感到了疲惫，坐在椅子上昏昏欲睡地静待着赛事的结束。

惊喜总是令人意外。当台上主持以充满热情的语言与动作激活了场内的气氛后，他们在睡意中听到了从高音喇叭里传出的宝贝级冠军的名字——周雪莹。周雪莹，就这样不经意地闯进了委内瑞拉选美的大门并一举成名。从那顶由委内瑞拉著名银匠、王冠打造大师乔治·威迪制作的银质王冠戴在头上开始，周雪莹就以其独特的内涵和外貌，在委内瑞拉选美舞台崭露头角。

等着她的，是委内瑞拉迷尔小姐选美大赛。8 月 29 日，委内瑞拉迷尔小姐竞选决赛在拉省巴埠举行。该项慈善活动得到了华恋社中华会馆侨领们的支持，共捐出 100 多份玩具、饼干及饮料。同时，加省 2014 年迷尔小姐宝贝级冠军周雪莹捐出 40 床被子及玩具、文具等，获迷尔级公主奖的莫星星捐出 50 多份包装精美的玩具。其他获奖小佳丽们也带去不同数量的礼物。加省迷尔小姐举办单位负责人娜达莉（Nathaly）对这一活动表示赞赏，同时感谢华恋社侨领们对这次活动的支持。[①]

在拉省巴埠举行的委内瑞拉迷尔小姐竞选大赛于 2014 年 8 月 29 日降下帷幕。代表加省参赛的华裔宝贝周雪莹荣获第一入围奖等 6 个奖项。委内瑞拉迷尔小姐竞选在 8 月 26 日举行初赛。来自全国的 55 位小佳丽同台斗绝，异彩纷呈。在初赛、决赛中，参赛的 3 位华裔小佳丽发挥出色，各有所奖，其中，前不久获加省宝贝级冠军的周雪莹获得第一入围奖、最佳服装奖、最美发型奖、优雅小姐奖、最佳模特儿奖等 6 个奖项；陈美华获最佳幻想服装奖；莫星星获友谊小姐奖。本次竞选大赛分 4 个级别进行，包括：宝贝级（Baby），迷尔级（Mini），前青少年级（Preteen），青少年级。据悉，本次竞赛活动得到委中商会的热烈支持

---

① 莫熙丰：《小小年纪爱心浓》，《委华报》，2014 年。

及 2.5 万委币的赞助。[①]

红花也需绿叶扶持。周雪莹的一赛走红，离不开侨界的支持及亲人倾注的心血。备赛的时候，培训对家长来说不仅费钱，而且费时。在做生意的父母，很多时候得放下手中的事务。为了让华裔小姐在委内瑞拉选美史上实现零的突破，华恋社中华会馆精心组织，小心呵护。培训中心的老师，从仪态塑造、舞蹈编排、走台动作等，严格要求。周雪莹在全国赛上穿的那条闪闪发光并获得"最佳服装奖"的裙子，是周妈妈亲自设计、制作的。为在裙子上缀上 500 朵玫瑰和镶上无数颗水晶珠，周妈妈足足花了一个多月的时间。

获奖后，周雪莹为回报社会，她选择在儿童节给困难儿童送礼物。她的举动，又得到了华恋社中华会馆侨领的支持。7 月 22 日，她和其他几位小佳丽在侨领黄田生、陈伟嶙的带领下，先后到华恋社一家医院和孤儿院给困难儿童送上玩具、饮料、饼干等礼物。

玻利瓦尔省 2014 年小姐竞选中的华裔佳丽

2014 年 7 月 12 日，玻利瓦尔省 2014 年小姐竞选在奥尔达斯港威尼图尔（Venetur）酒店举行，参赛的 28 名佳丽中，有一名华裔佳丽。经过角逐，决出 10 名优胜者，她们将参加 2014 年委内瑞拉小姐大赛。10 名优胜佳丽是：冈萨雷斯、安娜加马拉、何塞·玛丽亚·贝当古、罗西奥·罗德里格斯、加西亚、利斯贝思·萨蒙蒂利亚、阿比盖尔·鲁伊斯、雷纳雷耶斯、丹妮拉鲁伊斯·洛佩斯、朱丽叶。参加此次竞选的唯一一位华裔佳丽荣获优雅小姐奖。[②]

选美活动由哈里·利维和米格贝利斯·诺斯主办。评审中有全省中华总商会副主席陈伟嶙。受主办方的邀请，华恋社中华会馆副主席岑明辉、玻利瓦尔省会馆主席郑锡添、奥尔达斯港侨领冯志强、《委中商报》副社长薛如盛、委中传媒有限公司董事陈丽、委中选美委员会主任 Gina Hung 作为特别嘉宾出席了竞选活动。

加省夫人竞赛中的华裔选手

2014 年 9 月 18 日晚，加省夫人竞赛在华恋社威尼图尔酒店隆重开幕。这项赛事旨在展现加省女性的才华和美丽。21 位选手代表全省各市参加角逐。华裔选手 Gina Hung 代表华恋社参赛。本次赛事由加省小姐组委会主办。华恋社中华

---

① 莫熙丰：《委内瑞拉迷尔小姐竞选降下帷幕，华裔宝贝周雪莹获得第一入围奖等 6 个奖项》，《委华报》，2014 年 9 月 1 日。

② 莫熙丰：《保利华省（Edo Bolivar）举行 2014 年小姐竞赛》，《委华报》，2014 年。

会馆大力支持，给予赞助。比赛分初赛、决赛两个阶段举行。是晚，进行初赛并举行新闻发布会，应主办方邀请，华恋社中华会馆妇女会主任吴郑碧云女士率领妇女会委员到场观看。21 名参赛者在 11 月 6 日的决赛中，将再次同台斗艳，决出名次。①

另一报道称，加省夫人选美大赛中唯一参赛的华裔 Gina Hung 表现出色，荣获 3 个奖项，与冠军擦肩而过。4 个多小时的比赛气氛激烈，亚历山德拉·布劳恩啦啦队和 2005 年的环球小姐到场热捧，华恋社妇女会大力赞助并现场观看。经问答和泳装、晚礼服等表演，华裔 Gina Hung 荣获 3 个奖，列第二，3 个奖项为普里梅拉菲纳里斯塔奖（Primera Finalista）的亚军、波普拉里达德（Popularidad）的最佳声望奖和互联网奖。②

华侨开展选美活动的同时，也渐渐为当地人所熟悉和赞许，一些当地人举行的选美活动也主动邀请华侨参加，有些华侨还当起了评委。2014 年 6 月 27 日晚，加省小姐竞选大赛在 Hotel Hesperia 隆重举行。华恋社中华会馆主席陈坚辉受邀当评委，侨领黄田生、陈丽等被邀为 VIP 嘉宾。30 位参赛佳丽中有 1 位佳丽是华裔（5 号 Daylen Chan）。30 位佳丽风姿绰约，她们比气质、比智慧。经评委评定，30 位佳丽中产生了 10 位佳丽代表加拉沃沃省参加委内瑞拉小姐竞选。③

选美、展示美，已经成为旅委华侨华人的又一追求。多年来，为配合国际、国内等类型的选美活动，华侨华人圈内的选美活动一年胜似一年，既弘扬了中华传统文化，又推动了中委文化交流，既展示了风采，又增进了情谊。

第六节　华侨参与当地社会的文化与节日活动

一、参与当地文化活动

进入 21 世纪以来，随着中国经济积极走向世界，中华文化在很多国家受到热烈欢迎。中国政府也积极与委内瑞拉当局开展文化交流。在梅里达举行的中国文化周就是一个重要活动。

梅里达州位于安第斯山地区高海拔的热带，毗邻塔奇拉州和特鲁希略州。梅里达市是梅里达州的府城，坐落在委内瑞拉境内安第斯山脉的中段，被誉为"骑

---

① 莫熙丰：《加省夫人竞赛开锣，华裔选手 Gina Hung 代表 Valencia 参赛》，《委华报》，2014 年。

② 莫熙丰：《加省夫人选美大赛隆重举行　华裔 Gina Hung 与冠军擦肩而过荣获 3 个奖项》，《委华报》，2014 年。

③ 莫熙丰：《10 位佳丽将代表加省参加竞选委内瑞拉小姐》，《委华报》，2014 年 6 月 30 日。

士之城"，还有西部"雪城"之称。梅里达是委内瑞拉一个有着悠久历史的文化名城。城里有安第斯大学，是委内国内历史最悠久的大学之一，也是国内排第二的古老大学。在过去的 220 多年里，这所大学为委内瑞拉培养了大批的精英与人才。约 2010 年前后，来自全国各地的 5 万多名大学生在这所大学读书深造，几乎相当于梅里达居民人数的 1/10。值得注意的是，安第斯大学还与梅里达的华侨社区商议共同创办中文学校，向华侨子女和委内瑞拉民众教授中文。[①] 这些都有利于华侨在当地的生存和发展。

梅里达市山势陡峻，山岭绵延，气势磅礴，许多山峰都在海拔4 000米以上。然而，就是这样一个交通不便的高原山城，当地民众对中国文化的热爱之情却持续不减。到 2013 年 12 月，梅里达已经连续 16 年举办了中国文化周活动。通过一年又一年的文化节，当地民众对中国文化周活动的喜爱也在俱增。

梅里达中华会馆积极参与每年的中国文化周活动。例如，2006 年 3 月，梅里达市举行第九届中国文化周。此次文化周由中国驻委内瑞拉大使馆和安第斯大学共同主办。开幕式在安第斯大学艺术馆举行，来自委国各界的 200 多名嘉宾出席。开幕式上，梅里达州中华会馆舞狮队的精彩表演，将现场气氛推向高潮。此次文化周，包括《舞动的北京》图片展、中国文化讲座等一系列活动，一些爱好书法的华侨还现场挥毫，用毛笔书写每位观众名字的中文译名。2007 年 6 月，梅里达市举行第十届中国文化周，主要活动包括《新北京新奥运》图片展、青铜器复制品展览和中国电影展映，《茉莉花开》《花样年华》等 4 部中国影片与委国观众见面。开幕式上，梅里达市中华会馆的华侨代表为观众献上了精彩的舞狮表演，由委内瑞拉人创办的少林武术学校的学员们也展示了太极拳、少林拳等中国功夫。华侨书法爱好者还现场挥毫。数百名梅里达和周边城市的市民和大学生观看了表演。安第斯大学非洲和亚洲研究中心教授卢塞纳每年都同中国使馆联合参加文化周的组织活动。[②] 又如，2013 年 12 月 2 日晚上，第 16 届中国文化周活动在梅里达文化中心举行开幕式。这次中国文化周由中国驻委内瑞拉大使馆、梅里达州政府、梅里达州文化基金会、安第斯大学、亚非研究中心、梅里达州中华会馆联合主办。梅里达州文化基金会主席保罗西迪斯·雷耶斯、安第斯大学校长博努奇·罗西尼亲自到场祝贺并上台致辞。梅里达中华会馆主席郑安石、副主席吴卓良、方锡生、张立洪、胡瑞生和郑裕富等人也来到现场。300 多人的剧场座无虚席，很多人早早就赶来坐着等候，他们中既有风华正茂的大学生，也有白

---

①　尹南，新华网·加拉加斯，6 月 18 日电。

②　《委华报》资料。

发苍苍的老人。此届文化周至 12 月 8 日落幕。①

历届中国文化周都主题鲜明地展现了当代中国社会的进步，如在第 16 届中国文化周期间，梅里达民众饶有兴趣地前往该市现代艺术博物馆参观了在那里举办的《美丽中国》摄影展。中国摄影家拍摄的 60 幅彩色照片，真实而艺术地展现了中国人民通过辛勤劳动所创造的美丽生活。这些照片所展现的绿水青山等自然之美，社会发展的和谐之美，与时俱进的创造之美以及追求幸福的心灵之美，深深地震撼和感染了每一位观众。梅里达民众还在州文化中心、安第斯大学电影剧场及州电视台、安第斯大学电视台观看了《观音山》《乌鲁木齐的天空》《我的夏天》《盲人电影院》《大兵小将》《日照好人》《吐鲁番情歌》《如果爱》《静静的嘛呢石》《无蝉的夏天》10 部中国电影。观众通过影片讲述的生活与爱情的故事，对中国人的情感生活有了更直观的了解。文化周满足了委内瑞拉民众了解中华文化、了解中国的愿望，也将两国人民的距离拉得更近。

随着近些年越来越多的中资企业在梅里达省不断推进基础建设项目，委方希望更多的中资企业加盟梅里达中国文化周。2013 年，驻委使馆特邀中兴公司人力资源部部长开了主题为"中兴公司在本地化过程中两种文化的融合"的讲座，以亲身经历向大学生传授如何取得在委中资企业的实习和就业机会，如何在大学期间做好应聘前的各种准备等，加深了委国民众对中国和中华文化的认知，深受大学生欢迎。②

与此同时，中国文化周还注意展现中国的传统文化，有时还让已经对中国传统文化有所接触的委内瑞拉当地人现身说法。例如，在第 16 届文化周中，10 名梅里达少林武术学校的孩子们，在开幕式现场表演了中国传统的舞龙。他们身穿黄色对襟衫、黑色灯笼裤，高举舞龙竿，舞动着一条长 10 多米的金龙，时而绕场，时而登台。巨龙上下翻飞，气势磅礴。一个个精彩造型赢得观众阵阵掌声。舞龙队的姑娘亚历杭德拉告诉记者，他们是今年 8 月去墨西哥学会舞龙和舞狮的。表演所用的舞龙道具由中国驻委内瑞拉大使馆提供，他们仅用了 4 天时间排练，就将舞龙表演得活灵活现。剧场里还坐着一批年龄在 10 岁左右的孩子，他们个个穿着中国的练功服。梅里达文化周主办者、安第斯大学亚非研究中心的卢塞纳教授说，梅里达市建立了中国武术学校，这些孩子都是在那儿学习中国武术

---

① 吴志华：《"我很喜欢中国文化"——记委内瑞拉第 16 届梅里达中国文化周》，人民网·加拉加斯，2013 年 12 月 8 日。

② 吴志华：《"我很喜欢中国文化"——记委内瑞拉第 16 届梅里达中国文化周》，人民网·加拉加斯，2013 年 12 月 8 日。

的，别看他们稚气满脸，武术的本领可不小。[①]

梅里达民众对中国文化的喜爱，可以说是发自内心的。在一年一度的中国文化周活动中，当地民众通过各种各样的讲座和展览，看到了中国文化的博大精深和现代中国的进步。安第斯大学校长博努奇说，中国悠久的历史、灿烂的文化和中国经济发展的成就都为委内瑞拉人所关注。在 2013 年第 16 届中国文化周的一个剧场里，一位叫玛格丽达的委内瑞拉姑娘看到来自中国的人民日报记者，用标准的汉语说："我很喜欢中国，喜欢中国的文化。"她现在中国南京学习汉语，已有 3 年，她的弟弟克劳迪亚在南京中医药大学学习中医，已经 6 年了。她和弟弟都希望学成回国后能到委内瑞拉的中资企业工作，"因为我们很喜欢中国人"。像玛格丽达这样热爱中国文化的委内瑞拉人，在梅里达还有很多。赫苏斯教授是安第斯大学研究生院院长，也是摄影家。他穿一件中式对襟衫赶来参加中国文化周活动。他告诉人民日报记者，年轻时他就喜欢中国少林拳，还专程去中国学习少林拳。从练拳开始，他逐步加深了对中国文化的了解，特别是对中国道家思想产生了浓厚的兴趣。他在梅里达创办了委内瑞拉道教协会，并担任会长。他先后6 次应邀访华，2013 年参加中国国际道教研讨会和平遥国际摄影展归来后，每逢这里举办中国文化周活动，他更是积极的参与者，2013 年他还做了"再访中国"的专题讲座。[②]

梅里达中国文化周的成功，离不开当地华侨的出力和献策。旅居梅里达的华侨有 500 多人，他们保留着浓浓的乡情。每次举办中国文化周活动，中华会馆都会组织当地华侨积极参与，并帮忙运送展品、散发资料、布展和组织文娱表演、提供开幕式酒会点心等，让人们在欣赏美丽中国的同时，品尝中国的传统小吃。梅里达州中华会馆主席郑安石说，文化是沟通心灵和情感的纽带，文化交流有利于增进两国人民的了解。[③]

还应指出，中国官方推动下的中华文化在委内瑞拉的传播，已经扩大到梅里达以外的其他州。例如，2013 年 12 月 15 日，为纪念毛泽东诞辰 120 周年，弘扬中国书法与绘画，同时也是为让委内瑞拉人民更多地感受到中国传统文化的底蕴，委内瑞拉全国华侨华人联合总会、中国北京市海淀区文联在委内瑞拉首都加拉加斯联合举办"中国—拉美华人华侨优秀书画展"。委内瑞拉全国华侨华人联

---

①　吴志华：《"我很喜欢中国文化"——记委内瑞拉第 16 届梅里达中国文化周》，人民网·加拉加斯，2013 年 12 月 8 日。

②　吴志华：《"我很喜欢中国文化"——记委内瑞拉第 16 届梅里达中国文化周》，人民网·加拉加斯，2013 年 12 月 8 日。

③　吴志华：《"我很喜欢中国文化"——记委内瑞拉第 16 届梅里达中国文化周》，人民网·加拉加斯，2013 年 12 月 8 日。

合总会主席李瑞华、北京市海淀区文联主席卫双青、北京铭星宏宇国际文化传媒有限公司总经理李宏宇等出席了书画展开幕式。旅居委内瑞拉的 100 多位华侨华人在参加书画展开幕式后，饶有兴趣地观看了书法和绘画作品。这次书画展共展出书法、版画、油画、仕女画、水墨画等作品 120 幅。这次书画展还将举办书画拍卖和向委内瑞拉儿童救助基金会捐赠书画等活动，以此加强中委两国人民的友谊。① 又如，2015 年 3 月 7 日至 4 月 10 日，中国驻委内瑞拉大使馆和苏克雷州政府——库马纳（西班牙殖民者在美洲"新大陆"建立的第一个城市）现代艺术中心举办了"中国当代水彩画展"，使这个古老城市的民众第一次欣喜地看到了来自遥远中国的当代水彩画精品。现代艺术中心就坐落在库马纳最古老的高台城堡之旁。画展上的 48 幅水彩画，均出自中国名家之手，题材广泛，风格多样，有静物画、风景画，也有人物画。现代艺术中心的画展大厅宽敞、明亮，四周悬挂着中国的红灯笼。3 月 7 日晚上，苏克雷州政府秘书长哈布拉汗·托罗和中国大使馆政务参赞蓝虎一起出席画展的开幕式。托罗说，这次展出的中国水彩画，件件都是精品之作，显示了中国画家的创作智慧。曾担任委内瑞拉国民卫队东部军区司令的阿莱克斯将军告诉人民网记者，他的女儿法伊萨娜在中国学医已有 7 个年头，但还想再学 1 年。阿莱克斯将军对女儿选修中文和医学感到非常自豪。他说："我女儿中文名字叫'卢芳'，她先学中文，再用中文学习医学，也许她是直接用中文学习医学的第一位拉美人。"当被问起为何舍得让女儿离家这么久去中国学习时，阿莱克斯将军说："我非常注意研究中国。我相信中国会越来越强大，委内瑞拉必须和中国发展友好关系。让我们下一代学习中文，了解中国，对他们将来的发展有好处。"②

二、对当地重要民俗节日的参与

（一）母亲节

母亲节（Mother's Day），是一个感谢母亲的节日，这个节日最早出现在古希腊。而现代的母亲节起源于美国，是每年 5 月的第二个星期日。

据悉，委内瑞拉女性人口比较多，男女比例严重失衡，故一夫多妻现象十分普遍。虽然宪法规定一夫一妻制，但允许一个男子拥有多个情人（Novia），情人多是同居的露水夫妻，没有法律禁止同其他女人生育孩子。在委内瑞拉，很多儿

---

① 吴志华：《委内瑞拉举办纪念毛泽东诞辰书画展》，人民网·加拉加斯，2013 年 12 月 15 日。
② 吴志华：《委内瑞拉古城展出中国当代水彩画》，《委华报》，2014 年 3 月 17 日。

女只知其母不知其父，单身母亲很普遍。虽然一个单身母亲算不得体面，但也绝不遭人白眼。基于这种特殊的婚姻状况，委内瑞拉人对女性尤其是母亲特别尊重。每逢母亲节，儿女们总是千方百计为母亲送礼，庆贺节日。

在委内瑞拉，每年母亲节，已经成为华侨的节日。每年的母亲节，委内瑞拉华侨社团都会举行各种活动，向旅委华侨母亲们祝贺。妈妈们都打扮得漂漂亮亮，把会场装扮得五彩缤纷，很多都是一家人陪同母亲、太太前来。游园会的每一个母亲都在纪念册上签名留念，并领取一份礼物和抽奖券。各华人会馆一般都为母亲们准备了一份价值不低的礼物。这份礼物，不仅是华侨华人儿女送给母亲的一份心意，同时也是对母亲的一份敬重。同时，侨领会向所有母亲致以节日问候。有时一些地方的会馆还举行联欢晚会庆祝母亲节。晚会节目丰富多彩，如举行歌舞表演、击鼓传球和球拍运球、打"Pinata"及幸运大抽奖等，还可以享受家庭特色的美餐，这都增进了家庭团结和华侨社会的凝聚力。[1]

当然，给母亲送礼物，不止在庆祝活动中。在母亲节的前几天，不少儿女就会给母亲选送礼物。母亲节前夜，有所成就的儿女把母亲请到家里，给母亲做沙拉、烧牛肉、鸡翅等。他们懂得，一生操劳的母亲，永远是他们的最爱。每当想到母亲前半生辛苦打拼，为他们的成长操劳，感恩之情便油然而生。值得注意的是，近些年的母亲节，是在经济环境不好的情况下举办的，但各会馆还是一如既往地组织活动，让本埠的母亲们及其子女度过难忘的一天。

常规化的华人节日，已成为一些会馆开展各项活动的日子。麻拉街华联会，现在所有这里的侨胞都知道，一年之中，母亲节、儿童节、中秋节和春节，是华联会雷打不动举办全埠侨胞活动的日子。只要到了这几个节日，会馆里便喜气洋洋、人山人海。麻拉街庆祝母亲节的活动，每年都有新意，每一年的麻拉街华联会馆，都聚集了一个个来自全埠的母亲，她们在欢声笑语中度过了一个愉快的节日。例如，2011年，举办食蕉比赛。2012年，举办听歌猜歌活动。2013年，举办猜成语有奖活动，唱歌与成语填字穿插进行。成语填字，既有古语，也有新时代成语。对于生活在委内瑞拉的母亲们，由于文化背景的不同，祖国母语很多时候已成为一种记忆了，举行成语填字活动也是对中华文化的温故，整个猜成语有奖活动显得既轻松又活泼。当天华联会全体侨领还主动为妈妈们当义工，端茶送水，把热气腾腾的小吃和华联会免费提供的丰盛自助餐送到各位妈妈手上，温暖了她们的心。[2]

近年来委内瑞拉的社会动荡使这个国家多灾多难，在这里打拼的华侨生意一

---

[1] 《委华报》资料。

[2] 黎民：《我们和母亲一起欢笑——麻拉街庆祝母亲节侧记》，《委华报》，2013年5月14日。

天不如一天。但就在这些让人沉闷的日子里，华恋社中华会馆一反往年少搞或不搞母亲节活动的做法，以简朴却热烈的晚会，为母亲们送上了节日的祝福。趁庆祝母亲节之机，华恋社中华会馆还正式宣告成立了妇女会。妇女会全体委员公开亮相，首届妇女会主任是吴郑碧云。成立妇女会的目的，是鼓励和调动妇女会员自主自立、自信自强、不断进取，以饱满、昂扬的工作热情，投入各项维护妇女权益和护侨等工作中去，积极组织妇女会员开展形式、内容多样的活动，丰富妇女的业余生活。①

2014 年 7 月 7 日，加省将举办 4 至 12 岁级别的选美大赛。华恋社积极参与，通过筛选，5 名选手在庆祝母亲节之时公开亮相，让自己的母亲骄傲，同时也让所有的母亲分享这些选手在小小年纪就在选美台上崭露的才华。在当晚的节目中，她们又唱又跳，扎实的功底让人眼前一亮。②

2014 年 5 月 10 日，加拉加斯各行业妇女及儿童共 300 多人一起在会馆大球场举行母亲节庆祝活动。唱歌、广场舞表演、抽奖等节目，丰富多彩，大家其乐融融。

2014 年 5 月 10 日下午，拉省中华会馆历年少有的大型母亲节庆祝活动吸引了本省 700 多名侨胞。会馆副主席郑杜成向各位母亲热情致辞，随后开展的妇女广场舞、唱歌等节目，高潮迭起，让母亲们高高兴兴地度过了快乐节日。

（二）父亲节

父亲节（Father's Day），顾名思义是感恩父亲的节日。约始于 20 世纪初的美国，现已广泛流传于世界各地，节日日期因地域而存在差异。在每年 6 月的第三个星期日，世界上有 52 个国家和地区在这一天过父亲节。节日里有各种庆祝方式，大部分都与赠送礼物、家族聚餐或活动有关。父亲虽然没有母亲春风化雨般的温柔，如秋月明朗的柔情也常常深藏心底，但在儿女的心目中，父亲永远如太阳般温暖、无私，更如大海般博大、深沉。父亲教儿女宽恕、忍让，做忠诚、正直的人。作为儿女，给父亲最好的节日礼物是快乐。父爱如山，父亲的大爱无言。

但在华侨的印象中，委内瑞拉所有的侨社似乎未曾组织过庆祝父亲节的活动。虽然，每年的这一天，儿女们都会以自己特有的方式，如短信祝福、送礼感恩、做餐慰劳等给父亲一个惊喜，但少了集体活动这一项，总让人感到父亲节不如母亲节那样热烈欢快。

---

① 《欢欢喜喜母亲节——华恋社中华会馆庆祝母亲节联欢晚会侧记》，《委华报》，2014 年 5 月 12 日。
② 《委华报》，2014 年 5 月 12 日。

近些年的一个父亲节，拉省中华会馆终于打破这一沉寂，精心组织联欢活动。在父亲节这一天下午，父亲们在儿女们的陪同下，来到会馆，精彩的舞狮表演，还有篮球、足球、棋牌等比赛及卡拉 OK 比赛等，正等着他们的到来。会馆还备好了丰盛的餐饮品。会馆副主席郑杜成说，在当前生意比较萧条的情况下，他们组织这次活动，目的除让父亲们高高兴兴地过好节日外，更重要的是给大家一个相聚交流的机会，使大家在困境下增强信心，把握机遇，促进发展。

拉维多利亚是个小埠，商会也是 2012 年 10 月才成立的。在这小埠里，500 多名华侨华人、90 多家华人商铺显得格外和谐、团结。庆祝父亲节的晚会在一家酒店举行，这里人头潮涌。台上播放的乐曲，时而悠扬，时而激越，营造了节日充满快乐的气氛。酒店门外，可看到父母、儿女都是一起来的。父亲笑吟吟的，成年儿女左右相伴，妻子在后跟随。看得出，他们是要在晚会的氛围中共同感受父亲节的快乐。①

（三）儿童节

国际儿童节（International Children's Day），又称儿童节，是保障世界各国儿童的生存权、健康权和受教育权，为了改善儿童的生活，反对虐杀儿童和毒害儿童的节日。1951 年 6 月 1 日，国际儿童节定名。1954 年 12 月 14 日，联合国教科文组织将 11 月 20 日定为国际儿童日。但大多数国家通常定为每年的 6 月 1 日，所以通常所称"六一儿童节"即为国际儿童节。

孩子是未来的希望。在委内瑞拉，很多城市的华侨社团都会一年一度地在儿童节这一天给孩子们一个快乐的节日。为了让孩子高高兴兴过上儿童节，不少家长把小孩带到中华会馆，让孩子玩游戏、坐滑梯等。常常可以看到，孩子们笑脸常在，笑声不断，充满了幸福和快乐。很多会馆还会为孩子们每人准备一份礼物。侨胞们为少年儿童的成长和校园建设营造了一个良好的环境，促进少年儿童全面健康地成长。生活在异国他乡的少年儿童，在成人的教育下，耳濡目染，自小就从一点一滴、一言一行做起，在学校里做一个好学生，在家庭中做一个好孩子，在社会上做一个好少年，并从小养成爱家乡、爱父母、爱老师、爱同学的好习惯，以便将来更好地融入当地社会，为弘扬中华文化和促进中委两国人民友谊做出贡献。

（四）狂欢节

狂欢节起源于欧洲。16 世纪委内瑞拉成为西班牙殖民地后，这种带有欧洲

---

① 莫熙丰：《生意平淡时父亲节情浓拉省中华会馆、拉维多利亚埠商会举行联欢会庆祝父亲节》，《委华报》资料。

天主教色彩的狂欢节也被带到了委内瑞拉。最初，狂欢节被看成是隆重的节日，家家涌到街上看游行，狂欢节游行队伍就像宗教朝圣的大游行。后来，狂欢节游行气氛越来越热烈，出现了有组织的方阵、大型彩车，游行人群也穿上各种奇装异服。狂欢节逐步从贵族的宗教节日转变为普通人的民俗活动，并且迅速传播到各地。因为对于普通民众来说，狂欢节意味着自由。狂欢节的几天，他们不再受到奴役和压迫，可以尽情地宣泄、尽情地歌舞、尽情地享受短暂的欢愉。

生活在南美热带地区的委内瑞拉人，生性喜欢热闹。每到一年一度的狂欢节，他们总要穿狂欢节服装，看狂欢节游行，随狂欢节音乐劲舞。加拉加斯狂欢节最早出现在 17 世纪。那时，狂欢节流行许多恶作剧，如相互泼水、喷洒面粉、投掷杂物等，以此取乐。于是，狂欢节渐渐成为穷人的节日，贵族富人却对狂欢节感到恐慌不安。历史学家阿里斯蒂德斯·罗霍斯说，18 世纪，作为殖民首府的加拉加斯，一到狂欢节，城里的殷实大户，家家都紧锁大门、紧闭窗户，怕狂欢人群前来骚扰。政府和公共机构也把物品藏好，防止被偷被盗。"狂欢节的夜晚，加拉加斯就像荒凉的郊外。"现在，狂欢节恶作剧的传统还在延续，不过采用一些比较文明的做法，用扔纸屑代替了泼水，用喷射人造雪花取代洒面粉。街上有人在兜售 5 玻利瓦尔一袋的纸屑，80 玻利瓦尔一罐的人造雪花。儿童们在街上相互追逐，你朝我身上扔纸屑，我向你喷雪花。走在街上，就别想要躲过恶作剧，冷不丁就会被一个路过身边的孩子喷一脸白花花的雪花沫。

在加拉加斯，儿童是狂欢节的主角。加拉加斯的伟人广场、阿维拉山和萨帕纳商业步行街，是首都加拉加斯主要的狂欢节场所。跟家长一起来的儿童，几乎都是一身狂欢节打扮：有的头上戴着彩色羽毛的头冠，有的脸上画着蝴蝶状的花纹，有的戴着吓人的假面具，有的将自己打扮成老太太，有的将自己打扮成皇后等。狂欢节前夕，家长们就开始为打扮自己的儿女操心，因为孩子们乐于把自己打扮得新潮或奇特。有的男孩在母亲的带动下，穿一身古代戎装走来：红蓝色制服，金黄色肩章，黑色靴子。这是委内瑞拉独立战争英雄玻利瓦尔的着装。孩子崇拜玻利瓦尔，所以在狂欢节前，家长特意给他买了这套服装。

委内瑞拉最负盛名的狂欢节是在远离首都的古城埃尔卡亚俄、科罗、卡贝略港等地。每个地方的民众都用自己的方式庆祝狂欢节，形成了不同的地域特色。

加拉沃沃州的卡贝略港狂欢节始于 1871 年，一代接一代传承下来，每年一次的狂欢节游行，从来没有间断过。拉腊州的巴基西梅托从 2000 年起举行国际狂欢节，规模一年比一年大。狂欢节上有游行表演，有音乐会。每个教区都组织制作游行彩车。莫纳加斯州的马都顶，每年民众都以饱满的热情迎接狂欢节"莫莫王"。委内瑞拉狂欢节游行中，最吸引人的是那些打扮得花枝招展的美女。但是，委内瑞拉姑娘不像巴西人那样喜欢暴露身材，她们穿着色彩艳丽的服装或长

裙，将身体裹得严严实实，有的还戴上威尼斯式的彩色假面具。

巴里纳斯州的埃尔卡亚俄狂欢节在委内瑞拉最为传统且规模最大。每支狂欢节游行队伍都在 300 人以上，每个人都穿上为狂欢节精心制作和设计的服装，每支队伍都有自己的乐队，每支队伍都有美女助阵，她们或穿着古装，或打扮成魔女，或戴着面具，坐在高高的彩车上，为游行队伍开道，接受路边民众的欢呼。今年，埃尔卡亚俄狂欢节被正式列为委内瑞拉的国家非物质文化遗产。

委内瑞拉的狂欢节是雷打不动、风雨无阻的，即使是政治动乱、经济萎靡，狂欢节也依然举行，当然，气氛会受到不同程度的影响。例如，2014 年委内瑞拉狂欢节气氛就比往年差了许多。持续三周多的反政府示威游行并没有因为狂欢节而停止，部分地区道路仍然被游行人群和路障封锁，个别城市甚至宣布不搞狂欢节盛装游行，一些居民留在家中，不再外出旅游赶狂欢节热闹。然而，狂欢节毕竟是一个全民尽情欢乐的节日，很多人仍然用各种方式走上街头，尽情庆祝狂欢节。①

第七节　保持中华传统文化与美德的华裔

既往人们在研究海外华侨华人时，通常只按照国籍归属将他们区分为两部分，一部分是仍然保留中国国籍的华侨，另一部分为已经加入当地国籍的华人。不过，如果从文化认同的角度来考察，在已经加入当地国籍的庞大华人群体中，还可以再分为两个不同的群体：一个群体是第一、二代华人群体。他们通常自幼在中国长大，移民他国后，仍然生活在一个中国色彩浓厚的家庭中，或者说，他们本身就是"前华侨"。因此，当他们移民国外后，即使已经接受当地文化，仍然不同程度地懂得和热爱中华文化，骨子里的中华文化因子根深蒂固，挥之不去。另一个群体就是纯粹的土生华人群体。他们本来就对中华文化知之甚少，对自己的祖先从中国家乡带来的语言、风俗习惯等深感隔阂。其中一部分人还在主观上拒绝接受中华文化，大部分人则是因为在住在国已经生活了两三代以上，完全融入当地，失去了与中华文化接触的机会和环境而对中华文化无所了解。

在中国的国籍法意义上，上述两个群体是没有区别的，都被叫作华人，不过在文化认同上，这两部分人是不一样的，他们之间甚至相互有隔阂。前一部分华人与华侨的亲近感，远比他们与后一部分华人（土生华人）强烈。在海外经常会看到这样的现象：前一部分华人跟华侨十分亲热，彼此一家，在一起时，通常

---

① 吴志华：《委内瑞拉人动乱时局不忘过狂欢节》，人民网，2014 年 3 月 7 日。

自称中国人，而称呼土生华人为"老番"（没有贬义）；而土生华人亦然之，称呼对方为"他们中国人"，而自称是"当地人"。这实际上反映了他们在文化认同上的重大差别。

但这只是问题的其中一个方面，即土生华人对中华文化认同程度较浅的情况下发生的事情。问题的另一个方面是，如果土生华人对中华文化的认同程度较深，情况就不会这样，就如下面所说的拉美土生华人（或华裔）群体的自我认同。

无论如何，我们应该看到，单纯的国籍差别说明不了一切。在国外生活，很多时候文化认同上的差别比国籍上的差别重要得多、明显得多。基于上面认知，有必要从文化认同的层面区分不同的华人。这里把前一部分华人继续称作华人，但后一部分则可称为华裔或者土生华人。也可以说，华裔群体指的是华人生下的后代。他们已经是华人第二、三代甚至四、五代以上，身上只有二分之一、八分之一乃至十六分之一中国血统的华裔，语言、文化甚至长相上已经发生了不小变化。

一般来说，华侨华人血统与华侨华人文化是直接相关的，血统越少，对中华传统文化的兴趣越低。但不同地区的情况是大有区别的。在拉丁美洲地区，有很多华裔（即使是自身华人血统存留很少的华裔）对中华文化的热情一样很高。

从文化上来说，由于同是第一代来自中国，华人的中华文化水准不亚于也是第一代的来自中国的华侨（对于成年后才移民的华人更是如此）。但华人与华裔的区别却十分明显。两者的主要区别是，华人仍然保留着十分强烈的中华文化情结并乐意为之传承，包括在同乡中仍然普遍使用家乡的方言、过家乡的节日、保留家乡的风俗、行家乡的礼仪等；而华裔则基本上不懂中国语言包括家乡方言，对家乡的节日、风俗、礼仪等，或一窍不通，或一知半解。然而，最近十余年，一些国家的"华裔"中出现了乐意学习和模仿中华文化（包括家乡的节日、风俗、礼仪等）以弥补自身中华文化"先天不足"的行为，也不排除某些华裔的中华文化知识甚至赶上了第一代来自中国的华人，但这种情况只发生在很小一部分华人身上，不等于作为一个整体的华裔的中华文化水准已经与华人等量齐观。

拉丁美洲不少国家的华人移民很早，至今已经繁衍了很多代，在各自国家中形成了一个庞大的华裔群体。较之于世界上其他地区，拉丁美洲地区的华裔是比较多的。跟世界上很多地方有所区别的是，那些地方的华裔群体已经完全融入当地民族之中，不承认或不知道自己的中华民族起源。但很多拉丁美洲国家的华裔乐意承认自己的祖先是华人，在群体意识的作用下，他们自我标榜为一个独立的群体，即土生华人群体或华裔群体。他们普遍对中华文化怀有好感，在中国的国际地位越来越重要的今天，有越来越多的华裔还希望学习中华文化。许多华裔的

内心，仍存在着强烈的中华民族认同感，特别是随着中国社会与经济的迅猛发展，中国对华裔的吸引力与日俱增，他们对自己身上的中国血统感到自豪，对中国语言与文化有着很强的认同感和兴趣。他们中很多人希望回祖籍地寻根考察，寻找机会学习中国的语言与文化。

一般来说，华裔可分两种情况。一是男性华人跟女性华人（不管是否华裔）通婚后所生下的后代，二是男性华人跟非华人女性通婚后所生下的后代（理论上女性华人跟非华人男性生下的子女也属华裔，但这种情况在历史上几乎不存在）。在后代的中华传统文化元素的保留方面，母亲的角色是至关重要的。因此，后一类华裔的中华传统文化褪色的速度肯定比前一类华裔快得多。过去，防止"水土流失"的唯一办法是同族通婚，即产生前一类华裔。这就需要足够数量的华人妇女。这对于上百年前出洋的华侨华人男性来说是一道难题，因为中国传统上只有男性出洋，女性要留守家中伺候公婆，出洋女性极少。而对于远在天边、交通条件极为不便的拉丁美洲一带的华侨华人来说，更是如此。在这一带，几乎找不到华侨华人妇女的身影，因此这里的男性找"番婆"的情况更加普遍，也就是说，这一带的华裔多属于后一种类型，因而，华人血统乃至中华文化"水土流失"的问题更为严重。一般来说，华裔已经深深地被烙上主流社会的印记，身上流的已经不全是中国人的血，因此他们成为华人社会中十分独特的一支。且由于语言、文化、观念等方面的客观隔阂，华裔平时甚少与华侨联系。华人血统多寡与其后代中华文化元素的多少是直接相关的，血统越少，对中华传统文化的兴趣越低。因而在很多国家，多代以后的华裔一般对祖籍国的感情非常淡薄。

在拉丁美洲，由于各种各样的客观原因而不了解中华文化的当地华裔，到今天主动拥抱中华文化的大有人在。委内瑞拉老一辈华侨对中华文化有很深的感情，令人欣喜的是，一些在委内瑞拉出生的第二代华裔，虽然已经不懂中文，或者中文讲得不流利，但仍能传承中华民族的优良品德，赢得很多华侨华人和当地民众的称赞。下面举几个例子：

郑丹娜

郑丹娜，祖籍广东中山。其父生于1904年，1935年漂洋过海到委内瑞拉谋生（为餐馆厨师），母亲陈氏，为当地出生的华人后裔。郑丹娜兄弟姐妹9人，大学毕业后个个事业有成。其中最小的弟弟对中医针灸很有研究，曾任查韦斯总统的贴身医生。时过境迁，郑丹娜父母的生活方式乃至思想文化已经当地化。他们除了给郑丹娜这个中文名字外，其他相关的中国印记已经荡然无存，甚至连父母的姓名、祖籍地也不知道。但她很想念自己的祖国，年过五旬仍想了解中华文化，也曾试图回祖籍地一行。[1]

年青一代没有忘记他们的祖国和家乡，老一辈也教育他们自己的后代不忘祖（籍）国和家乡。近些年大小寻根活动的开展便可证明。例如，2005 年夏，委京中文学校师生一行 26 人在访问了广州等地后来到恩平寻根。在这些学生中，最大的 16 岁，最小的才 8 岁，虽然他们在委内瑞拉土生土长，但大多数人的根在恩平。该校校长刘国振说，这次寻根的目的，是教育这些孩子，虽然自己生活在国外，但自己的根在中国，不能忘记自己的根。[2]

唐家乐

唐家乐，一个铁骨铮铮的委内瑞拉军人。在委内瑞拉维多利亚军校任校长的他被晋升为少将后，他的名字和有关的人生传奇，迅速在华人社会传开。唐家乐于 1967 年 3 月出生，从小就接受良好的教育。父亲是一家汽车公司的会计师，母亲是中学教师。家境虽不宽裕，但望子成龙的中国传统观念，总使他们希望子女有理想，有抱负，有志气。也就是在这样的家庭氛围中，唐家乐一步一个脚印，朝着自己的志向阔步迈进。他的人生目标，就是要当一名职业军人。中学毕业，他如愿以偿地考入阿拉瓜州的乌内法（Unefa）国立军事大学，但学的是机械工程。一年后，钟情于军事技术的他，申请转入军事系，从此踏入正轨，回归他梦寐以求的学习军事之路。那时，已故总统查韦斯曾是他的客席教官。查韦斯的政治主张和治国理念让他感到非常新鲜，所以，也从这时起，他成了查韦斯的"粉丝"。转眼间他从军校毕业了。1989 年，他穿上军装，正式成为一名军人。进入军营后，他从士兵做起。摸爬滚打，挥剑弄枪，几乎成了他生活的全部。离开了军校，他一样追随查韦斯。

1992 年，查韦斯发动旨在推翻安德烈斯·佩雷斯总统的"二四"军人政变，但政变失败，查韦斯被捕入狱。作为追随者，已当上班长的唐家乐卷入其中，遭受牢狱之苦。1994 年，查韦斯被总统拉斐尔·卡尔德拉赦免，唐家乐也获得释放。他回到部队，班长做不了，又从普通士兵做起。1996 年，一个转折，给了他一次翻身的机会：部队为培养人才，把他送进加拉加斯军校进修野外作战科目。经此锤炼，他变得更加出类拔萃。进修完毕，他成了该校的体能教官；2001年又调进总统府，成了查韦斯的近身警卫。进了总统府后，他成了查韦斯的莫逆之交。一个晚上，唐家乐与查韦斯有一次亲密相聚。聊了一会儿，他就感到自己

---

① 黎惠权：《郑丹娜的寻根梦》，恩平报社编：《恩平报获奖新闻作品选集（1983—2003）》，北京：人民日报出版社，2004 年，第 98–99 页。

② 冯春猷：《为谋生漂洋过海，在这个南美小国繁衍 160 多年——委内瑞拉华侨八成根在恩平》，《江门日报》，2005 年 9 月 5 日。

面对的不是一个总统，而是一位朋友、知己。走出总统府，他调任拉维多利亚军校教官。2013 年 2 月，工作出色的他完成了从教官到校长的蜕变，成为这所有230 多年历史的老牌军校的首长。2014 年 7 月 4 日，在委内瑞拉纪念独立日的前一天，他的肩章上多了一个太阳，在军旅生涯中，他又踏上一个新台阶，向前跨进一大步。

唐家乐自从来到这个世界，他就缺少中国人应有的基本元素：汉语和汉字。黝黑的皮肤，严严实实地遮掩了本来应有的黄皮肤。他已不了解自己的祖辈和祖籍，但那个不变的姓——Tang（唐），却使他牢牢地记住自己是龙的传人。

唐家乐的爷爷来自中国恩平。但 80 多年前，还在他的父亲——今年已过 80岁的 Gilberto Enrigue Tang 仅仅 2 岁时，爷爷就在家人和朋友的视野中消失得无踪无影，甚至连自己的中文名字也没给妻儿留下。唐家乐，也就在这样的家境中，顺其自然地成了一个中西结合的混血儿。谈起这段令人难堪的家史，Gilberto Enrigue Tang 至今仍耿耿于怀。他说，幸好他的当地人母亲含辛茹苦把他养育成人，才能使他唐家在委内瑞拉开枝散叶。

唐家乐已故的母亲和他祖母一样，也是当地人。唐家到他这一代，几乎没有了中国人的味儿，几十年的潜移默化，他家老老少少成了地地道道的本地人。只是，似水流年没有洗去他那份深深的记忆：我是华人的后裔。很多个日日夜夜，他对祖辈的家乡魂牵梦萦，希望有朝一日寻根问祖，以破解心中积压多年的那个问题——我的祖辈在哪里？二十世纪八九十年代，尽管一批又一批的恩平人向委内瑞拉涌来，十几万同胞就在他的眼前，但他和他的家人几十年来一直生活在华人之外的圈子。

还是在总统府任职时，一个来自恩平琅哥的特聘厨师唐富儒，经常在总统府走动，但他们即使相见，也不相识。直到 2013 年他调任军校校长后，因为军校所在地就在唐富儒经商的拉维多利亚市，他们才通过当地军方官员的引见，正式拉上关系，两人叔侄相称。至此，唐家乐的寻根之路，在无意中迈出可喜的一步。

在委内瑞拉，有军人的维护，有军人的治理，才有一方的安稳。唐家乐在军校任职前，拉维多利亚市的华商一直没有安稳过，贼人的"光顾"、劫匪的袭击，还有不良官员、军警的敲诈，都使这里的华商提心吊胆。唐家乐的到来，却使城市有了另一番光景：华商安居乐业，匪徒销声匿迹。虽然，偶尔也有个别胡作非为者，但一旦查获，就军法伺候。一次，一军人与不良官员勾结，以查税为名，敲诈华商。唐家乐闻之，果断处置。从此，在拉维多利亚市的地盘上，再也没有了不知好歹的无赖。当地商会会长冯暖强对此感慨良多，他说，唐家乐是我们的保护神。7 月 15 日，借军校毕业典礼之机，冯暖强率商会几位侨领，特意给他送去牌匾，以表达当地华商对他的感激之情。[①]

陈倩欣

陈倩欣出生于委内瑞拉，祖籍广东恩平。但在父母的教育下，她保持了中国人的本色，从小听话懂事，喜爱读书学习。在父母的精心培育下，经多年努力，以优异的成绩毕业于委内瑞拉 UCLA 医科大学，并获得博士学位。她在大学学习妇产专科，医术拔尖，颇受同行赞扬，终被巴埠一家级别较高的大医院看中，并很快成为医院妇产科主治医生。几年间，陈倩欣坚持理论与实践相结合，尽心尽力地服务患者，根治了不少妇科病患者的疑难杂症，她的精湛医术成了市民中的美谈。她从医 20 多年，自始至终有颗医者父母心，对人和蔼，热情周到，凡到过她诊所就诊的华人，对她的医术和服务都赞不绝口。陈倩欣说，我是一个华人，我要把我的医术服务于广大侨胞。但陈倩欣觉得医术没有尽头，必须更好地掌握一套出类拔萃的医术，才能更好地服务于社会。于是，她辞去了现有的高薪工作，在父母的大力支持下，先后到美国、加拿大、法国、西班牙及加拉加斯的高等医学院留学和进修。在加拿大留学时，由于勤学，成功将理论与实践相结合，在临床中诊断准确，对症下药，令患者非常满意，得到校方的多次表扬，领班的医学专家多次要求她留在加拿大当她的助手。然而，陈倩欣谢绝了专家的挽留，她回到父母身边，开设了一家华人妇产科诊所。由于陈倩欣原已在巴埠的大医院当过主治医生，她的诊所开业后，很快就在当地传开，不少患者登门求医。她对华人患者，常常有求必应，随叫随到，送医送药，尤其是对初来乍到、生活有困难的华人妇女患者，常常分文不收。[②]

吴淑娟

吴淑娟被人誉为"花痴"，她出生于兰花盛开的古巴，生活于兰花之国的委内瑞拉，从小就对兰花有着天生的喜爱。兰花亦称"五月花"，高洁、典雅，是委内瑞拉的国花。在中国，兰和梅、竹、菊并列，被称为"花之君子"。委内瑞拉的兰花有 3 500 多种，且在不同的地方、不同的海拔有不同的姿色。2003 年的一天，吴淑娟干女儿的母亲——加拉加斯国际行老板娘 Maria 来她们家玩，特意给她送来一件意想不到的礼物——兰花。吴淑娟见过兰花，但没有这样零距离接触过兰花。面对兰花的姿态、芬芳，她真切地领略到了兰花那种不寻常的韵味。吴淑娟就这样对兰花一见钟情。

① 黎民、冯炎良、莫熙丰：《华裔将军唐家乐》，《委华报》，2014 年 7 月 28 日。

② 陈淘涛：《把医术服务于侨胞——访华人妇产科医生陈倩欣》，《委华报》，2014 年。

2003 年 10 月一个周末，加省兰花协会在博物馆举办一年一度的兰花展，已深深爱上了兰花的吴淑娟与丈夫甄卓仁来到这里，一睹来自全国各地的各种兰花的千姿百态。这次兰花展后，她成了加省兰花协会的一员，且是会员中唯一的一位华裔。加省兰花协会（Sociedad De Orquideologia Del Estado Carabobo）已经成立 50 多年，远近闻名。不但每年都举办一次全国性花展，而且每月举办一次交流、学习活动，从不间断。100 多名会员走到一起，不是赏花，就是谈花，个个是"花痴"。慢慢地，她成了研究兰花的行家，在生意忙碌之余，一直醉心于对兰花的侍弄。每年的兰花展，是兰花爱好者的盛会，他们来自全国各地，送展的兰花几乎是参展者的最爱。吴淑娟从不错过这样的机会，她把自己的最爱拿到展会让人观赏，同时以花会友，以花换花，只要是自己看上的，就会将自己的最爱与别人的最爱去交换。平时，只要她知道哪里有好的兰花，哪里就有她的身影。她看上的兰花，总会成为自家花园的新宠。她的母亲在美国，而她每次到美国探亲，都会选择有兰花展的日子前往。她说她的生活离不开兰花。

很快，吴淑娟在兰花爱好者中名声日隆，2009 届和 2010 届，她连续两届被推举为加省兰花协会主席。2011 年，她主动卸了兰花协会主席一职。但在 2014 年，又被会员们再次推举担任协会主席。2014 年举办的加省兰花展，像磁石般吸引着全国各地的兰花协会组队前来参展，近 2 000 个品种的兰花，让兰花爱好者叹为观止。花展后，150 多名兰花爱好者报名学习并申请加入协会。吴淑娟主持的兰花协会，以不懈的追求让兰花爱好者队伍不断壮大。她不仅自己迷恋兰花，也希望更多的人喜欢兰花，更希望有更多的侨胞种植兰花。她希望有朝一日，加省以及全国各地的兰花协会里，有更多的华人面孔。

吴淑娟在兰花协会主席这个岗位上，精心组织所在省每月一次的会员交流和一年一度的展会，同时广交花友，大量采集自己中意的兰花。有一段时间，大家发现她家庭院里的兰花种类和色彩在不断增多和变换，最多时有 300 多种。她一有空就沉浸在这个自家的花园，除草、施肥，精心侍弄。她说，泡在兰花中，她会忘掉一切烦恼，身心无比轻松和愉快。她常说，人生如花。以兰花陶冶情操、修身养性，就能对这个世界充满希望。[①]

中华文化在委内瑞拉的继承和弘扬，有利于华侨与当地民族的融合，从而有利于华侨的生存与发展。在委内瑞拉生长的华人后裔，不少人接受过良好的教育，有较高的文化修养，更有的通晓中西文化，所以，他们很容易融入当地社会，与当地人打成一片，在当地人的社团中拥有一席之位。

华恋社有一个射击俱乐部，活跃着一批华人后裔。他们喜好射击，专心研究

---

① 《乐在花丛中——记加省兰花协会主席吴淑娟女士》，《委华报》，2014 年 11 月 3 日。

枪法，取得好成绩，当地人对之刮目相看。他们的教练吴先生是一位土生土长的委内瑞拉华裔，为俱乐部负责人之一。父亲经常陪他去参加射击俱乐部的训练，小时候父亲就教育他，作为一个中国人，要有正义感。他练就了一身好体魄，也练就了一手好枪法，在国内射击（手枪）比赛中多次获奖，并代表委内瑞拉多次参加南美洲的射击比赛，均获得了好成绩。吴先生的好枪法，特别是他的正义感，吸引了不少对射击有兴趣的年轻人加入了射击俱乐部，他们纷纷拜吴先生为师。吴先生也乐于把自己的技术毫无保留地教给他们，严格训练，一丝不苟地传授射击要领。经过一段时间的勤学苦练，这些年轻人的射击技术均有不同程度的长进，并在多项比赛中获奖。吴先生除了传授射击要领外，还教育他们要有正义感，懂得持枪是为了在社会治安恶劣的环境中自保，而不能随便以枪逞强。有一次，吴先生遇贼打劫，协同警察制服了持枪打劫的贼人。吴先生的言传身教，使参加射击俱乐部的年轻人增强了辨别是非的能力，更有正义感。

和他们一起参加射击俱乐部的射击爱好者，当中有当地警方的长官，也有在当地有一定影响力的头面人物，吴先生与年轻人一道，与射击俱乐部的人建立了良好关系，也通过这些关系为侨胞解决了一些燃眉之急。如有的家乡同胞初来乍到，没有办好身份证，被警察查到。侨胞求助于他们，他们也不厌其烦，利用自己的关系帮侨胞解困，使被扣的同胞被网开一面，得以释放。[1]

在委内瑞拉全国华人华侨运动会上，曾有中外人士共同登台献艺。中国武术和太极拳这个节目，既有华人的精彩表演，也有当地人的娴熟演绎，博得观众阵阵的掌声和喝彩声，高潮迭起。[2] 有的当地人还热爱上中华文化。苏利亚省中华会馆侨领敖越俊的太太是委内瑞拉本地人，是一位大学生律师。她十分热爱中华文化，为华人办了不少实事。儿子虽出生在委国，但从小接受中文教育，就读于上海一所大学。2006 年广东"碧利斯"水灾时，他正返委度假，与父母团聚。当敖越俊把广东水灾以及捐款 1 微翁的情况告诉他们时，母子俩一致表示再捐 50 万委元，以表达他们的一点心意。[3]

应指出的是，目前委内瑞拉的华裔还只是以个体的形式出现在当地社会，他们没有成立属于华裔自己的社团。他们普遍受过良好的教育，在当地的政府机构、商业、科技、教育、医疗卫生、法律等部门工作，基本融入了主流社会，但他们还没有基于对祖先文化的向往和认同而结集，或者基于一种寻根情结而汇聚在一起。

华侨在海外，大部分都忘不了自己的根脉。而华侨华人的根脉，说到底就是

---

① 晓藜（华恋社）供稿，2011 年 5 月。

② 《委华报》资料。

③ 《委华报》资料。

中华文化。华侨与中华文化的关系，堪称鱼与水的关系。一个人的本质属性，首先是作为一个文化人的属性。因此，一个中国人或一个华侨的本质属性的标志，首先就是他身上与之俱来的中华文化印记，不管他对中华文化承认与否，喜爱与否，这个印记是抹不去的。就海外华人这一群体而言，他们受教育程度的高低与其身上的中华文化因子遗存的多少没有必然的对应关系。我们常常可以看到，一个海外华人，即使在世界上首屈一指的名牌大学接受了多年的教育，拿了无数的奖项，拥有数不清的荣衔，但他的中华文化程度可能只相当于幼儿园的水平。这样的人中，有的是刻意抛弃、鄙夷中华文化，也有的则是由于客观的原因，比如家庭中没有中华文化背景等，不熟悉中华文化。

　　在华侨群体中，特别是在包括委内瑞拉的拉丁美洲华侨群体中，更为司空见惯的情况是，他们对海外文化一窍不通，在国内所受的教育也不多，但对中华文化却表现出难以想象的热忱和挚爱。他们身上表现出来的中华文化因子，多属民间层次和民间风格，没有经过教育、磨砺和提升。因此，他们对传统中华文化的理解，不可能上升到系统的理论高度。他们对中国传统文化的热忱和挚爱，主要是通过对中国民间节日、民俗和宗教的参与表现出来。这一部分华侨多来自中国的农村地区，主要是在过去30年间迁居国外的。委内瑞拉华侨基本上属于这一类型。

　　绝大多数委内瑞拉华侨来自广东省恩平市。恩平文化广义上属于岭南文化，但与岭南文化又有很大的区别。如果把中华文化比喻为"大传统文化"，岭南文化比喻为"中传统文化"，则恩平文化无疑属于"小传统文化"。大多数委内瑞拉恩平华侨对"大传统文化"可能所知无几，对"中传统文化"也可能似懂非懂，但对"小传统文化"却十分熟悉。从他们对家乡传统节日的庆祝和参与，便表现得淋漓尽致。但不管哪一类文化，只要是属于民间性质的、为平民百姓喜闻乐见的文化形式，就往往为恩平人津津乐道。

　　就上面所列举的华侨文化、体育活动而言，委国华侨所开展的文化活动，既有属于"小传统文化"的活动，也有属于"中传统文化"或"大传统文化"的活动。既有属于高雅文化活动，也有属于通俗文化活动。中国文化周活动中所传播的，更多是"大传统文化"；全委华人文联所开展的文化活动，以及全国华人华侨运动会与其他中华体育活动，则是大、中、小类型的传统文化并存，雅文化与俗文化共赏，传统与现代兼有；各个华人节日所体现的中华文化，则以"小传统文化"为主。值得一提的是，委内瑞拉华文报刊对传播和弘扬丰富多彩的中华文化做出了重要贡献。所有这些文化活动，体现了中华文化的多样化。华侨在居住地的文化活动，不是截然分开的，更多时候是彼此掺杂、雅俗共赏的。也可以看到，委内瑞拉的华侨文化，也已受到居住地文化的影响，母亲节活动和华侨选美活动便是证明。

附　录

在委内瑞拉外国人（身份）规范化及加入国籍条例

（2004 年 2 月 3 日总统令颁布）

第一章　总　则

宗旨

第一条　本条例旨在使在委内瑞拉玻利瓦尔共和国境内（身份）处于不规范状况的外国人被接纳和居留实现规范化，同时向所有那些符合必备条件的外国人提供自愿加入委内瑞拉国籍的可能。

指导原则

第二条　本条例履行国家为捍卫和保障人权、尊严、公平对待、无偿、适时合理回复、诚实、透明、公正和善意为主要指导原则的义务，以寻求建立一套受理在委内瑞拉玻利瓦尔共和国境内外国人有关申请的有效程序。

指导部门

第三条　内政和司法部将依据本条例规定，通过国家身份认定和外国人事务办公室负责委内瑞拉玻利瓦尔共和国境内处于不规范状况的外国人被接纳和居留的规范化及外国人的入籍程序。

教育文化和体育部、劳工部、国防部、外交部、新闻和传播部及国家统计局将协助本条例的实施。

执行机构

第四条　国家身份认定和外国人事务办公室将作为执行机构，通过其各地分处和为此建立的任一行政单位来办理外国人（身份）规范化和入籍手续。

简化手续

第五条　内政和司法部可依据相关法律确立的原则和规定，通过国家身份认定和外国人事务办公室，简化或取消处于非规范状况的外国人办理被接纳和居留规范化及入籍过程中的行政手续。

工作人员职责

第六条 负责身份认定和外侨的工作人员应当接收外国人提出的申请并依据法律和本条例对其予以及时回复。同时，应对申请人为其身份规范化及获得委内瑞拉国籍在程序、机制及其他条件和手续方面给予指导。

对未执行本条例诸条款的工作人员，将依法追究其相关责任。

第二章　外国人（身份）规范化

登记

第七条 在委内瑞拉玻利瓦尔共和国境内处于（身份）不规范的外国人应到外国人登记处登记，并向国家身份认定和外国人事务办公室或其各地分处递交实现身份规范化的所需文件。

所需文件

第八条 外国人在登记处登记时应递交以下文件：

1. 护照或任何其他可证明其身份的文件；

2. 在委所从事活动或职业的证明；

3. 有关部门颁发的居住证明；

4. 证件规格的正面照片三张。

（身份）规范化

第九条 对于履行本条例上述规定并递交所需文件的外国人，将对其被接纳和居留实现规范化并给予其在委内瑞拉玻利瓦尔共和国境内的居留者身份。

（身份）规范化证明

第十条 国家身份认定和外国人事务办公室及其各地分处将出具身份规范化证明一式三份。一份颁发给外国人，一份将在全国身份认定和外侨总局下属外国人管理局存档，另一份保存在出具此证明的机构。

身份规范化证明上记录有当事外国人身份认定信息以及其他证明其身份的资料。该证明自颁发之日起三十天内有效。

第三章　获得委内瑞拉国籍

入籍申请

第十一条 委内瑞拉玻利瓦尔共和国宪法第三十三条提及的外国人，凡希望获得委内瑞拉国籍者，须本人或视情况通过其法人代表，向（入籍程序）执行机构递交表达其希望获得委内瑞拉国籍意愿的书面申请，并附本条例第八条所列的必备文件。

有利条件

第十二条 在办理入籍过程中，如果申请人具备《国籍法》第六条所列（入籍）有利条件中的一条或几条，申请者应将这一优势在（本条例）上一条所提及的书面申请中予以陈述。

手续办理

第十三条 受理官员在接到申请人希望获得委内瑞拉国籍的声明后要核准上述声明。如声明符合有关条件并具备所需文件，该官员则向申请人开具有效期为一百八十天的入籍申请证明。

如申请材料不符合要求，该受理官员要当即并当面通知申请人其材料的不足之处，以便申请人进行补救。

第十四条 国家身份认定和外国人事务办公室须在接到入籍申请材料之日起六个月内决定是否向申请人颁发委内瑞拉国籍证书。

如申请人拥有西班牙、葡萄牙、意大利、拉丁美洲及加勒比国家的国籍，则应在四个月内给予答复。

第十五条 如决定对申请予以否决，将通过全国身份认定和外侨总局局长签署的通知书告知申请人。如申请获得批准，则该批准决定在征得主管当局同意后将被记录在即将生效的入籍者登记中并在委内瑞拉玻利瓦尔共和国官方公报上发表。

宣誓

第十六条 凡依照本条例规定获得国籍证书者，本人均应前往有关身份认定和外国人事务的主管当局向国旗宣誓。

向国旗宣誓仪式可在内政和司法部安排下以集体方式举行。

临时性条款

一、国家身份认定和外国人事务办公室将设立一个由具备资格的合适人员组成的管理机构，负责对本条例所涉及的身份规范化和入籍的专门工作提供咨询并予以协调。

二、由内政和司法部、国家身份认定和外国人事务办公室所制定的有关身份规范化和入籍过程的规定和程序手册，应在自本条例于委内瑞拉玻利瓦尔共和国官方公报公布之日起三十天内依据本条例规定作出相应修改。

三、根据本条例规定，一切使处于身份不规范的外国人身份规范化及获得国籍证书相关的行政手续，均由委内瑞拉国家提供资金。

四、对于在本条例生效之前已经完成正常行政手续的外国人，将按本条例所规定的原则对其申请予以答复。

最后条款

一、本条例的内容丝毫不妨碍国家在无损于外国人及其家人安全和尊严的情况下行使拒绝批准外国人滞留的权利。

二、自本条例公布之日起，内政和司法部通过国家身份认定和外国人事务办公室并同新闻传播部一道，将组织和帮助开展有关本条例内容的宣传和普及活动，以便使外国人能够向相应机构递交其材料。

三、自本条例公布之日起的六个月时间为接受申请材料和开具相应证明的期限。

四、本能够在第三款所规定期限内注册却没有注册的外国人，将不再拥有依据本条例规定进行上述注册的另一机会。

五、本条例自在委内瑞拉玻利瓦尔共和国官方公报发布之日起生效。

本条例于二○○四年（独立第一百九十三年、联邦第一百四十四年）二月三日在加拉加斯颁布。

签署　乌戈·查韦斯·弗里亚斯（总统）

附署　何塞·比森特·兰赫尔（副总统）

（另有内政和司法、外交、财政、国防等十三个部门部长附署，略）

［注：该法令（西班牙语）登于2004年2月3日委内瑞拉官方公报上，中国驻委内瑞拉使馆译］

委内瑞拉国籍和公民法

2009 年 12 月 23 日

委内瑞拉《国籍和公民法》译者序

许可祝　陈平

一、翻译这部法律的背景

国籍是一个人属于一个国家的国民的法律资格。护照是一国的国民出入国境和在国外证明国籍身份的证件。如果通过入籍方式取得某国的国籍，而在没有取得被批准入籍国的护照之前还不能认为具有某国的国籍，因为从某种程度上讲，其还不具有证明其国籍身份的护照，无法实现国际旅行。

中国是单一国籍制度国家，而委内瑞拉是承认双重国籍的国家。原持中国护照，经委内瑞拉官方公报公布批准入委国籍后即丧失中国国籍，我馆不能再为其颁发任何国际旅行证件。如其在委内瑞拉居住，要回中国只能向委内瑞拉有关部门申请护照，作为国际旅行证件。

在我们的日常工作中常能接到旅委侨胞的电话、来访或来信，反映他们原来曾持中国护照，2004 年至 2006 年在委内瑞拉官方公报上公布自己已经被批准加入委内瑞拉国籍，但至今也拿不到委内瑞拉护照，不能进行国际旅行。比如陈女士，她的三个女儿在中国读书，她与三个女儿已经十年没有见面，而是依靠她在国内的母亲帮助她抚养、照顾她们。再如梁氏兄妹，于 80 年代末来委生活至今已近 20 年，曾于 1994 年和 2003 年回国探亲，但两人自 2004 年及 2006 年分别入委籍后因拿不到委内瑞拉护照，一直未能再回中国探望年迈的父母，母亲中风瘫卧在床，父亲肝癌晚期也无法回国照顾，甚至在父亲临终前都不能见上一面。再有陈先生，头部长有肿瘤，在委内瑞拉无法医治，病情一天天发展，已经与中国某医院联系好但没有护照无法回国就医。我们接到这样一个个的案例不可能无动于衷。在研究了委内瑞拉的《国籍和公民法》之后我们发现委内瑞拉承认双重国籍制度与我国《国籍法》只承认单一国籍制度的根本区别。在双重国籍制度的国家中如果只批准入籍，但不颁发护照可能不会产生国际旅行没有证件的问题。后来在接到巴卓侨领梁汉伟先生及侨胞伍思雄先生送来的 79 份"原持中国护照、现持委内瑞拉身份证但尚未取得委内瑞拉护照人员情况登记表"时，我们

意识到这不是少数人面临的问题，而是具有普遍性的问题。而我国《国籍法》的单一国籍制度与委内瑞拉国籍法的双重国籍制度的不同规定可能是问题的关键。

我们在帮助一些原持中国护照、已经批准入委籍但尚未拿到委内瑞拉护照的人员申请委内瑞拉护照的过程中发现，这些人员虽然几年前就已经被批准入委内瑞拉国籍，但他们根本不知道有这部法律的存在，更不知道该法律中有关被批准入籍后应该在接下来的九十天内向住所地的民事登记处进行注册，这是接下来申请取得护照的必经程序。

如果对法律不了解，也就无从知道如何运用法律去解决问题。因此我们认为有翻译并且刊登这部法律的必要性。在翻译的过程中我们得到《委国侨报》社长、加拉沃沃大学法学教授郑洪山先生的宝贵意见。

二、《国籍和公民法》的主要内容提示

1．这部法律是对委内瑞拉国籍的取得、选择、放弃和恢复以及对入籍的撤销和无效、公民权行使的宪法原则及其取消原因的实体性和程序性的规定。

2．委内瑞拉《国籍和公民法》承认双重国籍。这也是与中国国籍法的最大区别。如第六条和第二十五条的规定。如果因在委内瑞拉出生而取得委内瑞拉国籍，不会因为取得其他国籍而丧失委内瑞拉国籍；通过入籍而成为委内瑞拉公民者，无须放弃其他原国籍。

3．强制使用委内瑞拉国籍。如第七条的规定，这也是对批准入委国籍者积极争取尽快取得委国护照的有利条款。因为如果没有护照就无法实现国际旅行，更谈不上委内瑞拉国籍的强制使用。

4．行使权利和义务平等。具有其他国籍和没有其他国籍的委内瑞拉公民享有相同的权利和义务。一旦申请加入委内瑞拉国籍后即具有委内瑞拉公民所应该具有的一切权利，同时赋有应尽的一切义务。法律的公平性，即体现在权利和义务的对等。

5．因出生而取得委内瑞拉国籍的规定。如第九条至第二十条。

6．因入籍而取得委内瑞拉国籍的规定。如第二十一条至第四十九条。其中第二十三条对有助于取得入籍证明的八种情形作出了规定。第二十六条对入国籍的程序进行了规定，第三十二条是对入籍证明的登记制度的规定，拟入籍及新入籍的人员全面了解这些内容都是非常重要的。

不论是持中国护照的华侨，还是已经加入委内瑞拉国籍的华人都有着中国的血脉，我们衷心希望华侨华人在委内瑞拉能够安居乐业，并且为中委两国的经贸交流、友好往来贡献力量，更希望华侨华人学会运用法律保护自己的正当权益。

国籍和公民法

LEY DE NACIONALIDAD Y CIUDADAN·A

（在 2004 年 7 月 1 日第 37971 号委内瑞拉玻利瓦尔共和国官方公报上公布）

第一编　总体规定

第一条　宗旨

本法宗旨是对委内瑞拉国籍的取得、选择、放弃和恢复以及对入籍的撤销和无效、公民权行使的宪法原则及其取消原因等作出规范性和程序性的规定。

第二条　适用范围

本法规定适用于位于委内瑞拉玻利瓦尔共和国国土的所有人。

第三条　职能

本法由主管国籍和公民事务的机构予以实施。

第四条　定义

本法规定之概念应理解为：

1. 宣誓：当事人宣誓忠实履行委内瑞拉玻利瓦尔共和国宪法及法律的庄严仪式。

本法实施条例将确定宣誓仪式的程序及形式。

2. 入籍证明：向外国人颁发的授予其委内瑞拉国籍的证书。

3. 委内瑞拉国籍证明：确认出生在委内瑞拉的人未取得其他国籍的证明。

4. 公民权：因具有委内瑞拉国籍而具备的法律地位，由此可以享受并行使委内瑞拉玻利瓦尔共和国宪法及法律规定的政治权利和义务。

5. 外国人：所有非委内瑞拉玻利瓦尔共和国公民的人。

6. 国籍：个人与国家之间的法律和政治联系。

7. 入籍：本法规定的授予入籍证明的程序。

8. 居留：个人在共和国国土上停留并有长期居留的意愿。

第五条　当局的义务

在主管国籍和公民事务的机构履行本法所赋予职能时向委内瑞拉玻利瓦尔共和国任何当局索要有关报告和证明材料时，该当局必须向其提供。

第六条　关于委内瑞拉国籍

不因取得其他国籍而丧失委内瑞拉国籍，除非向委内瑞拉主管机构明确宣布放弃。

第七条 委内瑞拉国籍的强制使用

拥有其他国籍的委内瑞拉公民在进入、停留和离开共和国领土时，必须使用委内瑞拉国籍，并在所有民事和政治行为中出示此身份。

第八条 行使权利和履行义务平等

有其他国籍和没有其他国籍的委内瑞拉公民拥有相同的权利和义务，除非委内瑞拉玻利瓦尔共和国宪法和法律另有规定。

第二编 关于因出生而取得的委内瑞拉国籍

第一章 关于国籍的取得

第九条 因出生而取得的委内瑞拉国籍

因出生而成为委内瑞拉公民者有：

1. 所有出生在共和国领土上的人；

2. 所有出生在外国领土上的人，其父亲和母亲因出生而已成为委内瑞拉公民；

3. 所有出生在外国领土上的人，其父亲或母亲因出生而已成为委内瑞拉公民，只要居留在共和国领土上或宣告有意取得委内瑞拉国籍；

4. 所有出生在外国领土上的人，其父亲或母亲因入籍而已成为委内瑞拉公民，只要在十八岁前居留在共和国领土上，并在二十五岁前宣告有意取得委内瑞拉国籍。

第十条 宣告意愿

因出生或入籍而成为委内瑞拉公民者的子女宣告有意取得委内瑞拉国籍，必须根据本法条例规定为之，并在其父母亲在共和国领土上的最后居所所在地的民事登记处登记。

第十一条 国籍的证据

证明委内瑞拉国籍的证件有：

1. 出生证明；

2. 身份证；

3. 委内瑞拉玻利瓦尔共和国官方公报公布的入籍证明；

4. 护照；

5. 主管国籍和公民事务的机构认可的其他能证明委内瑞拉国籍的证件。

第十二条 因出生而具有的委内瑞拉国籍的不可剥夺性

因出生而取得的委内瑞拉国籍不可被撤销或取缔，也不受任何当局的任何形式的歧视或否认。

第二章　关于放弃和恢复

第十三条　委内瑞拉国籍的放弃

因出生而取得的委内瑞拉国籍只有在明确放弃的情况下才丧失，而且在当事人已经取得其他国籍后才有效。

第十四条　放弃国籍的登记

放弃委内瑞拉国籍应在出生证明颁发地的登记处官员面前进行。该放弃应在有关登记册上注明，并在当事人出生证的相应边注上加注。

第十五条　在外国领土上放弃

如果在外国领土上放弃委内瑞拉国籍，则须通过公证过的文件为之或在相应的委内瑞拉领事代表机构为之，当事人应将放弃国籍的材料送到其出生证颁发地的民事登记处。在任何情况下，只要民事登记处未予登记，放弃行为将不在委内瑞拉玻利瓦尔共和国产生效力。

第十六条　委内瑞拉国籍的恢复

任何放弃因出生而取得的委内瑞拉国籍的人，只要在共和国领土上居住二年以上，并根据本法条例规定在二年期满后宣告有意恢复委内瑞拉国籍，即可恢复此国籍。

第三章　关于委内瑞拉的国籍证明

第十七条　授予、效力

应当事人请求，可根据本法规定的程序授予因出生而取得的委内瑞拉国籍证明，并且仅在因出生且拥有其他国籍的委内瑞拉人竞选委内瑞拉玻利瓦尔共和国宪法规定之公职时授予。

第十八条　职能机构

因出生而出具的委内瑞拉国籍证明将由主管国籍和公民事务的机构颁发。

第十九条　必要材料

为拿到因出生而出具的委内瑞拉国籍证明，当事人必须递交陈述理由的申请书，附上身份证的原件和复印件，公证过的出生证副本和其他本法条例规定的证件。接收上述证件的官员必须在身份证复印件上注明该复印件与原件相符，原件当场退还当事人。

第二十条　决定期限

申请提出后，全国政府的主管机构应在连续九十天的期限内作出决定，并根据行政程序法律规定通知当事人。

第三编　关于通过入籍取得的委内瑞拉国籍

第一章　取得国籍

第二十一条　通过入籍取得的委内瑞拉国籍

通过入籍成为委内瑞拉公民者有：

1. 取得入籍证明的外国人。为此，必须在委内瑞拉拥有住处，并在提交相关申请之日前已连续居留十年以上。

原籍为西班牙、葡萄牙、意大利、拉丁美洲和加勒比国家者，其居留期减少为五年。

2. 与委内瑞拉公民自愿结婚的外国人，并结婚五年以上。

3. 其行使监护权的父亲或母亲入籍时，本人为未成年人的外国人，如果在二十一岁前宣告其有意成为委内瑞拉人，并在宣告前已经在委内瑞拉玻利瓦尔共和国连续居住五年者。

本条所述的宣告意愿应根据本法实施条例为之。

第二十二条　通过入籍取得国籍的效力延伸

入籍的效力完全是个人的，但是，未成年子女在其成长过程中可以享受其父母入籍的后果。

第二十三条　有利情形

有助于取得入籍证明的有利情形有：

1. 在共和国领土上拥有不动产，为委内瑞拉本国或位于共和国境内的商业、工业、农业或渔业企业的主人或股东；

2. 有需要监护的委内瑞拉子女；

3. 为一项公共事业的设立而提供过服务，该公共事业对委内瑞拉经济社会发展或对人类有益；

4. 在共和国领土上居住十年以上；

5. 与委内瑞拉公民结婚；

6. 因执行全国政府支持的发展计划而来委内瑞拉；

7. 在委内瑞拉大学学习并取得文凭；

8. 为全国或国际知名科学家、艺术家或作家。

第二十四条　因出生或入籍成为委内瑞拉公民者的平等地位

七岁之前进入委内瑞拉共和国领土并一直居住至成年、此后通过入籍而成为委内瑞拉公民者，与因出生而成为委内瑞拉公民者拥有相同权利。

第二十五条　关于通过入籍所取得的委内瑞拉国籍

通过入籍而成为委内瑞拉公民者，无须放弃其原国籍。如果当事人愿意放弃其国籍，必须在入籍程序申请中加以宣示。

第二章　关于入籍的程序

第二十六条　入籍申请

为取得入籍证书，当事外国人必须亲自或通过公证文件所确定的代理人提出申请。应提交以下材料：

1. 陈述理由并公证过的申请，在上面指出符合委内瑞拉玻利瓦尔共和国宪法和本法规定的年龄及时间要求，以及当事人提出的其他情形；

2. 有效身份证的复印件；

3. 有效护照原件；

4. 委内瑞拉有关部门颁发的签证；

5. 法律及本法条例要求的其他材料。

第二十七条　材料的审核

主管国籍及公民事务的机构将对上述文件进行审核，如果不符合法律要求，将在自收到有关材料之日后的两个月内通知当事人，以便其履行相关要求。

第二十八条　履行法律要求的通知和期限

接到通知后，当事人将在两个月内履行其他法律要求，这些要求将由主管国籍和公民事务的机构在其相应的通知中加以明确。上述期限过后，如果当事人没有履行通知中所明确的法律要求，将推断该当事人没有取得委内瑞拉国籍的兴趣，并命令予以归档。

第二十九条　延期

当事人可书面申请一次性延长相同期限来补充材料。

第三十条　作决定的期限

对入籍申请应在六个月内作出裁决，该期限自收到申请之日，或规定补充材料的期限届满，或为补充材料而提出的延长期限届满之日算起。

第三十一条　决定的公布

授予入籍证明的决定将在《委内瑞拉玻利瓦尔共和国官方公报》上公布。

第三十二条　入籍证明的登记

《委内瑞拉玻利瓦尔共和国官方公报》公布有关决定后，入籍者将有连续九十天的时间在其住所所在地民事登记处注册入籍证明。

第三十三条　对遗漏登记的处罚

在上述期限内入籍者没有注册其入籍证明，将被处以五个税收单位的罚款，罚款上缴国库。对此，民事登记员或其他有关官员在核实已经支付罚款后登记有关行为，必须在边注栏内注明罚款已付。入籍证明在民事登记处免费登记，不得

征税。

第三十四条 不批准入籍

拒发入籍证明的行政决定必须具备理由，对该决定不能提出任何行政诉讼，但有关当事人可以提出其他管辖诉讼。

第三十五条 被批准或被否决的请求的登记

主管国籍和公民事务的机构应根据本法条例对所授予的入籍证明的登记和所拒绝的申请予以归档和管理。

第三章 关于对通过入籍而取得委内瑞拉国籍的撤销程序

第三十六条 对通过入籍而取得的委内瑞拉国籍的撤销

撤销通过入籍取得的委内瑞拉国籍只能根据委内瑞拉玻利瓦尔共和国宪法第三十五条规定并通过司法判决来进行。

第三十七条 司法管辖机构

一审时，撤销通过入籍取得的委内瑞拉国籍的案件由行政纠纷管辖庭受理；如果提出上诉，则由最高法院的政治行政庭受理。

第三十八条 提出诉讼的合法性

主管国籍和公民事务的部门，通过在《委内瑞拉玻利瓦尔共和国官方公报》上公布的决定所确定的官员，有权根据本法规定对通过入籍取得委内瑞拉国籍者提出撤销诉讼。

第三十九条 撤销国籍诉讼的程序

撤销通过入籍取得的委内瑞拉国籍的诉讼，其文书应包含以下内容：

1. 指明所要上呈该诉讼的法院及推断有此职能的法院的法律依据；

2. 明确指出上呈该诉讼的官员，以及包含主管国籍和公民事务部的决定的《委内瑞拉玻利瓦尔共和国官方公报》，该决定赋予诉讼合法性；

3. 全面验证试图撤销通过入籍取得的委内瑞拉国籍的对象；

4. 指出诉讼的目标或撤销的对象，并明确指出可以证明其通过入籍取得委内瑞拉国籍的行为的日期及其他材料；

5. 陈述提出诉讼的纪年事实及法律依据。

第四十条 司法程序代理人

依据本法本章规定通过司法程序撤销入籍的委内瑞拉人的国籍时，他们应有其信任律师帮助，如没有足够的经济能力聘请私人律师或不想这样做，国家应向其提供公共律师，以保证其有辩护权。

第四十一条 入籍证明的无效

根据伪造的证明或材料而颁发的入籍证明，或未履行本法甚至违反本法规定

而颁发的入籍证明，将由有关司法机构依据本法规定撤销通过入籍取得的委内瑞拉国籍。

第四十二条　无效性的宣布

宣布无效性时应确定入籍证明无效的日期。在任何情形下，不得影响入籍证明有效期内第三者所获得的权利。

第四十三条　无效性诉讼的期限

对入籍证明提出的无效性诉讼将自入籍证明颁发之日起十年内提出。

第四章　关于国籍丧失、放弃及恢复

第四十四条　委内瑞拉国籍的丧失

委内瑞拉国籍因放弃或司法撤销而丧失。

第四十五条　委内瑞拉国籍的放弃

只有在当事人选择、争取并已经得到其他国籍后，对委内瑞拉国籍的放弃才生效。

第四十六条　放弃的登记

放弃委内瑞拉国籍将在国籍证明登记所在地的民事登记官员面前为之。该放弃将记录在相关登记本上，并在其国籍证明上作相应边注。

第四十七条　在外国领土上放弃

在国外放弃国籍，必须将材料加以公证，或在委内瑞拉有关领事代表机构为之，有关材料必须由当事人送到入籍证明所在地的民事登记处。在任何情况下，只要民事登记处未予登记，在委内瑞拉玻利瓦尔共和国将不产生任何效力。

第四十八条　丧失国籍的原因

通过司法判决，入籍的委内瑞拉人将在下列情形下丧失委内瑞拉国籍：

1. 在国外直接或间接实施、配合、协助、合作、参与、规劝、煽动或提供便利做不利于委内瑞拉玻利瓦尔共和国利益的行为；

2. 直接或间接实施、配合、协助、合作、参与、规劝、煽动或提供便利做影响委内瑞拉玻利瓦尔共和国领土完整、主权和独立的行为，并逃脱了委内瑞拉法院的司法管辖；

3. 直接或间接实施、配合、协助、合作、参与、规劝、煽动或提供便利做妨碍国家安全的行为，并逃脱了委内瑞拉法院的司法管辖；

4. 如果是为逃脱本国或外国司法追究而取得了委内瑞拉国籍；

5. 直接或间接实施、配合、协助、合作、参与、规劝、煽动或提供便利做蔑视或污辱公共机构或当局的行为，并逃脱了委内瑞拉法院的司法管辖。

第四十九条　通过入籍取得的委内瑞拉国籍的恢复

放弃因入籍而取得的委内瑞拉国籍的人可以通过履行入籍的常规条件和本法规定的入籍程序而予以恢复。

第四编　公民权

第五十条　公民

本法所指公民是指未被剥夺政治权利和民事权利、符合委内瑞拉玻利瓦尔共和国宪法和法律规定的年龄条件的委内瑞拉人。

第五十一条　政治权利

除委内瑞拉玻利瓦尔共和国宪法和法律规定的例外情形，政治权利的行使是委内瑞拉公民所特有的。

第五十二条　取消的原因

取消公民权行使的原因有：剥夺政治权利、剥夺民事权利、未经全国代表大会批准而接受别国的政治职务或荣誉或为别国服兵役、冒犯国家象征及委内瑞拉玻利瓦尔共和国宪法及法律规定的其他原因。

第五十三条　公民权的丧失

因本法规定的原因而失去国籍，即丧失公民权。公民权或其他政治权利的行使只能通过终审判决才能予以取消。

废止性规定

单一规定

1955 年 7 月 21 日第 24801 号《委内瑞拉共和国官方公报》颁布的《入籍法》及所有与该法相关或相反的规定予以废止。

过渡性规定

第一条　申请的处理

在本法生效前向主管机构表明并提出入籍申请的，将继续根据本法规定的程序处理。

第二条　适用于撤销通过入籍取得的委内瑞拉国籍的判决的过渡性规定

在《行政纠纷管辖组织法》《最高法院组织法》颁布之前，对通过入籍取得的委内瑞拉国籍的撤销判决将根据 1976 年 7 月 30 日第 1893 号《委内瑞拉共和国官方公报》颁布的《最高法院组织法》有关行政行为无效判决的相关规定处理。

最后规定

第一条　撤销通过入籍取得的委内瑞拉国籍的判决最终适用规定

在《行政纠纷管辖组织法》《最高法院组织法》颁布后，通过入籍取得的委内瑞拉国籍的撤销判决将根据上述法律有关涉及单独主体的行政行为无效的规定